中国自由贸易试验区年鉴
（2018）

《中国自由贸易试验区年鉴》编辑委员会　编

中国商务出版社

图书在版编目（CIP）数据

中国自由贸易试验区年鉴：2018 /《中国自由贸易试验区年鉴》编辑委员会编 .—北京：中国商务出版社，2018.12

ISBN 978-7-5103-2708-7

Ⅰ. ①中… Ⅱ. ①中… Ⅲ. ①自由贸易区—中国—2018—年鉴 Ⅳ. ① F752-54

中国版本图书馆 CIP 数据核字（2019）第 000226 号

中国自由贸易试验区年鉴（2018）

ZHONGGUO ZIYOU MAOYI SHIYANQU NIANJIAN（2018）

《中国自由贸易试验区年鉴》编辑委员会　编

出　　版：中国商务出版社
地　　址：北京市东城区安定门外大街东后巷 28 号　　**邮　　编**：100710
责任部门：创新运营事业部（010-64263813　LYJ@cctpress.com）
责任编辑：薛庆林
助理编辑：刘玉洁
总 发 行：中国商务出版社发行部（010-64266193　64515150）
网　　址：http://www.cctpress.com
邮　　箱：LYJ@cctpress.com
排　　版：北京宝蕾元科技发展有限责任公司
印　　刷：廊坊市蓝海德彩印有限公司
开　　本：889 毫米 ×1194 毫米　1/16
印　　张：42.25　　**字　　数**：1124 千字
版　　次：2019 年 1 月第 1 版　　**印　　次**：2019 年 1 月第 1 次印刷
书　　号：ISBN 978-7-5103-2708-7
定　　价：380.00 元

凡所购本版图书有印装质量问题，请与本社总编室联系。（电话：010-64212247）

《中国自由贸易试验区年鉴（2018）》

编辑委员会

编辑说明

一、《中国自由贸易试验区年鉴 (2018)》是由商务部国际贸易经济合作研究院主编的一部全面、深入、系统记录中国自由贸易试验区（以下简称自贸试验区）建设发展情况、创新举措及成果的编年书，是一部具有权威性、实用性、史料性的工具书。

二、本年鉴分为综述篇、部委篇、地方篇、企业篇和政策文件（年度）。主要收录了 2013 年中国首个自贸试验区成立至 2017 年底，中国先后成立的 11 个自贸试验区的建设发展情况、出台的重要措施、改革创新成果与相关统计数据，以及充分利用自贸试验区制度创新取得良好发展的成功企业案例、国家和相关部委的重要政策措施文件。政策文件按时间顺序排列。企业优秀案例由各自贸试验区管委会提供。

三、本年鉴引用的各类资料和数据主要截至 2017 年底，由各部门报送。因为本年鉴的时间跨度长达 5 年，有些数据的采集和使用无法进行切割，故延长至 2018 年相关月份。由于各部门职能不同，数据统计口径、范围和方法也有所不同，因此本书中有些数据不尽一致。

四、本年鉴在编撰过程中，由于国务院机构改革，所有涉及的部委稿件资料均按机构改革后的名称、职能处理。

五、本年鉴将正文提及的“自由贸易试验区”全部简称为“自贸试验区”，各政策文件中涉及内容除外；经济运行数据按照当时统计口径计算。

六、本年鉴在编辑过程中，得到了商务部、公安部、交通运输部、人民银行、海关总署、国家税务总局、国家市场监督管理总局、国家外汇管理局以及各自贸试验区管委会的大力支持和帮助，在此谨表示衷心感谢！

七、我们真诚希望社会各界对本年鉴的编辑出版工作给予关心和支持。对它的不足之处，敬请提出批评和改进意见，以使《中国自由贸易试验区年鉴》日臻完善。

通信地址：北京市安定门外东后巷 28 号

邮政编码：100710

联系电话：010-64263813

《中国自由贸易试验区年鉴》编辑委员会

2018 年 12 月

东方物通科技（北京）有限公司

1 公司介绍

东方物通科技（北京）有限公司于2011年成立，是中国电子口岸数据中心全资子公司。

公司秉承科技创新的宗旨，以口岸信息化服务为基础，以跨境电子商务服务为核心，并承建国际贸易单一窗口平台、海关特殊监管区域（场所）系统，数据安全与交换系统，移动应用系统。致力于为政府部门、管委会园区、外贸进出口企业、跨境电子商务有关企业提供咨询规划设计和信息化解决方案。在口岸大通关信息化有关电子政和电子商务方面，具备丰富的系统规划、建设实施、运营维护等经验。

公司以中国电子口岸物流商务基地为依托，与全国各地42个中国电子口岸数据分中心形成战略联盟，共同服务企业。

2 资质证书

01. 国家跨境贸易电子商务服务试点指定咨询单位
02. 高新技术企业证书
03. ISO9001质量管理体系认证证书
04. 软件企业认定证书
05. CMMI3级证书
06. 软件产品登记证书

（01）东方物通集成通数据交换软件V2.0
（02）东方物通智能视频安全分析系统应用软件V1.0
（03）东方物通智能视频监控管理应用软件V1.0
（04）东方物通智能指挥中心指挥管理应用软件V1.0
（05）东方物通区港联动国际物流信息系统应用软件V2.0
（06）东方物通智能单兵管理应用软件V1.0
（07）东方物通智能移动视频管理应用软件V1.0
（08）东方物通智能指挥中心职能管理应用软件V1.0
（09）东方物通指挥中心基础管理平台应用软件V1.0
（10）东方物通安速通传输软件V1.0
（11）东方物通跨境贸易电子商务服务平台V1.0

07. 计算机软件著作权登记证书

（01）集成通数据交换软件V2.0
（02）区港联动国际物流信息系统应用软件V2.0
（03）智能指挥中心职能管理应用软件V1.0
（04）智能视频安全分析系统应用软件V1.0
（05）智能移动视频管理应用软件V1.0
（06）智能指挥中心指挥管理应用软件V1.0
（07）智能单兵管理应用软件V1.0
（08）指挥中心基础管理平台应用软件V1.0
（09）智能视频监控管理应用软件V1.0
（10）海关特殊监管区域信息化辅助管理系统V2.0
（11）安速通传输软件V1.0
（12）跨境贸易电子商务服务平台V1.0
（13）跨境电子商务安全管理系统V1.0
（14）跨境电子商务物流监控辅助系统V1.0
（15）跨境电子商务海关监管系统V1.0
（16）跨境电子商务综合服务平台V1.0
（17）跨境电子商务通关服务系统V1.0
（18）跨境电子商务保税展示展销平台V1.0
（19）跨境电子商务数据交换平台V1.0
（20）单一窗口系统V1.0

3 发展大事记

2011.07 承担工信部《跨境电子商务推进策略和政策研究》项目课题，获得工信部专家一致好评。
2012.05 国家发改委与海关总署联合授予“国家跨境贸易电子商务服务试点指定咨询单位”。
2013.08 协助为郑州、杭州、上海、重庆、宁波5个试点城市编写试点申报方案，并获得国家发改委正式批复。
2013.09 完成郑州跨境电子商务服务试点平台（E贸易项目）建设并上线试运行，作为试点城市中标杆性跨境电子商务试点平台。
2014.12 承建吉林电子口岸上线运行并完成验收。
2014.07 承建金关工程二期重点应用软件项目即全国海关跨境电子商务通关服务平台（一期）系统，率先在广东东莞地区上线。
2014.11 承建平潭跨境电子商务服务平台项目。
2015.11 承建福州跨境电商公共服务平台项目。
2016年 承建太原跨境贸易电子商务海关监管系统和公共服务平台。
2017年 承建珠海电子口岸跨境电商通关服务平台。
2018年 承建兰州新区作业区海关监管场所跨境电商监管中心项目；承建平潭跨境电子商务线上线下融合项目。

4 产品介绍

01. 跨境电子商务通关辅助管理平台

跨境电子商务通关管理平台满足跨境贸易电子商务业务中的保税进口、保税出口、一般出口、直购进口四种模式需求，为四种模式通关提供保障，提供灵活的参数设置，实现海关的有效监管。

02. 跨境电子商务公共服务平台

跨境电子商务公共服务平台与跨境电子商务参与企业的联网对接，将企业交易、支付、物流等数据向管理部门传输，实现信息流、资金流、物流三流信息合一，保障交易的真实性。提供企业及商品备案、四种业务模式通关申报及管理、账册管理等业务功能。为地方政府部门提供资讯门户、业务统计等管理功能。

03. 国际贸易单一窗口平台

基于单一窗口标准版实现口岸政务服务基本功能，并结合本地口岸通关业务特色需求，建设和集成本地口岸政务服务项目。提供口岸物流服务功能，促进各方物流信息共享和业务协同。整合通关物流状态和物流作业信息，形成通关物流状态综合信息库，为企业提供数据服务。以信息和用户集聚优势，在金融、保险、信息技术等方面为国际贸易供应链各参与方提供特色服务，有效支持地方口岸新型贸易业态发展。

04. 数据安全与交换系统

数据安全与交换系统遵循海关总署和中国电子口岸业务技术规范和数据标准格式。实现企业之间、企业与管理部门的数据安全交换、业务对接协同、实现系统互联互通、安全认证、数据共享整合等服务。

05. 海关特殊监管区域（场所）系统

按照总署加贸司发布的《海关特殊监管区域辅助管理信息系统基本配置》以及总署金关工程二期特殊区域系统的业务和技术规范。实现保税加工、保税物流、服务贸易、新兴业务（检测、维修、研发等生产性服务业）的辅助管理。实现与总署金关工程二期特殊区域全国统一版系统无缝对接，为企业、海关及相关单位提供全方位、智能化服务的辅助管理系统。

5 主要客户

☆ 中华人民共和国海关总署
☆ 中国人民共和国农业部
☆ 中国科学院自动化研究所
☆ 国家信息化专家咨询委员会秘书处
☆ 北京市商务委员会
☆ 黑龙江省商务厅
☆ 吉林省商务厅
☆ 平潭综合实验区管委会
☆ 长春兴隆综合保税区管委会
☆ 银川综合保税区管委会
☆ 西安国际港务区管委会
☆ 福建省国际电子商务中心
☆ 平潭综合试验区岚台物流有限公司
☆ 兰州新区众聚电子商务有限公司
☆ 福州出口加工区管理局
☆ 河南电子口岸有限公司
☆ 河北省电子口岸发展股份有限公司
☆ 河南省进口物资公共保税中心集团有限公司
☆ 平潭综合实验区港务发展有限公司
☆ 长春兴隆综合保税区投资建设有限公司
☆ 太原武宿综合保税区投资开发有限公司
☆ 深圳市南方电子口岸有限公司
☆ 厦门自贸试验区电子口岸有限公司
☆ 珠海快通达电子商务服务有限公司
☆ 博大世通国际物流（北京）有限公司
☆ 西安国际陆港保税物流投资建设有限公司
☆ 重庆龙工场跨境电子商务投资有限公司
☆ 中远渔业推广示范中心

北京市朝阳区三丰北里1号悠唐国际A座15层
010-65195500

Lftz 中国（辽宁）自由贸易试验区

CHINA(LIAONING) PILOT FREE TRADE ZONE

改革创新新挑战 振兴开放新引擎

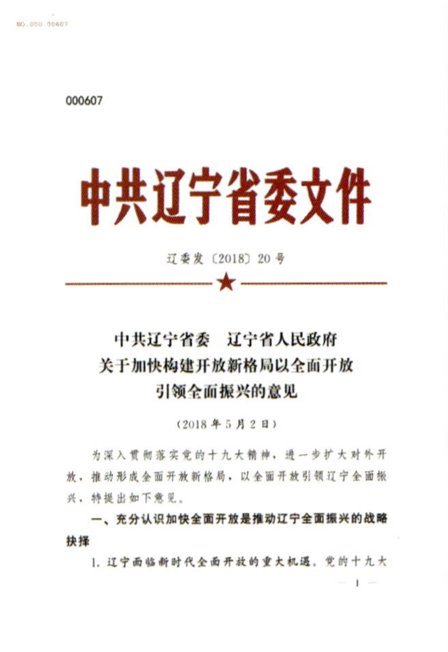

NO.000.00607

000607

中共辽宁省委文件

辽委发〔2018〕20号

中共辽宁省委 辽宁省人民政府
关于加快构建开放新格局以全面开放
引领全面振兴的意见

（2018年5月2日）

为深入贯彻落实党的十九大精神，进一步扩大对外开放，推动形成全面开放新格局，以全面开放引领辽宁全面振兴，特提出如下意见。

一、充分认识加快全面开放是推动辽宁全面振兴的战略抉择

1. 辽宁面临新时代全面开放的重大机遇。党的十九大

— 1 —

设立中国（辽宁）自由贸易试验区是党中央、国务院做出的重要战略决策。当前，辽宁正在按照国务院对辽宁自贸试验区的总体方案批复要求，举全省之力推进自贸试验区建设。

辽宁自贸试验区下辖沈阳、大连、营口三个片区，其中大连60平方公里、沈阳30平方公里、营口30平方公里。自由贸易试验区落地辽宁，为东北老工业基地谱写改革开放新华章插上了腾飞的翅膀！

改革 · 创新 · 挑战

切实转变政府职能，提升投资贸易便利化水平，深化金融开放创新，加快老工业基地结构调整，服务参与“一带一路”建设，加强东北亚区域开放合作，辽宁自贸试验区日日夜夜，风雨兼程！目前，辽宁自贸试验区《总体方案》的改革试点任务，已经落地七成。大连片区“保税混矿”监管创新经验被列入国家第四批改革试点经验。省政府下放133项省级经济社会管理权限，赋予片区更大的改革自主权。辽宁自贸试验区首批25项改革创新经验，正在全省复制推广。《中国（辽宁）自由贸易试验区条例》已于10月1日施行。

振兴 · 开放 · 引擎

2018年3月，对外开放工作会议召开；5月，开放40条政策出台 ；8月，中国民企500强峰会揭幕……辽宁正在转身向海，以高水平开放推动高质量发展，用全面开放引领全面振兴！

以自贸试验区为重要平台，推进建设辽宁“一带一路”综合试验区、中国—中东欧“16+1”经贸合作示范区，加快建设“辽满欧”、“辽蒙欧”、“辽海欧”三条国际大通道，继续提升中欧班列运营水平。沈阳片区充分利用获批国家跨境电商综合试验区契机，加快推进跨境电商总部基地建设；大连片区成功加入世界自由区组织，着力探索自由贸易港建设；营口片区不断优化营商环境，构建国际海铁联运大通道重要枢纽。辽宁正在向世界发出振兴开放最强音！

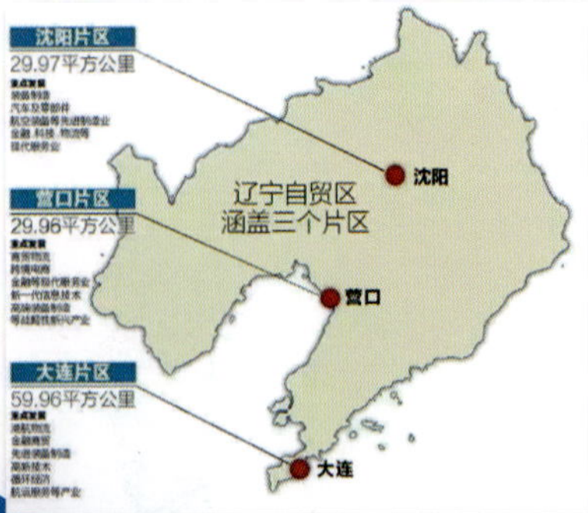

投资创业热潮涌，开放创新结硕果。截至2018年10月末，辽宁自贸试验区累计新增注册企业3.3万家，注册资本4800亿元。已有40多个国家和地区的近500家外商投资企业落户辽宁自贸试验区。

长子情怀，忠诚担当，创新实干，奋斗自强！在党中央、国务院的坚强领导下，辽宁人勠力同心，借力自贸试验区开放平台，再次启程，走向振兴！

www.china-lnftz.gov.cn

目　录

地方创新成果案例索引

综述篇

中国自由贸易试验区年鉴（2018）

综　述

建设自由贸易试验区（以下简称自贸试验区）是党中央、国务院在新形势下做出的重大决策，是我国进入新时代推动形成开放新格局的重要平台。自2013年9月中国（上海）自由贸易试验区挂牌，到2014年的广东、天津、福建，再到2017年的辽宁、浙江、河南、湖北、重庆、四川、陕西，截至2017年12月，我国已经有11个自贸试验区。

我国的自贸试验区从布局上来讲，初步形成既有沿海、又有中部、也有东北的东中西协调、陆海统筹的"1+3+7"自贸试验区发展格局；从战略需要上讲，既服务于"一带一路"建设、京津冀协同发展、长江经济带发展三大战略，又服务于西部大开发、振兴东北老工业基地、中部崛起、东部地区率先发展四大板块的区域发展战略，与国家新一轮改革开放的总体战略布局相一致。我国自贸试验区建设已初步形成了以制度创新为核心、全面对接高标准国际经贸规则，在更广领域、更大范围形成各具特色、各有侧重的开放型新格局，推动了我国开放型经济的发展。

一、上海、福建、广东和天津自贸试验区取得的成效及借鉴

上海、福建、广东和天津自贸试验区设立以来，以国际高标准经贸规则为标杆，在贸易、投资、金融、政府职能转变等领域展开先行先试，积极推进各项体制机制改革，形成了多项制度创新举措，真正发挥了改革开放排头兵和创新发展先行者的重要作用，取得了阶段性成果。

（一）高水平贸易便利化体系初步形成

上海、福建、广东和天津自贸试验区积极实施国际贸易"单一窗口"，出台了大量便利措施，建设智检口岸、实施智能通关，推出加工贸易"自主核销"、原产地证书管理创新、"互联网+"免费报关等举措，通关效率提高50%以上，企业通关、物流成本也因此大幅降低。

上海自贸试验区通过开展亚太运营商计划、鼓励跨境电子商务等措施，促进了贸易结构由"货物贸易为主"向"货物贸易与服务贸易并重"转变，提升了竞争力；通过大宗商品现货市场等一批专业贸易平台的建设，初步建立形成了国际贸易"单一窗口"、货物状态分类监管等制度，有效降低了企业成本，进一步与国际贸易通行规则接轨，使区内平均通关时间比区外降低41.3%。在此基础上，进一步形成了可以推广事项：在投资管理领域形成了外商投资广告企业项目备案制、涉税事项网上审批备案、税务登记号码网上自动赋码、网上自主办税、纳税信用管理的网上信用评级、组织机构代码实时赋码、企业标准备案管理制度创新、取消生产许可证委托加工备案、企业设立实行"单一窗口"等。在贸易便利化领域形成了全球维修产业检验检疫监管、中转货物产地来源证管理、检验检疫通关无纸化、第三方检验结果采信、出入境生物材料制品风险管理等；在金融领域形成了个人其他经常项下人民币结算业务、外商投资企业外汇资本金意愿结汇、银行办理大宗商品衍生品柜台交易涉及的结售汇业务、直接投资项下外汇登记及变更登记下放银行办理等；在服务业开放领域形成了允许融资租赁公司兼营与主营业务有关的商业保理业务、允许设立外商投资资信调查公司、允许设立股份制外资投资性公司、融资租赁公司设立子公司不

设最低注册资本限制、允许内外资企业从事游戏游艺设备生产和销售等；在事中事后监管措施上形成了社会信用体系、信息共享和综合执法制度，企业年度报告公示和经营异常名录制度，社会力量参与市场监督制度，以及各部门的专业监管制度等。

（二）高水平投资管理体系初步形成

上海、福建、广东和天津自贸试验区以负面清单为核心的投资管理体制改革，进一步提升开放水平，吸引了外商投资企业在自贸试验区的集聚。自贸试验区在企业注册与投资管理服务等方面推出一系列创新举措，如“多证合一、一照一码”“商事主体证照卡”“一口受理”系统的推进，为企业节省了时间与成本。

福建自贸试验区在全国率先实施了“一照一码”，对企业实行了“一表申报、一口受理、一照一码、一章审批、一日办结”服务模式，企业的设立由29天缩短到最快1天，新设企业的数量快速增加；下放项目的审批权限，项目审批的时限由原来的1年降到90天左右，基本实现了企业办事不出区；形成了事中事后监管体系，建立了风险防控清单，开展了企业信用分类的试点。在自由贸易试验区建设的过程中，福建自贸试验区很好地完成了自贸试验区方案中的任务，推出可复制、可推广的一些经验，而且根据自贸试验区自身的特点，大胆探索，制度创新，基本形成具有福建特色、对台先行的制度创新体系。同时使339项创新举措相继落地，物联网、融资租赁、跨境电商等新业态新平台蓬勃发展，使自贸试验区真正成为改革开放的先行区。

（三）高水平地方政府治理体系初步形成

天津、福建等自贸试验区陆续出台了条例，对管理体制进一步明确规定，对投资、贸易、金融监管、财税、人才、法治等内容进行具体规范，为自贸试验区运行提供了法律保障，也为建立高水平的地方政府治理体系搭起了基本框架。

天津自贸试验区为了配合其条例实施，与国家相关部委出台了100多个配套文件，初步形成了天津市政府治理自贸试验区的地方体系。

（四）金融开放创新体系日益成熟

上海、福建、广东和天津自贸试验区与人民银行密切配合，在人民币跨境使用、外汇管理改革、融资租赁、金融协同创新等领域出台了数十条改革措施，进一步加大对跨境贸易和投融资的金融支持，为促进实体经济发展发挥了积极作用。

广东自贸试验区在金融先行先试过程中，在大力推进跨境人民币业务创新、外汇管理改革、资本项目可兑换等方面取得了突破。在跨境人民币业务方面，前海蛇口片区是全国跨境人民币贷款第一个试点，政策灵活，开放度高，对企业跨境人民币贷款的限制较少。运行以来，试验区内人民币贷款业务备案金额已经超过1 000亿元。

（五）服务国家战略作用突出

上海、福建、广东和天津自贸试验区以服务国家战略为目标，不断深化各项改革试点，相继出台若干措施，取得了初步成效。

广东自贸试验区不断扩大对港澳的服务业开放，提出了对港澳进一步开放的负面清单；不断扩大行业与港澳行业对接的范围，已经实施了与港澳建筑、会计、医疗、法律等服务机构和职业人员经备案或许可后在区域内开展工作的业务，积极推进粤港澳人才合作示范区的建设；加强与“一带一路”沿线国家和地区的合作，推动企业“走出去”，打造21世纪海上丝绸之路枢纽。采用“片区港”联动的综合开发模式，以港口为切入点，以片区为核心，打造国际商贸物流平台。福建自贸试验区推出了两岸商品快速验放模式、台湾居民入境签证便利政策等多项对台开放合作措施。天津自贸试验区针对京津冀一体化，推进了“在京冀地区复制推广进口商品保税展示交易模式”“与北京市服务业扩大开放综合试点对比互补试验”等多项改革创新举措。

二、辽宁、浙江、河南、湖北、重庆、四川、陕西自贸试验区成绩显著

在上海、福建、广东和天津自贸试验区取得阶段性成果的情况下，为全面落实国家“十三五”规划要求，结合国家对外开放总体战略布局和推进“一带一路”建设的需要，党中央、国务院决定再新设辽宁、浙江、河南、湖北、重庆、四川、陕西自贸试验区。这7个自贸试验区将继续紧扣制度创新这一核心，进一步对接高标准国际经贸规则，以现有自贸试验区试点内容为主体，结合地方特点和战略需要，增加差异化试点任务。

（一）辽宁自贸试验区

辽宁自贸试验区的实施范围涵盖大连、营口、沈阳三个片区，面积共计119.89平方公里。辽宁自贸试验区自2017年4月揭牌成立以来，截至2018年7月末，已有40多个国家和地区的414家外商投资企业落户，日本、韩国、蒙古国、俄罗斯等国的外商投资企业超过百家，新增注册企业超过3万家，注册资本达4 000多亿元人民币。一年多来，以体制机制改革和制度创新为核心，对标国际经贸规则，辽宁自贸试验区努力转变政府职能、投资贸易便利化、金融创新、加强东北亚区域开放合作等，扎实推进自贸试验区建设各项工作，实现了良好开局。

辽宁自贸试验区挂牌以来，以抓制度创新为重点，截至2018年7月已出台了省级层面政策文件20个，支持自贸试验区发展的政策措施215项，同时还向沈阳、大连、营口三个片区下放首批133项省级行政职权，进一步增强辽宁自贸试验区对经济社会管理的统筹协调、自主决策和公共服务能力。与此同时，沈阳、大连、营口三个片区也以卓有成效的工作推进更高层次的开放型经济发展，以自贸试验区为引领，推进辽宁省开放型经济的构建。

（二）浙江自贸试验区

浙江自贸试验区的面积为119.95平方公里，由陆域和相关海洋锚地组成，包括舟山离岛片区、舟山岛北部片区和舟山岛南部片区。

浙江自贸试验区根据独特的区位优势和产业特色，以油品全产业链发展为核心，加快推进“一中心、三基地、一示范区”建设。一是大力发展油品贸易；二是做强做精保税油加注；三是全面推进石化基地建设；四是顺利推进油品储运项目；五是积极推动人民币国际化进程。

浙江自贸试验区挂牌以来，制度创新敢为人先，金融领域体制机制创新稳步推进。浙江自贸试验区持续创新金融政策和金融产品，积极拓展金融服务功能，加快各类金融机构集聚，积极发展融资租赁业，扩大跨境人民币业务范围等；全面优化营商环境，实现“最多跑一次”全覆盖，投资项目审批实行便利化，招商引资取得新进展；主导产业发展迅速。

（三）河南自贸试验区

河南自贸试验区面积为119.77平方公里，包括郑州片区、开封片区、洛阳片区。

河南自贸试验区正式挂牌运行以来，入驻企业迅速增加。截至2018年2月底，河南自贸试验区新注册入驻企业2.8万家，注册资本近3 600亿元人民币，入区国内外500强企业137家，基本建立起了自贸试验区的管理体系和服务体系，各项任务基本完成，并取得明显成效。

河南自贸试验区积极推进体制机制改革和创新。郑州片区积极推进“一次办妥”改革，开通了“政银服务”直通车，实现“开户一站通”、银行网点代办企业登记业务、“一站式”全流程金融综合服务等6项创新；开封片区建立了综合审批和综合监管平台，设立了“自贸通”企业服务平台，“四个五”行政审批新模式，首创“三网融合”综合办税，企业提交办税材料、办税时间均缩减

30% 以上；洛阳片区优化办事流程，打造政务服务一张网，企业通过网上办事大厅、手机办事大厅、微信办事大厅，享受企业注册、公章刻制、银行开户、外贸备案等事项，办理时限缩短 2/3 以上。

河南自贸试验区从挂牌伊始，就积极推进投资专业化便利水平。河南自贸试验区认真贯彻执行了 2017 版外商投资负面清单，率先协调商务部门向 3 个片区放开外商投资备案端口，外商投资企业设立和变更手续办理时间大幅缩短至平均 3 个工作日内，而且无须提交纸质材料，受到外商投资企业的认可与广泛欢迎。同时还积极推进政务服务“一次办妥”，企业在一个窗口提交一套材料即可办妥，提交材料压缩 80%，政府审批服务时限缩短 90%。各片区根据自身特点，也推出了不同的投资便利化措施：郑州片区制定了企业投资便利化、以规划代立项、多图联审等实施办法，推进投资建设项目“一窗受理”；开封片区形成了以城乡总体规划、产业发展规划、土地利用规划、控制性详细规划、城市设计、林地保护规划等有效衔接，环境影响评价、节能评估、地质勘查、文物勘探、抗震要求纳入规划的“六规、五勘评、多规合一”新模式，为产业发展提供遵循；洛阳片区梳理权责清单，优化审批流程，实行“一个机构负责、一个印章管理”综合审批模式。

（四）湖北自贸试验区

湖北自贸试验区面积 119.96 平方公里，涵盖武汉片区、襄阳片区、宜昌片区。

湖北自贸试验区自 2017 年 4 月挂牌建设以来，武汉、襄阳、宜昌三个片区和省直有关单位以制度创新为核心，大胆试、大胆闯、自主改，在投资和贸易便利化、事中事后监管等方面形成了一批可复制、可推广的改革创新成果，自贸试验区建设取得了显著的成绩。截至 2018 年 9 月底，自贸试验区新设企业 19 657 家，其中外资企业 151 家，合同外资 33 亿美元，实际使用外资 21 亿美元；备案境外投资机构 34 家，中方协议投资额 7 亿美元；实现税收收入 245 亿元人民币；完成进出口总额 1 536 亿元人民币，约占全省同期的 1/3；初步形成 200 余项制度创新成果。

（五）重庆自贸试验区

重庆自贸试验区面积 119.98 平方公里，涵盖两江片区、西永片区、果园港片区。

重庆自贸试验区在建设中加大了国际通道畅通的力度。向西，顺利完成重庆至阿拉木图“关铁通”实货测试，推动中欧班列数据交换与监管互认，并在全国率先将安全智能锁运用于班列国内段途中监管，开创了中欧国际货运班列全路段运输国际邮包的先河，提升国际铁路联运大通道功能；向南，实现“渝黔桂新”南向铁海联运通道成功开通并实现常态运行，重庆至东盟“五定”公路班车与中欧班列（重庆）无缝衔接，推动了海上丝绸之路的畅通；向东，渝甬沿江铁海联运班列实现“隔天班”，中欧班列（重庆）实现果园港始发，打通“长江黄金水道”和中欧班列（重庆）的“最后一公里”；向北，“渝满俄”班列将重庆制造送到俄罗斯市场，也将俄罗斯的更多工业原材料、特色农副产品引进来，扩大重庆对外开放。同时还创造性地开立了铁路提单国际信用证，实现了与海运提单相同的控货功能、物权功能和金融属性。

为了推动产业落地，促进经济高质量发展，重庆自贸试验区推出多项制度创新，实现了多个“首次”。首票出境加工业务顺利办理、首家公用型冷链物流保税仓库验收通过、首单保税融资租赁业务顺利实施等。在探索自贸试验区特色方面，重庆自贸试验区取得突破性进展，开立全球第一份铁路提单国际信用证，迈出了陆上贸易规则探索第一步。截至 2018 年 10 月底，重庆自贸试验区新增企业注册 2.06 万户，注册资本总额 1 725.39 亿元人民币，其中新增外资企业注册 347 户，注册资本 24.05 亿美元；共引进项目 1 605 个，签订合同（协议）金额 4 848.14 亿元人民币。

（六）四川自贸试验区

四川自贸试验区面积 119.99 平方公里，包括成都天府新区片区、成都青白江铁路港片区、川南临港片区。

四川自贸试验区挂牌以来，从改革试验任务落地上着手，重点推进投资贸易便利化，积极推动“放管服”改革。外商投资企业备案与工商登记实现“一窗办理”，99% 以上的外商投资企业实行备案管理，备案材料减少 90% 以上。为了便利外商人员，出台支持自贸试验区外籍人士、商务人员出入境“15 条便利化措施”，港澳团队旅游二次签注时间从 5 个工作日压缩到两分钟。

（七）陕西自贸试验区

陕西自贸试验区面积 119.95 平方公里，涵盖中心片区、国际港务区片区、杨凌示范区片区。

陕西自贸试验区自挂牌以来，大胆试、大胆闯、自主改，营商环境显著改善，一批重量级项目落地自贸试验区，并探索出多项可复制可推广的“陕西经验”。杨凌在现代农业国际合作中推行的“全产业链的生产经营模式”被商务部确定为自贸试验区创新亮点。陕西自贸试验区总体方案明确的 165 项试点任务已经全面启动，其中“多证合一”综合审批运行服务模式、简化资金池管理等 48 项任务全面完成。成立一年来，自贸试验区新增注册市场主体 14 218 户，新增注册资本 3 397.09 亿元人民币。2017 年自贸试验区进出口总额 1 984.9 亿元人民币，占全省进出口总额的 73.1%。

陕西自贸试验区全面推进自贸试验区各项试点任务，积极改善营商环境。企业项目审批从原来的 260 多天缩短至 50 个工作日；加快推进“放管服”改革，规定除营业执照外，其余经营类许可只需加盖行政审批专用章就能办理，大大方便了企业和个人办事；为企业搭建“走出去”的“一站式”服务平台，将分散在政府各部门的关、检、汇、税等涉外职能，以及外贸企业必需的会计、律师、保险、翻译等服务统一集纳到服务平台上，助力企业便捷高效地“走出去”。

三、推进自贸试验区取得更大成效的五个着力点

我国自贸试验区建设始终以国家“十三五”时期五大发展理念为指导，自贸试验区的核心是制度创新；统筹协调是自贸试验区发展的基本要求；绿色发展是自贸试验区发展必须坚持的重要原则；开放是自贸试验区发展的方向；共享是自贸试验区建设的目的。在制度创新的过程中，我国自贸试验区各具特色、成绩斐然；但也面临一些共性的困难与挑战，如改革创新呈现碎片化、各部门协同性不够、制度创新效果难以科学评估、政府官员传统的政治治理经验与自贸试验区开放创新的理念仍然存在差距。

（一）加强对自贸试验区全盘的战略考量，形成推进合力

我国自贸试验区自设立以来，各部委先后出台了系列文件支持建设，但这些文件仅从各自主管工作层面提出一些具体的政策措施。2015 年 12 月出台的《国务院关于加快实施自由贸易区战略的若干意见》仅提出要继续深化自贸试验区试点；2016 年 3 月公布的国家“十三五”规划纲要提出要提高自贸试验区建设质量，在更大范围推广复制成功经验，各方认识存在较大差异，在具体推进工作中步调也难以完全合拍。自贸试验区的各项改革分头推进，但牵一发而动全身，需要从国家层面加强对自贸试验区的总体谋划与战略考量，统筹自贸试验区与国家重大战略的关系，使各方统一推进思路，形成更大合力。

（二）加强自贸试验区互联互通，推动改革创新措施落地

当前，各自贸试验区充分发挥地方积极性，推出了许多特色鲜明的改革创新措施，但同时

也出现了碎片化倾向，时常面临上通下不通、左通右不通的尴尬局面，影响了自贸试验区改革创新措施的落地。为此，需要加强自贸试验区的互联互通，打通自贸试验区与各部委、自贸试验区各部门与当地政府上级部门、自贸试验区内部各职能部门以及四大自贸试验区之间的阻塞环节，使自贸试验区既能内部互联互通，也能上下、左右互联互通，形成协同效应，从而更好地推动改革创新措施的落地。

（三）理清自贸试验区制度创新的路径与边界

当前，自贸试验区制度创新的大方向已较为清晰，国际化、市场化、法治化、便利化成为自贸试验区制度创新的方向与指引，但制度创新的路径和边界并不清晰。实际操作中，自贸试验区的改革创新措施自下而上，一些可以由地方政府自主试验，而大量的创新措施属于中央事权，自贸试验区只能分头向国家各部委申请，形成重复劳动，导致效率较低。今后，需要充分发挥自贸试验区联席会议机制的作用，进一步总结自贸试验区制度创新的合理路径，明确自贸试验区创新的基本边界，使地方政府的制度创新举措能够有章可循。

（四）加强对自贸试验区制度创新的成效评估与研究

如何复制已有四个自贸试验区取得的经验，吸取教训，使自贸试验区为中国新一轮改革开放探索出符合中国经济发展的路径，促进中国经济转型升级，提升全球竞争力，适应国际规则的变化，就要加大对自贸试验区现有制度效果的评估，但以何种标准判定可以在全国进行复制，仍需要进行科学细致的研究，才能得出相对客观的结论。既要考虑制度创新措施的静态效应，也要考虑动态效应；既要考虑单项措施的效果，还要考虑多项措施累加的系统性效果；既要考虑制度创新带来的便利化，还要考虑制度创新增加的监管成本与风险。

（五）做好自贸试验区的总体布局和特色结合

做好自贸试验区顶层设计，既要考虑到营造国际化、法治化、市场化的营商环境，又要与“十三五”时期“五大发展理念”的对接；既要积极探索新一轮改革开放的路径，又要与地方特色结合，才能完成自贸试验区的总体任务。

总之，我国的自贸试验区经过5年的建设，已经形成了一批可复制、可推广的先行先试经验，促进了我国开放型经济的发展。下一步要紧紧依靠制度创新激发市场活力，“要在深入总结评估的基础上，继续解放思想、积极探索，加强统筹谋划和改革创新，不断提高自由贸易试验区发展水平，形成更多可复制可推广的制度创新成果”，为实现“两个一百年”奋斗目标、实现中华民族伟大复兴的中国梦贡献更大力量。

数据统计

◎上海自由贸易试验区经济运行数据

一、投资情况

2013 年 9 月（挂牌以来）—2017 年 12 月，自贸试验区新设立企业约 5.2 万家。其中，内资企业约 4.2 万家，注册资本总额 2.5 万亿元人民币；外商投资企业约 9 400 家，实际利用外资 195 亿美元。办结境外投资项目 1 900 个，中方协议投资额 592 亿美元。

2017 年，自贸试验区新设立企业 8 900 家。其中，内资企业 7 300 家，注册资本总额 3 100 亿元人民币；外商投资企业 1 600 家，合同外资 251 亿美元，实际利用外资 70 亿美元。

二、贸易情况

2017 年，自贸试验区进出口总额 1.35 万亿元人民币，其中进口额 9 471 亿元人民币，出口额 4 053 亿元人民币。

三、金融情况

2013 年 9 月（挂牌以来）—2017 年 12 月，自贸试验区入驻持牌金融机构 849 家。

四、创新情况

2013 年 9 月（挂牌以来）—2017 年 12 月，自贸试验区专利申请 6.4 万件，专利授权 3.8 万件。

◎广东自由贸易试验区经济运行数据

一、投资情况

广东自贸试验区 2015 年 4 月挂牌成立，至 2017 年 12 月底，累计新设企业 21 万家。其中，新设外商投资企业 9 639 家，实际利用外资 128.5 亿美元，合同利用外资 1 129.5 亿美元。

截至 2017 年 12 月，世界 500 强企业在区内投资设立企业 226 家。

二、金融情况

截至 2017 年 12 月，累计入驻金融企业和类金融企业 5.3 万家。

三、创新情况

三年来，广东自贸试验区共形成 385 项制度创新成果。其中，向全国复制推广 21 项、全省复制推广 102 项制度创新经验，供全省借鉴 92 项制度创新案例，3 项制度创新案例入选全国最佳实践案例。

◎天津自由贸易试验区经济运行数据

一、投资情况

2015年1月1日—2017年12月，自贸试验区新设立企业4.18万户。其中，内资企业3.77万户，注册资本总额11 313.45亿元人民币；外商投资企业1 988家。2017年，合同外资112.80亿美元，实际利用外资23.91亿美元，办结境外投资项目22个，中方协议投资额30.9亿美元；税收收入454.01亿元人民币。

二、贸易情况

2017年，自贸试验区进出口总额2 558.9亿元人民币，其中进口额2 202.5亿元人民币，出口额356.4亿元人民币。

三、金融情况

截至2017年12月，持牌金融机构126家。

挂牌以来—2017年12月，跨境人民币结算金额2 729.9亿元人民币。

◎福建自由贸易试验区经济运行数据

一、投资情况

福建自贸试验区2015年4月21日挂牌，至2017年12月底，自贸试验区新设立企业66 752家，注册资本13 982.82亿元人民币，分别是挂牌前的4.33倍、6.29倍。其中，内资企业63 494家，注册资本12 123.755亿元人民币；外商投资企业3 258家，合同外资1 859.1亿美元。备案境外投资机构146个，中方协议投资额42.92亿美元。

2017年1—12月，税收收入1 754 184万元人民币。固定资产投资494.3亿元人民币。

二、贸易情况

2017年1—12月，福建自贸试验区进出口总额19 293 010.99万元人民币，同比增长31.58%。其中，进口额10 781 176.91万元人民币，同比增长45.41%；出口额8 511 833.08万元人民币，同比增长17.42%。

三、金融情况

挂牌以来至2017年12月底，自贸试验区新增各类金融机构8 888家，其中金融机构173家，类金融机构8 715家。

截至2017年12月底，自贸试验区内银行向境外企业发放人民币贷款余额1 197.1亿元人民币，跨境双向人民币资金池业务结算量20.29亿元人民币，跨境人民币结算金额2 846.7亿元人民币。

四、创新情况

2017年1—12月，自贸试验区新增专利申请3 926件，同比增长276.41%；专利授权1 925件，同比增长61.22%。

◎浙江自由贸易试验区经济运行数据

一、投资情况

浙江自贸试验区 2017 年 4 月（挂牌以来）—2017 年 12 月，自贸试验区新设立企业 4 167 家。其中，内资企业 4 108 家，注册资本总额 2 065.1 亿元人民币；外商投资企业 59 家，合同外资 88 873 万美元，实际利用外资 9 611 万美元。办结境外投资项目 4 个，中方协议投资额 559.5 万美元，中方实际投资额 0 万美元。税收收入 37.0 亿元人民币。固定资产投资 225.7 亿元人民币。

二、贸易情况

2017 年 4 月（挂牌以来）—2017 年 12 月，自贸试验区进出口总额 231.9 亿元人民币，其中进口额 134.4 亿元人民币，出口额 97.5 亿元人民币。

三、金融情况

截至 2017 年 12 月，自贸试验区入驻金融机构 114 家。其中，持牌金融机构 65 家，营业收入 16.6 亿元人民币；非持牌金融机构 49 家，营业收入 4.3 亿元人民币。

截至 2017 年 12 月，人民币贷款余额 591.5 亿元人民币。2017 年 4 月（挂牌以来）—2017 年 12 月，人民币资金池业务结算量 0 亿元人民币，跨境人民币结算金额 20.7 亿元人民币。

四、创新情况

2017 年 4 月（挂牌以来）—2017 年 12 月，自贸试验区专利申请 269 件，专利授权 145 件。新增高新技术企业 8 家，营业收入 24.97 亿元人民币。

◎河南自由贸易试验区经济运行数据

一、投资情况

河南自贸试验区 2017 年 4 月挂牌，至当年 12 月底，自贸试验区新设企业 23 514 家，实际使用外资 10.3 亿元人民币；备案境外投资机构 5 家，境外投资中方协议投资额 7.3 亿美元。

二、贸易情况

在贸易领域，2017 年河南自贸试验区完成进出口总额 187.9 亿元人民币，其中出口 59.3 亿元人民币。

三、金融情况

2017 年河南自贸试验区新增金额机构 182 家，其中持牌金融机构 100 家。

四、创新情况

2017 年河南自贸试验区新增专利申请 10 203 家，新增专利授权 3 508 家，新增高新技术企业 93 家。

◎四川自由贸易试验区经济运行数据

一、投资情况

四川自贸试验区 2017 年 4 月挂牌，至当年 12 月底，自贸试验区新设企业 2.2 万家，注册资本 3 100 亿元人民币。新设外商投资企业 204 家、占全省 1/3 强，新增投资总额 3.73 亿美元，新增注册资本 2.68 亿美元，新增合同 2.30 亿美元。实现税收收入 92.76 亿元人民币，实现货物进出口近 500 亿元人民币。

◎陕西自由贸易试验区经济运行数据

一、投资情况

2017 年 4 月 1 日（挂牌以来）—2017 年 12 月，陕西自贸试验区新设立企业 9 347 家。其中，内资企业 9 240 家，注册资本总额 3 099.79 亿元人民币；外商投资企业 107 家，合同外资 522 309 万美元，实际利用外资 109 196 万美元。办结境外投资项目 2 个，中方协议投资额 196 万美元，中方实际投资额 154 万美元。

二、贸易情况

2017 年 4 月 1 日（挂牌以来）—2017 年 12 月，自贸试验区进出口总额 1 574.57 亿元人民币，其中进口额 596.54 亿元人民币，出口额 978.03 亿元人民币。

三、金融情况

2017 年 4 月 1 日（挂牌以来）—2017 年 12 月，自贸试验区入驻金融机构 322 家。其中，持牌金融机构 294 家，营业收入 205.02 亿元人民币；非持牌金融机构 27 家，营业收入 2.72 亿元人民币；境外直接投资设立或参股金融机构 1 家。

2017 年 4 月 1 日（挂牌以来）—2017 年 12 月，人民币贷款余额 2 579.66 亿元人民币，人民币资金池业务结算量 46.87 亿元人民币，跨境人民币结算金额 53.34 亿元人民币。

四、创新情况

2017 年 4 月 1 日（挂牌以来）—2017 年 12 月，自贸试验区专利申请 1 133 件，专利授权 14 件。新增高新技术企业 1 293 家，营业收入 2 083.22 亿元人民币。

◎湖北自由贸易试验区经济运行数据

一、投资情况

2017 年 4 月（挂牌以来）—2017 年 12 月，自贸试验区新设立企业 9 214 家。其中，内资企业 9 122 家，注册资本总额 1 347.11 亿元人民币；外商投资企业 92 家，合同外资 243 284 万美元，实际利用外资 159 102 万美元。办结境外投资项目 10 个，中方协议投资额 17 532 万美元，中方实际投资额 17 532 万美元。税收收入 121.55 亿元人民币。

二、贸易情况

2017年4月（挂牌以来）—2017年12月，自贸试验区进出口总额731.06亿元人民币，其中进口额251.74亿元人民币，出口额479.32亿元人民币。

三、金融情况

2017年4月（挂牌以来）—2017年12月，自贸试验区入驻金融机构184家。其中，持牌金融机构16家，营业收入1.66亿元人民币；非持牌金融机构168家，营业收入3.11亿元人民币。

2017年4月（挂牌以来）—2017年12月，人民币贷款余额485.18亿元人民币，人民币资金池业务结算量0.44亿元人民币，跨境人民币结算金额39.22亿元人民币。

四、创新情况

2017年4月（挂牌以来）—2017年12月，自贸试验区专利申请14 118件，专利授权6 303件。新增高新技术企业242家。

◎重庆自由贸易试验区经济运行数据

一、投资情况

重庆自贸试验区2017年4月挂牌，至当年12月底，自贸试验区全域引进项目692个，签订合同总额3 007.50亿元人民币，新增注册企业11 695户，注册资本总额773.16亿元人民币。其中，新增注册外资企业220户，占全市比重24.7%

二、贸易情况

2017年自贸试验区全域实现进出口总额3 367亿元人民币，占全市74.7%。

◎辽宁自由贸易试验区经济运行数据

一、投资情况

挂牌以来，截至2017年12月底，自贸试验区新设立企业21 641家。其中，内资企业21 367家，注册资本总额2 786.7亿元人民币；外商投资企业274家，合同外资332 070.12万美元，实际利用外资1 495.9万美元。备案境外投资机构6个，中方协议投资额398.19万美元，中方实际投资额103.97万美元。税收收入75.68亿元人民币。固定资产投资194.7亿元人民币。

二、贸易情况

挂牌以来，截至2017年12月底，自贸试验区进出口总额1 245.7亿元人民币，其中进口额896亿元人民币，出口额349.7亿元人民币。

三、金融情况

截至2017年12月底，自贸试验区新增金融机构581家，其中持牌金融机构8家，非持牌金融机构573家。跨境人民币结算金额55.19亿元人民币。

四、创新情况

挂牌以来，截至2017年12月底，自贸试验区新增专利申请657件，专利授权349件。新增高新技术企业36家，营业收入57.24亿元人民币。

改革试点经验

◎国务院关于推广中国（上海）自由贸易试验区可复制改革试点经验的通知

国发〔2014〕65号

各省、自治区、直辖市人民政府，国务院各部委、各直属机构：

设立中国（上海）自由贸易试验区（以下简称上海自贸试验区）是党中央、国务院作出的重大决策。上海自贸试验区成立一年多来，上海市和有关部门以简政放权、放管结合的制度创新为核心，加快政府职能转变，探索体制机制创新，在建立以负面清单管理为核心的外商投资管理制度、以贸易便利化为重点的贸易监管制度、以资本项目可兑换和金融服务业开放为目标的金融创新制度、以政府职能转变为核心的事中事后监管制度等方面，形成了一批可复制、可推广的改革创新成果。经党中央、国务院批准，上海自贸试验区的可复制改革试点经验将在全国范围内推广。现就有关事项通知如下：

一、可复制推广的主要内容

上海自贸试验区可复制改革试点经验，原则上，除涉及法律修订、上海国际金融中心建设事项外，能在其他地区推广的要尽快推广，能在全国范围内推广的要推广到全国。有关部门结合自身深化改革的各项工作，已在全国范围复制推广了一批经验和做法。在此基础上，进一步推广以下事项：

（一）在全国范围内复制推广的改革事项

1. 投资管理领域：外商投资广告企业项目备案制、涉税事项网上审批备案、税务登记号码网上自动赋码、网上自主办税、纳税信用管理的网上信用评级、组织机构代码实时赋码、企业标准备案管理制度创新、取消生产许可证委托加工备案、企业设立实行“单一窗口”等。

2. 贸易便利化领域：全球维修产业检验检疫监管、中转货物产地来源证管理、检验检疫通关无纸化、第三方检验结果采信、出入境生物材料制品风险管理等。

3. 金融领域：个人其他经常项下人民币结算业务、外商投资企业外汇资本金意愿结汇、银行办理大宗商品衍生品柜台交易涉及的结售汇业务、直接投资项下外汇登记及变更登记下放银行办理等。

4. 服务业开放领域：允许融资租赁公司兼营与主营业务有关的商业保理业务、允许设立外商投资资信调查公司、允许设立股份制外资投资性公司、融资租赁公司设立子公司不设最低注册资本限制、允许内外资企业从事游戏游艺设备生产和销售等。

5. 事中事后监管措施：社会信用体系、信息共享和综合执法制度、企业年度报告公示和经营异常名录制度、社会力量参与市场监督制度，以及各部门的专业监管制度。

（二）在全国其他海关特殊监管区域复制推广的改革事项

1. 海关监管制度创新：期货保税交割海关监

管制度、境内外维修海关监管制度、融资租赁海关监管制度等措施。

2. 检验检疫制度创新：进口货物预检验、分线监督管理制度、动植物及其产品检疫审批负面清单管理等措施。

二、高度重视推广工作

各地区、各部门要深刻认识推广上海自贸试验区可复制改革试点经验的重大意义，将推广工作作为全面深化改革的重要举措，积极转变政府管理理念，以开放促改革，结合本地区、本部门实际情况，着力解决市场体系不完善、政府干预过多和监管不到位等问题，更好地发挥市场在资源配置中的决定性作用和政府作用。要适应经济全球化的趋势，逐步构建与我国开放型经济发展要求相适应的新体制、新模式，释放改革红利，促进国际国内要素有序自由流动、资源高效配置、市场深度融合，加快培育参与和引领国际经济合作竞争的新优势。

三、切实做好组织实施

各省（区、市）人民政府要因地制宜，将推广相关体制机制改革措施列为本地区重点工作，建立健全领导机制，积极创造条件、扎实推进，确保改革试点经验生根落地，产生实效。国务院各有关部门要按照规定时限完成相关改革试点经验推广工作。各省（区、市）人民政府和国务院各有关部门要制订工作方案，明确具体任务、时间节点和可检验的成果形式，于 2015 年 1 月 31 日前送商务部，由商务部汇总后报国务院。改革试点经验推广过程中遇到的重大问题，要及时报告国务院。

附件：1. 国务院有关部门负责复制推广的改革事项任务分工表

2. 各省（区、市）人民政府借鉴推广的改革事项任务表

国务院

2014 年 12 月 21 日

附件 1　国务院有关部门负责复制推广的改革事项任务分工表

序号	改革事项	负责部门	推广范围	时限
1	外商投资广告企业项目备案制	工商总局	全国	2015 年 6 月 30 日前
2	涉税事项网上审批备案	税务总局		
3	税务登记号码网上自动赋码			
4	网上自主办税			
5	纳税信用管理的网上信用评级			
6	组织机构代码实时赋码	质检总局		
7	企业标准备案管理制度创新			
8	取消生产许可证委托加工备案			
9	全球维修产业检验检疫监管			
10	中转货物产地来源证管理			
11	检验检疫通关无纸化			
12	第三方检验结果采信			

续表

序号	改革事项	负责部门	推广范围	时限
13	出入境生物材料制品风险管理	质检总局	全国	2015年6月30日前
14	个人其他经常项下人民币结算业务	人民银行		
15	外商投资企业外汇资本金意愿结汇	外汇局		
16	银行办理大宗商品衍生品柜台交易涉及的结售汇业务			
17	直接投资项下外汇登记及变更登记下放银行办理			
18	允许融资租赁公司兼营与主营业务有关的商业保理业务	商务部		
19	允许设立外商投资资信调查公司			
20	允许设立股份制外资投资性公司			
21	融资租赁公司设立子公司不设最低注册资本限制			
22	允许内外资企业从事游戏游艺设备生产和销售，经文化部门内容审核后面向国内市场销售	文化部		
23	从投资者条件、企业设立程序、业务规则、监督管理、违规处罚等方面明确扩大开放行业具体监管要求，完善专业监管制度	各行业监管部门	在全国借鉴推广	结合扩大开放情况
24	期货保税交割海关监管制度	海关总署	海关特殊监管区域	2015年6月30日前
25	境内外维修海关监管制度			
26	融资租赁海关监管制度			
27	进口货物预检验	质检总局		
28	分线监督管理制度			
29	动植物及其产品检疫审批负面清单管理			

附件2 各省（区、市）人民政府借鉴推广的改革事项任务表

序号	改革事项	主要内容	时限
1	企业设立实行“单一窗口”	企业设立实行“一个窗口”集中受理	2—3年内
2	社会信用体系	建设公共信用信息服务平台，完善与信用信息、信用产品使用有关的系列制度等	
3	信息共享和综合执法制度	建设信息服务和共享平台，实现各管理部门监管信息的归集应用和全面共享；建立各部门联动执法、协调合作机制等	
4	企业年度报告公示和经营异常名录制度	与工商登记制度改革相配套，运用市场化、社会化的方式对企业进行监管	
5	社会力量参与市场监督制度	通过扶持引导、购买服务、制定标准等制度安排，支持行业协会和专业服务机构参与市场监督	
6	完善专业监管制度	配合行业监管部门完善专业监管制度	结合扩大开放情况

◎国务院关于做好自由贸易试验区新一批改革试点经验复制推广工作的通知

国发〔2016〕63号

各省、自治区、直辖市人民政府，国务院各部委、各直属机构：

设立自由贸易试验区（以下简称自贸试验区）是党中央、国务院在新形势下作出的重大决策。2015年4月，中国（广东）自由贸易试验区、中国（天津）自由贸易试验区、中国（福建）自由贸易试验区以及中国（上海）自由贸易试验区扩展区域运行。1年多来，4省市和有关部门按照党中央、国务院部署，以制度创新为核心，简政放权、放管结合、优化服务，推动自贸试验区在投资、贸易、金融、事中事后监管等多个方面进行了大胆探索，形成了新一批改革创新成果。经党中央、国务院批准，自贸试验区可复制、可推广的新一批改革试点经验将在全国范围内复制推广。现就有关事项通知如下：

一、复制推广的主要内容

（一）在全国范围内复制推广的改革事项

1. 投资管理领域：“负面清单以外领域外商投资企业设立及变更审批改革”、“税控发票领用网上申请”、“企业简易注销”等3项。

2. 贸易便利化领域：“依托电子口岸公共平台建设国际贸易单一窗口，推进单一窗口免费申报机制”、“国际海关经认证的经营者（AEO）互认制度”、“出境加工监管”、“企业协调员制度”、“原产地签证管理改革创新”、“国际航行船舶检疫监管新模式”、“免除低风险动植物检疫证书清单制度”等7项。

3. 事中事后监管措施：“引入中介机构开展保税核查、核销和企业稽查”、“海关企业进出口信用信息公示制度”等2项。

（二）在海关特殊监管区域复制推广的改革事项

包括：“入境维修产品监管新模式”、“一次备案，多次使用”、“委内加工监管”、“仓储货物按状态分类监管”、“大宗商品现货保税交易”、“保税展示交易货物分线监管、预检验和登记核销管理模式”、“海关特殊监管区域间保税货物流转监管模式”等7项。

二、高度重视推广工作

各地区、各部门要深刻认识复制推广自贸试验区改革试点经验的重大意义，将复制推广工作作为贯彻落实创新、协调、绿色、开放、共享的发展理念，推进供给侧结构性改革的重要举措，积极转变政府管理理念，提高政府管理水平，着力推动制度创新，深入推进简政放权、放管结合、优化服务改革，逐步构建与我国开放型经济发展要求相适应的新体制、新模式，持续释放改革红利，增强发展新动能、拓展发展新空间。

三、切实做好组织实施

各省（区、市）人民政府要将自贸试验区改革试点经验复制推广工作列为本地区重点工作，完善领导机制和复制推广工作机制，积极创造条件、扎实推进，确保改革试点经验落地生根，产生实效。国务院各有关部门要按照规定时限完成复制推广工作，需报国务院批准的事项要按程序报批，需调整有关行政法规、国务院文件和部门规章规定的，要按法定程序办理。国务院自由贸易试验区工作部际联席会议办公室要适时督促检查改革试点经验复制推广工作进展情况及其效果。复制推广工作中遇到的重大问题，要及时向国务院报告。

附件：自由贸易试验区改革试点经验复制推广工作任务分工表

国务院

2016 年 11 月 2 日

附件　自由贸易试验区改革试点经验复制推广工作任务分工表

序号	改革事项	负责部门	推广范围	时限
1	负面清单以外领域外商投资企业设立及变更审批改革	商务部	全国	2016 年 11 月 30 日前
2	依托电子口岸公共平台建设国际贸易单一窗口，推进单一窗口免费申报机制	海关总署	全国	
3	国际海关经认证的经营者（AEO）互认制度	海关总署	全国	
4	出境加工监管	海关总署	全国	
5	企业协调员制度	海关总署	全国	
6	引入中介机构开展保税核查、核销和企业稽查	海关总署	全国	
7	海关企业进出口信用信息公示制度	海关总署	全国	
8	税控发票领用网上申请	税务总局	全国	
9	企业简易注销	工商总局	全国	
10	原产地签证管理改革创新	质检总局 海关总署	全国	
11	国际航行船舶检疫监管新模式	质检总局	全国	
12	免除低风险动植物检疫证书清单制度	质检总局	全国	
13	入境维修产品监管新模式	商务部 海关总署 质检总局 环境保护部	全国海关特殊监管区域	
14	一次备案，多次使用	海关总署	全国海关特殊监管区域	
15	委内加工监管	海关总署	全国海关特殊监管区域	
16	仓储货物按状态分类监管	海关总署	全国海关特殊监管区域	
17	大宗商品现货保税交易	海关总署	全国海关特殊监管区域	
18	保税展示交易货物分线监管、预检验和登记核销管理模式	质检总局	全国海关特殊监管区域	
19	海关特殊监管区域间保税货物流转监管模式	海关总署	实行通关一体化的海关特殊监管区域	

◎商务部 交通运输部 工商总局 质检总局 外汇局 关于做好自由贸易试验区第三批改革试点经验复制推广工作的函

建设自由贸易试验区（以下简称自贸试验区）是党中央、国务院在新形势下全面深化改革和扩大开放的一项战略举措。一段时间以来，自贸试验区制度创新成果丰硕，已集中向全国复制推广了两批改革试点经验。近期，上海、广东、福建、天津4省市和有关部门按照党中央、国务院部署，持续加快政府职能转变，探索体制机制创新，主动服务国家战略，加大压力测试和风险防控，推动自贸试验区在投资、贸易、金融等方面大胆探索，形成了新一批改革创新成果。

经商相关部门同意，自贸试验区第三批改革试点经验包括“会展检验检疫监管新模式”“进口研发样品便利化监管制度”“海事集约登轮检查制度”“融资租赁公司收取外币租金”“市场主体名称登记便利化改革”等5项内容，将向全国范围内复制推广。

请各地高度重视复制推广自贸试验区改革试点经验的重大意义，将复制推广工作作为贯彻新发展理念、推进供给侧结构性改革、进一步深化改革和扩大开放的重要举措，强化组织机制保障，落实主体责任，加强监督检查，确保改革试点经验落地生根、取得实效，持续释放改革红利，打造法治化、国际化、便利化的营商环境。复制推广工作中遇到的重大问题，要及时报告。

附件：自贸试验区第三批复制推广的改革试点经验

商务部 交通运输部 工商总局
质检总局 外汇局
2017年7月26日

附件：

自贸试验区第三批复制推广的改革试点经验

序号	事项	主要内容	部门	推广范围
1	会展检验检疫监管新模式	一是简化审批手续，对报检单位登记备案、出入境特殊物品卫生检疫审批、口岸卫生许可、进境（过境）动植物及其产品检疫审批等检验检疫审批项目，实行网上申请和审批。二是创新展品监管措施，对需办理强制性产品认证（CCC认证）的产品实行“入区登记、展后区别监管”的监管方式，无须办理《免于办理强制性产品认证证明》。会展结束后，退运出境的展品采取复出核销的便捷措施，销售、使用的展品按照强制性产品认证的有关规定办理。三是改口岸查验为场馆集中查验，对入境展品实行口岸核证直接放行。	质检总局	全国
2	进口研发样品便利化监管制度	对研发科创类型企业进口的研发用样品采取合格假定、信用放行的监管新模式，对产品实施风险分类监管，简化入出境办理手续，实施事中事后监管。	质检总局	全国

续表

序号	事项	主要内容	部门	推广范围
3	海事集约登轮检查制度	整合海事执法力量，实现一站式登轮检查，对海事部门涉及的各类检查项目，做到能够不登轮检查的不再登轮检查，必须登轮检查的事项，一次完成海事监管所有执法检查。	交通运输部	全国
4	市场主体名称登记便利化改革	实行企业名称“自助查重、自主报”：一是减少名称登记环节。企业名称核准与企业设立登记可以同时办理。二是开放名称数据库，设定名称禁限用规则，供申请人自助查重、自主申报使用。三是探索名称争议除名制度。应予纠正的企业名称，登记机关责令企业限期改正，拒不改正的，可以用除名的方式，或者暂以统一社会信用代码代替，通过国家企业信用信息公示系统予以公示。	工商总局	全国
5	融资租赁公司收取外币租金	金融租赁公司、外商投资融资租赁公司及中资融资租赁公司办理融资租赁业务时，如用以购买租赁物的资金50%以上来源于自身国内外汇贷款或外币负债，可以在境内以外币形式收取租金。	外汇局	全国

◎各部门自行复制推广的改革试点经验汇总表（53项）（截至2017年1月）

序号	领域	牵头实施部门	改革事项	推广时间	推广范围	发布文件
1	投资管理及便利化	工业和信息化部	开放在线数据处理业务（经营类电子商务）的外资股权比例限制，外资股权比例可至100%	2015.6	全国	《工业和信息化部关于开放在线数据处理与交易业务（经营类电子商务）外资股比限制的通告》（工信部通〔2015〕196号）
2		公安部	以工资和税收作为申请永久居留的市场化条件、扩大长期居留许可签发范围、对高学历在华工作的外籍华人开辟申请在华永久居留的渠道等出入境便利政策	2016.3	北京	《关于支持北京创新发展有关出入境政策措施的通知》
				2016.4	福建	《关于实施支持福建自贸区建设有关出入境政策措施的通知》
				2016.8	广东	《关于实施支持广东自贸区建设及创新驱动发展有关出入境政策措施的批复》
3		财政部、税务总局	因非货币性资产对外投资而确认的非货币性资产转让所得，可在不超过五年期限内，分期缴纳所得税（企业所得税政策、个人所得税政策）	2014.1	全国	《财政部 国家税务总局关于非货币性资产投资企业所得税政策问题的通知》（财税〔2014〕116号）
				2015.4		《财政部 国家税务总局关于个人非货币性资产投资有关个人所得税政策的通知》（财税〔2015〕41号）

续表

序号	领域	牵头实施部门	改革事项	推广时间	推广范围	发布文件
4	投资管理及便利化	财政部	允许取得中国注册会计师资格的港澳会计专业人士担任合伙制会计师事务所合伙人	2016.6	内地	《财政部关于大力支持香港澳门特别行政区会计专业人士担任内地会计师事务所合伙人有关问题的通知》（财会〔2016〕9号）
5		财政部、海关总署、税务总局	对设在自贸试验区海关特殊监管区域内的企业生产、加工并经“二线”销往内地的货物照章征收进口环节增值税、消费税、根据企业申请，试行对该内销货物按其对应进口料件或按实际报验状态征收关税的政策	2016.9	部分地区海关特殊监管区域	《财政部 海关总署 国家税务总局关于扩大内销选择性征收关税政策试点的通知》（财关税〔2016〕40号）
6		税务总局	涉税事项网上区域通办	2014.11	全国	《国家税务总局关于印发〈中国（上海）自由贸易试验区创新税收服务措施逐步复制推广方案〉的通知》（税总函〔2014〕545号）
7			涉税事项网上服务体验	2014.11	全国	
8			电子发票网上应用	2015.1	部分符合条件的地区	
9			网上直接认定	2015.1	部分符合条件的地区	
10			非居民税收网上管理	2015.1	部分符合条件的地区	
11			网上按季申报	2015.1	部分符合条件的地区	
12			税印征信互动化	2015.7	全国	《国家税务总局 中国银行业监督管理委员会关于开展“银税互动”助力小微企业活动的通知》（税总发〔2015〕96号）
13		知识产权局	重点产业专利导航工作机制	2015.7	部分符合条件的地区	《国家知识产权局关于组织申报国家专利导航产业发展实验区、国家专利协同运用试点单位和国家专利运营试点企业的通知》（国知发管字〔2015〕15号）
14			培育多元化知识产权金融服务市场，拓展知识产权质押融资、推进知识产权保险、知识产权证券化等试点	2015.3	部分符合条件的地区	《国家知识产权局办公室关于报送知识产权质押融资及专利保险试点、示范的通知》（国知办函管字〔2016〕145号）；《国家知识产权局关于进一步推动知识产权金融服务工作的意见（国知发管字〔2015〕21号）
15			知识产权快速协同保护机制	2016.11	部分符合条件的地区	《国家知识产权快速协同保护工作的通知》（国知发管字〔2016〕92号

续表

序号	领域	牵头实施部门	改革事项	推广时间	推广范围	发布文件
16	投资管理及便利化	工商总局	注册资本认缴制	2014.3	全国	《国务院关于印发注册资本登记制度改革方案的通知》（国发〔2014〕7号）
17			取消公司注册资本最低限额			
18			取消公司设立时全体股东（发起人）的首次出资额及比例限制			
19			取消公司全体股东（发起人）的货币出资金额占注册资本比例限制			
20			取消公司股东（发起人）缴足出资期限限制	2014.3	全国	《国务院关于印发注册资本登记制度改革方案的通知》（国发〔2014〕7号）
21			改革年度检验验照制度			
22			简化住所（经营场所）登记手续			
23			营业执照样式			《关于启用新版营业执照有关问题的通知》（工商企字〔2014〕30号）
24		发展改革委	境外投资项目备案管理制度	2014.5	全国	《境外投资项目核准和备案管理办法》（国家发展改革委〔2014〕第9号令）
25			外商投资项目备案管理制度	2014.6	全国	《外商投资项目核准和备案管理办法》（国家发展改革委〔2014〕第12号令）
26		商务部	境外投资企业管理制度	2014.10	全国	《境外投资管理办法》（商务部〔2014〕第3号令）
27		保监会	取消区域内保险支公司高管人员任职资格的事前审批，由所在地保监局实施备案管理	2016	上海市、福建省福州市	《中国保监会办公厅关于在上海全市复制推广上海自贸区保险机构及高管备案管理改革经验有关事项的复函》（保监厅函〔2016〕4号） 《关于扩大福建省保险机构和高级管理人员备案制管理改革有关事项的复函》（保监厅函〔2016〕417号）
28		住房城乡建设部	对区域内为北京市提供服务的外资工程设计（不包括工程勘察）企业，取消首次申请资质时，对投资者的工程设计业绩要求	2015.5	北京市	《国务院关于北京市服务业扩大开放综合试点总体方案的批复》（国函〔2015〕81号）

续表

序号	领域	牵头实施部门	改革事项	推广时间	推广范围	发布文件
29	贸易便利化	财政部、海关总署、税务总局	扩大启运港退税试点政策	2014.9	南京市龙潭港、苏州市太仓港等8个港口	《财政部 海关总署 国家税务总局关于扩大启运港退税政策试点范围的通知》（财税〔2014〕53号）
30			租赁企业一般贸易项下进口飞机并租给国内航空公司使用的，享受与国内航空公司进口同等税收优惠政策，即进口空载重量在25吨以上的飞机减按5%征收进口环节增值税	2014.1	全国	《财政部 海关总署 国家税务总局关于租赁企业进口飞机有关税收政策的通知》（财关税〔2014〕16号）
31		税务总局	出口退税无纸化	2016.2	全国（试点）	《国家税务总局关于推进出口退（免）税无纸化管理试点工作的通知》（税总函〔2016〕36号）
32		海关总署	先进区、后报关	2014.9	全国	《海关总署关于复制推广上海自贸试验区海关监管创新制度有关工作的通知》（署加发〔2014〕172号）
33			区内企业货物流转自行运输			
34			加工贸易工单式核销			
35			简化通关作业随附单证			
36			集中汇总纳税			
37			简化统一进出境备案清单			
38			批次进出、集中申报			
39			仓储企业联网监管			
40			保税展示交易			
41			智能化卡口验放			
42	金融创新	人民银行	跨境电子商务人民币结算业务	2014.6	全国	《中国人民银行关于贯彻落实〈国务院办公厅关于支持外贸稳定增长的若干意见〉的指导意见》（银发〔2014〕168号）
43			进一步简化跨境贸易和直接投资人民币结算业务办理流程	2014.6	全国	《中国人民银行关于贯彻落实〈国务院办公厅关于支持外贸稳定增长的若干意见〉的指导意见》（银发〔2014〕168号）
44			跨境双向人民币资金池业务	2014.11	全国	《中国人民银行关于跨国企业集团开展跨境人民币资金集中运营业务有关事宜的通知》（银发〔2014〕324号）

续表

序号	领域	牵头实施部门	改革事项	推广时间	推广范围	发布文件
45	金融创新	人民银行	经常项下跨境人民币集中收付业务	2014.11	全国	《中国人民银行关于跨国企业集团开展跨境人民币资金集中运营业务有关事宜的通知》（银发〔2014〕324 号）
46			个人跨境贸易人民币结算业务	2014.6	全国	《中国人民银行关于贯彻落实〈国务院办公厅关于支持外贸稳定增长的若干意见〉的指导意见》（银发〔2014〕168 号）
47			区内机构从境外借入人民币资金	2017.1	全国	《中国人民银行关于全口径跨境融资宏观审慎管理有关事宜的通知》（银发〔2017〕9 号
48	金融创新	外汇局	取消境外融资租赁债权审批	2014.2	全国	《关于进一步改进和调整资本项目外汇管理政策的通知》（汇发〔2014〕2 号）
49			取消对外担保事前审批和向境外支付担保费行政审批	2014.6	全国	《国家外汇管理局关于发布〈跨境担保外汇管理规定〉的通知》（汇发〔2014〕29 号）
50			改进跨国公司总部外汇资金集中运营管理、外币资金池及国际贸易结算中心外汇管理试点政策，简化办理流程及账户管理	2014.6	全国	国家外汇管理局关于印发《跨国公司外汇资金集中运营管理规定（试行）》的通知（汇发〔2014〕23 号）（已被汇发〔2015〕36 号废止）、国家外汇管理局关于印发《跨国公司外汇资金集中运营管理规定》的通知（汇发〔2015〕36 号）
51			允许使用电子单证集中收付汇和轧差结算，允许银行按照“了解你的客户”、“了解你的业务”、“尽职调查”等原则办理经常项目收结汇、购付汇业务	2014.6	全国	
52			将企业境外外汇放款金额上限由其所有者权益的 30% 调整至 50%	2015.8	全国	
53			外债资金意愿结汇	2016.6	全国	《国家外汇管理局关于改革和规范资本项目结汇管理政策的通知》（汇发〔2016〕16 号）

最佳实践案例

◎国际贸易“单一窗口”（一）

国际贸易“单一窗口”，使外贸企业能够通过一个入口，向有关政府部门一次性提交货物进出口或转运所需要的单证或电子数据，并接收审查状态和结果信息，以解决重复申报和提交单证的问题。建设国际贸易“单一窗口”，是中国（上海）自由贸易试验区（以下简称上海自贸试验区）监管制度创新的重要内容，也是遵循国际通行规则、降低企业成本费用、提高贸易便利化水平的重要途径。

一、主要做法

上海国际贸易“单一窗口”由上海市口岸办牵头，参与建设部门包括海关、检验检疫、海事、边检、发改、商务、交通、经信、金融、邮政、民航、外汇、税务、食药监、林业（濒管办）、机场、港务 17 个。“单一窗口”实现了“一个平台、一次提交、结果反馈、数据共享”，使企业的申报由原来基于单机的客户端模式，变为基于互联网的网页申报模式，并在国内首创货物报关报检大表录入方式，实现了申报模式的改革创新。

（一）基本功能设计

上海国际贸易“单一窗口”包括货物进出口、运输工具申报、贸易许可、资质办理、支付结算以及信息查询 6 大功能模块，涵盖了口岸通关监管和国际贸易活动的主要环节。

在口岸通关申报和监管的主要环节，货物进出口申报和运输工具申报，已实现企业通过“单一窗口”一次性提交申报信息，分别发送给监管单位系统，申报结果通过“单一窗口”反馈，监管单位通过“单一窗口”共享监管状态和结果信息。

货物进出口申报。包括海运和空运的货物进出口申报、海关特殊监管区域一线货物进出境申报。企业可以通过“单一窗口”的报关报检一张大表，以录入或导入方式，一次性递交申报数据和随附单证。企业既可以同时报关和报检，也可以只报关或只报检。对需要查验的货物，关检查验指令可在“单一窗口”进行比碰。外贸企业与报关报检代理，可以通过“单一窗口”进行申报数据的相互交换。

运输工具申报。包括船舶进出口岸申报、船舶出口岸联网核放；货物舱单信息申报和共享；航空器出入境申报。企业可以在“单一窗口”自助打印国际航行船舶证明。

贸易许可申领。通过链接方式，接入商务部门的 5 类贸易许可申领系统（进口许可证、自动进口许可证、化肥进口关税配额证明、出口许可证、两用物项和技术进出口许可证），接入国家林业局（濒管办）的野生动植物允许进出口证明书申领系统。同时，开发了农产品（小麦、玉米、大米、棉花）进口关税配额证明的申报功能、食药监局的药品进口通关单申报系统等。

税费办理和支付。通过链接方式，接入关税支付、出口退税办理、外汇收付汇报告、检验检疫和海事规费支付等系统。

企业资质办理。包括商务部门的对外贸易经营者、海关报关、检验检疫报检等资质办理。商务部门的办理结果信息通过“单一窗口”与关检共享；关检通过信息共享，减少企业重复录入的数据量。

信息查询。企业可以查询口岸通关的申报状态和结果，以及关税支付状态；监管部门可以查询和共享监管信息，以及上海市公共信用信息平台和法人库的企业基础数据、信用信息。

此外，上线项目还包括：引航计划办理与信息共享、国际会展备案信息共享和进境展品申报、邮政代理申报国际邮包等。

（二）建设与运维服务模式

查验单位和试点企业共同参与“单一窗口”设计与开发的全过程，听取试点企业的建议，力求准确反映企业需求，推动监管流程优化与监管手续简化。项目建设的技术实现和运维，由上海电子口岸运维单位负责。

依托电子口岸，各部门合作共建。依托上海电子口岸平台已有应用功能及其技术开发力量，海关、检验检疫、海事、边检等部门实现了数据共享和系统对接，企业申报数据通过“单一窗口”发送至各部门信息系统分别处理，状态信息和处理结果通过“单一窗口”统一反馈给企业。

采用互联网模式，统一登录管理。“单一窗口”货物申报采用B/S网页模式，实行用户登记注册。同时，仍维持原有系统各自的身份认证和账户体系，即使用原有的身份（插卡）和账户即可登录“单一窗口”并进行申报。

充分尊重企业需求。在项目建设前期，邀请了10家不同类型的企业全程参与货物申报功能的论证、设计、体验、应用和完善工作。“单一窗口”专门为自身信息化条件较好的试点企业提供导入导出接口，直接与企业ERP系统对接，在ERP系统自动生成申报准备数据后，批量导入“单一窗口”，大幅提升了企业工作效率。

各单位合作开展运维。上海电子口岸平台各申报系统的原有运营主体，仍负责系统和客户的运维服务。同时，各单位组成联合运维团队，共同承担“单一窗口”的运维保障工作，形成统一的运营服务规范，提供7×24小时服务响应。

二、实践效果

与传统的通关申报模式相比，“单一窗口”模式具有显著优势。截至2015年9月底，在上海国际贸易“单一窗口”平台开户的各类企业超过1 100家。通过申报大表进行报检报关作业

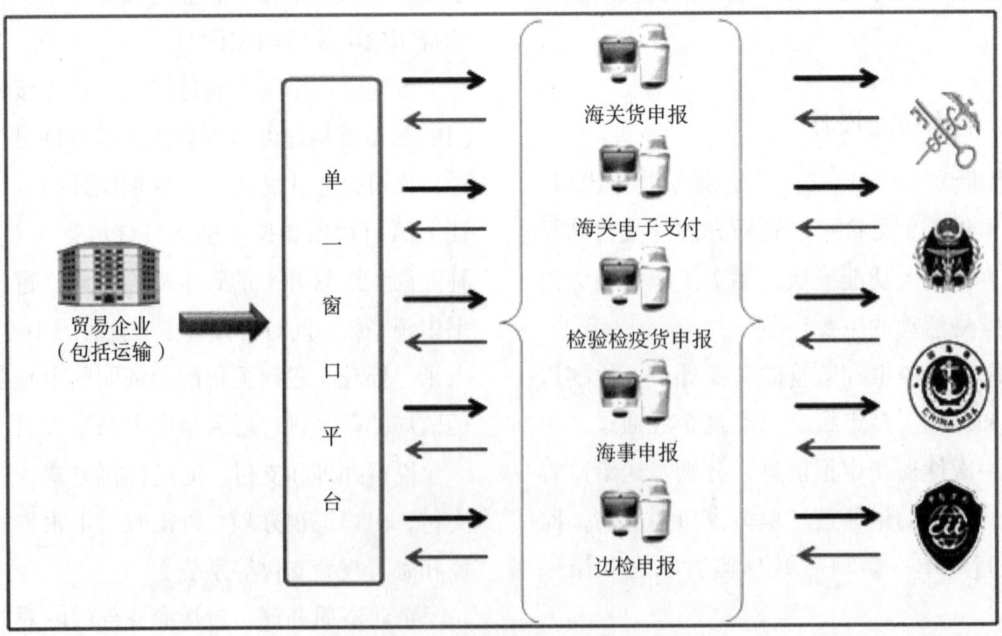

“单一窗口”模式示意图

约10万票；检验检疫全申报系统实现整体切换，完成申报200多万票；船舶申报基本覆盖主要船舶代理企业。

（一）便利企业办理业务，提高通关效率，降低企业成本

在货物通关方面。按照原有方式，企业办理口岸通关和监管业务需要经过8个环节，包括登录海关申报系统、海关关税支付系统、检验检疫全申报系统、检验检疫报检系统，还需到检验检疫现场提交随附单证、到海关查验现场办理选箱、在海关申报和关税支付部门之间传递相关纸质凭证、在海关和检验检疫申报作业部门之间传递通关单号。

现在，“单一窗口”通过流程优化和数据整合简化，让企业可以“一站式”办理以上事项（8合1）。各项通关申报作业实现“一点接入、一表录入、一次提交”，避免登录多个系统，报检报关数据减到103项，其中32个相同数据项，只需录入一次，改善了企业申报操作体验，减少了录入工作量，降低了差错率，节约近30%的人力成本；基于互联网的申报模式使企业能够灵活选择申报地点，合理配置人力和业务资源；外贸企业通过与其代理进行贸易和物流数据的双向传输，能够及时了解货物和运输工具的通关和监管状态、结果和时间信息，便于开展供应链优化，进一步降低运营成本。

在国际船舶联网核放方面。按照原有方式，企业凭各类纸质材料，分别到各监管部门办理，需排队、交单、盖章、打印许可证。现在，企业通过“单一窗口”进行船舶申报，各口岸监管部门办结手续后，将电子放行指令反馈到“单一窗口”，海事部门凭各部门电子放行指令，办理船舶出口岸手续，船舶代理可以在平台上自主打印船舶出口岸许可证，有效节省了人力和时间成本。

（二）优化业务流程，推进口岸管理部门实现“三互”，节约监管资源

促进了执法流程由串联改为并联。“单一窗口”一点申报和一点反馈，成功将进出口货物和进出境船舶的通关流程由串联模式改为并联模式。

实现了关检合作“三个一”。通过海关、检验检疫通关和监管过程与“单一窗口”信息提交和反馈机制的有机融合，实现了关检“一次申报、一次查验、一次放行”。

推动了口岸管理部门执法联动。“单一窗口”的一张大表录入模式确保了企业向不同监管部门申报数据的一致性。同时，口岸管理部门实现了通关单、企业资质等监管状态及结果的共享和互换，有效促进了监管互认、执法互助，推动了执法流程联动优化，发挥了整体执法优势。例如，在运输工具协同监管方面，海事部门的船舶动态信息可实时共享给海关、检验检疫和边检等监管部门，从而有效促进了执法互助。

◎国际贸易“单一窗口”（二）

为进一步推进贸易便利化，2014年9月，福建省人民政府按照“企业需求导向和问题导向”的原则，启动国际贸易“单一窗口”建设。2015年4月，“单一窗口”上线运行，实现“一个平台、一个界面、一点接入、一次申报”办理国际贸易各项业务。

一、主要做法

福建国际贸易“单一窗口”由政府主导，海关、检验检疫、海事、边检共同建设，30多个相关部门参与。福建省口岸办牵头负责规划、设计，设立省电子口岸管理中心负责具体推进，建设经费列入财政预算。

（一）运营模式

根据福建省设有两个关区、两个检区，关区与检区相互交叉的实际情况，全省设立一个平台和福州、厦门两个运营体。两个运营体统一界面、统一对外宣传，分别由省电子信息集团和厦门自由贸易试验区电子口岸公司负责开发、运营和维护；运维费用由政府通过购买服务方式列入财政预算。两个运营体的数据充分共享，由省电子口岸管理中心（省口岸数据中心）通过网络专线直接对接口岸查验单位和两个运营体，负责实时汇总全省通关查验、港口物流等口岸运行数据。企业可自主选择合适的运营体办理业务。

（二）基本功能设计

福建国际贸易“单一窗口”分期建设。1.0版共设计7个功能，包括货物申报、运输工具申报、关检“三个一”、政务服务、金融服务、贸易许可业务、对台及“一带一路”专区。2.0版建设已引进新加坡专业公司，对照国际标准参与规划、设计。

货物申报。提供一般贸易、特殊监管区、跨境电商、快件货物的报关报检申报，以及危险品货物向海事的申报服务。

关检“三个一”。在“一次申报、一次查验、一次放行”基础上实现关检的共同查验、共同放行及相关的查询服务，并在此基础上进一步发展了查验电子预约系统和查验公共补贴管理系统。

运输工具申报。提供进出境船舶、航空器等运输工具信息及相关舱单数据向海关、检验检疫、边检、海事的申报，以及关区内直通货物的电子关锁向海关的申报服务。

政务服务。通过整合信用体系查询、智能监管平台、银行税务等系统，为企业提供以口岸商贸服务为基础，延伸扩展整个自贸试验区政府相关服务，构建完整的线上综合信息化服务体系。

金融服务。延伸扩展连接银行、外汇、税务、信用担保等相关金融服务系统，为外贸企业提供进出口付汇、出口小微企业信用保险，为海关特殊监管区内企业分送集报业务提供涉税分段担保

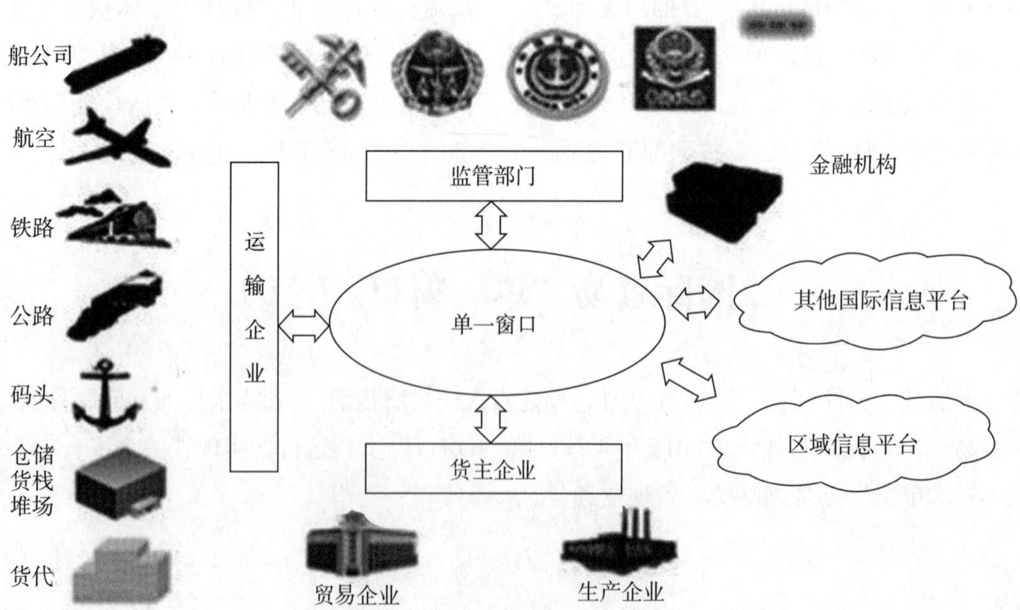

总体架构图

等金融服务。

贸易许可申领。提供外贸经营备案、境外企业年检、加工贸易、农产品进口关税配额等相关贸易许可办理服务。

对台、“一带一路”专区。与台湾关贸网实施对接，搭建对台服务平台，实现舱单、旅客名单、电子原产地证数据的申报、海运快件清单与台湾的通关、物流数据交换。逐步推进与“一带一路”沿线港口、铁路对接。

（三）数据整合

为推动口岸查验单位的数据互换，福建省专门对原分散在各口岸单位申报表格中的数据项进行了整合。以货物进出口一单两报和船舶进出境申报为例，经过整合，货物进出口一单两报将分别报关、报检所需的149项数据整合减少为96项，减少录入53项；船舶进出境申报涉及的3张表，共641项数据，整合为384项，减少录入257项。

（四）港口业务与通关业务密切对接

通过检验检疫、海事、港口管理部门3个单位共建，通过流程再造，实现了企业通关申报、物流管理、查验、放行的全程信息化服务，同时实现了船舶代理、车队、堆场、码头等港口物流生产作业在“单一窗口”上无纸化办理，大幅度提高通关效率。

（五）配套措施

由福建省电子口岸管理中心牵头，专门设立了96114、968910用户专线，统一接入福建省范围内“单一窗口”用户呼叫请求，7×24小时响应用户需求。企业通过“单一窗口”报关报检环节的部分经营服务性收费（如：报关单及加工贸易台账预录入费、电子数据传输及处理费和检验检疫申报软件服务费等），由政府通过购买服务的方式给予减免，通过减轻企业负担，引导企业主动应用“单一窗口”。

二、实践效果

目前，“单一窗口”建设共投入7 500万元，在平台上正式运行的服务项目48个，在建项目40个，平台直接服务的口岸生产运营、国际贸易、物流企业和中介服务企业3 700多家，间接服务的外贸企业2.5万多家，日单证处理量3万多票；在船舶进出境申报、货物进口检疫申报、空运海关物流监管、海运海关物流监管四个业务模块实现100%的业务覆盖。自由贸易试验区电子账册监管及关区转关业务（电子关锁）实现95%以上的业务覆盖。

（一）大幅提升通关效率

企业进出口货物申报时间从4个小时缩短至5—10分钟；船舶检验检疫申报时间由50分钟缩短至5分钟；一般货物贸易出口全流程时间从16天（注：世界银行评估的中国货物贸易全流程时间）缩短至8天；船舶进境时间由36小时缩短至2.5小时，出境时间由36小时缩短至1小时。

（二）大幅提升综合服务水平

福建国际贸易“单一窗口”已实现与省级市场监督公共信用平台互联互通，共享全省企业信用数据；集成运用云计算、移动查询等先进技术，实现口岸信息移动查询、微信和地理信息服务；企业设立“一口受理、一照一码”系统已接入“单一窗口”，外贸企业从设立到通关通检实现“一个窗口、一次办结”。

（三）大幅减轻企业负担

实施关检合作“三个一”模式后，每个集装箱可减少费用600元；海关申报费用每票下调5元，对自主申报企业的数据传输费用全免；在“单一窗口”实现进出口的小微企业信用担保费用全免；实行无纸化分段担保后，保税展示交易出区税款担保由按月预缴改为按实际批次缴交，极大地减少了企业资金占用。

◎京津冀区域检验检疫一体化新模式

实施京津冀区域检验检疫一体化，是中国（天津）自由贸易试验区（以下简称天津自贸试验区）落实京津冀协同发展战略的重要举措。在国家质检总局领导下，天津检验检疫局着力搭建京津冀协同发展检验检疫新平台，开拓了京津冀检验检疫一体化新模式。

一、主要做法

京津冀三地检验检疫局加强协作，共同实施，通过改革现有通关模式、监管模式和业务流程，打造以“三通”、“两直”、“四放”、“五统一”和“无纸化”等为主要内容的检验检疫一体化新模式，促进通关便利化，推动京津冀区域协同发展。

（一）全力打造“三通”，加快实现“三互”

“三通”即通报通检通放。通报是指京津冀区域内符合条件的进出口企业可自主选择报检地点，实施多点受理、集中审单；通检是指在属地化监管的基础上，检验检疫机构互认检测结果；通放是指进出口企业可自主选择办理签证、放行手续的检验检疫机构。天津自贸试验区挂牌后，根据京津冀检验检疫信息化建设实际，将信息化支持和业务流程再造相结合，在尚未实现全国数据大集中、跨直属局共享数据的情况下，实现了京津冀区域内企业可自主选择入境货物的口岸报检查验放行模式、属地报检查验模式。

（二）全面实施“两直”，便利企业通关

“两直”即出口直放和进口直通。对区域内生产的出口货物，除散装商品、危险化工品及包装等少数商品之外，经产地检验检疫合格后直接放行，除按产地局要求进行必要的风险监控措施外，天津口岸不再进行查验，直接出具“通关单”。对实施一体化的进口货物，在天津口岸实施必要的检疫处理后，直接运到北京、河北实施检验检疫和监管。

（三）推进“五统一”，力求一体成效

统一审单规范。建立了集中审单一体化工作规范，汇总了三地报检单审核规范和布控比例，统一发布预警规则，实现了风险防控措施的统一实施。

统一业务规范。建立了三地对口业务部门的会商机制，统一规范了出入境特殊物品检疫监管程序、进口工业品验证监管程序、进出口食品检验监管、进口汽车、棉花等重点商品的口岸内地工作流程以及行政处罚自由裁量基本原则。

统一风险防控。以“一地发现，三地知情，共同铲除，集体防范”为目标，建立并实施了统一的京津冀海陆空一体化口岸公共卫生安全防控体系、动植物疫情监测体系和重大动植物疫情应急预案、食品检验检疫信息通报机制和工业品风险预警及应急处置机制。

统一信用管理。建立诚信企业管理措施区域通报机制，三地相互交换了250家AA级、A级和D级企业名单，一地评定的企业诚信等级，适用三地管理。

统一统计规则。统一确认和规范了“两直”、“三通”和“无纸化”等多种业务模式下的统计项目、统计口径、统计标准，实施分段统计、统一汇总、相互验证，确保业务统计数据可追溯、可比对、可应用。

（四）依托风险评估，实施“四放”模式

“四放”即申报放行、验证放行、抽样放行和监管放行，是建立在风险分析和分类管理基础

上的信用管理。通过模式创新和流程再造，针对不同的监管对象和产品特点，实行不同的放行模式，并力求加大申报放行、验证放行、抽样放行等快速放行比例。

二、实践效果

截至 2015 年 9 月 30 日，京津冀三地共完成检验检疫 76.2 万批，涉及货值 1 259.7 亿美元。各类检验检疫一体化便利措施惠及企业 2 万余家。

（一）贸易便利更加显现，企业省事省力省钱

三地共实施出口直放 11.2 万批，为企业节省通关物流时间约 170 万小时，节省各项通关成本约 2 000 万元；共实现进口直通货物 1.1 万批，金额约 37.3 亿美元，其中电子转检 5 273 批，为企业节省快递、仓储、滞箱费等约 190 万元；共受理无纸化报检 105.6 万批次，天津口岸实施出口无纸化比例达 95%。据试点外贸企业测算，非法检货物从电子申报到放行最快 1 小时内完成，可省去材料准备、传递等时间 1.4 天；法检货物从报检到放行由原来 2—3 天，最快可缩短到 6.5 小时。

（二）区域合作更加紧密，检验检疫监管效率得到提高

京津冀检验检疫一体化建设中，三地建立了联席会、工作组和联络员的局处科三级协调机制，成立了 10 个专业组，发布了 12 项工作规范，区域联动的检验检疫、风险防控、风险预警与快速反应处置能力得到明显提高。三地联防联控，有效应对了重大传染病疫情，高质量完成了重大国际活动保障工作。实施京津冀检验检疫一体化改革，实现监管后移，进一步缩短了货物的口岸滞留时间，通关时间较改革前平均每批货物节省 0.5 天，每标准箱为企业节约物流成本 120 元，口岸快速放行率达 88%，口岸通关效率提升了 75%，显著提高了区域贸易便利化水平。

◎跨境电商监管新模式

中国（广东）自由贸易试验区（以下简称广东自贸试验区）探索跨境电商监管新模式，简化口岸环节，加强事中事后监管，构建质量追溯体系，对跨境电商企业及商品实行事前评估、入区备案、第三方检测、事后追溯等闭环监督管理，有效地促进了片区跨境电商产业的发展。

一、主要做法

由广东自贸试验区境内的海关、检验检疫部门牵头，会同商务、发展改革等部门，积极构建事前备案、事中采信、事后追溯的跨境电商管理新模式。

（一）对跨境电商企业和商品实行备案管理

区内电商企业开展跨境电商业务须先分别在海关、检验检疫部门申请备案，备案采取网上备案形式，并实施“一点备案，全关通用”，在广州、深圳海关关区内任一业务现场完成确认的企业，即可在关区内其他业务现场开展相关业务，无须再次办理备案手续。

电商企业经营的商品首次销售前，须向检验检疫部门提供商品备案信息。一般风险商品备案时，只需提交商品名称、品牌、HS 编码、规格型号、原产国别、供应商名称等信息即可；出境商品备案时只需提交商品名称、HS 编码、原产

国别等信息即可。同一企业已备案的商品再次出入境时无须再次备案。

（二）对电商商品出入境实施全申报管理

全申报管理是指所有入境、出境的集装箱、货物、废旧物、应检包装物等物品及交通工具等的货主、代理人、承运人或生产单位，依照检验检疫有关法律法规，在有关物品与交通工具进出境前向检验检疫机构履行申报义务。出境电商商品全申报信息包括商品信息、企业信息、订单信息、电商平台信息等；入境电商商品全申报信息包括商品信息、企业信息、电商平台信息、订单信息、支付信息、物流信息、追溯信息（如商品条形码或二维码）等。入境电商商品整批入境、集中存放、按订单分批销售的，在入境前申报商品信息、企业信息；在出仓申报时提交订单信息、支付信息、物流信息、消费者个人信息以及自用承诺信息。

（三）对进口保税货物实施“先放后征”的快速通关模式

跨境电商进口试点企业在开展试点业务前，以银行保函形式向海关提交税款总担保。进口的保税货物以“跨境贸易电子商务”监管方式申报进口，保税货物进入跨境电子商务仓前，企业向跨境通关系统发送进仓清单数据，进仓清单审结后，企业凭载货单到码头办理提货手续，对货物施封后入仓。保税物品出仓运至境内转为正式进口的，企业向跨境通关系统发送电子清单数据。企业收到进境电子清单数据放行的反馈信息后，通过跨境通关系统发送装载单放行的申请。装载单放行后可开展物品实际物流配送。海关对跨境电子商务实施分类管理，探索“先放后征”模式，即海关凭担保提前放行商品，电商、物流企业定期集中代缴税款，对大部分低风险商品实施快速放行，提高通关效率。同时，制订跨境电商商品7×24小时放行出区操作办法，实现跨境电商商品7×24小时放行出区。

（四）建立跨境电商质量追溯体系

广东检验检疫局依托“智检口岸”公共服务平台，在全国建立首个跨境电商商品质量溯源平台，所有经广东自贸试验区南沙片区进出口的跨境电商商品质量信息都可登录智检口岸公共服务平台进行快捷查询。消费者只需输入订单号、快递单号或身份证号任意一项，即可快速查询商品名称、数量、货号、申报原产国、生产企业、入境口岸等18项信息，实现“源头可溯、去向可查”。

（五）推动跨境电商第三方采信制度

检验检疫部门将第三方采信与质量追溯体系有机结合，使产品溯源链条延伸至国外。若CNAS认证的境外第三方检验机构对商品出具质量溯源证书，则检验检疫部门给予该进口商品绿色通道，将采信的产品质量信息、数据和物流信息全面导入“智检口岸”，掌握进口产品“出生证”，逐步建立全球产品质量大数据库，支持消费者在线查询。

二、实践效果

（一）方便企业申报

企业在任何有互联网的地方均可实现业务网上申报、查询和备案，不需要下载任何客户端，实现24小时无纸化网上办公和“零纸张、零距离、零障碍、零门槛、零费用、零时限”的“六零申报”。

（二）检验检疫效率大幅提升

商品检验检疫办结率由以往的平均2—3天缩短为16分钟，产品合格率提升24个百分点，查验率降低90%。商品风险低、企业信誉高的货物实施现场免查验，绝大多数货柜可在1分钟内办结所有手续。

（三）实现商品“源头可溯、去向可查”

通过建立商品溯源平台，极大地方便了消费

者掌握商品来源、检验检疫流程节点，了解商品质量信息，有效解决了跨境电商商品追溯难、维权难的问题，为消费者建立了一条公开、透明、便捷的跨境电商商品溯源和维权通道。截至2015年10月20日，南沙片区跨境电商商品质量溯源网络查询量已超过2.8万次。

（四）推动跨境电商产业发展效果明显

2015年1—8月，南沙片区完成备案的跨境电商企业有334家，商品43 687种，跨境电商入境货物共计153.1万批、货值4.3亿元；前海蛇口片区今年前三季度区验放跨境电商货物货值4.3亿元，是2014年全年的48.5倍。广东自贸试验区已成为国内大型电商布局跨境电商业务的重点区域，天猫国际、京东、亚马逊、苏宁云商、1号店、唯品会、当当网、聚美优品等国内知名电商平台相继落户。

◎投资管理体制改革“四个一”

2015年7月1日，中国（福建）自由贸易试验区（以下简称福建自贸试验区）平潭片区在投资管理体制改革“并联审批”的基础上，试点实施“综合审批”，将投资建设项目从招商对接到竣工验收涉及的所有行政审批事项整合为规划选址与用地、项目评审与核准备案、设计审查与施工许可、统一竣工验收4个阶段，每一个阶段均采取“一表申请、一口受理、并联审查、一章审批”的综合审批。设立行政审批局具体负责办理，规划、国土、发改、城建、交通、环保等职能部门，参与具体审批事项的审查，实现所有审批部门作为一个整体统一面向市场主体。

一、主要做法

按照《行政许可法》的规定，福建省人民政府在平潭片区设立行政审批局，具体负责实施投资建设项目的综合审批。

（一）调整合并审批事项

将投资项目从招商对接到竣工验收涉及的116项审批事项合并为26项，并统一调整为以下4个办理阶段：

1. 规划选址与用地阶段。在不违反现有法律法规强制性规定的基础上，招商项目确定后，将规划初步选址、用地预审、用林预审、用海预审、环境影响预评价、社会稳定风险、土地出让审批手续等事项合并为规划选址与用地阶段；通过市场化方式受让或通过“招拍挂”取得土地使用权的，直接进入下一个办理阶段。

2. 项目评审与核准备案阶段。在现有行业管理部门审核职能不变、监管力度不减的前提下，将工程可行性研究报告评审、环境影响评价报告评审、水土保持方案评审、节能评估报告评审、社会稳定风险评估以及需要评审的其他事项合并为项目评审与核准备案阶段。

3. 设计审查与施工许可阶段。在不违反国家行政审批中介服务相关规定的基础上，将规划总评方案审查、初步设计方案审查、人防设施审查、消防设施审查、气象设施审查、地震设施审查等需要对工程项目施工图进行审查的事项及其他与施工许可相关的审批事项合并为设计审查与施工许可阶段。

4. 统一竣工验收阶段。将工程项目竣工验收涉及的环保设施竣工验收、水土保持专项验收、建设工程规划验收、人防设施验收、工程档案验收、消防设施验收、安全设施验收、气象设施验收、地震预防设施验收等各类专项验收合并为统一竣工验收阶段。

（二）所有审批事项均由行政审批局牵头办理，并采取统一的办理流程

对投资建设项目涉及的所有审批事项均实行“一表申请、一口受理、并联审查、一章审批”的“四个一”运行模式。

（三）并联审核并集成各类证、照、批复办理手续

投资建设项目按照“四个一”模式运作，在每一阶段，各职能部门按其分工依法行使行政许可审核权限。在不违反国家相关证照管理规定的前提下，投资者可在每个阶段取得相应的《综合审批决定书》。因投资实施需要，投资者可以凭《综合审批决定书》到行政服务中心窗口领取相应的证、照、批复。

（四）实行“超时默认”、“缺席默认”绩效管理倒逼机制

将各个阶段办理情况全过程纳入绩效考核，并实行“超时默认”、“缺席默认”。即在不涉及公共安全、公共利益等情况下，当事人提交的申请材料符合法定申请条件的，相关职能部门缺席

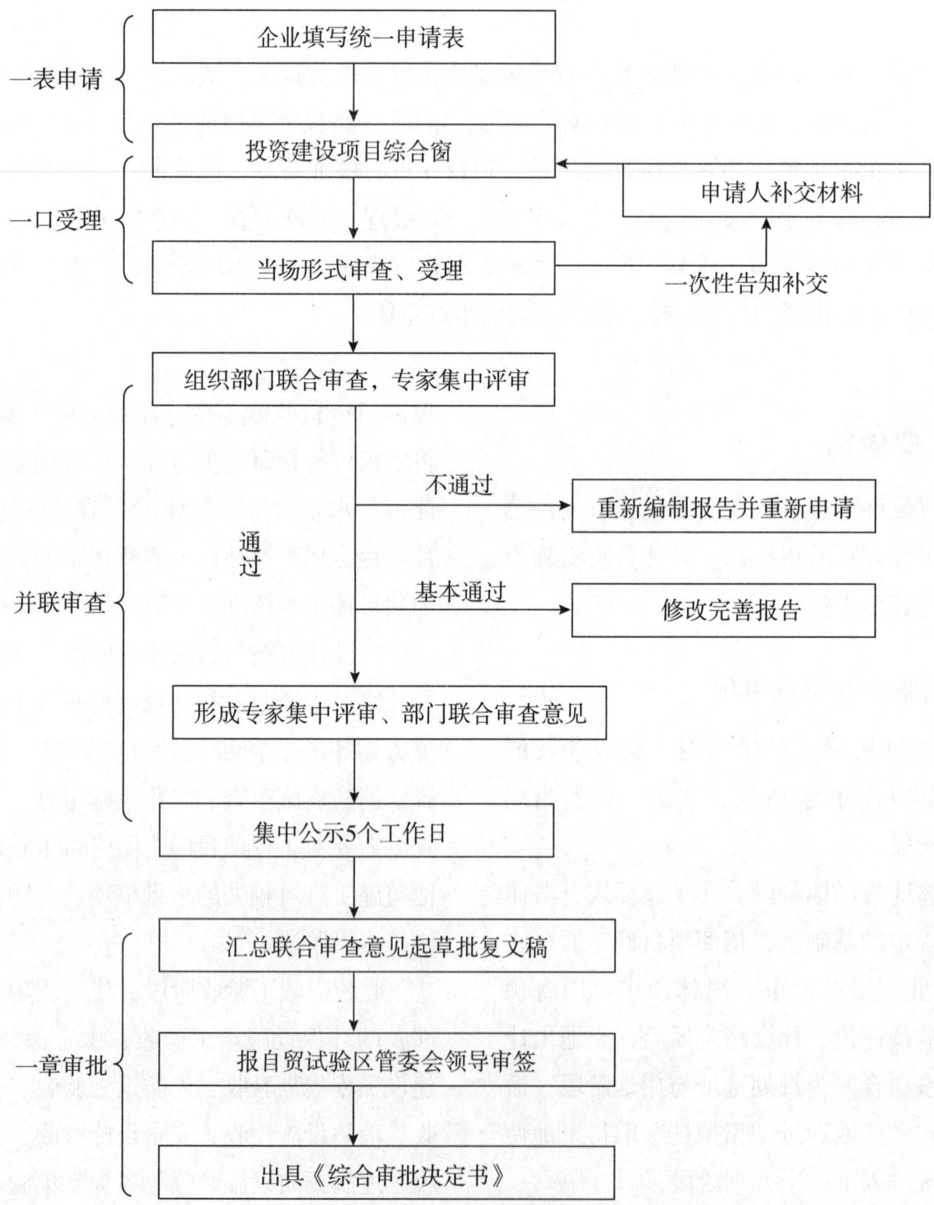

“四个一”运行模式图

联合审查、超期不反馈或超期未会签的，视为默认同意。一个月之内3次超期，或一个季度累计5次超期的，给予行政效能告诫。因“超时默认”、“缺席默认”引发法律责任的，依法追究相关人员责任，给当事人合法权益造成损害的，依法给予赔偿。通过“超时默认”、“缺席默认”等办法保证投资管理体制改革的各项措施落到实处、收到实效。

二、实践效果

截至2015年9月30日，平潭片区已经有42个投资建设项目适用“四个一”模式，共出具《综合审批决定书》113份，社会投资建设项目的审批办理时限压缩到93个工作日以内，整体行政效能提高近3倍。

（一）精减行政审批申请材料90%以上

改革前，据不完全统计，一项工程投资项目从招商引资到竣工验收，企业需要提交的各种申请材料累计多达250项，有的仅身份证就要提交10余次。改革后，申请材料减少到19项左右，精减幅度超过90%。

（二）优化了投资项目审批办理流程

改革前，基本上按照“一个审批事项一套流程”的办法办理审批事项，常常出现各部门职能交叉、重复审查、申请材料重叠等问题，甚至互为前置。即使采取“并联审批”也难以解决因意见分歧而产生的久拖不决、久议不决等问题。实施“综合审批”改革后，由一个窗口统一收件受理，解决了重复收件的问题；由一个部门统一牵头办理、协调，解决了“踢皮球”和“久拖不决”的问题。

（三）整合中介服务资源

改革前，企业需要委托中介服务机构编制工程可行性研究报告、环评报告书、水土保持方案、节能评估报告、社会稳定风险评估报告等材料，加上专家论证、公示等时间，一个投资建设项目仅前期审批平均须耗时1年左右，长的可达2–3年。改革后，通过采取编制合并版本的《工程可行性研究报告+》、统一组织专家集中评审、部门联合审查、集中公示等办法，大幅提升整体效能。

◎以信用风险分类为依托的市场监管制度

中国（天津）自由贸易试验区（以下简称天津自贸试验区）依托市场主体信用信息公示系统和市场主体联合监管平台，建立市场主体信用风险分类管理、市场监管随机抽查联合检查制度，强化对市场主体的信用约束，推进市场监管制度化、规范化、程序化。

一、主要做法

由天津市市场监管委牵头，55个市级行政部门参与（见附件1），在天津自贸试验区试点实施。

（一）建立市场主体信用信息公示系统

天津市人民政府出台了《天津市市场主体信用信息公示管理暂行办法》，建立市场主体信用信息公示系统。

1. 将各类市场主体纳入公示。市场主体信用信息公示系统覆盖了全市各类企业、个体工商户、农民专业合作社等市场主体，覆盖范围广泛。

2. 多部门归集信用信息。全市56家市级行政部门全部入网上线，各行政部门依法履行职责过程中产生的市场主体信用信息全部归集到公示系统并在门户网站上公示。

3. 多种类归集信用信息。公示的信用信息涵盖了各行政机关的17项主体登记、56项行政备案、845项行政许可、3 500项行政处罚、17项业绩情况和6项其他信息，共计4 000余项信息指标。

4. 建立严格的信息管理机制。天津市人民政府印发了《关于加强市场主体信用信息归集工作的通知》，制定了信用信息归集工作制度和数据报送使用手册，规范数据推送程序和数据标准，确保各类信息归集的全面性、及时性和准确性。

（二）实施信用风险分类管理

2015年5月，天津市人民政府出台了《市场主体信用风险分类暂行办法和市场监管随机抽查联合检查暂行办法》，依托市场主体信用信息公示系统，利用市场主体联合监管平台对市场主体实施信用风险分类管理。

1. 平台对归集的信用信息进行分类处理。重点关注经营异常名录、严重违法企业名单、对市场主体的行政处罚案件数量与罚没数量，以及市场主体接受各行政机关监督检查的结论信息等信用信息。

2. 建立信用风险分类标准。根据市场主体对应的信用信息，将市场主体信用风险自动分为“良好”、“警示”、“失信”、“严重失信”四个类别。

“良好”的市场主体标准为：（1）无行政处罚信用信息；（2）未被列入经营异常名录、标记为经营异常状态或列入严重违法企业名单；（3）业绩情况信用信息无不良信息；（4）无其他依据规定不得列为良好类别。

“警示”的市场主体标准为：（1）行政处罚信用信息中仅有警告处罚种类；（2）业绩情况信用信息中有不良信息；（3）其他依据规定应当列为警示类。

“失信”的市场主体标准为：（1）被列入经营异常名录或者被标记为经营异常状态；（2）有5条以下除警告外行政处罚信用信息且行政处罚罚没款金额累计在50万元以下；（3）其他依据规定应当列为失信类别。

“严重失信”的市场主体标准为：（1）企业被列入严重违法企业名单；（2）有超过5条除警告外行政处罚信用信息或行政处罚罚没款金额累计超过50万元；（3）被依法责令停产停业，吊销营业执照或许可证；（4）发生重特大生产安全、食品安全等事故，被依法追究责任；（5）其他依据规定应当列为严重失信类别。

“良好”、“警示”、“失信”、“严重失信”四个类别，分别使用绿、黄、红、黑四种不同颜色进行醒目标注，通过市场主体信用信息公示平台面向社会公示。

（三）实施随机抽查联合检查制度，加强市场动态监管

对等级为“良好”的市场主体，各行政执法部门实行以“双随机”抽查为重点的日常监督检查制度，将“警示”、“失信”、“严重失信”的企业列为各部门重点监督检查对象。

1. 两个随机，自动匹配。开发市场主体联合监管系统，依据公示系统的企业数据库，以企业注册号为索引，按照一定比例由计算机软件自动抽取被检查企业名单。建立行政机关监督检查人员数据库，在执法人员数据库中随机抽取执法人员参加联合检查。

2. 一企一表、一表共用。编制《天津市市场监管随机抽查联合检查监督检查项目目录》（共涵盖36个行政机关，191个大项526个子项的监督检查项目）。依托该目录和企业行业代码，建立对应关系，形成“一企一表”，即“年度联合检查项目表”（见附件2），由监督检查人员共用该表对企业实施检查并签字确认。

3. 政府领导、联合检查。“一企一表”生成后，由滨海新区政府组织，市场监管部门牵头会同各行政执法部门组成联合检查组，对被抽取的企业进行一次性联合检查。滨海新区政府负领导

责任，市场监管部门负牵头责任，各行政执法部门承担监管主体责任，各司其职、各负其责、协同监管。

4. 信息回填、结果公示。随机联查后，各行政机关将检查结果回填到信息公示数据库中，检查结果将自动公示，并影响信用风险分类，实现联合检查与信息公示的闭环。（1）检查未发现问题的企业，检查结果公示，信用风险分类不调整；（2）企业不配合检查情节严重的，以及检查发现问题仅教育整改的，作为负面的业绩情况信息公示，企业信用风险分类调整为“警示”；（3）无法取得联系的企业，依法列入异常名录并公示，企业信用风险分类调整为“失信”；（4）检查发现违法违规问题，需进一步立案调查的，先调整为“警示”类别，作出行政处罚后，将企业列为“失信”或“严重失信”类别。

二、实践效果

（一）实现了基于社会信用体系的市场监管

市场主体信用风险分类管理制度的建立，实现了信息公示与信用约束的基本功能，为“守法经营一路绿灯，一处违法处处受限”奠定了基础，提高了政府事中事后监管的效率和水平。截至2015年10月20日，市场主体信用信息平台累计归集公示数据信息达715.5万条，其中主体登记信息464.6万条，行政备案信息224.3万条，行政许可信息22.6万条，行政处罚信息2 968条，业绩情况信息3.7万条，其他信用信息589条。公示系统网站累计访问量已达4 488.9万人次，累计查询次数17.2万人次，成为社会公众、银行、信用管理咨询机构了解市场主体信用状况的重要渠道。

（二）政府联合监管减轻了企业负担

随机抽查联合检查制度的建立，推动了政府执法检查的科学化、标准化、规范化，各行政机关改“多头检查、一次一查”为“联合检查、一次多查”，避免重复检查，减轻了企业负担。自贸试验区内企业普遍反映，随机抽查联合检查提高了效率，减轻了企业负担，既是联合监管、集中检查，也是现场办公、集中服务，体现了“无须要不插手，有需要不撤手”的理念。

附件1：信用信息归集涉及的56个市级行政部门（略）

附件2：天津市随机抽查联合检查记录表（略）

◎政府智能化监管服务模式

中国（广东）自由贸易试验区珠海横琴新区片区（简称横琴片区）通过推出集合企业各类信息的商事主体电子证照卡、制定出台市场违法经营行为提示清单等方式，着力探索政府智能化监管服务模式，努力为企业提供信息化、便利化的办事服务，帮助企业标明经营行为的“雷区”和“红线”，为企业的经营活动提供清晰的事前指导，让企业方便、快捷、高效、合法地开展经营活动。

一、主要做法

（一）推出商事主体电子证照卡，为企业提供便利化政务服务

按照深化商事登记制度改革的要求，由横琴片区管委会牵头，区内工商、国税、地税、质监、商务、建设、人行、海关、检验检疫等多部门参与，提出政府智能化监管与服务的理念，并颁布实施横琴片区《商事主体电子证照卡管理试行办法》，在全国率先推出“商事主体电子证照

卡”（如图）。

商事主体电子证照卡，是以营业执照信息为基础，集合企业其他登记、许可、备案、资质认证等证照基础信息的可读写标准电子介质。商事主体电子证照卡业经国家密码管理局认证，是可作为数字证书使用的“企业电子身份证”。商事主体可持卡在横琴片区工商、税务、质监、海关、检验检疫等部门办理审批、许可、备案等业务；相关签约银行等金融机构通过审查电子证照卡，可快速审核企业身份，为企业办理相关金融服务业务。截至 2015 年 10 月 20 日，商事主体电子证照卡已发放 330 多张。

与此同时，横琴片区还选取工行、建行、中行、农行、横琴村镇银行、中信、浦发等 7 家银行的 23 个网点开展商事登记银行导办服务，即授权银行网点设立营业执照自助办理系统，由银行指导投资者上网办理营业执照，并同意银行使用其在横琴的网点作为商事主体集中注册地址，进一步提升注册便利化程度。

（二）制定市场违法经营行为提示清单，为企业提供清晰的事前指导服务

针对市场监管规则庞杂、市场监管压力巨大以及监管力量相对薄弱等问题，由横琴新区工商局牵头，首创性地在工商行政管理领域引入清单管理模式，于 2015 年 5 月 22 日发布横琴新区市场违法经营行为（工商行政管理类）提示清单（以下简称提示清单），为企业提供清晰的事前指导服务。

1. 梳理涉及工商监管职能的违法经营行为的法律、法规和规章。由横琴新区工商局组织专业团队，根据国家信息中心法律法规数据库、广东省工商局业务系统数据库，全面梳理出涉及工商监管职能的违法经营行为的法律、法规和规章，并按国民经济 20 个门类 96 个类别及 15 个市场主体类型分别进行筛选、梳理、核查，列出 1 748 种违法经营行为。

2. 开发提示清单查询软件。将 1 748 种违法经营行为分门别类建成数据库，设计“行业查询”、“关键字查询”、“横琴企业所得税优惠目录查询”三种查询方式。针对查询结果数量较多不易精准定位的问题，对查询结果按“违反注册登记规定”、“违反不正当竞争规定”、“违反商标管理规定”、“违反产品质量规定”、“违反广告管理规定”、“违反消费者权益保护规定”和“违反其他法律规定”等 7 大类进行分类显示，并设定了在结果中进行二次查询的功能，企业可根据自身类型选择查询方式。

3. 发布提示清单并及时更新维护。在通过专家评审和听取企业意见后，正式发布提示清单。同时，横琴新区工商局安排专人跟踪法律法规的修订，及时更新提示清单。

二、实践效果

通过实施商事主体证照卡和提示清单，建立政府智能化监管服务模式，一方面为企业提供信息化、便利化、清晰化的政务服务，另一方面整合政府各部门信息资源，为推动商事登记制度改革和加强事中事后监管提供有力支撑。

（一）节约企业办事成本

通过实施商事主体电子证照卡，至少可以为企业节省 1/3 的办事时间。比如，过去企业招投标，需至少一个星期时间准备大量企业资质证明文件，办理“电子身份证”后，企业免去了重复准备和提交资质文件的繁琐手续，审核单位也节省了重复审核相关文件的时间。金融机构也可通过审查企业电子证照卡，快速审核企业身

份，为企业提供便捷的金融服务。珠海大横琴科技发展有限公司总经理邓练兵说，“政府推出电子证照卡后，企业办事更便利更高效。原来企业到每个部门办事需要提供非常多的纸质资料，使用电子证照卡后，不再需要携带大堆的纸质材料了，轻轻刷卡便完成身份验证和材料审核。电子证照卡的办理也很方便，在办事大厅可以办，在银行网点也可以办，真正实现了就近办理”。

（二）促进企业放心经营

提示清单发布后，企业可根据自身类型将适用的法律条文“一次查尽、精准显示、一表导出、长期受用”，足不出户、不需成本即可获取一份“私人订制”法律清单，对照提示清单明晰经营的“雷区”和“红线”，有力地促进了企业自觉依法经营。珠海原妙医学科技有限公司相关负责人一语道出了企业心声，“以前由于弄不清楚哪些经营行为是违法的，导致企业在经营上也就放不开手脚，担心导致不必要的违法成本。有了提示清单，就等于有了一位免费的、权威的‘法律顾问’，足不出户、不需成本即可获取一份为所属行业订制的‘专属清单’，可以吃下‘定心丸’，放胆投资、放心经营”。

（三）有利于加强事中事后监管

通过实施商事主体电子证照卡和制定提示清单，有利于整合各监管部门的信息资源，建立市场监管大数据平台；通过清晰的经营行为“雷区”和“红线”引导企业守法经营，减轻监管压力。同时，提示清单亮出了工商监管执法的权力家底，划出工商监管执法的权力“边界”，使公众对工商部门的执法依据和执法边界一目了然，有效推动工商执法的公开透明，有效化解执法过程中不必要的猜疑和误解，密切政企、政群、政民关系，有利于推动市场监管和谐发展。

◎推进信用信息应用　加强社会诚信管理

上海市公共信用信息服务平台是全市公共信用信息服务的单一窗口。中国（上海）自由贸易试验区（以下简称上海自贸试验区）在全市公共信用信息服务平台的基础上，建立了自贸试验区信用子平台，实现了信息归集查询、信用联动监管、信用监测预警、信用市场培育等功能。

一、主要做法

积极推动行政机关、司法机关、公用事业单位和社会组织等公共部门产生或掌握的信用信息资源向社会开放，提供公共信用信息查询等服务。

（一）加强信用信息归集

平台信用信息实行目录管理，数据归集单位包括市级行政机关、中央在沪单位、区县政府部门、司法机关、公共事业单位、人民团体、社会组织等 99 个部门。信息类别包括行政机关登记类、资质类、监管类信息，司法机关判决类、执行类信息，公用事业单位违约类信息，人民团体和其他组织管理类、公益类信息。

（二）推进信用信息应用

加大信用信息产品应用的广度和深度，推进信用信息在政府和市场两个层面的应用。公共信用信息服务平台在支持自贸试验区监管方式创新、专项资金管理、公务员招录评优、图书馆读者证申领、区县综合治理和服务创新等诸多方面，提供信息查询和核查比对等服务，推进一批重点应用项目，支持公共信用信息的政府应用和市场应用。自贸试验区管委会与上海市信用中心合作，深化自贸试验区信用子平台建设。委托上海市信用平台对区内 9 835 家企业、15 000 个企业高管进行信用核查。选择张江高科技园区作为试点，结合“信用张江”建设，企业在进行信用自评、他评的过程中，查询市公共信用信息服务平台信用报告。

（三）加强公共信用信息安全管理

坚持“促进共享、推动应用、确保安全”的原则，重点对信息目录、信息归集、信息查询、信息使用、异议处理、信息管理和安全管理等进行规范。在促进信息共享、推动应用的同时，加强信息安全管理，防止国家机密、商业秘密和个人隐私泄露。一方面，在信息主体认为自身信息有误时，规定异议申请、异议处理、权益保护救济、良好信息删除等程序。另一方面，规定行政机关、市信用中心、信用服务机构以及其他主体，不得篡改、虚构公共信用信息，不得违规披露、泄露或者使用公共信用信息。

二、实践效果

（一）实现政府部门信用信息的归集共享

截至 2015 年 10 月底，上海市信用平台数据归集单位从开通运行时的 67 家拓展至 99 家，其中市级行政机关 46 家，中央在沪单位 10 家，区县政府部门 17 家，司法机关 1 家，公共事业单位 10 家，人民团体 2 家，社会组织 13 家，归集信息事项从 1 249 项拓展至 3 441 项。平台可查询法人数据 1 036 万条，自然人数据 3 亿条，覆盖全市 138 万法人和 2 400 万自然人。自贸试验区信用信息子平台已经整合 430 万条信用信息数据，进一步加大了信息共享力度。

（二）实现信用信息在政府和市场的应用

在公务员招录、专项资金管理、公安司法行政管理、建设工程招投标、政府采购，以及交通、食药品、酒类专卖、安监、质监、环保等领域，实现信用管理。平台与公用事业单位、国资企业、金融机构、信用服务机构等社会机构积极展开合作，通过发挥信用价值助力于优化公共服务、提升商务诚信、促进普惠金融、带动信用消费。浦东新区试点开展“互联网 + 信用监管”模式，建立采信第三方信用产品和服务的制度安排。

（三）“信用张江”建设取得新的突破

上海自贸试验区张江片区深化“信用张江公共服务平台”建设与应用，70% 以上的企业均通过该平台完成了信用自评或第三方他评。每天有数百家园区企业通过平台提交自评报告、他评申请及相关政策申请。同时，园区也建立了完备的信用服务体系，工作人员通过平台针对不同类型的信用诉求和申请内容通过网络进行一体化操作和办理，高效、快捷、全面地实现了以“信用”为核心的综合服务目标。

◎“证照分离”改革试点

开展“证照分离”改革试点，是推进“放管服”改革的重要举措，对于厘清政府与市场关系，创新政府管理方式，强化市场主体地位，具有重要意义。通过改革审批方式和加强事中事后监管，进一步完善市场准入，使企业办证更加便捷高效，以解决“先照后证”后市场主体办证难的问题。

一、主要做法

按照《国务院关于上海市开展“证照分离”改革试点总体方案的批复》，2016年4月1日起，在浦东新区全面实施《上海市开展“证照分离”改革试点总体方案》所涉116项行政审批的改革举措。2016年4月19日，国务院印发《关于在上海市浦东新区暂时调整有关行政法规和国务院文件规定的行政审批等事项的决定》，确保上海依法开展先行先试改革措施。

（一）分类推进行政许可事项改革

按照易操作、可管理的要求，从与企业经营活动密切相关的行政许可事项中，选择频次较高、改革后效果比较明显的事项，先行开展改革试验，按不同情况，分类推进。对企业能够自主决策的经营活动，取消行政审批，或改为备案管理；对暂时不能取消审批的行政许可，简化审批方式，实行告知承诺制；对不适合采取告知承诺制的行政许可事项，简化办事流程，公开办事程序，提高审批的透明度和可预期性；对涉及国家安全、公共安全等特定领域，继续强化市场准入管理，加强风险防范。

（二）着力加强事中事后监管

坚持监管先行，积极探索创新加强事中事后监管的有效方式和措施，以更好的“管”来促进更大力度的“放”。

一是强化后续监管。重点从取消的审批所涉及行业入手，根据行业发展特点，通过采用市场机制调节、形成现代市场体系、制订统一的管理规范和强制性标准、加大事中检查事后稽查处罚力度等措施，及时转变监管方式，把该管的事管住管好。

二是突出生产经营者主体责任。强调市场主体对本单位的生产经营承担主体责任，对未履行主体责任导致的后果负责。通过细化各个生产经营环节的主体责任体系、管理制度等，明确生产经营者的主体责任范围，建立健全生产经营者主体责任评价体系。

三是加强综合监管。按照“多种监管手段整合运用、多个政府部门联手治理、多方社会力量参与监督”的综合监管思路，进一步强化法律支撑、源头治理、属地管理，认真把好企业准入关，积极开展市场检查、生产基地检查等，及时查处检查中发现的问题，惩处违法犯罪行为，全面推进综合监管工作。

四是提高监管效率。推进标准化管理，明确审查内容、审查要求、审查方法、判定标准等；明确内部审查原则上“一审一核”制或承办、审核、决定三级审批制。消除重叠机构和重复业务，打破处室界限，建立跨部门业务合作机制等。

（三）着力提升服务水平

坚持问题导向，创新工作思路，在转作风、提效能、强服务方面进行突破，不断提高政府服务水平和群众满意度。

一是提高透明度。编制发布办事指南，详细列明审批所需材料、要求、程序等内容，使申请人能一次性提交符合审批要求的申报材料，避免多次往返咨询或反复提交材料，节约企业运营成本，使企业对审批结果有合理预期。

二是改进窗口服务。推进行政服务窗口的形象、用语、技能、业务等的标准化建设，建立健全收件凭证、一次告知、限时办结、首问负责、咨询服务、AB角工作制、节假日办理等服务制度。

三是深化“互联网+政务”服务。运用网络信息技术，创新网上告知、公示、咨询、查询、反馈等网上服务方式。推动实施数据共享，让居民和企业少跑腿、好办事、不添堵。强化权力网上运行，做到大小有界、公开透明、全程受控、网上留痕。

四是推行“靠前”服务。对于选址定点、现场勘察等基础工作，在受理之前提前开展，向申请人告知结果信息并提供服务指导，避免或降低企业再次整改的可能性，节省企业经营成本。

（四）着力加强制度保障

对于涉及调整管理方式的改革举措，从可操作性入手，细化工作环节，形成相关制度，确保改革举措顺利落地。

一是重构行业管理制度。从取消准入条件、放宽准入要求、制定准入标准等方面入手，调整完善一批行业领域的市场准入，降低企业制度性交易成本。取消行政审批的事项，重新构建管理制度，如二手车交易市场管理、微生物菌剂应用环境安全管理、因私出入境中介活动管理等，制定出台相关管理制度后予以实施。

二是健全备案管理制度。对于审批改为备案的事项，逐项研究制定备案管理办法，明确备案的条件、内容、程序、期限以及需要报送的全部材料目录和备案示范文本，明确对行政相对人从事备案事项的监督检查及处理措施、应承担的法律责任等。

三是完善告知承诺制度。对于实行告知承诺制的行政审批，逐项制定和下发告知承诺书格式文本和告知承诺办法，明确需要行政相对人承诺的审批条件和申请材料的具体内容，对于属于企业内部事务的原则上通过告知承诺来落实，同时强化行政审批告知承诺的批后监管。

二、实践效果

据统计，截至 2017 年 3 月 31 日，“证照分离”改革试点事项共受理申请 50 796 件，发放许可证 50 202 件；37 项事项的改革举措已扩展至全上海市实施，有些改革举措已被国家有关部委直接采纳并在全国推行。根据对市场主体的抽样调查，认为“证照分离”改革后注册企业便利程度和企业经营便利程度高、较高的企业，分别占到 87% 和 85%。从市场主体的反馈来看，“证照分离”改革对于营商环境的改善起到了重要的作用。

（一）进一步为企业松绑除障

通过取消行政审批、简化受理条件等改革举措，不断改进政府管理模式，逐步取消或放宽行业准入条件，有效降低了企业制度性 交易成本，市场主体活跃度得到明显提升。

一是激发了市场主体办事创业的积极性。市场监管部门数据显示，2016 年浦东新区新增各类市场主体较 2015 年末增加 17%。税务部门数据显示，2016 年新区净增加纳税主体数（45 146 户）超过净增加市场主体数（40 010 户），显示出不仅注册企业数有所增长，而且办了证、缴了税的活跃企业数也增长了。公安部门的因私出入境中介机构资格认定取消后，推动形成了企业自主经营、公平竞争，消费者自由选择、自主消费的因私出入境中介市场体系，至 2016 年底在浦东新区进行工商登记注册的因私出入境中介机构已有 126 家（“证照分离”改革前仅有 10 家）。

二是降低了准入门槛。出入境检验检疫部门放宽进出口商品检验鉴定机构许可的准入要求，取消了注册资本不少于相当 35 万美元的人民币限制和对外国投资者“跨国经营能力”的要求等，至 2016 年底上海地区进出口商品检验鉴定机构已达 97 家，占全国总数近 20%，上海地区的进出口商品检验鉴定市场占有率全国第一。卫生计生部门编制并向社会公开了《浦东新区营利性医疗机构设置指引》及其机构设置目录清单，实现营利性医疗机构的行业准入标准化，试点半年间，浦东新区新设立营利性医疗机构数量已超过“十二五”期间年均审批数量。

三是减轻了企业负担。人力资源社会保障部门在设立中外合作经营性培训机构阶段实行告知承诺制，将租赁场地、聘雇人员、内部管理制度等属于企业开业后经营行为规范的材料在约定期限内提交，大大降低了企业投资的机会成本，减轻了企业开办的难度。目前，已有境外投资者开始出资筹建经营性职业技能培训机构，取得了自上海自贸试验区设立以来“零”的突破。

（二）政府管理方式进一步转变

通过实行告知承诺制度，改变政府“重事先审批、轻后续监管”的管理理念，探索转变政府职能的具体实现途径，进一步优化了审批流程，提高了工作效率，降低了企业外部成本。

一是减少了政府对企业经营权的干预。文广影视部门的设立营业性电影放映单位审批，对属于企业内部事务的固定电影放映场所的建筑平面图剖面图、各影厅座位图、电影放映设备设施明细单等，由申请人通过告知承诺的方式予以落实，约定在行政审批决定作出后一定期限内提交相关材料，使政府对企业经营权的干预适度降低。

二是生产经营者主体责任进一步落实。环保部门的微生物菌剂环境安全许可证取消后，明确环保部门负责制定安全评估技术导则，微生物菌剂提供单位按要求编制环境安全评价报告并按评估报告使用。通过制定取代个案审批的管理规范和强制性标准，有效落实了生产经营者主体责任，提高了行政效率。

三是审查要求进一步明确。体育部门的经营高危险性体育项目许可，对“安全保障制度和措施”等申请材料，明确为溺水抢救操作规程、溺水事故处理制度、救生员定期培训制度、消毒剂泄露或中毒事故处理制度、场所投保责任险情况等八项材料。

（三）政府服务效能不断提升

通过深化行政审批标准化管理，明确审批标准和办理时限，最大限度减少审批的自由裁量权，简化办事流程，打造稳定透明的政策环境，服务企业的能力和水平不断提升。

一是审批更加快捷便利。卫生计生部门优化消毒产品生产企业卫生许可审批流程，审批期限由 20 日调整为 15 日，平均审批办理时间比法定时间提速 30% 以上。卫生计生部门的公共场所卫生许可，实行告知承诺后，允许申请人承诺在办证后的两个月内提交空气质量和公共用品环节检测报告、从业人员健康证等材料，审批办理时限从 20 个工作日缩短至当场办结。“证照分离”改革实施以来，以告知承诺方式申请并发放公共场所卫生许可证的企业，占到申请总数的 75%。

二是审批可预期性进一步提高。农业部门的设立饲料添加剂、添加剂预混合饲料生产企业审批，通过编制公布办事指南，明确申报材料、审核条件等具体标准和要求，帮助企业准确了解审核各个环节具体要求，减少了办理人员的解释说明工作，企业递交的申请资料，基本都能一次审核通过，企业筹建和审核通过效率提升 10% ~ 15%。

三是服务企业力度进一步加大。窗口服务水平得到提升，网上服务方式不断拓展，数据共享取得突破。商务部门取消二手车鉴定评估机构核准后，与工商部门对接并达成共识，在国家企业信用信息公示系统内搜索“二手车鉴定评估”等关键字，获取本市从事二手车鉴定评估相关企业信息，明确行业监管对象。

◎“企业专属网页”政务服务新模式

企业专属网页是中国（广东）自由贸易试验区（以下简称广东自贸试验区）围绕切实转变政府职能，以“被动服务企业”向“主动服务企业”转变为宗旨，以创新政务服务模式、优化政务服务为目标建设的全国首个面向企业的电子政务定制系统。

一、主要做法

通过整合优化广东省网上办事大厅业务流程，为自贸试验区内每个企业提供一个独有的可配置可定义专属网页（以下简称“企业专属网页”），专门为区内法人用户提供在线办事及服务平台。

一是涉企事项“一网通办”。将企业专属网页与网上办事大厅、政府部门业务申办受理系统进行对接整合。企业通过登录专属网页即可办理工商、国土、商务、税务、建设、卫生、环保等多个部门的各类行政审批事项，不需在各行政部门多个电子政务平台之间反复切换以及重复登录。

二是为企业提供政务信息个性化推送服务。通过企业专属网页，政府各相关部门可根据企业类别为其提供各类政务信息的个性化推送，包括企业资料管理、办事进度、大厅办事指引、信用信息查询等特色服务。目前，广东自贸试验区企业专属网页已汇聚省、市、区面向企业的服务事项 940 项，并相应分出 21 类目标企业进行政务信息精准推送。

三是通过数据共享，对企业实施信用监管。以企业专属网页为载体将各部门电子政务平台进行系统对接和数据整合，使企业信用信息数据在企业专属网页实现共享共用。各政府部门通过企业专属网页后台的企业信用管理分析系统，对存在失信或有信用风险的企业进行实时跟踪检查和重点防控。

二、实践效果

一是企业申办行政事务便利化程度大幅提升。通过打造企业专属网页，使企业申办行政事务真正实现了“一张网页、一次登录、一键直达”。据统计，通过企业专属网页整合优化行政审批事项，企业到实体窗口跑动次数在 2 次以下，其中 70% 以上事项到现场跑动次数在 1 次以下，60% 以上事项可全程在网上办结。

二是提升了事中事后监管的精准度和有效性。依托企业专属网页，结合线下随机抽查监督机制，广东自贸试验区已根据专属网页整合的企业信用评价情况，对区内 10 万余家企业启动了信用排查和信用查询。通过对存在有失信风险的企业进行实时跟踪和重点防控，基本实现了对企业的精准监管和市场风险的有效防范。

三是基本实现了自贸试验区内企业全覆盖。截至 2016 年底，广东自贸试验区已为区内约 20 万家企业开通企业专属网页，每天开通上线的企业超过 1 000 家，实现新注册企业专属网页开通率 100%。据对企业进行的调查显示，90% 以上的企业表示企业专属网页节省了办事时间，约 70% 的企业收到过办事提醒信息，约 30% 的企业通过网页成功向政府申请资金、住房等相关政策优惠服务。

◎集成化行政执法监督体系

中国（天津）自由贸易试验区（以下简称天津自贸试验区）按照市政府的统一部署和安排，运用系统整体思维，协调推进对行政权力的制约和监督，构建起了“一套制度作支撑”“一支队伍作保障”“一个平台为依托”的行政执法监督体系，逐步形成了制度完备、措施有力的行政执法监督机制。

一、主要做法

（一）一套制度作支撑，发挥制度集成效应

天津市人民政府印发了《天津市行政执法监督规定》（以下简称《监督规定》）和《天津市人民政府关于加强行政执法监督工作的意见》（以下简称《监督意见》），明确了行政执法监督的范围和标准，进一步强调了规范行政执法监督的内容与要求。《监督规定》、《监督意见》、《天津市行政执法违法责任追究办法》和《天津市行政执法监督平台管理暂行办法》共同构成了监督行政执法行为、规范行政权力运行的基本构架。同时，天津市还出台了《天津市持证执法办法》、《天津市行政执法投诉办法》、《天津市行政执法监督证管理暂行办法》等一系列规章制度，基本构建起覆盖执法程序、投诉救济、监督追责全过程的行政执法监督制度体系，为行政执法监督工作顺利开展提供了集成化的有力制度支撑。

（二）一支队伍作保障，形成监督集成合力

加强执法监督机构建设。在天津市和滨海新区政府法制机构加挂行政执法监督局牌子，代表本级人民政府统一组织行政执法监督工作。同时，明确行政执法监督机构的职责，要求已经成立行政执法监督机构的部门，进一步界定行政执法监督职能，禁止行政执法监督机构从事行政执法活动；现有行政执法监督机构规格较低的，提高规格并相应增加人员编制。

建立专职行政执法监督工作队伍。滨海新区政府在本级政府法制机构调剂增加人员，专门从事行政执法监督工作；各行政执法机关配备与本部门执法任务相适应的行政执法监督专职人员；行政执法数量大、任务重的部门，成立专门的行政执法监督机构并配备专职工作人员。

（三）一个平台为依托，强化信息集成共享

利用信息化手段和“制度 + 科技”的方法，建立市、区两级统一的行政执法监督平台（以下简称监督平台），全过程记录并归集各行政执法机关的行政执法检查、行政处罚、行政强制等各环节的执法信息，实现对执法活动事前、事中、事后全过程记录。一是全面归集行政执法信息。监督平台提供手动录入和执法系统与监督平台间自动导入两种归集行政执法信息的方式。行政执法信息化程度较高的部门，可以通过接口软件，直接将行政执法人员的现场执法设备采集到的行政执法信息导入监督平台。二是加强数据统计分析。利用执法监督平台归集的大量行政执法数据信息，行政执法监督机构能够进行执法总量、部门执法量、部门履职率、执法人员结构、执法参与率等统计分析，为科学合理配置执法资源和上级决策提供客观详实的参考资料，通过数据比对和抽样分析，提升了发现问题的精准性，增强了行政执法监督效能。三是强化数据互联共享。作为行政处罚信息的权威数据库，监督平台为市场主体信用信息公示系统和信用天津系统定期提供行政处罚数据信息；通过衔接机制，允许司法检察机关获取监督平台的行政处罚案件信息，通过人工筛查，有效遏制“行政机关涉刑不移，司法机关涉刑不立”现象。

（四）执法过程全公开，畅通监督渠道

为充分发挥社会公众的监督作用，按照公开透明原则，设置多种信息查询方式，畅通社会监督渠道。监督平台开设互联网窗口，将行政执法全过程全面公开，主动接受公众监督，并设置行政执法相对人查询功能，方便相对人查询行政执法相关信息。安排了监督平台开放日，公众可以参观监督平台运行，随机抽取行政执法案卷交由执法监督机构进行审查，依靠群众监督的力量，保证行政执法全面公开透明。此外，监督平台与市场主体信用信息平台相衔接，实现行政执法信息的一体化查询。

（五）运用大数据手段，多元化应用监督结果

通过监督平台对各执法机关执法工作进行比较，将分析结果作为依法行政考核、绩效考评的依据，所占分值比例由2015年的30%提高到2016年的50%，提高考核考评的客观性和透明度。

对行政执法违法行为的类别、频次以及集中发生的地点、时段进行综合分析，从而确定监督重点，明确监督任务，有针对性地开展执法监督。

对执法机关履行法定职责情况以及具体执法人员的工作量进行统计分析，参考分析结果调配执法人员、调整执法力量、科学配置行政资源。

对全市执法总体情况进行统计，评估法律法规、政府规章的执行强度、力度、效果，为科学立法提供参考。

监督平台对执法行为、职权范围、违法行为处理、信用信息的集成运用，使全市执法情况一目了然，为从全局角度统筹规划、确定工作重点难点提供了一手数据。

二、实践效果

（一）实现了线上线下监督一体化

监督平台归集信息“全覆盖”、“全过程”、“实时化”的特点，使行政执法的每一个环节都能及时体现、随时查询、实时跟踪。行政执法监督工作依托监督平台，充分运用案卷抽查、专项调查、重点整治等措施，对接线上线下信息，使得线上发现的行政行为违法问题能够在线下寻找源头，线下行政行为违法问题能够在线上同步督查，实现了线上线下一体化监督。截至目前，在滨海新区范围内，监督平台归集了223个行政执法实施机构4 424名执法人员的基础信息，归集行政处罚事项（案由）12 109个，行政处罚信息10 172条，行政检查信息137 097条，行政执法监督数据库初步形成。

（二）促进了监督检查的精准化

一是通过数据对比提升了发现问题的精准性。借助监督平台对比采纳归集的数据和部门报送的数据，实现精准化监督检查。定期对各区、各部门报送数据情况进行统计，并根据统计结果，有针对性地进行监督。平台运行以来，已开展了安全生产检查、“清新空气”行动、建筑工程垃圾渣土管理等执法行为专项督查，通过对比检查信息与各区报送数据，发现并处理了执法过程中存在的问题，有效减少了行政执法随意性，行政裁量基准制度和行政执法标准化制度得到了严格执行。

二是通过数据抽查提升了行政执法效能。通过平台主动抽样功能，定期抽查行政处罚案卷，针对发现的问题进行整改，规范了行政执法程序，促进了执法质量评议考核制度、行政执法案卷管理和评查制度的完善。2016年滨海新区行政执法监督机构通过行政执法监督平台抽查行政处罚案卷21 991卷，合格率达98.17%，比2015年提高了0.17个百分点。2016年度平均履职率91.76%，比2015年提高了41.76%。

（三）提升了监督队伍专业化水平

建立了相对独立的行政执法监督机构，充实了行政执法监督队伍，促进了监督机构专职化。通过实行行政执法监督证制度，加强了履职资格管理，禁止未取得行政执法监督证件的人员或者从事行政执法工作的人员从事行政执法监督工作，促进了人员专业化。通过采取强化培训考核，完善评议体系和奖惩制度等一系列举措，提升了行政执法监督队伍的法律理论素养和履职能力，激发了工作热情，有效提升了行政执法监督队伍的整体凝聚力和战斗力，一支业务精通、作风优良的行政执法监督队伍正在逐步形成。

总之，随着行政执法监督机制的不断完善，权力制约的制度笼子正在逐步扎紧，执法权力运行将更加严格规范公正文明，自贸试验区行政执法效能不断提高，为建立行业信息跟踪、监管和归集的综合性评估机制，加强对企业的管理、监督和服务提供了保障。

◎关检“一站式”查验平台 + 监管互认

2015年初，中国（福建）自由贸易试验区（以下简称福建自贸试验区）在全国率先实施关检“一站式”查验平台 + 监管互认，海关与检验检疫部门强化协作，实现作业空间合并、作业时间一致、作业系统并行，场所设施、查验设备等资源共享，有效提升了通关速度，降低了企业成本，有力推进了口岸大通关建设。

一、主要做法

（一）通过联合执法实现关检“一站式”查验

发布《关检“一次查验”实施配合办法（试行）》，进一步扩大联合执法、联合查验范围，启用关检“一站式”查验场，通过优化监管执法流程，逐步由“串联执法”转为“并联执法”，实现作业时间上的一致、作业空间上的合并、作业系统上的并行，为广大企业提供高效率、低成本的口岸通关模式。

（二）探索对特定商品开展“监管互认”试点

以“一次查验”为基础，探索开展关、检查验或检验检疫结果和数据的互认，包括：一是对关、检双方认可的高资信企业，对其进出口的不涉证、不涉税、较低风险商品，关、检互认查验或检验检疫的结果和数据；二是对特定商品的查验或检验检疫结果和数据进行互认，互认要素包括品名、数量、重量。对于试点“监管互认”的货物，关检双方按照“遵循法治、安全便利、集约高效、协同治理”的原则，由检验检疫部门先进行检验检疫，海关则视查验需要对检验检疫部门出具的检验检疫结果予以认可，并根据检验检疫部门发送的检验检疫报告直接进行品质和数量的结果认定，海关原则上不再要求二次掏箱，从而进一步简化了通关流程，降低了物流成本，提高了货物的通检效率。

（三）加强关检“一站式”查验制度化建设

在试点成功的基础上，福建省逐步完善关检“一站式”查验工作模式并在全省范围复制推广。2015年11月，全省海关与检验检疫机构完成“一站式”查验场地的建设，并设立显著的标识，同时关检双方以对外发布公告、制定联系配合办法、定期召开联席会议等途径夯实合作基础，明确双方责任，建立定期通报制度，形成“一个办法、一片区域、一项制度”的关检“一站式”查验固化工作模式，并共同定期编辑简报进行宣传。

二、实践效果

“一站式”查验 + 监管互认措施实施至2017年2月，福建关检部门共实施联合查验13 609票、37 246个标箱。开展“监管互认”以来，关检双方已验放1 151票、8 072个标箱。

（一）节约企业物流成本

改革前企业申报需提交的海关申报数据73项，检验检疫数据96项，合计169项。“一次申报”方式后，相同项目不需重复申报，企业仅需申报105项，减少了超过30%的申报项目。由于实现了关检“一站式”查验，货主及其代理人员可在现场一次性配合海关、检验检疫部门执法，无须两次下场；据测算，关检合作“一站式”查验和“监管互认”使企业的通关时间缩短约40%。将货物两次移柜、两次掏箱简化为一次移柜、一次掏箱，每标准集装箱可为货主节省移柜、掏箱费用约 600 元，同时也大大减少了因掏箱而产生的物损。

（二）降低关检监管成本

由于码头移柜、掏箱作业由两次减为一次，相应节约了关检部门人力和查验设备。同时，由于实现了部门间信息数据共享、自动对碰，使原本需要海关及检验检疫工作人员手工进行的验核、封单、盖章等简单和重复劳动大大减少，节省约 50% 的人力资源。

（三）有效提高码头场地使用效率

以厦门港集装箱码头公司为例，原来码头需设置海关查验场地 11 600 平方米，检验检疫部门查验场地 15 200 平方米。实施业务改革后，码头只需设置关检“一站式”查验场地 20 000 平方米。“一站式”查验在福建全省推广实施后，全省共节约查验场地 22 万多平方米。

据第三方评估，福建关检“一站式”查验 + 监管互认是企业满意率最高的贸易便利化措施。

部委篇

中国自由贸易试验区年鉴（2018）

公安部支持自由贸易试验区建设主要情况

一、配合推动国家贸易“单一窗口”建设

2014年2月，国家口岸办牵头成立了国际贸易“单一窗口”试点工作组，公安部是工作组成员单位，涉及公安部业务的主要是出入境船舶及其载运人员出入境数据申报等内容。公安部积极配合国家口岸办开展“单一窗口”建设，统一了边检系统接入“单一窗口”平台的数据端口，规范了信息报送标准，支持总结上海国际贸易“单一窗口”建设经验，率先向广东、天津、福建自贸试验区推广。目前，上海、广东等地边检机关配合地方政府主管部门建设并使用国际贸易“单一窗口”，为外贸和运输企业提供了通关便利。

二、为外籍人才在自贸试验区创新创业、停居留停提供便利

（一）复制推广有关出入境便利政策

2015年7月以来，公安部陆续出台了支持上海科创中心、福建自贸试验区、北京中关村国家自主创新示范区、广东自贸试验区建设及创新驱动发展的出入境便利政策措施，对服务地方经济发展、聚集创新创业人才发挥了积极作用，产生了良好的社会效果。2017年2月，公安部研究决定，将在上述4省市实施效果较好的七项出入境政策措施复制推广到国家有关自贸试验区及全面创新改革示范区所在的10个省市，即天津、河北、辽宁、浙江、安徽、河南、湖北、重庆、四川、陕西。主要内容包括：授权自贸试验区管委会推荐外籍人才申请在华永久居留，以工资和税收为标准、建立外籍人才申请永久居留的市场化渠道，为外籍华人在华居留和永久居留提供更大便利，吸引外国留学生来华创新创业，为长期在华工作人员提供居留便利，为外籍人才提供办理口岸签证的入境便利等。

（二）支持上海实施“聚英计划”

2017年10月，为深化上海自贸试验区改革、推进上海科技创新中心建设，公安部批复同意上海市公安局制定的《上海出入境聚英计划（2017—2021）》，主要内容包括继续出台引才引智的出入境便利政策、开展外籍人才移民融入计划等。

三、简化邮轮、游艇出入境手续

（一）简化邮轮出入境手续

2014年，根据我国出入境管理法律法规和工作需要，实施外籍船员电子临时入境许可、简化外籍邮轮在境内港口间移泊申报手续、对乘母港邮轮出入境中国公民免盖入境验讫章、乘访问港邮轮入出境外国人免盖出境验讫章等措施，简化了邮轮及其载运人员出入境手续。

自2016年10月1日起，经国务院批准，在上海邮轮口岸对乘坐邮轮抵达上海的外国旅游团试点实施15天入境免签政策。公安部细化工作措施，明确了对邮轮及其载运人员的检查程序、工作要求等内容，指导边检机关认真做好相关工作，进一步推动邮轮经济发展。

（二）简化游艇出入境手续

2017年6月，交通运输部、公安部、海关总署、质检总局联合复函广东省人民政府，原则同意广东省人民政府《中国（广东）自由贸易试验区粤港澳游艇自由行实施方案》，并提出了工作意见，为粤港澳游艇“自由行”落地实施提供了政

策支持。为进一步服务中国（广东）自由贸易试验区建设，推动粤港澳游艇自由行政策实施，在“可视、可控”的前提下，公安部部署相关边检机关简化粤港澳游艇出入境（港）手续，加强事前预防和事中监管，确保游艇能“出得去、进得来、游得动”。

四、便利境内外人员办理驾驶证业务，促进车辆互通

（一）进一步便利境内外人员在上海自贸试验区办理驾驶证业务

公安部交通管理局不断加强对上海公安交管部门的指导，将车管服务窗口延伸至自贸试验区，设置了办理驾驶证业务的专门服务窗口，方便外籍人员就近快捷办理驾驶证业务。2015 年 12 月，该服务窗口正式受理驾驶证业务，目前已经为 512 名持境外驾驶证的申请人办理了申请换领中国驾驶证业务。同时，上海公安交管部门在自贸试验区设立机动车驾驶人满分考场，已办理满分教育和考试共计 1 616 人次，为市民办理驾驶证业务提供便民服务。

（二）积极支持便利澳门机动车入出横琴，促进两地人员、车辆互通，推进两地经贸往来发展

2015 年 3 月，公安部指导广东省公安厅起草了《澳门机动车进出横琴管理暂行办法（稿）》，提出在横琴入境口岸设立服务站点，实行代购交强险、查验车辆、审核凭证、核发牌证一站式服务，快捷办理澳门机动车临时入境牌证，方便澳门机动车入出横琴。2016 年 11 月，广东省政府正式出台了该办法。从实施情况来看，相关流程设置科学，各部门衔接畅顺，符合条件的车主只需经网上预审验，持相关证明材料到澳门机动车入出横琴专门窗口就可“一站式”办理相关业务。

（三）积极支持推动闽台车辆互通，促进闽台经贸合作

2015 年 7 月，公安部指导福建省公安厅制定了《台湾地区临时入闽机动车和驾驶人交通管理规定》，进一步下放业务，简化程序，开设服务台胞绿色通道，提供预约上门、网上办理等服务，便利台湾机动车快捷办理临时通行牌证。

交通运输部支持自由贸易试验区建设主要情况

2013年以来，交通运输部坚决贯彻落实党中央、国务院关于自由贸易试验区建设的决策部署，采取了一系列措施，加快推进自由贸易试验区建设，取得了一系列成效。

一、扩大海运市场对外开放

（一）大幅压缩海运领域外商投资负面清单

2015年6月，交通运输部发布了《关于在国家自由贸易试验区试点若干海运政策的公告》（交通运输部公告2015年第24号），允许自贸区内的外商投资企业设立独资企业或股比不限的中外合资企业，经营国际船舶运输业务、国际船舶管理业务、国际海运货物装卸业务、国际海上集装箱站和堆场业务，并将经营国际公共船舶代理企业的外资股比放宽至51%。

（二）推进国际船舶登记制度创新

为进一步扩大海运业对外开放，吸引外商投资我国国际海运业，改善我国船队技术状况，促进海运业健康发展，交通运输部于2016年12月印发了《中华人民共和国船舶登记办法》，对国际船舶登记作出了明确规定，在登记主体外资股比限制、船舶入级、船员配备、审批制度简化等方面进一步放开。2017年2月，交通运输部印发了《船舶登记工作规程》《关于公布自贸区国际船舶登记机关和船籍港的通知》，进一步明确了国际船舶登记的具体流程。目前，自贸试验区国际船舶登记制度实施效果总体较好，已有自贸试验区内企业成功申请办理国际船舶登记。

二、扩大道路运输市场对外开放

根据国务院《关于取消和下放一批行政审批项目的决定》（国发〔2013〕44号）提出的外商投资道路运输业立项权限由交通运输部下放至省级交通运输管理部门要求，交通运输部会同商务部于2014年1月修订并发布了《关于修改〈外商投资道路运输业管理规定〉的决定》（交通运输部、商务部令2014年第4号），明确由省级交通运输主管部门实施外商投资道路运输业立项审批工作。为进一步扩大道路运输对外开放，交通运输部于2017年向国务院报送了取消外商投资道路运输业立项审批的建议。

据不完全统计，从1988年8月批准第一家中外合资道路运输企业至2017年底，交通运输部门共批复了3 000余项外商投资道路运输业申请，外商投资道路运输业总额超过600亿元人民币（主要集中在东部沿海地区，以及道路货物运输、汽车维修领域），为我国道路运输行业有序利用国外资金，吸收借鉴国外先进技术和管理经验，提升行业经营管理水平，推动产业转型升级，促进道路运输现代化发挥了积极作用。

三、支持涉及民航的外资准入管理

在外资准入方面，民航局按照中央领导对自贸试验区“大胆试”“大胆闯”的指示精神，从行业实际出发，支持自贸试验区以“负面清单”模式改革外资准入管理。在《自由贸易试验区外商投资准入特别管理措施（负面清单）》（2017年版）（国办发〔2017〕51号）（以下简称《负面清单》)中，各自贸试验区外资准入《负面清单》涉及民航的外资准入限制措施主要包括：飞机维修、公共航空运输、通用航空、民用机场和空管领域的外资股比、高管等方面限制。民航局在飞机维修领域作了进一步开放，取消了“6 吨 9 座以下用飞机维修限于合资、合作”的限制。

四、推进管理制度创新

（一）开展中资非五星红旗船舶“沿海捎带”政策试点

在上海、天津、福建、广东自贸试验区，允许中资非五星红旗船开展“沿海捎带”政策创新。目前，已有 86 艘中资非五星红旗船舶进行了“沿海捎带”业务备案，可以经营以上述自贸试验区开放港口为国际中转港的外贸进出口集装箱捎带业务。中资非五星旗船“沿海捎带”业务增长较快，从 2015 年的 1.9 万标准箱增长到 2017 年的 8.8 万标准箱。

（二）积极配合推进国际贸易“单一窗口”建设

参与“单一窗口”系统标准版的需求制定与开发测试，完成海事船舶安全监督系统与“单一窗口”标准版“总对总”数据连接，并在天津、浙江、福建海事局顺利开展“单一窗口”标准版试点。联合海关总署、公安部、原质检总局，实施口岸一次性联合检查，查验时间大幅压缩 3/4。

（三）推进船舶证书并联办理

为规范海事行政审批，提高行政审批效能，交通运输部于 2017 年 4 月印发实施了《海事政务办理服务规范》，规定船舶证书由以往耗时长的“串联”模式优化为耗时短的“并联”模式。

（四）推广实施国内航行内河船舶进出港管理新模式

为加快国内航行内河船舶进出港效率，简化进出港海事审批手续，加强国内航行内河船舶安全航行事中事后监管，交通运输部将船舶进出港签证许可改为进出港电子报告制。2017 年 7 月 1 日，交通运输部印发实施了《船舶安全监督规则》，取消船舶进出港签证制度，全面实施国内航行船舶进出港电子报告制，免除了每年约 1 200 万艘次海事行政许可，提升了船舶进出港效率，惠及广大船舶公司和船员。

（五）实施外锚地保税燃料油受油船舶便利化海事监管模式

为解决国际航行受油船舶进出港审批流程时间长的问题，交通运输部积极参与“单一窗口”信息平台建设和使用工作，实现了口岸查验单位信息共享，并通过港口国海事监督信息系统实现了受油船舶申报信息电子化审查，简化了受油船舶查验手续，提升了进出港效率，建立了通关便利化新模式。

（六）支持各自贸试验区民航试点措施

2017 年，民航局支持确定辽宁等 7 个新设自贸试验区涉及民航的试点内容，确定上海、广东、天津、福建 4 个自贸试验区深化方案民航领域试点任务。同时，积极落实上述 11 个自贸试验区总体方案中民航相关措施。按照各自贸试验区建设总体方案，对涉及民航的具体试点措施，在业务范围内予以支持。

除外资准入适用上述负面清单外，民航局结合各自贸试验区诉求，在航空枢纽建设、扩大航权安排、增开航线航班、促进多式联运等方面全面支持有关地区在民航领域的试点措施。比如，支持郑州完成郑州国际航空货运枢纽战略规划的编制；与有关国家扩大双边航空安排，为各自贸试验区增加航权和运力等需求提供政策空间；允许外国航空公司和基地航空公司开展国际航班代码共享；支持中外航空公司新增或加密往返自贸试验区的国际国内航线航班；支持部分自贸试验区城市的运输机场参加多式联运示范工程；出台《民航局关于促进航空物流业发展的指导意见》，促进物流业提质增效发展等。

人民银行支持自由贸易试验区建设主要情况

人民银行高度重视并积极贯彻落实党中央、国务院关于建设自贸试验区的重要战略部署，以服务实体经济、促进贸易和投资便利化为出发点，以制度创新为核心，坚持先行先试、积极探索，在上海、天津、福建、广东、辽宁、浙江、河南、湖北、四川、陕西、重庆不断推进自贸试验区金融开放创新并取得积极成效。

金融支持自贸试验区建设的出发点和落脚点是服务实体经济和自贸试验区的投资贸易活动。自贸试验区金融开放创新的核心是坚持转变政府职能，发挥市场在资源配置中的决定性作用，取消阻碍实体经济发展的不必要管制，为投资贸易便利化提供优质的金融服务。为达到以上目标，人民银行围绕以下几个方面不断推进自贸试验区金融开放创新：一是简政放权，探索准入前国民待遇和负面清单的金融管理模式，推动金融市场准入的对内对外平等开放，实现充分竞争。二是不断推进跨境人民币创新业务等各项金融改革创新，为企业更加低廉地获得资金，更充分利用境内、外两个市场两种资源提供金融支持。三是边改革边总结，为全局性金融改革、区域金融改革和上海国际金融中心建设探索新途径，积累新经验。

一、出台系列政策文件，切实推动自贸试验区金融开放创新

2013年12月，人民银行发布《中国人民银行关于金融支持中国（上海）自由贸易试验区建设的意见》（银发〔2013〕244号）；2015年，人民银行相继出台了《中国人民银行关于金融支持中国（天津）自由贸易试验区建设的指导意见》（银发〔2015〕372号）、《中国人民银行关于金融支持中国（福建）自由贸易试验区建设的指导意见》（银发〔2015〕373号）、《中国人民银行关于金融支持中国（广东）自由贸易试验区建设的指导意见》（银发〔2015〕374号）。2015年10月，经国务院批准，人民银行会同相关部门和上海市政府联合发布了《进一步推进中国（上海）自由贸易试验区金融开放创新试点 加快上海国际金融中心建设方案》（银发〔2015〕339号）。2016年11月，为深化上海自由贸易试验区金融改革，加快推进上海国际金融中心建设，人民银行发布了《中国人民银行上海总部关于进一步拓展自由贸易试验区跨境金融服务功能支持科技创新和实体经济的通知》（银总部发〔2016〕122号）。

二、各项工作积极有序稳妥推进

（一）积极扩大金融业对外开放

人民银行积极在自贸试验区对标国际通行的金融管理制度，探索准入前国民待遇和负面清单的管理模式，推动资金更为自由流动。金融业对外开放的一个重要体现是制定外商投资准入特别管理措施，即制定负面清单。在制定自贸试验区负面清单的过程中，特别需要强调的一个理念是，金融业作为竞争性服务行业，原则上不应列入负面清单，对确需保留的个别限制措施，应以是否对国家安全、经济金融安全构成威胁为原则，并在提出充分理由和详细论证后，才可列入负面清单。自贸试验区是进一步扩大开放的试点，开放步子可更大一些，金融业负面清单应该更短，才能真正符合实行负面清单管理的方向，为未来负面清单模式在全国范围内适用打好基础，做好准备。从自贸试验区负面清单制定的历史演

化来看，我国正在依托自贸试验区逐步修正和完善负面清单，逐步迈向国际化和法治化的全球治理高度。在 2017 年版的负面清单中，取消了对外资银行在境内从事人民币业务的限制，以及境外金融机构作为金融资产管理公司的战略投资者相关总资产要求的限制。

（二）建立自由贸易账户，支持实体经济发展

2014 年 5 月 21 日，人民银行上海总部印发《中国（上海）自由贸易试验区分账核算业务实施细则（试行）》和《中国（上海）自由贸易试验区分账核算业务风险审慎管理细则（试行）》，正式启动自由贸易账户服务。为控制风险，自由贸易账户服务从本币起步，条件成熟时扩展到外币。2015 年 4 月 22 日，人民银行上海总部印发《关于启动自由贸易账户外币服务功能的通知》，正式启动了自由贸易账户外币服务功能。2016 年 11 月，人民银行上海总部发布《关于进一步拓展自贸区跨境金融服务功能支持科技创新和实体经济的通知》（银总部发〔2016〕122 号文），将自由贸易账户的开立主体扩大到上海市参与科技创新的各类企业及符合相应条件的个人，更好支持金融机构依托自由贸易账户服务科技创新和实体经济发展。自由贸易账户体系的建立便利了跨境贸易投资活动，较好地服务了实体经济发展。截至 2017 年年底，共开立自由贸易账户 7 万个，累计办理各类本外币跨境结算折合人民币超过 18 万亿元，累计办理本外币融资总额折合人民币超过 1.1 万亿元。上海全市所有金融机构均可通过直接接入和间接接入的模式开展自由贸易账户业务，已有 56 家上海市各类金融机构直接提供自由贸易账户金融服务。

（三）跨境人民币业务发展迅速，跨境投融资便利化水平持续提高

以促进贸易和投资便利化为出发点，进一步简化经常和直接投资项下跨境人民币结算业务流程，稳步发展境外人民币借款、跨境人民币双向资金池和经常项下人民币集中收付等创新业务，使区内企业和个人更加灵活使用本币进行跨境交易，降低汇兑成本，减少汇率风险。2017 年，上海、天津、广东等 11 个自贸试验区所在地区跨境人民币收付金额 5.54 万亿元。其中，货物贸易跨境人民币收付金额 1.77 万亿元，服务贸易跨境人民币收付金额 3 729.78 亿元，直接投资跨境人民币收付金额 1.01 万亿元，证券投资跨境人民币收付金额 1.29 万亿元。

（四）推进外汇管理改革，贸易投资便利化水平明显提升

加大简政放权，出台外资投资企业外汇资本金实行意愿结汇、直接投资项下外汇登记及变更登记下放银行办理、取消境外融资租赁债权审批、外债资金意愿结汇等多项外汇改革创新措施，支持实体企业更好利用境内外两种资源、两个市场，促进贸易和投资便利化。建立和完善全口径跨境融资宏观审慎管理政策框架。通过调整宏观审慎调节参数、融资杠杆率等，在宏观上实现对跨境资金流动的规模和结构进行审慎管理与调控，逐步扩大自贸试验区内经济主体境外融资的渠道和规模。截至 2017 年，天津自贸试验区内企业开展全口径跨境融资宏观审慎管理业务累计借用外债 17.1 亿美元。福建自贸试验区内企业根据全口径跨境融资宏观审慎管理模式借入外债 41 笔，包括 4.51 亿美元和 6.17 亿港币。广东自贸试验区企业通过全口径跨境融资宏观审慎管理业务借款 29 笔，金额累计 11.7 亿美元。

（五）金融服务水平持续提升，金融基础设施不断完善，营造良好金融生态环境

各地自贸试验区不断创新推出各种金融服务方式，广东自贸试验区推出电子证照银行卡，提高区内企业注册登记和经营的便利化程度。天津自贸试验区通过金融支持租赁业发展的专项政

策，支持租赁公司开展联合租赁和外汇资金集中运营等业务创新。福建自贸试验区在海产品交易资金结算、仓单融资等方面创新金融服务，积极对接海上丝绸之路核心区建设。同时，各地自贸试验区不断完善金融基础设施，营造良好金融生态环境。推动自贸试验区支付服务环境建设，积极推进金融IC卡以及移动支付、电子商业汇票等非现金支付工具的应用，强化支付受理终端安全与银行卡磁条交易风险管理。在福建、广东、浙江、四川等地结合首批社会信用体系建设示范城市名单发布等工作，加强自贸试验区征信与社会信用体系建设。

（六）金融风险监测评估持续加强，切实防范金融风险

人民银行坚决贯彻落实第五次全国金融工作会议精神，按照“严格规范金融综合经营和产融结合”等要求，严格把关各地自贸试验区金融创新风险。加强自贸试验区跨境资金监测，强化反洗钱、反恐怖融资、反逃税工作，上海自贸试验区上线运行反洗钱、反恐怖融资、反逃税资金监测系统，及时、准确掌握自由贸易账户交易数据信息。天津、广东等地自贸试验区围绕督促自贸试验区义务机构加强跨境、跨区资金监测分析等方面开展了切实有效的工作。

三、先行先试创新成果并积极复制推广

一是将创新效果明显且风险可控的跨境人民币业务向全国复制推广。自贸试验区设立以来，人民银行在自贸试验区先行先试，扩大人民币跨境使用范围，多项试点在全国范围内先后推广，包括个人货物贸易和服务贸易人民币结算业务、跨国企业集团跨境双向人民币资金池业务和经常项下跨境人民币集中收付业务、跨境电子商务人民币结算业务等。

二是本外币一体化的全口径跨境融资宏观审慎管理的复制推广。2015年2月，人民银行在上海自贸试验区率先开展本外币一体化的全口径跨境融资宏观审慎管理试点。2016年1月，将试点扩大到27家金融机构和注册在上海、天津、广州、福建四个自贸试验区的企业。2016年4月，在总结前期试点经验的基础上，将全口径跨境融资宏观审慎管理政策推广至全国范围。

三是外汇局简政放权促进贸易便利化措施的复制推广。外汇局取消境外融资租赁债权审批、取消对外担保行政审批、取消境外支付担保费行政审批、外商投资企业外汇资金意愿结汇、银行办理大宗商品衍生品柜台交易涉及的结售汇业务、直接投资项下外汇登记及变更登记下放银行办理、跨国公司外汇资金集中营运管理7项措施在全国复制推广，推动和促进了全国的金融改革开放。

四是外商投资征信机构准入管理的复制推广。2013年12月，在上海自贸试验区允许设立外商投资资信调查公司。2016年1月，人民银行会同商务部将自贸试验区的改革经验复制推广到全国，在全国范围内允许设立外商投资征信机构，统一内外资征信机构准入条件和管理标准。

五是金融服务创新方面的经验复制推广。2016年11月，人民银行广州分行推动粤港电子支票联合结算业务、商事主体电子证照银行卡业务成为广东自贸试验区可复制推广改革创新经验。

海关总署支持自由贸易试验区建设主要情况

为支持各自贸试验区建设，海关总署均在第一时间出台支持措施，并明确了适应自贸试验区发展要求的海关监管方案。各自贸试验区海关以可复制可推广为前提，大胆试、大胆闯、自主改，2014年和2015年，海关系统先后分两批复制推广了自贸试验区25项海关创新制度。自贸试验区海关整体工作取得了显著成效。2017年，全国11个自贸试验区进出口累计2.6万亿元人民币，同比增长23.38%，增幅高于同期全国外贸进出口9个百分点（全国外贸27.8万亿元人民币，增长14.2%）。

一、以对标国际为核心的海关监管制度基本确立，贸易便利化水平进一步提高

上海自贸试验区"先进区、后报关""自行运输""批次进出、集中申报"等多项海关监管创新制度已率先对接WTO《贸易便利化协定》，通关无纸化率从挂牌时的8.4%大幅提升至90%以上。在普华永道、美商会等机构调查中，"先进区、后报关"制度被企业评为最重要、企业受益最广、影响力最大的自贸试验区改革之一。

二、以信息化为依托的"放管服"改革深入推进，营商环境不断优化

上海海关公布了执法权力和责任"两张清单"，共取消、下放、让渡、放开22项前道审批事权或限制，报关企业注册登记从40个工作日缩短为3个。拱北海关实施以主动披露为主、引入中介协助和海关实施风险式验核稽查的后续监管服务模式，逐步形成企业自律、多方共管的新型监管模式。

三、主动服务，推动整体形成开放型经济新格局

大连海关实施"分送集报""保税货物区域结转""自行运输"等海关创新监管制度，使英特尔公司货物流转速度提升20%，每年节省2万小时通关时间、节省费用逾180万元人民币，英特尔公司二期项目从宣布投资到合格产品认证仅用8个月，成为英特尔世界工厂投产新项目的速度最快纪录。

四、大力推进自贸试验区深化改革

为落实全面深化上海自贸试验区改革开放方案（国发〔2017〕23号）。2017年9月11日，根据时任副总理汪洋同志要求，海关总署将初步拟定的《关于落实〈全面深化中国（上海）自由贸易试验区改革开放方案〉的实施方案》报送国务院，得到了国务院领导的批示认可。

为落实广东、天津、福建自贸试验区进一步深化改革开放方案（国发〔2018〕13号、14号、15号文件）。广州海关推进"粤港跨境货栈"项目建设，在香港机场、南沙保税港区间推行"两地一关锁"，实现入区货物自动快速核放。2017年，天津东疆保税港区进口租赁飞机304架，价值141.44亿美元，约占全国进口租赁飞机384架的80%。福州、厦门海关简化ECFA项下原产地单证提交手续，节约企业8%通关成本，厦门片区有关业务同比增长近20%。

◎上海海关支持中国（上海）自由贸易试验区建设主要情况

2013年9月29日，中国首个自由贸易试验区——中国（上海）自由贸易试验区（以下简称“上海自贸试验区”）正式挂牌运作，总面积28.78平方公里。由4个海关特殊监管区域组成（上海外高桥保税区、外高桥保税物流园区、洋山保税港区和浦东机场综合保税区）。2015年4月，国务院同意上海自贸试验区扩区，范围从28.78平方公里扩大至120.72平方公里，新增了陆家嘴金融片区、金桥开发片区、张江高科技片区。

一、成效综述

上海自贸试验区成立5年来，上海海关主要从以下方面开展推动上海自贸试验区发展。

（一）统筹深化业务改革，不断丰富制度供给

对照国际最高标准，查找短板弱项，围绕可复制、可推广目标，推进改革措施的接轨转化、配套组合、前后衔接，增强改革合力、扩大制度红利。上海自贸试验区成立以来已有33项海关（含检验检疫制度）创新制度在全国复制推广。推动上海自贸试验区海关创新制度与全国海关通关一体化集成整合，将“三自一重”制度全面融入“自报自缴”税收征管新模式，率先启动《海关专用缴款书》打印改革试点，先行先试电子传输保函自动备案，企业依托互联网最快仅需10余分钟即可在线完成申报、纳税到放行、自行打印税单的全流程通关手续。将创新制度与风控手段、内控节点同步评估设计，逐步构建以企业为单元、信息化为手段、规则公开透明为基础、诚信建设为核心、风险差别化管理为重点的综合监管体系，通过监管“前推后移”实现“管得住、放得开”。

（二）叠加整合创新措施，提升产业发展能级

推动“先进区、后报关”“分送集报”“十检十放”“仓储货物按状态分类监管”“原产地签证便利化”等创新制度成熟定型、叠加应用，满足国际物流快速进出、灵活分拨、多元流向需求，吸引多家跨国企业入区设立亚太及全球分拨中心和配送基地。促进区内专业化保税展示平台、国别（地区）进口商品中心与首届中国国际进口博览会对接，推动设立区内外联动的“6+365”天常设保税展示展销平台，展览品在进口博览会结束后可结转至自贸试验区作为保税货物继续展销，并利用跨境电商模式拓展进口渠道、扩大进口规模、放大带动效应。同步促进新兴产业集聚发展和传统产业转型升级，支持总部经济、跨境电商、全球维修、转口贸易、汽车平行进口等贸易业态和生物医药、文化艺术品、检验检测认证等产业集聚发展。

（三）全方位加强联动衔接，主动服务国家战略

开设重大项目通关“绿色通道”，便利我国企业在“一带一路”沿线国家开展重大项目建设。推行海关特殊监管区域货物跨关区分送集报、自行运输等便利模式，促进上海自贸试验区与西安、成都等“一带一路”重要节点城市紧密联动。立足上海自贸试验区海空运优势，围绕“一带一路”重点空间布局拓展多式联运，打通与义乌中欧班列相衔接的海铁联运等贸易新通道。制订海关支持促进上海科创中心建设方案，分步推进“单一机构治理、单一平台支撑、减免税与保税政策相整合、一系列配套服务”的4类18条具体措施，推动上海自贸试验区与张江国家自主

创新示范区“双自联动”发展。对标国际规则推进原产地预裁定、原产地自主声明、未再加工证明、受惠无纸化、中转货物信用签证等制度创新，助力优惠贸易协定充分发挥作用。创新期货保税交割监管制度，有效支持“上海油”“上海金”等金融要素市场扩大开放。

二、创新成果

（一）以贸易便利化为核心，推动作业制度改革

重点抓住市场最关心的贸易便利化，吸收借鉴发达国家做法，创新单一条线、局部环节作业制度，推动通关流程简化协调。

一是简化手续。简化一线进出境备案清单，取消合同、发票等随附单证要求，辅之以通关无纸化等改革，将区内4个特殊区域无纸化率从8.4%提升至93.8%。自挂牌成立以来，自贸试验区海关特殊监管区域一线进出境海关通关时间较上海关区整体水平分别缩短71.7%和32.9%。上海口岸货轮电讯检疫比例达到75.8%，办理时间缩短至30秒。实现了所有船舶代理企业申报和计费无纸化，并开展船舶检疫全程无纸化试点。航空器电讯检疫模式覆盖率达95.6%。

二是流程再造。一线改“先申报、后进区”串联作业为“先进区、后报关”并联作业；二线将“逐票申报、征税”改为“集中申报、汇总征税”，引导企业叠加应用新制度整合供应链，一些企业最快可在4小时内完成从一线入区到二线分拨出区全流程，吸引了服装、精密仪器、研发维修备件等跨国企业亚太分拨中心入驻。积极推进集成电路全程保税监管模式，促进全产业链集聚发展。2017年，6家集成电路设计企业参与试点，共办理电子化手册35本，备案进出口总值14.3亿美元，同比分别增长45.71%和60.63%。在全国率先推进进口非特殊用途化妆品从许可到备案管理改革试点并落地浦东，实现多方共赢。

三是提升信息化水平。开发上线海关监管信息化系统，4个特殊区域既统一作业管理，又兼顾不同政策的实施。完成108根智能化卡口建设，实现自动验放、物流数据与电子账册联动核注。应用“互联网+”打造公共服务平台，帮助多家企业、多票货源自主拼载，过卡时间从平均6分钟缩短至30秒，加快车队周转、提升企业运能。联合管委会推出“企业ERP联网服务平台”，为中小企业应用“货物状态分类监管”等制度搭梁建柱。正式上线运行全国检验检疫无纸化申报系统，无纸化报检覆盖率已超过80%，每天总共节省通关时间4万余小时。在全国首次实现无纸化系统与“单一窗口”对接，对低风险货物和诚信企业实行e-CIQ全流程自动处理，做到24小时受理、秒级归档。

四是跨部门协同监管。完成国际贸易“单一窗口”39个项目中21项，船舶和货物申报项分别缩减65%和44%，融入地方商事制度改革实现企业注册登记“多证联办”，9个工作日内可领取各类证照。推出信用信息公开、企业主动披露、引入中介辅助稽核查等措施，构建综合治理格局。推动《认证机构管理办法》重新修订，上海自贸试验区外资认证机构审批制度改革6项成果中，有5项创新成果已通过《认证机构管理办法》先后两次修订在全国复制和推广。

（二）以促进产业开放和功能培育为重点，创新监管模式

将贸易便利化与市场扩大开放相结合，将制度创新与功能培育相结合，重点发挥好“保税+”功能在产业开放战略中的作用，探索与“四新经济”相适应的海关监管新模式。

一是支持“平台经济”发展。依托保税展示交易制度，支持企业将物流、展示、营销、采购、交易、售后、品牌培育等功能集成在一体化平台上运作，以集群效应促流通、促消费。已形成医疗、消费品、制造业、文化艺术等10大专业商贸服务平台，2017年区内特殊监管区域

手表、医疗器械、医药、酒类、化妆品进口额占全国比重分别达46%、32.3%、31.7%、24.3%、18.1%，有力拉动上海贸易中心建设。

二是支持服务贸易发展。积极适应传统保税物流、保税加工向保税服务的转变，率先推出保税维修新制度，为国际船舶提供专业检测维修服务，填补国内产业空白，目前国内外船用发动机制造维修前三强企业全部入驻。针对保税货物成为金融工具的跨界发展趋势，推出保税融资租赁、大宗商品期现货保税交易等制度，为金融创新开放提供助力。实行离岸服务外包保税监管试点，共为6家企业设立23份服务外包设备手册，备案总金额816万美元。行业涉及化学研究、医药生物、软件研发、电子设计、半导体研发等，进口商品多为集成电路测试机、芯片测试仪等开发测试仪器。

三是推动国内外两个市场统筹对接。打破保税货物与国内货物割裂运作的传统模式，建立仓储货物按状态分类监管制度，两种状态货物可同库经营、一体运作。助推物流企业向分拨中心、贸易中心等高能级形态转变。

四是支持“双自联动”。2015年推出支持科创中心建设8项措施。在上海海关支持下，张江科创跨境服务中心于2017年3月启动试运营，将浦东机场货站和监管仓库功能延伸至张江园区，研发材料从空港监管运输至张江分拨，整体通关时间可从72小时缩短至6小时。构建了完善的特殊物品生物安全风险管理体系，对进境生物医药材料进行风险评估，实施分类管理，开展生物医药研发单位风险评估项目540个，评估时限缩短33%，实现评估无纸化、流程标准化。运用视频查验等“非侵入、非干扰”方式，构建事前风险评估和事中事后监管管理模式。率先试行《进境生物材料检验检疫权责清单》，正式发布《进出境生物材料检验检疫正面清单》。支持建立张江跨境科创监管服务中心，实行全年365天24小时不间断运行操作，使张江地区生物制品整体通关时间从原先的2—3天缩短为6—8小时，建成自助通关体验中心。

（三）以建设国际最高水平为目标，发挥政策示范效应

一是积极推进改革任务落地。配合海关总署研究制定海关实施方案，形成5方面23项具体措施。对标国际贸易新规则，着力解决“原产地预裁定”等未落地承诺，加强原产地专业技术服务，完善通关受惠流程，推动原产地行政裁定、原产地自主声明、未再加工证明等全国海关首创性制度率先落地，助力我国优惠贸易协定充分发挥作用。2017年上海自贸试验区优惠贸易项下受惠进口增幅超五成，惠及15个贸易协定项下共27个国家和地区；累计进口受惠货值221.1亿元人民币，税款优惠16.6亿元人民币，同比分别增长52.3%和54.6%。

二是切实加强与其他海关重大改革的联动。目前除自贸试验区改革外，海关还在积极推动全国通关一体化、促进科创中心建设、服务“一带一路”、智慧海关等一系列重大改革，这些改革将惠及全市乃至全国。我们充分运用自贸试验区改革的思路和经验，推动自贸试验区改革和其他各项改革相互对接融合，不断提升改革的联动效应和整体合力。2017年上海海关在“双自联动”基础上进一步研究出台了海关支持科创中心建设方案，提出“单一机构治理、一体化平台支撑、减免税政策和保税功能相结合、建立覆盖产、学、研、用全流程海关监管服务体系，多方位服务保障”的18条支持措施；支持自贸试验区打造服务“一带一路”的桥头堡，推动区内各类商贸服务平台、国别进口中心与即将举办的中国国际进口博览会联动，推动会展、贸易资源整合。同时，上海海关在通关一体化框架下不断优化自贸试验区创新制度，已全面融入“自报自缴”征管模式，根据总署部署率先启动《海关专用缴款书》打印改革试点，实现互联网渠道通关业务办理全流程贯通、无纸化通关。

三是联动解决市场主体的痛点堵点问题。坚持问题导向、需求导向，针对自贸试验区企业提出的8方面需求，逐项研究形成解决方案、出台具体举措。对国别进口商品中心推动叠加“前店后库”保税展示交易功能，促进国际贸易交流合作。对接上海“航运中心”建设，推动功能培育从“单点突破”向“模式丰富化、功能完备化、运作规模化”升级，强化“区港联动”，探索在自贸试验区叠加保税船供功能，支持区内维修企业为停靠在上海各个港口的国际航行船舶提供设备直达、服务直供的保税维修服务。建设完善跨境电商集中监管场所，支持引入“京东全球购”等项目，洋山保税港区跨境电商示范区获评2017年度上海市“最佳跨境电商园区”。推进第三方检验结果采信。将部分进口医疗器械、进口机械加工设备、进口服装、进口玩具、进口汽车零部件的检验监管纳入采信试点范围，采信HS编码数量较上年度增长157%。

三、具体支持措施

1. 先进区、后报关

“先进区、后报关”是指在自贸试验区的境外入区环节，经海关注册登记的自贸试验区的海关特殊监管区域内企业可以凭进境货物的舱单等信息先向海关简要申报，并办理口岸提货和货物进区手续，再在规定时限内向海关办理进境货物正式申报手续的作业模式。目的是为满足企业货物快速入区需求，减少滞港成本，解决准确申报的问题。

企业提货和报关由过去的串联式改为并联同步，实际提货耗时0.5天，大大节约了企业通关时间、提高了物流效率。

2. 批次进入、集中申报

“批次进出、集中申报”，是指允许自贸试验区内企业与境内区外企业（含区外海关特殊监管区域以及保税监管场所内企业）、区内其他企业之间分批次进出货物的，可以先凭卡口核放单办理货物的实际进出区手续，再在规定期限内以备案清单或者报关单集中办理海关报关手续，海关依托信息化系统进行监管的一种通关模式。主要解决企业货物审核时间长、通关效率低、通关成本高的问题。

此项创新制度是海关从“由企及物”理念出发，将海关监管重点从每票货物的进出转变为对企业管理的具体举措，它既节省了企业申报成本，又减少了海关审单工作量，实现了海关与企业的共赢。

3. 自动审放、重点复核

“自动审放、重点复核”审单作业模式，是指在实时审单环节对少部分报关单加强监管和审核，对大多数报关单由计算机自动审放。

该制度改变“人工、实时、逐票”审单模式，海关以企业信用管理为前提，以电子自动审放为主，纸质单证人工重点复核，报关单自动验放比例已超过70%。

4. 简化随附单证

对自贸试验区内以通关作业无纸化方式申报提交的有关随附单证予以简化。主要解决企业报关手续繁琐、纸质报关单随附单证成本高、海关作业自动化效率较低的问题。

货物从各口岸入境自贸试验区的，不再验核入境货物通关单或相应签章。简化企业报关手续，提高通关作业自动化率，大幅提升通关效率。

5. 简化统一备案清单

解决因各海关特殊监管区域进出境备案清单格式不统一，影响海关特殊监管区域间一体化操作，同时导致企业在不同区域间申报填写备案清单存在困扰的问题。

此项改革将洋山保税港区、浦东机场综保区使用的40项和外高桥保税区、物流园区使用的29项申报要素的单证，统一规范成30项申报要素，对试验区内备案清单格式进行统一和简化，实现规范简捷申报，减轻企业负担，提高试验区一线进出境通关效率，促进试验区4个海关特殊监管区域一体化运作。

6. 一次备案、多次使用

“一次备案、多次使用”是指自贸试验区内企业在账册备案环节通过信息化系统向主管海关一次性备案企业、进出货物等信息，经主管海关核准后，可以在试验区各项海关业务中多次、重复使用的海关监管模式，减少企业重复备案次数。

7. 自行运输

“自行运输”是指经海关注册登记的自贸试验区内企业，可以使用经海关备案的车辆，在试验区内自行运输货物的作业模式。针对原先转关运输使用监管车辆、施加海关封志所带来的手续繁琐、物流成本高的问题。

大幅节约改革前企业物流成本和通关时间。据企业测算，每车缩短 30 分钟，企业一年节约物流成本约 20 万元。

8. 智能化卡口管理

试验区智能化卡口验放是指海关运用智能化设备自动读取电子车牌号码、集装箱号、车载重量（电子地磅数据）、安全智能锁等监管数据，进行海关监管信息的自动比对、风险判别，完成车辆 GPS 运行轨迹自动核销、货物查验或者放行指令处置等卡口智能化管理作业，实现车辆分流、自动验放。缩短车辆过卡时间，同时实现过卡与区内账册核注联动。

卡口验放从“2 上 2 下 4 敲章”的人工手续变为“0 上 0 下 0 敲章”的自动过卡。车辆过卡时间从 6 分钟缩短至 5 秒。每天通车能力提高 8 倍。

9. 自主报税、自助通关、自动审放、重点稽核

“自主报税、自助通关、自动审放、重点稽核”作业模式，是指企业自主申报税额，在实时审单环节对少部分报关单加强监管和审核，对大多数报关单由计算机自动审放。事后根据风险研判结果，海关开展重点稽核。

通关过程中不再打印纸质税单。如企业需要，可以在货物放行后至相关海关业务现场指定窗口办理税单批量打印手续。待系统完善后，企业可以自行打印完税凭证。

10. 美术品便利化通关

目前展览品分批出区参加同一个展览会，每批展览品企业都需要向海关提供展会批文，手续繁琐、影响时效，大大增加办展成本。现场关员多次、逐票、重复对展览会批文进行程序性审核，实际监管效能也很有限。简化展览品通关手续，能够节约监管资源、提升监管效能，同时助力文化产业发展。（不针对所有展览品，不改变现有展览品监管规则）

进一步推动上海自贸试验区对外文化贸易基地发展，通过简化区内四个海关特殊监管区域美术品审批及监管通关手续，提升通关效能，在有效防范风险的前提下促进文化贸易发展。

11. 海关归类行政裁定

归类行政裁定涉及的法律制度有署令等相关规定，但实际操作中却从未实践，主要是因为缺少归类裁定的单行管理办法和操作规程。经请示总署，归类裁定制度可以尝试，可对企业申请的某个具体商品制发裁定，公布后在全国适用，优于目前的海关预归类制度。

《中华人民共和国海关行政裁定管理暂行办法》颁布以来，尚未针对进出口货物制发过归类行政裁定。在自贸试验区先行先试，旨在落实归类行政裁定制度，为制定操作规程和完善法规积累实践经验。

归类行政裁定聚焦归类疑难商品，将具体商品归类判例化，相同商品适用同一归类行政裁定，对全国关境内的企业和海关具有同等约束力，与“预裁定”“同等适用”等国际海关通行规则相接轨，有助于解决归类争议、提高通关效率、防控归类风险，促进执法统一。

12. 海关易归类制度

构建“中国（上海）自由贸易试验区智能归类检控系统”，整合归类化验信息，公布税则、注释、归类决定、化验标准方法、归类指引、化验进度等内容，分步实现自动查询归类信息、辅助企业自主归类，同时提供归类化验争议解决流

程、“12360”、社会化预归类等信息服务路径。

目前，上海海关开发完成了“商品易归类服务”电子信息化平台，通过整合归类化验政务公开信息，建立商品及编码大数据库，提供税号税率查询、业务指南等功能模块，主动推送企业关注的商品归类指引，帮助企业自主归类。

13. 工单式核销

工单式核销是指海关以料号级管理为基础，在信息化系统中建立料号级底账，并根据归并规则再建立项号级底账，对经海关注册登记的试验区内企业实行项号级底账通关、信息化系统料号级底账核销的一种监管模式。该模式主要适应的是大型加工装配类企业，以解决其料件、成品的品种规格比较多、单耗变化比较大、企业无法实时地到海关办理单耗变更手续，直接造成在核销时差异大、核销难以确认的问题。

解决改革前备案变更多、报关数量多、核销确认差异难且时间长的问题，据企业实际测算，备案变更次数由 1 300 次减少至 1 次，报关次数由 21 000 次减少至 260 次，核销确认差异时间从 1 个月减少至 1 天，为维修、研发等业务提供了配套监管模式，如浦东机场综保区波音公司等境内外维修企业都采用这一模式，一年可节省相关费用上百万元人民币。

14. 联网监管

仓储企业联网监管是指对经海关注册登记的自贸试验区内仓储企业实施“系统联网、库位管理、实时核注”，实现对货物进、出、转、存情况的实时掌控和动态核查的一种监管模式。解决因海关与仓储企业系统不联网导致的核库时间长、效率低、无法及时掌握货物状态等问题。

实施仓储企业联网监管，将海关对货物进、出、转、存的全过程监管，融入企业内部管理流程中，实现了海关对物流仓储货物的实时掌控和动态核查；将系统联网申报取代原有的人工巡库、核库、定期核销的仓储监管方式，提高了海关的实际监管效能，顺应了企业仓储物流管理精细化发展趋势，方便企业对不同状态货物实施同库仓储经营，适应企业内外贸一体化运作需求。

15. 境内外维修

维修业务是指经海关注册登记的自贸试验区内企业对来自境内外的部件损坏、部分功能丧失或者出现缺陷的货物进行维修并复运出境（区）的经营活动。解决原有模式下仅能进行“两头在外”维修业务的业务局限性，及业务模式中维修业务规范不明确的问题。

拓展区内维修业务范围、促进境内维修业务发展、推动加工制造两端延伸、促进加工贸易转型升级。

16. 保税展示交易

保税展示交易是指经海关注册登记的自贸试验区内企业在试验区内或者区外开展保税展示交易的经营活动。解决企业之前只能开展展示业务，不能开展交易活动的问题。

改革前仅允许在保税展示，改革后允许企业开展保税展示及交易，并且允许企业在规定时间内集中申报并完税，降低了物流成本，加快物流速度。

17. 融资租赁

融资租赁宏观上具有拉动内需刺激消费、调节宏观经济促进经济持续发展、引导资本合理有序流动这三大功能；微观上具有扩大投资、促进销售、节税、表外融资、盘活存量、推动技术改造、缓解债务负担、增加资产流动性和强化资产管理者九大功能。同时，融资租赁的贸易和投资相结合的属性，作为联结设备和金融的工具，因而成为促进一个国家资本输出的重要方式，通过融资租赁可以带动我国企业走出去，进而走进去、走下去。

此项制度是自贸试验区金融贸易领域的创新制度。允许企业在自贸试验区范围内开展此项业务，允许承租企业分期缴纳租金，允许租金分期征收关税和增值税。结合上海航运金融服务与特殊监管区域的资源、环境优势，推动试验区建设成为国内一流的融资租赁功能区与金融创新实践区，吸引融资企业的回归，增加国家的税收。

18. 期货保税交割

期货保税交割，是指以自贸试验区内处于保税监管状态的货物作为交割标的物的一种销售方式。不同于国际期货价格不含税的“净价”，目前我国期货价格是含税的。此制度出台是为了探索增强我国国际期货价格的话语权。

此项制度是自贸试验区保税金融服务领域的创新制度，打破了国内期货市场相对封闭的现状，实现与国际期货市场的对接，进一步促进我国期货贸易的发展，促进形成我国大宗商品定价机制，推动上海国际金融中心和航运中心建设。

19. 一区注册、四区经营

突破区内四个海关特殊监管区域注册企业仅能在其注册区域内办理海关业务的限制，允许在区内任何一个特殊区域注册的企业，都可在其他三个区域设立分支机构、开展海关业务，共用一个海关注册编码，无须重新设立独立法人企业。

进一步放开准入环节限制，为企业自主选择组织方式提供更大空间，促进企业区内运营的自由度，满足跨区域经营企业的一体化运作需求，减轻企业负担，支持总部经济发展。

建立集约化的海关监管机制，简化海关监管手续，降低行政管理成本，提升内部协同管理效能。

20. 离岸服务外包全程保税监管

海关采用信息化手段，对从事离岸服务外包业务的、经海关注册登记的试验区内企业及其上下游产业链企业实施保税监管的作业模式。改变“国外研发、国内加工”的低端产业模式，向完整产业价值链转变。助力上海科技创新中心建设。海关监管模式创新能够更好地适应扩区后的功能拓展和产业发展需求，促进以科技创新为核心的产业聚集。

一是突破只有技术先进型服务企业可享受海关保税政策的限制，降低企业准入门槛，对区内企业从事离岸服务外包业务的进口货物实施保税监管。二是改革对生产制造企业实施保税监管的传统监管模式，允许研发设计等企业开设电子手册、自主进行外发加工，对设计研发、生产制造、封装测试等企业组成的产业链实施全程保税监管。

21. 大宗商品现货市场保税交易

以试验区内大宗商品现货市场为交易平台，以试验区范围内特殊监管区域或保税仓库中处于保税监管状态的大宗基本工业原料、农产品和能源产品等为交易对象，按照市场现价进行交易的一种交易方式。

此项制度是自贸试验区保税金融服务领域的创新。允许大宗商品现货以保税方式进行多次交易、实施交割，并实现第三方公示平台与海关联网，进而推进大宗商品的协同监管和抵押融资业务，支持自贸试验区建成具有国际竞争力的重点商品和产业交易中心，提升自贸试验区贸易能级，助推金融创新改革和金融中心建设。

22. 仓储货物按状态分类监管

允许非保税货物进入海关特殊监管区域储存，与保税一同参与集拼、分拨，根据国内外采购订单最终确定货物实际离境出口或返回境内区外。

此项改革突破保税货物与国内货物不得同库存放、企业物流运作相对割裂的政策瓶颈，允许试点企业在自贸试验区内对保税货物、国内货物进行同库经营和集约化运作，无须在区外另行设置国内货物仓库，有助于企业统筹国内、国际两个市场、两种资源，协调推进内外贸一体化发展，确保改革真正体现市场主导、惠及企业主体。

23. 汽车平行进口保税仓储

优化平行进口汽车报关、通关、查验等流程，提高通关效率，降低通关成本。在经批准进行汽车平行进口试点的自贸试验区，允许试点企业在海关特殊监管区域内开展汽车整车保税仓储业务。

目前，上海海关已出台《上海海关关于在中国（上海）自由贸易试验区特殊监管区域内开展汽车平行进口试点保税仓储业务的公告》，已有十几家企业参与此项业务。

24. 企业协调员制度

建立此模式后，企业可以选派专人担任协调员，及时反映关企间业务难点。

海关企业协调员制度试点工作建立起了海关与企业“点对点”的联系渠道，通过海关服务企业资源和企业内部海关事务处理的两个集中，节省企业在生产运行过程中涉及海关通关环节、海关管理环节的运行成本，帮助企业显著提升在国内外市场上的竞争力。

25. 企业注册登记制度改革

一是取消自贸试验区内的报关企业行政许可，改为备案制；二是放开自贸试验区内的报关企业异地申报限制，一般认证以上报关企业及双重身份企业直接在全国各海关申报；三是放开自贸试验区内进出口货物收发货人—报关企业“双重”申报身份限制，允许试验区双重身份企业在试验区内拥有进出口货物收发货人和报关企业双重身份，在试验区外仅具报关企业身份；四是下放一般认证企业评审事权至自贸试验区海关；五是海关企业注册登记纳入自贸试验区企业准入“单一窗口”。

改革后自贸试验区内报关企业注册登记行政许可制审批改革为备案制，减少了审批层级和申请材料，简化了作业流程，使报关企业备案（变更、换证）等作业平均耗时3个工作日，较报关企业行政许可手续规定的40个工作日审批时间大幅缩短；试验区内一般认证及高级认证企业报关企业可以不用设立分支机构即可全国报关，减少了企业分支机构设立成本；授权试验区内海关办理企业适用一般认证管理事项，提高了企业评审效率，提高了企业参与积极性。

26. AEO 互认

AEO（经认证的经营者）制度是我国已签署的《全球贸易安全与便利标准框架》（附件7）的主体制度。

经抽样测算，自贸试验区内高级认证企业享受AEO互认优惠措施，在国外海关通关速度加快了10%左右。自贸试验区内140余家高级认证企业可同时享受国内及货物出口国（地区）海关的最高等级通关便利措施，企业国际竞争力进一步提升。

27. 引入中介制度

引入社会中介机构辅助开展自贸试验区保税监管和企业稽查，是指具备相关资质的中介机构接受试验区内企业或海关委托，在企业开展自律管理和认证申请，以及海关实施保税监管和企业稽查等过程中，通过审计、评估、鉴定、认证等活动，提供相关辅助依据的工作。主要针对政府简政放权（运用市场机制合理配置社会资源）、完善治理体系（运用社会资源指导和培育企业守法自律）、优化海关监管（推动海关科学执法，提升监管效能）、维护企业利益（促进公正执法，维护企业合法权益）的需要。

改革后将海关监管、企业自管、中介协管和社会共管统一起来，引导企业自律，形成第三方社会中介对关企之间公平公正关系的有效保障。在保税监管和企业稽查工作中引入社会中介，将进一步推进国家治理体系参与主体的多元性，致力改变以往企业在关企关系中相对弱势的局面，为建立关企之间公平公正的新型关企关系提供有效保障。

28. 企业信用信息公开

上海海关采取主动公开和依申请公开形式，向社会公众及信息主体公开经海关注册登记的试验区内企业注册登记信息等与企业信用相关的基础信息、信用分类等级等信息，并可依申请为区内企业开具《企业信用状况证明》。

拓宽了企业信用信息公开的范围、通过强化他律促进企业自律、开具《企业信用状况证明》更便捷。

29. 企业自律管理

自律管理是指进出口货物放行后，经海关注册登记的自贸试验区内企业在其自主或者委托中介机构开展相关进出口行为合法性审查过程中，发现可能存在涉嫌违法违规或者其他事情，主动书面报告海关，海关依法予以相应处置的管理行为。

建立企业自主查发问题机制，完善海关、企业、社会三方监管合力体系。

30. 集中汇总纳税

主要解决传统通关模式下企业逐票缴税、海关逐票审核带来的流程重复、速度较慢、效率偏低等问题。

改革前海关征税为传统的逐票审核、征税放行模式；改革后将传统的海关主导型的税收征管模式转变为企业主动型的征管模式。企业在有效担保前提下，在规定的纳税周期内，对已放行货物向海关自主集中缴付税款，推进征缴电子化，海关由实时性审核转为集约化后续审核和税收稽核。从而实现货物的高效通关，缓解企业资金压力，降低企业纳税成本，有利于激发市场主体的活力。据测算，应税货物通关时间可节省70%。

31. 选择性征税

内销选择性征收关税是指对设在自贸试验区海关特殊监管区域内的企业生产、加工并经“二线”（自贸试验区与境内其他地区之间）销往内地的货物，照章征收进口环节增值税、消费税；根据企业申请，对该内销货物按其对应进口料件或按实际报验状态征收关税。解决了传统模式下企业只能以实际状态征税造成的企业税负压力大，海关特殊监管区域优势不明显的问题。

32. 全球维修产业检验检疫监管

（1）主要内容

自贸试验区内全球维修产业监管制度根据“合格假定、事中监管、事后追责、风险管理”等法检制度改革原则，以“风险可控、便利贸易”为监管思路，构建按照“企业资质评估 + 简易核准 + 监督检查”的监管模式。该制度从实质上改变了原有进口维修用旧机电产品的入境行政许可和检验监管模式，以产品风险分析和企业能力评估为基础，按照事中监管和事后追责，完善对入境维修的旧机电产品和经营企业的监管，简单可概括为：

结合入境维修产品的风险分析以及维修企业的维修能力、质量管理体系、废弃物的处置等方面对企业整体评估；对于经资质评估合格的维修企业，简化其用于入境维修的旧机电产品备案流程，以年度核准制度替代原有的批次化备案制并免于海外装运前检验；对到货后的入境维修用旧机电产品，以不定期的监督检查替代批次化的产品检验。

归纳起来，上述全球维修产业监管制度创新点主要包括：从提升产业运营效率出发，简化入境维修用旧机电产品备案流程；从强化产品风险管理出发，免除入境维修用旧机电产品海外装运前检验；从转变质量安全监管理念出发，以周期性的过程监管替代批次化的产品检验。

（2）工作成效

有效降低企业经营成本。入境维修企业的经营成本包括物流、仓储、人力、文控等。首先，便利的监管措施为企业节省了在通关保证金方面的投入。以贝尔公司为例，年节约保证金投入约为20万美元。其次，审批流程的简化，通关效率的加快，降低了企业人力成本和文控成本。同时，货物进出速度的加快也加速了维修件的周转速度，大大降低了相关仓储费用。宇达公司和艾齐迪公司与其中国台湾的维修中心相比，综合经营成本减少约50%。

大幅提高产品通关效率。按照进口旧机电产品备案程序，一般进口自用或销售用旧机电产品的备案流程时限为9—10个工作日，但入境维修旧机电产品采用了简易备案（核准制度）方式，审核流程缩短为1—2个工作日。特别是在自贸试验区成立以来，海关进一步简化核准手续，采用“一次核准、多次使用、有效期内核放”的诚信核准审批程序，对每批货物进口通关时间平均再缩短0.5—1天，提高了通关效率。据相关统计，通过此种监管制度创新，企业的整个维修业务周期平均缩短约60%，使企业在维修服务时效与客户满意度上更具竞争力。

帮扶提升企业技术水平。维修作为制造业“微笑曲线”的高端部分，对技术要求极高。以华维公司为例，其公司维修业务范围随着监管制度创新步伐不断拓展。该公司定期开展技术培训，重点关注海关对维修企业日常运营的监管要求。据不完全统计，80% 以上的受训者反馈从培训中获益，100% 的受训者要求接受后期不间断培训。该公司还利用自身技术优势，既为 OEM/ODM 客户维修站及各维修点提供专业的技术支持，也培养了大量熟悉检验检疫相关政策措施的优秀维修产业人员，形成了一定的技术辐射效应。

初步形成产业规模化效益。贝尔集团已将自贸试验区贝尔维修中心作为亚太区主要的海外维修中心。贝尔上海自贸试验区维修中心已经从单一的总部维修发展成为亚太地区超过 10 个国家提供产品维修服务。随着自贸试验区维修业务优势的逐渐展现，贝尔集团将会把更多的维修业务放在自贸试验区开展，建立起一个辐射亚太区的维修分拨中心。

33. 中转货物产地来源证管理制度

自贸试验区作为上海国际航运中心建设的一个重要载体，需要重点探索国际中转和国际中转集拼业务发展，促进上海口岸进一步提升中转比例，优化集疏运结构，凸显上海作为国际枢纽港的地位。

近年来得益于上海口岸有利的航运基础设施条件和可期待的便利化制度环境，越来越多的跨国公司选择上海成立亚太分拨中心和营运总部，加工、制造、贸易和仓储物流企业在此聚集，专业从事贸易业务，国内分拨、国际中转业务的需求不断在增长。据原上海检验检疫局（以下简称原上海局）CIQ2000 统计数据，2013 年 1 月—2014 年 7 月，上海口岸近 2 000 批货物出口入区中转出境，近 20 万批货物进境入区，部分货物出境转口。由于国际贸易的需要和物流模式的变化，企业对产地来源证签证的新需求日益增多，主要涉及中转货物产地来源证明签发的相关政策与操作等。2013 年 7 月保税区管委会发专函商请原上海局支持亚太营运商计划（注：亚太营运商计划是为培育区内企业成为统筹贸易、物流、结算功能的亚太运营总部，把自贸试验区打造一个亚太运营中心的定位）解决企业共性政策诉求，包括对企业产地证转签的相关诉求。

（1）主要内容

为满足自贸试验区内企业日益增长的中转货物产地来源证签证需求，原上海局研究并制定了《中国（上海）自由贸易试验区中转货物产地来源证管理工作规范》。该项规范根据货物启运地将货物划分为国际中转（转运和转口）和国内中转（入区分拨出境），并详细规定了有关中转货物的转口证书、加工装配证书以及各类原产地证明书的签证条件。

（2）试点效果

转口证书签发，特别对自贸试验区国际分拨集拼货物签发证书。转口产地证书是指经中国转口的外国货物，由于不能取得中国的原产地证，而由中国签证机构出具的证明货物系他国原产、经中国转口的一种证明文件。签发转口证书，证明了货物未经自贸试验区再加工，这项签证工作，是根据企业需要，为企业提供满足目的国通关或贸易管理的必要单证，服务企业在上海发展转口业务；另外，利用转口证书的未再加工的性质，转口证可作为区域经济合作国家货物贸易协议中原产地直运规则的补充，帮助经上海分拨中转的货物能在协议国之间享受关税减免。

自贸试验区内优惠产地证书签发。针对特殊监管区或者自贸试验区新业态，即物流配送中心的运作模式产地证签证操作。相比原来的业务，物流配送中心的运作模式有一些特点：一是综合物流配送模式货源复杂，按现行规定申办证书时提供异地货物调查单，较难做到；二是国际分拨的模式，经常发生分拨至一个国家的货物一段时间后会改变销往国别，分拨至 B 国或多个国家；三是产地证申办企业有的属于第三方物流，仅承担仓储、集拼、运输和代办出入区手续，其作为签证主体的权利义务不是很清晰。

针对上述特点，中转制度设计了签证人员可

以采用书面和现场核查的方式掌握异地货物信息；把物流企业供应链信息系统建立列入分类条件之一，便利原产地可追溯；对企业按诚信级别实行分类管理，风险可控；制度提出了自我申明和无纸化申报，顺应了贸易便利化要求。

34. 检验检疫通关无纸化

目前正在中国（上海）自由贸易试验区推行的检验检疫无纸化改革，是指结合“单一窗口”新模式，以完善试验区检验检疫物流监控系统为基础，以构建合纵连横的信息交换、共享网络为保障，以改革试验区检验检疫申报制度，以梳理和再造现行的检验检疫业务流程，通过实行“企业信用管理、商品风险分类”方式，对符合条件的区内企业实现申报、计收费、检验、签证放行等各环节的无纸化运作，实现试验区检验检疫作业全过程无纸化。

（1）主要内容

报关环节无纸化。在电子申报、电子报检的基础上，采用企业自行建档保存贸易单证，声明、承诺类材料电子传输，许可、审批类单证联网核销，国内外检验检疫证书联网核查等方式，进一步扩大无纸化申报的覆盖范围。对必须提交的纸质单证，在报检企业分类管理的基础上，对诚信企业采取定期集中后补等方式，减少企业往返检验检疫窗口。

积极开展检验检疫电子支付的试点和推广，充分利用和进一步完善现有的电子支付系统，鼓励和引导企业通过网上银行、第三方支付平台等完成检验检疫费用的缴费，提高支付工作效率，减少企业窗口排队缴费现象。

查验环节无纸化。在现场查验放行环节，大力运用移动通信、物联网等现代化信息技术手段，检验检疫人员手持移动终端，完成接单、查验、取证、登记、放行等一系列执法监管活动，实现现场查验结果记录、单证拟制、放行无纸化，将无纸化改革延伸至现场查验，实现检验检疫全程无纸化。

放行环节无纸化。利用地方电子口岸平台，实现检验检疫指令在港务部门、空运仓储单位及特殊区域管理部门的在线传递，从而实现远程的无纸化放行。

推进地方口岸公共信息平台建设。推进地方口岸公共信息平台建设，促进海关与系统内机构、其他监管部门、国外官方机构等实现信息共享。通过在地方口岸公共信息平台的“单一窗口”建设，实现贸易和运输企业通过“单一窗口”一点接入、一次性递交满足检验检疫、海关、海事、边检等监管部门要求的格式化单证和电子信息，监管部门处理状态和结果通过单一平台反馈给申报人，实现监管部门口岸信息互联、互通、互换。

（2）试点效果

提高检验检疫通关效率。在目前的申报 / 报检模式下，企业从整理资料到递交现场窗口受理，前后总共需要一个工作日的时间；而进行无纸化后，在一个小时内就能完成报关并获得审单指令，大幅缩短时间。

降低企业成本。有纸报关需要企业人员到现场操作，无纸化后无须再派人员到海关，在交通费用和人力资源上节约企业成本。按每个企业每天需派 1 名人员到海关办理业务 4 小时计算，单次节省交通费 50 元、节省人力资源 200 元（以时薪 50 元 ×4 小时计）。

35. 第三方检验结果采信制度

自贸试验区内第三方检验结果采信制度按照“管检分离、合格假定、事中监管、事后追责、风险管理”等法检制度改革原则，以“合格保证 + 符合性评估”为合格评定程序组合；以“第三方检验结果”作为追溯源，进一步完善进出口工业产品质量安全责任调查和追究机制；以第三方检验机构登记公示制度为手段，按照事中监管和事后追责完善第三方检验机构的监管与退出机制。

（1）主要内容

提出以“合格假定”为主要工作理念。建立国际通行的“合格保证”模式，对进出口商出具的符合性声明实施合格保证审查，在强化经营商质量安全主体责任意识的同时，大幅提升进出口环节通关效率。

提出以“符合性评估”为主要方式的合格评定程序。对认可的第三方检验机构出具的检验结果实施符合性评估，不再对进出口货物自行抽样检测或指定检验机构，改变原来的进出口货物质量安全检验放行模式，提高口岸通关效率，降低企业贸易成本。

提出以“风险管理”为理念的监管模式。根据风险监测和预警情况，在国家技术规范的强制性要求范围内，发布并动态调整进口工业产品的采信要求，强化对高风险、重点敏感安全项目的检验要求，改变过去全项目检验的模式，提升检验监管有效性。

提出以国际或地区实验室互认协议为核心的第三方检验机构资质门槛。统一境内外检验机构采信准入资质，充分体现了WTO国民待遇原则，在提升进口商品通关效率的同时，大幅降低企业检测成本。

提出以“自愿性登记+退出机制”为核心的第三方检验机构监管模式。按照“管检分离”原则，对符合资质条件的第三方检验机构予以登记公示，由进出口商按市场规律自由选择，第三方检验机构根据采信要求和自身的服务质量向社会提供检验服务。同时，通过建立对第三方检验机构的事中监管和事后追责等管理制度，强化对检验的监管，逐步实现“管检分离”，加快海关实现从进出口商品的“产品的检验监管”向“检验活动的监管”的职能转变。

（2）试点效果

一是与目前海关自身提供检测服务相比，通过第三方检验机构提供专业化服务，有利于提供高质量的检测服务产品，以公正独立的社会资源为执法监管提供合格评定依据，同时第三方检验机构的专业化队伍有利于提高管理效率，从而提高服务效率；二是有助于进一步厘清和理顺海关与第三方检验市场、与行政执法相对人之间的关系，尤其是法定检验业务的开放将推动国内相关检测服务行业的整合重组，也有利于中国本土检验机构的长期发展；三是引入第三方检验对海关是一场内生型的自我革命，其意义不亚于简政放权，不但可以节约财政资金、提高资金使用效率、降低行政成本、提高行政效率，而且引入了竞争机制，提高了政府的透明度，将有效抑制腐败和寻租空间。

36. 出入境特殊物品风险管理

（1）主要内容

出入境特殊物品风险管理是对自贸试验区入出境特殊物品企业（以下简称“区内企业”）的入出境特殊物品实施便捷性检疫监管的工作制度。主要包括简化事前审批流程，将工作重心转为事中、事后监管；通过调整行政审批手续、放宽审批条件，从逐批审批原则调整为企业日常监管配合行政审批原则；同时建立“区内企业”考核监管、分批核销、指定地点查验等制度，以缩短审批流程、提高放行速度、降低企业成本，推动生物医药产业发展。

（2）试点效果

该制度对特殊物品卫生检疫监管从逐批审批调整为对企业诚信登记进行抽检并配合日常监管的审批模式，建立了与之配套的政策和措施，充分发挥了自贸试验区现行先试的探索作用，体现了自贸试验区建设服务型政府的创新精神。该制度大量减少了相关企业的人力和经济成本，行政效率大幅提高，行政成本不断下降，受到了相关企业的广泛欢迎，同时也促进了关联生物产业的发展，成效显著、特点鲜明。

有效监管，减少重复审批。原上海局根据自贸试验区创新制度对出入境特殊物品实施产品风险分级、企业诚信分类等风险管理措施。

一是强化企业主体责任。对自由贸易区内的入出境特殊物品单位实施考核机制，充分结合企业诚信情况，根据考核结果对“区内企业”按照一、二、三、四类信用等级水平进行登记及分类管理。

二是全力推荐产品风险分级管理。对自由贸易区内的入出境特殊物品风险进行评估，根据评估结果将产品按照 A、B、C、D 级风险级别实施分级管理，有效防控传染病传入风险。

三是全面改进特殊物品审批制度。简化审批流程、提高通关速度、降低企业成本。对通过考核的区内企业实施年度审核制度，允许其一次申报全年的入出境特殊物品情况，按产品风险级别，给予一次审批，分批核销。特殊物品卫生检疫审批单有效期最长可延长至 12 个月，检疫审批时间缩短至 3 个工作日。

四是科学调整监管模式。根据企业信用分类和产品风险分级的情况科学实施动态监管方式，将入出境特殊物品卫生检疫工作重心由事前审批转为事中、事后监管，加强对区内企业后续日常监管。如发现特殊物品单位存在违规、欺瞒等情况，则将该单位进行降级管理。

37. 进口货物预检验制度

通过优化现有工作流程，采用“预检验”的方式，将刚性的进口货物现场检验和实验室检测时间从出区时实施前置到货物在区储存期间实施，以此提升自贸试验区进口货物实际出区时的通关放行速度。

（1）主要内容

从境外输入自贸试验区后再出区进口到国内的货物，企业可在货物出区报检前向海关申报办理货物的预检验工作（货物入区时或存放在区内时），由海关实施集中检验，完成全项目或部分项目检验。经检验合格的，海关登记预检验合格账册信息。预检验合格货物分批出区报检时，海关核查货物信息，实施剩余项目检验，对于已完成全项目预检验的，实施快速验放。

企业可以选择在入境申报环节申请预检验，也可以在区内仓储期间申请预检验；可以申请全部项目的预检验，也可以申请部分项目的预检验。预检验核销单可以随货物自由流转，在区内企业间结转。

对全部施检项目已经预检验合格的货物，施检部门原则上不进行现场货证核查，仅实施验证管理。对于商品经评估确认为变质、超过保质期、超过检验检疫有效期的，撤销预检验合格结果。对于部分项目预检验合格，以及预检验合格后有新规定增加检验项目的，在出区进口时实施补充检验。

海关在日常管理工作中，发现企业有违法违规行为的，按照有关法律法规进行行政处罚，并采集信用信息，对企业实施相应的失信惩戒措施。

对于自贸试验区入境进口矿产品等无法在出区进口时确认已检或未检批次的散装货物，不实施预检验及核销管理。

（2）试点效果

“预检验”是一次检验检疫、多次核销放行的检验检疫监管模式。货物在区仓储期间预先完成检验工作，实现了货物出区时的“零等待”，可以在自贸试验区“二线”严密防范质量安全风险的同时，有效地将刚性的进口现场检验和实验室检测时间前置到货物的在区储存期间，从而在货物实际出区进口时，实现快速核放、快速签证。“预检验”的施行可大幅加快货物通关速度、减少货物查验抽样次数和抽样量、省减货物实验室检测次数和费用、缩短每批货物的通关放行时间，降低企业的运营成本。据试点企业反映，预检验及核销模式相对于传统的出区检验模式，可为企业节省 7—14 天的出区检验时间。

38. 分线监督管理制度

（1）主要内容

境外与上海自贸试验区之间的进出境环节设为一线。入境应检物属于卫生检疫和动植物检疫范围的，区内海关在“一线”实施检疫。应当实施检疫处理的，依法实施或监督实施检疫处理；入境应检物属于商品检验范围的，区内海关免予实施检验；入境应检物在区内企业间流转销售，不涉及实际使用的，免于检验；区内仓储物流货物经“一线”出境的，区内海关免于实施检验检疫。但输入国家或地区有特殊检验检疫要求的除外。区内企业生产加工的应检物经“一线”出境的，海关按规定实施检验检疫。

上海自贸试验区与境内区外之间的进出口环节设为二线。应检物经“二线”输往上海自贸试验区的，应当经生产地或原国家原质检总局指定地海关检验检疫合格；应检物经“二线”输往境内区外的，属于卫生检疫和动植物检疫范围的，区内海关免予检疫；属于商品检验范围的，海关按规定实施检验；对应当实施进口检验的货物，区内海关根据企业申请，可以在区内实施集中预检验、分批核销出区。

（2）试点效果

该制度在现有特殊监管区域检验检疫政策的基础上，结合自贸试验区特点，确定了分线管理的具体要求和工作重点。在出入境一线，检验检疫实施无豁免检疫，仅对废物原料、放射性检测等重点敏感货物实施入境检验检测，对其他货物暂免检验监管，确保了自贸试验区一线最大限度的放开。在进出口二线，严密开展检验监管工作；同时设计了“预检验及核销”“登记核销管理”等便利化制度，实现自贸试验区二线管得住、放得快。

39. 动植物及其产品检疫审批负面清单管理

（1）主要内容

全面推行进出境动植物及其产品分类管理制度。在风险分析的基础上，对自贸试验区进出境动植物及其产品实施风险分级、分类管理，根据风险水平确定相应监管模式，提高通关效率。

科学调整进境动植物检疫准入制度。在风险评估和采取安全保障措施的前提下，允许部分未经准入的动植物及其产品经自贸试验区过境、国际中转或在自贸试验区内存放、使用（国家明令禁止进境动植物及其产品除外）。

改革进境动植物检疫审批制度。实施检疫审批负面清单制度，授权原上海局办理负面清单以外、已获我国准入的进境（过境）动植物及其产品的检疫审批。将检疫审批时限缩短为 7 个工作日，需原质检总局审批的，要在受理后 3 个工作日内报总局；检疫许可证有效期延长为 12 个月；实施一次审批，分批核销。

创新进出境动植物检验检疫查验模式。对经风险评估确定为低风险的进境深加工动植物产品，适度简化查验程序并免于核查输出国家或地区的检疫证书。对除活动物以外的国际中转快件，免于核查输出国家或地区的检疫证书。在风险分析的基础上，对进出口动植物产品安全卫生项目实施抽查检验，一般品质检验项目不再实施强制检验。

改革出境动植物检验检疫注册登记制度。输入国家或地区没有注册登记要求的，原则上不再对动植物产品的生产、加工、存放企业实施注册登记。

（2）试点效果

海关继续在风险分析和科学评估的基础上，研究制定进境生物材料检验检疫新举措。内容包括：

优化检疫审批制度。审批制度是进境动植物检疫已经采用的有效手段，海关对检疫审批制度进行优化，对需要办理动植物检疫审批的进境生物材料，通过对其境外生产企业实施考核注册及企业输华产品的备案，从而实现把关前移的目的，节省行政审批资源，加快这类产品的通关速度。

优化检验检疫模式。进境生物材料原则上在口岸或海关指定的查验场所接受检验检疫，但考虑到生物材料保存条件的特殊性，经进口企业申请，海关在企业现场进行检验检疫，从而优化检验检疫模式，提高通关速度。同时，逐步建立企业协检员制度，部分低风险进境生物材料可由海关认可的企业协检员自控自检，海关定期对企业协检员进行业务知识培训，加强与企业的沟通及信息通报。相关企业指定专人负责协调检验检疫事务，海关实行一企一策，由相关分支机构设专人 24 小时为企业提供服务。

优化进出境管理模式。部分进境生物材料的研发使用单位同时也是生物材料的出口企业。按照检验检疫有关规定，企业向国外出口动物源性生物材料必须在海关办理出口动物及非食用动物产品生产、加工、存放企业注册。海关兼顾“进”和“出”，对既有“进”又有“出”的企业，研究制定相关政策，对符合条件的备案企业给予检验检疫便利。

优化风险管理模式。生物材料在国际贸易上有其特殊性和复杂性。在引进的同时，不可避免地伴随着动物疾病传入的风险。风险分析是为科学决策提供依据的重要方法。加大生物材料进口风险分析力度，建立科学的风险分析模型，在风险可控的前提下，调整风险分级目录。

40. 免除低风险动植物检疫证书清单制度

（1）主要内容

2015 年 1 月 9 日，原上海局召开《自贸试验区免于动植物检疫证书清单宣贯会》。2015 年 1 月 16 日，原上海检验检疫局正式对外发布《上海检验检疫局关于推广动植物检验检疫改革措施的公告》。目前在原上海局相关口岸已经正式推行部分进境动植物及其产品免于核查输出国家或地区动植物检疫证书的清单制度。主要内容包括来源于动植物深加工过的文化艺术品、部分动植物源性生活用品、饲料样品、深加工过的木制品、植物胶质、含动植物源性成分的培养基、含动物源性成分的商品化试剂盒、经化学变性处理的动物组织（含器官）、来自细胞库的传代细胞系和 SPF 级或以上级别实验动物的组织（含器官）等十大业务。

（2）试点效果

该项制度顺应了上海自贸试验区各类高技术、新产业、新业态的集聚发展，进一步创新模式，深化了自贸试验区进口动植物产品监管制度改革。

因为免除动植物检疫证书的清单制度的出台，来源于动植物深加工过文化艺术品、部分动植物源性生活用品、饲料样品、深加工过的木制品、植物胶质、含动植物源性成分的培养基、含动物源性成分的商品化试剂盒、经化学变性处理的动物组织（含器官）、来自细胞库的传代细胞系和 SPF 级或以上级别实验动物的组织（含器官）这十大业务方面将从中受益。以动物源性生物材料为例，该制度惠及 1 200 多家各类生物医药企业、研发机构和高校院所。切实有效的措施，进一步减轻了企业负担，使得生物医药产业“轻装上阵”，有效助推了上海科创中心建设。2015 年 12 月 31 日，生物材料及制品进出口监管新模式在央视新闻联播年终特稿“创新改变中国”中播出。节目肯定了原上海国检局在生物材料及制品的进出口领域政策创新改革。

41. 进口研发样品便利化监管制度

（1）主要内容

研发类企业、单位的认定。各直属局应制定研发类企业、单位名录，可会同地方政府有关管理部门认定研发类企业、单位，确有入境样品需求的，纳入研发类企业、单位名录，实施便利化监管。

优化审批程序。对入境样品实施风险分级管理。除按有关规定确需对试点企业和相关样品实施风险前置评估的，一般不实施前置考核。确需实施前置审批的，进一步简化审批程序。对低风险入境样品允许一次审批，多次核销。

优化事中管理方式。进一步优化入境样品报检手续和查验程序，实行风险分级监管模式。对符合条件的产品、企业，可按企业意愿实施到货地查验。对 B 级以上诚信企业低风险入境样品，可通过远程视频方式监控，由企业按照检验检疫要求自助查验。

加强事后监管。各地方海关对研发类企业、单位开展定期监督检查，核查入境研发样品保管、存放、使用、流向等情况以及企业样品安全管理制度和档案等，确保研发样品用于原申请用途，确保研发样品的使用和处理符合相关法律法规要求，不产生公共危害。

加强惩戒措施。各地方海关日常监督抽查过程中，如果发现有擅自改变使用范围、用途或使用虚假信息或其他方式骗取放行的，一经核实，将按照相应的法律法规对其依法采取相应处罚措施，并将企业从《入境研发样品检验检疫便利化试点企业名录》中删除，同时报地方政府管理部门，记录企业不诚信记录，将其列入相关“黑名单”管理，实施严密监管。

（2）试点效果

对研发科创类型企业进口的研发用样品采取合格假定、信用放行的监管新模式，对产品实施风险分类监管，简化入出境办理手续，实施事中事后监管，提高通关效率，促进产业发展。如对原本按照一般货物要求实施检验监管的进口科创研发食品化妆品样品，实施分类监管，简化进口申报及检验程序，基本做到报检当天放行。

42. 低风险生物医药特殊物品行政许可审批改革

（1）主要内容

出台特殊物品进一步便利化政策，取消一部分产品的申报材料，调低一部分产品的监管等级，降低信用优良单位的抽查比例。将D级生物医药特殊物品行政许可审批权限下放，实现特殊物品审批流程扁平化和办理高效化。

（2）试点效果

上海口岸自2016年12月起已经下放D级低风险特殊物品行政许可审批权，惠及300余家企业，获得了良好的反馈。2017年入出境20 605批，涉及金额395 156.93万美元。

43. 海运进境集装箱空箱检验检疫便利化措施等

（1）主要内容

便捷化措施。原上海国检局对主动提出申请的空箱经营人企业进行综合评定，依据评定的企业等级，作为对空箱经营人实施不同类别便利化措施的主要依据。

综合评定。原上海国检局将根据空箱经营人提出的申请材料，对空箱经营人境外卫生状况控制能力、不合格检出情况、遵守检验检疫法律法规和协议场站管理能力等情况进行综合评定，必要时将对企业和场站实施现场评估，评定结果将统一对外公布。

动态调整。原上海国检局对空箱经营人企业等级实行年度审核和动态调整。对发生严重违反法律法规、检出重大不合格情况或受到原国家原质检总局、原上海国检局警示通报的，将动态调整企业等级和对应的便利化措施级别。

（2）试点效果

自2015年10月29日，原上海局发布《原上海国检局关于在上海自贸试验区实施海运进境集装箱空箱检验检疫便利化措施的公告》（2015年第14号公告，以下简称《公告》）。本《公告》一经下发，就得到了航运企业、政府部门的高度关注，商务部、上海市政府、自贸试验区管委会，以及解放日报、新华社、中国海运网等近百家官方网站和主流媒体都进行了报道、转载，企业申报热情高涨。此举将进一步助推航运实业发展，支持上海地方经济建设。空箱便利化举措实施至今，20余家大中型空箱运输经营企业经综合信用评级为诚信B类以上企业，享受便利化措施的进境空集装箱累计达18万余TEU，在前伸后延加强监管，严控疫情风险的同时，为企业直接节约物流成本约4 500余万元人民币，且查验环节融入物流节点使得空箱查验时耗得到大幅度压缩近乎为零，便利化措施取得了良好的社会效益。

44. 海关执法清单式管理

按照“权责对等”原则，编制契合自贸试验区特点的海关行政权力清单和行政责任清单，公开海关权力运行规则与社会服务承诺，实现海关行政执法的制度化、透明化、规范化。

“权力清单”设置权力类别、实施依据、运行流程图、行使主体等共8个栏目，包括15类52项权力，涉及行政处罚、行政强制、行政许可、行政征收、其他行政权力5种行政属性。

“责任清单”分为自贸试验区各海关单位主要职责、事中事后监管制度、窗口受理事项以及公共服务事项四大模块。

改革后主要体现上海海关落实转变职能、简政放权要求，通过明晰权力与职责，精简行政审批做到“法无授权不可为”“法定职责必须为”。

45.“一站式”申报查验制度

深入落实“三互”，将不同口岸单位在不同时间节点上的“串联式监管”转变为部门之间联合协作的“并联式执法”，简化口岸通关手续、减轻企业负担，满足上海自贸试验区“贸易投资最便利”的建设目标。

深入推进关检在作业环节、管理资源、执法流程和监管要求等领域的深度融合，积极探索口岸各部门协同管理、执法融合的可能性，为全国口岸管理运作机制深化改革破局，充分体现上海自贸试验区改革的引领带动作用。

企业只需通过“单一窗口”进行一次大表数据录入，即可实现向海关、检验检疫的“一次申报”。

船运企业（或代理）登录“单一窗口”平台，一次性录入各项申报数据，涵盖现行纸质申报单证。海关、检验检疫、海事和边检的管理信息系统，通过平台获取相应企业申报数据，将各部门处置信息经统一平台反馈至船运企业（或代理）。船舶查验、审批等执法信息经“单一窗口”实现监管部门共享。

在确保完成各自查验要求的前提下，对无特殊要求的随机抽查比例进行融合，按照“就高原则”确定货物的最终抽查比例，减轻企业负担。

四、统计数据

（一）进出口值

2017 年 1—12 月上海自贸试验区合计完成进出口值 1.35 万亿元人民币，同比增长 14.7%，占同期上海市外贸总值的 42%，较上海市同期增速高 2.2 个百分点。其中，出口 4 053.1 亿元人民币，增长 3%；进口 9 471.7 亿元人民币，增长 20.6%。

（二）海关税收

2017 年 1—12 月上海自贸试验区海关特殊监管区域实现税收入库 816.07 亿元人民币，同比增长 11.4%。

（三）海关注册登记企业数

截至 2017 年 12 月底，上海自贸试验区新增海关注册企业 18 360 家，注册企业总数达 27 605 家。其中，外高桥保税区、外高桥保税物流园区、洋山保税港区、浦东机场综保区分别新增企业 14 787 家、8 家、584 家和 594 家；扩区以来陆家嘴金融片区、金桥开发区、张江高科技片区分别新增 1 274 家、460 家和 653 家。注册企业中，贸易型企业占 86.3%，服务型企业占 3.9%，生产型企业占 3.6%，物流型企业占 3.1%。

◎广州、深圳、拱北海关支持中国（广东）自由贸易试验区建设主要情况

2014 年 12 月，国务院决定设立中国（广东）自由贸易试验区（以下简称广东自贸试验区）。广东自贸试验区涵盖三个片区：广州南沙新区片区（以下简称南沙片区）、深圳前海蛇口片区（以下简称前海蛇口片区）、珠海横琴新区片区（以下简称横琴片区）。2015 年 4 月 21 日，南沙片区正式挂牌运作；23 日，横琴片区正式挂牌运作；27 日，前海蛇口片区正式挂牌运作。

一、成效综述

（一）广州海关推动南沙片区主要工作及成效

南沙片区成立 3 年以来，广州海关主要从以下方面开展推动自贸试验区发展。打造“线上海关”，在提供高水平“互联网 + 政务服务”方面走在前面。在全国率先实施“互联网 + 易通关”改革，将原来需要到海关现场办理的业务逐步迁到“线上”，全面退出涉企收费。深化与口岸部

门“三互”合作，在推进大通关体系建设方面走在前面。与口岸部门深化“三互”合作，全面推进通关一体化。加强国际海关合作，在对接“一带一路”建设方面走在前面。与英国、荷兰、澳大利亚等主要贸易伙伴国开展“点对点”的海关合作。利用世界海关组织（WCO）倡导的AEO制度，帮助南沙企业在全球35个互认国家（地区）享受便利通关待遇。海运“安智贸”项目实现零的突破。目前南沙与至少64个“一带一路”沿线国家有经贸往来。聚焦国际航运枢纽建设，在提升辐射带动能力方面走在前面。拓展粤港跨境货栈项目，相当于将香港空运货站的整体功能延伸至南沙。支持以南沙港为母港在全国建立33个无水港，形成辐射内陆腹地的物流体系。创新邮轮监管，通关速度与香港不相上下，旅客规模跃居全国第三，成为增速最快的邮轮母港。大力培育新型贸易业态，在打造现代产业新高地方面走在前面。支持传统的“旅游购物”贸易向新兴的“市场采购”贸易转型升级，2017年完成市场采购出口748.3亿元人民币。

（二）深圳海关推动前海蛇口片区主要工作及成效

前海蛇口片区设立3年来，深圳海关立足深港合作发展主线，坚持创新驱动，对标国际贸易通行便利化规则，大胆先行先试，全力推进前海蛇口片区海关监管制度改革，并在实际探索中积累形成了一批可复制可推广的改革成果。深圳海关有1项创新措施纳入国务院复制推广经验，2项纳入商务部复制推广经验，24项纳入广东自贸试验区改革创新经验，5项纳入广东自贸试验区制度创新案例。据广东省自贸办、广东分署牵头制定的《2017年广东自贸试验区贸易便利化绩效评估报告》显示，2017年前海蛇口片区各项指标均有所提高，辐射带动效能优势明显，贸易功能转型大幅改进，4个一级指标中，辐射带动效能指数和贸易功能转型指数在三个片区排名第一，通关环境评价指数和口岸效率评价指数在三个片区排名第二，总体指标显示位列广东三个自贸片区之首。

（三）拱北海关推动横琴片区主要工作及成效

横琴片区设立3年来，拱北海关紧紧抓住横琴片区毗邻港澳、服务港澳的特色和定位，重点围绕有关货物贸易和服务贸易，从促进通关便利、支持特色产业发展、简政放权、加强协同治理、强化智慧监管五个方面，大力开展制度创新和复制推广工作，不断提高贸易便利化和贸易安全管理水平，支持横琴片区建设粤港澳大湾区桥头堡，进一步推进港澳融入国家发展大局。根据广东省自贸办委托第三方机构开展的广东自贸试验区贸易便利化绩效考核评估，横琴片区通关效率连续三年居于广东自贸试验区榜首，通关环境、贸易功能转型和辐射带动效能不断提升。

二、创新成果

（一）广州海关创新成果

1.通关流程“提效降费”，改善口岸营商环境

压缩货物通关时间，降低企业通关成本。2015年7月，广州海关推动南沙地方政府率先实施政府支付查验服务费改革，平均每个查验没有问题的集装箱可节省吊装、移位、仓储等费用380元人民币。率先全面退出涉企收费，2015年10月在南沙率先启动“互联网＋易通关”改革，覆盖货物通关、邮件通关、物品通关、加工贸易、政务服务、检验检疫六个领域324项业务；全国第一个海关实现企业申报“零收费”。

2.以制度创新为核心，打造贸易便利化“升级版”

全力打造货物通关“线上海关”样板间，目前已实现“线上”申报全覆盖，推出报关单“一键改配”、转关单“e+关锁”、进出口货物收发货人注册登记无纸化等便企措施，改革效果不断显现，据企业估算，改革后每票通关时间压缩0.8—5.4小时。全力推进“全国海关通关一体化”及相关简化作业流程改革工作，支持企业自主申报进出货物，

通过不断压缩货物在南沙的通关时间和成本，使得口岸物流更加顺畅，越来越多企业选择在南沙进出口。三年来，南沙外贸进出口年均增长14.7%。扩大国际贸易“单一窗口”覆盖面，2015年6月30日，广州市“单一窗口”1.0版本最先在南沙片区落地。2016年4月21日，“单一窗口”升级为2.0版，功能模块增加到18个，覆盖21个部门业务。企业通过“单一窗口”可一点接入，按照“一个平台”“一次递交”“一个标准”原则，一次性递交满足监管部门要求的格式化单证和电子信息，口岸监管部门通过共享监管资源实现“三互”。实行AEO2000计划，帮助南沙企业在全球35个互认国家（地区）享受便利通关待遇。根据世界海关组织AEO制度，国际互认的AEO企业可同时享受到本国海关和对方海关提供的简化单证审核、减少货物查验、优先通关等多种便利措施。据估算，通关速度提高30%以上。据七成以上中国AEO企业反映，在国外通关成本下降30%以上。

3. 构建全球商品溯源体系，建设多元共治“智检口岸”

2015年6月全球商品溯源体系在南沙片区上线。目前已有727.49万人次进行溯源查询，遍布全国所有省市自治区、港澳台和亚、欧、北美、大洋等4大洲，为推进我国溯源体系建设提供了前沿范本，形成了自贸制度向国际规则转变的雏形。全球溯源体系已在广东、湖南、福建等地全面推广应用，美国、澳大利亚、西班牙、意大利、泰国等多个国家相关机构、行业协会和企业积极响应，时任澳大利亚副总理乔伊斯明确表示，澳方愿积极应用溯源体系。APMEN（亚太示范电子口岸网络）已将溯源体系作为APEC成员国第二批复制推广项目。东盟中小企业经济贸易发展委员会主动来到南沙学习溯源体系，双方共同签署《共建全球溯源体系合作协议》。关检融合后进一步加快推进建设和深化应用，已涵盖一般贸易、跨境电商、市场采购出口等全贸易方式，覆盖食品、消费品、汽车等全品类。2015年全球商品溯源体系上线以来，共发码7 105万个，溯源商品货值达587.11亿美元。京东、天猫、唯品会、美赞臣、美的、四洲等全球1 267家企业参与溯源，涉及的商品品牌达6 650个。

4. 创新新业态监管模式，打造外贸发展新引擎

大力推进跨境电商监管南沙模式，自2015年挂牌以来，南沙跨境电商保税进口（BBC）年均增幅1.15倍，广州市跨境电商外贸值连续四年蝉联全国第一。创新市场采购“互联互通”通关模式，实现“花都申报、南沙出口”。推动飞机融资租赁发展。推进粤港跨境货栈项目，实现香港机场与南沙保税港区一站式“空陆联运”，物流时间压缩1/2以上。助推邮轮产业跨越式发展，创新邮轮母港旅客通关模式，2017年南沙邮轮进出境旅客达32万人次。

（二）拱北海关创新成果

1. 加强通关监管制度改革，促进跨境快速通关

通过加强内澳查验单位、内地查验单位之间的“信息互换、监管互认、执法互助”合作以及海关内部作业改革，进一步优化通关作业流程、简化通关环节、提高通关效率。主要的措施包括：一是落实总署重大改革战略部署，推进压缩货物通关时间1/3、国际贸易“单一窗口”申报、检验检疫一体化等改革在自贸试验区内落地实施；二是加强内澳合作，开展内澳海关H986机检结果参考互认、简化ECFA项下澳门中转货物直接中转手续、完善粤澳两地牌照机动车驾驶员传染病监测体检模式等改革，进一步减少内澳两地重复检查，提高通关效率；以澳门莲花口岸整体搬迁至横琴的，配合做好横琴口岸查验机制创新研究工作，探索推进内澳“一次申报、一次查验、一次放行”；三是结合实际，开展关检“一机一台、合作查验、分别处置”、出口货物“一次申报、分步处置”、进口商品检验前置、集中检验、分批核销的分类分级检验模式、旅客“入境查验、出境监控”模式、实施“检疫官-X光机-检疫犬-

红外探测仪”四位一体查验新模式、会展品集中查验等海关业务改革，进一步提高通关效率。货物进出口用时逐年降低，其中2017年进口平均用时、出口平均用时分别为0.27小时、0.06小时，对比2016年缩减2474%、416%。

2. 利用新型贸易业态拓展贸易功能，促进产业集聚发展

结合澳门及横琴发展需要，支持横琴旅游、商贸、中医药、高新技术等产业发展，以及促进澳门特色产业发展。主要的支持措施包括：一是支持区内企业用足用好横琴与生产有关进口免税、保税政策，推进释放政策红利；二是建立重大项目专项服务机制，为粤澳产业园、澳门青年创业谷等粤澳合作项目、珠海长隆、中电投、粤澳产业等重点企业、中国国际马戏节、WTA网球精英赛等重大活动建立一对一服务机制，量身制定支持发展措施，实行专项服务；三是支持区内企业借助旅游、商贸、金融产业优势，开展保税展示交易、融资租赁、研发设计、跨境电商等保税+新型贸易业态，促进产业发展；四是支持澳门特色产业发展，出台支持澳门传统食品产业拓展内地市场的制度创新措施、支持中拉、中葡商贸平台建设措施，助推澳门食品进入内地市场，支持发挥澳门联系葡语国家、拉美国家纽带作用，建设世界旅游休闲中心和葡语系国家商贸平台。

3. 落实简政放权要求，促进海关监管向事中事后转变

落实国务院“简政放权、放管结合、优化服务”部署要求，进一步简化管理、优化服务、推进海关管理由事前向事中事后转变。一是下放职权，为自贸试验区海关新增12项职能，将许可证申请受理、进境动物指定隔离检疫场考核等事项下放给自贸试验区海关直接办理，简化办理层级和手续。将51项业务纳入地方政府网上办理平台，实现网上办理。简化生物材料制品审批时间，延长审批有效期。二是减少收费，相继停收进出口货物纸质报关单证明联、出口报关单退税联打印费、报关单条码费等行政费用，取消海关监管手续费、ATA单证册调整费、行李物品保管费、关锁费等费用，配合落实好对查验无异常的货物免收吊装、移位、仓储等费用工作。三是优化管理，创设减免税后续管理中违法行为提示清单，引入第三方社会机构辅助海关开展稽核查，实施企业“主动披露”制度，对主动报告海关未发现的违法情事的企业，依法从轻或减轻处罚，促进企业自律管理。加强社会协同治理，建立澳门单牌车越界联防联控机制，与工商部门开展企业联合管理和联合惩戒。与地方政府、知识产权第三方机构联合开展以知识产权“易保护”为核心的合作，提高知识产权联合保护水平。

4. 加强高科技、智能手段应用，促进智慧监管

积极借助高科技、现代化的技术手段，进一步丰富海关监管手段，提高监管效能。一是深化横琴全国首个电子围网监控系统应用，综合运用环岛监控系统、雷达、无人机、实地巡查等方式实现对横琴环岛53公里24小时全方位、全覆盖、智能化监控；二是积极推进智慧旅检建设，利用毫米波、太赫兹等技术，实现行李物品智能判图和异常物品自动报警、自动分拣。实施旅检智能化改革、旅检小额税款支付方式改革，进出境旅客可选择用支付宝、微信等移动支付方式扫码缴纳税款，实现旅客零跑动、零等待、零滞留；三是实施“互联网+”改革，开发关企通移动应用版，企业可通过手机实时查询、定制报关单放行、退单等信息。实现进口旧机电信息“一键”上网，企业通过“互联网+”足不出户就可查询到进口旧机电装运前检验要求，实时获取相关结果，节省企业时间和费用。

5. 加强复制推广和协同发展，提高自贸试验区辐射带动效能

在辐射带动方面：主要是发挥自贸试验区制度创新优势，将自贸试验区创新制度及时复制推广到其他区域和海关监管作业场所，实现制度创新—复制推广实施的良性互动，提高自贸试验区辐射带动效能。一是认真落实国务院、海关总署复制推广要求，对国务院和海关总署在全国复制推广的46项措施，已复制推广实施34项。同时加大对自主创新措施的梳理、总结、评估力度，及时将好的自主创新措施推介到其他区域。目前，有1项创新措施入选广东自贸试验区制度创新案例，有10项措施在广东省内复制推广。二是加强自贸试验区与周边区域的联动发展。配合地方政府推进横琴片区、珠海保税区、洪湾港等一体化发展，提高货物在上述区域的流转速度。针对横琴生活消费类货物不能保税问题，推动横琴片区联动珠海保税区打造仓储在保税区、展示交易在横琴的前店后仓发展模式。研究推动自贸试验区与自创区联动发展措施。

三、支持措施

（一）广州海关创新举措

1. 互联网＋自助报关

“互联网＋自助报关”指企业（用户）可基于互联网实现向海关录入和申报报关数据。依托互联网平台，打破当前报关模式存在的时空限制，实现企业通过互联网随时随地向海关免费、便捷报关，同时开放数据接口，搭建信息桥，实现企业报关数据的自动导入导出，目的是进一步减少企业通关时间和成本。

改革后，企业可以在全国甚至全球全天候向南沙口岸报关，南沙片区的通关效率大大提高，进、出口通关效率分别较改革前提高了15%、49.7%。

2. 互联网＋提前归类审价

“互联网＋提前归类审价”是广州海关在隶属南沙海关实行的一项通关便利服务措施，符合资格的企业可通过专用互联网邮箱提出申请，海关按照有关规定办理。

改革后，实现了企业申请材料和海关行政认定文书全程通过互联网流转，海关价格认定结果在报关时直接作用于通关环节，提高了货物通关便利性和贸易可预见性。

3. 互联网＋互动查验

“互联网＋互动查验”指海关通过互联网向企业推送查验通知，海关查验时，企业派员到场的，按现行查验作业模式开展查验作业。进出口货物收发货人或者其代理人不到场的，可委托海关监管场所经营人或查验服务单位经营人代理履行到场义务，并在查验记录上签名确认。查验完成后，海关将查验结果通过互联网告知进出口货物收发货人或者其代理人。如果查验有问题的，通知进出口货物收发货人或者其代理人到场处理。查验没有问题的，企业可在“零跑动”“零耗时”“零成本”的情况下办完所有查验手续。

该制度顺应了企业和市场需求，企业通关更加便利，货物查验没有问题的，进一步缩短企业通关时间，畅顺物流运转。

4. 互联网＋自助缴税

“互联网＋自助缴税”指已开通电子支付的企业，可以通过电子税费支付系统实现自助缴纳税款。在通关过程中可不前往现场打印纸质税单，如需要，可以在货物放行后自行或由其授权代理人至相关海关业务现场领取税单。

企业可以通过电子税费支付系统实现自助缴纳税款，在通关过程中不再需要前往现场打印纸质税单，提取税单不再作为一个必要环节而影响通关效率。

5. 互联网＋加工贸易

“互联网＋加工贸易”指企业可基于互联网实现自主录入业务数据并向海关申报。依托互联网平台，取消申报门槛限制、免除申报费用，叠加自助上传单证、分类人工审核、电子自动审核等智能化措施，实现企业通过互联网随时随地向海关免费、便捷申报。

企业通过互联网免费下载申报软件，实现随时随地向海关免费、便捷申报底账设立、变更、外发加工、深加工结转、内销征税、核销等加工贸易业务。

6. 互联网＋快备案

“互联网＋快备案”指在广州海关现场业务

处、广州海关驻内港办事处、广州海关驻萝岗办事处和南沙海关属地管辖范围内的进出口货物收发货人，可通过访问“易平台”主页，进入“快备案”栏目，在线录入申请信息、自主选择领证地点、24小时查询办理进度和结果。

改革后，将传统的企业备案面对面转为企业备案“键对键”，实现企业互联网申请、海关管理网核批全程无纸化；将传统的窗口服务升级为线上贴心服务，实现办事表格线上可填、申请材料线上可补、领证地点线上可选；推动海关核批程序阳光透明，核批流程首次向企业公开，实现核批进度实时查询、核批结果自动反馈。

7. 互联网＋网上制卡

“互联网＋网上制卡”指企业可通过易平台办理电子口岸业务卡新增、变更、更新、解锁等业务。

该措施可实现电子口岸业务卡在线办理，选择自行领卡或邮寄领卡，减少企业办理电子业务卡时来回跑腿，提高业务卡办理效率。

8. 互联网＋行政审批

“互联网＋行政审批”指企业可通过易平台登录海关行政审批网上办理平台，申请办理行政审批事项，并可及时查询本人申请事项的办理状态和办理结果。

该项措施整合了海关各类办事平台，使企业通过易平台即可在线办理海关行政审批事项，提供一站式互联网通关服务。

9. 互联网＋关邮e通

“互联网＋关邮e通”模式包括“互联网＋电子缴税”“互联网＋补充申报”“互联网＋快捷退运”“互联网＋全程查询”4项措施，指用邮人可通过互联网平台PC端和移动端完成相关手续办理。

该措施实现邮件通关全程信息可监督、可追溯，为流程管控和后续监管提供良好的基础条件，提升风险研判水平。同时，引导用邮人规范申报，从源头提高数据质量，实现向科技要人力要效益。

10. 口岸查验配套服务费改革

“口岸查验配套服务费改革”指对于经海关查验未发现问题的货物，以政府购买的方式承担支付因海关查验带来的吊装、移位、仓储等相关查验费用。

该措施实施后，平均每个查验没有问题的集装箱可节省吊装、移位、仓储等费用380元人民币。

11. 海关快速验放机制

“海关快速验放机制”指企业提前申报，海关实施货物到场快速分流验放的通关模式。

改革实施以来，南沙片区通关时间有所缩短，对提升海关内部作业效率效果明显。落实以“机检为主、人工为辅”的查验模式，最大限度减少对货物造成损害，同步降低企业因货柜掏箱、卸柜产生的费用，缩短查验时间，提高查验效率。

12. 粤港跨境货栈监管制度

“粤港跨境货栈监管制度”指允许经海关注册登记的区内企业，建立以提单为管理基础的提单电子底账，采用粤港跨境快速通关模式，叠加“电子关锁”和“智能化卡口”措施实现货物在香港机场等境外口岸与南沙保税港区之间的便捷式快速通关的作业模式。

粤港跨境货栈相比较传统粤港转关操作，物流转运时间和处理效率大大提高，比传统操作快3—7工作日，实现“一单到底”操作流程，简化了文件作业方式，实现国际进口货物在南沙CIF的贸易，为加贸企业节省多达70%以上成本。

13. 国际转运自助通关新模式

“国际转运货物新监管模式”包括标准模式和提前申报模式。新模式采用数据提前申报、数据自动转换、全程无纸化等方式，实现国际转运货物理货报告和运抵报告由码头即时卸船数据自动生成。

该模式实现了由码头以卸船数据生成理货报告的开创性改革，通过开启新舱单系统国际转运准单自动审核功能，实现了非海关上班时间国际转运货物也可正常通关，大大提高企业通关效率，降低物流成本，货物转驳时间由原来的1—2天缩短为3—5小时，卸船理货报告生成时间从原来的6小时左右大幅减少到5分钟左右。

14. 空箱落地放行

“空箱落地放行”指通过广州海关海运物流智能化监管系统，对空箱进行自动布控，在码头进行分流查验，海关对未布控已验放的空箱先予放行，企业无须到前台办理空箱布控和纸本放行手续，实现空箱验放全程智能化、无纸化和企业零跑动，能极大提高空箱周转效率，为打造区域空箱调拨中心夯实重要基础。

改革后，空箱验放实现全程无纸化操作，对未布控已验放的空箱可先予放行，大大提高空箱周转效率，约90%的空箱验放时间从原来2—3天缩短到5小时内。

15. 国际延迟中转（DIT）

“国际延迟中转（DIT）”是指货物以转运货物形式进港，并申报转运货物的进口舱单的业务，在未确定具体买家之前，以转运货物方式存放在码头指定堆场，企业视实际商业运营情况可转运出境或在国内进口销售。DIT货物以“国际转运”状态存储期间，不属于海关征收滞报金的范围；DIT货物转为直接进口，由船舶代理企业向主管的隶属海关申请变更进境舱单，将货物的状态由“国际转运”变更为“进口货物”；进口货物收货人在变更舱单日期之日起第十五日及其后向海关申报产生滞报的，海关依法征收滞报金。

改革后，国际中转货物可以获得延迟中转时间。企业可以先把货物运抵南沙，再寻找买家，大大减轻企业资金压力，促进南沙港中物流中心业务发展。

16. 互联网＋保税物流

“互联网＋保税物流”指全面开放海关特殊监管区域和两仓（即保税仓库和出口监管仓库）辅助系统企业端系统，企业可通过互联网免费自行下载安装软件，自主申报、自助查询海关特殊监管区域和两仓备案、进出口等数据，实现了保税物流底账设立、底账变更、物流管理、新兴业务、核库管理等保税物流业务的在线办理。

改革后，企业自行通过互联网免费下载、安装客户端软件，并通过互联网向海关申报办理保税物流业务；免除了企业安装、维护、数据传输等费用，并为其自助申报提供了免费途径。

17. 报关单“一键改配”

“报关单‘一键改配’”指依托广州海关“互联网＋海关”关区特色政务服务（广州）网站实现企业互联网提交、系统一键自动更改报关单运输工具信息，改变传统的需到现场办理、人工逐票输入的操作方式，大大提高改配报关单的结关效率。

该措施运用“互联网＋”技术，以“数据多跑”代替企业报关员人工现场来回跑动，以系统自动对碰减少人工干预，比传统模式提高80%工作效率。

18. 转关单“e+关锁”

“e+关锁”是指运用海关“易通关”平台为企业提供转关单关锁号修改、自助打印服务，改革前企业需到海关提交转关单集装箱对应的关锁号，由海关人工逐票录入并打印相关单证。改革后，企业只需在网上一次提交，系统自动获取集装箱舱单的关锁号信息，海关审核后系统自动录入，企业可在网上自助打印相关单证。

改革后，海关窗口办事企业人员进一步减少，转关单数据修改效率较传统模式提高80%以上。

19. 加工贸易边角料网上拍卖

“加工贸易边角料网上拍卖”指企业（用户）可基于互联网将加工贸易边角料、副产品和经海关同意进行销毁处置后仍有实际价值的残次品、受灾保税货物等保税货物遵循市场交易秩序，实现网上拍卖，并以网络拍卖的成交价格审定内销完税价格。

该措施解决了目前加工贸易废料内销存在的灰色交易多、估价征税难、手册核销慢等问题，进一步拓展企业加工贸易边角废料销售渠道。

20. 电商货物“先放行入区、后理货确认”

“电商货物‘先放行入区、后理货确认’”指对海关特殊监管区域内跨境电商保税仓储企业实施分类管理理货机制，对管理规范、信誉良好的物流仓储企业，实行“自行理货、视频监理、改单上架”的监管模式。企业可先行办理跨境电商货物进境放行手续，货物直提进入企业理货区，在海关联网视频监控范围内理货，据实申报修改备案清单、确认后进行上架仓储。

该制度有效节省了保税物流仓储企业在口岸理货、重复装卸等频繁操作成本，切实提高跨境电商企业运作效率，促进南沙片区跨境电商产业做大做强。

21. 海关登记备案“一照一码”

“海关登记备案‘一照一码’”指通过“一口受理、并联审批、信息共享、结果互认”，以“加载海关注册标识”的方式将《报关单位注册登记证书》合并至“一照一码”的《营业执照》，允许企业凭借加载海关注册标识的“一照一码”《营业执照》在改革试点关区内开展进出口业务。

改革后，企业提交的申请资料由5项减少为2项，采集事项由36项压缩至31项，审批时限由规定的4个工作日提速75%至1个工作日内完成，仅需到自贸试验区综合服务大厅“一口受理”窗口即可完成包括海关在内等多个部门的企业备案手续，最大限度减少企业“跑动”次数。

22. 企业注册登记业务“全城通办”

“企业注册登记业务‘全城通办’”分广州市区企业“全城通办”和佛山地区企业“全城通办”。广州市区企业“全城通办”是指广州市荔湾区、海珠区（含生物岛）、广州科学城（中新知识城）、广州白云机场综合保税区（含企业工商注册地址中有“白云机场”字样）、南沙片区的企业根据需要自主选择在注册地海关或者现场业务处办理企管窗口业务的模式。佛山市企业“全城通办”是指佛山市企业可就近选择办理企业注册登记手续的海关，各办事处的企业管理部门为其他办事处辖区企业办理注册登记、变更等业务的模式。

改革后，南沙关区的企业可根据企业地理位置、人员安排等需要，自主选择在注册地海关或者位于广州市区的现场业务处办理企管业务。

23. 进出口货物收发货人注册登记无纸化

“进出口货物收发货人注册登记无纸化”指进出口货物收发货人可登陆“‘互联网＋海关’关区特色政务服务（广州）网站”或“广州海关12360”微信公众号的“线上海关”，进入“企业无纸化注册登记”模块，选择要办理的业务事项，录入申请信息，自主选择领证方式，在线自助打印电子版注册证书，并对全程办理状态进行实时查询。

该制度运用“互联网＋”技术，与地方商事主体信息平台信息进行实时、全面对接，后台自动验核企业数据的真实性和准确性，以“数据多跑”代替企业报关员人工现场来回跑动，实现进出口货物收发货人注册登记无纸化操作。

24. 征免税证明无纸化改革

“征免税证明无纸化改革”指减免税申请人及其主管海关按照《中华人民共和国海关进出口货物减免税管理办法》及有关进口税收优惠政策办理减免税审核确认手续后，相关《中华人民共和国进出口货物征免税证明》（以下简称《征免税证明》）的电子数据已通过H2010系统传输至进口口岸的，主管海关无须签发纸质《征免税证明》，减免税申请人或其委托人凭H2010系统《征免税证明》电子数据办理进口减免税货物申报手续，进口口岸海关凭H2010系统《征免税证明》，报关单及随附单证等电子数据办理通关手续，无须再验核纸质《征免税证明》。

该项创新制度改变以往凭纸本《征免税证明》验放减免税货物的做法，凭电子数据办理通关手续，缩减企业在审批部门与口岸现场来回奔走时间，节省企业人力，提高工作效率。

25. 原产地管理优惠制度

“原产地管理优惠制度”指对香港CEPA、澳门CEPA、ECFA项下，海关已收到出口方传输的原产地证书电子数据的货物，进口单位申报进口时免于提交纸质原产地证书；对 ECFA 项下，可通过查验集装箱封志的方式判定经第三方中转货物是否符合直接运输要求。

26. 跨境电商商品溯源平台

“跨境电商商品溯源平台”指在检验检疫公共服务平台建立跨境电商商品溯源平台，消费者输入订单号、快递单号或身份证号任意一项，即可快速查询商品货号、商品名称、检验检疫备案号、申报原产国等 18 项商品信息，实现“源头可溯、去向可查”。

27. 进口食品快速放行模式

“进口食品快速放行模式”指综合运用检查、检测、评估、验证、认可等各种手段对进口食品实施合格评定，对由自贸试验区进口的食品实施分级分类管理，按照进口企业信用记录和质量保证能力进行量化分类管理，对不同类别企业进口食品实施差别化监管，分别实施审单放行、查验放行、抽样放行、检测放行四种监管放行模式，打破批批检验的旧模式，对于负面清单外的一般风险进口食品，按照企业类别分别享受不同比例报检批次审单放行的快速通关模式。

通过该项措施，大幅提高了进口食品检验监管效率和通关放行速度，进口食品通关时间平均缩短 15 天。

28. 国际中转食品监管

“国际中转食品监管”指明确了国际中转食品依法实施检疫，免于检验，免于提供证书，免于加贴中文标签，免于注册备案等前置性准入要求。对原柜直接转运的国际中转食品免于现场查验，对不同检疫风险的国际中转食品设定不同的现场查验比例。

该制度通过明确相关监管制度降低政策的不确定性，推动国际中转货物贸易发展，助力南沙片区建设国际航运中心、贸易中心。

29. 检验检疫无缝对接内陆“无水港”

“检验检疫无缝对接内陆‘无水港’”指通过建立口岸与内陆目的地的协作机制，对入境货物给予允许国内转运的通关便利化措施。对从南沙港区入境的国际船舶和货物实施中转分流，在入境口岸仅实施船舶检疫、货物预防性检疫处理和放射性检测，就可转载至其他运输工具运往内陆口岸或集中查验场所，运输全程实施 GPS 监控；目的地检验检疫部门同步接收分流信息，并在货物到达后实施后续监管，实现海河、海陆、海铁无缝对接和闭环监管。

目前，南沙港区与内陆共建 33 个“无水港”，带动南沙港区进口货物货值大幅增长，有效发挥自贸试验区辐射牵引功能。

30. “一二三四”跨境电子商务监管体系

该创新制度主要做法：一是搭建一个业务监管平台。依托公共服务平台或地方“单一窗口”，实现跨境电商业务的检验检疫信息化监管。二是实施两个集中。对跨境电商商品实施“集中申报、集中查验”，在入境或入区时实施全申报管理，整批入境的实施集中查验。三是提出三个清单。对跨境电商商品实施清单分类管理，分别发布了负面清单、高风险清单和一般风险清单。对负面清单中的商品禁止采用跨境电商方式入境；对高风险清单中的商品实施采信第三方检测和风险监测相结合的监管措施；对一般风险清单快速审核放行。四是采取四项措施。包括实施事前备案，加强事中监测，加强事后追溯，实施第三方采信。

“一二三四”监管体系采用先进的信息化手段，将申报管理、风险管理、检验监管和溯源管理等工作模块有效结合起来，极大地提升通关效率。新模式带来跨境电商业务井喷式增长，吸引京东、唯品会、天猫、苏宁云商等知名电商落户自贸试验区。同时方便了消费者掌握商品来源、通关方式和检验检疫流程节点，了解商品质量信息。目前跨境电商质量溯源平台查询量已达 150 万次，有效解决了跨境电商商品追溯难、维权难的问题，让跨境电商商品既检得准又通得快，促进了行业健康发展。

31. 会展检验检疫监管新模式

“会展检验检疫监管新模式”建立入境展品

简化备案审批、场馆集中查验、展后核销退运的“前中后”闭环监管体系。主要做法如下：一是为重要展会设立专门的工作机构，展会现场配套业务办公场地，并配有检疫处理室和展品监管仓；二是开通报检、查验、强制性认证产品免办、许可审批四条“绿色通道”，设置专门的展品办理窗口；三是通过网站、微信、宣传册等渠道帮助主办方及参展商提前熟悉法规要求，做好参展准备，在展馆现场提供“一站式”服务，开通会展业务咨询专线；四是开设入境参展人员礼遇通道，凭相关证明优先办理出入境检验检疫手续，对入境参展人员携带物品实施“速查速放”。

该创新制度取得良好的实施效果：新模式下强制性认证范围内产品和入境预包装食品、化妆品等展品，流程平均可缩短 2—3 天时间，生物制品卫生检疫审批时限由原 20 个工作日缩短为 10 个工作日，对良好信用企业缩短为 5 个工作日，最快仅需 2 个工作日，审批效率提升 4 倍。入境展品由码头分散查验改为监管仓集中查验，实现即到即查即放。实施新模式以来，截获疫情 219 批次，多次查获肉制品、橄榄油、葡萄酒、格拉巴酒、乌冬面等不合格食品及有安全隐患赠品，有力保障了展会的顺利举办和入境展品的质量卫生安全。

32. 优化原产地签证方式

“优化原产地签证方式”指通过实施原产地全省签证一体化，对原产地实施一地备案、多地领证，出口企业在一个地方备案原产地签证，可以在全省其他签证机构申请签证和领证，既不需要重新备案，也不需要异地调查。

33. 进口机动车检验监管新制度

“进口机动车检验监管新制度”指在码头监管区合理布局汽车检测线，口岸一线配套相应的信息化管理系统、视频监控系统，与检验检疫业务公共服务平台无缝对接，准备到港的车辆信息可以第一时间上传检测线，车辆落地即可安排上线检测，检测结果通过信息系统即时返回海关。对进口机动车检验监管工作实施“入区报备、出区检验、后续监管”的管理原则和“合格保证 + 符合性评估”的检验监管模式，采信符合条件的第三方检验结果，实施综合合格评定，实现“检管分离”。在监管现场安装视频监控系统，实现从卸载、堆放、检验检疫、检测线检测等全过程视频监控，监管人员可实施远程监控，随时调阅检测环节每个工序的情况。

34.“进口食品检验前置”监管模式

该监管模式指企业本着自愿的原则，在食品进口前委托符合资质要求的境内外第三方检验机构进行检测。境外检验机构通过信息系统对接，将相关抽样、检测及监装等信息通过检验检疫业务公共服务平台传递给海关（检验检疫部门）。食品进口时，海关（检验检疫部门）可将企业提交的符合要求的第三方检测报告作为进口食品合格评定要素之一，经评定合格的食品可快速放行。同时，海关（检验检疫部门）按照进口食品监督抽检计划对第三方检测结果进行周期性验证，发现第三方检验机构能力不足或出具虚假报告的，严格按照相关规定进行处理，形成“采信 + 验证 + 异常处置”的闭环管理模式。

目前该项制度已在南沙口岸进口澳大利亚葡萄酒、饮料、休闲食品等类别商品上试行。相关货物在口岸的通关时间由之前的 14 天缩短为现在的 3 天，为企业节约了大量的仓储和通关时间成本。

35. 建立危险化学品“大数据”监管机制

该创新制度指联合海事、港务签订了“三互”（信息互换、监管互认、执法互助）合作备忘录，依托检验检疫业务平台，通过三方监管数据交换共享，实现危险品船舶靠泊作业、货物装卸和储存、出入境全过程的闭环式监管。在检验检疫业务推出“危险化学品在线预判断”功能，企业可通过互联网对危化品进行预判断，有效防止漏报、错报的同时为企业节约通关时间和检验成本。建立跨部门联合应急预案，加强集装箱危险货物的查验协作配合，形成监管合力。

实行预判工作前，多数企业由于缺乏对危险

化学品（货物）的认识，存在大量未列入《危险化学品目录》的货物也进行申报及送样，或者已列入《危险化学品目录》的货物却没有申报的情况，实行预判工作后，已有 825 家企业 10 254 个品种化学品在线进行判断，为企业节约了大量的检验成本及通关时间。

36. 国际航行船舶卫生检疫 5S 智能监管体系

“5S”智能监管船舶检疫新体系是“互联网 + 检疫”的创新运用：五个 S 即 AIS（Automatic Identity System，船舶自动识别系统）、VS（Visual System，视频监控系统）、OS（Operation System，船舶检疫监管系统）、MS（Mobile System，移动监管系统）、STM（Smart Temperature Monitor，智能体温监测）五位一体的船舶检疫监管系统。AIS 用于船舶到港前的监管，在海图上实时显示船舶的状态；VS 用于船舶在港的监管，可实施通过视频了解船舶、货物、集装箱、人员动态；OS 是船舶检疫的电子化监管系统；MS 是基于移动通讯上的电子系统，满足检疫人员外勤的现场工作需要；STM 即智能体温监测，是将船员体温数据以云服务器做支撑，从而实现远程体温监测的体系。

智能监管的实施让监管变得便捷，手续变得简单，检疫人员通过“5S”智能监管体系对船舶及船员进行职能化、高效化风险评估，每航次能节省 3 小时，国际航线班轮通关速度整体提速 20%，无异常船舶可无缝靠泊作业，便利航运企业。一条航线平均每年能为企业节省 200 万元。

37. 检验检疫流程无纸化

“检验检疫流程无纸化”指通过检验检疫网上公共服务平台，企业通关自存、信息核查、上传留存等简化方式提交报检资料电子信息，免予提供纸质资料，海关（检验检疫部门）通过系统后台处理电子数据。企业可通过网上平台实时获取货物受理节点、查验状态等通关信息。

38. 创新建立进出口商品全球质量溯源体系

“创新建立进出口商品全球质量溯源体系”指依托“智检口岸”公共服务平台，建设公证信息接入、溯源码标识和质量溯源查询系统，构建“一个平台为核心、三个系统作支撑”的三位一体全球质量溯源体系。生产商或贸易商在境内外委托具备资质的第三方机构对商品质量信息进行公证，通过接入系统将信息导入“智检口岸”；检验检疫部门通过风险评估、采信第三方等对商品实施精准监管、快速验放；消费者、企业以及监管部门通过扫描溯源码或在公共服务平台上进行网页查询快速获取全链条溯源信息，并可进行咨询、举报或投诉，形成事前源头可溯、风险可控，事中守信便利、去向可查，事后违法惩戒、责任可究的全链条监管模式。

该体系涵盖南沙口岸一般贸易、跨境电商、市场采购出口等各类贸易方式，实现食品、消费品、进口汽车等进出口商品的品类全覆盖，大批企业加入全球溯源体系应用，其中京东、天猫、唯品会、苏宁、美赞臣、美的、四洲等 28 家国内外知名企业加入工厂级溯源，全程收集并真实传递商品质量信息，实现进出口商品“优进优出”。截至 2017 年共发码 4 487 万，溯源商品货值达 504 亿美元，已有 448 万人次消费者进行溯源查询，遍布全国 31 个省市自治区、港澳台和亚、欧、澳、北美 4 大洲。南沙市场采购出口商品质量合格率较应用前提高 38.70%，验放周期由平均 2—3 天缩短为 16 分钟。通过应用全球质量溯源体系，南沙口岸查获涉嫌假冒伪劣商品线索 106 余条，未如实申报线索 294 余条，立案行政处罚 150 余起，发现涉刑线索 10 起。

39.“智检口岸”平台

“智检口岸”平台以实现通关便利化、服务企业诉求为导向，以诚信管理、风险管理为理念，以信息化、智能化为手段，通过检验检疫模式重构和流程再造，推动单证流、信息流和工作流的深度融合，采用全球疫情疫病、产品质量信息大数据云计算分析，通过线上线下大质量监管，对内建设智检口岸综合管理系统，构建全流程、全覆盖的综合性业务管理平台；对外建设智检口岸公共服务平台，提供信息服务和在线办事，共同构建了事前备案、事中采信、事后追溯的检验检疫工作新模式。同时做好内联外接工作，无缝对接E-CIQ主干系统，对接广州国际贸易“单一窗口”，与地方政府、口岸监管部门及口岸经营单位实现口岸信息互换共享。

“智检口岸”已在市场采购、跨境电商、汽车平行进口等新业态成功应用，实现进出口物流通道和进出口业务类型的全覆盖，取得良好的实践效果。一是提升通关便利化水平。以企业诚信、产品风险为基础，通过“智检口岸”云计算、大数据手段分析，进行精准布控，查验比例降低90%，市场采购出口商品验放周期由2—3天缩短为16分钟，跨境电商平均通关时间为105秒。实现检验检疫全流程无纸化，企业备案、申报、放行等外部环节全部在网上实现，信用等级评定、查验布控、归档等内部环节以信息化方式衔接，通过“互联网＋公共服务”方式为企业和公众提供方便快捷、真实权威的多元服务。二是提升检验检疫大质量监管和服务效能。依托“智检口岸”平台，全国率先推出全球质量溯源体系，采信符合条件的第三方检测结果，将溯源链条延伸至境外，分段采集商品从生产、贸易、销售直至消费者的商品全生命周期中的海量碎片化信息，形成以标准、质量为核心内容的全链条、闭环式大质量管理机制。三是促进外贸新业态健康快速发展。依托“智检口岸”平台，建立“线上平台＋线下检管场＋质量追溯”市场采购新业态监管模式和“在线备案、数据对接、四单对碰、质量追溯”跨境电商监管模式，形成“事前备案、事中监测、事后追溯”闭环监管，促进外贸新业态的健康快速增长。四是增加企业和社会效益。推动实体政务大厅向网上办事大厅延伸，实施效果广受企业好评。

40. 市场采购监管新模式

该模式指依托公共服务平台，采取“线上公共服务平台”和“线下集中检管场”的方式，通过组货单位、发货人备案，商品预申报和进场全程监管的方式，全面掌握出口商品的产地、生产厂家、产品质量、采购地等一系列基础数据信息，对从业企业全备案，实时采集日常监管信息，建立商品信息库和企业信息数据库，在整个交易链条中锁定组货单位为监管主体，有针对性地进行监管。商品实现快速通关，货柜车驶入检管区时，公共服务平台自动显示监管要求，企业信誉高、商品风险低的免予查验，绝大多数货柜可在1分钟内办结所有手续。

改革实施后，查验比例大幅降低了90%，检验检疫验放周期由原来的2—3天缩短为16分钟，商品合格率提升24个百分点。吸引大批市场采购商家落户南沙，目前在检管区备案的组货企业、物流企业已达2 000余家。实施质量溯源，商品合格率提升38.7%。对广州市外贸增量的贡献度达40.0%，直接推动南沙港区新增31条国际航线。

41. 进出口货物检验检疫时长优化模式

“进出口货物检验检疫时长优化模式”指通过加强检验检疫流程时限管控，优化业务流程管理，强化流程时长信息化监测能力，通过政府信息公开网站或国际贸易“单一窗口”共享和展示出入境货物通关时长节点信息，企业及时掌握货物通关业务进程，进一步缩短货物通关时长，提高贸易便利化水平。

对检验检疫关键环节开展流程优化，进一步缩短货物通关时长，经测算，广东检验检疫的平均“检验检疫放行”时长（即从货物报检单号生成到打印证单、放行货物的时间）为5.12天/批，明显低于全国平均时长（9天/批）。同时，企业能够及时掌握货物通关业务进程，检验检疫通关效率和服务水平得到进一步提升。

42. 创新毛坯钻石保税进出口监管模式

该创新制度指检验检疫部门对出入境毛坯钻石建立全链条监管制度，对货物流向实施智能化、电子化台账管理，确保来源可溯、去向可查。企业可在具备资质的特殊监管区域内开展加工贸易、保税贸易和工业毛坯钻石一般贸易等业务。检验检疫部门按照金伯利进程证书制度要求，对毛坯钻石实施进出口核查检验、签发通关单和金伯利证书，提供一站式作业服务。

通过建立关检联合工作区实现出入境毛坯钻石的共同监管，该模式下，毛坯钻石出入境监管可在1小时内完成检验检疫和海关全流程并联监管，较传统的检验检疫和海关串联监管缩短半天以上，为企业节约60%以上的通关成本。通过信息化手段全面整合毛坯钻石进出口贸易的分选、交易、仓储和物流等信息，打造源头可溯、风险可控、质量可信、责任可究的全链条闭环监管体系，促进钻石珠宝行业规范化发展，逐步形成产业集聚，推动产业充分接轨国内外市场，助力广州钻石交易中心打造成为钻石产业综合服务枢纽和国际化钻石交易平台。

43. 优化出口木家具及竹藤柳草制品分级监管制度

该创新制度通过加强出口木家具及竹藤柳草制品风险管理，建设和完善产品原料及加工工艺流程、进口国家或地区官方检验检疫要求比对数据库，进一步优化分级监管制度，制订完善出口木家具及竹藤柳草制品抽批规则，实行木家具及竹藤柳草制品三级风险分级监管，优化和降低相关出口产品抽批比例，提升检验检疫监管效能，降低企业成本。

出口木家具及竹藤柳草制品分级监管制度的实施，大幅降低查验比例，二类企业的抽查比例从原来的3%—10%降至0.5%—6%，以南沙口岸出口竹藤柳草制品为例，出口产品为中风险，企业分类为二类，输往国家大多为美国、东南亚、非洲等一般敏感或非敏感的国家或地区，在风险管理的基础上，抽查比例可进一步降至0.5%—2%，有效提升监管效能，降低企业成本，加快通关效率。

44. 全流程智能化通检

“全流程智能化通检”指通过在E-CIQ主干系统中设置审单布控规则，根据企业诚信等级、产品风险特性等质量安全要素精准识别分析数据化申报信息，在无检验检疫人员人工介入的情况下，根据系统布控规则和申报数据实现系统自动审单、受理、分转单、签发通关单等后续操作。

该创新制度实施效果：一是口岸通关效率大幅提升。“六自动”功能加快了检验检疫各环节信息和单证的流转速度，提升了工作效率。目前南沙口岸出入境货物已实施自动签发通关单，惠及近百家企业、近90%出入境货物。入境货物（除废物原料等需实施通关前检验检疫的货物外）从受理报检至签发通关单仅需“秒”级触发，出境货物从企业申报到自动签发通关单放行仅需20分钟，口岸快速通关。二是实现科学精准监管。依托信息化平台，采集商品风险信息，通过大数据分析和云计算手段，从商品、国别地区、企业等多维度设置布控规则，实现风险管理基础上的智能化布控，降低了查验比例，实现科学精准监管和高效便捷通关。

45. 粤港澳游艇“自由行”无疫通行模式

“粤港澳游艇‘自由行’无疫通行模式”指粤港澳“自由行”游艇出入境通过国际贸易“单一窗口”等公共服务平台申报相关信息，检验检疫部门对申报信息进行风险分析，判定染疫风险，对低风险的游艇实施无疫通行，免予登艇检疫查验，自动放行。

该创新制度实施后，粤港澳“自由行”游艇通过“单一窗口”进行信息申报，实现口岸联检手续一次申报，避免重复申报录入。同时，节省游艇在码头的待检时间，每航次可节省时间10—20分钟，提升码头泊位的利用率。

（二）深圳海关创新举措

1. 已放行出口货物“先装船后改配”

在不改变海关H2010通关管理系统、报关单和舱单基本作业规范要求的前提下，对海关已经放行的出口货物，在船代企业非工作时间段无法及时发送改船报文的情况下，通过码头建立出口集装箱装船全程信息管理系统，实施“先装船后改配”业务模式，由码头根据物流实际先予装船，第二天在船代上班后补发改船报文，海关对应办理相关手续，实现前海蛇口片区码头出口已放行货物可实施全天候24小时改船作业。

实施已放行出口货物“先装船后改配”，可实现出口已放行货物可24小时改船作业，同时船公司可自由配载，提高了船公司的舱位利用率，降低了作业成本、物流运输成本，夜间到港国际班轮从装船到离港时间平均缩短约8小时，有效提升了前海蛇口片区码头在深港、泛珠区域的竞争优势。

2. 邮轮母港智能化通关模式

“邮轮母港智能化通关模式”指允许旅客在柜台办理登轮手续时对大件行李进行托运，实现小件行李随身携带、大件行李托运的分离过关。依托码头行李分拣线，分离正常旅客行李与高风险旅客行李，方便正常旅客快速通关，并通过码头验票闸口引导被布控行李所属旅客前往查验台查验，提高查验效率和通行效能。

依托在码头行李分拣线实现对托运行李的快速布控拦截，旅客可在办理登船手续时办理行李托运手续。旅客可于5分钟内办理完成行李托运手续，通关效率大幅提高。

3. 内外贸集装箱同船运输

“内外贸集装箱同船运输”指支持符合承运海关监管货物运输工具监管及监管作业场所相关要求的粤港澳大湾区港口企业，在深圳西部港区开展内外贸集装箱同船运输试点业务，企业按照海关对承运海关监管货物运输工具监管及监管作业场所的相关要求开展规范建设，划分区域、分别堆存内贸和外贸集装箱货物，实施封闭式卡口管理，并与海关计算机联网传输相关数据。

该项目突破了珠江水道驳船运载货物种类单一的限制，船运公司可以充分释放驳船运力，灵活整合物流资源，进一步发挥驳船大型化、运输规模化的优势，促进珠江水路运输向绿色、高效、便捷发展，有效提升往来深圳及粤港澳大湾区各内河码头之间的水路驳船运输效能。据企业测算，该项目落地将提高船舶运载量20%以上，有效提升粤港澳港口群的核心竞争力。

4. 陆路跨境快速通关

“陆路跨境快速通关”指允许经海关注册登记的特殊监管区域企业，采用跨境快速通关和先入区后报关模式，叠加“电子关锁”和“智能化卡口”措施实现货物在境外陆路口岸与特殊监管区域之间的快速通关模式。

改革前，境外陆路口岸与特殊监管区域之间的货物流转需通过转关的方式，企业需两次申报，可能涉及两次查验，通关效率不高，而采用陆路跨境快速通关和先入区后报关模式，改变传统先报关、后进区作业模式，将一线进境货物入区环节前置，并通过综合运用“安全智能锁”和“智能化卡口”等电子科技手段，减少人工申报核销、施封验封等环节，实现特殊监管区域与口岸间通关流程的智能控制、车到起闸、即到即放，可节省将近一半的通关时间。

5. “全球中心仓”监管模式

“‘全球中心仓’监管模式”指在运用实施“仓储货物按状态分类监管”政策基础上，叠加账册互转功能，在前海湾保税港区内支持企业设立全球集拼分拨中心。一是实现非保税货物入区。落实“仓储货物按状态分类监管”政策，允许非保税货物以非报关方式入区，与一线入境的保税货物拼装后出口离境或转进口出区。二是实现园区账册的互联互转。先行先试保税港区管理账册的互联互转，包括保税账册和非保税账册、普货账册和电商账册等不同类别账册的互联互转，为多种贸易方式的分拨、集拼、混成提供便利。

通过“一区多功能、一仓多形态”的监管创新，使原来需要存储于多个地区、多个仓库的多种物流及贸易形态在一个中心仓内一站式完成，有效整合了供应链物流企业在境外设立的海外仓、在区内设立的保税仓以及在境内区外设立的普通舱，实现三仓合一，有效降低企业成本，提高经营效益。

6. 深港陆空联运改革

“深港陆空联运改革”指对于特殊监管区域

内货物拟出口且经香港航空分拨的，按照航空运输要求，先在特殊监管区域内将货物打包装卸到航空载货板上，依托“跨境一锁”计划及跨境快速通关方式，将货物的查验等手续前置到特殊区域内，货物在出区到公路口岸离境的过程中原则上只进行一次查验。

该项通过将货物理货打板环节前置到特殊监管区域以及使用关区一体化实现“先查验、后打板、口岸直通”，实现了货物从前海理货到香港飞机启航的时间可控、航班可选、舱位可订等全程可预期，节约了货物在港二次仓储、理货、打板的时间和资金成本，构建起了深港贸易无缝链接通道，进一步促进了深港协同发展，预计企业物流时间节约四分之一，物流成本节约三分之一。

7. 保税 + 实体新零售

“保税 + 实体新零售”指企业在开展保税展示交易业务同时，选择在人流密集的商业零售中心开展试点，在保税状态下将货物从海关特殊监管区域运至零售中心进行展示与销售，对内销商品按月进行集中申报，办理征税进口手续。对具备条件的地区，可叠加跨境电商业务，实现“线下体验、线上交易（O2O）”，丰富保税展示交易功能业态，实现保税展示与零售业态的结合。同时，依托进出口商品质量溯源体系，对进出口商品风险进行监测并发布预警，对一般贸易产品实行预检验和集检分出的监管模式，通过溯源体系网络查询或手机扫描即可获取相关消费提示。

通过该项改革，一是在人流密集的大型商业体和链条式的连锁商业中开展试点，使改革实践落地在流量口上，使政策红利与商业价值得到结合，实现实体新零售与保税贸易的融合发展。二是通过保税展示交易及先销后检共同为保税贸易提速减负，使老百姓在改革中得实惠。三是将“三单”管理、分类监管等理念赋予保税展示交易，通过对接企业 WMS 和展示展销系统，简化通关手续，使贸易能够更加贴近人民大众的消费习惯。四是将溯源体系应用在“保税 + 实体新零售”新模式上，实行了产地验证及品质验证，大大提振了消费者购买跨境电商产品的信心。

8. 保税 + 邮轮物料供应

“保税 + 邮轮物料供应”指通过前海湾保税港区与邮轮母港联动发展，优化邮轮物资供给模式，允许境外供船物料进入特殊监管区域内保税仓储，再根据实际需要供船补给。

该项目改变了原有供船物料采用一般贸易形式“先进后出”的监管模式，而是依托海关特殊监管区域，入区采用“评估备案 – 入区申报 – 检疫处理 – 保税仓储”，出区配送邮轮采用“指定线路运输 – 全程监控 – 岸边核查”的方式。该模式与国际流行的“全球采购、统一配送”模式相适应，进一步拓宽了邮轮物料供应渠道，提高了物料供应品质，助推深圳邮轮产业更好更快发展。

9. 加工贸易全程信息化改革

“加工贸易全程信息化改革”指加工贸易企业按照《加工贸易货物监管办法》等规定申报办理加工贸易手册设立至核销等各环节业务时，通过联网数据传输、纸质单证扫描等方式申报电子数据，通过信息化手段，实现海关内部各业务环节、岗位以及海关与地方商务主管部门、银行等间的系统间流转，按照“守法便利、违法惩戒”的管理理念，实施风险式、智能化审核作业，从而实现手册设立至核销各业务环节的申报无纸化、审核智能化、管理电子化。

通过该项改革，一是企业减负：以电子数据替代纸质单证，实现网上申报，为企业节省费用支出，其中提交单证由 26 种缩减至 15 种；二是效率提速：依托综合信息管理平台同步建立风险式分类审核机制，实现智能化审核，大幅提高通关效率，企业办理业务时间缩减 70%；三是监管增效：政府各部门多方联网，实现信息互通，增强了管理和服务效能；四是风险可控：增设单证复核作业，运用风险分析方法，对已办结的电子数据、随附单证和核批记录等情况进行事后复核，确保单证齐全、数据完整、作业规范。

10. 互联网＋加工贸易废料内销拍卖

“互联网＋加工贸易废料内销拍卖”指企业（用户）可基于互联网将加工贸易边角料、副产品和经海关同意进行销毁处置后仍有实际价值的残次品等加工贸易废料遵循市场交易秩序，实现网上拍卖，并以网络拍卖的成交价格审定内销完税价格，解决目前加工贸易废料内销存在的灰色交易多、估价征税难、手册核销慢等问题。

通过该项目，一是提高手册核销效率，通过互联网＋应用公开、透明、便利的优势，缩短企业加工贸易废料处置时间，提高企业办理手册核销效率；二是增加国家税收和企业效益，利用互联网效应，吸引更多竞买人参与拍卖，提高买卖双方交易效率，既提高企业废料拍卖价格，又能增加国家税收；三是营造法治化营商环境，该模式的推广，有利于解决加工贸易废料回收市场一直以来存在的“灰色交易”、商业贿赂、欺行霸市等不良情形，有利于净化市场风气，降低执法部门的执法和廉政风险，为企业提供“信任式”营商环境。

11. 企业“主动披露”制度

“企业‘主动披露’制度”指对于自贸试验区内企业发现自身存在不符合海关管理规定的问题，且海关尚未发现的，企业主动书面报告海关，海关可依法视情从轻、减轻或不予行政处罚。

实施企业“主动披露”制度，一是有利于强化企业社会责任意识，激励企业提高诚信守法水平，有效促进社会诚信体系建设。二是有利于激发企业加强内控的内在动力，促进企业健康发展和转型升级，进一步提升市场竞争力和抗风险能力，适应经济发展新常态。三是有利于提高海关整体监管效能，降低行政成本，实现关企双赢。

12. “十、百、千、万”家企业扶持计划

“‘十、百、千、万’家企业扶持计划”指依托深圳海关客协企业服务平台，联合深圳市经济贸易和信息化委员会、前海管理局、深圳市仲裁委、中国出口信用保险有限公司深圳分公司等多个部门，从通关协调、政策支持、法律保障、资金支持等多个方面，共同为自贸试验区内企业制订扶持政策，加强对自贸试验区内企业的合规辅导，协调解决企业通关疑难问题。

实施“十、百、千、万”家企业扶持计划，有利于企业提升合规管理能力，增强融资能力，拓宽业务范围，企业的通关疑难问题得到快速解答。

13. 入境维修“1+2+3”监管模式

以自贸试验区先行先试政策为依托，辐射福田保税区，创新摸索出一套“1+2+3”入境维修产品检验监管模式，即“创新一项制度，完善两个管理，落实三种责任”。一是创新入境维修企业“能力评估”制度，从维修软硬件保障、废弃物处理、知识产权保护等多个方面对企业实施能力评估。二是完善“风险管理”和“信息化管理”，对于通过能力评估的企业给予免于其装运前检验等便利化通关等措施，对其他企业提高抽检和监管比例等措施实施严格管理，同时已通过能力评估的企业均利用企业 ERP 系统实现了待维修品及料件入境、维修后的成品复出境监控。三是落实企业、行业协会和监管部门质量共治责任，落实企业质量主体责任。

该模式实现了以能力评估、装运前检验、口岸查验、到货检验和监督管理为核心的闭环管理模式，采取分批核销、指定地点查验模式，降低查验率，实现快速检验放行。该模式施行以来，极大地缩短了出口产品返修进程，实现返修周期由原来的返回区外 2 周缩短至区内维修 1—2 天，维修产品进口金额从 2007 年的约 6 000 万美元发展到 2017 年的 3.49 亿美元，并成功推动国家高新技术产品入境检测维修示范区在福田保税区挂牌。

14. 深港跨境电商质量安全试验区建设

深圳海关积极推动自贸片区管委会、市经信委联合印发《中国（广东）自贸试验区深圳前海蛇口片区建设深港跨境电商质量安全试验区工作方案》，联合市场和质量监管委、深圳海关等 9

个单位，确定了六大建设内容，包括：以创新驱动为动力，激发电商活力；以规范标准为引领，规范电商行为；以诚信约束为根本，强化电商自律；以质量共治为抓手，推动质量提升；以检验认证联盟为平台，实现互认与第三方采信；以公共平台为支撑，以外促内，推动产业聚集发展。

该项创新成果被纳入商务部等 14 部门复制推广跨境电子商务综合试验区探索形成的成熟经验做法。通过该项目，一是成立全国首个跨境贸易检验认证联盟。吸引国内外知名检验机构加盟，搭建监管部门、运营企业、检测机构的沟通协作平台，集中技术资源打造高效、便捷的检测平台，为跨境电商企业提供可靠、便捷的检验认证服务和政策引导服务。二是开展跨境电商质量安全监测。在深圳市政府大力支持下，已完成 2015—2017 年度跨境电商产品质量安全监测工作，共监测样品 1 334 批，完成 44 781 项次的监测工作。原质检总局批准在深圳设立“跨境电子商务质量安全风险监测（深圳）分中心”，旨在加强跨境电子商务的质量安全风险监测工作，以更大的政策支持来保障消费者的健康权益。三是注重标准创新引领行业规范发展。在 2014—2016 年度累计申请地方标准 9 项、地方规范 2 项，其中《网上交易进口商品质量信息规范总则》为国内首项跨境电商领域地方标准，对规范网上交易的进口商品质量信息具有重要指导意义。

15. 推广原产地签证清单管理

“推广原产地签证清单管理”指依托签证业务和退证查询数据分析，以建立原产地签证清单为创新点，结合产品国产化水平评估、主要原材料 / 零部件来源及其他原产地判定影响因素，设定敏感产品清单，优化签证流程，实现“清单外产品即报即签，清单内产品快审快签”的便利化原产地签证模式。

该模式通过对产品风险和企业信用的双维度管理，实现了传统备案及审签环节管理模式的突破，较好适应了自贸试验区货物的签证需求：一是通过改革签证风险小的非敏感产品原产地备案模式、开发信息化智能签证系统、全面推行无纸化管理等手段，最大限度降低签证门槛，缩短签证时间。二是对签证风险相对较高的敏感产品，依托企业信用分类管理机制，通过简化审核流程、免于原产地调查等便利化措施，结合事前及事后管控理念，实现“高质量、高效率”的双高签证目标。

16. 推广检验检疫“电子证书”模式

“检验检疫‘电子证书’模式”指在中国检验检疫电子监管系统（简称“e-CIQ 系统”）拟制证书，审核后，即完成电子证书签发。电子证书数据和证书编号同时发送至 e 证书展示平台——“宜检通服务平台”，通过该平台安全可靠的数据交换方式与 e-CIQ 系统进行数据交换，获取相关数据后进行 PC 端或移动端展示，企业凭证书编号或者二维码即可在平台查询并打印证书，此外消费者也可进行证书信息查询，了解商品进口信息，查辨真伪。

2015 年 8 月 31 日，前海蛇口片区签发了全国首张检验检疫 e 证书，在全国率先正式迈入检验检疫证书“e 时代”。2016 年 6 月，该创新经验在全深圳口岸复制推广。2017 年 1—12 月共签发 e 证书约 88 510 份，签证时长提速 60% 以上，可为企业节约通关时间 2 天。

17. 优化原产地签证方式

建立原产地证“智慧签证”系统，通过大数据技术建立系统智能审核数据库，将人工判定原产地证签证的要求转换为系统标准化审单规则，利用人机交互方式，实现一般原产地证书、普惠制原产地证书以及部分双边自贸协定原产地证书的系统自动审签。

通过该项目，一是提升证书审签标准化水平，“智慧签证”系统可针对证书种类和货物目的国，使用不同的审单规则进行精准审核，确保了证书审签标准的准确性和一致性，人工复核和签证抽查的结果显示，系统审核证书的准确率可达 99% 以上；二是提升企业办事便利化水平，新模式下，企业发送相关证书电子信息后，证书项下产品已经原产地预审的，数秒内即可收到审核结果，证书审签时间大幅缩短，2017 年 1—12 月，完成 7 种证书的智慧审签 9 041 份，涉及货值 4.9 亿美元，帮助前海蛇口片区企业享受进口方关税减免约 1 339 万美元，相关证书审签效能提升 80%。

18. 入境维修产品检验监管标准体系建设

结合“深圳标准”和“深圳质量”建设工作，加强在入境维修高新技术产品检验监管工作上的标准化建设，有利于形成深圳在该项业务上全国范围内的先发优势。手机产品是目前入境维修产品中业务量最大的产品，目前国内尚未针对入境维修手机产品制定检验监管标准。该项目一是通过制定自贸试验区以及特殊监管区入境维修手机产品检验监管规程，规范入境维修用途进口手机的检验和监督管理工作，消除开展维修业务对环境保护、人身财产安全带来的隐患；二是通过标准建设，进一步健全深圳地区入境维修管理制度，对现有政策进行突破和创新，探索在自贸试验区以及特殊监管区开展全球维修业务；三是全面促进入境维修产业在自贸试验区及特殊监管区的发展，进一步扩大深圳地区维修产业规模，推动深圳建设高新技术产品全球维修中心。

19. 推动进口商品全程溯源

与中检集团 (CCIC) 联合研发了进口商品全程溯源系统及溯源信息防伪电子标签，借助溯源防伪电子标签作为信息搜集的载体，由中检集团溯源中心实时采集并录入海外监管信息、口岸查验信息和消费者反馈信息。消费者可依托电脑、智能手机和智能终端设备对葡萄酒等进口食品防伪电子标签进行编码录入或二维码扫描查询，轻松获取从产地到零售终端所有过程的信息及状态，并根据各环节的关联信息判断进口商品的真伪，从而实现进口商品全程溯源。

目前深圳海关与香港经济与贸易发展局、香港海关、香港物品编码协会、中检集团 (CCIC) 海外公司以及相关企业，结合智能科学技术，运用风险分析原理，已在泰国 / 柬埔寨香米、英国婴儿果泥、澳大利亚橄榄油、芬兰果浆、俄罗斯冰淇淋、巴西蜂产品、新西兰蜂蜜、鲜奶等商品应用该模式。通过该项目，一是实现了快速通关。既有效保证了产品的质量安全，又大大提高了货物的口岸通关速度，减少了货物因滞港可能产生的费用。二是降低了企业成本。2017 年 1—12 月，共对 742 批次 1 308 万个加贴溯源标签的进口食品进行监管，使用该模式的进口商品质量监测合格率 100%。三是增强了消费信心。消费者可通过扫描二维码了解商品检验监管信息，大大提振了消费者对商品质量安全信心。该模式实施以来，举报投诉为零。

20. 进出口货物检验检疫时长优化模式

在保证产品质量安全和工作质量的前提下，运用 PDCA 质量管理理念，科学设定目标、加强政策落实、持续监测评估，不断优化改进，从制度上、手段上、模式上和激励上创新探索出一套科学有效的管理措施。一是制度上创新，率先制定流程管理办法，率先制定了《深圳地区出入境货物检验检疫流程管理办法》，明确各业务部门协调管理、优化执行、监督调查职责，推行信息公开，对外公布各类货物检验检疫流程时限。二是手段上创新，率先研发流程时长监测信息化系统。首创并自主开发了“检验检疫流程监控与放行时长管理系统”，综合提取业务综合管理系统、实验室管理系统、证单流转系统等多渠道流程数据，对深圳口岸进出口货物检验检疫全样本、全流程进行严密监测。三是模式上创新，深度优化检验检疫流程。如在各分支机构推行无纸化报检、无纸化通关、区港一体化；对出入境生物制品由原来的“逐批检疫审批核销”改为“一次审批，多次核销”；对经特殊监管区入境货物，实施入区前置检验、出区逐批核销。四是激励上创新，率先将通关效率与绩效考核挂钩。通过定期流程数据的分析与挖掘，查摆各部门工作薄弱流程环节，对各类货物主管部门、实验室检测部门、口岸检验检疫机构分别制定符合实际的通关效率提速指标，并及时通报阶段性考核结果。

深圳口岸是进出口大宗重点敏感货物的重要口岸，进口红酒、粮谷、水果、婴幼儿奶粉、冻肉，出口水果、家具等关系产品质量与食品安全的货物业务量在全国口岸均居前列，监测数据显示，以上货物检验检疫通关放行时长在全国主要沿海口岸均为最短。

（三）拱北海关创新举措

1. 澳门单牌车进出横琴便利监管措施

澳门单牌车便利进出横琴政策为国家支持横琴新区发展、促进澳门经济适度多元化发展而赋予的重要政策，于 2016 年 12 月 20 日正式实施。海关在其中监管主要体现了四个方面的便利：一是建立地方政府、公安交管、口岸查验单位多部门分工协作综合监管机制，各部门职责明晰、共抓共管；二是对车辆进出境备案实行“单一窗口”管理，申请人“一次性”提交备案材料后，改变以前向不同部门分别备案的做法，简便备案手续，方便备案信息部门间共享；三是实现地方系统与海关业务系统有效对接，开发车辆“越界报警系统”，海关和交管部门同步获取车辆越界信息，方便违法车辆查处；四是在风险可控下，对入出横琴的守法澳门机动车辆实行免予收取税款担保优惠措施。

该项改革对高资信车辆免予收取税款担保，节约了通行成本；实行“单一窗口”备案，相对人只用提供一次资料，信息在不同部门间共享，实现让数据多跑路、人员少跑腿；建立联防联控机制，保证中央惠澳政策落实到位，提高监管效能。

2. 内澳海关 H986 机检结果参考互认

该项改革是指拱北海关与澳门海关签署合作协议，对经横琴口岸进出境的两地牌小客车（七座及七座以下），在接受一方海关机检检查正常，且车辆保持按照规定路线行驶以及没有异常停留的，另一方海关对驾驶员主动提交由检查方海关加盖专用印章的《来往澳门汽车进出境签证簿》后，车辆一般情况下可免于第二次机检。

横琴口岸为 24 小时通关口岸，连接澳门氹仔岛和珠海横琴，往来两地的两地牌小客车和澳门单牌车众多。改革前，小客车可能需要接受两次过机检查，检查内容有所重复。改革后，通过内澳两地海关“信息互换、监管互认、执法互助”，减少对小客车的重复检查，加快便利通关，促进内澳两地人员、经贸交流。

3. 简化 ECFA 项下澳门中转货物直接运输手续

该项改革是指允许对经澳门中转的 ECFA 项下货物以澳门海关填制的《转运申报单》替代《澳门海关确认书》作为有关货物符合 ECFA 直接运输标准规定的证明文件。2017 年该关进一步实现自贸协定项下中转货物证明的无纸化。

改革前，对经澳门中转并经横琴口岸进境的 ECFA 项下货物，需提交《澳门海关确认书》，申领时间长、存在单证重复，改革后，简化中转证明要求，节约企业通关成本，便利 ECFA 项下货物进入内地市场。

4. 出口货物“一次申报、分批出境”

该措施是指允许出口企业当日内多次（车次）出口的大批量、品质单一且风险较低的货物，在首批货物运抵监管现场时，企业以当天计划出口货物的总量向海关发送报关数据，海关在当日最后一批次货物出口完毕后，根据实际出口货物的总体情况对报关单进行（放行）处理。

横琴口岸是供澳出口货物的主要物流通道，随着澳门城市建设的发展，对澳出口的建筑材料如碎石、水泥、管桩等货物量日益增加，由于澳门地域狭窄、无专门仓储场地，澳门各界对建筑材料快速通关具有很高的要求。通过实施该项改革，大幅度减少企业申报次数，降低申报费用，加快物流速度，通关时间由 30 分钟 / 车次缩减为 2—3 分钟 / 每车次（需要查验的货物除外），提高载货车辆周转次数，对降低企业经营成本，缓解口岸通关压力等多方面起到积极意义。

5. 关检合作“一机一台、合作查验、分别处置”

该项措施指海关与原检验检疫机构在旅检进境环节，共用同一行李X光机、一个查验平台，各派工作人员共同看屏、执法人员协同查验，查获物品依职责交由各自后台分别处置，实现“一机一台、合作查验、分别处置”。

该措施主要为贯彻落实《国务院关于印发落实“三互”推进大通关建设改革方案的通知》（国发〔2014〕68号）精神，针对横琴口岸24小时通关长、旅客多、监管压力大等系列问题，加强海关与原检验检疫部门合作，实现监管环节的整合、监管资源的共享共用和执法互助，提高通关效率和监管效能。通过实施该项改革，进境旅客由以前需过2次过机、接受2次检查或行李开箱，变为只需接受海关、检验检疫1次联合检查，旅客通关环节由3个减少为2个，通关时间减少30%。

6. 加工贸易行业分类监管

该项措施是指在科学划分从事加工贸易业务企业的行业基础上，贯彻风险管理理念，区分不同行业特点、商品属性、各监管环节要求，对加工贸易企业实施有针对性的、与企业实际相符的、差别化的管理，达到有效监管、风险可控的目的。

加工贸易不同行业特点差异很大。改革前，海关对不同行业的加工贸易业务管理没有区分行业特点进行管理，没有突出管理重点，管理效能不高。改革后，根据企业所属行业，对应有关监管环节、监管重点、要求，实施有针对性的差别化管理，管理重点更突出，管理效能进一步提高。目前，该关已结合关区加工贸易实际，对线路板、打印机、游艇等7个行业制定分类监管标准。

7. 旅检小额税款便捷支付

该项措施是指在口岸旅检通关并且需要交纳税款的旅客，可通过支付宝、微信或银行POS机终端等移动支付方式完成行李物品的税款支付，解决缴纳税款受银行营业时段限制问题，便利旅客办理海关手续。

横琴口岸实行24小时通关模式，改革前旅检渠道的税款缴纳只有现金支付和银行POS刷卡两种方式，存在税款保管不方便、受银行营业时间影响大等问题，易引发纳税人不满，影响现场通关秩序。该项改革顺应“移动支付”的潮流，允许进境旅客通过支付宝、微信等方式缴纳税款，拓展支付方式，节约通关时间，也解决了旅检现场税款的保管和旅检现场银行非营业时段对税款支付的限制。北京、天津、广州、福建、陕西、山东、内蒙古等多地海关也已开展该项改革。

8. 知识产权“易保护”

该项措施是指海关、地方政府和第三方知识产权机构签署合作协议，对由权利人向海关提出扣留侵权嫌疑货物申请的，可由权利人委托第三方知识产权机构向海关办理提交符合法律规定担保手续。

横琴口岸被誉为供澳物流生命线，往来内澳货物量大货杂，其中涉嫌侵犯知识产权的货物及案件较多。大部分知识产权权利人属于异地企业，且对涉嫌侵犯知识产权货物申请海关扣留时需进行逐票担保，维权成本较高。通过实施该项改革，由第三方知识产权机构接受知识产权权利人委托而提供担保，可有效节约维权时间和维权担保成本，也提高海关效能，海关执法时间由3天降低为1天之内。同时海关还与第三方知识产权机构开展知识产权备案、政策宣讲、风险预警等合作，提高知识产权协同保护水平，助力知识产权发展。

9. 澳门小食品便利通关措施

食品业是澳门传统产业，对澳门食品采取一系列便利通关措施，有利于促进澳门经济适度多元化发展。一是突破了生产企业的注册要求，优化产品的检验检疫准入条件，对持澳门官方证照的合法企业，使用来自质检总局《肉类产品检验检疫准入名单》或由内地经检验检疫输往澳门的肉类原料，且进口、经营企业已进行检验检疫备案的澳门含肉类传统食品，可以接受报检。二是对以食品为代表的澳门小商品，在进口报关时，允许以对同一提单下的多项商品进行合并归类的简便申报方式。三是实施“进口食品检验前置”及第三方采信创新制度。与澳门经济局深化监管合作，基于企业自愿申请，由澳门符合资质的第三方检验机构在货物进口前实施检验并出具检验证书或者检测报告，横琴口岸检验检疫机构将其作为进口食品合格评定依据之一，实施快速验放。

针对澳门食品的系列改革，降低澳门食品进入内地准入门槛，并实行简化归类、检验前置、采信第三方检验结果等便利通关制度，降低澳门食品通关成本，便利澳门食品进入内地市场，促进澳门经济适度多元化发展。

10. 进口酒类分类管理

该措施是指对进口酒类产品实施以风险分析为基础的分类分级管理，实施 10%—100% 的差别化抽检规则。

改革前，进口酒类需要批批进行检验，企业通关时间过长、成本高、海关监管资源投入多。该项改革通过引入风险管理理念，以风险分析基础，对进口酒类检验实行分类分级管理，实施差别化抽检规则，大幅降低了酒类产品的抽检比例和数量，进一步降低了企业负担，提高了通关速度。

11. 进境动植物检疫许可流程再造

该项措施是指建立进境动植物检疫审批负面清单制度，并将动植物及其产品检疫审批许可证申请受理、企业备案、进境动物指定隔离场考核等工作事项下放到自贸试验区海关。

改革前，进境动植物检疫许可事权属于直属海关，自贸试验区内进境动植物检疫许可等事项需到直属海关办理，存在办理路程远、需要多次往返办理等问题，随着自贸试验区旅游、中医药产业发展，动植物检疫许可审批等诉求大量增加，给管理相对人带来不便。改革通过将动植物检疫许可事项进行分类管理，实行负面清单，有利于管控重点风险，同时下放审核权限，便利自贸试验区内业务办理。

12. 旅客携带物“人—机—犬—仪”四位一体查验新模式

该措施是指构建以检疫官为主，X 光机、检疫犬和携带物红外热成像探测仪为辅，通过人进行现场专业判断，X 光机对固定形状的物体进行辨识，检疫犬对物品的味道进行闻嗅，再通过探测仪对物品的温度进行探测，各司其职，发挥各自优势，减少无效开包查验次数，查验更精确，通关更便利。

改革前主要由检疫官、X 光机进行检查，检查工作量大，旅客通关体验不高。通过实施该项改革，引入检疫犬和红外检测仪，进一步丰富检疫的手段，使旅客携带物查验准确率由原来 65% 提高到 95%。新增检疫犬亲和力高，红外探测仪非侵入、无干扰的查验方式能在旅客行进过程中即完成查验工作，查验体验及通关舒适度大幅提升。

13. 简化 CCC 认证范围内入境展品的监管方式

该措施是指简化 CCC 认证范围内入境展品的监管模式，对需办理强制性产品认证（CCC 认证）的入境展品实行“入区登记、分类监管”模式。对具备条件的可实施场馆集中查验。会展结束后，退运出境的展品采取复出核销的便捷措施，销售、使用的展品按照强制性产品认证的有关规定办理。

改革前，展品入境时需在口岸进行查验，并且需要办理《免于办理强制性产品认证证明》，会展结束后的展品未进行区别监管。改革后，入境展品无须办理《免于办理强制性产品认证证明》，口岸核证直接放行，在场馆中集中查验。会展结束后，退运出境的展品采取复出核销的便捷措施，销售、使用的展品按照强制性产品认证的有关规定办理。此措施大幅提高展品的口岸通关效率，为展后复出境的展品提供了更加简便、合理的监管流程。

14. 打造“一检通”平台

该项改革是指建立“一检通”信息化平台，

综合利用E-CIQ、检验检疫各类信息化系统，依托珠海电子口岸和国际贸易“单一窗口”，对内整合检验检疫业务流程，通过数据交换平台交互共享数据，实现监管规则智能化、风险管理和数据统计分析运用；对外通过珠海电子口岸“单一窗口”服务，建立与口岸监管部门和境外机构的互联互通，达到从境外到境内的全链条全物流监管。

改革前，原检验检疫内部业务系统较为独立，系统间信息、数据缺乏有效沟通、对接，对外也缺乏与其他单位的互联互通，存在一定的信息孤岛。改革后，打通各系统彼此隔绝的状态，提高信息互换和共享水平，便于掌握更多的信息，进行风险分析，提高监管效能。

四、统计数据

（一）进出口值

2017年1—12月南沙片区合计完成进出口值1 158.1亿元人民币，占同期广州市外贸总值的12%。其中出口753.9亿元人民币，进口404.2亿元人民币。

2015—2017年，横琴片区海关共办理报关单45.2万份，监管进出口货物526.6万吨，进出境旅客2 097.23万人次、进出境运输工具273.92万辆次。二线监管进出区车辆3 495.72万辆次。享受与生产有关进口货物免税政策免税额3 500余万元人民币。监管出入境检验检疫货物47 195批次。

2017年，监管进出口货物174万吨，进出境旅客816.33万人次，进出境运输工具89万辆次，进出区车辆1 375.42万辆次，较2014年横琴片区成立前分别增长16.03%、74.88%、4.18%、142%。监管出入境检验检疫货物15 972批次，较2014年自贸试验区成立前减少12.83%，需进行法定检验检疫商品进一步减少。

（二）海关税收

2017年，南沙片区海关特殊监管区域实现税收入库7.08亿元，同比增长10%。

2017年，横琴片区实现税收入库1.3亿元人民币，同比增长17.9%。

（三）海关注册登记企业数

截至2017年12月底，南沙片区新增海关注册企业1 142家，注册企业总数达2 030家。注册企业中，贸易型企业占78.8%，服务型企业占3.5%，生产型企业占12.2%，物流型企业占5.5%。

截至2017年12月底，横琴片区海关注册企业831家，较2014年自贸试验区成立前新增480家。

◎天津海关支持中国（天津）自由贸易试验区建设主要情况

天津自贸试验区挂牌三年多以来，天津海关共计推出77项（海关29项，原天津出入境检验检疫局48项）支持措施。

一、成效综述

（一）主动作为出实招

迅速成立专门领导协调机构，开展自贸试验区创新研究，抓好工作落实、督促检查和统筹协调；积极参与国家、海关总署、原质检总局各类措施制定，在顶层设计中发出天津声音；协助地方政府向海关总署、原质检总局提出支持自贸试验区发展需求，促成政策落地。

（二）统筹推进重实干

提出支持自贸试验区建设总体设想、制定推动自贸试验区建设统筹安排，确保创新任务责任到人、落实到位。天津自贸试验区挂牌当日，天津海关（包括原天津出入境检验检疫局。以下简称原检验检疫局）推出 30 项支持措施（海关 18 项，原检验检疫局 12 项），三年来共计推出 77 项（海关 29 项，原检验检疫局 48 项）支持措施，全方位支持自贸试验区发展。

（三）勇于创新求实效

将可复制可推广作为制度创新重要标准，共有 8 项（海关 5 项，原检验检疫局 3 项）改革试点经验在全国复制推广；在自贸试验区第三方评估中，有 6 项创新举措被评估为全国首创，占天津自贸试验区全部原始创新举措的 23.1%。

二、创新成果

（一）贸易便利水平明显提升

一是创新通关监管模式，在东疆保税港区率先实施以“提前报关，码头验放”为主要内容的通关流程和物流流程综合优化（双优化）改革，减少物流环节，降低通关成本；为 1 255 艘次入境船舶实施国际航行无疫通行便利监管模式，自贸区试验区内船舶进出港时间平均缩短 1 小时以上。

二是创新税收征管方式，“自报自缴”比例突破 60%；集中汇总征税规模不断扩大，2017 年汇总征收税款 144.94 亿元，同比增长 96.53%；推动“多样化涉税担保”“海关税收总担保”实施，实现海关涉税担保业务全覆盖。

三是创新行政审批模式，建立检验检疫行政审批通报、通审、通签机制，企业就近申报、取证便利；取消自贸试验区海关报关企业注册登记许可、集中受理保税仓库和出口监管仓库业务申请事项，让数据多跑路、企业少跑腿。

（二）特殊区域功能有效拓展

一是为企业“减繁”，统一备案清单、简化无纸通关随附单证，让特殊区域企业申报更便捷。

二是让物流“提速”，允许保税货物在特殊区域间自行运输；进出特殊区域的货物，由过去的“一票一报”改为“多票一报”；对进出区保税展示交易和保税租赁货物实施分线监管、预检验及登记核销监管模式，最大限度提升特殊区域物流效率。

三是给限制“松绑”，突破汽车“落地征税”限制，在全国率先实现平行进口汽车入区保税仓储，2017 年共验放二线出区平行进口汽车 10.3 万辆，占全国九成以上。

（三）新兴业态发展更为活跃

一是实现航空产业链向高端延伸，研发的“航空周转件 RFID”管理系统，利用物联网技术，将以往 48 小时的通关周期缩短至 10 分钟。

二是积极促进天津融资租赁飞机形成产业集聚效应，业务开展以来共办理 1 074 架飞机、17 台飞机发动机的通关监管手续，东疆飞机融资租赁业务占到全国的 90%，已发展成为我国最大的融资租赁集聚地。

三是推动跨境电商迈上新台阶，对以网购保税模式入境并通过跨境电子商务交易平台销售的进口商品实施“事前备案管理、入区实施检疫、事中风险监测、出区核查放行、全程质量追溯”的监管模式，政策实施以来，共接受跨境电子商务网购保税进口申报清单 757.09 万票。

（四）市场营商环境持续优化

一是试行政府购买服务，引入社会中介机构辅助开展保税监管和企业稽查 6 起，让稽查结果更加中立、科学、客观。

二是构建新型政企关系，鼓励引导企业开展“主动披露”，将被动接受海关后续稽查转变为主动向海关稽查部门报告存在问题。

三是转变传统监管方式，在自贸试验区优先开展企业认证，提出认证企业（AEO）优惠措施清单，向社会公示企业信用信息，构建海关监管、企业自管、中介协管和社会共管的多元化合作监督机制；实施“空检海放”模式，大幅压缩乳制品检验检疫周期一半以上，惠及 1 626 万美元、共计88批进口乳制品。

三、具体支持措施

1. 联网原产地证书电子审核制度

对已经实施原产地数据联网的优惠原产地货物，在自贸试验区内试点推行凭企业原产地证书电子数据向海关申报通关，企业不再向现场海关提交纸质原产地证书。

2. 批次进出、集中申报制度

对进出自贸试验区海关特殊监管区域的货物，由过去的“一票一报”改为“多票一报”。

3. 简化无纸通关随附单证

对自贸试验区内海关特殊监管区域的企业以通关作业无纸化方式申报提交的有关随附单证予以简化，但海关保留必要时要求企业提供相关单证的权力。

4. 保税货物自行运输制度

自贸试验区内企业可以使用经海关备案的自有车辆或具备资质的运输企业车辆承运保税货物，改变以往使用海关监管车辆转关运输的方式。

5. 统一备案清单

将自贸试验区海关特殊监管区域使用的两种备案清单统一为一种备案清单格式，申报要素由36项和42项统一减少至30项。

6. 选择性征税制度

自贸试验区海关特殊监管区域内的企业加工、生产并销往国内市场的货物，企业可根据其对应进口料件或实际报验状态，选择缴纳进口关税。

7. 集中受理保税仓库和出口监管仓库业务申请事项

将自贸试验区内企业办理保税仓库、出口监管仓库等保税监管场所设立、变更、延期等业务事项，统一在自贸试验区综合服务大厅受理。

8. 融资租赁制度

海关对自贸试验区海关特殊监管区域内的融资租赁货物按照审查确定的租金，分期征收关税和增值税，同时允许符合条件的企业以保证书的方式提供担保，进一步吸引融资租赁企业入区经营。

9. 期货保税交割制度

允许自贸试验区海关特殊监管区域内企业以保税监管状态的货物为标的物，开展期货实物交割，推动自贸试验区期货贸易开展。

10. 保税展示交易制度

允许符合条件的自贸试验区海关特殊监管区域内企业在向海关提供足额税款担保后，开展保税展示交易，并将加工贸易制成品纳入保税展示交易商品范围。

11. 境内外维修制度

允许符合条件的自贸试验区海关特殊监管区域内企业开展高技术、高附加值、无污染的境内外维修业务，海关参照保税加工监管模式，依托信息化系统实施管理。

12. 京津冀地区保税展示交易

自贸试验区企业依托试验区内海关特殊监管区域，在足额有效担保的前提下将保税展示交易拓展至京津冀地区。进一步促进保税展示交易新业态的发展。

13. 融资租赁大型设备海关异地监管

自贸试验区海关特殊监管区域内的融资租赁企业进出口船舶、海洋工程结构物等大型设备，进出境地为其他直属关区的，企业可向注册地海关提出业务需求，在注册地海关办理申报手续，由进出境地海关办理实货放行。顺应了物流实际，降低了企业经营成本。

14. 扩大期货保税交割品种和区域范围

开展期货保税交割业务的区域由天津东疆保税港区扩大至试验区内所有特殊区域，期货保税交割品种由单一品种扩大至允许开展期货保税交割的其他品种，助力天津期货贸易的发展，促进中国大宗商品定价机制的形成，为进一步推动我国期货市场国际化积累经验。

15. 租赁飞机联动监管

对于注册在自贸试验区海关特殊监管区域内

的租赁企业所开展的飞机租赁业务，在确保有效监管和执行现行相关税收政策前提下，租赁飞机在特殊区域之间实行联动监管，即租赁企业在注册地海关办理申报手续，飞机由实际进出的特殊区域海关进行出入区监管。通过对租赁飞机联动监管，进一步推动东疆保税港区飞机租赁产业发展。

16. 创新自贸试验区电子商务货物进口模式

利用自贸试验区内海关特殊监管区域保税优势，综合运用“批次进出，集中申报”“多样化涉税担保”等试验区海关创新制度，实现电子商务货物进口海关监管高效、便捷，促进试验区电子商务业态发展。

17. 简化国内采购物料登记手续

企业通过一次批量报备，即可在办理备案项下国内采购物料登记手续时实现远程申报、在线审批，减少企业往返奔波，大幅缩短办理时限。

18. 航空检测业务

明确航空产业检测业务准入条件和监管模式，通过电子账册信息化管理，实现对航空检测业务的有效管理，促进天津自贸试验区新兴航空业态发展。

19. 航空产业小时包修、标准件替换

通过规范“小时包修”及“标准件替换”新型高端航空维修业务的操作模式，遵循了高端航空维修业务国际惯例，支持天津自贸试验区航空产业发展，鼓励航空维修向多元化发展。

20. 创新“自主核销”新型加工贸易监管方式

通过严格的事前风险防范，转变传统的加工贸易核销办法，改由企业自定核销周期、自报税款、自主核算、自存单证、自聘审计、自主披露、自负责任，海关将重点由程序性的单证审核转变到实货监管、事后核查上，从而达到厘清关企职责、提高监管效能、便利企业的改革目标。

21. 开展国际邮轮船员、旅客的消耗品配送业务

在东疆保税港区以国际转口贸易形式开展为国际邮轮船员、旅客提供食品、食料、饮料、日常生活用品等消耗品的配送业务，创新与之相适应的海关监管方式，提升港口供应整体产业链和综合发展实力。

22. 实施认证企业（AEO）优惠措施清单制度

海关逐步明确认证企业（AEO）优惠措施清单，在自贸试验区范围内优先开展企业认证。

23. 企业信用信息公示制度

对在天津海关注册登记的自贸试验区企业的注册登记信息和信用等级信息，海关定期进行公布，便利公民和法人进行监督。

24. 取消自贸试验区报关企业注册登记许可

自贸试验区内报关企业可在综合服务大厅海关窗口集中自行办理注册登记手续，同时简化流程，为企业提供便利。

25. 企业主动披露制度

鼓励引导自贸试验区企业利用自身优势开展“主动披露”，将被动接受海关后续稽查转变为主动向海关稽查部门报告存在问题。

26. 引入社会中介机构辅助开展保税监管和企业稽查制度

将社会中介机构引入到海关保税监管和企业稽查工作中，拓宽中介机构参与海关监管的业务领域、作业环节和工作范围。

27. 集中汇总征税制度

在有效担保的前提下，鼓励自贸试验区企业试行集中汇总征税，享受先放行货物，后定期向海关自主缴税的政策便利。

28. 多样化涉税担保制度

自贸试验区企业在通关过程中遇有涉税担保业务时，可根据不同类型通关需求，自由选择保证金担保或银行保函担保等多种担保形式。

29. 实行自贸试验区范围内海关税收总担保制度

进一步建立完善涵盖所有涉税担保业务、所有通关现场的税收总担保制度，通过银行保函统一备案，将企业一票一保的通关担保业务纳入海关“银行税款总担保”体系，形成统一高效的网络化保函担保模式，强化了保函担保业务的管理和风险防控，提高保函的应用效率，降低企业担保成本。

30. 第三方检验结果采信制度

在风险分析的基础上，对于自贸试验区内部分法定检验的进出口货物，凭检验检疫部门采信的第三方检验检测鉴定机构的报告结果验证放行，不再对货物实施抽样检验，从检验监管转向对检验的监管，逐步实现管检分离，使进出口货物质量安全检验放行模式与国际通行做法和发展趋势接轨。

31. 京津冀检验检疫一体化制度

在京津冀区域全面实施检验检疫一体化工作模式，实行区域内“通报、通检、通放”，区域内符合条件的企业可以选择申报地点，对货物的检验检测结果区域内检验检疫机构互认，经检验检疫合格的货物，企业可以选择区域内的检验检疫机构申领相关单证，办理放行手续。

32. 天津口岸直通制度

以天津海关（原天津检验检疫局）与有关兄弟检验检疫机构签署的合作备忘录为基础，对符合条件的经天津口岸进出口货物，实施直通放行。符合条件的，进口货物，在实施必要的卫生除害处理或外箱体消毒后，货物直运至目的地，由目的地检验检疫机构对该批货物实施后续检验检疫监管工作。符合条件的出口货物，经产地检验检疫合格后，天津口岸直接放行，不再实施二次查验。

33. 转口货物检验检疫制度

对转口货物进行了分类，根据不同类别实施相应的检验检疫管理，确保转口贸易便利化的同时严防疫病疫情传入。对于纯粹转口货物，入境时如包装密封良好，只实施外包装检疫，出境时不再进行检验检疫，企业可申请签发转口证明书。对于整理加工转口货物，实施卫生检疫、动植物检疫和食品卫生检验；对于未发生实质性改变的，企业可申请签发加工装配证书。对已获得检疫准入的转口食品免予实施检验，免予提供出口国官方证书，免予注册备案。对于涉及审批的转口货物，应提供相应的官方证书和许可证。

34. 天津口岸“一带一路”过境货物检验检疫管理制度

为了支持天津市充分发挥在“一带一路”国家战略中的作用，利用检验检疫的职能优势，在防范疫病疫情传入传出、确保国门安全的前提下，采取过境便利措施；明确过境货物准入要求；实施验证检查、核对封识，免于实施品质检验；对来自疫区的经天津口岸过境的集装箱只实施箱体表面消毒。该制度的实施可进一步提升天津口岸“一带一路”过境货物的通关速度，进一步便利对外贸易，促进外贸发展。

35. 中转货物原产地证签证制度

对于自贸试验区内的中转出口货物，依照对外贸易的需要，根据其实际原产地，由检验检疫机构签发相应的产地来源证明（包括一般原产地证、转口证明以及加工装配证明），并可进行换证、分证、并证操作。此外，对中转货物原产地签证企业按照分类评定条件实施差别化管理。

36. 进口机动车第三方检验结果采信

明确采信第三方检验检测鉴定机构结果的进口机动车范围、检验标准、申请机构条件、申请材料、申请工作程序、后续监管事项。只要是获得了进出口商品检验鉴定机构许可证书，许可范围为机动车检验检测，且在检测能力、场地设施等方面符合检测工作要求的企业，就可以申请第三方检验检测鉴定机构。获批的第三方检验检测鉴定机构的检验结果，将作为合格评定的重要依据，减免相应检验项目的法检费用，大大节省企业成本，有利于优化天津口岸贸易通关环境，推动天津口岸进口汽车产业健康、快速发展。

37. 进口服装（面料）质量安全预评估制度

进口服装（面料）在装运前（或天津自贸试验区出区检验前），企业选择具备资质的第三方检验检测鉴定机构，按照我国国家标准对进口产品实施检测评估，并出具检验报告，待进口时检验检疫机构实施抽批验证等便利化措施，为进口服装企业节约时间和经济成本，加快通关速度，降低贸易风险。

38. 出入境空运 C 类快件检验检疫监管制度

为了适应天津市国际快件业务快速发展的形势，检验检疫部门对经天津自贸试验区出入境的空运 C 类快件（快件运营人在特定时间内以航空运输的方式承运的样品、礼品、非销售展品和私人自用物品），实施便利化检验检疫措施和清单管理制度，明确了禁止以空运 C 类快件形式入境的产品清单，实现了与跨境电子商务形式禁止进境商品名录的有效衔接。对入境空运 C 类快件，应实施检疫的，按有关规定实施检疫，免予检验。该制度的实施可进一步规范出入境空运 C 类快件的检验检疫管理，促进天津自贸试验区跨境电商直邮模式业务的发展。

39. 出入境航空器卫生检疫分级监管制度

通过对航空公司实施检疫分级管理，对不同评级的航空公司所属航空器实施不同的检疫监管措施，突出航空公司的检疫风险防控责任主体地位。同时强化卫生监督，确保口岸公共卫生安全。该规定实施后，入境航空器电讯检疫比例将明显提升，航空器出入港时间将显著缩短。

40. 出入境航空器木质铺垫材料检疫监管制度

航空器木质铺垫材料是指货物在航空器上运输期间对货物进行承载、铺垫、支撑、加固而使用的材料，货物脱离航空器后，就留在了机场。该制度旨在建立科学高效的检疫监管模式，明确机场仓储货站监管区域的划分，铺垫材料的监管方式、监管项目、合格评定以及不合格处理等内容，有利于规范出入境航空器木质铺垫材料的检疫监管工作，防止林木有害生物随出入境木质铺垫材料传入传出，保障国门生物安全，更好地服务天津自贸试验区发展。

41. 进口食品“空检海放”制度

该制度在研究分析进口食品相关企业履行主体责任能力所致风险、进口食品的质量安全风险和检疫风险、原产国 / 地区食品安全体系风险以及各种食品安全突发事件所涉及风险后，创新进口食品检验检疫措施。在一批海运进口货物到港前，先行空运同批食品实施检验；对海运食品在进口商自我承诺的基础上参考空运食品检验结果实施合格评定。

42. 进出境工业产品“即查即放”制度

该制度大力运用移动通信、物联网等现代化信息技术手段，在自贸试验区中的进出境工业产品检验检疫监管工作中创新引入“即查即放”现场查验放行模式，即通过检验检疫人员手持移动终端，完成接单、查验、取证、登记、放行等一系列执法监管活动，以在查验现场实现执法过程各环节的信息数字化即时读写，实时记录、上传查验地点、时间和照片视频等取证材料，实现规范化的“即查”；以在查验现场实现放行信息与各口岸电子监管平台即时交互，无延缓地向各电子闸口发送放行指令，实现便捷化的“即放”。

43. 出入境邮轮检疫制度

鼓励邮轮创建国际卫生船舶，提高出入境邮轮电讯检疫比例，缩短邮轮靠泊检疫时间；对出入境旅客检疫，采取旅客主动申报、智能化体温检测、医学巡查相结合的模式，确保旅客通关零等待；支持邮轮开展境外食品保税供船业务，促进邮轮食品供应链产业发展；加强邮轮停靠期间的卫生监督，确保口岸公共卫生安全。该制度在保障国门安全的前提下，有利于推进国际邮轮和出入境旅客检疫查验程序便利化，促进邮轮产业发展，推动邮轮经济升温。

44. 国际航行船舶食品供应制度

创新国际航行船舶食品供应检验监管模式，支持境外食品保税供船业务发展，对用于国际航行船舶供应的境外食品，免予检验。同时，加强对供船境外食品储存、运输和供应现场监管。对供船食品企业实行卫生和诚信分级管理，对不同等级企业实行不同频次的监督检查。该制度有利于促进船舶食品供应链尤其是境外食品保税供船业务的发展，支持天津国际航运中心建设。

45. 国际航行船舶无疫通行制度

创新停靠自贸试验区出入境船舶的卫生检疫监管模式，突破“锚地检疫、靠泊检疫和电讯检疫”限制，实行诚信申报假定，对于申报无疫的出入境船舶给予直通放行便利，船舶靠泊后可直接装卸货物和上下人员，加强船舶在港期间的卫生监督，一经发现不诚信申报船舶，纳入黑名单监管，在确保口岸公共卫生安全的前提下，提升船舶出入境便利化水平，促进天津国际航运中心发展。

46. 电子商务模式进口服装检验监管便利化制度

对通过电子商务模式进口的服装产品，以信用管理和风险管理为基础，在企业合格保证的前提下，充分运用天津自由贸易试验区检验检疫创新制度，采取“企业及商品备案 + 全申报 + 快验快放 + 后续监管”的检验监管模式，允许中文标识、标签采用在电商平台发布相关信息等非实体形式，在保证消费者健康与安全的前提下，提高贸易便利化水平。

47. 进口成套设备检验监管制度

该制度旨在便利成套设备类产品进口，消除或降低进口成套设备对人身财产安全、健康、环境保护等方面带来的风险。根据企业申请，对进口企业和成套设备产品进行风险分析，确定所要采取的便利化检验监管模式，如抽批检验、抽批核查等。

48. 平行进口汽车检验监管制度

该制度是针对天津自贸试验区平行进口汽车企业推出的监管便利化措施，明确平行进口企业的条件、权力和义务。基于企业诚信以及质量保证、售后服务等能力，通过对符合条件的进口汽车企业进行风险评估，将企业分为一类和二类，采取差异化监管和第三方检验结果采信措施，规范售后服务、三包、产品召回、索赔等义务，保障平行进口汽车质量安全，建立公平公正的市场竞争和安全消费环境，促进自贸试验区平行进口汽车市场健康发展。

49. 进口工业品信用监管制度

该制度明确了天津自贸试验区内对受惠企业进口工业产品实施以“即报即放 + 必要时抽批检验”为主的信用监管模式，优化检验监管环节，提高检验和放行效率，降低企业经营成本，加大检验检疫促进外贸和扶持企业的力度。

50. 进境货物预检验制度

根据企业申请，对自贸试验区内海关特殊监管区域拟进口的法检货物，预先实施检验，货物实际进口出区核销放行，不再重复实施检验。该制度以商品风险分析为基础，以“企业自愿，全面普惠”为原则，制度实施后，将大幅降低企业经营成本，提高通关效率。

51. 检验检疫分线监管制度

在海关特殊监管区域实施检验检疫分线监管模式。“一线”主要实施进出境检疫和重点敏感货物检验，“二线”主要实施货物检验和监管，入境应检物在区内企业间自由流转，不涉及使用的，免于检验。

52. 一次性使用卫生用品检验便利化制度

在质量风险分析和企业诚信管理的基础上，将分线监管、进境预检验、第三方检验结果采信以及装运前检验评估、风险评估、快验快放等措施进行集成创新，应用于天津自贸试验区内进口一次性使用卫生用品，在确保质量安全的基础上，大大提高货物的口岸通关速度和监管的有效性，以便让企业充分享受天津自贸试验区的政策“红利”，让更多的国人用上安全放心的一次性使用卫生用品。

53. 保税展示交易 / 租赁检验检疫管理制度

对保税展示交易和保税租赁货物实施分线监管、预检验和登记核销管理模式。保税展示交易货物可以采取预检验模式，出区时分批核销登记，直接展示交易；保税租赁货物首次出区实施商品检验，以后多次往返特殊监管区实施登记核销管理。该制度能够有效降低企业成本，提高通关便利化水平，促进保税展示交易、租赁业快速发展，拉动消费增长。

54. 跨境电子商务网购保税模式检验检疫管理制度

该制度中的网购保税模式是指跨境电子商务

商品集中入境，暂存于特殊监管区内，通过电商平台销售给个人消费自用，以邮件、快件方式发往境内消费者的跨境电子商务贸易方式。跨境电子商务商品是指以网购保税模式入境并通过跨境电子商务交易平台销售的进口商品。跨境电子商务网购保税模式检验检疫监管以贸易便利化为原则，以商品质量合格假定为前提，以风险监控和质量追溯为核心，以信息化系统为依托，实施“事前备案管理、入区实施检疫、事中风险监测、出区核查放行、全程质量追溯”的监管模式。

55. 国际配送商品检验检疫管理制度

该制度是为了满足天津自贸试验区发展多种进出口贸易方式的需求，促进天津自贸试验区内国际配送业务的发展，探索适应国际配送业务的检验检疫监督管理方式。对国际配送商品实施清单管理，并根据配送商品进出自贸试验区特殊监管区的方式（来自境外经特殊监管区再配送至境外或国内的方式，来自国内经特殊监管区配送至境外或国内的方式），实施具体的检验检疫监管措施。

56. 食品、化妆品存放展示企业监管制度

该制度明确了天津自贸试验区入境食品、化妆品存放、展示企业应满足的基本条件，以及可享用的贸易便利化措施，建立了进入退出机制，重点加强存放、展示企业的后续监管，为天津自贸试验区入境食品、化妆品存放和展示活动提供了制度支持，促进天津自贸试验区食品、化妆品保税展示、转口贸易、跨境电商集货和备货等相关产业的发展。

57. 行政审批一口受理制度

遵循“公开、公平、便民、高效”原则，按照简政放权、依法行政、宽进严出的要求，深化行政审批制度改革，整合现有的 8 项行政许可事项，统一规范、统一标准、统一流程、统一时限、统一监管，实行“通报、通审、通签”，满足企业自主选择申报和取证窗口。通过创新审批方式，简化审批流程，减少审批环节，压缩审批时限，构建“一颗印章管审批、一份清单管边界、一套标准办业务、一个平台管诚信”的行政审批工作新模式，努力实现质检系统审批效率最高、成本最低、过程最透明的目标。

58. 出入境特殊物品卫生检疫制度

对出入境特殊物品实行在风险评估和企业分级基础上的分类监管，从逐批审批原则调整为年度审批、分批核销，延长审批单有效期最长至一年，从逐批查验调整为按照企业诚信等级，并结合特殊物品的风险等级实施不同频次的抽验。

59. 动植物及其产品检疫审批负面清单制度

对须实施进境检疫审批的动植物及其产品建立负面清单，原质检总局授权天津海关（原天津检验检疫局）办理负面清单以外的，已获得我国准入的进境动植物及产品的检疫审批，负面清单内的检疫审批由天津海关（原天津检验检疫局）负责初审，原质检总局负责终审。简化审批流程，缩短审批时间，延长检疫许可证有效期，实施一次审批，分批核销。

60. 进境动植物检疫审批正面清单

明确了原质检总局授权天津海关（原天津检验检疫局）负责动植物检疫审批终审的产品包括：天津自贸试验区进境的栽培介质、非食用动物产品、动植物源性生物材料和天津口岸进境的部分动植物源性生物材料，并附有具体产品名录。另外还明确了“从天津自贸试验区进境”的具体情况和申请单位提交申请时的注意事项，审批流程简化，审批时间由 20 个工作日缩短为 7 个工作日，许可证有效期由 6 个月延长为 12 个月，促进了贸易便利化。

61. 进境食品检疫审批正面清单制度

该制度明确了原质检总局授权天津海关（原天津检验检疫局）负责的辖区内进境食品检疫审批终审的产品名录。该名录内的进境肉类产品、水产品、乳制品、植物源性食品等进境食品，都由天津海关（原天津检验检疫局）负责受理、批准和发证，简化了审批流程，审批时限由过去 20 个工作日缩短为 10 个工作日，许可证有效期由6个月延长为12个月，节约了相关企业成本，促进了贸易便利化。

62. 进境动植物源性生物材料检疫监管制度

该制度根据原质检总局有关要求，按照进境动植物源性生物材料的风险级别及天津口岸实际贸易情况，拟对自贸试验区进境动植物源性生物材料进行规范性管理，由原质检总局授权天津海关（原天津检验检疫局）负责负面清单以外动植物源性生物材料《进境动植物检疫许可证》的初审和终审，审批时间缩短为7天，证书有效期延长为一年，并对符合同一发货人、同一收货人、同一国家（地区）、同一品种的，实行分批核销；对自贸试验区内存放、隔离饲养、使用进境动植物源性生物材料的指定场所进行资质认定；对本制度范围内的进境动植物源性生物材料实施分类管理，明确查验措施、简化检疫流程。

63. 进口工业产品分级管理制度

该制度将天津自贸试验区进口工业产品通过风险分析分为重点监管产品、验证产品、信用监管产品和临时管控产品四个可动态调整的级别，并针对不同级别的产品采取不同的合格评定程序。该制度将进一步提升天津自由贸易试验区进口工业产品贸易便利化水平，提高检验监管工作的有效性与针对性。

64. 全球维修产业监管制度

对通过资质评估企业进口的维修用旧机电产品，取消备案环节，并且在风险分析的基础上，可采取免于装运前检验、快捷验放等便捷措施，放开维修后出口环节。鼓励维修企业在高技术含量、高附加值、低环境污染的政府支持行业拓展维修业务。

65. 再制造产业监管制度

该制度对通过资质评估企业进口的再制造用旧机电产品，取消备案环节；在风险分析的基础上，可采取免于装运前检验、快捷验放等便捷措施；放开维修后出口环节，鼓励维修企业在高技术含量、高附加值、低环境污染的行业拓展再制造业务，为打造天津入境再制造产业平台奠定了检验检疫制度基础。

66. 进境动植物及其产品风险管理

根据进境动植物及其产品自身风险、入区流通风险、来源国疫情风险、来源国官方管理模式风险、疫情截获风险等主要风险分析指标，将自贸试验区进境动植物及其产品的检疫风险分为一到四级，并采取相应的风险管理措施，提高此项工作的科学性、有效性。

67. 外来有害生物监测防控

这是检验检疫预警和防控体系的重要组成部分，有效降低区内检疫风险和产品质量安全风险，确保自贸试验区外来有害生物早发现、早报告、早防控，确保天津口岸安全和自贸试验区的可持续发展。内容包括目的、工作原则、监测要求、防控程序、档案管理、保密工作、附则；在监测程序部分，规定了本底值确认、监测范围、监测方法、记录统计上报等工作；在防控程序部分，规定了适用范围、保障措施、防控手段、应急演练等工作。

四、统计数据

2017年，天津自贸试验区实现进出口总额2 559亿元人民币，同比增长32.8%。其中，实现进口额2 202.5亿元人民币，同比增长37.1%；实现出口额356.4，同比增长12%。

自贸试验区设立以来至2017年底，新登记市场主体4.18万户，是自贸试验区设立前历年登记市场主体户数的1.86倍，注册资本(金)1.5万亿元人民币。在新增市场主体中，注册资本(金)超10亿元281户，超亿元2 613户。自贸试验区共有市场主体6.21万户，注册资本(金)2.37万亿元人民币。

2017年，区内实际利用外资28.03亿美元，增长12.1%，占全市的26.4%。截至2017年底，区内累计新增外商投资企业1 988家，注册资本3 709亿元人民币，99%以上通过备案设立。

挂牌以来到2017年底，区内企业共设立境外企业机构173家，中方投资总额207亿美元。

◎福州、厦门海关支持中国（福建）自由贸易试验区建设主要情况

2015年4月21日，中国（福建）自由贸易试验区（以下简称福建自贸试验区）正式揭牌。福建自贸试验区设有福州、平潭、厦门三个片区，其中福州片区31.26平方公里，平潭片区43平方公里、厦门片区43.78平方公里。福建自贸试验区建设以来，福州海关、厦门海关紧抓制度创新核心，主动服务国家发展战略，深入推进"放管服"改革，精准发力供给侧结构性改革，精心耕作福建自贸试验区改革创新试验田，取得了较好的工作成效。

一、成效综述

（一）建立健全组织运行机制，内联外合协调推进

健全组织机制。福、厦两关分别成立专门的自贸试验区工作领导小组和工作机构，集两关之力推进自贸试验区建设工作，全面对接联系海关总署和地方政府，统筹协调推进改革措施落地。建立了定期例会制度、工作报告制度、项目管理制度、联络员制度、会签制度等工作运作制度，加强统筹管理、综合协调、跟踪督办、成效评估等工作。

强化关区间协作聚合力。落实海关总署《自贸试验区海关工作协作办法》，加强与全国其他自贸试验区海关间的联系配合和互助合作，特别是强化福、厦两关之间的协作配合，制定出台了《福州海关 厦门海关推进福建自贸试验区建设监管服务改革方案》和《联系配合办法》，共同探索"虚拟关区"通关模式，对具有共性的海关监管创新制度，做到统一简化手续、统一操作规程、统一数据口径、统一宣传报道、统一实施时间，从组织保障、联系机制、重点任务、支持措施等方面有力地促进了福建自贸试验区建设。

强化与地方政府联动机制。积极协助福建省先后对《中国（福建）自由贸易试验区总体方案》《进一步深化中国（福建）自由贸易试验区改革开放方案》进行修改完善，主动参与推动省、市相关部门各项重点自贸试验区试验任务开展协调；建立形成署省、关地合作长效机制，积极争取总署业务指导和政策支持，深度参与海关总署《支持和促进中国（福建）自由贸易试验区建设发展若干措施》《海关总署关于落实〈全面深化中国（福建）自由贸易试验区改革开放方案〉的实施方案》的制定和出台。在全国推动促成率先签订第三轮署省合作备忘录。加强与省、市地方政府相关部门的联系沟通，与地方政府建立自贸专题联席会议制度，共同研究重点项目推进方案，协调解决工作难题。推动自贸试验区相关业务创新工作顺利开展，积极推进国际贸易"单一窗口"建设等项目取得实效。

（二）加强改革系统集成，统筹推动创新工作开展

融合改革创新与自贸试验区建设。福、厦两关将自贸试验区建设与改革创新工作深度融合，建立改革创新机制。厦门海关在实际运作中，为更好地解决自贸试验区建设推动过程中遇到动力不足、协调不畅等问题，进一步将关区全面深化改革领导小组和推进福建自贸试验区建设领导小组整合归并为厦门海关一体化改革暨自贸试验区工作领导小组及其办公室。福州海关建设"创新项目众创及实施管理平台"，形成企业、海关各部门间共同参与制度创新、系统集成及项目管理的模式，实现协同创新、循环创新、系统集成及风险防控。同时，将通过规范创新工作运行机制、容错机制及激励机制，深度参与海关总署《自贸

试验区海关监管制度创新基本规范》制定工作，在此基础上福、厦两关分别制发《自贸试验区海关监管制度创新工作流程（试行）》《创新工作管理办法（试行）》及《创新工作运行管理操作规程（试行）》等一系列规章制度，初步形成改革创新孵化机制，为自贸试验区创新工作提供强大的推动力。

及时制发实施方案统筹推进。福、厦两关针对国务院《中国（福建）自由贸易试验区总体方案》《进一步深化中国（福建）自由贸易试验区改革开放方案》以及海关总署《支持和促进中国（福建）自由贸易试验区建设发展若干措施》，结合关区实际情况，梳理地方政府和企业相关业务需求，分别制定了相关实施方案，同时进一步细化形成任务分解表，统筹部署、分工到位、跟踪督办，推动各项改革创新工作迅速在关区内得以落实。

复制推广其他自贸试验区先进经验。积极落实国务院、商务部、海关总署自贸试验区改革试点经验及海关监管创新制度复制推广工作，及时下发复制推广工作实施方案，明确各部门职责分工，有效推动组织实施。在前后四批共 43 项涉及海关的改革试点经验中，除少数几项因关区内尚无实际业务需求或需待总署明确监管创新制度具体内容统一部署实施外，其余改革试点经验已根据关区实际情况推广实施或部分实施。

（三）对标国际先进规则，推动口岸管理体制机制改革

支持国际贸易“单一窗口”建设。推进福建、厦门国际贸易“单一窗口”与国家层面“单一窗口”标准规范融合对接，形成中央和地方两级平台、基本共性与口岸特色相互融合相互协调的全国一体化的“单一窗口”环境。推进“单一窗口”成为企业面对海关的主要接入服务平台，实现全程无纸化，营造高效便捷的口岸通关环境。

丰富“互联网 + 海关”一体化平台功能。融合“互联网 + 海关”一体化平台与国际贸易“单一窗口”海关对外服务事项网上办理功能，以企业需求为导向完善相关功能，与相关信息系统无缝对接，提供一体化服务，为社会提供更好的服务体验。

加强口岸管理部门执法合作。在机构改革前，即通过关检“一站式”查验和监管互认推进跨部门一次性联合检查。机构改革后通过整合申报项目、查检合一等举措，推动全国通关一体化关检业务全面融合，继续实施国际航行船舶联合登临检查机制。

（四）优化海关通关作业流程，提升贸易便利化水平

协调口岸各相关部门合力压缩整体通关时间。落实国家口岸管理办公室提升跨境贸易便利化水平的 18 条措施，以进一步优化口岸营商环境为目标。通过大力推广提前报关、全天候 24 小时接受申报、调整空运进口快件物流模式、优化进口集拼货物拆箱流程、启用海运进口分拨电子审批开发口岸放行时间监控系统等措施，推动压缩整体通关时间三分之一。

降本增效持续促进跨境贸易便利化。福州海关开发全国直属海关层面第一个“福州海关通关预约”微信公众服务平台，并配套“海关机检查验快速直放措施”最优情况下，从企业提出查验预约到放行，可在 1 个小时内完成；创新“同业联合担保”，允许第三方企业为相关的中小企业申请保函，减少中小企业资金压力，已逐步在全省跨境电商企业、平行进口汽车企业、展会企业、大宗散货进口企业、港口物流等行业推广，推动新兴业态平台企业吸纳更多客户，实现风险共担、利益共享、多方共赢。厦门海关实现“关港贸”查验信息交互全程电子化；两关联合创新，对符合条件报关单实行先放行、后改单；创新“银关保”企业增信担保模式，为解决中小企业“融资难、融资贵”问题提供了新的探索途径；创新进口货物“水路提货”模式，只需通过虚拟的“水上卡口”核销放行数据后，就可以通过水

路运输提离监管场所；创新口岸检疫处理前置模式，通关时间至少可缩短一个工作日。

推进企业诚信体系建设。试行企业“主动披露”制度；推进海关统一社会信用代码改革，积极参与国家“多证合一”和企业年报“多报合一”工作；支持更多企业参与AEO国际互认合作，探索新型关企沟通新机制。福州海关创新“海关企业注册及电子口岸入网全程无纸化”企业在互联网上登录企业海关注册登记子系统即可一次性办理报关单位海关注册登记及电子口岸入网审批，通过流程再造以及无缝对接实现全程无纸化，每家企业至少节省往返办理手续次数4次，节约企业时间4个多小时。厦门海关创新全国首个海关金融信用评估系统“关数e”并拓展应用领域，解决中小企业融资难的问题。推行对外贸易经营者备案和原产地企业备案“两证合一”、深化检验检疫“多证合一”改革、国际航行船舶供水“开放式申报+验证式监管”、实施免除低风险动植物检疫证书清单制度、对进口免于办理强制性产品（3C）认证的产品实施“便捷审批、快速核放”等创新举措，持续扩大自贸试验区企业红利。

（五）创新海关监管服务模式，支持新业态高质量发展

深入推进“放管服”改革。通过简政放权推动海关监管职能转变，全面清理行政审批事项，梳理并及时向社会公布行政职权及对应的权力运行流程图；实施“两简案件”、运输工具及企业备案、扣留侵权嫌疑货物等简易事项现场直接办理制度；简化报关单位管理，率先在自贸试验区范围内改注册登记行政许可为备案制，并实行“一地注册、全国申报”。

持续创新海关监管新模式。先行探索自由贸易港海关监管模式；推进保税监管制度改革，探索建立“以供应链为单元的新型加工贸易监管模式”；率先开展海关特殊监管区域内仓储货物按状态分类监管，创新推出出境加工、委内加工、入区加工等保税措施；福州海关推出特殊区域原产地无纸化系统管理、被抽检海关特殊监管区域仓储货物免税核销、海关特殊监管区域智慧空域监管、保税冷链物流中心海关一体化监管服务模式等多项创新举措；厦门海关探索推进数字化监管为基础的寄递业务智慧监管模式；创新航空维修一体化监管模式及包修转包航材区域流转，先行先试开展租赁飞机未入区异地联动监管；集成游艇帆船检验检疫政策，允许入境游艇、帆船在口岸开放码头或经检验检疫机构同意的停泊水域或码头实施检疫；探索设立“闽台游艇服务试验区”，探索在自贸试验区构建服务贸易海关监管新模式；创新邮轮物供“快速通道”模式，简化“进口直供”食品的检验检疫监管手续；推行动植物检疫审批负面清单，实施“正面清单制度”。

强化高科技应用系统集成。创新全国首个“国际航班电子申报”系统，单个航班的申报用时从原来的30分钟以上大幅缩减至5分钟左右。率先推出航空器出入境检疫管理新模式，对低风险航空器“无疫通行”，对高风险航班重点检查，将整体航空器通关时间缩短1/3；研发“知识产权保护APP”便捷服务平台，引导企业有效规避侵权风险，大幅提升货物的通关效率；集成跨境电商、邮件、快件系统，实现跨境电商E通关；首创生产工艺流程VR再现关企共享平台，利用VR技术更加直观透明地还原行业标准化流程，提高企业申报单耗的规范性、准确性，同时为海关审核企业单耗提供依据，将原来的审核时间由5个工作日减少到2个工作日，有效减少海关实地下厂的时间。

为福建自贸试验区内特色产业量身定制系列创新措施，包括加工贸易产业链外发加工委托监管制度、特殊包装物自主选择通关模式、加工贸易边角料先处置后报关、电子化手册简化归并、推行出口食品过程合格评定口岸“即审即放”、对出口竹木草制品实施“事前简化、事中优化、事后强化”监管模式、出口食品企业备案“双免”、保税矿石“先混后检”检验检疫新模式、进口大

宗资源性矿产品实施“即查即卸即放”等，并依托中国（福州）物联网产业基地等载体，把推进制度创新与打造产业特色紧密结合起来，推出11项支持先进制造业发展创新举措，积极打造福州片区光电显示、集成电路、大数据等产业集。

（六）凸显沿海对台特色，服务“一带一路”倡议

积极探索促进两岸经贸融合的监管途径。实现两岸海关AEO互认试点货物双向顺利通关；首创“台车入闽一体化快速通关”模式，简化台湾地区小型汽车入闽海关监管手续，打造两岸出入境人员“无障碍、零等待”通关模式，同时量身打造“台车入闽”便捷检疫模式，量身定做交通运输工具快速防疫消毒系统，对入境台湾车辆实施“不停车、全自动、全方位”的车表消毒处理。推动对台海运快件双向运营常态化，促使平潭两岸快件中心于2017年5月9日揭牌试运营，创造性开展对台海运快件经金门转关换船的拼箱业务；促使开通马尾－台湾海运邮路和黄岐至马祖航线；促成福清南青屿等对台小额贸易监管点成为“第四批实行更开放管理措施点”；推动国务院对平潭对台小额商品交易市场商品经营范围调整顺利实施，在市场内，给予预包装食品、化妆品特别宽松政策、进口台湾水果实施2%比例抽样检测农残等安全项目后即可上架销售、试点采信台湾认证认可结果和检验检测结果等；优化对台小额贸易分类管理；对台湾输大陆食品实施“源头管理、口岸验放”，改批批查验为口岸抽查验证；对台湾输大陆水果等农产品采取便利化通关模式；对台湾输大陆水产品简化手续，免于提供台湾官方的检测证书；对进口台湾地区部分消费品试行第三方检验结果采信；简化厦金客轮检疫管理程序，为台湾造血干细胞入境提供快捷通关；简化原产地证、签证管理及提交，建立对台原产地证书核查机制，放宽优惠贸易项下海运集装箱货物直接运输判定标准。

服务大局支持“海丝”核心区建设。在全国海关率先启动“安智贸”铁路航线，打造中欧（厦门）班列国际物流大通道，支持台闽欧班列运行，强化班列对台湾地区和东南亚的辐射带动作用，打造“陆丝”和“海丝”无缝对接枢纽；帮扶企业走出去，在自贸区设立知识产权快速维权中心；发挥依托WTO工作站帮扶企业的作用和优势，为企业发送技术贸易壁垒信息；通过取消注册和年审、推行“通报通签”、企业备案申领全过程无纸化等方式，推进装备、产能和劳动密集型产品向“一带一路”沿线的自贸伙伴国家出口；推动平潭隔检中心挂牌启用，成为全国目前唯一的综合性动植物检疫隔离处理中心，也是全国唯一的离岛检疫隔离处理中心。

二、创新成果

福建自贸试验区挂牌以来，福州、厦门海关（含原检验检疫部门）自主创新的14项海关监管制度作为改革试点经验或最佳实践案例被国务院、商务部或海关总署在全国复制推广。

（一）原产地签证管理改革创新

在该项海关监管创新制度出台之前，企业要享受CEPA及ECFA项下的进口货物优惠关税，必须向海关提交原产地证书纸质原件。企业出口货物想要获得相关国家或地区的关税减免，也需要向海关（原检验检疫部门）申领原产地证书，手续较为繁琐。原产地证书的申领过程、寄送成本和在途时间导致了“货到证未到”等一系列问题，影响了企业货物的进出口通关效率。

为此，厦门海关率先在自贸试验区内简化CEPA以及ECFA货物进口原产地证书提交需求，即在福建自贸试验区，对于海关已收到原产地证书电子数据的ECFA、CEPA项下货物，无须提交纸质原产地证书。依托技术手段实现了闽台、闽港、闽澳间海关原产地证书联网的无纸化通关，提升贸易便利化水平。

同时，海关开展一系列原产地签证管理改革，在全国首创凭企业声明直接签证、属地备案

多点通签、允许生产企业代办原产地证书等创新监管模式，全面实施企业备案和产品备案分离、原产地证无纸化申报、一般原产地证书快速审签、下放进口国退证查询对外答复权限、原产地业务“检企零见面签证”等措施，开展原产地证申办企业备案和对外贸易经营者备案“两证合一”改革，取消原产地证备案企业年审制度，大大便利了企业申领原产地证书。

该项海关监管创新制度出台以来，为企业节约了材料、交通等签证成本，大幅缩短企业办理原产地签证时间，简化了企业报关手续，提高通关作业自动化水平，大幅提升通关效率。通过减少审批环节，优化流程，解决了因货到证书未到而无法办理通关手续的问题，节省每票货物企业通关准备时间平均1—2天，节约物流和通关成本8%左右。

海关总署于2015年11月发文在全国范围内复制推广该项自由贸易试验区海关监管创新制度。在2016年11月发布的《国务院关于做好自由贸易试验区新一批改革试点经验复制推广工作的通知》（国发〔2016〕63号）中，该项措施也列入了在全国复制推广的新一批自贸试验区改革试点经验中。

（二）出境加工监管

改革开放四十年来，国内社会经济发展迅速，产业结构逐步调整，部分生产要素资源的比较优势发生了较大变化。在“一带一路”倡议的大背景下，国内加工生产企业利用国外发达国家拥有的先进技术或发展中国家拥有的丰富而低廉的劳动力资源等比较优势，降低企业生产成本，提高企业竞争力，开展国际间产能合作的需求逐渐旺盛。然而对于此类将全部或部分原材料、零部件、包装物料等提供给境外生产企业，经加工或者装配后，再将制成品复运进境的生产模式，原本海关并没有一个成熟规范的监管模式。为此，各地直属海关纷纷结合自身实际需求和特点，探索相应的出境加工海关监管模式。

厦门海关积极主动先行先试，依据关区内企业特点和实际需求情况，积极报总署个案审批，并制定相关监管方案，对业务申请、海关核准手续、货物监管要求、手册核销办理等事项进行细化明确。针对当时H2010作业系统无出境加工账册管理的现状，厦门海关特事特办，开启加工贸易纸质手册备案程序，在企业的申请材料和纸质手册上直接审批签注。在海关总署于2016年11月发布2016年第69号关于出境加工业务有关问题的公告后，厦门海关即全面启动出境加工监管业务，确保已试点企业出境加工业务平稳运行。

以上各项举措保证了关区内具备实际生产需求的企业均能在海关规范有效的监管下顺利开展出境加工业务，有利于扶持国内企业“走出去”，助力企业在全球化市场范围内进行产业结构调整和资源优化配置，利用国外先进技术、低廉劳动力资源等比较优势，开展国际间产能合作，大幅降低企业生产成本，提高企业竞争力。关区内先期试点的厦门姚明织带饰品有限公司利用印度大量且成本低廉的劳动力，较好地缓解了其招工难、用工贵的问题，并被厦门市政府设立为市驻印度企业联络处；试点企业厦门明晟鑫邦科技有限公司开展试点后，每年减少增值税资金垫付达到1.6亿元人民币，降低20%的生产成本。

海关总署于2015年11月发文在全国范围内复制推广该项自由贸易试验区海关监管创新制度。在2016年11月发布的《国务院关于做好自由贸易试验区新一批改革试点经验复制推广工作的通知》（国发〔2016〕63号）中，该项措施也列入了在全国复制推广的新一批自贸试验区改革试点经验中。

（三）委内加工监管

原本海关特殊监管区域内加工企业只能通过“购料内销”的单一方式向国内市场供给成品，无法承接国内企业提供原料委托加工后返回国内销售的生产订单。在新经济常态下，海关特殊监管区域内的加工企业要维持良好的企业经营，就更需要利用好国际和国内“两个市场”。

为推进区域内销产品的“供给侧”改革，促进海关特殊监管区域内外产能合作，厦门海关创新提出促进“两头在内”的发展思路，多次组织市场需求调研和研究论证后，提出“国内企业提供原料委托区域内企业加工，加工增值部分征收进口税后返回国内销售”的监管模式。

在充分调研论证的基础上，2013 年厦门海关即率先在泉州出口加工区试点委内加工的业务运作模式，区域内企业通过海关特殊监管区域信息化辅助管理系统向海关申请建立项号级委内加工专用电子账册，并在货物加工完毕、运回境内区外时，以区域内发生的加工费和保税料件费为基础审查确定完税价格，计征关税和进口环节代征税。2015 年进一步推广至福建自贸试验区厦门片区进行试点。

该项海关监管创新制度的出台，一是有效释放区域内企业闲置产能，提高经营效益。泉州综保区内金鹰（福建）印刷有限公司拥有世界先进、国内少有高档印刷设备，在外销市场大幅度萎缩的情况下，国内的消费升级对高档印刷产能却需求巨大。通过开展委内加工业务，有效解决了企业配置的福建省最先进印刷设备产能过剩状态，实现了由单纯外向型向内外纵深型的转变。二是服务国家供给侧改革。充分发挥海关特殊监管区域优惠政策和比较优势，推动国际间产能合作，优化国内市场供给结构，避免重复投资，促进特殊监管区优化业务形态。海沧保税港区内厦门丰泰国际新能源汽车有限公司通过“委内加工”为国内提供新能源客车车身，成为区域服务国家新能源发展战略和促进新兴消费的典型，吸引了苏州等地企业、政府管理部门纷纷前来考察取经。

海关总署于 2015 年 11 月发文在全国范围内复制推广该项自由贸易试验区海关监管创新制度。在 2016 年 11 月发布的《国务院关于做好自由贸易试验区新一批改革试点经验复制推广工作的通知》（国发〔2016〕63 号）中，该项措施也列入了在全国复制推广的新一批自贸试验区改革试点经验中。

（四）仓储货物按状态分类监管

该项政策出台前，按照海关特殊监管区域相关管理规定，海关特殊监管区域内不能开展非保税货物仓储业务。该情况严重制约了区域内仓储企业拓展国内市场，不利于海关特殊监管区域的整合优化和连结国内、国际两个市场作用的充分发挥。为此，厦门海关敢为人先，根据关区内海关特殊监管区域内企业的实际需求，全国率先在自贸试验区海关特殊监管区域内试点对非保税仓储货物实施状态分类监管的海关监管制度，即海关根据货物的不同状态，实施相应的监管模式，确保对不同状态货物实施有效监管。

一是简化手续，实施“自主（自律）管理、一次入区（域）、分步处置”的管理模式，便利货物入出区域。非保税仓储货物不再采用报关方式办理进出海关特殊监管区域的申报手续，海关在辅助管理系统上设立专用账册，通过海关特殊监管区域信息化辅助管理系统对“非保税仓储货物”进行监管，符合条件区域内企业通过辅助系统申报非报关申请单、核放单，办理备案申报，不办理进出口报关手续，入区域不退税，出区域不征税。按照相关规定办理监管手续后，保税货物和非保税货物可以在区域内直接转换货物状态。二是实行“减少干预、事中事后为主”监管原则，满足企业运作需求。采用信息智能化监管手段，辅助管理系统对企业申报的货物入出区域数据进行自动审核并对货物实施随机派查布控，海关卡口自动识别、放行载货车辆。对货物出入区域备案申报实现“即报即备”，未被派查的货物实现“到卡即放”，最大限度减少人工干预，适应企业市场化高效运作的要求。实施“主动式”事中事后管理，海关在风险监控分析的基础上主动对企业实施巡访管理，及时了解和掌握企业经营管理的实际状况，排查监管风险，督导和完善企业落实内控机制，规范经营管理行为。2016 年 11 月海关总署发布2016年第72号关于海关特殊监管区域"仓储货物按状态分类监管"有关问题的公告后，厦门海关对照总署一系列通知和公告要求，积极向自贸试验区外海关特殊监管区域复制推广该项政策。同时探索研究将该项政策拓展至海关特殊监管区域内生产加工企业、保税港区的口岸作业区和自贸试验区范围内的保税监管场所。

厦门海关在自贸试验区探索的仓储货物按状态分类监管新模式下，海关特殊监管区域内保税仓储企业可同时经营保税和非保税业务，拓展了企业经营范围，增强经营灵活性，降低经营成本，提高竞争力，充分发挥海关特殊监管区域成为连接国内外两个市场的桥梁作用，促进区域内企业健康发展。为日后进一步开展海关特殊监管区域非报关货物管理改革试点，提高货物进出特殊区域效率，降低区域内企业行政管理成本打下了坚实基础。

海关总署于2015年11月发文在全国范围内复制推广该项自由贸易试验区海关监管创新制度。在2016年11月发布的《国务院关于做好自由贸易试验区新一批改革试点经验复制推广工作的通知》（国发〔2016〕63号）中，该项措施也列入了在全国复制推广的新一批自贸试验区改革试点经验中。

（五）入境维修产品监管新模式

为支持全球维修产业发展，促进产品制造商或全球品牌产品维修在厦门自贸片区落户，鼓励入境维修企业发展壮大，全面贯彻落实国家可持续发展战略，促进循环经济健康发展，海关（原检验检疫部门）在充分考虑保障人身健康和安全、保护环境、防止欺诈、维护社会公共利益、落实维修/再制造料件质量安全责任的基础上，探索实施入境维修产品监管新模式，出台《中国（福建）自由贸易试验区全球维修产业检验检疫监督管理办法》，全面提高监管效能。

在入境维修产品监管新模式下，执法主体更明确，对入境维修企业取消了维修能力评估要求，入境维修产品免于装运前检验的范围更大，对到货实施抽批检验的要求更加明确，对纳入发改委、工信部试点目录的入境维修企业，降低后续监管频次，形成以企业为主体的质量安全监管制度，以维修产品风险评估为基础的差别化监管制度和根据质量安全风险动态调整工作模式的事中事后监管制度，在显著提高监管效率的同时，提升了企业质量主体意识和管理能力，提升了通关通检速度、降低企业运营成本，促进了维修产业链的形成和拓展。

在2016年11月发布的《国务院关于做好自由贸易试验区新一批改革试点经验复制推广工作的通知》（国发〔2016〕63号）中，该项措施列入了在全国复制推广的新一批自贸试验区改革试点经验中。原质检总局于2016年12月发布公告进一步制定实施细则，在全国范围内复制推广该项自由贸易试验区监管创新制度。

（六）国际航行船舶检疫监管新模式

提升口岸检疫工作效率，提高通关便利化水平，简化国际航行船舶办理出入境手续，有效降低企业运营成本，是自贸试验区改革的一项重要内容，也是区内企业的迫切要求。海关（原检验检疫部门）按照国务院部署，充分发挥自身优势、主动作为、积极探索，以出入境交通工具检疫制度改革为抓手，促进口岸管理部门有效监管和高效服务相结合，积极推动大通关建设，逐步形成国际航行船舶检疫管理"三位一体"新模式。

在确保口岸公共卫生安全的前提下，该模式以信息化系统为载体，实现了船检业务的无纸化申报，每艘船舶出入境申报可节省纸质单证约257页；依托电子口岸"国际贸易单一窗口"平台实现船舶联检和口岸"三互"服务，全国第一张电子化《船舶出口岸联系单》于厦门签出；借助"船舶移动检疫系统"终端平台，实现船舶检疫"即时查验、即时放行"。新模式将每艘船舶出入境申报时间由原来的1个小时压缩到5分钟，船舶检疫周期由原来的半天缩短为30分钟内，放行周期则从30分钟压缩至零待时。

原质检总局在《厦门检验检疫局国际航行船舶检疫管理规范》基础上制定《质检总局国际航行船舶检疫管理规程》，向全系统推广该模式，经商务部组织评估后，国务院以《国务院关于做好自由贸易试验区新一批改革试点经验复制推广工作的通知》（国发〔2016〕63号）在全国复制推广。

（七）免除低风险动植物检疫证书清单制度

根据国务院自由贸易试验区工作部际联席会议第二次全体会议精神，2016年3月海关（原检验检疫部门）在福建自贸试验区探索实施免除低风险产品动植物检疫证书的清单制度，整理了《免于核查输出国家或地区动植物检疫证书的正面清单》，并发布了相关公告。

涉及免于核查进境动植物检疫证书的产品包括6大类15小项。对列入“正面清单”的低风险动植物产品在进境口岸报检时可免于提供输出国家或地区官方出具的动植物检疫证书。该项政策的实施扩大了自贸改革试点经验的辐射效应，降低了进境动植物及其产品要求提供动植物检疫证书的比例，简化了通关手续，降低企业成本。

该项举措于2016年11月以《国务院关于做好自由贸易试验区新一批改革试点经验复制推广工作的通知》（国发〔2016〕63号）在全国复制推广。

（八）会展检验检疫监管新模式

近年来，福州、厦门关区展览会发展迅速，入境的展品数量越来越多、品种也越来越复杂，有关展品检验检疫及监督管理的规定已经不适应目前展览业发展和检验检疫工作要求，海关（原检验检疫部门）根据业务实际，本着“风险可控、有效监管、保障安全、便利通关”的原则，对出入境展品建立了一整套包括风险评估、分级管理、快速放行、现场监督和后续监管的会展检验检疫监管新模式，确保展品便捷通关、有效监管。

在新模式下，对重要展会的入境展品可免予检验，预包装食品、化妆品免予加贴中文标签和抽样检验；对重要展会的入境实施场馆集中查验，改口岸查验为场馆集中查验，对入境展品实行口岸核证直接放行；简化展品审批和备案手续，实行网上申请和审批；按自愿原则对展品实行备案管理，对经备案的展品实施便利的检验检疫及监督管理措施；在展会现场提供“一站式”检验检疫服务，实现快速通关；会展结束后，退运出境的展品采取复出核销的便捷措施，销售、使用的展品按照强制性产品认证的有关规定办理。目前已在“5·18”海峡论坛、“6·18”海峡项目成果交易会、海峡两岸渔业博览会、第95届全国糖酒会等重要展会期间实施，确保了多次重大展会参展物品和出入境人员通关便利化，得到了地方政府、会展组织方、相关企业的肯定，促进了福建自贸试验区展览业健康、快速发展。

该模式入选福建省第四批复制推广事项，2017年7月商务部等五部委发布《关于做好自由贸易试验区第三批改革试点经验复制推广工作的函》中，该项措施入选，向全国复制推广。

（九）对外贸易经营者备案和原产地企业备案“两证合一”

检商“两证合一”是原产地签证模式改革的重要举措之一，是指原产地企业备案登记系统，接收商务部发送的对外贸易经营者备案信息，完成数据校验后可自动生成原产地企业备案号，并发送备案通过的回执告知企业。实施“两证合一”后，商务部门在办理企业对外贸易经营者备案时，将审核结果传输给原产地综合服务平台，福州海关（原福建检验检疫局）直接采信商务部门审核结果，形成“一次受理、一次审核、两证合一”的模式。实现部门之间信息共享、执法互认，让企业少跑腿，让数据多跑路。

2017年7月2日，检验检疫机构全面实现对外贸易经营者备案与产地证申领企业备案“两证合一”，与商务部门实现了“信息共享、备案互认”，缩减业务环节，简化了办事程序，降低企业运营成本，进一步推进自贸协定实施便利化，有效提升外贸企业原产地证利用水平，大大推动原产地证备案企业数量迅速增长。

（十）海关企业注册及电子入网全程无纸化

福州海关于2017年4月在福建自贸试验区福州片区上线运行“企业海关注册登记子系统”，企业通过网络提交注册登记及电子口岸入网所需的材料，海关及电子口岸在线审核，并依企业选择，通过现代物流服务寄送企业报关注册登记证书及电子口岸IC卡，企业足不出户即可在线办理、支付、查询，实现了海关企业注册及电子口岸入网全程无纸化。

该系统于上线后可为每家企业至少节省往返海关办理手续4次，节约企业时间4个多小时，大大降低了企业的办理成本，实施成效显著：

一是节省企业前端办理和后端领证成本。改革前，新企业办理海关企业备案，需多次往返海关和电子口岸，现场递交纸质材料，领证环节企业需到海关及电子口岸领取证书及IC卡。实施该模式后，企业只需要在网上录入相关信息即可完成办理手续。在领证环节，企业可通过快递直接将证书及IC卡寄送至企业，降低企业办理成本。

二是加快企业办理进度。改革前，企业需持《中国电子口岸入网用户资格审查登记表》分别到所属地的工商、国税、质检等部门进行入网资格审查后通知数据分中心进行制卡。实施该模式后，由多部门统一授权中国电子口岸数据中心福州分中心负责审核企业的电子口岸入网资格，使电子口岸入网审核由原先的10—15个工作日缩短至4个工作日以内。同时企业可在系统中实时查询办理进度，政务公开，阳光作业。

三是提高政府部门工作效率。改革将海关相关部门从过去实体窗口收档、审核、保管等大量繁琐工作中解脱出来，有效节省行政成本，提高行政效率。同时实行无纸化备案，每年可减少2万多份纸质备案材料。

（十一）先放行、后改单作业模式

按海关总署原操作规程规定，对查验中发现申报异常的报关单，应根据查验结果修改报关单数据后，海关才能予以放行。对于部分虽经查验发现异常，但仅需改单处理且不涉证、不涉税的进出口报关单，只能等待海关改单操作后才能放行，这样的传统作业模式造成了企业因货物滞港导致通关成本上升，影响了口岸货物通关效率。

按照海关总署《海关全面深化改革总体方案》的精神，根据辖区内企业合理的实际需求，福、厦两关大胆创新，先行先试，分别在各自辖区内试点该项通关便利政策。在查验过程中海关查获进出口企业申报不符但无须移交缉私、法规部门处理的报关单，且所修改内容不涉证、不涉税、无须更改舱单的，经企业书面申请并由主管海关审批同意后，允许进出口企业先放行装船出口或提离货物，避免货物延误船期，减少货物滞港时间，后续进出口企业再向海关补做改单通关手续。

该项海关创新制度出台后，一是提升了企业通关效率。按传统作业模式，一票出口货物如查验不符需更改报关单规格型号（不涉证、不涉税），查验现场查验完成后需将单证移交通关部门，企业提出报关单修改申请后，审单人员再进行改单，如属审单中心（税管中心）审结的报关单还需中心修改，改单后再回查验现场放行。这一来一回至少需耗时1—2个工作日。先放行、后改单就可将改单时间置于放行后，保障货物出口船期，提升了企业的获得感。二是降低了企业通关成本。按传统作业模式操作，进口货物由于前期到港时间已较长，码头等堆存费用不断累加，滞港1—2天将产生至少200—300元/柜的费用，出口货物如改单未赶上船期，货物需赶下一个船期，平均约7个工作日，滞港费至少100—200

元/柜，同时货物未及时出口，可能导致企业合同到期，企业承担违约责任，部分企业反映出口货物曾因改单退载后花20万元的运费，货物以空运形式出口，避免订单损失及违约的风险。

（十二）入境大宗工业品联动检验检疫新模式

按照相关规定，入境大宗工业品需在入境口岸或指运地进行检验检疫，但大部分工业品由于到使用地后会发生分流，因此基本都在口岸完成检验检疫程序。海关（原检验检疫部门）采取货物直提或检疫等部分环节前置的工作模式，通过与使用地企业签订合作协议的形式，确保使用地的稳定性，将口岸检验检疫的环节简化，转交使用地机构开展检验检疫，节省通关时间，提高货物通关效率。

该模式对从自贸试验区口岸入境的大宗集装箱工业品，检验检疫机构采取货物直提或检疫等部分环节前置的工作模式，在口岸均不开箱，仅实施放射性检测和检疫处理后即给予放行，由使用地检验检疫机构开展开箱后的检验检疫。实现口岸与使用地无缝衔接，提高通关效率，降低企业成本。解决使用地分流困境，将口岸与使用地环节有效组合，实现口岸快速通检，使用地开箱检验。据测算，缩短企业30%的通关放行时间，为企业节省60%的人力资源。

该模式被第三方评估机构评估为全国首创，并入选福建省第五批全省推广事项。

（十三）国际航行船舶供水“开放式申报＋验证式监管”

在原监管模式下海关（原检验检疫部门）对供水单位和需求船只均有严格的监测流程，国际航行船舶在要求供水时需先向海关（原检验检疫部门）申报，经审核同意后方可加水，船舶供水的审批限制增加了船舶的滞港时间和成本。

在自贸试验区内码头停靠的国际航行船舶实行“开放式申报＋验证式监管”船舶供水管理模式：允许诚信度高、记录良好的国际航行船舶供水单位通过“电话、微信公众号、传真、电子邮件”等开放式便捷途径向海关（原检验检疫部门）进行供水申请备案，经自检合格后，直接加水，海关（原检验检疫部门）对供水行为采取“随机抽查＋出境时对供水情况验证监管＋日常监督评级”的监督管理模式，通过对企业的信用分级处理和差异化管理，简化了事前程序，优化了事中、事后的验证监管。开通了便捷的申请途径，船舶可利用船舶在港作业的空隙时间，包括非工作时间加水，极大缩短船舶非生产性滞港时间和成本。

该模式被第三方评估机构评估为全国首创，并入选福建省第五批全省推广事项。

（十四）关检“一站式”查验平台＋监管互认

国务院机构改革前，海关与原检验检疫部门作为互相独立的口岸管理单位，双方工作性质相近、关联密切。但由于二者监管职能存在一定差异，在对进出口货物各自进行查验时，在查验时间、查验重点、查验指令指向、查验地点均有所不同，从而导致重复查验、多次开箱等一系列问题，使得企业相关人员需要多地往返奔波，影响企业进出口通关效率。为落实国务院《落实“三互”推进大通关建设改革方案》和海关总署、原质检总局《“三个一”工作方案》要求，进一步扩大联合执法、联合查验范围，福州、厦门海关与原检验检疫部门在深入推进关检合作“三个一”改革的基础上，进一步强化协作。共同使用位于海关监管场所和海关特殊监管区域内的查验场地，实行“一站式”查验，并试点开展“监管互认”工作，进一步降低了企业成本，提高了通关速度。

关检“一站式查验”，即海关、原检验检疫部门依法需要对同一批货物实施查验/检验检疫的，根据企业的预约，在关检共同的“一站式”查验区域开展作业，实施一次开箱，海关、原检验检疫部门按照各自职责进行查验/检验检疫。

通过优化监管执法流程，逐步由“串联执法”转为“并联执法”，将过去口岸通关现场的海关与检验检疫两个口岸执法单位、两条业务链条、两个作业系统、两个查验场所，通过整合优化，实现作业时间上的一致、作业空间上的合并、作业系统上的并行，为广大企业提供高效率、低成本的口岸通关模式。福建自贸试验区挂牌当天，东渡、象屿、海沧东查、海沧西查四个“一站式”查验场揭牌，在自贸试验区内率先启用关检“一站式”查验场。在试点成功的基础上，关检双方进一步将关检“一站式”查验场推广至全省，实现全省关检“一站式”查验全覆盖。

2015 年底，厦门海关和原厦门检验检疫局进一步制定了《开展“监管互认”实施意见》，以关检“一站式查验”为基础，探索开展关、检查验或检验检疫结果和数据的互认。“监管互认”模式包括两种：一是“企业 + 商品”模式，即对关、检双方认可的高资信企业，对其进出口的不涉证、不涉税、较低风险商品，关、检互认对方查验或检验检疫结果和数据；二是对特定商品的查验或检验检疫结果和数据进行互认，互认要素包括品名、数量、重量。首先在东渡对进口台湾水果，在海沧对铁矿、煤炭等大宗散货开展“监管互认”工作。

关检“一站式”查验平台 + 监管互认，为关检机构融合前大幅提升口岸通关效率、节省通关成本产生了积极的作用。一是减少企业 30% 的重复申报项目。改革前企业申报需提交的申报数据合计 169 项。采用“一次申报”方式后，相同项目不需重复申报，企业仅需申报 105 项，减少了超过 30% 的申报项目。二是缩短企业 40% 的通关时间。据测算，实施该项业务改革后，企业的通关时间大幅缩短了约 40%。三是节省约 50% 的人力资源。货主及其代理人员可在现场一次性配合执法，无须两次下场；同时码头移柜、掏箱作业由两次减为一次，相应人力得到节约；另外，由于在电子口岸端采用了先进的系统设计理念，实现了部门间信息数据共享、自动对碰，使原本需要手工进行的验核、封单、盖章等简单重复劳动大大减少。综合测算约能节省 50% 的人力资源。四是为货主减少每标箱 600 元的物流成本。货物两次移柜、两次掏箱简化为一次移柜、一次掏箱，每标准集装箱可为货主节省移柜、掏箱费用约 600 元人民币，其中移柜费用约 300 元人民币，掏箱费用约 300 元人民币（全卸状态），同时也大大减少了因掏箱而产生的物损。五是有效提高码头场地使用效率。据统计，实施业务改革后，码头只需设置关检“一站式”查验场地 20 000 平方米，可累计节约码头用地 81 435 平方米，提升了场地使用效率。

2017 年，商务部下发《关于印发自由贸易试验区新一批“最佳实践案例”的函》（商资函〔2017〕465 号），关检“一站式”查验平台 + 监管互认被列为新一批四项最佳实践案例之一。海关和原检验检疫局在关检“一站式”查验和监管互认创新工作中形成的顺畅有效的沟通协作与联系配合机制，为国务院机构改革后原海关和原部门业务迅速、平稳地过渡衔接和全面融合打下了坚实的基础。

三、具体支持措施

（一）福州海关创新举措

1. 税收多样化总担保

创新担保方式，以企业为单元，探索建立与企业责、权、利和风险（或信用）等级相一致的征纳方式；依托关银信息互通，实现涉税担保信息化管理，逐步建立涵盖所有涉税担保业务、所有通关现场的税收总担保制度。

2. 先验放，后报关

针对进口的特定货物（易腐、生鲜的台湾农产品、水产品类），经海关认可的区内企业可以凭进境货物的舱单等信息向海关申请办理验放手续，再在规定时限内向海关办理正式申报手续的作业模式。

3. 闽台海运快件

以海运方式办理闽台之间的快件业务，突破

快件业务仅限于空运业务的范围，对海运快件实行检疫免于检验的便捷监管模式，推动两岸海运快件平台建设，提升通关效率，支持平潭建设对台国际快件物流集散中心。

4. 建立对台原产地证书核查机制

总署专项授权福州原产地管理办公室统一开展《海峡两岸经济合作框架协议》项下原产地证书核查，实现进口货物快速通关。

5. 简化 CEPA 及 ECFA 原产地证书提交需求

在福建自贸试验区内，CEPA、ECFA 项下进口货物收货人或其代理人申请享受优惠关税待遇时，对于海关已收到出口方传输的原产地证书电子数据的货物，无须再行提交纸质原产地证书。

6. 放宽直接运输判定标准

对于优惠贸易项下进口的海运集装箱货物，企业无法提交未再加工证明文件的，海关可以对货物进行查验，确定货物的集装箱铅封完好，且集装箱号、封志号与联运提单上所列信息相同，依此可以判定货物符合直接运输规定，不再提供未再加工证明等相关文件。

7. 创新跨境电子商务高效便捷监管模式

对国际快递或邮寄方式入境的个人自用物品采取“清单核放、定期申报”，入区检疫、区内集中监管、出区分批核销放行，不再重复检验。

8. 查验作业微信预约平台

充分利用发布便捷、沟通及时、成本低廉、互动性强的微信平台，取代传统的现场预约等模式，简化手续，缩短通关时间，降低企业通关成本。

9. 整车进口一体化快速通关模式

利用整车监管系统对车辆清关的全流程进行自动化、信息化管理。进口车辆卸港后立即粘贴电子标签，相关信息与海关 H2010 通关系统进行信息交互，使每辆汽车拥有 RFID 的“身份证”，汽车在未放行状态下，可提早进入检测线，海关查验和汽车检测同时进行，把原有串联执法变成并联执法，并对汽车平行进口实行 7×24 小时预约加班查验制度，根据企业预约情况及时办结相关查验手续，形成新的汽车快速一体化通关模式。汽车平行进口实行预审单、预审价、预约通关制度，设立进口整车专门受理窗口，合理指导进口整车企业进行规范申报，根据企业预约情况及时办结相关通关手续，在未查验、单证齐全、已缴纳税款的情况下，整车进口实现一个工作日内通关放行。

10. 台车入闽一体化快速通关模式

简化台湾地区小型汽车入闽临时车辆牌照手续，确保台车入闽快速通关。

11. 电子账册“三自一核”

指加工贸易联网监管企业在办理电子账册核销时，根据企业实际生产情况自行确定核销周期，在核销周期末自行盘点实际库存，并比对报核理论库存和实际库存，对实际库存量少于报核理论库存的短少部分，自行补征税款，自行核算结束后，企业向主管海关申报相关报核数据，海关人员通过抽核比对，对符合核销条件的予以正式报核。

12. 两岸海上客运航线“客带货”

平潭开展两岸海上客运航线客带货业务试点，促进台湾小商品交易市场做大做强。“客带货”业务仅指，乘坐平潭澳前口岸两岸直航船舶的旅客随身携带或托运货物从平潭海关旅检渠道进境，并依法办理申报手续。所携带的货物仅限于台湾小商品交易市场的经营范围，即粮油食品、土产畜产、纺织服装、工艺品、轻工业品、医药品等六大类商品。

13. 电子关锁跨直属关联动模式

福、厦两关共同实施电子关锁跨直属关联动模式，取消转关手续，直接应用电子关锁，即可完成包括验放在内的完整通关链条，推动跨关区监管互认。

14. 加工贸易单耗信任审核

加工贸易单耗信任审核是指对自贸试验区内的高级认证企业，在企业单耗申报时，海关仅对企业申报的单耗规范性和单耗数值逻辑性进行审核，暂不对单耗的准确性和真实性进行审核，而对于单耗的准确性和真实性，采取事中单耗核查或事后批量复核等方式加强监管。

15. 入区加工

海关特殊监管区域外的企业利用区域内物流企业提供的“加工贸易公共服务平台”（场地、设施等），将境内采购生产加工料件和生产工具、设备等运入区域内，委托区域内物流企业进口料件、工具、设备等，并派生产人员进入区域内开展加工贸易业务，生产加工出口产品并由物流企业代理出口。

16. 加工贸易残次品退运快速通关

一般认证及以上的加工贸易企业生产过程中产生的残次品需退运境外的，先向主管海关申报需退运的残次品折料清单，主管海关进行风险分析研判，对残次品折算成保税进口料件进行核查，并出具审核结论，企业向口岸海关申报退运保税货物时，提供主管海关的审核结论，口岸海关通关时若涉及查验，参考审核结论对残次品实施查验。

17. 海关监管设备物联网管理平台

对不作价设备、减免税设备、融资租赁货物和暂时进出口货物等海关监管设备，海关运用物联网技术，免费提供定位设备，建立物联网管理平台进行联网管理，构筑海关与企业之间的互信关系。

18. 保税仓库货物出库便捷通关模式

保税仓库企业根据生产需要，在分批出库集中报关时，可以向主管海关申请实施货物出库时以向海关报备方式代替原书面批准手续方式，经主管海关同意后，保税仓库企业可以在向海关报备出库货物后，根据实际需求，货物分批出库，定期向海关汇总报关。

19. 生产工艺流程 VR 再现关企共享平台

海关利用 VR 技术对企业生产全流程进行拍摄，通过 VR 实景再现技术，更加直观透明地还原行业标准化流程，为同行业企业申报单耗提供参照，为海关审核企业单耗提供依据，同时通过协同各个海关共同建立商品工艺流程 VR 数据库，为各行业提供标准，实现数据跨地区、跨行业的共用共享。

20. 同业联合担保

第三方主体向金融机构申请保函，以海关作为唯一受益人，纳税义务人为保函的被担保人，凭保函申请办理海关事务担保。有效降低中小企业的资金压力。

21. 福州海关创新项目众创及实施管理平台

为了改善营商环境，及时将企业需求快速转化为创新项目，福州海关按照项目管理的思路，借助大数据和云计算技术，自行研发“福州海关自贸项目管理系统”，从企业需求、海关业务流程规划、助推地方重点项目等方面入手，通过信息化系统，形成企业、海关内部各部门间共同参与创新，并实现通过系统落实实施项目管理。

22. 信任接单

海关对专业审单审结或电子审结的诚信企业应税报关单实行信任接单，现场接单环节不再对诚信企业的申报价格、归类等要素进行审核。

23. 对台小额贸易监管货物简化归类管理模式

对符合条件的对台小额进出口货物实行限值限量的简化归类管理通关作业模式。

24. 企业注册登记改革

取消报关企业注册登记行政许可，施行报关企业注册登记备案；取消双重身份企业注册登记行政许可，施行双重身份企业注册登记备案；取消报关企业异地分支机构备案，实行一地注册、全国申报。

25. 简化电子口岸入网审批流程

为方便企业、简政放权，由福州海关牵头，联合福建省商务厅、福建省国家税务局、福建省工商行政管理局、国家外汇管理局福建省分局、福建省质量技术监督局发布公告，进一步简化福州关区企业办理电子口岸入网用户资格审批流程，并授权中国电子口岸数据中心福州分中心负责对本企业的电子口岸入网资格进行审核，审批通过的即制发电子口岸 IC 卡。

26. 海交所预审核和三优先支持措施

对海交所会员企业进出口海产品实施报关预审核。会员企业进出口海产品时，可对归类、价格、原产地等税收征管要素提出预审核申请；主管海关对已作出预审核的海产品，在进出口接单环节不再作实质性审核。开辟东盟海产品进出口绿色通道，对“海交所”会员企业进出口海产品实行舱单确认、审单和查验的“三优先”措施。

27. 保税料件串料总量报备管理

实施电子化手册管理的一般认证及以上的加工贸易企业，在符合串料管理原则的基础上，在成品出口前向主管海关申请实施保税料件间串料商品品名规格报备，经主管海关核准，在一定进口料件总金额内，企业可先行串换料件，并做好串换料件详细记录，在电子化手册报核前，汇总向主管海关申报串换料件总量。

28. 海关企业注册及电子口岸入网全程无纸化

企业在互联网上登录企业海关注册登记子系统即可一次性办理报关单位海关注册登记及电子口岸入网审批，通过流程再造以及无缝对接实现全程无纸化，企业可足不出户办理关企业注册备案及电子口岸入网，让企业享受到“互联网 + 海关”发展成果。该项目下一步将对接福建省国际贸易“单一窗口”。

29. 电子化手册简化归并

针对中小微加工贸易企业信息化管理程度较弱的现状，福州海关推出电子化手册申报简化归并的创新举措，指导企业参照海关制定的《归并规则》对进出口商品简化归并申报，达到规范申报、提升申报效率、缩短海关审核时间的目的，进而提高企业通关效率。

30. 加工贸易边角料先处置后报关

一般认证及以上的加工贸易企业，对在保税料件加工生产过程中产生的边角料，可在其涉及的成品出口前向海关申请先行处置，再按月汇总已处置的边角料总量，向海关办理集中报关手续。

31. 高端电子制造业进口设备分期缴税及通关便利化

福州海关针对高端电子制造业项目推出创新举措，推行税款分期缴纳优惠政策、提供减免税便利化待遇：一是项目进口设备增值税分 6 年分期缴纳，同时下放分期纳税管理事权，由隶属海关一站式办理；二是灵活项目担保的银行保函条款，有效平衡各方权益；三是建立总备案制度，简化单证作业。

32. 保税冷链物流中心海关一体化监管服务模式

福州海关建立保税冷链物流一体化监管服务模式，整合优化监管流程：实施以企业为单元的联网监管、实现海关和企业视频远程对接、冷冻货物自行运输直接入库、货物出库便捷通关、保税加工边角料先处置后报关，实现货物原产地管理全流程无纸化，借助同业联合担保，减轻企业通关担保压力，提高资金周转效率，极大助推片区内保税冷链物流业发展。

33. 特殊包装物自主选择通关模式

对与加工贸易料件同时进口、需按照《中华人民共和国海关暂时进出境货物管理办法》监管、盛装保税料件的特殊包装物，如液晶面板玻璃托盘、垫板等，企业可自主选择按暂时进出口货物向海关申报，缴纳税款保证金后放行；或按进口料件纳入加工贸易账册管理，无须缴纳保证金。

34. 加工贸易产业链外发加工委托监管制度

加工贸易产业链外发加工委托监管制度是指，主管海关对企业生产过程中需外发到异地加工企业生产加工的货物，可委托异地加工企业所在地海关实施实际监管，通过建立联动监管机制，避免海关跨关区跨区域实施实际监管，使企业外发加工链运作更加顺畅，节约企业生产时间和成本，同时有效节约海关监管资源。

35. 被抽检海关特殊监管区域仓储货物免税核销

在海关特殊监管区内，保税物流企业仓储货物被海关（原检验检疫部门）抽样检查的部分，海关凭《中华人民共和国出入境检验检疫抽 / 采样凭证》予以免税核销，并允许企业根据实际送检数量按月或不多于 6 个月集中办理报关。

36. 实施卡口智能化管理

对智能化卡扣识别条形码系统进行改造，实

现车辆过卡自动比对、自动识别、自动验放等智能化管理。

37. 保税展示交易

在海关特殊监管区内企业可在自贸试验区内开展保税展示交易业务。

38. 企业注册“一站式”网上办理

简化报关单位海关注册登记与电子口岸入网流程，将单证作业无纸化前推至报关单位注册登记环节。

39. 进出口集装箱快速验放

海关建立集装箱重量采集比对系统，对货物申报重量与实际重量进行后续比对和风险处置。

40. 特殊区域进场单电子化管理

由海关特殊监管区管理的业主单位向海关系统发送电子运抵报告，海关 H2010 通关管理系统读取到相关的运抵报告后对对应报关单开展后续通关手续。

41. 核销无纸化

加工贸易企业在电子化手册、电子账册核销时，海关凭电子报关单数据核销。

42. 自核单耗管理

海关支持资信良好、管理规范的加工贸易企业开展自核单耗管理试点，改变原有需由海关核定耗的做法。

43. 暂时进出境总担保

对暂时进出境货物实行总担保制度。对同一企业一定期限内多次办理同一海关事务实行总担保，企业办理该类事务，不再单独提供担保。

44. 跨关区保税供油

跨关区保税洪油是指具有保税油供应跨区域开展连锁经营资质的企业在厦门海关、福州海关监管下，在福、厦关区内向国际航行船舶开展跨直属关区保税油供应业务。

45. 海关行政审批“一个窗口”受理

在海关业务报关大厅设立“海关行政审批受理窗口”，专门受理申请人办理行政审批事项的申请、变更、延续、注销等业务。申请人申请办理行政审批事项，可以参照《福州海关行政审批事项服务指南》向“海关行政审批受理窗口”递交申请材料。对于申请材料符合规定的，海关予以受理并出具《中华人民共和国海关行政审批受理单》，并按照《福州海关行政审批事项办理时限清单》规定的期限，及时作出行政许可决定。

46. “双随机”（随机布控、随机派单）

将随机布控和随机派单监管理念扩展到监管的全过程、全领域，并与内控监督深度融合，有效规制自由裁量权，防范“三大风险”（业务、管理、廉政风险）。

47. 报关单修改和撤销审批无纸化

在报关单申报无纸化的基础上，企业向海关申请报关单修改和撤销时，不需提交纸质单证，只需在网上填写修改和撤销审批表及上传资料，即可办理相关手续。

48. 简单案件、简易程序案件（简称“两简案件”）办案模式改革

对在海关业务现场发现的简单案件、简易程序案件由海关业务现场直接办理，简化办理流程，下放审批权限；启用“海关缉私执法办案工作平台”对案件的受理、立案及处理等案件内部审批环节合并实行一次性呈报、一次性审批；简化定案证据，加快非主观、轻微违规企业的通关速度，宽严相济，达到批评教育、规范企业与快速通关的有机统一。

49. 创新台湾输大陆商品快速验放机制

除国家禁止、限制进口的商品、废物原料、危险化学品及其包装、散装商品外，区内进口原产于台湾的工业品简化手续，实施备案管理，原则上不实施检验，福州海关（原福建检验检疫局）加强事后监管。

50. 对台湾输入区内的农产品、食品等产品试行“源头管理、口岸验放”检验检疫模式

原质检总局授权驻闽检验检疫机构与台湾有关部门开展合作，将进口台湾食品农产品检验检疫工作向前延伸，建立食品农产品质量安全源头管理机制。驻闽检验检疫机构在风险分析、建立质量安全源头管理机制等基础上，对台湾地区部分输入自贸试验区食品、农产品、化妆品，试行“源头管理、口岸验放”快速通关模式。

51. 对从平潭口岸入境并进入平潭对台小额商品交易市场的进口台湾水果，实施“边抽样检验，边上架销售”的检验检疫模式

对平潭对台小额商品交易市场的进口台湾水果，免附官方植物检疫证书，经检疫合格和农残等安全风险项目抽样后即可进入市场销售，实现了进口台湾水果“上午采摘，下午上架销售”。农残等安全风险项目按进口批次 2% 抽样检测。

52. 采信台湾认证认可结果和检验检测结果

对原产于台湾，属于强制性产品认证（CCC）目录、已获得台湾“BSMI”商品验证登录证书、进入平潭对台小额商品交易市场的小家电，采信其认证结果，报检时免于提供 3C 证书；对原产于台湾，部分试点的产品，采信台湾“财团法人全国认证基金会（TAF）”认可的检测机构出具的检测结果，免于实施实验室检测。在实施动植物检疫审批负面清单管理的基础上，还开展平潭进口台湾水生动物检疫审批，除活动物、水果、粮食、饲料、国家禁止进境物以及其他未获检疫准入的动植物及其产品等六大类列入负面清单的进境动植物及其产品以外，其他动植物产品均由原福建检验检疫局实施检疫审批。原质检总局还特别授权福州海关（原福建检验检疫局）办理平潭口岸进口的台湾水生动物检疫审批权。

53. 对原产于台湾的预包装食品、化妆品实施“快审快核”的标签审核模式

对平潭对台小额商品交易市场销售的预包装食品、化妆品予以特别宽松政策，入境报检时免予提供标签样张，允许使用繁体中文，主要审核“一个中国”原则，是否欺诈消费者内容和是否有大陆不允许的成分标示，在降低进口台湾预包装食品标签审核要求的基础上大幅降低进口商不合格整改工作。

54. 入境水产品“统一申报、集中查验、分批核放”模式

允许未交割的入境水产品由指定代理人先行统一办理审批、报检等手续，在集中查验区实施相关货物集中查验，根据企业订单信息分批核销、验证放行。

55. 认可和简化台湾渔船自捕水产品相关证明

对台湾渔船自捕入境水产品，在申报时，允许免于提交台湾官方主管部门出具的卫生证书。

56. 改革和简化产地证签证管理

主动研究，基于信用管理和签证产品风险分析，推出“1234”便利签证模式，对原产地业务全流程实施简政放权改革。“一取消”指取消企业年审制度，“二简化”指简化企业备案程序、简化企业备案方式，“三优化”指优化申报主体管理程序、优化签证产品调查程序、优化退证查询处理程序，“四便利化”指推出签证一体化、凭优秀企业声明直接签发原产地证书、无纸化申报、CO 快速审签模式。上述改革措施覆盖了企业备案、证书申报、证书签发、签证调查、进口方退证查询处理等原产地业务全流程，其中三项措施为全国首创实施。改革后的工作程序能简则简，给予企业最大限度便利。

57. 检验检疫“多证合一”改革

实施企业资质登记制度改革，将企业所有检验检疫资质类文件信息合并在一张证明文件上，实现“一企一证”。

58. 电子检验检疫主干系统“双模申报”

企业通过福建国际贸易“单一窗口”，自主选择“客户机 / 服务器”和“浏览器 / 服务器”两种操作模式，向中国电子检验检疫主干系统进行货物报检业务，企业可以通过互联网随时随地使用及查询数据。

59. 入境大宗工业品联动检验检疫新模式

对入境的大型项目成套设备及大宗工业品，检验检疫机构采取货物直提、检疫等部分环节前置的工作模式，在口岸均不开箱，仅实施放射性检测和检疫处理后即予放行，由使用地检验检疫机构开展开箱后的检验检疫。

60. 国际航行船舶供水检验检疫开放式申报加验证式监管模式

福州、厦门片区允许诚信度高、记录良好的国际航行船舶通过电话、微信公众号、传真、电子邮件等方式，向海关（原检验检疫部门）备案后，可直接在A级供水单位加水，改变了以往船舶供水需先向海关（原检验检疫部门）申报，经审核同意后供水单位方可加水的模式。

61. 对进口原产于台湾的一般成套设备及单机实施“备案管理，免于现场检验”措施

除技术复杂、属大型设备（金额超过10万美元）的成套设备、旧机电、医疗器械和特种设备以外，对进口原产于台湾的一般成套设备及单机实行备案管理，免于实施现场检验，以企业自验为主。

62. 对整车进口口岸非中规业务，实行“分线管理、验证整改、事后监管”的检验检疫监管模式

在风险评估的基础上，对进口汽车实施分线管理，严密进口汽车事中、事后监管，实现在境外集中改装、区内辅助整改。

63. 台车入闽便捷检疫模式

量身订做交通运输工具快速防疫消毒系统，对入境台湾车辆实施不停车、全自动、全方位的车表消毒处理；创新推出即靠即下、联合查验的创新举措，多部门互动，一次性并联查验、快速放行。

64. 对“两头在外”的出口企业实行出口快速验放

对进口原料，出口成品（“两头在外”）的出口企业，结合风险评估和企业分类管理，在企业提供合格的成品检测报告基础上，进一步降低抽样和查验比例的快速通关模式。

65. 实施进口废物原料“并批检测”模式

在确保抽样代表性和实验数据完整性的前提下，对进口废PET饮料瓶（砖）实施多批次样品混合成1批次样品检测。

66. 产地证签证检企“零见面”模式

实行“网上申请、在线审核、双向寄递”，信用等级B级以上的自贸试验区原产地签证企业，通过网上申报，检验检疫签证人员在线审核通过后，企业自行打印证书快递寄送，检验检疫签证人员收到证书后立即签发并回寄企业，实现申请、审核、签证全过程检企“零见面”。

67. “一日游”入境货物免查验、免收检验检疫费

对“一日游”入境的国内流转货物，优化检验检疫业务流程，对提供有效的国内生产有效来源证明等随附证明材料，不再对其进行查验，免收检验检疫费用，降低企业成本。

68. 两岸检验检疫电子证书“互换互查”

原质检总局在平潭片区设立质检系统唯一的“两岸检验检疫数据交换中心”，实现与台湾“关贸网”的双向数据互通和实时传输，台湾货物进口时，以检验检疫电子证书形式办理进口报检，福州海关（原福建检验检疫局）在货物到港前，提前获取证书信息、提前受理企业报检、提前安排货物检验检疫事宜。

69. 出口食品过程合格评定口岸零抽检检验检疫模式

在企业产品自检自控合格的基础上，产地检验检疫机构根据企业提供的合格证明等材料，结合日常监管、监督抽查、风险监测、抽样检验等结果，对出口食品生产过程进行过程合格评定。企业在产地出口报检时，产地检验检疫机构根据过程合格评定结果实施合格验证、抽批验证、逐批验证等不同验证放行模式。货物运抵口岸后，除有特别监管要求的产品需实施抽样检测（检测结果作为企业质量安全管理体系运行有效性的验证证据，并不作为当批出口食品的放行依据，不占用当批货物通关时长）外，口岸不再抽检，对出口产品实施“即报即审即放”，加快出口通关速度。

70. 进口食品检验监管三优模式

在风险分析的基础上，对进口食品优化现场查验，实施驻点式即查即验；优化抽样检测，除“国家抽检”计划外，原则上不另布控抽检；优化放行监管，实施分类监管放行，对未布控抽检的货物，现场查验合格后直接放行，对食品标签不合格等可整改项目，允许企业自行选择整改场所，福州海关（原福建检验检疫局）实施跟踪验证。

71. 出口食品企业备案实施“双免”

对自贸试验区内已获得HACCP认证、ISO22000认证或ISO9001认证的出口食品企业，在备案或新增产品时免于提交纸质材料、免于现场考核（即“双免”），加强事中事后监管。

72. 允许台胞凭台胞证申请报检人员备案

在平潭从事进出口贸易的台湾创业人员，凭台胞证申请报检人员备案，方便其自主从事进出口报检业务。便利台湾创业人员自主从事进出口报检业务。

73. 对出入境特殊物品实施风险分级和分类管理

一是根据出入境特殊物品可能传播人类疾病的风险，以及需要采取的监管措施，将出入境特殊物品划分为A、B、C、D四个等级；出入境特殊物品审批由原来的逐批审批、单批使用，变为部分延长有效期、有效期内分批核销管理。二是对进出口特殊物品的单位实施分类管理，结合出入境的特殊物品风险等级实施不同监管比例的检疫查验和监督管理措施。

74. 经风险评估合格的台湾熟制肉类产品可从平潭口岸进口

在原质检总局授权下，原福建检验检疫局制定检验检疫风险管理措施，对经风险评估符合准入条件的台湾熟制肉类产品，允许从平潭口岸进口并在平潭对台小额商品交易市场销售。

75. 外经贸会展“港馆联动”检验检疫监管模式

在风险评估的基础上，对自贸试验区内举办的外经贸展会及进境展品、参展企业创新“港馆分线、港馆联动”模式，港口（区）一线以现场快速检疫为主，展馆（区）实施集中查验监管和以风险监测为主的质量安全管理，并对保税展示货物、涉及3C认证展品、参展的预包装食品和化妆品给予相应参展便利，简化事前审批，加强事中、事后集中监测监管。

76. 对外贸易经营者备案和原产地企业备案“两证合一”

依托国际贸易“单一窗口”并建设检商“两证合一”信息化共享系统，实现对外贸易经营者备案和原产地企业备案“两证合一”。具体为企业登录中国（福建）国际贸易“单一窗口”，提交对外贸易经营者备案登记申请。商务部门统一受理并办理完成企业对外贸易经营者备案登记后，通过专门研发的检商“两证合一”系统实时将企业信息发送至检验检疫原产地业务电子管理系统。福州海关（原福建检验检疫局）直接采信商务部门审核结果，直接授予企业原产地证企业备案资质。同时，通过商务部门审核并备案登记的直接授予企业原产地证企业备案资质，由商务部门窗口向企业发放一份包含原产地证企业备案信息的对外贸易经营者备案登记表，即完成对外贸易经营者备案和原产地证企业备案两项登记业务。

77. 免核查动植物检疫证书“正面清单”制度

对列入“正面清单”的动植物及其产品，在进境口岸报检时，企业可免于向海关（原检验检疫部门）提供输出国家或地区官方出具的动植物检疫证书。

78. 平潭、台湾商品免税市场进口货物直通放行模式

福州海关（原福建检验检疫局）对从福州江阴口岸进入平潭、台湾商品免税市场，且符合进口直通规定的商品，允许就近平潭口岸报检，实现“一次报检、一次查验、一次放行”。

79. 跨境电商备案全程电子化

海关（原检验检疫部门）建立跨境电商备案信息化系统，企业登录备案系统提交规定材料，符合要求的直接核实通过。

80. 两岸出入境人员无障碍零等待通关

在风险分析的基础上，强化与台湾口岸监管部门沟通联系，优化出入境人员检疫查验手续，接受主动健康申报，开展医学巡查，安装红外体温检测、通道式行人放射性检测系统，实现两岸出入境旅客自动体温检测、快速通关。

81. 涉台业务先报、预核、后补快捷通关模式

允许信用等级B级以上报检企业，在货物（“三通两直”模式负面清单之外）到港前，凭基础信息进行报检，预先进入施检审核环节，未被布控的货物，在货物到港补齐报检资料后即可直接放行，实现货物提前申报、预先审核、快速放行的全程无缝衔接。

82. 大宗竹木草制品出口“事前简化、事中优化、事后强化”检验检疫监管模式

一是简化事前注册管理：对注册登记的出口竹木草企业免予年度审核；对暂未取得注册登记资格的企业，可以先行接受报检。二是优化事中出口放行：综合采用企业体系评审、生产过程检查和出口验证的结果作为放行依据，对没有质量安全检验要求的产品，不再强制实施检验。三是强化事后监管：建立出口企业分类动态管理制度，重点把控被境外通报、退运的产品质量问题等，动态调整企业分类等级。

83. 进口免于办理强制性产品(3C)认证的产品实施“便捷审批、快速核放”

对自贸试验区内符合条件的企业进口的3C免办产品实施“一次确认、长期有效，一次审批、分批使用，直通放行、诚信监管”等便利化管理创新措施。下放进口3C免办产品权限至一线，结合自贸试验区实际，提出企业进口3C免办产品申请的相应措施，进一步优化监管服务，简化行政审批，减轻企业负担，促进通关便利。与旧模式相比，主要创新有：①一次确认、长期有效：对纳入创新措施的企业实行进口合同报备确认，同一合同项下的进口3C免办产品在合同期内长期有效；②一次审批、分批使用：允许企业对同一合同项下的多批次3C免办产品申请一张免办证明，在实际进口时，口岸海关（检验检疫部门）分批核销放行；③直通放行、诚信监管：口岸海关（检验检疫部门）核查3C免办证明，对进口3C免办产品直接核销放行，目的地检验检疫机构不再实施查验。

84. 进口一次性卫生用品“边检边放”检验监管模式

对进口同一厂家、同一品牌、同一材质的一次性卫生用品，在进口首批抽检合格的基础上，结合企业信用及风险分析，凭借企业或销售平台提供的《质量安全合格保证》声明，经现场检验合格和抽样后直接放行，实现“边检边放”。

85. 进口台湾商品实施“质量承诺+即查即放+市场监测”

对从平潭口岸进入平潭对台小额商品交易市场销售的食品，推行质量承诺制度。商户与福州海关（原福建检验检疫局）签订承诺书，承诺对进口食品的安全卫生质量及标签符合性负责，福州海关（原福建检验检疫局）在对标签样张审核合格后，给予放行，并建立市场监测抽检计划，加强事中事后监管。

（二）厦门海关创新举措

1. 通关业务互联网全口径自主申报

企业可通过网页版、专用客户端版、移动APP等各种渠道登录国际贸易“单一窗口”，随时随地向海关自主申报进出口货物，并实时查询报关状态。

2. “关港贸”查验信息交互全程电子化

海关、报关企业、码头公司等查验各方可通过网上查验预约平台，在互联网上完成所有查验准备、反馈、查询等工作。

3. 先放行、后改单作业模式

对经海关查验发现异常后仅需改单处理，且查验结论符合条件的进出口报关单，允许先予放行后再完成改单操作。

4. 建立一体化监管制度，促进飞机及零部件维修业务的发展

整合优化不同部门间维修物品、暂时进口货物、保税仓库货物等飞机维修相关的业务流程，对区域外航空维修企业实行一体化监管。

5. 包修转包航材流转监管模式

航空维修企业承接境内航空公司包修转包业

务，可利用特殊区域进行维修航材及耗用料件的流转，采用“修理物品”办理进口手续；航材维修后申报进口时凭包修费缴税证明不再征收进口税。

6. 进出境邮件“移动式”通关模式

进境邮件收件人可通过网络和微信等方式在移动设备上在线办理通关手续

7. 试行分送集报货物“集中申报、分段担保”模式

开展保税展示交易业务企业，可在每批货物出区域前预缴税款担保。待办结集中申报手续后可实时退还担保金。

8. 保税料件交易

区域外加工贸易企业可将剩余的进口保税料件运入海关特殊监管区域，并在海关实际监管下进行交易。

9. 海关通关移动综合服务平台

企业使用移动设备可通过该平台随时办理申报、缴税、查询等通关手续。

10. 入区加工

区域外企业可借助区域内物流企业提供设备、场地，并进口相关料件、工具，在区域内生产加工后由区域内物流企业代理出口。

11. 行邮物品“电子税单”

收件人完成网上申报、缴税后，辅助管理系统可按照“旅客行李、个人邮递物品进口税款缴纳证”格式开具电子缴款凭证。

12. 报关企业申报多介质身份认证

启用U盾进行身份认证，企业持U盾可在“单一窗口”登录办理报关单、舱单、运输工具等申报业务。

13. “单一窗口”海关税费自报自缴

企业可以通过“单一窗口”自行办理通关税费申报、自行办理相关税费缴纳手续、自助打印税款缴款书。

14. “互联网＋保税展销”模式

海关对分散的物流、查验、卡口、放行、仓库管理、巡查核查等监管进行集成，跨境电商企业可快速申报，特殊区域内商品出区清单后进行国内配送，并按照一般贸易货物集中办理海关纳税手续。

15. 进口货物“水路提货”模式

海关对已放行进口货物不用实际过卡，只需通过智能卡口系统虚拟的“水上卡口”核销放行数据后，就可以通过水路运输提离监管场所。同时，海关辅以现场巡查、随机抽检、数据核查等实地监管方式，确保通关规范有序。突破货运车辆装载集装箱提离监管场所的传统物流模式，实现通过驳船将进口集装箱从水路提离码头，解决了部分进口特殊货物和成批量进口集装箱陆路运输难问题。

16. 知识产权保护便捷服务平台

厦门海关自主研发“知识产权保护APP”，设有“知识产权预确认咨询”“知识产权海关备案查询”“知识产权法律法规查询”和“知识产权侵权线索举报”四大模块，外贸企业通过APP咨询，海关可快速解答，有效规避侵权风险，大幅提升货物的通关效率。系全国首个知识产权海关保护APP，打造便捷快速的举报侵权途径，有效规避侵权风险。

17. 对台湾输大陆水果等农产品采取便利化通关模式

诚信好的企业现场查验合格并抽样后即放行，实验室检测结果作为加强有毒有害物质监控检测的手段。

18. 进口酒检验检疫快速通关模式

改革标签备案工作，允许分批备案并前置标签备案至货物到港前；用风险分析及移动检验检疫实现进口酒“快速核放”和集中查验的“即验即放”。

19. 入境自用工业品“符合性验证”模式

自境外母公司（或子公司）向福建自贸试验区厦门片区内子公司（或母公司）输入的自用工业品原材料及工业品半成品，采取“符合性声明＋企业自检＋事后监管＋责任追究”的检验监管工作方式。

20. 口岸检疫处理前置模式

海关特殊监管区域内企业接受境内海关特殊监管区域外企业委托，对其提供的入区货物进行加工，加工后的产品全部运往境内区外，并收取加工费的行为。维修、检测业务和禁止进、出口的商品不纳入委内加工业务范围。

21. 航空维修监管新模式

对暂时进口的维修飞机用旧工具免于实施装运前检验；采取“法检清单预报备、集中查验”模式；对航空维修用进口涂料实施集中备案抽检；对涉及中国强制性认证的产品实施分类管理；对维修用进口金属材料实施快速直放；免除进口旧航材卫生消毒流程约检环节；对进口货物的木质包装实施“企业自查 +CIQ 抽查 + 事中事后监管”的检疫查验模式；对航空维修用危险化学品实施预约检验、批量查验模式，提高通检效率。

22. 海关、原国检一站式查验平台

在自贸试验区厦门片区设置“一站式”查验场，建立海关与原国检常态化合作联合查验模式。

23. 海关特殊监管区域内货物实施按状态分类监管

特殊区域内可存放非保税仓储货物，海关通过辅助管理系统进行监管，不办理进出口报关手续，入区不退税、出区不征税。

24. 拓展保税租赁制度功能

特殊区域海关委托机场海关对融资租赁进出境飞机进行监管，对区外承租企业的融资租赁货物按照每期租金分期征收关税和增值税。

25. 中欧（厦门）国际班列便捷转关模式

通过协调沿线海关优化转关流程、对货物实施集中查验及开展海铁联运，提高中欧班列通关效率，将班列延伸至台湾及东南亚，对接海丝与陆丝。

26. 打造首条中欧安智贸铁路航线

加强与中欧班列沿线欧盟海关的国际合作，在全国海关率先启动安智贸铁路航线试点，给予企业优先通关、降低查验率、提高通关效率等便利。

27. 跨境电商 B2B“一站式”全天候通关模式

海关对分散的物流、查验、卡口、放行、仓库管理、巡查核查等监管进行集成，跨境电商企业可快速申报特殊区域内商品出区清单后进行国内配送，并按照一般贸易货物集中办理海关纳税手续。

28. 一地注册全国申报

取消报关企业跨关区报关限制，在自贸试验区范围内，改报关企业注册登记行政许可为备案制。

29. 国际中转口岸直拼监管模式

允许在自贸试验区内的港区建立专门仓库，将境外启运，通过海运方式进入仓库且目的地为境外的中转货物，拆箱后按照相同目的地、航线、收货人等规则与口岸出口货物进行直接拼箱出口。

30. 推行加工贸易“物联”管理模式

建设加工贸易联网监管辅助管理系统，通过该系统实现对联网监管企业的料号级管理、工单式核销、自报自核等功能。

31. 海关物流监管云平台

整合智能卡口作业平台和保税监管平台，使车辆、货物在港区、保税区、保税物流园区以及保税港区之间快速流通。

32. 进出境快件通关服务平台

为提高总署新版快件通关管理系统应用效率，开发进出境快件通关服务平台进行快件随附单据信息的在线审核。

33. 邮轮物供“快速通道”模式

进口邮轮物资申报进境后运入海关特殊监管区域内的相关仓储企业，按特殊区域的区域通关一体化模式办理出境手续运抵邮轮码头，经通关审核后放行供船。

34. 海关对抽检仓储货物免税核销

在海关特殊监管区内，保税物流企业仓储货

物被抽样检查的部分，海关凭《抽 / 采样凭证》予以免税核销，并允许企业根据实际送检数量定期集中办理报关手续。改变了海关对抽 / 采样的仓储货物予以征税核销的普遍做法，允许免税核销，进一步便利了海关特殊监管区域内物流企业。

35. 实施特殊物品卫生检疫改革试点

对生物材料等特殊物品实施无纸化审批，缩短审批流程，延长特殊物品审批单的有效期限，有效期内可以分批核销，通过风险评估实施风险分级管理，采取多种查验方式和频次相配合的差别化监管措施。

36. 集装箱分拨货物卫生检疫前置

在入境分拨集装箱货物报检前，即在仓库拆箱环节对其实施入境卫生检疫查验，对报检前卫生检疫合格的分拨货物实施“即报即放”，对不合格的实施拦截处理，形成“集中检疫 + 分批核销 + 电子快放 + 仓库协检”的新工作流程。

37. 国际航行船舶检疫监管新模式

通过信息化系统提交检疫报检电子信息，不再提交纸质单证，借助“船舶移动检疫系统”和终端平台，实现船舶检疫“即时查验、即时放行”，推进船舶联检“单一窗口”建设和口岸“三互”工作。

38. 中欧班列“出口直放”“进口直通”的检验检疫一体化

与原四川检验检疫局、原新疆检验检疫局共同签署《厦蓉新欧班列检验检疫一体化工作方案》，对中欧班列进出口负面清单以外的货物将采取“出口直放”“进口直通”的通关一体化工作模式。

39. 进口石材差异化检验检疫模式

在进口企业报检前即进行整艘次集中查验。对原来串联进行的现场检验检疫、卫生除害处理、核素分析、采样送样改为并联集中处理。

40. 航空器出入境检疫管理模式

对出入境航空器运营者及其代理人实施诚信管理，对航空器根据风险等级实施分类管理，配套开发“航空器检疫管理系统”，从航空器检疫申报到检疫批复结果实施全流程信息化，实现航空器电讯检疫，信息化监管。

41. 游艇帆船检验检疫便利化监管

对帆船游艇检验检疫的各项政策进行了集成，一是实行电子申报，免于提交纸质单证；二是率先提出了免办船舶免予卫生控制措施证书；三是一般情况下，允许入境游艇、帆船在口岸开放码头或经检验检疫机构同意的停泊水域或码头实施检疫；四是借助船舶“单一窗口”电子平台实施放行；五是允许其物料供应自行采购，不需找指定供应商；六是对来自非疫区、经查验证书符合要求且现场检疫合格的伴侣动物，可以入境随行，无须在指定场所隔离检疫 30 天；对属于工作犬的，携带人提供相应证明的，可免于隔离检疫。

42. 台湾造血干细胞入境快捷模式

具有实施造血干细胞移植治疗资质的医疗机构，在申请台湾医院移植用造血干细胞入境时，海关（原检验检疫部门）直接采信其提交的流行病学调查情况说明、供体健康证明及检验报告等必要的证明材料，经书面审查合格的，实行即报即批。

43. 厦门关检“监管互认”

关检对原产地、规格、数量等关检有共同查验需求的货物，实现一家查验，两家互认。

44. 出境加工海关监管方式

境内企业可将全部或部分原材料等提供给境外企业生产，成品复运进境，海关只对增值部分征税。

45. 委内加工

允许区域内加工贸易企业接受境内区域外企业委托，对其提供货物进行加工并收取加工费。

46. 国际航行船舶出入境联检“一次申报”无纸化

船代企业通过“出入境船舶联检单一窗口信息系统”一次性录入申报信息，分别发送到 4 家联检单位，实现“一单多报”和“并联处置”。

47. 企业开展保税展示交易业务

在海关特殊监管区内企业可在自贸试验区内

开展保税展示交易业务。支持符合条件的海关特殊监管区域内企业在区外开展保税展示、交易的经营活动，在企业提交担保前提下可出区展示。

48. 支持建设文化保税展示交易中心和收藏品交流中心

创新监管模式，发展文化保税业务，建设文化保税展示交易中心和收藏品交流中心。支持海关特殊监管区域内企业开展文化艺术品保税仓储、展示、保管，探索适应新型文化贸易发展的海关监管模式。

49. 取消出口货物纸质进场章

出口货物实货运抵海关监管场所后，可直接向海关发送电子运抵报告，企业无须在相关出口单证上加盖“进场章”。

50. 跨关区保税供油

允许有资质的供油企业在福建省内跨直属海关关区向国际航行船舶提供保税燃油。

51. 进出境船舶监管作业单证电子化

船舶负责人向海关申报船舶进出境时，运输工具申报单、舱单等资料可通过提交电子数据办理手续，海关不再收取纸质资料。

52. 海关“随机布控、随机派单”监管模式

推进“双随机”工作，将随机布控和随机派单监管理念扩展到监管的全过程、全领域，并与内控监督深度融合。

53. 中介组织辅助海关开展稽核查工作

由海关或企业委托具有资质的社会中介机构，对企业开展审计、审核、评估、鉴定、认证等活动，并为海关监管提供辅助依据。

54. 国际航行船舶联合登临检查机制

4家联检单位对国际航线船舶进行联合登临检查，实现一次登轮、各司其职，按照“信息互换、监管互认、执法互助”的要求开展工作。

55. “银关保”企业增信担保

企业通过保险公司等第三方机构为其向银行提供增信，取得银行出具的税收保函，凭此向海关办理担保通关手续，形成“企业申请—保险承保—银行授信—海关受理”的增信担保模式。

56. 海关全流程状态查询

海关开展“互联网+自主报关”改革试点，舱单及相关电子数据传输人、进出口企业及其代理人可通过互联网，采用网页版、专用客户端版、移动APP等各种渠道登录国际贸易“单一窗口”，查询货物的通关状态、集装箱或提运单的相关物流状态信息。

57. 自贸试验区海关知识产权保护展示中心

创新自贸试验区、海关知识产权边境保护方式，展示厦门自贸片区、厦门自主创新示范区产品、品牌以及背后的知识产权、科技创新情况。法院、检察院分别在中心设立知识产权巡回法庭、打击和预防知识产权侵权犯罪教育基地。

58. 出入境船舶检疫全程无纸化

由原厦门检验检疫局联合厦门市口岸办、厦门海关、厦门出入境边防检查站，依托自贸试验区国际贸易“单一窗口”平台对出入境船舶监管实现“一次申报”和全程无纸化。

59. 会展检验检疫新模式

本着“风险可控、有效监管、保障安全、便利通关”的原则，对出入境展品建立了一整套包括风险评估、分级管理、快速放行、现场监督和后续监管的管理措施，确保展品便捷通关、有效监管。

60. 创新厦金客轮检疫管理

对厦金客轮简化申报手续，凭免卫生控制证书即可申请实施电讯检疫。

61. 进口同批次的食品试行“空检海放”便利措施

原厦门检验检疫局对进口同批次食品先行到港的空运部分实施检验，对海运到港的食品在信用管理的基础上，参考空运食品检验结果并结合现场查验进行合格评定，同时抽样进行验证性检测，加快通关速度。

62. 免核查动植物检验检疫证书“正面清单”制度

根据原质检总局“免于核查输出国家或地区动植物检疫证书的清单”，对列入“正面清单”

的低风险动植物产品在进境口岸报检时可免于提供输出国家或地区官方出具的动植物检疫证书。

63. 跨境电商备案全程电子化

建立跨境电商备案信息化系统，企业登录备案系统提交规定材料，符合要求的直接核实通过。

64. “合格假定”检验检疫模式

原厦门检验检疫局在风险评估的基础上，对进境船运散装铜精矿货物在现场检疫、放射性检测合格并完成取样后给予放行，对进口企业及进口货物实施事中、事后监管。

65. 口岸检疫处理监管无纸化

检验检疫机构通过“口岸检疫处理管理系统”向检疫申报人或单位发送检疫处理指令、报送处理结果，由现场监管人员通过系统移动终端即时登记检疫处理效果评价后，向检疫申报人或单位发送电子放行指令。

66. 邮轮食品“中转直供”检验检疫监管模式

原厦门检验检疫局对来自非疫区并符合《评估审查符合要求的国家（地区）输华食品目录》的境外直供邮轮的进境食品，采取过境检验模式实施监管，进口商或其代理报检单位在报检时，只需向当地检验检疫机构提交货物清单及其产地的相关证明材料，实现“即查即供”。实施成效：完善邮轮食品供应链监管，丰富邮轮特别是母港邮轮的食品供应渠道，通检时间由原来的10—15个工作日缩短至数小时。

四、统计数据

（一）进出口值

2017年福州片区海关注册企业累计总值2 601 398.87万元人民币，同比增长43.81%，比同期福建省外贸进出口总值增幅高出31.2百分点。其中，进口1 079 545.40万元人民币、同比增长28.86%；出口1 521 853.46万元人民币、同比增长56.71%。

2017年平潭片区海关注册企业累计总值359 715.71万元人民币、同比增长53.44%，比同期福建省外贸进出口总值增幅高出41.4百分点。其中，进口296 605.54万元人民币、同比增长62.30%；出口63 110.17万元人民币、同比增长22.12%。

2017年福建自贸试验区厦门片区累计进出口总值达1 633.2亿元人民币，同比增长29.4%，比同期福建省、厦门市外贸进出口总值增幅高出17.4和15.1个百分点。其中出口692.7亿元人民币，进口940.5亿元人民币，分别同比增长11.3%和47.1%。

（二）海关税收

2017年福州、平潭片区所在口岸海关税收77.28亿元人民币，同比增长26.97%。其中，福州片区口岸税收76.83亿元人民币，同比增长26.87%；平潭片区口岸税收0.45亿元人民币，同比增长46.05%。福州、平潭片区内一、二线共征收税款20.01亿元人民币，同比增长64.22%。

2017年福建自贸试验区厦门片区内六个业务现场税收入库217.3亿元人民币，同比增长17.5%。厦门片区内海沧保税港区、象屿保税区、象屿保税物流园区三个海关特殊监管区域实现税收入库合计10.5亿元人民币，同比增长18.36%。

（三）海关注册登记企业数

福建自贸试验区挂牌以来至2017年12月，福建自贸试验区福州、平潭片区新增海关注册企业2 127家，总数2 752家（福州片区2 046家，平潭片区706家），是挂牌前的4.4倍；厦门片区共新增海关注册企业3 658家，海关注册企业总数达6 102家，是挂牌前的近2.5倍。

◎杭州海关支持中国（浙江）自由贸易试验区建设主要情况

2016年8月31日，中央同意设立中国（浙江）自由贸易试验区（以下简称浙江自贸试验区）。自2017年4月1日浙江自贸试验区正式挂牌以来，杭州海关围绕浙江自贸试验区的战略定位，紧扣促进以油品为主的大宗商品贸易便利化这一核心任务，对照国际通行规则，推出46项创新举措（其中20项为浙江自贸试验区量身定制的创新举措），突出“东北亚保税燃料油加注中心建设”“国际配矿贸易中心建设”与“创新通关监管服务模式”三个重点。

一、成效综述

（一）支持浙江自贸试验区建设“东北亚保税燃油加注中心”

杭州海关为浙江自贸试验区量身定制“跨地区直供”“一船多供”“一库多供”“港外锚地供油”“同商品编码下保税油品混兑”“保税油检验监管制度”等便利化支持举措，优化保税燃油供应通关监管流程，简化加油船舶进出自贸试验区的通关手续，降低供油企业的成本。据估算，上述举措惠及企业15家，为企业节约成本上亿元人民币，每批油品进出压缩通关时间12—48小时。

（二）支持浙江自贸试验区建设国际海事服务基地

杭州海关在全国范围内率先创新实施“申报无疫放行”模式，针对保税燃料油加注国际航行船舶实行“事前报备、风险评估、联防联控、闭环管理”的监管模式，“电讯检疫”比例从11%提高到40%，单船办理时间从10小时缩短至0.5小时以内，最大程度便利船舶通关放行。据估算，平均每艘国际航行船舶可节约通关时间4小时，节约成本6万元人民币。

（三）支持浙江自贸试验区建设国际矿石中转基地

杭州海关推出“仓储货物按状态分类监管”“同商品编码铁矿石混矿”“进境保税金属矿产品检验监管制度”等支持举措，拓展浙江自贸试验区矿石经营业态，简化入区后转进口矿产品的品质检验、数重量鉴定等项目查验。实施“仓储货物按状态分类监管”后，非保税铁矿砂可以进入特殊监管区域与保税铁矿砂同场共管，打通了内外贸铁矿砂一体化运作的瓶颈。同商品编码铁矿石混矿制度的落地，推动浙江自贸试验区形成了矿石接卸、保税、混矿、中转分销的业务链条，为建设国际配矿贸易中心、提升大宗商品全球配置能力奠定了基础。据估算，“同税号铁矿石混矿”为企业节约成本800万元人民币；实施预检验措施，每批次可为企业减少一个月通关时间。

（四）落实“最多跑一次”要求

杭州海关积极推进国际贸易“单一窗口”建设及无纸化改革。一是做好国际贸易“单一窗口”国家标准版在浙江自贸试验区的推广工作，推动浙江自贸试验区率先实现运输工具“一单四报”业务，并在推广国家标准版的基础上，全力支持浙江自贸试验区打造“单一窗口”特色功能版块。同时，成功搭建保税燃油加注“一口受理”平台，推动实现相关业务一次性办理，促进保税油加注全过程通关便利升级，为企业节省申报时间约80%。二是推出检验检疫全流程无纸化，大幅提升进出口报检、放行效率，并为企业节约了大量费用，据估算，该项举措落地后，每年可为企业节约成本80万元人民币。

（五）推进贸易便利安全

杭州海关大力推进先进装配和科技系统在监管中的应用，减少人力成本，提升监管效能。一是结合保税油加注作业距离远、时间要求高等特点，开发应用船舶自动识别系统、无线视频监控系统、流量计、液位仪监控系统等信息化手段，实现对加受油船舶以及供油过程的实时监控，确保管住管好。二是利用小型无人机航拍技术替代传统乘坐拖轮观测船舶六面水尺，以“机”眼代替人眼观测六面吃水，用程序处理代替人为判断得到吃水值，实现船舶吃水值观测一体化、精确化、快速化的目的。自 2017 年 10 月该系统投入运行以来，浙江自贸试验区铁矿石进口通关时间不超过 0.5 小时，通关时间较之前压缩 80% 以上，在为企业节省运营成本的同时，节约海关人力资源 1/3。

二、创新成果

杭州海关创新举措自推出至今，稳步落地，取得了一定成效。其中，10 项创新举措被毕马威评估为具有较高的可复制推广性，“保税燃料油跨地区直供”还被每日经济新闻评选为“2017 中国自贸试验区十大创新案例”。

（一）保税燃料油“一船多供”监管模式

1. 业务要点

杭州海关全国首创保税燃料油“一船多供”监管模式，即“允许从事国际航行船舶保税油供应企业的单艘承运船舶在一个作业航次内对多艘国际航行船舶供应保税油”，减少供油企业作业成本。

2. 相关成效

“一船多供”监管模式的创新使得舟山保税燃料油供应体系建设取得重大突破，供油效率、服务效果明显提升，减少供油企业所需时间成本。原先“一船一供”的模式，不利于企业灵活作业，而且往返油库的次数也比较多，创新举措推出后，供油企业实施“一船多供”供船作业，一个供油作业航次结束后，供油企业向海关提交实际供油数据，海关审核后予以确认。企业可将承运船舶满载，在海上进行流动作业，极大地提高了企业的作业效率，该举措将有助于企业灵活争取订单，节约运输成本，提升企业效益。

（二）保税燃料油先供后报监管模式

1. 业务要点

杭州海关全国首创保税燃料油先供后报监管模式，允许从事国际航行船舶保税油供应的企业采用“先供油，后报关”模式开展业务，以实际供油量直接报关，从而减少供油企业通关所需时间成本 。

2. 相关成效

“先供后报”监管模式的创新使得舟山保税燃料油供应体系建设取得重大突破，供油效率、服务效果明显提升，极大减少供油企业通关所需时间成本。原来由企业先行报关，再申请出库，报关量与实际加油量存在误差，每票申报的实际量都需要进行改单手续，创新举措推出后，允许供油企业先供油，以实际供油量直接报关，避免改单这一流程。

（三）同商品编码铁矿石混矿监管模式

1. 业务要点

杭州海关积极探索监管制度创新，支持舟山开展同商品编码铁矿石混矿监管模式，允许同一商品编码项下不同品质的铁矿石在特殊监管区域（保税监管场所），进行保税物流项下流通性简单加工混矿，实现拓展浙江自贸试验区矿石经营业态、提升企业利润，提高进口铁矿砂品质，满足国内钢厂个性化需求，保障舟山国际矿石中转基地建设。

2. 相关成效

通过铁矿石混矿，可以使最终混矿产品能够满足钢厂生产工序的指标要求，从而为钢厂生产提供稳定的原料供给保障。“同商品编码铁矿砂混矿”新型业务，利用保税堆场，将进口的高硅铁矿砂和低硅铁混合加工成硅含量适中的优质矿砂，再进行分销配送，为钢铁企业节省了大量成本。该创新举措实施后，鼠浪湖矿石中转码头由以往单纯从事矿石装卸、堆存业务，提升为可向客户提供矿石分拨、仓储、配送、混矿等多项增值配套服务，市场竞争力明显提升，业务量也随之大幅增长。保税混矿业务的开展有效降低了混矿成本，实现了境外优质矿山及加工厂向国内的“搬迁”，同时也给中国钢铁企业寻找货源提供了更多的选择。这一举措的落地，标志着浙江自贸试验区矿石接卸、保税、混矿、中转分销业务链条初步形成，为建设国际配矿贸易中心、提升大宗商品全球配置能力奠定了基础，助力浙江自贸试验区成为长江以南最大铁矿砂进口口岸和亚太地区重要的矿石配送中心。

（四）空检地方检验监管模式

1. 业务要点

为不影响货物周转效率和企业经营成本，舟山海关将“空检地放”模式应用到化妆品领域，对韩国进口的化妆品通过“空检地放”检验监管模式，进口商确定进口货物及生产批次后，在货物装运出港前第一时间抽取同一批次货物的样品，通过空运寄递的方式提前送到通关口岸进行相关项目的检测，使样品检测和货物物流同步进行。货物到达口岸后，舟山海关现场查验货物及批次确认，同时抽取样品对产品关键指标进行后续的符合性检测和评估，实现货物“当日查、当日放”。

2. 相关成效

一是大幅缩短检验检疫时间。在化妆品领域实行“空检地放”模式后，通过空间换时间，大幅缩短进口货物通关时间，避免因货物进口需进行全项目检测所导致的放行速度过慢，以及货物严重滞港的问题。有效压缩货物进口流程时限，“空检地放”与传统模式相比至少缩短 75% 以上的时间。

二是便于进口货物差别管理。杭州海关关员根据货物输出国质量安全情况、企业质量安全控制能力等指标，建立信用等级从劣到优、监管力度从严到松、放行速度从慢到快的差别化监管政策，对于产业层次高、营业规模大、信用记录优的企业进行一定程度的监管优化。

三、具体支持措施

（一）量身定制类创新举措（20 项）

1. 跨地区直供

供油企业跨舟山海关辖区到其他海关辖区开展国际航行船舶保税油直供业务，包括宁波、南京、上海等及关区内的嘉兴、温州、台州等。

2. 港外锚地供油

供油船对尚未进入港口内，在港口外锚地停泊的国际航行船舶供应保税油。

3. 一船多供

单艘供油船舶在一个作业航次内对多艘受油船舶供应保税油。

4. 先供后报

从事国际航行船舶保税油供应的企业采用“先供油，后报关”模式开展业务。

5. 一库多供

同一公用型保税仓库同时存储多家供油企业的保税油。供油企业利用公用型保税仓库开展保税油供应业务。

6. 同商品编码铁矿石混矿

同一商品编码项下同一原产国不同产区（不同品质）的铁矿石在特殊监管区域（保税监管场所），进行保税物流项下流通性简单加工混矿。

在原限定同一原产国的基础上，第二批创新举措推出时，将该条举措拓展适用于允许不同原产国，即：同一商品编码项下不同品质的铁矿石在特殊监管区域（保税监管场所），进行保税物流项下流通性简单加工混矿。

7. 口岸监管一体化改革

一是以宁波口岸和舟山口岸现有的船舶申报平台为依托，加强船舶申报数据的互联互通，进一步优化国际航行船舶在宁波舟山港内移动的申报手续；二是在研究分析宁波与舟山间集装箱货物跨关区流转中存在的问题的基础上，结合港务部门的相关需求，全面推行转关无纸化。

8. 油库功能整合

利用现有的保税仓库和出口监管仓库功能，实现两仓功能叠加，即指定仓库同时具备出口监管仓和保税仓库功能。

9. 同商品编码下保税油品混兑

同一商品编码（10位）项下不同品质的保税油品在保税监管场所（特殊监管区域）内，进行保税物流项下混兑。

10. 保税燃油出库审批最多“跑一次”

企业通过两仓联网监管系统办理货物出库等业务的在线申请，实现保税油从保税库至供油船上在线申请、线上核批，企业无须再到海关递交单证。

11. 水海产品实施原产地签证负面清单制度

清单外企业实施即报即签，清单内企业对清单内产品申请签证，才需要开展原产地调查。

12. 检验检疫便利通关放行管理

在合格假定和企业合格保证的基础上，开展通关便利放行；运用信息化手段设置自动通关规则，未抽中批和查验合格批均实施计算机系统自动签发通关单，自动归档，无须人工操作；深化运用企业信用管理信息和产品风险等级信息，对企业和产品实施分类管理。

13. 国际航行船舶保税燃料油加注检疫管理

允许受油船在外锚地（非检疫锚地）接受检疫监管；对来自传染病或动植物疫区，但经风险评估认为疫情风险较低可控，且诚信申报“无疫”的受油船舶实施电讯检疫，不再实施登轮检疫。

14. 入境修理船舶检疫监管

根据风险评估结果给予入境修理船舶减少锚地检疫、简化手续等快速通关便利，同时加强在港修理期间的建议监管和卫生监督。

15. 进境动植物及其产品检疫审批

下放审批初审权限，并实施进境动植物检疫审批全程无纸化。

16. 进口食品预检验

实施预检验制度，进口食品可在检验检疫机构检验前，有相关企业委托具有资质的第三方机构对拟进口产品的样品提前进行检验，检验检疫机构在综合风险评估的基础上采信和验证预检验结果。

17. 保税金属矿检验监管

一线入区时提前对整批保税货物进行全套检验流程，出区进口不再重复检验；采信第三方检验鉴定机构的数重量鉴定结果；实施分类管理。

18. 保税油检验监管

一线入区时提前对整批保税货物进行全套检验流程，出区进口不再重复检验；采信第三方检验鉴定机构的数重量鉴定结果；采用信用管理、分类监管模式，为信用企业量身定制预检验、现场快速检测等。

19. 进口大型成套设备和重大进口项目检验监管

明确大型工程项目设立现场办，统一协调进出口检验检疫相关业务；提前介入项目监管，做好政策宣传和帮扶；对重大进口项目、重大质量安全问题，可视情况在全省内组织协调有关人共同参与检验监管。

20. 免于办理强制性产品认证实施

将免办的各级审核权限（包括汽车、摩托车产品的审核）以及免办诚信企业的评定全部下放至自贸试验区所在地；利用电子管理系统，全面实施无纸化办理，纸质申请材料由企业留存；区内企业优先考虑纳入诚信企业管理，享受一次办理多次通关等优惠政策。

（二）复制推广类创新举措（26项）

21. 企业协调员制度

海关建立企业协调员制度、组建海关企业协调员队伍、搭建关企合作平台，利用多种手段，畅通海关与企业联系沟通和问题反映渠道，构建新型关企合作伙伴关系，海关不定期向企业推送最新政策规定、企业问题提交和海关汇总处理反馈的速响应机制、信用培育、规范改进和辅导等个性化服务措施，提高海关服务企业水平。

22. 企业信用信息公示

制定海关企业信用信息公示目录，通过动态发布、依申请公开等主动公布与可查询相结合的形式，对社会公示企业注册登记信息、信用等级信息、海关行业资质以及行政处罚信息。

23. 高级认证企业联合激励

根据海关总署与国家发展改革委、人民银行等40个部门签订的《关于对海关高级认证企业实施联合激励的合作备忘录》，各部门从全国信用信息共享平台守信联合激励系统中获取海关高级认证企业信息，执行或协助执行备忘录规定的6大类49项激励措施。

24. 保税展示交易

经海关注册登记的特殊监管区域内企业在区内或者区外开展保税展示、交易的经营活动。

25. 仓储货物按状态分类监管

允许非保税货物入海关特殊监管区域储存，与保税货物一同参与集拼、分拨，根据国内外采购订单最终确定货物实际离境出口或返回境内区外。

26. 一次备案、多次使用

海关特殊监管区域内企业在账册备案环节向海关一次性备案企业、进出货物等信息，经海关核准后，可以在相关海关业务中多次、重复使用的海关监管模式。

27. 批次进出、集中申报

允许特殊监管区域内企业与境内区外企业分批次进出货物的，可以先凭核放单办理货物的实际进出区手续，再在规定期限内以备案清单或者报关单集中办理报关手续，海关依托辅助系统进行监管的一种通关模式。

28. 先进区、后报关

在海关特殊监管区域境外入区环节，允许经海关注册登记的区内企业凭进境货物的舱单等信息先向海关简要申报，并办理口岸提货和货物进区手续，再在规定时限内向海关办理进境货物正式申报手续，海关依托“海关特殊监管区域信息化辅助管理系统”，通过风险分析进行有效监管的一种作业模式。

29. 简化无纸通关随附单证

对一线进出境备案清单以及二线进出区报关单取消部分随附单证，简化进出区通关手续。

30. AEO 企业培育、认证

支持鼓励自贸试验区内符合要求的企业申请认证为海关AEO企业，促进企业享受海关通关便利措施。

31. 企业自报、自缴税款

进出口企业、单位自主向海关申报报关单及随附单证、税费电子数据，并自行缴纳税费的行为。进出口企业、单位在办理海关预录入时，应当如实、规范填报报关单各项目，利用预录入系统的海关计税（费）服务工具计算应缴纳的相关税费，并对系统显示的税费计算结果进行确认，连同报关单预录入内容一并提交海关。进出口企业、单位需在当日对税费进行确认，不予确认的，可重新申报。进出口企业、单位在收到海关通关系统发送的“报关单已受理/通关无纸化审结”回执后，自行办理相关税费缴纳手续。

32. 归类尊重先例

为配合海关税收征管方式改革试点，提升通关便利化水平，丰富归类公共服务渠道，推广归类先例制度，引导进出口货物收发货人或其代理人正确使用归类先例数据，规范、如实申报进出口商品归类事项。收发货人或其代理人在向海关申报进出口货物时，可以通过“归类先例查询功能”选取与本企业进出口商品相同的归类先例数据进行归类申报。选取先例数据申报的，系统自动将已选中的该条归类先例数据中的商品编码、商品名称和规格型号返填到对应报关单的表体信息中。为更好地服务自贸试验区进出口业务，推选自贸试验区内企业的主要进出口商品归类数据作为先例数据，列入归类先例数据。

33. 引入中介机构开展保税核查、核销和企业稽查

具备相关资质的中介机构接受企业或海关委托，在企业开展主动披露和认证申请，以及海关实施保税监管和企业稽核查等过程中，通过审计、评估、鉴定、认证等活动，提供相关辅助依据的工作。

34. 原油期货保税交割

支持国内期货交易所在保税监管场所和特殊监管区域内设立原油期货保税交割库，开展原油期货保税交割、仓单质押融资业务。

35. 以企业为单元加工贸易监管

海关实施的以企业为单元，以账册为主线，以与企业物料编码对应的海关编号（料号）或经企业自主归并后形成的海关商品编号（项号）为基础，周转量控制，定期核销的加工贸易监管模式，建立与船舶、海洋工程装备等制造业相适应的保税监管模式。

36. 取消异地加工贸易设立审核

取消异地加工贸易审核环节，加工贸易企业需要在长江经济带区域开展加工贸易业务的，企业可直接在加工企业所在地主管海关办理手续。

37. 以原产地签证工作支持企业扩大出口

原质检总局“原产地签证管理改革创新”。

38. 检验检疫分线监督管理

原质检总局“分线监督管理制度”。

39. 进口货物预检验及核销管理

原质检总局“进口货物预检验”。

40. 中转货物产地证明管理

原质检总局“自由贸易试验区货物产地证明管理”。

41. 出入境检验检疫报检无纸化管理

原质检总局“检验检疫通关无纸化”。

42. 保税展示交易货物检验检疫监督管理

原质检总局“保税展示交易货物检验检疫监督管理模式”。

43. 动植物检验检疫改革

原质检总局“动植物及其产品检疫审批负面清单管理”“免除低风险动植物检疫证书清单制度”。

44. 大宗资源型商品检验结果采信工作管理

原质检总局“第三方采信”。

45. 被采信检验鉴定机构管理

原质检总局“第三方采信”。

46. 入境维修及再制造用途机电料件检验监管管理

原质检总局“全球维修产业检验检疫监管”“入境维修产品监管新模式”。

四、统计数据

（一）进出口值

2017 年 1 月 1 日至 12 月 31 日，浙江自贸试验区进出口货值 156.2 亿元人民币，同比增长 38.3%。其中，进口 109.9 亿元人民币，同比增长 71.7%；出口 46.3 亿元人民币，同比下降 5.4%。自 2017 年 4 月 1 日正式挂牌日至 12 月 31 日，浙江自贸试验区进出口货值 108.9 亿元人民币，其中进口 78 亿元人民币，出口 30.9 亿元人民币。

（二）海关税收

2017 年 1—12 月浙江自贸试验区海关特殊监管区域实现税收入库征税 3.42 亿元人民币，同比增长 3 261.83%。

（三）海关注册登记企业数

自 2017 年 4 月 1 日浙江自贸试验区挂牌以来，新增海关注册企业 99 家，其中南部片区 32 家，北部片区 65 家，离岛片区 2 家。截至 2017 年 12 月 31 日，浙江自贸试验区海关注册企业已达 338 家，其中南部片区 131 家，北部片区 202 家，离岛片区 5 家。注册企业主要集中在油品贸易、船配服务等行业。

◎郑州海关支持中国（河南）自由贸易试验区建设主要情况

河南自贸试验区涵盖郑州片区、开封片区和洛阳片区。自河南自贸试验区挂牌以来，郑州海关立足河南自贸试验区战略布局和功能定位，以制度创新为核心，以可复制可推广为基本要求，积极落实，科学谋划，务求实效。

一、成效综述

成立河南自贸试验区海关工作领导小组，由一把手亲自挂帅，亲自组织推动、指导督促。同时，在全关区范围内抽调近30名精干力量组成专业团队，负责自贸试验区海关工作的具体实施。建立关自贸办工作例会和简报制度，组织召开关自贸办专题会议50余次，开设“河南自贸试验区建设”专题信息栏目，分阶段有重点对相关工作进行研究部署和落实督办。同时，加强与省自贸办、片区政府及主管部门的对接，做到外联互通。

原河南出入境检验检疫局大胆创新，主动作为，通过简政放权，加快制度创新等措施，促进河南自贸试验区取得明显成效。在《中国（河南）自由贸易区总体方案》起草和修改过程中，先后5次提出24条意见建议，全部被省政府采纳；主动开展自贸试验区政策研究，从全球众多自贸区中选择35个国家（地区）的104个自贸区案例进行梳理，对照河南特点提炼先进做法和典型经验，形成报告供省委、省政府领导参阅；撰写的《河南自贸试验区建设的国际经验借鉴》在省委政策研究室《内部参阅》专期刊载，供各级领导参阅；成立自贸试验区工作领导小组，制定《河南检验检疫局2016—2017年度推进河南自贸试验区建设工作方案》，明确工作任务及目标责任，确保自贸试验区各项工作取得实效；落实河南省政府下发的160项河南自由贸易试验区总体方案改革试点任务中涉及检验检疫的41项，其中独立牵头的2项及联合牵头的9项全部完成。

（一）深化“放管服”改革，着力加快海关职能实现方式转变

以全国海关通关一体化改革为重点，提高贸易便利化水平。货物通关时间持续压缩，2017年关区进口海关通关时间为12.33小时，同比缩短了27.13%；出口海关通关时间为1.43个小时，同比缩短了51.19%，出口环节压缩通关时间1/3的目标已实现。其中，12月单月进口和出口海关通关时间分别为4.91小时和0.39小时，与2016年全年相比分别压缩了70.98%和86.69%。“一次申报、分步处置”通关作业模式运行平稳，已在关区16个业务现场全面推广。在东站办开展出口转关电子运抵传输业务试点，97%左右的出口报关单实现了系统自动放行；协调制定《郑州海关驻铁路东站办事处二程舱单拆分操作指引（试行）》，简化相关业务操作流程，开展进口二程舱单分票业务试点；2017年监管铁路运输货物39.49万吨，同比增长51.5%；货值27.31亿美元，同比增长81.5%。监管中欧班列（郑州）470班，承运集装箱40 034个标箱，货运量22.70万吨，货值21.63亿美元，同比分别增长95%、99%、98%、1.02倍。继续深入推进通关作业无纸化，目前关区12月通关作业无纸化率达到了99.79%。不断优化监管查验机制，将出口查验率逐步降低至2%以下。积极配合省口岸办做好“单一窗口”标准版在河南的试点工作，“单一窗口”标准版货物全年共计申报14 663票，线上办理企业资质20家，货物申报周综合覆盖率达52.5%，完成国口办明确的年度目标任务。

积极复制推广和探索创新海关适应市场经济

规律要求的管理模式和管理制度。按照“统筹推进、需求导向、因地制宜、逐步完善”的原则，积极对上海、天津等自贸试验区“25+22”项海关监管创新制度进行复制推广。进一步实现简政放权、业务流程再造，简化审批流程和审批手续，将“管少、管精、管准”的理念贯彻执法过程的始终。对3个片区业务窗口的职责进行统一明确，优化工作机制，在自贸试验区范围内减少业务审批层级，压缩业务审批时限，并设置专门的业务咨询窗口，让企业最直接的感受到“省时、省钱、省力”，让广大进出口企业能有更多获得感。

积极融入“多证合一”商事制度改革。以“多证合一”为契机，积极参与推进商事制度改革。支持自贸试验区内开展海关注册登记与工商等部门注册登记业务同步办理试点，将海关报关单位注册登记证书纳入“多证合一”改革范畴，建立适应“多证合一”的企业注册登记并联办理模式；深化信息共享和业务协同，依托“互联网＋海关”“关企合作平台”推动企业注册登记无纸化，以及企业远程自主办理企业注册手续。

（二）积极优化口岸开放平台功能，着力服务“两体系、一枢纽”建设

大力支持郑州国际航空枢纽建设。一是与河南省机场集团有限公司签订《郑州海关与河南机场集团共同推进郑州国际航空枢纽发展战略合作备忘录》，进一步强化郑州国际航空枢纽强势地位，持续提升通关便利水平，增强郑州航空口岸国际竞争力。二是对大宗生鲜、冷链货物，空陆联运重点货源以及跨境电商货物等实行“7×24小时”通关常态化。三是对生鲜、冷链货物实行“提前报关、简化流程、货到验放”的快速通关模式，其中对活体动物和大宗单一商品货物，实行“机坪理货、机坪验放”，通关时间不超过1个小时。四是对资信良好的航空运输企业在国际联程航班运营过程中，采用国内国际货物分舱存放、分类标识的方式开展混装混载业务试点。五是对出口货物开展“提前申报，货到验放”试点工作。2017年郑州海关监管货邮量43.5万吨，增长66.3%。其中，监管生鲜进口货物2.64万吨，增长57%；货值8亿元人民币，增长31.8%；货物种类217种，新增93种。

积极推动关区海关多式联运业务建设。一是选取4个业务现场开展海关总署多式联运管理系统试点工作，试点期间共办理进出境多式联运货物14票，其中关区内测试12票，跨关区测试2票，试点工作整体情况良好。二是积极参加海关总署《海关多式联运进出境货物监管办法（修改稿）》研讨完善集中工作，结合关区实际提出了相关意见和建议，并得到了海关总署的采纳。三是成立关区空港多式联运信息化建设小组，加强同相关企业的沟通联系，推动相关辅助系统的建设，目前信息展示、智能卡口、快邮货站场地管理、邮递物品辅助监管等子系统正在系统开发或测试工作。四是支持郑州机场拓展“空陆联运”业务，将航空运单作为全程运输的唯一运单号“一单到底”，以卡车运输替代航空运输的续程或前程，将郑州机场的影响力覆盖到国内主要货源地，2017年验核空陆联运卡车航班9 459车次，监管空陆联运货物5.7万吨，增长31.3%。

（三）充分发挥海关特殊区域的辐射带动作用，着力促进加工贸易创新发展

推进海关特殊监管区域整合升级，优化关区保税加工和服务功能布局。一是推进郑州经开综保区整合升级。目前经开综保区两个区块基础设施建设和信息化系统已经通过预验收，正在向总署申请正式验收。二是牵头完成对河南商丘保税物流中心的正式验收。这是四部委联合发文简化验收程序以来，河南省第一家按照简化验收程序开展验收的保税物流中心，也是河南省第3个保税物流中心（B型）。三是支持申建新的海关特殊监管区域和场所，强化保税产业支撑点。对鹤壁、洛阳申建综合保税区给予支持，并协助洛阳市政府，对洛阳综保区拟入区项目进行评估。支持信阳等地申建保税物流中心，同总署原加贸司

沟通联系，提前审核了信阳保税物流中心申建的相关手续，帮助其补充完善。四是结合航空港经济综合试验区入驻航空公司的发展需求，发挥保税仓库在航空产业发展中的促进作用，2017 年审批了在机场设立的保税航食等专用保税仓库，为新郑机场航线拓展提供了便利。

积极深化海关特殊监管区域（场所）制度创新。推进“三互”大通关建设，加强海关特殊监管区域（场所）与口岸以及海关特殊监管区域（场所）间联动发展，健全保税物流货物流转管理体系，推动实现保税监管与全国通关一体化有机衔接。深入推进增值税一般纳税人资格、内销选择性征收关税、货物按状态分类监管等创新改革试点工作，努力形成可在全国复制推广的监管经验，支持海关特殊监管区域（场所）内企业统筹利用国内外两个市场、两种资源，探索内外联动、“引领型发展”的新路，增强特殊区域的竞争力。

（四）结合产业发展需要创新海关监管模式，着力促进产业结构转型升级

创新跨境电子商务综合监管模式。2017 年，关区累计监管进出口清单 9 128.7 万票，同比增长 59.1%；商品货值 113.9 亿元人民币，同比增长 71.7%；征收税款 13.5 亿元人民币，同比增长 1.0 倍。郑州海关以创新跨境电商网购保税、“网购保税 + 实体新零售”等模式对应的海关监管模式为突破口，持续推动跨境电商发展。创新完善“跨境电商网购保税模式”（即“1210 模式”），郑州海关对该模式对应的海关监管模式进一步创新和完善，围绕实现监管集约化、智能化、严密化、便利化的目标，为其打造了一套全面系统、量体裁衣式的海关监管模式，并先后向海关总署提出系列意见建议，被相关司局采纳。2017 年网购保税进口模式验放清单 7 317.8 万票，同比增长 32.7%；货值 103.5 亿元人民币，同比增长 60.7%。探索实施多模式综合监管，根据当前企业急切需求，郑州海关正探索在现有海关监管场所内实现多项业务模式的同步开展，实现“一区多功能”，即以分区域管理、分类别监管、联网监管、大数据分析为监管原则，充分利用现有场所和资源实现海关集约化监管。为促进多模式综合监管业务的落地实施，郑州海关以出口跨境电子商务邮政入区分拨为突破口，沿用现有的监管规定，充分利用现有的软硬件设施如口岸作业区、监管场所、综合查验中心分拣线、智能化辅助系统，将邮政原本分散在境内的国内电子商务商品集中在现有海关特殊监管区域内进行统一的分拨配送，有效提高企业物流派送实效，目前邮政每天入区分拣包裹约 3 万包，运行期间企业反响较好。

推动跨境电子商务均衡发展。在积极推进“买全球”的基础上，立足河南省经济特色，主动帮助引导企业实现“卖全球”目标，有效推动跨境电商出口业务。2017 年，跨境电子商务零售出口模式监管出口清单 1 761.8 万票，同比增长 8.5 倍；出口商品总值 7.87 亿元人民币，同比增长 22.8 倍。其中，12 月份监管出口清单 179.2 万票，商品总值 1.2 亿元人民币。

研究建立跨境电子商务国际标准规则体系。已完成郑州海关 2017 版网购保税海关监管模式的固化工作，并筹划跨境电商“网购保税 + 实体新零售”海关监管模式的总结固化工作。

（五）切实强化海关实际监管，着力培育法治化营商环境

推进信用管理体系建设。全面推广引入社会中介机构协助实施海关稽查工作，采信事先在海关备案认可的专业中介机构的稽查结果。实施自由贸易试验区内企业联络员制度，及时解决通关通检事务。引导 54 家重点企业成为 AEO 高级认证企业。以企业为单元、信用为基础的海关事后稽查监管有效实施，2017 年，郑州海关开展企业稽查作业 65 起，办结稽查作业 66 起，查发问题作业 29 起，稽查有效率达 43.94%，稽查追补税款 1 721 万元人民币，是去年追补税额的 1.8 倍，再创历史新高；完成保税核查作业 107 次；办结的稽查作业中有 11 家向缉私部门移交案件

线索，涉及货值4 620万元人民币，涉及税款241.64万元人民币。

加强风险防控体系建设。成立郑州海关二级风险防控中心，按季度召开关区风险研判会，重点加强在新兴业态、快件等领域的风险分析与防控。同时，严格落实投资准入负面清单基础上，强化正面监管，管严管好，为河南自贸试验区建设积极营造公平、规范、健康的进出口贸易秩序。

二、创新成果

（一）电商商品按状态分类监管

1. 主要做法

充分利用现有软硬件监管设施，依托海关信息化系统和新技术，允许非保税国内电商商品入海关特殊监管区域或保税物流中心（B型）存储，与跨境电商商品集拼、分拨，根据订单最终确定商品实际离境出口或返回境内区外，在实现海关集约化高效监管的同时，电商企业进口与出口、跨境与内贸等多种电商业务模式同区开展，从而节约成本提高生产效率。

2. 实践效果

一是高效利用有限海关监管行政资源，实现集约化高效监管，提升贸易便利化水平。

二是同区作业，大幅降低企业的管理成本、资金成本和物流成本，消费者的购物体验也进一步提升。

三是集成产业链，拓展区域新功能。迎合了区内跨境电商企业国内国外融合发展需要，充分发挥了海关特殊监管区域连接国内国际两个市场的平台优势。

（二）跨境电商“网购保税＋实体新零售”模式

1. 主要做法

跨境电商“网购保税＋实体新零售”创新模式是指在税收保全的前提下，允许符合监管要求的电商企业将网购保税进口商品凭保出区展示，消费者到店选购商品，经身份信息验核并在线完成下单支付，三单信息(即客户订单、支付流水、物流信息）与申报清单即时向海关推送与申报，清单放行后，允许消费者当场提货，实现“线上下单，即买即提”。

2. 实践效果

一是提升消费者购物体验。跨境电商“网购保税＋实体新零售”创新模式打破了线上网店与线下实体店铺的界限，兼具线上透明、线下真实的优点，顺应当前国内消费市场全面升级的大趋势，进一步提升了跨境电商商品消费者购物体验。缩短了跨境电商从下单到收货的时效，实现了消费者所见即所得的传统购物习惯，在家门口即能买到物美价廉的境外商品，对拉动境外消费回流，加速消费结构升级起到了推动作用。

二是扩大跨境电商进口商品消费群体。跨境电商“网购保税＋实体新零售”创新模式在提升电商原有网购用户消费体验的同时，也成功吸引了部分传统实体店购物消费者，实现了线下实体店顾客向线上导流的效果，扩大了跨境电商商品的消费群体，同时为国内消费者提供更多的消费选择。

（三）跨境电商企业“风险画像”制度

1. 主要做法

收集事前企业基本信息，包括企业名称、企业备案网址、企业法人及合伙人信息、是否“转关入区”、开展业务时间、主营商品、配套第三方企业（物流企业及支付企业）、第三方企业对应单量和货值、商品总库存比、企业及第三方企业资质、库存及账册企业、企业自控情况等；分析事中监管通关数据，包括入出区报关单总数、清单总数、总货值、税款总额、日均单量、三单申报情况、企业违规情况、查验查获情况等；分析商品价格、商品销售数量、流向集中度、收货地址、订购人、支付人、收货人、收货电话等要素是否存在异常情况；核查盘库、网上巡查、神秘买家测试等是否存在异常情况。

2. 实践效果

通过“风险画像”，发现个别电商存在清单

价格偏低、漏报运费、购买后无实际发货、无工信部ICP备案信息、涉嫌传输虚假支付信息、物流信息模糊等问题。已对发现问题进行相应处置，无资质电商企业已经进行ICP备案，移交跨境电商案件线索3起，暂停4家企业开展业务，对8家违规电商企业补征税款50余万元。

（四）跨境电商零售进口正面监管模式

1. 主要做法

按照便企利民的导向，突出风险防范，归纳跨境电商企业零售进口流程及商业规律，将海关监管无缝嵌入企业经营环节，事前加强风险预判、事中突出真实性核查、事后以精准风险画像进行差别化管理，实现“以货物为单元”的逐票监管到“以企业为单元”的守法监管，确立“由企及物”的管理脉络，形成较为完备的正面监管操作指引，保障跨境电商零售进口规范、有序发展。

2. 实践效果

一是有效管住事前准入风险。海关部门及时发现、总结多个跨境电商企业在准入环节可能面临的风险点，并对风险点进行分类监管，从源头上降低跨境电商进口的风险，促进跨境电商企业高质量开展零售进口业务。

二是有效促进企业合规通关。海关部门坚持“创新、包容、审慎、协同”理念，不断探索实践，在通关、查验、物控等各环节，严密防范风险，注重风险管理与规范发展，逐步建立起一套适应跨境电商零售进口新业态发展的监管新模式。

三是有效提升事后风险管理能力。通过应用新技术、新监管手段，在盘库、风险数据分析及应用、风险管理等环节进一步提升了监管效能，逐步形成了广泛认可、效率更优的新型监管模式。

（五）“互联网+关邮e通”国际邮件通关新模式

1. 主要做法

全流程网上办理。国际邮件收件人通过互联网平台PC端和移动端完成查询、申报、缴税、退运等有关国际邮件通关业务，真正做到了让“信息技术多跑路、办事群众少跑路”。

2. 实践效果

“互联网+关邮e通”系统实现了信息共享与人力资源的节约，不仅让群众“零跑动”“零耗时”办理国际邮件的主要通关业务，还让海关能够共享通关数据，提升布控和精准打击水平，实现低风险邮件快速通关，节省了人力资源。对于邮政企业而言，通关效率的提高加快了物流速度，降低了企业的通关成本。

（六）原产地证书“信用签证”管理试点

2017年5月24日起，河南成为全国首家在自贸试验区内实施原产地证书“信用签证”管理的创新试点。经原质检总局批准，郑州宇通客车股份有限公司和中国一拖集团有限公司先行开展“信用签证”试点。证书审核正确后企业自主打印证书使用，检验检疫根据风险等级加强风险防控，结合产地调查和实地效果评估，确保签证产品的原产地信息真实、准确、有效、完整。商务部副部长王受文代表国务院自贸试验区工作部际联席会议办公室在郑州调研时对原产地证“信用签证”管理给予肯定。2017年共完成信用签证187份，签证金额人民币2.9亿元人民币，为企业减免进口国关税达人民币2 337万元人民币，至少为企业减少往返次数122次，节约时间成本600余小时。

（七）跨境电商质量安全风险管理及便利化工作机制创新

通过建立跨境电子商务的风险管理机制，优化事前监管，加强事后监管，缩短事中查验流程，促进跨境电商健康快速持续发展。通过科学化风险分析，对跨境电商商品实施电商企业信用为基础、风险管理为核心的差别化分类监管，建立跨境电商“秒通关”快速放行机制，提升贸易便利话水平。2017年，累计监管跨境电商进出口包裹8 701.18万包，货值102.52亿元人民币，保税进口包裹数量、货值均位列全国13个综试区首位，分别占全国13个综试区保税进口总数的32.27%、24.99%。

（八）出口食品生产企业备案采信第三方认证结果

在风险分析和文件审核基础上，对已取得ISO9000、ISO22000、HACCP认证证书的出口食品生产企业，在其办理初次备案、延续备案、重新办理等业务时，可直接采信，免予现场考核。通过采信第三方体系认证结果，免除备案工作中需对企业实施现场检查这一技术审核环节，使原本需20个工作日办结的备案事项缩短为3个工作日，大大提高了企业备案的便利化水平。

（九）“三位一体”口岸快速通关新模式

通过完善口岸卫生检疫自助查验设施设备、加强卫生检疫专业队伍建设及“智慧口岸”建设，探索“在线检疫”新模式，加快口岸快速通关，大幅缩短出入境人员候检、查验、排查、处置时间，提高公共卫生风险检出率。2017年，在郑州机场先后3次检出河南口岸首例传染病确诊病例，包括登革热病毒感染、诺如病毒感染、副溶血弧菌感染等。

（十）报检企业备案和原产地企业备案“两证合一”

将原来分别办理的出入境检验检疫报检企业备案和出口货物原产地企业备案实施“两证合一”，实现“一口受理、一次发证、一证两用”。目前已按照省政府统一要求并入河南省“三十五证合一”。2017年共接收“三十五证合一”项下的出入境检验检疫报检企业备案和出口货物原产地企业备案申请478个，落实率达100%，排全省各厅局前列。

（十一）入境维修/再制造试点

2017年7月22日，向郑州煤矿机械集团股份有限公司颁发河南省入境维修/再制造“试点企业”牌匾，该企业成为河南自贸试验区首家入境维修/再制造“试点企业”。目前河南共有3家企业通过入境维修/再制造能力评估，获得相应资质。2017年入境维修/再制造进口料件货值3.62亿美元，居全国前列。

（十二）进出口工业产品第三方检验结果采信试点

对进口服装和金属材料两种产品，实施“企业质量符合性声明+第三方检验结果采信”制度，其中进口服装2017年累计近6 000吨、货值约10亿元人民币，带动郑州航空口岸进出口服装包机每周4架，累计包机运行70架。推动西班牙INDITEX集团国际服装分拨中心顺利落地郑州。

（十三）进口食品、化妆品进口商备案试点

2017年11月1日，进口食品、化妆品进口商备案业务下放至河南自贸试验区郑州、开封、洛阳片区检验检疫机构。通过简化进口商备案流程，实施无纸化的进口商备案方式，企业无须预约，可就近到各自贸片区检验检疫机构服务窗口提交备案材料，既节约了时间成本，又节约了路费等支出费用，有效减少了企业人力、物力和时间投入。2017年，已有47家企业就近办理备案或变更备案业务。

（十四）进境动植物及产品检疫审批无纸化试点

优化进境动植物检疫审批流程，在自贸试验区3个片区实现检疫审批全流程办理，在全省实现检疫审批全程无纸化办理。审批时限由10个工作日缩短为7个，自贸试验区内的缩短为5个。

（十五）进出口企业开展节能低碳产品认证

通过出口企业分类评定采信能源管理体系认

证结果、获节能低碳认证的进出口产品相关检验检测项目采信认证结果、节能低碳认证企业享受“进口直通”“出口直放”检验检疫工作模式，推动节能低碳产品示范园区建设，发展节能低碳产业等支持措施。措施发布以来，河南省共有10家企业的12种产品获得节能认证。

三、具体支持措施

1. 加快推进通关一体化改革

积极落实全国通关一体化改革，积极推进自贸试验区海关功能化改造。支持自贸试验区优先推广应用国际贸易“单一窗口”，逐步实现由“串联执法”转为“并联执法”。加强与沿海、沿边海关间的协作，推广应用物流监控系统，服务外贸优进优出。

2. 优化监管手段，提升通关效率

落实“双随机、一公开”制度，加快部署大型集装箱检查设备，提高非侵入式查验比例，提高通关时效。协助推动对自贸试验区内企业查验没有问题的免除吊装、移位、仓储等费用，减少企业通关成本。通过推广电子支付、担保放行等举措，率先在自贸试验区实现压缩货物通关时间三分之一。

3. 优化税收征管方式

推动税收征管申报要素审核前推后移，缩短事中处置时间，提高通关时效。支持企业自报、自缴税款，对非准入风险和事后可处置税收风险实施放行后验估作业。对符合条件的自贸试验区内企业进口货物开展预审价、预归类和原产地预确定。实施以企业为单元的总担保机制，率先实现自贸试验区内企业“一次提交担保、多点多次使用”。探索符合海关要求的其他担保形式。

4. 优化企业管理方式

支持自贸试验区开展企业注册登记“多证合一”。深度推广“关企合作平台”，鼓励企业自主在线办理海关业务。优化内部核批流程，实现进出口收发货人注册登记当日办结，为企业减负增效。优先支持自贸试验区内符合条件的企业经申请认证为海关AEO企业。为自贸试验区内重点企业设立海关联络员，及时协调解决涉及海关事务。

5. 推动加工贸易监管模式改革

对自贸试验区内管理规范、符合海关监管要求的加工贸易企业，实施自主备案、自主核报的管理方式。简化核销手续，取消预报核环节，允许企业根据生产经营情况自主确定合理核销周期，自主选择在报核前申报单耗或实行单耗自核管理。

6. 支持海关特殊监管区域整合优化

支持郑州经开综合保税区尽快封关运作。推动保税仓库和出口监管仓库整合试点。支持自贸试验区各片区符合条件时申建海关特殊监管区域和保税监管场所，充分发挥海关特殊监管区域及保税监管场所的辐射带动作用。

7. 优化保税货物流转方式

推进海关特殊监管区域、保税监管场所和口岸之间卡口联动管理，建立口岸、海关特殊监管区域、保税监管场所和加工贸易企业之间保税货物便捷流转的管理模式。允许自贸试验区内企业自行选择使用经海关备案的自有车辆或具备资质的运输企业车辆承运保税货物。

8. 加快推进选择性征收关税试点和增值税一般纳税人资格试点工作

加快推进自贸试验区内海关特殊监管区域开展选择性征收关税试点，允许企业加工生产并销往国内市场的货物，自主选择根据其对应进口料件或实际报验状态缴纳进口关税。推进海关特殊监管区域企业增值税一般纳税人资格试点实施，进一步优化监管流程，发挥试点作用，鼓励企业充分利用国际国内两个市场、两种资源。

9. 深化仓储货物按状态分类监管应用

支持自贸试验区内海关特殊监管区域实施仓储货物按状态分类监管措施，允许非保税货物以非报关方式进入海关特殊监管区域，与保税货物集拼、分拨后，实际离境出口或出区返回境内。在符合政策的前提下，探索推广应用到保税监管场所以及保税展示交易、跨境电子商务等业务领域。

10. 支持现代航空枢纽建设

支持郑州、洛阳机场增加国际客货运航班、航线。优化进出口货物中转通关流程，支持国际航空运输企业设立分拨中心，试点航空运输货物国际中转和集拼业务，推进郑州机场建设国际货运枢纽。支持依法开通国际通程航班。支持境外旅客购物离境退税业务开展。

11. 优化航空货物监管模式

对空运进口的生鲜、冷链货物实行“提前报关、简化流程、货到验放”的快速通关模式，其中对活体动物和大宗单一商品货物，允许实行机坪理货验放。允许资信良好的航空运输企业在国际联程航班运营过程中，采用国内国际货物分舱存放、分类标识的方式用足运力，开展混装混载业务试点。

12. 支持发展多式联运

探索内陆型多式联运海关监管模式，支持企业在铁路口岸、航空口岸开展国际货物多式联运。支持中欧班列（郑州）班次加密，推动班列往返双向运输平衡。加强与周边区域海关协作配合，支持拓展陆空联运业务范围。

13. 支持国际邮、快件物流发展

允许符合条件的国际货物类快件在自贸试验区办理属地报关业务。支持进境邮件在郑州国际邮件互换局实现“一点通关、分拨全国”。探索运用“互联网+”开展国际行邮物品自主申报、自主缴税改革，实现线上办理、线下通关。

14. 支持企业自主创新发展

支持将海关监管期内符合条件的进口减免税科研仪器设备纳入重大科研基础设施和大型科研仪器设备共享平台，引导高等院校、科研院所和企业以市场化运作方式依规向社会开放科技资源，提高设备使用效率，激励企业释放创新潜能。

15. 支持跨境电子商务发展

支持自贸试验区企业多模式开展跨境电子商务业务，支持跨境电子商务出口业务发展，推动跨境电子商务进出均衡发展。创新海关监管模式，探索跨境电子商务线上线下有机融合。对跨境电子商务相关企业试行海关企业信用管理，探索更加符合新业态特点的企业认证标准。

16. 支持生产性服务业发展

支持自贸试验区企业开展高技术、高附加值、环境风险可控的境内外检测、维修业务，优化与之相适应的海关监管模式。支持符合条件的企业开展服务外包保税业务时，使用国际服务外包业务进口货物保税监管模式。

17. 支持保税文化产业发展

探索文化产品保税监管新模式，促进文化艺术、数字出版、动漫游戏、艺术品交易等文化业务发展。支持自贸试验区内企业利用海关特殊监管区域及保税监管场所发展文化特色服务进出口产业，开展文化艺术品保税仓储及展示交易业务。

18. 支持开展保税展示交易业务

支持自贸试验区内海关特殊监管区域、保税物流中心注册登记的企业凭有效担保开展保税展示交易业务。

19. 支持开展期货保税交割业务

支持国内期货交易所在自贸试验区海关特殊监管区域内设立期货保税交割仓库，开展期货保税交割、仓单质押融资业务，根据发展需要适时扩大期货保税交割品种。

20. 依法实施知识产权保护，维护创新成果

支持引导企业积极在海关进行知识产权保护备案，防范和查处进出口环节侵犯知识产权、危害对外贸易秩序等违法行为。协助加工企业鉴定订单货物知识产权状况，避免企业在不知情的情况下侵权。完善知识产权海关保护执法程序，探索既符合海关法定职能又符合改革方向的自贸试验区知识产权海关保护执法模式。

21. 依法开展风险防控，维护国家安全

加强实际监管，有效防控意识形态渗透风险，坚决防止自贸试验区内渗入和滋生对中国政治、经济、文化、道德有害的印刷品、音像制品及其他信息载体。

22. 依法打击走私，维护自贸试验区健康发展环境

根据自贸试验区发展特点，提高执法统一性和规范性，营造法治化营商环境。认真研究可能出现的风险隐患，确保安全高效管住，精、准、狠地打击走私等违法犯罪活动，促进自贸试验区健康发展。

23. 下放行政审批权限

简化自贸试验区内企业进境生物材料、动植物及其产品检疫许可办理程序，通过多点受理、网上审批、分批核销等便利化措施进一步缩短流程时限；推进出入境检验检疫报检企业备案及原产地证书申领企业备案“两证合一”改革。将CCC产品免办、原产地证签发、出口食品生产企业备案、进境动物产品、出境动物及其产品生产、加工、存放单位注册登记、进境动植物及产品检疫审批、出入境特殊物品卫生检疫审批和企业年审等原河南检验检疫局权限分批下放到自贸试验区检验检疫机构。

24. 免予实施强制性产品认证制度

自贸试验区内入境展品、企业自用办公用品以及设计、研发、产品测试、出口加工、进出境返修产品、设备租赁等所需的原材料和零部件，免予实施强制性产品认证。

25. 免办中转和转口货物检疫审批等行政许可

除过境动物和转基因产品外，其他过境动植物及其产品免予办理进境动植物检疫审批，实施备案管理；对已获得我国检疫准入的国际中转食品免予实施检验，免予提供证书，免予注册备案等前置准入要求；对集装箱转运的有运输包装的动植物产品免予准入要求、检疫审批和证书要求。

26. 实施分线检验检疫监管制度

按照防控质量安全风险和贸易便利化的原则，在出入境“一线”实施检疫和重点敏感货物检验，在“二线”实施检验监管。对自贸试验区内进出口商品及企业实施风险监测为主的质量安全管理。

27. 创新检验检疫监管模式

实行货物预检验制度，进入自贸试验区内的货物实施入区一次检验检疫、出区分批核销；探索建立自贸试验区内货物“空检铁放”“铁检铁放”“空检空放”等新型监管模式；对自贸试验区内加工使用的进口肉类、水产品、植物及其产品、皮张、动物源性饲料、危险货物及其包装等，在指定口岸或指定场所实施集中检验检疫查验，货到即查、查毕即放。

28. 实行信用分级管理

优先办理自贸试验区企业AA级评定申请，合理放宽AA级企业推荐审批条件；对评定为AA级和A级的企业，降低日常抽查频次，实施诚信放行，并对出口食品生产企业备案、进口食品进口商备案等事项，免于实施现场考核。

29. 创新原产地签证管理

在企业首次申请签发原产地证书时一次完成原产地企业备案。实施“网上通审、省内通签”原产地签证制度；对自贸试验区中转出境的货物提供原产地证书签证服务，根据加工或装配程度的区别，实施分类管理，并予以签发相应的原产地证书；对出境保税物流仓储货物原产地签证，采取“凭证换发、分批核签”的签证模式。

30. 推进出口和内销产品“同线同标同质”

按照供给侧结构性改革要求，推动自贸试验区内企业出口和内销产品在同一生产线上按相同的标准组织生产，达到相同的质量水准，逐步消除国内市场与国际市场的产品“质量高差”，促进出口优质产品向国内市场的供给，扩大内需，促进海外消费回流。

31. 实施检验检疫一体化

深化全程无纸化改革，加快全省检验检疫一体化进程，建立郑州、开封、洛阳三个片区的协调联动机制，提高包括自贸试验区在内的特殊开放区域互联互通水平及通关效率。

32. 推动认证及检验检测结果互认

积极参与原质检总局与“一带一路”沿线国家在检验检疫、认证认可等方面的多双边合作，

推动实现标准、方法的互认及检验检疫证书国际联网核查；深化第三方检验、认证结果采信制度，扩大进出口工业产品第三方检验结果采信的适用范围，采信质量体系认证结果。

33. 支持国际贸易“单一窗口”建设

支持地方政府国际贸易“单一窗口”建设，推进自贸试验区检验检疫监管服务平台和数据交换平台建设，建立与自贸试验区公共信息平台的网络互联机制；打造“智慧国检”平台，启动“互联网+”质量安全追溯、技术规则及风险监测等项目建设。

34. 支持贸易便利化示范工程建设

创新行政执法流程顺应物流理念，推行非侵入、非干扰式口岸查验模式，减少环节，缩短周期；落实WTO《贸易便利化协定》，推动建设航空口岸进口肉类、铁路口岸拼箱业务、邮政口岸进出境邮件、跨境电商出口业务、新郑综保区进境维修手机、郑汴出口农产品等贸易便利化示范工程，打造“综合流程最优、综合效率最高、综合成本最低”的大通关放行模式。

35. 支持枢纽经济创新发展

积极推动进口肉类、澳大利亚肉牛、水果、冰鲜水产品、食用水生动物及汽车整车等指定口岸业务做大做强；支持在自贸试验区内建设进口粮食、植物种苗（花卉）、木材等指定口岸。以口岸建设推动自贸试验区建设，以建设综合交通枢纽和国际物流中心为目标推动枢纽经济创新发展。

36. 支持中欧班列和西向物流发展

支持郑州充分发挥内陆主要货源节点和主要铁路枢纽节点作用，打造中欧班列核心枢纽；简化申报、查验和放行手续，过境中转集装箱免于开箱查验；支持冷链物流发展，扩大班列运输食品范围；支持沿线口岸和郑州国际陆港之间开展进出口集装箱加挂业务试点。

37. 支持多式联运和拼箱拼装中心建设

支持多式联运国际物流中心建设，提前规划，科学布局口岸检验检疫监管区，集中查验，提高效率，降低成本；支持拼箱拼装中心建设，简化拼箱拼装货物检验检疫监管，提升揽货能力，扩大辐射半径；创新多式联运及国际分拨货物检疫准入、证书核查、口岸查验等检验检疫监管制度，推动内陆物流大通道建设。

38. 推动国际农产品交易中心建设

依托河南农业大省、食品工业强省和进口大宗粮食目的地优势，充分发挥肉类、粮食、水果等指定口岸和郑州商品交易所的作用，利用自贸试验区建设国际农产品交易中心；实施风险分级监管，探索农产品快速检验检疫放行模式；结合生态原产地产品保护示范区建设，提升自贸试验区农产品品牌影响力，实现经济、生态效益双提升。

39. 加强技术性贸易措施工作

围绕与中国WTO / TBT — SPS通报中心、省商务厅联合启动的“技术性贸易措施研究基地”建设，加强对重点贸易国家和地区、重点行业和产品的技术性贸易壁垒研究分析，针对自贸试验区企业特点制定并落实应对措施，积极开展我国技术性贸易措施工作。

40. 支持跨境电子商务发展

在自贸试验区内探索建立“平台第一责任、电商预交保金、商品质量保险、国检分类监管”的质量安全监管模式；加快推进跨境电商技术规则研究与风险监测公共服务平台建设，发挥跨境电商综试区和自贸试验区叠加优势，促进外贸转型升级。

41. 支持智能终端和装备制造产业发展

优先推荐智能终端和装备制造企业参与出口质量安全示范企业评选，发挥示范作用，提升质量管理水平，扩大出口；搭建公共检验检测认证服务平台，推动与境外知名实验室实现检验检测互认，服务企业“走出去”。

42. 支持入境维修与再制造产业发展

支持郑州打造全球入境维修与再制造基地，对于经资质评估合格的维修企业，进口一般风险入境维修产品免于海外装运前检验，以周期性监督检查替代逐批产品检验。

43. 支持生物医药产业发展

放宽对血液、细胞、组织切片等低风险基础性原料的进境限制；对进境生物材料实施多种查验方式和频次相配合的便捷性监管措施，对中低风险的产品实施口岸直通放行；开展进境生物材料风险评估工作，创新通关模式，助推生物医药由少量的研发试验向规模化、产业化发展。

44. 支持文化旅游产业发展

创新面向全球文化艺术品保税展示、拍卖、交易业务的风险管理制度，针对文化产品特性及进境检疫特殊要求，制定配套的检验检疫监管举措；对自贸试验区内进口文化艺术品（限艺术品整体或部分属于 CCC 目录产品）给予无须办理 CCC 认证的特殊监管措施，凭艺术品证明文件直接受理报检；支持开封建设国际艺术品质量溯源与鉴定中心。为参与会展、演出、比赛等演艺活动的进境动物、演出道具和演出物资提供通关便利，为国际旅客提供国际旅行卫生保健服务。

四、统计数据

自 2017 年 4 月 1 日挂牌至 2017 年 12 月底，河南自贸试验区实有注册企业 1 892 家，实现对外贸易总值 196.8 亿元人民币，其中出口 68.5 亿元人民币，进口 128.3 亿元人民币。

分片区看，郑州片区实有企业 1 384 家，实现进出口总值 181.7 亿元人民币，其中出口 54.3 亿元人民币，进口 127.3 亿元人民币。开封片区实有企业 205 家，实现进出口总值 4.2 亿元人民币，进口为 73 万元人民币，其余均为出口。洛阳片区实有企业 303 家，实现进出口总值 10.9 亿元人民币，其中出口 10 亿元人民币，进口 9 279 万元人民币。共受理报检、办理企业备案等事项 30 852 件。其中，报检企业备案与原产地申领企业备案 2 699 家；签发各类原产地证书 19 761 份，为出口企业减免进口国关税约 4.40 亿元人民币。

◎成都海关支持中国（四川）自由贸易试验区建设主要情况

2017 年 4 月 1 日，中国（四川）自由贸易试验区（以下简称“四川自贸试验区”）正式挂牌启动建设，整体分为成都、泸州两个部分，涵盖三个片区：成都天府新区片区、成都青白江铁路港片区和川南临港片区。

一、成效综述

（一）强化组织统筹完善工作机制

成立成都海关支持四川自贸试验区建设工作办公室，统筹海关支持自贸试验区建设工作。出台 30 条可操作、可执行、可落地的具体措施和 100 项具体改革任务，明确牵头部门和时间节点，确保改革措施落到实处、取得实效。

原检验检疫方面，成立 8 个工作组和自贸管理科，实施党组挂牌督办，率先出台支持四川自贸试验区建设工作方案，率先推出 20 项支持措施，率先明确涉及检验检疫的 30 项改革事项任务分工，率先制定检验检疫 10 项创新制度。

（二）全面改革创新持续提升贸易便利化

按照“放管服”要求，加大简政放权力度，“简化手续、优化流程”系列改革，取消属于成都海关事权的核批事项 6 项，优化通关流程 13 项，减少作业环节 26 个；深入推进“双随机、一公开”，逐步实现在货物查验、加工贸易、企业管理等执法领域全覆盖；深入调研学习其他自贸试验区推出的海关监管创新制度，对其中四川有需求且有信息化系统支持的制度进行复制，复制率达 78%；先行先试“批次进出、集中申报”“先进区、后报关”等自主创新改革，2017

年仅“批次进出、集中申报”改革就减少报关单36.3万份，减少报关单量94.08%，为企业节约成本5 400余万元人民币。2017年四川进出口货物海关平均通关时间分别为7小时和0.6小时，在全国42个直属海关中位列第3位和第10位，分别较2016年同期压缩53.5%和49.6 %，超额完成国务院“压缩货物通关时间三分之一”的目标，形成手续简便、流程优化的通关环境。

（三）全力支持新型贸易业态发展

大力推动保税维修业务发展，航空发动机境内外保税维修业务已在川落地。全力推动中欧班列（蓉欧）发展，2017年开行数超过1 000列，位居全国第一。全力支持跨境电子商务发展，正式开展保税备货业务，支持中欧班列（蓉欧）运输跨境电商商品，2017年成都海关监管跨境电商零售进口清单数量26.6万份。此外，成都海关还积极配合省政府，向海关总署和相关国家部委争取将仓储货物按状态分类监管、融资租赁、平行进口车保税仓储等项目拓展到保税物流中心（B型），以充分发挥保税物流中心功能。

二、创新成果

（一）坚持需求导向，聚焦口岸开放，提升自贸试验区对外开放水平

支持成都双流国际机场拓展空港枢纽功能。开展通程航班、国际旅客中转等业务。支持开通国际全货运航班串飞业务，提升空港货运量。支持新开国际航线，双流机场国际航线达到104条。

支持中欧班列扩能增效。出台中欧班列扩能增效12条支持措施，助推蓉欧班列扩大返程运力。推行“空检铁放”预检验，实现空、铁、公、水多式联运无缝衔接。优化查验流程，一般过境中转集装箱免于开箱查验，采用非侵入、无干扰等现代查验设备，口岸开箱查验率降低76%。实施进口食品标签预审核和“预检快放”，蓉欧班列进口食品货值、批次较去年同期增长102.9%、269.3%。进口整车指定口岸发挥明显作用，2017年以来累计进口整车89批次、622台、货值1 389.78万美元，同比分别增长493.3%、374.5%、266%，整车进口实现常态化。

支持成都国际铁路港依托中欧班列打造国际铁路运输枢纽。落实海关总署“一带一路”大通关合作计划，开展与班列沿线欧洲目的地国家海关的国际合作。邀请波兰驻华使馆专员来川考察，探索建立与波兰罗兹海关的“端对端”的合作机制。为中欧班列（成都）提供更加便利的服务。下一步还将积极向总署争取，开展“一带一路”合作论坛，探索与更多班列欧洲目的地国家海关建立“点对点”联系。

探索通过中欧班列（成都）以邮（快）件物流模式运输跨境商品。对中欧班列邮（快）件运输跨境商品开展测试运行。探索开展中欧班列运邮测试，推动中欧班列运邮常态化运作。

推动国际多式联运建设。海关积极配合地方主管部门推进多式联运监管中心建设工作。下一步将依托“单一窗口”标准版功能模块的完善，探索实现多式联运物流数据的互联互通，实现多式联运海关监管货物的“一站式”办理。

配合成都国际铁路港推动实施多式联运“一单制”工作。以陆港运营公司为主体，率先试点签发海铁联运提单，实现海铁联运一次托运、一次收费、一单到底，确保海关对国际多式联运货物多种运输方式转换的有效监管。建立中欧班列（成都）沿线国家、船公司、铁路运营企业、贸易企业、金融机构认同的多式联运“一单制”体系，赋予多式联运提单物权特性，满足企业海铁联运融资需求。

加大对口岸监管设施设备的配备力度，提高口岸监管科技化、信息化水平。拟定13类海关监管通关业务标准化操作手册，对整车进口、展览品通关、查验作业等业务明确统一作业标准。

提高科技装备的投入使用，配备CT行李物品检查设备、H986大型集装箱检查设备（建设中）、门户式辐射检查设备等，提高非侵入式查验比例，进一步提高查验效能。依托空港查验中

心建设，积极研究“一站式”查验放行作业模式。

支持“单一窗口”建设。出台八项支持措施，建立容错机制，支持国家“单一窗口”标准版上线运行，实现分支机构上线覆盖率、报检覆盖率两个100%。标准版日报关覆盖率稳定在40%—50%，最高达60.66%。2017年以来，四川共计323家企业使用“单一窗口”报检2.73万批次。

通过全面推进全国通关一体化，实现全国海关之间的成果共享、监管互认、业务互通，实现供港澳蔬菜出口直放。

（二）坚持效能导向，拓展海关特殊监管区域功能，助推新型贸易业态发展

支持企业在特殊监管区域内开展保税售后维修业务，2017年，纬创资通（成都）有限公司开展笔记本电脑保税维修12 626台，货值722.64万美元。制定符合保税维修业务特色监管模式，推动飞机发动机境内外维修落地，四川国际航空发动机维修有限公司已入驻成都高新综合保税区（双流园区），并于2017年10月25日开展第一台境外飞机发动机入区维修。

创新入境维修检验监管新模式。创新“先理货、后报检、全程信息化监控卫生处理”的监管模式，降低企业经营成本；实施动态监管，提升监管效率，确保环境安全。2017年以来，监管维修用途入境机电料件5 642批，货值4.66亿美元，通关时间平均缩短1—2天，为企业节约100多万元人民币。入境维修检验检疫监管创新被四川省作为第二批四川全省推广制度。

支持区内企业开展选择性征收关税业务，与传统模式相比，少缴关税约63%；允许符合条件的企业在海关特殊监管区域内设立保税展示交易平台，在成都高新综保区双流园区西卡口设立进口商品展销中心，已吸引20家企业入驻。

深化保税货物流转模式改革，成都高新综保区双流园区内可实现保税货物自由流转。保税流转系统通过验收，可与南京、上海、重庆、北京、合肥等海关开展相关业务。

支持特殊监管区域内企业开展仓储货物按状态分类监管业务，区内仓储企业可有效利用空置仓库，仓储非保税货物，节约仓储成本。2017年仓储非保税货物进出319批次，货值2亿元人民币。

（三）坚持服务导向，优化海关监管模式，营造高效、便捷的通关环境

成都海关现已实现全部运输方式的进出口报关单的通关一体化。2017年关区无纸化率达98.33%，进出口货物海关平均通关时间分别为7小时和0.6小时，分别较去年同期压缩53.5%和49.6 %，超额完成国务院“压缩货物通关时间三分之一”的目标。

进一步优化检验检疫流程。全面实施无纸化报检和无纸化通关，2017年以来无纸化报检率达91.77%。实施审单放行模式改革，最快20秒通关，入境货物现场开箱查验率降至22%。

深入推进“双随机、一公开”在海关执法领域全覆盖，落实“选查分离”和“查处分离”工作要求，实现100%查验随机自动派单，有效防控执法风险与廉政风险，营造公开、公平、公正的监管环境。

在旅客通关现场全面实行“7×24小时”通关。对跨境电商商品，实行全年（365天）无休、货物运抵海关监管场所24小时内办结所有海关手续；对快件类货物物品，采取定时集中验放方式，满足企业在非工作时间通关需求；对一般货物，实行“7×24小时”预约通关，为应急航材、鲜活货物等时效需求高的商品办理预约通关。

创新国际展会监管模式。对会展入境参展展品实施简化审批、检疫为主、口岸快放、免于检验、闭环监管的便利化措施，《国际展会检验检疫管理办法》被四川省自贸办作为首批拟在全国复制推广的两项创新制度之一，向中央部委推荐。四川自贸试验区挂牌以来，高效服务西博会进口展、第96届糖酒会、第五届农博会等重大国际展会，一般展品实现即报即放、集中监管，需检疫的展品通关时间缩短了50%。动植物、动

植物源性产品等展品的审批时间由15个工作日缩短至1—3个工作日。

创新担保模式，大力推广总担保。落实海关总署推进多元化担保要求，选取1家企业开展企业增信担保试点，并顺利完成缴税。积极推广以企业为单元的总担保业务，关区有24家企业办理总担保，涉及担保金额47亿元人民币。

积极推进“以企业为单元”加工贸易监管改革。2017年选取5家企业试点，有效缓解了现场人力资源紧张状况，减少了试点企业流动资金占用量和工作量。

积极落实“主动披露”制度。对2017—2019年专项稽查对象303家企业试行“主动披露”制度，在充分掌握证据资料条件下，对2家企业开展海关稽查工作并实现追征税款入库，实现企业“主动披露”工作效果零的突破，加大宣贯力度，以案说法，不断降低行政执法成本，获得较好社会管理效益。

三、具体支持措施

1. 深入推进海关通关一体化改革

全面落实全国海关通关一体化改革，实施“一次申报、分步处置”新型通关模式。提高系统自动审核放行比率。建立完善通关时间监控机制和考评机制，力争在“压缩货物通关时间三分之一”的基础上通关效率保持在全国海关前列。

2. 深入推进“简化手续，优化流程”改革

继续深化简政放权，审批事项除法律法规规章另有规定外全部下放到基层海关。扩大“信任通关”实施范围。在空港口岸探索试点集约化管理，实行“一个窗口”受理、“一站式”查验放行作业模式。

3. 积极开展海关“互联网+”建设

深化“全域通”建设，从货物通关向旅客、邮件、快件领域拓展。探索推进加工贸易、行邮物品监管、减免税、原产地证书、许可证件验证等领域的无纸化通关改革。在铁路口岸建设H986智能机检查验中心。依托“互联网+海关”和QP客户端推进网上办事、网上报关、网上预约。

4. 积极推动国际贸易“单一窗口”建设

逐步实现执法部门之间、企业之间、部门与企业之间数据互通共享。深化关检合作“三个一”，建立更紧密的通关协作机制，探索查验结果互认、查获情况依法移交。推动监管现场口岸联检单位实行“一机多屏”。

5. 深入推进“双随机，一公开”

在海关监管全领域深入推进“双随机”改革，及时公开执法结果。

6. 推进税收征管方式改革

支持推动“企业自报、自缴税款”。扩大电子支付范围，实现全程电子缴税。实施属地纳税人管理，优先为高资信企业提供与征税相关的专业技术及个性化服务。全面推广汇总征税模式。创新包括税收担保在内的海关事务担保方式，建立以企业为单元的税收总担保机制，探索第三方专业担保，研究金融创新担保。

7. 深入推进海关特殊监管区域（保税监管场所）监管模式改革

深化“一报一审”改革，实现“一次录入、系统共用”。扩大保税货物“区间结转”范围。探索对以非报关方式进出货物实施“负面清单”管理。全面推广海关特殊监管区域仓储货物按状态分类监管、选择性征收关税、备案智能化等改革。在确保有效监管的前提下，积极争取将部分在海关特殊监管区域适用的创新制度复制推广到保税物流中心（B型）。

8. 创新加工贸易监管模式改革

在自贸试验区率先推进实施以企业为单元、以账册为主线、定期核销的加工贸易监管模式改革。建立核销方式多元化制度，实施“自主备案、自主核报”管理。探索试行加工贸易龙头企业总部式一体化保税监管模式和以研发设计为主体的全产业链保税监管模式。

9. 构建新型企业管理模式

建立企业协调员制度。落实企业信用信息公

示制度，实施企业守信联合激励和失信联合惩戒。试点企业“主动披露”制度。参与自贸试验区企业注册登记“多证合一”改革。简化自贸试验区报关企业注册登记行政许可。支持实行自贸试验区内企业“一地注册、全国申报”。支持海关特殊监管区域（保税监管场所）外法人企业在海关特殊监管区域（保税监管场所）内设立分支机构。

10. 深入推进统计数据分析应用

开展对自贸试验区内重点产业、重点企业、重点商品的动态监测预警和分析；加强与政府其他部门信息共享、数据互通，提供统计数据咨询和服务；加强自贸试验区外贸质量和效益评价。

11. 维护安全有序的进出口秩序

保持打击走私高压态势，重点查缉涉税和粮食、资源性产品走私，严厉打击涉毒、涉枪等走私违法行为，着力查处进出口领域侵权假冒违法行为。

12. 支持跨境电子商务发展

支持打造中西部一流跨境电商物流园区。优化跨境电商出口监管模式，拓展“川货出川”新渠道。综合应用一般贸易和保税政策，创新跨境电商 B2B 供应链监管模式。支持跨境电商保税备货模式发展。支持建立跨境电商平台运营主体、符合条件的外贸综合服务企业、物流服务企业集中代理纳税机制。

13. 支持融资租赁业务发展

允许海关特殊监管区域内企业融资租赁货物按租金分期纳税。对注册在海关特殊监管区域内的融资租赁企业进出口飞机、大型设备等涉及跨关区的，在确保有效监管和执行现行相关税收政策的前提下，按物流实际需要，实行海关异地委托监管。

14. 支持文化对外贸易发展

探索文化产品保税监管新模式，促进文化艺术、数字出版、动漫游戏、艺术品交易等文化产业发展。探索支持文化艺术品保税展示交易业务发展。

15. 支持服务外包业务发展

支持自贸试验区开展国际服务外包进口货物保税监管试点，对经认定的技术先进型服务企业进口的、由国际服务外包业务境外发包方免费提供的机器设备实施保税监管。

16. 支持委内加工业务发展

支持符合条件的海关特殊监管区域内企业接受区外企业的委托开展加工生产业务，充分发挥区内企业生产设备和技术优势，有效利用国际、国内两种资源、两个市场。

17. 支持出境加工业务发展

支持符合条件的企业将自有的原辅料、零部件、元器件或半成品等委托境外企业制造或加工，在规定期限内复运进境，充分利用国外先进技术和市场资源。

18. 支持保税展示交易业务发展

支持海关特殊监管区域、保税物流中心（B型）内企业将区内（中心内）保税货物凭保后运至区外（中心外）符合规定的场所进行展示销售，并在规定期限内集中申报纳税。探索创新保税展示交易担保模式，不断简化相关手续。支持开展大宗商品国际交易业务。

19. 支持境内外维修、研发等生产性服务业发展

支持符合条件的海关特殊监管区域内企业开展高技术含量、高附加值、环境风险可控的境内外维修业务。探索创新海关特殊监管区域保税研发监管模式。

20. 支持会展经济发展

优化会展商品通关模式。创新会展担保方式，支持会展企业实施总担保，探索引入第三方担保。实行海关提前介入，优先审核、集中查验和驻场监管。调整展会备案管理现场，方便企业就近办理手续。

21. 积极提升空港口岸通关效能

进一步完善旅客通关智能化建设。支持通程航班建设，探索推行全委托监管模式。支持空港建立进出口货物、快件、邮件集中监管园区，实

施海关、检验检疫等口岸监管单位“一站式”集约化管理。支持国际货物和旅客中转业务，优化监管流程，支持拓展国际转国际航线。试点航空快件国际中转和集拼业务，允许开展国际航班国内段进出境货物和国内货物混装混载业务。支持依托空港口岸打造中西部一流的国际邮件口岸互换局。与地方政府一起创造条件，努力实现24小时通关。

22. 积极推动铁路口岸发展

支持成都国际铁路港建设国家级正式对外开放口岸。推动空铁、陆海多式联运，支持建设中欧国际物流分拨转运中心和国际物流园区。支持成都铁路口岸综合服务中心建设，为企业提供多式联运、“一站式”通关的整体物流供应链服务。探索建立平行进口汽车金融担保、通关监管和汽车检测同步运行等监管新机制，推进整车进口口岸功能发挥。支持依托成都铁路保税物流中心（B型）建设跨境电商展示中心。

23. 积极推进港口对外开放

支持川南临港片区申建国家级对外开放口岸，支持建设区域性综合交通枢纽和西南进出口商品集散中心。支持打造川南临港片区宜宾协同改革区，支持探索建立泸州港、宜宾港联动协作监管机制。优化水运进出口监管模式，支持开展内外贸货物同船运输、国轮捎带等业务，探索在船舶抵港前实行预申报，提高船舶抵港后通关效率。支持开展平行进口汽车展示业务。

24. 推进省内协同发展

建立自贸片区海关—管委会联系协调机制。实行自贸试验区内全部海关特殊监管区域、保税物流中心（B型）之间卡口数据互联互通和与口岸之间的货物流转自行运输。支持自贸试验区创新经验优先在中德、中法、中新、中韩等国别产业园区和各类高新区、经开区复制推广，支持建立共享开放模式。

25. 支持与沿海沿江口岸通关合作和产业协作

深化与沿海口岸海关协作，支持川南港口与日韩台等国家（地区）近洋航线发展。加强与国内其他机场海关的通关协作，扩大成都航空枢纽辐射圈。深化与长江经济带港口合作，推动与中欧班列（成都）物流联动。支持自贸试验区各片区依托开放口岸和平台承接东部和东南沿海地区、长江经济带优势产业转移，打造高端制造业、现代服务业和临港产业基地，以大通道促大流通带大产业，变交通走廊为经济走廊。

26. 深化国际间海关合作

推动实施AEO制度，在自贸试验区率先明确认证企业AEO优惠措施清单；支持和鼓励更多规范经营、诚信守法的企业成为高级认证企业；落实AEO互认合作框架下与“一带一路”沿线国家、地区间相关海关监管合作成果。支持推动加入中欧“安智贸”试点。支持探索与“一带一路”沿线国家、地区开展贸易供应链安全与便利合作。

27. 支持全面创新改革发展

支持四川全面创新改革“一号工程”建设。支持扩大先进技术设备、关键零部件进口，推动制造业升级改造。加大进出口环节税收政策宣传力度，落实科技创新进口税收优惠政策。支持用好中小企业公共研发平台创新发展。创新海关监管模式，促进信息技术等领域服务外包发展。

28. 支持航空第四城发展

支持天府国际机场口岸功能建设。支持开通更多国际（地区）航线，加快建设“国际多直达”的航空运输体系。支持发展航空制造与维修、航空物流、口岸贸易、跨境电商等临空核心特色产业。支持在海关特殊监管区域内开展飞机发动机等航空零部件境内外维修、检测等业务。创新推动全球航空维修基地建设，依托航材保税仓，支持打造全球航材保障供应链。优化监管模式推动飞机包修转包发展。支持依托成都空港保税物流中心（B型）建设发展跨境电子商务园区。

29. 支持中欧班列（成都）发展

继续简化中欧班列（成都）境内段海关监管

手续，探索班列全程直通监管。支持稳定开行成都至欧洲、中亚、西亚等地区的西向国际铁路货运班列，主要运行指标居全国领先水平。

30. 支持海关特殊监管区域（保税监管场所）功能发挥

推动海关特殊监管区域从加工制造中心向保税物流分拨中心、检测维修中心、研发设计中心、展示销售中心等多元化发展，帮助企业向产业链、价值链高端延伸。支持保税物流中心发挥仓储、分拨配送、转口贸易和国际中转等保税贸易功能，探索功能拓展。鼓励区内企业参与海关“先行先试”改革。深化关地共管，共同促进企业发展。

31. 进一步推进检验检疫简政放权

建立行政权责清单制度，建立并动态更新原四川局权力清单和责任清单，在原四川局官方网站上及时对外发布。严格落实国务院及原质检总局有关行政审批制度改革的工作部署，深化行政审批制度改革，规范行政审批工作程序，最大限度取消行政审批事项，创新自贸试验区出口食品生产企业备案工作模式。落实行政许可一窗受理要求，持续推进网上审批进程，在各分支机构设立行政许可统一办理窗口，建立一窗受理、协同审批的“一站式”高效服务模式。

32. 加强出入境企业信用信息和四川社会信用体系的对接

做好出入境企业信用信息采集、信用等级评定等工作，配合四川省工商管理局做好四川省政府部门涉企信息统一归集公示工作，使检验检疫信用体系成为社会信用体系建设的重要构成要素。积极与商务、税务、外汇等部门开展合作，做好部门间企业信用数据交换共享工作。建立部门间企业信用联合奖惩机制，实施信用联合监管，在通关一体化、检验模式、口岸查验等方面对不同信用等级企业实施差异化管理，对守信企业给予便利，对失信企业实施惩戒。

33. 全面推行“双随机”抽查监管机制

制定“双随机”工作方案，结合不同业务特点制定随机抽查工作细则，健全并动态调整“两库一单”，梳理并建立被抽查主体名录库，建立抽查执法人员名录库，公布“双随机”抽查事项清单。

34. 探索开展出口产品低碳认证

加大对认证机构的引导力度，组织认证机构对出口企业开展培训，鼓励重点出口企业开展低碳认证，实现绿色发展、低碳创新，提升企业核心竞争力。积极争取国家认监委支持，力争推动与主要贸易投资合作国家（地区）认证认可结果双边互认，为企业通关便利和经贸合作创造更为有利的营商环境。

35. 加快“中国标准”国际化推广

积极推荐企、事业单位参与国际标准化活动，开展与主要贸易国家（地区）技术法规、标准比对分析研究，提高进出口产品质量安全水平。

36. 积极支持全球维修业务发展

支持在自贸试验区及海关特殊监管区域内开展高技术含量、高附加值商品境内外维修业务试点。优化入境维修产品检验监管模式，制定工作规范，探索建立“能力评估 + 口岸查验 + 监督管理”模式，简化卫生处理流程，实施“先理货、后报检、全程信息化监控卫生处理”的检验监管创新模式。支持苹果平板电脑全球理货中心由香港转移至成都。支持双流综保区开展入境维修业务。

37. 探索建立适应跨境电商贸易特点的检验检疫监管机制

配合成都市商务委在成都高新综合保税区双流园区、成都空港口岸保税物流中心部署跨境电商检验检疫监管平台。支持地方政府开展出口跨境电商保税备货模式业务。制定跨境电商进口产品风险监测计划及相关检验监管操作规程，保障跨境电子商务健康发展。

38. 支持在海关特殊监管区域内设立保税展示交易平台

制定《保税展示交易货物检验检疫监督管理

办法》，实施分线监管、预检验和登记核销管理模式，实行集中检验、分批次核销的业务模式。

39. 创新自贸试验区国际会展检验检疫监管模式

制定《四川检验检疫局国际展会检验检疫管理办法》，支持自贸试验区会展经济发展，确保展会期间口岸安全和参展商品、参展人员的顺利通关。

40. 配合地方政府建设国际贸易“单一窗口”

支持地方政府建设完善四川电子口岸，制定原四川局支持四川省建设国际贸易“单一窗口”工作方案，建设原四川局公共服务统一数据交换平台，协调原总局开放数据通道，协助制定四川省“单一窗口”数据元目录，协助原产地签证综合服务系统建设。支持泸州长江公共信息服务平台建设，推进水运口岸“单一窗口”试点。

41. 积极拓展口岸检验检疫服务功能

制定原四川局推进中欧班列扩能增效工作计划，支持成都国际铁路港开展进境粮食指定口岸建设，配合地方政府推动中欧班列邮（快）件运输业务，助推中欧班列运营水平提升，服务成都中欧班列全年开行 1 000 列的目标。发挥已建成的进境肉类、整车指定口岸和作用，进一步扩大肉类、整车进口。稳步推进成都铁路口岸平行汽车进口，助力成都建设平行进口汽车试点城市。加快推进国际航空枢纽建设，支持双流机场开展进境肉类指定口岸建设，试点空港国检试验区建设，推进进境鲜活农产品指定口岸集中查验区建设，大力发展临空经济。

42. 支持口岸进一步扩大对外开放

积极争取原总局支持，加强技术指导，进一步完善口岸检验检疫基础设施，配合政府做好成都天府国际机场检验检疫设施规划建设和成都国际铁路港对外开放建设，推进与泛欧泛亚国家（地区）枢纽城市的互联互通，支持川南临港片区国家开放水运口岸建设，促进与长江沿线主要港口协同开发开放。

43. 积极配合口岸监管部门实现“信息互换、监管互认、执法互助”

加强与口岸监管部门的沟通协调，坚持关检联席会议机制，深化关检合作“三个一”，加强“一次查验”协作配合，不断提高“一次查验”率。

44. 加大对口岸和场站公共服务的政策和资金支持

加大口岸和场站检验检疫查验设施设备经费投入力度，保障进出口产品质量安全，提高口岸进出境货物通关查验速度。加大进境指定口岸建设经费投入力度，争取建立更多符合四川外贸实际的指定口岸。加大口岸核心能力建设经费投入力度，确保口岸核心能力建设达标。严格执行国家关于口岸检验检疫减免收费政策，切实减轻企业负担。

45. 积极推动实施一体化通关和检验检疫无纸化

制定无纸化报检通关工作管理办法，积极推进无纸化申报、无纸化放行，建设移动执法信息化平台，制定移动执法工作制度，探索检验检疫全过程无纸化。完善检验检疫证书国际联网核查机制，制定 e－CIQ 主干系统相关规则，进一步改进口岸报检工作，提高口岸检验检疫证书国际联网核查使用率，减少企业提供单证数量。

46. 进一步优化口岸报检查验工作机制

制定口岸标准化操作规程的指导意见。各口岸检验检疫机构根据口岸特点、货物风险及不同货物通关时效的需求，在风险可控的前提下，结合企业信用等级，对企业实施分类分级管理，降低抽批查验率，优化口岸查验流程，制定口岸报检查验放行等环节工作标准，进一步提高通关效率。对进出口商品采信第三方检验结果，对进口食品实施“预检快放”的便利化通关模式。

47. 进一步完善口岸通关管理机制

建立进出口货物口岸放行时间评价体系和考核机制，健全与跨境电子商务、进口特殊商品指定口岸、外贸综合服务发展相适应的通关管理机制。各口岸检验检疫机构根据口岸特点和不同货物的通关时效需求，制修订通关服务流程时限，建立进出口货物口岸放行时间具体要求，实施24小时预约通关服务机制。

48. 积极探索与“一带一路”沿线国家相关机构通关查验合作机制

主动参与原质检总局开展的“一带一路”沿线国家检验检疫、认证认可、标准等方面的合作与交流，开展四川主要出口“一带一路”国家技术法规和标准分析研究。继续保持与俄罗斯、白俄罗斯等班列主要过境国家相关部门的合作，持续开展与俄罗斯、白俄罗斯等国家的肉类查验合作，确保进口肉类通道畅通。

49. 加强与四川主要进出口口岸检验检疫机构协同合作

充分发挥西南六省、川渝沪检验检疫联席会议机制作用，实现与沿江（重庆、上海）、沿边（云南）、沿海（广西）等四川主要进出口口岸的一体化通关，建立与主要航空口岸间疫病、疫情联防联控合作机制，构建区域空港检验检疫一体化。加强与其他长江经济带自贸试验区检验检疫机构一体化合作，推进与口岸检验检疫机构间信息互换、监管互认和执法互助。

50. 全面实现供港澳蔬菜出口直放

加强与深圳、珠海等口岸检验检疫机构的沟通与合作，签署共同促进四川供港蔬菜出口合作备忘录。创新“产地检验检疫、口岸直通放行、政府源头管控”的检验监管新模式，支持生态环境好、管理规范、产品质量稳定的农产品基地实现供港澳备案，指导基地严格按照香港澳门标准组织生产和加强农业投入品管理。指导出口企业建立从产地到餐桌的食品安全可追溯体系，帮助企业实现供港澳蔬菜直放。

四、统计数据

（一）进出口值

2017年1—12月四川自贸试验区外贸进出口总值467.2亿元人民币，同比增长153.0%，占同期四川省外贸总值的10.1%。其中，出口282.7亿元人民币，同比增长194.0%；进口184.5亿元人民币，同比增长108.5%。

（二）注册企业情况

四川自贸试验区自2017年4月1日挂牌成立以来，在中央各部委的坚定支持下，改革试验任务全面启动，制度红利逐步释放，新设企业、注册资本、外商投资企业等指标居内陆自贸试验区前列。截至2017年12月底，新设企业21 788家，实际到位外资9 011万美元（利用外资），备案境外投资4 326.67万美元。

◎西安海关支持中国（陕西）自由贸易试验区建设主要情况

中国（陕西）自由贸易试验区（以下简称“陕西自贸试验区”）2017年4月1日正式揭牌，涵盖三个片区：中心片区（含陕西西安出口加工区A区0.75平方公里、B区0.79平方公里），西安高新综合保税区3.64平方公里和陕西西咸保税物流中心〔B型〕0.36平方公里，包括西安高新区、西安经开区和西咸新区沣东新城、秦汉新城、空港新城部分区域；西安国际港务区片区26.43平方公里（含西安综合保税区6.17平方公里），包括西安国际港务区和西安浐灞生态区部分区域；西安杨凌示范区片区5.76平方公里，包括杨凌示范区部分区域。

一、成效综述

陕西自贸试验区成立以来，西安海关积极推进转变职能、探索制度创新，打造全面深化改革

"试验田"和引领扩大开放新高地。

（一）形成推进自贸试验区建设"四项机制"

工作例会机制，西安海关分管领导负责，关内自贸办每周召开工作例会，通报上周推进情况，并研究讨论下一步重点工作，集体研究讨论重点难点问题，着力推进解决瓶颈，打通"堵点"。联席会议机制，多次走访省市自贸试验区主管部门，形成与各开发区管委会联系会议机制，广泛听取相关部门和企业对助推自贸试验区建设需求和建议。积极协调研究推动国际合作机制，坚持在海关总署领导下开展海关国际合作，深化与阿拉木图海关务实合作项目，积极参与海关总署组织的AEO联合认证、中俄知识产权工作组会议、中哈海关统计专家工作会议等。督查落实机制，建立推进自贸试验区建设督查工作台账，开发运行督查展示管理系统，对督查事项实行"红黄绿"灯管理，定期对督查工作完成情况进行通报。

（二）落实推进自贸试验区建设务实举措

立足实际需求，结合省情明确西安海关支持陕西自贸试验区发展的思路和建议，编发《送阅件》为省市政府提供决策参考；制定西安海关支持陕西省自贸试验区建设5方面重点工作，形成支持陕西自贸试验区建设的"海关方案"；第一时间制定《西安海关自贸试验区监管方案》，经海关总署批准后已实施，夯实自贸试验区改革创新制度基础；原陕西出入境检验检疫局出台《支持（陕西）自由贸易试验区建设20项措施》，从深化行政管理改革、深化检验检疫监管制度创新、提升贸易便利化水平、支持产业发展等四个方面支持陕西自贸试验区建设；支持杨凌自贸片区特色发展，制定支持杨凌自贸片区发展13项具体措施；深化关检合作，联合原陕西出入境检验检疫局制定印发《支持陕西自由贸易试验区建设监管服务实施方案》，明确关检共同助推陕西自贸试验区建设5方面24项具体措施；支持植提产业发展，出台支持植提产业发展10项措施，取消出口植物提取物（食品用途）报检时提供《危险货物分类鉴定书》的要求，推动成立陕西植物提取物行业国际销售战略联盟；探索"企业资质评估+简易核准+监督检查"入境维修产品监管新模式，大力支持发展入境维修再制造业务。

（三）大力提升跨境贸易便利化水平

深化自贸试验区监管改革，区内企业实现"多证合一、多项联办"，探索保税检测研发监管创新试点，试点企业通关时效压缩近95%，减轻资金占压近600万元。服务重点招商引资项目建设，落实海关高信用企业通关便利，签订《关企战略合作备忘录》，企业协调员"一对一"解决企业问题。全力支持跨境电子商务发展，创新跨境直购进口分段监管模式，简化跨境电商出口商品归类，提高验放速度。国际贸易"单一窗口"广泛应用，报关报检覆盖率达80%，提前完成国家口岸办年底前覆盖率70%目标。落实《全国通关一体化关检业务全面融合框架方案》，实现关检"一次申报、查检合一"，启用新报关单，精简原报关、报检项目124项，检验检疫申报单证实现电子化。

（四）全面优化海关监管服务

深化简政放权，海关行政审批事项由24项缩减至11项，全面取消非行政许可审批，行政审批在西安海关门户网站以及"一个窗口"受理。拓展"双随机、一公开"监管，常规稽查、查验人员实现100%随机选取，随机布控查验占比98.6%。降低企业成本，行政事业性收费全部取消，企业委托的经营服务性检测、对出入境集装箱、货物及航空器等进行检疫处理等涉企经营服务性收费明显降低，全面放开报关预录入系统，取消数据传输费、电子口岸安全产品后续服务费，并降低相关产品价格。"互联网+海关"优化服务，企业注册备案网上办理，行邮物品税款移动支付，进境个人邮递物品通关系统（邮e通）上线运行，群众可网上办理查询、申报、缴税等国际邮件通关业务，“CCC免办证明”实现全程网上办理。

（五）全面落实全国海关通关一体化改革

推进税收征管制度改革，创新税收担保方式，推广企业增信担保、扩大企业集团财务公司担保试点，积极申请参与总署关税履约保证保险改革，推进“自报自缴+汇总征税+关税保证保险改革”套餐试点，综合担保费率大幅压减，企业生产经营和融资成本显著降低。

（六）着力压缩货物通关时间

大力推进通关流程“去繁就简”，制定压缩货物通关时间5方面17项重点工作，开展压缩通关时间专项行动，制定13项具体举措，专项督查整改。简化原产地证申领手续，提高办结效率。每月形势分析和督查工作例会专题分析通报，对发现的问题实施台账化管理。主动走访口岸海关，努力争取支持。探索运用现代科技设备CT机和射频识别技术等，优化国际快件监管流程，国际快件业务发展迅猛，业务量全国前列。

（七）大力推进口岸建设

支持西安陆港打造国际物流枢纽，全力保障中欧班列（长安号）运营，应用单兵移动查验设备，创新“舱单归并”监管模式，建立“关铁港”班列协调会制度，协调解决场站口岸拥堵，推动中铁联集西安海关监管区通过验收。支持西安铁路中心站成为国家临时对外开放口岸，整车进口口岸申报获批、投入使用。服务空港口岸建设对外交流门户，推动国际航空货运建设，西安至阿姆斯特丹、哈恩、芝加哥、河内等全货运航线相继开通。进境免税店、离境退税、运输工具免税店、通程航班等旅游经济新业务顺利开展。积极助推开展保税航油业务。推进指定口岸建设，积极争取政策支持，助推申请进境粮食、肉类、冰鲜水产品、食用水生动物、水果等指定口岸建设，丰富陕西口岸功能。目前粮食、冰鲜水产品、肉类、食用水生动物、进境水果指定口岸已获批运行。

（八）强化海关特殊监管区域优势

积极促进海关特殊监管区域发挥连接“两个市场、两种资源”的平台优势，促进加工贸易梯度转移和转型升级。认真分析陕西省海关特殊监管区域发展现状和存在问题，积极建议省政府提出优化升级海关特殊监管区域的具体方案，指导全省海关特殊监管区域整合优化圆满完成。改造升级了原有特殊区域辅助系统，上线运行关区统一、高可用的新版特殊区域辅助系统，在优化原有监管功能的基础上新增工单核销、保税维修、保税展示交易等业务模块，有力促进监管创新制度落地。省内海关特殊监管区域实现通关一体化、无纸化作业，与重庆西永综保区、苏州高新综保区保税货物自行运输、自由流转，降低企业物流成本30%。积极支持西安航空基地、宝鸡、杨凌等地新设综合保税区，助推出口加工区升级改造。

（九）强化“一带一路”海关间合作

西安海关强化两个层面合作，一是强化与沿海口岸联系配合，2017年5月12日在西安海关和青岛海关共同推动下，两地海关、港务、中铁联集7方共同签署合作推动供应链一体化倡议，西安海关、青岛海关共同签署深化合作备忘录，将极大推动两地通关便利化和开放型经济发展。二是在海关总署指导下开展与哈萨克斯坦阿拉木图市（州）海关务实合作

（十）强化宣传引导营造积极氛围

召开新闻发布会，第一时间权威解读海关总署支持陕西自贸试验区建设举措和西安海关推进自贸试验区建设重点任务，重点宣讲西安海关与原陕西出入境检验检疫局共同支持自贸试验区建设监管服务实施方案具体内容；通过微信公

众号和关企合作机制“新政速递”宣传海关举措，12360热线24小时在线答疑释惑；组织各职能部门、业务现场联系各片区属地管委会和重点企业开展培训，引导企业用好自贸试验区海关新政；组织政策宣讲团深入高新区、经开区、国际港务区等自贸试验区企业密集板块开展政策宣讲，对有实际需求的重点企业“手把手”指导参与改革试点；积极开展政策研究，联合省市自贸试验区主管部门开展内陆型自由贸易港建设前瞻性研究形成课题成果，完成《中国（陕西）自由贸易试验区出入境检验检疫改革创新研究报告》，提出32项改革建议；专人专岗搜集整理相关政务信息，编发西安海关自贸试验区建设《工作动态周报》，编制西安海关推进自贸试验区建设《大事记》。

二、创新成果

（一）以集成电路设计企业为龙头的检测研发全程保税监管模式

英特尔公司是西安海关辖区专门从事集成电路研发、检测的区外企业，海关信用等级为一般认证企业，2012年12月获得工业和信息化部颁发的集成电路设计企业证书，在陕西从事集成电路设计测试企业中具有较强的代表性。

企业根据外方委托，进行芯片研发设计，将设计图纸交外方组织安排试产后，外方将试产芯片发至英特尔进行检测，用以验证原先设计是否成功，检测后将试产芯片复出口。上述模式涉及进出口的货物包括：一是试产的芯片；二是测试芯片所必需的配套零部件（电路测试板、接插件等）；三是测试芯片所必需的检测设备。

改革前，该公司以暂时进出口或一般贸易的方式将试产芯片和零部件进境检测后复出口，以一般贸易的方式进口检测用设备。上述通关模式时间周期长，资金占压大，与集成电路企业频繁、快速收发货的经营模式不匹配，不利于企业发展。

为落实海关总署关于陕西省自贸试验区若干支持措施的要求，创新与研发、设计、检测、维修等生产性服务业相适应的海关监管模式，探索建立以研发设计为龙头的全产业链保税监管模式，扶植集成电路产业发展。经向海关总署申请，西安海关同意英特尔移动通信技术（西安）有限公司开展集成电路研发检测业务按照区外加工贸易的监管模式纳入保税监管。

西安海关制定了《西安海关关于集成电路设计企业开展全程保税业务试点的监管方案》，目前试点已顺利开展，为该企业办理首本以集成电路检测企业为监管对象的加工贸易电子化手册，替代以往以“暂时进出口”方式进口模式，通关时间减少约30小时，通关时效压缩近95%；较暂时进出口需要缴纳担保相比，新模式为企业减轻资金占压近600万元人民币，减少税收负担近70万元人民币；新模式下，企业测试研发所用物料可通过保税模式流转至国内下游企业，较暂时进出口需实际离境相比，大幅提高实货流转效率，促进国内产业链延伸。

（二）铁路运输舱单归并新模式

按照中国（陕西）自由贸易试验区发展建设的要求，围绕贸易便利化、企业通关便利化需求，西安海关与西安国际港务区为提高进境粮食指定口岸通关效率，与阿拉山口海关对接，实现企业从原来的“一柜一单”模式改为“舱单归并”模式，可节省90%以上通关费用，显著提升了中欧班列通关效率。（“舱单”是指运输工具的载货清单，1节车厢生成1个舱单，是进出口企业报关的重要文件。长期以来，按照海关监管要求，货运班列通关实施1节车厢一申报的监管模式。“舱单归并”是指同一品名、同一规格、同一合同、同一公司、同一列次的大宗进口货物，几十节车厢的舱单归并成1个舱单，然后用1票报关单申报。）

以西安爱菊集团为例。西安爱菊集团从哈萨克斯坦采购2 000吨初榨食用油，通过“舱单归并”的新模式，将原来需要申报86票的货物缩减为2票，节约通关费用97%，使企业充分享受到贸易便利化的福利。作为第一次国际铁路联运液袋运输，为确保班列快速、便捷通关，西安国际港务区与省市职能部门一起赴乌鲁木齐、阿拉山口协调通关事宜，最终确定采用“舱单归并”的方式进行申报，一票通关费用350元人民币，原来86票需要通关费用30 100元人民币，现仅需要700元人民币，节省通关费用97%以上。

（三）原陕西出入境检验检疫局创新中欧班列（长安号）监管模式

陕西自贸试验区检验检疫部门与西安班列入境口岸开展合作，将后续监管由阿拉山口口岸延伸至西安，阿拉山口检验检疫局抽样后即可放行，无须在口岸等待结果。对班列实行优先检测，并将检测项目由17个减少到3个，检测时间由10天缩短到4天。

陕西自贸试验区依托西安班列粮油回程班列，吸引农业特色产业聚集，建立农产品加工贸易与分拨集散中心，打造特色高端农产品基地。

三、具体支持措施

西安海关根据陕西自贸试验区建设和发展定位，以实际需求为导向，积极助推自贸试验区内外联动更加高效，增强自贸试验区的集聚、辐射和带动区域经济发展的功能效应，积极将陕西自贸试验区打造成推动高质量发展新引擎。

1. 对集成电路服务贸易实施保税监管

集成电路保税监管是指以集成电路设计企业为龙头并作为加工贸易手册经营单位，将集成电路产业链上的设计、芯片制造、封装测试企业等全部纳入加工贸易保税监管范围。该政策拓宽现有加工贸易企业的范围，允许集成电路设计企业在全国范围内选择代工企业并将保税料件委托给产业链中下游的制造、封装、测试企业生产加工，或按要求开展出境加工，将出境加工与加工贸易串联，增加全产业链附加值，最终由研发企业完成出口，实现全产业链保税监管。

西安海关选取符合条件的工信部认定的集成电路设计企业开展该项试点，降低企业占压资金、提高通关效率，促进陕西服务贸易发展。

2. 推进海关税收征管方式改革，支持企业“自报自缴”

推动税收征管申报要素的审查由集中在进出口通关环节向全过程转变，由逐票审查确定向抽查审核转变，在通关环节实施担保验放，实现税收征管作业的前推后移，支持企业自报、自缴税款，海关全过程抽查，主要在货物放行后开展税收征管要素审查，报关单审核流程从“事中”转移到“事后”，在保证税收审核质量的前提下，大大提升企业通关效率，降低了企业贸易成本，并引导企业守法自律。

2017年1月，西安海关首票“自报自缴”报关单申报成功，目前企业进口《海关进出口税则》中72章至85章、90章商品在西安海关所有业务现场均可实现“自报自缴”，同年6月份试点范围扩大到所有进出口商品。

3. 全面推进执法领域“双随机、一公开”监管机制

“双随机、一公开”是指随机抽取检查对象，随机选派执法检查人员，及时公布查处结果，有效解决行政执法中的任性检查、执法不公和内部管理中的人情检查等问题，提高管理科学性，营造公开透明、公平公正、诚信自律的管理环境。

西安海关已经在报关单查验、企业常规稽查业务领域全面推行“双随机、一公开”。西安海关已在进出口货物监管、进出境运输工具监管、保税核查、保税货物监管、海关特殊监管区域监管、免税商店及免税品核查等业务执法领域全面实施“双随机、一公开”。目前西安海关常规稽查、查验人员实现100%随机选取。

4. 深化AEO和企业协调员制度

目前陕西自贸试验区共有400余家AEO企业，在出口至互认国家（地区）时，对方国家较低查验率、简化单证审核等系列通关便利措施，提升企业在国际市场的竞争力。西安海关认真落实海关总署、国家发展改革委、人民银行等40个部门联合签署的《关于对海关高级认证企业实施联合激励的合作备忘录》中所明确的守信激励措施，将在广大企业和市场主体中产生良好的激励示范效应。

稳步推进企业协调员制度，成立海关与企业合作委员会，由企业协调员深入合作AEO企业开展“一对一”服务，宣讲新政、解答疑问，目前全省已有30家企业加入了关企合作计划，西安海关先后协调解决企业各类问题近100个。

5. 开展与“一带一路”国家海关合作

近年来，陕西企业对“一带一路”国家投资热情高涨，纷纷布局中亚。西安海关已经与哈萨克斯坦的阿拉木图州海关建立了关际合作关系，合作领域包括统计数据交换、监管通关、“长安号”中欧班列联合监管、执法互助等多个领域，并且在2017年成功进行了首次数据交换。通过国际间的海关合作，为陕西企业实施“走出去”战略提供通关便利措施和其他海关支持。

6. 原陕西出入境检验检疫局出台《支持（陕西）自由贸易试验区建设20项措施》

2017年4月10日，原陕西出入境检验检疫局从深化行政管理改革、深化检验检疫监管制度创新、提升贸易便利化水平、支持产业发展等四个方面出台支持陕西自贸试验区建设措施。

7. 西安海关与原陕西出入境检验检疫局联合制定《支持陕西自由贸易试验区建设监管服务实施方案》

2017年12月5日，西安海关与原陕西出入境检验检疫局联合印发《支持陕西自由贸易试验区建设监管服务实施方案》，明确推进陕西自贸试验区建设共五方面24项具体措施，明确了海关推进陕西自贸试验区建设关键举措：

优先在自贸试验区推广应用国际贸易“单一窗口”。全力推进全国通关一体化，推广自报自缴、汇总征税等海关改革，推行检验检疫从报检到放行的全程无纸化，实施审单放行。积极推进大数据、云计算、物联网、移动互联网、人工智能等的运用，打造“智慧海关”。开展货物通关、现场查验、贸易统计等全方位合作，深化“三互”合作提升通关效能，积极拓展“一带一路”国际海关合作。改革加工贸易监管模式。推进口岸建设拓展口岸功能，助推申报进境种苗等指定口岸，着力压缩货物通关时间。加快海关特殊监管区域和保税监管场所整合优化，加快实施选择性征收关税试点。探索多式联运（内陆型）海关和检验检疫监管创新模式，大力支持中欧班列（长安号）及海铁联运班列发展。着力强化事中、事后监管，全面降低外贸企业通关成本。创新税收担保形式，促进发展文化艺术、数字出版，支持动漫游戏、艺术品交易等文化业务发展。助推申报中国（西安）跨境电商综合试验区，大力支持跨境电子商务发展。促进软件研发、工业设计、信息管理等业务发展。积极支持展会业发展。创新与研发、设计、检测、维修等生产性服务业相适应的监管模式。支持融资租赁业务发展，探索海关特殊监管区域内飞机、大型设备融资租赁业务海关监管模式。支持打造面向“一带一路”的高端产业高地和人文交流高地，促进军民科技成果共享共用，助推发展高端装备制造、新一代信息技术、新材料、生物医药等先进制造业和软件开发测试、中医药文化和技术等服务贸易，将联合简化手续，共同支持人才引进和文物国际展示交流。支持建设“一带一路”国际内陆中转枢纽港，着力提升通关便利化水平，支持建设全方位立体化开放大通道。助力“一带一路”现代农业国际合作，支持杨凌示范区用好相关税收优惠政策培育和发展新技术、新品种和新业态，培植“一带一路”粮油进出口加工贸易基地，支持建设“一带一路”种质资源检疫保护研究中心。推进信用管理体系建设，落实守信联合激励措施和对失信企业联合惩戒措施；加强风险防控体系建设，维护自贸试验区健康发展秩序；联合强化知识产权保护，主动对标国际通行规则，坚持用法治引领，营造法治化营商环境。

8. 全面复制推广措施 22 项

22 项已复制推广措施为：先进区、后报关；区内自行运输；加工贸易工单式核销；保税展示交易；境内外维修；简化统一进出境备案清单；批次进出、集中申报；仓储企业联网监管；智能化卡口验放；集中汇总纳税；简化无纸通关随附单证；内销选择性征税；原产地管理改革；海关商品归类行政裁定全国适用制度；委内加工制度；仓储货物按状态分类监管制度；引入中介机构辅助开展保税核查、保税核销和企业稽查工作制度；一次备案、多次使用；企业信用信息公示制度；企业协调员制度；国际海关 AEO 互认合作制度；出境加工制度。

其中 11 项实施效果较好：区内自行运输；简化统一进出境备案清单；批次进出、集中申报；仓储企业联网监管；智能化卡口验放；简化无纸通关随附单证；海关商品归类行政裁定全国适用制度；引入中介机构辅助开展保税核查、保税核销和企业稽查工作制度；一次备案、多次使用；企业信用信息公示制度；企业协调员制度。

四、统计数据

据西安海关统计，2017 年 4 月挂牌至 2017 年年底，西安海关累计监管陕西自贸试验区进出口货物货值 1 574.6 亿元人民币，其中出口 978 亿元人民币、进口 596.6 亿元人民币；2017 年陕西省进出口总值 2 714.9 亿元人民币，其中出口 1 659.8 亿元人民币、进口 1 055.1 亿元人民币。

◎武汉海关支持中国（湖北）自由贸易试验区建设主要情况

2017 年 4 月 1 日，中国（湖北）自由贸易试验区（以下简称“湖北自贸试验区”）正式挂牌。湖北自贸试验区涵盖三个片区：武汉片区（含武汉东湖综合保税区），襄阳片区（含襄阳保税物流中心〔B 型〕），宜昌片区。湖北自贸试验区成立以来，武汉海关坚持因地制宜复制推广与结合湖北特色开展制度创新“双路并进”，全力支持湖北自贸试验区建设发展。

一、成效综述

（一）坚持复制之路与创新之路双路并进，瞄准“简、减、降、优”释放制度红利

坚持复制之路，2014—2015 年，按照总署统一部署先后复制推广“14+11”共 25 项海关监管创新制度。2016 年，落实国务院工作要求，复制推广 16 项新一批改革试点经验。湖北自贸试验区挂牌后，武汉海关主动对标学习其他自贸试验区先进经验，对适合湖北的制度创新，因地制宜借鉴复制。截至 2017 年底，共借鉴复制前四个自贸试验区改革试点经验共 53 项，丰富了自贸试验区制度供给。

坚持创新之路，紧紧围绕“抓住重点、研究热点、改掉痛点、破解难点，创出亮点”思路，从“机制优化、制度调整、流程简化、风险可控、法律合规”5 个方面，以问题和需求为导向开展制度创新。2017 年推出 48 项自主创新举措，支持湖北自贸试验区建设发展。在湖北省向国务院自贸试验区工作部际联席会议办公室（商务部）报送的 10 项拟在全国复制推广的制度创新成果中，武汉海关举措占 7 项。另外，武汉海关 9 项创新举措入选在全省复制推广的第一批改革试点经验（全省共 13 项），1 个案例入选湖北省政府第一批复制推广的实践案例（全省共 8 个）。

（二）纵深推进各项改革，不断提高贸易便利化水平

压缩通关时间，全力提时效。找准影响货物通关时间的关键节点和突出问题，研究制定了压缩通关时间19项海关工作措施，联合推动地方政府相关部门拟定了10项配套措施，多层面多角度做好情况调研、原因分析、整改落实等工作。通过“单一窗口”实施“一次申报”，试点“查检双人查验模式”实施“一次查验”，依托智能卡口系统实施“一次放行”；加快应用金关工程二期信息化项目，自主开发水、陆、空、特、寄“五位一体”物流监控信息化平台，打造通关、物流、信息“三个一体化”，实现“智慧监管，精准监管”，提升查检工作效能。

优化营商环境，发力“放管服”。坚持以深化供给侧结构性改革为主线，深化改革，落实简政放权，进一步减轻企业负担，节省办事时间。落实“马上办、网上办、一次办”行政审批模式，推进“互联网+海关”建设，对58项海关政务服务事项实现“一号申请、一窗受理、一网通办”，为社会公众和企业提供更便利服务。推进“三互”大通关建设，进一步推广应用湖北国际贸易“单一窗口”。在湖北全省落实“申报无纸化”模式，实现“网上申报，就近取证”，推进相关信息数据全国共享。推进作业流程“去繁就简”，加贸及保税作业环节简化44.7%，稽查作业环节简化7.6%。推动落实免除查验没有问题企业吊装移位仓储费用，实施以来累计为企业免除相关费用500余万元人民币。

主动靠前服务，大力畅渠道。整合关区内现有查验场所和监管设备，创新实施“运单归并”“合并转关”“车边验放”等举措，强化与口岸海关的联系合作，支持中欧班列（武汉）快速发展，助推武汉发挥“一带一路”节点城市功能，融入国际物流大通道。班列开行以来，武汉始发班列的开行线路数、重箱实载率一直在各节点城市中位居前列。积极助推长江中游航运中心和武汉多式联运海关监管中心建设，全力支持武汉新港发展，推动在长江中上游最大集装箱港口阳逻港现场实现通关业务全程网上办理。为“一芯三屏”（国家存储器基地及湖北省3家半导体显示产业链重点企业）等重大项目实行“上下沟通、左右联动，对接总署、协调各方”工作机制，实施系列定制化监管服务举措，简化通关、减免税办理等环节海关手续。

二、创新成果

（一）服务“一带一路”，支持国际物流枢纽建设

助力中欧班列（武汉）发展，实施“进口运单归并”与“出口转关单简化申报”，手续简化率分别达到78%与93%。挂牌以来实施“车边验放”，进口货物31批次489吨，货值1.7亿元人民币，每批货物平均节省3天的通关时间，使企业每周能提前安排约1 780万元人民币产值的货物生产。

支持长江中游航运中心建设，实施“内外贸同船运输货物智能放行”，解决了以往智能卡口无法区分内贸箱、外贸箱和空箱的问题，集装箱卡口放行手续的时间较改革前每箱节省约36小时。

服务国际航空口岸建设，实施“国际旅客行李物品监管新模式”，提升了进出境旅客的通关体验，通关时间平均减少1/2。推出微信公众号“武易通关”，旅客掌上通关更加便捷。

优化海关特殊监管区域监管模式，对一线出口货物实施“先出区、后报关”，2017年共涉及报关单8 166票，平均每票减少通关时间约20分钟、节约直接成本约150元人民币；实施“便捷保税货物流转”，对特殊监管区域、保税物流中心（B型）间以及特殊监管区域与保税仓库间流转的保税货物，允许企业自行运输，2017年该模式下共流转保税货物2 504批次，申报总金额4.98亿美元，平均每批次减少通关时间约3.5小时、节约直接成本约150余元人民币。

（二）服务战略性新兴产业和高技术产业发展

对省市重点项目实施“重大项目定制监管服务”，分别与华星光电、国家存储器基地项目业主签订工作备忘录，成立专项工作组，量身定制个性化监管服务方案；实施“减免税手续汇总办理”，将减免税办理与保税仓库分送集报模式叠加，将 3 205 份需逐票办理的免表创新汇总为办理 609 票，手续简化率达到 81%。

（三）支持新型贸易业态发展，培育外贸增长新动能

支持跨境电商发展，实施“企业增信担保”引入第三方担保，为电商企业资金周转困难提供了解决方案，4 份保函总金额 140 万元人民币，循环担保税款 676 万元人民币。推动汉口北市场采购贸易从无到有再到健康发展，实施“市场采购贸易便捷通关”措施，简化商品归类，降低企业成本。2017 年共监管市场采购贸易报关单 4 542 份，货运量 13.8 万吨，出口额 41.3 亿元人民币。

（四）服务有序承接加工贸易产业转移

实施加贸业务“简化内部核批手续”，将 80 项业务的 311 个审批环节简化为 172 个，减少 139 个，简化率 44.69%。同步推出“改革加工贸易监管模式”“手册有效期按需设立”“自主选择核销方式”“盘库时点自主选择”等多项创新举措服务有序承接加工贸易产业转移。

三、具体支持措施

1. 先放行，后改单

“先放行，后改单”是指对查验后仅需改单放行的货物，允许企业选择先放行货物，后修改报关单。

该项创新进一步促进了通关便利化，提高了通关效率，允许一些有申报错误的报关单先放行，然后再修改报关单据。“先放行”提升了货物的流转速度，改善了市场主体的通关体验，对于高时效的行业、高存储要求的货物具有特别重要的意义。另外，对于从内陆转关到口岸出口的货物，企业在属地海关因申报错误改单，有可能造成耽误口岸船期需要换载，从而带来损失，该创新较好地解决了这一问题。该创新举措入选国务院在全国复制推广的第四批自贸试验区改革试点经验。

2. 船边直接验放

“船边直接验放”是指经企业申请，通过转关方式进口的货物，允许其提前申报，先办理审单和缴税手续，待货物运抵指运地后，办理卸货的同时对货物进行审验，需查验的货物拖入海关查验区，无须查验的货物可直接放行，不再统一进入堆场，减少货物吊装次数，降低企业成本、提高作业效率。

该措施通过优化作业环节，减少货物吊装次数，降低了企业成本，提高物流作业效率。

3. 中欧班列（武汉）运单归并、简化申报

“中欧班列（武汉）运单归并、简化申报”是指通过与口岸海关建立协作机制，对口岸铁路运单进行归并作业，将单一收货人的多个集装箱货物合并为一票办理转关手续，将多个集装箱铁路运输的货物合并为一份报关单申报。

该措施依托“一带一路”发展战略，改革传统铁路跨境贸易中提货单和报关单单一对应模式，进一步促进了通关便利化，提高了通关效率。该创新举措入选湖北省复制推广的第一批自贸试验区改革试点经验。

4. 先出区、后报关

“先出区、后报关”是指海关特殊监管区域及保税物流中心（B 型，以下简称“区域及中心”）采用全国海关通关一体化方式申报的出境货物，可依托信息化系统先出区域及中心，再向主管海关申请办理报关手续，海关通过风险分析进行有效监管。

对采用一体化出口申报的货物企业可以自行运输，取代了转关模式，降低了海关的通关时

间，优化了一线出口货物的流程，提高了通关效率，降低了企业成本。该创新举措入选国务院在全国海关特殊监管区域复制推广的第四批自贸试验区改革试点经验。

5. 账册变更审核电子化

“账册变更审核电子化”是指允许经海关注册登记的海关特殊监管区域内企业在办理电子账册变更手续时，申报的电子数据由计算机进行自动审核，原则上人工不干预。对于申报数据的准确性和真实性，采取事中核查或事后批量复核等方式加强监管的海关监管制度。

6. 保税展示分段担保

“保税展示分段担保”是指允许企业在开展保税展示交易业务时，自定税款担保额度，依托信息化辅助管理系统实现在主管海关征税放行后，辅助系统自动退还区内企业的担保额度，后续出区货物可分阶段、多批次使用。

7. 保税仓库申报无纸化

“保税仓库申报无纸化”是指保税仓库经营企业依托信息化系统实现关区保税仓库经营企业出入库管理、分送集报、保税货物延期等项目无纸化申报，实现海关和保税仓库经营企业互联互通，监管严密高效。

8. 下放两仓审批权限

“下放两仓审批权限”是指将保税仓库、出口监管仓库经营管理（变更、变更验收、延期），保税仓库所存货物二次延期等审批事项由直属海关审批下放到经直属海关授权的隶属海关审批。

9. 便捷保税货物流转

“便捷保税货物流转”是指健全保税物流货物流转管理体系，建立海关特殊监管区域之间、海关特殊监管区域与保税监管场所之间保税货物流转的便捷管理模式，企业可自行选择运输工具承运保税货物，实现保税监管与全国通关一体化的有机衔接。

以自行运输取代了原有的转关模式，降低了海关的通关时间，提高了通关效率，降低了企业成本。该创新举措入选湖北省复制推广的第一批自贸试验区改革试点经验。

10. 改革加工贸易监管模式

“改革加工贸易监管模式”是指改变以合同为单元的监管模式，实施以企业为单元，以账册为主线，以企业物料编码（料号）或 HS 编码（项号）为基础，周转量控制，定期核销的加工贸易监管模式。

11. 手册有效期按需设立

“手册有效期按需设立”是指对于符合条件的大型装备制造业企业，可以根据实际生产周期设立加工贸易手册有效期。

12. 简化内部核批手续

“简化内部核批手续”是指优化加工贸易手册及账册的设立（变更）、余料结转、核销结案等作业流程，减少作业环节，进一步简政放权，提高效率。

13. 取消异地加工贸易审核

“取消异地加工贸易审核”是指经营单位申请开展异地加工贸易业务时，取消经营单位所在地主管海关前置审核，可直接在加工企业所在地主管海关办理相关手续。

14. 自主选择核销方式

“自主选择核销方式”是指具备条件的加工贸易企业可根据生产经营实际，自主确定单耗申报时间和合理的核销周期，自主选择采用单耗或工单等不同方式核算保税料件耗用。

15. 盘库时点自主选择

“盘库时点自主选择”是指自贸试验区内联网监管企业，可结合企业盘点计划，在电子账册有效期内，自主选择核销选查盘库时点，并提前向海关预约。海关根据企业自选的盘库时点开展盘库，并对电子账册有效期作相应调整。

根据企业生产管理需要开展盘点工作，有效减少海关监管工作对企业的不利影响，提升企业管理的灵活度，增强企业活力。

16. 保税料件交易

“保税料件交易”是指海关特殊监管区域外的加工贸易企业（出售企业），将本企业剩余的进口保税料件以“来料料件复出”或“进料料件复出”贸易方式申报进入海关特殊监管区域，在海关实际监管下，交付给其他海关特殊监管区域外加工贸易企业（购买企业），购买企业以“进料对口”或“进料非对口”方式申报出区的经营活动。

17. 账册归类归并关系审核电子化

“账册归类归并关系审核电子化”是指海关运用特殊监管区域辅助管理系统，实现计算机自动审核电子账册归类归并关系，取消人工审核环节，提高效率。

18. 海关特殊监管区域货物运抵信息智能化

“海关特殊监管区域货物运抵信息智能化”是指通过海关特殊监管区域智能卡口采集境内入区的车辆及货物信息，自动生成电子运抵信息发送给海关通关管理系统，在无布控、无税费的情况下对报关单触发系统自动放行，提高通关效率。

19. 海关特殊监管区域与口岸联动

“海关特殊监管区域与口岸联动”是实现海关特殊监管区域（保税监管场所）卡口系统和口岸物流监控系统的联动，便利特殊监管区域（保税监管场所）与口岸间的货物流转，畅通保税货物流转渠道。

20. 企业注册登记改革

“企业注册登记改革”是指对于企业办理进出口货物收发货人的注册登记、信息变更、延续、注销等手续，由经办关员直接受理，按照《中华人民共和国海关报关单位注册登记管理规定》（海关总署令第 221 号）有关规定，在单证齐全的前提下，当场核发报关单位注册登记证书。

21. 行业自律，关会协作

“行业自律，关会协作”是指通过强化海关与报关协会的合作，充分发挥报关协会行业自律作用，提升报关协会服务能力，从而构建新型关企、关会合作关系，转变海关职能实现方式，促进企业守法自律，实现海关、协会、企业三方共赢的新型监管服务模式。

通过强化海关与报关协会的合作，充分发挥报关协会行业自律作用，提升报关协会服务能力。

22. 加强信用企业培育

“加强信用企业培育”是指以自贸试验区内优质企业为重点，加强政策宣传，有针对性地进行扶持引导，加强企业认证，培育更多的海关高信用企业。在自贸试验区获批后 3 年内，使区内海关高级认证和一般认证企业在现有数量的基础上每年增加 30%，让更多守法规范企业享受中国和国际海关通关便利。

23. 减免税手续汇总办理

“减免税手续汇总办理”是指集成电路、液晶显示面板企业将符合免税条件的生产性原材料、消耗品采用保税仓库电子账册管理，货物进口时按保税仓库货物申报进相应的保税仓库账册，在出库时实行分批发货，主管海关定期为企业汇总办理减免税证明，企业凭此办理集中报关手续。主管海关通过加强后续监管，确保监管到位。

该模式通过将减免税办理与保税仓库“分送集报”模式相结合，充分发挥政策叠加优势，将减免税办理原来“前置逐票办理”方式，优化为“后置汇总办理”，简化了“征免税证明”的办理手续，有效解决了“芯屏企业”生产性原材料、消耗品等减免税货物进口频繁批次多和生产时效要求高的矛盾，进口减免税货物做到“随到随用”，满足了企业生产经营规律的需要，实现了“1+1>2”的效益。该创新举措入选湖北省复制推广的第一批自贸试验区改革试点经验。

24. 减免税申请电子数据批量导入

“减免税申请电子数据批量导入”是指允许经海关减免税项目备案的企业按照电子口岸 QP 系统的接口标准，开发批量导入软件，实现与 QP 系统的对接。通过批量导入数据，改变以前逐票录入申报的方式，提高减免税证明的录入效率，降低差错率。

企业通过软件将企业 ERP 系统数据转化成适合海关预录入系统标准的电子数据直接导入海关录入系统，减少人工干预产生的差错率，节约人力成本。

25. 试行归类先例制度

“试行归类先例制度”是指海关以高资信企业为试点企业或者特定商品为试点商品，建立以企业和商品为单元的数据库，采用通关过程中海关不审核其归类、通关后抽核的方式，统一海关归类执法，进一步提高通关时效。

为支持中国（湖北）自由贸易试验区（简称湖北自贸试验区）发展，贯彻落实原质检总局和湖北省委、省政府关于湖北自贸试验区建设的总体部署和要求，原湖北出入境检验检疫局深入研究湖北自贸试验区的定位特点和政策需求，从简政放权、监管模式改革、优化服务等三个方面推出15条改革创新事项。

26. 改革报检企业备案模式

“改革报检企业备案模式”便利自贸试验区内报检企业备案工作，原湖北检验检疫局授权自贸试验区检验检疫机构直接办理区内的自理报检企业、代理报检企业和快件运营企业备案、变更等工作，对资料符合要求的当场完成备案、发放证书，为企业提供“零距离、零等待”服务。支持自理报检企业备案和原产地签证企业备案网上一次办理。支持自贸试验区检验检疫机构参与片区内商事备案制度改革。

27. 检疫审批业务权限下放

进境植物源性食品、有机植物栽培等部分动植物产品检疫审批的受理和现场考核环节授权给自贸试验区检验检疫机构执行。通过多点受理、网上审批、分批核销等便利措施，简化检疫审批流程，提高检疫审批效率、缩短流程时限，检疫审批周期由原来的20个工作日缩短至10个工作日以内。

28. 免除部分进境动植物产品证书查验

在风险分析基础上，制定免于核查输入国家或地区动植物检疫证书的清单，对经深加工的木制品等11类动植物产品免于提交输出国家或地区动植物检疫证书。

29. 实施出口食品企业备案采信模式

自贸试验区内企业，申请出口食品生产企业备案时，采信自我声明，免于现场检查，直接发放《出口食品生产企业备案证明》。

企业提出采信自我声明备案申请，当天即通过受理申请、组织评审、文件审核、审查批准等程序，当天就通过采信企业自我声明和自我评估表获得备案审批。这项业务以往是20天的办理周期，通过改革创新后，目前仅需1—2天即可完成，大大便利了企业操作并节省了企业的时间。

30. 改革CCC免办审批监管模式

中国强制性产品认证简称CCC认证或3C认证，以强制性产品认证制度替代原来的进口商品安全质量许可制度和电工产品安全认证制度，是一种法定的强制性安全认证制度，也是国际上广泛采用的保护消费者权益、维护消费者人身财产安全的基本做法。列入《实施强制性产品认证的产品目录》中的产品包括家用电器、汽车、安全玻璃、电线电缆、玩具等产品，其中CQC被指定承担CCC目录范围内17大类134种产品的3C认证工作。

对于自贸试验区内符合免于办理条件的CCC产品，允许“非最终用户”申请办理“免办证明”。CCC免办后续监管以采信为主，现场验证为辅。

31. 实施自贸试验区保税展示交易进口食品、化妆品检验检疫管理新模式

叠加运用分线监管、预检验和登记核销管理对保税展示交易进口食品、化妆品实施检验检疫监管。对保税展示进口食品、化妆品，入区时实施检疫（有检疫要求的）和报备管理，不实施检验。对保税展销进口食品、化妆品，自贸试验区内实施预检验，出区分批核销登记，比对货物申报信息与预检验合格货物信息，凭核销凭证签发通关单，可分批放行。

32. 创新生物医药监管模式

对进境生物医药（特殊物品）全面实施分类管理。进行科学风险评估，建立分类管理体系。在对进境生物医药材料风险评估和建立相关企业诚信数据库基础上，对企业实施分级管理，创新查验模式，降低查验比例，提高通关效率。推进属地化管理，对低风险的产品实施口岸直通放行，减少查验成本。将产品风险与企业诚信相结合，建立“事前产品风险评估＋事中事后监管”的管理模式，将监管重心由产品转向企业诚信与产品风险相结合。进一步简化出口管理要求。鼓励湖北生物医药产品出口。管理权下放，将生物医药企业的评级和考核等工作下放自贸试验区检验检疫机构管理，提高执法效能。

对自贸试验区内特殊物品企业，入出境生物医药类特殊物品实施行政审批全程无纸化。在产品分级、企业分类的基础上对信用良好企业的D级生物制品出境审批权限和全部检疫查验业务下放至自贸试验区检验检疫机构办理。

33. 实施自贸试验区来料加工复出口食品、化妆品检验检疫新模式

对来料加工复出口的食品、化妆品，来料进口时只实施检疫（有检疫要求的），不实施检验。来料加工后的食品、化妆品成品出口时按目标市场要求进行检验检疫监管和放行。达到减少重复检验、降低企业成本的目的。

34. 出境饲料及饲料添加剂风险管理“三分”模式

即基于风险分析方法，事前风险评估分级、事中企业监管分层、事后查验放行分类。一是事前收集风险信息，加快企业准入。对区内出境饲料及饲料添加剂企业在办理注册登记时，同步开展企业诚信评估及产品风险分析，将原来规定的20个工作日减少至10—15个工作日，缩短企业获得检验检疫注册登记资质时限；二是根据企业的信用类别、饲料及饲料添加剂风险级别对企业实施不同层级措施的日常监管，减少对优良企业、优质产品的监管频次；三是根据日常监管结果，在企业报检出口环节，实施不同类别查验抽检比例，让优良企业、优质产品加快通关速度，降低物流成本，促进对外贸易便利化。

这项改革创新推出后，企业注册登记时限由原来的20个工作日减少至10—15个工作日，优良企业、优质产品的监管频次减少为每年1次，抽批比例减少50%，每批出口饲料可节约通关时间1天以上，成本节约130元人民币，受到企业好评。

35. 改革进口成套设备检验监管模式

该制度旨在便利自贸试验区内成套设备类产品进口，在对进口企业诚信和成套设备产品风险分析的基础上，根据企业申请，通过实施装运前检验，到货后采取抽批检验、抽批核查等便利化检验监管模式，减少现场重复检验内容，缩短检验时间。

36. 实施进口消费品预检核放监管模式

对进口消费品实施“集中预检、分批核销”，针对集中到货分批出区的消费品，预先实施检验，出具检测结果，而后根据企业申请，货物出区进口时直接核销放行，缩短检验周期和通关时限。

按照方便进出、严密防范质量安全风险的原则，在“一线”最大限度仅实施检疫予以便利，“二线”完善检验检疫便利化措施，在自贸试验区范围内推行进口货物预检验制度。企业可在货物入境进区或在区仓储时申请预检验，对预检合格的货物实施核销放行，免于再次检验。在全面推行预检验制度过程中，遵循“企业自愿、操作便利、全面普惠”的原则，主动走进企业，深挖企业需求，与企业探讨商品的具体预检验流程，让企业吃透政策，主动享受政策提供的便利条件，切实感受预检验制度对缩短货物物流时间，提高进口货物通关效率带来的巨大实惠。

37. 推行自贸试验区内进口食品、化妆品预检验模式

实施自贸试验区内进口食品、化妆品预检验，通过流程再造和将检验检疫工作的“前置”，把检验检疫部门现场检验和刚性的实验室检测工作前置到货物在自贸试验区及特殊监管区内仓储期间一次性完成，形成在自贸试验区及特殊监管区内仓储时间和检验时间的并联，货物在储存的同时就可以申请和接受检验，在货物“二线”进口时快速核销、快速签证、快速放行，实现货物出区时的零等待。

38. 探索自贸试验区进口食品境外预检验模式

探索实施中国检验认证集团海外机构在国外原产地对进口食品按照我国标准（包括标签）进行预检验检测，并对检验合格产品出具“产地检验验证报告”。进口食品在自贸试验区口岸核查货物信息、通过平台查询预检情况，实施比对放行。

39. 试行自贸试验区进口食品“空检江放、空检铁放”模式

空运和水运或铁运的进口预包装食品同时发货，先后运抵湖北自贸试验区及特殊监管区的同批次食品，实施分别报检、合并检验。自贸试验区检验检疫机构在对空运进口食品检验合格放行的前提下，对水运或铁运进口食品实施快速验放，提高通检速度。

40. 进口肉类“港—区”直通查验管理模式

支持自贸试验区内武汉东湖综保区与武汉新港阳逻港进口肉类指定口岸同步建设进口肉类指定查验场，从武汉新港阳逻港口岸进口的肉类产品，只需在阳逻口岸实施集装箱外表消毒并加施电子锁后，整箱直接运至东湖综保区指定查验场实施现场开箱查验、抽样等检验检疫监管。这种“港区”直通查验管理模式可以将口岸功能延伸至东湖综保区，无须两次开箱、两次查验，可有效提升通关查验效率，降低企业物流、运输、仓储等成本，促进口岸与自贸试验区联动协同发展。

41. 海关行政审批事项清单式管理

“海关行政审批事项清单式管理”是指将武汉海关行政审批事项建立清单式台账予以管理，并向社会公开，内容包括办理条件、办理时限、核批流程、办理结果等，同时提供便利的咨询服务，让企业第一时间了解行政审批事项的具体内容和办理情况。

42. 电子口岸企业入网“一站式”办理

“电子口岸企业入网‘一站式’办理”是指利用“互联网 +”技术，在原有电子口岸入网资格审查系统基础上，通过对现有资源和流程的整合、优化，各口岸部门建立配套联系机制，实现入网企业备案信息与工商、国税、海关等部门的数据联网共享和自动比对，实现自动审查和自动授权。企业办理电子口岸入网手续，只需带齐相关证件，由中国电子口岸数据中心武汉分中心一个窗口受理，各类证照资料在线传递，各执法部门在线实时审查，入网流程由串联式办理改为并联式办理，企业无须在各口岸执法部门间奔波，并可查询审查办理情况，做到“让数据多跑路、让企业少跑腿”，实现“一站式”受理服务。

43. 重大项目定制监管服务

“重大项目定制监管服务”是指加大对自贸试验区的重大项目的支持力度，大力支持战略性新兴产业和高技术产业集聚发展，按照嵌入式管理、触发式监管、泛在式服务的海关顺势监管新思路，将海关管理要求顺势嵌入国际物流运转链条，实现海关监管与国际物流各环节的有机衔接，建立快速反应的监管服务机制，探索适应企业生产经营规律的监管服务方案，支持地方经济发展。

四、统计数据

（一）进出口值

2017 年 1—12 月，湖北自贸试验区合计完成进出口值 788.4 亿元，同比增长 22.2%，占同期湖北省外贸总值的 25.2%。其中，出口 597 亿元人民币，增长 27.4%；进口 191.4 亿元人民币，增长 8.3%。

（二）海关税收

2017 年 1—12 月，湖北自贸试验区海关特殊监管区域实现税收入库 5.5 亿元人民币，同比增长 4.1%。

（三）海关注册登记企业数

截至 2017 年 12 月底，湖北自贸试验区新增海关注册企业 162 家，注册企业总数 1 075 家。其中，武汉片区、襄阳片区、宜昌片区分别新增企业 125 家、8 家、29 家。

◎重庆海关支持中国（重庆）自由贸易试验区建设主要情况

2017年4月1日，中国（重庆）自由贸易试验区（以下简称重庆自贸试验区）正式挂牌成立。重庆自贸试验区涵盖3个片区：两江片区（含重庆两路寸滩保税港区），西永片区（含重庆西永综合保税区里、重庆铁路保税物流中心〔B型〕），果园港片区。在具体区域选择上，突出了三条功能轴线：一是突出海关特殊监管区域和保税监管场所核心功能，二是突出重庆综合交通枢纽和开放口岸功能，三是突出服务贸易产业聚集和开放创新。

重庆自贸试验区工作启动以来，重庆海关立足《中国（重庆）自由贸易试验区总体方案》（以下简称《总体方案》）对重庆自贸试验区的"'一带一路'和长江经济带互联互通重要枢纽、西部大开发战略重要支点"战略定位，主动对标国际高标准经贸规则，对标全面深化改革要求，对标高水平自贸试验区经验，以制度创新为核心，以可复制推广为基本要求，进一步转变职能、改革创新、去繁就简、促进便利，全力支持重庆自贸试验区建设取得初步成效。

一、成效综述

（一）加强组织领导，高位推进实施

成立自贸试验区海关监管改革领导小组，全面加强对自贸工作的统筹指挥；抽调业务骨干组成自贸专项工作小组，负责做好自贸工作的协调推进；建立关区自贸工作联络员制度，召开联络员工作会17次，形成工作合力；与市自贸办建立三级联络会商机制，与投资、贸易、金融、事中事后监管4个市级推进小组分别建立对口联系，确保与各相关部门同频同步。

（二）深入调查研究，把准实际需求

大兴调查研究之风，一把手带队到广东、上海自贸试验区学习先进经验，提前谋划重庆海关支持举措；深入全市各地了解问题和需求，通过走访调研共征集到169条意见建议，全部纳入台账逐一解决；主动向海关总署和地方党政反映情况，积极出谋划策，促成将"允许在自贸试验区内海关特殊监管区域开展进口汽车整车保税仓储业务和保税货物质押融资业务""允许自贸试验区开展飞机及关键部件全球维修、拆解业务"等内容写入《总体方案》；组成课题攻关组，深入研究国内外自由贸易区建设的措施、经验和成效，形成《重庆海关关于推进进口商品分销体系建设的工作建议》《重庆海关关于进一步加强飞机租赁扶持力度的有关建议》等研究报告，得到有关市领导的充分肯定；结合重庆自贸试验区建设实际需求，积极争取试点政策支持，自重庆自贸试验区挂牌后，重庆市先后批准金伯利进程证书制度和进境粮食指定口岸，肉类口岸功能从水港拓展到铁路。同时，为支持重庆摩托车产业发展，在重庆设立中国出口摩托车质量技术促进委员会，推动重庆汽摩行业质量提升和结构调整。在此基础上，2017年9月重庆获准设立检验检疫综合改革试验区，为内陆开放高地建设增添了新动力。

（三）出台支持举措，助力自贸试验区建设

紧紧围绕《总体方案》部署要求，协助海关总署出台贸易便利化、新型贸易发展、内陆扩大开放等5个领域25条对重庆自贸试验区的支持措施，并按照"围绕定位、注重特色、创新引领、分类施策、先行先试、复制推广"的要求，推出《重庆海关推动重庆自贸试验区发展第一批27项支持举措》，涵盖法规、关税、监管、加贸、稽查等5个业务领域，全面落实国家对重庆自贸试

验区建设的定位和《总体方案》要求。检验检疫业务方面，出台了《关于进一步深化检验检疫制度创新支持中国（重庆）自由贸易试验区建设的意见》（渝检通〔2017〕30号），在深化行政管理改革、深化检验检疫监管制度创新、提升贸易便利化水平、支持服务贸易转型升级等4个方面提出了15条具体措施，全面推进重庆自贸试验区建设。

（四）细化责任分工，确保任务落实

将涉及海关的国务院《总体方案》41项具体任务，以及海关总署25条支持措施、重庆海关第一批27项支持举措进行细化分解，逐个明确牵头部门、工作目标和落实时限，制定台账清单，定期梳理汇总，督促按时保质推进工作。截至目前，《总体方案》36项任务、总署24条支持措施、重庆海关24项支持举措均已完成或长期推进中，取得了良好的海关监管效应和社会反响。其中，成效良好且可复制、可推广的13项支持举措已在关区范围内复制推广。

（五）完善法治保障，筑牢风险防线

坚持用法治思维和法治方法开展制度创新，制定《重庆自贸试验区形成海关创新举措和制度基本程序》，规范相关程序；出台完善海关支持自贸试验区建设相关举措配套的规范性文件，印发业务操作规程4项，对外发布公告9个，向总署报备重庆海关内部文件3份，始终保持相关工作在法治的轨道上运行；编制确定“特殊贸易区域”代码，确保自贸试验区数据真实可靠；梳理海关在自贸试验区的管控风险，配合重庆市出台自贸试验区风险防控清单，切实降低风险隐患。

（六）广泛开展宣传，营造浓厚氛围

搭建两江自贸片区海关专窗，为自贸试验区企业提供宣传、释疑和业务指引等服务；配合市自贸办召开新闻发布会2次，通过电视、报纸等传统媒体，以及新媒体报道自贸试验区建设相关情况8篇次，制发海关支持举措宣传手册1 000本，前往基层海关、企事业单位、地方管委会等举办内外专题培训12次，推动形成人人学习自贸、人人熟悉自贸、人人参与自贸的浓厚氛围。此外，将重庆海关特殊监管区域“四自一简”监管创新“加工贸易作业无纸化”“保税仓库和出口监管仓电子化监管”“担保一体化管理新模式”、进口大宗食品“空检通放”监管模式、多次进出境研发用免于办理强制性认证创新等代表性较强、企业和社会反响好、具有复制推广价值的创新制度向海关总署及商务部进行了报送。

二、创新成果

重庆自贸试验区成立一年多来，重庆海关持续深化海关监管制度创新，以“投资贸易便利、监管高效便捷”为目标，不断摸索、创新和实践，建立起“企业自主管理、海关顺势监管”的作业制度和监管模式，提炼形成了一系列创新支持举措和监管制度，做到“注重特色、创新引领、分类施策、去繁就简、先行先试”，真正为企业减负。目前，重庆海关自主推出的第一批27项支持举措中已有24项见到实效，其中13项应用良好的举措已经在全市范围内复制推广。重庆海关首创的“加工贸易无纸化改革”“两仓监管智能化”“担保一体化管理新模式”三项改革举措已经显现出良好的效果。

（一）海关特殊监管区域“四自一简”监管创新

海关特殊监管区域“四自一简”监管创新是指海关在引导企业自律和加强事中事后监管基础上，允许区内企业自主备案、自定核销周期、自主核报、自主补缴税款，海关简化业务核准手续。

1. 主要做法

搭建海关特殊监管区域辅助管理系统，推进区内业务操作标准化、进系统、留痕迹、可追溯。系统采用统一的底层数据格式标准，采取模块化、参数化的设计结构，具备良好的兼容性和

拓展性，实现了卡口间数据的互联互通，可满足全国海关通关一体化的运作要求。

推行区内企业自主备案。对海关特殊监管区域内企业实行智能化商品备案模式，简化备案手续。在信息化管理系统中建立丰富的商品资料库，以“系统判别＋人工审核＋事后复核”取代原来单一的人工审核工作，提高海关作业效率和执法统一性。

允许区内企业自定核销周期。对海关特殊监管区域内企业实行电子账册管理，允许企业根据生产计划和实际生产情况在一年内自定账册的核销周期，更加契合企业生产经营实际。

实行区内企业自主核报。允许海关特殊监管区域内企业在自聘审计、自负责任的前提下开展自主核报。实行自主核报的企业可以根据生产管理实际，自主选择单耗或工单作为核算方式，结合货物进出区情况，依托信息化管理系统自主核算周期内业务数据，自主办理退运、内销等手续后，向海关报送核报结果，海关结合风险分析对企业核报结果进行核查。以企业“自主分析＋自主核算”，海关“风险分析＋后续核查”取代以往单一的海关核销模式，核销工作效率明显提升。

实现区内企业自主补缴税款。对海关特殊监管区域内企业在核报过程中发现的库存短缺情况，允许企业采取主动披露的方式，自主补缴税款，取消内销征税联系单，简化以往多部门间流转的繁琐作业流程，进一步提升便利化水平。

简化业务核准手续。根据海关特殊监管区域内企业资信，由信息化管理系统一次开通权限，目前已赋予分送集报、外发加工、维修检测、不良品交换等 11 项业务权限，将海关业务核准事项由原来的逐项人工纸质核批，转为线上集中赋权。

2. 实践效果

实行海关特殊监管区域“四自一简”监管创新后，在现有业务规模内，企业办理商品备案业务系统自动通过率达 98.1%、办理时间减少约 70%；核销安排契合企业生产计划，企业生产管理更加灵活、自主；简化以往多部门间流转的繁琐补税作业手续，核销作业工作量及耗费时间大幅降低 65% 以上；每年减少前置业务核批 4 500 余次。经测算，该项监管创新实施后，货物进出区效率提升 20%，每年为每家企业平均节约交通、管理、人力等成本 5 万元。通过以“四自一简”为主的海关特殊监管区域监管制度创新，重庆海关进一步改善了营商环境，促进了重庆自贸试验区的贸易便利化水平，提振了区内企业持续投资发展的信心和决心。惠普等企业不断将产品产线向重庆集中，一批制造项目陆续签约，区内原有企业也逐步扩大区内项目投资规模并自建产房，打造多元化产业链，进一步提升了承接智能终端制造产业梯度转移的能力。

（二）加工贸易无纸化改革

为进一步改进海关监管与服务，重庆海关积极开展网上办事大厅建设，推动实现加工贸易业务“互联网＋电子政务＋公共服务”，促进海关繁杂手工作业向计算机智能化作业转变，实现“数据多跑路、企业少跑腿”，减少企业往返海关递交纸质单证次数，提高办事效率，降低企业运营成本，促进贸易便利化。

1. 主要做法

开发信息化辅助作业系统。搭建辅助管理系统（即网上办事大厅），企业将申请书、进出口合同等相关单证按照海关要求（格式化数据或扫描件）生成电子数据传输至辅助管理系统，实现电子单证网上流转。

开发身份认证系统。推进网上办事大厅 IC 卡身份认证系统开发，组织开展压力测试，保证日常运行平稳正常。同时完成网上办事大厅三统一平台登陆系统开发，关员可以通过管理网三统一平台登录网上办事大厅，实现海关内部核批电子化。

启动加工贸易无纸化改革。配合网上办事大厅启动加工贸易无纸化改革，制定《重庆海关网上办事大厅及加工贸易无纸化改革实施方案》《重庆海关加工贸易作业无纸化操作规程》和《加工贸易企业自存单证管理办法》。

实现业务办理状态在线查询。依托电子回执及手机APP等信息化手段，海关审核单证的状态（初审、复审、办结）、通知企业缴纳风险担保金、退还风险担保金等均以电子回执或者手机APP方式通知企业，同时企业可随时查询业务办理进度。

试点后推广关区全部加贸企业。多次召集加工贸易企业进行座谈征求意见，确保网上办事大厅建设更加接地气，对企业进行系统操作培训，确保企业可以熟练使用网上办事大厅和手机APP应用程序，方便企业及时高效办理海关业务。网上办事大厅已经推广关区全部加贸企业。

2. 实践效果

有效提升海关监管效能。一是实现人力资源集约优化配置。将人力资源集中于审核海关，各受理海关不再重复设岗。重庆关区负责区外加工贸易管理的关员由20人压缩为6人。二是节约出来的人力资源合理配置到数据分析、风险监控、保税货物实际监管等工作中，提升海关监管质效。三是网上办事大厅所涉业务统一归口集中于审核海关办理，执法尺度更加统一，审核实效有效提高，加工贸易手册设立变更办理平均时间缩减到1小时左右。

帮助企业提高运营效率。改革前，每本手册从设立到手册核销，要涉及手册变更、深加工结转、外发加工、内销征税、余料结转、核销等诸多环节，平均每本手册往返海关办理手续4—6次。网上办事大厅建成后，企业无须多次往返海关递交纸面单证，凭审批通过的电子数据即可完成相关业务审批工作，实现“数据多跑路、企业少跑腿”，进一步提高运营效率。同时，企业直接与海关互联互通有效的实现去中介化，降低企业经营成本。据京东方关务人员反馈，以前他们有3个人专门负责跑海关，推行网上办事大厅后现在只需要1个人，同时每个月节约路费成本1—2万元人民币。

积极促进节能环保。以重庆海关为例，关区开展区外加工贸易业务的企业约290家，年设立手册约500本左右，每本手册平均提交纸质单证约60—70页，企业在单证方面的费用成本达数十万元。同时，企业需要多次前往海关办理相关手续，每次路费、油费、人工费用等最低需要100元人民币，企业的人工费用及路费成本总额约40万元人民币。加工贸易无纸化实现减少社会资源浪费、节省企业经营成本的双重社会效益。

（三）两仓监管智能化

两仓监管智能化是指通过建立保税仓库和出口监管仓库辅助管理系统，打造企业端和海关端两个界面，与H2010系统实现数据对碰和自动导入。由企业在企业端提交出入库、分送集报资质等在线申请。由海关端对企业业务进行在线审核，并依据系统风险参数设定，实现90%以上的业务系统自动审核。

1. 主要做法

重庆海关率先建立两仓辅助管理系统，实现企业仓库内部管理系统和海关辅助管理系统联网，实行保税仓库和出口监管仓库海关监管业务无纸化作业，运用“互联网+”为仓储企业提供远程申报、在线办理等服务。企业通过系统提交出入库、分送集报资质等申请，海关依据系统风险参数设定，通过系统对企业的进、出、转、存等环节实现智能化监管，业务系统自动核准率达到90%以上。金关二期系统上线后，该智能监管模式仍可通过金二系统实现。

2. 实践效果

一是通过智能化监管模式，简化海关作业手续，实现“数据多跑路、企业少跑腿”，解决了企业保仓货物出库前需到海关提交纸质申请资料的情况，有效降低企业时间成本、交通成本、人工成本和纸质材料等成本。二是通过开展分送集报业务，减少海关核准手续，增强货物出入库的灵活性，进一步提升业务效率，企业报关成本可降低90%以上。三是风险防控系统对数据进行筛选分析，提升了监管有效性和针对性。四是系统数据汇总功能，实现了数据的即时汇总，保证了海关数据统计的准确性。五是通过两仓辅助管理系统，海关可及时掌握两仓业务运行情况，可以实时研判该两仓是否存在超负荷承载保税货物风险，对于提升海关监管效能意义重大。

（四）担保一体化管理新模式

1. 主要做法

建立以企业为单元的涉税担保管理系统，对保函登记、额度扣减、额度返还、到期催核、担保期效控制等环节进行全过程智能化管理，实现企业凭一份保函在关区范围内办理征税货物担保、减免税货物担保、保税货物担保等多种海关担保业务。

2. 实践效果

落实由企及物管理理念，实现关区范围内“一保通用”，与“汇总征税”管理模式形成互补，进一步扩大企业凭一函集中办理多种海关业务的范围，有效简化担保办理手续，提升管理效能，并通过担保额度自动循环使用，极大地节约了企业融资成本。

三、具体支持措施

1. 实施“e 海关”便利作业

加强海关一体化互联网政务服务平台建设，打造“e 海关”，推进海关服务事项全程网上在线办理，促进海关服务高效便利。

为企业提供远程申报、在线办理、手机 APP 等互联网服务，企业足不出户即可办理加贸业务，大幅提高办事效率，降低企业运营成本。同时，企业管理业务事项均可通过“关企合作平台”实现网上办理。

2. 简化优惠税率进口商品申报手续

支持港澳 CEPA、ECFA、中韩、中新（西兰）自贸协定项下进口商品实行通关无纸化。进口企业申报时仅需提交电子数据与签证方的电子信息进行联网对碰，无须提交原产地纸质证书（声明），进一步简化自贸协定商品进口申报手续。

制定《关区原产地无纸化管理办法》，关区 ECFA 以及中韩协定项下商品实现无纸化通关。

3. 推动关检“三互”大通关

推动监管设施资源整合，在关区各口岸监管场所和特殊区域场站统一设置“关检联合查验场地”，大力推行“一站式作业”。在机场旅检口岸、邮快件监管现场、跨境电商分拣查验场地推行“一机一台”或“一机两屏”作业模式，实现共建共享共用。

4. 建立归类一致性协调解决机制

允许高级认证企业通过海关归类先例数据库，查询并选取与本企业进出口商品相同的归类先例数据进行归类申报，提高企业申报效率。

在关区内推广实施归类尊重先例制度，经过总署审核通过实施该项制度的企业可有效节约企业通关时间近 25%。

5. 实施加工贸易废料公开交易处置

促进监管部门间数据互联互通，利用废料交易处置平台实现保税废料交易和处置全程线上公开办理，实现废料交易处置高效、透明。

重庆海关牵头搭建重庆市加工贸易废料交易平台，建立海关、环保、工商、商务等相关部门与市场主体共同参与的共管机制，有效地规范了废料市场交易秩序，最大程度解决加工贸易废料价值认定难题，压缩可能存在的寻租空间，营造公开透明的营商环境。同时，废料交易平台也为企业提供了快速、稳定、公开的内销业务办理渠道，更重要的是企业通过废料交易平台拍卖的货物获得较高溢价，让企业获得了实实在在的利润。

6. 实行区内企业自主备案

对海关特殊监管区域及保税物流中心（B 型）内企业实行智能化商品备案模式，简化备案手续。

企业可以自主办理电子账册商品备案，备案手续办理流程大幅简化，对海关特殊监管区域内企业实行智能化商品备案模式，简化备案手续。在“辅助管理系统”中建立丰富的商品资料库，以“系统判别 + 人工审核 + 事后复核”取代原来单一的人工审核工作，提高海关作业效率和执法统一性。企业商品备案系统自动通过率达 98.1%，企业办理时间减少约 70%。

7. 实行区内企业自主管理

强化企业自主管理，允许海关特殊监管区域内企业自选核算方式，自定核销周期，选择自主核报，自主申报补征税款。

允许海关特殊监管区域内企业自选核算方式，自定核销周期，使企业在核销时间上更加灵活；允许企业自聘审计开展自主核报，海关对开展自主核报的区内企业采取“主动披露”的自律管理，并允许企业对企业盘点或海关核查中发现的库存短缺情况采用自主申报缴税方式完成补税，简化了以往多部门间流转的繁琐作业流程，企业核销作业工作量及耗费时间大幅降低 65% 以上。

8. 简化区内业务核准手续

简化海关特殊监管区域业务核准手续，取消单个业务逐票核批，一次性赋予企业相应业务资质，形成公平、高效、规范的业务准入环境。

根据海关特殊监管区域内企业资信，由辅助管理系统一次开通权限，目前已赋予分送集报、外发加工、维修检测、不良品交换等业务权限，将海关业务核准事项由原来的逐项人工纸质核批，转为线上集中赋权。在现有业务规模内，每年减少前置业务核批 4 500 余次。

9. 支持推广内销选择性征收关税试点

在西永综合保税区已有试点基础上，支持将选择性征收关税推广到自贸区符合条件的海关特殊监管区域内，扩大试点范围。

10. 实行保税货物自由流转

全面实行海关特殊监管区域间保税货物便捷流转、企业自行运输管理模式；允许海关特殊监管区域与口岸间货物流转自行运输，降低企业物流成本。

全面实行海关特殊监管区域间、特殊监管区域与口岸间保税货物便捷流转、企业自行运输管理模式。允许企业自行选择运输工具承运保税货物，单车可为企业节约 2 000—4 000 元人民币成本，部分企业节约物流成本达 2/3 左右。

11. 开展加工贸易企业单耗自核试点

选择自贸试验区内资信良好、管理规范的加工贸易企业，允许其在手册或者电子账册执行中自主核定保税进口料件的耗用量。

甄选 20 家符合条件的一般认证及高级认证企业，对开展“单耗自核”试点企业申报的单耗数据自动审核通过，建立健全单耗追溯制度，将企业申报耗料的时点后移至核销环节，改变原有以单耗标准为基础的刚性要求，推进单耗标准向单耗参数转变，完善企业自律管理、优化关企权责关系。

12. 实行以企业为单元电子底账管理

对区外加工贸易以企业为单元建立电子底账，优化监管流程，实施高效监管。

选择重庆京东方光电科技有限公司等 15 家首批试点企业，采取企业自选监管颗粒度、实施周转量控制、定期核销等改革举措，从源头上解决长期困扰企业的结转不顺畅、核销不便利等问题，激发企业扩产增量积极性。

13. 支持新兴产业发展

支持利用区内产业优势发展委内加工、境内外维修等业务；支持依托海关特殊监管区域发展文化产业，拓展区域功能。

以政策引导文化对外贸易发展，促进海关特殊监管区域产业多样化。

14. 支持开展航空器及零部件研发制造、检测维修

支持符合内外资鼓励项目、重大技术装备、科技创新等进口税收优惠政策的航空器及零部件研发、加工、制造企业和单位进口设备、原材料、零部件等货物，享受进口税收优惠待遇。支持开展航空器及零部件境内外检测、维修业务。

持续加强政策宣导，引导和鼓励航空器及零部件研发制造、检测维修等产业发展。

15. 支持融资租赁业务开展

支持发展特殊监管区域融资租赁业务，海关特殊监管区域内的融资租赁企业进出口飞机、船舶和海洋工程结构物等大型设备涉及跨关区的，在确保有效监管和执行现行相关税收政策前提下，可实行海关异地委托监管。

目前，重庆自贸试验区海关特殊监管区域内企业已开展飞行模拟器、飞机等大型的设备融资租赁业务。

16. 支持开展期货保税交割业务

支持区内符合条件的企业在自贸试验区内以保税监管状态的货物为标的物，开展期货实物交割业务。允许经主管海关核批后的保税标准仓单持有人向银行申请仓单质押融资，减轻企业资金压力。

17. 支持开展大宗商品现货市场保税交易业务

支持自贸试验区内符合条件的企业大宗商品现货以保税方式多次交易、实施交割，支持推广大宗商品的协同监管和抵押融资业务，提升企业国际竞争力。

18. 支持开展出境加工业务

支持自贸试验区内符合条件的企业将自有的原辅料、零部件、元器件或半成品等货物委托境外企业制造或加工后，在规定的期限内复运进境。

充分利用境外的资源和劳动力禀赋，提升企业竞争力。

19. 支持发展南向国际物流大通道

支持巴南公路物流基地建设，推动南彭公路转关监管场所尽快封关运作。强化与口岸海关的联系配合，助推渝桂新铁海联运物流大通道建设。

完善南彭公路物流基地功能。提前介入巴南公路车检场的规划建设，积极指导企业按照相关标准规范开展海关监管作业场所报批和建设工作。大力支持南向公路班车运行，支持开通中新南向铁海联运通道。加强与沿线海关协作配合，协调云南、广西等口岸海关解决南向通道运行中存在的问题，确保通关顺畅。成功促成渝、桂、黔、陇四地海关在渝签署《支持推进中新互联互通项目南向通道建设合作备忘录》，进一步加强通关协作。

20. 进一步支持开放平台建设

在现有开放平台基础上，支持地方政府根据经济开放及发展需要，科学规划和申请新设综合保税区及保税物流中心（B 型）。

充分发挥拓展两路寸滩保税港区和西永综保区开放功能，推动特殊监管区域优化整合和加贸保税改革，积极协助地方政府争取增设了江津综保区和 2 个保税物流中心（B 型），1 个保税物流中心（A 型）。

21. 支持重庆整车进口口岸发展

依托中欧（重庆）班列等物流通道，支持重庆整车口岸扩大与沿海、沿边整车口岸间的进口汽车转关业务，优化汽车转关监管，促进整车口岸业务发展。

22. 优化关区物流监管模式

进一步优化关区监管场所卡口设施，完善在途监管作业机制，实现铁、公、水、空口岸间无缝连接、互联互通，切实促进国际多式联运业务发展。

23. 支持开展国际航班境内续驶段混载业务

支持符合条件的航空公司开展国际货运航班境内续驶段混载业务试点，优化海关监管手续，提高进出境航空器境内续驶段混载业务通关效率。

24. 优化中欧（重庆）班列运邮监管

探索将安全智能锁应用于运邮班列国内段监管，优化邮件传统监管模式，提升海关智能化监管水平，配合总署将安全智能锁推广至运邮班列境外段监管，简化沿线国家海关监管手续，推动中欧（重庆）班列运邮通关快捷、便利。

协助海关总署研究制定支持和促进中欧班列安全与便利的 14 项措施，包括优化铁路出口货物监管模式、优化中欧班列货物转关监管作业等。积极探索中欧班列沿线国家海关合作，依托安全智能锁和数据交换平台，成功开展“关铁通”中哈项目实货测试，参与中蒙海关安全智能锁应用推广，同时积极启动“安智贸”铁路运输方式试点，主动将商品信息、物流信息、海关监管信息等与沿线国家海关共享，推动中欧班列沿线海关间“信息互换、监管互认、执法互助”，提高贸易便利化水平。

25. 推行行政复议速裁机制

管理相对人对自贸试验区内隶属海关行政行为提起行政复议的，复议机构启动速裁机制，提高复议审理效率，将法律规定复议案件办结时间缩短50%。

大幅提升管理相对人行政复议效率，营造良好自贸试验区营商环境。

26. 推行企业认证事项一站式办理

简化认证审核流程，允许申请认证的企业直接向直属海关授权的认证受理海关提出申请，受理海关一站式办结并及时作出认证结论，认证通过的当场发放认证证书。

在自贸试验区内大力推进海关AEO认证工作，促进诚信体系建设，强化企业自律。

27. 鼓励企业主动披露自查自报

对自贸试验区企业主动向海关报告违反海关监管规定行为的，可不列入当年或下一年常规稽查对象范围，其主动披露行为可作为海关对企业信用等级特殊调整的重要参考依据。

通过鼓励自律管理，强化企业主体责任意识和守法意识，营造良好的自贸试验区营商环境。

28. 进一步厘清行政界限

制定公布自贸试验区检验检疫机构行政管理权责清单、行政许可清单、服务事项清单、检测服务项目清单、审批事项清单及办事指南。完善行政处罚程序，健全执法、处罚、结果对外公示流程。

29. 进一步简政放权

争取原质检总局授权原重庆检验检疫局办理重庆自由贸易试验区第三方检验鉴定机构许可、动植物检疫审批、跨境电子商务进口食品境外生产企业便利化注册等审批事项。全面授权各分支机构办理各类备案、注册、确认等管理事项。

30. 进一步提高行政效能

推进外贸经营企业资格备案，原产地证书申领企业备案，报检企业备案等多证合一改革。建设“互联网＋检验检疫”综合行政服务平台，打造线上行政大厅。

31. 进一步加强事中事后监管，完善信用监管体系

建立健全目录外商品监督抽查、退运、通报调查、原产地证退证查询等事中事后监管机制。支持自贸试验区社会信用信息归集平台建设，将进出口企业质量征信归集纳入社会信用共享体系。

32. 进一步创新进出境货物监管模式

完善执法监管“三互”、风险监测、质量责任追溯、打假维权、质量品牌提升、TBT应对和质量分析通报工作机制。建立以“企业符合性声明＋合格假定＋口岸查验及验证＋质量安全追溯＋缺陷产品召回＋事故调查处置”为主要手段的进口消费品监管体制和直放模式。

33. 进一步创新进口食品监管模式

完善进口预包装食品“空检铁放”“空检水放”等多种监管模式。对进口食品标签实施“报备＋符合性承诺＋监督抽查＋事中事后监管”。

34. 进一步创新进出境动植物监管模式

对低风险进出口动植物产品安全卫生项目实施抽查检验。对输入国家或地区没有注册登记要求的出境动植物产品，原则上不再对其国内生产、加工、存放企业实施注册登记。

35. 进一步推进国际贸易“单一窗口”建设

探索实现“单一窗口”关检“信息共享、指令对碰、一次查验、一次放行”应用功能。搭建重庆国际贸易“单一窗口”与跨境电子商务质量安全风险监测服务平台、CCC认证数据库云桥对接平台。

36. 进一步深化检验检疫一体化改革

推进检验检疫证单和原产地签证电子化，加快实现检验检疫业务全流程一体化和原产地证签证一体化。

37. 进一步扩大第三方结果采信

建立第三方结果采信资质评定准则，探索开展进口设备、部分消费品的第三方结果采信工作。

38. 进一步支持自贸试验区贸易多元化发展

创新多次进出境研发用样机免于办理强制性认证监管。创新实施特殊区域进出口食品生产企业“报备+事中事后监管”模式，对进口食品再加工出口实施“进区集中检疫、区内安全卫生监管、集中预检验、出区核销”。开展金伯利进程签证业务，支持发展毛坯钻石加工贸易，推动高端饰品产业链建设。

39. 进一步支持全球维修、租赁产业发展

在对维修企业信用管理和风险监测基础上，以产品周期性监督抽查代替批批检验。对入境维修复出口、入境再制造机电料件免于实施装运前检验。对保税、租赁等方式多次进出自贸试验区的货物实行“一次检验、登记核销”的管理模式。

40. 进一步支持检验检测及认证高技术服务业发展

鼓励在重庆自贸区设立进出口商品检验鉴定机构。适度放宽外资认证机构设立条件，鼓励外资认证、检验检测机构在重庆自贸试验区设立分支机构并开展业务。

41. 进一步支持新兴业态发展

完善跨境电商小批量免于强制性认证特殊检测监管程序。加快构建跨境电子商务质量安全追溯体系。推动自由贸易试验区设立进口汽车符合性改装试点，适度放宽试点企业强制性认证条件。支持转口贸易发展，对经重庆自贸试验区转口的原包装货物免于提供国外官方证书。对重庆自贸试验区内进口文化艺术品（限艺术品整体或部分属于CCC目录产品）给予无须办理CCC认证的特殊监管措施，凭艺术品证明文件直接受理报检。

42. 进一步支持生物医药贸易和产业发展

实施审批负面清单管理和并联审批，实现“一次申请，多项审批”，提高审批效率。遵循风险管理原则，对以生物材料为主的特殊物品实行风险分级，对低风险的产品实施直通放行，创新查验方式，对查验对象实施“非侵入、非干扰”式查验。

四、统计数据

（一）进出口值

2017年，重庆自贸试验区企业进出口总值2 005.8亿元人民币，同比增长14.3%。

（二）海关税收

2017年，重庆自贸试验区海关特殊监管区域实现税收入库43.24亿元人民币，同比增长17.9%。

（三）海关注册登记企业数

截至2017年底，重庆自贸试验区海关注册企业2 314家，全域注册企业63 353家，其中自贸试验区设立后新增企业9 030家。一年来，共计220家外资企业落户重庆自贸试验区，占重庆市新增外资企业的比重24.7%。

◎大连、沈阳海关支持中国（辽宁）自由贸易试验区建设主要情况

2017年4月10日，中国（辽宁）自由贸易试验区（以下简称辽宁自贸试验区）正式挂牌运作。辽宁自贸试验区由沈阳片区、大连片区和营口片区3个片区组成。其中，大连片区含大窑湾保税港区、大连出口加工区、大连保税区。

自辽宁自贸试验区挂牌以来，大连、沈阳海关围绕支持辽宁自贸试验区建设精心布局、稳步推进，通过强有力的组织领导、清晰的工作思路和高效的工作机制，不断释放贸易便利化改革红利，制度创新成果不断显现。大连海关与沈阳海关共同研究起草《中国（辽宁）自由贸易试验区海关监管方案（试行）》，报海关总署批复实施。

与上海海关、厦门海关加强业务交流，组织业务骨干赴上海海关、厦门海关跟班作业。同时，主动加强与省、市自贸办的联系，建立联络员工作机制，积极主动参与各项工作，定期报送海关工作简报，及时反映工作情况和问题。

一、成效综述

（一）大连海关主要工作及成效

一是统一思想。大连海关党组高度重视，明确提出将支持辽宁自贸试验区发展作为关区全面深化改革任务的重中之重，成立由“一把手”任组长的“大连海关推进自贸试验区建设领导小组”，下设建设工作组，加强组织领导，要求全关干部群众统一思想，确保自贸试验区建设高效有序推进。二是双轮驱动。确定“复制 + 创新”的总体工作思路。在做好先行先试制度创新成果复制推广的基础上，以制度创新为核心，从“制度创新、管理创新、业务创新”三个层面，勇于探索，在实践中形成具有“大连特色”的创新成果。三是真抓实干。建立项目负责制，先后成立辽宁自贸试验区建设项目组、制定《大连海关辽宁自贸试验区建设项目组项目清单》并下发通知，将海关总署的支持措施和上海等自贸试验区复制推广任务分解为 41 项具体实施措施，经由 7 个项目组统筹推动，明确项目责任人、责任目标和完成时限，确保各项举措全面落实。

原辽宁检验检疫局成立“自贸试验区工作领导小组”，组建自贸办、7 个专题业务组、1 个协调工作组、3 个片区工作组，先后召开全系统、片区、专题工作、专题业务组等系列会议，统一部署、持续推进。举办各类业务培训、政策宣讲 7 次，覆盖驻区进出口企业 500 余家，并通过编发近 60 期“自贸试验区工作动态”及微信平台积极做好面向社会的政策解读宣传。统一入驻各片区自贸试验区服务大厅，设立检验检疫窗口，涵盖报检企业备案等 9 项业务受理及咨询工作，实行“一站式”服务。

（二）沈阳海关主要工作及成效

以制度创新为核心扶持重点产业。边实践、边改革、边创新，以制度创新推动自贸试验区建设发展，累计推出委内加工“特殊监管区域 + 飞机维修”“以企业为单元加工贸易监管模式改革”等 5 大方面 45 项自贸试验区监管创新制度，已落实委内加工、“特殊监管区域 + 飞机维修”“以企业为单元加工贸易监管模式改革”等 33 项制度。通过推行制度创新和政策组合，切实降低企业运营成本、增加企业效益。

以营商环境为抓手提高通关效率。针对重点企业物流流向特点和通关时效需求，“集报集缴”制度创新使企业通关时间从原来的 3—4 天缩短到 1 天以内，降低 70%，通关综合成本降低 40%，受益的通关货物价值累计达 4.98 亿元人民币、涉及税款 1.16 亿元人民币。率先开展取消异地加工贸易审核、简化加工贸易企业报核程序改革，缩减加工贸易企业异地备案核批时间 6 个工作日，为企业节约报关单证收集时间至少 10 个工作日。

以企业需求为根本促进转型升级。解决华晨宝马“汽车风挡玻璃”归类问题，企业降低税款近千万元；为中国南方航空公司沈阳维修基地量身定制打造“特殊监管区域 + 飞机维修”监管模式，预期每年为企业增加效益约 2 000 万元人民币；优先推动加工贸易从以合同为单元向以企业为单元监管转变，简化加工贸易企业办事程序，参与试点的 9 家企业，累计受益加工贸易货物进出口总值达 9.46 亿美元。

二、创新成果

（一）大连海关创新成果

1. 海关归类智能导航体系

一是形成事实先例建立“海关归类智能导航”数据库；二是实时动态维护先例数据；三是开设先例快车通道，多渠道为自贸试验区企业提供引导服务；四是打造辽宁电子口岸“单一窗口”归类智能申报平台。

大连海关积极探索开展“海关归类智能导航”服务体系，为自贸试验区量身打造“智能导航自贸试验区企业专用申报通道”。先期建立智能导航数据库，覆盖大连关区95%以上进出口商品；通过打造便捷查询引擎、搭建智能申报平台，全面提升海关关区归类统一执法和企业合规申报水平，极大地缩短企业通关时间，提高了企业进出口贸易的可预知性。

2. 进出口货物通关“英特尔模式”

依托辖区大型企业（英特尔）的规范管理和较高资信，充分利用其所在出口加工区B区拥有的海关特殊监管区域和自贸试验区双重政策优势，以企业需求为导向，专门针对英特尔进出口货物研究制定了全面压缩通关时间的贴身监管服务方案，努力打造便捷高效、低成本、可预期的通关环境。

叠加利用“分送集报”“保税货物区域结转”“自行运输”“先入区，后报关”等创新监管制度，先后推出英特尔海关监管新模式1.0版、2.0版，英特尔通关效率直线上升，现已基本实现“通关零等待”“7×24小时全天候通关”，该公司进口货物从飞机抵港到抵达工厂耗时仅为2个小时。英特尔二期项目从宣布到合格产品认证仅用8个月时间，在英特尔全球工厂内创下投产新项目速度最快纪录。

3. 国际服务外包监管模式

一是“两个政策”一体推广。第一个政策是海关总署与商务部联合推出的国际服务外包业务进出口货物保税监管模式，即服务外包保税手册政策；第二个政策是全国唯一的比照特殊区域的保税政策，打造了适合服务外包产业发展的大连国际服务外包保税研发测试中心。二是“六管机制”多方共赢。大连海关以海关监管、政府参管、软件园经营企业协管、服务外包企业诚信自管、行业协会助管和信息围网管理的“六管机制”为基础，创新建立了适应国际服务外包产业特点、高效便捷、环境友好、监管有效的新型海关监管模式。三是“人性化服务”营造良好环境。即以海关企业分类管理为基础，以必要的技术手段构建信息围网为辅助，营造最适合企业发展的服务环境。

2017年中心内9家入驻企业总营业额为3.8亿元人民币，累计用工1 486人；中心内企业大通关时间与入驻前相比平均缩短2—4天，通关效率明显提高。以第一家进驻中心的柯尼卡美能达软件开发（大连）有限公司为例，2017年营业额7 175万元人民币，拥有员工330人，每年约节省流动资金和物流成本400万元人民币。

4. 口岸监管单位协同建设“三互”大通关格局

大连市政府与大连海关、辽宁出入境检验检疫局、辽宁省公安边防总队、辽宁海事局共同签署《大连口岸落实“三互”推进大通关建设合作备忘录》，内容包括信息互换、监管互认、执法互助、加快信息化建设、加大对各口岸查验部门支持、完善联防联控应急处置等三大方面13项具体合作内容，开创了地方政府、口岸查验单位、海空两港企业整体推进“三互”大通关工作的全新方式，实现了本市口岸多层次、多部门、点面结合推进“三互”大通关工作的新机制。

大连口岸在关检方面实现对进出口货物“联合查验、一次放行”，对原木“关前检”实行“一次许可，多次有效”；检验检疫部门发挥技术优势，优先为海关提供冻品、水果、固体废物以及涉案商品等检测化验结果；海关参考和借助海事部门对危险品的监管结果和认证报告，有针对性地确定监管重点；各口岸查验部门在海运现场利用海关仪器设备建立“三互”机检中心、“三互”图像联合分析工作室；在大连机场和大连港客运站旅检现场关检通过设置共同查验区、移动X光机等措施，实现一机双岗联合判图分析和联合查验等操作。以大连港下属中欧班列平台运营公司——大连港新丝路国际物流有限公司为例，“三互”大通关后，通关手续由原来的10项缩减为5项，通关放行效率由过去两天以上压缩至24小时以内，减少候查时间50%以上，缩短在港时间1—2天。

5. 企业合规管理辅导员和认证企业培育绿色通道制度

企业合规管理和认证企业协调员制度叠加应用，整合现有的业务咨询、政策宣讲、通关应急、信用管理、合规管理和企业认证等职能，在加工贸易备案、货物通关、减免税审批、企业认证等海关各业务环节提供全方位的指导和“一对一”的服务，升级协调员为辅导员，搭建合规管理到认证培育“绿色通道”，引导企业走上“信用之路”，便捷海关实现“信用管理”，从而实现关企合作共赢的良性循环。

指导利渤海尔机械（大连）有限公司建立一整套较为完备的合规管理系统，实现了海关关务管理的全程内控管理，初步统计申报准确率提高90%以上，节省人力资源，起到了良好示范作用。合规管理与认证辅导相结合，帮助企业获得更高信用等级，2017年对31家企业完成海关认证工作。

6. 银行保函管理系统

联合开发大连银行保函管理系统，包括子保函登记、保函修改、保函延期、保函核注、保函销案、保函查询子系统等六个子系统，可实现对全关涉税保函的登记、统计、查询、分析和监控。实现银行保函信息实时推送海关，系统自动将之与企业在“单一窗口”录入信息进行比对，率先开辟了一条高效便捷的银行保函线上核验渠道，实现企业凭保通关“零等待”。

在以往模式下，海关通过委托第三方商业银行逐笔发报来核验保函真伪，这一过程需要至少2—3个工作日，银行保函管理系统实现了企业凭保通过“零等待”。对企业而言，大幅缩短了银行保函所需的核验时间，加快了通关速度，节省通关成本。对海关而言，以科技手段代替了人工发报，优化了海关内部管理。对银行而言，该系统将保函使用情况同步给开证商业银行，有效实现了风险共同防控的目标。

7. 创新出入境生物材料风险管理方式

将“直属检验检疫局负责辖区内出入境特殊物品的卫生检疫审批工作”职能下放至沈阳检验检疫部门，由沈阳检验检疫部门承担企事业单位现场评估任务和风险评估任务，改变了沈阳企事业单位以往需赴大连检测的业务办理方式，并利用E-CIQ系统和无纸化报检系统，创新监管手段，将特殊物品的后续监管与检疫查验有机结合起来，实现了企业效益和监管质量双赢。

实施以来，沈阳地区进境产品70余批次，满足辽宁成大生物股份有限公司、依生生物制药、远大诺康等生物制药企业研发新的产品项目十余项，均为国内领先的产品项目，满足中国医科大学、沈阳农业大学等高校科研实验用产品60余项，极大提升高校科研能力。高校科研实验用产品入境时长由原来的20余天，压缩至5个工作日，直接减少时间成本近3/4。

8. 检验检疫行政执法全过程记录集成体系

一是提升执法效能，试点大窑湾口岸进口果蔬疫情检出量同比增加128.6%，进口可用作原料的固体废物不合格检出量同比增长133%，进口食用动物制品不合格检出量同比增长167%，且无行政纠纷发生。二是提升通关效率，率先实现检验检疫全程无纸化，建立国抽、风险预警、诚信三位一体的双随机抽查机制，大幅缩减通关时间，以大窑湾口岸动物源性食品为例，全流程时长压缩83.5%。

9. “无人机 + 检验检疫”工作新模式

通过操控无人机观测船舶水尺数据，并同时进行视频记录。利用无人机无线高清图像数据传输获得照片，结合移动有害生物远程鉴定系统，实现“边普查、边鉴定、边处理”。

以无人机代替拖轮，节省企业费用，2017年全年，辽宁口岸共计进行无人机水尺计重410船次，缩短现场工作时间约570小时，节约拖轮费用约155万元人民币。引入无人机开展杂草疫情监测工作，突破了传统方法难以监测的区域，提高监测范围广度、深度，提高了监测效率。

10. 原产地证签证检企“零见面”模式

检验检疫部门对自贸试验区内信用等级B级

以上的原产地签证企业开展“1+2+3”产地证签证简政放权改革。一是指产地证签证全省实现一体化，企业可自主选择在省内任一检验检疫机构办理原产地签证业务，对申请人实施“一地备案、全省签证”，对产品实施“一地调查、全省互认”，对证书实施“一地审核、全省通签”；二是指产地证备案和产地证签证无纸化，无纸化备案是指企业在原产地综合服务平台提交资料及上传相应电子文档，经检验检疫机构电子审核通过后，生成备案号，企业无须再持纸质单据到检验检疫机构现场办理备案审核手续。无纸化签证是指在办理日常签证业务时免于提供纸质随附单据，仅提供证书即可；三是指产地证签证推行代理签、快递签、预留签等多种便捷签证方式。

11. 检验检疫支持装备制造业“全流程”集成式管理服务模式创新

根据装备制造产业发展要求和产业全链条发展特点，针对生产准备、创新研发、国际认证、加工生产、运输物流、跨境贸易、维修服务 7 大业务环节，分别出台具有针对性的检验检疫便利化措施。在生产准备环节，出台抽批检验或装运前检验模式降低抽批检验比例，实行“24 小时预约制”等监管措施；在创新研发环节，实施免于办理强制性产品认证无纸化，取消纸质材料比对；在国际认证环节，同加拿大 CSA 认证集团开展国际认证合作，助力机电产品进入北美市场；在加工生产环节，利用风险分析提高零部件检验效率，做到随到随报、随检随放；在便捷物流环节，利用检验检疫一体化和 ECIQ 系统，减少现场查验频率，促进中欧班列扩量增效；在跨境贸易环节，实施无纸化报检、压缩工作环节，提高检验检疫通关时限；在维修服务环节，实施入境维修再制造政策。

在生产准备环节，缩短沈阳利源轨道交通公司设备安装调试时间近 1/5，节约费用超过 200 万元人民币。在加工生产环节，对华晨宝马公司做到进口零部件通关零等待，节省费用近 1 200 万元人民币；签发各类优惠原产地证书超万份，间接为企业实现关税减免超过 1.4 亿元人民币。在创新研发环节，实现华晨汽车新车型成功试制和通用电器风电产品创新研发。在跨境贸易环节，节省企业检测和物流成本近 500 万元人民币。在国际认证环节，助推沈阳远大、东北电力等企业产品顺利进入北美市场。在维修服务环节，评估批准北方重工成为辽宁自贸试验区首家“入境机电产品再制造企业”。

12. 进境粮食检疫全流程监管

实施“互联网 + 全程监管”工作模式，开展无害化处理技术的应用，建立在线实验室，将检验检疫实验室工作前移到卸粮流水线上，边卸边检。

形成无害化国门生物安全疫情防控体系、全封闭机械化装卸转运体系、信息化操作体系、程序化检验检疫体系、知识化专业化全方位质量安全保障体系，实时掌握卸粮情况，发现问题及时处理，而且提高疫情检出率、缩短检测时间、提高检测效率，平均每船滞港时间缩短 8 天，大幅提高港口周转效率，每年可为企业减少成本近千万元。

13.“保税混矿”监管创新改革

2016 年 3 月，大连港散货物流中心保税矿石堆场向海关提出开展保税混矿业务申请，利用大连港地缘优势和保税功能政策优势，将淡水河谷公司从巴西采购的来自不同产地的两种铁矿石，在大窑湾港保税堆场进行物理混合，根据市场需求进行配比，最终销往国内或出口日本、韩国等东南亚市场。

大连海关以企业需求为导向，以快速便捷为宗旨，优化监管流程。一是研制操作流程，力求快速通关，专门制定了《大窑湾海关保税矿砂混矿业务操作指引》，操有依据、办有章程、管有法规；二是对保税混矿业务采取“入库报检 + 放射性检测 + 元素监测 + 日常监管 + 出库检验”五位一体的检验监管模式，最大限度满足企业需求；三是厘清物流监控、保税监管、通关作业及检验出证等各部门权责，明确各部门间联系配合办法；四是优化通关监管流程，做到无缝衔接，为企业提供便捷、顺畅、快速通关环境。

深化自贸试验区政策，打造东北亚分拨中心。一是积极深化自贸试验区政策，做好期货交割的前期准备工作，为开展期货交割发展提供指导帮助，让企业充分享受自贸试验区政策红利；二是助力矿石转口贸易发展，在海关的大力支持下，转口至日韩的混矿业务量突破了零的纪录，转口贸易量迅速增长，提升了大连港综合服务功能，为打造东北亚矿石分拨与贸易增值服务中心起到积极推动作用。

混矿业务不仅降低了巴西淡水河谷混矿的成本，也实现了“国外矿山”向中国港口的前移，不仅有利于助推大连港口转型、拉动区域经济增长，也有利于促进环渤海及东北亚区域进口铁矿石资源的优化配置与布局，有效降低中国钢厂的采购成本，巩固与强化了国内钢厂的铁矿石贸易议价能力。

截至2017年底，大连港矿石码头保税混矿入库量已累计突破1 500万吨,2017年，大连港散货物流中心矿石码头保税堆场保税混矿入库量共计1 008.22万吨，同比增长128.35%，入库货值7.31亿美元；已完成保税混矿量835.83万吨，缴纳税款3.47亿元人民币。

保税混矿业务的快速发展，帮助企业减负增效，2017年一年内企业扭亏为盈，甩掉了亏损8 000万元人民币的包袱，并为企业创利9 450万人民币，让企业实实在在享受到了改革“红利”，同时也为提升大连港综合服务功能、打造东北亚矿石分拨与贸易增值服务中心起到非常积极的作用。

（二）沈阳海关创新成果

1. 推动航空产业腾飞

航空产业基础雄厚是沈阳片区的重要优势，沈阳海关围绕重点企业需求，精准定位改革方向。作为国内唯一一家具备霍尼韦尔公司和汉胜公司两种APU（飞机发动机辅助动力装置）修理能力的维修工厂——中国南方航空股份有限公司沈阳维修基地，受制于维修零件无法享受保税政策、维修主体与零件通关程序相对繁琐，通过推行“特殊监管区域＋飞机维修”监管模式，实现了保税物流与修理物品的政策组合，打造“区港联动、协同监管”便捷监管措施，切实降低企业运营成本，缩短通关时间，预期为企业维修业务增加效益约2 000万元人民币/年。沈阳黎明国际动力工业公司在综合保税区内存在大量闲置产能而无法承接区外订单，沈阳海关想其所想，主动作为，积极向海关总署争取政策支持，成功帮助其适用“委内加工”制度，企业利润增长点激增，累计取得飞机发动机零部件加工订单总值约10亿元人民币，赚取加工费已超过9 400万元人民币，焕发了企业新动力。

2. 支持中德（沈阳）高端装备制造产业园发展

中德（沈阳）高端装备制造产业园（以下简称“中德园”）是我国创新对外开放合作模式，加强“中国制造2025”与“德国工业4.0”高效对接的重要载体。2017年4月，在沈阳海关的积极争取下，“支持中德园与自贸试验区协同发展”作为具体举措之一列入了《海关总署关于支持和促进中国（辽宁）自由贸易试验区建设发展的若干措施》。沈阳海关多次赴中德园进行调研考察，主动对接园区管委会研究中德园的发展状况、相关需求及海关政策衔接事宜。本着中德园先行先试的原则，对推出的创新举措优先在中德园推广，目前已有简化无纸通关随附单证、国际海关AEO互认合作制度、“以企业为单元”加工贸易监管模式等17项举措在中德园落地。

3. 复制和创新相结合，拓展综保区“新”功能

综合保税区作为海关支持自贸试验区建设发展的重要平台，是各项海关监管创新制度落地的有效抓手。依托沈阳综合保税区，沈阳海关针对中航沈飞民用飞机有限责任公司、特变电工沈阳变压器集团有限公司、华晨宝马汽车有限公司等重点企业物流流向特点和通关时效需求，推行“集报集缴”创新制度，使企业通关时间从原来的3—4天缩短到1天以内，降低70%，通关综合成本降低40%，受益的通关货物价值累计达4.98亿元人民币，涉及税款1.16亿元人民币。

简化保税货物流转模式，优化口岸、海关特殊监管区域、保税监管场所和加工贸易企业之间的保税货物流转，企业可自行选择运输工具承运保税货物，施行“自行运输、系统对碰、联动监管”新模式。

4. 先行先试，助推沈阳片区领跑东北加贸保税改革

作为全国首批试点海关，沈阳海关优先推动加工贸易从以合同为单元向以企业为单元监管转变，促进加工贸易创新发展，建立新型加工贸易监管模式。通过建立与企业生产实际同步的单耗申报制度与多元化核销制度，优化深加工结转、保税货物集中内销业务，解决以合同为单元监管与企业生产实际相脱节的问题，进而简化加工贸易企业办事程序，引导企业自律管理，提高海关监管效能。参与试点的8家企业，累计受益加工贸易货物进出口总值达3.18亿美元。率先开展取消异地加工贸易审核、简化加工贸易企业报核程序改革，缩减加工贸易企业异地备案核批时间6个工作日，为企业节约报关单证收集时间至少10个工作日。

5. 积极打造沈阳自贸试验区出入境人员综合服务“单一窗口”

按照沈阳片区贸易便利化的现实需要，将沈阳片区建设与打造国际化营商环境相结合，针对跨境贸易所带来的出入境人员交流，在沈阳市委、市政府的大力支持下，沈阳海关（原沈阳局）牵头建设“沈阳自贸试验区出入境人员综合服务‘单一窗口’（沈阳国际旅行者综合服务中心）”。该“单一窗口”的建设将进一步满足政务服务需求，通过信息化手段，解决涉外部门间“信息孤岛”，实现沈阳外事政务服务辅助平台功能。按照中共中央、国务院已下发的《健康中国2030规划纲要》，该“单一窗口”可以辅助完成国家对完善公共安全、口岸卫生、健康信息化服务体系建设提出的新要求。同时，还可实现口岸疫病防控和境外人员体检信息管理和监管，成为“智慧沈阳”的重要组成部分。目前，该项工作正在推进中。

6. 深化通关作业改革，提升贸易便利化水平

沈阳海关深入贯彻落实全国通关一体化“两中心、三制度”业务改革，从优化现场审单、深化征管改革、完善风险布控、推进信用管理等11个方面入手，实施“一次申报、分步处置”、企业自报自缴等措施，通关效率大幅提升。2017年，沈阳海关进口平均通关时间10.76小时，缩短48.86%，比全国平均通关时间低32.22%；出口平均通关时间0.9小时，缩短48.6%，比全国平均通关时间低18.43%。检验检疫方面，沈阳地区进出口企业无纸化报检、无纸化通关均实现100%全覆盖。通过实施无纸化报检、加强业务衔接、压缩工作流程环节、提高检测能力等措施，利用检验检疫区域一体化新政，实现沈阳进出口商品“进口直通、出口直放”，缩短检验检疫通关时限三分之一。

7. 主动融入“一带一路”，促进国际物流大通道建设

协调省市相关部门，共同推动沈阳市多式联运海关监管中心建设，切实提高对“沈满欧”“沈连欧”中欧班列通关服务水平。与呼和浩特海关签订《关于“沈连欧”国际货运班列监管联系配合办法》，为班列的平稳运行提供安全、及时、便捷的通关环境。与满洲里、二连浩特等中欧班列口岸检验检疫机构建立起“双向全申报机制”，实现“互为口岸、互为一二线、互为把关”的检验检疫监管模式，对中欧班列运输货物全面实施预约工作制和“零等待”查验服务举措，保障班列定点、定时、定线运输。推进中蒙通道建设，促进装备制造业“走出去”参与国际竞争，为辽沈地区与欧洲之间的经济贸易往来搭建双向“快车道”，促进辽沈地区形成“陆海内外联动，东西双向互济”的全面开放新格局。2017年，共监管中欧班列126班，共计11 383个标箱，货运量6.598万吨，货值5.425亿美元。

三、具体支持措施

（一）大连海关创新举措

1. 复制推广“企业自行运输”和“保税展示交易”政策

大连保税区内“大连爱丽思欧雅玛公司”“中石化燃料油公司”“大连山崎马扎克有限公司”等企业利用该政策开展保税货物结转、保税润滑油供船和进口机床的外出展销业务，大大节省通关时间、节约通关成本，受益明显。2017年，大连爱丽思欧雅玛利用自行运输方式运输货物货值339万美元，节约通关时间1 794小时，节省费用59.8万元；2017年，中石化燃料油公司自行运输货物44票，货值52万美元，节省通关成本14万元。2017年大连山崎马扎克有限公司利用“保税展示交易平台”，开展5条进口机床的外出展销业务，节约通关成本20万元人民币。

2. 开展“出境加工”模式试点

该政策缓解了企业“用工难”“用工贵”、制约企业产能和发展空间的难题，使相关企业在延伸价值链和向海外转移产业的过程中降低了经营成本，收获了实实在在的效益。以辽宁东元国际商贸有限公司为例。2017年以来，该企业共办理出境加工账册159本，国内料件出口总值共计304.72万美元，支付加工费61.77万美元。

3. 落实“委内加工”政策

现已有11家企业申请开展此项业务。其中，大连海尔电冰箱有限公司生产的电冰箱由只能单向出口变为同时面向国际国内两个市场，截止到目前已有3 345台委内加工产品顺利完成生产并分批发往国外客户，货值1 000万元人民币。

4. 建立海关“企业协调员”制度

大连海关为自贸试验区内“欧姆龙电子”“斯大精密”等所有高级认证企业配备了协调员，为企业提供法规政策咨询服务，收集企业合理诉求，协调解决企业办理海关事务疑难问题，并征求意见建议，为高资信企业通关提供“保姆式”服务。

5. 大力推行企业“主动披露”和引入专业中介机构辅助开展海关稽核查工作

2017年大连海关共开展主动披露作业14起，补税3 186万元；共引入中介机构参与各类稽查作业72起，稽查追补税入库3 000余万元。提高海关监管整体效能，有力维护自贸试验区内公平正义贸易秩序。

6. 积极探索多种担保方式，完善担保制度

大连海关积极争取人民银行、海关总署、银保监会等部委支持，根据企业现实需求，尝试开展企业增信担保、集团公司财务公司和专业保险公司参与海关事务担保的改革试点，在汽车、冻品等特定商品进口领域开展了企业增信担保改革试点，取得一定成效。不断扩大海关与金融机构合作领域，深入推广集中汇总征税、自报自缴等便利化措施，建设海关税款担保管理系统，实现银行保函信息验核和使用反馈信息的实时交互，提高科技化应用水平，增强企业获得感。

7. 建设多式联运海关监管中心

大连海关积极推动大连、营口多式联运海关监管中心建设，开展海铁联运、空路联运、海空联运，先后开通整车、冷藏过境班列，2017年累计监管9.12万标箱。“营满欧”实现每周3列的定期发运；“连满欧”日韩、东南亚货物占18%，最远直通德国。

8. 推进国际贸易“单一窗口”

作为辽宁省及大连市对外贸易的窗口单位，大连海关十分重视“单一窗口”的推广工作。为实现“单一窗口”通关模式在大连关区的全覆盖，大连海关打出“组合拳”，通过加强宣传推广，开展操作培训，并出台企业容错机制等方式，全力助推大连口岸迈进“共享数据”新时代。

9. 支持开展汽车平行进口保税仓储业务

2017年8月25日，大连海关已完成首批平行进口汽车通关监管，99台日产途乐越野汽车以保税方式进境，标志着中国（辽宁）自贸试验区平行进口汽车保税存放政策正式落地，极大缓解了进口汽车销售商的资金压力，对今后汽车进口业务的持续增长提供了保障。

10. 大力支持跨境电商业务发展

大连海关针对跨境电子商务进出口监管业务全面开展，跨境海运直购业务、保税备货业务均已实单申报成功，进入平稳运行阶段。

11. 助力国际服务外包业务发展

大连海关全力支持大连国际服务外包保税研发测试中心建设，使之成为全国唯一的比照特殊区域保税政策实施监管的服务外包创新“试验田”。海关在监管手段上，创造性地集成应用物联网、云计算、智能视频以及单兵系统等技术，在全国最先构建“信息围网”，打造服务外包监管的“大连经验”。

12. 探索开展“海关归类智能导航”服务体系

创新监管制度，积极打造自贸试验区制度创新大连特色。大连海关积极探索开展“海关归类智能导航”服务体系，为自贸试验区量身打造“智能导航自贸试验区企业专用申报通道”。先期建立智能导航数据库，覆盖大连关区95%以上进出口商品；通过打造便捷查询引擎、搭建智能申报平台，全面提升海关关区归类统一执法和企业合规申报水平，极大地缩短企业通关时间，提高了企业进出口贸易的可预知性。该项制度创新顺利通过第三方机构评估，在辽宁省范围内复制推广。

13. 创新叠加利用监管制度，推出“英特尔海关监管新模式”

“英特尔”大连公司作为芯片领域的独角兽，在大连以至辽宁的经济发展中处于的重要地位。为满足该公司对物流的严苛要求，大连海关叠加利用“分送集报”“保税货物区域结转”“自行运输”及“先入区，后报关”等创新监管制度，先后推出“英特尔海关监管新模式”1.0版、2.0版，企业通关效率直线上升，现已基本实现“通关零等待”“7×24小时全天候通关”，该公司进口货物从飞机抵港到抵达工厂耗时仅为2个多小时。英特尔公司二期项目从宣布投资到合格产品认证仅用8个月，成为英特尔世界工厂投产新项目的速度最快纪录。

14. 促进自贸试验区东北亚国际航运中心建设

大连海关和原辽宁检验检疫局在全国率先为辖区企业大连港矿石码头推出“保税混矿”监管模式。挂牌一年来，该公司保税混矿入库量突破1 033万吨，同比增长96%，占大连港矿石码头全年进口量的50%，占大连港外贸吞吐量的6.6%（2017年大连港外贸吞吐量1.56亿吨）；国际中转量从无到有达到630余万吨，征收税款2.7亿元人民币，企业由此前年亏损8 000万元人民币一举扭亏为盈2.05亿元人民币。该项业务创新最终成功入选2017年度中国自贸试验区十大创新案例、2017年度中国自贸试验区十大新闻。

15. 积极参与口岸各部门“三互”协作机制

深入推进“一站式”作业，被总署确定为推进口岸执法部门“一次性联合检查”试点单位，切实提高口岸通关效率。推进“双联合”工作机制。海关与国税、原辽宁出入境检验检疫局全年共交换信息数据4 080条，对154家高资信企业联合激励，对217家企业联合惩戒，联合查办骗取出口退税案件5起。

16. 推行“多证合一”登记备案制度

推行出入境检验检疫报检企业备案和原产地证申报企业备案“两证合一”，并纳入到自贸试验区“多证合一”服务平台，实现“一口办理、内部流转、同步审批、统一发证”的一站式服务模式。目前，已配合地方政府在营口、沈阳自贸试验区办事大厅开展多证合一试点，将“检验检疫报检企业备案表”和“原产地证明书注册登记证”整合到企业营业执照上，在大连自贸试验区推行系统内“两证合一”。原质检总局已经开放了以上两个备案系统的数据接口，正在积极配合相关部门做系统测试。

17. 推行检验检疫报检无纸化模式

根据企业信用状况和货物风险，对符合条件的企业，通过单证自存、单证备案、信息核查、电子上传等方式实现报检无纸化。自2017年7月起，辽宁地区全面实施报检无纸化，截止到目前，报检无纸化覆盖率达到99%。与此同时，大连海关（原辽宁检验检疫局）正在积极推进施检无纸化的推广优化，探索放行无纸化作业模式，加快实现业务全流程无纸化，实现传统窗口的转型升级。

18. 推行原产地证申报无纸化模式

推行原产地签证申报无纸化，简化申报手续。对符合条件的企业，无须提交申请书、发票、装箱单等纸质单据，只需发送电子数据即可申领原产地证书。2017年7月1日正式实施，截至10月底，2 053家签证企业实现无纸化申报，共签发证书36 172份，无纸化覆盖率为81.29%。

19. 实施原产地签证一体化和便捷签证服务措施

实施原产地签证“一体化”，企业可自主选择检验检疫机构办理签证业务，并提供“预留签、快递签、代理签”等便捷签证服务。

20. 建立辽宁地区进境食品检疫审批正面清单制度

对原质检总局授权大连海关（原辽宁检验检疫局）检疫审批的终审产品名录内进境食品，优化审批流程，缩短审批时限，下放审批权限。实行审批全程电子化，审批时限由规定的20个工作日缩短为10个工作日，进境水产品初审权限下放到自贸试验区检验检疫机构。优化了审批流程，缩短了审批时限，下放审批权限。实行审批全程电子化，审批时限由规定的20个工作日缩短为10个工作日。

21. 优化国际中转水产品检验检疫监管模式

对已获得我国检疫准入的国际中转水产品，免予实施检验，免予提供证书，免予注册备案。国际中转水产品目的地国家或地区需提供卫生（健康）证书的，按照目的地国家或地区要求实施检验检疫并出具卫生（健康）证书。2017年上半年，大连大窑湾口岸国际水产品中转量已经超过2016年全年。2017年到现在共国际中转水产品120批次、2.4万吨、货值1 920万美元。

22. 实施进（来）料加工进出口食品原料及制成品“即查即放”检验放行模式

对进（来）料加工企业实施信用管理和合格保证，完善企业自检自控体系和产品追溯召回制度，强化加工过程监管，对加工的进出口食品原料及制成品实行“即查即放”的检验放行模式。辽宁各口岸进（来）料加工水产品每批次减少进出口放行时间7—10天。

23. 简化出境动植物及其产品生产企业注册登记制度

出境动植物及其产品生产加工企业申请注册登记，办理时限由20个工作日缩短为10个工作日；注册登记申请延期，书面材料符合要求的，可免于现场考核，简化换证手续。

24. 扩大第三方检验结果采信范围

根据风险预警与分析，建立第三方采信项目动态调整机制。对不涉及“安全、卫生、环保”的检测项目，开展第三方检验结果采信，逐步扩大采信试点商品范围。检验时间缩短15%，通关时间大幅缩减5—8个工作日。

25. 实施企业远程自助放行模式

推广应用企业远程自助放行系统（简称“放行E通”），通过网络实现企业端自助申请，签发“无纸化通关”指令，实现企业“足不出户”办理通关手续。指导大连地区检验检疫分支机构研发并应用企业远程自助放行系统（放行E通），目前，共为243个企业端放行3.6万批次。

26. 实施检验检疫进口快速放行模式

推行“远程视频监控＋电子闸口＋移动快检”的进口快速放行模式，对符合条件的产品实现即检即放，扩大无纸化放行实施范围，逐步取消卡口放行纸质审核手续。在大窑湾、大连湾、旅顺等口岸推行电子闸口管理和“移动快检”现场查验模式，实施“即查即放”和放行无纸化。实现了24小时闸口放行和智能通关，大大节约了企业成本和时间。

27. 实施海港口岸船舶卫生检疫可视化电子监管模式

推广应用“海港卫生检疫可视化电子监管系统”，通过“卫生检疫工作智能化＋风险评估＋分类管理”，实现全省海港口岸船舶卫生检疫可视化电子监管，提高船舶无疫直通比例。目前，全省已有8个口岸分支局、102家代理企业开始使用该系统，能够实现卫生检疫网上申报和审批。据统计，2017年1—10月，通过该系统上报审批检疫查验出入境船舶5 300余艘次，系统利用率100%，“无疫直通”率达到80%以上，实现了出入境船舶卫生检疫监管能力提升。

28. 实施跨境电商强制性产品认证监管制度

未获强制性产品认证的产品，以跨境电商保税备货模式进口的，按照“免于强制性产品认证特殊用途进口产品检测处理程序”，经抽样检测合格后准予进口。

29. 实施免于办理强制性产品认证一体化

全面下放免于办理强制性产品认证权限，允许企业自行选择检验检疫机构办理“免于办理强制性产品认证证明”。该权限已经下放至分支局，2017年5月，起允许企业自行选择任一分支机构（包括办事处）办理。

30. 实施免于办理强制性产品认证无纸化

取消免于办理强制性产品认证纸质材料比对，全面实现网上办理；企业可自行打印“免于办理强制性产品认证证明”，上传扫描件即可进行免办产品报检，无须现场递送材料。2017年1—10月共发证2 613份，平均办理时长同比缩短70%以上。

31. 简化强制性产品认证监管模式

利用信息化系统进行强制性产品认证目录外产品确认；延长“免于办理强制性产品认证证明”和“强制性认证目录外产品确认表”的有效期；境外进入特殊监管区域生产加工所需的原材料、零部件，研发、检测用的入境材料、检测物品等，仓储物流货物，企业自用的办公用品，无须办理强制性产品认证。2017年1月起，以上证表的有效期由1个月延长至6个月，办理数量同比减少30%。

32. 支持中欧班列扩量增效

支持辽宁地区内陆主要货源节点、主要铁路枢纽节点、沿海重要港口节点充分发挥作用，支持多式联运发展，支持冷链物流发展，简化检验检疫申报、查验和放行手续，对过境中转集装箱免于开箱查验，扩大中欧班列运输货物范围。2017年7月，原大连海关（原辽宁检验检疫局）组织东北及内蒙古地区四个原直属检验检疫局，建立了针对中欧班列的区域合作机制，协同支持中欧班列扩量增效。

33. 优化入境展品检验检疫监管模式

按照“风险可控、适当放宽”的原则，简化展品审批备案手续，在口岸对入境展品实施快速验放，设置专门的展会展品办理窗口，做到即到即报、即检即放，支持会展业发展。按照原质检总局相关要求，统一规范了各分支机构协办各类展会协作机制，有效保障了大连夏季达沃斯、日本商品展览周、台湾商品展览周等国际会事、会展的顺利举办。

34. 支持装备制造业转型升级

推进成套设备检验监管模式改革，支持重大项目建设。支持成套设备全球维修产业发展。对免于办理强制性产品认证和强制性认证目录外产品确认工作，实施“申报确认＋事后监管”模式。优化大型装备国内采购零配件原产地证签证流程。目前，已在沈阳地区建立了支持装备制造业发展全流程管理检验检疫工作模式，针对生产准备、创新研发、加工生产、国际认证、跨境贸易、维修服务六个关键环节，分别出台了检验检疫创新措施，覆盖50%以上的沈阳装备制造企业。

35. 建立跨境电商检验检疫监管和公共检测服务平台

完善跨境电商检验检疫监督管理机制，运用

“跨境电商检验检疫监管平台”，实现对跨境电商商品的有效监管和快速放行。打造“互联网 +”跨境电商公共检测服务平台，为政府有关部门质量监测和风险监控提供技术保障，为电商企业质量验证提供技术支撑，为消费者质量投诉提供委托检测、鉴定和仲裁技术服务。上线辽宁跨境电子商务检验检疫监管平台和企业端，备案跨境电商企业 38 家，备案商品 397 种，累计监管跨境直购进口货物 1.2 万批次。

36. 创新大宗矿产品取样化验合作机制

与口岸查验单位开展大宗矿产品取样化验“三互”合作，明确取样和化验标准，统一化验指标清单，实现化验结果互认。海关和检验检疫部门根据各自监管重点和职责，分别取样化验。在原关检三互框架下，2017 年共对 7 批次散装进口铁矿开展“共同取样、结果互认”工作，关检双方认可的内容包括取样地点、取样时间、人工或机械取样过程。

37. 创新进口原木“关前检”工作机制

在风险可控前提下，对进口原木等产品实施“关前检”模式，减少口岸查验单位联系单的流转，减少扫描单据工作及验核海运封识环节，提高查验效率。

38. 创新出口稻草监管互认工作机制

与口岸查验单位实施出口稻草监管结果互认，提供兽医（卫生）证书信息作为验放依据，减少重复开箱查验。在原关检三互框架下，输日稻草经检验检疫合格后，原海关将以原检验检疫部门出具的检疫证书为依据，除情报布控查验等特殊情况外，不再实施口岸开箱查验，避免因日方检疫要求和海关部门口岸开箱查验工作冲突而导致稻草整箱作废的情况。

39. 创新大商所大豆期货监管措施

加强与大连商品交易所合作，推动“豆 2”期货合约尽快挂牌交易。研发“进口大豆期货监管信息系统”，做好进口期货大豆交割库考核推荐及相关指定口岸、指定加工厂备案工作，共同推进期货检测中心建设。2017 年 5 月 31 日，黄大豆 2 号期货 1 805 新合约正式上市交易，新合约上市标志着我国争夺国际大豆贸易话语权和定价权迈出了实质性的第一步。

40. 创新自贸试验区平行进口汽车监管模式

对平行进口汽车取消验核进口证明，凭车辆合格检测报告直接出具《进口机动车辆随车检验单》；深化平行进口汽车强制性产品认证制度改革，取消原厂授权文件要求，取消进口汽车认证证书数量限制。在企业信用条件符合、申报资料齐全、检验条件具备的前提下，大连口岸的平行进口汽车从报检、检验到出证，最长时间将不超过 4 个工作日，较之前节省 5~8 个工作日。

41. 创新保税铁矿石检验检疫监管措施

采用“入库报备，出库检验”模式，支持大连港开展保税铁矿混矿业务，推动“东北亚矿石分拨中心”建设，支持大连商品交易所开展铁矿石保税期货交割业务。对进口保税混矿等业务采取“三位一体”检验检疫监管模式。即“入区监测 + 加工监管 + 出区检验”。货物入区时对货物进行放射性监测，同时对有毒有害元素含量实施监测，在货物卸毕后对货物堆存场地、数量及混矿作业过程实施日常监管，在货物出区过程中对货物实施检验并出具品质及重量证书。该项措施支持大连港成功开辟了全国首例保税混矿业务，加速“东北亚矿石分拨中心”发展。2017 年大连港完成保税铁矿混矿突破 1 000 万吨，净增 2 000 万吨吞吐量，创造 2 亿元人民币的经济效益。

42. 创新进境粮食调运“互联网 + 全程监管”模式

指导北良港、大连港散粮码头创建进口粮食示范港，对进境粮食调运实施“互联网 + 全程监管”新模式，运用“进口粮食检验检疫全程监管系统”，实时掌握信息，实现闭环监管，缩短通关时间。大窑湾检验检疫局已经分别与铁岭、吉林检验检疫局合作实现了对大豆调运的无缝监管模式。

43. 支持返销粮食中转加工复出口

利用大连港粮食中转枢纽和粮食流通集散中心优势，发挥大连出口粮食加工示范区作用，向原质检总局争取相关政策，支持俄罗斯返销粮食中转复出口，服务“一带一路”和“农业走出去”国家战略。俄罗斯远东地区主要种植为非转基因大豆、玉米等。从 2017 年 9 月开始，允许大连地区 4 家企业开展俄罗斯大豆海运过境大连输往第三国业务。

（二）沈阳海关创新举措

1. 集报集缴改革

沈阳片区依托海关特殊监管区域（场所）系统功能和政策优势，将“批次进出、集中申报”与汇总纳税政策叠加运用，试点开展“集报集缴”改革，实现了两类政策的优化组合，对内陆属地型特殊监管区域（场所）通关便利化改革进行了积极探索。

通过对进出口商品税收征管要素的前置审核服务与管理，强化信用认证与后续稽查，丰富日常监控指标内容等措施，切实提高了对试点企业的风险管控能力。通过建立与区域审单中心共享互认机制，依托海关特殊监管区域商品备案系统功能，强化前置后移双向联动等措施，发挥了属地海关对企业合规管理在通关监管中的基础性作用，减轻了口岸压力，提升了监管的整体效率与效能。妥善解决了汇总征税货物无法进行查验分流作业的问题。实现了减免税证明、减免税待办担保等前置备案手续的同步办理，将原有的串联模式调整为并联模式，避免无法申报造成的滞港。入区货物暂不涉及税收征管作业和法检，大部分适用快速通关通道，结合前置审核作用，大幅提升了通关管理效能。

发挥了内陆属地型特殊监管区域（场所）优势。明显减轻了企业负担。沈飞民机公司在通关时间大幅压缩后，已着手将空运进口货物调整为海运，仅此一项年内节省成本即超过 100 万元人民币。经统计，上述试点企业的通关综合成本节约近 40%。

2. 批次进出、集中申报

节约成本、提高通关速度。2017 年该制度为区内企业节省成本约 28.8 万元人民币，节约通关时间约 370 小时，每票报关单可节约通关时间约 1 小时。

3. 简化无纸通关随附单证和简化统一进出境备案清单

“简化无纸通关随附单证”和“简化统一进出境备案清单”等制度的组合叠加极大提高了企业的通关效率，关区无纸化通关覆盖率达 97.67%，企业预录入申报项目减少到 30 项、申报时间由 15 分钟缩短为 2 分钟，货物实际进口通关时间降幅达 77.19%，出口通关时间降幅达 60.76%。

4. 集中汇总纳税制度

节约企业成本、提高通关速度。2017 年沈阳关区共有 6 家企业享受集中汇总纳税制度，报关单达 9 283 票，征税 71.41 亿元人民币，增长 28.32%，占总税款比 59.03%。

5. 一次备案、多次使用

简化办事程序。

6. 区内自行运输

节约成本、提高通关速度。

7. 取消异地加工贸易备案审核改革

沈阳片区率先开展取消异地加工贸易备案审核改革，取消了需先到经营企业所在地主管海关办理加工贸易异地备案手续的环节，能够有效简化办事程序、降低企业成本，对于打造产业区域转移的世界加工贸易中心、实现东北老工业基地振兴发展具有重要的战略意义。

8. “以企业为单元”监管

2017 年 6 月，海关总署首批在天津、沈阳、杭州、武汉、拱北、重庆、成都等部分自由贸易试验区海关及具备改革基础的南京、黄埔海关开展以企业为单元加工贸易监管改革试点。以企业为单元的加工贸易监管模式，是指海关实施的以企业为单元，以账册为主线，以与企业物料编码对应的海关商品编号（料号）或经企业自主归并后形成的海关商品编号（项号）为基础，周转量控制，定期核销的加工贸易监管模式。

9. 加工贸易单耗申报管理改革等制度

系以企业为单元加工贸易监管改革试点配套制度，给加工贸易企业提供了便利，更加贴合生产实际，提高了单耗准确度。

10. 出境加工

2017 年，贺利氏信越石英（中国）有限公司共计办理 25 次价值 25 万美元的“中国制造”产品收益，给企业带来了更多订单。

11. 委内加工

沈阳黎明国际动力工业公司在综合保税区内存在大量闲置产能而无法承接区外订单。沈阳海关成功帮助其适用“委内加工”政策，企业利润增长点激增。

12. 简化加工贸易企业报核手续

有效的提高了加工贸易企业核销效率，为企业节约报关单证收集时间至少 10 个工作日。

13. 加强企业信用管理

沈阳海关通过做好企业信用宣讲、做好企业信用监控、做好企业信用服务“三个做好”，加强企业信用管理，把企业信用管理作为优化营商环境、助推辽沈开放发展的一项重要工作来抓，全力推进关区企业信用管理，不断增强守信企业获得感。

做好企业信用监控。一是注重对认证后企业的定期监控，通过评估高级认证企业在口岸的通关和查验情况，分析企业进出口行为，确保企业充分享受到高级认证带来的通关便利，落实差别化管理措施。二是应用好信用监控方式，在定期对关区认证企业信用分值进行监控的前提下，即时分析企业信用分值，全程了解企业动态，做到求细知晓情况。同时运用好主动约谈方法，约谈企业相关负责人，通过比对分析相关数据，对信用分值低的原因进行深入解析，引起企业重视，帮助企业积极改进，为修正信用评分做好基础，做到求实解决问题。

做好企业信用服务。一是根据《沈阳海关与企业“即时通讯”工作联系群管理办法》，牵头建立了“沈阳海关关企即时通”关企微信群，目的为打通联系沟通企业的“最后一公里”，注重为企业办实事、解难题。二是加强与银行间合作，创新企业信用担保模式，为企业减负。为确保企业认证顺利实施，提高优质企业通过认证的比例，解决企业在认证过程中因财务指标不达标需提供银行保函的问题，进一步缓解企业资金占用压力，积极开展与银行机构合作。

14. 企业协调员制度

使得相关国有大型高端装备制造业企业获得了更直接、畅通的关企联系渠道，享受了守法即获得便利的红利，共计已有 14 家高级认证企业参与企业协调员制度、累计协调解决企业疑难问题 50 个。

15. 引入中介机构辅助开展保税核查、保税核销和企业稽查工作

解决海关人力紧缺，弥补专业技术不足，降低海关执法风险，从而为企业节约成本，2017 年扩增海关中介机构备选库至 26 家中介机构，全面参与海关稽、核查工作。

16. 企业信用信息公示制度

方便企业、提高办事效率。

17. 国际海关 AEO 互认合作制度

有效提高高资信企业通关便利。中航沈飞民用飞机有限责任公司通过高级认证后，在叠加综保区集报集缴优先试点的基础上，每批次货物清关平均节省约一天的时间，进口货物查验情况与同期相比降低了至少 80% 以上；上汽通用（沈阳）北盛汽车有限公司成为高级认证企业后，通关查验率低于 0.9%，布控率低于 0.2%，改善了供应链管理，进一步提高通关效率。

18. “特殊监管区域 + 飞机维修”

飞机维修在沈阳乃至东北地区都是比较高精端的维修制造业，作为国内唯一一家具备霍尼韦尔公司和汉胜公司两种 APU（飞机发动机辅助动力装置）修理能力的维修工厂——中国南方航空股份有限公司沈阳维修基地，受制于维修零件无法享受保税政策，维修主体与零件通关程序相

对繁琐。以一般贸易方式进口，采用传统的库存保障模式，占用了企业大量资金。

沈阳海关对飞机维修业务采用“特殊监管区域＋飞机维修”的监管模式，进境维修主体按“修理物品”办理进出境手续；维修所需的进口零附件及原材料（以下简称“维修航材”）按“区内物流货物”办理保税进口手续，维修主体复出境后海关对耗用的维修航材予以保税核销。维修企业应持进口报关单证、维修协议或其他单证等向主管海关建档备案，并向主管海关报备维修场所及航材存储的具体地址。维修航材必须在经海关备案维修场所内使用。在提供有效担保前提下，维修企业可向主管海关申请维修航材适用“分批出区，集中报关”监管方式。维修航材在特殊监管区域及维修场所间的流转，可由企业自行运输。维修产生的维修废（旧）物须随维修主体全部退运出境。

“特殊监管区域＋飞机维修”的监管模式充分利用自贸试验区制度创新、先行先试的政策优势，将“修理物品”与保税物流政策有机结合，建立起一套既保证有效监管，又最大限度降低航空维修企业运行成本、提高通关效率的监管模式，实现了零部件的保税进口。制度创新推动航空产业优化升级，使得企业得以承揽国际航空维修业务，解除了企业成本上的后顾之忧

19. 企业“自报自缴”

企业“自报自缴”制度使货物通关由原“申报—审单—接单—开具税单—缴税—放行”6环节减少至“申报—缴税—放行”3环节，通关时间进一步得到压缩，自2017年7月推广以来，沈阳海关自报自缴业务共4 126票报关单，缴纳税款1.49亿元人民币，占总税款比例1.23%。

20. 直接运输条款便利化措施

提高通关速度，2017年，关区共有8个自贸协定/优惠贸易安排项下货物进口，涉及报关单826票，同比增长（下同）3.03%，受惠货值9 536.38万美元，增长23.77%。共减免税款3 888.09万元，增长58.58%。

21. 税收优惠

对符合政策规定的科研机构、技术开发机构等单位进口科学研究、科技开发用品清单内研发设备及耗材予以税收优惠。适用企业节约成本，华晨宝马汽车有限公司研发中心项目中价值1 600多万美元的设备享受到合理的减免税政策，实际减免税款达579.2万元人民币，同时该政策还助推了沈阳远大智能工业集团公司与沈阳三生制药公司成功申报为“国家企业技术中心”。

22. 支持中德产业园等协同区发展

中德（沈阳）高端装备制造产业园（简称中德产业园）位于沈阳经济技术开发区中部，规划面积48平方公里。沈阳海关大力支持辖区自贸试验区、中德产业园等协同发展，有效发挥其对外开放平台的叠加作用。共推出了33项制度，其中23项均适用于中德产业园，主要有：简化无纸通关随附单证，集中汇总纳税，原产地证书管理改革，“直接运输”条款便利化措施，国际海关AEO互认合作制度，企业协调员制度，海关企业信用信息公示制度，出境加工，集报集缴，简化加工贸易企业报核手续，取消加工贸易异地审核，企业自报自缴，加工贸易“企业为单元、账册为主线”监管模式，加工贸易单耗申报管理改革，“特殊监管区域＋飞机维修”监管模式，“引入中介机构辅助开展保税核查、保税核销和企业稽查工作”以及“对符合政策规定的科研机构、技术开发机构等单位进口科学研究、科技开发用品清单内研发设备及耗材予以税收优惠”等制度。中德产业园的通关时效大幅降低，平均进口通关时间10.76小时、缩短48.86%，比全国平均通关时间低32.22%；平均出口通关时间0.9小时，缩短48.6%，比全国平均通关时间低18.43%；企业办理异地加工贸易业务时限缩减6个工作日、加工贸易企业报核准备减少10个工作日。

23. 加快海关特殊监管区域和保税监管场所整合优化

积极推进沈阳综合保税区区块规划调整，推

进沈阳综合保税区整合优化，推动自贸试验区、海关特殊监管区域等开放平台政策叠加、协同发展。铁岭保税物流中心（B型）通过正式验收，具备封关运作条件。2017年8月2日，规划调整得到国务院办公厅正式批复同意。

24. 推进通关一体化改革

2017年7月份进口全通、2017年9月份出口全通。2017年，沈阳海关进口海关平均通关时间10.76小时，缩短48.86%，比全国平均通关时间低32.22%；出口海关平均通关时间0.9小时，缩短48.6%，比全国平均通关时间低18.43%，完成“压缩货物通关时间三分之一”目标。

25. 建设国际先进水平的国际贸易“单一窗口”

国际贸易“单一窗口”对接国家标准版的海关申报功能上线运行，“单一窗口”标准版中涉及海关“报关单申报”“船舶运输工具”“舱单申报”“综合查询”等4大功能均已上线使用，提高企业办事效率。2017年，在国家口岸办确定的考核时间段内，沈阳海关辖区企业应用“单一窗口”申报报关的综合覆盖率达到67.14%，达到综合覆盖率30%的考核标准。

26. 支持跨境电子商务发展

优化跨境电子商务海关进出口通关作业流程，支持跨境电子商务企业实施跨境电子商务出口商品“清单核放，汇总统计”通关模式，同时为拟开展相关业务的地方政府及企业提供政策指导；积极支持葫芦岛市创建电子商务示范城市。2017年，葫芦岛跨境电商出口货物清单32.7万份，商品94.8万件，货值2 963.4万元人民币；综合保税区内跨境电子商务业务需借助辅助管理系统实现，目前沈阳综保区辅助管理系统正在升级中，系统完成优化升级后可根据需求推进落实；综合保税区外暂无企业申请办理此项业务。

27. 推动“三互”大通关建设

在关区各类业务领域实现“三互”全覆盖。主动加强与口岸其他部门的联系配合和监管合作，持续深化推进关区空港、海港、邮运口岸及关区各业务现场“三互”大通关建设。沈阳空港“关检三互合作示范区”平稳运行，关检双方共同查验进境行李物品，在日本、韩国和中国香港等进境航班中查获海参、水果、奶酪等动植物产品。锦州口岸关检合作持续深入，2017年在行邮渠道移交出入境检验检疫局案件线索50件，其中包括查获进境濒危植物桃花心木种子等。

28. 优先推进自贸试验区“互联网＋海关”特色服务

2017年6月30日“互联网＋海关”（1.0版）在关区上线运行，推广“互联网＋海关”网上办事平台，提高行政审批“一窗受理”“一网通办”服务水平，提高企业办事效率。

29. 检验检疫支持装备制造业“全流程”集成式管理服务模式创新

原沈阳检验检疫局针对装备制造业发展全流程存在的生产准备、创新研发、加工生产、国际认证、运输物流、跨境贸易、维修服务七个关键环节，以系统集成性改革措施满足装备制造业整体发展需求。针对每个环节的不同重点和企业的不同需求，研究制定管理和服务创新措施，并以此为基础，从整体优化性、功能非线性、内部相容性、功能互补性的角度出发，加以科学整合。增加了支持装备制造业全流程管理服务模式的有序性，形成积极的集成效应。

生产准备环节。在风险分析的基础上，转变检验监管模式，将企业进口成套设备、大型设备由批批检验模式向抽批检验模式和装运前检验模式转变。降低抽批检验比例，对采取装运前检验模式的免于口岸查验。并在设备开箱、安装和调试阶段提供“24小时预约制”服务，确保相关设备到货后可以立即投入使用。

创新研发环节。实施免于办理强制性产品认证无纸化，取消纸质材料比对。延长《免于办理强制性产品认证证明》和《强制性认证目录外产品确认表》有效期。对进入特殊监管区域的相关物品免于办理强制性产品认证。

加工生产环节。在风险分析的前提下，对进

口商品实施逐批、抽批、合格保证检验监管方式。通过事中事后监管和第三方检验结果采信等方式，降低检验比率，将检验向生产环节延伸。并利用出口工业产品质量安全示范区的政策优势，对区内企业进口零部件免于检验。

国际认证环节。与加拿大CSA认证集团开展国际认证合作，对机械、电器、环保、医疗设备等提供进入北美市场的认证服务，帮助本地装备制造企业将产品打进北美市场。

运输物流环节。通过同原满洲里检验检疫局签署合作备忘录进一步强化跨区域间的业务合作关系，利用检验检疫一体化和ECIQ系统，实现互为一线，减少现场查验频率。投资开发中欧班列国际货运班列检验检疫监管信息系统，保障企业外向运输物流通道的顺畅。

跨境贸易环节。推行“多证合一”登记备案制度和检验检疫报检无纸化模式。实施原产地签证一体化和无纸化，提供“预留签、快递签、代理签”等便捷签证服务。加强内部业务衔接、压缩工作流程环节。利用检验检疫区域一体化新政，实现进出口商品“进口直通、出口直放”。

维修服务环节。实施入境维修再制造政策，重点探索自产自出产品和协议回购产品入境维修再制造检验监管措施。评估批准北方重工集团有限公司成为辽宁自贸试验区第一家“入境机电产品再制造企业”，并完成沈阳航空器入境维修的准备工作，为企业转型升级铺平了道路。

为确保各项措施的规范、有效实施，研究制定了《沈阳片区进口商品检验监管办法》《沈阳片区入境成套设备、大型设备检验监督管理规定》等一系列制度文件、管理规范和作业指导书。并建立各项措施落实情况的督查机制，形成了闭环管理的工作模式。

检验检疫支持装备制造业“全流程”管理服务模式自实施以来，取得了良好的经济和社会效果。主要体现在提速增效、降本减负、拓展国际化道路和助力转型升级四个方面。

30. 出入境人员综合服务“单一窗口”

沈阳自贸试验区出入境人员综合服务“单一窗口”利用多种信息化手段，实现5种语言、10个涉外部门、出入境人员双向服务、多个涉外领域的全覆盖式服务，为自贸试验区、沈阳乃至整个东北地区吸引国际化人才、营造国际化营商环境提供积极助力。

综合服务“单一窗口”功能主要包括：客户层面，通过语音、视频、APP、微信、综合门户等多种形式满足咨询、工作、生活等需求，在政策咨询、办事指南、旅游、签证、保险、家政，以及医疗救助等方面享受到优质服务。管理层面，通过与涉外部门合作，建立服务知识库，为出入境人员提供及时、准确的政策指导及信息参考。整合涉外医院资源，提供医疗服务，同时互通共享相关信息，实现疫情防控、监测管理，保障自贸试验区内公共卫生安全。

31. 支持自贸试验建设“8+5”等工作措施的完成

在检验检疫支持自贸试验区建设“8+5”工作措施中，涉及沈阳地区实际情况的有12项。其中，出入境生物材料制品风险管理、检验检疫通关无纸化、原地签证管理改革创新、综保区分线监管和进口货物预检验等5项制度已经复制实施。

全球维修产业检验检疫监管、入境维修产品监管新模式、建设国际贸易“单一窗口”等3项措施已取得阶段性成果。

保税展示交易货物分线监管、预检验和登记核销管理模式；第三方检验结果采信制度；动植物及其产品检疫审批负面清单制度；免除低风险动植物检疫证；中转货物产地来源证管理等六项创新制度，因沈阳地区目前尚无相关业务，未实质性实施。

四、统计数据

（一）大连片区

2017年4月10日—12月31日，大连片区新登记企业5 456家；新注册企业实际利用外资1 395.5万美元；备案境外投资机构6家。进出口总额 1 207.6 亿元人民币，其中进口额 880 亿元人民币，出口额 327.6 亿元人民币。

（二）沈阳片区

1. 进出口值

2017 年 4—12 月，辽宁自贸试验区沈阳片区内企业进出口值 12.71 亿元人民币，其中进口 3.89 亿元人民币，出口 8.82 亿元人民币。

2. 海关税收

2017 年 4—12 月，辽宁自贸试验区沈阳片区企业缴纳税款 1 541.92 万元人民币。

3. 海关注册登记企业数

2017 年 4—12 月，新增海关注册企业共 533 家，设立前已有海关注册企业 32 家。

同期，沈阳片区共有企业 15 633 家，设立后新增企业 14 061 家，设立前已有企业 1 572 家。注册资本达 1 422.4 亿元人民币，其中，内资企业 13 934 家，注册资本达 1 346.5 亿元人民币；外商投资企业 127 家，注册资本 11.4 亿美元。注册资本过亿元企业 251 家，注册资本 692 亿元人民币。新增企业中第三产业企业 12 979 家，占比 92.3%，注册资本 1 178.17 亿元人民币，占比 82.8%。按照国民经济产业分类，在第三产业中，批发和零售业企业 7 066 家，占比 50.3%，注册资本 338.78 亿元人民币，占比 23.8%；租赁和商务服务业企业 1 949 家，占比 13.9%，注册资本 283.12 亿元人民币，占比 19.9%；信息运输、软件和信息技术服务业企业 1 526 家，占比 10.9%，注册资本 93.67 亿元人民币，占比 6.6%。

国家税务总局支持自由贸易试验区建设主要情况

自由贸易试验区作为我国新一轮改革开放试验区，实行金融、服务和投资三大领域全面开放，以建设制度、政策和措施的高地为着力点，为全国提供可复制、可推广经验。根据国务院印发的自贸试验区总体方案、进一步深化改革方案、全面深化改革方案，税务总局牵头或参与的工作有30余项，包括深入实施货物状态分类监管、将出口退税申报功能纳入"单一窗口"建设项目、研究完善境外所得税收抵免的税收政策等。自2013年上海自贸试验区率先成立以来，税务总局认真研究支持自贸试验区发展的税收政策，不断创新税收管理和服务措施，为自贸试验区发展营造了良好的税收环境。

一、税收支持自贸试验区发展总体情况

税收支持政策方面，税务总局积极配合商务部研究各自贸试验区建设方案，认真研究提出税收支持政策。按照自贸试验区关于制度创新"可复制、可推广"的基本定位，联合财政部在税收制度上积极探索创新，形成了一批在自贸试验区率先实施的试点税收政策并逐步推广，自贸试验区税收政策先行先试的"外溢效应"不断显现。

税收服务举措方面，税务总局不断探索创新便利办税举措并在更广范围复制推广。将自贸试验区作为税收征管服务创新的高地和"试验田"，按照打连发、呈递进的工作节奏，形成了一批在全国推广的试点经验，已复制推广到全国20余项创新举措。税收征管服务的创新，大大提升了纳税人办税便利度和获得感，增强了自贸试验区的活力。

二、支持自贸试验区发展的相关税收政策及复制推广情况

（一）上海自贸试验区建设配套税收政策

1. 2013年11月，税务总局联合财政部印发文件，对上海自贸试验区非货币性资产投资等资产重组行为税收优惠政策进行了明确。根据《财政部 国家税务总局关于非货币性资产投资企业所得税政策问题的通知》（财税〔2014〕116号）和《财政部 国家税务总局关于个人非货币性资产投资有关个人所得税政策的通知》（财税〔2015〕41号），相关政策已推广至全国。

2. 2013年10月，税务总局联合财政部、海关总署印发《关于中国（上海）自由贸易试验区有关进口税收政策的通知》（财关税〔2013〕75号），规定对试验区内注册的国内租赁公司或其设立的项目子公司，经国家有关部门批准从境外购买空载重量在25吨以上并租赁给国内航空公司使用的飞机，享受减按5%缴纳增值税优惠政策。对试验区内生产企业和生产性服务企业进口所需的机器、设备等货物予以免税，但生活性服务业等企业进口的货物以及法律、行政法规和相关规定明确不予免税的货物除外。根据《财政部 海关总署 国家税务总局关于租赁企业进口飞机有关税收政策的通知》（财关税〔2014〕16号），一般贸易项下进口空载重量在25吨以上的飞机并租给国内航空公司使用的，减按5%缴纳进口环节增值税政策，自2014年1月1日起推广到全国。

3. 2014年7月，税务总局联合财政部、海关总署印发《关于扩大启运港退税政策试点范围的通知》（财税〔2014〕53号），自2014年9月

1日起，将适用启运港退税政策的启运地口岸，由青岛市前湾港、武汉市阳逻港2个港口，扩大到南京市龙潭港、苏州市太仓港、连云港市连云港、芜湖市朱家桥港、九江市城西港、青岛市前湾港、武汉市阳逻港、岳阳市城陵矶港等8个港口。

4. 2014年9月，税务总局联合财政部、海关总署印发《关于在全国开展融资租赁货物出口退税政策试点的通知》（财税〔2014〕62号），自2014年10月1日起，将在天津东疆保税港区试点的融资租赁货物出口退税政策扩大到全国统一实施。上海自贸试验区方案中提出拟开展融资租赁货物出口退税政策试点工作，通过将天津东疆保税港区试点的融资租赁货物出口退税政策统一扩大到全国，也就自然覆盖了上海自贸试验区。

（二）第二轮广东、天津、福建自贸试验区及上海自贸试验区进一步深化改革开放的配套税收政策

1. 为支持广东、天津、福建自贸试验区发展，税务总局联合财政部、海关总署印发文件，明确了三个新设自贸试验区的进口税收政策。

2. 天津等自贸试验区方案中提出“符合条件的地区可按政策规定申请实施境外旅客购物离境退税政策”试点任务。为落实国务院关于实施境外旅客购物离境退税政策的决定，经商财政部、海关总署，税务总局制定了《境外旅客购物离境退税管理办法（试行）》（国家税务总局公告2015年第41号发布），各省级人民政府可以按照财政部、海关总署、国家税务总局有关规定，制订实施方案，开展相关工作，报财政部、海关总署和国家税务总局备案。截至2017年11月，全国有22个省（市）开展离境退税，其中，上海、天津、广东、深圳、福建、厦门（上述为上海等前两批设立的自贸试验区）和四川、辽宁、陕西、河南（上述为第三批自贸试验区）等共10省（市）已实施该项政策。

3. 2016年8月，税务总局联合财政部、海关总署印发《关于中资“方便旗”船回国登记进口税收政策问题的通知》（财关税〔2016〕42号），对符合条件的中资“方便旗”船舶免征关税和进口环节增值税政策延期，并对政策具体内容进行了适当调整完善。

4. 2015年8月，税务总局印发文件，同意上海市国家税务局通过国际贸易“单一窗口”办理出口退税事项的试点工作。同时，天津、福建、广东自贸试验区也陆续将出口退税纳入“单一窗口”平台管理。

5. 税务总局联合商务部印发《关于天津等4个自由贸易试验区内资租赁企业从事融资租赁业务有关问题的通知》，将注册在各自贸试验区内的内资融资租赁企业的审批事项，委托给自贸试验区所在省、直辖市、计划单列市的商务主管部门和国家税务局。

（三）第三批7个新设自贸试验区、上海自贸试验区全面深化改革开放方案以及福建等3个第二批自贸试验区进一步深化改革开放方案的配套税收政策

辽宁、浙江等第三批7个新设自贸试验区总体方案提出的税收支持政策措施，基本参照之前自贸试验区总体方案已有内容，没有大的变动。对方案中新增涉税政策建议，税务总局积极配合财政部等部门，研究出台税收政策。

三、支持自贸试验区发展的税收创新服务措施及复制推广情况

（一）上海自贸试验区税收创新服务措施

2014年6月，为支持上海自贸试验区建设，税务总局印发通知，推行“办税一网通”10项创新服务措施，包括网上自动赋码、网上自主办税、电子发票网上应用、网上区域通办、网上直接认定、非居民税收网上管理、网上按季申报、网上备案、纳税信用网上评价、创新网上服务，并取得重要进展。比如，“网上自动赋码”使纳

税人获取税务登记证号的时间从原来的4天之内缩短为即时赋码，实现了由“被动等”到“主动送”的历史性突破。

2014年11月，税务总局印发通知，决定分步骤、分层次将上海自贸试验区创新税收服务措施逐步向全国税务系统复制推广。

按照《国务院关于推广中国（上海）自由贸易试验区可复制改革试点经验的通知》（国发〔2014〕65号），对涉税事项网上审批备案、税务登记号码网上自动赋码、网上自主办税、纳税信用管理的网上信用评级等4项税收改革事项，要求2015年6月底前在全国范围内复制推广。上述创新服务措施均已按期复制推广到位。

（二）第二轮广东、天津、福建自贸试验区及上海自贸试验区的税收创新服务措施

1. 为贯彻广东、天津、福建自贸试验区总体方案、进一步深化上海自贸试验区改革开放方案，加快政府职能转变，2015年4月，税务总局印发通知，在将上海自贸试验区“办税一网通”10项创新税收服务措施推广至广东、天津、福建自贸试验区的同时，又在广东、天津、福建、上海自贸试验区推出10项创新税收服务措施，统称为“办税一网通10+10”。新推出的10项措施包括：

一是国地办税一窗化。纳税人在办理税务登记、纳税申报等涉税业务时只需向一个窗口提出申请，由原国税局、地税局工作人员内部流转办结后一窗出件，实现“一窗联办”原国税局、地税局两家业务。

二是自助业务一厅化。原国税局、地税局自助终端设备设置在同一自主办税厅，24小时为纳税人提供自助办税服务，实现自贸试验区内国税局、地税局自助业务“一厅通办”。

三是培训辅导点单化。原国税局、地税局共建网上纳税人学堂，采用线上线下（O2O）、直播录播相融合模式，纳税人线上点“单”培训辅导内容，税务机关线下配“料”教学视频，实现全天候点单培训辅导。

四是缴税方式多元化。税务机关与银行合作，为纳税人提供POS机刷卡、互联网、移动支付等多元化缴税方式。

五是出口退税无纸化。纳税人在自贸试验区内申报办理出口退税业务时不再提供纸质申报凭证和资料，税务机关根据海关等部门传输的电子数据和纳税人提供的税控数字证书签名电子数据，审核、办理出口退税业务。

六是业务预约自主化。纳税人可以通过互联网、手机APP、微信等多种渠道，向税务机关预约办理日常涉税业务。

七是税银征信互动化。税务机关与银行建立税银征信信息共享机制，税务机关对银行信用级别高的纳税人给予办税便利，推动银行对纳税信用A级纳税人给予融资便利，并逐步扩大与银行部门征信互动范围。

八是税收遵从合作化。税务机关为签订税收遵从合作协议的纳税人提供更多的办税便利和更宽松的办税环境。税收遵从合作协议有内控机制健全且纳税信用为A级的大企业纳税人自愿发起并经税企双方协商一致后签订。

九是预先约定明确化。税务机关为内控机制健全且纳税信用为A级的大企业纳税人提供税收预先约定服务。对于纳税人书面申请的关于来来可预期的特定事项适用税法问题，由自贸试验区税务机关受理评估并逐级报税务总局给予确定性答复。

十是风险提示国别化。税务机关建立涉税风险信息取得和情报交换机制，健全国际税收管理与服务分国别（地区）对接机制，由自贸试验区税务机关根据区域功能定位制定分国别（地区）涉税风险提示并逐级报税务总局确认后发布，帮助纳税人减少在国际贸易往来、跨国兼并重组和资本运作中的涉税风险。

2. 上海自贸试验区、广东自贸试验区方案试点任务涉及“三证合一、一照一码”登记制度改革。按照《国务院办公厅关于加快推进“三证合

一”登记制度改革的意见》（国办发〔2015〕50号）、《工商总局等六部门关于贯彻落实〈国务院办公厅关于加快推进“三证合一”登记制度改革的意见〉的通知》（工商企注字〔2015〕121号）及相关文件要求，税务总局联合工商总局、质检总局等部门自2015年10月1日起在全国全面实行“三证合一、一照一码”登记制度改革。此外，按照国务院工作部署，自2016年10月1日起在黑龙江、上海、福建、湖北4个地区试点实施个体工商户“两证合一”，全国其他地区自2016年12月1日起实施该项改革。

（三）国务院决定推开的其他税收创新服务措施

2016年11月，国务院印发《关于做好自由贸易试验区新一批改革试点经验复制推广工作的通知》（国发〔2016〕63号），要求将“税控发票领用网上申领”2016年11月30日以前在全国推广。

2016年11月，税务总局印发通知，在全国范围内全面复制推广增值税发票网上申领，按照国发〔2016〕63号文件要求如期完成了试点经验复制推广工作。

国家市场监督管理总局支持自由贸易试验区建设主要情况

建设自由贸易试验区是党中央、国务院作出的重大决策，是在新形势下进一步深化改革开放的重大举措。国家市场监督管理总局(以下简称市场监管总局)高度重视这项工作，按照党中央、国务院的统一部署，充分发挥职能作用，把制度创新作为核心任务，认真指导自由贸易试验区所在地市场监管部门以形成可复制、可推广的制度成果为着力点，全力支持自由贸易试验区先行先试，当好改革开放排头兵、创新发展先行者，探索构建开放型经济新体制。

一、深入推进商事制度改革，提升企业登记便利化

一是全面支持上海、广东、天津、福建自由贸易试验区和新增设的7个自由贸易试验区持续推进和深化商事制度改革，严格落实注册资本认缴登记制，不断深化“三证合一”“五证合一”“一照一码”登记制度改革，大力推进涉企“多证合一”改革，深化“先照后证”改革，简化市场主体住所（经营场所）登记手续，全面落实企业简易注销登记改革，大力推进企业名称登记制度改革，推进实行电子营业执照和企业登记全程电子化改革，为自由贸易试验区内各类市场主体创造了宽松便捷的准入环境。

二是大力支持上海、广东等地依托自由贸易试验区开展“证照分离”改革试点，针对“先照后证”改革后凸显的市场主体办证难问题，通过减少行政审批项目、简化审批流程、提高行政审批效率，打破原有审批制度对企业的制度枷锁，切实解决“准入不准营”难题。在自贸试验区前期试点和评估工作基础上，市场监管总局会同中央编办、司法部等部门研究起草了在全国推开“证照分离”改革的政策文件。“证照分离”改革以突出“照后减证”为原则，除涉及国家安全、公共安全、金融安全、生态安全和公众健康等重大公共利益外，将许可类的“证”分别采用直接取消审批、审批改为备案、实行告知承诺、优化准入服务等4种方式分离出来，进一步厘清政府与市场关系，加强事中事后综合监管、公正监管，进一步营造稳定、公平、透明、可预期的市场准入环境

二、切实做好外商投资企业审批改备案后的衔接工作

2016年9月3日，全国人大常委会审议通过《关于修改〈外资企业法〉等四部法律的决定》（以下简称《修法决定》)，将上海、广东、天津、福建四个自由贸易试验区试验成熟的外商投资准入前国民待遇加负面清单管理模式上升为法律，在全国范围内进行复制推广。《修法决定》将不涉及国家规定实施准入特别管理措施的外商投资企业的设立和变更，由审批改为备案。根据国家发展改革委、商务部10月8日发布的2016年第22号公告，外商投资准入特别管理措施范围按《外商投资产业指导目录（2015年修订)》中限制类和禁止类，以及鼓励类中有股权要求、高管要求的有关规定执行。据此，外商投资企业设立和变更审批事项项目削减了90%。

为确保十二届全国人大常委会《修法决定》的顺利实施，2016年9月30日，原工商总局制定公布了《关于做好外商投资企业实行备案管理后有关登记工作的通知》(工商企注字〔2016〕

189号，以下简称《通知》)，指导全系统认真做好外商投资企业登记注册与外商投资审批改备案管理的有效衔接。《通知》明确规定，境外投资者在不涉及国家规定实施准入特别管理措施的领域投资的，可以直接向登记机关申请外商投资企业设立、变更（备案）和注销登记，无须提交商务主管部门出具的备案证明；境外投资者在涉及国家规定实施准入特别管理措施的领域投资的，其向登记机关申请外商投资企业设立、变更和注销登记时，依法提交商务主管部门出具的批复和批准证书。2016年10月13日，市场监管总局根据《修法决定》动态调整了工商登记前置审批事项目录，印发《工商总局关于调整工商登记前置审批事项目录的通知》(工商企注字〔2016〕198号)，将“外商投资企业的设立及变更审批”这一前置审批事项限缩为“涉及国家规定实施准入特别管理措施的外商投资企业的设立及变更审批”。

三、大力推动各地实现外资企业设立商务备案与工商登记“一口办理”

实行外资企业设立商务备案与工商登记“一口办理”，是党中央、国务院的决策部署，是扩大对外开放、吸引外资的重要措施。2017年，各省工商和市场监管部门在自贸试验区推进“多证合一”改革时，已经有16个省（区、市）将外商投资企业设立商务备案证明纳入了“多证合一”改革整合事项。

四、支持自贸试验区做好反垄断工作

一是经营者集中方面。反垄断执法机构参照关于委托省级商务部门做好反垄断工作的相关通知，提出了委托上海自由贸易试验区开展经营者集中反垄断审查工作的措施。2014年，上海市商委制定了《中国（上海）自由贸易试验区经营者集中反垄断审查工作办法》，明确上海商委和自贸试验区管委会配合执法机构做好经营者集中反垄断审查工作，主要内容包括：对发生在本区域内的经营者集中进行监督，达到国务院规定的申报标准的，及时向执法机构报告，并督促企业申报；协助执法部门进行案件调查，召开听证会，协助经营者提供陈述、申辩的材料；对做出禁止决定的经营者集中，协助执法机构监督其不得实施；对做出禁止附加限制性条件批准的经营者集中，协助执法机构监督限制性条件的履行情况并向商务部报告；对本区域内发现的应申报而未申报的经营者集中，及时向执法机构报告；对本区域内未申报而实施的经营者集中，协助举报人向执法机构提供举报材料。上海市商委还制定了《中国（上海）自由贸易试验区反垄断工作联席会议方案》，对反垄断工作联席会议制度的组织架构、工作内容和工作方式做出规定，对于加强成员单位之间的信息沟通发挥了重要作用。

二是垄断协议和滥用市场支配地位方面。2014年，上海市工商局根据《工商行政管理机关查处垄断协议、滥用市场支配地位案件程序规定》、《工商行政管理机关制止滥用行政权力排除、限制竞争行为程序规定》制定了《中国（上海）自由贸易试验区反垄断协议、滥用市场支配地位和行政垄断执法工作办法》，明确上海市工商局根据上述规定和授权负责自贸试验区内垄断协议、滥用市场支配地位和行政垄断（价格垄断除外）执法工作。自贸试验区管委会负责接收自贸试验区内的反垄断举报；接受自贸试验区内的反垄断咨询；协助上海市工商局开展自贸试验区内反垄断执法调查；接收自贸试验区内涉嫌垄断经营者的承诺或者报告；配合上海市工商局开展自贸试验区内反垄断案后回访工作；会同上海市工商局开展自贸试验区内反垄断法律、法规和政策的宣传培训工作。反垄断执法机构还支持和指导上海市发展改革委制定出台《中国（上海）自由贸易试验区中小企业垄断协议豁免指导意见》，充分发挥上海自贸试验区先行先试作用，引导中小企业依法开展合作，促进中小企业快速发展。目前在反垄断执法机构的支持下，天津等自贸试验区也制定了类似的反垄断工作措施，其他自贸试验区正在研究制定相关措施。反垄断执法机构的支持举措和地方政府部门制定的具体措施对于充分发挥地方政府部门和自贸试验区管委会在反垄断执法中的作用，提高执法水平发挥了重要作用，对于维护自贸试验区公平竞争的市场环境，营造法治化国际化便利化的营商环境具有重要的积极意义。

五、加强事中事后监管，改革创新监管方式

一是率先实施企业信息公示制度。支持上海自贸试验区作为商事制度改革先行先试地区，率先改年检为年报，建立年报公示制度，为在全国范围内深化商事制度改革起到了示范引领作用。2013—2017 年各自贸试验区企业年报公示率均达到 85% 以上，高于改革前 2012 年全国企业年检率，企业主体责任意识不断强化。市场监管总局积极协调海关、社保、统计等部门将相关事项统一纳入企业年报公示内容，依托国家企业信用信息公示系统向有关部门推送相关信息，通过“数据网上行”让“企业少跑路”，减轻企业负担，提高政府管理效能。

二是积极推进国家企业信用信息公示系统建设。2014 年在上海自贸试验区先行试点建设运行信息公示平台，公示自贸试验区内市场主体登记、备案、监管信息。目前，公示系统累计归集公示包括各自贸试验区企业在内 1 亿多市场主体的信用信息 5.95 亿条，向各部门提供企业基础信息 5 228.8 万条，已成为政府部门归集公示共享涉企信用信息和社会对企业进行信用监督的重要平台。

三是全面推进“双随机、一公开”监管。“双随机、一公开”监管工作发端于天津自贸试验区，目前已成为市场监管的普遍方式。制定随机抽查事项清单，随机抽取检查对象，随机选派执法检查人员，及时将抽查情况和查处结果向社会公开，一方面减少对企业不必要干扰，一方面有效降低了行政执法成本。市场监管总局积极指导自贸试验区等地方市场监管部门科学规划抽查检查任务、计划、比例、频次，规范检查流程，牵头开展跨部门“双随机”联合抽查，实现“进一次门，查多项事”，优化自贸试验区企业日常监管工作。2017 年各地市场监管部门共随机抽查企业 92.76 万户，占实有企业总数的 3.73%。

四是推进政府部门协同监管。积极支持上海自贸试验区率先建立并实施企业经营异常名录和严重违法失信企业名单制度，支持福建自贸试验区市场监管部门与法院首创企业送达信息共享机制。截至 2017 年 9 月底，全国经营异常名录实有企业 513.6 万户，严重违法失信企业名单实有 43.6 万户，通过公示系统进行共享和公示，这些企业进入自贸试验区，会在行政审批、资质认定、融资授信、招投标、商务合作等方面受到限制。

五是开展大数据精准监管试点。支持各自贸试验区运用大数据加强市场监管试点，运用互联网、大数据、云计算等现代信息化技术手段，对市场监管部门掌握的企业信息以及互联网上的相关信息进行多维度关联，形成企业的“全景多维画像”，为自贸试验区对市场主体实施精准监管提供数据、技术支撑。

六是探索推进社会共治，推动形成监管新格局。支持四川等地自贸试验区开展企业事中事后监管社会共治试点，建立企业信用档案和企业网上信用承诺制度，开展企业“百千万”企业信息诚信公示工作，建立信息预警制度。并在自贸试验区内支持征信机构开展企业信用数据的汇集，建立企业信用信息数据库，搭建企业信用服务平台。积极发挥市场和社会力量作用，推进构建企业自治、行业自律、社会监督、政府监管的多元共治新格局。

六、做好食品监管领域改革工作

一是研究食品监管领域改革措施。先后对上海等 11 个省市自贸试验区调整实施有关法规规定等措施进行研究。

二是配合做好赋予自贸试验区更大改革自主权的政策研究。对上海等 11 个省市提出的关于

赋予自贸试验区更大改革自主权的意见建议中直接涉及食品监管或者食品监管相关的政策建议，进行认真研究，提出了相关意见。

七、做好认证认可领域工作

一是按照《中华人民共和国认证认可条例》相关规定，外商投资认证机构需符合外方投资者从事三年以上认证业务，相应领域获认可的特别管理措施。此项措施也列入了2013版的上海自贸试验区外商投资准入负面清单。2014年9月，国务院发布公告，在上海自贸试验区取消了外商投资认证机构准入的特别管理措施。2016年7月，国务院决定将此项改革措施推广至天津、福建、广东自贸试验区。目前此项措施已推广至全国所有自贸试验区。

二是为推动汽车平行进口试点政策的落地，国家认监委发布《关于自贸试验区平行进口汽车CCC认证改革试点措施的公告》，出台了放宽制造商品牌授权文件要求、放宽非量产车认证模式数量限制、简化工厂检查要求等多项措施，有力推动了平行进口汽车试点工作，相关改革措施也写入了八部委《关于促进汽车平行进口试点的若干意见》。截至目前，指定认证机构已颁发汽车平行进口CCC证书408张。

三是为支持广东自贸试验区建设，促进粤港澳三地贸易便利化，在内地与港澳CEPA服务贸易协议中明确提出“在中国（广东）自由贸易试验区内试行粤港澳认证及相关检测业务互认制度，实行‘一次认证、一次检测、三地通行’”。为落实该举措，国家认监委出台措施，进一步对港澳检测认证机构开放国内强制性产品认证市场。在强制性产品认证（CCC）领域，允许经香港特区政府认可机构（香港认可处）认可的具备中国强制性产品认证制度相关产品检测能力的香港检测机构，与内地指定认证机构开展合作，承担在中国（广东）自由贸易试验区加工或生产的CCC目录内所有产品的检测任务；在强制性产品认证（CCC）领域，允许香港认证机构与内地强制性产品认证机构就CCC工厂检查开展委托合作，委派检查员对在中国（广东）自由贸易试验区内的CCC产品生产厂家进行CCC工厂检查。

国家外汇管理局支持自由贸易试验区建设主要情况

建设自由贸易试验区（以下简称自贸试验区）是党中央在新时代推进改革开放的一项战略举措。一直以来，外汇局始终认真贯彻落实党中央、国务院决策部署，解放思想，提高认识，把握好自贸试验区建设方向，深入推进落实各项试点任务、探索外汇管理改革，发挥改革开放“排头兵”的示范引领作用，促进金融创新，推动金融开放，便利贸易投融资，不断提升服务实体经济能力。

一、简政放权，促进贸易投资自由化便利化

（一）经常项目外汇收支手续大幅简化，提高市场主体资金使用效率

在自贸试验区内，逐步推出以下政策：一是允许银行按照了解客户、了解业务、尽职审查的展业三原则办理经常项目购付汇、收结汇等手续。二是区内货物贸易外汇管理分类等级为A类的企业无须开立出口收入待核查账户，货物贸易外汇收入可直接进入经常项目外汇账户。三是放宽货物贸易电子单证审核条件。

（二）进一步推进资本项目开放，促进投资便利化

一是取消对外担保事前审批、向境外支付担保费行政审批、境外融资租赁债权审批、直接投资项下外汇登记及变更登记等行政许可，改为在银行直接办理。二是推行企业外汇资本金意愿结汇，赋予企业自主权和选择权，可自主选择结汇时间，办理结汇时无须再提供合同发票等单证，帮助企业规避汇率波动风险、提高资金使用效率。三是全面实施外债资金意愿结汇管理，企业可自由选择外债资金结汇时机，便利资金运作。

二、积极探索，服务实体经济

（一）丰富资金运用渠道，降低企业成本

一是推广跨国公司资金集中运营管理，进一步放宽区内企业参与跨国公司外汇资金集中运营管理的准入条件，银行可审核真实、合法的电子单证办理经常项目集中收付汇、轧差净额结算业务，便利资金运作，节约企业资金使用成本、提高资金使用效率。二是积极支持融资租赁业务发展。符合条件的融资租赁公司可以在境内以外币形式收取租金，有助于降低企业汇兑成本。

（二）积极开展创新试点，探索包容审慎监管

一是允许境外机构在注册且营业场所均在自贸试验区内的银行开立的境外机构境内外汇账户（外汇 NRA 账户）结汇，便利其依法办理人民币与外汇衍生产品交易或套期保值，同时也为完善账户管理积累经验。二是积极支持自贸试验区结合实际探索进行有特色的外汇试点，目前已在广东、四川等自贸试验区开展资本项目收入支付便利化改革试点。三是密切关注改革效果，按照“成熟一项、推动一项”的原则积极研究复制推广，目前绝大部分自贸试验区创新政策已复制推广至全国。

三、转变监管方式，完善事中事后监管体系

（一）督促银行展业自律

要求银行建立健全内控制度，按照了解客

户、了解业务、尽职审查的展业三原则，完善全业务流程的审查机制，采取必要的技术识别等手段，尽职审查交易的真实性和合规性，审慎办理外汇业务。

（二）加强日常统计监测

建立健全宏观审慎监管框架，对自贸试验区相关业务进行统计监测，根据各种统计数据开展非现场检查，及时发现资金异常流动。督促银行、企业等依照现行外汇管理规定，严格履行外汇管理数据信息报送义务，主动报告异常或可疑情况。

（三）严厉打击违规行为

加强事中事后监管，有效集中监管资源，抓大放小。同时完善外汇收支预警指标体系，对发现的异常或可疑情况及时跟进现场检查，坚决打击违法违规行为。

地方篇

中国自由贸易试验区年鉴（2018）

中国（上海）自由贸易试验区

2013 年 9 月 18 日，国务院正式批复设立中国（上海）自由贸易试验区（以下简称上海自贸试验区），并印发《中国（上海）自由贸易试验区总体方案》。

◎上海自贸试验区基本情况

建设上海自贸试验区是党中央、国务院在新形势下全面深化改革和扩大开放的一项战略举措。5 年来，上海自贸试验区按照中央的部署和要求，在国家有关部门的指导和支持下，以建设开放度最高的自由贸易园区为目标，把制度创新作为核心任务，把防范风险作为重要底线，在建立与国际通行规则相衔接的投资贸易制度体系、深化金融开放创新、加快政府职能转变和构建开放型经济新体制方面，取得了重要成果，激发了市场创新活力，一批制度创新成果复制推广到全国，总体上实现了初衷。

一、发展历程

党中央、国务院高度重视上海自贸试验区建设，5 年来先后批准了 3 个方案。2013 年 9 月 29 日，上海自贸试验区挂牌成立，国务院批准的《中国（上海）自由贸易试验区总体方案》明确实施范围涵盖原上海综合保税区 28.78 平方公里，由外高桥保税区、外高桥保税物流园区、洋山保税港区和浦东机场综合保税区 4 个海关特殊监管区组成。2015 年 4 月 8 日，上海自贸试验区扩区启动运行，国务院批准的《进一步深化中国（上海）自由贸易试验区改革开放方案》明确实施范围扩展到 120.72 平方公里，扩展区域包括陆家嘴金融片区（含世博片区，34.26 平方公里）、金桥开发片区（20.48 平方公里）和张江高科技片区（37.2 平方公里）。2017 年 3 月 30 日，国务院批准的《全面深化中国（上海）自由贸易试验区改革开放方案》（以下简称“全面深化方案”）明确了上海自贸试验区到 2020 年的建设任务，标志着上海自贸试验区建设再次进入了新阶段。

二、片区概况

保税片区为 28.78 平方公里，涵盖上海外高桥保税区、上海外高桥保税物流园区、洋山保税港区、上海浦东机场综合保税区等 4 个海关特殊监管区域，充分发挥自由贸易功能，加大贸易便利化和口岸监管制度创新。

陆家嘴金融片区（含陆家嘴金融贸易区、世博前滩地区）面积 34.26 平方公里，东至济阳路、浦东南路、龙阳路、锦绣路、罗山路，南至中环线，西至黄浦江，北至黄浦江。陆家嘴金融片区是上海国际金融中心的核心区域、上海国际航运中心的高端服务区、上海国际贸易中心的现代商贸集聚区。

金桥片区总面积 20.48 平方公里，东至外环绿带，南至锦绣东路，西至杨高路，北至巨峰路。金桥片区是上海重要的先进制造业基地、生产性服务业集聚区、战略性新兴产业先行区和生态工业示范区。

张江高科技片区面积 37.20 平方公里，东至外环绿带、申江路，南至外环线，西至罗山路，北至龙东大道。张江高科技片区是上海贯彻落实创新型国家战略的核心基地，将重点推动上海自贸试验区建设与张江国家自主创新示范区建设深度联动。

三、管理体制

按照市委、市政府的部署，扩区后的上海自贸试验区实行管委会与浦东新区政府一体化合署办公。合署后的管理架构是：在市级层面，设立自贸试验区推进工作领导小组及其办公室，办公室设在市发改委，研究部署自贸试验区改革开放试点任务，牵头与国家及市相关部门沟通协调，负责全市范围自贸试验区制度创新成果复制推广工作。在管委会层面，由浦东新区承担自贸试验区建设的主体责任，管委会内设3个职能局，浦东新区的各委办局实质上同时也是自贸试验区管委会的各委办局，更加强调以自贸试验区的理念和规则开展工作。在片区层面，设置保税区、陆家嘴、金桥、张江、世博5个区域管理局，负责做好片区管理、创新落地、功能拓展、企业服务等工作。

◎上海自贸试验区制度创新

上海自贸试验区坚持以制度创新为核心，按照“自贸试验区是国家的试验田，不是地方的自留地；是制度创新的高地，不能成为优惠政策的洼地；是苗圃，不是盆景”的要求，聚焦投资、贸易、金融和事中事后监管等领域，形成了一批基础性制度和核心制度创新，100多项制度创新成果已向全国复制推广。

一、确立了以负面清单管理为核心的投资管理制度，形成与国际通行规则一致的市场准入方式

对标国际通行规则，制定和完善负面清单，开展了外商投资、境外投资管理和商事登记等方面的一系列制度创新，进一步扩大服务业和制造业对外开放。

（一）全面实施外商投资和境外投资备案管理

外商投资方面，2013年制定发布《中国（上海）自由贸易试验区外商投资准入特别管理措施（负面清单）》，是全国首份负面清单。清单外实施备案制，外商投资的办理时间由8个工作日缩减到1个工作日，申报材料由10份减少到3份。90%以上的投资项目都是负面清单以外的，以备案方式设立。

境外投资方面，自贸试验区成立后，率先实行了境外投资备案制，由自贸试验区管委会进行“一表申请，一口受理”。境外投资实行负面清单管理模式，在备案的基础上实行事中、事后监管，办结时间从3—6个月缩短至3天，至2017年底，累计办结境外投资项目超过1 900个，其中中方投资额累计592亿美元。

（二）进一步扩大服务业、制造业领域开放

上海自贸试验区先后推出2批54项扩大开放措施，其中服务业领域37项，制造业等领域17项，累计有2 400多个项目落地，融资租赁、工程设计、旅行社等行业的扩大开放措施取得明显成效，落地企业中涌现出一批首创性项目，包括中国第一家专业再保险经纪公司、第一家合资道路运输公司、第一家独资游艇设计公司、第一家独资国际船舶管理公司和第一家执行国际食品安全标准的独资认证公司。

（三）深化商事登记制度改革

上海自贸试验区在全国率先开展注册资本“实缴制”改为“认缴制”、“先证后照”改“先照后证”。推动从办事大厅“一门式”办理到单一窗口“一口式”办理。深化推进全程电子化登记和电子营业执照改革试点，探索将企业登记网上申报系统办理事项由设立向变更、注销延伸拓展，实现了全类型、全环节企业登记的网上申报、网上预审、文书生成，同时做好电子营业执照的发放工作。开展从“一址一照”到“一址多照”集中登记，进一步创新“集中登记地”制度，通过优化审核认定流程、放宽登记条件，简化住所

登记材料，同时注重对集中登记地的规范管理，确保集中登记地运行更加规范有序。深化网上自主申报等企业名称登记改革，推出企业名称网上自主申报、可选用名称库等6项创新举措，推动名称登记透明化、自主化、智能化和便利化。

二、确立了符合高标准贸易便利化规则的贸易监管制度，形成具有国际竞争力的口岸监管服务模式

借鉴国际经验，海关、检验检疫、海事等口岸监管部门推出了近百项创新举措，探索建立具有国际先进水平的贸易监管制度，促进区内货物、服务等各类要素自由流动。

（一）进一步深化“一线放开、二线安全高效管住”贸易便利化措施

海关、国检、海事等口岸监管部门先后推出了“先进区、后报关报检”“一区注册、四地经营”“十检十放”等一系列创新举措，并不断扩大改革试点的覆盖面和普惠性。这些举措使通关效率大大提高，保税区进出境时间较全关水平缩短78.5%和31.7%，货物入区通关时间平均缩短2—3天，企业物流成本平均降低约10%。

（二）实施国际贸易“单一窗口”管理制度

2014年2月，上海依托电子口岸率先开始建设国际贸易“单一窗口”试点。国际贸易“单一窗口”1.0版、2.0版和3.0版已先后建成上线，功能模块增加到10个，覆盖22个口岸和贸易监管部门，实现了与国家“单一窗口”标准版全面融合对接。口岸货物申报和船舶申报100%通过“单一窗口”办理，服务企业数超过24万家。企业申报数据项在船舶申报环节缩减65%，在货物申报环节缩减24%，累计为企业节省成本超过20亿元人民币。

（三）探索建立货物状态分类监管模式

海关监管部门根据保税货物、非保税货物、口岸货物等三类不同货物状态，进行同仓存储、分类监管。对自贸试验区内的保税仓储、加工等货物，按照保税货物状态监管；对进入自贸试验区内特定的国内贸易货物，按照非保税货物监管，对通过自贸试验区口岸进出口或国际中转的货物，按照口岸货物状态监管。方便企业对各类状态货物统一开展物流配送和加工贸易，推动内外贸一体化发展。截至2017年底，保税区域所有符合条件的物流类企业已全面开展货物状态分类监管试点，5家贸易型企业和1家加工型企业开展试点。

三、确立了适应更加开放环境和有效防范风险的金融创新制度，形成与上海国际金融中心建设的联动机制

围绕服务实体经济发展，以自由贸易账户为载体，促进投融资汇兑便利化，深入推进自贸试验区金融创新和上海国际金融中心建设联动，并建立完善金融监管和防范风险的机制。

（一）金融创新框架体系基本形成

2015年10月，人民银行等部门和上海市共同印发了《进一步推进中国（上海）自由贸易试验区金融开放创新试点加快上海国际金融中心建设》，与之前国家金融管理部门发布的金融支持上海自贸试验区建设的51条政策意见和实施细则，共同构成了自贸试验区金融制度创新框架体系。按照“成熟一项、推动一项”的原则推进金融改革，目前已发布8批95个自贸试验区金融创新案例。

（二）本外币一体化运作的自由贸易账户功能进一步拓展

自由贸易账户是银行等金融机构为客户在自贸试验区分账核算单元开立的规则统一的本外币一体化管理账户。作为金融改革的重要基础设施，能对跨境资金流动实行逐个账户、逐笔交易、7×24小时的实时全口径监测，为企业涉足海外市场、满足实体经济所需的贸易结构和跨境投融资汇兑便利提供了更有效的方式。截至2017年

底，已有56家商业银行、财务公司和证券公司等金融机构直接接入自由贸易账户监测管理信息系统，开立自由贸易账户7万个，通过自由贸易账户获得本外币境外融资总额折合人民币超过1.1万亿元。

（三）人民币跨境使用和外汇管理创新进一步深化

跨境人民币结算、跨国公司总部外汇资金集中运营、本外币双向资金池等金融创新试点规模化运作。截至2017年底，人民币跨境结算总额累计超过5万亿元，累计有699家企业发生跨境双向人民币资金池业务，资金池收支总额超过9 700亿元人民币。

（四）一批面向国际的金融交易平台已正式运行

境外机构通过黄金国际板进行国际黄金交易的规模不断扩大，2016年全球首个以人民币计价的黄金基准价格“上海金”发布，2017年在国际市场首次上线期货合约产品，国际定价话语权不断增强。2016年6月，上海保险交易所挂牌成立，作为全国唯一的国家级、创新型保险要素交易平台，填补了国内保险要素市场的空白。2016年12月，中国信托登记有限责任公司正式揭牌，是银监会批准设立并直接监管的全国唯一信托登记机构，为我国完善规范信托产品交易市场，提高信托资产流动性发挥重要平台支撑作用。上海期货交易所的国际能源交易中心、中国外汇交易中心的国际金融资产交易平台等加快建设。

四、确立了以规范市场主体行为为重点的事中事后监管制度，形成透明高效的准入后全过程监管体系

加快以自贸试验区理念推进政府职能转变，探索在一个完整行政区域内一级地方政府的管理新体制、监管新模式，努力做到放得更活、管得更好、服务更优。

（一）深化“证照分离”改革试点

国务院先后批准在浦东新区率先开展两批“116+47”项改革试点，目前已全部实施。2015年12月，国务院常务会议审议通过了在浦东新区实行“证照分离”改革试点方案，针对审批频次比较高、市场关注度比较高的116项行政许可事项，按照取消审批、审批改备案、实行告知承诺、提高透明度和可预期性、强化准入监管等五类方式开展改革试点。经国务院同意，“证照分离”改革试点于2017年9月复制推广至全国其他10个自贸试验区。

（二）进一步深化事中事后监管体系

2016年8月，上海市政府办公厅印发《进一步深化中国（上海）自由贸易试验区和浦东新区事中事后监管体系建设总体方案》，初步确立了市场主体自律、业界自治、社会监督、政府监管“四位一体”的监管格局。创新建立以“六个双”为核心的政府监管闭环（“双告知、双反馈、双跟踪”许可办理机制和“双随机、双评估、双公示”监管协同机制），在浦东新区实现经济领域全覆盖，在事中、事后综合监管平台实现全链条贯通，对市场主体行为实现全生命周期跟踪。建立分类综合执法新体制，率先开展市场监管（工商、质检、食药监、物价检查“四合一”）、知识产权（专利、版权、商标权“三合一”）、城管执法（城市管理领域执法权归并，基本实现全覆盖），推进形成系统、综合、集成的治理体系。

（三）全面推进“一网通办”

按照上海市全力打响“一网通办”政务服务品牌的总体部署，着重对线上线下政务服务进行流程再造、数据共享、业务协同，做到一网受理、只跑一次、一次办成，从群众跑腿转向数据跑路，加快实现“一网通办”。目前，企业办事“一网通办”实现327项涉企事项全覆盖，52.9%不见面审批，47.1%只跑一次，实际办理时间压缩85%。

◎国务院关于印发中国（上海）自由贸易试验区总体方案的通知

国发〔2013〕38号

各省、自治区、直辖市人民政府，国务院各部委、各直属机构：

国务院批准《中国（上海）自由贸易试验区总体方案》（以下简称《方案》），现予印发。

一、建立中国（上海）自由贸易试验区，是党中央、国务院作出的重大决策，是深入贯彻党的十八大精神，在新形势下推进改革开放的重大举措，对加快政府职能转变、积极探索管理模式创新、促进贸易和投资便利化，为全面深化改革和扩大开放探索新途径、积累新经验，具有重要意义。

二、上海市人民政府要精心组织好《方案》的实施工作。要探索建立投资准入前国民待遇和负面清单管理模式，深化行政审批制度改革，加快转变政府职能，全面提升事中、事后监管水平。要扩大服务业开放、推进金融领域开放创新，建设具有国际水准的投资贸易便利、监管高效便捷、法制环境规范的自由贸易试验区，使之成为推进改革和提高开放型经济水平的“试验田”，形成可复制、可推广的经验，发挥示范带动、服务全国的积极作用，促进各地区共同发展。有关部门要大力支持，做好协调配合、指导评估等工作。

三、根据《全国人民代表大会常务委员会关于授权国务院在中国（上海）自由贸易试验区暂时调整有关法律规定的行政审批的决定》，相应暂时调整有关行政法规和国务院文件的部分规定。具体由国务院另行印发。

《方案》实施中的重大问题，上海市人民政府要及时向国务院请示报告。

国务院

2013年9月18日

中国（上海）自由贸易试验区总体方案

建立中国（上海）自由贸易试验区（以下简称试验区）是党中央、国务院作出的重大决策，是深入贯彻党的十八大精神，在新形势下推进改革开放的重大举措。为全面有效推进试验区工作，制定本方案。

一、总体要求

试验区肩负着我国在新时期加快政府职能转变、积极探索管理模式创新、促进贸易和投资便利化，为全面深化改革和扩大开放探索新途径、积累新经验的重要使命，是国家战略需要。

（一）指导思想

高举中国特色社会主义伟大旗帜，以邓小平理论、“三个代表”重要思想、科学发展观为指导，紧紧围绕国家战略，进一步解放思想，坚持先行先试，以开放促改革、促发展，率先建立符合国际化和法治化要求的跨境投资和贸易规则体系，使试验区成为我国进一步融入经济全球化的重要载体，打造中国经济升级版，为实现中华民族伟大复兴的中国梦作出贡献。

（二）总体目标

经过两至三年的改革试验，加快转变政府职能，积极推进服务业扩大开放和外商投资管理体制改革，大力发展总部经济和新型贸易业态，加快探索资本项目可兑换和金融服务业全面开放，探索建立货物状态分类监管模式，努力形成促进投资和创新的政策支持体系，着力培育国际化和法治化的营商环境，力争建设成为具有国际水准的投资贸易便利、货币兑换自由、监管高效便捷、法制环境规范的自由贸易试验区，为我国扩大开放和深化改革探索新思路和新途径，更好地为全国服务。

（三）实施范围

试验区的范围涵盖上海外高桥保税区、上海外高桥保税物流园区、洋山保税港区和上海浦东机场综合保税区等4个海关特殊监管区域，并根据先行先试推进情况以及产业发展和辐射带动需要，逐步拓展实施范围和试点政策范围，形成与上海国际经济、金融、贸易、航运中心建设的联动机制。

二、主要任务和措施

紧紧围绕面向世界、服务全国的战略要求和上海“四个中心”建设的战略任务，按照先行先试、风险可控、分步推进、逐步完善的方式，把扩大开放与体制改革相结合、把培育功能与政策创新相结合，形成与国际投资、贸易通行规则相衔接的基本制度框架。

（一）加快政府职能转变

1. 深化行政管理体制改革。加快转变政府职能，改革创新政府管理方式，按照国际化、法治化的要求，积极探索建立与国际高标准投资和贸易规则体系相适应的行政管理体系，推进政府管理由注重事先审批转为注重事中、事后监管。建立一口受理、综合审批和高效运作的服务模式，完善信息网络平台，实现不同部门的协同管理机制。建立行业信息跟踪、监管和归集的综合性评估机制，加强对试验区内企业在区外经营活动全过程的跟踪、管理和监督。建立集中统一的市场监管综合执法体系，在质量技术监督、食品药品监管、知识产权、工商、税务等管理领域，实现高效监管，积极鼓励社会力量参与市场监督。提高行政透明度，完善体现投资者参与、符合国际规则的信息公开机制。完善投资者权益有效保障机制，实现各类投资主体的公平竞争，允许符合条件的外国投资者自由转移其投资收益。建立知识产权纠纷调解、援助等解决机制。

（二）扩大投资领域的开放

2. 扩大服务业开放。选择金融服务、航运服务、商贸服务、专业服务、文化服务以及社会服务领域扩大开放（具体开放清单见附件），暂停或取消投资者资质要求、股比限制、经营范围限制等准入限制措施（银行业机构、信息通信服务除外），营造有利于各类投资者平等准入的市场环境。

3. 探索建立负面清单管理模式。借鉴国际通行规则，对外商投资试行准入前国民待遇，研究制订试验区外商投资与国民待遇等不符的负面清单，改革外商投资管理模式。对负面清单之外的领域，按照内外资一致的原则，将外商投资项目由核准制改为备案制（国务院规定对国内投资项目保留核准的除外），由上海市负责办理；将外商投资企业合同章程审批改为由上海市负责备案管理，备案后按国家有关规定办理相关手续；工商登记与商事登记制度改革相衔接，逐步优化登记流程；完善国家安全审查制度，在试验区内试点开展涉及外资的国家安全审查，构建安全高效的开放型经济体系。在总结试点经验的基础上，逐步形成与国际接轨的外商投资管理制度。

4. 构筑对外投资服务促进体系。改革境外投资管理方式，对境外投资开办企业实行以备案制为主的管理方式，对境外投资一般项目实行备案制，由上海市负责备案管理，提高境外投资便利化程度。创新投资服务促进机制，加强境外投资事后管理和服务，形成多部门共享的信息监测平台，做好对外直接投资统计和年检工作。支持试验区内各类投资主体开展多种形式的境外投资。鼓励在试验区设立专业从事境外股权投资的项目公司，支持有条件的投资者设立境外投资股权投资母基金。

（三）推进贸易发展方式转变

5. 推动贸易转型升级。积极培育贸易新型业态和功能，形成以技术、品牌、质量、服务为核心的外贸竞争新优势，加快提升我国在全球贸易价值链中的地位。鼓励跨国公司建立亚太地区总部，建立整合贸易、物流、结算等功能的营运中心。深化国际贸易结算中心试点，拓展专用账户的服务贸易跨境收付和融资功能。支持试验区内企业发展离岸业务。鼓励企业统筹开展国际国内贸易，实现内外贸一体化发展。探索在试验区内设立国际大宗商品交易和资源配置平台，开展能源产品、基本工业原料和大宗农产品的国际贸易。扩大完善期货保税交割试点，拓展仓单质押融资等功能。加快对外文化贸易基地建设。推动生物医药、软件信息、管理咨询、数据服务等外包业务发展。允许和支持各类融资租赁公司在试验区内设立项目子公司并开展境内外租赁服务。鼓励设立第三方检验鉴定机构，按照国际标准采信其检测结果。试点开展境内外高技术、高附加值的维修业务。加快培育跨境电子商务服务功能，试点建立与之相适应的海关监管、检验检疫、退税、跨境支付、物流等支撑系统。

6. 提升国际航运服务能级。积极发挥外高桥港、洋山深水港、浦东空港国际枢纽港的联动作用，探索形成具有国际竞争力的航运发展制度和运作模式。积极发展航运金融、国际船舶运输、国际船舶管理、国际航运经纪等产业。加快发展航运运价指数衍生品交易业务。推动中转集拼业务发展，允许中资公司拥有或控股拥有的非五星旗船，先行先试外贸进出口集装箱在国内沿海港口和上海港之间的沿海捎带业务。支持浦东机场增加国际中转货运航班。充分发挥上海的区域优势，利用中资“方便旗”船税收优惠政策，促进符合条件的船舶在上海落户登记。在试验区实行已在天津试点的国际船舶登记政策。简化国际船舶运输经营许可流程，形成高效率的船籍登记制度。

（四）深化金融领域的开放创新

7. 加快金融制度创新。在风险可控前提下，可在试验区内对人民币资本项目可兑换、金融市场利率市场化、人民币跨境使用等方面创造条件进行先行先试。在试验区内实现金融机构资产方价格实行市场化定价。探索面向国际的外汇管理改革试点，建立与自由贸易试验区相适应的外汇管理体制，全面实现贸易投资便利化。鼓励企业充分利用境内外两种资源、两个市场，实现跨境融资自由化。深化外债管理方式改革，促进跨境融资便利化。深化跨国公司总部外汇资金集中运营管理试点，促进跨国公司设立区域性或全球性资金管理中心。建立试验区金融改革创新与上海国际金融中心建设的联动机制。

8. 增强金融服务功能。推动金融服务业对符合条件的民营资本和外资金融机构全面开放，支持在试验区内设立外资银行和中外合资银行。允许金融市场在试验区内建立面向国际的交易平台。逐步允许境外企业参与商品期货交易。鼓励金融市场产品创新。支持股权托管交易机构在试验区内建立综合金融服务平台。支持开展人民币跨境再保险业务，培育发展再保险市场。

（五）完善法制领域的制度保障

9. 完善法制保障。加快形成符合试验区发展需要的高标准投资和贸易规则体系。针对试点内容，需要停止实施有关行政法规和国务院文件的部分规定的，按规定程序办理。其中，经全国人民代表大会常务委员会授权，暂时调整《中华人民共和国外资企业法》《中华人民共和国中外合资经营企业法》和《中华人民共和国中外合作经营企业法》规定的有关行政审批，自2013年10月1日起在三年内试行。各部门要支持试验区在服务业扩大开放、实施准入前国民待遇和负面清单管理模式等方面深化改革试点，及时解决试点过程中的制度保障问题。上海市要通过地方立法，建立与试点要求相适应的试验区管理制度。

三、营造相应的监管和税收制度环境

适应建立国际高水平投资和贸易服务体系的需要，创新监管模式，促进试验区内货物、服务等各类要素自由流动，推动服务业扩大开放和货物贸易深入发展，形成公开、透明的管理制度。同时，在维护现行税制公平、统一、规范的前提下，以培育功能为导向，完善相关政策。

（一）创新监管服务模式

1. 推进实施“一线放开”。允许企业凭进口舱单将货物直接入区，再凭进境货物备案清单向主管海关办理申报手续，探索简化进出境备案清单，简化国际中转、集拼和分拨等业务进出境手续；实行“进境检疫，适当放宽进出口检验”模式，创新监管技术和方法。探索构建相对独立的以贸易便利化为主的货物贸易区域和以扩大服务领域开放为主的服务贸易区域。在确保有效监管的前提下，探索建立货物状态分类监管模式。深化功能拓展，在严格执行货物进出口税收政策的前提下，允许在特定区域设立保税展示交易平台。

2. 坚决实施“二线安全高效管住”。优化卡口管理，加强电子信息联网，通过进出境清单比对、账册管理、卡口实货核注、风险分析等加强监管，促进二线监管模式与一线监管模式相衔接，推行“方便进出，严密防范质量安全风险”的检验检疫监管模式。加强电子账册管理，推动试验区内货物在各海关特殊监管区域之间和跨关区便捷流转。试验区内企业原则上不受地域限制，可到区外再投资或开展业务，如有专项规定要求办理相关手续，仍应按照专项规定办理。推进企业运营信息与监管系统对接。通过风险监控、第三方管理、保证金要求等方式实行有效监管，充分发挥上海市诚信体系建设的作用，加快形成企业商务诚信管理和经营活动专属管辖制度。

3. 进一步强化监管协作。以切实维护国家安全和市场公平竞争为原则，加强各有关部门与上海市政府的协同，提高维护经济社会安全的服务保障能力。试验区配合国务院有关部门严格实施经营者集中反垄断审查。加强海关、质检、工商、税务、外汇等管理部门的协作。加快完善一体化监管方式，推进组建统一高效的口岸监管机构。探索试验区统一电子围网管理，建立风险可控的海关监管机制。

（二）探索与试验区相配套的税收政策

4. 实施促进投资的税收政策。注册在试验区内的企业或个人股东，因非货币性资产对外投资等资产重组行为而产生的资产评估增值部分，可在不超过5年期限内，分期缴纳所得税。对试验区内企业以股份或出资比例等股权形式给予企业高端人才和紧缺人才的奖励，实行已在中关村等地区试点的股权激励个人所得税分期纳税政策。

5. 实施促进贸易的税收政策。将试验区内注册的融资租赁企业或金融租赁公司在试验区内设立的项目子公司纳入融资租赁出口退税试点范围。对试验区内注册的国内租赁公司或租赁公司设立的项目子公司，经国家有关部门批准从境外购买空载重量在25吨以上并租赁给国内航空公司使用的飞机，享受相关进口环节增值税优惠政策。对设在试验区内的企业生产、加工并经“二线”销往内地的货物照章征收进口环节增值税、消费税。根据企业申请，试行对该内销货物按其对应进口料件或按实际报验状态征收关税的政策。在现行政策框架下，对试验区内生产企业和生产性服务业企业进口所需的机器、设备等货物予以免税，但生活性服务业等企业进口的货物以及法律、行政法规和相关规定明确不予免税的货物除外。完善启运港退税试点政策，适时研究扩大启运地、承运企业和运输工具等试点范围。

此外，在符合税制改革方向和国际惯例，以及不导致利润转移和税基侵蚀的前提下，积极研究完善适应境外股权投资和离岸业务发展的税收政策。

四、扎实做好组织实施

国务院统筹领导和协调试验区推进工作。上海市要精心组织实施，完善工作机制，落实工作责任，根据《方案》明确的目标定位和先行先试任务，按照“成熟的可先做，再逐步完善”的要求，形成可操作的具体计划，抓紧推进实施，并在推进过程中认真研究新情况、解决新问题，重大问题要及时向国务院请示报告。各有关部门要大力支持，积极做好协调配合、指导评估等工作，共同推进相关体制机制和政策创新，把试验区建设好、管理好。

附件：中国（上海）自由贸易试验区服务业扩大开放措施

附件　中国（上海）自由贸易试验区服务业扩大开放措施

一、金融服务领域

1. 银行服务（国民经济行业分类：J金融业——6620货币银行服务）	
开放措施	（1）允许符合条件的外资金融机构设立外资银行，符合条件的民营资本与外资金融机构共同设立中外合资银行。在条件具备时，适时在试验区内试点设立有限牌照银行。 （2）在完善相关管理办法，加强有效监管的前提下，允许试验区内符合条件的中资银行开办离岸业务。
2. 专业健康医疗保险（国民经济行业分类：J金融业——6812健康和意外保险）	
开放措施	试点设立外资专业健康医疗保险机构。
3. 融资租赁（国民经济行业分类：J金融业——6631金融租赁服务）	
开放措施	（1）融资租赁公司在试验区内设立的单机、单船子公司不设最低注册资本限制。 （2）允许融资租赁公司兼营与主营业务有关的商业保理业务。

二、航运服务领域

4. 远洋货物运输（国民经济行业分类：G交通运输、仓储和邮政业——5521远洋货物运输）	
开放措施	（1）放宽中外合资、中外合作国际船舶运输企业的外资股比限制，由国务院交通运输主管部门制定相关管理试行办法。 （2）允许中资公司拥有或控股拥有的非五星旗船，先行先试外贸进出口集装箱在国内沿海港口和上海港之间的沿海捎带业务。
5. 国际船舶管理（国民经济行业分类：G交通运输、仓储和邮政业——5539其他水上运输辅助服务）	
开放措施	允许设立外商独资国际船舶管理企业。

三、商贸服务领域

6. 增值电信（国民经济行业分类：I 信息传输、软件和信息技术服务业——6319 其他电信业务，6420 互联网信息服务，6540 数据处理和存储服务，6592 呼叫中心）	
开放措施	在保障网络信息安全的前提下，允许外资企业经营特定形式的部分增值电信业务，如涉及突破行政法规，须国务院批准同意。
7. 游戏机、游艺机销售及服务（国民经济行业分类：F 批发和零售业——5179 其他机械及电子商品批发）	
开放措施	允许外资企业从事游戏游艺设备的生产和销售，通过文化主管部门内容审查的游戏游艺设备可面向国内市场销售。

四、专业服务领域

8. 律师服务（国民经济行业分类：L 租赁和商务服务业——7221 律师及相关法律服务）	
开放措施	探索密切中国律师事务所与外国（港澳台地区）律师事务所业务合作的方式和机制。
9. 资信调查（国民经济行业分类：L 租赁和商务服务业——7295 信用服务）	
开放措施	允许设立外商投资资信调查公司。
10. 旅行社（国民经济行业分类：L 租赁和商务服务业——7271 旅行社服务）	
开放措施	允许在试验区内注册的符合条件的中外合资旅行社，从事除台湾地区以外的出境旅游业务。
11. 人才中介服务（国民经济行业分类：L 租赁和商务服务业——7262 职业中介服务）	
开放措施	（1）允许设立中外合资人才中介机构，外方合资者可以拥有不超过 70% 的股权；允许港澳服务提供者设立独资人才中介机构。 （2）外资人才中介机构最低注册资本金要求由 30 万美元降低至 12.5 万美元。
12. 投资管理（国民经济行业分类：L 租赁和商务服务业——7211 企业总部管理）	
开放措施	允许设立股份制外资投资性公司。
13. 工程设计（国民经济行业分类：M 科学研究与技术服务企业——7482 工程勘察设计）	
开放措施	对试验区内为上海市提供服务的外资工程设计（不包括工程勘察）企业，取消首次申请资质时对投资者的工程设计业绩要求。
14. 建筑服务（国民经济行业分类：E 建筑业——47 房屋建筑业，48 土木工程建筑业，49 建筑安装业，50 建筑装饰和其他建筑业）	
开放措施	对试验区内的外商独资建筑企业承揽上海市的中外联合建设项目时，不受建设项目的中外方投资比例限制。

五、文化服务领域

15. 演出经纪（国民经济行业分类：R 文化、体育和娱乐业——8941 文化娱乐经纪人）	
开放措施	取消外资演出经纪机构的股比限制，允许设立外商独资演出经纪机构，为上海市提供服务。
16. 娱乐场所（国民经济行业分类：R 文化、体育和娱乐业——8911 歌舞厅娱乐活动）	
开放措施	允许设立外商独资的娱乐场所，在试验区内提供服务。

六、社会服务领域

17. 教育培训、职业技能培训（国民经济行业分类：P 教育——8291 职业技能培训）	
开放措施	（1）允许举办中外合作经营性教育培训机构。 （2）允许举办中外合作经营性职业技能培训机构。
18. 医疗服务（国民经济行业分类：Q 卫生和社会工作——8311 综合医院，8315 专科医院，8330 门诊部〔所〕）	
开放措施	允许设立外商独资医疗机构。

注：以上各项开放措施只适用于注册在中国（上海）自由贸易试验区内的企业。

◎国务院关于印发进一步深化中国（上海）自由贸易试验区改革开放方案的通知

国发〔2015〕21 号

各省、自治区、直辖市人民政府，国务院各部委、各直属机构：

国务院批准《进一步深化中国（上海）自由贸易试验区改革开放方案》（以下简称《方案》），现予印发。

一、进一步深化中国（上海）自由贸易试验区（以下简称自贸试验区）改革开放，是党中央、国务院作出的重大决策，是在新形势下为全面深化改革和扩大开放探索新途径、积累新经验的重要举措，对加快政府职能转变、积极探索管理模式创新、促进贸易和投资便利化、形成深化改革新动力、扩大开放新优势，具有重要意义。

二、扩展区域后的自贸试验区要当好改革开放排头兵、创新发展先行者，继续以制度创新为核心，贯彻长江经济带发展等国家战略，在构建开放型经济新体制、探索区域经济合作新模式、建设法治化营商环境等方面，率先挖掘改革潜力，破解改革难题。要积极探索外商投资准入前国民待遇加负面清单管理模式，深化行政管理体制改革，提升事中事后监管能力和水平。

三、上海市人民政府和有关部门要解放思想、改革创新，大胆实践、积极探索，统筹谋划、加强协调，支持自贸试验区先行先试。要加强组织领导，明确责任主体，精心组织好《方案》实施工作，有效防控各类风险。要及时总结评估试点实施效果，形成可复制可推广的改革经验，更好地发挥示范引领、服务全国的积极作用。

四、根据《全国人民代表大会常务委员会关于授权国务院在中国（广东）自由贸易试验区、中国（天津）自由贸易试验区、中国（福建）自由贸易试验区以及中国（上海）自由贸易试验区扩展区域暂时调整有关法律规定的行政审批的决定》，相应暂时调整有关行政法规和国务院文件的部分规定。具体由国务院另行印发。

五、《方案》实施中的重大问题，上海市人民政府要及时向国务院请示报告。

国务院

2015 年 4 月 8 日

进一步深化中国（上海）自由贸易试验区改革开放方案

中国（上海）自由贸易试验区（以下简称自贸试验区）运行以来，围绕加快政府职能转变，推动体制机制创新，营造国际化、市场化、法治化营商环境等积极探索，取得了重要阶段性成果。为贯彻落实党中央、国务院关于进一步深化自贸试验区改革开放的要求，深入推进《中国（上海）自由贸易试验区总体方案》确定的各项任务，制定本方案。

一、总体要求

（一）指导思想

全面贯彻落实党的十八大和十八届二中、三中、四中全会精神，按照党中央、国务院决策部署，紧紧围绕国家战略，进一步解放思想，坚持先行先试，把制度创新作为核心任务，把防控风险作为重要底线，把企业作为重要主体，以开放促改革、促发展，加快政府职能转变，在更广领域和更大空间积极探索以制度创新推动全面深化改革的新路径，率先建立符合国际化、市场化、法治化要求的投资和贸易规则体系，使自贸试验区成为我国进一步融入经济全球化的重要载体，推动“一带一路”建设和长江经济带发展，做好可复制可推广经验总结推广，更好地发挥示范引领、服务全国的积极作用。

（二）发展目标

按照党中央、国务院对自贸试验区“继续积极大胆闯、大胆试、自主改”、“探索不停步、深耕试验区”的要求，深化完善以负面清单管理为核心的投资管理制度、以贸易便利化为重点的贸易监管制度、以资本项目可兑换和金融服务业开放为目标的金融创新制度、以政府职能转变为核心的事中事后监管制度，形成与国际投资贸易通行规则相衔接的制度创新体系，充分发挥金融贸易、先进制造、科技创新等重点功能承载区的辐射带动作用，力争建设成为开放度最高的投资贸易便利、货币兑换自由、监管高效便捷、法制环境规范的自由贸易园区。

（三）实施范围

自贸试验区的实施范围 120.72 平方公里，涵盖上海外高桥保税区、上海外高桥保税物流园区、洋山保税港区、上海浦东机场综合保税区 4 个海关特殊监管区域（28.78 平方公里）以及陆家嘴金融片区（34.26 平方公里）、金桥开发片区（20.48 平方公里）、张江高科技片区（37.2 平方公里）。

自贸试验区土地开发利用须遵守土地利用法律法规。浦东新区要加大自主改革力度，加快政府职能转变，加强事中事后监管等管理模式创新，加强与上海国际经济、金融、贸易、航运中心建设的联动机制。

二、主要任务和措施

（一）加快政府职能转变

1. 完善负面清单管理模式。推动负面清单制度成为市场准入管理的主要方式，转变以行政审批为主的行政管理方式，制定发布政府权力清单和责任清单，进一步厘清政府和市场的关系。强化事中事后监管，推进监管标准规范制度建设，加快形成行政监管、行业自律、社会监督、公众参与的综合监管体系。

2. 加强社会信用体系应用。完善公共信用信息目录和公共信用信息应用清单，在市场监管、城市管理、社会治理、公共服务、产业促进等方面，扩大信用信息和信用产品应用，强化政府信用信息公开，探索建立采信第三方信用产品和服务的制度安排。支持信用产品开发，促进征信市场发展。

3. 加强信息共享和服务平台应用。加快以大数据中心和信息交换枢纽为主要功能的信息共享和服务平台建设，扩大部门间信息交换和应用领域，逐步统一信息标准，加强信息安全保障，推进部门协同管理，为加强事中事后监管提供支撑。

4. 健全综合执法体系。明确执法主体以及相对统一的执法程序和文书，建立联动联勤平台，完善网上执法办案系统。健全城市管理、市场监督等综合执法体系，建立信息共享、资源整合、执法联动、措施协同的监管工作机制。

5. 健全社会力量参与市场监督制度。通过扶持引导、购买服务、制定标准等制度安排，支持行业协会和专业服务机构参与市场监督。探索引入第三方专业机构参与企业信息审查等事项，建立社会组织与企业、行业之间的服务对接机制。充分发挥自贸试验区社会参与委员会作用，推动行业组织诚信自律。试点扩大涉外民办非企业单位登记范围。支持全国性、区域性行业协会入驻，探索引入竞争机制，在规模较大、交叉的行业以及新兴业态中试行“一业多会、适度竞争”。

6. 完善企业年度报告公示和经营异常名录制度。根据《企业信息公示暂行条例》，完善企业年度报告公示实施办法。采取书面检查、实地核查、网络监测、大数据比对等方式，对自贸试验区内企业年报公示信息进行抽查，依法将抽查结果通过企业信用信息公示系统向社会公示，营造企业自律环境。

7. 健全国家安全审查和反垄断审查协助工作机制。建立地方参与国家安全审查和反垄断审查的长效机制，配合国家有关部门做好相关工作。在地方事权范围内，加强相关部门协作，实现信息互通、协同研判、执法协助，进一步发挥自贸试验区在国家安全审查和反垄断审查工作中的建议申报、调查配合、信息共享等方面的协助作用。

8. 推动产业预警制度创新。配合国家有关部门试点建立与开放市场环境相匹配的产业预警体系，及时发布产业预警信息。上海市人民政府可选择重点敏感产业，通过实施技术指导、员工培训等政策，帮助企业克服贸易中遇到的困难，促进产业升级。

9. 推动信息公开制度创新。提高行政透明度，主动公开自贸试验区相关政策内容、管理规定、办事程序等信息，方便企业查询。对涉及自贸试验区的地方政府规章和规范性文件，主动公开草案内容，接受公众评论，并在公布和实施之间预留合理期限。实施投资者可以提请上海市人民政府对自贸试验区管理委员会制定的规范性文件进行审查的制度。

10. 推动公平竞争制度创新。严格环境保护执法，建立环境违法法人“黑名单”制度。加大宣传培训力度，引导自贸试验区内企业申请环境能源管理体系认证和推进自评价工作，建立长效跟踪评价机制。

11. 推动权益保护制度创新。完善专利、商标、版权等知识产权行政管理和执法体制机制，完善司法保护、行政监管、仲裁、第三方调解等知识产权纠纷多元解决机制，完善知识产权工作社会参与机制。优化知识产权发展环境，集聚国际知识产权资源，推进上海亚太知识产权中心建设。进一步对接国际商事争议解决规则，优化自贸试验区仲裁规则，支持国际知名商事争议解决机构入驻，提高商事纠纷仲裁国际化程度。探索建立全国性的自贸试验区仲裁法律服务联盟和亚太仲裁机构交流合作机制，加快打造面向全球的亚太仲裁中心。

12. 深化科技创新体制机制改革。充分发挥自贸试验区和国家自主创新示范区政策叠加优势，全面推进知识产权、科研院所、高等教育、人才流动、国际合作等领域体制机制改革，建立积极灵活的创新人才发展制度，健全企业主体创新投入制度，建立健全财政资金支持形成的知识产权处置和收益机制，建立专利导航产业发展工作机制，构建市场导向的科技成果转移转化制度，完善符合创新规律的政府管理制度，推动形成创新要素自由流动的开放合作新局面，在投贷联动金融服务模式创新、技术类无形资产入股、发展新型产业技术研发组织等方面加大探索力度，加快建设具有全球影响力的科技创新中心。

（二）深化与扩大开放相适应的投资管理制度创新

13. 进一步扩大服务业和制造业等领域开放。探索实施自贸试验区外商投资负面清单制度，减少和取消对外商投资准入限制，提高开放度和透明度。自贸试验区已试点的对外开放措施适用于陆家嘴金融片区、金桥开发片区和张江高科技片区。根据国家对外开放战略要求，在服务业和先进制造业等领域进一步扩大开放。在严格遵照全国人民代表大会常务委员会授权的前提下，自贸试验区部分对外开放措施和事中事后监管措施辐射到整个浦东新区，涉及调整行政法规、国务院文件和经国务院批准的部门规章的部分规定的，按规定程序办理。

14. 推进外商投资和境外投资管理制度改革。对外商投资准入特别管理措施（负面清单）之外领域，按照内外资一致原则，外商投资项目实行备案制（国务院规定对国内投资项目保留核准的除外）；根据全国人民代表大会常务委员会授权，将外商投资企业设立、变更及合同章程审批改为备案管理，备案后按国家有关规定办理相关手续。对境外投资项目和境外投资开办企业实行以备案制为主的管理方式，建立完善境外投资服务促进平台。试点建立境外融资与跨境资金流动宏观审慎管理政策框架，支持企业开展国际商业贷款等各类境外融资活动。统一内外资企业外债政策，建立健全外债宏观审慎管理制度。

15. 深化商事登记制度改革。探索企业登记住所、企业名称、经营范围登记等改革，开展集中登记试点。推进“先照后证”改革。探索许可证清单管理模式。简化和完善企业注销流程，试行对个体工商户、未开业企业、无债权债务企业实行简易注销程序。

16. 完善企业准入“单一窗口”制度。加快企业准入“单一窗口”从企业设立向企业工商变更、统计登记、报关报检单位备案登记等环节拓展，逐步扩大“单一窗口”受理事项范围。探索开展电子营业执照和企业登记全程电子化试点工作。探索实行工商营业执照、组织机构代码证和税务登记证“多证联办”或“三证合一”登记制度。

（三）积极推进贸易监管制度创新

17. 在自贸试验区内的海关特殊监管区域深化“一线放开”“二线安全高效管住”贸易便利化改革。推进海关特殊监管区域整合优化，完善功能。加快形成贸易便利化创新举措的制度规范，覆盖到所有符合条件的企业。加强口岸监管部门联动，规范并公布通关作业时限。鼓励企业参与“自主报税、自助通关、自动审放、重点稽核”等监管制度创新试点。

18. 推进国际贸易“单一窗口”建设。完善国际贸易“单一窗口”的货物进出口和运输工具进出境的应用功能，进一步优化口岸监管执法流程和通关流程，实现贸易许可、支付结算、资质登记等平台功能，将涉及贸易监管的部门逐步纳入“单一窗口”管理平台。探索长三角区域国际贸易“单一窗口”建设，推动长江经济带通关一体化。

19. 统筹研究推进货物状态分类监管试点。按照管得住、成本和风险可控原则，规范政策，创新监管模式，在自贸试验区内的海关特殊监管区域统筹研究推进货物状态分类监管试点。

20. 推动贸易转型升级。推进亚太示范电子口岸网络建设。加快推进大宗商品现货市场和资源配置平台建设，强化监管、创新制度、探索经验。深化贸易平台功能，依法合规开展文化版权交易、艺术品交易、印刷品对外加工等贸易，大力发展知识产权专业服务业。推动生物医药、软件信息等新兴服务贸易和技术贸易发展。按照公平竞争原则，开展跨境电子商务业务，促进上海跨境电子商务公共服务平台与境内外各类企业直接对接。统一内外资融资租赁企业准入标准、审批流程和事中事后监管制度。探索融资租赁物登记制度，在符合国家规定前提下开展租赁资产交易。探索适合保理业务发展的境外融资管理新模式。稳妥推进外商投资典当行试点。

21. 完善具有国际竞争力的航运发展制度和运作模式。建设具有较强服务功能和辐射能力的上海国际航运中心，不断提高全球航运资源配置能力。加快国际船舶登记制度创新，充分利用现有中资“方便旗”船税收优惠政策，促进符合条件的船舶在上海落户登记。扩大国际中转集拼业务，拓展海运国际中转集拼业务试点范围，打造具有国际竞争力的拆、拼箱运作环境，实现洋山保税港区、外高桥保税物流园区集装箱国际中转集拼业务规模化运作；拓展浦东机场货邮中转业务，增加国际中转集拼航线和试点企业，在完善总运单拆分国际中转业务基础上，拓展分运单集拼国际中转业务。优化沿海捎带业务监管模式，提高中资非五星旗船沿海捎带业务通关效率。推动与旅游业相关的邮轮、游艇等旅游运输工具出行便利化。在符合国家规定前提下，发展航运运价衍生品交易业务。深化多港区联动机制，推进外高桥港、洋山深水港、浦东空港国际枢纽港联动发展。符合条件的地区可按规定申请实施境外旅客购物离境退税政策。

（四）深入推进金融制度创新

22. 加大金融创新开放力度，加强与上海国际金融中心建设的联动。具体方案由人民银行会同有关部门和上海市人民政府另行报批。

（五）加强法制和政策保障

23. 健全法制保障体系。全国人民代表大会常务委员会已经授权国务院，在自贸试验区扩展区域暂时调整《中华人民共和国外资企业法》《中华人民共和国中外合资经营企业法》《中华人民共和国中外合作经营企业法》和《中华人民共和国台湾同胞投资保护法》规定的有关行政审批；扩展区域涉及《国务院关于在中国（上海）自由贸易试验区内暂时调整有关行政法规和国务院文件规定的行政审批或者准入特别管理措施的决定》（国发〔2013〕51号）和《国务院关于在中国（上海）自由贸易试验区内暂时调整实施有关行政法规和经国务院批准的部门规章规定的准入特别管理措施的决定》（国发〔2014〕38号）暂时调整实施有关行政法规、国务院文件和经国务院批准的部门规章的部分规定的，按规定程序办理；自贸试验区需要暂时调整实施其他有关行政法规、国务院文件和经国务院批准的部门规章的部分规定的，按规定程序办理。加强地方立法，对试点成熟的改革事项，适时将相关规范性文件上升为地方性法规和规章。建立自贸试验区综合法律服务窗口等司法保障和服务体系。

24. 探索适应企业国际化发展需要的创新人才服务体系和国际人才流动通行制度。完善创新人才集聚和培育机制，支持中外合作人才培训项目发展，加大对海外人才服务力度，提高境内外人员出入境、外籍人员签证和居留、就业许可、驾照申领等事项办理的便利化程度。

25. 研究完善促进投资和贸易的税收政策。自贸试验区内的海关特殊监管区域实施范围和税收政策适用范围维持不变。在符合税制改革方向和国际惯例，以及不导致利润转移和税基侵蚀前提下，调整完善对外投资所得抵免方式；研究完善适用于境外股权投资和离岸业务的税收制度。

三、扎实做好组织实施

在国务院的领导和协调下，由上海市根据自贸试验区的目标定位和先行先试任务，精心组织实施，调整完善管理体制和工作机制，形成可操作的具体计划。对出现的新情况、新问题，认真研究，及时调整试点内容和政策措施，重大事项及时向国务院请示报告。各有关部门要继续给予大力支持，加强指导和服务，共同推进相关体制机制创新，把自贸试验区建设好、管理好。

◎国务院关于印发全面深化中国（上海）自由贸易试验区改革开放方案的通知

国发〔2017〕23号

各省、自治区、直辖市人民政府，国务院各部委、各直属机构：

现将《全面深化中国（上海）自由贸易试验区改革开放方案》印发给你们，请认真贯彻执行。

国务院

2017年3月30日

全面深化中国（上海）自由贸易试验区改革开放方案

建设中国（上海）自由贸易试验区（以下简称自贸试验区）是党中央、国务院在新形势下全面深化改革和扩大开放的战略举措。自贸试验区建设三年多来取得重大进展，总体达到预期目标。为贯彻落实党中央、国务院决策部署，对照国际最高标准、最好水平的自由贸易区，全面深化自贸试验区改革开放，加快构建开放型经济新体制，在新一轮改革开放中进一步发挥引领示范作用，制定本方案。

一、总体要求

（一）指导思想。全面贯彻党的十八大和十八届三中、四中、五中、六中全会精神，深入贯彻习近平总书记系列重要讲话精神和治国理政新理念新思想新战略，认真落实党中央、国务院决策部署，统筹推进"五位一体"总体布局和协调推进"四个全面"战略布局，坚持稳中求进工作总基调，坚定践行新发展理念，坚持以制度创新为核心，继续解放思想、勇于突破、当好标杆，进一步对照国际最高标准、查找短板弱项，大胆试、大胆闯、自主改，坚持全方位对外开放，推动贸易和投资自由化便利化，加大压力测试，切实有效防控风险，以开放促改革、促发展、促创新；进一步加强与上海国际金融中心和具有全球影响力的科技创新中心建设的联动，不断放大政策集成效应，主动服务"一带一路"建设和长江经济带发展，形成经济转型发展新动能和国际竞争新优势；更大力度转变政府职能，加快探索一级地方政府管理体制创新，全面提升政府治理能力；发挥先发优势，加强改革系统集成，力争取得更多可复制推广的制度创新成果，进一步彰显全面深化改革和扩大开放试验田作用。

（二）建设目标。到2020年，率先建立同国际投资和贸易通行规则相衔接的制度体系，把自贸试验区建设成为投资贸易自由、规则开放透明、监管公平高效、营商环境便利的国际高标准自由贸易园区，健全各类市场主体平等准入和有序竞争的投资管理体系、促进贸易转型升级和通关便利的贸易监管服务体系、深化金融开放创新和有效防控风险的金融服务体系、符合市场经济规则和治理能力现代化要求的政府管理体系，率先形成法治化、国际化、便利化的营商环境和公平、统一、高效的市场环境。强化自贸试验区改革同上海市改革的联动，各项改革试点任务具备条件的在浦东新区范围内全面实施，或在上海市推广试验。

二、加强改革系统集成，建设开放和创新融为一体的综合改革试验区

加强制度创新的系统性、整体性、协同性，围绕深化投资管理体制改革、优化贸易监管服务体系、完善创新促进机制，统筹各环节改革，增强各部门协同，注重改革举措的配套组合，有效破解束缚创新的瓶颈，更大程度激发市场活力。

（三）建立更加开放透明的市场准入管理模式。实施市场准入负面清单和外商投资负面清单制度。在完善市场准入负面清单的基础上，对各类市场主体实行一致管理的，进一步优化、简化办事环节和流程，对业务牌照和资质申请统一审核标准和时限，促进公平竞争。进一步提高外商投资负面清单的透明度和市场准入的可预期性。实施公平竞争审查制度，清理和取消资质资格获取、招投标、权益保护等方面存在的差别化待遇，实现各类市场主体依法平等准入清单之外的行业、领域和业务。

（四）全面深化商事登记制度改革。保障企业登记自主权，尊重企业自主经营的权利。开展企业名称登记制度改革，除涉及前置审批事项或企业名称核准与企业登记不在同一机关外，企业名称不再预先核准。放宽住所（经营场所）登记条件，有效释放场地资源。优化营业执照的经营范围等登记方式。推行全程电子化登记和电子营业执照改革试点。探索建立普通注销登记制度和简易注销登记制度相互配套的市场主体退出制度。开展“一照多址”改革试点。

（五）全面实现“证照分离”。深化“先照后证”改革，进一步加大探索力度。把涉及市场准入的许可审批事项适时纳入改革试点，能取消的全部取消，需要保留审批的，按照告知承诺和加强市场准入管理等方式进一步优化调整，在改革许可管理方式、完善风险防范措施的基础上，进一步扩大实行告知承诺的领域。加强许可管理与企业设立登记管理的衔接，实现统一社会信用代码在各许可管理环节的“一码贯通”。实施生产许可“一企一证”，探索取消生产许可证产品检验。

（六）建成国际先进水平的国际贸易“单一窗口”。借鉴联合国国际贸易“单一窗口”标准，实施贸易数据协同、简化和标准化。纳入海港、空港和海关特殊监管区域的物流作业功能，通过银行机构或非银行支付机构建立收费账单功能，便利企业办理支付和查询。实现物流和监管等信息的交换共享，为进出口货物质量安全追溯信息的管理和查询提供便利。推动将国际贸易“单一窗口”覆盖领域拓展至服务贸易，逐步纳入技术贸易、服务外包、维修服务等，待条件成熟后逐步将服务贸易出口退（免）税申报纳入“单一窗口”管理。与国家层面“单一窗口”标准规范融合对接，推进长江经济带跨区域通关业务办理，加强数据衔接和协同监管。

（七）建立安全高效便捷的海关综合监管新模式。深化实施全国海关通关一体化、“双随机、一公开”监管以及“互联网＋海关”等举措，进一步改革海关业务管理方式，对接国际贸易“单一窗口”，建立权责统一、集成集约、智慧智能、高效便利的海关综合监管新模式。综合应用大数据、云计算、互联网和物联网技术，扩大“自主报税、自助通关、自动审放、重点稽核”试点范围。深化“一线放开”“二线安全高效管住”改革，强化综合执法，推进协同治理，探索设立与“区港一体”发展需求相适应的配套管理制度。创新加工贸易出口货物专利纠纷担保放行方式。支持海关特殊监管区域外的企业开展高附加值、高技术、无污染的维修业务。深入实施货物状态分类监管，研究将试点从物流仓储企业扩大到贸易、生产加工企业，具备条件时，在上海市其他符合条件的海关特殊监管区域推广实施。

（八）建立检验检疫风险分类监管综合评定机制。完善进口商品风险预警快速反应机制，加强进口货物不合格风险监测，实施消费品等商品召回制度。建立综合应用合格评定新机制，设立

国家质量基础检验检疫综合应用示范园区。在制定发布不适用于第三方检验结果采信目录清单基础上，积极推进扩大商品和项目的第三方检验结果采信。探索扩大检验鉴定结果国际互认的范围。

（九）建立具有国际竞争力的创新产业监管模式。优化生物医药全球协同研发的试验用特殊物品的准入许可，完善准入许可的内容和方式。完善有利于提升集成电路全产业链国际竞争力的海关监管模式。研究制定再制造旧机电设备允许进口目录，在风险可控的前提下，试点数控机床、工程设备、通信设备等进口再制造。探索引入市场化保险机制，提高医药生产等领域的监管效率。

（十）优化创新要素的市场配置机制。完善药品上市许可持有人制度。允许自贸试验区内医疗器械注册申请人委托上海市医疗器械生产企业生产产品。健全完善更加符合社会主义市场经济规律、人才成长规律和人才发展流动规律的人才认定标准和推荐方式，标准统一、程序规范的外国人来华工作许可制度及高效、便捷的人才签证制度，吸引更多外籍高层次人才参与创新创业，为其提供出入境和停居留便利，并按规定享受我国鼓励创新创业的相关政策。根据法律法规规定，支持持有外国人永久居留证的外籍高层次人才创办科技型企业，给予与中国籍公民同等待遇。深化上海股权托管交易中心“科技创新板”试点，完善对科创企业的金融服务。支持外资企业设立联合创新平台，协同本土中小微企业开展创新成果产业化项目推进。深化推进金融中心与科技创新中心建设相结合的科技金融模式创新。

（十一）健全知识产权保护和运用体系。充分发挥专利、商标、版权等知识产权引领作用，打通知识产权创造、运用、保护、管理和服务的全链条，提升知识产权质量和效益。以若干优势产业为重点，进一步简化和优化知识产权审查和注册流程，创新知识产权快速维权工作机制。探索互联网、电子商务、大数据等领域的知识产权保护规则。建立健全知识产权服务标准，完善知识产权服务体系。完善知识产权纠纷多元解决机制。支持企业运用知识产权进行海外股权投资。创新发展知识产权金融服务。深化完善有利于激励创新的知识产权归属制度。

三、加强同国际通行规则相衔接，建立开放型经济体系的风险压力测试区

按照国际最高标准，为推动实施新一轮高水平对外开放进行更为充分的压力测试，探索开放型经济发展新领域，形成适应经济更加开放要求的系统试点经验。

（十二）进一步放宽投资准入。最大限度缩减自贸试验区外商投资负面清单，推进金融服务、电信、互联网、文化、文物、维修、航运服务等专业服务业和先进制造业领域对外开放。除特殊领域外，取消对外商投资企业经营期限的特别管理要求。对符合条件的外资创业投资企业和股权投资企业开展境内投资项目，探索实施管理新模式。完善国家安全审查、反垄断审查等投资审查制度。

（十三）实施贸易便利化新规则。优化口岸通关流程，推进各环节监管方式改革，探索公布涵盖各通关环节的货物平均放行时间。最大限度实现覆盖船舶抵离、港口作业、货物通关等口岸作业各环节的全程无纸化，推进贸易领域证书证明的电子化管理。深化亚太示范电子口岸网络试点。推动实施原产地预裁定制度。根据自由贸易协定规定，推动实施原产地自主声明制度。推进企业信用等级的跨部门共享，对高信用等级企业降低查验率。深化完善安全预警和国际竞争力提升的产业安全保障机制。

（十四）创新跨境服务贸易管理模式。在风险可控的前提下，加快推进金融保险、文化旅游、教育卫生等高端服务领域的贸易便利化。提高与服务贸易相关的货物暂时进口便利，拓展暂时进口货物单证制度适用范围，延长单证册的有效期。探索兼顾安全和效率的数字产品贸易监管模式。大力发展中医药服务贸易，扩大中医药服

务贸易国际市场准入，推动中医药海外创新发展。深化国际船舶登记制度创新，进一步便利国际船舶管理企业从事海员外派服务。在合适领域分层次逐步取消或放宽对跨境交付、自然人移动等模式的服务贸易限制措施。探索完善服务贸易统计体系，建立服务贸易监测制度。

（十五）进一步深化金融开放创新。加强与上海国际金融中心建设的联动，积极有序实施《进一步推进中国（上海）自由贸易试验区金融开放创新试点加快上海国际金融中心建设方案》。加快构建面向国际的金融市场体系，建设人民币全球服务体系，有序推进资本项目可兑换试点。加快建立金融监管协调机制，提升金融监管能力，防范金融风险。

（十六）设立自由贸易港区。在洋山保税港区和上海浦东机场综合保税区等海关特殊监管区域内，设立自由贸易港区。对标国际最高水平，实施更高标准的“一线放开”“二线安全高效管住”贸易监管制度。根据国家授权实行集约管理体制，在口岸风险有效防控的前提下，依托信息化监管手段，取消或最大程度简化入区货物的贸易管制措施，最大程度简化一线申报手续。探索实施符合国际通行做法的金融、外汇、投资和出入境管理制度，建立和完善风险防控体系。

四、进一步转变政府职能，打造提升政府治理能力的先行区

加强自贸试验区建设与浦东新区转变一级地方政府职能的联动，系统推进简政放权、放管结合、优化服务改革，在行政机构改革、管理体制创新、运行机制优化、服务方式转变等方面改革创新，全面提升开放环境下政府治理能力。

（十七）健全以简政放权为重点的行政管理体制。加快推进简政放权，深化行政审批制度改革。以厘清政府、市场、社会关系为重点，进一步取消和简化审批事项，最大限度地给市场放权。推动实现市场准入、执业资格等领域的管理方式转变。深化大部门制改革，在市场监管、经济发展、社会管理和公共服务、改革和法制、环保和城建五个职能模块，按照精简高效原则形成跨部门的协同机制。

（十八）深化创新事中事后监管体制机制。按照探索建立新的政府经济管理体制要求，深化分类综合执法改革，围绕审批、监管、执法适度分离，完善市场监管、城市管理领域的综合执法改革。推进交通运输综合行政执法改革，加强执法协调。将异常名录信息归集范围扩大到市场监管以外的行政部门，健全跨部门“双告知、双反馈、双跟踪”许可办理机制和“双随机、双评估、双公示”监管协同机制。落实市场主体首负责任制，在安全生产、产品质量、环境保护等领域建立市场主体社会责任报告制度和责任追溯制度。鼓励社会力量参与市场监督，建立健全会计、审计、法律、检验检测认证等第三方专业机构参与市场监管的制度安排。

（十九）优化信息互联共享的政府服务体系。加快构建以企业需求为导向、大数据分析为支撑的“互联网＋政务服务”体系。建立央地协同、条块衔接的信息共享机制，明确部门间信息互联互通的边界规则。以数据共享为基础，再造业务流程，实现市场准入“单窗通办”“全网通办”，个人事务“全区通办”，政务服务“全员协办”。探索建立公共信用信息和金融信用信息互补机制。探索形成市场主体信用等级标准体系，培育发展信用信息专业服务市场。

五、创新合作发展模式，成为服务国家“一带一路”建设、推动市场主体走出去的桥头堡

坚持“引进来”和“走出去”有机结合，创新经贸投资合作、产业核心技术研发、国际化融资模式，探索搭建“一带一路”开放合作新平台，建设服务“一带一路”的市场要素资源配置功能枢纽，发挥自贸试验区在服务“一带一路”战略中的辐射带动作用。

（二十）以高标准便利化措施促进经贸合作。对接亚太示范电子口岸网络，积极推进上海国际贸易“单一窗口”与“一带一路”沿线口岸的信息互换和服务共享。率先探索互联互通监管合作新模式，在认证认可、标准计量等方面开展多双边合作交流。加快建设门户复合型国际航空枢纽。促进上海港口与21世纪海上丝绸之路航线港口的合作对接，形成连接国内外重点口岸的亚太供应链中心枢纽。建立综合性对外投资促进机构和境外投资公共信息服务平台，在法律查明和律师服务、商事纠纷调解和仲裁、财务会计和审计服务等方面开展业务合作。打造“一带一路”产权交易中心与技术转移平台，促进“一带一路”产业科技合作。积极推进能源、港口、通信、高端装备制造等领域的国际产能合作和建设能力合作。

（二十一）增强“一带一路”金融服务功能。推动上海国际金融中心与“一带一路”沿线国家和地区金融市场的深度合作、互联互通。加强与境外人民币离岸市场战略合作，稳妥推进境外机构和企业发行人民币债券和资产证券化产品，支持优质境外企业利用上海资本市场发展壮大，吸引沿线国家央行、主权财富基金和投资者投资境内人民币资产，为“一带一路”重大项目提供融资服务。大力发展海外投资保险、出口信用保险、货物运输保险、工程建设保险等业务，为企业海外投资、产品技术输出、承接“一带一路”重大工程提供综合保险服务。支持金砖国家新开发银行的发展。

（二十二）探索具有国际竞争力的离岸税制安排。适应企业参与国际竞争和服务“一带一路”建设的需求，在不导致税基侵蚀和利润转移的前提下，基于真实贸易和服务背景，结合服务贸易创新试点工作，研究探索服务贸易创新试点扩围的税收政策安排。

六、服务全国改革开放大局，形成更多可复制推广的制度创新成果

紧紧把握自贸试验区的基本定位，坚持先行先试，充分发挥各方面的改革创新主动性和创造性，为全面深化改革和扩大开放，取得更多制度创新成果。

（二十三）加快形成系统性的改革经验和模式。把理念创新、体制机制创新、政策创新和加强风险防控等方面的改革试点经验作为重点，加强试点经验的总结和系统集成。对于市场准入、贸易便利化、创新发展体制机制等领域的改革，加快形成可以在全国复制推广的经验。对于进一步扩大开放、对接高标准国际经贸规则等压力测试事项，积极探索经验，为国家推进构建多双边经贸合作新格局做好政策储备。对于政府管理模式创新等改革事项，在改革理念和组织推进等方面总结形成可供其他地区借鉴的改革经验。

七、抓好工作落实

在国务院自由贸易试验区工作部际联席会议统筹协调下，充分发挥地方和部门的积极性，抓好改革措施的落实。按照总体筹划、分步实施、率先突破、逐步完善的原则，各有关部门要大力支持，及时制定实施细则或办法，加强指导和服务；对涉及法律法规调整的改革事项，及时强化法制保障，做好与相关法律立改废释的衔接，共同推进相关体制机制创新，并注意加强监管、防控风险。上海市要把握基本定位，强化使命担当，创新思路、寻找规律、解决问题、积累经验，完善工作机制，系统推进改革试点任务的落实，继续当好全国改革开放排头兵、创新发展先行者。重大事项要及时向国务院请示报告。

中国（广东）自由贸易试验区

2015 年 4 月 8 日，国务院正式批复设立中国（广东）自由贸易试验区（以下简称广东自贸试验区），并印发《中国（广东）自由贸易试验区总体方案》。

◎区域分布与概况

一、功能布局

广东自贸试验区实施范围 116.2 平方公里，涵盖三个片区：广州南沙新区片区 60 平方公里（含广州南沙保税港区 7.06 平方公里），深圳前海蛇口片区 28.2 平方公里（含深圳前海湾保税港区 3.71 平方公里），珠海横琴新区片区 28 平方公里。

广州南沙新区片区重点发展航运物流、特色金融、国际商贸、高端制造等产业，建设以生产性服务业为主导的现代产业新高地和具有世界先进水平的综合服务枢纽。

深圳前海蛇口片区重点发展金融、现代物流、信息服务、科技服务等战略性新兴服务业，建设我国金融业对外开放试验示范窗口、世界服务贸易重要基地和国际性枢纽港。

珠海横琴新区片区重点发展旅游休闲健康、商务金融服务、文化科教和高新技术等产业，建设文化教育开放先导区和国际商务服务休闲旅游基地，打造促进澳门经济适度多元发展新载体。

二、战略定位

依托港澳、服务内地、面向世界，将自贸试验区建设成为粤港澳深度合作示范区、21 世纪海上丝绸之路重要枢纽和全国新一轮改革开放先行地。

三、发展目标

经过三至五年改革试验，营造国际化、市场化、法治化营商环境，构建开放型经济新体制，实现粤港澳深度合作，形成国际经济合作竞争新优势，力争建成符合国际高标准的法制环境规范、投资贸易便利、辐射带动功能突出、监管安全高效的自由贸易园区。

◎建设措施与成效综述

自 2015 年 4 月挂牌运作以来，广东自贸试验区紧扣“粤港澳深度合作示范区、21 世纪海上丝绸之路重要枢纽和全国新一轮改革开放先行地”的战略定位，聚焦投资、贸易、金融、政府职能转变、事中事后监管、粤港澳合作以及“一带一路”建设等领域，努力打造制度创新高地。三年来，广东自贸试验区共形成 385 项制度创新成果，其中向全国复制推广 21 项、全省复制推广 102 项制度创新经验，供全省借鉴 92 项制度创新案例，3 项制度创新案例入选全国最佳实践案例。截至 2017 年 12 月，区内累计新设企业 21 万家，新设外商投资企业 9 639 家，实际利用外资 128.5 亿美元。

广东省委、省政府高度重视广东自贸试验区建设，省委、省政府主要领导多次赴自贸试验区开展专题调研，亲自部署建设实施工作。成立了由省长任组长的自贸试验区工作领导小组，先后召开五次会议，专题研究推进各项改革试点任务，形成了一系列具有突破意义的特色做法。

一、深化投资便利化改革，建立健全与国际通行规则相衔接的投资管理制度

（一）深入实施负面清单管理模式

一是实施外商投资负面清单。对外商投资企业实施准入前国民待遇加负面清单的管理模式，负面清单缩减至95项。对外资企业投资负面清单以外的行业，由核准制改为备案制，实行备案文件自动获取，推动外资准入模式与国际接轨。区内99%的新设外商投资企业通过备案设立，外商投资企业办理注册时间由过去10多个工作日减少到最快2个工作日。

二是试点实施内资企业投资项目负面清单管理模式。在全国率先发布企业投资项目准入负面清单，对负面清单以外的企业投资项目实行备案制，大幅简化企业投资项目审批手续。实行企业投资项目负面清单管理模式以来，备案项目数量占全部企业投资项目数量的比例超过90%。

（二）加快推进“证照分离”改革试点

针对商事登记后置许可证“办证难”问题，从2016年10月起启动“证照分离”改革试点，选择企业反映诉求突出、审批频次较高、改革预期效果较明显且符合片区重点产业发展需求的商事登记后置审批事项，采取取消审批、审批改备案、实行告知承诺、严格准入等方式实施分类改革。其中，南沙片区对60项区级事权审批事项进行分类改革，累计办结“证照分离”审批业务1 980宗，涉及食品、药品经营、旅馆特种行业、劳务派遣、城市排水等15类，累计为企业节省20 408个工作日，减少申请材料6 470余份。横琴片区推动行政审批改革向项目审批改革拓展，累计取消审批11项，审批改备案9项，实行告知承诺制28项，强化市场准入管理19项。2017年12月，根据国务院部署要求，启动“证照分离”改革试点2.0版。

（三）推进商事登记便利化改革

一是推行“一照一码”登记制度改革。率先探索将企业营业执照、组织机构代码证、税务登记证“三证合一”，实行“一照一码”登记制度改革，探索一般企业商事登记由审批制改确认制，实现企业登记注册与公安、发改、人社、食药监、检验检疫等部门相关证照“二十证六章”联办。企业仅需往返办事窗口2次，最快1个工作日内即可办完全部手续。

二是创新开展“一门式、一网式”政务服务模式改革。将政府部门分设的办事窗口和审批服务系统整合为实体综合服务窗口和网上统一申办受理平台，为企业提供“前台综合受理、后台分类审批、统一窗口出件”的登记注册服务。开展企业注册地址托管改革，打造外商投资“一口受理”升级版，将外资备案统一为后置备案。

三是延伸拓展商事登记网络。率先启动工商登记异地协同办理，发出全国首份跨省协同办理的“营业执照”；将商事登记窗口延伸至香港、澳门、美国、英国、日本、新加坡、墨西哥等国家和地区。目前，广东自贸试验区内开办企业所需时间平均为3天，接近新加坡、香港等国家和地区水平。

（四）深化办税便利化改革

深化国地税合作，开辟“一窗式”业务速办通道，上线运行国地税业务平台。南沙片区实现国地税联合办税服务厅全覆盖，获评“全国百佳国税地税合作县级示范区”；推出自主有税申报制度，免除纳税人零申报事项近50万户次。前海蛇口片区建立国地税一体化“电子税务局”，推出微信办税新平台。横琴片区在全国率先推出纳税便利化指数和税收遵从指数体系，首创V-Tax远程可视自助纳税方式服务和粤港澳“智税宝”智能导税创客平台；深化拓展“税融通”合作，以“信”换“贷”，为辖区A、B级纳税人提供超过10亿元人民币融资贷款额度。

（五）率先探索制定对标国际的供用电规则

借鉴国际先进供用电模式，在“获得电力”方面先行先试，横琴片区在全国率先制定对标国际的供用电规则，推行低压供电模式、实施受电工程强制监理、取消受电工程现场验收、全面推行预购用电、采取“一站式”服务等改革举措。企业“获得电力”的程序、时间和成本均大幅压缩，业务办理总时间从59天压缩为10天，单一用户可一次性节省受电工程投资约21万元人民币，节约率达80%。

二、建立以智能化通关为支撑的贸易便利化模式，打造安全高效的国际化通关服务体系

（一）探索建立高水平的国际贸易“单一窗口”

以“一个平台、一次递交、一个标准”为原则建立国际贸易“单一窗口”，目前已上线运行2.0版，整合形成货物申报、运输工具申报、跨境电商、物流动态等18个功能模块，联通海关、检验检疫、边检、海事、商务、港务等21个业务部门，可以满足海、陆、空、铁、邮等各类口岸业务需求，货物申报上线率达99%，国际航行船舶和海运舱单申报上线率达100%。前海蛇口片区推出“全球中心仓”项目，实现保税货物与非保税货物同仓存储和同仓调拨。

（二）大力推进智能化通关模式改革

一是推出“互联网+易通关”改革。建立“互联网+易通关”系统，实施自助报关、提前归类审价、互动查验、自助缴税等9项业务创新，一般货物进出口平均通关时间减少42.6%。二是打造“智检口岸”平台。建立“智检口岸”信息化监管和服务平台，推动检验检疫全流程无纸化改革，全面实施智能化通检。首创原产地智慧审签，相关证书审签效能提升80%。试行船舶卫生检疫“无疫通行”和“特殊泊位检疫”等新型卫生检疫模式，国际航行船舶电讯检疫率达80%以上，通关速度提升50%以上。建立市场采购出口商品集中检管模式，推动验放周期由2—3天缩短为16分钟，查验比例降低90%。三是着力打造“智慧海事”平台。集成船舶、船员、船检、安检、船公司等各类海事信息，对船舶代理公司进行诚信分级，实施船舶进出口岸预申报等制度，构建“先通关后查验”海事通关新模式，实现集装箱班轮和邮轮即靠即卸。

（三）率先建立全球质量溯源体系

以“智检口岸”公共技术服务平台和公证信息接入、溯源码标识、质量溯源查询系统为技术支撑，率先建立全球质量溯源体系，实现对进出口商品“源头可溯、去向可查”的事前、事中、事后全链条闭环监管，从单一部门监管转变为政府、企业和消费者共同监管。目前，全球质量溯源体系已推出2.0版，并在广东省相关口岸推广应用，涵盖一般贸易、跨境电商、市场采购出口等贸易方式，覆盖食品、消费品、汽车等品类，共发码5 168万，溯源货值528.6亿美元，共有523.3万人次进行溯源查询。

三、完善以跨境投融资便利化为重点的金融服务体系，建立放得开、管得好、守得住的金融开放试验示范窗口

（一）着力开展跨境金融创新

积极参与人民币国际化进程，率先实现跨境人民币贷款业务、跨境双向人民币债券试点、跨境双向人民币资金池业务、跨境双向股权投资试点、跨境金融资产转让等“五个跨境”，有效打通区内与境外双向融资通道。截至2017年12月，区内229家企业办理跨境人民币贷款业务，汇入金额429亿元人民币；区内企业备案43个人民币资金池。积极推动广东自贸试验区账户管理体系改革，探索依托“NRA+”账户开展本外币账户管理创新试点，开展不良资产跨境转让、银行

贸易融资资产跨境转让、其他经常项目跨境收入、碳排放权跨境交易等跨境业务创新。广东自贸试验区首笔“熊猫债”业务、区块链技术下的跨境支付业务成功落地。

（二）有序推进外汇管理改革

一是开展全口径跨境融资宏观审慎管理试点。金融机构和企业可在其资本或净资产挂钩的限额内，自主开展本外币跨境融资。二是深化跨国公司外汇资金集中运营管理改革试点。17家企业开展跨国公司外汇集中运营管理改革试点。三是大幅简化经常项目外汇收支管理手续。充分发挥商业银行的服务功能，允许银行机构代理区内企业办理“贸易外汇收支企业名录”登记及其变更、企业外汇账户基本信息备案、货物贸易外汇监测系统管理员密码领取等业务，方便企业经常项目外汇手续办理。

（三）积极扩大金融市场对内对外开放

一是在CEPA框架下加快港澳金融机构入驻。降低港澳金融机构的准入门槛，澳门国际银行、大西洋银行等澳资银行率先进驻横琴。放宽港澳金融机构对合资金融企业的持股比例限制，全国首家港资控股证券公司和基金管理公司（汇丰前海合资证券有限公司、恒生前海基金管理有限公司）落户广东自贸试验区。二是探索与境外金融机构开展合作创新。推动设立由港交所发起的前海联合交易中心，打造大宗商品的中国价格。前海东亚联丰投资管理有限公司获批外商独资私募证券投资基金试点企业；深圳汇创股权投资基金公司落地，成为全国第二家获批的外商独资股权投资基金管理人。

四、全面深化“放管服”改革，进一步推进政府职能转变

（一）加快推进简政放权

按照“应放尽放”的要求，推动政府管理权限下沉，增强自贸试验区开展体制机制创新的“自主性”，为区内企业经营“松绑清障”。先后下放223项省级管理权限，市一级政府向片区下放近200项市级管理权限。清华大学第三方评估报告显示，通过管理权限的下放或委托实施，企业办理相关事项的时间最多可节省50个工作日。

（二）推进行政审批制度改革

围绕实现“项目审批时间再砍一半”的要求，加快集中综合审批以及审批标准化改革。一是实行集中综合审批模式。推行“一颗印章管审批”，实施“即审即办”“容缺审批”等便利化措施，审批时限压缩50%以上。南沙片区成立行政审批局，从企业登记注册到投资项目备案（核准）再到建设工程项目规划许可、施工许可、竣工验收实现“车间流水式、一站式、一条龙”行政审批和服务。前海蛇口片区开展相对集中行政许可权试点改革，将50%以上的行政许可事项集中于专门机构办理。横琴片区首创社会投资类建设工程“一站式”集中审批平台，整个报建运作周期缩短40%，企业直接成本降低3%，每年可为企业节约成本2亿元人民币以上。二是推行行政审批标准化。按照“细化裁量标准、实现量权限权”原则，编制发布审批事项标准，明确审批依据、审批程序、审批条件、审批时限等内容，并将470项业务事项在审批系统中固化，实现全程电子化运作和监督。

（三）率先打造“数字自贸试验区”

一是率先在全国建立企业专属网页。实现投资项目审批、贸易通关、政策获取等涉企事项“一网通办”，22万家企业开通专属网页，70%以上行政事项到现场跑动1次以下，60%以上行政事项网上办结。“企业专属网页”政务服务新模式入选全国自贸试验区第二批“最佳实践案例”之一，并推广至全省10个地市使用。二是推动建立统一的大数据平台。完成自贸试验区大数据应用平台、数据开放和统计分析系统等项目建设，初步实现工商、商务、海关等部门之间的

数据共享，并成为首批接入全省“数字政府”云平台项目。三是探索大数据政务新模式。南沙片区推出“微警”警务服务新模式，在微信签发首张身份证“网证”，实现“互联网＋可信身份认证”警务服务覆盖，获年度中国“互联网＋”最佳服务政务机构奖。前海蛇口片区开展城市级基础设施 BIM 技术应用，利用三维数字化技术，打造新型智慧城市示范区，荣获“2017 全球基础设施创新大奖”。横琴片区上线运行全国首个城市管家 APP，推动城市治理由“政府全包”向“政民共治”方向转变。

（四）加快现代化治理模式创新

一是积极探索经济管理新模式。前海蛇口片区持续优化法定机构治理模式，南沙片区设立明珠湾开发建设管理局和产业园开发建设管理局等法定机构，推动出台法定机构政府规章。二是推动土地资源集约高效利用。2016 年 1 月出台《关于中国（广东）自由贸易试验区用地保障的若干意见》，严格执行土地利用总体规划，实现各类空间规划“一张图”管理。三是探索建立廉洁示范区。探索设立廉政“大监督”部门，有效整合纪检、监察、检察、审计等部门多种监督力量，通过第三方机构定期发布自贸试验区廉洁指数，建立统一的廉政监督体制和运行机制，形成联合防治腐败的大监督格局。

（五）营造国际化人才发展环境

一是实施国际高端人才停居留便利措施。推动公安部出台支持广东自贸试验区建设和创新驱动发展的 16 项出入境政策，向公安部上报 12 名外籍人才永久居留权申请。对自贸试验区企事业单位人员往来港澳实施更加便利的港澳商务签注政策，受理自贸试验区企业商务备案 978 家，备案总人数 2 390 人。二是加大“招才引智”政策支持力度。2016 年 6 月出台《关于促进广东自贸试验区人才发展的若干政策意见》，南沙片区出台“1+1+10”政策体系，对企业发展、人才引进等给予全方位扶持，对港澳人才可选择按内地与港澳税负差额给予奖励，集聚国家“千人计划”专家 14 人，高端领军人才 9 人，重点领域急需人才 5 300 余名。前海蛇口片区认定境外高端人才和紧缺人才 139 名，发放个税补贴 5 070 万元人民币，配租人才住房 2 842 套。横琴片区累计引进院士 2 名，国家“千人计划”专家 70 人，累计对 1.5 万人次实施特殊人才奖励达 12 亿元人民币。

（六）建立健全与国际接轨的法律服务体系

2016 年 7 月 1 日实施《中国（广东）自由贸易试验区条例》，从地方立法上明确容错机制，构建服务保障改革的基本法律框架。推进前海中国特色社会主义法治建设示范区建设，设立自贸试验区法院、检察院、知识产权法庭、金融法庭、海事法院巡回法庭等司法机构，引入知识产权快速维权中心、知识产权司法鉴定中心、全国唯一的国际法律查明研究中心、中科院电子数据取证实验室等机构。在全国首创适用香港法律审结民商事案件，率先建立虚假诉讼失信人制度。引入中国自贸试验区仲裁合作联盟、粤港澳商事调解联盟及国际航运、海事物流、国际金融等专业仲裁调解中心，发布全国首部自贸试验区临时仲裁规则。区内拥有全国国际化程度最高的仲裁员名册，来自港澳台和国外的仲裁员超过 40%，受理案件当事人来源超过 100 个国家和地区。

五、更加注重风险防控，建立健全以信用约束为核心的事中事后监管体系

（一）建立涵盖企业全周期的信用信息系统

一是制定广东自贸试验区统一的信用信息共享目录。涵括行政许可、行政执法、行政处罚、商事登记、信用评价等各类市场信息和监管信息共 2 300 余项。二是打造统一的市场主体信用信息监管平台。建立由市场准入、质量监管、食品安全、金融服务等 9 个子系统及专题监管数据项

目构成的信用信息监管平台，整合线索核查、执法信息抄告、日常网格化监管、重大事项联合行动、执法证据材料共享利用等五大功能。已归集近30万家企业超过600万条信用数据。三是探索建立“企业信用画像”。通过社会信用代码、公民身份证号码对同一企业的登记（变更）、资质许可、监管处罚、判决、执行、违约等信息进行关联整合，制定企业信用监管指标体系，对企业进行智能风险分级，形成“企业信用画像”，由行业主管部门采取针对性的监管措施。

（二）建立失信联合惩戒机制

率先推出全国首份“市场违法经营行为提示清单”，将1 747种违法经营行为按国民经济96个类别和15个市场主体类型进行分类，实现市场监管由事后处理转为事前引导。编制“失信商事主体联合惩戒清单”，明确69项失信行为和81项惩戒措施，将行政、司法、金融机构及授权的社会组织纳入失信联合惩戒部门，依法共享企业信用信息，开展联合惩戒。推行黑名单综合监管制度，形成“一处失信，处处受限”的惩戒效应。

（三）着力探索建设新型金融风险防范体系

一是探索实施与中央金融监管部门协同监管。前海蛇口片区推动中国证监会在区内设立监管办公室，并与中国证监会共建深圳私募基金监管服务平台，与工商、税务、法院等部门实现信息对接和交叉校验，完成对区内4 000余家私募机构、14 000余只产品的备案监管。二是创建基于大数据分析的金融风险评估预警系统。与国家互联网应急中心合作，引入国家互联网金融风险分析技术平台，建立我国自贸试验区首个国家级金融大数据风控系统，对区内注册的5万余家金融企业实施全方位风险监测防控。建设国内首个省级地方金融风险防控平台“广东省地方金融风险监测防控平台”，建立非法集资风险监测防控、网络舆情监测、第三方电子合同存证及网络借贷信息中介机构非现场监管四大监管防控子系统，截至2017年12月，已有2万多家金融（类金融）企业信息纳入平台进行监测。三是实行前置监管。横琴片区设立金融服务专窗，对类金融企业注册实行前置信息采集，启动对类金融企业的规范化商事登记管理，全面构建风险识别体系。

（四）建立集中统一的综合行政执法体系

一是建立统一的综合行政执法机构。各片区设立综合行政执法局，集中行使商务、知识产权、环境保护、工商、质监、交通运输等部门25大类行政处罚权、7类审批管理权限以及相关的监督检查和行政强制权，70%以上的人员安排到一线开展执法工作。二是整合外部资源开展执法联动。建立综合执法机构与各业务主管部门的信息共享、协调会商、业务协助、通报抄告等工作制度，推动综合行政执法机构与各级、各有关部门开展监管执法联动，加强执法工作衔接。

六、深入推进粤港澳服务贸易自由化，打造粤港澳深度合作示范区

（一）进一步推动对港澳服务业开放

建立粤港、粤澳共同推进广东自贸试验区建设专责小组机制。向国家提出对港澳进一步开放的负面清单建议，推动在2015年签订的CEPA补充协议中，新增10条专门适用于广东自贸试验区的开放措施。全国首家港资控股证券和基金管理公司落户，澳资银行首次进驻内地，11家粤港合伙联营律师事务所获批成立。香港会计、税务、建筑、金融等专业人士经特殊机制安排直接在区内执业，在前海蛇口片区执业的香港工程建设专业机构类别由4个增至6个，备案专业机构数增至137家。横琴片区率先以“港澳服务专项”形式推动港澳投资建设领域专业人士准入执业落地，目前已有6个香港团队、72名专业服务人员在横琴11个在建工程项目执业。

（二）促进粤港澳服务要素便捷流动

一是推进粤港澳跨境通关合作。实现香港机场与自贸试验区一站式空陆联运，建立“前店后仓”运作模式。推进粤港检验检测结果互认，对符合“CEPA原产地认定标准”的港澳产食品，将港澳政府主管部门认可的原产地、卫生证书等以及风险监控结果作为监管依据，口岸通检时间缩短到3小时内，相比传统扣检查验流程减少11天以上。横琴口岸实现与澳门24小时通关，澳门机动车便利入出横琴、粤港澳游艇自由行政策落地实施。二是深化粤港澳金融服务合作。率先启动粤港电子支票联合结算试点，广东省内试点银行机构可在区内受理香港电子支票的跨境托收。加快区内公共服务领域的支付服务向粤港澳三地银行业开放，推出全国首个跨境公交金融IC卡项目。粤澳两地支付结算系统顺利对接，跨境缴费通业务和跨境车险互为代理服务顺利推进，粤澳跨境住房按揭规模进一步扩大。三是推动粤港澳人员自由流动。出台《粤港澳人才合作示范区人才管理改革的若干政策》，对人才合作示范区内工作的港澳居民免办就业证。四是推动粤港澳信息基础设施互联互通。国家超算中心南沙分中心与香港光纤通信线路开通运行，为港澳两地提供超算和数据服务。

（三）加快重点合作平台建设

南沙粤港深度合作区方案已上报审批。前海蛇口香港优势产业十大基地加快建设，粤港澳服务贸易自由化示范基地加快推进；上线运行港人港企网上办事跨境电子认证服务平台，成为国内首个支持香港数字证书的电子政务应用；黄金深港通正式落地，进一步推动内地和香港黄金市场互联互通，将有力提升中国黄金市场的全球竞争力和话语权。截至2017年12月，广东自贸试验区累计设立港澳资企业7 894家，汇丰银行、东亚银行、周大福、新世界发展、丽新集团等知名港澳企业入区发展。横琴粤澳合作产业园21个项目取得项目用地，港澳智慧城等17个项目开工建设，粤澳合作中医药科技产业园累计注册企业56家。

七、强化“一带一路”支点作用，建设21世纪海上丝绸之路重要枢纽

（一）加强与沿线国家和地区自贸园区及产业园的交流合作

与伊朗格什姆自贸区、迪拜机场自贸区、爱尔兰香农自贸区和东盟中小企业经济贸易发展委员会建立合作，与科威特、马来西亚、印度尼西亚、柬埔寨、白俄罗斯、葡萄牙等国家协商推动自贸园区或产业园建设。推动粤澳合作中医药科技产业园与全球知名检测机构英国天祥集团合作共建第三方检测平台，与莫桑比克卫生部、葡萄牙食畜总局等葡语系国家医药卫生机构建立合作关系，促成“中俄地区合作发展基金”项目被外交部列入“一带一路”峰会重大成果。总投资25亿元人民币的中拉经贸合作园正式开园，首批15个合作项目签约入园。成功举办首届中国—拉美国际博览会，共有61个国家和地区的523家企业参展。积极搭建广东自贸试验区国际性对话平台，成功举办首届世界自贸区（横琴）论坛，吸引30多个国家和地区自贸区代表以及1 000余家跨境投资机构和跨国公司参加。

（二）加强“一带一路”国际产能合作

推动招商局集团、中交建、中铁建等重点企业以自贸试验区为支点，投资布局“一带一路”沿线国家和地区。启动俄罗斯中欧物流大通道、澳大利亚纽卡斯尔港口、白俄罗斯中白工业园、斯里兰卡科伦坡码头、尼日利亚庭堪国际集装箱码头等项目。与国家发改委共同设立国际产能和国际技术合作促进中心，建设高铁“走出去”产业基地。前海蛇口片区发布国内自贸试验区首个对外直接投资指数，截至2017年12月，对外投资企业331家，中方协议投资额65.21亿美元。

（三）建设“走出去”综合服务体系

建立国际经贸服务网络，在美国、德国、法国、西班牙、墨西哥、乌拉圭等设立经贸联络点，上线运行中巴商贸一体化线上全融合服务平台。建立健全“走出去”法律服务体系，成立“中非联合仲裁深圳中心”“中拉企业法律服务中心”、“一带一路”法律服务联合会、“一带一路”法律服务研究中心以及“一带一路”商标注册申请服务中心等机构，为企业参与“一带一路”建设提供法律及专业服务。

八、大力发展高端产业，加快构建现代化经济体系

（一）积极实施创新驱动发展战略

推动“双自联动”发展，制定出台广东自贸试验区与珠三角国家自主创新示范区联动发展方案，实施科技服务体系试点、打造深港创新创业合作平台、建设“双自”联动试点园区等50条具体政策措施，设立创业引导基金及专门的科技型中小企业信贷风险补偿资金池，组建知识产权质押融资风险补偿基金。推动广州国际人工智能产业研究院、微软广州云暨移动应用孵化平台、华强集团虚拟现实实验室、恒昌国家信息安全检测中心、港澳技术转移及成果转化中心、国际高校科技成果转化中心、“诺奖”应用研究院及技术转移转化基地、南方软件网络评测中心、诺贝尔国际生物医药研究院及中拉国际创新中心等重大科技平台建设。深化粤港澳创新创业合作，南沙粤港澳（国际）青年创新工场、粤港澳（国际）大学生实习基地、前海深港青年梦工场、横琴粤澳青年创业谷等创新创业服务载体加快建设，累计入驻港澳青年创业团队220余家。

（二）积极发展国际贸易新业态

一是建设现代航运服务体系。积极争取重大航运政策，获批国际船舶登记“中国前海”“广东南沙”“广东横琴”船籍港，成立自贸试验区国际船舶登记中心，推动国际航行船舶联合登临检查机制落地实施，检查时间从4小时缩短至1小时。南沙港区三期等一批港口码头建成投产，太子湾国际邮轮母港正式开港。目前，区内开通213条国际班轮航线，全球排名前20的班轮公司均在区内开展业务。成立南沙航运产业基金，率先发布“珠江航运运价指数”和“南沙自贸试验区航运发展指数”。2017年，区内港口集装箱吞吐量1 480.6万标箱，货物吞吐量2.62亿吨，其中南沙港口国际中转业务突破50万标箱，同比增长13%；南沙片区国际邮轮旅客进出港量40.35万人次，稳居全国第三。

二是大力发展跨境电商产业。首创“保税+实体新零售”式保税展示交易业务，打造保税货物、电商货物、完税货物在区外商业场所共同展示交易的“一店三态”零售新模式，运用“1+4全球溯源核放”便利通关模式管理。开通“粤澳跨境电商直通车”，实现CEPA框架下澳门跨境电商商品首发。2017年，区内跨境电商订单数3 308万个，销售额75.47亿元人民币。

三是推动融资租赁产业加快集聚。引进中海外融资租赁、中原金控、泰东融资租赁等注册资本超10亿的融资租赁企业，其中前海蛇口片区融资租赁企业总数约占全国1/3，诞生中国首家供应链行业独角兽企业越海全球供应链。创新“异地委托监管”方式，南沙片区通过SPV方式新引进落地41架飞机，合同金额约26.5亿美元，成为华南地区最大的飞机租赁集聚地。目前区内集聚融资租赁企业超3 500家，累计业务合同余额超4 500亿元人民币。四是积极发展平行进口汽车产业。实施平行进口汽车保税仓储监管和“合格保证+符合性评估”检验监管模式，验放周期由3天缩短至1天，南沙片区平行进口整车到港累计超2.4万辆，成为全国平行进口汽车第二大口岸。

（三）推动金融服务业快速集聚

积极引入创新型重大金融平台。南沙片区推

动国际金融论坛（IFF）永久会址落户，引进“海尔全球产业金融中心”，建立全国首个能源金融示范区。前海蛇口深港基金小镇正式运作，并引入东亚前海证券、港交所前海联合交易中心，推动达沃斯全球风险论坛以及金融区块链合作联盟等落户。横琴片区积极打造横琴智慧金融产业园，首个金融创新知识产权运营交易国家平台正式运营，广东国际金融资产交易中心交易规模突破2万亿元人民币。

推动重大金融项目落地。复星联合健康险公司、粤电财产自保公司等一批新型保险机构获批开业。国新央企投资运营基金、国华军民融合基金、粤澳合作发展基金、广东丝路基金、省铁道基金、IDG资本、KKR集团等重点项目落户。截至2017年12月，累计入驻金融企业5.4万家，成为全国最大的创新金融和类金融企业集聚地。

（四）积极打造总部经济集聚区

南沙片区引进中远海运、中交建、中铁建等大型总部项目以及省交通集团国际金融中心、越秀国际金融中心、联瑞制药研发生产基地等行业龙头项目。前海蛇口片区引进汇丰区域总部、前海兴邦金融租赁、招商局仁和人寿、平安银行国际总部、香港建滔集团中国区总部、中旅集团南方总部等总部项目。横琴片区落户保利、国家电投、中国五矿等央企海外总部及光大控股、三一重工等区域总部；启动中国自贸试验区信息港项目建设，将建设成国内领先、国际知名的全球自贸试验区信息数据综合服务平台。截至2017年12月，世界500强企业在区内投资设立企业226家。

◎创新成果案例

1 实行“一颗公章管审批”

（一）主要做法

广东自贸试验区南沙片区成立行政审批局，首批将发展改革局、国土资源和规划局、工业科技和信息化局等7个部门的主体审批业务共76大项143子项划转至行政审批局统一实施，率先在企业登记注册、投资项目备案（核准）和企业投资建设工程审批等领域实施“一颗公章管审批”。

（二）改革亮点

一是创新审批模式。与区内相关部门协同建立“前台综合窗口管收发、后台一颗公章管审批、事中事后协同监管”的受理、审批、监管相对分离运行机制，确保审批服务专业化同时，堵住审批权力寻租空间，实现廉洁审批。

二是实行审批事项标准化。对143项审批事项逐项制定标准化审批操作样本，规范行政许可事项的“要件标准、流程标准和裁量标准”，减少行政审批过程中的主观性、随意性和差异性。

三是实行“即审即办”。充分发挥一个部门集中审批的优势，初步实现16项审批（备案）事项现场迅速办结。

（三）实践成效

南沙行政审批局自2017年12月18日开始运作，企业设立、投资项目审批用时缩减了2/3，其中，企业设立审批24小时办结，企业投资类建设工程项目审批时间由88个工作日压缩为最短25个工作日，争创全国最快速度。政府行政效能大幅提高，企业获得感不断增强。

2 “三单一平台”事中事后市场监管新模式

（一）主要做法

横琴片区以大数据监管平台为依托，在市场监管领域创新性地引入市场违法经营行为提示、轻微违法经营行为免罚、失信商事主体联合惩戒等清单管理模式，重点解决企业便利营商、高效监管问题，实现企业监管全覆盖，逐步构建起了与商事登记制度改革“宽进”相适应的市场“严管”新体系。

一是为企业经营“标地雷”。率先发布市场

违法经营行为提示清单，将涉及工商部门监管执法的153部法律规章1 810种违法经营行为，按国民经济96个类别及15个市场主体类型进行分类汇总，并开发专门应用软件方便社会大众查询下载。

二是为企业发展“排地雷”。率先发布“轻微违法经营行为免罚清单”，公布了涉及13部法律法规、19项法律条款共30种工商行政管理类免罚措施，采取提示、警告、信用公示等方式，对企业首次触犯公布的轻微违法行为免予行政处罚或免予罚款。

三是打好信用监管“协同战”。出台失信商事主体联合惩戒办法、失信行为认定及联合惩戒标准规范，将全区行政和司法机关、金融机构及经依法授权的社会组织纳入失信联合惩戒部门，实现多个部门多个领域对失信商事主体共同实施惩戒。

四是破解商事主体“信用信息孤岛”。成立并投入运行首家商事主体信用信息管理服务专业机构，统一制定信用信息管理规范和技术标准，统一制定全区的商事主体失信行为认定及联合惩戒标准，实现智能化信息管理推动信用信息统一归集和运用。

（二）改革亮点

一是实现对失信行为分类“纵到底”。根据商事主体的失信行为性质、情节以及社会危害后果，创新性地划分为“轻微”“较重”和“严重”等三个失信行为层级，并明确对商事主体失信行为认定的方法、流程和时限，有效弥补了因国家政策空白导致的操作缺陷。

二是实现对失信联合惩戒“横到边”。将全区行政机关、司法机关以及相关社会组织均纳入失信联合惩戒部门，实现多个部门多个领域对失信商事主体共同实施惩戒，构建大惩戒格局，让失信企业“一处违法、处处受限”。

三是实现失信惩戒措施“全覆盖”。《联合惩戒清单》从行政、市场、行业、社会等不同角度进行梳理、汇总，共整合形成3个层级5大类80条具体措施，实现失信惩戒措施“全覆盖”。

（三）实践成效

一是实现企业放心经营。提示清单实施3年多来，为企业提供了5万多次的法律查询服务，许多企业赞扬此举“相当于为企业提供了一位免费、权威的法律顾问”。

二是实现对企业“零罚款”。通过事前违法行为提示，事中对轻微违规行为给予警告，对商事主体店铺招牌简化名称、对未在醒目位置亮照等轻微违法行为免予处罚。

三是进一步增强信用约束效力。通过官网首次公开公布失信商事主体名单，并同步推送给区内行政和司法机关、社会团体、商业银行、保险机构等单位，企业违法信息将不再是“躺在记录本上的信息”，变成“可流动、可共享、可使用的智能信息”。

3 探索一般企业商事登记确认制改革

（一）主要做法

广东自贸试验区南沙片区于2017年7月出台《深化商事制度改革先行先试若干规定》，对标国际高标准投资贸易规则，对不涉及准入负面清单、商事登记前置审批事项的一般企业设立登记，改革商事登记许可制，实行登记确认。登记机关对申请人提交的商事登记申请材料进行形式审查，材料齐全且符合法定形式的，即时予以登记并发放营业执照。

（二）改革亮点

在国内率先探索企业设立审批制度改革，将企业登记由核准制改为与国际接轨的商业登记模式，实行登记确认。大幅度放宽了市场准入，进一步激发市场主体活力和社会创造力，促进政府职能从以微观管理、直接管理为主向宏观管理、监督管理为主转变。

（三）实践成效

通过率先试点启用“人工智能＋机器人”（AIR）商事登记系统，运用人脸识别、电子签名、智能校验审核、智能地址比对、智能推荐经营范围等手段，对企业商事主体资格进行自动审查确认，实现“无人审批”。申请人可办理营业执照只需10分钟，便利度比肩国际顶尖水平。

4 打造“微警认证”应用服务平台

（一）主要做法

“微警认证”是基于公安部“互联网＋可信身份认证平台”，由南沙公安分局自主研发的一套网上身份认证应用体系，通过实现网上身份认证，将传统的政务业务搬到线上，以前需到前台出示身份证办理的业务可通过手机在线办理。2017年12月25日，广东自贸试验区借助“微警认证”平台在微信上签发全国首张“身份证网证”，在手机端提供国家法定证件级身份认证服务。

（二）改革亮点

一是认证基础科学权威。采用的身份认证机制是以第二代居民身份证为信任根，以“互联网＋可信身份认证”技术为基础，认证结果经得起检验。

二是认证过程安全可靠。认证技术不在互联网空间存储与传输公民敏感信息，有效避免了传统线上身份认证方法在信息安全方面的风险隐患。

三是认证服务成本低、效率高。采用身份证识别、密码口令识别、活体人像识别等认证方式作为身份识别手段，认证全过程不外接U盾、不使用身份证以外的嵌有芯片等其他实物。

（三）实践成效

“微警认证”上线以来，已实现了在多个政务领域的广泛应用，为各级政府部门、各类网上服务单位提供“实名、实证、实人”的可信身份认证服务。例如，上线退休人员养老待遇领取资格移动端认证业务，惠及逾70万社会化管理退休人员；上线“微信”卡包电子港澳通行证刷脸申领业务；上线全程电子化商事登记用户身份认证业务；上线用户前台自助认证功能，并使用“身份证网证”替代传统的身份证纸质复印件。

5 蛇口实行“前港—中区—后城”综合开发模式

（一）主要做法

“前港—中区—后城”的模式是前海蛇口片区的蛇口区块首创的港口、园区、城市三位一体综合开发模式，以“领头雁”机制选择项目切入点，以合伙机制调动社会资源，以综合开发机制寻求项目的组合回报和风险控制，以政企合作保障项目共赢和成功。这一模式实现了港、产、城联动，将政府、企业和各类资源协同起来，可视为城市转型升级的重要战略。

（二）改革亮点

一是“前港—中区—后城”模式构建了新型政企合作关系，政企双方按照“小政府、大企业”、合作模式多样化、优势互补互惠等原则推进政企合作。

二是“前港—中区—后城”模式是与产业生态圈高度融合的雁形模式，应用雁形原理配置全球资源，服务全球市场，实现雁形效应。既体现了“经济发展、交通先行”的思想，又突出了产业集聚、产业集群的发展理念，还符合港口与城市的地理空间演变规律。

三是码头与腹地经济结合在一起，深耕区域腹地经济，确保货运安全等竞争力叠加。

（三）实践成效

“前港—中区—后城”不仅在漳州、重庆、天津、青岛等地得到推广，而且已拓展至白俄罗斯、吉布提、斯里兰卡等国，实现了以港口带动产业园、物流、海工、金融等业务的“雁形出海”。同时，该模式制定行之有效的风险评估程序和风险对冲措施，实现了海内外投资的收益和国有资产的保值增值。

6 全球质量溯源体系

（一）主要做法

全球质量溯源体系通过采集商品从生产、贸易、流通直至消费者的全链条质量信息，以最低成本实现了商品价值的真实传递和贸易便利化。境内外企业将商品质量信息导入“智检口岸”平台，商品抵达口岸后，检验检疫机构通过溯源体系实施精准监管、快速验放；商品进入流通环节后，消费者、企业及监管部门通过溯源码或网页查询快速获取全链条溯源信息及特殊状态提醒，同时可进行咨询、举报或投诉，动员全社会质量相关方通过信息反馈参与大质量管理。

（二）改革亮点

一是共建共享。政府、企业和消费者共同参与，将商品全生命周期中的碎片化信息汇集整合，再向质量关系各方传递全面有效、科学权威的价值信息。

二是真实安全。分段采集全生命周期各环节质量信息并有效整合、验证，溯源信息完整可靠；分级展示质量信息，由各关系方自主判断和选择；采用自主知识产权的“真知码”为载体，闭源设计、开源解码，确保溯源信息的唯一性、准确性和安全性。

三是开放便利。拥有完整的准入和管理规范，对具备资质的境内外公证机构和检验检测机构全开放。

（三）实践成效

一是全链条质量溯源体系初步成型，已涵盖一般贸易、跨境电商、市场采购出口等全贸易方式和全商品品类，京东、唯品会、美赞臣、四洲百余家知名企业高度认可并主动加入工厂级溯源，赢得消费者认可和信赖。

二是打击假冒伪劣成效显著。全球质量溯源体系已在广东等多地逐步推广应用，得到了美国、澳大利亚、西班牙、意大利、泰国等多个国家相关机构、行业协会和企业积极响应，并被亚太示范电子口岸网络纳入 APEC 成员国第二批复制推广项目，为推进我国质量溯源体系建设提供了前沿范本，推动了自贸制度向国际规则的转变。

7 CEPA 框架下粤港澳商品、食品等通关便利化

（一）主要做法

广东自贸试验区积极对标国际贸易规则体系，充分利用毗邻港澳优势，创新粤港澳关检合作监管新模式，综合运用一次申报、分批出境，小商品简化归类、汇总申报，进口食品检验前置及第三方采信等创新制度，逐步实现粤港澳三地口岸联检单位在信息互换、监管互认、执法互助等领域实现便利化通关。

（二）改革亮点

一是对供澳建材等货物实行“一次申报，分批出境”。对大批量、品质单一且风险较低的供澳建材等货物，允许企业当日内提前一次性申报，海关根据实际出口货物的总体情况处理报关单，卡口凭报备清单分批验放出境。

二是实现珠澳小商品简化归类、汇总申报等快速通关。专门针对珠澳小商品品种繁多等特点，启动旅游购物出口监管模式，对同一提单下的多项商品进行合并归类，允许珠澳小商品通过简化归类、汇总申报等快速通关。

三是对符合“CEPA 原产地认定标准”港澳产食品实施特殊监管政策。对澳门食品实施“进口食品检验前置”及第三方采信，认可由澳门符合资质的第三方检验机构对其质量安全及中文标签进行检验出具检验证书，口岸检验检疫机

构将其作为进口食品合格评定依据之一，据此快速验放。区内按照“产地证明＋符合性评估＋风险监控”的合格评定程序，建立CEPA食品“进口审单放行”质量安全保障机制，对港澳政府主管部门认可的原产地、官方卫生证书和其他合格证明材料以及风险监控结果作为检验检疫放行依据，对符合要求的食品实施口岸快放。前海片区对在新的CEPA认证认可合作公告中，将深圳出入境检验检疫局增加为落实CEPA中认证认可条款的联系单位，推动有意承担认证检测业务的香港认证机构与深圳有资质的认证机构进行合作，支持香港服务提供者在深圳设立合资与独资第三方检验鉴定机构，开展进出口商品检验鉴定业务。

四是对澳门中转货物单证实行“无纸化”提交。横琴片区对经港澳中转进口我国各优惠贸易安排项下货物均实现以“中转确认书签发子系统”签发《中转确认书》，对符合条件的经港澳中转进口我国各优惠贸易安排项下货物，海关主要验核《中转确认书》电子信息，不再要求进口人提交中转确认书正本。

五是实行珠澳陆路口岸小客车机检检查结果参考互认。珠澳双方海关对经珠海横琴口岸与澳门莲花口岸两个陆路口岸进出境的小客车，在接受一方海关机检检查正常，且车辆保持按照规定路线行驶以及没有异常停留的，另一方海关对驾驶员主动提交由检查方海关加盖专用印章的《来往澳门汽车进出境签证簿》后，车辆一般情况下可免于第二次机检。

（三）实践成效

一是港澳关检“一次申报、一次查验、一次放行”合作成效明显，货物申报、查验环节和时间大幅缩减，其中对供澳建材方面，横琴片区实行“一次申报、分批出境”后单批次货物通关时间从20分钟缩短至3—5分钟，珠澳小商品简化归类后平均每票报关单节约通关时间约1小时、超过数百家小微企业受惠。

二是简化CEPA、ECFA项下货物原产地证明提交标准和直接运输认定，经澳门中转的ECFA货物节省中转时间0.5—2天。

三是珠澳两地海关互认陆路口岸小客车方面，节约通关时间40%，横琴片区已便捷验放互认陆路口岸小客车3 448辆次。

四是港澳产食品报检入境和第三方采信方面，横琴和南沙片区被抽查送检的进口食品从原7—11个工作日缩短到目前2—3小时内，横琴和前海片区目前对电动自行车、一次性卫生用品等进口产品实施第三方检验结果采信。

8 原产地证智慧审签

（一）主要做法

通过运用大数据技术，整合基于签证数据搭建的智能审单数据库和基于风险评估制定的审单规则，利用人机交互优势，建立原产地证智慧签证系统。检验检疫部门以此为载体优化业务流程，简化企业申报手续，实行无纸化申报，对相关原产地证书的审签工作实施系统自动审核及电子签名。智慧签证系统判定有风险的或无法判定的证书处理为缓审后自动发送人工审核，同时根据人工审核结果自我完善智能审单数据库。

（二）改革亮点

一是利用人机交互优势，将人工判定原产地证转换为系统标准化审单规则。相关原产地证书审签模式由传统的人工审核，调整为电子系统智能审核证书和自动打印电子签名，人工仅审核系统判定有风险的或无法判定的证书。

二是智慧签证系统创新嵌入学习模块，可自动学习经人工审核证书的审核结果，使系统在运行过程中不断完善智能审单数据库，持续提高智能化程度。

三是简政放权，全面推行落实原产地签证无纸化、简化办事流程、敏感清单制度、签证一体化等改革措施。

（三）实践成效

一是提升证书审签标准化水平。"智慧签证"系统可使用不同的审单规则进行精准审核，确保了证书审签标准的准确性和一致性。人工复核和签证抽查的结果显示，系统审核证书的准确率可达 99% 以上。

二是提升企业办事便利化水平。新模式下，企业发送相关证书电子信息后，数秒内即可收到审核结果，证书审签时间大幅缩短。

三是为企业带来关税减免。2017 年，前海蛇口片区完成 7 种证书的智慧审签 9 041 份，涉及货值 4.9 亿美元，帮助企业减免关税约 1 339 万美元，相关证书审签效能提升 80%；南沙片区共签发各类优惠原产地证书 4 819 份，涉及货值 1.92 亿美元，为企业带来关税减免近 1 000 万美元。

9 "智检口岸"一体化改革

（一）主要做法

检验检疫部门以"互联网 +"为理念，在全国首创"智检口岸"工作新模式并率先在广东自贸试验区南沙片区试点。以信息化、智能化为手段，全面整合产品信息、企业信息和监管信息，覆盖所有进出口贸易方式和业务类型，对接国际贸易"单一窗口"，推动跨部门、跨区域信息互通共享，与企业生产系统数据直传，实现"六零服务"和智能化监管。企业任何地点、任何时间均可在互联网免费、无纸化申报，可实时享受业务办理"场景式服务"以及质量溯源服务。

（二）改革亮点

一是风险评估。检验检疫部门通过"智检口岸"进行风险评估和诚信管理，采集商品全生命周期的碎片化质量信息，从商品、国别地区、企业等多维度设置布控规则，实现风险管理基础上的智能化监管。

二是闭环管理。依托"智检口岸"将采购、仓储、运输、申报、航运等整个链条均纳入监管，实现质量监管的前推后移。

三是企业直连。依托"智检口岸"与跨境电商平台、物流企业、支付企业、仓储企业进行系统对接，形成"四单对碰"；全面与企业生产系统数据直传，瞬时申报。

四是智能值守。"智检口岸"运行闸口车牌自动识别模块，运载集装箱的车辆抵达检管区后立即获知监管布控信息，实现 24 小时智能值守。

五是执法联动。通过"智检口岸"共享大数据信息，实现信息互联互通，执法互助，形成联合打击假冒伪劣、联合执法互动机制。

六是双随机管理。抽查货物由"智检口岸"平台随机布控，随机选派检验检疫人员，实现阳光、廉政、文明执法。

（三）实践成效

依托"智检口岸"一体化改革，检验检疫部门在南沙片区成功打造事前"源头可溯、风险可控"、事中"守信便利、失信惩戒"、事后"去向可查、责任可究"的全链条闭环监管新模式。通过"场景式服务"，实现业务办理流程和检验结果在线查询；通过风险评估和诚信管理，大幅降低查验比例，实现科学精准监管和高效便捷通关；通过数据互联互通，实现信息互换、监管互认、执法互助。在自贸试验区率先实现"六零服务"，市场采购出口商品通检时间由 2—3 天缩短为 16 分钟，港口业务量年均增速超过 30%；实现跨境电商平均通检时间 105 秒；"CEPA 食品"2017 年进口量同比增长 100%；平行进口汽车口岸通检提速 3 倍。

10 货物通关"线上海关"样板间

（一）主要做法

广东自贸试验区海关监管部门试点"互联网 + 易通关"改革，将原来需要企业到海关现场办理的通关事项逐步迁到“线上”，使企业和个人通过互联网平台就能轻松、便捷地办理相关业务。目前已建设形成“易通关”平台、“关邮e通”“穗关在线”移动端，覆盖货物通关、邮件通关、物品通关、加工贸易、政务服务五个领域227项业务。

（二）改革亮点

一是聚焦“提效率”，着力推进通关流程“去繁就简”、压缩货物通关时间。摸清货物通关存在的堵点、痛点，打造“货物通关”样板间，实现系统间信息互联互通，优化作业流程，提高通关效率。

二是力争“优服务”，搭建关企互动平台，全面优化企业和群众通关体验。创建“互联网+易通关”“互联网+关邮e通”平台，为企业免费提供“一点接入”的单一互联网入口，所有涉及海关通关业务都可以在一个平台上实现。

三是彻底“零收费”，逐步免除各项通关收费，降低企业通关成本。率先开放报关软件，免除报关软件系统安装费、数据传输处理费和系统运行维护费等综合费用，惠及进出口贸易的全链条企业。

四是确保“管得住”，完善内控机制建设，着力构建“阳光海关”。海关执法行为全程、实时在互联网平台进行并记录，有利于对海关关员执法情况进行分析、制约和监督。

（三）实践成效

一是实现“降本增效”。2017年，广州关区进出口货物通关时间分别较2016年全国海关进出口通关时间压缩49%、62%。“互联网+自主报关”报关单数约136万票，进口货物通关成本降幅最高为六成，出口货物通关成本降幅最高为8成。

二是凸显聚集效应。改革后实现了任意时间、任意地点自助报关，企业货物调度更灵活，物流运作顺畅，成本降低，倍增市场效应，自贸试验区内海关企业注册数量已突破2 000家，比挂牌前增长了7倍。

三是加强执法监督。实现全程可控、源头可溯的管理，促进阳光执法，有效地防范了执法风险，促进执法统一。

11 粤港货物进出境快速通道

（一）主要做法

广东自贸试验区通过创新实施“粤港跨境货栈”监管制度和“深港陆空联运”模式，打造粤港货物进出境快速通道。实施“粤港跨境货栈”监管制度，允许经海关注册登记的区内企业，建立以提单为管理基础的提单电子底账，采用粤港跨境快速通关模式，叠加“电子关锁”和现行保税物流政策实现货物在香港机场等境外口岸与南沙保税港区之间的便捷式快速通关。开展“深港陆空联运”，将出口货物查验、打板理货等服务前置到前海湾保税港区，企业可在前海完成出口货物订舱、打板、安检等全部业务流程，出口货物通过卡车直接对接香港航班，打造货物出口快速通道。

（二）改革亮点

“粤港跨境货栈”制度实现了进境环节快速通关，将货栈视为香港机场的二级货站，在海关特殊监管区域内设立专门的处理区域进行理货和存储，无须在香港机场货站理完货后再报关进境，提高物流运作效率；便利货栈货物进口报关手续，实现精简申报。

“深港陆空联运”实现前海湾保税港区与深港陆路口岸的“闸口联动”，改变了内地货物要通过香港机场空运出口，需先抵达香港机场到港仓储后，再进行理货、订舱等手续的传统模式，让出口货车成为“卡车航班”，运抵香港机场后可直接“登机”。

（三）实践成效

“粤港跨境货栈”相比较传统粤港转关操作，既优化了海关监管，又为企业节省了资源和成本。通过“一单到底”操作流程，大大提高物流转运时间和处理效率，比传统操作快 3–7 工作日。同时满足“CIF 南沙”交货，真正实现国际进口货物在南沙 CIF 的贸易，为国内收货人进一步节省了成本，个案相比传统操作办法能为加贸企业节省多达 70% 以上成本。

“深港陆空联运”实现了货物从前海理货到飞机启航的时间可控、航班可选、舱位可订等全程可预期，节约了货物在港二次仓储、理货、打板的时间和资金成本，据统计，可为企业节省 1/3 物流成本，节约 1/4 物流时间。

12 跨境电商 B2B 交易结算一体化解决方案

（一）主要做法

为适应跨境电子商务碎片化的贸易形态（海外采购订单批量小、品种多、频次高），前海蛇口、南沙片区打造了全新的跨境电商 B2B 交易结算产品。前海蛇口片区以前海湾保税港区为依托，通过银行、海关、仓库（仓库管理系统）、电商平台数据的互联互通，以海关放行电子数据为交付依据，以银行货款到账为货权交割依据，将交易所涉及的资金信息、报关信息、物流信息以及订单信息进行匹配整合，并通过银行对卖家账户监管，实结集报，账户清分，让数据贯通整个出口链条，从而形成创新的交易及结算规则。在此基础上，实现了进出口业务的线上结汇和付汇，极大提高了交易效率，降低了交易成本，为买卖双方提供了一个非常便捷及安全的交易环境。工商银行南沙分行根据跨境电商企业保税进口模式线上电商交易平台、线下实体零售商场的支付结算需求，设计研发了集线上 / 线下收单、海关和国检联动数据交互、跨境清算及国际收支申报服务于一体的综合金融服务方案。

（二）改革亮点

一是将海关特殊监管区域监管政策、跨境电商特殊区域出口运作模式以及银行国际结算服务体系进行深度结合，为建立适应“数字贸易”发展的监管与保障体系做出重要探索。

二是通过与境内外银行合作开发支付与结算工具，设立伞型账户体系，高效解决海外多方买家与境内多方卖家“多对多”的物流监控与资金结算问题。

三是线上线下打通，突破传统跨境电商 B2B 平台线上展示撮合功能，实现交易“去中间化”，将环节缩减到“工厂—零售商—消费者”三个环节，降低渠道成本。

（三）实践成效

2016 年、2017 年前海湾保税港区跨境电商出口货值分别为 1.77 亿美元、3.74 亿美元，同比增长分别为 338%、112%。跨境电商 B2B 出口一站式解决方案目前已得到越来越多知名电商平台的认可，2017 年 4 月，纳斯达克上市企业“环球资源”与方案集成方保宏公司共同签署战略协议，推出“环球购”服务，阿里巴巴、敦煌网、环球市场、中国制造网、广交会网站等也已启动系统对接和业务测试。

工商银行南沙分行与某大型企业下属自贸试验区南沙片区企业开展深度合作，为企业提供全流程金融服务。该企业 2017 年跨境电子商务年销售量达数十亿元人民币，工商银行南沙分行作为该企业广东地区各门店银行业务唯一合作方，收单交易额及资金结算量巨大，为南沙跨境电商类企业结算发展发挥了示范性作用。

13 粤港澳游艇“自由行”

（一）主要做法

为保障游艇“自由行”顺利落地实施，广东自贸试验区开创性提出“定点停靠、就近联检”的新型便利通关模式，率先实施“定点停靠，就近联检”管理模式。基本流程为：游艇及随艇人员（含驾驶员）在指定的客运口岸办理入境手续后，可就近停泊到指定的码头；游艇及随艇人员（含驾驶员）在指定的客运口岸办理出境手续后须直接出境。港澳游艇即使前往未对外开放的游艇码头，也可以按照“定点停靠、就近联检”的原则入境通关，且可实施电讯检疫、免办《登轮许可证》、免办搭靠手续等便利化措施，大大简化了通关手续。

（二）改革亮点

整合利用现有对外开放口岸资源，采用“定点停靠，就近联检”的新型口岸管理模式，初步明确了香港、澳门特别行政区籍游艇在出入境通关、监管查验、码头设置、牌照互认、航行区域规划等方面的政策创新，形成游艇出入境政策体系、管理机制和操作指引，为在广东乃至全国推进港澳游艇“自由行”、促进游艇旅游业发展积累可复制可推广的试点经验。

（三）实践成效

2017 年 7 月 24 日，广东自贸试验区粤港澳游艇自由行首航活动在广州南沙举行，澳门游艇“思一”号参加试航，并取得成功。目前横琴长隆游艇码头基础设施也基本建成，构建横琴与港澳“一程多站”的旅游路线提供更多选择途径，对助力粤港澳大湾区互联互通具有重要意义。

14 打造“全球中心仓”

（一）主要做法

前海蛇口片区在“仓储货物按状态分类监管”政策的基础上，进一步构建“一区多功能，一仓多形态”，通过先行先试特殊区域内账册的互联互转、构建海关 WMS 智能系统对接企业 WNS 仓库管理系统，进一步实现非保税货物与保税货物“同仓存储”、出口贸易与进口贸易“同仓调拨”、小额交易与大宗贸易“同仓交割”、外贸与内贸“同仓一体”等“四个同仓”。该模式助力企业打通“一带一路”沿线贸易，满足企业同时供应国内海外两个市场、同时存在多种贸易方式的需求，使原来需要存储于多个地区、多个仓库的多种物流及贸易形态可以在自贸试验区内的一个中心仓内一站式完成。

（二）改革亮点

一是允许国内非保税货物以非报关方式入区仓储，海关通过物理隔离等方式实施分类监管。

二是允许保税港区不同管理账册下货物的互联互转，运用信息技术手段拆除了园区内非保税账册、普通保税账册、电商账册等几本贸易管理账册之间的“围墙”。

三是构建海关 WMS 智能系统，实现海关数据系统和企业仓库管理系统实时对接，实现海关对企业仓库的嵌入式、数字化监管。

四是通过加强关企协作，在有效监管仓库、账册的基础上，叠加“入区即卸货”“先入区后报关”等原有的前海湾保税港区优惠政策，进一步释放政策红利。

（三）实践成效

一是货物可非报关入区，区内企业可改变原来要同时设立区内保税仓库、区外的非保税仓库的做法，大幅降低管理和资金成本。

二是区内货物可以在不同账册间“结转”，区内企业可以根据市场需求，混合经营跨境电商、保税仓储、保税展示交易、非贸货物等不同贸易形态，实现多种贸易方式的分拨、集拼和混成。

以一家园区企业实际货物流转为例，该企业通过将区内 900 万欧元的保税货物由保税账册转电商账册，与传统模式相比避免了退港再入园的成本和时间，共节约费用约 100 万元人民币，节约时间 20 余天。前海将通过“全球中心仓”模式的不断升级，无缝连接国际、国内两个市场，助力全球商品在前海“走出去”和“引进来”，助力企业打造“1 万公里的生意、0.1 米的距离体验”，构筑前海全球商品贸易中心。

15 国内首创澳门单牌车便利入出横琴

（一）主要做法

2016 年 12 月 20 日，首批澳门单牌车入出横琴正式启动实施，并由人保财险横琴公司签发第一批澳门单牌车车险保单。该创新主要依托大数据自动关联审批、视频办事等技术设立跨境审批数据共享互认综合管理系统，通过网上申报审批、一线口岸通关验放、二线通道越界监管实现“前中后”全覆盖便利入出横琴岛，对方便澳门居民在横琴投资兴业，促进澳门与横琴协同创新发展具有里程碑意义。

（二）改革亮点

一是“免担保”政策释放红利，积极制定配套监管办法，对入出横琴的不存在超期滞留、超范围行驶、走私违规等情况的守法澳门牌照机动车辆，实行免予收取税款担保的优惠措施。

二是简化备案替代审批，审批部门、牌证发放部门与口岸查验单位实现数据和信息共享，以“单一窗口”形式受理备案申请，申请人只需在申请时一次性提交申请材料，即可通过跨部门互通的信息系统平台，在线完成备案手续。

三是系统实现自助验放和有效监管，凭借口岸“一站式”验放系统予以快速验放，一辆车正常情况下通关时间可最快5秒内放行。同时，口岸一、二线实现监管联动，对越界行驶车辆自动化监管、取证、报警。

四是澳门客户递交单牌车进入横琴片区申请资料时，可一并办理交强险和商业险投保缴费手续，有效解决了澳门单牌车进入横琴的保险服务问题。

（三）实践成效

澳门单牌车政策的落地及单牌车车险保单的签发，加强了两地商贸往来，带来更多的合作与交流，促使货物、资金、人员等要素更便捷流动，对于促进两地人员交流及澳门经济适度多元发展具有重要意义。澳门单牌车政策实施以来，通过澳门机动车入出横琴综合管理系统接收并处理的新增入境、续期、添加驾驶员等申请超过2 300项，为800多辆澳门单牌车入出横琴提供业务服务保障，得到澳门单牌车申请主体的广泛认可。

16 CEPA框架下率先放宽金融机构外资持股比例上限

（一）主要做法

2017年6月，在香港回归祖国二十周年之际，证监会批准设立汇丰前海证券有限责任公司、东亚前海证券有限责任公司，港资合并持股比例分别为51%和49%。两家公司于2017年12月7日正式开业，其中，汇丰前海证券是内地首家港资控股证券公司，由香港上海汇丰银行有限公司与前海金融控股有限公司共同发起成立，双方占股比例分别为汇丰银行51%，前海金控49%。东亚前海证券由东亚银行有限公司、前海金控及另外两家内地公司共同发起设立，其中东亚银行为第一大股东，持股比例为49%。汇丰前海证券与东亚前海证券是根据内地与香港特区政府、澳门特区政府签署的《关于建立更紧密经贸关系的安排》（简称CEPA）补充协议十框架下，获得证监会核准的港资控股证券公司。

另外，加上此前成立的内地首家CEPA框架下合资证券投资咨询公司——广证恒生证券投资咨询公司、内地首家CEPA框架下消费金融公司——前海招联消费金融公司、内地首家CEPA框架下港资控股公募基金公司——恒生前海基金管理公司，内地首家以“准入前国民待遇加负面清单”模式设立的大西洋银行横琴分行，CEPA框架下对港澳金融业开放政策在广东全面落地。

（二）改革亮点

一是突破了外资不能控股的限制。无论是汇丰银行的绝对控股还是东亚银行的相对控股，都是外资机构在内地金融业领域投资的重大突破。

二是突破了单一牌照的限制。与以往外资证券公司只能获得投资银行牌照不同，两家港资机构直接获得了多项业务牌照。

三是以往外资只能和内地证券公司合资设立投行业务子公司，汇丰前海证券是直接和内资非金融机构组建的合资证券公司。

（三）实践成效

汇丰前海证券等机构的设立，是广东深化粤港合作、实现国家战略定位的重要成果，不仅体现了党中央、国务院对于维护香港繁荣稳定的重要态度，还表明中国证监会对促进中国资本市场健康稳定发展作出的积极努力，为构建我国金融业对外开放新格局、建立更加开放的经济体系做出有益探索。

17 全国唯一设在总行之外的总行级 CIPS 清算中心

（一）主要做法

人民币跨境支付系统（CIPS）为境内外金融机构人民币跨境和离岸业务提供资金清算、结算服务，是我国推动人民币国际化的重要金融基础设施。农业银行积极响应国家“一带一路”建设，将总行人民币跨境支付系统（CIPS）清算中心设立在前海自贸试验区分行，并创新性地开发了延时清算、联动清算、系统内不间断清算等跨境人民币清算功能，大大提升跨境清算效率，推动农业银行人民币国内支付和国际支付统筹兼顾的现代化支付体系建设。

1. 跨境人民币往账清算场景

假设境内同业 A 银行在前海农行开立跨境人民币同业往来账户，需对外付款时，前海农行收到同业 A 银行付款指令后，通过 CIPS 清算场景（见图 1）。

2. 跨境人民币来账清算场景

假设前海农行收到一笔境内同业 A 银行的跨境人民币来账，办理资金入账后以 MT910/MT103 电文或网银指令通知 A 银行为客户办理入账（见图 2）。

3. 清算服务功能领先同业

2016 年 1 月 26 日，农业银行延时清算系统正式上线，可为境内外同业支付清算延时至北京时间 23 点（同业均为 20 点），并实现系统内境内外分行之间的跨境人民币 7 × 24 小时无时差清算，形成依托 CIPS 系统具有强大跨境清算能力的独立清算体系。

4. 同业账户综合服务功能强大

前海农行同业账户功能经过深度优化后，在前海农行开立 CIPS 清算账户的同业客户可享受账户融资、账户透支、同业网银以及倒起息等特色服务，进一步提升了农业银行 CIPS 清算中心服务优势。

（二）改革亮点

农业银行人民币跨境支付系统（CIPS）清算中心是国内首家设立在总行机构之外的总行级

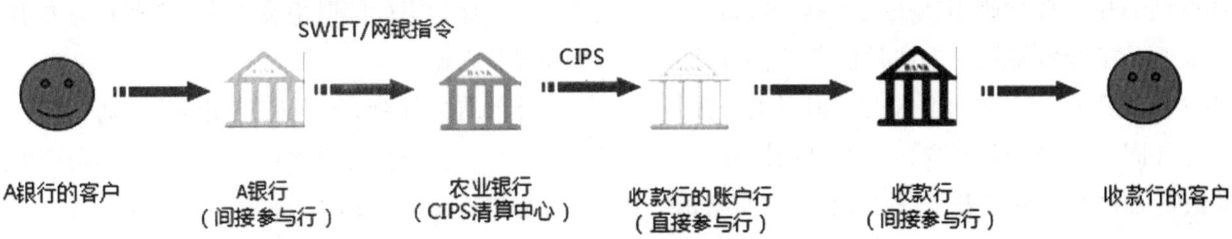

图 1

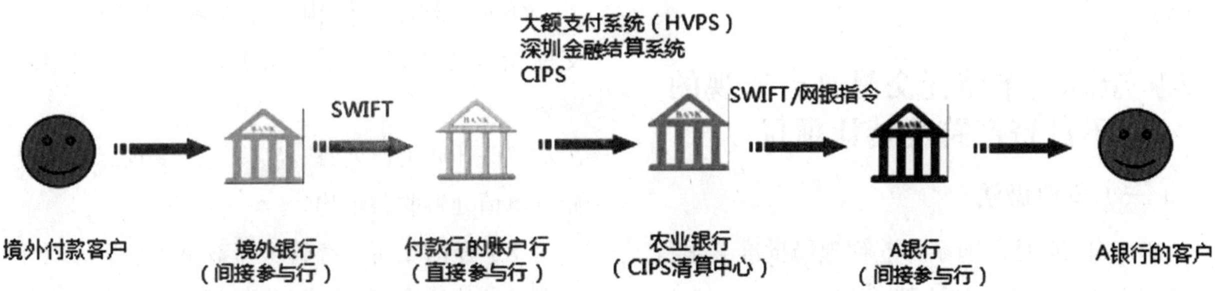

图 2

清算中心，由总行运营部牵头 CIPS 系统的改造、优化、维护，前海自贸试验区分行负责 CIPS 系统清算中心的运营和操作，总行与分行建立起分工明确、配合高效的业务运营模式，在业内尚属首例。

（三）实践成效

一是响应国家重要战略决策。人民币跨境支付系统建设意义重大，是人民币国际化和国家“一带一路”建设总体布局的重要支撑，农业银行积极开展并推广 CIPS 业务不仅为中国企业“走出去”、人民币直接境外投资提供了便利渠道，更是与国家战略决策紧密结合在一起。

二是跨境人民币清算量以及效率不断提高。跨境人民币业务将逐步由大额支付系统（CNAPS）转移至 CIPS 系统，减少资金运转流程，提高跨境人民币清算效率。

三是清算中心服务功能显著提升。目前，农业银行 CIPS 清算中心已为香港分行、伦敦子行等六家境外分子行开立 CIPS 清算账户，成为仅次于农总行清算中心的境外分子行跨境人民币清算中心，不仅有助于提升上述国家和地区持有人民币、以人民币结算的意愿，信息安全、数据沉淀和分析的效率也大幅提升。

四是境内外间参行规模不断扩大。农业银行 CIPS 清算中心成功吸引斯里兰卡锡兰银行、拉脱维亚子午线贸易银行、迪拜伊斯兰银行开立 CIPS 清算账户，并同印度银行、国泰世华银行等境外同业达成合作意向；针对境内同业，农业银行 CIPS 清算中心积极联动境内分支行营销，为华兴银行、华润银行等近二十余家同业开立 CIPS 清算账户。

18 全国首单依托交易平台实现的不良资产跨境转让项目

（一）主要做法

2016 年 12 月，国家外汇管理局批准某银行通过前交所办理跨境转让不良资产业务。在深圳分局的指导下，前交所于 2016 年 12 月 30 日顺利完成了首单跨境债权转让业务。境内资产转让方向前交所申请挂牌 6 笔不良信贷资产包，经过前交所官网的公示，境外机构申请摘牌，双方采取协议转让的方式成交，交易金额 2 340 万美元。前交所见证买卖双方签订交易协议及完成资产交割，并代为履行外债登记手续。该笔交易是全国首单依托交易所进行的不良资产跨境转让业务。

1. 业务概述

该案例项下，境外合格机构投资者通过前交所跨境交易平台，受让境内机构不良资产债权，在银登中心完成资产登记和流转，并通过前交所还本付息专户汇出其合法处置收益。

2. 交易流程

资产交易环节：

（1）资产转让方在前交所跨境交易试点平台挂牌拟转让的不良资产债权，挂牌资产先在银登中心办理资产登记。

（2）展示期间，合格意向受让方摘牌，采取协议转让成交，签订《金融资产转让协议》。前交所成功撮合买卖双方后，在银登中心完成资产流转登记。

（3）前交所根据成交结果，向国家外汇管理局逐笔申请外债登记备案。

（4）存管银行依据相关文件开立账户并办理交易价款入账。

（5）前交所确认资产交割完毕后，通知存管银行结汇，并把交易价款划至合同约定的资产受让方账户，交易完成。

收益汇出环节：

（6）贷款服务机构受托处置不良资产，前交所留存《资产处置委托协议》，并登记指定账户。

（7）开展资产处置，实现资产变现，资产受让方申请处置收益汇出。

（8）经前交所、存管银行双重审核后，对于认定来源依法合规的处置收益部分，通过前交所还本付息账户予以汇出。对于处置收益未通过前交所审核的部分(若有),由前交所出具“支付命令函”,在存管银行办理退回手续。

处置收益汇出后，前交所办理外债注销手续并销户。

（二）改革亮点

一是全国首单依托交易所进行的不良资产跨境交易业务。在此基础上，2017年5月26日，外汇总局批复试点业务优化方案，授权深圳分局审批前交所跨境不良资产转让业务。

二是形成可复制可推广业务模式。前交所在总结前述首笔业务实操经验的基础上，对业务模式、操作管理流程进行了梳理和规范，形成了可复制可推广的具体方案。

（三）实践成效

一是先试先行，全国首单。首单顺利落地，前交所成为国内唯一一家获批不良资产跨境业务的金融资产交易所。该笔业务成为全国首单依托交易所进行的不良资产跨境交易业务，是落实央行支持自贸试验区建设金融创新政策的具体实践，具有历史性意义。

二是缓解银行压力，释放风险。通过前交所的不良资产跨境转让平台，可以匹配境外较低成本的资金，进一步缓解境内各类银行、金融资产管理公司以及其他非银金融机构处置不良资产的压力，真正实现信贷风险向系统外释放，同时进一步调节流动性风险。

三是优化金融配置，服务实体经济。通过跨境不良资产交易试点，前交所可以为金融机构盘活信贷存量，引导境外投资者投资境内不良资产发挥更大的作用。让境内机构吸取国际先进资产处置和重组经验，整合国内外资源，盘活“僵尸企业”，助力供给侧改革。

四是践行国家战略，助推人民币国际化。通过上述不良资产跨境交易的试点，有助于推动金融资产的跨境交易，推动实现人民币在跨境金融资产交易中计价、结算的货币功能，践行我国加入SDR的国际承诺，推动人民币国际化，进一步提高我国人民币资本项目可兑换程度，熨平汇率波动及扩大资金流入。

19 知识产权运营交易国家平台上线运营

（一）主要做法

广东自贸试验区横琴片区搭建全国首个金融创新知识产权适营交易平台——七弦琴国家平台,以七弦琴国家知识产权交易网和“七弦琴”APP客户端为服务载体,集社交、IP电商、IP金融、大数据四大功能于一体，初步形成以知识产权金融创新、知识产权跨境交易为特色的知识产权线上交易系统。

（二）改革亮点

一是创新知识产权生态系统。打通产业界、知识产权界、研发设计创作界，建设中国脑力劳动者互联网家园，着力打造集聚创新人才、创新资源、创新要素的生态系统。

二是创新知识产权交易。推出专利转让独家代理服务，在专利运营过程中提供全面服务；建立代售专利数据库，通过大数据分析，寻找潜在的专利资源和需求方，提高专利运营的针对性。制定知识产权运营交易规范文件，对交易全流程进行了细化和规范。

三是开展知识产权质押融资。组建风险补偿基金管理人、商业银行、担保公司、保险公司等12家机构参与的珠海市知识产权质押贷款服务联盟，统一标准行使各自职能，全面介入知识产权质押贷款申请企业状态查询、价值评估及审核、办理质押手续、交易处置等各个环节，为客户提供知识产权管理、运维、价值挖掘、运用开发等系列增值服务。

（三）实践成效

一是平台运营推广取得初步成效。通过举办

线上线下的各类活动提升平台影响力，不断丰富完善平台的知识产权资产和服务产品。目前平台注册会员 8.69 万个，开设各类店铺 104 家，包括七弦琴官方旗舰店以及联营合作店铺。2016 年 6 月平台正式上线运营至今，已完成 500 万元人民币交易额。储备代售专利 5 000 余件，2017 年线下完成各类专利交易 192 件。

二是知识产权金融创新成效显著。目前珠海市知识产权质押融资业务规模共计 9 390 万元人民币。市场化业务方面，珠海十亿人社区农业科技有限公司 100 万元人民币知识产权质押贷款市场化业务已经获批。完成珠海市政府风险补偿基金第二批基金机构准入。

三是开展知识产权国际运营。积极推进港澳台及国际合作，与台湾博拓国际智权集团、美国怀威律所、日本河野律所、澳门卢伟乐律所、澳门大学达成战略合作协议，为进一步开展国际运营业务奠定基础。

20 全国首创互联网金融仲裁服务平台

（一）主要做法

广东自贸试验区横琴片区按照新型互联网金融业态的发展规律及需求，积极构建互联网金融仲裁机制，设立国内首个专门解决金融纠纷的互联网仲裁平台。该平台由互联网仲裁当事人及仲裁员、互联网仲裁核心业务处理、互联网仲裁委管理等三大子系统构成，主要运用主流的主体身份认证、电子签章、时间戳等技术促进文件交换具备法律效力，对外以互联网方式提供在线仲裁服务，对内通过内部网络进行案件处理确保信息安全，推动仲裁业务全流程在线办理。

（二）改革亮点

一是主体网络认证。平台采用人脸活体认证和银行卡四要素认证，确保网络主体身份与线下真实身份一致。

二是全程在线处理。通过电子商务认证、时间戳、电子签章等技术，从提出仲裁申请、答辩、选定仲裁员、举证质证到作出仲裁裁决，全程均依托互联网仲裁平台进行。

三是智能批量操作。金融交易或服务平台通过与仲裁平台数据对接，可批量上传欠款案件。对于其中类型化案件，则可按照同案类裁的方式进行批量处理。

四是突破地域空间限制。网络仲裁对仲裁申请人与被申请人的地域性要求不高，可接收境内外金融争议案件，有效解决互联网金融参与人分布广泛问题。

五是制定专门规则和组建专门仲裁员团队。结合互联网金融仲裁特点，制定了专门的互联网金融仲裁规则，并在原有和增补的仲裁员名册中挑选储备专门服务互联网金融仲裁员开展仲裁。

六是运用区块链技术建立联盟链。与技术开发方深度合作，在合同签订时即利用区块链存证，合同的履行环节同样上传存证，发生纠纷后电子证据问题迎刃而解。

（三）实践成效

一是提高仲裁效率。该平台改变传统仲裁模式，实现与国内互联网交易金融平台对接，实现在线批量受理、办理来自各平台海量互联网金融纠纷案件，实现互联网金融纠纷解决便利化。

二是降低仲裁成本。小额互联网金融纠纷案件，适用速裁程序从组庭到裁决最快只需 6 天，适用普通程序案件只需 10 天，比传统线下仲裁需 4 个月审批时限，成本大幅降低。

三是试运行效果明显。目前已有 7 家互联网金融机构和技术服务机构与平台建立合作关系。从已测试试点的 54 件互联网金融纠纷案件情况看，反响热烈。预计系统成规模运作后，将有数千件类似案件正式会成为该平台首批案件。

21 推动资本项下对内对外开放，试点QFGP、QDIE和QFLP

（一）主要做法

广东自贸试验区积极推动资本项下对内对外开放，分别开展合格境外一般合伙人（QFGP）、合格境外有限合伙人（QFLP）和合格境内投资者境外投资（QDIE）试点。2015 年 2 月推动设立了外商股权投资基金企业（QFLP）——广州赛富兆星股权投资基金合伙企业，由港资企业在南沙设立，在境内从事股权投资及股权投资管理业务，为区内新兴产业提供引导、聚集与培育等综合化金融服务。2015 年 3 月，前海蛇口片区试点开展 QDIE 业务，“鹏华广盈 2 号信合东方专项资产管理计划”开始运作，成为全国首单合格境内投资者境外投资试点产品。2017 年 6 月，南沙片区在 QFLP 试点成功的基础上设立了中外合资股权投资基金管理企业（QFGP）——南网建鑫基金管理有限公司，由南方电网资本控股有限公司联合建银国际在南沙注册设立，并成立了规模 100 亿元人民币的南网建鑫产业投资基金，主要采用股权投资、设立子基金等多种方式投向与电网主业相关的领域，包括新能源开发、节能改造、电网大数据运用、充电汽车与充电服务等行业上下游项目。

（二）改革亮点

广东自贸试验区积极落地 QFGP、QDIE 和 QFLP 等先试先行的跨境业务，是资本项下金融市场走向开放的有益探索，展示了政府、金融机构及各类市场主体多方配合实现产品创新的成功实践，并有效拓展了投资主体的组织形式，降低了境内外投资者的交易成本，提高了境内外资金使用效率，更好地作用于实体经济发展。

（三）实践成效

QFGP、QFLP 和 QDIE 制度下的企业和产品自设立以来均运行稳定，投资人反映良好，资管净值稳步升高，取得了较好的业绩。这些跨境金融的创新业务将撬动国内外资本支持自贸试验区实体经济发展，吸引港澳资金、人才、技术资源集聚，带动区内高新科技产业、战略性新兴产业快速发展。

22 首创全国首单美元结算的跨境船舶租赁资产交易

（一）主要做法

2017 年 10 月 30 日，工银租赁香港公司将境外一艘名为“海阔”的香港籍大灵便型散货船在广州航运交易所船舶交易平台以美元标价挂牌出售，最终由福建客户竞得，成交价 840 万美元。

（二）改革亮点

此次交易成功实现了在香港籍租赁船舶无须在境内靠港、无须报关的情况下，利用广州航交所船舶交易平台，将境外船舶资产转让给境内客户。此次交易以美元为货币收取，该项外汇收支创新试点业务突破了目前境外船舶在国内第三方交易平台交易外汇收支业务的瓶颈和难点。

（三）实践成效

广州航运交易有限公司——广州航运交易平台突破从单向跨境资产交易业务（跨境进口）到双向跨境资产交易业务（跨境进、出口）的功能完善，继续保持国内唯一具有跨境资产交易成功操作经验的第三方交易平台优势；解决第三方平台“购付汇主体不一致”问题，实现高效安全合规的第三方资金托管及结算服务；金融机构（工银租赁）作为境外船东，首次在境内第三方资产交易平台处置境外资产。

◎国务院关于印发中国（广东）自由贸易试验区总体方案的通知

国发〔2015〕18号

各省、自治区、直辖市人民政府，国务院各部委、各直属机构：

国务院批准《中国（广东）自由贸易试验区总体方案》（以下简称《方案》），现予印发。

一、建立中国（广东）自由贸易试验区（以下简称自贸试验区），是党中央、国务院作出的重大决策，是在新形势下推进改革开放和促进内地与港澳深度合作的重要举措，对加快政府职能转变、积极探索管理模式创新、促进贸易和投资便利化，为全面深化改革和扩大开放探索新途径、积累新经验，具有重要意义。

二、自贸试验区要当好改革开放排头兵、创新发展先行者，以制度创新为核心，贯彻“一带一路”建设等国家战略，在构建开放型经济新体制、探索粤港澳经济合作新模式、建设法治化营商环境等方面，率先挖掘改革潜力，破解改革难题。要积极探索外商投资准入前国民待遇加负面清单管理模式，深化行政管理体制改革，提高行政管理效能，提升事中事后监管能力和水平。

三、广东省人民政府和有关部门要解放思想、改革创新，大胆实践、积极探索，统筹谋划、加强协调，支持自贸试验区先行先试。要加强组织领导，明确责任主体，精心组织好《方案》实施工作，有效防控各类风险。要及时总结评估试点实施效果，形成可复制可推广的改革经验，发挥示范带动、服务全国的积极作用。

四、根据《全国人民代表大会常务委员会关于授权国务院在中国（广东）自由贸易试验区、中国（天津）自由贸易试验区、中国（福建）自由贸易试验区以及中国（上海）自由贸易试验区扩展区域暂时调整有关法律规定的行政审批的决定》，相应暂时调整有关行政法规和国务院文件的部分规定。具体由国务院另行印发。

五、《方案》实施中的重大问题，广东省人民政府要及时向国务院请示报告。

国务院

2015年4月8日

中国（广东）自由贸易试验区总体方案

建立中国（广东）自由贸易试验区（以下简称自贸试验区）是党中央、国务院作出的重大决策，是新形势下全面深化改革、扩大开放和促进内地与港澳深度合作的重大举措。为全面有效推进自贸试验区建设，制定本方案。

一、总体要求

（一）指导思想

全面贯彻落实党的十八大和十八届二中、三中、四中全会精神，按照党中央、国务院决策部署，紧紧围绕国家战略，进一步解放思想，先行先试，以开放促改革、促发展，以制度创新为核心，促进内地与港澳经济深度合作，为全面深化改革和扩大开放探索新途径、积累新经验，发挥示范带动、服务全国的积极作用。

（二）战略定位

依托港澳、服务内地、面向世界，将自贸试验区建设成为粤港澳深度合作示范区、21世纪海上丝绸之路重要枢纽和全国新一轮改革开放先行地。

（三）发展目标

经过三至五年改革试验，营造国际化、市场化、法治化营商环境，构建开放型经济新体制，实现粤港澳深度合作，形成国际经济合作竞争新优势，力争建成符合国际高标准的法制环境规范、投资贸易便利、辐射带动功能突出、监管安全高效的自由贸易园区。

二、区位布局

（一）实施范围

自贸试验区的实施范围116.2平方公里，涵盖三个片区：广州南沙新区片区60平方公里（含广州南沙保税港区7.06平方公里），深圳前海蛇口片区28.2平方公里（含深圳前海湾保税港区3.71平方公里），珠海横琴新区片区28平方公里。

自贸试验区土地开发利用须遵守土地利用法律法规。

（二）功能划分

按区域布局划分，广州南沙新区片区重点发展航运物流、特色金融、国际商贸、高端制造等产业，建设以生产性服务业为主导的现代产业新高地和具有世界先进水平的综合服务枢纽；深圳前海蛇口片区重点发展金融、现代物流、信息服务、科技服务等战略性新兴服务业，建设我国金融业对外开放试验示范窗口、世界服务贸易重要基地和国际性枢纽港；珠海横琴新区片区重点发展旅游休闲健康、商务金融服务、文化科教和高新技术等产业，建设文化教育开放先导区和国际商务服务休闲旅游基地，打造促进澳门经济适度多元发展新载体。

按海关监管方式划分，广州南沙新区片区和深圳前海蛇口片区内的非海关特殊监管区域，重点探索体制机制创新，积极发展现代服务业和高端制造业；广州南沙保税港区和深圳前海湾保税港区等海关特殊监管区域，试点以货物贸易便利化为主要内容的制度创新，主要开展国际贸易和保税服务等业务；珠海横琴新区片区试点有关货物贸易便利化和现代服务业发展的制度创新。

三、主要任务和措施

（一）建设国际化、市场化、法治化营商环境

1. 优化法治环境。在扩大开放的制度建设上大胆探索、先行先试，加快形成高标准投资贸易规则体系。按照统一、公开、公平原则，试点开展对内对外开放的执法与司法建设，实现各类市场主体公平竞争。强化自贸试验区制度性和程序性法规规章建设，完善公众参与法规规章起草机制，探索委托第三方起草法规规章草案。对涉及自贸试验区投资贸易等商事案件，建立专业化审理机制。完善知识产权管理和执法体制，完善知识产权纠纷调解和维权援助机制，探索建立自贸试验区重点产业知识产权快速维权机制。发展国际仲裁、商事调解机制。

2. 创新行政管理体制。按照权责一致原则，建立行政权责清单制度，明确政府职能边界。深化行政审批制度改革，最大限度取消行政审批事项。推进行政审批标准化、信息化建设，探索全程电子化登记和电子营业执照管理，建立一口受理、同步审批的“一站式”高效服务模式，建设市场准入统一平台和国际贸易“单一窗口”，实现多部门信息共享和协同管理。深化投资管理体制改革，对实行备案制的企业投资项目，探索备案文件自动获准制。建立集中统一的综合行政执

法体系，相对集中执法权，建设网上执法办案系统，建设联勤联动指挥平台。提高知识产权行政执法与海关保护的协调性和便捷性。探索设立法定机构，将专业性、技术性或社会参与性较强的公共管理和服务职能交由法定机构承担。建立行政咨询体系，成立由粤港澳专业人士组成的专业咨询委员会，为自贸试验区发展提供咨询。推进建立一体化的廉政监督新机制。

3. 建立宽进严管的市场准入和监管制度。实施自贸试验区外商投资负面清单制度，减少和取消对外商投资准入限制，重点扩大服务业和制造业对外开放，提高开放度和透明度。对外商投资实行准入前国民待遇加负面清单管理模式，对外商投资准入特别管理措施（负面清单）之外领域的外商投资项目实行备案制（国务院规定对国内投资项目保留核准的除外），由广东省负责办理；根据全国人民代表大会常务委员会授权，将外商投资企业设立、变更及合同章程审批改为备案管理，由广东省负责办理，备案后按国家有关规定办理相关手续。健全社会诚信体系，建立企业诚信制度，开展信用调查和等级评价，完善企业信用约束机制，实施守信激励和失信惩戒制度。完善企业信用信息公示系统，实施企业年报公示、经营异常名录和严重违法企业名单制度。以商务诚信为核心，在追溯、监管、执法、处罚、先行赔付等方面强化全流程监管。配合国家有关部门实施外商投资国家安全审查和经营者集中反垄断审查，实施外商投资全周期监管。探索把服务相关行业的管理职能交由社会组织承担，建立健全行业协会法人治理结构。根据高标准国际投资和贸易规则要求，强化企业责任，完善工资支付保障和集体协商制度，建立工作环境损害监督等制度，严格执行环境保护法规和标准，探索开展出口产品低碳认证。

（二）深入推进粤港澳服务贸易自由化

4. 进一步扩大对港澳服务业开放。在《内地与香港关于建立更紧密经贸关系的安排》、《内地与澳门关于建立更紧密经贸关系的安排》（以下统称《安排》）及其补充协议框架下探索对港澳更深度的开放，进一步取消或放宽对港澳投资者的资质要求、股比限制、经营范围等准入限制，重点在金融服务、交通航运服务、商贸服务、专业服务、科技服务等领域取得突破。允许港澳服务提供者在自贸试验区设立独资国际船舶运输企业，经营国际海上船舶运输服务。允许港澳服务提供者在自贸试验区设立自费出国留学中介服务机构。支持在自贸试验区内设立的港澳资旅行社（各限5家）经营内地居民出国（境）（不包括台湾地区）团队旅游业务。在自贸试验区内试行粤港澳认证及相关检测业务互认制度，实行“一次认证、一次检测、三地通行”，适度放开港澳认证机构进入自贸试验区开展认证检测业务，比照内地认证机构、检查机构和实验室，给予港澳服务提供者在内地设立的合资与独资认证机构、检查机构和实验室同等待遇。允许港澳服务提供者发展高端医疗服务，开展粤港澳医疗机构转诊合作试点。建设具有粤港澳特色的中医药产业基地。优化自贸试验区区域布局，规划特定区域，建设港澳现代服务业集聚发展区。

5. 促进服务要素便捷流动。推进粤港澳服务行业管理标准和规则相衔接。结合国家关于外籍高层次人才认定以及入出境和工作生活待遇政策，研究制定自贸试验区港澳及外籍高层次人才认定办法，为高层次人才入出境、在华停居留提供便利，在项目申报、创新创业、评价激励、服务保障等方面给予特殊政策。探索通过特殊机制安排，推进粤港澳服务业人员职业资格互认。探索在自贸试验区工作、居住的港澳人士社会保障与港澳有效衔接。创新粤港澳口岸通关模式，推进建设统一高效、与港澳联动的口岸监管机制，加快推进粤港、粤澳之间信息互换、监管互认、执法互助。加快实施澳门车辆在横琴与澳门间便利进出政策，制定粤港、粤澳游艇出入境便利化措施。支持建设自贸试验区至我国国际通信业务出入口局的直达国际数据专用通道，建设互联互通的信息环境。

（三）强化国际贸易功能集成

6. 推进贸易发展方式转变。粤港澳共同加强与21世纪海上丝绸之路沿线国家和地区的贸易往来，开拓国际市场。鼓励企业在自贸试验区设立总部，建立整合物流、贸易、结算等功能的营运中心。探索自贸试验区与港澳联动发展离岸贸易。加强粤港澳会展业合作，在严格执行货物进出口税收政策前提下，允许在海关特殊监管区域内设立保税展示交易平台。支持开展汽车平行进口试点，平行进口汽车应符合国家质量安全标准，进口商应承担售后服务、召回、“三包”等责任，并向消费者警示消费风险。鼓励融资租赁业创新发展，对注册在自贸试验区海关特殊监管区域内的融资租赁企业进出口飞机、船舶和海洋工程结构物等大型设备涉及跨关区的，在确保有效监管和执行现行相关税收政策前提下，按物流实际需要，实行海关异地委托监管。支持在海关特殊监管区域内开展期货保税交割、仓单质押融资等业务。创新粤港澳电子商务互动发展模式。按照公平竞争原则，积极发展跨境电子商务，完善相应的海关监管、检验检疫、退税、跨境支付、物流等支撑系统，加快推进跨境贸易电子商务配套平台建设。拓展服务贸易新领域，搭建服务贸易公共服务平台。建立华南地区知识产权运营中心，探索开展知识产权处置和收益管理改革试点。积极承接服务外包，推进软件研发、工业设计、信息管理等业务发展。加强粤港澳产品检验检测技术和标准研究合作，逐步推进第三方结果采信，逐步扩大粤港澳三方计量服务互认范畴。改革和加强原产地证签证管理，便利证书申领，强化事中事后监管。

7. 增强国际航运服务功能。建立自贸试验区与粤港澳海空港联动机制，建设21世纪海上丝绸之路物流枢纽，探索具有国际竞争力的航运发展制度和协同运作模式。探索与港澳在货运代理和货物运输等方面的规范和标准对接，推动港澳国际航运高端产业向内地延伸和拓展。积极发展国际船舶运输、国际船舶管理、国际船员服务、国际航运经纪等产业，支持港澳投资国际远洋、国际航空运输服务，允许在自贸试验区试点航空快件国际和台港澳中转集拼业务。允许设立外商独资国际船舶管理企业。放宽在自贸试验区设立的中外合资、中外合作国际船舶企业的外资股比限制。允许外商以合资、合作形式从事公共国际船舶代理业务，外方持股比例放宽至51%，将外资经营国际船舶管理业务的许可权限下放给广东省。促进航运金融发展，建设航运交易信息平台，发展航运电子商务、支付结算等业务，推进组建专业化地方法人航运保险机构，允许境内外保险公司和保险经纪公司等服务中介设立营业机构并开展航运保险业务，探索航运运价指数场外衍生品开发与交易业务。推动中转集拼业务发展，允许中资公司拥有或控股拥有的非五星旗船，试点开展外贸集装箱在国内沿海港口和自贸试验区内港口之间的沿海捎带业务。在落实国际船舶登记制度相关配套政策基础上，自贸试验区海关特殊监管区域内中方投资人持有船公司的股权比例可低于50%。充分利用现有中资“方便旗”船税收优惠政策，促进符合条件的船舶在自贸试验区落户登记。允许在自贸试验区内注册的内地资本邮轮企业所属“方便旗”邮轮，经批准从事两岸四地邮轮运输和其他国内运输。简化国际船舶运输经营许可程序，优化船舶营运、检验与登记业务流程，形成高效率的船舶登记制度。

（四）深化金融领域开放创新

8. 推动跨境人民币业务创新发展。推动人民币作为自贸试验区与港澳地区及国外跨境大额贸易和投资计价、结算的主要货币。推动自贸试验区与港澳地区开展双向人民币融资。在总结其他地区相关试点经验、完善宏观审慎管理机制基础上，研究适时允许自贸试验区企业在一定范围内进行跨境人民币融资、允许自贸试验区银行业金融机构与港澳同业机构开展跨境人民币借款等业务。支持粤港澳三地机构在自贸试验区共同设立人民币海外投贷基金。允许自贸试验区金融机构和企业从港澳及国外借用人民币资金。支持自贸试验区内港澳资企业的境外母公司按规定在境内资本市场发行人民币债券。研究探索自贸试验区企业在香港股票市场发行人民币股票，放宽区内企业在境外发行本外币债券的审批和规模限制，所筹资金根据需要可调回区内使用。支持符合条件的港澳金融机构在自贸试验区以人民币进行新设、增资或参股自贸试验区内金融机构等直接投资活动。在《安排》框架下，研究探索自贸试验区金融机构与港澳地区同业开展跨境人民币信贷资产转让业务。允许自贸试验区证券公司、基金管理公司、期货公司、保险公司等非银行金融机构开展与港澳地区跨境人民币业务。支持与港澳地区开展个人跨境人民币业务创新。

9. 推动适应粤港澳服务贸易自由化的金融创新。在《安排》框架下，完善金融业负面清单准入模式，简化金融机构准入方式，推动自贸试验区金融服务业对港澳地区进一步开放。允许符合条件的外国金融机构设立外商独资银行，符合条件的外国金融机构与中国公司、企业出资共同设立中外合资银行。在条件具备时，适时在自贸试验区内试点设立有限牌照银行。降低港澳资保险公司进入自贸试验区的门槛，支持符合条件的港澳保险公司在自贸试验区设立分支机构，对进入自贸试验区的港澳保险公司分支机构视同内地保险机构，适用相同或相近的监管法规。支持符合条件的港澳保险中介机构进入自贸试验区，适用与内地保险中介机构相同或相近的准入标准和监管法规。在自贸试验区建立与粤港澳商贸、旅游、物流、信息等服务贸易自由化相适应的金融服务体系。积极推动个人本外币兑换特许机构、外汇代兑点发展和银行卡使用，便利港元、澳门元在自贸试验区兑换使用。在完善相关管理办法、加强有效监管前提下，支持商业银行在自贸试验区内设立机构开展外币离岸业务，允许自贸试验区内符合条件的中资银行试点开办外币离岸业务。允许外资股权投资管理机构、外资创业投资管理机构在自贸试验区发起管理人民币股权投资和创业投资基金。建立健全全口径外债宏观审慎管理框架，探索外债管理新模式。在《安排》框架下，推动自贸试验区公共服务领域的支付服务向粤港澳三地银行业开放，允许自贸试验区内注册设立的、拟从事支付服务的港澳资非金融机构，在符合支付服务市场发展政策导向以及《非金融机构支付服务管理办法》规定资质条件的前提下，依法从事第三方支付业务。支持符合条件的内地和港澳地区机构在自贸试验区设立金融租赁公司、融资租赁公司，开展飞机、船舶和海洋工程设备等融资租赁业务。统一内外资融资租赁企业准入标准、审批流程和事中事后监管，允许注册在自贸试验区内由广东省商务主管部门准入的内资融资租赁企业享受与现行内资融资租赁试点企业同等待遇。支持商业保理业务发展，探索适合商业保理发展的外汇管理模式。稳妥推进外商投资典当行试点。创新知识产权投融资及保险、风险投资、信托等金融服务，推动建立知识产权质物处置机制。发展与港澳地区保险服务贸易，探索与港澳地区保险产品互认、资金互通、市场互联的机制。支持自贸试验区内符合互认条件的基金产品参与内地与香港基金产品互认。允许自贸试验区在符合国家规定前提下开展贵金属（除黄金外）跨境现货交易。允许境内期货交易所在自贸试验区内的海关特殊监管区域设立大宗商品期货保税交割仓库，支持港澳地区企业参与商品期货交易。

10. 推动投融资便利化。探索实行本外币账户管理新模式，在账户设置、账户业务范围、资金划转和流动监测机制方面进行创新。探索通过自由贸易账户和其他风险可控的方式，开展跨境投融资创新业务。在风险可控前提下，开展以资本项目可兑换为重点的外汇管理改革试点。支持自贸试验区金融机构与港澳地区同业合作开展跨境担保业务。允许在自贸试验区注册的机构在宏观审慎框架下从境外融入本外币资金和境外发行本外币债券。深化外汇管理改革，将直接投资外汇登记下放银行办理，外商直接投资项下外汇资本金可意愿结汇，进一步提高对外放款比例。提高投融资便利化水平，统一内外资企业外债政策，建立健全外债宏观审慎管理制度。区内试行资本项目限额内可兑换，符合条件的区内机构在限额内自主开展直接投资、并购、债务工具、金融类投资等交易。构建个人跨境投资权益保护制度，严格投资者适当性管理。建立健全对区内个人投资的资金流动监测预警和风险防范机制。深化跨国公司本外币资金集中运营管理改革试点。研究探索自贸试验区与港澳地区和21世纪海上丝绸之路沿线国家按照规定开展符合条件的跨境金融资产交易。按照国家规定设立面向港澳和国际的新型要素交易平台，引入港澳投资者参股自贸试验区要素交易平台，逐步提高港澳投资者参与自贸试验区要素平台交易的便利化水平。研究设立以碳排放为首个品种的创新型期货交易所。

11. 建立健全自贸试验区金融风险防控体系。构建自贸试验区金融宏观审慎管理体系，建立金融监管协调机制，完善跨行业、跨市场的金融风险监测评估机制，加强对重大风险的识别和系统性金融风险的防范。探索建立本外币一体化管理机制。综合利用金融机构及企业主体的本外币数据信息，对企业、个人跨境收支进行全面监测、评价并实施分类管理。根据宏观审慎管理需要，加强对跨境资金流动、套利金融交易的监测和管理。做好反洗钱、反恐怖融资工作，防范非法资金跨境、跨区流动，完善粤港澳反洗钱和反恐怖融资监管合作和信息共享机制。探索在自贸试验区建立粤港澳金融消费者权益保护协作机制以及和解、专业调解、仲裁等金融纠纷司法替代性解决机制，鼓励金融行业协会、自律组织独立或者联合依法开展专业调解，建立调解与仲裁、诉讼的对接机制，加大金融消费者维权支持力度，依法维护金融消费者合法权益。支持建立健全金融消费者教育服务体系，积极创新自贸试验区特色的多元化金融消费者教育产品和方式。

（五）增强自贸试验区辐射带动功能

12. 引领珠三角地区加工贸易转型升级。发挥自贸试验区高端要素集聚优势，搭建服务于加工贸易转型升级的技术研发、工业设计、知识产权等公共服务平台。支持在自贸试验区发展加工贸易结算业务、建设结算中心。支持设立符合内销规定的加工贸易产品内销平台，建设加工贸易产品内销后续服务基地。推进企业依托海关特殊监管区域开展面向国内外市场的高技术、高附加值的检测维修等保税服务业务。允许外商开展机电产品及零部件维修与再制造业务。建立专利导航产业发展工作机制。支持企业依托自贸试验区开展自主营销，拓展境内外营销网络。

13. 打造泛珠三角区域发展综合服务区。推动自贸试验区与泛珠三角区域开展广泛的经贸合作，依托自贸试验区深化与港澳合作，更好地发挥辐射和带动作用。鼓励自贸试验区内企业统筹开展国际国内贸易，形成内外贸相互促进机制。扶持和培育外贸综合服务企业，为中小企业提供通关、融资、退税、国际结算等服务。强化对泛珠三角区域的市场集聚和辐射功能，开展大宗商品现货交易和国际贸易，探索构建国际商品交易集散中心、信息中心和价格形成中心。

14. 建设内地企业和个人“走出去”重要窗口。依托港澳在金融服务、信息资讯、国际贸易网络、风险管理等方面的优势，将自贸试验区建设成为内地企业和个人“走出去”的窗口和综合服务平台，支持国内企业和个人参与21世纪海上丝绸之路建设。扩大企业和个人对外投资，完善“走出去”政策促进、服务保障和风险防控体系。鼓励企业和个人创新对外投资合作方式，开展绿地投资、并购投资、证券投资、联合投资等，逐步减少对个人对外投资的外汇管制。允许自贸试验区金融机构按规定为自贸试验区内个人投资者投资香港资本市场的股票、债券及其他有价证券提供服务。加强与港澳在项目对接、投资拓展、信息交流、人才培训等方面交流合作，共同到境外开展基础设施建设和能源资源等合作。探索将境外产业投资与港澳资本市场有机结合，鼓励在自贸试验区设立专业从事境外股权投资的项目公司，支持有条件的投资者设立境外投资股权投资母基金。

四、监管服务和税收政策

（一）监管服务模式

1. 创新通关监管服务模式。广州南沙保税港区、深圳前海湾保税港区等现有海关特殊监管区域，比照中国（上海）自由贸易试验区内海关特殊监管区域的有关监管模式，实行“一线放开”、“二线安全高效管住”的通关监管服务模式，同时实施海关特殊监管区域整合优化措施，并根据自贸试验区发展需要，不断探索口岸监管制度创新。如海关特殊监管区域规划面积不能满足发展需求的，可按现行海关特殊监管区域管理规定申请扩大区域面积。除废物原料、危险化学品及其包装、散装货物外，检验检疫在一线实施“进境检疫，适当放宽进出口检验”模式，创新监管技术和方法；促进二线监管模式与一线监管模式相衔接，简化检验检疫流程，在二线推行“方便进出，严密防范质量安全风险”的检验检疫监管模式。

广州南沙新区片区、深圳前海蛇口片区内的非海关特殊监管区域，按照现行通关模式实施监管，不新增一线、二线分线管理方式。

珠海横琴新区片区按照《国务院关于横琴开发有关政策的批复》（国函〔2011〕85 号）确定的“一线放宽、二线管住、人货分离、分类管理”原则实施分线管理。经一线进入横琴的进口废物原料、危险化学品及其包装、进入横琴后无法分清批次的散装货物，按现行进出口商品检验模式管理。

2. 加强监管协作。以切实维护国家安全和市场公平竞争为原则，加强各部门与广东省人民政府的协同，完善政府经济调节、市场监管、社会管理和公共服务职能，提高维护经济社会安全的服务保障能力。

（二）税收政策

抓紧落实现有相关税收政策，充分发挥现有政策的支持促进作用。中国（上海）自由贸易试验区已经试点的税收政策原则上可在自贸试验区进行试点，其中促进贸易的选择性征收关税、其他相关进出口税收等政策在自贸试验区内的海关特殊监管区域进行试点。自贸试验区内的海关特殊监管区域实施范围和税收政策适用范围维持不变。深圳前海深港现代服务业合作区、珠海横琴税收优惠政策不适用于自贸试验区内其他区域。此外，在符合税制改革方向和国际惯例，以及不导致利润转移和税基侵蚀前提下，积极研究完善适应境外股权投资和离岸业务发展的税收政策。结合上海试点实施情况，在统筹评估政策成效基础上，研究实施启运港退税政策试点问题。符合条件的地区可按照政策规定申请实施境外旅客购物离境退税政策。

五、保障机制

（一）法制保障

全国人民代表大会常务委员会已经授权国务院，暂时调整《中华人民共和国外资企业法》、《中华人民共和国中外合资经营企业法》、《中华人民共和国中外合作经营企业法》和《中华人民共和国台湾同胞投资保护法》规定的有关行政审批，自 2015 年 3 月 1 日至 2018 年 2 月 28 日试行。自贸试验区需要暂时调整实施有关行政法规、国务院文件和经国务院批准的部门规章的部分规定的，按规定程序办理。各有关部门要支持自贸试验区在扩大投资领域开放、实施负面清单管理模式、创新投资管理体制等方面深化改革试点，及时解决试点过程中的制度保障问题。授权广东省制定自贸试验区落实《安排》的配套细则。广东省要通过地方立法，制定自贸试验区条例和管理办法。

（二）组织实施

在国务院的领导和统筹协调下，由广东省根据试点内容，按照总体筹划、分步实施、率先突破、逐步完善的原则组织实施。按照既有利于合力推进自贸试验区建设，又有利于各片区独立自主运作的原则，建立精简高效、统一管理、分级负责的自贸试验区管理体系。自贸试验区建设相关事宜纳入粤港、粤澳合作联席会议机制。各有关部门要大力支持，加强指导和服务，共同推进相关体制机制创新，并注意研究新情况，解决新问题，总结新经验，重大事项要及时报告国务院，共同把自贸试验区建设好、管理好。

（三）评估推广

自贸试验区要及时总结改革创新经验和成果。商务部、广东省人民政府要会同相关部门，对自贸试验区试点政策执行情况进行综合和专项评估，必要时委托内地和港澳第三方机构进行独立评估，并将评估结果报告国务院。对试点效果好且可复制可推广的成果，经国务院同意后推广到全国其他地区。

◎广东省人民政府关于印发中国（广东）自由贸易试验区建设实施方案的通知

粤府〔2015〕68号

各地级以上市人民政府，各县（市、区）人民政府，省政府各部门、各直属机构：

现将《中国（广东）自由贸易试验区建设实施方案》印发给你们，请认真组织实施。实施中遇到的问题，请径向中国（广东）自由贸易试验区工作办公室反映。

广东省人民政府

2015年7月20日

中国（广东）自由贸易试验区建设实施方案

为贯彻落实《国务院关于印发中国（广东）自由贸易试验区总体方案的通知》（国发〔2015〕18号，以下称《总体方案》），加快推进中国（广东）自由贸易试验区（以下称广东自贸试验区）建设，制定以下实施方案。

一、总体要求

深入贯彻落实党中央、国务院关于自贸试验区建设的战略部署，以制度创新为核心，以探索建立面向国际的高标准规则体系为重点，按照先行先试、协同推进、法治引领的原则，大力推广中国（上海）自由贸易试验区可复制改革试点经验，在加快政府职能转变、构建开放型经济新体制、探索粤港澳经济合作新模式和建设国际化、市场化、法治化营商环境等方面，率先挖掘改革潜力，破解改革难题，并发挥示范带动、服务全国的积极作用，切实当好改革开放排头兵、创新发展先行者，将广东自贸试验区建设成为粤港澳深度合作示范区、21世纪海上丝绸之路重要枢纽和全国新一轮改革开放先行地，为全面深化改革和扩大开放探索新途径、积累新经验。

二、功能布局

广东自贸试验区的实施范围共116.2平方公里，涵盖广州南沙新区片区60平方公里，深圳前海蛇口片区28.2平方公里，珠海横琴新区片区28平方公里。

广州南沙新区由海港区块、明珠湾起步区区块、南沙枢纽区块、庆盛枢纽区块、南沙湾区块、蕉门河中心区区块、万顷沙保税港加工制造业区块组成，重点发展航运物流、特色金融、国际商贸、高端制造等产业，建设以生产性服务业为主导的现代产业新高地和具有世界先进水平的综合服务枢纽。

深圳前海蛇口片区由前海区块和蛇口区块组成，划分为前海金融商务区、深圳西部港区、蛇口商务区三个功能区，重点发展金融、现代物流、信息服务、科技服务等战略性新兴服务业，建设我国金融业对外开放试验示范窗口、世界服务贸易重要基地和国际性枢纽港。

珠海横琴新区片区由临澳区块、休闲旅游区块、文创区块、科技研发区块、高新技术区块组成，重点发展旅游休闲健康、商务金融服务、文化科教和高新技术等产业，建设文化教育开放先导区和国际商务服务休闲旅游基地，打造促进澳门经济适度多元发展新载体。

三、主要任务和具体措施

（一）加快构建与国际高标准对接的投资贸易规则体系

围绕投资贸易便利化，主动对接国际高标准规则体系，在市场准入、贸易规则、知识产权、跨境电子商务、法律服务等领域先行先试，率先构建符合国际惯例、适应高水平对外开放的规则体系和制度框架，为全国提供可复制、可推广经验。

1. 实施内外资负面清单管理模式。对外商投资实行准入前国民待遇加负面清单管理模式，对负面清单之外的外商投资项目实行备案制（国务院规定对国内投资项目保留核准的除外），同步实施内资投资项目负面清单。对负面清单之外的领域，按照内外资一致原则实施管理，发布实施指南，做好相关引导工作。

2. 开展外商投资国家安全审查和经营者集中反垄断审查。贯彻落实《自由贸易试验区外商投资国家安全审查试行办法》（国办发〔2015〕24号），配合国家有关部门实施安全和经营者集中反垄断审查，实施外商投资全周期监管。明确外资安全审查的发现识别机制和工作流程。以“严格申报范围、便利审查过程、强化后续监督”为基本原则，制定相关制度安排和规定，建立反垄断审查协调工作机制。

3. 建设国际贸易“单一窗口”。建立涵盖海关、检验检疫、外汇、边检、海事等管理部门的综合管理服务平台。加快电子口岸平台建设，推进便利化通关模式与“单一窗口”的衔接、融合。争取国家相关部门支持，在国际贸易“单一窗口”中使用统一的数据、技术和接口标准。借鉴国际知名自由贸易园区管理运营经验，开展口岸综合监管方案研究，探索以“单一平台”实现国际贸易“单一窗口”。

4. 创新原产地签证与管理模式。构建灵活便利的市场采购出口货物原产地签证模式，实现备案签证一步到位。培育非官方签证机构，开展非优惠和转口证书的签证试点，拓展原产地签证渠道。对于经广东自贸试验区中转出境的货物，优化中转货物签证服务。实行“原产地预确定”等报关预审核制度。

5. 探索跨境电子商务监管标准。积极研究建立适应跨境电子商务发展的口岸监管机制，争取在优化跨境电子商务一体化通关管理模式、建立跨境电子商务企业信用管理体系和零售进出口贸易统计等方面先行先试。完善跨境电子商务检验检疫监管制度和业务管理系统，推行新型检验检疫监管模式。研究跨境电子商务进口第三方检测结果采信及保税备货商品便利化进境检验流程。改革跨境电子商务税收征管方式，推进广东自贸试验区跨境电子商务出口退税网上预申报系统建设。开展支付机构跨境外汇支付业务试点。

6. 优化知识产权保护和服务。探索建立统一的知识产权管理和执法体制，加强行政执法与刑事司法的有效衔接，建立跨部门、跨区域的知识产权案件移送、信息通报、配合调查等机制。建立商标、专利等知识产权纠纷仲裁、调解多元化争端解决机制，推进国内外商标、专利等知识产权仲裁机构开展合作。探索建立商标知识产权维权援助平台。推动设立广东自贸试验区重点产业知识产权快速维权中心。争取国家支持开展知识产权运营公共服务试点。创新知识产权金融服务。

7. 建设国际人才港。依托全国人才管理改革试验区（粤港澳人才合作示范区），促进跨境跨国人才交流合作，积极打造群英荟萃、文化多元、和谐包容、政策开放的国际人才港，率先建立具有国际竞争力的人才制度。研究制订广东自贸试验区港澳及外籍高层次人才认定办法及相关配套政策，为港澳及外籍人才提供签证、停居留便利。争取国家授权广东自贸试验区试点实施技术移民制度。允许广东自贸试验区港澳及外籍高层次人才申报省科技计划项目和科学技术奖。设立高层次人才“一站式”服务专区。探索港澳及外籍高层次、高技能人才在广东自贸试验区直接从业（执业）。建立健全以创新业绩和实际贡献为导向的人才奖励制度。

8. 发展国际商事仲裁和商事调解机制。依托中国自贸试验区仲裁合作联盟，建立跨区域合作机制。创新仲裁服务模式，针对广东自贸试验区产业发展需要，筹建广东自贸试验区金融仲裁、航运仲裁、高科技和知识产权仲裁等专业化平台，整合专业资源，提高服务水平。成立粤港澳商事联合调解中心，并在广东自贸试验区各片区设立商事调解工作机构。

9. 完善权益保护和企业社会责任体系。完善工资支付保障和集体协商制度，建立公正、公开、高效、便民的劳动保障监察和劳动争议处理机制，保护劳动者和用人单位合法权益。严格执行环境保护法规和标准，探索开展环境影响、危险危害因素评价分类管理，提高环境保护管理水平和效率。鼓励企业申请国际通行的环境和能源管理体系标准认证。探索开展出口产品低碳认证。

10. 强化立法保障。推动开展广东自贸试验区条例立法工作，按照法定程序开展立法调研、起草、送审等各项工作。用好广东自贸试验区各片区所在地市的地方立法权，逐步建立与广东自贸试验区各片区发展相适应的城市规划建设、土地管理、公共服务等规则和指引体系。

11. 加强国际高标准投资贸易规则研究。发挥科研院所、商业机构等智库作用，支持广东自贸试验区各片区设立政策研究机构，协同开展政策研究。开展针对跨太平洋伙伴关系协议（TPP）、跨大西洋贸易与投资伙伴协议（TTIP）、中美投资协定（BIT）、服务贸易协定（TISA）及其他自由贸易区投资贸易规则研究，探索建立既符合国际惯例和通行规则又能引领我国未来发展要求的新型国际投资贸易规则体系。

（二）建设依法规范行政体系和公平竞争市场机制

创新体制机制，加快转变政府职能，深化行政审批制度改革，推动政府管理从事前审批向事中事后监管转变，建立以社会信用体系为核心的市场监管体系，建设法治政府和服务型政府。运用信息化、数字化、网络化技术，建设覆盖全区、联通各领域的数据收集、分析、运用信息共享平台，着力打造智慧广东自贸试验区。

12. 建立行政权责清单制度。按照权责一致的原则，在广东自贸试验区各片区推行权责清单制度，明确政府职能边界，编制权力运行流程图，并向社会公开。

13. 深化行政审批制度改革。进一步简政放权，向广东自贸试验区各片区下放或委托实施部分省级管理权限。最大限度减少行政审批事项，建立行政审批事项目录，做到“目录之外无审批”。推进行政审批管理标准化，实行集中审批、并联审批。推行一体化行政审批廉政监督机制，实行行政审批过错责任追究制度，建立与省市联网的行政审批监察系统。

14. 深化商事登记制度改革。在广东自贸试验区企业注册登记实施“一证三号”的基础上，全面推行“一照一码”登记模式。推行电子营业执照，并与相关业务系统对接，探索逐步实现企业登记全流程电子化登记管理。探索在全国率先推行“商事主体电子证照卡”，实现商事主体办事“一卡通”。

15. 探索“互联网 +”行政服务新模式。全面推行电子政务，完善广东自贸试验区网上办事系统，实现与省网上办事大厅对接，全面推行行政审批事项网上在线申报，争取实现行政审批无纸化办理。充分利用移动互联网技术，探索建设移动网上办事大厅。为进入广东自贸试验区的企业配置专属网页，主动提供“一网揽尽”全方位的服务。建立广东自贸试验区电子办税平台，打造全流程的“电子税务局”，为纳税人提供全方位网上涉税服务。

16. 建设智慧自贸试验区。利用互联网和大数据技术，打破政府各部门“信息孤岛”，集中串联各政务信息平台，加快构建集政务信息公开、投资项目审批、社会事项办理、政府效能监察等功能于一体的广东自贸试验区大数据应用平台。不断扩展平台覆盖面，整合经济建设、社会发展、资源环境、民生服务等各方面信息数据资源，重点推动公共信息数据资源综合利用，并向社会开放。

17. 建立统一的社会信用体系。开展社会信用体系建设创新示范，建立与省市信用平台对接的广东自贸试验区企业信用信息数据库及信用公示平台。以市场监管部门企业数据库和人民银行征信中心数据库为基础，逐步向公安、税务、社保、水电气、通信、口岸监管等相关数据库拓展，通过大数据平台实现广东自贸试验区内企业信用信息公示及查询服务，为事中事后监管提供支撑。实施企业年度报告、经营异常名录、企业信息抽查等制度，并将其纳入企业信用信息数据库及信用公示平台，建立和实施“一处违法，处处受限”的失信惩戒和约束联动机制。探索支持市场主体参与公共征信体系建设，发展市场化大数据征信产业。

18. 建立全流程市场监管体系。支持广东自贸试验区各片区开展重点领域市场监管体制改革试点。利用物联网技术，探索对重点商品流通、企业运营等实行物联网溯源管理制度。以商务诚信为核心，在追溯、监管、执法、处罚、先行赔付等方面强化全流程监管。

19. 开展综合执法改革试点。支持广东自贸试验区探索建立集中统一的综合执法体系，相对集中执法事权，试行“一支队伍管执法”。建设广东自贸试验区综合执法信息平台，集执法信息公示、网上执法办案、联勤联动指挥、综合执法监察等功能于一体，实现综合行政执法信息化管理。实行行政执法公示制度，建立行政执法案卷评查制度。

20. 建立市场监管公众参与机制。健全行业协会管理体制，支持广东自贸试验区培育发展和规范社会组织，发挥社会组织行业自律和管理服务的作用，制订政府向社会组织购买服务和资金扶持等相关制度和标准，编制具备承接政府职能转移和购买服务的社会组织名录。建立行政咨询体系，支持广东自贸试验区各片区成立专业咨询委员会，制订行政咨询委员会制度规范。

（三）建设与“一带一路”沿线国家和地区的高水平合作平台

发挥广东地处我国与东盟、南亚合作版图中心地带的独特地缘优势，依托广东与“丝绸之路经济带”和“21 世纪海上丝绸之路”（以下称“一带一路”）沿线国家和地区经贸往来密切的良好基础，创新与“一带一路”沿线国家和地区合作机制，打造“一带一路”重要的国际贸易门户、对外投资窗口、现代物流枢纽和金融服务中心，发挥广东自贸试验区在“一带一路”尤其是21世纪海上丝绸之路建设中的重要枢纽节点作用。

21. 建设与“一带一路”沿线国家和地区的贸易门户。发挥香港连接全球市场网络和澳门辐射葡语国家市场的优势，加强与沿线国家和地区的贸易往来。强化广东自贸试验区国际商品中转集散功能，建立21世纪海上丝绸之路沿线国家和地区商品展示、销售、采购中心。鼓励企业建设面向沿线国家的跨境电子商务海外仓储配送基地，支持企业利用第三方电子商务平台开拓市场。

22. 探索与“一带一路”沿线国家和地区关检合作。争取国家支持，在海关、检验检疫、认证认可、标准计量、统计信息等方面与“一带一路”沿线国家和地区开展合作试点，探索建立与沿线国家口岸部门查验结果互认机制，探索我国与沿线国家和地区互联互通监管合作新模式，提高贸易便利化水平。

23. 打造与“一带一路”沿线国家和地区的国际交往平台。探索建立沿线港口城市间的联络机制和会商机制。在广东自贸试验区建设葡语系/西语系国家经贸合作平台。与“一带一路”沿线国家合作，探索建立海洋资源交易所、海洋新能源合作基金、海洋生物产业基地、科技研发中心等产业合作平台。

24. 建设“一带一路”物流枢纽。发挥广东自贸试验区与“一带一路”沿线国家海空港的联动作用，着力推进水陆空铁多式联运。加强与国内外各航运中心港口的协作，增开国际班轮航线。探索与“一带一路”沿线国家在货运代理和货物运输等方面的规范和标准相对接，探索具有国际竞争力的航运发展制度和运作模式。

25. 建设“海上丝绸之路国际海员中心”。推动成立“海上丝绸之路国际海员中心”，并开发集海员培训、考试、注册、就业和国际交流合于一体作的综合服务信息平台。将国际先进的船舶管理经验与内地海员人才优势相结合，建设21世纪海上丝绸之路国际海员外派基地，打造“中国海员”高端服务品牌，拓展国际海员市场。

26. 强化对“一带一路”建设的跨境金融服务。扩大人民币跨境业务创新，推动人民币作为与沿线国家和地区投资、跨境大额贸易计价和结算的主要货币，加快人民币国际化进程。支持粤港澳三地机构共同设立人民币海外投贷基金，为我国企业“走出去”投资、并购提供人民币投融资服务。探索将境外产业投资与港澳资本市场有机结合，鼓励在广东自贸试验区设立专业从事境外股权投资的项目公司，支持有条件的投资者设立境外投资股权投资母基金。开展与21世纪海上丝绸之路沿线国家的跨境金融资产交易。

27. 联手港澳打造内地企业“走出去”的重要窗口。依托港澳在金融服务、信息资讯、国际贸易网络、风险管理等方面的优势，在项目对接、投资拓展、信息交流、人才培训等方面加强与港澳的交流合作，为广东自贸试验区内地企业“走出去”提供国际化、高标准服务，支持国内企业等参与“一带一路”建设。

（四）打造粤港澳深度合作示范区

在《内地与香港、澳门关于建立更紧密经贸关系的安排》及其补充协议（以下称CEPA）框架下，在广度上拓宽粤港澳合作领域，进一步取消和放宽港澳投资者准入限制；在深度上创新粤港澳合作机制，在规则标准对接、项目资金互通、要素便捷流动等方面先行先试，打造粤港澳联手参与国际竞争的合作新载体。

28. 制定港澳投资准入特别管理措施（负面清单）。在落实《总体方案》对港澳扩大开放措施的基础上，推动在金融服务、交通航运服务、商贸服务、专业服务、科技服务等领域取得突破。在现有对全球投资者负面清单的基础上，梳理对港澳服务提供者更开放的措施，在CEPA框架下制定港澳投资负面清单。

29. 规划建设港澳现代服务业集聚区。优化广东自贸试验区区域布局，在南沙新区片区探索引入港澳规划设计，粤港澳联合开发建设现代服务业集聚区；前海蛇口片区实施深港合作“万千百十”工程，建设香港优势产业十大聚集基地；横琴新区片区建设粤澳中医药产业园，建设特色产业聚集区。

30. 先行先试推进服务行业管理标准和规则衔接。借鉴港澳服务行业协会管理机制，探索与港澳的行业管理标准和规范相衔接，强化行业自律。探索与港澳在货运代理和货物运输等方面的规范和标准对接，推动港澳国际航运高端产业向内地延伸和拓展。针对与港澳市场监管执法标准差异问题，研究制订与港澳市场经营行为差异化责任豁免目录。推动跨境数字证书在政务、商务领域的应用。

31. 建设粤港澳创新型产业发展基地。加强与港澳科技合作，在广东自贸试验区积极承接和孵化港澳科技项目，推动粤港澳合作共建科技成果转化和国际技术转让平台，引进技术评估、产权交易、成果转化等科技服务机构，建设战略性新兴产业研发基地。支持粤港澳企业、高校、科研院所在广东自贸试验区联合组建人才创新创业基地、开展联合技术攻关、协同创新和科研成果转化。

32. 支持港澳专业服务业拓展内地市场。支持港澳检验检测计量、会计、律师、建筑设计、医疗、教育培训、育幼等专业服务机构在广东自贸试验区集聚发展。推动粤港澳检验检测计量三方互认，逐步扩大粤港澳三方计量服务互认范畴，探索推行“一次认证、一次检测、三地通行”，并适度放开港澳认证机构进入广东自贸试验区开展认证检测业务。允许港澳服务提供者发展高端医疗服务，率先开展粤港澳医疗机构转诊合作试点。设立港澳独资外籍人员子女学校，将其招生范围扩大至在广东自贸试验区工作的海外华侨和归国留学人才子女。允许港澳服务提供者在广东自贸试验区设立自费出国留学中介服务机构。支持在广东自贸试验区内设立的港澳资旅行社经营内地居民出国（境）（不包括台湾地区）团队旅游业务。

33. 促进粤港澳专业人才集聚。争取国家授权允许港澳律师、会计师、建筑师率先直接在广东自贸试验区内从事涉外涉港澳业务，并逐步扩展职业资格认可范围。探索通过特殊机制安排，推进粤港澳服务业人员职业资格互认，研究制定支持港澳专业人才便利执业的专项支持措施。探索在广东自贸试验区工作、居住的港澳人士社会保障与港澳有效衔接。争取广东自贸试验区内地人才赴港澳“一签多行”。建设粤港澳（国际）青年创新工场、前海深港青年梦工场、横琴澳门青年创业谷等创业基地，为港澳专业人才创新创业提供孵化器服务。

34. 促进粤港澳服务要素便捷流动。推动粤港澳投融资汇兑便利化，促进粤港澳三地跨境支付服务，实现粤港澳资金更加便捷流动。支持建设广东自贸试验区至我国国际通信业务出入口局的直达国际数据专用通道，降低广东自贸试验区与港澳的通信资费水平，建设与港澳互联互通的信息环境。加快研究制订便利澳门机动车进出横琴的工作方案，积极争取实施相关便利进出政策。探索建立广东自贸试验区游艇出入境便利化监管模式。指导推动粤港澳游艇“自由行”试点工作。

35. 推进建设统一高效、与港澳联动的口岸监管机制。创新粤港澳口岸通关模式，加快推进粤港、粤澳通关监管合作。建立粤港、粤澳通关合作机制，加快电子平台建设，推进三地信息互换和执法互助，进一步提高粤港、粤澳通关便利化水平。创新粤港澳快速通关模式，支持粤港澳创新多式联运监管体系。支持深港物流跨境快速通关，开展珠澳两地小商品快速通关模式试点。

（五）强化国际贸易功能集成

依托珠三角地区庞大的贸易体量、世界级的海空港物流枢纽和连接全球的贸易网络，积极发展新型贸易业态和商业模式，在建立适应新型贸易业态发展的管理体制方面先行先试，培育若干千亿级产业集群，推动全省经济转型升级，为我国贸易发展方式转变探索新路径，积累新经验。

36. 建设大宗商品交易平台。统筹规划广东自贸试验区大宗商品交易场所布局，明确发展定位和方向。研究制定广东自贸试验区大宗商品现货交易办法。推动建设贵金属、粮食、石油、农产品等大宗商品交易平台，创新资本、外汇、实物交割等监管模式，建设集大宗商品交易、结算、金融服务等功能于一体的交易平台，努力构建国际商品交易集散中心、信息中心和价格形成中心。允许境内期货交易所在广东自贸试验区海关特殊监管区域内设立期货保税交割仓库，支持港澳资企业参与商品期货交易。

37. 建设跨境电子商务产业集聚区。积极向国家申请设立跨境电子商务综合试验区。推进跨境电子商务公共服务平台建设。新建一批仓储物流设施，加快建成集保税展示、物流、交易、服务于一体的跨境电子商务产业园区。引进超级中国干线，打造和香港机场联网的跨境商品大通道。研究设立国际邮 / 快件监管中心。支持跨境电子商务离岸数据中心及国际服务基地等项目建设。

38. 支持新型贸易业态发展。积极推动保税展示交易、供应链管理、商业保理、整车保税中转、大宗商品延迟交付等新型贸易业态和商业模式在广东自贸试验区集聚发展，完善适应其发展需求的海关监管、检验检疫、外汇管理、金融监管等政策措施。积极推动广东自贸试验区各片区建设进口消费品集散中心（跨境商品直购店），建立与海关监管系统对接的保税展示交易信息系统，研究建立支持消费品进口的质量安全监管机制，提高检验监管效率。

39. 推动融资租赁产业集群发展。打造融资租赁资产交易平台，探索设立融资租赁产业发展基金，支持设立融资租赁产业联盟，组建融资租赁行业协会。推动广东自贸试验区内融资租赁企业及相关要素交易平台探索开展跨境租赁资产证券化业务，搭建境内资产和境外资本的对接互通平台。制定内外资融资租赁行业统一管理体制改革试点方案，统一内外资融资租赁公司的审批及监管部门、最低注册资本金、租赁物范围、监管标准等。

40. 建设平行进口综合商贸平台。落实广东自贸试验区汽车平行进口试点政策，建立平行进口汽车交易与服务的跨境电子商务平台，形成以高端汽车为特色的汽车平行进口贸易中心。推动建立完善汽车平行进口质量三包和售后服务体系。有效整合国内外汽车生产、流通环节资源，引入电子商务、第三方评估认证机构参与管理，加强企业资信评估，研究探索将平行进口贸易方式拓展至其他高端商品领域，打造交易、服务、检测、保障、管理一体化的平行进口综合商贸服务基地。

41. 建设珠三角加工贸易综合服务中心。发挥广东自贸试验区高端要素集聚优势，搭建服务于加工贸易转型升级的技术研发、工业设计、知识产权等公共服务平台。争取国家出台外汇管理、税收和投融资便利化综合扶持措施，吸引跨国公司入区设立加工贸易结算平台，推动加工贸易结算中心建设。引导珠三角加工贸易企业以跨境电子商务方式开展自主品牌小订单出口，促进加工贸易企业内销便利化。建设加工贸易产品内销后续服务基地。推进企业依托海关特殊监管区域开展面向国内外市场的高技术、高附加值的检测维修等保税服务业务。

（六）提升国际航运服务能级

进一步夯实航运基础设施，完善集疏运体系，扩大航运业对外开放，促进航运服务高端要素聚集，推动邮轮母港建设和配套产业集群发展，建设国际性枢纽港，打造 21 世纪海上丝绸之路的物流枢纽和亚太地区航运综合服务平台。

42. 完善港航基础设施建设。抓紧推进广州港南沙港区三期、四期码头建设，建成投产一批

10万吨级及以上集装箱泊位。推进南沙港铁路、沙仔岛近洋码头、龙穴南江海联运码头建设，拓宽南沙港区至珠江口段出海航道。建立与世界级航运机构的战略合作关系，力争南沙港2015年新开辟10条外贸航线。推进前海湾保税港区二期规划建设，推动深圳西部港区资源整合。启动铜鼓航道拓宽升级工程，提升西部港区、大铲湾港区作业能力，建设高标准、自动化、智能化、绿色低碳的现代化示范集装箱码头。

43. 扩大航运服务业对外开放。支持开展中转集拼业务，允许中资公司拥有或控股拥有的非五星旗船，试点开展外贸集装箱在国内沿海港口和广东自贸试验区内港口之间的沿海捎带业务。降低外资航运企业准入门槛，允许设立独资国际船舶管理企业，放宽设立中外合资、中外合作国际船舶企业的外资股比限制，允许外商以合资、合作形式从事公共国际船舶代理业务，外方持股比例放宽至51%. 扩大“方便旗”邮轮业务范围，制定在广东自贸试验区内注册的内地资本邮轮企业所属“方便旗”邮轮从事两岸四地邮轮运输和其他国内运输业务办事指南。

44. 试点国际船舶登记制度改革。制订广东自贸试验区国际船舶登记制度试点方案，简化国际船舶运输经营许可程序，优化船舶营运、检验与登记业务流程，形成高效率的船舶登记制度。推动航运企业、船舶经纪、航运保险、海事仲裁等航运要素汇集，提升航运综合服务水平。充分利用现有中资“方便旗”船税收优惠政策，促进符合条件的船舶在广东自贸试验区落户登记。

45. 拓展高端航运服务功能。促进航运与金融互动发展，发展航运保险，积极争取国家支持在广东自贸试验区建立首家航运保险公司。发展航运电子商务，探索航运运价指数场外衍生品开发与交易业务。支持广州航运交易所取得交易、融资租赁、保险经纪、担保、商业保理等特许经营资质。支持广州市组建航运基金管理公司，在南沙片区设立航运产业投资基金。发挥前海航空航运要素平台的功能作用，探索深港共建航运交易信息平台。

46. 建设自贸试验区邮轮母港。推动蛇口邮轮母港码头、邮轮中心工程建设。加快制订南沙邮轮母港建设方案。积极争取在邮轮母港开设口岸免税店。探索发展围绕国际邮轮母港的新型文化娱乐休闲产业，将广东自贸试验区建设成为亚太地区重要的邮轮母港基地。

47. 建立便捷高效的海事服务体系。推进“海事诚信管理”制度。优化船舶进出口岸许可流程，实现船舶出口岸“零时等待”，许可证“即到即取”，提供“材料一次提交，多船一次办结”等优质海事服务。研究制定广东自贸试验区海事管理负面清单、权力清单。

（七）深化金融领域开放创新

围绕人民币国际化、资本项下放开、利率和汇率市场化改革，积极推进广东自贸试验区在跨境人民币业务创新、促进投融资及汇兑便利化、深化粤港澳金融合作、打造全国性和区域性重大金融平台等方面先行先试，建设人民币离岸业务在岸结算交易中心，构建以人民币结算为主的大宗商品和碳要素交易平台，探索金融产品交易的负面清单管理措施，巩固和提升粤港澳区域在人民币国际化中的战略地位，构建与国际规则接轨的金融服务体系。

48. 建立本外币账户管理新模式。创新本外币账户设置、账户业务范围、资金划转和流动监测机制，构建符合广东自贸试验区实际的本外币账户体系，支持市场主体通过广东自贸试验区本外币账户开展跨境投融资创新业务。探索形成境内境外互动、本币外币互动、内企外企互动的人民币离岸业务在岸结算交易中心。

49. 打造粤港澳人民币业务合作示范区。推动人民币作为广东自贸试验区与港澳、国外跨境大额贸易和投资计价、结算的主要货币。支持符合条件的港澳金融机构在广东自贸试验区内以人民币开展新设、增资或参股广东自贸试验区内金融机构等直接投资活动，便利和推动广东自贸试验区内的港澳资金融机构使用人民币资本金开展日常经营活动，为广东自贸试验区内企业和个人提供便捷的人民币计价结算服务。探索开展境内金融机构与港澳地区同业之间的贸易融资等信贷资产的跨境转让人民币结算业务，拓宽人民币跨境金融交易渠道。支持广东自贸试验区内证券公司、基金管理公司、期货公司、保险公司等各类非银行金融机构按照相关规定与港澳地区开展跨境人民币业务。

50. 推动跨境人民币融资。支持广东自贸试验区内企业用好用活现行政策，通过境外放款、跨境借款、跨国企业集团跨境双向人民币资金池等方式开展双向人民币融资。鼓励广东自贸试验区内银行开展境外项目人民币贷款。研究探索广东自贸试验区内银行、非银行金融机构和企业与港澳地区开展跨境双向人民币融资。允许广东自贸试验区内银行按照实际需要在一定额度内与港澳同业开展跨境人民币借款等业务。

51. 加强与境外及港澳金融市场合作。支持广东自贸试验区内具有直接投资业务的港澳企业在境内资本市场发行以人民币计价的债券，并以筹集资金支持广东自贸试验区内投资项目的建设。支持符合条件的广东自贸试验区内企业在香港发行以人民币计价的股票，推动相关政府部门简化广东自贸试验区内企业在境外发债的审批流程和手续，争取提高企业的发债规模。支持广东自贸试验区内企业将发行股票和债券所筹本外币资金根据广东自贸试验区内企业自身经营和管理需要调回广东自贸试验区内使用。允许广东自贸试验区内机构在境外发行本外币债券。

52. 放宽金融机构准入限制。允许符合条件的外国金融机构设立外商独资银行，允许符合条件的外国金融机构与中国公司、企业出资共同设立中外合资银行。适时在广东自贸试验区内试点设立有限牌照银行。积极争取降低港澳资保险公司进入广东自贸试验区的门槛，支持符合条件的港澳保险公司在广东自贸试验区设立分支机构，对进入广东自贸试验区的港澳保险公司分支机构和港澳保险中介机构，适用与内地保险机构和中介机构相同或相近的监管法规。推动港澳资机构设立合资证券公司和合资基金管理公司。

53. 放宽港澳金融服务业务范围。在CEPA框架下，推动广东自贸试验区公共服务领域的支付服务向粤港澳三地银行业开放，允许广东自贸试验区内注册设立的、拟从事支付服务的港澳资非金融机构，依法依规从事第三方支付业务。探索研究港澳地区符合条件的金融企业作为战略投资者入股广东自贸试验区的企业集团财务公司，支持资质良好的信托公司在广东自贸试验区开展业务。

54. 开展以资本项目可兑换为重点的外汇管理改革试点。积极争取开展资本项目可兑换外汇管理改革试点。广东自贸试验区内试行资本项目限额内可兑换，符合条件的广东自贸试验区内机构在限额内自主开展直接投资、并购、债券工具、金融类投资等交易。深化外汇管理改革，直接投资外汇登记下放银行办理，外商直接投资项下外汇资金可意愿结汇，进一步提高对外放款比例。发展外币离岸业务，支持商业银行在广东自贸试验区内设立机构开展外币离岸业务，允许广东自贸试验区内符合条件的中资银行试点开办外币离岸业务。

55. 深化跨国公司本外币资金集中运营管理改革试点。放宽跨国公司外汇资金集中运营管理准入条件，对广东自贸试验区内跨国公司取消跨境收支规模限制，允许符合条件的跨国公司备案开展外汇资金集中运营管理业务。进一步简化业务管理程序，允许银行为跨国公司办理集中收付汇、轧差结算等经常项目外汇收支。在现行跨国企业集团跨境人民币资金集中运营政策的基础上，进一步降低业务准入门槛，简化办理条件，便利更多跨国企业集团在广东自贸试验区开展跨境双向人民币资金池业务。

56. 完善公共服务领域和个人跨境金融服务。支持与港澳地区开展个人跨境人民币业务创新。积极推动个人本外币兑换特许机构、外汇代兑换点发展，便利港元、澳门元在广东自贸试验区兑换使用。推动广东自贸试验区公共服务领域的支付服务向粤港澳三地银行业开放，逐步推进粤港澳三地支付服务同城化建设。推动广东自贸试验区公共服务领域的支付服务执行统一标准，打造金融 IC 卡刷卡无障碍示范区，率先实现金融服务和社会服务“一卡通”。

57. 建设全国性重大金融创新平台。积极争取在广东自贸试验区设立以碳排放为首个品种的创新型期货交易所，探索和研发其他新型期货交易品种。争取国家支持，推动省内大型金融机构、投资基金和科技企业共同发起设立服务科技创新创业企业的金融机构。推动在广东自贸试验区探索开展股权众筹试点，为中小微企业提供融资服务。争取在广东自贸试验区内推动设立银行卡清算机构。

58. 建设区域性重大金融创新平台。支持在南沙新区片区发起设立大宗商品仓单登记交易中心，发展大宗商品仓单的登记、管理和交易。在前海蛇口片区设立广东自贸试验区金融仲裁中心。推动全国中小企业股份转让系统（新三板）有限公司在广东自贸试验区横琴新区片区设立新三板区域中心。推动广东金融资产交易中心升级为国际金融资产交易中心，积极探索开展跨境金融资产交易业务。研究设立横琴国际知识产权交易中心，重点探索知识产权金融创新以及跨境知识产权交易等特色业务。争取尽快研究设立创新型互联网保险平台，设立再保险中心和深圳保险交易所。

（八）完善配套监管及税收环境

创新口岸监管模式，建立口岸管理信息互换、监管互认、执法互助“三互”合作机制。积极争取与广东开放型经济发展关系密切的相关税收政策，为广东自贸试验区建设提供有力保障。

59. 开展海关监管制度创新。比照中国（上海）自由贸易试验区内海关特殊监管区域的有关监管模式，在广东自贸试验区内海关特殊监管区域实行“一线放开”“二线安全高效管住”的通关监管服务模式。创新监管查验机制，增强查验针对性和有效性。试行企业“主动披露”制度。支持横琴继续探索创新“一线放宽、二线管住、人货分离、分类管理”的管理模式。实行“原产地预确定”、“预归类”、“预审价”的报关预审核制度。实施国际多式联运，建立广东自贸试验区与区外陆路口岸跨境快速通关模式，实现保税港区与一线口岸无缝对接。

60. 推进检验检疫监管制度创新。研究制定广东自贸试验区分线管理模式，优化检验检疫业务流程，合理划分一线二线职能。实施“智检通”口岸通关模式。研究制定进出口货物预检验制度，在特殊监管区域全面推行进口货物预检验制度。制定广东地区检验检疫区域一体化实施方案。深化市场采购出口商品检管区建设，探索集中查验监管措施。推行广东自贸试验区内流转货物免予检验和免予强制性产品认证制度。实施第三方检测结果采信制度，拓展采信第三方检测机构结果的试点范围，推动检验检测计量第三方检测结果互认。

61. 完善自贸试验区海事管理模式。研究分析广东自贸试验区水域船舶航行安全与防污染规律，调整相关监管力量，实现水域网格化管理，开发“广东自贸试验区海事智能监控系统”，实现信息化管理。创新海运危险货物管理方法，推行海运危险货物集装箱查验信息化管理模式，实现危险货物申报“零时等待”。研究制定广东自贸试验区水域水上突发事件应急规划和应急管理制度，完善水上突发事件应急协调体系。

62. 优化自贸试验区税收政策。抓紧落实现有相关税收政策，推动中国（上海）自由贸易试验区有关税收政策在广东自贸试验区复制推广，积极争取启运港退税试点。推动落实境外旅客购物离境退税政策，积极研究完善适应境外股权投资和离岸业务发展的税收政策。制定并落实广东自贸试验区“办税一网通 10+10”等创新税收服务措施。

四、工作要求

（一）加强组织领导

各有关单位要统一思想、提高认识，将加快推进广东自贸试验区建设纳入全面深化改革的总体部署，在省自贸试验区工作领导小组的统筹领导下，及时协调解决广东自贸试验区建设发展中的重大问题。要切实履行职责，加强协调配合，细化工作分工，确保广东自贸试验区建设顺利推进，并加强总结评估，尽早推出一批可复制推广的改革试点经验。

（二）强化责任落实

各相关地市、广东自贸试验区各片区要切实承担起建设主体责任，认真贯彻落实省委、省政府部署的试点任务，结合实际制定各片区建设实施方案，大胆探索、勇于实践，加大制度创新力度，推动重大项目建设。各片区要相互借鉴、互促共进，形成既各具特色又协同发展的局面。

（三）加强督促检查

各有关单位要建立工作台账，对各项工作进展情况进行动态监控，并定期向省自贸试验区工作领导小组报送工作进展情况。中国（广东）自由贸易试验区工作办公室要加大督导工作力度，定期组织开展工作督促检查，确保各项工作落实到位。

（四）加强宣传引导

各有关单位要认真做好广东自贸试验区改革创新政策举措的解读工作，充分利用广播电视、平面媒体及互联网等渠道宣传广东自贸试验区建设新进展、新举措、新成效，引导和汇聚社会各界力量共同参与广东自贸试验区建设。

附件：中国（广东）自由贸易试验区建设实施方案任务分工表（略）

中国（天津）自由贸易试验区

2015年4月8日，国务院正式批复设立中国（天津）自由贸易试验区（以下简称天津自贸试验区），并印发《中国（天津）自由贸易试验区总体方案》。

◎区域分布与概况

一、功能布局

天津自贸试验区总面积119.9平方公里，涵盖天津港东疆片区、中心商务片区、天津机场片区三个片区。

东疆片区20平方公里（含东疆保税港区10平方公里）位于天津港东北部，北临永定新河口，南临天津港主航道，西临规划反“F”航道，东临渤海湾海域，为浅海滩涂人工造陆形成的三面环海半岛式港区，是北方国际航运中心和国际物流中心的核心功能区。重点发展航运物流、国际贸易、融资租赁等现代服务业。

天津机场片区43.1平方公里（含天津港保税区空港部分1平方公里和滨海新区综合保税区1.96平方公里），是天津先进制造业企业和科技研发转化机构的重要集聚区。重点发展航空航天、装备制造、新一代信息技术等高端制造业和研发设计、航空物流等生产性服务业，形成了民用航空、装备制造、电子信息、生物医药、快速消费品和现代服务业等优势产业集群。

滨海新区中心商务片区46.8平方公里，是天津金融改革创新集聚区，也是滨海新区城市核心区。

二、战略定位

以制度创新为核心任务，以可复制可推广为基本要求，努力成为京津冀协同发展高水平对外开放平台、全国改革开放先行区和制度创新试验田、面向世界的高水平自由贸易园区。

三、发展目标

经过三至五年改革探索，将自贸试验区建设成为贸易自由、投资便利、高端产业集聚、金融服务完善、法制环境规范、监管高效便捷、辐射带动效应明显的国际一流自由贸易园区，在京津冀协同发展和我国经济转型发展中发挥示范引领作用。

◎建设措施与成效综述

天津自贸试验区自设立以来，始终坚持以制度创新为核心，以可复制、可推广为基本要求，瞄准京津冀协同发展高水平对外开放平台、全国改革开放先行区和制度创新试验田、高水平自由贸易园区的战略定位，深入推动“放管服”、投资、贸易、金融、事中事后监管等重点领域改革，着力培育国际竞争新优势，积极服务和融入京津冀协同发展战略、“一带一路”倡议实施，形成了一批可向全国复制推广的改革试点经验。

天津自贸试验区将国务院批复的《中国（天津）自由贸易试验区总体方案》（国发〔2015〕19号，以下简称《总体方案》）分解成90项具体任务，并先后推出了两批共计175项自主制度创新措施。截至2017年底，《总体方案》90项改革任务和两批175项自主制度创新措施已经基本完成。自贸试验区的制度创新有效激发了市场活力，促进了天津经济发展转型升级和高质量发展。主要体现在：自贸试验区设立以来至2017年底，新登记市场主体4.18万户，是自贸试验区设立前历年登记市场主体户数的1.86倍，注册资本（金）1.5万亿元人民币。在新增市场主体中，注册资本（金）超10亿元人民币281户，超亿元2 613户。自贸试验区共有市场主体6.21万户，注册资本（金）2.37万亿元人民币。用占全市1%的面积创造了占全市约12%的地区生产总值、近9%的一般预算收入和28.7%的外贸进出口额。

一、积极推进“放管服”改革，促进政府职能转变

按照“自贸试验区的事自贸试验区办”的原则，扩大自贸试验区的审批事项及权限，除市级垂直管理部门的权限外，全部授权给自贸试验区三个片区。

全国率先实施“一个部门、一颗印章审批”。在自贸试验区建立了集中统一的行政审批机构，减少了65%的审批人员，取消了各部门109颗审批印章，全面提升再造审批流程，建立企业登记网上预约预审系统，审批时限压缩50%以上。

深入推进“多证合一、一照一码”改革，在全国率先实现企业设立“一照一码一章一票一备案”一天办结基础上，不断扩大“多证合一”覆盖范围，进一步整合、精简5个部门9个涉企证照，形成了具有天津自贸试验区特色的商事登记制度改革成果。

探索构建行政许可服务“一张网”，实现了一张网全覆盖、一套系统全操作、审批环节全锁控、审批行为全留痕。建立以信用风险分类为依托的市场监管制度，实施企业年度报告公示、经营异常名录和严重违法企业名单制度。

二、实行外商投资负面清单管理，形成更加开放透明的投资管理制度

全面落实《自由贸易试验区外商投资准入特别管理措施（负面清单）》（国办发〔2015〕23号）、《自由贸易试验区外商投资准入特别管理措施（负面清单）（2017年版）》（国办发〔2017〕51号），减少和取消对外商投资者的准入限制。对负面清单之外领域，实行外商投资备案管理，办理时间由8个工作日缩减到1个工作日。建立自贸试验区跨境投融资综合服务平台，聚集海内外市场化中介服务机构80余家，在跨境资金融、贷、投、管等领域形成完整服务链条。2017年，区内实际利用外资28.03亿美元，增长12.1%，占全市的26.4%。截至2017年底，区内累计新增外商投资企业1 988家，注册资本3 709亿元，99%以上通过备案设立。推进境外投资管理方式改革，3亿美元以下项目由核准改备案。赋予自贸试验区三个片区境外投资市级备案和统计权限，全面推行对外投资“无纸化一日办结”备案模式，办结时间从3个月缩短至1天。设立对外投资合作“一站式”服务平台，集中受理企业境外投资相关事宜。建立“走出去”服务联盟跨境综合服务平台，为企业境外投资提供项目推介、离岸金融和法律财税等全流程服务。到2017年底，区内企业共设立境外企业机构173家，中方投资总额207亿美元。

加强事中事后监管创新。从顶层设计和系统集成角度，编制实施《天津自贸试验区制度创新风险防控措施清单》（津自贸办〔2016〕2号，以下简称《风险防控措施清单》），风险识别和预警能力显著提升，风险防控配套制度不断完善，构建起制度创新风险防控的四梁八柱。针对不同市场主体，实施风险分级管理，实现了部门间风险信息互联共享。建立以信用风险分类为依托的市场监管制度，实施企业年度报告公示、经营异常名录和严重违法企业名单制度。编制实施企业主体责任清单、违法行为提示清单，推动建立行政约谈和企业自查自改制度。落实市场主体首负责任制，在安全生产、产品质量、环境保护等领域建立市场主体社会责任报告制度和责任追溯制度。全面实施“双随机、一公开”监管制度，推进跨部门联合检查，完善跨部门、跨区域执法联动响应机制和失信联合惩戒机制。制定出台《中国（天津）自由贸易试验区外商投资安全审查实

施意见（试行）》（津发改外资〔2015〕1089号）和《中国（天津）自由贸易试验区反垄断工作办法》（津发改价检〔2015〕846号），建立外商投资安全审查和反垄断工作机制，会同北京市、河北省建立全国首个跨行政区域的反垄断工作机制。建立集中统一的综合执法机构，实行“一支队伍管执法”。

三、深化贸易监管制度创新，不断提升贸易便利化水平

设立国际贸易“单一窗口”，具备涉及海关、检验检疫、边检、海事等11个单位的8项通关服务功能、9项港口服务功能和130多项在线查询和办事服务功能，申报效率提高了25%。截至2017年底，国际贸易“单一窗口”报关单量794.2万票，联检核放船舶8.6万艘次，直接和间接服务企业数量超过10 000家。推动“一线放开、二线安全高效管住、区内自由”监管制度创新。天津海关出台了三批29项通关便利化措施，其中，“保税货物自行运输”制度，使企业货物流转时间节约50%，成本节约近30%；“批次进出、集中申报”制度，平均通关时间由原来的1—2天缩短到2个小时，节约报关成本70%。天津检验检疫局出台了四批48项检验检疫便利化措施，2017年口岸审单放行比例已达57%，无纸化报检批次覆盖率接近100%，平均通关放行时间压缩55.6%。创新检验检疫进口货物疏港“进企业”“进辖区”“进港区”模式，货物滞港时间由平均3—5天缩短为0.5天，平均每标箱为企业节省查验费用300—500元，“直通到厂＋空检海放”新模式为企业缩短周期20天。

四、有序推进金融领域开放创新，积极打造有效服务实体经济的金融支撑体系

积极推动《中国人民银行关于金融支持中国（天津）自由贸易试验区建设的意见》（银发〔2015〕372号）即“金改30条”落地实施，目前，准予实施政策已全部落地。开展全口径跨境融资宏观审慎管理业务累计借用外债15.6亿美元，跨境人民币外债签约总额、跨境人民币双向资金池业务结算量均超过200亿元人民币，外汇资本金、外债意愿结汇、取消A类企业货物贸易收入待核查管理、跨国公司外汇集中运营管理等政策，使企业资金周转效率最高提升近90%。融资租赁收取外币租金业务有效解决了企业币种错配问题，节约企业汇兑成本最高达6%。建立健全跨部门的风险防范机制，成立了自贸试验区金融工作协调推进小组，加强部门联动配合。建立自贸试验区业务数据沟通机制，出台《天津自贸试验区金融业务监测管理制度》。建立健全金融创新政策配套监管制度，加强反洗钱和反恐怖融资工作，启动跨境融资宏观审慎管理试点，统一本外币外债监管政策，建立外汇和跨境人民币业务自律机制。加强金融风险防范的司法保障，自贸试验区法庭定期对区内融资租赁、商业保理、平行进口汽车金融服务等领域提出法律风险防范建议。截至2017年底，区内各类持牌金融机构达到126家，区内市场主体累计新开立本外币账户4.7万个；办理跨境收支1 276.2亿美元，占全市跨境收支的24.4%；结售汇504.3亿美元；跨境人民币结算2 729.9亿元人民币，占全市跨境人民币收支的41.5%。

五、持续深化租赁业、保理业创新，加快建设产融结合示范区

积极推动租赁业制度创新，实施了租赁物海关异地委托监管、经营性租赁收取外币租金、允许融资租赁企业开展与主营业务相关的制度创新，租赁业功能政策创新继续走在全国前列。积极推进租赁业务模式创新，开发出保税租赁、SPV租赁、出口租赁、联合租赁、离岸租赁等40余种租赁交易结构，租赁企业经营范围覆盖飞机、船舶、海工平台、电力设备、轨道交通、医疗器械、新能源、无形资产等多个领域。截至2017年底，区内各类租赁公司超过3 000家，其

中金融租赁公司达到10家，融资租赁公司总部超过1 300家，租赁飞机累计达到1 028架、船舶119艘、海上石油钻井平台12座，分别占全国的90%、80%和100%。积极推进商业保理业试点。扩大商业保理试点范围，实施租赁企业兼营保理业务等改革，探索商业保理服务跨境电商企业新模式，无形资产保理业务取得实质性进展，推出全国首个影视保理产品，聚集了中国铝业、中金汇理、太钢集团、渤海保理等一批代表性企业。截至2017年底，共批准设立商业保理试点企业416家，注册资本598亿元人民币。其中，外资商业保理企业270家，占65.5%。

六、积极发展新兴贸易业态，加快形成增长新动能

创新发展跨境电子商务。积极推进全国跨境电商试点城市和综合试验区建设，出台全国首个跨境电商零售出口信用保险政策。建立跨境电商综合信息服务平台，与海关总署全国版系统实现成功对接。鼓励开展跨境电商海外仓业务，设立海外仓20多个。组建京津冀跨境电商产业联盟，吸引网易考拉、唯品会、支付宝、亚马逊、京东、天猫国际等国内外大型电商落户。

打造汽车平行进口全产业服务链。《中国（天津）自由贸易试验区汽车平行进口试点管理暂行办法》（津政办发〔2017〕50号）。出台《关于支持中国（天津）自由贸易试验区开展平行进口汽车试点工作的若干措施》（津政办发〔2016〕39号），严把准入关口，筛选出两批40家试点单位。建立了天津自贸试验区平行进口汽车服务和管理平台。海关全国率先出台通关作业流程便利化、平均放行时间减少51.7小时，查验率降低至3.54%。2017年，累计进口平行车10.3万辆，进口额53亿美元，分别占全国的75.7%和75.1%；全国平行车进口量、进口额前10名的试点企业中均有9家为天津企业。

深化航空维修再制造业务试点。探索开展境内外航空维修再制造业务试点，天津海关推出创新措施，支持开展小时包修和标准件互换业务，遵循高端航空维修业务国际惯例，有效缩短了项目审批时间。开创海关特殊监管区域公务机维修监管新模式，庞巴迪公务机维修中心（一期）建成投入运营，引进中航工业民用直升机维修、海特飞机客改货等一批新项目，初步形成涵盖总装、配件、保税维修等多维一体的航空航天产业链。

七、大力培育创新创业新生态，加快聚集产业发展新优势

推进国家创新创业示范基地建设。在自贸试验区中心商务片区划出0.9平方公里，试点建设国家创新创业示范基地，市、区两级共同出资10亿元人民币设立“双创”发展资金，出台10项政策措施。截至2017年底，腾讯开放平台、甲骨文—天津大学创始空间、阿里云、北京大学校友会等15个众创空间投入运营，聚集创业团队300多个、注册创业企业869家，分布在大数据、云计算、智能硬件、C2B生产、跨境电商、金融服务、教育培训、绿色环保、智慧城市、直播经济等多个领域。

创新知识产权保护和运营机制。天津知识产权法庭在自贸试验区揭牌。整合知识产权执法力量，组建知识产权执法协作调度中心，建立知识产权执法协作、案件受理及处置机制，显著提升执法效率。成立华北知识产权运营中心，打造“平台+联盟+机构+产业+基金”五位一体的知识产权运营发展新模式，探索出专利跨境交易、专利权质押、专利保险等多种专利运营路径。截至2017年底，中心知识产权运营机构数量达到55家，认定特色分中心7家。

八、努力建设京津冀协同发展示范区，打造服务国家战略的高水平对外开放平台

加强顶层设计和协同合作，制定实施《天津自贸试验区服务京津冀协同发展工作方案》（津自贸办〔2016〕1号），涉及的39项任务和23个项

目全部启动实施，跨区域通关通检一体化、金融支付结算同城化等一批任务取得较大成效。推动建立服务京津冀协同发展工作机制，认真落实天津市与雄安新区签署的战略合作协议，支持河北省增设天津自贸试验区曹妃甸片区，与唐山、沧州等地签署了战略合作协议，启动成熟制度创新成果的梳理工作，积极向河北省推广“一颗印章管审批”等创新改革措施。紧紧围绕承接北京非首都核心功能疏解，全面对接引进北京的总部、金融、科技、人才等优质资源，积极探索建设京津冀总部集聚区，率先构筑与北京城市核心功能优势互补、相互支撑的产业生态。目前区内新增市场主体中京津冀企业超过50%，中信集团、中车集团、中铁建集团、中国泛海、百合网等一批央企、知名民企在自贸试验区设立租赁、航运、物流、贸易等功能型总部，自贸试验区服务辐射效应充分显现，产融结合发展态势基本形成。

九、完善内外双向开放功能，打造服务“一带一路”倡议桥头堡

加快互联互通。天津港挂靠海上丝绸之路沿线30多个国家和地区港口的集装箱班轮航线超过30条，集装箱吞吐量连续两年突破500万标准箱，占全港外贸集装箱吞吐量比例的60%左右。高端航运物流产业逐步聚集，中远、中海、中船、中海油、中外运、中交建、神华等航运物流央企设立项目开展创新业务，航运金融、航运交易、船舶运输、船舶供应、船舶维修等于一体的航运物流全产业链加快形成。海铁换装中心建成和中欧班列试点开通，积极拓展中转集拼、多式联运业务，将服务范围经蒙古国延伸至俄罗斯乃至欧洲，实现了亚欧陆桥运输通道与天津港日韩、东南亚海运航线的高效连接，年路桥运输量达到4.6万标准箱。

加强国际交流与合作。建立完善海外工程出口基地，打造金融、口岸、物流、贸易服务、人才等10大平台，中交海洋建设、中铁装备盾构机等海外工程出口项目逐步聚集。与澳门及葡语系国家、巴西巴伊亚州、柬埔寨柬中综合投资试验区、墨西哥等国家的贸易间合作稳步推进。与“一带一路”沿线国家共建中国—埃及苏伊士经贸合作区、中国—印度尼西亚聚龙农业产业合作区，形成了独具特色的中外合作模式和完善的园区运营模式。

十、构建全方位服务保障体系，营造国际化、法治化、市场化营商环境

推进法治保障多元化。《中国（天津）自由贸易试验区条例》正式施行，国家部委和天津市相关部门在政府职能转变、投资贸易便利化、金融开放创新等方面出台了160多个支持文件，为自贸试验区制度创新提供了有力保障。设立了自贸试验区法庭和自贸试验区检察室，成立了自贸试验区国际仲裁中心和知识产权仲裁中心。

完善涉外商事服务功能。中国贸促会（天津）自贸试验区服务中心正式揭牌，为对外贸易投资、开展国际交流合作、涉外商事法律服务等方面提供了有力支撑。出台了自贸试验区法律服务业开放创新具体举措，允许天津市符合条件的律师事务所在自贸试验区内“一证多址”办公。

打造国际化人才特区。建立人才“绿卡”制度，将政府人才审批和服务事项从51个整合成15个，并全部集成到一张人才“绿卡”上，持卡人实现“一点采集、多点共享、全程管理、快速办理”，90%以上服务事项实现即时办理、立等可取。建立与国际接轨的人才引进机制，制定实施引研引智引才25项措施，对引进人才给予最高达1 200万元人民币的工作生活补贴，对符合条件的高层次人才“团队+项目”给予最高达1亿元人民币的经费资助。

十一、建立健全评估推广机制，持续推出改革试点成功经验

委托南开大学开展了自贸试验区制度创新第三方评估，委托毕马威咨询公司开展了自贸试验区整体运行情况评估和营商环境评估。先后向国务院自由贸易试验区工作部际联席会议办公室梳

理上报了3批117项成效明显的试点经验和31个创新实践案例。2016年11月国务院向全国复制推广的自贸试验区19项创新经验中，天津自贸试验区贡献了多项经验；以信用风险分类管理为依托的市场监管制度、京津冀区域检验检疫一体化新模式两项创新举措作为最佳创新实践案例，也向全国推广。2017年7月国家相关部委联合推出了新一批全国复制推广的5项改革试点经验和4项创新实践案例，天津自贸试验区的"融资租赁公司收取外币租金"政策和"集成化行政执法监督体系"案例纳入其中。金融创新、融资租赁、海关贸易便利化等创新经验也由人民银行、海关总署等国家部委牵头在全国复制推广。建立与全市各区县联动发展工作机制，推出83项服务全市的制度创新举措，企业名称自主申报、市场主体简易注销等创新经验在全市范围推广实施。积极推进优先在天津市国家级开发区复制推广部分自贸试验区创新政策工作。

◎国务院关于印发中国（天津）自由贸易试验区总体方案的通知

国发〔2015〕19号

各省、自治区、直辖市人民政府，国务院各部委、各直属机构：

国务院批准《中国（天津）自由贸易试验区总体方案》（以下简称《方案》），现予印发。

一、建立中国（天津）自由贸易试验区（以下简称自贸试验区），是党中央、国务院作出的重大决策，是在新形势下推进改革开放和加快实施京津冀协同发展战略的重要举措，对加快政府职能转变、积极探索管理模式创新、促进贸易和投资便利化，为全面深化改革和扩大开放探索新途径、积累新经验，具有重要意义。

二、自贸试验区要当好改革开放排头兵、创新发展先行者，以制度创新为核心，贯彻京津冀协同发展等国家战略，在构建开放型经济新体制、探索区域经济合作新模式、建设法治化营商环境等方面，率先挖掘改革潜力，破解改革难题。要积极探索外商投资准入前国民待遇加负面清单管理模式，深化行政管理体制改革，提升事中事后监管能力和水平。

三、天津市人民政府和有关部门要解放思想、改革创新，大胆实践、积极探索，统筹谋划、加强协调，支持自贸试验区先行先试。要加强组织领导，明确责任主体，精心组织好《方案》实施工作，有效防控各类风险。要及时总结评估试点实施效果，形成可复制可推广的改革经验，发挥示范带动、服务全国的积极作用。

四、根据《全国人民代表大会常务委员会关于授权国务院在中国（广东）自由贸易试验区、中国（天津）自由贸易试验区、中国（福建）自由贸易试验区以及中国（上海）自由贸易试验区扩展区域暂时调整有关法律规定的行政审批的决定》，相应暂时调整有关行政法规和国务院文件的部分规定。具体由国务院另行印发。

五、《方案》实施中的重大问题，天津市人民政府要及时向国务院请示报告。

国务院

2015年4月8日

中国（天津）自由贸易试验区总体方案

建立中国（天津）自由贸易试验区（以下简称自贸试验区）是党中央、国务院作出的重大决策，是新形势下全面深化改革、扩大开放和加快推进京津冀协同发展战略的重大举措。为全面有效推进自贸试验区建设，制定本方案。

一、总体要求

（一）指导思想

全面贯彻落实党的十八大和十八届二中、三中、四中全会精神，按照党中央、国务院决策部署，紧紧围绕国家战略，以开放促改革、促发展、促转型，以制度创新为核心，发挥市场在资源配置中的决定性作用，探索转变政府职能新途径，探索扩大开放新模式，努力打造京津冀协同发展对外开放新引擎，着力营造国际化、市场化、法治化营商环境，为我国全面深化改革和扩大开放探索新途径、积累新经验，发挥示范带动、服务全国的积极作用。

（二）战略定位

以制度创新为核心任务，以可复制可推广为基本要求，努力成为京津冀协同发展高水平对外开放平台、全国改革开放先行区和制度创新试验田、面向世界的高水平自由贸易园区。

（三）总体目标

经过三至五年改革探索，将自贸试验区建设成为贸易自由、投资便利、高端产业集聚、金融服务完善、法制环境规范、监管高效便捷、辐射带动效应明显的国际一流自由贸易园区，在京津冀协同发展和我国经济转型发展中发挥示范引领作用。

二、区位布局

（一）实施范围

自贸试验区的实施范围 119.9 平方公里，涵盖三个片区：天津港片区 30 平方公里（含东疆保税港区 10 平方公里），天津机场片区 43.1 平方公里（含天津港保税区空港部分 1 平方公里和滨海新区综合保税区 1.96 平方公里），滨海新区中心商务片区 46.8 平方公里（含天津港保税区海港部分和保税物流园区 4 平方公里）。

自贸试验区土地开发利用须遵守土地利用法律法规。

（二）功能划分

按区域布局划分，天津港片区重点发展航运物流、国际贸易、融资租赁等现代服务业；天津机场片区重点发展航空航天、装备制造、新一代信息技术等高端制造业和研发设计、航空物流等生产性服务业；滨海新区中心商务片区重点发展以金融创新为主的现代服务业。

按海关监管方式划分，自贸试验区内的海关特殊监管区域重点探索以贸易便利化为主要内容的制度创新，开展货物贸易、融资租赁、保税加工和保税物流等业务；非海关特殊监管区域重点探索投资制度改革，完善事中事后监管，推动金融制度创新，积极发展现代服务业和高端制造业。

三、主要任务和措施

（一）加快政府职能转变

创新行政管理方式，提升行政管理水平，建设适应国际化、市场化、法治化要求和贸易投资便利化需求的服务体系。

1. 深化行政体制改革。加快行政审批制度改革，实行审管职能分离，建立综合统一的行政审批机构，实施“一颗印章管审批”。推进政府管理由注重事前审批向注重事中事后监管转变，完善信息网络平台，提高行政透明度，实现部门协同管理。健全社会信用体系；建立行业信息跟踪、监管和归集的综合性评估机制，加强对企业的管理、监督和服务，健全企业及从业人员信用信息记录和披露制度，完善企业信用约束机制；完善企业信用信息公示系统，实施企业年度报告公示、经营异常名录和严重违法企业名单制度；探索建立市场主体信用评级标准，实施分类管理。提高执法效能，建立集中统一的综合执法机构，整合执法力量，实行“一支队伍管执法”，鼓励社会力量参与市场监督，加大对违法行为打击力度。构建反垄断审查机制。加强知识产权保护和服务，完善知识产权管理和执法体制以及纠纷调解、援助、仲裁等服务机制。发挥专业化社会机构力量，提高知识产权保护成效。将原由政府部门承担的资产评估、鉴定、咨询、认证、检验检测等职能逐步交由法律、会计、信用、检验检测认证等专业服务机构承担。

2. 提高行政管理效能。天津市依法向自贸试验区下放经济管理权限。自贸试验区内工作部门依法公开管理权限和流程，建立各部门权责清单制度。建立健全行政审批管理目录制度，完善“一口受理”服务模式，改革审批事项，优化审批流程，缩短审批时间，推进审批后监管标准规范制度建设。加强发展规划、政策、标准的制定和实施工作。

（二）扩大投资领域开放

稳步扩大开放领域，改革“引进来”和“走出去”投资管理方式，突出重点，创新机制，有效监管，完善服务，探索建立与国际通行做法接轨的基本制度框架。

3. 降低投资准入门槛。实施自贸试验区外商投资负面清单制度，减少和取消对外商投资准入限制，提高开放度和透明度。重点选择航运服务、商贸服务、专业服务、文化服务、社会服务等现代服务业和装备制造、新一代信息技术等先进制造业领域扩大对外开放，积极有效吸引外资；金融领域，在完善相关配套措施前提下，研究适当减少对境外投资者资质要求、股权比例、业务范围等准入限制。鼓励跨国公司设立地区性总部、研发中心、销售中心、物流中心和结算中心，鼓励先进制造业延伸价值链，与现代服务业融合发展。支持外资股权投资基金规范创新发展，完善资本金结汇、投资基金管理等新模式，鼓励外资股权投资、创业投资管理机构发起管理人民币股权投资和创业投资基金。允许取得国际资质的外籍和港澳台地区专业服务人员和机构，在自贸试验区内依照有关规定开展相关业务。允许取得中国注册会计师资格的港澳专业人士，在自贸试验区试点担任合伙制事务所的合伙人。

4. 改革外商投资管理模式。探索对外商投资实行准入前国民待遇加负面清单管理模式。对外商投资准入特别管理措施（负面清单）之外领域，按照内外资一致原则，外商投资项目实行备案制（国务院规定对国内投资项目保留核准的除外），由天津市负责办理；根据全国人民代表大会常务委员会授权，将外商投资企业设立、变更及合同章程审批改为备案管理，备案由天津市负责办理，备案后按国家有关规定办理相关手续。配合国家有关部门实施外商投资国家安全审查制度。完善市场主体信用信息公示系统，实施外商投资全周期监管，建立健全境外追偿保障机制。完善投资者权益保障机制，允许符合条件的境外投资者自由转移其投资收益。

5. 构建对外投资合作服务平台。确立企业及个人对外投资主体地位，支持企业及个人开展多种形式的境外投资合作，在法律法规规定范围内，允许自担风险到各国各地区自由承揽项目。逐步减少个人对外投资的外汇管制。对不涉及敏感国家和地区、敏感行业的境外投资项目全部实行备案制，属市级管理权限的由自贸试验区负责备案。建立对外投资合作“一站式”服务平台。加强对外投资合作事后管理和服务，建设多部门信息共享平台，完善境外资产和人员安全风险预警和应急保障体系。鼓励设立从事境外投资的股权投资企业和项目公司，支持设立从事境外投资的股权投资母基金。

（三）推动贸易转型升级

积极培育新型贸易方式，打造以技术、品牌、质量、服务为核心的外贸竞争新优势，探索形成具有国际竞争力的航运业发展环境。

6. 完善国际贸易服务功能。积极探索服务贸易发展的新途径和新模式，搭建服务贸易公共服务平台、服务贸易促进平台，推动现有融资平台依法合规为中小服务贸易企业提供融资服务。按照公平竞争原则，积极发展跨境电子商务，并完善与之相适应的海关监管、检验检疫、退税、跨境支付、物流等支撑系统。发展服务外包业务，建设文化服务贸易基地。建设亚太经济合作组织绿色供应链合作网络天津示范中心，探索建立绿色供应链管理体系，鼓励开展绿色贸易。探索开展财政资金支持形成的知识产权处置和收益管理改革试点，建立华北地区知识产权运营中心，发展知识产权服务业。开展知识产权跨境交易，创新知识产权投融资及保险、风险投资、信托等金融服务，推动建立知识产权质物处置机制。

加快建设国家进口贸易促进创新示范区，促进对外贸易平衡发展。鼓励企业统筹开展国际国内贸易，实现内外贸一体化发展。支持进口先进技术、关键设备及零部件和资源类商品。支持开展汽车平行进口试点，平行进口汽车应符合国家质量安全标准，进口商应承担售后服务、召回、“三包”等责任，并向消费者警示消费风险。建立国际贸易“单一窗口”管理服务模式。在执行现行税收政策前提下，提升超大超限货物的通关、运输、口岸服务等综合能力。扶持和培育外贸综合服务企业，为从事国际采购的中小企业提供通关、融资、退税、国际结算等服务。

在总结期货保税交割试点经验基础上，鼓励国内期货交易所在自贸试验区的海关特殊监管区域内开展业务，扩大期货保税交割试点品种，拓展仓单质押融资等功能，推动完善仓单质押融资所涉及的仓单确权等工作。依法合规开展大宗商品现货交易，探索建立与国际大宗商品交易相适应的外汇管理和海关监管制度。在严格执行货物进出口税收政策前提下，允许在海关特殊监管区域内设立保税展示交易平台。开展境内外高技术、高附加值产品的维修业务试点。探索开展境外高技术、高附加值产品的再制造业务试点。允许外商开展机电产品及零部件维修与再制造业务。推动建立检验检疫证书国际联网核查机制，推进标准和结果互认。改革和加强原产地证签证管理，便利证书申领，强化事中事后监管。鼓励设立第三方检验检测鉴定机构，逐步推动实施第三方结果采信。

7. 增强国际航运服务功能。促进航运要素集聚，探索形成具有国际竞争力的航运发展机制和运作模式。积极发挥天津港和滨海国际机场的海空联动作用。允许设立外商独资国际船舶管理企业。放宽在自贸试验区设立的中外合资、中外合作国际船舶企业的外资股比限制。允许外商以合资、合作形式从事公共国际船舶代理业务，外方持股比例放宽至51%，将外资经营国际船舶管理业务的许可权限下放给天津市。大力发展航运金融、航运保险业，建设中国北方国际航运融资中心，鼓励境内外航运保险公司和保险经纪公司等航运服务中介机构设立营业机构并开展业务。在落实国际船舶登记制度相关配套政策基础上，中方投资人持有船公司的股权比例可低于50%。充分利用现有中资“方便旗”船税收优惠政策，促进符合条件的船舶在自贸试验区落户登记。

完善集疏运体系，加密航线航班。推动海运集装箱和航空快件国际中转集拼业务发展。允许中资公司拥有或控股拥有的非五星旗船，试点开展外贸集装箱在国内沿海港口和天津港之间的沿海捎带业务。支持天津滨海国际机场增加国际客货运航班，建设航空物流中心。完善国际邮轮旅游支持政策，提升邮轮旅游供应服务和配套设施水平，建立邮轮旅游岸上配送中心和邮轮旅游营销中心。允许在自贸试验区内注册的符合条件的中外合资旅行社，从事除台湾地区以外的出境旅游业务。符合条件的地区可按政策规定申请实施境外旅客购物离境退税政策。

8. 创新通关监管服务模式。自贸试验区内的海关特殊监管区域比照中国（上海）自由贸易试验区内的海关特殊监管区域有关监管模式，实施"一线放开"、"二线安全高效管住"的通关监管服务模式，积极推动实施海关特殊监管区域整合优化改革措施。可根据自贸试验区发展需求，按现行管理规定向国家申请扩大海关特殊监管区域面积。自贸试验区内的非海关特殊监管区域，仍按照现行模式实施监管。不断探索口岸监管制度创新。

强化监管协作。加强电子口岸建设，推动实现海关、检验检疫等口岸监管部门信息共享。推进企业运营信息与监管系统对接。逐步实现基于企业诚信评价的货物抽验制度。除废物原料、危险化学品及其包装、散装货物外，检验检疫在一线实行"进境检疫，适当放宽进出口检验"模式，创新监管技术和方法；在二线简化检验检疫流程，推行"方便进出，严密防范质量安全风险"的检验检疫监管模式。提高知识产权行政执法与海关保护的协调性和便捷性，建立知识产权执法协作调度中心。

（四）深化金融领域开放创新

深化金融体制改革，实施业务模式创新，培育新型金融市场，加强风险控制，推进投融资便利化、利率市场化和人民币跨境使用，做大做强融资租赁业，服务实体经济发展。

9. 推进金融制度创新。开展利率市场化和人民币资本项目可兑换试点。将自贸试验区内符合条件的金融机构纳入优先发行大额可转让存单的机构范围，在自贸试验区内开展大额可转让存单发行试点。区内试行资本项目限额内可兑换，符合条件的区内机构在限额内自主开展直接投资、并购、债务工具、金融类投资等交易。深化外汇管理改革，将直接投资外汇登记下放银行办理，外商直接投资项下外汇资本金可意愿结汇，进一步提高对外放款比例。提高投融资便利化水平，解决自贸试验区内企业特别是中小企业融资难、融资贵问题，统一内外资企业外债政策，建立健全外债宏观审慎管理制度。放宽区内企业在境外发行本外币债券的审批和规模限制，所筹资金根据需要可调回区内使用。

推动跨境人民币业务创新发展，鼓励在人民币跨境使用方面先行先试，鼓励企业充分利用境内外两种资源、两个市场，实现跨境融资自由化。支持跨国公司本外币资金集中运营管理。支持自贸试验区内符合条件的单位和个人按照规定双向投资于境内外证券期货市场。支持通过自由贸易账户或其他风险可控的方式，促进跨境投融资便利化和资本项目可兑换的先行先试。

探索在自贸试验区内建立金融消费者权益保护协作机制以及和解、专业调解、仲裁等金融纠纷司法替代性解决机制，鼓励金融行业协会、自律组织独立或者联合依法开展专业调解，建立调解与仲裁、诉讼的对接机制，加大金融消费者维权支持力度，依法维护金融消费者合法权益。支持建立健全证券投资消费者教育服务体系，积极创新自贸试验区特色的多元化证券投资消费者教育产品和方式。

10. 增强金融服务功能。推动金融服务业对符合条件的民营资本全面开放，在加强监管前提下，允许具备条件的民间资本依法发起设立中小型银行等金融机构。支持在自贸试验区内设立外资银行和中外合资银行。条件具备时适时在自贸试验区内试点设立有限牌照银行。对中小型金融机构实行差别化管理。在完善相关管理办法，加强有效监管前提下，允许自贸试验区内符合条件的中资银行试点开办外币离岸业务。鼓励金融机构积极开展动产融资业务，利用动产融资统一登记平台，服务中小企业发展。支持商业保理业务发展，探索适合商业保理发展的外汇管理模式。开展人民币跨境再保险业务，培育发展再保险市场。支持在自贸试验区内设立专业机构，开展巨灾保险试点工作。逐步允许境外企业参与商品期货交易。

11. 提升租赁业发展水平。率先推进租赁业政策制度创新，形成与国际接轨的租赁业发展环境。加快建设国家租赁创新示范区。在自贸试验区的海关特殊监管区域内，支持设立中国天津租赁平台，推进租赁资产公示等试点。支持设立中国金融租赁登记流转平台，推进租赁资产登记、公示、流转等试点。统一内外资融资租赁企业准入标准、审批流程和事中事后监管，允许注册在自贸试验区内由天津市商务主管部门准入的内资融资租赁企业享受与现行内资融资租赁试点企业同等待遇。支持符合条件的金融租赁公司和融资租赁公司设立专业子公司。支持金融租赁公司和融资租赁公司在符合相关规定前提下，设立项目公司经营大型设备、成套设备等融资租赁业务，并开展境内外租赁业务。经相关部门认可，允许融资租赁企业开展主营业务相关的保理业务和福费廷业务。支持租赁业境外融资，鼓励各类租赁公司扩大跨境人民币资金使用范围。对注册在自贸试验区海关特殊监管区域内的融资租赁企业进出口飞机、船舶和海洋工程结构物等大型设备涉及跨关区的，在确保有效监管和执行现行相关税收政策前提下，按物流实际需要，实行海关异地委托监管。

12. 建立健全金融风险防控体系。建立金融监管协调机制，完善跨行业、跨市场的金融风险监测评估机制，加强对重大风险的识别和系统性金融风险的防范。完善对持有各类牌照金融机构的分类监管机制，加强金融监管协调与合作。探索建立跨境资金流动风险监管机制，对企业跨境收支进行全面监测评价，实施分类管理。强化外汇风险防控，实施主体监管，建立合规评价体系，以大数据为依托开展事中事后管理。做好反洗钱、反恐怖融资工作，防范非法资金跨境、跨区流动。

（五）推动实施京津冀协同发展战略

发挥自贸试验区对外开放高地的综合优势，推动京津冀地区外向型经济发展，构建全方位、多层次、宽领域的区域开放型经济新格局。

13. 增强口岸服务辐射功能。完善京津冀海关区域通关一体化和检验检疫通关业务一体化改革。优化内陆无水港布局，支持内陆地区在条件具备时申请设立海关特殊监管区域和保税监管场所。完善天津口岸与无水港之间在途运输监管模式，推动与内陆口岸通关协作，实现相关部门信息互换、监管互认、执法互助。结合上海试点实施情况，在统筹评估政策成效基础上，研究实施启运港退税试点政策。进一步推动津冀两地港口一体化，在优化港口产业结构的同时，实现两地港口间错位发展和优势互补。支持京冀两地在自贸试验区建设专属物流园区，开展现代物流业务。完善以天津港为出海口的保税物流网络，将意愿结汇等创新政策辐射延伸至京冀两地及港口腹地。依托亚欧大陆桥连接功能，完善多式联运体系，增强对沿线国家及地区转口贸易服务功能，发挥中蒙俄经济走廊重要节点作用和海上合作战略支点作用，推动“一带一路”建设。

14. 促进区域产业转型升级。抓住全球产业重新布局机遇，充分利用国内国外两种资源、两个市场，提高聚集国际资源要素的能力。通过自贸试验区高端产业集聚，促进京津冀地区优化现代服务业、先进制造业和战略性新兴产业布局，创新区域经济合作模式。以产业链为纽带，在自贸试验区建立市场化运作的产业转移引导基金，促进京津冀地区在研发设计、生产销售和物流配送等环节的协同配合。增强自贸试验区大宗商品交易市场的集散功能。加强交易市场互联互通，推动各类资源合理高效流转。鼓励三地企业通过跨区域兼并重组实现产业转型升级，在基础设施、公共设施建设运营领域，推广运用政府和社会资本合作（PPP）等新型投融资模式。鼓励航运物流、航空航天、装备制造、电子信息、生物医药等产业向自贸试验区集聚，形成有利于推动产业集群发展的体制机制，促使自贸试验区成为京津冀地区产业转型升级的新引擎。

15. 推动区域金融市场一体化。探索京津冀金融改革创新试验，开展金融监管、金融产品和服务方面的创新。加强区域金融监管协作，破除地域限制。在遵守国家规定前提下，京津冀三地产权交易市场、技术交易市场、排污权交易市场和碳排放权交易市场可在自贸试验区内开展合作，促进区域排污权指标有偿分配使用。支持金融服务外包企业发展。鼓励和引导互联网金融业健康发展。鼓励自贸试验区金融机构探索与京津冀协同发展相适应的产品创新和管理模式创新，优化京津冀地区金融资源配置。

16. 构筑服务区域发展的科技创新和人才高地。充分发挥自贸试验区和国家自主创新示范区政策叠加优势，将自贸试验区打造成具有创新示范和带动作用的区域性创新平台，增强科技进步对经济增长的贡献度。坚持需求导向和产业化方向，推动科研机构、高校、企业协同创新。积极发展科技金融。依法合规开展知识产权转让，建立专利导航产业发展协同工作机制。根据区域特点和发展需求，针对区域创新发展中面临的突出问题，在自贸试验区内开展有针对性的政策试点。支持京津冀三地政府按规定共同出资，与国家新兴产业创业投资引导基金、国家科技成果转化引导基金形成合作机制。联合国内外知名股权投资机构共同成立创投基金，在自贸试验区先行先试。建立健全科技成果转化交易市场。推动教育部、天津市共建教育国际化综合改革试验区，支持引进境外优质教育资源，开展合作办学。按照国际通行做法探索人才评价方法，实施更加积极的创新人才引进政策，强化激励，吸引领军科学家、企业家、归国创业人员等高端人才，建设国际化人才特区。为符合条件的外国籍高层次人才提供入境及居留便利，进一步简化签证等相关审批程序。

四、保障机制

（一）健全法制保障体系

全国人民代表大会常务委员会已经授权国务院，暂时调整《中华人民共和国外资企业法》、《中华人民共和国中外合资经营企业法》、《中华人民共和国中外合作经营企业法》和《中华人民共和国台湾同胞投资保护法》规定的有关行政审批，自2015年3月1日至2018年2月28日试行。自贸试验区需要暂时调整实施有关行政法规、国务院文件和经国务院批准的部门规章的部分规定的，按规定程序办理。各有关部门要支持自贸试验区在扩大投资领域开放、实施负面清单管理模式、创新投资管理体制等方面深化改革试点，及时解决试点过程中的制度保障问题。天津市要通过地方立法，建立与试点要求相适应的自贸试验区管理制度。

（二）优化行政管理服务环境

转变政府职能，推进落实各项改革创新措施，加强自贸试验区经济运行管理和风险防控，规范市场经济秩序，提高行政管理水平和综合服务能力。加强海关、质检、工商、税务、金融监管及外汇等部门协作，依托地方政府主导的电子口岸等公共电子信息平台，整合监管信息，实现相关监管部门信息共享，共同提高维护经济社会安全的服务保障能力。

（三）完善配套税收政策

中国（上海）自由贸易试验区已经试点的税收政策原则上可在自贸试验区进行试点，其中促进贸易的选择性征收关税、其他相关进出口税收等政策在自贸试验区内的海关特殊监管区域进行试点。自贸试验区内的海关特殊监管区域实施范围和税收政策适用范围维持不变。此外，在符合税制改革方向和国际惯例，以及不导致利润转移和税基侵蚀前提下，积极研究完善适应境外股权投资和离岸业务发展的税收政策。

（四）抓好组织实施工作

在国务院的领导和统筹协调下，由天津市根据试点内容，按照总体筹划、分步实施、率先突破、逐步完善的原则组织实施。对出现的新情况、新问题，要认真研究，及时调整试点内容和政策措施，重大事项要及时向国务院请示报告。各有关部门要大力支持，加强指导和服务，共同推进相关体制机制创新，把自贸试验区建设好、管理好。

（五）建立评估推广机制

自贸试验区要及时总结改革创新经验和成果。商务部、天津市人民政府要会同相关部门，对自贸试验区试点政策执行情况进行综合和专项评估，必要时委托第三方机构进行独立评估，并将评估结果报告国务院。对试点效果好且可复制可推广的成果，经国务院同意后率先在京津冀地区复制推广，具备条件的，进一步推广到全国其他地区。

中国（福建）自由贸易试验区

2015年4月8日，国务院正式批复设立中国（福建）自由贸易试验区（以下简称福建自贸试验区），并印发《中国（福建）自由贸易试验区总体方案》。

◎区域分布及概况

一、功能布局

福建自贸试验区实施范围118.04平方公里，涵盖福州、厦门、平潭三个片区，其中福州片区31.26平方公里、厦门片区43.78平方公里、平潭片区43平方公里。

按区域布局划分：福州片区重点建设先进制造业基地、21世纪海上丝绸之路沿线国家和地区交流合作的重要平台、两岸服务贸易与金融创新合作示范区。厦门片区重点发展两岸新兴产业和现代服务业合作示范区、东南国际航运中心、两岸区域性金融服务中心和两岸贸易中心。平潭片区重点建设两岸共同家园和国际旅游岛，在投资贸易和资金人员往来方面实施更加自由便利的措施。

按海关监管方式划分：海关特殊监管区域重点探索以贸易便利化为主要内容的制度创新，开展国际贸易、保税加工和保税物流等业务。非海关特殊监管区域重点探索投资制度改革，推动金融制度创新，积极发展现代服务业和高端制造业。

二、战略定位

围绕立足两岸、服务全国、面向世界的战略要求，充分发挥改革先行优势，营造国际化、市场化、法治化营商环境，把自贸试验区建设成为改革创新试验田；充分发挥对台优势，率先推进与台湾地区投资贸易自由化进程，把自贸试验区建设成为深化两岸经济合作的示范区；充分发挥对外开放前沿优势，建设21世纪海上丝绸之路核心区，打造面向21世纪海上丝绸之路沿线国家和地区开放合作新高地。

三、发展目标

坚持扩大开放与深化改革相结合、功能培育与制度创新相结合，加快政府职能转变，建立与国际投资贸易规则相适应的新体制。创新两岸合作机制，推动货物、服务、资金、人员等各类要素自由流动，增强闽台经济关联度。加快形成更高水平的对外开放新格局，拓展与21世纪海上丝绸之路沿线国家和地区交流合作的深度和广度。经过三至五年改革探索，力争建成投资贸易便利、金融创新功能突出、服务体系健全、监管高效便捷、法制环境规范的自由贸易园区。

◎建设措施与成效综述

福建自贸试验区挂牌运行以来，紧紧把握中央赋予自贸试验区先行先试重大机遇，坚持以制度创新为核心，积极对接供给侧结构性改革，大胆试、大胆闯、自主改，扎实推进各项试验任务，实现了一批重点领域的创新突破，基本形成具有福建特色、对台先行的制度创新体系。

截至2017年底，总体方案确定的186项试验任务，已实施并取得初步成效177项，落实率达97.8%。推出实施创新举措285项，其中全国首创103项，对台先行先试63项。发布创新实践案例111个，5批110项创新成果在全省复制推广，“一照一码”、国际贸易“单一窗口”等一批创新成果在全国复制推广或学习借鉴。新增企业66 752户、注册资本13 982.8亿元人民币，是挂牌前历年总和的4.3倍和6.3倍。其中，外商投资企业3 067家、合同外资209.86亿美元，分别占全省53.6%和50.1%。

一、加快政府职能转变，建立与市场规则相适应的政府管理模式

坚持以简政放权为切入点，大胆精简下放审批权限，省政府一次性将80%省级行政许可事项下放三个片区行使，还先后清理、取消、调整了225项省级行政审批中介服务和前置审批事项，最大限度减少政府对市场活动的直接干预。推进商事集成化改革。在全国率先推出“三证合一、一照一码”基础上，陆续把涉企信息采集、记载公示、备案管理类证件整合到营业执照上，为全国推行“多证合一”改革提供了福建经验。深入推进“互联网+政务服务”，实行企业办税“一掌通”、政府扶持政策兑现“一窗办”、办电服务“一证启动”等便利化措施，让企业办事像网购一样方便，率先实现国务院提出的“一趟不用跑”和“最多跑一趟”的便民目标。加大知识产权保护力度，初步形成涵盖知识产权创造、运用、保护、管理和服务全链条的知识产权保护体系。

二、对标国际先进规则，基本建成符合国际标准的投资服务体系

率先探索实施“多规合一”。将城乡规划和土地、环保、海洋等39个专项规划整合成“一张图”，实现项目精准选址。建立起“五个一”配套工作机制，进一步推动流程优化和标准化，实现财政投融资项目和社会投资项目审批时限分别压缩近60%和40%，短于新加坡同类型审批时限。实施投资体制改革“四个一”，将社会投资项目审批流程整合归并为规划选址与用地、项目核准或备案、设计审查与施工许可、竣工验收四个阶段，每个阶段都实行“一表申请、一口受理、并联审查、一章审批、一次出件”，申请材料由原来的250多项减少到19项，精简幅度超过90%，项目审批时间压缩四分之三。率先探索建筑师负责制，充分发挥建筑师在民用建筑项目设计及施工中的主导作用，政府仅负责制定标准、合规性审查和事中事后监管。率先推行外商投资企业商务备案与工商登记“两证合一”，通过“单一窗口、单一表格”受理1天内完成。

三、推进智能化通关模式改革，初步建立符合国际规则的贸易便利化服务体系

率先推进国际贸易“单一窗口”建设，进出口货物申报、出入境运输工具申报、出口退税申报、出口信用保险办理等主要外贸业务在“单一窗口”“一站式”办理，监管数据实现跨层级、跨部门、跨区域实时共享，推出“单一窗口+金融服务”等10余项特色服务，实现货物通关手续更简便、时间更快捷、费用更便宜。全国首创关检“一站式”查验监管模式，全省共节约查验场地22万平方米，缩短货物通关时间约40%，节省查验人力资源约50%，每标箱减少物流成本约600元人民币。全国首创进出境船舶实施联合登临检查，“进口直供”“保税供船”监管模式，创新货物状态分类监管等监管模式，免除查验没有问题的外贸企业吊装移位仓储费用等政策，政府性口岸收费占比从10%降至3%，有效降低通关成本。厦门港2017年集装箱吞吐量达1 048万标箱，历史性超越台湾高雄港。

四、发挥沿海近台优势，探索形成对台与“海丝”合作新模式

挂牌以来至2017年底，自贸试验区新增台资企业1 901家，占全省59.3%。率先探索实施台资企业与大陆企业同等待遇，台商投资可在市场准入、政府科技扶持等方面享受与大陆企业同

等待遇。促进台胞便利就业，率先采认台湾地区建筑、医疗、教育、旅游等专业领域从业资格证书；允许台胞凭《台湾居民往来大陆通行证》可直接参加居住地城镇居民基本医疗保险；建设8个两岸“三创”基地，为台胞来闽创业就业提供全方面、一站式服务，吸引台湾青年入驻创新创业。建设“海丝”开放合作新高地，台闽欧班列实现常态化运营，已开通直达欧洲多条线路，列入中欧安全智能贸易首条铁路线试点，吸引了台湾地区和东南亚国家货物通过班列中转运往欧洲或中亚，实现了“海丝”与“陆丝”的有效对接。截至2017年底，累计发运229列，货值37.16亿元人民币。

五、强化风险防控，建立以信用约束为核心的事中事后监管体系

率先制定全国首张风险防控清单，明确了55个风险点、88条防控措施，提高风险防范精准度。率先全面建成国家企业信用信息公示系统（福建），涉企信息归集率达到100%，成为部门间信息共享和联动监管的主平台。开展集中统一的综合执法，相对集中行使行政处罚权，有效解决多头监管、重复执法问题。率先试点实施行政执法公示、执法全过程记录、重大执法决定法制审核三项制度，进一步规范了行政执法行为，提升了执法的权威性和公信力。成立首个民事、行政、刑事合一的知识产权巡回审判法庭，开辟知识产权案件审理的便捷通道。设立全国唯一的厨卫知识产权快速维权中心，为厨卫产业提供快速确权、授权、维权的“一站式”服务。

六、培育发展功能，着力做大自贸试验区经济流量

坚持制度创新与功能培育相结合，以制度创新激发经济发展动力，推动整车进口口岸、融资租赁、跨境电商、物联网产业基地加快发展，有效带动全省经济发展质量提升。2017年，自贸试验区进出口总额1 929.3亿元人民币，同比增长31.58%，高出全省19.6个百分点，拉动全省进出口增长4.5个百分点。自贸试验区已成为推动全省投资和贸易增长的“火车头”，牵引带动作用不断显现。

◎创新成果案例

1 企业注册实行“三证合一、一照一码”登记制度

福建省率先探索推进“三证合一、一照一码”登记制度改革，2015年5月4日起先行在福建自贸试验区新设立企业试点实施，通过“一窗受理、一表申请、互通互联、信息共享”的登记模式，将由工商行政管理、质量技术监督、税务三个部门分别核发不同证照，改为由工商部门核发加载统一社会信用代码的营业执照。

（一）主要做法

1. 注重精简统一

着眼于便企惠企，系统推进改革各项工作，做到“五个统一”：一是统一编码规则，从唯一、统一、共享、便民和低成本转换等角度综合考虑，统一社会信用代码设置为18位，由登记管理部门代码、机构类别代码、登记管理机关行政区划码、全国组织机构代码和校验码五部分组成，加载在营业执照上，质监、税务部门不再另行赋码和发证。二是统一源头赋码，由福建省工商局采取实时、流水、自动赋码的办法，统一对全省企业赋码，无须人工进行干预。三是统一登记表格，由福建省工商局会同质监、地税、国税等部门联合下发“一照一码”设立登记申请书，实行“一表申报”，申请人只要填写一份申请表格、提交一份申请材料即可。四是统一登记受理，由工商窗口或政府指定窗口受理，行政服务中心负责窗口人员的补充增配、软硬件设备、网络运行环境保障工作，要求各地工商窗口应按现有窗口注册官1:1的比例配备注册官助理，最少不得少于4人。五是统一档案管理，申请档案统一由当地工商部门管理，除部门内部审核意

见以及企业涉密材料按照规定权限查阅外，其余材料扫描后供各部门共享查阅。

2. 强化技术支撑

充分发挥福建工商一体化平台优势，加快“一照一码”信息化系统建设工作，组织技术力量，及时完成登记业务系统的改造和“一照一码”打照软件的开发。强化信息共享，福建省发改委（数字办）负责建设全省统一的审批信息共享平台，工商部门将企业登记信息实时推送到审批信息共享平台，质监、国税、地税等部门通过该平台获取数据，实现信息共享。

3. 坚持协同推进

福建省委、省政府多次召开会议研究部署，明确“一照一码”登记制度改革工作由各级政府统一领导，工商部门牵头，会同质监、国税、地税等部门具体实施。福建省工商局认真履行牵头职责，起草改革实施意见，由省政府办公厅下发实施，明确部门工作职责；会同质监、国税、地税等部门建立联络员制度，加强工作沟通，及时协调处理改革过程中遇到的问题，确保改革顺利推进；会同人行福州中心支行联合发文，对福建省实施“一照一码”登记制度后，银行机构办理单位银行结算账户业务等有关事项提出明确要求；举办全省“一照一码”登记制度改革视频培训，积极做好宣传发动，借助电视、报纸、网络等媒体力量，广泛宣传改革做法和成效，营造了良好的改革氛围。

（二）实践成效

从实施改革整体情况来看，福建省“一照一码”登记制度改革进展较为顺利，取得了显著成效。

1. 减轻了企业负担

改革前，申请人需要分别向工商、质监、国税、地税、公安五个部门提交 5 套 35 份材料，至少需要 10 个工作日，往返 10 次以上。改革后只需向工商或综合窗口提交 1 套 12 份材料，快的仅需 1 个工作日即可完成。根据福建省调查总队的调查，83% 的企业认为“三证合一、一照一码”办理过程十分方便；90% 的企业对这项改革非常满意，10% 的企业基本满意。改革后，企业无须再办理组织机构代码证和税务登记证，企业办理营业执照无须缴纳任何费用，降低了办事成本，减轻了企业负担。

2. 促进了政府职能转变

将三证合一，实行“一照一码”登记制度，是深入推进简政放权的重要举措，提高了政府部门行政效率，同时推动各部门把工作重心转到事中事后监管上来。实行统一社会信用代码，推进审批信息共享，为进一步加强部门联动监管、企业信用监管打下了良好的基础。

2 出境加工监管

“出境加工”业务有利于国内企业“走出去”，利用其他国家先进技术、低廉劳动力资源等比较优势，降低生产成本，提高竞争力。目前，福建省已有 5 家企业获批开展试点。

（一）主要做法

一是注重调研沟通。海关部门深入现场摸底调研，切实掌握企业加工工序细节，重点审核财务、仓库账册管理规范性，确保可真实记录并全面反映其加工业务活动。畅通关企沟通渠道，组织开展业务培训，向企业和关务人员宣讲保税政策和海关监管要求，并指定专人负责信息收集反馈。

二是优化作业流程。多次召集企业、相关政府部门开展政策研讨，制定相关监管方案，对业务申请、海关核准手续、货物监管要求、手册核销办理等事项进行细化明确。针对目前 H2010 无出境加工账册管理的现状，特事特办开启加工贸易纸质手册备案程序，在企业的申请材料和纸质手册上直接审批签注。

三是确保平稳运行。海关总署于 2016 年 11 月 28 日发布《海关总署关于出境加工业务有关问题的公告》（海关总署公告〔2016〕69 号）后，福州、厦门海关即全面启动出境加工监管业务，确保已试点企业出境加工业务平稳运行。

（二）实践成效

试点企业开展出境加工业务以来，较好地缓解了其招工难、用工贵的问题，已在印度投资建设工业园，并被厦门市政府设立为市驻印度企业联络处。厦门明晟鑫邦科技有限公司开展试点后，每年减少增值税资金垫付达到 1.6 亿元人民币，降低 20% 的生产成本。

3 税控发票领用网上申请

福建自贸试验区税控发票网上申领系统在全省所有纳税信用 A、B 级企业推行，受到了企业的普遍欢迎。据厦门国税统计，截至 2017 年 12 月底，厦门市累计已有近 8 万户次纳税人通过网上、手机 APP 和微信申领税控发票 2 300 多万份，并逐月呈上升趋势。

（一）主要做法

一是开发税控发票网上申领系统。税务部门在原有普通发票网上申领系统基础上，开发税控发票网上申领功能，形成税控发票网上领用和开具的完整业务流程。

二是从网上办税向移动办税拓展。厦门国税拓展税控发票网上申领系统的应用渠道，纳税人可以随时随地通过网站、手机 APP、微信等渠道申领发票，为纳税人提供从"足不出户"到"如影随行"的服务体验。同时，厦门国税为了应对日益增长的企业申领发票量，专门成立了发票配送中心，发票统一配送，由中国邮政快递在 48 小时（正常 24 小时）内送到纳税人手中。

三是推行 O2O 办税模式。省国税局将 O2O 电子商务模式引入税收征管中，依托"互联网 +"模式，分步实现纳税人网上或手机申请涉税事项—O2O 中心线下集中办理—纳税人选择 EMS 快递或到前台领取的办税过程，实现"鼠标一点，发票到家"，提升了办税效率，大大节约了纳税人的办税成本。截至 2017 年 12 月底，全省实现网上发票申领户数 16.27 万，发放发票 6 666.3 万份，其中邮寄发票比例超过 70%，实现了所有网上申领发票在 OTO 中心集中办理、集中出票、送达企业。

四是发票申领"零支付"。网上申领过程中，厦门国税为纳税人免费快递，最大程度减轻纳税人负担，真正实现了用票零负担。

（二）实践成效

一是减少纳税人办税成本。传统模式下，纳税人到了税务部门之后，需排队等待，发票申领量大的，还需专门的人力与运输工具保障。实行网上申领后，纳税人只需登陆国税网站、手机 APP、微信等，就可以办理，还可实时了解发票的动态，48 小时（正常 24 小时）内就会收到发票，交通费、运输费及时间成本全部归零，省时、省事也省心。

二是减少实体办税大厅压力。随着越来越多的纳税人选择网上申领，办税大厅工作量明显减轻，有利于税务部门解放出更多的人力资源为纳税人提供更优质的服务。

4 原产地签证管理改革创新

（一）主要做法

1. 在全国检验检疫系统首创实施凭企业声明直接签证模式

对检验检疫信用等级 A 级及以上的企业，出口不属于敏感、半敏感产品清单内的，凭企业声明直接签发原产地证书，企业免予提交产品备案、签证相关证明材料，对企业免予实施产品备案和签证的实地调查，通过事中事后监管实施签证质量管理。企业的产品备案业务平均办理周期从 3 个工作日缩短至当场办结，签证业务平均办理周期从 0.5 个工作日缩短至当场办结。

2. 在全国检验检疫系统首创实施属地备案多点通签模式

备案企业可向福建局辖区任一检验检疫机构

申请签发原产地证书，允许企业任意选择检验检疫窗口办理业务，进一步方便企业申办证书。

3. 在全国检验检疫系统首创允许生产企业代办原产地证书

按照现有规定，必须由货物出口商方可申办原产地证书。福建局积极争取质检总局支持，允许由生产企业代办原产地证书，为外贸公司提供原产地证书，提升企业的市场竞争力。

4. 进一步简化企业备案程序

实施企业备案和产品备案分离，企业申请材料符合要求的，检验检疫机构当场予以备案；提供资料为电子数据的，免予提交相关纸质资料。2016年，福建局联合省商务厅开展原产地证申办企业备案和对外贸易经营者备案“两证合一”改革（简称“检商‘两证合一’”），这项改革实现了企业信息的实时传输共享，原检验检疫部门直接采信商务部门审核结果，对通过商务部门信息审核的对外贸易经营者备案企业直接授予企业原产地证企业备案资质。2017年3月起，在全国范围内首次依托信息化系统进一步深化检商“两证合一”改革，企业通过福建国际贸易“单一窗口”提出申请，商务部门办理完成企业对外贸易经营者备案登记后，通过福建局和省商务厅共同研发的检商“两证合一”系统实时将企业信息发送至质检总局原产地业务电子管理系统，完成原产地企业备案。

5. 取消原产地证备案企业年审制度

根据国务院取消对原产地证申请人实施注册登记管理要求，针对辖区企业诉求，福建局深入研究调研决定取消原产地证备案企业年审制度。福建省1万多家企业不再需要办理年审手续，每年可节约办理手续的时长1万多个工作日。

6. 全面实施原产地证无纸化申报

企业办理原产地证书时，可免予提交申请书、出口商业发票等纸质申请资料，相关申请资料由企业自行建档保存，实现电子化签证管理。

7. 实施一般原产地证书快速审签

在风险分析的基础上，优化一般原产地证书签证程序，对辖区绝大部分签证风险性较低的产品不再开展签证调查，直接为企业签发一般原产地证书。

8. 下放进口国退证查询对外答复权限

将退证查询对外答复权限下放至一线检验检疫机构，同时开展隐性贸易措施风险预警研究，收集进口国退证查询管理动态，指导出口企业规避贸易风险。通过下放进口国退证查询对外答复权限，压缩退证查询处理流程时长5个工作日。

9. 创新实施原产地业务“检企零见面签证”

在福建自贸试验区福州片区创新实施产地证签证的检、企“零见面”模式，实行“网上申请、在线审核、双向寄递”，厦门片区推动国际贸易“单一窗口”原产地证申报端上线运行，为企业提供便捷服务。企业足不出户就能轻松领取原产地证书，为企业节约材料、交通等签证成本，并缩短签证时间30%以上。

（二）实践成效

2016年11月，国务院发文在全国范围内推广该措施。2017年，签发各类原产地证书约64.23万份、277.02亿美元，共为企业争取减免进口国关税约10.18亿美元。

5 国际航行船舶检疫监管新模式

（一）主要做法

1. 完善出入境船舶检验检疫系统

（1）覆盖面全。将国际航行船舶、海峡两岸直航船舶、对台小额贸易船舶、国际航线国内挂靠船舶等现有船舶类型均纳入系统管理，船舶代理公司可随时通过互联网向检验检疫机构申报出入境船舶。

（2）功能广。涵盖进/出口岸业务管理，证书管理、归档管理、多港联动、航线风险等级管理、检疫处理监管登记、计费管理、查询统计和系统管理等功能

（3）特色多。率先在全国试运行出口岸手续

联系单电子化，通过“单一窗口”即可对出口岸船舶实施放行，无须再进行纸质盖章。“航线风险等级管理”模块，改变传统卫生检疫查验模式，实现从“单一交通工具”风险评价向“航线”风险监管转变，有效提升入境船舶电讯检疫率，提升“精准检疫”有效性。“多港联动”模块，可查询船舶历史出证，核查证书有效性，使船舶检疫更有针对性。“计费管理”模块，无须再手工计费。

2. 实施船舶进出境“一单四报”和数据共享

船舶出入境时，企业通过“单一窗口”平台一次性递交海关、检验检疫、海事、边检等口岸监管部门需求的信息，并接受材料初审反馈和补报，口岸监管部门办理结果直接反馈到“单一窗口”平台，企业在一个窗口就可以办理船舶出入境手续。

3. 实施国际航行船舶风险管理

船舶代理企业在船靠岸前，通过国际贸易“单一窗口”提交船舶卫生证书等相关信息，原检验检疫部门据此进行数据处理和风险研判，对判定疫情风险低、卫生状况好、诚信度高的船舶，直接予以放行；对风险高的，则登船查验，并实施“即时查验、即时放行”模式，将相关信息通过国际贸易“单一窗口”推送给其他口岸部门，实现船舶报检信息无纸化和口岸部门的数据共享，提升船舶出入境便利化水平。

（二）实践成效

在确保口岸公共卫生安全的前提下，促进了船舶通关“一次申报”和全程无纸化、联检单位“信息互换、监管互认、执法互助”及入出境船舶的“即时查验、即时放行”，有效提升船舶出入境便利化水平。新模式将每艘船舶出入境申报时间由原来的 1 个小时压缩到 5 分钟，船舶检疫周期由原来的半天缩短为 30 分钟内，放行周期则从 30 分钟压缩至零待时。每船次平均减少 A3 纸质申报单证 257 页，船舶进境时间由 36 小时减少至 2.5 小时，出境时间由 36 小时减少至 1 小时。截至 2017 年底，福建局检验检疫船舶监管系统共收到船舶申请单据 8 659 条，随附单据数据 2 655 条，发送电子监管回执 16 437 条，航线风险信息 164 条。从 2016 年至 2017 年底，厦门口岸受惠进出港国际航行船舶 3.83 万艘次。

6 入境维修产品监管新模式

（一）主要做法

1. 海关方面

一是全国首创“保税仓库 + 修理物品 + 加工贸易”飞机维修一体化监管制度，进境维修的飞机及零附件按“修理物品”办理进出境手续，维修所需航材直接从保税仓库办理手续领取，以加工贸易方式制造的航材无须办理结转手续直接用于维修并随维修后飞机办理出口手续。

二是优化监管流程，将航空维修涉及的审单、征税、保税等监管流程进行“同质业务整合”，将原先需在各监管环节提供的维修合同变为一次性备案。

三是实施通关便捷措施。出台实施集中报关、无纸通关、随报随审、即审即放、客带货快速通关验放、超大型保税航材自行运输等一揽子便捷举措。

四是创新集中申报制度，将保税仓库出库航材“按月集中申报”改为“维修后集中申报”。

五是创新保税航材延期管理，将“超期必延”改为每半年集中办理一次延期手续，并将不同延长期限的内部核批由最高 7 级统一简化为 2 级。

六是支持航空维修企业承接包修转包订单维修服务，允许待维修的航材通过“特殊区域一日游”取代原有“境外游”的方式，开展跨直属海关协同监管，降低物流成本，缩短物流时间。

七是争取商务部、财政部、海关总署等国家部委出台了支持厦门航空维修产业发展的政策措施，允许在海关特殊监管区域外按照保税监管方式开展全球航空维修业务，并将液压作动器和推力球轴承两项航材关税税率由原来的 14% 和 8% 统一降至 1%。

八是运用“互联网+”，提高监管效能。推动关区保税监管场所辅助管理系统开发建设，推动海关监管由事前审批向事中事后（维修过程）的信息化风险管理转变。航空维修联网监管改革中融入“工单管理”“无纸作业”，由“以实物为核心、事后逆向核算”向“以数据为核心、根据生产过程顺向计核”的模式转变。整合辖区航空维修企业保税仓库视频监控系统，建立远程监控新模式。

2. 原检验检疫方面

一是完善风险管理。通过对企业进口初期的装运前检验、口岸查验、使用地检验、成品抽样送实验室全项目检测，积累可靠数据后，对企业和产品实施风险分析。

二是对通过能力评估的企业，放宽免于装运前检验的产品范围。

三是优化口岸查验，对全球维修企业进口的维修用旧机电产品，采取差异化抽批检验及监管频次，加强事后监管等措施，加快验放流程。

四是强化企业质量主体责任，引导维修企业自律，形成以企业为主体的质量安全监管制度。

五是厦门原检验检疫部门进一步取消企业能力评估要求，降低自贸试验区内进境维修企业准入门槛。

（二）实践成效

一是扩大境内外维修业务规模。截至2017年12月，福建自贸试验区厦门片区有9家企业开展境内外维修业务，涉及经营维修货值101.55亿元人民币。原检验检疫部门共检验监管入境维修机电产品2410批2 274.4万美元。泉州综合保税区有3家企业开展该业务，涉及经营维修货值99.1亿元人民币。

二是缩短通关时间，节约企业成本。海关实施“飞机维修一体化”制度，有效避免了因维修过程办理监管手续延误维修进度的情况发生，大幅度缩短飞机维修周期，实现飞机随到随修、修完即飞。据企业测算每维修一架飞机，可减少飞机因维修停场时间1—2天（每架飞机停场成本约30万元/天），每架飞机可减少报关单量约50票，减少报关费用约1.5万元，通关时间节约25%以上。

三是海关实施包修转包航材区域流转监管模式以来，按照发动机从中国运至美国单程花费40万元人民币计算，该模式每单可为企业节省费用80万元人民币，节约时间20天，大幅提升了厦门航空维修企业的市场竞争力，有效推动了厦门航空维修国际合作区的建设。

四是有效扶持福建省维修再制造产业发展。截至2017年12月，共采用该模式监管放行入境再制造的旧工程复印机85批、3 422台、134.51万美元。原福建检验检疫局已将该措施复制推广到全辖区，帮扶莆田市福建贞泰机电设备公司顺利通过质检总局备案，成为自贸试验区外首家通过备案的进境旧复印机再制造企业，截至2017年12月，共采用该模式监管放行进口旧复印机48批、4 676台、25.6万美元。

7 委内加工监管

（一）主要做法

一是转变海关特殊监管区域内加工企业只能通过“购料内销”向国内市场供给成品的单一方式，提出“国内企业提供原料委托区域内企业加工，加工增值部分征收进口税后返回国内销售”的模式，推进区域内销产品的“供给侧”改革，促进海关特殊监管区域内外产能合作。

二是区域内企业通过海关特殊监管区域信息化辅助管理系统向海关申请建立项号级委内加工专用电子账册，并在货物加工完毕、运回境内区外时，以区域内发生的加工费和保税料件费为基础审查确定完税价格，计征关税和进口环节代征税。

（二）实践成效

一是有效释放区域内企业闲置产能，提高经营效益。如泉州出口加工区内金鹰（福建）印刷有限公司拥有世界先进、国内少有高档印刷设备，在外销市场大幅度萎缩的情况下，国内的消费升级对高档印刷产能却需求巨大。通过开展“委内加工”业务，有效解决了企业配置的福建省最先进印刷设备——德国产曼罗兰高速五色胶印机产能过剩状态，实现了由单纯外向型向内外纵深型的转变。

二是有效服务国家供给侧改革。充分发挥海关特殊监管区域优惠政策和比较优势，推动国际间产能合作，优化国内市场供给结构，避免重复投资，促进特殊监管区优化业务形态。如海沧保税港区内厦门丰泰国际新能源汽车有限公司通过“委内加工”为国内提供新能源客车车身，成为区域服务国家新能源发展战略和促进新兴消费的典型，吸引了苏州等地企业、政府管理部门纷纷前来考察取经。

截至 2017 年 12 月，厦门关区已有 7 家区域内企业开展“委内加工”业务，业务规模超 1.5 亿元人民币，涉及新能源客车车身、高档印刷品、电路板等加工产品。

8 仓储货物按状态分类监管

（一）主要做法

一是简化手续，实施“自主（自律）管理、一次入区（域）、分步处置”的管理模式，便利货物入出区域。非保税仓储货物不再采用报关方式办理进出海关特殊监管区域的申报手续，海关在辅助管理系统上设立专用账册，企业通过辅助系统申报非报关申请单、核放单，办理备案、申报等监管手续；采用“双模备案”，企业可以根据货物的状况申报“申请单”实行货物“先备案后入区（域）”，或先申报“核放单”再申报“申请单”实行货物“先入区（域）后备案”的管理措施；按照相关规定办理监管手续后保税货物和非保税货物可以在区域内直接转换货物状态。

二是实行“减少干预、事中事后为主”监管原则，满足企业运作需求。采用信息智能化监管手段，辅助管理系统对企业申报的货物入出区域数据进行自动审核并对货物实施随机派查布控，海关卡口自动识别、放行载货车辆。对货物出入区域备案申报实现“即报即备”，未被派查的货物实现“到卡即放”，最大限度减少人工干预，适应企业市场化高效运作的要求。实施“主动式”事中事后管理，海关在风险监控分析的基础上主动对企业实施巡访管理，及时了解和掌握企业经营管理的实际状况，排查监管风险，督导和完善企业落实内控机制，规范经营管理行为。

（二）实践成效

实施仓储货物按状态分类监管新模式后，海关特殊监管区域内保税仓储企业可同时经营保税和非保税业务，拓展了企业经营范围，增强经营灵活性，降低经营成本，提高竞争力，充分发挥海关特殊监管区域成为连接国内外两个市场的桥梁作用，促进区域内企业健康发展。截至 2017 年 12 月底，厦门海关特殊监管区域内仓储的非保税货物包括 DELL 项目电子产品、汽车配件、展示架、植物油脂类、葡萄酒、宝姿服饰，润滑油等共计 37 703 个料号，涉及货值约 21.10 亿元人民币，增加营业收入 884 万元人民币。

9 保税展示交易货物分线监管、预检验和登记核销管理模式

（一）主要做法

一是原检验检疫部门按照“一线放宽、二线管住”的原则，对进入保税区货物实施分线管理，即一线入区时实施检疫，出区时实施检验。针对企业在申报时面临规定单证无法及时提供全面的问题，在一线检疫合格后，准予货物先行入区，在区内等待证单齐全后再申报出区，避免因单证延误问题产生滞港和滞箱费用。

二是对保税展示交易货物实施预检验和登记核销管理，即根据企业申报对分批出区货物实施预检验，出区时直接核销放行，提升进口展示和交易过程灵活度。

（二）实践成效

有效提高了通关速度，缩短了仓储时间，降低了企业运营成本。截至 2017 年 12 月，原福建检验检疫局共对 1 200 多批、3.2 亿美元货物实施分线管理，对 70 多批、1 500 多万美元货物实施预检验和登记核销管理。原厦门检验检疫局充分利用该政策促进厦商风信子建成区域性商品保税展示交易中心、分拨中心；推动厦门跨境电商监管中心打造国际化商品展示、批发、零售“一条龙”体验中心，并成为全国唯一开展“互联网 + 保税展销”模式业务的监管场所。

10 企业送达信息共享机制

2017 年 9 月，福建自贸试验区平潭片区法庭在全国率先试点实施企业送达信息共享机制，将法院审判工作与市场主体信用信息体系建设深度融合，充分发挥审判信息公开作用，促进企业诚信自律，维护企业合法权益。

（一）主要做法

一是法院接入市场主体信用信息平台，共享平台数据，按照记载的企业联系信息送达文书，最大限度提高送达效率。

二是完善企业经营异常名录。法院通过市场主体信用信息平台无法联系企业、无法送达诉讼文件的，及时将送达记录移送给市场监管部门，市场监管部门将该企业列入经营异常名录并予以公示，形成事中事后监管“一张网”。

三是建立企业救济途径。被列入经营异常名录的企业在诉讼过程中，办理住所或经营场所变更登记或重新取得联系的，可以申请移出经营异常名录，市场监管部门在移出经营异常名录时，应告知企业及时与法院联系。

（二）创新点

健全了跨部门联动响应和失信联合惩戒机制，打破法院与行政部门之间的信息壁垒，实现跨部门信息共享，通过将诉讼文书无法送达的企业列入经营异常名录，倒逼企业在诉讼过程中积极配合法院送达诉讼文件，提高了企业的遵从度。

（三）实践成效

一是完善了事中事后监管的“一张网”，通过市场主体信用信息平台归集涉企信息，实现跨部门数据共享，有效延伸了司法职能，强化了事中事后监管，节约了社会治理成本。

二是倒逼企业在诉讼中积极配合法院送达，缩短了案件审判周期的同时，降低了守法企业的诉讼成本。

三是实施该项措施以来，平潭片区法庭受理的民商事案件中，110 多家企业通过市场主体信用信息平台实现精准高效传达，4 家企业在送达程序中无法联系被列入经营异常名录，部门联合惩戒效果初步显现。

11 边检服务掌上直通车

（一）主要做法

依托“公安边防网上办事大厅”、微信公共服务平台与公安网，研发推出“网上便民服务平台”，服务对象仅需通过手机登陆该平台，拍照提交所需申请材料，边检后台接收审核后，直接推送审核办理意见和二维码证件，服务对象可持用电子二维码作为有效证件使用，大幅提升办证效率，降低成本。

（二）创新点

以二维码电子证件替代现行的纸质证件，改变原有服务对象需到边检站提交申请材料办理证件的模式，实现证件办理全程网格化、证件无纸化。

（三）实践成效

2015 年 7 月正式运行，目前已在全省推广应用，2016 年获评“公安边防部队科学技术进步三等奖”。累计办理各类海港证件 11 030 份、船舶报检手续 2 168 艘次。一是大幅提高办事效率。通过“网上办证”“网上报检”模块，服务对象利用手机对纸质申请单证、相关证件证明进行拍照提交，实现各类边检证件办理效率提升超过 50%，口岸通关效率提升超过 30%。二是实现口岸“联网”监管。检查员在码头巡查过程中，可通过手机微信扫描二维码证件信息，实现随时随地证件查询核对、人员进出限定区域和登船离船记录管理、巡查事件和报警事件电子记录。

12 船舶证书“三合一”并联办理

福建自贸试验区在国际航运领域大胆改革探索，率先推出实施“船舶证书‘三合一’并联办理”，大幅减少企业成本，有效激发市场活力，提高航运企业的经济效益。

（一）主要做法

一是优化流程，变“串联”为“并联”。原来，企业登记注册 1 000 总吨以上的船舶，办理《国籍证书》《最低安全配员证书》《燃油污染损害民事责任保险或其他财务保证证书》时需要多次提交申请材料、多次往返领证，耗费大量时间和成本。福建自贸试验区挂牌运行以来，福建海事局积极推进制度创新，将着力点放在“最多跑一趟”和“降低办证成本”上，整合优化内部工作流程，对以上三项证书合并受理，开具《海事业务申请材料收存单》，在申请人提交材料齐全且符合要求的情况下，通过“三合一”并联办理完成。

二是复制推广，推“区内”到“区外”。按照“特例、试点、推行、固化”的思路，福建海事局在总结试点运行经验的基础上，持续优化办理规程，逐步完善并联办理机制，于 2016 年 8 月发布《在福建自贸试验区试点实施船舶证书“三合一”并联办理便利性措施公告》，主动向社会公开承诺服务举措。2016 年底，由省政府发文及时将船舶证书“三合一”联合办理机制向全省区域推广实施，得到了航运企业的一致欢迎。

三是提质增效，转“内联”成“外联”。在探索内部流程优化“三合一”的基础上，福建海事局还将“并联办理”的思路由内部向外部延伸，积极沟通协调办理船舶证书的相关单位，提出并联办理、容缺预审、宽进严出的理念，率先在自贸试验区探索建立海事、运管、船检三部门联合办理船舶证书机制，改变了原来各部门分别检验发证、互为前置条件的办理模式，全面提升船舶证书办理效率，更大幅度、更广范围地为企业减负。该机制被第三方机构评估为全国首创。

（二）创新点

海事部门整合优化内部流程，将船舶登记涉及的三项证书并联办理，一次收件、一次领证，同时推行海事、交通、船检三部门联合办理，对船舶登记、检验、水运许可材料同步预审、依职审批，改变了原来各部门分别检验发证、互为前置条件的办理模式，将“准入”和“准营”同步提速，降低企业负担，促进航运经济发展。

（三）实践成效

通过多部门协作及内部“三合一”并联办理，可在 7 个工作日内实现三项船舶证书“一次性办结”，相比各自分别申报办理模式，办理时限缩短了近 70%。

13 对外贸易经营者备案和原产地企业备案“两证合一”

依托中国（福建）国际贸易“单一窗口”，商务部门将企业对外贸易经营者备案信息审核结果向检验检疫及贸促会原产地业务系统快速传输，原检验检疫部门及贸促会直接采信商务部门审核结果，当即授予企业原产地证备案资质。这种“一口受理、一次审核、一次发证”的新模式，简化了办事程序，方便了企业。在自贸试验区试点经验基础上，2017 年 3 月起，在全省推广实施对外贸易经营者备案登记与原产地证企业备案登记合并办理，即“两证合一”，福建成为全国首个依托国际贸易“单一窗口”实施“两证合一”的省份。

（一）主要做法

企业登录中国（福建）国际贸易“单一窗口”（网址：http://www.fjdport.gov.cn/），提交对外贸易经营者备案登记申请。商务部门统一受理并办理完成企业对外贸易经营者备案登记后，系统实时将企业信息发送至检验检疫及贸促会原产地业务电子管理系统。原检验检疫部门及贸促会直接采信商务部门审核结果，直接授予企业原产地证企业备案资质。同时，通过商务部门审核并备案登记的直接授予企业原产地证企业备案资质，由商务部门窗口向企业发放一份包含原产地证企业备案信息的对外贸易经营者备案登记表，即完成对外贸易经营者备案和原产地证企业备案两项登记业务。

（二）创新点

原来外贸企业须分别向辖区商务主管部门和原检验检疫部门、贸促会机构分别申请办理对外贸易经营者备案和原产地证备案登记，现在企业通过国际贸易“单一窗口”申请，商务主管部门完成对外贸易经营者备案，即视同完成原产地证备案手续，这种由商务部门面向企业一口办理的新模式，改变了过去分别办理、各自发证的传统模式，真正实现了“单一窗口、统一受理、一次审核、一次发证”。

（三）实践成效

“两证合一”，提升了企业原产地证的知晓率和办证积极性，促进企业运用原产地政策降低经营成本，提升了外贸企业竞争力，实现原产地证备案企业数量迅速增长。

1. 缩短企业备案登记时间

以往，企业办理对外贸易经营者备案登记和原产地证企业备案登记，需分别到商务和检验检疫或贸促会行政窗口分别办理，历时2—3天。“两证合一”后，企业只需到一个窗口办理，立等可取，亦可上网登录中国（福建）国际贸易单一窗口平台直接办理，简化了办事环节，减少了企业制度性交易成本。

2. 促进原产地证备案登记企业数量激增

2017年3—6月，福建省（除厦门外）共有近3万家企业获得对外贸易经营者备案登记，原检验检疫部门同步新增近两万家原产地证备案登记企业，贸促会机构同步新增两万多家产地证备案登记企业。

推进精准帮扶，提升原产地政策利用水平。检商“两证合一”系统运行后，通过数据共享，原福建检验检疫局从商务部门获取辖区主要出口自贸试验区国家、地区企业名单，主动联系原产地“零签证”出口企业并针对这些企业开展“一对一”重点宣传帮扶，帮助企业了解及用好原产地优惠政策，不断提高签证企业与签证货值覆盖率。

14 海事集约登轮检查制度

福建海事局整合海事执法力量，实现一站式登轮检查，对海事部门涉及的各类检查项目，做到能够不登轮检查的不再登轮检查，必须登轮检查的事项，一次完成海事监管所有执法检查。

（一）主要做法

福建海事局于2015年4月建立的海事现场综合执法机制，将各类执法任务进行整合，统一由一个现场执法组一次性完成全部现场执法任务。交通运输部海事局2016年9月28日在福建厦门召开全国海事系统“革命化、正规化、现代化”建设现场推进会，集中展示和重点推介了福建海事局海事现场综合执法机制的成功经验；2017年2月24日根据福建海事局海事现场综合执法机制的推进成果，颁布《海事现场执法工作规范》（海政法〔2017〕63号）并印发全国海事系统遵照执行。

（二）实践成效

通过建立执法参照标准、建设现场执法系统等方式进一步提高海事现场综合执法的科学性、规范性及效率性，进一步减轻了相对人的工作负担和时间成本，实现了海上交通安全监管的高效化与便捷化。2017 年 8 月，商务部、交通运输部等部委印发了《关于做好自由贸易试验区第三批改革试点经验复制推广工作的函》，将该项措施在全国复制推广。

15 市场主体名称登记便利化改革

（一）主要做法

2015 年起，平潭片区在辖区范围内实行名称登记制度改革试点，试行商事主体名称“自助查重、自主申报”制度，即改“名称预先核准”为“名称自主申报”，试点取消名称审核。2016 年 8 月，在福建自贸试验区先行改革的基础上，省工商局制定出台了企业名称登记便利化改革的若干意见，实行名称“自助查重、自主申报”，全省各类市场主体均可通过网上名称申报系统自助选择合适的名称，自主办理申报手续。

（二）实践成效

实行企业名称“自助查重、自主申报”：一是减少名称登记环节。企业名称核准与企业设立登记可以同时办理。二是开放名称数据库，设定名称禁限用规则，供申请人自助查重、自主申报使用。三是探索名称争议除名制度。应予纠正的企业名称，登记机关责令企业限期改正，拒不改正的，可以用除名方式，或者暂以统一社会信用代码代替，通过国家企业信用信息公示系统予以公示。

全省共申报各类市场主体名称 86.77 万件，其中通过网上申报的市场名称 35.43 万件，占总数的 40.83%。名称登记便利化改革后，申请名称预先核准，可直接向名称有权核准机关申报，减少了名称受理环节，名称的审批时限也从原来的最长 11 个工作日左右缩短为 3—5 个工作日，快的当天即可核准，简化了申报流程，提高了审批效率，受到企业的广泛好评。

16 打造最便捷的台湾商品通关模式

福建自贸试验区挂牌运行以来，充分发挥沿海近台优势，围绕通关全流程、主要商品、原产地证书等重点领域，深入推进制度创新，强化系统集成，推出实施近 40 项闽台通关便利化创新举措，有效吸引台湾地区商品从福建口岸入境，打造了两岸贸易通关便利化“福建样本”。

（一）主要做法

1. 全流程创新

申报阶段：信息共享。利用两岸海运快件平台，率先与海关监管系统、台湾关贸网等对接，简化个人自用物品监管措施。省食品药品监督管理局与关检部门联合建立受理窗口，联合办理审批备案事项。在平潭片区设立质检系统唯一的“两岸检验检疫数据交换中心”，实现与台湾“关贸网”的双向数据互通和实时传输，达到两岸检验检疫电子证书“互换互查”的目标。两岸海关自 2016 年 10 月 1 日起实施 AEO 互认试点，目前共有 217 票报关单享受到互认优惠。

查验阶段：单方采信。对原产于台湾，属于强制性产品认证目录、已获得台湾“标准检验局”商品验证登录证书、进入平潭对台小额商品交易市场的小家电，采信台湾认证结果，报检时免于提供强制性产品认证证书。探索建立“登记公示 + 事中监管 + 事后追责”第三方检验机构监管机制。对台湾纸尿裤、食品接触产品、服装等消费品试行第三方采信。对未获得大陆 CCC 认证的小批量台湾家电产品，试点认可台湾地区认证检测结果，降低入境口岸抽批率。每批货物可为企业节省几千元人民币至几万元人民币不等的检测费用，办理相关手续从原来的 90 天左右缩短到 1 天。

放行阶段：快速便捷。对部分诚信台资企业，海关在舱单审核、查验后直接放行货物，企业再报关、缴税。对台湾输大陆自捕鱼免提供台湾官方的检测证书，实行以风险监控为主和重点抽检为辅相结合的监管模式，对冷冻水产品现场查验完毕后实行预放行。允许信用等级B级以上涉台报检企业，在货物到港前，凭基础信息进行报检，预先进入施检审核环节，在货物到港补齐报检资料后即直接放行，实现涉台业务“先报、预核、后补”。

2. 覆盖主要商品

工业品“只备案不检验”。除国家禁止、限制进口的商品、废物原料、危险化学品及其包装、散装商品外，区内进口原产于台湾的工业品简化手续，实施备案管理，原则上不实施检验，原检验检疫部门加强事后监管。

食品、农产品“源头管理、口岸验放”。与台湾有关部门开展合作，将进口台湾食品农产品检验检疫工作向前延伸，建立食品农产品质量安全源头管理机制。

对进境水产品采取“统一申报、集中查验、分批核放”模式。允许进入福建自贸试验区的、未交割的进境水产品由海交所或指定的代理人先行统一办理审批和报检手续，实施集中预检，交割后（出区时）分批核销、验证放行，减少了货物滞港时间和费用。

水果“边抽样检验，边上架销售”。平潭对台小额商品交易市场的进口台湾水果，免附官方植物检疫证书，按最低比例抽样送检农残等项目的同时可上架销售，做到进境台湾水果“进得来，放得快，管得住”。通关速度由3个工作日缩短到1个工作日，实现了水果“上午采摘，下午上架”。2017年，厦门口岸进口台湾水果占大陆80%以上。

海运快件“中转集拼业务”。支持两岸海运快件业务发展，允许自贸试验区试点海运快件国际和台港澳中转集拼业务。厦门实施港口对标先进和做大做强国际集装箱中转业务工作方案，加大2018年集装箱业务发展扶持力度，将航运企业特殊贡献奖励从1 200万元人民币提高至2 000万元人民币；加大培育国际中转集装箱业务，推动航商新辟3条东南亚线。平潭两岸快件中心构建“平潭—台湾—全球”海陆空联运通道，带动平潭跨境电商全年入区货值2.1亿元人民币，同比增长3.2倍。

会展展品“港馆联动”。对自贸试验区内举办的外经贸展会及进境展品、参展企业创新“港馆分线、港馆联动”模式，港口（区）一线以现场快速检疫为主，展馆（区）实施集中查验监管和以风险监测为主的质量安全管理。有效服务“5·18”海峡论坛、“6·18”海峡项目成果交易会、海峡两岸渔业博览会、第十三届农交会、第95届全国糖酒会等展会，平均为每批次会展货物节约通关时间约1.5天。

3. 用足用好对台原产地证书优惠政策

简化关税优惠申请程序。海关减少审批环节，对CEPA、ECFA项下，已收到出口方传输的原产地证书电子数据的货物，无须收货人或其代理人再行提交纸质原产地证书，节约了证书寄送的成本和在途时间（平均节省1—2天），解决了“货到证未到”的问题。

下放原产地核查事权。海关总署将对台原产地核查事权下放，优化了核查流程，缩短了核查进程（平均缩短了约3个工作日），提高了通关效率。

放宽直接运输判定标准。对ECFA项下的进口货物，率先采用验核集装箱号及封志号的方式来判定，突破了以往需提交第三方中转地海关出具的证明文件的做法，简化了手续单证，进一步方便企业。

原产地业务改“注册”为“备案”。海关检验检疫部门对原产地业务全流程、全方位实施简政放权改革，改“注册”为“备案”，取消年审。原来企业的产品备案平均需要3个工作日，签证平均需要0.5个工作日，现在均可当场办结。

（二）实践成效

通过推进闽台货物贸易通关便利化，进一步

降低抽检比例，有效提高通关效率和吸引台湾地区商品从福建口岸入境。海关检验检疫部门放行平均时间由5—7天缩短至1—2天，吸引了台湾商品从福建口岸入境。2017年，闽台贸易额774.6亿元人民币，同比增长18.3%。其中出口295.1亿元人民币，增长16.3%；进口479.5亿元人民币，增长19.6%。福建自贸试验区对台海运邮快件467.86万件，同比增长401.67%。

17 台胞权益保障法官工作室

福建自贸试验区为保障台企台胞在大陆的合法权益，致力于建立涉台纠纷调处机制、优化涉台司法服务、完善法治化营商环境，首创设立台胞权益保障法官工作室，建立“法院—自贸试验区管委会—台办”联动工作机制、诉调衔接机制、涉台特邀调解员、陪审员参与机制等，为台胞和台企提供优质司法服务，取得了良好的效果。

（一）主要做法

1. 完善机制，多方联动

一是建立常态化运作机制。由法院选派优秀法官驻室提供司法服务，并邀请涉台法律顾问在台胞权益保障法官工作室定期驻点办公，提供诉讼指导、法律咨询服务、诉前诉中调解服务，设立专人热线电话，定期举办涉台专题讲座，开展法律宣传，提出对企业发展和风险防范等相关建议，建立起台胞、台商“一站式服务”平台，实现法官工作室常态化运作。

二是强化多部门联动机制。台胞权益法官工作室以打造“化解涉台纠纷的前沿平台、涉台司法服务机制的先行区域、与台胞沟通交流的重要纽带”为目标，创新“法院—自贸试验区管委会—台办”联动机制，包括诉调对接机制、涉台特邀调解员参与机制等，形成“横向联动、纵向贯通”的体系，实现了涉台信息沟通和共享，对涉台纠纷做到诉前介入调解、诉中委托调解及诉后法律释明，全程、全力化解涉台纠纷。

三是建立制度，强化职责。法官工作室做到“四明确、三统一”，明确责任部门、规章制度、工作对象、工作人员，统一标识挂牌、制度上墙、工作方式。研究制定了《台胞权益保障法官工作室工作职责》《台胞诉前委派调解流程示意图》《台胞庭前或审中委派调解流程示意图》等规章制度，同时免费提供《诉讼指南》和法院宣传资料、法律用书，供台胞、台企使用。

2. 拓展调处，多元化解

一是强化涉台重点敏感案件应急处置制度。在法官工作室设立重点敏感案件应急处理工作组，利用窗口优势，有效预警、管控、处置重大敏感案件和易发多发案件。

二是拓展联动联调范围。充分发挥法官专业优势，运用涉台诉调衔接联动机制和特邀调解机制，加强涉台纠纷的诉讼指导、委托调解和法律释明，多渠道、多形式开展调解工作，形成横向延伸、纵向联动的调解服务，把涉台纠纷调处工作做细做实。

三是健全法官工作室司法建议制度。通过分析研究法官工作室所调处的案件，突出对劳动争议、金融纠纷、房产纠纷等涉台民商事高发多发案件专项审批年度报告工作，从司法建议的角度，为党委政府管控社会风险、创新社会治理建言献策。

3. 多措并举，优化服务

充分利用信息化的技术优势，打造数字化、网络化、智能化的法官工作室，对台胞、台商提供更加便捷、高效、更加具有针对性、更加人性化的“一站式服务”。除开通热线电话、微信公众号、网上受理台胞法律诉求绿色通道等常规渠道外，还将柜台、网络、自助终端、手机APP和语音短信“五位一体”司法便民利民新格局充分应用于涉台案件审判中，为台胞提供“智能型”的ITC自助服务终端服务和“零距离”的掌上诉讼等，为台胞提供跨区域、跨窗口立案登记、执行申请、文书领取等服务。利用福州市台胞权益保障中心微信公众号提供网上涉台法律法规、案例分析、风险防范等司法服务。

4. 复制推广，构建网络

台胞权益保障法官工作室2015年设立以来取得了良好成效，经第三方机构评估认定为全国首创举措。福州市于2016年2月下发了《在全市分批推广设立台胞权益保障法官工作室的实施方案》（榕委办〔2016〕7号），在全市两级法院和台办分批设立了14个法官工作室，形成覆盖全市的法官工作室网络。2017年2月，中共中央台湾工作办公室、国务院台湾事务办公室在第13期《对台工作简报》中，以“福州市设立台胞权益保障法官工作室成效良好”为题，专刊全面详细报道并充分肯定了该创新举措。2017年8月，福建省政府发文向全省复制推广“台胞权益保障法官工作室”经验做法。

（二）实践成效

截至2017年底，已受理涉台投诉求助件276余件（海协会转办67件，国台办11件，省台办39件），办结率高达94.2%；接受台胞现场及电话咨询300多人次。

1. 搭建台胞与司法体系之间的沟通桥梁

自贸试验区台胞权益法官工作室以“贴近台胞、预防纠纷、指导调解、方便诉讼、维护稳定”为原则，充分发挥台办熟知对台政策和法官熟悉法律知识的优势，搭建法院与台胞之间的沟通桥梁，增强台胞参与诉讼的便利度和对裁判结果的满意度，成为下沉司法资源、延伸协调工作的窗口与平台。

2. 及时有效化解涉台纠纷和不稳定因素

充分发挥台胞权益保障法官工作室“第一线”作用，及时掌握涉台新类型案件、复杂敏感案件、群体性案件、社会关注度高案件等情况，妥善化解矛盾纠纷。以涉台民商事审判为主体，各法院内部同时建立起覆盖立案、民事、刑事、知识产权、行政、执行等涉台审判绿色通道，做到涉台诉讼服务纵横畅通无死角。一大批台胞权益纠纷案件相继得到妥善解决，其中不乏陈年积案和疑难复杂案件，如成功调处6件自贸试验区内台企与员工的劳动争议及相关行政诉讼案件，1起涉案标的额近3亿元人民币的涉台企系列执行积案，取得良好的法律效果和社会效果，有效维护了台胞合法权益。

3. 有效提升自贸试验区法治服务保障水平

台胞权益保障法官工作室充分运用涉台诉调衔接联动机制和特邀调解机制，加强涉台纠纷的诉讼指导、委托调解和法律释明，及时有效预防和化解矛盾纠纷。建立起自贸试验区管委会、法庭与地方法院、台办之间良好的日常工作联系制度，通过情况通报、信息共享、风险预警、专题调研等多种互动方式，共同研究亟待解决的涉台热点、难点问题，形成涉台司法保障和纠纷化解工作合力，多方位多渠道提供及时、全面、便捷的涉台司法服务，提高了涉台权益保障工作的公信力。

18 创新不动产登记工作模式

福建自贸试验区实施不动产登记查询证明、不动产登记、房屋交易、申报纳税“四合一”工作模式，并先后推出了网页版、微信版、自助申报终端三个网上办事平台，实行“外网提交、内网审核、现场核验”不见面审核工作模式，实现了群众随时随地提交申请，现场最多跑一趟的积极效益。

（一）主要做法

1. 以平台建设为基础

智慧办事系统。“外网提交、内网审核、现场核验”工作模式依托网上办事平台展开，根据群众不同需求，目前已实现通过电脑、手机、自助申报机三种方式办理并各具特色，有效区分单件业务、批量业务，既适宜金融机构、开发企业、中介组织等办理批量业务，也满足群众办理个人单件业务，同时根据老年人群体办证需求，将自助申报机服务延伸到基层社区，打通群众办证的“最后一公里”。系统整体实现群众、企业外网“不见面”预申请，预审系统办理件“不见面”预受理、预审核，不动产登记系统现场核验（正式受理和审核）、登簿、缮证，税务系统实现纳税申报缴交。

系统功能模块与接口模块。一是福建省不动产登记网上申请系统。系统开发了在线预申请、在线预审核、在线查询、在线预约等多项功能。其中，在线预申请模块实现17类不动产登记业务在线预申请；在线预审核模块实现在线查看填报信息和材料并进行预审核；在线查询模块实现实时跟踪业务办理进度；在线预约模块实现双向预约现场核验功能。二是预审系统。系统对接电子证照数据库及不动产登记数据库，开发了信息自动比对模块。对房源信息比对、个人信息比对等，并对查封、抵押等异常信息给予警示，提示预审人员在办的不动产存在异常，提升预审效率。三是接口模块建设。系统接口可按需配置，对交易登记业务合一或者能获得交易管理数据的地区，可直接调用登记、交易数据信息；对交易登记职能分离或者无法共享交易管理数据的地区，可将登记、交易、税务的信息推送到相应部门的业务系统。

系统安全性建设。一是保障系统运行环境安全。福建省不动产登记网上申请系统部署在政务云平台，运行环境达到三级等保要求，并取得了《信息系统安全等级测评报告》证书。二是持续开展系统第三方检测。组织权威机构福建省计算机软件测试实验室对系统功能、性能、信息安全性开展第三方检测，测试结果系统在适应性、互操作性、安全保密性、时间特性均满足要求，并获得了国家版权局计算机软件著作权。三是规范系统技术标准。编制了系统需求说明书、技术详细设计、数据库设计、接口设计、技术总结、操作手册等一整套完整的技术资料，从需求调研、设计开发到组织实施等各个环节做到有章可循。

2. 以数据共享为支撑

整合完善不动产登记数据库。一是开展落图落宗工作。组织中心、各分局、技术单位开展落图落宗工作，通过分析原有的房产交易数据库和土地登记数据库，技术单位通过挂接匹配进行落图落宗，各分局及中心通过调阅档案资料，进行无效数据清理。二是开展数据整合工作。根据国土部、省国土厅关于不动产存量数据整合的工作部署与要求，采取“自主整合”与“先关联、再处理”的工作思路，完成中心城区有效房地数据整合工作，并顺利向国土部汇交数据。

构建电子证照共享数据库。建成由公安、民政、国土、规划等多部门共享的电子证照数据库，不动产登记所需的数据列入了首批优先建设内容。通过电子证照查询接口，在线查验并下载电子证照信息，实现跨部门数据共享，真正实现了“信息多跑路、群众少跑腿”，为不动产登记网上办事提供了强有力的数据支撑。

3. 以业务流程再造为保障

推行“四合一”办证模式。在全国率先推出家庭住房信息查询证明、交易管理、计缴税费、不动产登记4项业务的“四合一”办证模式，即：群众只需1次外网提交申请，平台根据申请登记不动产所属区域，自动分区域推送到内网进行预审核；经内网预审核后，结果反向推送给用户，实现群众办理4项业务全程只需1趟，1份材料，1个窗口，实现“一站式”办结。一是实现房屋交易税收代征。申请购房享受减免税优惠由原来的需先行到税务部门申报纳税，简化为申请不动产登记时可同时进行纳税申报，经地税部门进行内部纳税审批后，由中心发证前代征税费。二是实现房屋交易与不动产登记一体化管理。房屋交易部门和不动产登记由一个部门一体化管理，不动产登记和房屋交易同步审批、同步办结。三是实现查房与不动产登记合并办理。申请购房契税优惠由原来需到档案馆开具家庭住房信息证明，简化为申请不动产登记时同步申请开具家庭住房信息证明，由中心工作人员直接进行查询，相关查询结果随同办证申请材料一并流转存档。

优化设置网上办事流程。根据不动产登记网上办事规程及系统建设情况，通过建章立制，规范并再造了预审、计税、复审、核验、登簿、缮证、发证网上办事流程。一是规范预审。申请人将外网申请信息提交后直接推送到内网进行比对预审。通过内、外网信息比对，完成预受理和预审核。与民生密切相关的个人单件业务，如新建商品房转移登记、二手房转移登记、拆迁安置房转移登记等列入“最多跑一趟”事项。二是加强现场核验。现场核验通过人脸比对系统及递交的纸质材料，有效确保信息的真实性、有效性、可靠性。三是即时缴交税费。通过现场核验后，当场进行登簿并出具税单，申请人缴税后即可领证。

（二）实践成效

全程网络申请，打通服务群众“最后一公里”。为方便群众，建成不动产登记网上申请系统，实现不动产登记“外网申请、内网审理”，最多跑1趟。

做好简政放权“减法”，减少群众办事成本。“四合一”模式实施后，群众不动产登记网上审核通过后再到现场提交纸质材料，全程只需跑1趟，现场提交材料核验环节，实现精准预约，现场无须排队。一、二手房办证时限降到4个工作日，现场在30分钟内即可办结领证，极大提高了办证效率，有效解决了以往群众多个窗口排队取号、长时间等候、材料不全往返跑等问题。

19 工程建设项目审批制度改革

厦门着眼于破解制约高质量发展的体制机制障碍，进行全流程、全覆盖改革，构建起科学、便捷、高效的工程建设项目审批和管理体系。通过改革，厦门工程建设项目从立项到竣工验收所需申请材料由373项精简至76项，审批时限从246个工作日压缩到主流程12—40个工作日。此项改革模式得到了国务院的高度肯定，成为全国工程建设项目审批制度改革试点城市的样本，为全国工程建设项目审批制度改革积累了经验。

（一）主要做法

1. 完善“五个一”审批体系

一是“一张蓝图”统筹项目实施。以空间战略规划为引领，将国民经济发展五年规划、土地利用总体规划、城市总体规划、水利、海洋、林业等39个专项规划整合成“一张蓝图”，建设“多规合一”业务协同平台，建立多部门协同机制，在项目前期就明确投资、选址、用地指标等审批条件，避免部门规划不一致和空间矛盾等问题。

二是“一个系统”实施统一管理。建设“多规合一”项目审批信息管理系统，完善工程建设项目全生命周期管理体系。与业务协同系统、各部门审批系统、效能监督系统对接，实现信息共享、透明审批、限时审批、综合审批。

三是“一个窗口”提供综合服务。设立统一登记收件窗口，以及跨部门审批协调室，真正实现一窗收件、一室办理。

四是“一张表单”整合申报材料。推行“一份办事指南，一张申请表单，一套申报材料，完成多项审批”审批模式，大幅度减少申请材料。

五是“一套机制”规范审批运行。建立从项目策划、运行到批后监管的相关配套制度。各行业主管部门出台监管措施并牵头全流程监管，引入第三方机构参与评估。引入工程保险机制，加强诚信体系建设，做到放得开，管得住。

2. 精简审批环节

对标国际经验，再造审批流程。形成“五种项目类型分类申报、四条工作主线并行推进、四个审批阶段并联审批”（即：财政投融资房屋建筑类、财政投融资线性工程类、一般社会投资、带方案出让用地的社会投资、小型社会投资五种类型；建设管理审批、投资控制审批、用地手续审批、申请人准备四条工作主线；立项用地规划许可、工程建设许可、施工许可、竣工验收四个审批阶段）的新模式，改变以往部门间互为前置、相互制约的现象，大大提高审批效率。

3. 优化审批方式

一是精简审批环节。在分类细化的基础上，

推动审批事项“减、放、并、转、调”，减少45.8% 的前置审批环节，取消 36.8% 的中介服务事项；下放、合并部分审批服务事项，调整优化审批事项办理的先后顺序，将部分审批事项转为“即来即办”的公共服务事项。二是创新审批机制。率先探索制定公布 6 份审批负面清单，对 12 个部门、32 项审批实行“告知承诺制”。在环评、水土保持、防洪等领域推行区域规划管理，区域内项目共享评估结果。优化整合线上线下政务大厅，建设工程项目报建等 17 个事项实现全程无纸化网上办理。三是积极探索推行“多图联审”、审批豁免制、容缺受理制等多项创新举措，有效促进审批提速增效。

（二）实践成效

平台运行顺畅，审批时间大幅压缩。目前，项目审批时限压缩 2/3，中介服务事项取消 36.8%。办理社会资本投资项目从项目立项至施工许可最快 5—20 个工作日即可完成。厦门市、区两级 288 个部门全部纳入“多规合一”业务协同平台，已有 2 542 个项目在平台运行，实现全程网上审批。

20 优化电力获取

以福建自贸试验区建设为契机，厦门片区与国网厦门供电公司紧密配合，创新实践“FREE”战略，不断优化区内用户电力获取。通过体系化构建，精益化实施“FREE”战略（“F”：Focus，即聚焦影响用户用电体验的关键因素，实施改进提升；“R”“E”“E”即对应影响用户获取电力体验的三个关键影响因素改进举措，“R”：Reliable（可靠）——完善建设提升供电可靠性，“E”：Economy（经济）——优化公网电源点和供电服务节约用电成本，“E”：Efficiency（效率）——高效服务缩减用户接电时间），不仅对区内用电环境优化效果显著，区内先进经验还作为供给侧结构性改革示范案例在厦门市推广。

（一）主要做法

1. Focus，聚焦关键影响因素，精准制定改进措施

实施数据分析，从实际流程入手，通过与供电公司、厦门大学联合，获取海量数据，形成完善的用户用电数据箩筐和数据链条；据此进行数据分析，准确找到企业开展经营活动时最为关注的影响因素，针对用电报装（接电）的办理过程中需要耗费的时间、接电成本和用电过程中的用电可靠性、电费成本，建立影响因素与公司内部管理相关联的分析模型，通过模型精准定位影响用户体验的内部管理短板，有的放矢精准制定消除短板的改进举措，确保改进战略见实效。

2. Reliable，完善建设提升供电可靠性

扎实建设厦门电网设施，提升电网供电可靠性。一是开展自贸试验区零计划停电试点。对区内各类电力工程，在制订供电方案以及施工方案时优先采用不停电作业方式，通过带电接入电网、旁路带电、发电车及移动式厢式变压车等方式，力争实现所有工程接入电网时对用户“零影响”；实行电力设备的综合检修，提高电力设备检修效率，降低对用户停电的可能性。二是加大硬件设施投入，强化配电网的可靠性。实施城市配电网可靠性提升专项工程，高标准规划电网，统一岛内外标准，建设各级电网协调发展的坚强电网；全国首批开展智能电网试点，率先建成国内规模最大的配电自动化系统，和全国首个优质电力示范园区。三是提高用户电力故障抢修复电效率，通过与用户签订战略合作协议，对高压用户和低压非居民用户的设备故障实现免押金抢修；针对低压居民用户，坚持“先复电后抢修”原则，只要条件允许就采用发电车供电等方式应急供电，确保快速恢复民生用电。

3. Economy，优化公网电源点和供电服务节约用电成本

秉持“为用户省钱”的原则，多措并举降低用户用电成本。一是对大型用电项目，通过政府建设项目管理系统，提前了解获批项目清单，并

将10千伏公共网络布点到用户红线附近，实现用户获得电力路径最短、接入成本最小。二是对小微企业用电，推行160千伏安以下用电申请采用低压模式接入电网，用户仅需缴纳2 830元，供电公司投资建设从公网电源至用户计量装置的所有供配电设施。三是开展用户用电状态巡视评价工作，从设备运行状态、设备年检情况、电工配置及日常运行管理、电费、用电异常情况等五个维度评价，相应对用户进行分类，开展差异化、个性化服务，针对性提出节能增效建议。四是推行高压用户“一户一册”全寿命周期服务，为用户监控用电负荷、每月电量、电费等关键用电指标，专属提供“用电诊断报告”，指导用户优化用电模式，降低用电成本。五是贯彻国家降低一般工商业电价政策，实现一般工商业电价平均下降10%；引导大用户参与直购电交易；积极推广居民用户峰谷电价。

4. Efficiency，高效服务缩减用户接电时间

精准识别用户接电业务痛点，通过缩减用户接电申请环节和环节时长两个方式为用户高效服务，减少接电时间。

缩减用户接电申请环节。一是将中小微企业160千伏安及以下用电报装由原来的高压模式改为低压接入，由供电公司承接设计、物资采供、施工服务，此类用户用电报装简化为“申请受理、装表接电”2个环节。二是通过推行上门收件、线上办电和流程前置服务，将6个高压办电环节（用电申请、现场勘查、缴费并获得供电方案、工程施工、竣工验收、装表接电）压减为“申请受理及供电方案答复、外部工程实施、装表接电”3个环节。三是提供邮递、网络传递、电子化图审、线上沟通等服务方式，减少用户临柜次数，践行用电业务办理“一趟不用跑、最多跑一趟”。

缩减用户接电环节时长。一是提前了解已审批建设项目清单，在用户申请用电之前即主动联系用户了解项目规模及用电需求，预先制定电网接入技术方案，实现用户正式申请用电当日“立等可取”供电方案答复单，减少等待供电方案答复时间15个工作日。二是推行48份标准化典设图纸，推广标准化供电方案模板提高设计效率。三是开通用户线上设计、施工单位资质公示清单查询，清单内单位免审查。四是取消高压业扩“中间检查”环节，节省流程时间5个工作日。五是统一竣工验收标准，应用竣工验收标准卡，提高用电设施验收一次通过率。六是推行财政项目施工用电箱变租赁模式，缩短设备采购周期。

（二）创新点

1. 充分发挥厦门自贸试验区政策优势、创新探索试验田的示范效应

厦门片区联合供电公司，设立专项课题研究组，为供电服务创新提供专业组织保障，不断开展先行先试，持续推动供电服务流程再造和机制创新；建立协同机制，将自贸试验区内试点成熟的做法逐步在全市范围内复制推广。

2. 切实优化用户体验，使用电用户获得实实在在的利益

以用户需求为抓手，直面要害问题，狠抓关键瓶径，解决矛盾。在全省率先试点中小微企业160千伏安以下用电报装低压接入，低压业务环节由4个压缩为2个，符合条件的低压用户调整为“申请受理”1个环节，并降低报装价格。高压办电业务环节由6个压缩为3个。实现过户、暂停、减容、居民峰谷电价办理等13个业务“一趟不用跑”和4个业务“最多跑一趟”。

3. 通过信息化智能技术促进服务提升，得到全方位实践

依托政府信息平台，实现互联互通，共享用户关键信息，精准定位用户关注的关键影响因素，广泛应用信息化手段，为用户提供远程用电报装服务等一系列信息化技术推动实施改进措施，有效提升用户办电效率。

（三）实践成效

1. 用户接电效率提升

10千伏、400伏非居民用户接电时间分别压缩至70个工作日、7个工作日内。截至2018年6月，累计送电的335个10千伏项目中，平均接电时长69天，同比减少23天、比降25%；试点实施50—160千伏安低压接入工程32单，平均时长4.8天；累计开展141个工程“一趟不用跑”，平均一个工程用户少跑5趟以上；推动25个施工用电工程采取箱变租赁模式，平均每个接电工程压减40天工期。

2. 用户用电成本降低

有效降低用户接电成本，通过用户电源点从红线图或围墙就近接入（300米以内，部分区域150米以内），2018年节约用户电源侧投资成本7 000万元人民币；采取160千伏安及以下业扩申请低压接入，2018将为用户节约投资4 340万元人民币。节约用户电费成本，推动直购电全年交易电量预计达68.7亿人民币，将为用户节约电费支出约2.06亿元人民币；居民峰谷电价政策预计每年为用户节电费5 000万元人民币。

3. 用户用电获得感提升

走访厦门自贸试验区内高压用户370户并编写送达用电诊断报告；建立大用户服务“一户一策”档案，跟踪反馈用户需求共计129户，反馈问题36项，已办结32项；通过指导用户选择基本电费计算方式和变压器报停、减容、节能技术改造等，为用户节省电费成本支出达500万元人民币。

4. 用户用电可靠性提升

完成11条高故障线路的综合整治，完成沿海大风速区125基窄基塔建设，持续提升电网防灾减灾能力；实施106次临时供电措施，抢修复电平均时长48分钟，同比下降17%；不停电作业实施以来减少停电时户数4 796时户。实施电网综合提升工程，预计到2020年末，厦门市供电可靠率将达99.995%。

21 采信台湾认证认可和检验检测结果

海关检验检疫部门开展对台湾地区认证认可结果和检测结果的采信工作，加强与台湾监管部门互动，制定采信进口台湾产品名录以及认证机构和检验检测机构目录，并根据实际情况进行动态调整，推动两岸认证认可“信息互换、监管互认、执法互助”（以下简称“三互”），最终实现“一张证书、两岸互认”的目标，力争在更高层次上努力实现跨境贸易通关便利。

（一）主要做法

1. 出台政策法规

原福建检验检疫机构分别于2014年12月、2015年6月发布了《关于在平潭试点开展台湾认证结果和检验检测结果采信工作的通告》《关于印发进口法检工业品检验鉴定结果采信工作规范（试行）的通知》，明确了采信试行工作范围以及具体程序，对福建自贸试验区进口台湾商品试点采信认证认可和检验检测结果工作启动。

2. 开始试点采信

对进口的台湾生产商品的进口商或其代理人提交的商品验证登陆证书，及符合采信要求的检验检测机构出具的检验证书或检测报告，进行评估和予以认可，免于提供3C证书、免于实施实验室检测，逐步实现管检分离，使进出口货物质量安全检验放行模式与国际通行做法和发展趋势接轨。2015年6月以来，原福建、厦门出入境检验检疫局按照“管检分离、合格假定，强化事中事后监管”的原则，探索建立“登记公示＋事中监管＋事后追责”的第三方检验机构监管机制，分别对外发布11家《进口工业品被采信机构名单》，已采信原产于台湾地区的小家电、白酒等产品的认证检测结果。

3. 推动两岸检验检疫证书电子信息互传互换互查

在平潭建设全国唯一的对台检验检疫数据交换中心，汇集全国涉台检验检疫证书、质量通报、口岸疫情等数据，构建相关业务数据分析平台和两岸检验检疫证书、标准电子数据互传互换互查平台，为最终推动实现“一张证书、两岸互认”提供信息化支撑。目前两岸检验检疫电子证书互换互查已开展试点。

4. 加强两岸沟通交流

积极与台湾地区官方、行业组织、第三方合格评定机构、企业等进行多层次磋商，推进两岸检验检疫信息互换、监管互认、执法互助。

（二）实践成效

试点单方采信台湾认证认可和检验检测结果措施推出后，尤其是2015年4月11日，经央视新闻联播头条报道后，引起台湾地区业界和相关主管机构的高度关注和积极响应。

22 推进商事制度集成化改革

福建自贸试验区通过实施名称登记便利化、简化住所登记、“一照一码”“证照分离”、企业简易注销等一系列改革举措，形成创新链，实现从企业注册到注销全流程覆盖，营造宽松优良的营商环境，有效激发市场活力。

（一）主要做法

1. 名称预核环节：实行“自助查重、自主选用”

工商部门向公众开放商事主体名称数据库，实行企业名称“负面清单”管理模式，企业可通过网上申报系统自助选择合适名称，自主办理申报手续，并允许商事主体在名称中使用“汉语拼音字母”“阿位伯数字”“英文字母”和投资人姓名等做字号，为改革企业名称核准制度积累了经验。

2. 经营场所环节：实行联络地址制度

对经营项目无须或暂不需经营场所的文创、电商等商事主体，免于提交场所证明，只需提供一个可以联络的地址。

3. 企业登记环节：树立“一照一码”改革范本

2015年5月，福建自贸试验区在新设立企业中实施“三证合一、一照一码”登记注册改革，由工商部门在营业执照上加载18位社会信用代码，税务和质监部门不再另行赋码，极大简化了企业办理证照流程和材料。该做法成为全国实施“一照一码”的范本，于2015年10月1日起在全国范围推广实施。三年来，陆续把涉企信息采集、记载公示、备案管理类证件整合到营业执照上，2017年实现“18证合一”。

4. 个体工商户登记环节：实行“口头申报、当场取照”简易登记模式

个体工商户申请人无须准备和携带任何表格，直接到窗口口头申报，当场取照。

5. 刻章环节：实现“印章即刻”

将社会服务行业引入行政服务大厅开展注册配套服务。企业领取营业执照之后，可在服务大厅现场实现企业印章即刻即取，避免需另行到公安局审批备案的繁琐手续。

6. 银行开户环节：实现同步办理

打通工商部门和商业银行数据通道，率先实现企业注册登记与银行开户并行申请、同步审批。

7. 经营许可环节：探索“证照分离”

选取与企业经营活动密切相关、市场主体普遍反映强烈的问题为导向，简化优化行政许可事项。福州、厦门片区分别于2017年4月、6月开展“证照分离”改革试点。2017年底，福建省深化“证照分离”改革试点，对98项行政许可事项进行清理规范，其中完全取消审批6项，审批改备案2项，实行承诺告知制20项，提高透明度和可预期性37项，严格市场准入33项。同时，对“证照分离”改革涉及的事项逐项明确监管责任划分，逐项制定事中事后监管举措，切实提高监管的针对性、有效性。

8. 注销环节：率先试行企业简易注销

未经营企业或者无债权债务的企业，可使用简易注销程序，免于办理清算备案，并简化登记材料，缩短公告和登记时限。

（二）实践成效

1. 企业设立时限明显缩短

开办企业手续压缩到2个环节，全流程办理

时间压缩到3.5天，按世界银行营商环境评估体系和方法，模拟排名全球第13位，达到国际先进水平。与普通注销相比，简易注销办结时间由原先的7个流程至少60日，缩短至3个流程13个工作日。

2. 市场准入门槛有效降低

一定程度上解决了企业"办证难"问题。比如，改革前，"建筑企业资质申请、升级、增项、变更许可"须提交4大类18项材料才能办理，实行告知承诺制后，通过企业信用担保，只要提交13项核心材料，签署"告知承诺书"，就可先行办理资质，其余材料按承诺在一个月内提交审核即可。

3. 行政审批效率明显提升

福州片区实施"合并核准"模式，将"药品零售企业经营许可""药品零售企业经营许可筹建审批"和"药品经营质量管理规范（GSP）认证"三个事项合并受理，企业只需根据规定的核准条件一次提交申请材料，9个工作日内，经审核便可取得药品零售企业经营许可证和GSP证书，即可从事相应活动，为企业大大节约了时间、人力和成本。厦门片区将"设立人才中介及其业务范围"审批改备案后，备案时限由原来10个工作日变为即来即办件；"食品经营许可"实行"告知承诺制"，办理时限由原来20个工作日缩短为1个工作日。

23 投资项目全流程格式化审批改革

福建自贸试验区在平潭片区投资体制改革"四个一"基础上，对投资项目审批创新举措进行再集成、再创新，试点实施投资项目全流程格式化审批，整体提效增速效果明显。

（一）主要做法

1. 将投资项目审批流程简化合并为四个阶段

将投资项目审批从选址到竣工验收涉及的147项审批事项合并为26项，并统一调整为四个办理阶段：（1）规划选址与用地阶段。对规划初步选址、用地预审、用林预审、用海预审等事项进行合并，实行"多审合一"。（2）项目核准或备案阶段。对工程可行性研究报告评审、环境影响评价报告评审、水土保持方案评审、节能评估报告评审等事项进行统一评审，实行"多评合一"。（3）设计审查与施工许可阶段。对规划总评方案审查、初步设计方案审查、人防设施审查、消防设施审查等需要对工程项目施工图进行审查的事项及其他与施工许可相关的审批事项进行合并，实行"多图联审"。（4）统一竣工验收阶段。对项目竣工验收涉及的各类专项验收进行合并，实行"联合验收"。

2. 每个阶段均实行"四个一"审批服务模式

设立行政审批局，具体负责牵头实施投资项目的综合审批，规划、国土、发改、交通、环保等相关职能部门参与具体审批事项的行业审查，实现一个整体对外、统一办理流程。对投资项目涉及的所有审批事项均实行"一表申请、一口受理、一章审批、一次出件"的"四个一"运行模式。

3. 简化集成证、照、文办理手续

明确各个阶段的"综合审批决定书"载明事项的法律效力等同于相关职能部门出具的相应证、照、文的效力，投资者不需要再重复办理相关证、照、文。因工作衔接需要，投资者需要到平潭综合实验区以外办理业务的，可以依据"综合审批决定书"到行政服务中心窗口换发相应的证、照、文。

4. 实行绩效管理倒逼机制

审批全过程纳入绩效考核的范围，实行"超时默认""缺席默认"。一个月之内3次超期，或一个季度累计5次超期的，由效能办给予效能告诫。因"超时默认""缺席默认"引发法律责任倒查的，由"超时默认"责任人承担"不作为"责任。

（二）实践成效

"四个一"投资审批模式实施后，投资项目从招商对接到竣工验所需申请材料由原来的250

多项减少到19项，精简幅度超过90%，项目审批时间压缩四分之三。一个窗口统一收件受理，解决了重复收件的问题；一个部门统一协调，解决了“踢皮球”“久拖不决”的问题。通过合并办理审批事项，中介服务资源得到有效整合，效率提高近3倍。

24 打造最便捷的台湾商品通关模式

挂牌以来，福建自贸试验区推出实施32项闽台货物贸易通关全流程便利化创新举措，打造两岸贸易通关便利化“福建样本”，积极发挥了福建自贸试验区对台“窗口”示范作用。

（一）主要做法

1. 全流程创新

（1）申报阶段：信息共享。利用两岸海运快件平台，率先与海关监管系统、台湾关贸网等对接，简化个人自用物品监管措施。省食品药品监督管理局与关检部门联合建立受理窗口，联合办理审批备案事项。在平潭片区设立质检系统唯一的“两岸检验检疫数据交换中心”，实现与台湾“关贸网”的双向数据互通和实时传输，达到两岸检验检疫电子证书“互换互查”的目标。两岸海关自2016年10月1日起实施AEO互认试点，目前共有217票报关单享受到互认优惠。

（2）查验阶段：单方采信。对原产于台湾，属于强制性产品认证目录、已获得台湾“标准检验局”商品验证登录证书、进入平潭对台小额商品交易市场的小家电，采信台湾认证结果，报检时免于提供强制性产品认证证书。探索建立“登记公示＋事中监管＋事后追责”第三方检验机构监管机制。对台湾纸尿裤、食品接触产品、服装等消费品试行第三方采信。对未获得大陆CCC认证的小批量台湾家电产品，试点认可台湾地区认证检测结果，降低入境口岸抽批率。每批货物可为企业节省几千元人民币至几万元人民币不等的检测费用，办理相关手续从原来的90天左右缩短到1天。

（3）放行阶段：快速便捷。对部分诚信台资企业，海关在舱单审核、查验后直接放行货物，企业再报关、缴税。对台湾输大陆自捕鱼免提供台湾官方的检测证书，实行以风险监控为主和重点抽检为辅相结合的监管模式，对冷冻水产品现场查验完毕后实行预放行。允许信用等级B级以上涉台报检企业，在货物到港前，凭基础信息进行报检，预先进入施检审核环节，在货物到港补齐报检资料后即直接放行，实现涉台业务“先报、预核、后补”。

2. 覆盖主要商品

（1）工业品“只备案不检验”。除国家禁止、限制进口的商品、废物原料、危险化学品及其包装、散装商品外，区内进口原产于台湾的工业品简化手续，实施备案管理，原则上不实施检验，原检验检疫部门加强事后监管。

（2）食品、农产品“源头管理、口岸验放”。与台湾有关部门开展合作，将进口台湾食品、农产品检验检疫工作向前延伸，建立食品、农产品质量安全源头管理机制。

（3）对进境水产品采取“统一申报、集中查验、分批核放”模式。允许进入福建自贸试验区的、未交割的进境水产品由海交所或指定的代理人先行统一办理审批和报检手续，实施集中预检，交割后（出区时）分批核销、验证放行，减少了货物滞港时间和费用。

（4）水果“边抽样检验，边上架销售”。平潭对台小额商品交易市场的进口台湾水果，免附官方植物检疫证书，按最低比例抽样送检农残等项目的同时可上架销售，做到进境台湾水果“进得来，放得快，管得住”。通关速度由3个工作日缩短到1个工作日，实现了水果“上午采摘，下午上架”。2017年，厦门口岸进口台湾水果占大陆80%以上。

（5）海运快件“中转集拼业务”。支持两岸海运快件业务发展，允许自贸试验区试点海运快件国际和台港澳中转集拼业务。厦门实施港口对标先进和做大做强国际集装箱中转业务工作方案，加大2018年集装箱业务发展扶持力度，将航运企业特殊贡献奖励从1 200万元人民币提高至2 000万元人民币；加大培育国际中转集装箱业务，推动航商新辟3条东南亚线。平潭两岸快件中心构建“平潭—台湾—全球”海陆空联运通道，带动平潭跨境电商全年入区货值2.1亿元人民币，同比增长3.2倍。

（6）会展展品“港馆联动”。对自贸试验区内举办的外经贸展会及进境展品、参展企业创新“港馆分线、港馆联动”模式，港口（区）一线以现场快速检疫为主，展馆（区）实施集中查验监管和以风险监测为主的质量安全管理。有效服务“5·18”海峡论坛、“6·18”海峡项目成果交易会、海峡两岸渔业博览会、第十三届农交会、第95届全国糖酒会等展会，平均为每批次会展货物节约通关时间约1.5天。

3. 用足用好对台原产地证书优惠政策

（1）简化关税优惠申请程序。海关减少审批环节，对CEPA、ECFA项下，已收到出口方传输的原产地证书电子数据的货物，无须收货人或其代理人再行提交纸质原产地证书，节约了证书寄送的成本和在途时间（平均节省1—2天），解决了“货到证未到”的问题。

（2）下放原产地核查事权。海关总署将对台原产地核查事权下放，优化了核查流程，缩短了核查进程（平均缩短了约3个工作日），提高了通关效率。

（3）放宽直接运输判定标准。对ECFA项下的进口货物，率先采用验核集装箱号及封志号的方式来判定，突破了以往需提交第三方中转地海关出具的证明文件的做法，简化了手续单证，进一步方便企业。

（4）原产地业务改“注册”为“备案”。海关检验检疫部门对原产地业务全流程、全方位实施简政放权改革，改“注册”为“备案”，取消年审。原来企业的产品备案平均需要3个工作日，签证平均需要0.5个工作日，现在均可当场办结。

（二）实践成效

通过推进闽台货物贸易通关便利化，进一步降低抽检比例，有效提高通关效率和吸引台湾地区商品从福建口岸入境。海关检验检疫部门放行平均时间由5—7天缩短至1—2天，吸引了台湾商品从福建自贸试验区口岸中转。2017年，闽台贸易额774.6亿元人民币，同比增长18.3%。其中，出口295.1亿元人民币，增长16.3%；进口479.5亿元人民币，增长19.6%。台闽欧国际班列实现常态化运营，2017年全年发运124列、货值22亿元人民币。福建自贸试验区对台海运邮快件467.86万件，同比增长401.67%。

25 建立以信用约束为核心的事中事后监管体系

福建自贸试验区致力探索“市场活力”和“改革承受力”之间最佳平衡点的制度机制，在最大程度激发社会活力的同时，将风险压力控制在可承受范围，确保改革创新积极稳妥推进。

（一）主要做法

1. 成立一个监管专题小组

省级成立自贸试验区市场监管专题小组，由30多个部门组成，省工商局作为牵头单位，重点负责事中事后监管。各成员单位密切协作，围绕各自职能特点，开展风险防控，定期向专题小组报告工作进展情况，确保自贸试验区各项改革风险可控。

2. 制定一张风险防控清单

按照“每个试验项目要制定具体的政策文件、每项政策要有相应的监管措施”的要求，强化风险防控，在全国率先制定出自贸试验区风险防控清单，包括55个监管风险点、88条防控措施，2017年进行再次修订完善。

3. 搭建一个监管信息共享平台

率先全面建成国家企业信用信息公示系统（福建），政府部门涉企信息、企业公示信息、行政处罚信息和失信信息等四类信息归集率都达到

100%，成为部门间信息共享和联动监管的主平台。健全了跨50个省有关部门联动响应和“点对点”精准失信联合惩戒机制。

4. 推广实施信用分类监管

试行信用良好企业不举不查等信用分类监管制度，对信用良好企业除涉及举报投诉、案件线索、大数据监测发现问题外，自被分类为信用良好企业之日起两年内，不对其实施“双随机”抽查等检查，减轻企业负担。对失信、严重失信企业，作为重点监管对象，做到严管重罚。

5. 构建四位一体监管新格局

顺应现代治理趋势，推出实施审批告知承诺公示、第三方信用评价公示、市场主体自我承诺公示，构建政府监管、行业自治、企业自律、社会共管共治的四位一体监管新格局。实现市场主体自治自律，从而凸显信用监督作用，不断提升信用监管的效率和水平。

6. 建立企业送达信息共享机制

法院接入市场主体信用信息平台，按照系统记载的联系信息送达文书，最大限度提高送达效率；无法送达的，将送达记录移送给市工商行政管理部门列入经营异常名录；被列入经营异常名录的企业在诉讼过程中变更住所、经营场所或重新取得联系的，市工商行政管理部门在移出经营异常名录的同时，告知企业及时与法院联系，否则承担缺席判决等相应的法律责任。

7. 打造知识产权全链条保护机制

初步形成涵盖知识产权创造、运用、保护、管理和服务全链条的知识产权保护体系。率先建立专利、商标、版权“三合一”的知识产权综合保护和管理体制。三个片区都成立了专门的知识产权保护和管理机构，对辖区企业专利、商标、版权进行统一管理和服务，对相关违法行为进行统一查处，为企业提供更为优质的知识产权服务。建设知识产权保护展示中心，提供快速确权、授权、维权的“一站式”服务。成立首个民事、行政、刑事合一的知识产权巡回审判法庭，开辟知识产权案件审理的便捷通道。引进台湾知识产权人才，加快形成两岸知识产权服务业聚集区。设立自贸试验区（涉台）知识产权调解中心，依法推出特色保护措施，保障台商知识产权合法权益。免费向企业提供知识产权网络侵权预警与存证的云服务，有效衔接知识产权的公力保护与私力救济。

（二）实践成效

截至2017年底，“国家企业信用信息公示系统（福建）”已归集福建自贸试验区三个片区32.9万条市场主体信用信息，确定了守信企业34 517户、失信和严重失信企业5 477户，列入经营异常名录企业5 060户。

福州片区引入第三方服务机构参与市场监管，建成全国首家电子化可追溯水产品交易平台。厦门市自贸试验区黄金珠宝、物流、塑料塑胶等行业协会组织近200家会员企业对诚信经营等事项开展自我信用承诺并公示，为市场监管提供参考。

2017年，三个片区新增专利申请3 926件，专利授权1 925件，分别增长276.4%、61.2%。

26 建立集中统一的综合监管与执法制度

（一）主要做法

1. 开展综合执法体制改革

挂牌初期，省政府先后批复同意在三个片区开展相对集中行政处罚权工作。三个片区均成立了综合执法机构，对职能、执法内容和执法方式相近的部门进行机构和职能整合，执法职权合而为一，将执法队伍整合成为一支综合执法大队，实现日常服务、监管与执法的精简高效运作。

2. 相对集中行使行政处罚权

福州片区成立了综合监管和执法局（知识产权局），集中行使工商、质检、知识产权、商贸等方面480项行政处罚权；厦门片区设综合监管和执法局，集中行使知识产权、广播影视等方面224项行政处罚权；平潭片区成立综合执法局，集中行使土地、建设规划等方面 1 518 项行政处罚权，有效解决多头监管、重复执法问题。

3. 构建联动执法协作机制

建立以综合监管为基础、专业监管为支撑的监管新机制，形成知识产权和文化市场领域的联动执法协作机制，实现跨部门、跨区域、跨领域高效、顺畅的执法协作。

4. 组织开展执法三项制度试点

2017 年在三个片区试点实施行政执法公示、执法全过程记录、重大执法决定法制审核三项制度，进一步规范行政执法行为，提升执法的公开性、权威性和公信力。

5. 建立“六合一”案管系统

平潭片区将工商、食品药品监管、质监、知识产权、价格、卫生等六类监督类型的行政处罚案件统一纳入“六合一”案管系统，将案管系统建设和行政职能整合有机结合，横向整合市场监管信息，增强行政执法规范性和统一性。

（二）实践成效

实现部门精简高效运作。对职能、执法内容和执法方式相近的部门进行机构和职能融合，执法职权合而为一，成立综合监管和执法局，并将执法队伍融合成为一支综合执法大队，实现日常服务、监管与执法的精简高效运作。在联动执法协作机制的框架下，自贸片区管委会积极加强与海关、海事和边检等协作单位的合作，实现口岸执法的多方联动。

27 厦门片区一站式全球航空维修基地

（一）主要做法

1. 海关监管一体化

通过加强“基地”信息围网系统建设，试点实施信息围网管理模式，试点采用电子账册对区域外航空维修企业实施“保税维修”监管模式。在全国首创“保税仓库 + 修理物品 + 加工贸易”一体化监管制度，进境维修的飞机及零附件按“修理物品”办理进出境手续；维修所需的进口零附件及原材料可按“保税仓库货物”办理保税进口手续，维修的飞机及零附件复出境后海关对耗用的保税航材予以核销。保税仓库的保税航材用于飞机维修的，在提供有效担保前提下，可向海关申请适用“分批出库、集中申报”监管方式。允许在海关特殊监管区外的航空维修企业开展保税维修业务，支持维修企业承揽国内航空公司境外包修业务和国际飞机维修业务。

2. 航材检验便利化

取消能力评估要求，降低准入门槛；放宽免于装运前检验的产品范围，采取差异化抽批检验及监管频次；对暂时进口的维修飞机用旧工具免于实施装运前检验，采取“法检报备清单”预报备模式；实施航空维修用进口涂料备案便利化，对有关中国强制性认证的产品给予便利措施，对维修用进口金属材料快速直放，优化进口旧航材卫生消毒流程和木质包装检疫查验模式，提高航空维修用危险化学品的通检效率。

3. 支持政策配套化

一是强化产业发展规划。积极申报国家临空经济示范区，建设航空维修服务外包产业示范园区，规划建设航空维修及配套产业园区，增开国际国内航线，打造国际性区域航空枢纽城市。二是扶持现有企业进一步拓展业务领域，推进“工艺流程升级”和“产品升级”。鼓励拓展航线维护业务。三是加大招商引资力度，积极引进中国航天器材集团、中国商飞等国内外一批有影响力的航空维修相关企业，对接国产大飞机战略。支持中国商飞与太古公司在厦门合作开展公务机设计改装及整装服务、飞机设计研发及人才培训等。四是争取国务院关税税则委员会降低两项进口单价高、使用频率高、关税税率高的航材专用零部件关税。五是支持符合条件的航空维修企业认定技术先进型服务企业，享受所得税优惠政策。六是积极开展国际联系与合作，推动建设亚太航材交易中心，争取波音备件库落户厦门。

4. 产业发展链条化

打造完善航空维修产业链，发展航空零部件制造、航材交易配送、航空金融、人才培训、航空服务、临空物流、商务会展等核心功能，形成国际性航空服务中心，建成临空产业聚集区。一是在现有已具备规模的“一站式”维修基础上，向发动机维修、部件维修、发动机及部件改装等维修产业延伸，引进福建葛莱美入驻自贸试验区建设维修基地。二是紧抓国家ARJ21支线客机启用和C919干线民用机总装的有利时机，重点引进相关企业落户，打造重要航空零部件和复合材料制造基地。三是构建航空领域专业及职业培训体系，支持厦门大学与中国商飞公司联合设立厦门大学中国商飞航空工程服务研究中心。

（二）实践成效

目前，厦门“一站式”全球航空维修基地已成为全国最大的“一站式”民用航空维修基地。2017年，航空维修业产值132.6亿元人民币，约占国内航空维修产值的1/4，同比增长9.1%；航空维修业实现进出口200.5亿元人民币，同比增长10.61%。

28 福州片区构建功能完善的整车进口平台

（一）主要做法

1. 便利通关：全国首创整车进口一体化快速通关模式

海关在业务现场设立专门窗口，并在全国首创查验作业微信预约模式。在企业信用条件符合且报关手续完备的前提下从办理接单审核、现场验估、税费征收，到查验放行，最长不超过2天；将汽车审单审价事权和汽车暂时进境担保处理权限下放福州保税区海关。

2. 快速报验：实现报检到报关零等待、检验检测零等待、放行零等待

对进口汽车采用预申报、预审核、预验证等方式允许企业后补申报材料。汽车进入监管区域后同步办理报检和报关手续，同步实施检验检测和关税核实缴纳。采取入境预检验、出区核销放行模式，预检合格后，当即完成相关流程并出具随车检验单。

3. 国内改装：在进口口岸即可开展辅助性合规整改，无须到国外

对进口汽车实施分类管理，允许江阴整车进口口岸内的进口汽车经销企业在江阴口岸开展涉及车辆雾灯、中文标牌、转向灯颜色等5个类别16个项目的辅助性合规整改业务。

4. 售后无忧：由试点企业对接保险公司，解决进口汽车售后维修难问题

依托平行进口试点企业（汽车进口商）作为入境整改汽车质量安全及售后服务的责任主体，由试点企业对接人保、太平洋等保险公司在全国近万家理赔服务网点，开展进口汽车维修服务，解决了非中规车辅助整改业务涉及检测资质、售后服务和产品的召回问题。

5. 优化服务：提供全方位、便捷、高效服务

以最简易的方式办理汽车平行进口企业资质确认手续。在引进整车进口大型企业时，采取“一企一策”的方式予以政策优惠和个性化服务。无偿为汽车经销企业投资项目设立、变更审批提供全程代办服务，免费为企业提供法定注册地址。设立汽车经销企业海关预录入及报关专属通道，对汽车整车进口企业予以减免服务费。

6. 金融支付：解决进口车企融资难题，助力平行进口业务做大做强

推动银行、保险、监管等机构与区内汽车经销商对接，推出“整车平行进口通宝”和“共用授信额度”等金融创新产品，既解决了平行进口车企担保或抵押物不足的问题，又有效防范金融机构发放贷款风险，解决了进口车企融资难题。

7. 招商推介：吸引大企业、大项目入驻，形成产业链

所需用地可采取先租后让的方式予以优先安排。对吸引大企业、大项目入驻的，由当地部门统筹，给予招商工作经费支持。鼓励发展进口汽车改装维修、汽车技术研发、汽车融资租赁等新业态。鼓励整车进口企业建立并拓展分销零售和售后服务渠道，对相关零售和售后服务渠道整合项目予以支持。

（二）实践成效

通过构建整车进口平台，整车进口通关放行由4—6个工作日缩短到最快1个工作日，效率居国内各整车口岸前列。区内已入驻汽车经销企业127家，其中10家获批平行进口汽车试点企业；已搭建起太元行、速传物流、银河国际、迅速、平行进口汽车交易中心等5个平行汽车进口供应链综合服务平台。2017年，福建自贸试验区进口整车10 079辆，同比增长21.3%，其中，福州江阴口岸进口整车10 049辆，同比增长20.9%，位列全国整车进口口岸第六位、新批口岸第二位。

29 厦门片区“放管服”改革“六对标”

（一）主要做法

1. 对标事项

按照国务院五个“再砍掉一批”和省政府“六个一律”要求，抓接权用权，抓放权让权，抓亮权管权，做好上级事项下放承接办理工作。

2. 对标监管

2016年起全面推广“双随机、一公开”监管模式。积极探索“建立一套跨部门综合执法机制，开发一个跨部门综合执法平台，打造一支跨部门联动执法队伍”的“1+X”改革新思路。采用“互联网+”模式助力监管。

3. 对标时限

推行“一照一码”改革，推动企业注册便利化。实行“全程电子化登记”，实现“立等可取”。实现营业执照、组织机构代码证、税务登记证、社会保险登记证和统计登记证“五证合一”，提升审批速度。建设信息共享平台实现数据共享，多让“数据跑路”，少让“企业跑腿”。运用并联审批提高办理速度。

4. 对标服务

制定并颁布1 543项标准体系，以标准化促服务规范化。深入推进“三集中”审批改革，目前市、区、镇（街）及村（居）便民服务中心全部完成标准化建设。逐步推动各部门办事窗口整合为综合窗口，变“多头受理”为“一口受理”。建设集行政审批、便民服务、政务公开、效能监察于一体的网上办事大厅。

5. 对标流程

明确将180项许可事项由前置改为后置。推进流程再造，减少审批环节，对一般行政审批项目实行“一审一核”，复杂审批项目严格控制在5个环节以内，承诺办结时限统一控制在法定时限的35%以内。推动部门内部和部门间信息共享，实现数据协同。

6. 对标成本

排查“涉企收费清单”，制定“企业扶持政策清单”。“单一窗口”建设减少了进出口企业的申报项目、通关时间、人力成本。推行全流程无纸化办税和电子文书网上送达，纳税申报、缴税、发票领用以及98%以上的文书审批都可全程网上办理。

（二）实践成效

1. 简政放权发真力

共承接上级下放审批服务事项246项，对应上级取消审批服务事项85项，对应取消或规范行政审批中介服务事项58项，共下放行政审批及公共服务事项249项，精简229项。市本级审批事项已由原1 177项减至目前的224项，全面取消了非行政许可审批类别。精简掉4 521项不符合法律法规的市级权力事项。推动清理规范行政审批中介服务事项115项，比例达到40.6%。

2. 监管创新成效凸显

“互联网+”执法模式盘活了全市执法资源。进一步健全了信用监管和信用约束机制，使得违法企业“一处违法、处处受限”，实现“企业自律、社会共治”。

3. 审批速度有所突破

企业注册“全程电子化登记”业务，实现“一网流转、一表申报、一趟取照”，印章刻制也实现“立等可取”。“五证合一”使得企业注册审批速度减少到最快1个工作日即可完成。“一照一码”审批信息共享平台与自贸试验区“单一窗口”对接，实现商事主体数据与海关、国检、海事等部门共享，进一步提升通关便利化水平，减少企业往返次数。“多规合一”建设项目并联审批实现“一张图纸管控到底、一个平台协同管理、一张表格受理审批、一套机制保障运行”。设立登记并联审批使内、外资企业设立审批时限分别缩短为2个、3个工作日。外经贸企业设立登记多证联办让承诺时限压缩至2—3个工作日。房屋产权交易并联审批使办结期限逐步压缩为5个工作日。

4. 服务提质增效明显

通过行政服务的标准化管理，建立了协调通畅的审批流程机制，明确了审查要点和责任，政务环境更加阳光规范。“互联网＋电子政务”服务让群众“多走网路、少走马路”。

5. 企业开办流程再优化

许可事项由前置改后置，激发了市场活力。流程再造做到“程序最简、环节最少、时间最短、效率最高”。

6. 企业开办成本再降低

“企业扶持政策清单”推动企业扶持政策有效落地，激发了企业投资动力和创新活力。“单一窗口”实现与关检部门数据直接对接，为一般贸易全面实现“一单两报”。关检“三互合作”实行“一次录入，一次申报，一次放行”的通关模式，进出口企业申报项目、通关时间、人力成本分别减少30%、40%和50%以上，每集装箱节约成本600元。税控发票网上申领系统实现购票“零出户”、申领“零支付”、传递“零风险”，降低纳税成本1 400万元人民币。

◎国务院关于印发中国（福建）自由贸易试验区总体方案的通知

国发〔2015〕20号

各省、自治区、直辖市人民政府，国务院各部委、各直属机构：

国务院批准《中国（福建）自由贸易试验区总体方案》（以下简称《方案》），现予印发。

一、建立中国（福建）自由贸易试验区（以下简称自贸试验区），是党中央、国务院作出的重大决策，是在新形势下推进改革开放和深化两岸经济合作的重要举措，对加快政府职能转变、积极探索管理模式创新、促进贸易和投资便利化，为全面深化改革和扩大开放探索新途径、积累新经验，具有重要意义。

二、自贸试验区要当好改革开放排头兵、创新发展先行者，以制度创新为核心，贯彻“一带一路”建设等国家战略，在构建开放型经济新体制、探索闽台经济合作新模式、建设法治化营商环境等方面，率先挖掘改革潜力，破解改革难题。要积极探索外商投资准入前国民待遇加负面清单管理模式，深化行政管理体制改革，提升事中事后监管能力和水平。

三、福建省人民政府和有关部门要解放思想、改革创新，大胆实践、积极探索，统筹谋划、加强协调，支持自贸试验区先行先试。要加强组织领导，明确责任主体，精心组织好《方案》实施工作，有效防控各类风险。要及时总结评估试点实施效果，形成可复制可推广的改革经验，发挥示范带动、服务全国的积极作用。

四、根据《全国人民代表大会常务委员会关于授权国务院在中国（广东）自由贸易试验区、中国（天津）自由贸易试验区、中国（福建）自由贸易试验区以及中国（上海）自由贸易试验区扩展区域暂时调整有关法律规定的行政审批的决定》，相应暂时调整有关行政法规和国务院文件的部分规定。具体由国务院另行印发。

五、《方案》实施中的重大问题，福建省人民政府要及时向国务院请示报告。

国务院

2015 年 4 月 8 日

中国（福建）自由贸易试验区总体方案

建立中国（福建）自由贸易试验区（以下简称自贸试验区）是党中央、国务院作出的重大决策，是新形势下全面深化改革、扩大开放和深化两岸经济合作采取的重大举措。为全面有效推进自贸试验区建设，制定本方案。

一、总体要求

（一）指导思想

全面贯彻落实党的十八大和十八届二中、三中、四中全会精神，按照党中央、国务院决策部署，紧紧围绕国家战略，立足于深化两岸经济合作，立足于体制机制创新，进一步解放思想，先行先试，为深化两岸经济合作探索新模式，为加强与 21 世纪海上丝绸之路沿线国家和地区的交流合作拓展新途径，为我国全面深化改革和扩大开放积累新经验，发挥示范带动、服务全国的积极作用。

（二）战略定位

围绕立足两岸、服务全国、面向世界的战略要求，充分发挥改革先行优势，营造国际化、市场化、法治化营商环境，把自贸试验区建设成为改革创新试验田；充分发挥对台优势，率先推进与台湾地区投资贸易自由化进程，把自贸试验区建设成为深化两岸经济合作的示范区；充分发挥对外开放前沿优势，建设 21 世纪海上丝绸之路核心区，打造面向 21 世纪海上丝绸之路沿线国家和地区开放合作新高地。

（三）发展目标

坚持扩大开放与深化改革相结合、功能培育与制度创新相结合，加快政府职能转变，建立与国际投资贸易规则相适应的新体制。创新两岸合作机制，推动货物、服务、资金、人员等各类要素自由流动，增强闽台经济关联度。加快形成更高水平的对外开放新格局，拓展与 21 世纪海上丝绸之路沿线国家和地区交流合作的深度和广度。经过三至五年改革探索，力争建成投资贸易便利、金融创新功能突出、服务体系健全、监管高效便捷、法制环境规范的自由贸易园区。

二、区位布局

（一）实施范围

自贸试验区的实施范围 118.04 平方公里，涵盖三个片区：平潭片区 43 平方公里，厦门片区 43.78 平方公里（含象屿保税区 0.6 平方公里、象屿保税物流园区 0.7 平方公里、厦门海沧保税港区 9.51 平方公里），福州片区 31.26 平方公里（含福州保税区 0.6 平方公里、福州出口加工区 1.14 平方公里、福州保税港区 9.26 平方公里）。

自贸试验区土地开发利用须遵守土地利用法律法规。

（二）功能划分

按区域布局划分，平潭片区重点建设两岸共同家园和国际旅游岛，在投资贸易和资金人员往来方面实施更加自由便利的措施；厦门片区重点建设两岸新兴产业和现代服务业合作示范区、东南国际航运中心、两岸区域性金融服务中心和两岸贸易中心；福州片区重点建设先进制造业基地、21世纪海上丝绸之路沿线国家和地区交流合作的重要平台、两岸服务贸易与金融创新合作示范区。

按海关监管方式划分，自贸试验区内的海关特殊监管区域重点探索以贸易便利化为主要内容的制度创新，开展国际贸易、保税加工和保税物流等业务；非海关特殊监管区域重点探索投资体制改革，推动金融制度创新，积极发展现代服务业和高端制造业。

三、主要任务和措施

（一）切实转变政府职能

1. 深化行政管理体制改革。按照国际化、市场化、法治化要求，加快推进政府管理模式创新，福建省能够下放的经济社会管理权限，全部下放给自贸试验区。依法公开管理权限和流程。加快行政审批制度改革，促进审批标准化、规范化。建立健全行政审批目录制度，实行“一口受理”服务模式。完善知识产权管理和执法体制以及纠纷调解、援助、仲裁等服务机制。健全社会服务体系，将原由政府部门承担的资产评估、鉴定、咨询、认证、检验检测等职能逐步交由法律、会计、信用、检验检测认证等专业服务机构承担。

（二）推进投资管理体制改革

2. 改革外商投资管理模式。探索对外商投资实行准入前国民待遇加负面清单管理模式。对外商投资准入特别管理措施（负面清单）之外领域，按照内外资一致原则，外商投资项目实行备案制（国务院规定对国内投资项目保留核准的除外），由福建省办理；根据全国人民代表大会常务委员会授权，将外商投资企业设立、变更及合同章程审批改为备案管理，备案由福建省负责办理，备案后按国家有关规定办理相关手续。配合国家有关部门实施外商投资国家安全审查和经营者集中反垄断审查。强化外商投资实际控制人管理，完善市场主体信用信息公示系统，实施外商投资全周期监管，建立健全境外追偿保障机制。减少项目前置审批，推进网上并联审批。

放宽外资准入。实施自贸试验区外商投资负面清单制度，减少和取消对外商投资准入限制，提高开放度和透明度。先行选择航运服务、商贸服务、专业服务、文化服务、社会服务及先进制造业等领域扩大对外开放，积极有效吸引外资。降低外商投资性公司准入条件。稳步推进外商投资商业保理、典当行试点。完善投资者权益保障机制，允许符合条件的境外投资者自由转移其合法投资收益。

3. 构建对外投资促进体系。改革境外投资管理方式，将自贸试验区建设成为企业“走出去”的窗口和综合服务平台。对一般境外投资项目和设立企业实行备案制，属省级管理权限的，由自贸试验区负责备案管理。确立企业及个人对外投资主体地位，支持企业在境外设立股权投资企业和专业从事境外股权投资的项目公司，支持设立从事境外投资的股权投资母基金。支持自贸试验区内企业和个人使用自有金融资产进行对外直接投资、自由承揽项目。建立对外投资合作“一站式”服务平台。加强境外投资事后管理和服务，完善境外资产和人员安全风险预警和应急保障体系。

（三）推进贸易发展方式转变

4. 拓展新型贸易方式。积极培育贸易新型业态和功能，形成以技术、品牌、质量、服务为核心的外贸竞争新优势。按照国家规定建设服务实体经济的国际国内大宗商品交易和资源配置平台，开展大宗商品国际贸易。按照公平竞争原则，发展跨境电子商务，完善与之相适应的海关监管、检验检疫、退税、跨境支付、物流等支撑系统。在严格执行货物进出口税收政策前提下，允许在海关特殊监管区内设立保税展示交易平台。符合条件的地区可按政策规定申请实施境外旅客购物离境退税政策。允许境内期货交易所开展期货保税交割试点。推进动漫创意、信息管理、数据处理、供应链管理、飞机及零部件维修等服务外包业务发展。开展飞机等高技术含量、高附加值产品境内外维修业务试点，建立整合物流、贸易、结算等功能的营运中心。扩大对外文化贸易和版权贸易。支持开展汽车平行进口试点，平行进口汽车应符合国家质量安全标准，进口商应承担售后服务、召回、"三包"等责任，并向消费者警示消费风险。

5. 提升航运服务功能。探索具有国际竞争力的航运发展制度和运作模式。允许设立外商独资国际船舶管理企业。放宽在自贸试验区设立的中外合资、中外合作国际船舶企业的外资股比限制。允许外商以合资、合作形式从事公共国际船舶代理业务，外方持股比例放宽至51%，将外资经营国际船舶管理业务的许可权限下放给福建省，简化国际船舶运输经营许可流程。加快国际船舶登记制度创新，充分利用现有中资"方便旗"船税收优惠政策，促进符合条件的船舶在自贸试验区落户登记。允许自贸试验区试点海运快件国际和台港澳中转集拼业务。允许在自贸试验区内注册的大陆资本邮轮企业所属的"方便旗"邮轮，经批准从事两岸四地邮轮运输。允许中资公司拥有或控股拥有的非五星旗船，试点开展外贸集装箱在国内沿海港口和自贸试验区内港口之间的沿海捎带业务。支持推动自贸试验区内符合条件的对外开放口岸对部分国家人员实施72小时过境免签证政策。结合上海试点实施情况，在统筹评估政策成效基础上，研究实施启运港退税试点政策。

6. 推进通关机制创新。建设国际贸易"单一窗口"，全程实施无纸化通关。推进自贸试验区内各区域之间通关一体化。简化《内地与香港关于建立更紧密经贸关系的安排》、《内地与澳门关于建立更紧密经贸关系的安排》以及《海峡两岸经济合作框架协议》（以下简称框架协议）下货物进口原产地证书提交需求。在确保有效监管前提下，简化自贸试验区内的海关特殊监管区域产品内销手续，促进内销便利化。大力发展转口贸易，放宽海运货物直接运输判定标准。试行企业自主报税、自助通关、自助审放、重点稽核的通关征管作业。在确保有效监管前提下，在海关特殊监管区域探索建立货物实施状态分类监管模式。允许海关特殊监管区域内企业生产、加工并内销的货物试行选择性征收关税政策。试行动植物及其产品检疫审批负面清单制度。支持自贸试验区与21世纪海上丝绸之路沿线国家和地区开展海关、检验检疫、认证认可、标准计量等方面的合作与交流，探索实施与21世纪海上丝绸之路沿线国家和地区开展贸易供应链安全与便利合作。

（四）率先推进与台湾地区投资贸易自由

7. 探索闽台产业合作新模式。在产业扶持、科研活动、品牌建设、市场开拓等方面，支持台资企业加快发展。推动台湾先进制造业、战略性新兴产业、现代服务业等产业在自贸试验区内集聚发展，重点承接台湾地区产业转移。取消在自贸试验区内从事农作物（粮棉油作物除外）新品种选育（转基因除外）和种子生产（转基因除外）的两岸合资企业由大陆方面控股要求，但台商不能独资。支持自贸试验区内品牌企业赴台湾投资，促进闽台产业链深度融合。探索闽台合作研发创新，合作打造品牌，合作参与制定标准，拓展产业价值链多环节合作，对接台湾自由经济示范区，构建双向投资促进合作新机制。

8. 扩大对台服务贸易开放。推进服务贸易对台更深度开放，促进闽台服务要素自由流动。进一步扩大通信、运输、旅游、医疗等行业对台开放。支持自贸试验区在框架协议下，先行试点，加快实施。对符合条件的台商，投资自贸试验区内服务行业的资质、门槛要求比照大陆企业。允许持台湾地区身份证明文件的自然人到自贸试验区注册个体工商户，无须经过外资备案（不包括特许经营，具体营业范围由工商总局会同福建省发布）。探索在自贸试验区内推动两岸社会保险等方面对接，将台胞证号管理纳入公民统一社会信用代码管理范畴，方便台胞办理社会保险、理财业务等。探索台湾专业人才在自贸试验区内行政企事业单位、科研院所等机构任职。深入落实《海峡两岸共同打击犯罪及司法互助协议》，创新合作形式，加强两岸司法合作。发展知识产权服务业，扩大对台知识产权服务，开展两岸知识产权经济发展试点。

电信和运输服务领域开放。允许台湾服务提供者在自贸试验区内试点设立合资或独资企业，提供离岸呼叫中心业务及大陆境内多方通信业务、存储转发类业务、呼叫中心业务、国际互联网接入服务业务（为上网用户提供国际互联网接入服务）和信息服务业务（仅限应用商店）。允许台湾服务提供者在自贸试验区内直接申请设立独资海员外派机构并仅向台湾船东所属的商船提供船员派遣服务，无须事先成立船舶管理公司。对台湾投资者在自贸试验区内设立道路客货运站（场）项目和变更的申请，以及在自贸试验区内投资的生产型企业从事货运方面的道路运输业务立项和变更的申请，委托福建省审核或审批。

商贸服务领域开放。在自贸试验区内，允许申请成为赴台游组团社的3家台资合资旅行社试点经营福建居民赴台湾地区团队旅游业务。允许台湾导游、领队经自贸试验区旅游主管部门培训认证后换发证件，在福州市、厦门市和平潭综合实验区执业。允许在自贸试验区内居住一年以上的持台湾方面身份证明文件的自然人报考导游资格证，并按规定申领导游证后在大陆执业。允许台湾服务提供者以跨境交付方式在自贸试验区内试点举办展览，委托福建省按规定审批在自贸试验区内举办的涉台经济技术展览会。

建筑业服务领域开放。在自贸试验区内，允许符合条件的台资独资建筑业企业承接福建省内建筑工程项目，不受项目双方投资比例限制。允许取得大陆一级注册建筑师或一级注册结构工程师资格的台湾专业人士作为合伙人，按相应资质标准要求在自贸试验区内设立建筑工程设计事务所并提供相应服务。台湾服务提供者在自贸试验区内设立建设工程设计企业，其在台湾和大陆的业绩可共同作为个人业绩评定依据，但在台湾完成的业绩规模标准应符合大陆建设项目规模划分标准。台湾服务提供者在自贸试验区内投资设立的独资建筑业企业承揽合营建设项目时，不受建设项目的合营方投资比例限制。台湾服务提供者在自贸试验区内设立的独资物业服务企业，在申请大陆企业资质时，可将在台湾和大陆承接的物业建筑面积共同作为评定依据。

产品认证服务领域开放。在强制性产品认证领域，允许经台湾主管机关确认并经台湾认可机构认可的、具备大陆强制性产品认证制度相关产品检测能力的台湾检测机构，在自贸试验区内与大陆指定机构开展合作承担强制性产品认证检测任务，检测范围限于两岸主管机关达成一致的产品，产品范围涉及制造商为台湾当地合法注册企业且产品在台湾设计定型、在自贸试验区内加工或生产的产品。允许经台湾认可机构认可的具备相关产品检测能力的台湾检测机构在自贸试验区设立分支机构，并依法取得资质认定，承担认证服务的范围包括食品类别和其他自愿性产品认证领域。在自愿性产品认证领域，允许经台湾认可机构认可的具备相关产品检测能力的台湾检测机构与大陆认证机构在自贸试验区内开展合作，对台湾本地或在自贸试验区内生产或加工的产品进行检测。台湾服务提供者在台湾和大陆从事环境污染治理设施运营的实践时间，可共同作为其在自贸试验区内申请企业环境污染治理设施运营资质的评定依据。

工程技术服务领域开放。允许台湾服务提供者在自贸试验区内设立的建设工程设计企业聘用台湾注册建筑师、注册工程师，并将其作为本企业申请建设工程设计资质的主要专业技术人员，在资质审查时不考核其专业技术职称条件，只考核其学历、从事工程设计实践年限、在台湾的注册资格、工程设计业绩及信誉。台湾服务提供者在自贸试验区内设立的建设工程设计企业中，出任主要技术人员且持有台湾方面身份证明文件的自然人，不受每人每年在大陆累计居住时间应当不少于 6 个月的限制。台湾服务提供者在自贸试验区内设立的建筑业企业可以聘用台湾专业技术人员作为企业经理，但须具有相应的从事工程管理工作经历；可以聘用台湾建筑业专业人员作为工程技术和经济管理人员，但须满足相应的技术职称要求。台湾服务提供者在自贸试验区内投资设立的建筑业企业申报资质应按大陆有关规定办理，取得建筑业企业资质后，可依规定在大陆参加工程投标。台湾服务提供者在自贸试验区内设立的建筑业企业中，出任工程技术人员和经济管理人员且持有台湾方面身份证明文件的自然人，不受每人每年在大陆累计居住时间应当不少于 3 个月的限制。允许台湾建筑、规划等服务机构执业人员，持台湾相关机构颁发的证书，经批准在自贸试验区内开展业务。允许通过考试取得大陆注册结构工程师、注册土木工程师（港口与航道）、注册公用设备工程师、注册电气工程师资格的台湾专业人士在自贸试验区内执业，不受在台湾注册执业与否的限制，按照大陆有关规定作为福建省内工程设计企业申报企业资质时所要求的注册执业人员予以认定。

专业技术服务领域开放。允许台湾会计师在自贸试验区内设立的符合《代理记账管理办法》规定的中介机构从事代理记账业务。从事代理记账业务的台湾会计师应取得大陆会计从业资格，主管代理记账业务的负责人应当具有大陆会计师以上（含会计师）专业技术资格。允许取得大陆注册会计师资格的台湾专业人士担任自贸试验区内合伙制会计师事务所合伙人，具体办法由福建省制定，报财政部批准后实施。允许符合规定的持台湾方面身份证明文件的自然人参加护士执业资格考试，考试成绩合格者发给相应的资格证书，在证书许可范围内开展业务。允许台湾地区其他医疗专业技术人员比照港澳相关医疗专业人员按照大陆执业管理规定在自贸试验区内从事医疗相关活动。允许取得台湾药剂师执照的持台湾方面身份证明文件的自然人在取得大陆《执业药师资格证书》后，按照大陆《执业药师注册管理暂行办法》等相关文件规定办理注册并执业。

上述各领域开放措施在框架协议下实施，并且只适用于注册在自贸试验区内的企业。

9. 推动对台货物贸易自由。积极创新监管模式，提高贸易便利化水平。建立闽台通关合作机制，开展货物通关、贸易统计、原产地证书核查、“经认证的经营者”互认、检验检测认证等方面合作，逐步实现信息互换、监管互认、执法互助。完善自贸试验区对台小额贸易管理方式。支持自贸试验区发展两岸电子商务，允许符合条件的台商在自贸试验区内试点设立合资或独资企业，提供在线数据处理与交易处理业务（仅限于经营类电子商务），申请可参照大陆企业同等条件。检验检疫部门对符合条件的跨境电商入境快件采取便利措施。除国家禁止、限制进口的商品，废物原料、危险化学品及其包装、大宗散装商品外，简化自贸试验区内进口原产于台湾商品有关手续。对台湾地区输往自贸试验区的农产品、水产品、食品和花卉苗木等产品试行快速检验检疫模式。进一步优化从台湾进口部分保健食品、化妆品、医疗器械、中药材的审评审批程序。改革和加强原产地证签证管理，便利证书申领，强化事中事后监管。

10. 促进两岸往来更加便利。推动人员往来便利化，在自贸试验区实施更加便利的台湾居民入出境政策。对在自贸试验区内投资、就业的台湾企业高级管理人员、专家和技术人员，在项目申报、入出境等方面给予便利。为自贸试验区内台资企业外籍员工办理就业许可手续提供便利，放宽签证、居留许可有效期限。对自贸试验区内符合条件的外籍员工，提供入境、过境、停居留便利。自贸试验区内一般性赴台文化团组审批权下放给福建省。加快落实台湾车辆在自贸试验区与台湾之间便利进出境政策，推动实施两岸机动车辆互通和驾驶证互认，简化临时入境车辆牌照手续。推动厦门—金门和马尾—马祖游艇、帆船出入境简化手续。

（五）推进金融领域开放创新

11. 扩大金融对外开放。建立与自贸试验区相适应的账户管理体系。完善人民币涉外账户管理模式，简化人民币涉外账户分类，促进跨境贸易、投融资结算便利化。自贸试验区内试行资本项目限额内可兑换，符合条件的自贸试验区内机构在限额内自主开展直接投资、并购、债务工具、金融类投资等交易。深化外汇管理改革，将直接投资外汇登记下放银行办理，外商直接投资项下外汇资本金可意愿结汇，进一步提高对外放款比例。提高投融资便利化水平，统一内外资企业外债政策，建立健全外债宏观审慎管理制度。允许自贸试验区内企业、银行从境外借入本外币资金，企业借入的外币资金可结汇使用。探索建立境外融资与跨境资金流动宏观审慎管理政策框架，支持企业开展国际商业贷款等各类境外融资活动。放宽自贸试验区内法人金融机构和企业在境外发行人民币和外币债券的审批和规模限制，所筹资金可根据需要调回自贸试验区内使用。支持跨国公司本外币资金集中运营管理。探索在自贸试验区内设立单独领取牌照的专业金融托管服务机构，允许自贸试验区内银行和支付机构、托管机构与境外银行和支付机构开展跨境支付合作。构建跨境个人投资者保护制度，严格投资者适当性管理。强化风险防控，实施主体监管，建立合规评价体系，以大数据为依托开展事中事后管理。

12. 拓展金融服务功能。推进利率市场化，允许符合条件的金融机构试点发行企业和个人大额可转让存单。研究探索自贸试验区内金融机构（含准金融机构）向境外转让人民币资产、销售人民币理财产品，多渠道探索跨境资金流动。推动开展跨境人民币业务创新，推进自贸试验区内企业和个人跨境贸易与投资人民币结算业务。在完善相关管理办法、加强有效监管前提下，允许自贸试验区内符合条件的中资银行试点开办外币离岸业务。支持自贸试验区内法人银行按有关规定开展资产证券化业务。创新知识产权投融资及保险、风险投资、信托等金融服务，推动建立知识产权质物处置机制。经相关部门许可，拓展自贸试验区内融资租赁业务经营范围、融资渠道，简化涉外业务办理流程。统一内外资融资租赁企业准入标准、设立审批和事中事后监管，允许注册在自贸试验区内由福建省有关主管部门准入的内资融资租赁企业享受与现行内资试点企业同等待遇。支持自贸试验区内设立多币种的产业投资基金，研究设立多币种的土地信托基金等。支持符合条件的自贸试验区内机构按照规定双向投资于境内外证券期货市场。在合法合规、风险可控前提下，逐步开展商品场外衍生品交易。支持厦门两岸区域性金融服务中心建设。支持境内期货交易所根据需要在平潭设立期货交割仓库。

13. 推动两岸金融合作先行先试。在对台小额贸易市场设立外币兑换机构。允许自贸试验区银行业金融机构与台湾同业开展跨境人民币借款等业务。支持台湾地区的银行向自贸试验区内企业或项目发放跨境人民币贷款。对自贸试验区内的台湾金融机构向母行（公司）借用中长期外债实行外债指标单列，并按余额进行管理。在框架协议下，研究探索自贸试验区金融服务业对台资进一步开放，降低台资金融机构准入和业务门槛，适度提高参股大陆金融机构持股比例，并参照大陆金融机构监管。按照国家区域发展规划，为自贸试验区内台资法人金融机构在大陆设立分支机构开设绿色通道。支持在自贸试验区设立两岸合资银行等金融机构。探索允许台湾地区的银行及其在大陆设立的法人银行在福建省设立的分行参照大陆关于申请设立支行的规定，申请在自贸试验区内设立异地（不同于分行所在城市）支行。台湾地区的银行在大陆的营业性机构经营台资企业人民币业务时，服务对象可包括被认定为视同台湾投资者的第三地投资者在自贸试验区设立的企业。在符合相关规定前提下，支持两岸银行业在自贸试验区内进行相关股权投资合作。研究探索台湾地区的银行在自贸试验区内设立的营业性机构一经开业即可经营人民币业务。在框架协议下，允许自贸试验区内大陆的商业银行从事代客境外理财业务时，可以投资符合条件的台湾金融产品；允许台资金融机构以人民币合格境外机构投资者方式投资自贸试验区内资本市场。研究探索放宽符合条件的台资金融机构参股自贸试验区证券基金机构股权比例限制。研究探索允许符合条件的台资金融机构按照大陆有关规定在自贸试验区内设立合资基金管理公司，台资持股比例可达 50% 以上。研究探索允许符合设立外资参股证券公司条件的台资金融机构按照大陆有关规定在自贸试验区内新设立 2 家两岸合资的全牌照证券公司，大陆股东不限于证券公司，其中一家台资合并持股比例最高可达 51%，另一家台资合并持股比例不超过 49%、且取消大陆单一股东须持股 49% 的限制。支持符合条件的台资保险公司到自贸试验区设立经营机构。支持福建省股权交易场所拓展业务范围，为台资企业提供综合金融服务。加强两岸在金融纠纷调解、仲裁、诉讼及金融消费者维权支持方面的合作，健全多元化纠纷解决渠道。

（六）培育平潭开放开发新优势

14. 推进服务贸易自由化。赋予平潭制定相应从业规范和标准的权限，在框架协议下，允许台湾建筑、规划、医疗、旅游等服务机构执业人员，持台湾有关机构颁发的证书，按规定范围在自贸试验区内开展业务。探索在自贸试验区内行政企事业单位等机构任职的台湾同胞试行两岸同等学历、任职资历对接互认，研究探索技能等级对接互认。对台商独资或控股开发的建设项目，借鉴台湾的规划及工程管理体制。

15. 推动航运自由化。简化船舶进出港口手续，对国内航行船舶进出港海事实行报告制度。支持简化入区申报手续，探索试行相关电子数据自动填报。探索在自贸试验区内对台试行监管互认。对平潭片区与台湾之间进出口商品原则上不实施检验（废物原料、危险化学品及其包装、大宗散装货物以及国家另有特别规定的除外），检验检疫部门加强事后监管。

16. 建设国际旅游岛。加快旅游产业转型升级，推行国际通行的旅游服务标准，开发特色旅游产品，拓展文化体育竞技功能，建设休闲度假旅游目的地。研究推动平潭实施部分国家旅游团入境免签政策，对台湾居民实施更加便利的入出境制度。平潭国际旅游岛建设方案另行报批。

四、保障机制

（一）实行有效监管

1. 围网区域监管。对自贸试验区内的海关特殊监管区域，比照中国（上海）自由贸易试验区内的海关特殊监管区域有关监管模式，实行“一线放开”、“二线安全高效管住”的通关监管服务模式，推动海关特殊监管区域整合优化。对平潭片区按照“一线放宽、二线管住、人货分离、分类管理”原则实施分线管理。除废物原料、危险化学品及其包装、散装货物外，检验检疫在一线实施“进境检疫，适当放宽进出口检验”模式，在二线推行“方便进出，严密防范质量安全风险”的检验检疫监管模式。

2. 全区域监管。建立自贸试验区内企业信用信息采集共享和失信联动惩戒机制，开展使用第三方信用服务机构的信用评级报告试点。完善企业信用信息公示系统，实施企业年度报告公示、经营异常名录和严重违法企业名单制度，建立相应的激励、警示、惩戒制度。建立常态化监测预警、总结评估机制，落实企业社会责任，对自贸试验区内各项业务实施有效监控。加强监管信息共享和综合执法。构筑以商务诚信为核心，覆盖源头溯源、检验检疫、监管、执法、处罚、先行赔付等方面的全流程市场监管体系。建立各部门监管数据和信息归集、交换、共享机制，切实加强事中事后动态监管。整合执法主体，形成权责统一、权威高效的综合执法体制。提高知识产权行政执法与海关保护的协调性与便捷性，建立知识产权执法协作调度中心和专利导航产业发展工作机制。完善金融监管措施，逐步建立跨境资金流动风险监管机制，完善风险监控指标，对企业跨境收支进行全面监测评价，实行分类管理。做好反洗钱、反恐怖融资工作，防范非法资金跨境、跨区流动。探索在自贸试验区内建立有别于区外的金融监管协调机制，形成符合自贸试验区内金融业发展特点的监管体制。健全符合自贸试验区内金融业发展实际的监控指标，实现对自贸试验区内金融机构风险可控。

（二）健全法制保障

全国人民代表大会常务委员会已经授权国务院，暂时调整《中华人民共和国外资企业法》、《中华人民共和国中外合资经营企业法》、《中华人民共和国中外合作经营企业法》和《中华人民共和国台湾同胞投资保护法》规定的有关行政审批，自2015年3月1日至2018年2月28日试行。自贸试验区需要暂时调整实施有关行政法规、国务院文件和经国务院批准的部门规章的部分规定的，按规定程序办理。各有关部门要支持自贸试验区在对台先行先试、拓展与21世纪海上丝绸之路沿线国家和地区交流合作等方面深化改革试点，及时解决试点过程中的制度保障问题。福建省要通过地方立法，建立与试点要求相适应的自贸试验区管理制度。

（三）完善税收环境

自贸试验区抓紧落实好现有相关税收政策，充分发挥现有政策的支持促进作用。中国（上海）自由贸易试验区已经试点的税收政策原则上可在自贸试验区进行试点，其中促进贸易的选择性征收关税、其他相关进出口税收等政策在自贸试验区内的海关特殊监管区域进行试点。自贸试验区内的海关特殊监管区域实施范围和税收政策适用范围维持不变。平潭综合实验区税收优惠政策不适用于自贸试验区内其他区域。此外，在符合税制改革方向和国际惯例，以及不导致利润转移和税基侵蚀前提下，积极研究完善适应境外股权投资和离岸业务发展的税收政策。

（四）组织实施

在国务院的领导和统筹协调下，由福建省根据试点内容，按照总体筹划、分步实施、率先突破、逐步完善的原则组织实施。各有关部门要大力支持，加强指导和服务，共同推进相关体制机制创新，在实施过程中要注意研究新情况，解决新问题，总结新经验，重大事项要及时报告国务院，努力推进自贸试验区更好更快发展。

（五）评估推广机制

自贸试验区要及时总结改革创新经验和成果。商务部、福建省人民政府要会同相关部门，对自贸试验区试点政策执行情况进行综合和专项评估，必要时委托第三方机构进行独立评估，并将评估结果报告国务院。对试点效果好且可复制可推广的成果，经国务院同意后推广到全国其他地区。

中国（浙江）自由贸易试验区

2017年3月15日，国务院正式批复设立中国（浙江）自由贸易试验区（以下简称浙江自贸试验区），并印发《中国（浙江）自由贸易试验区总体方案》。

◎区域分布与概况

一、功能布局

浙江自贸试验区的实施范围119.95平方公里，全部位于浙江省舟山市范围内，由陆域和相关海洋锚地组成，涵盖三个片区：舟山离岛片区、舟山岛北部片区、舟山岛南部片区。

舟山离岛片区共78.98平方公里。舟山离岛片区鱼山岛由鱼山岛、鼠浪湖岛、黄泽山岛、双子山岛、衢山岛、小衢山岛、马迹山岛和秀山东锚地组成。鱼山岛重点建设国际一流的绿色石化基地；鼠浪湖岛、黄泽山岛、双子山岛、衢山岛、小衢山岛、马迹山岛重点发展油品等大宗商品储存、中转、贸易产业；秀山东锚地重点发展保税燃料油供应服务。

舟山岛北部片区共15.62平方公里，东至梁横岛，南至沙外线，西至大成一路，北至新港15路。舟山岛北部片区由舟山经济开发区区块和舟山港综合保税区区块一组成，重点发展油品等大宗商品交易，保税燃料油供应，航空产业、石油石化产业配套装备保税物流、仓储、制造等产业。

舟山岛南部片区共25.35平方公里，东至329国道朱家尖段，南至海域，西至惠民桥，北至东港塘头。舟山岛南部片区由新城区块、小干岛区块、沈家门区块、东港区块、朱家尖区块和相关海域组成，重点发展大宗商品交易、航空制造、零部件物流、研发设计及相关配套产业，建设舟山航空产业园，着力发展水产品贸易、海洋旅游、海水利用、现代商贸、金融服务、航运、信息咨询、高新技术等产业。

二、战略定位

以制度创新为核心，以可复制可推广为基本要求，将浙江自贸试验区建设成为东部地区重要海上开放门户示范区、国际大宗商品贸易自由化先导区和具有国际影响力的资源配置基地。

三、发展目标

经过三年左右有特色的改革探索，基本实现投资贸易便利、高端产业集聚、法制环境规范、金融服务完善、监管高效便捷、辐射带动作用突出，以油品为核心的大宗商品全球配置能力显著提升，对接国际标准初步建成自由贸易港区先行区。

◎建设措施与成效综述

2017年4月1日，浙江自贸试验区挂牌成立。挂牌以来，浙江自贸试验区管理委员会按照浙江省委、省政府要求，紧紧围绕投资贸易便利化，不折不扣做好国家“规定动作”，创新推出舟山特色“自选动作”，相关领域改革创新取得明显成效。

一、积极探索实践，加快改革创新成果落地

（一）加快复制推广试点经验

全面系统梳理汇总前两批自贸试验区123项

改革试点经验和“最佳实践案例”，在全国范围和海关特殊监管区推广的111项已全部复制，在北京、福建、广东等特定省市和部分符合条件地区推广的12项已有8项复制。结合舟山实际制定《浙江自贸试验区事中事后监管体系建设实施意见》，先期实施了保税燃料油供应、与负面清单相适应的外商投资项目、商事登记、内资融资租赁试点企业、大宗商品交易场所监管等5个专项事中事后监管制度。海关实施“简化无纸通关随附单证”“先进区、后报关”等措施，平均每单节约通关时间约70分钟，全年累计为企业节约通关时间1.5万小时以上。

（二）全力打造高水平营商环境

大力推进商事登记领域“最多跑一次”改革。建成自贸试验区综合服务大厅，建立商事登记“1+N”综合受理服务体系，商事登记领域实现“最多跑一次”全覆盖。启动实施“证照分离”改革试点工作，推动省政府出台《浙江省推进“证照分离”改革试点方案》，明确98项行政审批事项先行实施改革。

（三）探索形成特色制度创新成果

积极推动各领域改革创新，特别是在深化行政审批制度改革、行政体制改革、推动油品全产业链投资便利化和贸易自由化、建设国际海事服务基地、创新通关监管模式等8个方面，探索形成了系列改革创新成果。经第三方评估，上报商务部21项浙江自贸试验区制度创新成果，拟向全国复制推广数量位于第三批自贸试验区前列。特别是21项制度创新中，全国首创的占62%，保税油供应方面占57%。

（四）稳步推进金融领域制度创新

出台相关政策推进内资融资租赁业务试点，新引进16家融资租赁企业，3家金融租赁公司（含2家SPV公司）落户。加快自贸试验区银行类金融机构集聚，引进7家金融机构。7家金融机构省级分行与市政府签订支持自贸试验区建设的全面战略合作协议，未来3年意向授信2 100亿元人民币。

（五）全面强化政策制度保障

积极向上争取政策支持，国家、省已有18个部门先后出台支持自贸试验区建设相关政策291条。起草《浙江自贸试验区建设实施方案》提交省政府印发，全面分解落实123项建设任务，已完成或落地53项，正在推进实施43项。编制完成浙江自贸试验区油品全产业链实施方案，联合省自贸办牵头起草《浙江自贸试验区构建油品全产业链，推进油品等大宗商品跨境贸易人民币结算的报告》。起草《中国（浙江）自由贸易试验区条例》，并经省第十二届人民代表大会常务委员会第四十六次会议审议通过，2018年1月1日正式实施，成为第三批自贸试验区中的第一部地方性法规。

二、围绕油品产业，推进投资便利化、贸易自由化

坚持特色发展，聚焦油品全产业链建设，积极探索推进油品领域改革创新，加快实现投资便利化和贸易自由化。

（一）保税油供应业务加快突破

发布实施两批共39项任务清单，积极破解供应中的突出问题。承接中央下放权限，先后向5家企业颁发保税油经营资质，不同性质的市场主体被允许进入保税油供应市场。制定出台浙江自贸试验区《国际航行船舶保税油经营管理暂行办法》《国际航行船舶保税燃油供应业务操作规范》等系列规章制度，填补了国内保税燃料油行业的制度空白。商务、海关等部门积极争取，突破了前4位税号相同的不同税号保税油混兑调和业务。

（二）油品等大宗商品贸易交易全面起步

累计集聚油品贸易企业1 000余家，自贸试

验区油品企业集聚能力逐步显现。注册资本110亿元人民币的浙江省石油股份有限公司落户自贸试验区。首家原油非国营贸易进口企业——物产中大华信石油化工有限公司注册成立。全力推进东北亚保税燃料油交易中心建设，推进保税燃料油挂牌交易，加快集聚国内外保税燃料油及天然气供应商、贸易商、交易商等。

（三）招商引资取得显著成效

2017年9月在杭州成功举办了首届世界油商大会，邀请了400余位国内外知名石油加工贸易交易及相关金融、航运、信息、咨询等企业高管参会。会议期间，举办了4场专业平行论坛和项目签约仪式，签约项目20个，协议涉及总金额573.7亿元人民币，协议利用外资48亿美元。

三、全面夯实基础，重大项目建设加快推进

（一）加快推进国际油品储运基地建设

按照“一次规划、分步实施”原则，启动开发建设黄泽山、双子山和小衢山岛等国际油品储运基地。黄泽山项目一期151万立方米储罐主体工程已完工，二期104万立方米项目加快推进，地下洞库项目和双子山一期围垦项目已开工。

（二）加快国际石化基地建设

基地总体发展规划获批，顺利通过环评和项目核准，一期项目开工，南防波堤工程通过交工验收。基地配套设施全面铺开，宁波—舟山港主通道主线工程全面开工建设。

（三）加快建设舟山航空产业园

波音737完工和交付中心项目2017年5月11日正式开工；波音商飞（舟山）联合完工中心2017年9月26日签约揭牌。波音737完工和交付中心项目超常规速度推进，累计完成投资9.5亿元人民币。

◎创新成果案例

1 保税燃料油出库“最多跑一次”

建设东北亚保税燃油供应中心，是推进浙江自贸试验区建设的一项重要目标。作为整个保税燃料油供应过程中的一个重要环节，保税燃料油的出库效率直接关系到保税燃油供应业务的发展。保税燃料油出库原有流程较烦琐，企业需先办理出库申报，在添加物料作业完毕后需办理核销，每个环节都需要到海关现场递交纸质材料。

为进一步做好保税燃料油出库审批工作，舟山海关通过大量企业调研，了解企业在办理保税燃料油出库时的需求，通过无纸化审批，实现保税燃料油出库环节的“最多跑一次”。

（一）主要做法

确立无纸化审批法律依据。舟山海关梳理保税燃料油出库审批的法律依据、申报材料、受理条件及禁止性要求，为实现保税燃料油出库的无纸化审批提供法律依据。

优化两仓联网监管系统。舟山海关升级优化两仓联网监管系统，企业通过两仓联网监管系统V2.0办理货物出库业务的在线申请，实现保税燃料油从保税库至供油船的在线申请、线上核批，企业无须再到海关递交纸质单证。

（二）实践成效

节省保税燃料油供应企业申报核销时间，减少企业成本。

保税燃料油出库实现网上办理后，保税燃料油供应企业向海关申报燃料油出库“最多跑一次”，为企业节省申报时间约80%。以中燃公司为例，估计一年可节省办事时间1 000小时左右，节省成本6万元人民币左右。

推动舟山口岸保税燃料油供应效率提高，供

油能力增强。

高效便捷的申报审批方式，帮助舟山保税燃料油供应企业提高供油效率，增强市场竞争力，从而推动舟山口岸保税燃油供应能力增强。

2 保税燃料油供应服务船舶准入管理新模式

国际航行船舶保税燃料油供应市场竞争日益激烈，供油成本过高制约着舟山市船舶保税燃料油供应行业的进一步发展。随着舟山市船舶保税燃料油供应需求不断增加，现有港口船舶保税燃料油供应企业的自有及光租供油船舶的数量已无法满足供油需求，此外跨关区供油运输也面临二次运输的瓶颈。

为进一步加快浙江自贸试验区保税燃料油供应业务发展，加强保税燃料油供应船舶的准入管理，强化资质监管，提升港口竞争力，舟山市港航管理局充分发挥职能优势，对保税燃料油供应服务船舶准入管理模式进行了有益探索，对保税燃料油供应服务船舶实施“白名单”管理，为保税燃料油供应企业提供了更多租船选择，全力助推舟山市船舶保税燃料油供应市场的稳定发展，为浙江自贸试验区打造东北亚保税燃料油加注中心提供了坚实保障。

（一）主要做法

允许保税燃料油供应企业期租水路运输企业的适装船舶，从事保税燃料油供应业务。为保障舟山市船舶燃料油供应市场的稳步发展，降低船舶保税燃料油供应企业经营成本，进一步提升行业竞争力，自2017年1月1日，允许依法取得舟山港域船舶保税燃料油供应资质的企业，在保障港口生产安全前提下，租赁（光租或期租）具有成品油运输资质的水路运输企业所属适装船舶，从事船舶保税燃料油供应业务。

制定保税燃料油供应服务船舶“白名单”。为进一步强化准入把关，根据《中国（浙江）自由贸易试验区国际航行船舶保税油经营管理暂行办法》，舟山市港航管理局对供油船舶实施“白名单”管理，按照“舟山籍为主、外地籍按需补充”和适装适航的原则，根据相关保税燃料油供应企业申请，在征求海事等相关单位的意见基础上，于2017年3月10日和8月28日先后公布了二批允许在舟山港域从事保税燃料油供应服务船舶名单。

明确安全生产主体责任。为确保保税燃料油供应行业安全，杜绝安全责任扯皮，舟山市港航管理局要求船舶保税燃料油供应企业与承租的水路运输企业和船舶签订安全生产协议，并在协议中明确船舶保税燃料油供应过程中各环节安全生产主体责任，加强对承租适装船舶的管理。

（二）实践成效

降低保税燃料油供应企业的供油成本。一是无须投入造船（或购船）成本。以舟山市1家保税燃料油供应企业为例，如该企业自有1艘3 000吨供油船，新船按每吨6 000元人民币造价计算，大概需要1 800万元人民币。二手船目前价格大约在1 200万元人民币。如该公司租赁1艘3 000吨供油船舶开展供应业务，就无须投入这部分资金。二是降低船舶运营成本。运营1艘3 000吨供油船，按每月1.5万吨的供油量计算，包括船员工资、保险、管理、修理、润滑油、燃料油等费用，每月的供油综合成本大约在40万元人民币；如期租1艘3 000吨供油船，根据保税油代供合同，从指定的舟山港域内保税油库至舟山海域驳运价为20元/吨，按每月1.5万吨的供油量计算，该企业的供油综合成本为30万元/月，每月供油综合成本较企业自有船舶降低了约10万元人民币。据此，保税燃料油供应企业期租水路运输企业所属适装船舶从事船舶保税燃料油供应业务，除无须支付新造船（或购船）资金外，供油运营成本还能降低25%。

为保税燃料油供应企业提供更多租船选择。舟山市港航管理局先后公布了2批共30艘供油船舶“白名单”，其中20艘为舟山籍船舶，10艘为宁波籍船舶，船舶载重吨涵盖300~7 000吨区间，为燃供企业提供了更多的租船选择。

解决跨关区供油运输瓶颈。从原跨关区供油，需要运输船将保税油运到目的港，再由供油船对受油船进行保税油加注的模式，改为租用水路运输企业所属适装船舶从事保税燃料油供应服务，可以实现单船跨关直供，减少了二次运输，为跨关直供提供了便利条件。

保障供油船舶管理的规范性。一是船舶质量方面。水路运输企业所属油船长期从事油品运输，船舶经船检机构检验、海事部门安检，符合国家法律法规和交通运输部对水路运输船舶的最新要求和规定，船舶质量更有保障。二是船舶管理方面。水路运输企业所属油船纳入体系管理，使船舶管理更加专业，管理模式日趋成熟有效。

3 保税燃料油先供后报监管模式

2017年4月1日中国（浙江）自贸试验区挂牌后，舟山海关围绕《中国（浙江）自由贸易试验区总体方案》《中国（浙江）自由贸易试验区建设实施方案》及《海关总署关于支持和促进中国（浙江）自由贸易试验区建设发展的若干措施》要求，以提升大宗商品全球配置能力和促进贸易便利化为抓手，在确保有效监管的前提下，积极探索监管制度创新，全力支持浙江自贸试验区建设。舟山海关全国首创保税燃料油先供后报监管模式，减少供油企业通关所需时间成本，实现海关监管模式的新突破，为建设东北亚保税燃料油加注中心奠定夯实的基础。

（一）主要做法

在杭州海关支持中国（浙江）自贸试验区建设推出的第一批创新举措中，支持舟山全国首创开展保税燃料油先供后报监管模式，允许从事国际航行船舶保税油供应的企业采用“先供油，后报关”模式开展业务，以实际供油量直接报关。

（二）实践成效

先供后报监管模式的创新使得舟山保税燃料油供应体系建设取得重大突破，供油效率、服务效果明显提升，极大减少供油企业通关所需时间成本。原来由企业先行报关，再申请出库，报关量与实际加油量存在误差，每票申报的实际量都需要进行改单手续，创新举措推出后，允许供油企业先供油，以实际供油量直接报关，避免改单这一流程。

◎国务院关于印发中国（浙江）自由贸易试验区总体方案的通知

国发〔2017〕16号

各省、自治区、直辖市人民政府，国务院各部委、各直属机构：

现将《中国（浙江）自由贸易试验区总体方案》印发给你们，请认真贯彻执行。

国务院

2017年3月15日

中国（浙江）自由贸易试验区总体方案

建立中国（浙江）自由贸易试验区（以下简称自贸试验区）是党中央、国务院作出的重大决策，是新形势下全面深化改革、扩大开放和提升我国资源配置全球竞争力的重大举措。为全面有效推进自贸试验区建设，制定本方案。

一、总体要求

（一）指导思想

全面贯彻党的十八大和十八届三中、四中、五中、六中全会精神，深入贯彻习近平总书记系列重要讲话精神和治国理政新理念新思想新战略，认真落实党中央、国务院决策部署，统筹推进“五位一体”总体布局和协调推进“四个全面”战略布局，坚持稳中求进工作总基调，牢固树立和贯彻落实创新、协调、绿色、开放、共享的发展理念，进一步解放思想、先行先试，以开放促改革、促发展，为新形势下推动大宗商品贸易自由化发挥示范引领作用，努力营造法治化、国际化、便利化营商环境，为全面深化改革和扩大开放探索新途径、积累新经验，发挥示范带动、服务全国的积极作用。

（二）战略定位

以制度创新为核心，以可复制可推广为基本要求，将自贸试验区建设成为东部地区重要海上开放门户示范区、国际大宗商品贸易自由化先导区和具有国际影响力的资源配置基地。

（三）发展目标

经过三年左右有特色的改革探索，基本实现投资贸易便利、高端产业集聚、法治环境规范、金融服务完善、监管高效便捷、辐射带动作用突出，以油品为核心的大宗商品全球配置能力显著提升，对接国际标准初步建成自由贸易港区先行区。

二、区位布局

（一）实施范围

自贸试验区的实施范围119.95平方公里，由陆域和相关海洋锚地组成，涵盖三个片区：舟山离岛片区78.98平方公里（含舟山港综合保税区区块二3.02平方公里），舟山岛北部片区15.62平方公里（含舟山港综合保税区区块一2.83平方公里），舟山岛南部片区25.35平方公里。

自贸试验区土地开发利用须遵守土地利用、环境保护、城乡规划法律法规，符合土地利用总体规划，并符合节约集约用地的有关要求；涉及海域的，须符合《中华人民共和国海域使用管理法》有关规定和国务院印发的《全国海洋主体功能区规划》、国务院批复的海洋功能区划、近岸海域环境功能区划、浙江省出台的海洋生态红线制度；涉及无居民海岛的，须符合《中华人民共和国海岛保护法》有关规定。

（二）功能划分

按区域布局划分，舟山离岛片区鱼山岛重点建设国际一流的绿色石化基地，鼠浪湖岛、黄泽山岛、双子山岛、衢山岛、小衢山岛、马迹山岛重点发展油品等大宗商品储存、中转、贸易产业，海洋锚地重点发展保税燃料油供应服务；舟山岛北部片区重点发展油品等大宗商品贸易、保税燃料油供应、石油石化产业配套装备保税物流、仓储、制造等产业；舟山岛南部片区重点发展大宗商品交易、航空制造、零部件物流、研发设计及相关配套产业，建设舟山航空产业园，着力发展水产品贸易、海洋旅游、海水利用、现代商贸、金融服务、航运、信息咨询、高新技术等产业。

按海关监管方式划分，自贸试验区内的海关特殊监管区域重点探索以贸易便利化为主要内容的制度创新，重点开展国际贸易和保税加工、保税物流、保税服务等业务；非海关特殊监管区域重点探索投资制度、金融制度等体制机制创新，积极发展以油品为核心的大宗商品中转、加工贸易、保税燃料油供应、装备制造、航空制造、国际海事服务等业务。

三、主要任务和措施

（一）切实转变政府职能

1. 深化行政体制改革。深入推进简政放权、放管结合、优化服务改革。建立权责明确、管理高效、运转协调的自贸试验区行政管理体制。深化完善自贸试验区行政管理权力清单、责任清单。深化行政审批制度改革，建立精简高效的统一行政审批机构，开展相对集中行政许可权改革，依法统一行使相关行政许可权。建立市场准入统一平台，依托电子口岸公共平台建设国际贸易“单一窗口”。深化商事制度改革，全面落实“多证合一、一照一码”等措施。深化完善陆上和海洋综合行政执法体系改革。

开展知识产权综合管理改革试点。紧扣创新发展需求，发挥专利、商标、版权等知识产权的引领作用，打通知识产权创造、运用、保护、管理、服务全链条，建立高效的知识产权综合管理体制，构建便民利民的知识产权公共服务体系，探索支撑创新发展的知识产权运行机制，推动形成权界清晰、分工合理、责权一致、运转高效、法治保障的体制机制。搭建便利化的知识产权公共服务平台，设立知识产权服务工作站，大力发展知识产权专业服务业。探索建立自贸试验区跨部门知识产权执法协作机制，完善纠纷调解、援助、仲裁工作机制。探索建立自贸试验区重点产业专利导航制度和重点产业快速协同保护机制。

推动税收服务创新，包括一窗国地办税、一厅自助办理、培训辅导点单、缴纳方式多元、业务自主预约、税银信息互动、税收遵从合作、创新网上服务等举措。

2. 建立统一开放的市场准入和高标准监管制度。建立与自贸试验区相适应的行政监督管理制度，加强与负面清单管理体制相适应的事中事后监管体系建设。完善社会信用体系，推动各部门间依法履职信息的联通和共享。健全守信激励和失信惩戒机制。对涉及自贸试验区内的投资贸易等商事案件，建立专业化审理机制。严格执行环境保护法规和标准。强化安全监管保障，制定安全生产区域规划，建立自贸试验区油品安全管理制度。建立健全应急联动机制，充实应急救援力量，全力强化应急保障。鼓励企业履行社会责任，保障劳动者权益。配合商务部开展经营者集中反垄断审查。

3. 提升利用外资水平。对外商投资实行准入前国民待遇加负面清单管理制度，着力构建与负面清单管理方式相适应的事中事后监管制度。外商投资准入特别管理措施（负面清单）之外领域的外商投资项目（国务院规定对国内投资项目保留核准的除外）和外商投资企业设立及变更实行备案制，由自贸试验区负责办理。进一步减少或取消外商投资准入限制，提高开放度和透明度，做好对外开放的压力测试和风险测试。积极有效引进境外资金、先进技术和高端人才，提升利用外资综合质量。外商在自贸试验区内投资适用《自由贸易试验区外商投资准入特别管理措施（负面清单）》和《自由贸易试验区外商投资国家安全审查试行办法》。探索强化外商投资实际控制人管理，建立外商投资信息报告制度和外商投资信息公示平台，充分发挥国家企业信用信息公示系统作用，提升外商投资全周期监管的科学性、规范性和透明度。完善投资者权益保障机制，允许符合条件的境外投资者自由转移其投资收益。

（二）推动油品全产业链投资便利化和贸易自由化

4. 建设国际海事服务基地。对照国际通行税收政策，增强国际竞争力，探索研究推动油品全产业链发展的政策措施。建设东北亚保税燃料油加注中心。制订中国（浙江）自由贸易试验区国际航行船舶保税油管理办法，将区内国际航行船舶保税加油许可权下放至舟山市人民政府。吸引保税燃料油供应商开展供油服务，鼓励企业总部或结算中心落户，丰富市场竞争主体。加快供油港口、储罐、加注锚地等配套设施建设，合理布局海上保税燃料油加注区域，允许在自贸试验区内设立海上保税燃料油供应仓库。在符合监管条件的前提下，允许注册在自贸试验区内的企业开展不同税号下保税油品混兑调和。鼓励自贸试验区内油品企业生产保税燃料油。允许开展保税燃料油跨关区直供业务。全力优化通关等服务方式，将保税燃料油加注纳入“单一窗口”申报平台，开通挂港加油船舶通航、通关特殊通道，简化和加快加油船舶进出自贸试验区通关手续，方便符合条件的船舶驶入特定海域（码头）进行加油操作。

加快拓展国际船舶管理服务。积极培育壮大外轮供应企业，丰富外轮供应品种，为进入自贸试验区的船舶提供生活用品、备品备件、物料、工程服务和代理服务等服务。加快发展自贸试验区内国际船舶修造业务，在海关特殊监管区域内对修造所需的相关进口船舶配件予以保税，支持舟山港船舶配件交易市场建设。

提升国际航运服务功能。积极探索有助于促进油品等大宗商品贸易的航运制度和运作模式。适应自贸试验区发展需要，支持自贸试验区引导液货危险品运输企业加强整合，实现规模化、集约化发展。大力发展转口贸易，放宽海运货物直接运输判定标准。优化沿海捎带业务监管模式，提高中资非五星旗船沿海捎带业务通关效率。推动与旅游相关的邮轮、游艇等旅游运输工具出行的便利化。积极推动国际航运相关的海事、金融、法律、经纪等服务业发展。支持境内外企业开展航运保险、航运仲裁、海损理算、航运交易等高端航运服务。探索组建海洋保险等专业性法人机构，允许符合条件的境内外保险代理公司、保险经纪和保险公估公司等中介机构在自贸试验区设立营业机构并依法开展相关业务。吸引海事仲裁机构和船级社等入驻，打造国际航运服务平台。

5. 建设国际油品储运基地。完善油品储运基础设施。加快码头、管网、油罐、地下油库、锚地、物流基地等物流基础设施建设。以原油、成品油为重点，承接全球资源，面向亚太市场，满足国内需求，在舟山离岛片区布局形成大型油品储运基地。

推进油品储运投资便利化。培育多元化的油品储运主体，鼓励各类主体按照国际标准参与投资建设油品接卸泊位、储运罐区、输油管道等设施。加快自贸试验区港口岸线使用审批。

完善油品储备体系。以原油为主要品种，积极开展汽油、柴油、航空煤油、液化气等储备，科学合理确定储备品种，探索和创新油品储备模式，建立国储、义储、商储、企储相结合的储存体系和运作模式，允许国储租赁符合条件的民企油罐、商储租赁国有企业商业油罐。建立油品储存可动用应急机制。

加强油品储备国际合作。盘活民间闲置的油品储备库资源，为国际组织、跨国石油公司等储存油品。支持与国际产油国共建油品储存基地，加快形成舟山国际油品保税交割体系。

6. 建设国际石化基地。建设国际一流的石化基地。按照国家战略布局，实行最严格的环保准入和监管措施，在鱼山岛打造国际一流的石化产业基地。支持基地以原油精炼为基础产品，以乙烯、芳烃等高端产品为特色，完善上下游一体化产业链，加快形成国际一流的石化产业集群。

扩大油品加工领域投资开放。鼓励国内外

投资商以资源、资金、技术、市场参与建设经营石化基地。允许世界一流石油化工企业以及“一带一路”沿线石油富集国企业参与投资建设。

落实产业配套政策。赋予自贸试验区内符合条件的油品加工企业原油进口资质和配额，给予原油进口使用权。

7. 建设国际油品交易中心。依托中国（浙江）大宗商品交易中心，开展原油、成品油、保税燃料油现货交易，条件成熟时开展与期货相关的业务。

放宽原油、成品油资质和配额限制（允许量），支持赋予符合条件的2—3家自贸试验区内企业原油进口和使用资质。支持自贸试验区企业积极开展油品离岸和在岸贸易。

集聚境内外原油贸易商做强原油现货交易，加快形成具有国际影响力的原油现货交易市场。加快设立舟山国际原油保税交割中心。鼓励在中国（浙江）大宗商品交易中心开展原油现货交易。

大力发展成品油内外贸分销网络和交易市场。支持在中国（浙江）大宗商品交易中心开展成品油现货交易，在扩大现货交易的基础上，支持自贸试验区发展成品油交割、仓储、保税。简化成品油批发资质条件，支持开展成品油内贸分销业务，逐步搭建成品油内贸分销网络。

建设东北亚保税燃料油交易中心。加快在中国（浙江）大宗商品交易中心开展保税燃料油现货交易，在扩大现货交易基础上，支持自贸试验区发展保税燃料油交割、仓储、保税。

积极开展天然气交易。加快完善天然气配套管网、码头等基础设施布局，实现管网互联互通。

8. 加快石油石化科技研发和人才集聚。积极支持舟山创建以石油石化产业为特色的国家高新技术产业开发区，鼓励在自贸试验区内开展石油石化科学研究和技术服务，加快形成国际石油石化人才培养和集聚机制。

（三）拓展新型贸易投资方式

9. 建设国际矿石中转基地。依托鼠浪湖岛、马迹山岛矿石中转码头，建设国际配矿贸易中心，以接卸外贸进口矿石为主，为长江沿线冶金企业提供中转运输服务，优化完善区域矿石接卸系统布局，为我国沿海、东亚地区提供仓储、分销、加工及配送服务。依托中国（浙江）大宗商品交易中心，大力发展矿石现货交易和国际贸易，形成区域性的矿石信息中心和价格形成中心。支持海关特殊监管区域内矿石保税储存、保税加工、保税出口。

10. 建设舟山航空产业园。在朱家尖岛布局建设舟山航空产业园，通过通用飞机总装组装、制造，对接国际航空产业转移，形成航空产业集群。在环境风险可控的前提下开展飞机零部件制造维修业务试点，积极引进飞行驾驶培训、空中旅游观光、通用航空基地运营服务及相关科研机构，鼓励高端先进航空制造、零部件物流、研发设计及配套产业向自贸试验区集聚。

11. 加强现代贸易投资合作。依托港澳在金融服务、信息资讯、国际贸易网络、风险管理等方面的优势，将自贸试验区建设成为内地企业“走出去”的窗口和综合服务平台。加强与港澳在项目对接、投资拓展、信息交流、人才培训等方面交流合作，共同到境外开展基础设施建设和能源等合作。按照公平竞争原则，积极发展跨境电子商务，完善相应的海关监管、检验检疫、退税、物流等支撑系统，加快推进跨境贸易电子商务配套平台建设。

（四）推动金融管理领域体制机制创新

12. 扩大金融服务领域开放。允许符合条件的中资商业银行立足当地实际需求，依据监管政策导向，在自贸试验区内设立分支机构。支持外资银行在自贸试验区内设立子行、分行、专营机构。支持符合条件的民营资本在区内依法设立金融租赁公司、财务公司等金融机构，支持符合条件的境内纯中资民营企业发起设立民营银行。支持金融租赁公司在自贸试验区内设立专业子公司。支持商业保理业务发展，探索适合保理业务发展的外汇管理模式。支持自贸试验区内符合条件的企业按规定开展人民币境外证券投资等业务。允许外资股权投资管理机构、外资创业投资管理机构在自贸试验区发起管理人民币股权投资和创业投资基金。进一步简化经常项目外汇收支手续，在真实、合法交易基础上，自贸试验区内货物贸易外汇管理分类等级为A类企业的外汇收入无须开立待核查账户。允许自贸试验区内符合条件的融资租赁业务收取外币租金。支持自贸试验区内符合条件的个人按规定投资境内外证券市场。支持自贸试验区内符合互认条件的基金产品参与内地与香港基金产品互认。

13. 拓展金融服务功能。探索建立与自贸试验区相适应的本外币账户管理体系，促进跨境贸易、投融资结算便利化。为符合条件的自贸试验区内主体办理油品贸易相关的跨境经常项下结算业务、政策允许的资本项下结算业务。在自贸试验区内设立的法人机构可根据经营和管理需要，按规定开展跨国公司外汇资金集中运营管理业务和跨国企业集团内跨境双向人民币资金池业务、享受跨境投融资汇兑便利等政策。支持融资租赁公司依托自贸试验区在大宗商品领域开展包含人民币计价结算、跨境双向人民币资金池等跨境人民币创新业务。鼓励地方政府通过引入社会资本方式，在自贸试验区内设立跨境人民币各类投资基金，按注册地管理，开展跨境人民币双向投资业务。允许自贸试验区内从事油品等大宗商品为主的交易平台或交易所在约定的商业银行设立贸易专用账户，存放大宗商品交易保证金。支持自贸试验区发展与油品贸易相关的总部经济，放宽跨国公司外汇资金集中运营管理的准入条件。进一步简化资金池管理，允许经银行审核真实、合法的电子单证办理经常项目集中收付汇、轧差净额结算业务。允许自贸试验区开展油品现期货交易初期采用双币种计价、结算，逐步探索采用人民币计价、结算，推动人民币国际化进程。完善结售汇管理。允许境内外金融机构、金融技术企业、金融信息服务企业参与自贸试验区油品交易现货市场建设。逐步允许境外企业参与商品期货交易。加强与国际金融机构和国际油品贸易公司的合作，积极构建与国际接轨的油品贸易信息统计、监测体系，建立油品交易市场风险管理体系。

14. 积极发展融资租赁与保险业务。鼓励境内外投资者在自贸试验区设立融资租赁企业，进一步推进内资融资租赁企业试点，注册在自贸试验区内的内资融资租赁试点企业由自贸试验区所在省级商务主管部门和同级国家税务局审核；加强事中事后监管，探索建立融资租赁企业设立和变更的备案制度、违反行业管理规定的处罚制度、失信和经营异常企业公示制度、属地监管部门对企业定期抽查检查制度。支持融资租赁企业在自贸试验区设立特殊项目公司。根据期货保税交割业务需要，允许自贸试验区拓展仓单质押融资等功能，推动完善仓单质押融资所涉及的仓单确权等工作。支持在自贸试验区内探索设立服务石油行业的专营保险公司或分支机构，设立为保险业发展提供配套服务的保险经纪、保险代理、风险评估、损失理算、法律咨询等专业性保险服务机构。取消对自贸试验区内保险支公司高管人员任职资格的事前审批，由自贸试验区所在省保监局实施备案管理。创新针对石油行业的特殊风险分散机制，开展能源、化工等特殊风险保险业务，加大再保险对巨灾保险、特殊风险保险的支持力度。

15. 建立健全金融风险防范体系。落实风险为本的原则，探索建立跨境资金流动风险监管机制，强化开展反洗钱、反恐怖融资、反逃税工作，防止非法资金跨境、跨区流动，切实防范开放环境下的金融风险。

（五）推动通关监管领域体制机制创新

16. 创新通关监管服务模式。对自贸试验区内的海关特殊监管区域实施“一线放开”、“二线安全高效管住”的通关监管服务模式。按照严密防范质量安全风险和最大便利化的原则，一线主要实施进出境现场检疫、查验及处理；二线主要实施进出口产品检验检疫监管及实验室检测，维护质量安全。

在确保有效监管前提下，在海关特殊监管区域探索建立货物状态分类监管模式。对注册在自贸试验区海关特殊监管区域内的融资租赁企业进出口飞机、船舶和海洋工程结构物等大型设备涉及跨关区的，在确保有效监管和执行现行相关税收政策的前提下，按物流实际需要，实行海关异地委托监管。在严格执行货物进出口税收政策的前提下，允许在海关特殊监管区域内设立保税展示交易平台。加快形成贸易便利化创新举措的标准化制度规范，覆盖到所有符合条件的企业。完善通关合作机制，开展货物通关、贸易统计、“经认证的经营者”互认、检验检测认证等方面合作，逐步实现信息互换、监管互认、执法互助。支持自贸试验区与“一带一路”沿线国家开展海关、检验检疫、认证认可、标准计量等方面的合作与交流，探索与“一带一路”沿线国家开展贸易供应链安全与便利合作。依托电子口岸公共平台，完善国际贸易“单一窗口”的货物进出口和运输工具进出境的应用功能。将出口退税申报功能纳入国际贸易“单一窗口”建设项目。进一步优化口岸监管执法流程和通关流程，实现贸易许可、资质登记等平台功能，将涉及贸易监管的部门逐步纳入“单一窗口”管理平台。在执行现行税收政策的前提下，提升超大超限货物的通关、运输、口岸服务等综合能力。推进自贸试验区内各区域之间通关一体化。

对自贸试验区内本国人员和外籍人员实行相应的便捷安全管控措施。支持舟山普陀山机场航空口岸对外开放。支持浙江省人民政府向国务院申请在舟山对外开放口岸开展外国人口岸签证业务。在自贸试验区实施人才签证制度。加强外国人才工作部门机构和队伍建设。对外籍高层次人才开辟绿色通道，制定有效政策，简化手续，为高层次人才入出境、工作、在华停居留提供便利。允许获得硕士及以上学位的优秀外国留学生毕业后直接在自贸试验区工作。提供有针对性的指导服务和语言学习机会，多形式多渠道帮助外国人才更好融入中国社会。

四、保障机制

（一）强化法制保障

自贸试验区需要暂时调整实施有关行政法规、国务院文件和经国务院批准的部门规章的部分规定的，按规定程序办理。各有关部门要支持自贸试验区在各领域深化改革开放试点、加大压力测试、加强监管、防控风险，做好与相关法律立改废释的衔接，及时解决试点过程中的制度保障问题。浙江省要通过地方立法，建立与试点要求相适应的自贸试验区管理制度。

（二）完善配套税收政策

落实现有相关税收政策，充分发挥现有政策的支持促进作用。中国（上海）自由贸易试验区、中国（广东）自由贸易试验区、中国（天津）自由贸易试验区和中国（福建）自由贸易试验区已经试点的税收政策原则上可在自贸试验区进行试点，其中促进贸易的选择性征收关税、其他相关进出口税收等政策在自贸试验区内的海关特殊监管区域进行试点。自贸试验区内的海关特殊监管区域范围和税收政策适用范围维持不变。此外，在符合税制改革方向和国际惯例，以及不导致利润转移和税基侵蚀的前提下，积极研究完善境外所得税收抵免的税收政策。

（三）加强组织实施

按照党中央、国务院统一部署，在国务院自由贸易试验区工作部际联席会议统筹协调下，由浙江省完善试点任务组织实施保障机制，按照总体筹划、分步实施、率先突破、逐步完善的原则加快实施。各有关部门要大力支持，及时制定实施细则或办法，加强指导和服务，共同推进相关体制机制创新，把自贸试验区建设好、管理好。在实施过程中，要创新思路、寻找规律、解决问题、积累经验；要充分发挥地方和部门的积极性，因地制宜、突出特色，做好对比试验和互补试验；要抓好改革措施的落实，重大事项要及时向国务院请示报告。

（四）总结推广可复制的试点经验

自贸试验区要及时总结改革创新经验和成果。国务院自由贸易试验区工作部际联席会议办公室要会同浙江省人民政府及有关部门，及时总结评估自贸试验区改革开放创新试点任务实施效果，加强各领域试点经验系统集成，并委托第三方机构进行独立评估。对试点效果好、风险可控且可复制可推广的成果，实施分类审查程序后复制推广至全国其他地区。

◎浙江省人民政府关于印发中国（浙江）自由贸易试验区建设实施方案的通知

浙政发〔2017〕29号

各市、县（市、区）人民政府，省政府直属各单位：

现将《中国（浙江）自由贸易试验区建设实施方案》印发给你们，请结合实际，认真贯彻执行。

浙江省人民政府

2017年7月30日

浙江省人民政府印发中国（浙江）自由贸易试验区建设实施方案

为贯彻落实《国务院关于印发中国（浙江）自由贸易试验区总体方案的通知》（国发〔2017〕16号），加快推进中国（浙江）自由贸易试验区（以下简称自贸试验区）建设，制定如下实施方案：

一、总体要求

全面贯彻党的十八大和十八届三中、四中、五中、六中全会精神，深入贯彻习近平总书记系列重要讲话精神和治国理政新理念新思想新战略，认真落实党中央、国务院关于自贸试验区建设的决策部署，以制度创新为核心，以推动新形势下大宗商品贸易自由化为主要任务，解放思想、先行先试，着力营造法治化、国际化、便利化营商环境，努力将自贸试验区建设成为我国东部地区重要海上开放门户示范区、国际大宗商品贸易自由化先导区和具有国际影响力的资源配置基地，为全面深化改革和扩大开放探索新途径、积累新经验。

力争到2020年，形成4 000万吨油品储存、1 500万吨铁矿石堆存规模和年4 000万吨石油炼化、500万吨保税燃料油供应能力，大宗货物年交易额达到5万亿元，以油品为核心的大宗商品全球配置能力显著提升；累计新增各类注册企业3万家，其中国际、国内知名企业200家；累计合同引进外资30亿美元以上，实际引进外资15亿美元以上；对接国际标准初步建成投资贸易便利、高端产业集聚、法治环境规范、金融服务完善、监管高效便捷、辐射带动作用突出的自由贸易试验区，为国家深化改革提供一批可复制可推广的经验。

二、功能布局

自贸试验区实施范围为119.95平方公里，由陆域和相关海洋锚地组成，具体包括舟山离岛片区78.98平方公里和舟山岛北部片区15.62平方公里、南部片区25.35平方公里。

舟山离岛片区由鱼山岛、鼠浪湖岛、黄泽山岛、双子山岛、衢山岛、小衢山岛、马迹山岛和秀山东锚地组成。鱼山岛重点建设国际一流的绿色石化基地；鼠浪湖岛、黄泽山岛、双子山岛、衢山岛、小衢山岛、马迹山岛重点发展油品、铁矿石等大宗商品储存、中转、加工、贸易等产业；秀山东锚地重点发展保税燃料油供应业务。

舟山岛北部片区由舟山经济开发区区块和舟山港综合保税区本岛分区区块组成，重点发展油品等大宗商品交易、保税燃料油供应以及石油石化产业配套装备保税制造、仓储、物流等产业。

舟山岛南部片区由新城区块、小干岛区块、沈家门区块、东港区块、朱家尖区块和相关海域组成，重点建设舟山航空产业园，发展大宗商品交易、水产品贸易、海洋旅游、现代商贸、金融服务、信息咨询以及航空研发设计、制造、零部件物流等高新技术产业。

三、主要任务

（一）建设规范行政体系和公平竞争市场机制。到2020年，自贸试验区“最多跑一次”改革走在全省前列，以“四张清单一张网”为核心的行政审批制度改革成效显著，政府办事效率明显提升，发展环境持续优化，基本形成与开放型经济相适应的政府管理制度。

1. 深化行政审批制度改革。按照权责一致原则，在自贸试验区推行权责清单，明确政府职能边界，提升政府运行效能。推进简政放权，向自贸试验区下放或委托实施部分省级管理权限。建立行政审批事项目录，做到目录之外无审批。开展相对集中行政许可权改革，实行“一窗受理、集成服务”和“一颗印章管审批”。推行行政审批标准化，实行集中审批、并联审批。完善行政审批监督机制，建立行政审批联网监察系统，实行行政审批过错责任追究制度。积极争取国家“证照分离”改革试点，深化“多证合一、一照一码”改革，简化企业名称登记程序，实行企业名称自主申报。

2. 建立统一开放的市场准入制度。对外商投资实行准入前国民待遇加负面清单管理制度，建立与负面清单管理方式相适应的事中事后监管制度。对外商投资准入特别管理措施（负面清单）之外领域的外商投资项目（国务院规定对国内投资项目保留核准的除外）以及外商投资企业设立、变更实行备案制，由自贸试验区负责办理，同步实施内资投资项目负面清单。依法须经批准的外商投资项目，经相关部门批准后方可实施。进一步减少外商投资准入限制，积极引进境外资金、先进技术和高端人才，提高利用外资的质量和水平。对负面清单之外的领域，按照内外资一致原则实施管理。

3. 建立健全事中事后监管体系。完善社会信用体系，推动各部门依法履职信息和企业诚信经营信息的互联互通、信息共享。加快实施统一社会信用代码制度。落实行政许可、行政处罚等信息加载和公开制度。建立与国家信用信息公示系统、省公共信用信息服务平台相对接的自贸试验区企业信用信息数据库和信息平台。鼓励市场主体参与征信体系建设，发展市场化征信产业。健全守信激励和失信惩戒机制。进一步推进信用法规制度建设。加强安全生产管理，重点建立油品安全生产监管机制，充实应急救援力量，强化应急保障。配合国家有关部委实施安全和经营者集中反垄断审查。

4. 开展知识产权综合管理改革试点。紧扣创新发展需要，推进建立知识产权综合管理体制，打通知识产权创造、运用、保护、管理、服务等全链条，形成权界清晰、分工合理、权责一致、运转高效的体制机制。搭建知识产权公共服务平台，设立知识产权服务工作站，开展知识产权专业服务。推进建立跨部门知识产权执法协作机制、重点产业快速协同保护机制和重点产业专利导航制度，切实做好知识产权纠纷调解、援助、仲裁、刑事保护等工作。

5. 建立国际商事审判和仲裁机制。根据产业发展需要，不断提高自贸试验区金融、航运、海事、高科技和知识产权仲裁等专业化仲裁水平。加强自贸试验区审判组织建设，推动加快建立海事审判机构，逐步健全涉及民事、商事等专业化审理机制，营造法治化营商环境。

6. 完善权益保护和企业社会责任体系。推进企业履责长效机制建设，引导企业积极履行对职工、消费者、客户和社会、政府等利益相关者的责任。正确处理劳动纠纷，保障劳动者和用人单位合法权益，构建健康的企业用工制度。完善投资者权益保障机制，允许符合条件的境外投资者自由转移投资收益。

（二）以保税燃料油供应服务为突破口，建设国际海事服务基地。到 2020 年，力争年保税燃料油供应量达到 500 万吨、外轮供应货值达到 8 亿美元、船舶交易额达到 60 亿元，基本建成以保税燃料油供应服务为核心，外轮供应服务、特色航运交易、船舶融资租赁和海事衍生服务全面发展的国际海事服务基地。

7. 制定国际航行船舶保税油管理规范。制定出台《中国（浙江）自由贸易试验区国际航行船舶保税油管理暂行办法》《中国（浙江）自由贸易试验区国际航行船舶保税油供应业务操作规范》等文件和标准，确保国际航行船舶保税油经营管理规范有序。

8. 集聚保税燃料油供应链相关企业。完善保税燃料油供应支持政策，鼓励自贸试验区石化企业生产保税燃料油，对落户自贸试验区的保税燃料油供应企业给予政策激励。加快推进保税燃料油供应配套服务产业链的培育。加大对国内外知名燃料油贸易商的宣传推介力度，鼓励企业总部或结算中心落户自贸试验区。加快引入保税燃料油第三方公证机构。

9. 完善保税燃料油供应配套设施建设。加快推进保税燃料油供应码头、储罐、供油锚地等配套设施建设。优化海上供油锚地区域布局，推进海上保税燃料油供应仓库、海上加油计量技术平台建设，在外锚地进行保税燃料油加注的国际航行船舶免交船舶吨税。支持在码头、船厂开展保税燃料油加注业务。积极研究外锚地新型供油方式，加强外锚地海域气象监测和预报。

10. 优化保税燃料油供应通关监管流程。在符合监管条件前提下，允许注册在自贸试验区的企业开展不同税号下保税油品混兑调和业务。全面扩大保税燃料油跨关区直供业务范围。将保税燃料油供应业务纳入国际贸易“单一窗口”申报平台，简化加油船舶进出自贸试验区通关手续，开通挂港加油船舶通航、通关特殊通道，全面提升通关效率。

11. 建设外轮供应服务中心。积极培育外轮供应市场主体，丰富供应品种，为进入自贸试验区的国际航行船舶提供生活用品、备品备件、物料和工程服务、代理服务等。在自贸试验区海关特殊监管区域设立外供货物配送基地，规范外供业务作业流程和收费标准，降低外轮供应成本。

12. 大力发展国际航行船舶修造业务。做大做强舟山港综合保税区船配交易市场，开展绿色船舶、海洋工程类船舶、江海联运船舶等高技术含量船舶的修造业务。推进自贸试验区船舶修造企业技术和装备升级，进一步拓展高端船舶、海工装备等修理和改装业务。

13. 扩大航运服务业对外开放。争取出台自贸试验区航运开放政策，允许在自贸试验区设立外商独资和中外合资、合作企业，经营进出我国港口的国际船舶运输、货物装卸等业务；在自贸试验区设立的中外合资、合作企业可以经营国际公共船舶代理业务，外资股比率放宽至 51%。大力发展转口贸易，优化中资非五星旗船舶沿海捎带业务通关监管模式。发展邮轮、游艇等旅游产业，完善国际邮轮港综合服务，争取部分国家游客 72 小时过境免签政策，开辟公海无目的地邮轮航线，实现国际邮轮出境24小时通关。在自贸试验区实行以“浙江舟山”为船籍港的国际航行船舶登记制度和以“中国宁波舟山港”为船籍港的“方便旗”船舶回国登记制度，优化国际航行船舶营运许可、检验业务流程，落实中资“方便旗”船舶税收优惠政策。争取在自贸试验区设立进境免税店。

14. 拓展高端航运服务功能。大力发展航运保险、航运仲裁、海损理算、航运交易等高端航运服务业，积极推动与国际航运相关的海事、金融、法律、经纪等服务业发展。探索组建海洋保险等专业性法人机构，允许符合条件的境内外保险代理公司、保险经纪和保险公估公司等中介机构在自贸试验区设立营业机构，开展相关业务。

（三）扩大油品储存中转规模，建设国际油品储运基地。到2020年，力争在舟山离岛片区新增油品储存能力1 000万吨以上，形成自贸试验区4 000万吨油品储存能力，成为我国最大的油品仓储基地，基本建成油品储运基础设施完备、国际油品供应商集聚、油品储存体系完善的国际油品储运基地，有效弥补我国石油储备短板，保障国家能源和经济安全。

15. 完善油品储运基础设施。统一衢山港区黄泽山、双子山、小衢山和衢山岛本岛油品储运规划布局，形成舟山离岛片区大型油品储运基地。加快自贸试验区港口岸线使用报批速度，推进码头、管网、油罐、地下油库、锚地、物流基地建设。

16. 推进油品储运项目国际合作。培育多元化的油品储运经营主体，鼓励境内外各类企业主体按照国际标准参与油品接卸泊位、储运罐区、输油管道等设施建设。盘活民间闲置油品储备库资源，为国际组织、跨国石油公司提供油品储存服务。支持与国际产油国共建油品储存基地，加快形成舟山国际油品保税交割体系。

17. 完善油品储备体系。积极开展原油、汽油、柴油、航空煤油、液化气等储备业务，科学确定储备品种和储备规模。创新油品储备模式，建立国储、义储、商储、企储相结合的储备体系，允许符合条件的民营企业参与国家油品储备。完善油品储备运作模式，建立基于国储、商储的油品商业流转机制。

（四）推进油品加工投资便利化，建设国际绿色石化基地。到2020年，舟山绿色石化基地炼化一体化项目二期竣工投产，形成年炼油4 000万吨、对二甲苯800万吨、乙烯280万吨生产能力，初步建成投资开放、上下游产业链完整的国际绿色石化基地。

18. 建设国际一流的石化基地。按照国家战略布局，实行最严格的环保准入和监管措施，在鱼山岛打造国际一流的石化基地。按照《舟山绿色石化基地总体发展规划》要求，加快推进基地一期项目场地、交通、供水、供电等配套基础设施建设，重点推进宁波舟山港主通道（鱼山石化疏港公路）、鱼山作业区进港航道和配套锚地，以及黄泽作业区至鱼山、外钓至鱼山输油管道建设。支持基地以原油精炼为基础产品，以乙烯、芳烃等高端产品为特色，完善上下游一体化产业链，形成国际一流的石化产业集群。推进建设以石油石化为特色的国家高新技术产业开发区。

19. 扩大油品加工领域投资开放。赋予自贸试验区符合条件的油品加工企业原油进口资质，给予原油进口配额。鼓励国内投资商以资源、资金、技术、市场参与建设经营石化基地。允许世界一流石油化工企业以及“一带一路”沿线石油富集国企业参与投资建设。

（五）提高油品资源配置能力，建设国际油品交易中心。到2020年，力争参与油品贸易的规模以上企业达到300家，油品年贸易总额突破3 000亿元，形成具有一定国际影响力的原油、成品油、保税燃料油、液化天然气等产品现货交易市场，年现货交易规模突破1万亿元。在条件成熟时，争取开展与期货相关的交易业务。

20. 积极推进原油交易。放宽原油资质和配额限制（允许量），争取赋予2—3家符合条件的自贸试验区企业原油进口和使用资质，大力开展原油离岸、在岸和转口贸易。充分利用舟山原油仓储优势，依托经依法设立的大宗商品交易场所，加强与上海国际能源交易中心合作，集聚境内外原油贸易商开展原油现货交易，形成具有国际影响力的原油现货交易市场。

21. 大力发展成品油内外贸分销网络和交易市场。支持在依法设立的大宗商品交易场所开展成品油现货交易，支持自贸试验区发展成品油交割、仓储、保税等业务。争取简化成品油批发资质条件，支持开展成品油内贸分销业务，搭建成品油内贸分销网络。

22. 建设东北亚保税燃料油交易中心。在依法设立的大宗商品交易场开展保税燃料油现货交易，支持自贸试验区发展保税燃料油交割、仓储、保税等业务。加快集聚国内外保税燃料油供应商、贸易商、交易商，引进国际知名的第三方报价平台，做大做强保税燃料油现货交易，努力打造集价格发布、信息咨询、金融配套等功能于一体的保税燃料油交易市场。

23. 积极开展液化天然气（LNG）交易。加快完善液化天然气（LNG）配套管网、码头、储罐等基础设施布局，重点推进新奥液化天然气（LNB）项目舟山至宁波输气管道建设，实现管网互联互通。加快建设舟山天然气接收站，依托经依法设立的大宗商品交易场开展液化天然气（LNB）现货交易。

（六）拓展新型贸易投资方式。到2020年，铁矿石总堆存能力达到1 500万吨、配矿能力达到1 000万吨，初步建成亚太地区配矿贸易中心、矿石信息中心和价格形成中心。大力发展航空装备及零配件制造等相关产业，初步建成舟山航空产业园。

24. 建设国际矿石中转基地。依托鼠浪湖岛、马迹山岛矿石中转码头，建设国际配矿贸易中心。加快鼠浪湖矿石中转项目一期、马迹山矿石中转项目三期工程建设，推进供电等相关配套基础设施建设，积极谋划鼠浪湖矿石中转项目二期工程建设。依托经依法设立的大宗商品交易场，加强与巴西淡水河谷公司等国际矿石资源商、贸易商合作，大力发展矿石现货交易，促进形成亚太地区矿石信息中心和价格形成中心。在条件成熟时开展铁矿石期货交易。支持在海关特殊监管区域开展矿石保税储存、加工和出口等业务。

25. 建设舟山航空产业园。加快推进波音飞机完工和交付中心建设，积极拓展航空产业链，努力引进一批航空高端制造和配套服务项目，形成以大飞机制造为核心，集航空制造与运营、航空金融、保税物流等功能于一体的航空全产业链，打造国内领先的航空高端研发制造基地。研究制定支持航空产业园发展的政策举措，在企业准入、财政扶持、招商引资、用地保障、产业转移、项目融资等方面给予支持，促进航空产业快速发展。加强航空产业园与舟山群岛新区海岛文化、佛教文化的深度对接，打造具有舟山特色的航空旅游文化产业高地。

26. 大力发展跨境电子商务。充分利用自贸试验区政策优势，不断完善跨境电子商务海关监管、检验检疫、退税、物流等支撑系统，推进跨境电子商务配套平台建设。支持自贸试验区银行、支付机构与境外银行、支付机构开展跨境支付合作。鼓励跨境电子商务企业运用海外仓融入境外零售体系。

27. 加强与港澳地区经贸合作。利用港澳地区在金融服务、国际贸易网络、信息咨询、风险管理等方面的优势，加强自贸试验区与港澳地区的经贸合作，全力服务好入驻自贸试验区的港澳地区投资企业。加强与港澳地区在项目对接、信息交流、人才培训等方面的交流合作，共同到境外开展能源和基础设施建设，将自贸试验区建设成为浙江企业“走出去”的窗口和综合服务平台。

（七）深化金融领域开放创新。到2020年，形成以服务油品、铁矿石等大宗商品自由贸易为主的金融服务体系，以及支持金融创新、有效防范风险的金融监管机制。

28. 支持银行业加快发展。允许符合条件的中资商业银行在自贸试验区内设立分支机构；允许外资银行在自贸试验区设立子行、分行和专营机构。支持符合条件的民营资本在自贸试验区设立民营银行、金融租赁公司、财务公司等金融机构；支持金融租赁公司在自贸试验区设立专业子公司。

29. 推进证券业创新发展。支持自贸试验区符合条件的企业开展人民币境外证券投资等业务。支持自贸试验区符合条件的个人按规定投资境内外证券市场。允许外资股权投资管理机构、外资创业投资管理机构在自贸试验区发起管理人民币股权投资和创业投资基金。支持自贸试验区所在地政府通过引入社会资本方式设立跨境人民币投资基金，开展跨境人民币双向投资业务。支持自贸试验区符合条件的基金产品参与内地与香港基金产品互认。

30. 完善保险产业链。支持在自贸试验区设立服务石油行业的专营保险公司或分支机构，以及为保险业发展提供配套服务的保险经纪、保险代理、风险评估、损失理算、法律咨询等专业性保险服务机构。取消自贸试验区保险支公司高管人员任职资格事前审批，由浙江保监局实施备案管理。创新石油行业特殊风险分散机制，开展能源、化工等特殊风险保险业务，加大再保险对巨灾保险、特殊风险保险的支持力度。

31. 推动融资租赁业发展。积极开展内资融资租赁企业试点，鼓励境内外投资者在自贸试验区设立融资租赁企业。加强事中事后监管，探索建立融资租赁企业设立与变更备案管理等制度。支持融资租赁企业在自贸试验区设立特殊项目公司，探索开展储油设备融资租赁业务。根据期货保税交割业务需要，在条件成熟时争取开展仓单质押融资等业务。允许自贸试验区符合条件的融资租赁企业收取外币租金。

32. 促进贸易与投融资便利化。进一步简化经常项目外汇收支手续，在真实、合法交易前提下，自贸试验区内货物贸易外汇管理分类等级为A类企业的外汇收入无须开立待核查账户。支持商业保理业务发展，探索适合保理业务发展的外汇管理模式。支持建立与自贸试验区相适应的本外币账户管理体系，促进跨境贸易、投融资结算便利化。为符合条件的自贸试验区相关主体办理与油品贸易相关的跨境经常项下结算业务、政策允许的资本项下结算业务。允许自贸试验区从事油品等大宗商品为主的交易平台或交易所在约定的商业银行设立贸易专用账户，存放大宗商品交易保证金。在条件成熟时，争取在油品现货、期货交易中采用人民币计价、结算，加快推进人民币国际化。

33. 深化跨国公司本外币资金集中运营管理改革。支持发展与油品贸易相关的总部经济，在自贸试验区设立的法人机构可以根据经营和管理需要，按规定开展跨国公司外汇资金集中运营管理业务和跨国公司集团内跨境双向人民币资金池业务、享受跨境投融资汇兑便利等政策。进一步简化资金池管理，允许经银行审核真实、合法的电子单证办理经常项目集中收付汇、轧差净额结算业务。

34. 建立健全金融风险防范体系。加强对金融风险的监测和评估，建立与自贸试验区金融业务发展相适应的风险防范机制，强化反洗钱、反恐怖融资、反逃税等工作，防范非法资金跨境、跨区流动，切实维护开放环境下金融秩序。支持构建与国际接轨的油品贸易信息统计、监测体系，建立油品交易市场风险管理体系。

（八）创新通关监管服务模式。到2020年，以油品全产业链为核心的贸易自由化通关监管制度创新成效明显，国际贸易“单一窗口”运行顺利，“一线放开、二线安全高效管住”通关监管模式不断优化，通关效率显著提升。

35. 加快建设国际贸易“单一窗口”。根据国家“单一窗口”建设统一部署，尽快完成标准版建设，启动特色业务建设，逐步建立涵盖商务、海关、检验检疫、边防、海事、外汇、税务、港务等管理部门的浙江版国际贸易“单一窗口”。

加快电子口岸平台建设，推进便利化通关模式与“单一窗口”的有效融合，促进实现贸易许可、资质登记、出口退税申报等平台功能。建立完善国际航行船舶联合登临检查工作机制，进一步提升口岸查验效率。

36. 推进海关监管制度创新。在自贸试验区海关特殊监管区域实行批次进出、集中申报制度和货物实施状态分类监管制度，实施“一线放开、二线安全高效管住”的通关监管模式。对注册在自贸试验区海关特殊监管区的融资租赁企业进出口飞机、船舶和海洋工程结构物等大型设备涉及跨关区的，在确保有效监管和执行现行相关税收政策的前提下，按物流实际需要实行海关异地委托监管。在严格执行货物进出口税收政策的前提下，允许在自贸试验区海关特殊监管区域设立保税展示交易平台。完善通关合作机制，开展货物通关、贸易统计、“经认证的经营者”互认、检验检测认证等方面合作，逐步实现信息互换、监管互认、执法互助。探索开展与“一带一路”沿线国家贸易供应链安全与便利合作，支持开展海关、检验检疫、认证认可、标准计量等方面的交流合作。在执行现行税收政策的前提下，提升超大超限货物的通关、运输、口岸服务等综合能力。加快推进自贸试验区各片区通关一体化。

37. 推进检验检疫监管制度创新。在自贸试验区推行检验检疫分线监管模式，一线主要实施进出入境现场检疫、检查及处理；二线主要实施进出口产品检验检疫监管及实验室检测，维护质量安全。深化检验检疫申报制度改革，实施无纸化报检和无纸化放行。推行入境动植物及其产品检疫审批负面清单制度。在风险可控的前提下，探索实行“申报无疫放行”模式，最大程度便利国际航行船舶通关放行。对保税展示交易、保税租赁货物实行分线监管、预检验和登记核销制度。研究创新大宗散货检验检疫监管模式，经风险评估，对符合条件的大宗散货实施预检验、第三方采信等监管模式。研究创新航空器及乘客便捷检疫通关模式，对随机物品及木质包装实行即查即放监管模式。

38. 优化国际化人才发展环境。加强境外人才工作部门队伍建设。在自贸试验区实施人才签证制度，对外籍高层次人才开辟绿色通道，简化办证手续，为高层次人才出入境、在华停（居）留提供便利。积极争取舟山普陀山机场航空口岸对外开放，在舟山对外开放口岸开展外国人口岸签证业务。对自贸试验区内本国人员和外籍人员实行相应的便捷安全管控措施。允许获得硕士以上学位的优秀留学生毕业后直接到自贸试验区工作。

（九）完善法制保障和税收配套政策。到2020年，推动形成比较完备的法规制度体系、高效的法治实施体系、严密的法治监督体系、有力的法治保障体系，探索研究符合大宗商品贸易自由化的税收政策。

39. 强化立法保障。做好与相关法律“立改废释”的衔接工作，推动加快制定《中国（浙江）自由贸易试验区条例》，为自贸试验区建设提供法制保障。

40. 优化税收服务政策。积极推动中国（上海）自由贸易试验区、中国（广东）自由贸易试验区、中国（天津）自由贸易试验区和中国（福建）自由贸易试验区有关税收政策在我省自贸试验区复制推广。在符合税制改革方向和国际惯例，以及不导致利润转移和税基侵蚀的前提下，积极研究完善境外所得税收抵免的税收政策。加快研究制定有利于推动油品全产业链发展的税收创新举措。

四、工作要求

（一）加强组织领导。各有关单位要进一步统一思想、提高认识，切实把加快自贸试验区建设纳入全面深化改革、扩大开放的总体部署，在省自贸试验区建设领导小组的统一领导下，及时协调解决自贸试验区建设发展中的重大问题。要切实履行职责，加强协调配合，细化工作分工，确保自贸试验区建设顺利推进，尽早总结推广一批可复制的改革试点经验。

（二）强化责任落实。舟山市、自贸试验区各片区要切实承担建设主体责任，结合实际制定具体建设实施方案。自贸试验区各片区既要大胆探索、勇于实践，全力推进制度创新和重大项目建设；又要相互借鉴、互促共进，努力形成各具特色、协同发展的工作局面。

（三）加强督促检查。各有关单位要建立工作台账，对各项工作进展情况进行动态监控，定期向省自贸试验区建设领导小组报送工作进展情况。省自贸试验区建设领导小组办公室要加大督导工作力度，定期开展工作督促检查，确保各项工作落实到位。

（四）加强宣传引导。各有关单位要认真做好自贸试验区改革创新政策的宣传解读，综合利用报刊、广播、电视、网站、客户端等各类平台宣传自贸试验区建设的新进展、新成效，引导和汇聚社会各界力量共同参与自贸试验区建设。

附件：中国（浙江）自由贸易试验区建设实施方案任务分工表（略）

中国（河南）自由贸易试验区

2017 年 3 月 15 日，国务院正式批复设立中国（河南）自由贸易试验区（以下简称河南自贸试验区），并印发《中国（河南）自由贸易试验区总体方案》。

◎区域分布及概况

一、功能布局

河南自贸试验区实施范围 119.77 平方公里，涵盖郑州片区 73.17 平方公里、开封片区 19.94 平方公里、洛阳片区 26.66 平方公里。

郑州片区重点发展智能终端、高端装备、汽车制造、生物医药等先进制造业以及现代物流、国际商贸、跨境电商、现代金融服务、服务外包、创意设计、商务会展、动漫游戏等现代服务业，在促进交通物流融合发展和投资贸易便利化方面推进体制机制创新，打造多式联运国际性物流中心，发挥服务“一带一路”建设的现代综合交通枢纽作用。

开封片区重点发展服务外包、医疗旅游、创意设计、文化传媒、文化金融、艺术品交易、现代物流等服务业，提升装备制造、农副产品加工国际合作及贸易能力，构建国际文化贸易和人文旅游合作平台，打造服务贸易创新发展区和文创产业对外开放先行区，促进国际文化旅游融合发展。

洛阳片区重点发展装备制造、机器人、新材料等高端制造业以及研发设计、电子商务、服务外包、国际文化旅游、文化创意、文化贸易、文化展示等现代服务业，提升装备制造业转型升级能力和国际产能合作能力，打造国际智能制造合作示范区，推进华夏历史文明传承创新区建设。

二、战略定位

以制度创新为核心，以可复制可推广为基本要求，加快建设贯通南北、连接东西的现代立体交通体系和现代物流体系，将自贸试验区建设成为服务于“一带一路”建设的现代综合交通枢纽、全面改革开放试验田和内陆开放型经济示范区。

三、发展目标

经过三至五年改革探索，形成与国际投资贸易通行规则相衔接的制度创新体系，营造法治化、国际化、便利化的营商环境，努力将自贸试验区建设成为投资贸易便利、高端产业集聚、交通物流通达、监管高效便捷、辐射带动作用突出的高水平高标准自由贸易园区，引领内陆经济转型发展，推动构建全方位对外开放新格局。

◎建设措施与成效综述

一、基本搭建“四梁八柱”

2017 年 3 月 29 日，河南省政府发布了《中国（河南）自由贸易试验区管理试行办法》（河南省人民政府令第 178 号），对河南自贸试验区的管理体制、投资管理、贸易便利化、金融财税管理、现代交通物流体系与“一带一路”建设、综合管理与服务、法治环境等提供了法治保障；4 月 6 日，印发了《中国（河南）自由贸易试验区建设实施方案》（豫政〔2017〕12 号）；10 月 30 日，制定出台了《中国（河南）自由贸易试验区建设重大改革专项总体方案》和政务服务、监管服务、金融服务、法律服务、多式联运服务五大服务体系建设专项方案。7 月 19 日，河南省自贸办会同郑州、开封、洛阳片区制定印发了片区建设实施方案，研究起草了河南自贸试验区招商引资、招才引智政策措施。河南省检察院、发改委、公安厅、食药监局、银监局等省直及中央驻豫单位、金融机构出台了41个配套文件481项支持措施；河南省商务厅、财政厅联合出台了《河南自贸试验区和跨境电子商务综合试验区省级专项资金管理暂行办法》，支撑河南自贸试验区建设的“四梁八柱”基本搭建完成。

二、稳步落实试点任务

推动各片区完成了上海、广东等自贸试验区三批111项试点经验、两批12个创新经典案例的复制推广工作。加快总体方案试点任务落实，河南省自贸办建立了试点任务台账，要求各责任单位每月报送落实进展情况、及时更新工作进度。截至2017年底，河南自贸试验区160项改革任务中，“投资项目承诺制”“多证合一”“跨境电子商务人民币结算”等53项任务已基本完成，“事中事后监管”“多式联运”等102项任务正在积极推进并取得明显成效。围绕“两体系、一枢纽”战略定位，探索推进相关制度创新，在“一单制”上，郑州国际陆港通过多式联运提单质押开展贷款业务，使提单具备金融服务特性；在多式联运规则上，已完成多式联运经营人服务、集装箱公铁联运衔接规范、多式联运信息系统数据交换接口、公铁联运枢纽场站业务作业等4个地方标准制定，以及综合货运枢纽服务规范、综合货运枢纽经营效果评价等2项行业标准制定；在综合服务平台上，建成集跨境物流服务、外贸服务、冷链服务、防伪溯源、金融服务、电子运单等功能和智慧物流云服务为一体的跨境多式联运综合服务平台。

三、打造营商环境高地

围绕打造国际化、市场化、法治化营商环境，河南自贸试验区积极探索适合中部地区发展的营商环境指标体系，打造中部地区营商环境高地。开封片区在全省率先探索开展了自贸试验区营商环境体系建设，制定完成了由8个一级指标、31个二级指标、70个三级指标和100个四级计算指标组成的营商环境指标体系。目前，开封片区营商环境调研已顺利完成，正在进行全面梳理和量化分析，以营商环境建设促自贸试验区制度创新系统化、集成化。郑州片区从准入、准建、准营、准退四个维度，构建5个一级指标、16个二级指标、50个三级指标的营商环境指标体系，积极探索打造营商环境高地。

四、加快了政府职能转变

持续推进“放管服”改革，2017年8月28日，河南省政府印发了《关于中国（河南）自由贸易试验区实施第一批省级经济社会管理权限的决定》（豫政〔2017〕30号），确定河南自贸试验区实施第一批455项省级经济社会管理权限，由各片区管委会负责实施，享受省级管理权限。全面推行“三十五证合一”和“一址多照”“一照多址”等新模式，证照分离改革试点加快推进。全面推行企业登记全程电子化和电子营业执照应用，在全国率先实现“无纸”全程电子化一步到位，打造全天候网上政务服务模式。食品、药品、化妆品、医疗器械许可事项实现网上申报、受理、审查、审批、制证等全过程电子化运行和在线实时查询及效能监察。

郑州片区积极推进一次办妥改革，开通了“政银服务”直通车，实现“开户一站通”、银行网点代办企业登记业务、“一站式”全流程金融综合服务等6项创新。开封片区建立了综合审批和综合监管平台，设立了“自贸通”企业服务平台，“四个五”行政审批新模式，首创“三网融合”综合办税，企业提交办税材料、办税时间均缩减30%以上。洛阳片区优化办事流程，打造政务服务一张网，企业通过网上办事大厅、手机办事大厅、微信办事大厅，享受企业注册、公章刻制、银行开户、外贸备案等事项，办理时限缩短三分之二以上。

五、提升了投资自由化水平

贯彻执行2017版外商投资负面清单，率先协调商务部向各片区放开外商投资备案端口，外商投资企业设立和变更手续办理时间大幅缩短到平均3个工作日内，无须提交纸质材料，受到外商投资企业和投资者的认可和广泛欢迎。率先实施投资项目承诺制试点，突出企业投资主体地位，优化审批服务流程，提升服务效能。积极推进政务服务“一次办妥”，企业在一个窗口提交一套材料即可办妥，提交材料压缩80%，政府审批服务时限缩短90%。

郑州片区制定了企业投资便利化、以规划代立项、多图联审等实施办法，推进投资建设项目“一窗受理”。

开封片区形成了以城乡总体规划、产业发展规划、土地利用规划、控制性详细规划、城市设计、林地保护规划等有效衔接，环境影响评价、节能评估、地质勘察、文物勘探、抗震要求纳入规划的“六规五勘评多规合一”新模式，为产业发展提供遵循。

洛阳片区梳理权责清单、优化审批流程，实行“一个机构负责、一个印章管理”综合审批模式。

六、持续增强贸易便利化水平

落实海关特殊监管区内自行运输、工单式核销等新模式，实施原产地签证无纸化、信用签证试点和“通报、通检、通放”“进口直通、出口直放”等新举措，货物通关和检验检疫放行时间均压缩1/3。现场查验采取审单放行和“双随机”抽批方式相结合，近八成入境货物经审单后可直接签证放行。针对“包机进、包机出”外贸方式，探索实施“装运前委托第三方检验，进口口岸采信结果核放”模式。

洛阳片区探索对临时进口压力容器实施“验证管理”。推广“智慧通关”监管服务模式，组合移动式（直通式）集装箱检查系统顺利通过验收。开展“跨境电商＋智慧物流”等新业务，跨境电商实现全程无纸化通关，产品实行“即报即备”“即查即放”。海关、国检在全国首推O2O现场下单、现场提货模式，首创“一区多功能”监管服务模式。探索农产品、水产品快速通关通检模式，对大宗生鲜、冷链货物实行“提前报关、简化流程、货到验放”的快速通关模式；对空陆联运重点货源以及跨境电商货物等实行“7×24小时”通关常态化；对活体动物和生鲜、冷链大宗单一商品货物实行“机坪理货、机坪验放”，通关时间不超过1小时；对资信良好的航空运输企业在国际联程航班运营过程中，采用国内国际货物分舱存放、分类标识的方式开展混装混载业务试点。河南省积极开展与“一带一路”沿线国家检验检疫合作，在三个片区开展了工业品检验采信试点。

七、综合交通物流枢纽优势凸显

郑州和国外重要枢纽城市协同联动的国外“双枢纽”城市数量不断增加，“郑州—卢森堡”双枢纽战略进一步强化，新增国内外客运、货运城市30余个，郑州—台北跨境电商全货机航线正式开通，澳大利亚捷星航空开通郑州直飞越南胡志明和河内、澳大利亚墨尔本的洲际航线，形成了横跨欧美亚三大经济区、覆盖全球主要经济体的枢纽航线网络布局。郑州机场卡车航班量超过3.5万班，已覆盖全国70多个大中型城市。中欧班列（郑州）实现每周“八去八回”、往返满载、均衡对开的常态化开行，2017年共开行501班，累计货值27.36亿美元，货重26.20万吨，形成了“境内境外双枢纽、沿途多点集疏”格局，网络遍布欧盟、俄罗斯及中亚地区的24个国家121个城市；桂郑欧班列将打通中原腹地至西南的出海通道，形成21世纪海上丝绸之路和丝绸之路经济带有机衔接。中亚货运班列（洛阳）正式开通。同时已开通郑州至青岛、连云港、天津三条铁海联运线路，直达日本、韩国等国家（地区）的“五定”国际出海班列。

率先在中欧班列推行“一次委托”“一口报价”“一单到底”“一票结算”的“一票式”门到门全链条服务模式，初步形成“以运带贸、以贸促运”格局，实现自主物流运输与贸易有机融合发展。中欧多式联运综合服务信息平台逐步实现与贸易“单一窗口”、郑州机场国际物流多式联运数据交易服务平台互联互通和信息共享。与卢森堡货航等公司成立了国际物流数据标准联盟，探索制定多式联运“国际物流数据标准”，已完成多式联运经营人服务、集装箱公铁联衔接规范、多式联运信息系统数据交换接口、公铁联运枢纽场站作业等 4 个企业标准，以及综合货运枢纽服务规范、综合货运枢纽经营效果评价等 2 项行业标准。郑州国际陆港、“一干三支”国家多式联运示范工程成效明显，郑州机场空陆联运、中原铁道物流铁公空联运入选国家第二批多式联运示范工程。

成立了中原地区多式联运企业联盟，顺丰快递利用高铁运输郑州至西安快件实现常态化，邮政速递、顺丰、圆通、中通、百世、宅急送、速尔已入驻郑州国际物流园区，河南全国性快递集散中心正式投入运营，郑州成为继北上广之后新的国际邮件集散中心。

开封、洛阳国际互联网数据专用通道开通试运行，打造互联互通的“信息丝绸之路”，进一步助推国际交通物流通道建设。

八、金融服务实体能力逐步增强

自挂牌以来，入驻自贸试验区的银行、保险、证券、期货、基金、融资租赁等金融及类金融企业 426 家。

中国银行建立了河南自贸试验区“三级服务体系”，工商银行、建设银行、农业银行、浦发银行等设立了自贸试验区分行或支行。洛阳银行成功开办辖内首家地方法人金融机构自身全口径跨境融资业务；交通银行和平安银行利用其总行离岸金融业务优势，积极开展跨境直贷、跨境联贷和离岸结算；中原银行在全国银行间债券市场公开发行不超过 15 亿元人民币的中西部首单“双创”金融债券。郑州银行成功发行河南首单总额 11.91 亿美元境外优先股。中原证券通过 A 股上市和发行次级债，募集资金 43 亿元人民币；华信期货增资 52.57 亿元人民币，净资产和净资本均排名全国第一位。人保财险开展首台（套）重大技术装备保险试点，为 4 家企业的 12 个项目提供总保额 3.6 亿元人民币的首台（套）保险保障。飞机融资租赁业务和融资租赁机构设立获得重大进展，国开行开出 3.44 亿元人民币授信支持河南省本土企业首单飞机租赁业务落地。郑州商品交易所白糖期权、棉纱期货、苹果期货上市交易，在棉花和白糖两个品种启动“保险 + 期货”试点，通过价格保险、场外期权、场内期货联动方式建立农产品价格风险管理新模式。郑州宇通集团财务有限公司成为河南省首家获得即期结售汇业务经营资格的非银行金融机构。中欧班列（郑州）的跨境汇款实现当天到账，最快仅需 2 分钟。经国家外汇管理局批复同意，目前已有上海易兑外币兑换有限公司两家分公司试点开展个人本外币兑换特许业务。

郑州片区新引进持牌类金融机构 39 家，上市和新三板挂牌企业 18 家，资本市场融资约 76 亿元人民币，金融产业规模不断壮大。开封片区引进入驻了太平洋财产保险、豫资芯鑫融资租赁、中原小额贷款等 20 家类金融企业，注册资本达到 166.4 亿元人民币。洛阳片区引进 15 家金融机构、7 家类金融机构进驻，其中河南浦银农民工返乡创业投资基金规模达到 50 亿元人民币。

九、法律服务体系逐步完善

加快构建与国际接轨的自贸试验区仲裁体制机制，郑州仲裁委国际商事仲裁院正式入驻郑州片区综合服务中心，洛阳仲裁委在洛阳片区设立了仲裁办公室和服务窗口。

着力构建公正高效的自贸试验区司法服务保障体系，在开封片区设立了开封中院自贸试验区法庭，在洛阳片区设立了洛阳高新区法院自贸试验区法庭，在郑州片区由郑州中院派出巡回审判法庭，同时在各片区还设立专门合议庭或专项合议庭，负责涉及自贸试验区案件。

加强知识产权保护，最高人民法院正式批复设立郑州知识产权法庭，对专利纠纷等技术类知识产权案件实行跨区域管辖，将促进知识产权审判工作专门化、管辖集中化、人员专业化。

多元化纠纷解决机制加快形成，中国贸促会（河南）自由贸易试验区服务中心揭牌成立，在促进对外贸易投资合作、开展国际交流、加强涉外商事法律工作等方面为企业提供全方位服务；郑州、洛阳等地仲裁机构探索开展了调解与仲裁、仲裁与诉讼相衔接的新型服务模式，引入案外人加入仲裁程序，避免虚假诉讼，有效化解纠纷；同时在自贸试验区涉外案件处理中，尝试引入小额诉讼程序及诉前调解程序，形成了简案快审工作格局。

十、开放程度不断提升

四大会计师事务所齐聚郑州片区，格力电器智能制造产业示范基地、珠海银隆新能源汽车、恒大童世界、绿地中部创客天地、台湾友嘉实业集团全球金融结算中心、宝能集团郑州金贸中心、亚太中商融资租赁等一批投资额大、带动力强的项目落户片区。

通过自贸试验区平台拓展了与境外的自由贸易和交流合作渠道，与林德物流、德国帕希姆机场签订三方合作协议，将在帕希姆国际机场及保税经济合作区设立河南首家境外自由贸易合作园区——“河南—帕希姆自由贸易合作区”；洛阳片区与前海片区签署的合作备忘录，与上交所、深交所签署战略合作协议。

通过自贸试验区建设带动开放意识进一步增强，加快了开封、洛阳海关特殊监管区申建步伐，洛阳片区与乌兹别克斯坦布哈拉市境外合作园区进展顺利，将进一步助推河南省加快融入“一带一路”建设。

◎创新成果案例

1 洛阳片区“一轴双园区”模式加大双向开放步伐

洛阳片区依托承东启西、纵贯南北的区位交通优势和河南省雄厚的农业产业基础，积极融入国家“一带一路”建设，以“一轴双园区”模式（一轴即中亚班列，双园区即海外园区洛阳—布哈拉农业综合示范区和国内园区万邦农产品国际进出口贸易中心），引导农业全产业链“走出去”，着力打造“一带一路”内陆对外开放高地，加大双向开放步伐。

（一）主要做法

1. 利用自贸片区平台吸引多方参与

洛阳片区通过加大放管服改革力度，打造优质高效营商环境，引入了国内农业物流龙头河南万邦国际农产品物流股份有限公司、国内农机龙头中国一拖集团有限公司以及河南国际货运代理龙头河南新百福国际物流有限公司，共同参与洛阳片区“一轴双园区”建设。

河南万邦国际农产品物流股份有限公司一方面在洛阳片区成立了洛阳万邦优选供应链管理有限公司，牵头投资运营海外园区“洛阳—布哈拉农业综合示范区”项目，在布哈拉州成功注册独立外商企业“洛阳厚疆国际农业发展有限公司”；另一方面在洛阳片区建设万邦农产品国际进出口贸易中心，以海外园区回程高端农产品进出口批发贸易为主，打造辐射全国的高端农产品线上线下贸易平台。中国一拖集团有限公司一方面利用原有铁路编组站筹建粮食口岸，开通中亚班列；另一方面提供农机支持，研发配套的收割机支持海外园区建设。河南新百福国际物流有限公司牵头积极运营粮食口岸和组织一带一路货源。

2. 构建洛阳—布哈拉农业综合示范区（境外）

2017 年 5 月 12 日，洛阳市与乌兹别克斯坦布哈拉市签订建立友好城市关系备忘录；2017

年5月19日—5月23日，布哈拉市政府代表团来洛进行了为期5天的访问。2017年9月18—22日，洛阳市政府代表团及工作组赴乌兹别克斯坦访问。2017年11月8日，乌兹别克斯坦共和国驻华大使一行访问洛阳。通过多次互访与交流，双方就促进洛阳市与布哈拉市的友城交往、拟建设洛阳—布哈拉农业综合示范区等项目达成了共识，拟于2018年5月下旬签订洛阳—布哈拉农业综合示范区项目投资协议。

该项目占地300公顷的科技示范中心位于布哈拉市区，农业用地10 000公顷采用分散选址的办法分设在州内。在开发运营模式上，洛阳片区引入洛阳万邦优选供应链管理有限公司作为主要投资方，在当地注册公司负责项目开发建设以及园区运营。洛阳—布哈拉农业综合示范区拟分四期建设，规划冷链仓储、冷链物流中心、农业科研、农产品种植、牛羊禽类屠宰加工、农业生态旅游、跨境贸易等相关业态。

在优惠政策上，乌兹别克斯坦布哈拉州表示将在自由经济、出口配额、税收、外汇等方面给予大力支持，承诺最优惠待遇。同时，洛布双方将以洛阳—布哈拉农业综合示范区建设为契机，共同推进申请中华人民共和国国家级境外农业综合示范区及乌兹别克斯坦共和国国家级自由经济区。

3. 打造洛阳片区万邦农产品国际进出口贸易中心（境内）

为打通“一带一路”货运通道，节约运输成本，实现境内外贸易双向交流开放，由万邦集团出资30亿元人民币，依托洛阳片区和口岸建设进出口代理中心、保税物流分拣配送中心、跨境电子商务中心、高端生鲜配送中心四大中心，实现物流信息服务、进出口贸易办公、跨境电子商务、高端农产品物流配送、流通加工分拣、商品检测、保税智能分类仓储、进口冷链生鲜展销八项功能。

预计该项目正常运营后，每年可实现各类农副产品进出口吞吐量达到100万吨，其中进口冷冻牛肉50万吨、羊肉15万吨、杂粮15万吨，年进出口总额达到300亿元人民币。

4. 通过中亚班列带动农业全产业链“走出去”

洛阳—布哈拉农业综合示范区在乌兹别克斯坦实行以土地规模化、种植标准化和农业订单化为核心，以农机农艺农技、信息化平台、金融服务、产业研究为支撑的“3+4”新发展模式。在合作平台上，以国内粮贸市场需求为牵引，通过规模化的土地和良田，吸引种植企业、农资企业、养殖企业及深加工企业加盟，通过农业装备、仓储物流和供应链金融支持，聚集农业全产业链资源，完成在乌兹别克斯坦的农业全产业链布局。

（二）实践成效

1. 通过建设洛阳—布哈拉农业综合示范区，实现境内境外园区双向互动。一方面把洛阳企业的先进农资、农业机械、现代农艺引入布哈拉州，带动洛阳企业“走出去”，实现转移饱和产能和开拓国际市场的目标；另一方面达到提升当地农田利用效率、改善当地种植结构、扩大当地农业就业人口、提升农业人口收入的社会效益。

2. 通过建设万邦冷链物流园，一方面控制国外供应链上游货源，以洛阳自贸试验区为中心覆盖全国农产品市场；另一方面填补了洛阳—中亚班列回程的货物空白，确保洛阳中亚班列正常化运行，洛阳优势产业形成的商品可以快速运输至中亚，扩大“一带一路”进出口、实现互联互通。

3. 通过农业带动、以农促工的方式，打通境内境外自贸试验区合作新通道，促进外汇资金的回流，受到政府、企业、科研院所等多方欢迎。乌兹别克斯坦农业部、布哈拉州政府大力支持，给予多项优惠政策；洛阳鑫洛集团、一拖国贸公司等农业农机相关企业都表态在农业综合示范区建成后入驻；河科大林学院、洛阳林科所、洛阳林校等科研院所纷纷对共建科技示范中心表示支持；我国驻乌大使也对洛阳抢抓商机表示肯定。

2 原产地证书“信用签证”监管服务新模式

为提升郑州片区贸易便利化水平，2017 年 5 月，郑州出入境检验检疫局（筹）（以下简称郑州国检，现已合并到海关）立足检验检疫职能，大胆创新检验监管模式，在对出口企业实行信用分级管理的基础上，积极争取并得到国家质检总局政策支持，在全国自贸试验区各片区中率先启动了原产地证书“信用签证”试点模式。

（一）主要做法

原产地签证作为自由贸易协定的主要实施手段，是加快实施自由贸易区战略的基础性保障措施之一，对双边投资与贸易的促进作用越来越突出。郑州国检以制度创新为核心，以可复制可推广为基本要求，在河南自贸试验区挂牌后积极向国家质检总局去函申请实施原产地证书“信用签证”管理，质检总局专门致函河南出入境检验检疫局，支持在河南出入境检验检疫信用等级 AA 级企业中选取代表进行原产地证书“信用签证”先行先试。

1. 实施原产地申报企业信用等级管理

在检验检疫部门原有的出入境企业信用分类管理制度基础上，郑州国检按照“诚信便利、失信严惩”的原则，根据原产地申报企业申报产品的风险和敏感程度、日常签证情况以及国外海关退证查询反馈情况等各类要素进行综合评定，将原产地签证企业分为 5 个等级，即 AA、A、B、C、D，对不同信用等级的签证企业，实施不同的待遇，建立信用信息数据库，制定了守信激励机制和失信惩戒机制。通过精挑细选、优中选优，郑州国检积极向国家质检总局推荐原产地信用等级排名前列的 AA 级企业代表。

2. 建立有效的出口货物原产地溯源机制

郑州国检针对原产地证书“信用签证”这一举措出台了相应的作业文件和管理规范，对于试点企业的出口货物实行定期调查和不定期抽查相结合的产地调查方式，加强风险防控，定期组织效果评估。同时，创新了档案管理模式，实施电子档案与纸质档案并行，建立试点企业电子信息数据库，对每单货物的重要信息，如发票、提单等留存备查，确保签证产品的原产地信息真实、准确、有效、完整，维护好“中国制造”声誉。

3. 加强事中事后监管，确保证书签发质量

除检验检疫部门出台作业文件，明确操作程序及工作要求外，郑州国检还要对试点的 AA 企业建章立制，规范管理。检验检疫部门安排专人与其对接，定期对已使用证书留底联和作废证书进行核销。同时，强化对试点 AA 企业原产地签证行为守法状况的重点监控，实施动态管理，一旦发现违规、重大差错，可以即时暂停或取消试点企业“信用签证”资格。

（二）实践成效

原产地证书“信用签证”管理工作创新了检验监管模式，既充分发挥了企业诚信优势、用好诚信招牌，突出企业主体责任，又深化了检验检疫部门“综合流程最优、综合效率最高、综合成本最低”贸易便利化改革，进一步提高了政府服务水平和企业满意度。

1. 企业制度性成本明显降低

实施原产地证书“信用签证”管理避免了企业频繁往返签证的麻烦，简化了办事程序，大幅提高了签证效率，真正实现了“一次不用跑，事情全办好”，为企业节省了大量人力、物力和时间成本，让企业切切实实从中得到了便利和实惠，对于减轻企业负担和提升贸易便利化水平都具有重要的意义和作用。

自 2017 年 5 月试点以来，郑州国检为试点企业郑州宇通客车股份有限公司签发空白原产地证书 439 份，满足了为该企业面向东盟国家、巴基斯坦、智利、秘鲁等国家出口的原产地证书的签证需求，涉及金额达人民币 8.7 亿元人民币，为宇通公司减免进口国关税人民币5 000万元人民币。这一创新举措较原来的签证办法，减少宇通公司往返次数至少170次，节约时间成本850余小时，降低了企业交易成本，让企业尝到了诚信经营带来的甜头。

2. 企业的主体责任意识进一步提高

实施原产地证书“信用签证”，以企业信用等级为基础，检验检疫部门减少前期干预，并通过制定管理规范、动态跟踪及后期反馈等方法，使企业进一步明晰其主体责任，有效规范其市场行为。同时，全面营造守法便利、违法惩诫的信用管理氛围，有利于吸引更多的企业加入到诚信守法的行列中来，还能有效帮扶企业增强风险防范意识和提升内部管理水平，将信用签证的风险控制到最低，促进河南省外向型经济又好又快发展。

3. 签证流程进一步优化

原产地证书“信用签证”转变原有签证模式，签证工作流程从“领空白产地证—电子审核—办事窗口签证—使用”变为“领已签字盖章的空白产地证—电子审核—自行缮制—使用”，这一流程改革使企业的办证时间从原来的最多要到检验检疫部门跑两趟缩减为根据企业需要随时随地自行办理。这一举措对于紧急的空运和短途货物，能更高效及时的为自贸协定伙伴国家的客户提供原产地证书进行清关和关税减免，提高了海外客户满意度及河南省产品竞争力，也为企业带了更多的结汇红利，进一步提高了自由贸易协定利用率和便利性。

4. 深化了“互联网＋政务”服务模式改革

郑州国检运用QQ群和微信群服务“信用签证”试点企业，随时解答其遇到的疑难问题，并安排专人定期搜集其产品在海外的关税减免情况，及时给出建议和帮助。

5. 检验检疫监管资源得到了优化配置

将有限的监管力量主要用于信用级别低、失信企业的日常监管、跟踪检查和重点防控上，激发企业遵纪守法的积极性和主动性，从而实现原产地签证管理风险可控、监管高效和稳步提升。同时，实施动态管理，强调事中事后监管，加强风险防控，定期组织效果评估，建立信用等级数据库等为下一步与政府一体化信用平台对接和数据整合做好了准备。

3 整体评勘——环境影响评价

整体评勘——环境影响评价是开封片区简化投资建设项目审批环节的一项重要举措，由开封片区统一购买服务进行区域整体环评，编制自贸试验区开封片区规划环评，对片区投资建设项目环境影响评价实行负面清单管理制度，符合自贸试验区七大功能定位的投资建设项目，不再需要单独编制环评。

（一）主要做法

对自贸试验区开封片区范围内的环境影响评价，按照功能分区由管委会统一购买组织实施区域整体评勘，结果适用于自贸试验区内全部投资建设项目，变独立评为统一评。

1. 高质量编制区域整体环评

2017年5月，自贸试验区开封片区管委会委托河南源通环保工程有限公司承担《中国（河南）自由贸易试验区开封片区控制性详细规划》环境影响评价工作。结合《中国（河南）自由贸易试验区开封片区控制性详细规划》，对自贸试验区片区范围内进行环境现状调查与评价以及环境影响分析、预测预评价，综合评价中国（河南）自由贸易试验区开封片区对经济社会发展的环境承载能力，制定开封片区规划环评整体篇章以及环评负面清单。

本次规划环评的评价范围为自贸试验区开封片区规划范围及环境影响可能达到的地域范围，同时兼顾自然地理单元、气候单元、水文单元、生态单元等的完整性，具体范围见表1-1。

2. 实行负面清单管理

根据《关于规划环境影响评价加强空间管制、总量控制和环境准入的指导意见（试行）》（环办环评〔2016〕14号），本次规划环评以生态保护和环境准入负面清单为手段，强化空间、总量、环境准入管理。负面清单明确提出规划范围内禁止准入及限制准入的行业、工艺、产品等，并说明清单制定的主要依据、标准和参考指标。负面清单见表1-2。

依托负面清单和开封片区实施方案对片区投资建设项目进行分类管理。鼓励类、允许类项目科根据政府出台的关于自贸试验区的相关规定执行，共享整体环评结果，不需要再单独编制环境影响报告书；限制类项目应按照《建设项目分类管理名录》进行环境影响评价；同时严禁负面清单中的项目入驻。环境准入条件见表1-3。

（二）实践成效

目前，河南源通环保工程有限公司已完成中国（河南）自由贸易试验区开封片区控制性详细规划环境影响篇章的编制。入驻自贸试验区开封片区的投资建设项目，符合自贸试验区七大功能定位，且在鼓励类与允许类范围内的项目，不需要单独编制环评。

节约时间成本。原先的环境影响评价需要单个项目委托相关机构进行评勘，整体环评实施后，单个项目均不需再委托相关单位进行环境评勘，为企业节省约60天，减少了项目前期的时间，加速项目落地。

节约资金成本。企业单独编制环境影响报告书（含大纲）收费平均约25万元人民币（参照《国家计委、国家环境保护总局关于规范环境影响咨询收费有关问题的通知》〔2002〕125号计价格），整体环评实施后企业可共享整体环评结果，减小了企业负担，企业可节省大量资金成本。

表1-1 环境影响评价范围一览表

序号	环境要素	评价范围
1	环境空气	以自贸试验区开封片区边界向外延伸1千米的范围及开封市城区
2	地表水	自贸试验区开封片区马家河北支、马家河上游至惠济河睢县板桥断面，运粮河上游至涡河通许邸阁
3	地下水	自贸试验区开封片区规划区域及周边1千米内的地下水
4	声环境	自贸试验区开封片区规划范围及各边界向外200米
5	土壤	自贸试验区开封片区规划区域及周边1千米内的范围
6	生态环境	自贸试验区开封片区规划区域及周边1千米内的范围

表1-2 评价建议的自贸试验区开封片区负面清单

类别	负面清单	主要依据、标准和参考指标
基本要求	不符合国家及行业政策要求的项目禁止入驻。	产业政策
	不符合自贸试验区开封片区产业定位，与主导产业和其他重点发展产业上下游关联度不大且生产过程对周围环境污染严重的项目禁止入驻	产业定位
	《自由贸易试验区外商投资准入特别管理措施（负面清单）》中的项目禁止入驻	《自由贸易试验区外商投资准入特别管理措施（负面清单）》 《中国（河南）自由贸易试验区管理试行办法》

续表

类别	负面清单	主要依据、标准和参考指标
行业	高耗能、高耗水、重污染项目禁止入驻	资源承载力
	禁止涉及易燃易爆、剧毒等危险化学品的仓储项目入驻	产业分区定位、功能定位
	禁止需要三类工业用地的项目入驻	产业分区定位、功能定位
工艺 / 原料	禁止入驻单纯电镀、铸造项目	产业定位
水源保护	饮用水水源准保护区内不予审批对水体污染严重的建设项目。	《中华人民共和国水污染防治法》《开封市城市饮用水水源保护条例》
清洁生产	达不到清洁生产二级标准水平的项目禁止入驻	清洁生产相关要求

表 1–3　评价建议的自贸试验区开封片区环境准入条件

类别	环境准入条件
鼓励类	1. 鼓励符合《产业结构调整指导目录》中的鼓励类，且与自贸试验区开封片区产业定位相符的企业入驻自贸试验区开封片区 2. 鼓励清洁生产水平较高，且能够进一步拉长自贸试验区开封片区产业链，符合自贸试验区开封片区产业定位的企业入驻自贸试验区开封片区 3. 有利于消耗中水的项目 4. 鼓励现有符合产业定位的高能耗、高水耗企业的清洁生产、技术升级改造
限制类	1. 与自贸试验区开封片区产业定位不相符的企业 2. 涉及含重金属污染物排放，且不具备成熟替代方案的项目限制入驻 3. 涉及重大危险源的项目 4. 含电镀、铸造、发酵工艺的项目 5. 制糖、味精、柠檬酸、氨基酸制造、淀粉、淀粉糖、果菜汁原汁（浆）、屠宰、制革项目
禁止类	见负面清单
允许类	不属于以上鼓励、禁止、限制类行业，符合国家产业政策；入驻自贸试验区开封片区不会加剧自贸试验区开封片区的环境质量恶化，污染物排放量小，对自贸试验区开封片区污水处理厂不会造成影响，原则上同意入驻

◎国务院关于印发中国（河南）自由贸易试验区总体方案的通知

国发〔2017〕17 号

各省、自治区、直辖市人民政府，国务院各部委、各直属机构：

现将《中国（河南）自由贸易试验区总体方案》印发给你们，请认真贯彻执行。

国务院

2017 年 3 月 15 日

中国（河南）自由贸易试验区总体方案

建立中国（河南）自由贸易试验区（以下简称自贸试验区）是党中央、国务院作出的重大决策，是新形势下全面深化改革、扩大开放和深入推进“一带一路”建设的重大举措。为全面有效推进自贸试验区建设，制定本方案。

一、总体要求

（一）指导思想

全面贯彻党的十八大和十八届三中、四中、五中、六中全会精神，深入贯彻习近平总书记系列重要讲话精神和治国理政新理念新思想新战略，认真落实党中央、国务院决策部署，统筹推进“五位一体”总体布局和协调推进“四个全面”战略布局，坚持稳中求进工作总基调，牢固树立和贯彻落实创新、协调、绿色、开放、共享的发展理念，进一步解放思想、先行先试，以开放促改革、促发展，为加强与“一带一路”沿线国家交流合作拓展新空间、搭建新平台，为全面深化改革和扩大开放探索新途径、积累新经验，发挥示范带动、服务全国的积极作用。

（二）战略定位

以制度创新为核心，以可复制可推广为基本要求，加快建设贯通南北、连接东西的现代立体交通体系和现代物流体系，将自贸试验区建设成为服务于“一带一路”建设的现代综合交通枢纽、全面改革开放试验田和内陆开放型经济示范区。

（三）发展目标

经过三至五年改革探索，形成与国际投资贸易通行规则相衔接的制度创新体系，营造法治化、国际化、便利化的营商环境，努力将自贸试验区建设成为投资贸易便利、高端产业集聚、交通物流通达、监管高效便捷、辐射带动作用突出的高水平高标准自由贸易园区，引领内陆经济转型发展，推动构建全方位对外开放新格局。

二、区位布局

（一）实施范围

自贸试验区的实施范围 119.77 平方公里，涵盖三个片区：郑州片区 73.17 平方公里（含河南郑州出口加工区 A 区 0.89 平方公里、河南保税物流中心 0.41 平方公里），开封片区 19.94 平方公里，洛阳片区 26.66 平方公里。

自贸试验区土地开发利用须遵守土地利用、环境保护、城乡规划法律法规，符合土地利用总体规划，并符合节约集约用地的有关要求。

（二）功能划分

按区域布局划分，郑州片区重点发展智能终端、高端装备及汽车制造、生物医药等先进制造业以及现代物流、国际商贸、跨境电商、现代金融服务、服务外包、创意设计、商务会展、动漫游戏等现代服务业，在促进交通物流融合发展和投资贸易便利化方面推进体制机制创新，打造多式联运国际性物流中心，发挥服务“一带一路”建设的现代综合交通枢纽作用；开封片区重点发展服务外包、医疗旅游、创意设计、文化传媒、文化金融、艺术品交易、现代物流等服务业，提升装备制造、农副产品加工国际合作及贸易能力，构建国际文化贸易和人文旅游合作平台，打造服务贸易创新发展区和文创产业对外开放先行区，促进国际文化旅游融合发展；洛阳片区重点发展装备制造、机器人、新材料等高端制造业以及研发设计、电子商务、服务外包、国际文化旅游、文化创意、文化贸易、文化展示等现代服务业，提升装备制造业转型升级能力和国际产能合作能力，打造国际智能制造合作示范区，推进华夏历史文明传承创新区建设。

按海关监管方式划分，自贸试验区内的海关特殊监管区域重点探索以贸易便利化为主要内容的制度创新，开展保税加工、保税物流、保税服务等业务；非海关特殊监管区域重点探索投资体制改革，创新内陆地区开放发展机制，完善事中事后监管，积极发展高端制造业和现代服务业。

三、主要任务和措施

（一）加快政府职能转变

1. 深化行政管理体制改革。深入推进简政放权、放管结合、优化服务改革，最大限度减少行政审批事项。探索相对集中的行政许可权模式，建立综合统一的行政审批机构。完善"一口受理"服务模式，推进行政审批规范化、标准化、信息化建设，实施行政审批目录化管理。深化投融资体制改革，试行企业投资项目承诺制。精简投资项目准入阶段的相关手续，探索建立"多评合一、统一评审"的新模式。简化整合投资项目报建手续，探索实行先建后验的管理模式。深化商事制度改革，全面实施"五证合一、一照一码"登记制度，探索实行"多证合一"模式，积极推动工商登记全程电子化和使用电子营业执照。将由政府部门承担的资产评估、鉴定、咨询等职能逐步交由法律、会计、信用等专业服务机构承担。开展知识产权综合管理改革试点，紧扣创新发展需求，发挥专利、商标、版权等知识产权的引领作用，打通知识产权创造、运用、保护、管理、服务全链条，建立高效的知识产权综合管理体制，构建便民利民的知识产权公共服务体系，探索支撑创新发展的知识产权运行机制，推动形成权界清晰、分工合理、责权一致、运转高效、法治保障的体制机制。探索建立自贸试验区跨部门知识产权执法协作机制，完善纠纷调解、援助、仲裁工作机制。

2. 完善市场监管机制。推进政府管理由注重事前审批向注重事中事后监管转变，完善信息网络平台，提高行政透明度，实现跨部门协同管理。完善社会信用体系，推动各部门间依法履职信息的联通和共享。健全守信激励和失信惩戒机制。建立集中统一的综合行政执法体系，建设网上执法办案系统。选择重点敏感产业，配合国家有关部门建立与开放市场环境相匹配的产业预警体系，及时发布产业预警信息。建立资源环境承载能力监测预警机制和社会监督举报机制，探索试行环境损害责任追究和赔偿制度。实施公平竞争审查制度。配合商务部开展经营者集中反垄断审查。建立部门协同监管机制，统筹多元化监管力量，整合监管信息，打造事前诚信承诺、事中评估分类、事后联动奖惩的全链条信用监管体系。

3. 提高行政服务效能。河南省依法向自贸试验区下放经济社会管理权限。完善行政部门权力清单和责任清单，建立健全清单动态管理机制。推广政府和社会资本合作模式，完善基本公共服务体系，提高公共服务供给效率。大力推行"互联网＋政务服务"，推进实体政务大厅向网上办事大厅延伸，打造政务服务"一张网"，对企业和群众办事实行"一号申请、一窗受理、一网通办"。推动税收服务创新，包括一窗国地办税、一厅自助办理、培训辅导点单、缴纳方式多元、业务自主预约、税银信息互动、税收遵从合作、创新网上服务等举措。建立自贸试验区综合统计调查、监测分析制度。建立完善深化改革量化指标体系，加快形成更有吸引力的法治化、国际化、便利化营商环境。

（二）扩大投资领域开放

4. 提升利用外资水平。对外商投资实行准入前国民待遇加负面清单管理制度，着力构建与负面清单管理方式相适应的事中事后监管制度。外商投资准入特别管理措施（负面清单）之外领域的外商投资项目（国务院规定对国内投资项目保留核准的除外）和外商投资企业设立及变更实行备案制，由自贸试验区负责办理。进一步减少或取消外商投资准入限制，提高开放度和透明度，做好对外开放的压力测试和风险测试。积极有效引进境外资金、先进技术和高端人才，提升利用外资综合质量。大力引进国际组织和机构、金融总部、区域性总部入驻自贸试验区。外商在自贸试验区内投资适用《自由贸易试验区外商投资准入特别管理措施（负面清单）》和《自由贸易试验区外商投资国家安全审查试行办法》。探索强化外商投资实际控制人管理，建立外商投资信息报告制度和外商投资信息公示平台，充分发挥国家企业信用信息公示系统作用，提升外商投资全周期监管的科学性、规范性和透明度。完善投资者权益保障机制，允许符合条件的境外投资者自由转移其投资收益。

5. 构建对外投资合作服务平台。改革境外投资管理方式，将自贸试验区建设成为企业“走出去”的窗口和综合服务平台。对一般境外投资项目和设立企业实行备案制，属省级管理权限的，由自贸试验区负责备案管理。确立企业对外投资主体地位，支持自贸试验区内企业开展多种形式的对外直接投资。完善“走出去”政策促进、服务保障和风险防控体系。加强与港澳在项目对接、投资拓展、信息交流、人才培训等方面交流合作，共同开拓国际市场。加强境外投资事后管理和服务，完善境外资产和人员安全风险预警和应急保障体系。

（三）推动贸易转型升级

6. 完善外贸发展载体。依托郑州商品交易所，支持拓展新的交易品种，促进发展大宗商品国际贸易。探索建立与国际大宗商品交易相适应的外汇管理和海关监管制度。在总结期货保税交割试点经验基础上，鼓励国内期货交易所在自贸试验区的海关特殊监管区域内开展期货保税交易、仓单质押融资等业务，扩大期货保税交割试点的品种。搭建便利化的知识产权公共服务平台，设立知识产权服务工作站，大力发展知识产权专业服务业。探索建立自贸试验区重点产业专利导航制度和重点产业快速协同保护机制。探索建设中部地区知识产权运营中心，加快建设郑州国家知识产权服务业集聚区。深化艺术品交易市场功能拓展。依托电子口岸公共平台，建设国际贸易“单一窗口”，将出口退税申报功能纳入国际贸易“单一窗口”建设项目。加快形成贸易便利化创新举措的标准化制度规范，覆盖到所有符合条件的企业。

7. 拓展新型贸易方式。积极培育贸易新型业态和功能，形成以技术、品牌、质量、服务为核心的竞争新优势。大力发展服务贸易，推进金融、文化创意、客户服务、供应链管理等服务外包发展。在环境风险可控的前提下开展飞机及零部件维修试点。按照公平竞争原则，依托中国（郑州）跨境电子商务综合试验区，积极发展跨境电子商务，完善相应的海关监管、检验检疫、退税、物流等支撑系统，加快推进跨境贸易电子商务配套平台建设。支持企业建设出口商品“海外仓”和海外运营中心，加快融入境外零售体系，探索建设全球性产品交易展示中心和国内进出口货物集散中心。支持电子信息、装备制造、智能终端、汽车及零部件、航空航天等辐射能力和技术溢出能力强的先进制造业加工贸易发展，搭建服务于加工贸易转型升级的技术研发、工业设计等公共服务平台，建设加工贸易产品内销后续服务基地。引导优势企业积极参与国际标准化活动，打造质量标准品牌新高地。积极发展离岸贸易。推动转口贸易发展，依托国际空港、陆港和各类口岸，完善国际中转集拼和国际转口贸易枢纽功能。

8. 创新通关监管机制。自贸试验区内的海关特殊监管区域实施“一线放开”“二线安全高效管住”的通关监管服务模式。在确保有效监管前提下，在海关特殊监管区域探索建立货物状态分类监管模式。鼓励企业参与“自主报税、自助通关、自动审放、重点稽核”等监管制度创新试点。按照严密防范质量安全风险和最大便利化的原则，一线主要实施进出境现场检疫、查验及处理；二线主要实施进出口产品检验检疫监管及实验室检测，维护质量安全。完善国际贸易“单一窗口”的货物进出口和运输工具进出境的应用功能，进一步优化监管执法流程和通关流程，实现贸易许可、资质登记等平台功能，将涉及贸易监管的部门逐步纳入“单一窗口”管理平台。完善通关合作机制，开展货物通关、贸易统计、“经认证的经营者”互认、检验检测认证等方面合作，逐步实现信息互换、监管互认、执法互助。推进自贸试验区内各区域之间通关一体化。支持自贸试验区与“一带一路”沿线国家开展海关、检验检疫、认证认可、标准计量等方面的合作与交流，探索与“一带一路”沿线国家开展贸易供应链安全便利合作。

（四）深化金融领域开放创新

9. 扩大金融对内对外开放。进一步简化经常项目外汇收支手续，在真实、合法交易基础上，自贸试验区内货物贸易外汇管理分类等级为A类企业的外汇收入无须开立待核查账户。推动金融服务业对符合条件的民营资本有序开放，在符合现行法律法规及国家政策导向的前提下，允许符合条件的境内纯中资民营企业在自贸试验区依法发起设立中小型银行等金融机构。探索自贸试验区内符合条件的单位和个人按照规定双向投资于境内外证券市场。允许外资股权投资管理机构、外资创业投资管理机构在自贸试验区发起管理人民币股权投资和创业投资基金。支持发展总部经济，放宽跨国公司外汇资金集中运营管理准入条件。逐步允许境外企业参与商品期货交易。支持保险机构在自贸试验区内开展业务创新，探索特殊风险分散机制，加大再保险对巨灾保险、特殊风险的保险保障力度。取消对自贸试验区内保险支公司高管人员任职资格的事前审批，由省级保监机构实施备案管理。

10. 拓展金融服务功能。拓展跨境电子商务金融服务，开展跨境电子商务人民币结算，推动跨境电子商务线上融资及担保方式创新，鼓励保险机构发展出口信用保险，拓宽服务领域。支持自贸试验区发展科技金融，按照国务院统一部署，积极争取纳入投贷联动试点。创建金融集成电路（IC）卡“一卡通”示范区。进一步简化资金池管理，允许经银行审核真实、合法的电子单证办理经常项目集中收付汇、轧差净额结算业务。进一步推进内资融资租赁企业试点，注册在自贸试验区内的内资融资租赁试点企业由自贸试验区所在省级商务主管部门和同级国家税务局审核；加强事中事后监管，探索建立融资租赁企业设立和变更的备案制度、违反行业管理规定的处罚制度、失信和经营异常企业公示制度、属地监管部门对企业定期抽查检查制度。支持在自贸试验区设立金融租赁公司、融资租赁公司，在符合相关规定前提下，设立项目公司开展飞机、工程机械、大型设备等融资租赁业务。允许自贸试验区内符合条件的融资租赁业务收取外币租金。支持商业保理业务发展，探索适合商业保理发展的监管模式。银行按照“了解客户、了解业务、尽职审查”的展业三原则办理经常项目收结汇、购付汇手续。

11. 推动跨境投融资创新。探索建立与自贸试验区相适应的本外币账户管理体系，促进跨境贸易、投融资结算便利化。在健全风险防控机制的前提下，允许自贸试验区内符合条件的企业、金融机构按照有关规定通过贷款、发债等形式从境外自主融入本外币资金，拓宽境外资金回流渠道。允许自贸试验区内跨国企业集团开展跨境双向人民币资金池业务。允许自贸试验区内企业的境外母公司按照有关规定在境内发行人民币债券。自贸试验区内银行可按有关规定发放境外项目人民币贷款。支持开展人民币跨境再保险业务，培育发展再保险市场。支持自贸试验区内符合互认条件的基金产品参与内地与香港基金产品互认。

12. 建立健全金融风险防控体系。建立对持有各类牌照金融机构的分类监管机制，健全符合自贸试验区内金融业发展实际的监控指标，完善金融监管措施，加强监管协调与合作，确保自贸试验区内金融机构风险可控。逐步建立跨境资金流动风险监管机制，对企业跨境收支进行全面监测评价。做好反洗钱、反恐怖融资、反逃税工作，防范非法资金跨境、跨区流动。建立健全自贸试验区金融消费者权益保护工作机制。

（五）增强服务“一带一路”建设的交通物流枢纽功能

13.畅通国际交通物流通道。增加国际货运航线航班，构建连接全球主要枢纽机场的空中通道。积极探索以郑州和国外重要枢纽城市协同联动的国内国外“双枢纽”发展模式。依托陆桥通道，加密至丝绸之路经济带沿线国家的中欧班列（郑州），支持开展拼箱、集装箱分装大型设备、国际邮运业务，允许在国内沿线口岸和郑州国际陆港之间开展进出口集装箱加挂业务试点；开通至沿海港口的快捷货运列车，构建东联西进、陆海相通的国际运输通道。完善促进国际便利化运输的相关政策和双边运输合作机制，增加便利运输协定的过境站点和运输线路，加快海外物流基地建设。支持建设自贸试验区至我国国际通信业务出入口局的直达国际数据专用通道，打造互联互通的“信息丝绸之路”，推动国际交通物流通道建设。

14.完善国内陆空集疏网络。鼓励快递企业利用铁路运送快件，配套建设快件物流基地，依托自贸试验区推动郑州建设全国快递中转集散中心，打造覆盖全国主要经济区域的4小时快件集疏网络。支持国内外快递企业在自贸试验区内的非海关特殊监管区域办理符合条件的国际快件属地报关报检业务。开展道路货运无车承运人试点，加快普及公路甩挂运输，扩大“卡车航班”覆盖范围和运营规模，构建以郑州为中心500公里范围的公路集疏圈。支持周边省市在自贸试验区建设专属物流园区，开展现代物流业务。加密完善至国内热点城市的“空中快线”，鼓励发展全货机航班、腹舱货运，构建长距离航空集疏网。

15.开展多式联运先行示范。发展以“一单制”为核心的便捷多式联运。建立健全适合内陆多式联运的标准规范和服务规则，加强与国际联运规则的相互衔接。鼓励企业间联盟合作，率先突破陆空联运、公铁联运，试点推进快件空铁联运，打造多式联运国际性物流中心。在交通运输领域，完善快件处理设施和绿色通道。拓展郑州机场“空空+空地”货物集疏模式，增加国际中转集拼航线和试点企业。支持设立国际航空运输服务企业，在条件具备时，在自贸试验区试点航空快件国际中转及集拼业务。依托航空和铁路口岸，促进海关特殊监管区域协调联动，创新多式联运（内陆型）监管模式，推进铁路舱单与海运、公路、航空舱单共享和舱单分拨、分拆、合并。建设承载“一单制”电子标签赋码及信息汇集、共享、监测等功能的公共服务平台，推进不同运输方式、不同企业间多式联运信息开放共享和互联互通。在执行现行税收政策前提下，提升超大超限货物的通关、运输、口岸服务等综合能力。推进跨方式技术装备标准化，推广应用托盘、集装箱等标准运载单元。

16.扩大航空服务对外开放。积极引入基地航空公司和国内外知名物流集成商。允许具备条件的外国航空公司和基地航空公司开展国际航班代码共享。探索与国际枢纽机场建立航空货运联盟，在航线网络、货品、数据共享等方面开展合作。支持航空器及零部件研发、制造、维修企业在自贸试验区集聚，对海关特殊监管区域内企业生产所需的进口机器、设备予以免税。对注册在自贸试验区海关特殊监管区域内的融资租赁企业进出口飞机等大型设备涉及跨关区的，在确保有效监管和执行现行相关税收政策的前提下，按物流实际需要，实行海关异地委托监管。

17.推进内陆口岸经济创新发展。依托自贸试验区带动郑州航空和铁路国际枢纽口岸建设，支持设立药品、进境植物种苗、木材等指定口岸，提升进境粮食、进口肉类等口岸运营水平，促进各类口岸与物流、贸易联动发展，形成辐射全球主要经济体、带动区域产业升级的口岸开放新格局。探索前端研发设计和后端销售服务“两头在区”、中间加工环节在外的企业集聚模式，优化先进制造业、现代服务业布局，打造高质高端高附加值产业集群，建设中西部制造业总部基地。支持开展进境邮件“一点通关、分拨全国”，研究开展跨境电子商务和商业快件及邮政包裹搭乘中欧班列（郑州）出口等业务。充分发挥海关特殊监管区域功能政策优势，促进形成具有世界竞争力的高技术含量产品售后维修中心。在严格执行货物进出口税收和检验检疫监督管理政策的前提下，允许在海关特殊监管区域内设立保税展示交易平台。

18. 促进国际医疗旅游产业融合发展。发挥国际航空网络和文化旅游优势，积极吸引国际高端医疗企业和研发机构集聚，以健康检查、慢病治疗康复、中医养生保健、整形美容、先进医疗技术研发和孵化为重点，培育康复、健身、养生与休闲旅游融合发展新业态。鼓励自贸试验区在医疗机构治未病服务项目纳入收费项目和确定收费标准等方面先行试点。鼓励社会资本在自贸试验区举办规范的中医养生保健机构。自贸试验区内医疗机构按照现行干细胞临床研究规定开展相关工作。允许在自贸试验区内注册的符合条件的中外合资旅行社，从事除台湾地区以外的出境旅游业务。

19. 培育“一带一路”合作交流新优势。建立健全与“一带一路”沿线国家的合作机制，重点在农业、矿业、装备制造、物流、工程承包、科技教育等领域开展国际合作。建设服务于内陆地区“走出去”和“引进来”的重要窗口，探索内外贸相互促进机制、与“一带一路”沿线国家重点城市产能合作机制，吸引企业统筹开展国际国内贸易，建设一批双向合作经贸产业园区。探索与“一带一路”沿线国家文化交流、文化贸易创新发展机制，推进文化传承和开发，完善服务链条，推进华夏历史文明传承创新区建设。围绕服务“一带一路”建设，探索食品、农产品及水产品的快速检验检疫模式，优化药品、保健食品、化妆品、医疗器械的审评审批程序。支持河南省与教育部在自贸试验区合作共建教育国际化综合改革试验区，积极引进境外优质教育资源开展高水平、示范性合作办学，加大对“一带一路”沿线国家的中国政府奖学金支持力度。积极为经贸类团组和企业人员出国（境）提供便利。研究制定自贸试验区外籍高层次人才认定办法，落实人才签证实施细则，明确外国人才申请和取得人才签证的标准条件和办理程序。对外籍高层次人才开辟绿色通道、简化手续，为高层次人才入出境、工作、在华停居留提供便利。允许获得硕士及以上学位的优秀外国留学生毕业后直接在自贸试验区工作。提供有针对性的指导服务和语言学习机会，多形式多渠道帮助外国人才更好融入中国社会。

四、保障机制

（一）强化法制保障

自贸试验区需要暂时调整实施有关行政法规、国务院文件和经国务院批准的部门规章的部分规定的，按规定程序办理。各有关部门要支持自贸试验区在各领域深化改革开放试点、加大压力测试、加强监管、防控风险，做好与相关法律立改废释的衔接，及时解决试点过程中的制度保障问题。河南省要通过地方立法，建立与试点要求相适应的自贸试验区管理制度。

（二）完善配套税收政策

落实现有相关税收政策，充分发挥现有政策的支持促进作用。中国（上海）自由贸易试验区、中国（广东）自由贸易试验区、中国（天津）自由贸易试验区和中国（福建）自由贸易试验区已经试点的税收政策原则上可在自贸试验区进行试点，其中促进贸易的选择性征收关税、其他相关进出口税收等政策在自贸试验区内的海关特殊监管区域进行试点。自贸试验区内的海关特殊监管区域范围和税收政策适用范围维持不变。此外，在符合税制改革方向和国际惯例，以及不导致利润转移和税基侵蚀的前提下，积极研究完善境外所得税收抵免的税收政策。

（三）加强组织实施

按照党中央、国务院统一部署，在国务院自由贸易试验区工作部际联席会议统筹协调下，由河南省完善试点任务组织实施保障机制，按照总体筹划、分步实施、率先突破、逐步完善的原则加快实施。各有关部门要大力支持，及时制定实施细则或办法，加强指导和服务，共同推进相关体制机制创新，把自贸试验区建设好、管理好。在实施过程中，要创新思路、寻找规律、解决问题、积累经验；要充分发挥地方和部门的积极性，因地制宜、突出特色，做好对比试验和互补试验；要抓好改革措施的落实，重大事项要及时向国务院请示报告。

（四）总结推广可复制的试点经验

自贸试验区要及时总结改革创新经验和成果。国务院自由贸易试验区工作部际联席会议办公室要会同河南省人民政府及有关部门，及时总结评估自贸试验区改革开放创新试点任务实施效果，加强各领域试点经验系统集成，并委托第三方机构进行独立评估。对试点效果好、风险可控且可复制可推广的成果，实施分类审查程序后复制推广至全国其他地区。

◎河南省人民政府关于印发中国（河南）自由贸易试验区建设实施方案的通知

豫政〔2017〕12号

各省辖市、省直管县（市）人民政府，省人民政府各部门：

现将《中国（河南）自由贸易试验区建设实施方案》印发给你们，请认真组织实施。

河南省人民政府

2017年4月6日

中国（河南）自由贸易试验区建设实施方案

为贯彻落实《国务院关于印发中国（河南）自由贸易试验区总体方案的通知》（国发〔2017〕17号），加快推进中国（河南）自由贸易试验区（以下简称河南自贸试验区）建设，制定以下实施方案。

一、总体要求

深入贯彻落实党中央、国务院关于自贸试验区建设的战略部署，以制度创新为核心，以可复制、可推广为基本要求，深入挖掘改革潜力，破解改革难题，在政府职能转变、投资领域开放、贸易转型升级、金融领域开放创新、提升现代综合交通枢纽和现代物流中心功能等方面先行先试，加快建设贯通南北、连接东西的现代立体交通体系和现代物流体系，将河南自贸试验区建设成为服务“一带一路”建设的现代综合交通枢纽、全面改革开放试验田和内陆开放型经济示范区，为加强与“一带一路”沿线国家交流合作拓展新空间、搭建新平台，为全面深化改革和扩大开放探索新途径、积累新经验，发挥示范带动、服务全国的积极作用。

二、功能布局

河南自贸试验区实施范围119.77平方公里，涵盖郑州片区73.17平方公里、开封片区19.94平方公里、洛阳片区26.66平方公里。

郑州片区重点发展智能终端、高端装备、汽车制造、生物医药等先进制造业以及现代物流、国际商贸、跨境电商、现代金融服务、服务外包、创意设计、商务会展、动漫游戏等现代服务业，在促进交通物流融合发展和投资贸易便利化方面推进体制机制创新，打造多式联运国际性物流中心，发挥服务"一带一路"建设的现代综合交通枢纽作用。

开封片区重点发展服务外包、医疗旅游、创意设计、文化传媒、文化金融、艺术品交易、现代物流等服务业，提升装备制造、农副产品加工国际合作及贸易能力，构建国际文化贸易和人文旅游合作平台，打造服务贸易创新发展区和文创产业对外开放先行区，促进国际文化旅游融合发展。

洛阳片区重点发展装备制造、机器人、新材料等高端制造业以及研发设计、电子商务、服务外包、国际文化旅游、文化创意、文化贸易、文化展示等现代服务业，提升装备制造业转型升级能力和国际产能合作能力，打造国际智能制造合作示范区，推进华夏历史文明传承创新区建设。

三、主要任务

（一）深度对接国际高标准投资贸易规则体系。在市场准入、贸易规则、知识产权、法律服务等领域全面对接国际高标准规则体系，构建与投资贸易便利化相适应的规则体系和制度框架。

1. 实施外商投资负面清单管理模式。进一步减少或取消外商投资准入限制，外商在自贸试验区内投资适用自贸试验区外商投资准入特别管理措施（负面清单），实行准入前国民待遇加负面清单管理模式，对负面清单之外领域的外商投资项目（国务院规定对国内投资项目保留核准的除外）和外商投资企业设立及变更实行备案制，探索备案文件自动获准机制。

2. 开展外商投资国家安全审查和经营者集中反垄断审查。贯彻落实《国务院办公厅关于印发自由贸易试验区外商投资国家安全审查试行办法的通知》（国办发〔2015〕24号），实施与负面清单管理模式相适应的外商投资国家安全审查措施，对影响或可能影响国家安全、国家安全保障能力，涉及敏感投资主体、敏感并购对象、敏感行业、敏感技术、敏感地域的外商投资，配合国家有关部门实施安全审查。探索实施外商投资实际控制人管理，建立外商投资信息报告制度和外商投资信息公示平台，提升外商投资全周期监管的科学性、规范性和透明度。完善投资者权益保障机制，允许符合条件的境外投资者自由转移其投资收益。

3. 加快完善国际贸易"单一窗口"。建立完善集商务、海关、税务、外汇、出入境检验检疫、工商、交通运输、邮政、金融、信用保险等部门业务的国际贸易"单一窗口"综合服务平台，引导外贸综合服务企业、电子商务平台企业等对接"单一窗口"综合服务平台，实现贸易许可、资质登记等功能，形成线上综合服务体系。推进便利化通关模式与"单一窗口"衔接、融合，完善货物进出口和运输工具进出境的应用功能，优化监管执法流程和通关流程，实现跨部门、跨行业、跨地区信息共享互换、协同作业。

4. 完善跨境电子商务发展规则体系。健全跨境电子商务在海关监管、检验检疫、退税、物流等方面的支撑系统。建立跨境电子商务产品售后服务和维权体系，研究制定跨境电子商务消费纠纷解决标准、管理办法，完善国际和地区间消费者权益保护协作机制。探索开展跨境电子商务消费领域电子合同、平台规则监督和指导。积极研究建立适应跨境电子商务发展的新型监管服务机制，在跨境电子商务一体化通关管理模式、跨境电子商务企业信用管理体系和零售进出口贸易统计等方面先行先试。

5. 强化知识产权保护和服务。开展知识产权综合管理改革试点，紧扣创新发展需求，发挥专利、商标、版权等知识产权的引领作用，打通知识产权创造、运用、保护、管理、服务链条，建立高效的知识产权综合管理体制，构建便民利民的知识产权公共服务体系。探索支撑创新发展的知识产权运行工作机制，推动形成权界清晰、分工合理、责权一致、运转高效、法治保障的体制机制。探索建立河南自贸试验区重点产业专利导航制度、重点产业快速协同保护机制、跨部门知识产权执法协作机制，完善纠纷解决、援助、仲裁工作机制，推动设立河南自贸试验区重点产业知识产权快速维权中心。搭建便利化的知识产权服务平台，设立知识产权服务工作站，发展知识产权专业服务业，探索建设中部地区知识产权运营中心，加快建设郑州国家知识产权服务业集聚区。

6. 健全高端人才集聚机制。发挥河南自贸试验区和郑洛新国家自主创新示范区的联动优势，在汇聚人才、使用人才、评价人才的管理体制、运行机制、政策创新等方面先行先试，集聚一批站在行业前沿、具有国际视野和创新能力的高层次人才，打造高端人才集聚、体制机制完善的自贸试验区。研究制定河南自贸试验区外籍高层次人才认定办法及配套政策，为外籍高层次人才开辟“绿色”通道、简化手续，为其出入境、工作、在华停居留提供便利。取消对自贸试验区内保险支公司高管人员任职资格事前审批，由省级保监机构实施备案管理。允许获得硕士及以上学位的优秀外国留学生毕业后直接在自贸试验区工作。提供有针对性的指导服务和语言学习机会，多形式、多渠道帮助外国人才更好融入中国社会。

7. 探索建立国际商事仲裁制度。深度对接国际商事仲裁制度，积极融入中国自贸试验区仲裁合作联盟，探索建立与国内自贸试验区之间的跨区域合作交流机制，协同开展仲裁程序、调解方式、审理裁决等方面的政策研究，逐步建立与河南自贸试验区相适应的商事仲裁制度。创新仲裁服务模式，提高服务水平，针对产业发展需要，筹建河南自贸试验区航空仲裁、物流仲裁、知识产权仲裁等专业化平台。

8. 完善劳动者权益保护和企业社会责任体系。完善劳动者工资支付保障和集体协商制度，建立公正、公开、高效、便民的劳动保障监察和劳动争议处理机制，保护劳动者和用人单位合法权益。严格执行环境保护法规和标准，探索建立资源环境承载能力监测预警机制和社会监督举报机制，探索试行环境损害责任追究和赔偿制度，提高环境保护管理水平和效率。鼓励企业申请国际通行的环境和能源管理体系标准认证。

9. 开展国际高标准投资贸易规则研究。发挥高校、科研院所、咨询机构等智库作用，深入研究与国际高标准投资贸易规则相适应的政策举措，通过在自贸试验区开展先行先试、压力测试，积累防控和化解风险的经验，提升对外开放水平。支持河南自贸试验区各片区协同开展投资贸易规则研究，探索建立既符合国际惯例和通行规则，又能引领未来发展的新型国际投资贸易规则体系。

10. 加强法制建设。做好与相关法律立改废释的衔接工作，按照法定程序开展立法调研、起草、送审等工作。用好自贸试验区各片区所在省辖市的地方立法权，探索建立与自贸试验区各片区发展相适应的规则和制度指引体系，为自贸试验区治理体系和治理能力现代化提供保障。

（二）营造法治化、国际化、便利化营商环境。创新体制机制，深化行政审批制度和商事制度改革，构建权责明确、透明高效的事中事后监管机制，建立以社会信用为核心的市场监管体系，建设法治政府和服务型政府。

11. 深化行政审批制度改革。进一步简政放权，向自贸试验区及片区下放或委托实施部分经济社会管理权限。最大限度减少行政审批事项，实施行政审批目录化管理，做到“目录之外无审批”。推进行政审批规范化、标准化、信息化建设，精简投资项目准入阶段的相关手续，完善“一口受理”服务模式，探索建立“多评合一、统一评审”的新模式。深化投融资体制改革，试行企业投资项目承诺制。简化整合投资项目报建手续，探索实行先建后验的管理模式。

12. 完善行政部门权责清单制度。按照权责一致原则，在自贸试验区各片区推行权责清单制度并建立健全权责清单动态管理机制，清理规范、依法确认行政权责事项，厘清政府权责与市场边界，将部门权责及其依据、行使主体、运行流程等以清单方式列明，编制权力运行流程图，依法向社会公开，为企业、个人和其他组织办事提供指南，降低制度性交易成本。

13. 深化商事登记制度改革。在自贸试验区全面实施“五证合一、一照一码”登记制度，探索实行“多证合一、一照一码”登记制度和“一口受理、内部流转、同步审核、信息互认、多证合一”工作流程。积极推动企业登记全程电子化和使用电子营业执照，提高便利化服务水平。继续深化“先照后证”改革，再削减一批工商登记前置审批事项。破解市场主体“退出难”，积极推动市场主体简易注销改革，对符合条件的未开业企业、无债权债务企业实行简易注销登记。

14. 探索“互联网＋政务服务”新模式。依托政务服务云平台，完善河南自贸试验区网上办事系统，全面推行行政审批事项网上在线申报，打造政务服务“一张网”，对企业和群众办事实行“一号申请、一窗办理、一网通办”，实现行政审批无纸化办理。利用移动互联网技术，探索建设移动网上办事大厅。

15. 推动税收服务创新。建立河南自贸试验区电子办税平台，探索实行“一窗国地办税”，整合国税局、地税局服务资源，推广办税服务厅“一窗一人”国税地税联合办税服务模式，实现涉税业务“一窗办理”。实现“一厅自助办理”，在自贸试验区现有办税服务厅内延伸24小时自助办税服务，完善各类自助办税终端功能，实现自助办税、网上办税、移动办税功能基本同步，为纳税人提供简便快捷的自助办税服务。开展“培训辅导点单”，拓展线上线下服务，提供涉税信息网上订阅服务，建立大企业定点联系制度，编制跨境企业税收遵从指南，为纳税人提供个性化税收服务。实现“缴纳方式多元”，推行网上办税为主、自助和其他社会办税为辅、实体办税服务厅兜底的办税模式。开展“业务自助预约”，通过移动互联网为纳税人实时提供办税服务厅等候人数、已办理人数等信息，方便纳税人合理选择办税地点，提高办税效率。开展“税银信息互动”，税务部门与银行建立纳税信息互动机制，探索将企业的纳税信用转化为银行的授信额度，依法为企业提供无担保、无抵押的信用贷款及相关金融服务，鼓励金融机构开发“纳税信用＋外贸”银税合作产品。实施“税收遵从合作”，全面建立纳税人信用记录，完善纳税人信用级别查询机制。创新网上服务举措，打造全流程的“电子税务局”，为纳税人提供全方位网上涉税服务。

16. 实施公平竞争审查制度。按照尊重市场、竞争优先、立足全局、统筹兼顾、科学谋划、分步实施、依法审查、强化监督的原则，在制定市场准入、产业发展、招商引资、招标投标、政府采购、经营行为规范、资质标准等涉及市场主体经济活动的规章、规范性文件和其他政策措施时，同时进行公平竞争审查，保障资源配置依据市场规则、市场价格、市场竞争实现效益最大化和效率最优化。

17. 提高市场准入便利化程度。实行住所（经营场所）申报制，允许企业集群注册，降低创业门槛和创业成本。支持开展企业名称自主申报试点工作，在进一步开放企业名称库、完善企业名称查询系统的基础上，试行企业名称自主选择的登记制度改革。

18. 开展综合执法改革试点。探索综合执法改革，支持自贸试验区各片区相对集中执法权，探索建立集中统一的综合行政执法体系。建设自贸试验区网上执法办案系统，集执法信息公示、网上执法办案、综合执法监察等功能于一体，实现综合行政执法信息化管理。实行行政执法公示制度，建立行政执法案卷评查制度。

19. 完善统一的社会信用体系。建立与省、市公共信用信息平台对接的自贸试验区企业信用信息数据库及信用公示平台，推进政府部门、行业协会、社会组织信用信息互联互通、信息共享、工作共商。强化信用对市场主体的约束作用，以市场监管部门企业数据库和人民银行征信中心数据库为基础，通过大数据平台实现自贸试验区内企业信用信息公示及查询服务，为事中事后监管提供支撑。进一步完善企业年度报告、经营异常名录、企业信息抽查等制度，构建以信息归集共享为基础，以信息公示为手段，以信用监管为核心的监管制度，让失信主体“一处违法、处处受限”。

20. 建立市场监管公众参与机制。建立健全登记注册、行政审批、行业主管相互衔接的市场监管机制，实现各部门间依法履职信息互联互通、联动响应，形成分工明确、沟通顺畅、齐抓共管的监管格局，增强监管合力，提升监管效能，打造事前诚信守诺、事中评估分类、事后联动奖惩的全链条监管体系。健全社会组织管理体制，支持自贸试验区培育、发展、规范社会组织，发挥社会组织行业自律和管理服务作用，制定政府向社会组织购买服务和资金扶持等相关制度和标准，编制具备承接政府职能转移和购买服务资质的社会组织名录，将由政府部门承担的资产评估、鉴定、咨询等职能逐步交由法律、会计、信用等专业服务机构承担。建立自贸试验区综合统计调查、监测分析制度，对自贸试验区基本情况、企业注册情况及主要综合性指标数据进行统计。探索建立行政咨询体系，支持自贸试验区各片区成立专业咨询委员会并制定制度规范。

（三）提升现代综合交通枢纽和现代物流中心功能。充分发挥交通区位优势，加强外部联系，强化内部支撑，在多式联运、通道建设、航空服务、口岸经济等方面先行先试。

21. 开展多式联运先行示范。打通铁路、公路、航空、水路、邮路等多种联运方式，在多式联运经营人、站场建设与设备配备、规则体系、标准化建设等方面先行先试，发展以“一单制”为核心的便捷多式联运。拓展郑州新郑国际机场“空空 + 空地”货物集疏模式，增加国际中转集拼航线和试点企业。依托航空和铁路口岸，促进海关特殊监管区域协调联动，创新多式联运（内陆型）监管模式，推进铁路舱单与海运、公路、航空舱单共享和舱单分拨、分拆、合并。加强与国际联运规则的相互衔接，建立完善适合内陆多式联运的标准规范和服务规则。完善快件处理设施和“绿色”通道，支持开展进境邮件“一点通关、分拨全国”，研究开展跨境电子商务和商业快件及邮政包裹搭乘中欧班列（郑州）出口业务。鼓励企业间联盟合作，率先突破陆空联运、公铁联运，试点推进快件空铁联运，打造多式联运国际性物流中心。

22. 构建东联西进的陆路通道。以陆桥通道为主轴，依托郑州国际陆港，建设国际铁路中转枢纽，提升中欧班列（郑州）运营水平，形成连接“一带一路”的东西双向通道。开通至沿海港口的快捷货运列车，构建东联西进、陆海相通的国际运输通道，增强对新亚欧大陆桥经济走廊的支撑作用。参与中蒙俄、中国—中亚—西亚、中国—中南半岛、中巴、孟中印缅经济走廊建设，与丝绸之路经济带融合。

23. 构建贯通全球的空中通道。积极探索郑州和国外重要枢纽城市协同联动的国内国外“双枢纽”发展模式。增加国际货运航线航班，以郑州新郑国际机场为龙头，完善通航点布局和航线网络，建设国际航空货运枢纽和国内航空综合枢纽，构建连接全球重要枢纽机场和主要经济体的空中丝绸之路。拓展“一带一路”沿线航线，吸引大型航空公司和物流集成商，形成国际与国内互转的货运航线网络。加密国内干线，开辟新的国际航线，构建“中转快线”客运航线网络。

24. 畅通国际交通物流通道。完善促进国际便利化运输相关政策和双边运输合作机制，增加便利运输协定的过境站点和运输线路，加快海外物流基地建设。建设承载“一单制”电子标签赋码及信息汇集、共享、监测等功能的公共服务平台，推进不同运输方式、不同企业间多式联运信息开放共享和互联互通。在执行现行税收政策前提下，提升超大超限货物的通关、运输、口岸服务等综合能力。推进跨方式技术装备标准化，推广应用托盘、集装箱等标准运载单元。

25. 打造互联互通的信息通道。支持建设河南自贸试验区至我国国际通信业务出入口局的直达国际数据专用通道，强化信息通信基础设施互联互通。增强郑州国家互联网骨干直联点流量疏通能力，积极参与国家互联网骨干网络架构优化调整，争取建设区域互联网交换中心和连接国际通信业务出入口局的高速通道，持续扩容互联网国际出口和省级出口带宽，畅通信息丝绸之路。统筹布局云计算大数据基础设施，构建支撑对外开放的数据高地。

26. 完善国内陆空集疏网络。依托陆桥通道，加密至丝绸之路经济带沿线国家的中欧班列（郑州），开展拼箱、集装箱分装大型设备、国际邮运等业务，在国内沿线口岸和郑州国际陆港之间开展进出口集装箱加挂业务试点。开展道路货运无车承运人试点，加快普及公路甩挂运输，扩大“卡车航班”覆盖范围和运营规模，构建以郑州为中心500公里范围的公路集疏圈。加密完善至国内热点城市的“空中快线”，鼓励发展全货机航班、腹舱货运，构建长距离航空集疏网。鼓励快递企业利用铁路运送快件，配套建设快件物流基地，依托自贸试验区推动郑州建设全国快递中转集散中心，打造覆盖全国主要经济区域的4小时快件集疏网络。支持国内外快递企业在自贸试验区内的非海关特殊监管区域办理符合条件的国际快件属地报关报检业务。

27. 扩大航空服务对外开放。积极引入基地航空公司和国内外知名物流集成商。允许具备条件的外国航空公司和基地航空公司开展国际航班代码共享。支持设立国际航空运输服务企业，在条件具备时，在自贸试验区试点航空快件国际中转及集拼业务。探索与国际枢纽机场建立航空货运联盟，在航线网络、货品、数据共享等方面开展合作。支持航空器及零部件研发、制造、维修企业在自贸试验区集聚，对海关特殊监管区域内企业生产所需的进口机器、设备予以免税。对注册在自贸试验区海关特殊监管区域内的融资租赁企业进出口飞机等大型设备涉及跨关区的，在确保有效监管和执行现行相关税收政策前提下，按物流实际需要，实行海关异地委托监管。

28. 完善口岸开放平台。建设郑州航空、铁路国际枢纽口岸，提升洛阳航空口岸功能，支持设立药品、进口粮食、进境植物种苗（花卉）、木材等指定口岸及国际邮件经转口岸，提升肉类、澳大利亚肉牛、水果、冰鲜水产品、食用水生动物、汽车等已有指定口岸运营水平，促进各类口岸与物流、贸易联动发展，形成辐射全球主要经济体、带动区域产业升级的口岸开放新格局。

（四）培育“一带一路”合作交流新优势。创新与“一带一路”沿线国家的合作机制，建设服务内陆地区“走出去”和“引进来”的重要窗口，建立完善与“一带一路”沿线国家的全方位交流合作平台。

29. 打造新亚欧大陆桥经济走廊区域互动合作的重要平台。发挥市场规模优势和产业基础优势，提升河南自贸试验区辐射带动能力，推动与东部沿海城市、西部沿线城市协同互动，打造产业转移、要素集疏、人文交流平台，形成连接东中西、沟通境内外、支撑经济走廊的核心发展区域。

30. 搭建文化旅游交流合作平台。探索与“一带一路”沿线国家文化交流、文化贸易创新发展机制，促进文化传承与开发，完善服务链条，推进华夏历史文明传承创新区建设。加强与“一带一路”沿线国家的人文交流，增强相互理解和认同，为深化合作奠定坚实民意和社会基础。积极参与丝绸之路文化之旅，与沿线国家联合举办丝绸之路艺术节、河南文化年等活动。依托丝绸之路河南段世界文化遗产，加强古丝绸之路历史遗迹保护利用和项目合作。允许在自贸试验区内注册的符合条件的中外合资旅行社，从事除台湾地区以外的出境旅游业务。

31. 搭建科技教育医疗合作平台。加强科技合作，与"一带一路"沿线国家共建技术研发中心、技术转移机构和科技创业园。依托高校和科研院所，引进海外关键技术和研发团队，建设联合实验室、科技成果转移转化基地。实施"留学河南计划"，加大对"一带一路"沿线国家的中国政府奖学金支持力度；重点吸引沿线国家学生来豫留学。推动我省与教育部在自贸试验区合作共建教育国际化综合改革试验区，积极引进境外优质教育资源开展高水平、示范性合作办学。深化医疗卫生合作，引进先进理念、技术和管理模式，加快发展健康管理型医疗服务、医养结合、医疗体验旅游等健康服务业。

32. 深化与"一带一路"沿线国家的能源资源合作。加强与国家能源通道建设衔接，积极融入国家油气战略，主动引入省外能源，推动骨干企业参与海外能源资源开发合作，鼓励骨干油气开采企业扩大海外钻探市场份额，提升能源资源合作水平。

33. 建设"走出去"重要窗口和平台。改革境外投资管理方式，确立企业对外投资主体地位。对非金融类对外直接投资项目和企业实行备案制，属省级管理权限的，由自贸试验区负责备案管理。支持自贸试验区内企业开展多种形式的对外直接投资，积极拓展优势产业境外发展空间，将自贸试验区建设成为企业"走出去"的综合服务平台。发挥农业生产技术优势，支持自贸试验区内企业在境外进行农作物种植、畜牧业养殖、农产品加工等领域的投资与项目合作。支持矿山装备、水泥装备、石油装备、农业机械、高压输变电、智能配用电、轨道交通装备、工程机械等领域优势企业，在中亚、东南亚等地区投资建设生产线、备件仓库和服务中心。完善"走出去"政策促进、服务保障和风险防控体系，完善境外资产和人员安全风险预警和应急保障体系。

34. 积极承接境内外产业转移。加强项目对接、投资拓展、信息交流、人才培训等方面的交流合作，积极有效引进境内外资金、先进技术和高端人才，提高利用外资综合质量，提升产业合作层次，积极融入全球制造业供应链和销售链体系。制造业方面，重点加强与境内外优势企业合作，引进实施一批重大项目，建设全球智能终端生产研发基地，打造装备制造、中高端食品集群竞争优势，培育生物医药、新能源汽车、智能装备、新材料等高端制造业增长点。现代服务业方面，积极引进境内外大型物流企业，提高供应链管理和物流服务水平。积极拓展服务业开放合作领域，重点发展信息服务、服务外包、健康养老、文化创意、特色旅游等新兴服务业。

（五）推动贸易转型升级。积极发展新型贸易业态和商业模式，形成以技术、品牌、质量、服务为核心的外贸竞争新优势，为中西部地区贸易发展方式转变探索新途径、积累新经验。

35. 加快发展跨境电子商务。加快推进中国（郑州）跨境电子商务综合试验区"三个平台"（单一窗口综合服务平台、综合园区发展平台、人才培养和企业孵化平台）和"七个体系"（信息共享体系、金融服务体系、智能物流体系、信用管理体系、质量安全体系、统计监测体系、风险防控体系）建设，统筹发展跨境电子商务及配套线下业务，完善相应的海关、检验检疫、退税、物流等支撑系统，创新交易流通模式，推动实现跨境电子商务自由化、便利化、规范化发展，形成完善的跨境电子商务产业生态圈和千亿级产业集群。支持企业建设出口商品海外仓和海外运营中心，支持在跨境电子商务主要出口市场建立境外产业园、公共海外仓，完善跨境通关信息化系统、海外仓管理制度、企业联络机制、海外仓退货和售后服务体系，为跨境电子商务企业提供贸易、仓储、配送和售后等一站式服务，加快融入境外零售体系，探索建设全球性产品交易展示中心和国内进出口货物集散中心。

36. 推动加工贸易转型升级。搭建加工贸易转型升级的技术研发、工业设计等公共服务平台，鼓励支持加工贸易企业进入关键零部件和系统集成制造领域，掌握核心技术，提升整体水平。支持企业加快生产制造环节转型升级，由加工组装向技术、品牌、生产、营销一体化转变，提高企业配套能力和盈利水平。推动加工贸易企业由单纯的贴牌生产向委托设计制造、自有品牌制造发展，培育综合性产品供应商。鼓励加工贸易企业承接研发设计、检测维修、物流配送、财务结算、分销仓储等服务外包业务，延伸加工贸易产业链。以“互联网＋加工贸易”为抓手，促进加工贸易企业与互联网深度融合，与服务贸易深度融合。完善加工贸易企业经营状况和生产能力核查机制，督促企业履行安全生产、节能低碳、环境保护等社会责任，加强事中事后监管。

37. 建设中部加工转口贸易基地。推动转口贸易发展，依托国际空港、陆港和各类口岸，完善国际中转集拼和国际转口贸易枢纽功能。简化进出口通关环节，规范收费管理，优化转口贸易发展环境，畅通国际贸易通道，提高货物流转的畅通度和自由度。支持相关企业在自贸试验区内开展分装、贴牌等物流增值服务业务。发挥海关特殊监管区域功能政策优势，支持符合条件的企业开展全球检测及售后维修服务，促进形成具有世界竞争力的高技术含量产品售后维修中心。

38. 加快发展服务贸易。支持发展信息技术外包、业务流程外包等服务业，积极承接国际(离岸)服务外包业务，逐步将服务外包业务扩展到软件开发、应用服务、系统工程承包等拥有自主知识产权的产品和服务出口。支持郑州市加快国家服务外包示范城市建设，支持洛阳市申建国家服务外包示范城市。鼓励自贸试验区内企业积极应用国际电子商务及第三方平台，开拓工程及技术承包、劳务输出、文化传播、中医药服务等境外市场。

39. 大力发展文化贸易。探索实施国际高标准的文化投资贸易规则，拓展艺术品交易市场功能，建立国际艺术品交易中心，开展国际艺术品仓储物流服务、艺术品展示交易服务、艺术品金融服务、艺术品客户服务、艺术品电子盘交易等。拓展文化交流途径，创新文化交流模式，打造文化交流平台，推进艺术品进出口在通关、结算、拍卖、仓储等方面便利化，促进对外文化交流、合作和贸易。

40. 积极发展离岸贸易。支持企业在自贸试验区注册成立离岸公司，加快吸引和集聚离岸贸易主体。推动建立国际贸易结算中心，推进以人民币离岸业务为重点的离岸金融业务发展，研究制定促进离岸贸易发展的相关政策。发展外币离岸业务，支持商业银行在自贸试验区内设立机构开展外币离岸业务，允许自贸试验区内符合条件的中资银行试点开办外币离岸业务。

41. 建设大宗商品交易平台。依托郑州商品交易所，支持发展新的交易品种，促进发展大宗商品国际贸易。探索建立与国际大宗商品交易相适应的外汇管理和海关监管制度。在总结期货保税交割试点经验基础上，吸引国内期货交易所在自贸试验区内开展期货保税交易、仓单质押融资等业务，增加期货保税交割试点的品种。逐步允许境外企业参与商品期货交易。

42. 支持发展总部经济。吸引跨国公司在自贸试验区设立地区总部或财务结算中心、营运中心、仓储和分拨中心、投资性公司、研发中心等，打造具有投资决策、资金管理、研发、采购销售等功能的区域性管理营运中心。支持自贸试验区探索前端研发设计和后端销售服务“两头在区”、中间加工环节在外的企业集聚模式，优化先进制造业、现代服务业布局，打造高质、高端、高附加值产业集群，建设中西部制造业总部基地。

43. 开展海关监管制度创新。自贸试验区内海关特殊监管区域实行“一线放开、二线安全高效管住”的通关监管服务模式。在确保有效监管前提下，在海关特殊监管区域建立货物状态分类监管模式。依托海关特殊监管区域，设立保税展示交易平台。探索建立具备条件的加工贸易企业自主备案、自主核报、自主确定合理的核销周期等新型管理模式。

44. 推进检验检疫监管制度创新。完善自贸试验区分线管理模式，优化检验检疫业务流程，按照严密防范质量安全风险和最大便利化的原则，一线主要实施进出境现场检疫、查验及处理；二线主要实施进出口产品检验检疫监管及实验室检测，维护质量安全。实施自贸试验区内区间流转货物免予检验和免予强制性产品认证制度。完善进口货物预检验制度，加大信用等级差别化通关管理力度。探索食品、农产品及水产品的快速检验检疫模式。

45. 探索与“一带一路”沿线国家关检合作。争取国家支持，在海关、检验检疫、认证认可、标准计量、统计信息等方面与“一带一路”沿线国家开展合作试点，探索与“一带一路”沿线国家开展贸易供应链安全便利合作。

46. 落实税收配套政策。河南自贸试验区内试行已经在上海、广东、天津、福建自贸试验区试点的税收政策，其中促进贸易的选择性征收关税、其他相关进出口税收等政策在河南自贸试验区内的海关特殊监管区域进行试点。在符合税制改革方向和国际惯例，以及不导致利润转移和税基侵蚀前提下，积极研究完善境外所得税收抵免的税收政策。

（六）深化金融领域开放创新。在跨境人民币业务创新、投融资及汇兑便利化、文化金融、科技金融等方面先行先试，构建与国际规则接轨的金融服务体系。

47. 放宽金融机构准入限制。允许符合条件的外国金融机构设立外商独资银行，允许符合条件的外国金融机构与中国企业出资共同设立中外合资银行。推动金融服务业对符合条件的民营资本有序开放，在符合现行法律、法规及国家政策导向的前提下，允许符合条件的境内纯中资民营企业在自贸试验区依法发起设立中小型银行等金融机构。支持保险机构在自贸试验区开展业务创新，探索特殊风险分散机制，加大再保险对巨灾保险、特殊风险的保险保障力度。

48. 完善公共服务领域和个人跨境金融服务。探索自贸试验区内符合条件的单位和个人按照规定双向投资于境内外证券市场。允许外资股权投资管理机构、外资创业投资管理机构在自贸试验区发起管理人民币股权投资和创业投资基金。银行按照“了解客户、了解业务、尽职审查”的展业三原则办理经常项目收结汇、购付汇手续。

49. 探索建立本外币账户管理新模式。创新本外币账户设置、账户业务范围、资金划转和流动监测机制，构建符合自贸试验区实际的本外币账户体系，支持市场主体通过自贸试验区本外币账户开展跨境投融资创新业务，促进跨境贸易、投融资结算便利化。进一步简化经常项目外汇收支手续，在真实、合法交易基础上，自贸试验区内货物贸易外汇管理分类等级为A类企业的外汇收入无须开立待核查账户。探索建设境内境外互动、本币外币互动、内企外企互动的人民币离岸业务在岸结算区域交易中心。

50. 开展以资本项目可兑换为重点的外汇管理改革。自贸试验区内试行资本项目限额内可兑换，符合条件的机构在限额内自主开展直接投资、并购、债券工具、金融类投资等交易。深化外汇管理改革，直接投资外汇改由银行直接办理，外商直接投资项下外汇资金可意愿结汇。

51. 深化跨国公司本外币资金集中运营管理改革。放宽跨国公司外汇资金集中运营管理准入条件，允许符合条件的跨国公司备案开展外汇资金集中运营管理业务。进一步优化资金池管理，允许经银行审核真实、合法的电子单证办理经常项目集中收付汇、轧差净额结算业务。在现行跨国企业集团跨境人民币资金集中运营政策的基础上，进一步降低业务准入门槛，简化办理条件，便利更多跨国企业集团在自贸试验区开展跨境双向人民币资金池业务。

52. 推动跨境人民币融资。支持自贸试验区内企业用好用活现行政策，通过境外放款、跨境借款、跨国企业集团跨境双向人民币资金池等方式开展双向人民币融资。鼓励自贸试验区内银行开展境外项目人民币贷款业务。允许自贸试验区内企业的境外母公司按照有关规定在境内发行人民币债券。在健全风险防控机制的前提下，允许自贸试验区内符合条件的企业、金融机构按照有关规定通过贷款、发债等形式从境外自主融入本外币资金，拓宽境外资金回流渠道，支持开展人民币跨境再保险业务，培育发展再保险市场。支持自贸试验区内符合互认条件的基金产品参与内地与香港基金产品互认。

53. 建设跨境电子商务金融服务体系。拓展跨境电子商务金融服务，鼓励金融机构、第三方支付机构、第三方电子商务平台、外贸综合服务企业之间开展合作，为跨境电子商务交易提供在线支付结算、在线融资、在线保险、在线退税等完备便捷、风险可控的一站式金融服务。鼓励在跨境电子商务活动中使用人民币计价结算，支持银行业金融机构与第三方支付机构创新电子商务跨境人民币业务产品，为跨境电子商务企业提供优质支付和跨境人民币结算服务。

54. 加快发展融资租赁。支持设立融资租赁业服务中心和相关中介服务机构，探索设立新型融资租赁服务平台，支持融资租赁企业创新发展，进一步推进内资融资租赁企业试点工作，注册在自贸试验区的内资融资租赁试点企业由省级商务部门和同级国税局审核。加强事中事后监管，探索建立融资租赁企业设立和变更备案制度、违反行业管理规定处罚制度、失信和经营异常企业公示制度、属地监管部门对企业定期抽查检查制度。培育融资租赁市场主体，鼓励装备制造、工程机械、电力设备、能源机械、汽车及新能源汽车等优势产业大型企业设立融资租赁公司，发展厂商融资租赁；支持在自贸试验区设立金融租赁公司、融资租赁公司，在符合相关规定前提下，设立项目公司开展飞机、工程机械、大型设备等融资租赁业务。大力发展跨境融资租赁，鼓励融资租赁企业使用跨境人民币、海外融资开展业务，允许自贸试验区内符合条件的融资租赁业务收取外币租金，简化融资租赁企业设立境外项目公司和特殊项目公司的备案手续。

55. 支持商业保理业务发展。探索适合商业保理发展的监管模式，允许融资租赁公司兼营与主营业务有关的商业保理业务，适当拓宽商业保理企业业务范围，探索适合商业保理发展的外汇管理模式，发挥商业保理在扩大出口、促进流通等方面的积极作用。强化风险防控，实施主体监管，建立合规评价体系，以大数据为依托开展事中事后管理。

56. 支持发展科技金融。鼓励金融机构探索专业化经营方式，为创业期科技企业打造创投型信贷模式。创新从事科技金融服务的金融组织形式，支持银行建立多元化渠道，通过与创投机构、科技园区、科研机构、行业协会等对接联动，整合创新平台服务模式，完善科技信贷管理机制，丰富科技信贷产品，为客户营造良好的科技金融环境。发展知识产权质押融资，创新金融产品促进科技成果转移转化，支持科技中介服务机构发展和技术收储机制建设。培育和支持符合条件的科技型企业在境内外资本市场挂牌上市和融资。支持符合条件的科技型中小企业通过发行债券、实施资产证券化等方式拓宽融资渠道。鼓励银行在完善风险定价的基础上，采用多种风险补偿手段，通过合法途径分享科技型中小企业的股权、选择权等权益，实现投贷联动。按照国务院统一部署，积极争取纳入投贷联动试点范围。

57. 积极发展文化金融。支持自贸试验区探索新的文化产品融资模式，鼓励开展版权、专利、方案等质押贷款业务。对资金需求规模较大的文化企业，通过银团贷款模式提供金融支持；小微文化企业通过产业基金、租赁、保理、众筹等渠道实现融资。拓宽融资租赁产品范围，允许试点将著作权、专利权、商标权、收费权等无形资产作为融资租赁产品。支持建立相应的无形资产信用评估、认证机构。

58. 建设区域性金融创新中心。加强与国外金融机构合作，建设国际金融合作区、金融创新园区、新型金融产业创新创业综合体及专业跨境金融服务中心。积极争取开展资本项目可兑换外汇管理改革试点，进一步简政放权、支持实体经济发展、促进贸易投资便利化。积极创建金融集成电路(IC)卡“一卡通”示范区。支持郑州建设国家促进科技和金融结合试点城市。

59. 强化对“一带一路”建设的金融服务。支持自贸试验区内企业“走出去”开展直接投资，鼓励境外机构使用人民币对内直接投资。鼓励银行业金融机构积极开展离岸人民币业务，支持境外机构开立境内人民币账户。加强风险保障服务，推动建立省“一带一路”政策性出口信用保险统保平台，对大型成套设备出口融资应保尽保，支持优势产业拓展海外市场，扩大出口信用保险规模和覆盖面。

60. 建立健全金融风险防控体系。建立对持有各类牌照金融机构的分类监管机制，健全符合自贸试验区内金融业发展实际的监控指标体系，完善金融监管措施，加强监管协调与合作，确保自贸试验区内金融机构风险可控。逐步建立跨境资金流动风险监管机制，对企业跨境收支进行全面监测评价。做好反洗钱、反恐怖融资、反逃税工作，防范非法资金跨境、跨区流动。建立健全自贸试验区金融消费者权益保护工作机制。

（七）着力构建产业支撑。发挥自贸试验区高端平台作用，吸引集聚一批龙头骨干企业，发展新技术、新产业、新业态、新模式，加快产业结构性调整，推动产业向中高端迈进。

61. 加快发展供应链物流产业。支持郑州片区建设国际物流中心，大力发展航空物流、快递物流、保税物流，构建国际、区域、城市三级物流网络体系，打造辐射东中西、连接境内外的物流通道枢纽，形成以多式联运为基础的覆盖中部、辐射全国、连通世界的国际物流体系。在航空货运枢纽机场、中欧班列（郑州）沿线中心城市，推动物流企业布局建设综合物流园区、保税仓、电子商务海外仓，开展境外货物集疏业务。支持优势企业在“一带一路”沿线国家拓展专业物流市场。构建与电子商务快速发展相适应的现代物流配送体系，建设中国智能骨干网郑州核心节点，打造全国快递中转集散中心和国际网购物品集散分拨中心。加快发展冷链、邮政快递、电子信息产品、医药、汽车及零部件、家居建材、农产品及农资等优势专业物流，建设一批具有区域影响力的物流集群。改造提升传统运输和仓储企业，支持发展第三方、第四方物流并培育发展一批具有较强竞争力的服务商，全面提升物流业与制造业、商贸业联动发展水平。

62. 大力发展智能终端产业。着力扩大智能手机规模，加快发展智能手机设计、研发、制造及应用服务，推动平板显示、高端屏组件、摄像模组、电池等零组件本地化生产，形成高世代液晶面板规模化生产能力。积极发展平板电脑、智能电视和可穿戴智能终端产品，研发智能车载、智能教育、移动医疗、移动执法等行业应用终端设备，建设全球重要的智能终端研发生产基地。

63. 持续发展装备制造产业。重点发展大型成套、现代农机、中高端数控机床等特色优势装备，积极发展轨道交通、节能环保等高成长装备，建设全国重要的智能装备制造基地。扩大节能与新能源汽车产业规模，建设具有国际竞争力的客车生产基地，提高中高端乘用车市场占有率，打造配套完善的纯电动汽车产业链，推动专用车产品创新发展，完善低速电动车规范运营机制。

64. 积极发展机器人产业。支持自贸试验区围绕汽车、机械、电子、危险品制造、国防军工、化工、轻工、食品饮料等领域需求，开发工业机器人、特种机器人、生产加工成套设备以及医疗健康、家庭服务、教育娱乐等服务机器人。依托机器人产业联盟，突破机器人精密减速器、伺服电机、传感器、控制器等关键零部件制造技术，加快关键零部件产业化，开发具备增强传感器、机敏性与智能的机器人，推动从工业机器人单机到成套智能制造装备和智能化生产线的升级，建设机器人及智能装备产业基地。

65. 支持发展新材料产业。支持自贸试验区发展新型功能材料和高品级超硬材料及制品，加快高强高模碳纤维研发和制品产业化。大力发展先进石化、光电薄膜、石墨烯、纳米等新型材料，突破高性能聚烯烃材料、大面积异形靶材薄膜材料、动力电池隔膜、氯碱离子膜等关键技术，提升高性能碳纤维规模化制备水平和下游复合制品延伸能力，推动电子功能材料产业集聚发展，建设全国重要的新材料产业基地。

66. 积极发展生物新医药产业。支持自贸试验区发展化学创新药、现代中药等优势产品，重点研发针对重大疾病的化学药高端制剂、生物技术药物，开展新结构、新靶点、新机制的创新药物研究，加快重大新药和疫苗创制，建成国内一流的新型医药产业基地。积极发展高端医疗器械，发展一次性高性能麻醉产品、微创手术器械、新型留置针、监护设备、自动检测设备等先进诊疗设备，研发药械组合产品。

67. 壮大农副产品深加工产业。做强面制品、肉制品等优势产业龙头品牌，扩大中高端冷链、配餐、休闲、保健饮品等高成长食品产业规模。大力开发新型安全、方便、营养、健康食品，重点发展速冻米面、调制食品、低温畜禽肉制品、乳制品、冷链果蔬食品及烘焙、糖果、饮料等主流休闲食品，研发冷鲜团膳食品、可微波套餐食品等方便食品，严把原料标准、质量安全、冷链物流等关键环节，打造全国最大的冷链食品研发生产基地。

68. 支持金融产业发展。壮大银行、证券、保险主体金融业，扩大“金融豫军”规模。规范和支持非银行金融机构发展，加强农村金融、消费金融、绿色金融、融资租赁、离岸金融等产品和服务方式创新，加快建设郑东新区金融集聚核心功能区，努力建成中原经济区金融机构及企业总部集聚中心、商品期货交易与定价中心、要素市场交易中心、金融后台服务中心和金融服务改革创新试验区。

69. 着力发展商务服务业。引进培育一批国家级、区域性品牌展会，巩固提升郑州区域性会展中心地位。促进广告、咨询、商务中介、人力资源服务等行业向“专精特优”方向发展。深化专业分工，创新服务产品和模式，加快发展与制造业联系紧密的研发设计、检验检测、节能环保服务、售后服务等服务业，引导生产企业加快服务环节专业化分离和外包。

70. 大力发展文化产业。围绕华夏历史文明传承创新区和全国重要的文化高地建设，发掘历史文化资源，激活传统文化，发展创意文化，提升文化产业核心竞争力。加快省文化改革发展试验区、文化产业示范园区建设，在自贸试验区内建设一批文化创意、动漫游戏、演艺娱乐、影视制作、文化科技等产业园区。大力发展数字出版、数字内容服务、移动多媒体、交互式网络电视等新兴业态，开发移动文化信息服务、数字娱乐等增值服务和产品。

71. 拓展提升旅游业。加快发展全域旅游，推进旅游与工业、物流、商贸、会展、文化、体育、医药等产业融合，充分发挥旅游业的关联性、渗透性和带动性。加强旅游购物业发展，增加旅游功能、注入旅游元素、完善基础服务、整合旅游资源，提升旅游业内涵和附加值。创新发展旅游服务业，促进大众化合理消费，发展智慧生活消费，开拓个性化品质消费，完善提升旅游综合要素，拉长产业链条，壮大旅游产业，争取将自贸试验区打造成为国家全域旅游示范区。

72. 促进国际医疗产业发展。积极吸引国际高端医疗企业和研发机构集聚，以健康检查、慢病治疗康复、中医养生保健、整形美容、先进医疗技术研发和孵化为重点，培育健康、健身、养生融合发展新业态。推动自贸试验区在医疗机构治未病服务项目纳入收费项目和确定收费标准等方面先行试点。鼓励社会资本在自贸试验区举办规范的中医养生保健机构。自贸试验区内医疗机构按照现行干细胞临床研究规定开展相关工作。

四、保障机制

(一)加强组织领导。河南自贸试验区建设领导小组及办公室要发挥组织领导、综合协调、督查评估等职能,定期研究解决重大问题,统筹推进自贸试验区建设和发展。省直有关部门和片区所在省辖市政府要把支持自贸试验区建设作为一项重要工作任务,抢抓发展机遇,制定切实措施,确保各项改革任务落实。

(二)强化组织实施。建立自贸试验区改革试点任务落实工作台账,定期通报工作进展情况。建立定期调度制度,对推进有难度、进展缓慢的事项进行协调。建立自贸试验区片区建设观摩制度,定期对各片区运行情况进行观摩调研。及时总结改革创新经验,对试点效果好、风险可控的经验成果,实施分类审查后复制推广。

(三)营造良好环境。做好自贸试验区改革创新政策举措解读工作,宣传自贸试验区建设新进展、新举措、新成效,引导和汇聚社会各界力量共同参与自贸试验区建设。建立创新容错免责机制,形成鼓励改革创新、宽容失败的制度政策环境,激发各类市场主体的积极性、主动性、创造性。

附件:中国(河南)自由贸易试验区总体方案改革试点任务部门分工表(略)

中国（四川）自由贸易试验区

2017 年 3 月 15 日，国务院正式批复设立中国（四川）自由贸易试验区（以下简称四川自贸试验区），并印发《中国（四川）自由贸易试验区总体方案》。

◎区域分布及概况

一、功能布局

自贸试验区实施范围 119.99 平方公里，涵盖三个片区：成都天府新区片区 90.32 平方公里（含成都高新综合保税区区块四〔双流园区〕4 平方公里、成都空港保税物流中心〔B 型〕0.09 平方公里），成都青白江铁路港片区 9.68 平方公里（含成都铁路保税物流中心〔B 型〕0.18 平方公里），川南临港片区 19.99 平方公里（含泸州港保税物流中心〔B 型〕0.21 平方公里）。

（一）成都天府新区片区

实施范围：成都天府新区片区总面积 90.32 平方公里（含成都高新综合保税区〔双流园区〕4 平方公里、成都空港保税物流中心〔B 型〕0.09 平方公里），范围涵盖三个区块：成都高新区区块 29.86 平方公里、天府新区成都直管区区块 26.45 平方公里、成都双流区区块 34.01 平方公里。

功能定位：重点发展现代服务业、高端制造业、高新技术、临空经济、口岸服务等产业，建设国家重要的现代高端产业集聚区、创新驱动发展引领区、开放型金融产业创新高地、商贸物流中心和国际性航空枢纽，打造西部地区门户城市开放高地。

1. 成都高新区区块。依托环球中心、新会展中心、天府软件园、菁蓉国际广场、新川创新科技园及新南天地商圈、金融总部商务区等，重点发展新一代信息技术、生物医药、科技服务、研发设计等高新技术产业和金融服务、高端商业、服务贸易、融资租赁、跨境电商、文化科教、总部经济等现代服务业。在国际创新产业园合作、金融改革创新、社会治理现代化等方面率先突破，建设全球贸易、投资和技术合作综合服务平台，打造全球科技园区自由贸易投资合作枢纽。

2. 天府新区成都直管区区块。依托成都科学城、天府商务区、国际基金小镇三个区域，形成产业特色突出、全域创新开放的互动发展格局。成都科学城以创新创业为核心，重点发展新一代信息技术、智能制造、生物医药等产业；天府商务区重点发展总部经济、会展商务、跨境电商、保税商品展示、文化创意等产业；国际基金小镇重点发展股权投资基金、互联网金融、科技金融等新兴金融产业，力争建成制度新区，产业新城。

3. 成都双流区区块。依托双流国际航空枢纽和高新综合保税区，重点发展航空枢纽服务、通用航空、航空制造与维修、航空物流、跨境电商等临空产业和加工贸易、商品展销、融资租赁（飞机租赁）、检测维修、仓储物流、国际文化、电子信息配套等保税产业，打造营商环境优越、投资贸易便利、监管高效便捷、创新创业活跃、产业实力雄厚的内陆自贸发展引领示范区。

（二）成都青白江铁路港片区

成都青白江铁路港片区总面积 9.68 平方公里（含成都铁路口岸保税物流中心〔B 型〕0.18

平方公里），拥有货物吞吐量居全国第一位的铁路集装箱，依托从中欧中亚班列之势打通直通直达（德国、波兰、荷兰、欧洲、哈萨克斯坦等）欧洲、中亚国家的铁路货运大通道，重点发展国际商品集散转运、分拨展示、保税物流仓储、国际货代、整车进口、特色金融等口岸服务业和信息服务、科技服务、会展服务等现代服务业，打造内陆地区联通丝绸之路经济带的西向国际贸易大通道重要支点。

（三）川南临港片区

川南临港片区总面积 19.99 平方公里（含泸州港保税物流中心〔B 型〕0.21 平方公里），处于川滇黔结合部和长江经济带上游，是区域性航运物流中心和成渝城市群南向开放、辐射滇黔的重要门户。依托铁水联运、通江达海的长江优势，打造了年吞吐能力 100 万标箱的四川第一大航运港——泸州港。重点发展航运物流、港口贸易、教育医疗等现代服务业，以及装备制造、现代医药、食品饮料等先进制造和特色优势产业，建设成为重要区域性综合交通枢纽和成渝城市群南向开放、辐射滇黔的重要门户。

二、战略定位

以制度创新为核心，以可复制可推广为基本要求，立足内陆、承东启西，服务全国、面向世界，将自贸试验区建设成为西部门户城市开发开放引领区、内陆开放战略支撑带先导区、国际开放通道枢纽区、内陆开放型经济新高地、内陆与沿海沿边沿江协同开放示范区。

三、发展目标

经过三至五年改革探索，力争建成法治环境规范、投资贸易便利、创新要素集聚、监管高效便捷、协同开放效果显著的高水平高标准自由贸易园区，在打造内陆开放型经济高地、深入推进西部大开发和长江经济带发展中发挥示范作用。

◎建设措施与成效综述

四川自贸试验区积极按照中央确定的“四区一高地”战略定位，把自贸试验区建设作为奠基四川长远发展格局、推动全面开发开放的“引领性工程”加以推进。自 2012 年 4 月 1 日挂牌以来，各项工作有力有序推进。

一、上下贯通、部门联动的高效机制初步形成

建立领导小组把关定向、成员单位各司其职、片区管委会守土有责的“三级联动”组织架构，形成上下贯通、齐抓共管的工作格局。省级层面成立以省长为组长的自贸试验区推进工作领导小组，同时在省商务厅挂牌成立四川自贸试验区工作办公室（四川自贸办），省政府分管省长任四川自贸办主任，省商务厅厅长任常务副主任，并增设一名专职副主任和三个处室。成都区域形成领导小组牵头管总、管委会统筹协调、4 个落地区为主体、8 个功能组为支撑的“148”推进机制；川南临港片区与龙马潭区政府、长江经开区统筹分工，实现了“市区一体、三区合一”。制订自贸试验区《管理办法》《实施方案》等重大纲领性文件，构建“清单制 + 责任制 + 督查制”管理模式，编制改革试验任务清单。片区管委会制订地方事权任务分工表，改革事项“一月一检查，一季一评估”。

二、现代政府治理能力加快提升

首批 33 项省级管理权限已下放到自贸试验区各片区，“首次进口非特殊用途化妆品行政许可”等 99 项“证照分离”改革试点有序推进。天府新区设立城市管理和市场监管局，相对集中城市管理、工商行政管理等领域的行政处罚权；高新区成立环境保护与城市综合管理执法局；川南临港片区成立行政审批局，集中办理行政许可 371 项，审批效率提高 80%，16 个市场监管部门进驻“事中事后综合监管”平台。双

流、青白江区“企业投资项目承诺制”改革试点积极推进，项目开工前审批时间由197天缩短为60天。省市共建社会信用评价体系，升级公共信用信息共享平台，实现信用信息“一站式”查询服务。建立中国贸促会四川自贸试验区服务中心等4个中心，打造O2O法律协同服务平台，融合调解、仲裁、公法检、律师公证等综合法律服务。

三、双向投资管理取得突破

大力推进准入前国民待遇加负面清单模式改革，外商投资企业备案与工商登记实现“一窗办理”，99%以上的外商投资企业实行备案管理，备案材料减少90%以上。建立对外投资合作综合服务平台，加强境外资产和人员安全风险预警和应急保障体系，探索开展知识产权、股权、应收账款、订单、出口退税等抵质押融资业务，推动企业用好“内保外贷”等政策。引资、引技、引智相结合，成都区域顺丰无人机总部基地、国家生物医学大数据产业园、国际飞机发动机保税维修基地、马来西亚国家馆、智能终端全产业链项目相继入驻。2017年认定外籍高层次人才212人，吸纳19名优秀外籍高校毕业生就业。

四、贸易监管服务成效明显

大力推进国际贸易“单一窗口”标准版试点，注册企业报关率100%。创新推出国际会展检验检疫监管新模式，对会展入境参展展品实施优先受理、检疫为主、口岸快速验放、免于检验、闭环监管的便利化措施，有力支持四川会展经济发展。推进通关便利化，首创海关注册“互联网+”平台上线营运，探索共同查验、“信任通关”模式，打造“零费用”口岸，成都关区进口、出口平均通关时间较2016年分别压缩53.5%和49.6%，通关效率分别居全国42个关区的第3、第8位。推动服务贸易创新发展，加强对欧贸易、投资、技术合作，“中国—欧洲中心”启动运行，已有超过150家机构签约。大力培育发展飞机融资租赁、保税维修研发、文化和版权贸易、跨境电子商务等外贸新业态。出台支持自贸试验区外籍人士、商务人员出入境“15项便利化措施”，港澳团队旅游二次签注时间从5个工作日压缩到两分钟。

五、金融开放创新稳步推进

依托中欧班列探索多式联运“一单制”，创新基于提单的金融模式，构建国际物流与国际贸易新规则。在银行间市场发行全国首单“双创债”，以投贷联动方式为双创企业提供政策性投资扶持。创新推出飞机预付款融资、对外保函开立、跨境直贷等金融业务产品。降低跨国公司总部外汇资金集中运营业务门槛，西部首个航空公司总部外汇资金集中运营管理资金池正式落地。扩大融资租赁业开放，探索建立融资租赁企业设立和变更的备案制度，出台支持金融机构入驻、融资租赁产业发展的实施办法。构建金融科技创新发展生态链，新入驻金融机构已有340家。开展银行业矛盾纠纷多元化解试点，设立四川银行业纠纷调解中心，有效节约行政和司法资源。天府国际基金小镇以“信用监管”为核心，充分运用云平台、大数据，创新园区社会共治新模式。川南临港片区围绕原酒产业设立30亿元人民币股权投资基金，创建国内首个成熟的酒类基金。截至2017年底，区内外资银行促进跨境业务853笔，涉及金额66.9亿元人民币。四川首家民营银行四川新网银行落户。天府（四川）联合股权交易中心在川南临港片区设立分中心。

六、内陆与沿海沿边沿江协同开放纵深探索

围绕贯彻落实习近平总书记关于四川要“融入‘一带一路’建设、长江经济带发展等国家战略，推动内陆与沿海沿边沿江协同开放，打造立体全面开放格局”的重要指示精神，自贸试验区深入开展差异化探索，大力实施内陆与沿海沿边

沿江协同开放战略，打造区域协同发展新引擎。深化“3 区 +N 园”模式创新，开展宜宾临港经开区参与川南临港片区协同改革专项行动，探索国家级经开区率先协同试验新模式。多维度多层次推动内陆与沿海沿边沿江协同开放，建立川粤自贸试验区合作机制，与全国 17 个城市首创开展政务服务异地互办合作，与乌鲁木齐、兰州、西宁开展中欧班列集拼集运联动试验，与昆明等城市共建无水港。依托 3 个片区“临空、临铁、临江”叠加优势，构建空、铁、公、水有效衔接的交通物流体系，大力提升互联互通水平，打造立体全面对外经济走廊。

◎创新成果案例

1 入境维修再制造监管新模式

四川检验检疫局在四川自贸试验区内实施入境维修再制造产业监管服务制度创新，制定了《四川自贸试验区及海关特殊监管区入境维修／再制造用途机电料件监督管理工作规范》，做到便捷通关、提升效率。

（一）主要做法

1. 全方位能力评估

对企业的维修再制造能力、质量安全保证能力和环保处置能力进行全方位的能力评估。对通过能力评估的企业，准予开展入境维修再制造业务，并免于境外装运前检验和产成品质量验证。

2. 差别化管理创新监管模式

对入境维修再制造料件的口岸查验实施差别化管理，优化流程提速增效。低风险维修品实现即报即放，有视频监控条件的实施“先理货、后报检、全程信息化监控卫生处理”的创新监管。

3. 围绕重点实施动态监管

强化维修再制造过程中涉及安全、卫生、环境保护等项目的监管，确保过程可控，确保维修再制造产成品质量达标后方可检验出厂。

4. 加强宣传协作形成合力

主动加强与发改、商务、经信、环保等部门开展协作，形成监管合力。

（二）实践成效

1. 缩短了通关时间

实施“先理货、后报检、全程信息化监控卫生处理”的检验监管创新模式，入境维修再制造料件通关时间可缩短 1—2 天。

2. 降低了运营成本

支持入境维修苹果平板电脑的全球理货中心由香港转移至成都，平均每台大约节省 1 元钱，按年维修量超过 100 万台估计，创新监管模式的实施每年能为企业节约 100 多万元人民币。

3. 增加了维修产能

2017 上半年，入境维修苹果平板电脑 1 625 批，42 万台，货值 2 105.3 万美元，同比增加 59.6%。

2 “互联网 + 工商登记”

四川省工商局把全面实施企业全程电子化登记作为四川省深化商事制度改革的创新举措。2017 年 6 月 27 日，四川省企业全程电子化登记管理系统（以下简称“全程电子化系统”）在全省范围内正式上线，首张通过全程电子化系统登记的营业执照于 6 月 28 日发出。

（一）主要做法

1. 组织开展专家论证

召集省高院、省法制办和高校学者、法律顾问等专家，对全程电子化登记涉及的法律问题等进行论证，确保企业全程电子化登记的真实性、合法性、有效性。

2. 加强部门数据对接

与公安厅、住房城乡建设厅对接系统，实现部门间互联互通、数据共享，让企业少跑路。同时，强化与省政务服务和资源交易服务中心等省级部门协作联动。

3. 运用需求问策企业

以企业需求为导向，召开企业全程电子化登记系统演示座谈会，收集企业的感受及建议，从企业便利化角度出发，进一步优化完善全程电子化系统的流程设计。

4. 身份认证联网核查

在全省范围创新实施以公安“人脸信息比对”为核心的注册申请人身份认证机制，提高工商办照的真实性，避免身份证被他人冒用骗取登记等违法现象发生。

5. 住建“定位”住所信息

在全国率先建立与住建部门信息平台联网建立“工商—住建”住所（经营场所）信息联网核查机制，最大限度地提升了准确性和申请人使用的便捷性。

（二）实践成效

1. 足不出户不跑路，降低企业出生成本

全程电子化系统上线运行后，实现全程网上申请、网上受理、网上审核，整个登记流程“无纸化”，申请人与受理审核人员“零见面”，申请人足不出户、身在异地皆可办理登记业务，真正做到“零跑路”。

2. 智能引导五步办照，提升工商登记效率性

使用全程电子化系统申请人只需身份认证、填报资料、智能生成材料、电子签名、快递领照等五步即可轻松办照。

3. 线上线下“双轨融合”，方便企业自主选择

全面清理、开放名称库，已实现企业网上名称核准办理，并推行线上线下登记“双轨融合”模式，由申请人自主选择窗口登记或全程电子化登记模式，满足企业便利化需求。

3 四川银行业矛盾纠纷多元化解试点

在银监会的统一安排部署下，四川积极探索建立金融消费纠纷多元化解机制，设立了四川银行业纠纷调解中心（以下简称调解中心）。该中心主要负责登记、受理、调解银行业消费纠纷、金融知识普及宣传教育、研究咨询、培训等。成立以来，调解中心立足于“为消费者减忧，为银行业减难，为政府部门减压”的职能定位，稳步推进银行业纠纷调解工作取得良好成效。

（一）主要做法

1. 建立机制有效运行

一是建立组织架构。调解中心是经四川省民政厅批准成立的民办非企业单位，由四川省银行业协会发起成立，业务主管单位为四川银监局，同时接受民政厅的监督管理。有 88 名来自辖内各银行业机构的兼职调解员。二是建立经费来源机制。调解中心作为第三方机构和处理银行业消费者与银行业机构纠纷的平台纽带，经费来源主要是辖内银行业机构交纳服务费，按照“以支定收”的原则按年度收取。三是健全工作机制。制定《四川银行业纠纷调解中心调解规程》等 9 项重要制度，基本做到了工作的严谨规范和有章可循。纠纷调解原则上在受理后的 30 个工作日内完成。

2. 加强合作诉调对接

四川银监局与四川省高级人民法院共同签署《四川银行业纠纷诉讼与调解对接工作机制的合作备忘录》，明确建立调解中心调解、人民法院立案前委派调解、立案后委托调解、诉中邀请调解等诉调对接机制，调解中心作出的具有民事权利义务给付内容的调解协议，经司法确认后具有司法强制执行力。

（二）实践成效

有效化解了银行业矛盾纠纷。截至 2017 年 9 月，调解中心受理银行业纠纷投诉 178 件，涉及银行业机构 20 余家，涉及金额 6 800 万元，调解成功率 92.45%，有效促进了银行业机构与消费者和谐关系建设。有效节约行政和司法资源。四川银监局与成都中院、高新区法院就调解中心诉调对接落地机制正加快制定实施细则。

4 中欧班列多式联运“一单制”

我国中欧班列签发的运输单证为铁路运单，存在着运单格式不统一、不能作为物权凭证、无法用于信用证结汇等问题，导致企业资金压力加大，融资难度加深，制约中欧班列（成都）从运输通道向贸易通道的转变。成都青白江铁路港片区探索采用多式联运提单的方式解决中欧班列货物融资问题，打通节点障碍，更好地服务于广大客户和“一带一路”建设，并为今后建立基于国际铁路联运的运输规则和贸易规则奠定基础。

（一）主要做法

成都青白江铁路港片区在国际铁路联运运单基础上，创新提出基于国际铁路联运的多式联运提单，并实现铁路运单和提单的有效衔接。通过创新多式联运提单的使用，探索中欧班列货物运输“一次委托、一口报价、一单到底、一票结算”，并通过与金融机构合作，实现多式联运提单的金融功能，增强中欧班列（成都）的竞争力。2017年4月，成都青白江铁路港片区签发了国内首张中欧班列多式联运提单，长期以来存在的铁路国际联运单证物权问题得到突破性解决。本张提单由成都国际陆港运营有限公司与中国银行锦江支行合作，荷兰OOSTMANNGROEPB.V公司作为发货人，成都蓉欧德源供应链管理有限公司作为收货人。4月6日，荷兰OOSTMANNGROEPB.V公司发往成都的两台轿车搭乘中欧班列（成都）从蒂尔堡出发，与成都收货方首次采用了多式联运提单作物权质押，信用证结算方式。也就是说，从货物离站时起，发货方荷兰OOSTMANNGROEPB.V公司即可凭信用证到中国银行法兰克福支行申请议付，将收款周期提前了20天左右，改变了过去通过铁路班列运输，需要在收货方确认收货后才能收到货款的历史。

具体操作流程如下：

第一步：开证行开证，以提单作为议付凭证。收货方到银行开证，并将陆港公司出具的多式联运提单作为信用证议付条件。

第二步：签发提单。陆港公司与发货客户约定欧洲端交货地点，收到货物检查无误后，向发货客户签发多式联运提单，货物由公司全程运输及在途监管。

第三步：提单议付。发货客户收到提单后到开证行境外分支机构申请议付。

第四步：中欧班列运输及在途监管。陆港公司组织装箱，代客户向班列公司订舱，并与班列公司合作对货物全程监控。

第五步：提单赎单。收货方到开证行支付余款赎单。

第六步：提单提货。收货方凭正本提单到陆港公司申请提货，陆港公司核实后放行。

第一单签发后，陆港公司联合金融机构不断创新提单金融服务模式，陆续推出了银保联合体、银担保联合体、引入开证公司三种基于提单的金融服务模式，目前已试运5单用于平行车进口贸易业务，下一步将拓展到肉类、木材等领域，逐步扩大多式联运提单的使用范围。

（二）实践成效

1. 解决外贸交易便利性问题

通过提单将货物的交易变成单证的交易，实现物权质押、信用证结汇等功能，利用陆港公司多式联运提单作为媒介，打造成都国际铁路联运外贸提单系统、信用证体系，提高单证运转效率、减少单证传递手续。

2. 突破铁路运输单证物权限制

陆港公司依靠完善自身物流资源实现对货物的全程监控，并通过与金融机构合作，实现多式联运提单的物权质押功能，通过提单解决中小外贸企业的融资问题，促进自贸试验区平行进口车等重点进出口贸易发展。

3. 探索国际物流贸易新规则

在结合既有国际规则以及贸易条款的基础上，制定以多式联运提单为牵引的规则规范，研究推进依托中欧班列等陆路国际多式联运方式的贸易结算规则，提升四川和成都在“一带一路”战略中的影响力。

5 中小科技企业“双创债”新模式

“融资难、融资贵”是初创期小微企业最为困扰的问题，小微科技型企业的背景让其自带“高风险”属性，依托互联网的商业模式更让它们具有轻资产估值难的特点，大多数商业银行由于担心高风险易导致坏账损失，一般都会拒绝向这些小微企业提供贷款。成都高新区积极探索创新创业资本供给模式，于2017年5月8日在银行间市场，以高投集团为主体发行全国首单双创专项债务融资工具。

（一）主要做法

1. 明确资金用途

成都高新投资集团有限公司是“双创债”的发行主体，本次成都高投双创专项债务融资工具注册于人民银行下属中国银行间债券市场，注册金额10亿元人民币，其中3亿元人民币用于偿还双创园区建设的银行贷款，6亿元人民币用于孵化项目建设，1亿元人民币分散用于11个创新型企业股权投资，包括生物医药、高端装备制造、互联网软件开发、节能环保等国家战略性新兴产业。首期发行5亿元人民币，期限5年，发行利率5.6%，定向投资人共7家，国家开发银行为主承销商，成都银行作为联席主承销商。

（1）双创类项目：发行人用于支持双创企业发展的基础设施项目建设等；

（2）双创类投入：可用于发行主体投资双创企业股权或对双创企业发放委托贷款；

（3）偿还银行贷款：可用于归还发行主体前期为投资双创企业向金融结构借款。

此外协会也允许募集资金部分用于补充发行人营运资金，即原材料采购或置换他行流动资金贷款（原则上不超过30%）。

2. 成都高投集团利用自身实力，成为双创企业融资平台

本次“双创债”的发行过程中，高投集团选择了直接对双创企业进行股权投资的方式注资。直接投资企业股权，相比以前的债券是一种比较大的突破。交易商协会现在把债券资金引用到双创工作上来，是一个重要的渠道建设，也是重大创新。债券期限相对较短，但是股权期限较长，可达到10—20年甚至更久。在进行“双创债”改革以后，高投集团作为中小企业融资平台，扩展了中小企业的融资渠道，这是一项制度性的突破。

（二）实践成效

1. 资金来源首创

本次“双创债”发行是银行间市场首次直接支持地区双创工作，打开了银行间市场资金进入双创企业的渠道，金融资本与实体双创企业进行了对接，对推动成都高新区创新驱动发展和助力地区经济转型升级具有十分重要的意义。

2. 资金用途灵活

本次“双创债”发行创新性地允许将募集资金通过委托贷款或股权投资的形式支持成都高新区双创企业发展，可以投贷联动的方式对双创企业进行政策性投资扶持，有效地将金融体系的资金导入实体经济，加强了创新资源供给。

3. 发债主体优化

此前，沪、深交易所市场试点的“双创债”均以双创企业为发债主体，由于双创企业经营风险高、信用评级低、发行规模小，难以大规模推广。本次“双创债”发行主体选择信用等级较高、园区经济发展态势良好、长期支持“双创”企业融资的园区开发平台，有效调动市场积极性，降低债券发行成本。

4. 风控手段创新

本次“双创债”发行拟建设的双创载体与拟支持的双创企业均需申报银行间市场交易商协会并向投资者公开，由市场来判断相关投资是否合理，风险是否可控，成都高新区对企业培育和产业扶持的投入方式进一步实现了市场化、金融化和杠杆化。

6 金融集聚区"社会共治"大监管试点

天府新区片区在天府国际基金小镇（以下简称"基金小镇"）开展以"信用监管"为核心的社会共治大监管试点，以信用监管、柔性警示和精准服务为特色，园区主动靠前监管，政府治理提供支撑，形成了园区社会共治的基本框架，为其它园区开展社会共治提供了较为典型的案例。

（一）主要做法

预判审批制度改革和事中事后监管改革走势，强调统筹协调的改革思路。同步推进以"信用监管"为核心的全面监管改革，构建"一处失信，处处受限"的社会共治大监管格局。

以基金小镇为例，探索构建园区社会共治大监管体系。园区主动靠前监管，政府治理提供支撑，形成园区社会共治框架。

（二）实践成效

基金小镇已逐步形成天府新区自贸试验区管理局（政府管理方）、企业（金融市场）、专家及行业协会（行业监督方）及基金小镇（运营方）四方主体共治的格局。

1. 云平台、大数据助推"信用监管"

建设区域私募基金信息披露、资本项目对接、信息发布、风险防控的"创富天府云平台系统"。引入了专业的"基金管家"，从企业入驻到入驻后运营，进行全流程跟踪服务，保持与企业的长期联系，开展内部常规性实地巡查，对长期未经营的入驻企业，协助政府监管部门进行吊销、注销处理。

2. "柔性警示"管控金融风险

基金小镇以第三方名义开展"柔性警示"。借助创富天府云平台系统发现企业经营中的违规风险，基金小镇将组织开展对企业的提醒和警示。进行从业人员资格核查和实际办公情况核查，对长期未经营的入驻企业，协助政府监管部门进行吊销、注销处理。

3. 建设投融对接功能，实现对企业更精准服务

基金小镇创富天府云平台系统建设了投融对接功能板块，利用大数据标签化基金机构与融资项目，撮合最匹配的投融双方对接。

7 知识产权刑事案件"双报"制度

高新区检察院把知识产权保护作为服务高新自贸试验区建设的重要着力点，不断拓展和提升检察机关保护知识产权的思维和能力，构建知识产权刑事案件公检双报制度。

（一）主要做法

1. 建立知识产权保护"三个小组"，构建专业化办案组织

高新区检察院成立了服务高新区知识产权强区工作领导小组，下设知识产权工作小组、办案小组。形成了刑事、民事、行政"三检合一"的检察一体化保护知识产权机制，办理辖区内侵犯知识产权重大刑事案件和检察案件。对于未立案的，办案小组就将督促公安机关展开初查，经过初查，如果符合立案条件，就将立案进入侦查程序。在侦查环节，办案小组将进行引导侦查。同时，也会对侦查活动进行法律监督。这样，检察机关提高了取证质量，破解了知识产权案件"取证难"的问题。

2. 首创知识产权刑事案件"双报制"、知识产权保护"邮路"

高新区检察院和邮政公司通力合作，在全国率先建立了"检察机关知识产权保护邮路"，实施知识产权刑事案件公检"双报制"。邮路的建立把"事后"变"事前"。事主在向公安报案的同时，即可联系检察院。通过这样的方式，检察院的引导侦查职能能够进入公安机关的办案初查阶段。

3. 扩大知识产权刑事案件公检双报制度宣传

以 2017 年“4·26 世界知识产权日”为契机，高新区检察院推出了知识产权保护形象大使“高小智”，正式启动、发布了知识产权刑事案件“双报制”和知识产权保护“邮路”。

4. 与法院“升级”合作，提升保障质效

积极加强与法院沟通协作，共同提升服务自贸试验区的司法保护水平。2017 年 6 月 15 日，高新区检察院与高新区法院会签《关于加强知识产权司法保护若干问题的会议纪要》，建立了联席会议机制和特定案件旁听、支持起诉制度，搭建了电子卷宗查询平台，实现了专家库、鉴定机构名录、数据库等专业资源共享。

（二）实践成效

服务自贸试验区企业，取得良好效果。知识产权刑事案件“双报制”实施以来，高新区检察院共收到 2 家信息企业的“双报”资料，均为侵犯商业秘密案件。收到案件“双报”资料后，高新区检察院知识产权办案小组及时跟进，提前介入引导侦查。现 2 起案件尚处于案件初查环节。

8 发票领用新模式

成都市国税局多措并举，创新税务服务，基本形成“网上申领、快递配送、自助自提”的发票领用新模式，同时在强化服务、提升效率、加强监管等方面形成了一套创新制度和做法。2016 年 5 月 17 日，成都市国税局全面推行该项目。

（一）主要做法

专人专岗。设置专人专岗，负责后台审核、线下配票、设备维护、数据统计等涉及网上申领发票的相关事宜；负责联系第三方公司、物流公司，确保有效获取平台技术支撑，确保发票及时配送。

自助提领、物流到家。强化自助提领，变“排号领”为“自助提”。强化物流辅助，变“上门领”为“送到家”。在大成都范围内实现了“上午揽件、下午送达”。

多渠道宣传推广。梳理网上申领发票操作流程，印制宣传资料，发布信息，方便纳税人学习使用。

实名制与人脸识别系统相结合。引入“人脸识别系统”，在企业首次办理税务登记时，对企

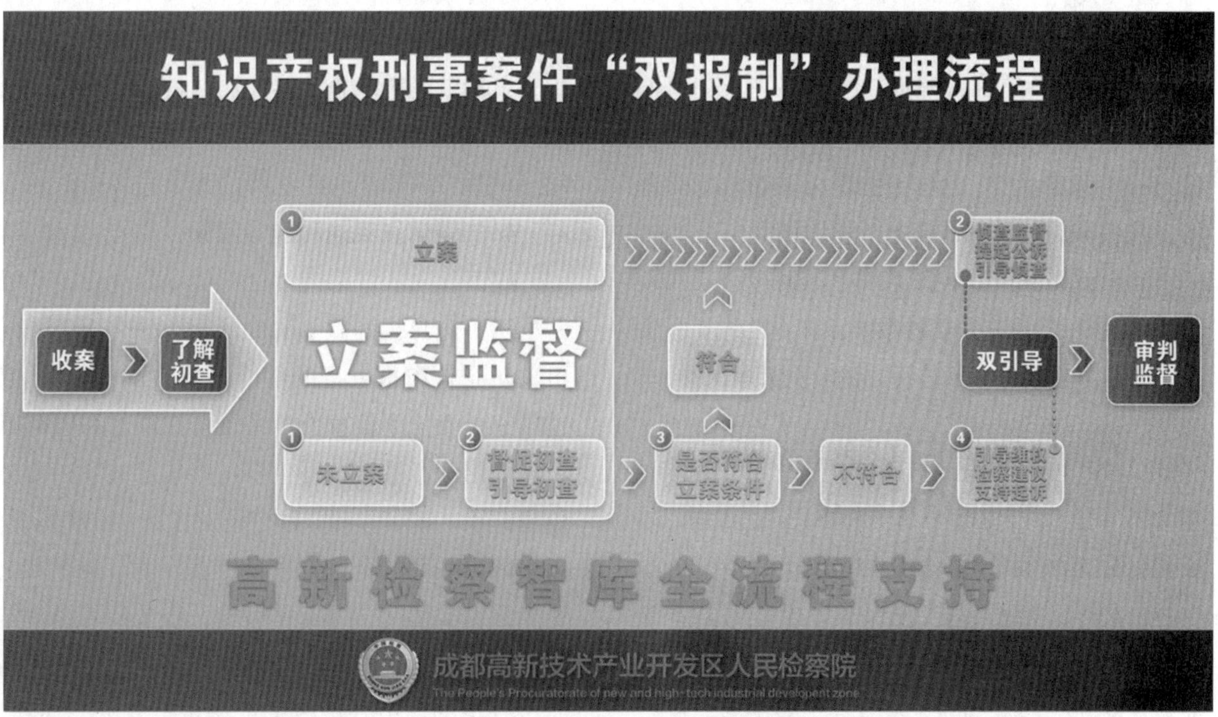

业法人、财务负责人、办税人员除了在系统中录入身份信息外，还将进行人脸头像采集，与身份信息捆绑。将双验证的结果纳入诚信管理系统。

（二）实践成效

风险控制有力。在为纳税人提供便捷服务的同时，注重从强化事前审核、严格事中事后监控等方面进行税收风险控制，做好发票风险管理工作。

办理方便快捷。纳税人申请发票形式多样，真正实现网上轻点鼠标、足不出户办理业务的“非接触式服务”。

服务指引全面覆盖。一是优化办税大厅功能区规划，做细线下辅导。二是立足需求导向，做精线上宣传。

减负缓堵成效明显。成都市国税局自 2016 年 5 月 17 日全面推行该项目以来，截至 2017 年 5 月底，共有 49 台自助办税终端设备，可实现纳税申报、发票认证、发票验旧、发票领用、发票代开等涉税业务的自助办理，开通网上申领发票业务的纳税人达 6 万余户，通过网上、自助机办理发票申领的纳税人共计 26 万余户次，申领份数逾 1 239 万份，受到纳税人广泛好评。

内外协同效应明显。成都市国税局既对内“发力”，对现有的内部资源进行整体提升，又向外“借力”，对分散的外部资源进行整合运用。通过与技术服务单位、第三方物流公司等单位的合作，有效拓展非接触式服务的覆盖面。

人脸识别风险管控效果明显。通过引入“人脸识别系统”，成都市国税系统已基本杜绝了不法分子盗用身份证件虚开公司、盗领发票等现象。

9 企业住所（经营场所）申报登记模式

为打造更为宽松的投资软环境，降低住所（经营场所）登记门槛，2017 年 7 月，四川自贸试验区在高新区、天府新区、青白江区、双流区开展了住所（经营场所）申报登记制改革。通过“放、管、服”配套改革，进一步降低创业成本，释放市场资源，激发社会创造力。

（一）主要做法

1. 实现住所形式选择多样化

申请人根据自身实际，可以自由选择将实际经营地址、托管机构地址、工位编号地址等信息作为住所（经营场所）进行申报，自主决定按照集群注册、“一址一照”“一址多照”“一照多址”等方式申请办理注册登记。同时，首创推出邮政通信地址作为企业住所改革，允许申请人以邮政部门赋予编号的邮箱信息作为企业住所申报，充分降低企业经营成本，助力“宽进”零门槛。

2. 创新住所信息申报登记制

在自贸试验区范围内实施住所（经营场所）信息申报登记制，申请人办理注册登记时，只需填报《企业住所（经营场所）信息申报登记承诺书》，承诺住所（经营场所）不属于场所禁止性规定（即负面清单）范畴，免于提交场所使用手续和相关权属证明。

3. 推行住所负面清单管理

认真梳理住所（经营场所）管理相关法律法规，结合成都青白江铁路港片区发展定位及实际情况，梳理制定住所负面清单，申请人在注册登记时自动就场所的合法性、有效性、真实性做出承诺。结合法律法规修订，对场所负面清单实行动态调整，明确了自由选择的最大边界范围。

4. 加强信息互通和监管互助

成都青白江铁路港片区对建立企业住所（经营场所）监督机制做了明确规定。一方面，登记机关对企业申报登记的住所进行“双公示”，依托国家企业信用信息公示系统（四川）和成都市公共信用信息系统，强化部门间信息共享和社会监管。另一方面，对通过登记的住所（经营场所）无法取得联系的企业，或者根据投诉举报查实企业隐瞒真实情况、弄虚作假的，依法列入经营异常名录，对提交虚假材料骗取企业住所（经营场所）登记的，由登记机关依法进行查处。规划、城建、国土等部门也将按照职责分工，加强对企业住所（经营场所）的事中事后监管。

（二）实践成效

1. 住所（经营场所）选择多样化，大幅降低企业创业成本

企业申请人可以根据自己的实际情况选择多种住所形式（实际经营地址、邮政通信地址、托管机构地址、工位编号地址），并签订住所登记承诺书获得监管部门的认可。第三方机构通过集群化和集约化的住所登记服务大幅降低了高新技术产业、现代服务业等对经营场所需求不高的企业的经营成本，彻底解决了令企业头痛不已的“找家难”问题。

2. 住所负面清单管理机制体现监管和服务一体化

住所负面清单管理机制强化了市场监管的针对性和可预期性，同时住所负面清单机制也凸显了“法无禁止即可为”，使得创业企业可以结合自身具体状况申报住所和经营场所。

3. 有利于促进信用体系建设

改革之后，更加注重运用信息公示、信息共享、信用约束等手段构建统一的市场信用信息公示系统，完善信用约束机制，增强企业的信用意识，推进全社会政务诚信和商务诚信体系建设。

10 “一窗通办”智能法律协同服务平台

法律协同服务平台是自贸试验区以建设法治化营商环境为目标构建的政府机构、社会以及有关部门共建共享、线上线下、协同运行的法律服务平台。2017 年 11 月 21 日，川南临港片区、泸州市司法局、泸州市商业银行签定了“法 e 通”APP 三方战略合作协议，这标志着川南临港片区的“一窗通办”智能法律协同服务平台将开启以企业用户体验为中心的移动服务 2．0 时代。该平台系四川自贸试验区首个融合调解、仲裁、公法检、律师公证的综合法律服务平台，为自贸试验区内企业提供专业化、系统化、全覆盖的法律服务。

（一）主要做法

1. 构建线上线下一体化的工作格局

线下设立法律协同服务平台服务窗口。在自贸试验区设立法律协同服务平台窗口，配置专职、兼职工作人员。实行线下“一窗受理”，对到自贸试验区现场咨询法律问题或者提出法律服务需求的，实行“一口接件”，对能够现场解决的立即解决。对不能立即解决的，分流至协同单位，转入线上。

线上建立法律协同服务平台网站窗口。在自贸试验区官网开设法律协同服务平台窗口，内设“法规服务”“咨询服务”“仲裁服务”“调解服务”“诉讼服务”“公证服务”“监督服务”“安保服务”八大版块，办事企业点击每个版块，相应的弹出每个版块的服务内容。

2. 主服务平台和协同服务平台互联互通

主服务平台建枢纽。将线下法律协同服务平台服务窗口和线上法律协同服务平台网站窗口作为法律服务的主服务平台。主服务平台主要有两项业务：一是提供咨询类服务；二是按照“枢纽 +”思维，最大限度统筹共享全国甚至全球优质法律服务资源，并形成协同办理服务保障机制。

协同服务平台办业务。与各协同服务机构签订合作协议中，明确各协同服务机构需在其网站业务办理服务平台增加专门的“服务自贸”板块，并享有优先处理权限，为企业和群众寻找所需求的法律服务提供便利。

3. 全法律服务主体、全链条、全周期的“三全”模式

推进建立“全法律服务主体”。目前，协同服务单位的司法机关包括龙马潭区法院、检察院、公安分局、司法局，社会机构（包括 7 家律师事务所、1 家公证处），已经达成协同意向的单位有四川大学、泸州市仲裁委、西南医科大学、四川警察学院等。

推进建立法律服务“全链条”。对于任何法律风险和法律纠纷，企业在任何时段、节点提出的法律需求，理论上平台上均有法律资源同其对接，避免了单一法律资源单打独斗的问题。为此，平台将协同更多的单位和个人，努力为自贸试验区企业提供“全链条”的优质高效司法服务和法律保障。

实现法律服务“全周期”。针对每一件具体的法律风险和矛盾纠纷，实行从初端到中端再到末端的全周期化解。

（二）实践成效

1. 实现“一站式”法律服务

法律协同服务平台按照“窗口化、综合性、一站式”模式，以智能化、互联化、物联化为方向，使企业在一个办事服务窗口，就可以享受各项法律服务，形成了部门联动的公共法律服务供给模式，推进法律服务信息化与智慧城市、服务型政府建设深度融合。

2. 建成开放性优质共享服务平台

通过法律协同服务平台的建设，打造法律服务共享综合体，实现线上“统一收件、内部流转、限时办结”的模式，使自贸试验区的企业和群众足不出自贸试验区，就可以享受到平台提供的法律服务。通过“法润龙马潭”微信公众号开设法律平台，为企业普及自贸试验区相关法律，营造知法、守法、学法、用法的法治环境。

3. 形成多部门协同高效法治格局

一是在线下窗口平台搭建企业与公检法司法机关视频互动窗口。二是平台建立与区法院、区检察院网上平台业务对接机制，实现在线窗口文字交流、案事件受理线下处置反馈的模式。

4. 建立诉讼调解仲裁的有效衔接机制

仲裁调解中心调解的案件得到自贸试验区法庭的快速司法确认，而不需要再经复杂冗繁的诉讼程序。一是通过自贸试验区法律协同服务平台，完善仲裁精准服务模式。二是打造诉前、诉中、诉后一体化的诉讼服务平台。

11 政务服务内陆沿海异地直通互办

探索推进内陆与沿海沿边沿江协同开放新机制是自贸试验区川南临港片区的重要任务。2017

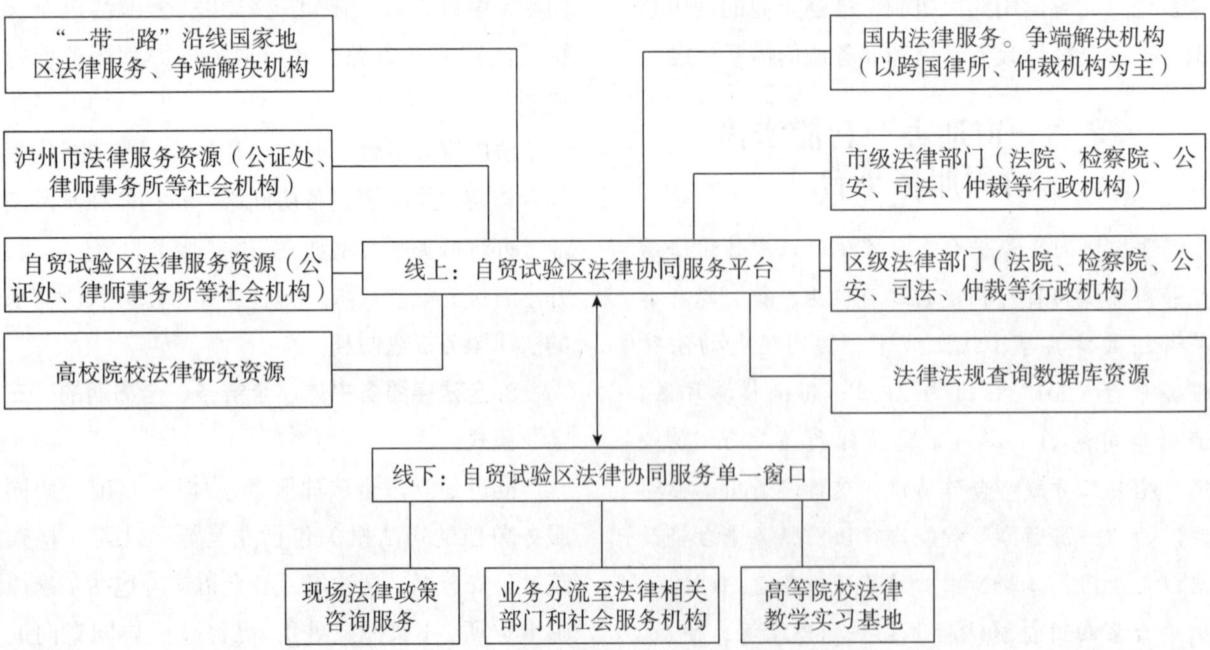

法律协同服务平台结构图

年，川南临港片区推行政务服务异地直通互办，为企业搭建开放合作、自由流动新平台，极大地提升了审批效率、降低了办事成本、优化了营商环境，推动了内陆沿海协同发展。

（一）主要做法

1. 受理清单异地共建

按照循序渐进的原则，两地首先在企业设立登记异地办理上进行合作，并视业务开展情况逐步推进其他业务的异地办理。具体而言，两地互相提供本地规范、及时、有效的《企业设立登记受理清单》，清单包含申请事项、法律依据、申报条件、申报材料、办理流程、办理时限等内容，以便双方在办理企业异地登记时有所依据。

2. 要件审核异地互认

双方在互相办理企业异地登记时，根据《企业设立登记受理清单》对申请材料进行形式审查，主要审查申请材料是否齐全，是否符合法定形式。在所有资料审核合格后，以快递形式邮递至企业注册所在地行政审批局，企业注册所在地行政审批局进行实质审查并作出是否准予登记的决定，最终实现证照异地受理和异地发证。

3. 集群注册异地托管

川南临港片区与南沙政务中心进行合作，协助该公司通过与泸州自贸试验区龙驰商务秘书服务有限公司进行合作，远程签订合同，由商务秘书公司出具住所托管证明文件，作为企业住所证明，解决企业住所问题。

4. 快速通道异地颁证

根据属地管理原则，实际作出准予登记的，应该是企业所在地审批局。我们在收到由南沙政务中心通过 EMS 邮递过来的申请材料后，迅速启动“异地办证快速通道”，通过流转岗，将申请材料发往相关业务股室、监管部门并联审批、现勘。审批时限得到最大程度的压缩，从收到材料，到流转、审批、出证、邮寄营业执照和原件资料，全部仅一天时间即可完成。以泸州市奥德驰进出口贸易有限公司在南沙办理异地登记注册为例，只用了短短 5 天时间就领到营业执照。

（二）实践成效

1. 形成集成式创新经验

在试点过程中，建立起受理清单异地互建、要件审核异地互认、集群注册异地托管、快速通道异地颁证等商事登记异地互办的四大关键创新制度，通过四个分散创新系统集成为一个整体创新。

2. 营造便利化商事环境

企业设立登记异地办理，让在外地的投资者“一次都不用跑”便能进行企业设立登记，极大地方便了企业便捷办事，大大缩短了企业创办周期，大幅降低了投资创业成本。

3. 构建样本试通办模式

通过商事登记异地通办试点，对实现政务服务全国通办可行性提供了实践案例，随着异地互办业务量的不断增加，为在更大范围内实现政务异地服务通办积累更多经验。

4. 创建体验式政务服务

企业登记全程电子化已经在全川展开，异地申请企业登记事项将更加便利，免去异地寄送申请资料的环节和时间，将异地办理时间缩短至最快 3 天。

12 税务事项“首违不罚”

川南临港片区将可能因不熟悉流程和规定、非主观故意违反税务法律法规的情况，列为“首违不罚”事项，给予改过自新的机会，切实减轻了纳税主体不必要的负担，提高了政务服务满意度，增强了“纳税自觉”。

（一）主要做法

1. 筛选明确“首违不罚”税务事项类型

将以下四种可能是非主观故意导致违规的情

形纳入“首违不罚”管理：

（1）纳税人未按照规定将其全部银行账号向税务机关报告，能在税务机关规定期限内改正的。

（2）未按规定期限办理纳税申报和报送申报资料，首次发生的。

（3）纳税人未按照规定将财务、会计制度或者财务、会计处理办法和会计核算软件报送税务机关备查，能在税务机关规定期限内改正的。

（4）扣缴义务人首次发生未按照规定设置、保管代扣代缴、代收代缴税款账簿或者保管代扣代缴、代收代缴税款记账凭证及有关资料，但能限期改正的。

对以上四类首次违反相关规定，首次发生、限期改正的，不予处罚。

2. 建立“首违不罚”相关机制

（1）信息台账管理机制。自贸试验区办税大厅分别设立逾期办理登记事项、逾期申报纳税、逾期报送全部银行账号等“首违不罚”信息台账，在纳税人首次违反税收征管法及相关规定且符合上述情况时，主管税务机关免于税务行政处罚。

（2）“现场教育 + 现场承诺 + 限期整改”告诫机制。税务工作人员依据相关法规对公司办税人员进行说明，告知其违法事实和“首违不罚”实施条件，责令其签订依法纳税承诺书，并下达限期改正通知书，责令其限期改正。

（3）“二次违法”甄别预处理机制。详细记录纳税人“首违不罚”的具体情况，包括“首违不罚”处理时间、所属类型、执法相对人、处理结果、整改时限等，作为相同事项再次违反的惩处依据。

（二）实践成效

截至 2017 年 7 月 30 日，已经有 226 位纳税人因不熟悉税收政策而首次轻微违法被免于行政处罚，其中登记类 179 户、申报征收类 57 户，免处罚款 45 200 元；发放限期改正通知书 226 份，已改正 226 户，改正率达到 100%。

有利于形成良好的税企沟通机制。在对纳税人违法事项进行首违不罚处理后，当场对纳税人进行税收法律知识的宣传普及，纳税人在刚免去了处罚的情况下，会更愿意听从税收政策辅导。

有利于提升依法纳税意识。通过实施“首违不罚”制度，以宽容拉近了纳税人与税务机关的距离。同时，通过实施依法纳税承诺制，逐步培育纳税人的诚信守法意识，促进依法纳税。

有利于实现“宽严相济”和“教育与惩处”并重的执法原则。“首违不罚”体现了税务机关教育与惩处并重的人性化管理，改变了以往“以罚代教”的工作办法。

13 行政审批“单一窗口”

川南临港片区针对行政审批“一长四多”（时间长、盖章多、中介多、收费多、材料多）的突出问题，开展相对集中许可权改革试点，组建行政审批局，建立行政审批“单一窗口”，变“多头受理”为“一口受理”，提供高效、便民、廉洁、规范的行政审批服务。

（一）主要做法

1. 建立多元化相对集中行权模式

川南临港片区行政审批局与龙马潭区行政审批局合署办公，开展相对集中行政许可权改革试点。市级部门依据权限性质分别采取“下放、委托、派驻”三种形式授权自贸试验区行政审批局集中行权。自贸试验区行政审批局可受理市级、区级行政审批事项 232 项。省级下放权限由自贸试验区管委会承接，自贸试验区行政审批局办理，确保各级下放给自贸试验区的审批管理权限全部在自贸试验区范围内得以落地。编制行政审批目录清单，做到“目录之外无审批”。

2. 建立“一口受理、接办分离”审批机制

开发自贸试验区“一口受理”行政审批软

件，推行“统一收件、内部流转、联合审批、限时办结、统一发证”企业注册模式。申请人只需向接件窗口一次性提交办件所需申请材料，通过流转岗推送内部数据和纸质文件，实现所有证、照集中办结，从而创新审批方式、提高审批效率80%，降低企业投资创业制度性成本。

3. 流程再造取消无效重复审批环节

对自贸试验区内行政审批事项进行清理、优化、整合，编制行政审批标准化流程，制定审批流程图，实现“改流程、优环节、减手续、压时限”，推进行政审批系统化、集成化建设。

（二）实践成效

1. 为深化“放管服”改革提供经验，为实现“最少审批”创造条件

集中各级下放到自贸试验区的行政审批权限，归口为一个单位管理，通过审批要件清理和流程再造，将多头多次审批简化为一窗一次审批，把以往互为前置审批条件等一些审批事项整合为一个审批事项，既解决部门间审批条件冲突问题，又实现审批事项的实质删减，同时也保证审批质量。

2. 为企业和群众服务带来便利，为实现“最优服务”奠定基础

通过实行“单一窗口”，让企业和群众办事不再多头跑路，通过于整合各种权限的审批要件，将多次重复报送审批资料简化为一次报送一套资料，减少企业和群众时间成本和费用成本。

3. 权限集中更有利于推进“单一窗口”效率提升，为建立“最短流程”提供保障

行政审批“单一窗口”是建立在集中行政审批权的基础之上的，审批权限的集中为审批标准的统一、审批服务的统一和审批流程的统一提供保障，各审批环节的统一化为“单一窗口”的运行效率提供保障，为建立“一表申报、一窗受理、一章办结”的自贸试验区“‘三个一’最短流程”政务服务标准提供保障。

4. 落实“大胆试、大胆闯、自主改”的精神，充分发挥自贸“试验田”作用

行政审批局会同相关部门积极推进商事登记制度改革，先后开展“十证联办”“政银直通”“异地代办”“一址多照”“简易注销”“企业名称自主申报”等创新工作，深化“企业集群托管”模式，解决小微企业“无场所、缺资金、弱管理”的实际困难，不断提升片区自由化、便利化、法治化营商环境。

14 集群企业住所托管促进小微企业发展

川南临港片区针对无力购买或租用独立办公场地的创业型小微企业，放宽住所（经营场所）登记条件，推出了集群企业住所托管制度。

（一）主要做法

1. 建立企业托管机构

以政府购买服务的模式，组建四川首家现代化的商务秘书公司——泸州自贸试验区龙驰商务秘书服务公司，作为企业集中注册服务管理平台，统筹自贸试验区内可供集中虚拟登记注册的场所，创业企业只需要和商务秘书公司签订合同，凭托管机构出具的住所托管证明文件，即可办理登记注册。

2. 建立托管服务管理机制

集群企业将住所登记在托管机构的住所（经营场所）地址，托管机构为其提供代理签收邮件、信函、法律文书等住所托管基本服务。

3. 实行集群企业准入负面清单

经营范围涉及国务院确定保留的前置审批事项的，以及从事生产加工、餐饮、网吧、娱乐场所等国家法律法规规定需要特定经营场所的，企业住所不能被托管。

4. 建立托管企业信用监管机制

对未依法履行年度报告公示义务的、未依法履行即时信息公示义务的、通过登记的住所（经营场所）无法联系的等情形，被依法纳入企业经营异常名录。

（二）实践成效

切实拓展了“大众创业、万众创新”发展空间。集群企业住所托管制度切实减轻了小微企业的初创成本，激发社会创业创新活力。助推构建出便利化的营商环境。通过推进商事登记便利化，形成了一套集群注册和住所托管的长效服务机制。有效提升了自贸试验区集聚能力和服务能力。

15 “一站式”优化税务事项流程

“一站式”优化税务事项流程是通过对税收征管业务事项的重新梳理，川南临港片区探索“先办理、后监管”“互联网 + 税务”等方式，将登记类、信息维护类、核准类优惠事项等涉税事项办理权限全部调整至办税服务厅，实现办税服务厅、管理所、业务股室三者的聚合，有效节省办税时间，提升纳税人获得感、满意度、遵从度。

（一）主要做法

1. 办理登记类事项“一站式”服务

新办企业到自贸试验区行政服务厅办理登记后，可直接到税务服务窗口进行税源分配、税种认定，将事前管理变为事中事后监管，实现“一站式”办税。

2. 基础信息维护和纳税申报“一站式”服务

基础信息维护和纳税申报同在大厅办理，避免纳税人由于基础信息有误而不能办理申报的情形，减轻了纳税人的办税难度。

3. 简易行政处罚“一站式”服务

纳税人在大厅纳税服务岗接受处罚，直接在大厅申报征收岗即可缴纳罚款，提高了办税便利度和办税效率。

（二）实践成效

1. 推进办税服务创新

税务事项流程的优化，大大简化了办税流程，在税务登记“一站式”、基础信息和纳税申报“同办理”、简易行政处罚“少跑路”三个方面进行了卓有成效的创新，充分体现了简环节、优流程、转作风、提效能、强服务的要求。

2. 促进办税便利化

税务事项流程创新给纳税人办税带来极大便利，节省了纳税人办税的时间和金钱成本，同时也提高了办税效率。

3. 提高税务工作效能

税务事项流程创新让税务所管理人员从应付纳税人的日常琐事中解放出来，节约大量的时间精力，重点做事中事后监控及调查，提高了税务机关工作效率。

◎国务院关于印发中国（四川）自由贸易试验区总体方案的通知

国发〔2017〕20号

各省、自治区、直辖市人民政府，国务院各部委、各直属机构：

现将《中国（四川）自由贸易试验区总体方案》印发给你们，请认真贯彻执行。

国务院

2017年3月15日

中国（四川）自由贸易试验区总体方案

建立中国（四川）自由贸易试验区（以下简称自贸试验区）是党中央、国务院作出的重大决策，是新形势下全面深化改革、扩大开放和深入推进西部大开发、长江经济带发展的重大举措。为全面有效推进自贸试验区建设，制定本方案。

一、总体要求

（一）指导思想

全面贯彻党的十八大和十八届三中、四中、五中、六中全会精神，深入贯彻习近平总书记系列重要讲话精神和治国理政新理念新思想新战略，认真落实党中央、国务院决策部署，统筹推进“五位一体”总体布局和协调推进“四个全面”战略布局，坚持稳中求进工作总基调，牢固树立和贯彻落实创新、协调、绿色、开放、共享的发展理念，进一步解放思想、先行先试，以开放促改革、促发展，以推进供给侧结构性改革为主线，积极培育内陆地区参与国际经济合作竞争新优势，全力打造区域协调发展新引擎，为全面深化改革和扩大开放探索新途径、积累新经验，发挥示范带动、服务全国的积极作用。

（二）战略定位

以制度创新为核心，以可复制可推广为基本要求，立足内陆、承东启西，服务全国、面向世界，将自贸试验区建设成为西部门户城市开发开放引领区、内陆开放战略支撑带先导区、国际开放通道枢纽区、内陆开放型经济新高地、内陆与沿海沿边沿江协同开放示范区。

（三）发展目标

经过三至五年改革探索，力争建成法治环境规范、投资贸易便利、创新要素集聚、监管高效便捷、协同开放效果显著的高水平高标准自由贸易园区，在打造内陆开放型经济高地、深入推进西部大开发和长江经济带发展中发挥示范作用。

二、区位布局

（一）实施范围

自贸试验区的实施范围119.99平方公里，涵盖三个片区：成都天府新区片区90.32平方公里（含成都高新综合保税区区块四〔双流园区〕4平方公里、成都空港保税物流中心〔B型〕0.09平方公里），成都青白江铁路港片区9.68平方公里（含成都铁路保税物流中心〔B型〕0.18平方公里），川南临港片区19.99平方公里（含泸州港保税物流中心〔B型〕0.21平方公里）。

自贸试验区土地开发利用须遵守土地利用、环境保护、城乡规划法律法规，符合土地利用总体规划，并符合节约集约用地的有关要求。

（二）功能划分

按区域布局划分，成都天府新区片区重点发展现代服务业、高端制造业、高新技术、临空经济、口岸服务等产业，建设国家重要的现代高端产业集聚区、创新驱动发展引领区、开放型金融产业创新高地、商贸物流中心和国际性航空枢纽，打造西部地区门户城市开放高地；成都青白江铁路港片区重点发展国际商品集散转运、分拨展示、保税物流仓储、国际货代、整车进口、特色金融等口岸服务业和信息服务、科技服务、会展服务等现代服务业，打造内陆地区联通丝绸之路经济带的西向国际贸易大通道重要支点；川南临港片区重点发展航运物流、港口贸易、教育医疗等现代服务业，以及装备制造、现代医药、食品饮料等先进制造和特色优势产业，建设成为重要区域性综合交通枢纽和成渝城市群南向开放、辐射滇黔的重要门户。

按海关监管方式划分，自贸试验区内的海关特殊监管区域重点探索以贸易便利化为主要内容的制度创新，开展保税加工、保税物流、保税服务等业务；非海关特殊监管区域重点探索投资、金融、创新创业等制度改革，完善事中事后监管，积极发展现代服务业和高端制造业。

三、主要任务和措施

（一）切实转变政府职能

1. 推进简政放权。按照权责一致原则，建立行政权责清单制度，明确政府职能边界。深化政府机构改革，探索设立法定机构，推进相关政府机构从直接提供公共服务转变为通过合同管理交由第三方机构提供。深化行政审批制度改革，最大限度取消行政审批事项。推进行政审批标准化、信息化建设，探索全程电子化登记、电子营业执照管理。放宽企业名称表述限制，开放企业名称数据库，推行企业名称自主申报、网上核准，完善企业名称争议纠纷处理机制。放宽企业住所登记条件，探索以邮政通信地址作为企业住所的登记方式。建立"一窗受理、协同审批"的"一站式"高效服务模式，建设市场准入统一平台，实现多部门信息共享和协同管理。依托"互联网+税务"，创新税收征管服务。

2. 构建事中事后监管体系。推进统一社会信用代码制度建设和部门间数据交换共享，建设公共信用信息目录和运用清单。完善社会信用体系，推动各部门间依法履职信息的联通和共享。健全守信激励和失信惩戒机制。建立企业网上信用承诺制度。政府部门加强对第三方企业信用征信、评估机构开展企业登记评价工作的引导和监督检查。规范开放征信服务，为公民、企业、社会组织、司法部门、政府机构提供信用查询等服务。在监管、执法等方面全面推行"双随机"抽查监管机制。完善行业监管制度和资格审查制度，进一步规范开展文化、教育、信息服务的内容审查。构建事前提醒告知、轻微违法约谈与告诫、严重违法依法处置的"三段式"监管方式。建立健全律师、公证员、司法鉴定人员等法律服务工作者诚信执业制度、违法违规执业惩戒制度。

3. 优化法治环境。建立统一集中的综合行政执法体系，相对集中执法权，建设网上执法办案系统，建设联勤联动指挥平台。建立健全国际仲裁、商事调解机制。对标高标准国际规则，强化企业责任，完善工资支付保障机制，建立工作环境损害监督等制度，严格执行环境保护法规和标准，探索开展出口产品低碳认证。配合商务部开展经营者集中反垄断审查。建立健全廉洁监督机制。开展知识产权综合管理改革试点。紧扣创新发展需求，发挥专利、商标、版权等知识产权的引领作用，打通知识产权创造、运用、保护、管理、服务全链条，建立高效的知识产权综合管理体制，构建便民利民的知识产权公共服务体系，探索支撑创新发展的知识产权运行机制，推动形成权界清晰、分工合理、责权一致、运转高效、法治保障的体制机制。探索建立自贸试验区跨部门知识产权执法协作机制，完善纠纷调解、援助、仲裁工作机制。

4. 建设多方参与的社会治理新体系。健全依法决策机制，明确重大行政决策的范围和标准，把专家咨询、社会听证、第三方评估作为重大行政决策必经程序，建立决策问责和纠错机制。建立行政咨询体系，成立由专业人士组成的专业咨询委员会，为自贸试验区发展提供咨询。编制向社会组织转移职能目录，将由政府部门承担的资产评估、鉴定、认证、检验检测等逐步交由专业服务机构承担。

（二）统筹双向投资合作

5. 提升利用外资水平。对外商投资实行准入前国民待遇加负面清单管理制度，着力构建与负面清单管理方式相适应的事中事后监管制度。外商投资准入特别管理措施（负面清单）之外领域的外商投资项目（国务院规定对国内投资项目保留核准的除外）和外商投资企业设立及变更实行备案制，由自贸试验区负责办理。进一步减少或取消外商投资准入限制，提高开放度和透明度，做好对外开放的压力测试和风险测试。允许在自贸试验区内注册的符合条件的中外合资旅行社，从事除台湾地区以外的出境旅游业务；鼓励外资企业通过多种形式参与投资医疗服务业；鼓励外资发展“互联网+”健康服务。积极有效引进境外资金、先进技术和高端人才，提升利用外资综合质量。外商在自贸试验区投资适用《自由贸易试验区外商投资准入特别管理措施（负面清单）》和《自由贸易试验区外商投资国家安全审查试行办法》。探索强化外商投资实际控制人管理，建立外商投资信息报告制度和外商投资信息公示平台，充分发挥国家企业信用信息公示系统作用，提升外商投资全周期监管的科学性、规范性和透明度。完善投资者权益保障机制，允许符合条件的境外投资者自由转移其投资收益。

6. 构筑对外投资服务促进体系。实施对外投资管理体制改革，确立企业对外投资主体地位，支持企业开展多种形式的境外投资合作，在法律法规规定的范围内，允许自担风险到境外自由承揽项目。建立对外投资合作“一站式”服务平台。加强境外投资事后管理和服务，完善境外资产和人员安全风险预警和应急保障体系。依托港澳在金融服务、信息资讯、国际贸易网络、风险管理等方面的优势，将自贸试验区建设成为企业“走出去”的窗口和综合服务平台。

7. 创新国际产能合作。对一般性境外投资项目和设立企业实行备案制。为企业对外投资提供高效优质的金融支持和服务保障。鼓励地方政府引入社会资本在自贸试验区内设立境内机构投资者投资基金和境外合作基金。提高办理境外资产评估和抵押处置手续便利化程度。探索开展知识产权、股权、探矿权、采矿权、应收账款、订单、出口退税等抵质押融资业务。推动企业用好“内保外贷”等政策，开展企业“走出去”综合性金融创新服务。加快“中国标准”国际化推广，积极开展与主要贸易国别标准的比对，推动认证认可结果与主要贸易投资合作国家（地区）双向互认。加强与港澳在项目对接、投资拓展、信息交流、人才培训等方面交流合作，共同赴境外开展基础设施建设和能源资源等合作。

8. 深化园区国际合作。坚持引资、引智、引技与优势产业、产品、技术及服务“走出去”相结合，围绕产业合作、科技创新、中小企业合作、职业教育、新型城镇化等领域合作发展，采取“平台+园区”、“政府+机构+企业”的共享开放合作模式，支持在自贸试验区内建设国别产业合作园区，推进创新创业、产业升级。探索建立土地节约集约利用新模式，自贸试验区内土地可以按不同功能用途混合利用，允许同一地块或同一建筑兼容多种功能，产业用地实行弹性年期供应，根据产业政策和项目类别可采取先租后让、差异化年期出让等供地措施。

9. 深化国有企业改革。坚持市场化导向，进一步完善自贸试验区内国有企业现代企业制度，建立健全长效激励约束机制，提升国有资本监管的针对性和有效性。设立国有资本运营平台，提升资本运营能力和水平。鼓励国有企业依托自贸试验区探索创新发展新路径。进一步推进自贸试验区内国有企业产权多元化改革，稳妥发展混合所有制经济。探索国家铁路运输企业、国家铁路控股合资铁路公司与地方政府合作参与成都国际铁路港运营管理，推动铁路资源有效整合。

（三）推动贸易便利化

10. 加快服务贸易创新发展。加快推进服务贸易创新发展试点，积极探索服务贸易发展新模式，建立完善服务贸易公共服务体系和贸易促进平台。重点推进与欧洲地区在产业人才合作、企业对接联动、项目载体共建、商务环境优化等领域的深入合作，提升对欧服务贸易水平。加快发展技术创新和商业模式创新相融合的新兴服务贸易和技术贸易。在海关特殊监管区域内不断拓展保税维修、检测、研发等业务。对注册在自贸试验区海关特殊监管区域内的融资租赁企业进出口飞机、船舶、海洋工程结构物等大型结构设备涉及跨关区的，在确保有效监管和执行现行相关税收政策的前提下，按物流实际需要，实行海关异地委托监管。在环境风险可控的前提下，支持在海关特殊监管区域内开展航空发动机等高技术含量、高附加值商品境内外维修业务试点。鼓励发展动漫创意、信息管理、数据处理、供应链管理等服务外包产业。搭建便利化的知识产权公共服务平台，设立知识产权服务工作站，大力发展知识产权专业服务业。探索建立自贸试验区重点产业专利导航制度和重点产业快速协同保护机制。依托现有交易场所开展知识产权跨境交易，推动建立市场化运作的知识产权质物处置机制。支持和鼓励商标品牌服务机构在品牌设计、价值评估、注册代理、法律服务等方面不断提升服务水平。扩大对外文化贸易和版权贸易。深化艺术品交易市场功能拓展，支持在海关特殊监管区域（保税监管场所）内开展艺术品保税业务，为境内外艺术品生产、物流、仓储、展示和交易提供服务，对从境外进入海关特殊监管区域（保税监管场所）的文化产品，除法律、行政法规和规章另有规定的外，不实行许可证管理。创新文化服务海外推广模式，支持发展以传统手工技艺、武术、戏曲、民族音乐和舞蹈等为代表的非物质文化遗产与旅游、会展、品牌授权相结合的开发模式，鼓励广播影视、新闻出版等企业以项目合作方式进入国际市场，试点国外巡演的商业化运作。大力发展中医药服务贸易，建立四川省中医药服务及贸易大平台，积极与境外开展中药材种植、研发等合作，鼓励开展中医药国际健康旅游线路建设，扩大国际市场。允许境外服务提供者以跨境交付形式提供管理培训、咨询服务。

11. 促进服务要素自由流动。为服务贸易专业人才出入境提供便利。研究制定自贸试验区外籍高层次人才认定办法，落实人才签证实施细则，明确外国人才申请和取得人才签证的标准条件和办理程序。对外籍高层次人才开辟绿色通道、简化手续，为高层次人才入出境、工作、在华停居留提供便利。允许获得硕士及以上学位的优秀外国留学生毕业后直接在自贸试验区工作。提供有针对性的指导服务和语言学习机会，多形式多渠道帮助外国人才更好地融入中国社会。创新建设国际社区，探索外籍人士参与社区治理模式。

12. 助推外贸转型升级。在执行现行税收政策的前提下，允许在自贸试验区非海关特殊监管区域内依托现有交易场所开展大宗商品交易。完善进口商品网络零售和进出口分拨物流体系。探索中欧班列（成都）邮（快）件运输，推动跨境电子商务发展。探索建立适应跨境电商贸易特点的检验检疫监管机制。在严格执行货物进出口税收政策前提下，允许在海关特殊监管区域内设立保税展示交易平台。在海关特殊监管区域内推动保税售后维修业务升级，构建“全球市场销售、本地运营结算”的新型外贸业态新模式。

13. 创新口岸服务机制。加大对口岸和场站公共服务的政策和资金支持。制定口岸作业、报关报检、查验等环节的工作和服务标准。创新税收担保模式，推行涉税担保信息化管理，支持符合条件的涉税担保业务适用总担保制度。建设完善四川电子口岸，依托电子口岸公共平台建设国际贸易“单一窗口”，实现口岸服务一体化。推动口岸监管部门信息互换、监管互认、执法互助。推进企业运营信息与监管系统对接，鼓励企业参与“自主报税、自助通关、自动审放、重点稽核”等监管制度创新试点。创新自贸试验区国际会展检验检疫监管模式。探索检验检疫证书国际联网核查机制。支持自贸试验区与“一带一路”沿线国家开展海关、检验检疫、认证认可、标准计量等方面的合作与交流，探索与“一带一路”沿线国家开展贸易供应链安全与便利合作。

14. 优化监管通关流程。实施24小时预约通关服务，建立进出口货物口岸放行时间评价体系。健全与跨境电子商务、进口特殊商品指定口岸、外贸综合服务发展相适应的通关管理机制。

积极推动实施一体化通关。积极推进无纸化申报、无纸化放行，探索施检过程无纸化。在确保有效监管前提下，鼓励口岸监管部门优化查验机制。建设空、铁、公、水多式联运物流监管中心，多方联网共享物流全程信息，实现多式联运货物“单一窗口”办理。深化保税货物流转模式改革。对资信良好、管理规范、符合海关监管要求的企业，探索实施自动备案、自核单耗和自主核报。试行企业“主动披露”制度，对企业主动报告海关未发现的违规事项，可依法视情从轻、减轻或不予行政处罚。在确保有效监管前提下，在海关特殊监管区域探索建立货物状态分类监管模式。支持区外法人企业依法在海关特殊监管区域（保税监管场所）内设立分支机构。加强与深圳、珠海等口岸机构的沟通与合作，全面实现供港澳蔬菜出口直放。

（四）深化金融领域改革创新

15. 促进跨境投融资便利化。探索建立与自贸试验区相适应的本外币账户管理体系，促进跨境贸易、投融资结算便利化。鼓励允许自贸试验区内法人金融机构和企业按照有关规定在境外发行人民币和外币债券，所筹资金可根据需要调回自贸试验区内使用。支持符合条件的企业参与跨国公司总部外汇资金集中运营管理和跨境双向人民币资金池业务。支持跨国公司成立全球或区域结算中心。研究探索自贸试验区内银行业金融机构在依法合规、风险可控的前提下，向境外销售人民币理财产品、开展人民币项下跨境担保等业务。允许自贸试验区内符合条件的金融机构和企业按照规定开展境外证券投资业务。

16. 增强金融服务功能。在符合现行法律法规及政策导向的前提下，支持在自贸试验区内设立银行、证券、保险等金融机构。支持外资银行和中外合资银行在自贸试验区内设立营业性机构，发挥外资银行跨境业务的网络平台优势，为跨境企业提供综合金融服务。支持银行业金融机构与已获相应业务许可资质的非银行支付机构合作开展企业和个人跨境货物贸易、服务贸易人民币结算服务。加快发展金融IC卡（芯片银行卡）和移动金融，打造金融IC卡无障碍示范区。优化境外银行卡刷卡消费环境。支持在自贸试验区内设立货币兑换、征信等专业化机构。支持符合条件的自贸试验区内机构按照规定投资境内外证券市场。支持股权托管交易机构在自贸试验区内建立综合金融服务平台。依托现有交易场所开展长江上游生产要素国际交易业务以及粮食、矿石和建筑材料等大宗商品现货交易业务。支持设立健康、科技、养老等专业保险机构。支持注册在自贸试验区内的法人寿险机构创新发展。支持自贸试验区内保险机构大力开展跨境人民币再保险。鼓励各类保险机构在自贸试验区创新特殊风险分散机制，开展特殊风险保险业务。鼓励保险公司创新保险产品，不断拓展责任保险服务领域。建立完善巨灾保险制度。支持专业性保险中介机构等服务机构以及从事再保险业务的社会组织和个人在自贸试验区依法开展相关业务，为保险业发展提供专业技术配套服务。探索与“一带一路”沿线国家的金融合作。支持符合条件的“一带一路”沿线国家的金融机构在自贸试验区以人民币进行新设、增资或参股自贸试验区金融机构等直接投资活动。进一步简化经常项目外汇收支手续，在真实、合法交易基础上，自贸试验区内货物贸易外汇管理分类等级为A类企业的外汇收入无须开立待核查账户。银行按照“了解客户、了解业务、尽职审查”的展业三原则办理经常项目收结汇、购付汇手续。

17. 发展新兴金融业态。积极引进设立各类金融总部、专业子公司、区域总部等机构。支持民营资本依法合规进入金融业，依法设立财务公司、汽车金融公司和消费金融公司等金融机构，支持符合条件的境内纯中资民营企业发起设立民营银行。地方可结合实际试点设立地方资产管理公司和并购基金等。研究探索自贸试验区内金融机构在依法合规、风险可控的前提下，依托各类跨境投融资工具，研发跨市场投资理财产品。支持自贸试验区发展科技金融，按照国务院统一部署，积极争取纳入投贷联动试点，促进创业创新。鼓励通过社会资本设立融资担保基金，缓解中小微企业融资难。支持符合条件的内地和港澳台机构在自贸试验区设立金融租赁公司、融资租赁公司，鼓励在飞机、船舶及其零部件、机器人、农机、医疗设备及基础设施等领域开展业务，支持其在符合相关规定前提下，设立项目公司开展境内外融资租赁业务。支持在海关特殊监管区域内开展飞机融资租赁。允许自贸试验区内符合条件的融资租赁业务收取外币租金。进一步推进内资融资租赁企业试点，注册在自贸试验区内的内资融资租赁试点企业由自贸试验区所在省级商务主管部门和同级国家税务局审核；加强事中事后监管，探索建立融资租赁企业设立和变更的备案制度、违反行业管理规定的处罚制度、失信和经营异常企业公示制度、属地监管部门对企业定期抽查检查制度。支持租赁业境外融资，鼓励各类租赁公司扩大跨境人民币资金使用范围。鼓励国内期货交易所在自贸试验区的海关特殊监管区域内开展期货保税交易、仓单质押融资等业务。支持证券业经营机构在自贸试验区内依法设立分支机构或专业子公司。支持商业保理业务发展，探索适合商业保理业务发展的监管模式。

18. 探索创新金融监管机制。探索建立与自贸试验区相适应的新型风险监管体系。落实风险为本的原则，探索建立跨境资金流动风险监管机制，强化开展反洗钱、反恐怖融资、反逃税工作，防止非法资金跨境、跨区流动。鼓励金融行业协会、自律组织独立或者联合依法开展专业调解，建立调解与仲裁、诉讼的对接机制，加大对金融消费者维权的支持力度。支持建立健全金融消费者教育服务体系，积极创新自贸试验区特色多元化金融消费者教育产品和方式。

（五）实施内陆与沿海沿边沿江协同开放战略

19. 增强产业辐射带动能力。探索形成有利于高端制造业和现代服务业向自贸试验区集聚集群发展的体制机制。探索自贸试验区与周边地区产业合作新路径，促进区域产业合理布局、优势互补、错位发展。促进研发设计、生产销售和物流配送等环节协同配合。建立市场化运作的产业基金，建立产业协作发展和收益分享机制。发挥川酒优势，在自贸试验区内探索白酒产销体制创新。深化中国国际酒业博览会功能，依托现有交易场所开展国际性酒类产品展示、投资、技术等交易，打造中国白酒创新创业集聚地。依法合规开展大宗商品现货交易，加快推进大宗商品现货市场发展，强化监管、创新制度、探索经验。推动西部地区区域金融合作，依托现有交易场所在西部地区开展产权、技术、排污权、碳排放权等交易。鼓励企业跨区域兼并重组，在基础设施、公共设施建设运营领域，推广政府和社会资本合作等投融资模式。构建自贸试验区与陕滇黔渝藏等西部地区、东部发达地区和长江经济带的国家级开发区协同合作机制，探索共建产业合作园区。探索自贸试验区与其他长江经济带自贸试验区协同开放机制，实现成果共享、监管互认、业务互通。积极承接东部地区优势产业转移，着力打造与东部产业配套协作的高端制造业、现代服务业和临港产业基地。

20. 畅通国际开放通道。依托双流航空枢纽、成都国际铁路港、川南临港口岸，构建与“一带一路”沿线相关国家和长江经济带空、铁、公、水联运的综合物流服务体系。支持成都国际铁路港建设国家对外开放口岸，依托中欧班列（成都）等打造国际铁路运输重要枢纽，推进与泛欧泛亚国家（地区）枢纽城市的互联互通。积极探索与“一带一路”沿线国家相关机构在运输安全、环境保护、通关查验等方面建立合作机制。加快推进国际航空枢纽建设，大力发展临空经济。支持国际航班代码共享，鼓励符合条件的航空公司新开、加密、优化国际（地区）国内航线。构建国际（地区）国内有效衔接、相互支撑的航线网络和航班时刻分配机制。允许设立符合条件的全货运基地航空公司。优化多种运输方式衔接、中转流程，完善多式联运标准和服务规则，探索与沿海沿边沿江重要枢纽城市高效联运新模式，加速构建集高铁、地铁、城际铁路、高速公路于一体的综合交通体系，建设中欧陆空联运基地。推进内陆地区国际多式联运示范建设，试点签发具备物权凭证性质的多式联运提单，探索多式联运“一单制”。在交通运输领域，完善快件处理设施和绿色通道。加快发展快递等现代物流业。

21. 打造沿江开放口岸。支持川南临港片区设立国家对外开放口岸，加快建设高等级航道，促进与长江主要港口的协同开放合作。打造长江口岸现代航运服务系统，推进水运口岸“单一窗口”试点。支持开展内外贸同船运输、国轮捎带业务。大力发展船舶交易、航运物流信息、船员培训、船舶维修等航运服务业。创新长江船舶登记制度，优化船舶运营、检验与登记业务流程，简化入区申报手续，试行电子数据自动填报，加快智能物流网络建设。推进与沿海沿江口岸信息对接互联。大力发展长江航运金融服务，探索组建专业化地方法人航运保险机构，鼓励境内外航运服务中介机构设立营业机构。

（六）激活创新创业要素

22. 优化创新创业制度环境。建立完善技术类无形资产交易制度，制定技术类国有无形资产管理办法。加强国际科技合作平台建设。在海关特殊监管区域内创新企业研发进口设备及材料监管模式，降低企业研发成本。

23. 创新科技金融服务机制。建立科技企业信用评价体系和标准，引导金融机构探索完善科技企业信用风险管理机制。引导境内外资本为创新创业项目提供投融资支持，拓宽创新创业项目境外融资渠道。

24. 整合全球创新创业要素。加强与发达国家（地区）在高端技术、重点技术领域的联合研究和技术引进。引导国内外知名孵化机构和优秀平台运营团队参与构建“众创空间—孵化器—加速器—产业园”全链条创新创业体系。探索本土高校自主扩大海外留学生招生规模，与国外高校合作开展学科建设。开展海外人才离岸创新创业试点，完善创新创业人才社会服务机制。

四、保障机制

（一）强化法制保障

自贸试验区需要暂时调整实施有关行政法规、国务院文件和经国务院批准的部门规章的部分规定的，按规定程序办理。各有关部门要支持自贸试验区在各领域深化改革开放试点、加大压力测试、加强监管、防控风险，做好与相关法律立改废释的衔接，及时解决试点过程中的制度保障问题。四川省要通过地方立法，建立与试点要求相适应的自贸试验区管理制度。

（二）完善配套税收政策

落实现有相关税收政策，充分发挥现有政策的支持促进作用。中国（上海）自由贸易试验区、中国（广东）自由贸易试验区、中国（天津）自由贸易试验区和中国（福建）自由贸易试验区已经试点的税收政策原则上可在自贸试验区进行试点，其中，促进贸易的选择性征收关税、其他相关进出口税收等政策在自贸试验区内的海关特殊监管区域进行试点。自贸试验区内的海关特殊监管区域范围和税收政策适用范围维持不变。此外，在符合税制改革方向和国际惯例，以及不导致利润转移和税基侵蚀的前提下，积极研究完善境外所得税收抵免的税收政策。

（三）加强组织实施

按照党中央、国务院统一部署，在国务院自由贸易试验区工作部际联席会议统筹协调下，由四川省完善试点任务组织实施保障机制，按照总体筹划、分步实施、率先突破、逐步完善的原则加快实施。按照既有利于整体推进自贸试验区建设，又有利于发挥各片区积极性的原则，建立精简高效、统筹协调的自贸试验区管理体系。各有关部门要大力支持，及时制定实施细则或办法，加强指导和服务，共同推进相关体制机制创新，把自贸试验区建设好、管理好。在实施过程中，要创新思路、寻找规律、解决问题、积累经验；要充分发挥地方和部门的积极性，因地制宜、突出特色，做好对比试验和互补试验；要抓好改革措施的落实，重大事项要及时向国务院请示报告。

（四）总结推广可复制的试点经验

自贸试验区要及时总结改革创新经验和成果。国务院自由贸易试验区工作部际联席会议办公室要会同四川省人民政府及有关部门，及时总结评估自贸试验区改革开放创新试点任务实施效果，加强各领域试点经验系统集成，并委托第三方机构进行独立评估。对试点效果好、风险可控且可复制可推广的成果，实施分类审查程序后复制推广至全国其他地区。

◎四川省人民政府关于印发中国（四川）自由贸易试验区建设实施方案的通知

川府发〔2017〕59号

各市（州）人民政府，省政府各部门、各直属机构，有关单位：

现将《中国（四川）自由贸易试验区建设实施方案》印发你们，请结合实际认真贯彻落实。

四川省人民政府

2017年11月21日

中国（四川）自由贸易试验区建设实施方案

为贯彻落实《国务院关于印发中国（四川）自由贸易试验区总体方案的通知》（国发〔2017〕20号），加快推进中国（四川）自由贸易试验区（以下简称自贸试验区）建设，制定如下实施方案。

一、总体要求

深入贯彻党的十九大精神，以习近平新时代中国特色社会主义思想为指导，认真落实党中央国务院关于建设自贸试验区决策部署和省第十一次党代会精神，紧紧围绕自贸试验区战略定位，以供给侧结构性改革为主线，以制度创新为核心，以探索可复制可推广经验为基本要求，突出内陆特色，注重学习借鉴，强化联动协作，按照“半年出经验、一年有成效、两年上台阶、三年达目标”要求，实施“清单制＋责任制”，探索建设内陆自由贸易港，努力在新一轮对外开放中走在前列，为实现“两个跨越”、建设美丽繁荣和谐四川注入强劲动能，在打造内陆开放型经济高地、深入推进西部大开发和长江经济带发展中发挥示范作用。

二、功能布局

自贸试验区实施范围119.99平方公里，涵盖三个片区：成都天府新区片区90.32平方公里，成都青白江铁路港片区9.68平方公里，川南临港片区19.99平方公里。

成都天府新区片区重点发展现代服务业、高端制造业、高新技术、临空经济、口岸服务等产业，建设国家重要的现代高端产业集聚区、创新驱动发展引领区、开放型金融产业创新高地、商贸物流中心和国际性航空枢纽，打造西部地区门户城市开放高地。

成都青白江铁路港片区重点发展国际商品集散转运、分拨展示、保税物流仓储、国际货代、整车进口、特色金融等口岸服务业和信息服务、科技服务、会展服务等现代服务业，打造内陆地区联通丝绸之路经济带的西向国际贸易大通道重要支点。

川南临港片区重点发展航运物流、港口贸易、教育医疗等现代服务业，以及装备制造、现代医药、食品饮料、融资租赁等先进制造和特色优势产业，建设成为全国性综合交通枢纽和成渝城市群南向开放、辐射滇黔的重要门户。

三、主要任务

（一）着力营造国际化法治化便利化营商环境

1. 建立行政权责清单制度。在自贸试验区各片区推行权责清单制度，明确政府职能边界，并向社会公开。深化政府机构改革，探索设立法定机构，推进相关政府机构从直接提供公共服务转变为通过合同管理交由第三方机构提供。编制向社会组织转移职能目录，将由政府部门承担的资产评估、鉴定、认证、检验检测等逐步交由专业服务机构承担。

2. 深化行政审批制度改革。最大限度取消行政许可事项，建立行政审批事项目录，做到“目录之外无审批”。建立行政审批和公共服务事项动态更新管理机制。按照“依法放权、按需放权、应放尽放”原则，自贸试验区最大限度承接省级管理事项。推进行政许可标准化、信息化建设，建设线上线下行政审批服务“一号申请、一窗受理、一网通办”模式，建立“一窗式”政务服务专区，建设市场准入统一平台，推行集中审批、并联审批，实现多部门信息共享和协同管理，推进“多证合一”“多规合一”“多评合一”“证照分离”改革。推进相对集中行政许可权改革试点。建成涵盖“全事项、全过程、各环节”的行政许可实施、监督和评价体系。

3. 推进执法监管方式创新。探索建立统一集中的综合行政执法体系，相对集中执法权，推动各部门信息数据互通互享，建立跨部门联合监管执法、协调合作机制，推进线上线下一体化监管，构建大市场监管格局。在海关、检验检疫、税收执法等方面实施“双随机”抽查监管机制，建立健全“一公开”工作平台和公开平台。全面实施事前提醒告知、轻微违法约谈与告诫、严重违法依法处置的“三段式”监管机制。完善行业监管制度和资格审查制度，进一步规范开展文化、教育、信息服务的内容审查。

4. 强化商事登记制度改革。放宽企业名称表述限制，优化完善企业名称登记管理系统，开放企业名称库，推行企业名称自主申报、网上核准，制定名称争议处理办法。放宽企业住所登记条件，探索以邮政通信地址作为企业住所的登记方式，实行企业住所托管的集群注册模式，允许“一照多址”和“一址多照”。推行企业全程电子化登记、电子营业执照工作。

5. 创新税收征管服务新模式。构建“互联网+大数据”的智慧税务生态服务系统。推进办税便利化改革，优化办税流程，拓展网上办税事项，创新办税手段，缩短办税时间。深化国地税合作，全面推广国税、地税“一窗一人”联合办税模式。强化纳税信用管理运用，持续扩大“银税互动”受惠面。

6. 建设社会信用评价机制。完善社会信用体系，推进统一社会信用代码制度建设，建设公共信用信息目录，推动各部门依法履职信息的联通和共享。建立企业网上信用承诺制度。规范开放征信服务。健全守信激励和失信惩戒机制。加强对第三方开展企业信用评价工作的引导和监督检查。

7. 建立完善法律服务监督管理制度。建立健全律师、公证员、司法鉴定人员等法律服务工作者诚信执业制度、违法违规执业惩戒制度。建立从业与执业信息管理系统，逐步建立执业信息与社会评价档案，对失范失信、违法违规的法律服务机构和执业人员依法实施联合惩戒。逐步建立完善司法鉴定诚信档案，司法鉴定执业违法违规在成都试行“负面清单”管理，法院暂停鉴定委托。升级律师综合信息系统，提升律师行业诚信执业规范水平。

8. 建立健全商事纠纷诉讼解决机制。设立中国国际经济贸易仲裁委员会四川自贸试验区仲裁分会（中心）及中国国际贸易促进委员会四川自贸试验区调解中心，设立成都国际商事仲裁院，加强涉外仲裁工作队伍建设。探索专业陪审员机制。建立纠纷中立评估机制。

9. 开展知识产权综合管理改革试点。发挥专利、商标、版权等知识产权的引领作用，打通知识产权创造、运用、保护、管理、服务全链条。建立高效的知识产权综合管理体制，构建便民利民的知识产权公共服务体系。探索支撑创新发展的知识产权运行机制。健全知识产权执法机制，开展跨部门、跨区域知识产权联合执法，健全知识产权行政执法机构与公安、海关的保护协作机制。

10. 加强商事权益保障社会化服务。推进知识产权领域信用体系建设，完善知识产权信息服务网络，实行执业信息披露制度，定期发布从业主体“信用红黑名单”，切实开展守信联合激励和失信联合惩戒，推动在专利申请、商标注册、著作权登记等领域率先使用信用报告。建立健全知识产权市场化评估、运营机制，探索建立科技计划知识产权目标评估制度，鼓励外来资本投资设立专业化知识产权服务机构。

11. 切实加强知识产权保护。加强知识产权举报投诉、维权援助和仲裁调解工作。完善知识产权保护相关法规规章，提高知识产权审查质量和审查效率。加快新兴领域和业态知识产权保护制度建设。依法依规严格保护来川投资企业知识产权。建立健全保护知识产权举报投诉服务体系和维权援助“互联网+”新体系，加大知识产权侵权违法行为惩治力度。

12. 建立完善安全生产监管执法和应急救援管理体制。全面落实安全发展理念，健全落实安全生产责任制。实施安全生产风险管控和隐患排查双控体系建设。建立或明确安全生产监管机构，配备与监管任务相匹配的工作人员。完善安全生产应急救援管理工作机制，建立安全生产应急管理机构或落实专人负责安全生产应急管理工作，开展经常性应急联动演练。

13. 建设社会治理新体系。健全依法决策机制，明确重大行政决策的范围和标准，把专家咨询、社会听证、第三方评估作为重大行政决策必经程序，建立决策问责和纠错机制。建立健全廉洁监督机制，建立自贸试验区廉政监督联席会议制度，统筹监察、检察、公安、审计等监督力量，形成“一体化”廉政监督。建立工程项目廉情预警评估制度，加强对土地、财金等关键领域和关键环节的监督。设立自贸试验区研究机构（平台），为自贸试验区搭建课题研究智库、人才培训基地和对外宣传平台。建立行政咨询体系，成立由专业人士组成的专业咨询委员会，为自贸试验区发展提供咨询。创新自贸试验区内社区治理模式，探索外籍人士参与社区治理机制。

（二）着力打造西部门户城市开发开放引领区

14. 大力发展高端制造业。围绕助力“双七双五”产业，鼓励电子信息、汽车制造、生物医药、轨道交通、智能制造、航空与燃机、新材料等产业向自贸试验区集聚，推动食品饮料等传统产业加快向价值链创新链高端延伸。创新利用产业投资引导基金，支持高端制造业集群式发展，打造一批万亿级、五千亿级、千亿级产业集群。

15. 积极发展现代服务业。依托中国西部国际博览城、国际会展中心、天府软件园、成都科学城、成都金融城等，大力发展国际会展经济、总部经济、商务服务、医疗健康、信息服务、文化创意、科技研发、新兴金融、知识产权运营等新经济。依托川南临港片区临港产业，聚集发展电子商务、融资租赁、航运金融、大宗商品交易及总部经济、会展经济等现代服务业。依托成都国际铁路港国际通道和口岸优势，着力发展整车、肉类、粮食、木材等新型贸易，形成集跨境电商、物流总部经济、物流仓储、物流设施设备研发、物流金融保险、物流人才培训等于一体的全球供应链。

16. 提升自主创新能力。充分发挥全面创新改革试验区、自主创新改革示范区、天府新区、自贸试验区叠加政策集成效应。在促进科技成果转化、军民深度融合等方面探索试验，将自贸试验区打造成具有示范和带动作用的区域性创新平台。建设以大数据为核心的互联网产业和科技产业，搭建创新创业服务平台，推动建立创业苗圃、孵化器和众创空间，构建全链条创新创业体系。建立完善技术类无形资产交易制度，制定技术类国有无形资产管理办法。在海关特殊监管区域内创新企业研发进口设备及材料监管模式，降低企业研发成本。引导境内外资本为创新创业项目提供投融资支持，拓宽创新创业项目境外融资渠道。

17. 加大高端人才引进力度。研究制定大力引进海外人才加快人才国际化进程的实施意见和外籍高层次人才认定办法。落实人才签证实施细则，明确外国人申请人才签证的标准条件和办理程序。吸纳获得硕士及以上学位的优秀外国留学生或外籍高校毕业生在自贸试验区工作。加大外籍青年学生创业支持力度。围绕重点产业引进一批产学研平台、项目和高层次人才。开展海外人才离岸双创试点，建设海外人才离岸创新中心，搭建海外“预孵化”平台，试点建设海外创新创业基地。采取挂职兼职、特聘岗位、项目合作、技术联姻等方式柔性引进一批急需紧缺人才。

18. 创新人才管理服务模式。建立“党委政府 + 社会组织 + 市场主体”的人才服务体系，完善高层次人才服务制度，建立国际人才一站式服务平台。为自贸试验区企业聘雇的管理或技术人员出境、外籍高层次人才入境开辟办证绿色通道。为符合条件的外籍高层次人才在川工作、停居留提供便利，畅通自贸试验区内外籍高层次人才及其配偶、未成年子女申请永久居留渠道。鼓励本土高校与国外高校合作开展学科建设，扩大国际学生规模。鼓励建设外籍人员子女学校。提供有针对性的指导服务和语言学习机会，多形式多渠道帮助外国人才更好地融入中国社会。

19. 全面提升对欧经贸合作水平。以服务贸易、双向投资为重点，推进与欧洲地区在产业人才合作、企业对接联动、项目载体共建、商务环境优化等领域的深度合作。大力发展旅游会展、文化创意、研发设计等服务贸易。探索与欧盟委员会、欧洲有关国家的政府机构和商协会全面合作，推进“一带一路”经济联络基地“欧洲中心”建设，打造对欧工商、税务、知识产权、投资、人员便利化等一站式综合服务平台。

20. 推进开放合作平台建设。采取“平台 + 园区”“政府 + 机构 + 企业”的共享开放合作模式，支持中德、中法、中韩、中意、新川等国别产业合作园区建设。加强国际科技合作平台建设，推动联合实验室、联合研究中心等国际合作基地设立，实施“国际顶级科技园合伙人计划”，促进产学研协同创新和自主创新。推动全省各类高新技术开发区、经济技术开发区、海关特殊监管区域参与国际合作竞争。

21. 激发国有企业活力。完善国有企业现代企业制度，建立健全长效激励约束机制，提升国有资本监管的针对性和有效性。设立国有资本运营平台，提升资本运营能力和水平。鼓励国有企业依托自贸试验区探索创新发展新路径。进一步推进自贸试验区内国有企业产权多元化改革，稳妥发展混合所有制经济。探索国家铁路运输企业、国家铁路控股合资铁路公司与地方政府合作参与成都国际铁路港运营管理，推动铁路资源有效整合。

（三）着力打造内陆开放战略支撑带先导区

22. 深化外商投资负面清单管理改革。对外商投资实行准入前国民待遇加负面清单管理制度，外商投资准入特别管理措施（负面清单）之外领域的外商投资项目（国务院规定对国内投资项目保留核准的除外）和外商投资企业设立及变更实行备案制，由自贸试验区负责办理。着力构建与负面清单管理方式相适应的事中事后监管制度。贯彻落实国务院办公厅《关于印发自由贸易试验区外商投资国家安全审查试行办法的通知》（国办发〔2015〕24 号），对敏感外商投资主体开展国家安全背景审查。配合商务部开展经营者集中反垄断审查。强化外商投资实际控制人管理，建立外商投资信息报告制度和外商投资信息公示平台，完善外资备案信息化体系建设。全面开展外商投资“双随机”制度，试点开展预约式监管。

23. 构筑对外投资服务促进体系。实施对外投资管理体制改革，确立企业对外投资主体地位。对一般性境外投资项目和设立企业实行备案制。简化境外投资项目备案管理，除涉及敏感国家和地区、敏感行业的境外投资项目外，自贸试验区内地方企业实施的中方投资额 3 亿美元以下境外投资项目分别由成都市和泸州市投资主管部门备案。建立对外投资合作“一站式”服务平台。

24. 完善投资者权益保障机制。允许符合条件的境外投资者自由转移其投资收益。完善工资支付保障机制，建立工作环境损害监督等制度，保护劳动者和用人单位合法权益。严格执行环境保护法规和标准。加强境外投资事后管理和服务，完善境外资产和人员安全风险预警和应急保障体系。

25. 建设国际贸易“单一窗口”。依托电子口岸公共平台，建立完善集多部门业务的国际贸易“单一窗口”综合管理服务平台，逐步完善货物进出口、运输工具进出境、贸易许可、资质登记、出口退税申报等功能。积极推进通关作业无纸化改革，推进自动进口许可证通关作业无纸化试点和电子许可证推广工作。全面优化通关流程，增加无人干预自动通关比例。推动口岸监管部门信息互换、监管互认、执法互助，推进口岸现场一站式联合作业，实现“一次申报、一次查验、一次放行”，提高“一次查验”比例。建设空铁公水多式联运物流监管中心，多方联网共享物流全程信息，实现多式联运货物“单一窗口”办理。

26. 创新口岸政策服务机制。加大对口岸和场站公共服务的政策和资金支持。拓展政府购买口岸服务范围和内容，将适空、适铁、适水指定口岸服务纳入政府购买服务。制定航空、铁路、水运口岸作业、报关报检、查验等环节的工作和服务标准，并向社会公布。规范口岸各环节收费。

27. 开展口岸通关监管制度创新。努力实现 24 小时预约通关服务。建立进出口货物口岸放行时间评价体系。健全与跨境电子商务、进口特殊商品指定口岸、外贸综合服务发展相适应的通关管理机制。推进企业运营信息与监管系统对接，鼓励企业参与“自主报税、自助通关、自动审放、重点稽核”等监管制度创新试点。对资信良好、管理规范、符合海关监管要求的企业，探索实施自动备案、自核单耗和自主核报。建立货物状态分类监管模式，允许非保税货物以非报关方式进入海关特殊监管区域，与保税货物集拼、分拨后，实际离境出口或出区返回境内。深化保税货物流转模式改革。试行企业“主动披露”制度，对企业主动报告海关未发现的违规事项，可依法视情从轻、减轻或不予行政处罚。

28. 推进检验检疫监管模式创新。制定国际展会检验检疫管理办法，创新国际会展检验检疫监管模式。探索检验检疫证书国际联网核查机制，大力实施质量安全风险管理，进一步完善信用管理制度。制定进口食品“预检快放”贸易便利化工作规范、进出口商品检验结果采信工作规范。建立进口鲜活农产品集中查验工作制度，创新出口食品生产企业备案工作模式，探索推动出口产品低碳认证。

29. 拓展保税维修检测研发业务。支持成都建设亚洲知名的航空维修基地。制定入境维修/再制造用途机电料件监督管理工作规范，对入境维修/再制造用途机电料件和企业采用“企业能力评估、维修品入境查验、事中事后监管”的检验监管机制。支持在海关特殊监管区域内开展航空发动机等高技术含量、高附加值商品境内外维修业务，推动保税售后维修业务升级，构建“全球市场销售、本地运营结算”的新型外贸业态新模式。

30. 推进税收征管方式创新。创新税收担保模式，推行涉税担保信息化管理，支持符合条件的涉税担保业务适用总担保制度。在海关特殊监管区域试点促进贸易选择性征收关税、其他相关进出口税收等政策。在符合税制改革方向和国际惯例、以及不导致利润转移和税基侵蚀前提下，按照国家统一部署积极探索境外所得税收抵免的税收政策。

31. 探索建立土地节约集约利用新模式。自贸试验区内土地可按不同功能用途混合利用，允许同一地块或同一建筑兼容多种功能。对多用途产业土地按主要用途确定供应方式。产业用地实行短期出让、租赁、先租后让等差异化供地政策，降低土地成本。由成都市、泸州市政府出台支持工业项目利用企业自有存量土地技改升级扩能等鼓励政策，鼓励工业项目节约集约用地。

（四）着力打造国际开放通道枢纽区

32. 打造国际铁路运输重要枢纽。支持成都国际铁路港建设国家对外开放口岸。推进中欧班列（成都）北、中、南三线稳定常态运行，适时开通至东南亚“泛亚班列”，大力拓展成都至国内主要枢纽城市的互联互通班列，构建面向泛亚泛欧地区的国际班列体系。加强粮食口岸建设，完善整车口岸、肉类口岸功能，开展木材进口加工业务。搭建以物流信息调度为核心的铁路港片区信息港，促进企业降本增效。推进平行进口汽车试点，打造集整车进口、展销、金融等于一体的产业链，支持平行进口汽车在川南临港片区延展分销。建立班列运输融资机制和平台，创新仓单质押等供应链金融产品。

33. 加快推进国际航空枢纽建设。积极推进双流国际机场改造、成都天府国际机场建设。支持国际航班代码共享，鼓励符合条件的航空公司新开、加密、优化国际（地区）国内航线，建设国际航空货运枢纽和国内航空综合枢纽，建设连接全球重要枢纽机场和主要经济体的空中丝绸之路。构建国际（地区）国内有效衔接、相互支撑的航线网络和航班时刻分配机制。支持设立符合条件的全货运基地航空公司。

34. 大力发展临空经济。依托双流航空枢纽积极培育壮大临空关联度较强的高端制造业和现代服务业，大力发展航空制造与维修、航空物流、快递物流、服务贸易、跨境电商等临空核心特色产业，打造具有全国示范效应的临空经济创新高地、高端产业集聚区、内陆开放先行区和新型智慧空港城。支持成都天府国际机场临空经济区建设，重点发展临空制造、高端商务、旅游度假产业，形成临空制造业、临空综合服务等功能组团。推进成都空港国检试验区建设，对空港特殊货物实施集中查验，支持海关、检验检疫共建一般货物集中查验中心和协同监管区。

35. 建设川滇黔航运物流中心。支持川南临港片区设立国家对外开放口岸。加快建设长江上游高等级航道，推进综合交通枢纽基础设施建设，联动构建“空铁公水”立体交通网络体系，延伸航运物流、航运服务、国际贸易产业链，打造以港口为核心的多式联运物流体系。鼓励发展船舶交易、航运物流信息、船员培训、船舶维修等航运服务业，探索与港口航运配套的金融服务、信息服务。优化船舶运营、检验与登记业务流程。

36. 建设中欧陆空联运基地。推动双流航空枢纽、成都国际铁路港、泸州港实现无缝中转，进一步拓展航空、铁路和水路运输相互融合的辐射圈。着力打造陆空物流分拨中心、海外物流节点和海外仓，促进中欧货物便捷高效流动。推进内陆地区国际多式联运示范建设，加快构建多式联运物流体系，完善多式联运标准和服务规则，探索与沿海沿边沿江重要枢纽城市高效联运新模式，打通铁路、公路、航空、水路、邮路等多种方式，加速构建立体综合交通体系。大力发展集装箱多式联运，支持泸州港参与成都国际铁路港集装箱铁公水多式联运示范工程建设。加快发展快递等现代物流业，完善快件处理设施和绿色通道。

（五）着力打造内陆开放型经济新高地

37. 提升利用外资水平。深入贯彻落实省政府《关于扩大开放促进投资若干政策措施的意见》（川府发〔2017〕36号），进一步扩大开放领域和外商投资鼓励范围，加强重大引资项目财政支持和用地保障，依法减轻企业税费负担，探索形成有利于高端制造业和现代服务业向自贸试验区集聚集群发展的体制机制。报请国家旅游局审批，允许在自贸试验区内注册的符合条件的中外合资旅行社从事除台湾地区以外的出境旅游业务。鼓励和引导外资参与和发展“互联网+”健康服务。出台优惠政策鼓励外资企业通过多种形式参与投资医疗服务业。着力发挥川酒优势，探索白酒产销体制创新，深化中国国际酒业博览会功能，依托现有交易场所开展国际性酒类产品展示、投资、技术等交易，打造中国白酒创新创业集聚地。瞄准世界500强和知名企业、行业龙头企业，策划开展产业链招商、小分队招商、联合招商等投资促进活动，充分发挥境外商务代表处、投资促进代表处职能，引进代表世界前沿技术、发展方向的高新技术产业项目。加强与发达国家（地区）在高端技术、重点技术领域的联合研究和技术引进。

38. 创新国际产能合作。加快实施国际产能合作“111”工程，推动能源电力、石油钻采、节能环保、轨道交通和航空装备制造以及电子信息、汽车制造、冶金建材、油气化工、轻工纺织、食品饮料优势产业拓展国际市场。加快技术、标准、服务“一体化”走出去步伐。加快“中国标准”国际化推广，积极开展与主要贸易国别标准比对，推动认证认可结果双向互认。鼓励社会资本在自贸试验区内设立境内机构投资者投资基金和境外合作基金。提高办理境外资产评估和抵押处置手续便利化程度。推动企业用好“内保外贷”等政策，开展企业“走出去”综合性金融创新服务。

39. 推进服务贸易创新发展试点。深入推进成都国家服务贸易创新发展试点城市建设，探索适应服务贸易创新发展的体制机制，建立完善服务贸易公共服务体系和贸易促进平台。支持自贸试验区建设文化贸易基地，积极争创国家级文化贸易基地。在巩固提升旅游、物流等优势服务业国际竞争力的同时，大力促进高技术、高附加值的设计、文化、技术、融资租赁、保税维修等新兴领域服务贸易发展，打造“成都服务”国际品牌。在确保有效监管和执行现行相关税收政策的前提下，海关对融资租赁的飞机、船舶等大型设备实行异地委托监管。

40. 促进文化贸易和版权贸易发展。深化艺术品交易市场功能拓展，支持在海关特殊监管区域（保税监管场所）内开展艺术品保税业务，为境内外艺术品生产、物流、仓储、展示和交易提供服务，对从境外进入海关特殊监管区域（保税监管场所）的文化产品，除法律、行政法规和规章另有规定的外，不实行许可证管理。鼓励文化企业发展以传统手工技艺、武术、戏曲、民族音乐和舞蹈等为代表的非物质文化遗产与旅游、会展、品牌授权相结合的开发模式，鼓励广播影视、新闻出版、演出展览等企业创新文化服务海外推广模式，以项目合作方式进入国际市场。

41. 大力发展中医药服务贸易。建立四川省中医药服务及贸易大平台，积极与境外开展中药材种植、研发等合作，鼓励开展中医药国际健康旅游线路建设。探索“互联网+中药材”运营模式，建立完善道地中药材商品规格电子交易标准。办好国际中药健康产业博览会。

42. 大力发展知识产权专业服务业。搭建便利化的知识产权公共服务平台，设立知识产权服务工作站，大力发展知识产权专业服务业。建立重点产业专利导航制度和重点产业快速协同保护机制。依托现有交易场所开展知识产权跨境交易，推动建立市场化运作的知识产权质物处置机制。支持和鼓励知识产权服务机构在品牌设计、价值评估、注册代理、法律服务等方面不断提升服务水平。

43. 推动跨境电子商务发展。加快建立适应跨境电商贸易特点的海关、检验检疫、退税、物流等监管和支撑体系。依托跨境电商公共服务平台为跨境电商企业提供政务查询、通关、外汇结算等一站式公共服务。探索中欧班列邮（快）件运输，积极开辟邮（快）件上车通道，开行中欧邮件班列。支持企业建设出口商品海外仓、海外营运中心、售后服务体系，为跨境电子商务企业提供贸易、仓储和售后一站式服务。积极发展跨境培训咨询服务，鼓励境外服务提供者以跨境交付形式提供管理培训、咨询服务。

44. 大力开展大宗商品交易。探索制定大宗商品交易管理办法，在自贸试验区内非海关特殊监管区域依托现有交易场所开展大宗商品交易。依托现有交易场所开展长江上游生产要素国际交易业务。依托天府商品交易所，支持拓展新的交易品牌，促进发展大宗商品国际贸易。

45. 设立进口商品展示交易中心。制定保税展示交易货物检验检疫监督工作规范，建立保税展示交易货物检验检疫分线监管、预检验和登记核销等监管方式。建设进口商品直销中心。引进跨境贸易企业开展跨境商品进口业务，完善进口商品网络零售体系，提升进口商品物流集散服务能力。

（六）着力打造内陆与沿海沿边沿江协同开放示范区

46. 推动国际国内改革效应协同。对标国际投资贸易通行规则，高标准推动自贸试验区制度创新更好地与国际接轨。全面落实 123 项复制推广经验。探索与其他自贸试验区协同改革机制，积极开展对比试验、互补试验、联动试验，充分借鉴成功经验，探索形成四川特色试验格局。

47. 推动片区协同发展。根据三大片区功能定位，探索建立产业互动和多层次要素流动便利化平台，在功能布局、产业发展和推进措施上实现“优势互补”与“机制互动”，避免过度竞争同质发展。建立跨片区、跨部门、跨区域协同联动机制，促进三大片区改革试点各有特色、各项试验经验系统集成。

48. 构建成都市及川南 4 市协同发展机制。以自贸试验区为平台，推动成都市各区域共建共享，促进双流国际机场与天府国际机场、成都国家级临空经济示范区、资阳临空经济区、泸州空港园区联动协作，助力绵阳国家科技城和德阳智能制造、绿色生态及文化产业发展。积极探索川南临港片区（泸州港）与宜宾临港经济技术开发区协同改革机制，支持共同申报国家对外开放口岸综合保税区。探索自贸试验区与宜宾、内江、自贡等地国家级开发区联动协作机制，增强川南经济区对外开放综合竞争力。

49. 深化与沿海协调联动。研究制定承接东部产业转移的重点产业目录和重点企业名单，着力打造与东部产业配套协作的高端制造业、现代服务业和临港产业基地。积极开展沿海城市加工贸易和产业“双转移”促进活动，推动自贸试验区加工贸易转型升级。加大进出口贸易货源组织力度，用好转运至日—韩—中国台湾的近洋航线。加强与沿海自贸试验区片区和港口合作，用好自贸试验区内外贸同船运输、国轮捎带业务。加强与深圳、珠海等口岸机构的沟通与合作，全面实现供港澳蔬菜出口直放。

50. 加强内陆与沿边合作。探索与周边地区产业合作新路径，促进研发设计、生产销售和物流配送等环节协同配合。建立市场化运作的产业基金，建立产业协作发展和收益分享机制。鼓励企业跨区域兼并重组，在基础设施、公共设施建设运营领域，推广政府和社会资本合作等投融资模式。构建自贸试验区与陕滇黔渝藏等地国家级开发区协同合作机制。探索在攀枝花、昆明等西部内陆重要物流节点城市建设无水港，完善无水港合作管理机制。强化边境经济合作区、跨境经济合作区的交流对接，重点在人员来往便利化、铁路货源组织、货币结算支付等方面开展合作。

51. 深化沿江开放合作机制。深化与长江中下游港口合作，实现成果共享、监管互认、业务互通。拓展水运货源腹地，争取在增加集装箱班轮密度、新开班轮航线等方面取得新突破。加快建立与沿江重要枢纽城市高效联运模式，建设长江物流公共信息服务平台。打造长江口岸现代航运服务系统和长江港口智能物流网络，推进与沿海沿江口岸信息互联互通，建设港口综合服务“单一窗口”，实现与全省国际贸易“单一窗口”信息系统连接。

52. 全面加强港澳台经贸合作。全面深化内地与香港澳门建立更紧密经贸关系安排（CEPA）合作机制，大力发展贸易、旅游、物流服务和促进外来直接投资。依托港澳在金融服务、信息资讯、国际贸易网络、风险管理等方面的优势，将自贸试验区建设成为企业“走出去”的窗口和综合服务平台。加强与港澳在项目对接、投资拓展、信息交流、人才培训等方面的交流合作，共同赴境外开展基础设施建设和能源资源等合作。加强与台湾在电子信息、生物医药、食品饮料等制造业和电子商务、信息服务、服务外包等现代服务业的深度合作，加强人文交流合作。

53. 深化与“一带一路”的经贸合作。探索自贸试验区与“一带一路”沿线国家开展海关、检验检疫、认证认可、标准计量等贸易供应链安全与便利合作。探索与“一带一路”沿线国家金融合作，支持“一带一路”国家人民币国际化结算中心建设，支持符合条件的“一带一路”沿线国家金融机构在自贸试验区以人民币开展新设、增资或参股金融机构等直接投资活动，鼓励相关优质企业通过天府（四川）联合股权交易中心挂牌融资。深入实施“一带一路”“251”行动计划，精心组织“千企行丝路”等活动。积极探索与“一带一路”沿线国家运输安全、环境保护深度合作。

（七）助力西部金融中心建设

54. 促进跨境投融资便利化。探索建立与自贸试验区相适应的本外币账户管理体系，促进跨境贸易、投融资结算便利化。支持符合条件的企业参与跨国公司总部外汇资金集中运营管理和跨境双向人民币资金池业务。允许自贸试验区内法人金融机构和企业按照有关规定在境外发行人民币和外币债券，所筹资金可根据需要调回自贸试验区内使用。深化外汇管理体制改革。进一步简化经常项目外汇收支手续，在真实、合法交易基础上，自贸试验区内货物贸易外汇管理分类等级为A类企业的外汇收入无须开立待核查账户。银行按照“了解客户、了解业务、尽职审查”的展业三原则办理经常项目收结汇、购付汇手续。

55. 扩大金融领域开放。支持在自贸试验区内设立银行、证券、保险等金融机构，大力引进金融机构总部、专业子公司、区域总部等机构，支持符合条件的外资银行设立营业性机构，支持设立货币兑换、征信等专业化机构，支持股权托管交易机构建立综合金融服务平台，支持依法设立财务公司、汽车金融公司和消费金融公司等金融机构，支持符合条件的境内纯中资民营企业发起设立民营银行。

56. 增强银行业服务功能。发挥外资银行跨境业务的网络平台优势，为跨境企业提供综合金融服务。支持银行业金融机构与已获相应业务许可资质的非银行支付机构合作开展企业和个人跨境货物贸易、服务贸易人民币结算服务。加快发展金融IC卡（芯片银行卡）和移动金融，打造金融IC卡无障碍示范区。优化境外银行卡刷卡消费环境。

57. 促进保险业创新发展。支持设立健康、科技、养老等专业保险机构。支持注册在自贸试验区内的法人寿险机构创新发展。鼓励保险公司创新保险产品，不断拓展责任保险服务领域。支持自贸试验区内保险机构大力开展跨境人民币再保险。鼓励各类保险机构在自贸试验区创新特殊风险分散机制，开展特殊风险保险业务。建立完善巨灾保险制度。支持专业性保险中介机构等服务机构以及从事再保险业务的社会组织和个人在自贸试验区依法开展相关业务，为保险业发展提供专业技术配套服务。大力发展长江航运金融服务，探索组建专业化地方法人航运保险机构，鼓励境内外航运服务中介机构设立营业机构。

58. 支持证券业发展。鼓励证券期货业经营机构在自贸试验区内依法设立分支机构或专业子公司，支持符合条件的自贸试验区内机构按照规定投资境内外证券期货市场。

59. 大力发展科技金融。按照国家统一部署，积极争取纳入投贷联动试点。鼓励企业与高校等机构合作，共同开设区块链技术、人工智能等金融科技创新培训课程，共建金融创新实验室基地。建立科技企业信用评价体系和标准，引导金融机构探索完善科技企业信用风险管理机制。鼓励借助区块链等前沿技术，在自贸试验区内试点推动搭建金融安全数字化信息平台。

60. 鼓励发展融资租赁。支持符合条件的内地和港澳台机构在自贸试验区设立金融租赁、融资租赁公司，鼓励在飞机、船舶及其零部件、机器人、农机、医疗设备及基础设施等领域开展业务，支持其在符合相关规定前提下设立项目公司开展境内外融资租赁业务。支持在海关特殊监管区域内开展飞机融资租赁。允许自贸试验区内符合条件的融资租赁业务收取外币租金。进一步推进融资租赁企业试点，注册在自贸试验区内的内资融资租赁试点企业由四川省商务厅和四川省国家税务局审核。加强事中事后监管，探索建立融资租赁企业设立和变更的备案制度、违反行业管理规定的处罚制度、失信和经营异常企业公示制度、属地监管部门对企业定期抽查检查制度。支持租赁业境外融资，鼓励各类租赁公司扩大跨境人民币资金使用范围。

61. 发展融资理财业务。研究探索自贸试验区内金融机构在依法合规、风险可控的前提下，向境外销售人民币理财产品、开展人民币项下跨境担保等业务。鼓励通过社会资本设立融资担保基金，缓解中小微企业融资难。鼓励国内外金融机构通过产业基金、并购重组、股权投资、资产证券化、消费信托等新模式全方位参与健康养老、文化旅游、军民融合等具有特色优势的上下游产业升级发展。探索开展知识产权、股权、应收账款、订单、出口退税等抵质押融资业务。开展商业保理试点，探索适合商业保理业务发展的监管模式。

62. 大力推进产融合作。大力推进产融合作试点工作。支持成都开展产融合作试点，构建产融合作示范基地，搭建产融对接信息化平台，促进金融产品和服务创新，推动“产业链、创新链、资金链”三链协同，实现互利共赢，探索产业与金融良性互动、创新发展的新途径。

63. 提升金融服务实体经济功能。依托现有交易场所在西部地区开展产权、技术、排污权、碳排放权等交易。鼓励国内期货交易所在自贸试验区的海关特殊监管区域内开展期货保税交易等业务。鼓励与国内交易所合作，在自贸试验区内设立衍生品场外交易清算结算分支机构、金融创新研发基地及项目合作对接平台。支持期货经营机构协助企业依法运用期货工具对冲业务风险。探索多式联运“一单制”，试点签发具备物权凭证性质的多式联运提单，解决铁路运输凭证物权问题，降低与中欧班列沿线国家的外贸综合运输成本。自贸试验区可结合实际试点设立地方资产管理公司和并购基金等。

64. 优化金融生态环境。放宽和简化自贸试验区内金融机构和高管准入事前审批，推行事后报告制。探索建立与自贸试验区相适应的新型风险监管体系，强化开展反洗钱、反恐怖融资、反逃税工作，防止非法资金跨境、跨区流动。鼓励金融行业协会、自律组织独立或者联合依法开展专业调解，建立调解与仲裁、诉讼的对接机制，加大对金融消费者维权的支持力度。支持建立健全金融消费者宣传教育服务体系，积极创新金融产品和金融服务的宣传教育方式，建立完善四川银行业纠纷调解中心。

四、保障措施

（一）加强组织领导。自贸试验区推进工作领导小组每季度召开一次全体会议，研究解决自贸试验区建设重大问题。领导小组办公室加大统筹协调力度，每月召开一次例会，推动领导小组各项决策落实。领导小组成员单位要将自贸试验区工作列入年度工作重点，主要负责同志亲自研究，分管同志具体推动落实。适时建立专项工作推进小组，加强改革事项的分类推进和系统集成。

（二）强化责任落实。省级有关部门（单位）和成都市、泸州市政府在自贸试验区推进工作领导小组的统筹领导下，不折不扣落实“清单制+责任制”。各有关地方和部门（单位）要结合承担的改革任务，制定细化行业和片区实施方案，明确任务分工、责任单位、完成时限和成果形式，推动各项改革任务落地见效。加快建立目标考核、统计监测、信息报送、绩效评估等制度，建立政策保障体系，建立精简高效、统筹协调的管理体系。

（三）加强督促检查。各有关地方和部门（单位）要建立工作台账，对各项工作进展情况进行动态监控，并定期向自贸试验区推进工作领导小组报送工作进展情况。省自贸办、省政府督查室要加大督导工作力度，定期组织开展工作督促检查，适时开展专项督查，确保各项工作落实到位。

（四）注重宣传引导。制定自贸试验区年度宣传工作计划，与中央媒体、海外媒体、省内媒体建立联系，广泛开展宣传工作；不定期召开新闻通气会；广泛开展政策宣讲，积极举办自贸试验区研讨会和论坛。办好公共网站、微博、微信，及时展现建设动态、成效与亮点，努力营造自贸试验区深化改革、扩大开放、促进发展的舆论氛围。

（五）强化法治保障。做好相关法律立、改、废、释的衔接工作，按照法定程序开展自贸试验区管理办法政府规章和自贸试验区条例立法调研、起草、送审工作，加快研究建立与试点举措相匹配的法规制度，推动自贸试验区治理体系和治理能力现代化。建立鼓励创新、宽容失败的容错纠错机制。

（六）抓好复制推广。按照“边试点、边总结、边推广”要求和“试得好、看得准、风险可控”原则，注重改革经验系统集成，邀请第三方机构对典型经验进行评估，及时汇总制度创新成果，力争探索出一批可在全国复制推广的鲜活经验。

附件：中国（四川）自由贸易试验区建设实施方案责任分工清单（略）

中国（陕西）自由贸易试验区

2017年3月15日，国务院正式批复设立中国（陕西）自由贸易试验区（以下简称陕西自贸试验区），并印发《中国（陕西）自由贸易试验区总体方案》。

◎区域分布及概况

一、功能布局

陕西自贸试验区总面积119.95平方公里，涵盖三个片区：中心片区87.76平方公里［含陕西西安出口加工区A区0.75平方公里、B区0.79平方公里，西安高新综合保税区3.64平方公里和陕西西咸保税物流中心（B型）0.36平方公里］，包括西安高新区、西安经开区和西咸新区沣东新城、秦汉新城、空港新城部分区域；西安国际港务区片区26.43平方公里（含西安综合保税区6.17平方公里），包括西安国际港务区和西安浐灞生态区部分区域；西安杨凌示范区片区5.76平方公里，包括杨凌示范区部分区域。

自贸试验区中心片区重点发展战略性新兴产业和高新技术产业，着力发展高端制造、航空物流、贸易金融等产业，推进服务贸易促进体系建设，拓展科技、教育、文化、旅游、健康医疗等人文交流的深度和广度，打造面向“一带一路”的高端产业高地和人文交流高地；西安国际港务区片区重点发展国际贸易、现代物流、金融服务、旅游会展、电子商务等产业，建设“一带一路”国际中转内陆枢纽港、开放型金融产业创新高地及欧亚贸易和人文交流合作新平台；杨凌示范区片区以农业科技创新、示范推广为重点，通过全面扩大农业领域国际合作交流，打造“一带一路”现代农业国际合作中心。

二、战略定位

以制度创新为核心，以可复制可推广为基本要求，全面落实党中央、国务院关于更好发挥“一带一路”建设对西部大开发带动作用、加大西部地区门户城市开放力度的要求，努力将自贸试验区建设成为全面改革开放试验田、内陆型改革开放新高地、“一带一路”经济合作和人文交流重要支点。

三、发展目标

经过三至五年改革探索，陕西自贸试验区将形成与国际投资贸易通行规则相衔接的制度创新体系，营造出法治化、国际化、便利化的营商环境，努力建成投资贸易便利、高端产业聚集、金融服务完善、人文交流深入、监管高效便捷、法治环境规范的高水平高标准自由贸易园区，推动“一带一路”建设和西部大开发战略的深入实施。

◎建设措施与成效综述

陕西自贸试验区运行以来，陕西省自贸办聚焦《总体方案》，突出工作重点，狠抓试点任务落实；突出制度创新，着力推动“放管服”改革；突出陕西特色，着力推动“差异化”改革；突出复制推广目标，精心培育创新实践案例；突出保障体系建设，严格督查评估，取得了阶段性成果。

一、试点任务全面推进

紧扣《总体方案》，不断完善省级、片区、

功能区三级工作台账和责任清单，实行全程项目化、目标化、责任化动态管理。截至2017年年底，《总体方案》明确的165项试点任务已启动实施158项（地方事权67项已全部启动，中央事权启动91项），其中实施“多证合一”综合审批运行服务模式、简化资金池管理等13项任务全面完成，正在推动落实145项，实施率达到95.8%。

二、差别化改革和创新案例培育取得初步成果

大力推进差别化改革，经过积极探索试验，形成了63条制度创新性强、市场主体反应好、具有一定系统集成特点的案例，经第三方智库机构评估，确定“最佳实践案例”17个（其中自贸试验区西安管委会8个、西咸新区管委会2个、杨凌示范区管委会5个、西安海关和自贸试验区西安管委会1个、省工商局和自贸试验区西咸管委会1个），省自贸办已分两批报送国务院自由贸易试验区工作部际联席会议办公室。省工商局、西咸新区管委会“微信办照”创新案例，受到李克强总理肯定，并被国务院作为典型经验进行了通报表扬；杨凌示范区管委会“积极打造‘一带一路’现代农业国际合作中心”的经验和陕西出入境检验检疫局“创新推进中欧班列发展，推动西向国际物流通道建设”的做法，由国务院自由贸易试验区工作部际联席会议办公室以简报形式报国务院办公厅和国家相关部委，并印发11个自贸试验区所在省市人民政府借鉴。

三、“放管服”改革加快推进

企业工商登记注册实现全程电子化。除个别暂时不能承接的事项外，213项省级管理事项下放或委托工作基本完成。西安4个功能区试点设立行政审批局、市场监管局，西咸新区设立市场服务与监督管理局、行政审批与政务服务局，探索开启“一枚公章管审批、一支队伍管执法”的政府管理新模式。

四、投资贸易便利化快速提升

外资准入负面清单管理模式全面推开。融合了我省“通丝路”、出口水果电子监管及质量追溯系统两个特色应用服务功能的国家标准版国际贸易“单一窗口”上线运行，“货站前移”“舱单归并”等监管服务创新，使通关效率提升30%以上。企业“走出去”的“一站式”服务平台正式上线，可为自贸试验区内企业“走出去”提供全流程一体化服务。省发改委牵头，加快推行“多评合一”“多图联审”“一口受理、并联审批”等投资项目审批试点，审批时限可从改革前的150个工作日压缩至60个工作日内。

五、金融服务创新步伐加快

出台金融支持自贸试验区建设36条措施，推进金融制度创新，向自贸试验区委托了小额贷款公司、融资性担保公司、交易场所审批和监管事权。积极打造“通丝路”跨境电子商务人民币结算平台，为市场主体在线提供人民币跨境结算、报关报检等10项“一站式服务”。2017年，全省跨境人民币结算达到339.23亿元人民币，省内外2 686家企业、31家商业银行的224个分支机构办理了跨境人民币业务，涉及境外银行1 589家，交易辐射109个国家和地区。

六、自贸试验区保障体系不断完善

省政府颁布实施《中国（陕西）自由贸易试验区管理办法》。制定了自贸试验区统计制度和基于世界银行营商环境评价指标的自贸试验区营商环境监测评价实施方案。自贸试验区考核指标和考核体系正在完善。完成了市场主体存量的初步核查（初步统计，我省自贸试验区揭牌前市场主体存量约27 000户），为实施自贸试验区统计指标报送和开展营商环境评价奠定了基础。在西咸新区建设的自贸试验区政务服务平台近期已正式上线运行。

七、市场主体注册量大幅增加

自贸试验区改革创新红利的释放，推动了营商环境的改善，有效激发了市场活力，加之省商务厅（自贸办）和各片区、功能区牵头在境内外开展了一系列以自贸试验区为主题的招商引资推介活动，吸引大批境内外企业落户自贸试验区。

◎创新成果案例

1 微信办照

开通微信办照渠道，办照群众通过微信扫码，按照指引完成“刷脸”、自主选名、录入信息三步操作就能领到电子营业执照，电子营业执照与纸质营业执照并行适用。

（一）创新点

一是办照更加便捷，“让群众不跑腿就能办事”；二是门槛更低，住所审核制改为住所申报制，名称预先核准改为名称自主申报；三是效率更高，表格填报改为信息填报，全信息审核改为重点信息审核；四是服务更优，开发了全程辅导，智能比对模块，帮助办照；直接通过工商微信公众号办照，免去了下载专用APP的不便。

（二）实践成效

一是该系统数据填报量压缩为传统模式的1/8；二是审核时间从1个小时左右压缩为10分钟左右；三是申报材料一次性通过率由人工方式的10%左右，提高到90%左右；四是实现了0见面申报和0见面审核。

2 国际高层次人才“一站通”服务平台

构建“一站通”人才专办服务体系，为海内外高层次人才提供出入境、海关、人才落户、人才认定、人事关系及家属随迁等8大类25项专员服务和社保、医疗、养老、住房、教育等居家金融综合服务，并运用“互联网+”构建人才与用人机构“互联互通”供需通道。

（一）创新点

一是实现人才入区“全程帮办”的“一站通”服务；二是联合入园服务机构和人力资源服务企业，打造线上线下拓展创新创业、生活就业、个人金融、居停留等的全面服务体系。

（二）实践成效

一是“一站通”人才专办服务体系实现“私人定制”“大客户预约”“透明追踪”等功能，提高了服务的精准化、便利化和透明化；二是“互联网+”招才引智系统简化了企业订会程序，提升了招聘会信息互通效率，增强了企业招聘信息监管力度。

3 征信服务新模式

在政务大厅设立征信服务窗口，直接为政府及域内企业及个人提供征信查询服务，推动守信联合激励、失信联合惩戒。

（一）创新点

实现了征信查询与政务服务事项“一厅式办公”。

（二）实践成效

一是区域信用环境进一步优化。截至2017年末，高新征信服务窗口为区内提供企业查询服务2 790次，个人查询服务4.56万人次；二是初步形成守信激励机制和失信惩戒机制。

4 设立国际签证服务中心

设立签证服务中心，提供高效便利的“一站式”办理服务，依托领事馆区和外事大厦，为区内涉外企业和机构提供办公与商务场所。

（一）创新点

一是签证受理的“一站式”服务提高了外事服务的效率；二是依托领事馆区，开辟国际化发展新通道。

（二）实践成效

自贸试验区内的国际签证服务中心已经开展法国、德国、瑞士、荷兰、匈牙利、西班牙等国签证业务，已累计受理西南、西北各省签证业务6万余件。

5 设立“互联网＋政务”自贸驿站

在企业聚集区设立政务服务驿站，利用“互联网＋政务”服务平台，整合现有资源，将电子政务平台、企业帮办延伸到企业聚集区，实现了让企业“不出楼就能办事”的便利化服务。

（一）创新点

实现“不出楼就能办事”的便利化服务升级，工商、国地税、规划、建设、港口、安监等部门61个事项可在驿站办理。

（二）实践成效

一是建成2家自贸驿站，覆盖企业超过500家。二是企业办事效率大幅提升。西安大马盛域信息技术有限公司从咨询、核名、提交资料到领取营业执照，整个注册过程“足不出楼”，驿站工作人员全程帮办代办，不到两个工作日就完成注册，领取了营业执照。

6 国、地税“一站式”服务

整合优化国、地税办税服务大厅业务流程，为自贸试验区内每个企业提供一人一机双系统单pos系统服务，涉税业务集中受理，一窗办理，对即办事项当场办结，对限办事项承诺办结时限，建立审批“绿色通道”。

（一）创新点

国、地税办税服务厅互设窗口的基础上共建综合办税服务厅，做到让纳税人“进一家门，办两家事”。

（二）实践成效

港务国税局通过集成增效、提速增效，纳税人办理涉税事项提速80%，纳税人满意度大幅提升。

7 “舱单归并”海关监管模式创新

企业同一品名、同一规格、同一合同、同一公司、同一列次的大宗进口货物，几十节车厢的舱单归并成1个舱单，然后用1票报关单申报，节省时间，降低通关费用。

（一）创新点

由“一柜一单”改为“舱单归并”，简化了流程，提高了通关效率。

（二）实践成效

以西安爱菊集团为例，从哈萨克斯坦采购的2 000吨初榨食用油，采用“舱单归并”的方式进行申报，原来需要申报86票的货物缩减为只需申报2票。通关费用由30 100元人民币变为700元人民币，节省通关费用97%。

8 集成电路设计企业全程保税

2017年8月，在西部率先实施集成电路设计企业开展全程保税业务试点，把集成电路设计企业作为加工贸易手册经营单位，纳入加工贸易保税监管范围，同时优化企业研发物料流转方式，测试完成后的研发物料无须出境，直接以保税状态流转到国内下游加工贸易生产企业。

（一）创新点

允许测试完成后的研发物料直接以保税状态

流转到国内下游加工贸易生产企业。

（二）实践成效

一是提高通关效率。较以往“暂时进出口”方式进口模式，新模式大幅度压缩了试点企业研发物料的通关时间，通关时效提升近95%。二是降低资金占用。较以往暂时进出口需要缴纳担保相比，新模式为试点企业减轻资金占用近600万元人民币。三是试点企业测试研发物料可通过保税模式流转至国内下游生产企业，大幅提高实货流转效率，降低企业经营成本。

9 一站式境外投资服务平台

平台提供了业务咨询、国别调查、风险评估、商务谈判、法律咨询、政策咨询、融资信贷咨询等专业化服务，为企业境外投资提供全生命周期服务体系。

（一）创新点

从线上线下实现专业、高效、一站式境外投资服务机构集合，为企业境外投资提供全生命周期服务体系。

（二）实践成效

以陕西有色冶金矿业收购巴西锰矿为例：有色冶金集团从开始对接机构到确定服务只花了5个工作日，确定收购对象只用了1个月；为巴西锰矿项目完成《可行性研究报告》《风险评估报告》《尽职调查报告》《法律意见书》等全部项目收购前期咨询工作。

10 跨境电子商务人民币结算服务平台

平台以跨境人民币结算为核心，为企业提供线报关、商检、人民币结算等一条龙服务和出口贴现、打包贷款、出口双保理等十余种贸易融资产品和全产业链融资解决方案。

（一）创新点

一是“通丝路”平台是全国首个主打跨境人民币结算功能的跨境电子商务服务平台，可提供在线人民币结算、信用担保、贸易融资、跨境人民币及国际收支申报等全流程金融服务；二是为企业提供在线报关、商检、人民币结算等一条龙服务。

（二）实践成效

一是提供在线信保服务。该平台已有近百家企业投保，有效地规避出口风险、助力小微企业走出去。二是帮助了贫困山区脱贫致富。该平台认证的出口站点企业达68家，覆盖陕西60%的县域地区，其中集中连片特殊困难县（区）32个。

11 区块链直联跨境支付

使用区块链技术通过商业银行向境外客商支付货款。

（一）创新点

一是基于区块链技术实现高效率性、高安全性、高可用性的跨境直联支付；二是摒弃中转银行的角色，实现点对点快速且成本低廉的跨境支付，大大提高资金利用率。

（二）实践成效

招商银行西安高新科技支行于2017年11月3日，通过招商银行总行自主研发的区块链直联跨境支付应用技术，做了一笔美元跨境支付业务，实现当天汇出并到账对方银行。

12 “内保外贷”金融创新

企业通过内保外贷的形式，在境内商业银行存入覆盖交割本金及境外行利息、费用等对应的人民币自有资金，申请由境内商业银行向其境外分行出具相对应金额的融资性对外担保保函，由境外分行为其发放贷款。

（一）创新点

一是通过内保外贷实现了企业海外新设实体的增信。二是实现资金或者资产的“间接出境”。

（二）实践成效

以陕西JRWN股份有限公司为例：JRMN公司与澳大利亚公司签订认购与合作协议，旨在通过发行股票的形式增资并购。申请人通过企业通过内保外贷的形式，由其在香港设立的SPV公司完成此次并购交易，通过SPV持股标的公司增发股份。

13 “投贷联动”融资新模式

商业银行与投资机构强强联合，将债务融资与股权投资相结合，有效增加金融供给总量，为初创期的小微企业提供融资信贷渠道。

（一）创新点

投贷联动业务跨越了商业银行与科技型中小企业的鸿沟，既有效地增加金融供给总量，又能解决初创型科技企业融资需求与商业银行信贷业务的不相容这一难题，为初创期的小微企业提供了稳定的融资信贷渠道。

（二）实践成效

西安达盛隔震技术有限公司、西安西测电子技术服务有限公司、西安睿控创合电子科技有限公司等均通过投贷联动模式获得融资。

14 语言能力标准化服务体系及大数据平台

通过推广“中国核心语汇”项目、建立中译语通“7×24”多语言呼叫中心、加强涉外服务人员外语培训三个环节，建立语言能力标准化服务体系；通过大数据平台将海外相关数据分类、处理、关联后，形成海外智库，可以自动、实时监测全球各领域舆情信息，并根据信息的热度自动进行热度舆情提醒显示。

（一）创新点

一是“中国核心语汇”聚焦中华文化与经典，是具有极强中国特色的文化语汇交流载体。二是建立“一带一路”沿线国家及全球的旅游大数据平台，实现多语言、多地域、多时间、多元文化背景等多种采集维度的海外大数据采集分析平台。

（二）实践成效

一是“中国核心语汇”涵盖政治、经济、科技、文化等12个热门分类，17种语言，100万词条；二是全球多语言呼叫中心能够胜任政务、商务、旅游、医疗等领域的翻译服务全天候24小时运营，实现50路并发接入，响应时间不超过24秒；三是“一带一路”旅游大数据平台跨语言大数据采集子系统服务器已存储了100多亿网页数据，200多亿历史社交数据，数据存储量100PB，可以扩充至日增长量10TB。

15 建设对外文化贸易基地

基地由线上跨境电商平台“丝路汇”和线下实体展览体验产品中心组成，为国内外文化机构投资融资、文化产品展示交易、文化创意产品孵化、文化产品进出口配套服务等提供支持。

（一）创新点

将文化交流、文化贸易与互联网科技相结合，建立起了“线下＋线上、空间＋资本、资源＋机制”的中外合作机制，推动文化创业与国际智力资源、国际资本资源的有效对接和无缝融合。

（二）实践成效

“丝路汇”入驻商户3 000多家，已和甘肃平凉、贵州贵阳、新疆等国内地区以及柬埔寨等东南亚国家建立业务往来。

16 国家知识产权运营军民融合平台

建设军民融合平台线上系统，集专利技术信息供需发布、技术成果挂牌对接、技术经理人委托服务、交易撮合与支付等服务为一体。同时配套相应线下服务体系，包括专利技术孵化转移、知识产权价值评估、专利技术效果认定、知识产权信息应用、知识产权投融资等服务。

（一）创新点

一是平台整合了国防军工科研院所及十二大军工集团的创新资源，重点围绕解密国防专利技术成果，在“军转军”“军转民”“民参军”三个层面推动专利技术的军民深度融合，构建军民融合特色的国家知识产权运营生态。二是云服务中心实现了“分散资源集中使用、集中资源分散服务”。

（二）实践成效

截至自贸试验区成立一周年，平台专利数据共计 8 416 条，其中解密国防专利深加工数据 3 001 条、专利转让信息 5 222 条、专利求购信息 193 条。

17 积极打造“一带一路”现代农业国际合作中心

杨凌片区围绕“创新现代农业交流合作机制”的改革试点任务，以农业科技创新和示范推广为重点，不断创新与“一带一路”沿线国家和地区现代农业合作机制，打造“一带一路”现代农业国际合作中心。

（一）主要做法

1. 搭建农业国际合作服务平台

杨凌片区在涉农领域搭建了“1+3”国际合作服务平台，融投资、贸易、科技及人文交流功能于一体，促进农业领域国际合作。“1”是指杨凌国际农业科技商务服务平台，汇聚相关组织、企业、项目和专家，促进各类优质涉农资源在杨凌聚集，通过线上线下提供高效便捷的咨询、信息等服务。“3”是指在俄罗斯、哈萨克斯坦等“一带一路”沿线国家及美国，建设三个农业海外投资促进服务中心，提供融资支持、法律咨询、信息交流等服务，助力农业企业走出去。

2. 推进境外农业国际合作园区建设

杨凌片区挂牌以来，以企业为主体，以市场为导向，大力推进境外农业国际合作园区建设，截至目前，已在美国、俄罗斯、澳大利亚、哈萨克斯坦、吉尔吉斯斯坦、塔吉克斯坦等国启动建设了 6 个现代农业示范园区，推动农业领域对外投资，推广中国农业技术装备，发展国际农业科技合作，促进国际人文合作交流。

3. 建立丝绸之路农业教育科技创新联盟

丝绸之路农业教育科技创新联盟由位于杨凌的西北农林科技大学牵头成立，成员包括丝绸之路沿线 12 个国家和地区的 59 所大学和科研机构。该联盟致力于打造一个丝绸之路沿线国家和地区大学、科研机构自愿加入的非政府、非营利和开放性、国际化多边合作平台，推动成员间在人才培养、科学研究、技术推广、人文交流、智库建设等方面开展全方位合作，促进沿线国家和地区农业教育科技深度交流、共赢发展。

（二）实践成效

1. 推进了我国农业对外输出与国际合作

以杨凌片区与哈萨克斯坦国际一体化基金会合作的中国—哈萨克斯坦农业创新园（以下简称“中哈园”）为例。一是带动了国内农业新品种和农业设备的输出，截至目前，中哈园共从国内引种小麦等 6 大类 48 个品种，种植面积 417 亩，带动了大型农机、配套机具及温室大棚建设材料出口。二是推动了农业技术品种合作，研发的冬小麦 5 号具备抗锈、抗旱、高产等突出优点，亩产较当地品种增产 82.3%。三是促进了两国农业科技交流合作，通过项目实施，与哈国立农业大学、农业部植物保护与检疫研究所等农业教学科研机构建立了广泛联系。

2. 强化了国际农业教育科技交流合作

杨凌片区依托西北农林科技大学先后承办了哈萨克斯坦、蒙古等农牧专题培训班，接收了50余名来自丝绸之路沿线国家和地区的留学生。2017年5月成功承办了农业部主办的2017年农业“走出去”高端智库研修班，来自21家农业院校、农林水科院的40多名专家学者参加了研修。

3. 加强了丝绸之路沿线国家和地区研究

杨凌片区成功获批中国科协“一带一路”国际科技合作平台“中俄农业科技发展政策研究”项目，开展俄罗斯科技组织（含在俄罗斯的国际科技组织）、科技体制和运行方式研究，为中俄相关科技组织合作提出可行性建议。同时，正在筹建中国南南农业合作与发展学院，推动设立非洲、哈萨克斯坦、孟加拉国等国别研究中心，致力于研究、总结、归纳、传播中国农业发展和减贫经验。

◎国务院关于印发中国（陕西）自由贸易试验区总体方案的通知

国发〔2017〕21号

各省、自治区、直辖市人民政府，国务院各部委、各直属机构：

现将《中国（陕西）自由贸易试验区总体方案》印发给你们，请认真贯彻执行。

国务院

2017年3月15日

中国（陕西）自由贸易试验区总体方案

建立中国（陕西）自由贸易试验区（以下简称自贸试验区）是党中央、国务院作出的重大决策，是新形势下全面深化改革、扩大开放和加快推进“一带一路”建设、深入推进西部大开发的重大举措。为全面有效推进自贸试验区建设，制定本方案。

一、总体要求

（一）指导思想

全面贯彻党的十八大和十八届三中、四中、五中、六中全会精神，深入贯彻习近平总书记系列重要讲话精神和治国理政新理念新思想新战略，认真落实党中央、国务院决策部署，统筹推进“五位一体”总体布局和协调推进“四个全面”战略布局，坚持稳中求进工作总基调，牢固树立和贯彻落实创新、协调、绿色、开放、共享的发展理念，进一步解放思想、先行先试，以开放促改革、促发展，立足于推进“一带一路”建设和西部大开发，为全面深化改革和扩大开放探索新途径、积累新经验，发挥示范带动、服务全国的积极作用。

（二）战略定位

以制度创新为核心，以可复制可推广为基本要求，全面落实党中央、国务院关于更好发挥“一带一路”建设对西部大开发带动作用、加大西部地区门户城市开放力度的要求，努力将自贸试验区建设成为全面改革开放试验田、内陆型改革开放新高地、“一带一路”经济合作和人文交流重要支点。

（三）发展目标

经过三至五年改革探索，形成与国际投资贸易通行规则相衔接的制度创新体系，营造法治化、国际化、便利化的营商环境，努力建成投资贸易便利、高端产业聚集、金融服务完善、人文交流深入、监管高效便捷、法治环境规范的高水平高标准自由贸易园区，推动“一带一路”建设和西部大开发战略的深入实施。

二、区位布局

（一）实施范围

自贸试验区的实施范围119.95平方公里，涵盖三个片区：中心片区87.76平方公里（含陕西西安出口加工区A区0.75平方公里、B区0.79平方公里，西安高新综合保税区3.64平方公里和陕西西咸保税物流中心〔B型〕0.36平方公里），西安国际港务区片区26.43平方公里（含西安综合保税区6.17平方公里），杨凌示范区片区5.76平方公里。

自贸试验区土地开发利用须遵守土地利用、环境保护、城乡规划法律法规，符合土地利用总体规划，并符合节约集约用地的有关要求。

（二）功能划分

按区域布局划分，自贸试验区中心片区重点发展战略性新兴产业和高新技术产业，着力发展高端制造、航空物流、贸易金融等产业，推进服务贸易促进体系建设，拓展科技、教育、文化、旅游、健康医疗等人文交流的深度和广度，打造面向“一带一路”的高端产业高地和人文交流高地；西安国际港务区片区重点发展国际贸易、现代物流、金融服务、旅游会展、电子商务等产业，建设“一带一路”国际中转内陆枢纽港、开放型金融产业创新高地及欧亚贸易和人文交流合作新平台；杨凌示范区片区以农业科技创新、示范推广为重点，通过全面扩大农业领域国际合作交流，打造“一带一路”现代农业国际合作中心。

按海关监管方式划分，自贸试验区内的海关特殊监管区域重点探索以贸易便利化为主要内容的制度创新，开展保税加工、保税物流、保税服务等业务；非海关特殊监管区域重点探索投资体制改革，创新内陆地区开放发展机制，完善事中事后监管，推动金融制度创新，积极发展现代服务业和先进制造业。

三、主要任务和措施

（一）切实转变政府职能

1. 改革创新政府管理方式。按照法治化、国际化、便利化的要求，积极探索建立与国际高标准投资和贸易规则体系相适应的行政管理体系，推动政府管理由注重事前审批转为注重事中事后监管。深化商事制度改革。实施“多证合一”综合审批服务运行模式，建立“一口受理、并联审批”工作机制。推动税收服务创新，包括一窗国地办税、一厅自助办理、培训辅导点单、缴纳方式多元、业务自主预约、税银信息互动、税收遵从合作、创新网上服务等举措。打造事前诚信承诺、事中评估分类、事后联动奖惩的全链条信用监管体系。完善社会信用体系，推动各部门间依法履职信息的联通和共享。健全守信激励和失信惩戒机制。配合商务部开展经营者集中反垄断审查。建立优质、高效、便捷的法律服务体系，建设网上法律服务平台，为自贸试验区内企业提供律师、公证、司法鉴定等综合性法律服务。推动与“一带一路”沿线国家执法联络网络建设。

2. 开展知识产权综合管理改革试点。紧扣创新发展需求，发挥专利、商标、版权等知识产权的引领作用，打通知识产权创造、运用、保护、管理、服务全链条，建立高效的知识产权综合管理体制，构建便民利民的知识产权公共服务体系，探索支撑创新发展的知识产权运行机制，推动形成权界清晰、分工合理、责权一致、运转高效、法治保障的体制机制。探索建立自贸试验区跨部门知识产权执法协作机制，完善纠纷调解、援助、仲裁工作机制。探索建立重点产业快速协同保护机制。

（二）深化投资领域改革

3. 提升利用外资水平。对外商投资实行准入前国民待遇加负面清单管理制度，着力构建与负面清单管理方式相适应的事中事后监管制度。外商投资准入特别管理措施（负面清单）之外领域的外商投资项目（国务院规定对国内投资项目保留核准的除外）和外商投资企业设立及变更实行备案制，由自贸试验区负责办理。进一步减少或取消外商投资准入限制，提高开放度和透明度，做好对外开放的压力测试和风险测试。鼓励外资更多投向高端装备制造、新一代信息技术、新材料、生物医药等先进制造业领域。鼓励跨国公司在自贸试验区设立地区总部、研发中心、销售中心、物流中心和结算中心。积极有效引进境外资金、先进技术和高端人才，提升利用外资综合质量。外商在自贸试验区内投资适用《自由贸易试验区外商投资准入特别管理措施（负面清单）》和《自由贸易试验区外商投资国家安全审查试行办法》。探索强化外商投资实际控制人管理，建立外商投资信息报告制度和外商投资信息公示平台，充分发挥国家企业信用信息公示系统作用，提升外商投资全周期监管的科学性、规范性和透明度。完善投资者权益保障机制，允许符合条件的境外投资者自由转移其投资收益。

4. 构建对外投资促进体系。将自贸试验区建设成为企业“走出去”的窗口和综合服务平台。对一般境外投资项目和设立企业实行备案制，属省级管理权限的，由自贸试验区负责备案管理。确立企业对外投资主体地位，支持企业开展多种形式的对外直接投资。建立对外投资合作“一站式”服务平台。加强境外投资事中事后监管和服务，完善境外资产和人员安全风险防范和应急保障体系。

（三）推动贸易转型升级

5. 拓展新型贸易方式。积极培育贸易新型业态和功能，形成以技术、品牌、质量、服务为核心的外贸竞争新优势。鼓励企业统筹开展国际国内贸易，实现内外贸一体化发展。支持进口先进技术和资源类商品。扶持和培育外贸综合服务企业，为中小企业提供通关、融资、退税、保险等服务。

探索创新服务贸易发展模式，扩大服务贸易双向开放。建立以政府部门“服务清单”制度为核心的服务贸易服务体系，建立一批具有项目对接、海外市场拓展、技术共享等功能的服务贸易公共服务平台。大力发展生产性服务贸易，引导出口企业从生产型企业向生产服务型企业转变，推动金融、保险、物流、信息、研发设计等资本和技术密集型服务出口。推进企业依托海关特殊监管区域开展面向国内外市场的高技术、高附加值的检测维修等保税服务业务。巩固提高旅游、航空运输等传统服务业竞争力，大力促进文化艺术、数字出版、动漫游戏开发、软件开发测试、中医药、技术等服务贸易发展。打造服务外包产业集聚区，培育一批领头企业和国际品牌，提高服务外包产业国际竞争力。支持知识产权服务业集聚发展，完善挂牌竞价、交易、信息检索、政策咨询、价值评估等功能，推动知识产权跨境交易便利化。

6. 创新通关监管服务模式。不断探索海关监管和检验检疫制度创新，鼓励企业参与“自主报税、自助通关、自动审放、重点稽核”等监管制度创新试点。依托电子口岸公共平台，开展国际贸易“单一窗口”建设，完善货物进出口和运输工具进出境的应用功能，进一步优化口岸监管执法流程和通关流程，实现贸易许可、资质登记平台功能。将出口退税申报功能纳入“单一窗口”建设项目，将涉及贸易监管的部门逐步纳入“单一窗口”管理平台。

完善海关特殊监管区域功能。自贸试验区海关特殊监管区域内实施“一线放开”、“二线安全高效管住”的通关监管服务模式。在确保有效监管前提下，在海关特殊监管区域探索建立货物状态分类监管模式。对注册在自贸试验区海关特殊监管区域内的融资租赁企业进出口飞机、船舶等大型设备涉及跨关区的，在确保有效监管和执行现行相关税收政策的前提下，按物流实际需要，实行海关异地委托监管。在执行现行税收政策的前提下，提升超大超限货物的通关、运输、口岸服务等综合能力。在严格执行货物进出口税收政策的前提下，允许在自贸试验区内的海关特殊监管区域设立保税展示交易平台。加快形成贸易便利化创新举措的标准化制度规范，覆盖到所有符合条件的企业。

完善通关合作机制。开展货物通关、贸易统计、原产地证书核查、“经认证的经营者”互认、检验检测认证等方面合作，逐步实现信息互换、监管互认、执法互助。支持自贸试验区与“一带一路”沿线国家开展海关、检验检疫、认证认可、标准计量等方面的合作与交流，探索与“一带一路”沿线国家开展贸易供应链安全与便利合作。推进自贸试验区内各区域之间通关一体化。

（四）深化金融领域开放创新

7. 推动金融制度创新。探索建立与自贸试验区相适应的本外币账户管理体系，促进跨境贸易、投融资便利化。推动人民币作为自贸试验区与“一带一路”沿线国家跨境贸易和投资计价、结算的主要货币。拓展跨境电子商务人民币结算。推行自贸试验区内跨国企业集团跨境双向人民币资金池业务。支持自贸试验区内符合互认条件的基金产品参与内地与香港基金产品互认。自贸试验区内银行可按有关规定发放境外项目人民币贷款。

支持自贸试验区内符合条件的企业按规定开展境外证券投资。支持开展人民币跨境再保险业务，培育发展再保险市场。大力发展自贸试验区国际航运、国际贸易等重点产业责任保险、信用保险、融资租赁保险。取消对自贸试验区内保险支公司高管人员任职资格的事前审批，由省级保监机构实施备案管理。支持商业保理业务发展，探索适合商业保理发展的外汇管理模式。

8. 增强金融服务功能。支持符合条件的“一带一路”沿线国家的金融机构在自贸试验区内以人民币直接投资设立或参股金融机构。支持符合条件的法人在自贸试验区内依法设立金融租赁公司、财务公司、汽车金融公司、消费金融公司等金融机构。支持符合条件的境内纯中资民营企业发起设立民营银行。支持全国性中资商业银行、陕西本地银行、符合条件的外资银行在自贸试验区内新设分行或营业机构。允许外商投资在自贸试验区内新设一家合资证券公司。进一步推进内资融资租赁企业试点，注册在自贸试验区内的内资融资租赁试点企业由自贸试验区所在省级商务主管部门和同级国家税务局审核；加强事中事后监管，探索建立融资租赁企业设立和变更的备案制度、违反行业管理规定的处罚制度、失信和经营异常企业公示制度、属地监管部门对企业定期抽查检查制度。

鼓励自贸试验区内银行业金融机构为能源、科技、文化、绿色环保等领域企业提供高效优质金融服务。放宽跨国公司外汇资金集中运营管理准入条件。进一步简化资金池管理，允许经银行审核真实、合法的电子单证办理经常项目集中收付汇、轧差净额结算业务。进一步简化经常项目外汇收支手续，在真实、合法交易基础上，自贸试验区内货物贸易外汇管理分类等级为A类企业的外汇收入无须开立待核查账户。银行按照“了解客户、了解业务、尽职审查”的展业三原则办理经常项目收结汇、购付汇手续。

允许自贸试验区内符合条件的融资租赁业务收取外币租金。

允许外资股权投资管理机构、外资创业投资管理机构在自贸试验区内发起管理人民币股权投资和创业投资基金。地方可结合实际，引入社会资本在自贸试验区内设立多币种的产业股权投资基金、产业结构调整基金、创业投资基金和服务贸易创新发展引导基金，为符合产业导向的企业提供融资支持服务。鼓励金融机构创新金融产品和服务，为“轻资产”服务贸易企业提供融资便利。鼓励各类金融机构创新供应链融资、贸易融资等业务。

9. 建立健全金融风险防范体系。落实风险为本的原则，探索建立跨境资金流动风险监管机制，强化开展反洗钱、反恐怖融资、反逃税工作，防止非法资金跨境、跨区流动，切实防范开放环境下的金融风险。

（五）扩大与“一带一路”沿线国家经济合作

10. 创新互联互通合作机制。健全政府对话、企业合作、民间互动的多层次、多领域合作机制。按照共商、共建、共享的原则，构筑全方位立体化开放大通道，建设“一带一路”交通、商贸、快递物流中心。创新航空港、陆港联动发展机制。完善集疏运体系，加密航线航班，增加国际货运航线航班。在自贸试验区内组建符合条件的本地货运航空公司，大力发展空港货运物流，打造国家航空运输枢纽。拓展西安陆路口岸铁路监管功能，推动国际中转集拼业务发展。提升中欧班列（西安）辐射能力，推动将中欧班列（西安）纳入中欧“安智贸”试点计划。深入发展多式联运，引进航运及国际船舶运输服务等经纪公司。引导多式联运企业联盟合作，在设施共享、单证统一、规则衔接、信息互联等方面先行先试。建设国际邮件互换局（交换站）。加快西安领事馆区建设。

11. 创新国际产能合作模式。系统推进与“一带一路”沿线国家产能合作机制建设。发挥金融对“一带一路”经济合作的推动作用，地方可根据实际需要，引入社会资本推动设立“走出去”发展引导基金。

推动合作园区建设。按照开放、共享的原则，加强境外经贸合作区、产业集聚区、农业合作区等建设，开启“两国双园”国际产能合作新模式。

打造绿色丝绸之路。制定鼓励绿色消费的经济政策，落实绿色产品认证制度，建立政府监督、企业自律、公众参与的环保监督机制。支持自贸试验区内的企业按照绿色低碳要求和循环经济理念设计发展战略、生产流程、营销模式、企业文化，打造绿色低碳企业集群和国家级绿色品牌企业。鼓励自贸试验区内绿色低碳龙头企业“走出去”，建设国际产能合作绿色产业园区。加强自贸试验区内重点产业知识产权海外布局和风险防控。

12. 创新现代农业交流合作机制。打造农业领域国际合作交流创新平台，积极推进国际旱作农业交流与合作，组建面向“一带一路”沿线国家的现代农业合作联盟和全球农业智库联盟，拓展在农业新技术、新品种、新业态以及节水农业、设施农业、农业装备制造等领域的国际合作。创立国家（杨凌）农业技术标准创新基地，承担农业技术标准的制定工作，提升“杨凌农科”品牌标准的国际化水平。创新中外农业高等教育和职业教育联合办学模式，开展面向“一带一路”沿线国家的援外农业技术培训。支持杨凌示范区片区加快建设国家现代农业国际创新园和“星创天地”。深化农业金融改革创新，允许引进符合条件的国外专业保险公司，开展涉农保险业务。支持建设“一带一路”现代农业国际合作中心。

（六）创建与“一带一路”沿线国家人文交流新模式

13. 创新科技合作机制。建立健全政府间科技创新合作及对话机制。发挥企业创新主体作用，引导企业成为“一带一路”科技创新合作的投入、执行和收益主体，形成骨干企业先导带动、中小企业大规模参与的合作局面，并吸引社会力量参与。积极发现与“一带一路”沿线国家产业发展的契合点和共振点，引导各类创新主体在沿线国家共建创新平台，深化产学研合作，鼓励企业设立海外研发中心。发挥民间组织作用，鼓励通过青年交往、志愿者互派、学术往来与交流等方式，丰富民间科技交往内容，鼓励民间科技组织广泛开展各类科技公益活动。探索建设信息丝绸之路。以信息基础设施为载体，开辟以通信和互联网产业为抓手的新型国际贸易之路，推动“一带一路”信息文明的创新与传播。

14. 创新教育合作机制。拓展与“一带一路”沿线国家跨境教育合作空间，推动教育资源共享，建设智力丝绸之路。围绕“一带一路”建设需求，调整优化相关院校的学科及专业设置，推进面向“一带一路”沿线国家的教育培训基地建设。在自贸试验区设立国际汉唐学院和中国书法学院。允许获得硕士及以上学位的优秀外国留学生毕业后直接在自贸试验区工作，完善留学生实习居留、工作居留和创新创业奖励制度。

15. 创新文化交流合作机制。加强与“一带一路”沿线国家合作，构建全方位、多层次、宽领域的对外文化交流新格局。保护和传承中华老字号，大力推动中医药、中华传统餐饮、工艺美术等企业“走出去”。与“一带一路”沿线国家共同开展文物保护与考古研究工作，开展博物馆国际交流与合作，建设以丝绸之路文化为主题的智慧博物馆国际合作交流平台和历史文化研究交流平台。依托自贸试验区开展陕西文物国际展示、国际交流试点。鼓励社会资本以多种形式参与文化产业和文化园区建设。鼓励民营文化企业健康快速发展。加强对非物质文化遗产、民间文艺、传统知识的普查、保护和合理利用，振兴传统工艺，推进文化创意、设计服务与相关产业融合发展，打造“国风秦韵”等具有国际影响力的文化品牌。建设中影丝路国际电影城等一批文化产业项目，推出一批具有国际影响力的文化艺术精品。依托现有交易场所，在国家政策法规允许范围内开展文化艺术品交易业务。

发展对外文化贸易。积极推动文化产品和服务出口，减少对文化出口的行政审批事项。拓展艺术品交易市场功能。对完全针对国外外语市场开展出版业务的非公有制企业、中外合资企业给予特殊政策扶持。依托海关特殊监管区域政策功能，促进文化产业发展。加快西安国家数字出版基地、西安印刷包装产业基地建设，创建国家级出版物物流基地。开展文化产品跨境电子商务试点，依托现有交易场所开展文化产品跨境电子交易，鼓励文化企业借助电子商务等新型交易模式拓展国际业务。试点以政府和社会资本合作（PPP）等模式推动对外文化投资。加强文化知识产权保护。积极推进文化金融改革创新。

16. 创新旅游合作机制。深化旅游业资源开放、信息共享、行业监管、公共服务、旅游安全、标准化服务等方面的国际合作，提升旅游服务水平。允许在自贸试验区内注册的符合条件的中外合资旅行社，从事除台湾地区以外的出境旅游服务。吸引外商投资旅行社在自贸试验区内设立公司运营总部。积极与“一带一路”沿线国家签订旅游合作框架协议、旅游合作备忘录等整体性协议，合作举办国际旅游展会。推动中医药健康旅游发展。

17. 创新医疗卫生合作机制。发挥陕西医疗资源、医学教育、医学科研及区位优势，在卫生合作机制、重点传染病防控、重大慢性非传染性疾病防治、突发急性传染病防控与紧急医学救援、能力建设与人才培养、传统医药、卫生体制和政策、卫生发展援助、健康产业发展等重点领域，与“一带一路”沿线国家进行广泛合作。允许“一带一路”沿线国家与国内中医药服务机构在自贸试验区内投资中医理疗、康复、培训、宣传、国际推广等机构，搭建中医药健康养生国际综合服务平台。

（七）推动西部大开发战略深入实施

18. 带动区域开放型经济发展。充分利用自贸试验区的载体和平台作用，在积极承接外向型产业转移的同时，将陕西的科技、产业优势向西部其他地区辐射。培育建设产业集群发展带，推动关中—天水、新疆天山北坡、呼包银榆等重点经济区域协同开放、一体发展，形成西部地区新增长极。联合西部地区相关省份开展多式联运，畅通沟通境内外、连接东中西的新亚欧大陆桥国际经济走廊。建立西部地区联合对外合作交流平台，以资源优势为重点，以资源加工工业为主体，强化国际国内交流，带动西部贫困地区、民族地区开放战略实施。加强区域口岸合作，推动陆港联动，实现口岸功能延伸，提升对外开放、公共卫生安全保障能力。推动检验检疫部门与地方卫生部门等加强联防联控合作，防止传染病跨境传播。

19. 推动区域创新发展。积极鼓励自贸试验区各科研院所与西部地区各类企业合作，推进协同创新。及时总结推广“双创”示范、系统推进全面创新改革及知识产权保护的经验，推动有条件的地区建设具有强大带动力的创新型城市和区域创新中心，培育一批知识产权试点示范城市和知识产权强市、强县。创新军民融合发展机制，建立军民成果双向转化“人才池”和“专利池”。建立重点产业专利导航工作机制，建设国家知识产权服务业聚集区。积极推动国家军民融合知识产权运营工作，依托国家知识产权运营军民融合特色试点平台，探索国防专利横向流通转化、国防专利解密与普通专利跟进保护有机衔接、普通专利参与军品研发生产等机制，促进军民科技成果共享共用。推动西部地区军民技术相互有效利用，开展军民两用技术联合攻关，推动产业化发展。

20. 促进区域产业转型升级。通过自贸试验区高端产业集聚，促进西部地区优化现代服务业、先进制造业和战略性新兴产业布局，创新区域经济合作模式。以产业链为纽带，促进西部地区在研发设计、生产销售和物流配送等环节的协同配合，支持西部地区企业通过跨区域兼并重组实现产业转型升级。

21. 构建服务区域发展的人才高地。率先在自贸试验区建立健全高层次人才评价机制、简化高层次人才评价认定程序、完善符合条件的外国籍高层次人才签证及居留政策等，推动境内外专业人才双向流动，为外国籍高层次人才来陕工作开辟绿色通道，简化手续，在出入境、工作、停居留等方面提供便利，积累经验并向西部地区推广。联合打造西部优质人才载体，提升西部地区高层次人才发展及创业创新平台建设水平。建设面向西部地区的高层次人才综合服务体系，大力发展人力资源服务业。

四、保障机制

（一）强化法制保障

自贸试验区需要暂时调整实施有关行政法规、国务院文件和经国务院批准的部门规章的部分规定的，按规定程序办理。各有关部门要支持自贸试验区在各领域深化改革开放试点、加大压力测试、加强监管、防控风险，做好与相关法律立改废释的衔接，及时解决试点过程中的制度保障问题。陕西省要通过地方立法，建立与试点要求相适应的自贸试验区管理制度。

（二）完善配套税收政策

落实现有相关税收政策，充分发挥现有政策的支撑促进作用。中国（上海）自由贸易试验区、中国（广东）自由贸易试验区、中国（天津）自由贸易试验区和中国（福建）自由贸易试验区已经试点的税收政策原则上可在自贸试验区进行试点，其中促进贸易的选择性征收关税、其他相关进出口税收等政策在自贸试验区内的海关特殊监管区域进行试点。自贸试验区内的海关特殊监管区域范围和税收政策适用范围维持不变。此外，在符合税制改革方向和国际惯例，以及不导致利润转移和税基侵蚀的前提下，积极研究完善境外所得税收抵免的税收政策。

（三）加强组织实施

按照党中央、国务院统一部署，在国务院自由贸易试验区工作部际联席会议统筹协调下，由陕西省完善试点任务组织实施保障机制，按照总体筹划、分步实施、率先突破、逐步完善的原则加快实施；按照既有利于合力推进自贸试验区建设，又有利于各片区独立自主运作的原则，建立精简高效、统一管理、分级负责的自贸试验区管理体系。各有关部门要大力支持，及时制定实施细则或办法，加强指导和服务，共同推进相关体制机制创新，把自贸试验区建设好、管理好。在实施过程中，要创新思路、寻找规律、解决问题、积累经验；要充分发挥地方和部门的积极性，因地制宜、突出特色，做好对比试验和互补试验；要抓好改革措施的落实，重大事项要及时向国务院请示报告。

（四）总结推广可复制的试点经验

自贸试验区要及时总结改革创新经验和成果。国务院自由贸易试验区工作部际联席会议办公室要会同陕西省人民政府及有关部门，及时总结评估自贸试验区改革开放创新试点任务实施效果，加强各领域试点经验系统集成，并委托第三方机构进行独立评估。对试点效果好、风险可控且可复制可推广的成果，实施分类审查程序后复制推广至全国其他地区。

中国（湖北）自由贸易试验区

2017 年 3 月 15 日，国务院正式批复设立中国（湖北）自由贸易试验区（以下简称湖北自贸试验区），并印发《中国（湖北）自由贸易试验区总体方案》。

◎区域分布及概况

一、功能布局

湖北自贸试验区的实施范围 119.96 平方公里，涵盖三个片区：武汉片区 70 平方公里（含武汉东湖综合保税区 5.41 平方公里），襄阳片区 21.99 平方公里（含襄阳保税物流中心〔B 型〕0.281 平方公里），宜昌片区 27.97 平方公里。

按区域布局划分，武汉片区重点发展新一代信息技术、生命健康、智能制造等战略性新兴产业和国际商贸、金融服务、现代物流、检验检测、研发设计、信息服务、专业服务等现代服务业；襄阳片区重点发展高端装备制造、新能源汽车、大数据、云计算、商贸物流、检验检测等产业；宜昌片区重点发展先进制造、生物医药、电子信息、新材料等高新产业及研发设计、总部经济、电子商务等现代服务业。

按海关监管方式划分，自贸试验区内的海关特殊监管区域重点探索以贸易便利化为主要内容的制度创新，主要开展保税加工、保税物流、保税服务等业务；非海关特殊监管区域重点探索投资体制改革，完善事中事后监管，推动金融制度创新，积极发展现代服务业和高端制造业。

二、战略定位

以制度创新为核心，以可复制可推广为基本要求，立足中部、辐射全国、走向世界，努力成为中部有序承接产业转移示范区、战略性新兴产业和高技术产业集聚区、全面改革开放试验田和内陆对外开放新高地。

三、发展目标

经过三至五年改革探索，对接国际高标准投资贸易规则体系，力争建成高端产业集聚、创新创业活跃、金融服务完善、监管高效便捷、辐射带动作用突出的高水平高标准自由贸易园区，在实施中部崛起战略和推进长江经济带发展中发挥示范作用。

◎建设措施与成效综述

一、精心搭建组织管理架构

一是成立省、市两级领导机构。省领导小组由省长担任组长，常务副省长、分管副省长和武汉市市长担任副组长。片区工作领导小组由武汉、襄阳、宜昌三市市委书记任组长、市长任第一副组长。二是已成立省、市、片区三级工作机构。2017 年 2 月，省编委批复设立省自贸办，在省商务厅加挂牌子，同时作为省领导小组办公室，负责湖北自贸试验区日常工作；批准成立武汉、襄阳、宜昌三个片区管委会。三是已成立省级专题协调机构。设立投资、贸易、创新驱动、金融、法治保障、市场监管等六个专题组，推进落实各领域改革试验任务，加强部门支持政策的系统集成。

二、不断完善法治保障体系

一是已出台管理办法。2017 年 4 月，省政府颁布实施《中国（湖北）自由贸易试验区建设管理办法》。二是正在审议条例。经过立法调研、征求意见、专家评审和厅长办公会审议等程序，省商务厅形成《中国（湖北）自由贸易试验区条例（送审稿）》，于2017年12月呈报省政府。

三、建立健全日常工作机制

一是建立省级工作协调机制。已初步建立省自贸办、省领导小组专题会议、省领导小组全体会议等工作协调会制度，及时协调解决困难问题。二是加强新闻宣传。已开通网站、微信公众号，已制作宣传片，已建立工作简报制度，持续在境内外媒体发布最新动态。三是加强培训学习。截至2017年底，省自贸办和全省自贸试验区工作相关部门已累计组织199批14 259人次开展学习培训。四是加强信息统计。已制定三个片区统计监测实施方案，从经济规模、发展质量、运行效益等方面对自贸试验区42个指标进行统计。五是加强课题研究。已初步确定2018年约20个重点课题研究方向，引进“外脑”加强自贸试验区创新研究。六是加强智库建设。正在筹建湖北自贸试验区政策咨询委员会。

四、持续开展制度创新工作

一是加强已出台政策的宣传解读。已利用斗鱼网络直播平台举办7期政策说明会、政企对话会，向公众宣传解读自贸试验区政策，回应企业关切。二是总结提炼改革试点经验和实践案例。已提炼整理出第一批8个典型案例、第一批13条拟在全省复制推广的改革试点经验，涉及行政管理体制改革、贸易便利化、金融服务创新、产业转型升级等领域，拟于近期报省政府审批后正式发布。

五、督促落实改革试验任务

一是明确总体方案任务分工。已将总体方案分解为170项具体试验任务，明确牵头单位、责任单位和实施主体。截至2017年12月，170项改革试验任务已启动160项，已完成32项。二是出台总结评估和督促检查工作制度。已印发改革试点经验总结评估推广、督促检查工作制度，推动尽早形成可复制可推广的湖北经验。三是指导改革试验任务落地实施。督促相关部门制定改革试验任务实施路线图，编制湖北自贸试验区建设规划和三个片区实施方案，为170项改革试验任务提供具体实施路径。

截至2017年底，湖北自贸试验区已总结提炼出首批8个实践案例、13条改革试点经验，涉及行政管理体制改革、贸易便利化、金融服务创新、产业转型升级等领域，拟于近期报省政府审批，并在全省范围内复制推广。其中，武汉片区行政审批服务“马上办、网上办、一次办”、襄阳片区工业项目建设“先建后验”、宜昌片区建设项目验收程序“多验合一”等做法受到多方高度好评。

◎创新成果案例

◆“马上办、网上办、一次办”

武汉片区行政审批服务“马上办、网上办、一次办”（以下简称“三办”）改革，政务服务效能显著提升，营商环境进一步优化，有力地推动了大众创业、万众创新。

（一）主要做法

编制“三办”事项清单。武汉片区先后印发《加快推进“马上办、网上办、一次办”改革实施方案》《投资项目“三办”综合窗口改革实施方案》，发布了378项涵盖不动产登记、公安政务、商事登记、税务等“三办”事项清单，明确了责任单位、事项名称、办理窗口、办理方式及承诺时限，部分事项可同时采取网上预审和现场办结等两种及以上方式办理。其中，“马上办”指让企业和群众到政府办事现场等候不超过1小时；“网上办”指网上申报办理和全程网上办理；“一次办”指符合法定受理条件且申请材料齐全的一次办结，需要现场踏勘、技术审查和听证论证的审批事项实行马上响应、网上申报、一次性告知、一站式服务、并联式办结等。

实行“一口受理”。设立综合服务窗口，集成发改、规划、建设、城管、消防、人防、林业等职能，变“多口受理”为综合窗口“一口受理”，实现“前台统一受理、后台分类审批、便捷出件送达”。建设国际贸易及国际人才服务“单一窗口”，集成海关、公安出入境、税务、外专等机构，实现自贸试验区企业和人才服务全覆盖。

持续优化“三办”流程。一是优化“马上办”流程。对法律法规没有明确规定为前置条件的，一律后置或取消，实现“网上预约、一窗申报、立等可取”。例如，办理不动产登记实行“一套资料、一窗受理、两步联办”的模式。二是优化“网上办”流程。实现“网上申报、并联审批、限时办结”，并建立企业生命周期服务档案，实现企业投资项目备案网上“一键完成”。三是优化“一次办”流程。将工商、质检、税务三部门的纸质、电子申请表格进行“三表合一”，简化商事登记条件。在投资服务、商事登记等方面提供“套餐式”登记服务，实现“一窗受理、一窗出件、限期邮寄”。

（二）实践成效

提高了办事效率。在资料齐全的前提下，企业设立审批时间从7个工作日减至1—2个；企业投资产业项目审批从150个工作日减至25个，最短11个；政府投资建设项目从200个工作日减至77个；企业办事平均等待时间由2小时缩短为40分钟，群众办事平均时间从21分钟缩短为10分钟左右。

提升了服务水平。一是提供了多种办事方式。企业和群众既可以选择窗口服务，也可以选择网上服务或网上预审+窗口办结，还可以通过自助服务系统等多种方式办理。二是推行专业化帮办服务，提供免费的全程帮办引导、信息咨询、预审建档、审批协调等专业化服务。三是推出规范化中介服务，建立健全中介机构的市场准入、跟踪评价和退出机制，为符合规范要求的中介机构在政务服务大厅免费提供窗口，并实行动态调整。四是激发了市场活力，武汉片区营商环境得到了市场主体的认可。自4月1日挂牌至12月底，新设立企业6 658家，其中内资6 589家，注册资本总额1 033亿元人民币；外商投资企业69家，合同外资额20.6亿美元，实际利用外资额11.2亿美元。4—12月，武汉片区进出口总额693.9亿元人民币，占全省的28.1%。

◎国务院关于印发中国（湖北）自由贸易试验区总体方案的通知

国发〔2017〕18号

各省、自治区、直辖市人民政府，国务院各部委、各直属机构：

现将《中国（湖北）自由贸易试验区总体方案》印发给你们，请认真贯彻执行。

国务院

2017年3月15日

中国（湖北）自由贸易试验区总体方案

建立中国（湖北）自由贸易试验区（以下简称自贸试验区）是党中央、国务院作出的重大决策，是新形势下全面深化改革、扩大开放和加快推进中部崛起、长江经济带发展的重大举措。为全面有效推进自贸试验区建设，制定本方案。

一、总体要求

（一）指导思想

全面贯彻党的十八大和十八届三中、四中、五中、六中全会精神，深入贯彻习近平总书记系列重要讲话精神和治国理政新理念新思想新战略，认真落实党中央、国务院决策部署，统筹推进“五位一体”总体布局和协调推进“四个全面”战略布局，坚持稳中求进工作总基调，牢固树立和贯彻落实创新、协调、绿色、开放、共享的发展理念，进一步解放思想、先行先试，以开放促改革、促发展，按照“开放先导、创新驱动、绿色引领、产业集聚”的总体思路，全力打造区域经济发展新引擎，为全面深化改革和扩大开放探索新途径、积累新经验，发挥示范带动、服务全国的积极作用。

（二）战略定位

以制度创新为核心，以可复制可推广为基本要求，立足中部、辐射全国、走向世界，努力成为中部有序承接产业转移示范区、战略性新兴产业和高技术产业集聚区、全面改革开放试验田和内陆对外开放新高地。

（三）发展目标

经过三至五年改革探索，对接国际高标准投资贸易规则体系，力争建成高端产业集聚、创新创业活跃、金融服务完善、监管高效便捷、辐射带动作用突出的高水平高标准自由贸易园区，在实施中部崛起战略和推进长江经济带发展中发挥示范作用。

二、区位布局

（一）实施范围

自贸试验区的实施范围119.96平方公里，涵盖三个片区：武汉片区70平方公里（含武汉东湖综合保税区5.41平方公里），襄阳片区21.99平方公里（含襄阳保税物流中心〔B型〕0.281平方公里），宜昌片区27.97平方公里。

自贸试验区土地开发利用须遵守土地利用、环境保护、城乡规划法律法规，符合土地利用总体规划，并符合节约集约用地的有关要求。

（二）功能划分

按区域布局划分，武汉片区重点发展新一代信息技术、生命健康、智能制造等战略性新兴产业和国际商贸、金融服务、现代物流、检验检测、研发设计、信息服务、专业服务等现代服务业；襄阳片区重点发展高端装备制造、新能源汽车、大数据、云计算、商贸物流、检验检测等产业；宜昌片区重点发展先进制造、生物医药、电子信息、新材料等高新产业及研发设计、总部经济、电子商务等现代服务业。

按海关监管方式划分，自贸试验区内的海关特殊监管区域重点探索以贸易便利化为主要内容的制度创新，主要开展保税加工、保税物流、保税服务等业务；非海关特殊监管区域重点探索投资体制改革，完善事中事后监管，推动金融制度创新，积极发展现代服务业和高端制造业。

三、主要任务和措施

（一）加快政府职能转变

1. 深化行政管理体制改革。按照打造法治化、国际化、便利化营商环境的要求，深入推进简政放权、放管结合、优化服务改革，加快推动政府管理模式创新。湖北省能够下放给自贸试验区的经济社会管理权限，全部依法下放。自贸试验区内工作部门依法公开管理权限和流程，建立各部门权力清单和责任清单制度，明确政府职能边界。探索实行市场准入负面清单制度。加快行政审批制度改革，最大限度取消行政审批事项，建立健全行政审批目录管理制度，实行审管职能分离，建立相对集中行政许可权机制，完善“一口受理”服务模式。推进行政审批标准化、信息化建设。开展“证照分离”改革试点。深化商事制度改革，探索“多证合一”模式，开展企业登记全程电子化和电子营业执照试点。推动税收服务创新，包括一窗国地办税、一厅自助办理、培训辅导点单、缴纳方式多元、业务自主预约、税银信息互动、税收遵从合作、创新网上服务等。健全社会服务体系，将由政府部门承担的资产评估、鉴定、咨询、认证、检验检测等职能逐步交由法律、会计、信用、检验检测认证等专业服务机构承担。对接国际商事争议解决规则，提高商事纠纷仲裁国际化程度。

2. 强化事中事后监管。建立健全以信用监管为核心的事中事后监管体系。完善社会信用体系，推动各部门间依法履职信息的联通和共享。健全守信激励和失信惩戒机制。探索大数据监管，加强风险监测分析。建立集中统一的综合执法体系，提高执法效能。配合商务部开展经营者集中反垄断审查。支持社会力量多渠道参与市场监督。

（二）深化投资领域改革

3. 提升利用外资水平。对外商投资实行准入前国民待遇加负面清单管理制度，着力构建与负面清单管理方式相适应的事中事后监管制度。外商投资准入特别管理措施（负面清单）之外领域的外商投资项目（国务院规定对国内投资项目保留核准的除外）和外商投资企业设立及变更实行备案制，由自贸试验区负责办理。进一步减少或取消外商投资准入限制，提高开放度和透明度，做好对外开放的压力测试和风险测试。积极有效引进境外资金、先进技术和高端人才，提升利用外资综合质量。外商在自贸试验区内投资适用《自由贸易试验区外商投资准入特别管理措施（负面清单）》和《自由贸易试验区外商投资国家安全审查试行办法》。探索强化外商投资实际控制人管理，建立外商投资信息报告制度和外商投资信息公示平台，充分发挥国家企业信用信息公示系统作用，提升外商投资全周期监管的科学性、规范性和透明度。完善投资者权益保障机制，允许符合条件的境外投资者自由转移其投资收益。探索优化投资准入后的管理流程，提升投资便利化水平。

4. 完善对外投资合作促进体系。确立企业对外投资主体地位，支持企业按规定开展多种形式的对外直接投资。对在境外投资开办企业，实行以备案制为主的管理方式，属省级管理权限的，由自贸试验区负责办理。鼓励企业创新对外投资合作方式。完善对外投资合作相关政策促进、服务保障和风险防控体系，推动企业“走出去”方式转型升级，加强国际产能和装备制造合作，融入“一带一路”建设。

（三）推动贸易转型升级

5. 培育新型贸易方式。积极培育、拓展新型贸易业态和功能，形成以技术、品牌、质量、服务为核心的外贸竞争新优势。按照公平竞争原则，积极发展跨境电子商务，完善相应的海关监管、检验检疫、退税、物流等支撑系统，加快推进跨境贸易电子商务配套平台建设。扶持和培育外贸综合服务平台，为中小企业提供通关、融资、退税等服务。

支持国内期货交易所在自贸试验区的海关特

殊监管区域内开展期货保税交割、仓单质押融资等业务，在总结期货保税交割试点经验基础上，适时扩大期货保税交割试点的品种。在严格执行货物进出口税收政策前提下，允许在海关特殊监管区域内设立保税展示交易平台。在环境风险可控的前提下，开展境内外高技术、高附加值产品的检测维修业务试点。探索开展境外高技术、高附加值产品的再制造业务试点。

6. 加快服务贸易创新发展。搭建服务贸易促进平台，探索与服务贸易特点相适应的监管模式。推动发展技术转让、许可证贸易、技术咨询及服务、成套设备引进等多种形式的技术贸易。扩大对外文化贸易和版权贸易。积极承接信息技术、生物医药研发、管理咨询、工程设计等服务外包业务。

7. 创新通关监管服务模式。自贸试验区内的海关特殊监管区域比照中国（上海）自由贸易试验区，实施“一线放开”、“二线安全高效管住”的通关监管服务模式。自贸试验区内的非海关特殊监管区域，仍按照现行模式实施监管。加快形成贸易便利化创新举措的标准化制度规范，覆盖到所有符合条件的企业。依托电子口岸公共平台，加快建设国际贸易“单一窗口”，将出口退税申报功能纳入建设项目。积极推动海关、检验检疫、边防、海事等口岸监管部门实现信息互换、监管互认、执法互助。探索在海关特殊监管区域之间使用社会运输工具进行转关作业。支持湖北省内口岸、海关特殊监管区域与自贸试验区联动发展。鼓励企业参与“自主报税、自助通关、自动审放、重点稽核”等监管制度创新试点。在执行现行税收政策前提下，提升超大超限货物的通关、运输、口岸服务等综合能力。在确保有效监管前提下，在海关特殊监管区域探索建立货物状态分类监管模式。实行保税展示交易货物分线监管、预检验和登记核销管理模式。推动建立检验检疫证书国际联网核查机制。鼓励设立第三方检验检测鉴定机构，实施第三方结果采信。有序推进基于企业诚信评价的货物抽验制度。检验检疫按照一线放开、二线管住、严密防范质量安全风险和最大便利化的原则，一线主要实施进出境现场检疫、查验及处理；二线主要实施进出口产品检验检疫监管及实验室检测，维护质量安全。深化长江经济带海关通关一体化改革。完善通关合作机制，开展货物通关、贸易统计、“经认证的经营者”互认、检验检测认证等方面合作。支持自贸试验区与“一带一路”沿线国家开展海关、检验检疫、认证认可、标准计量等方面的合作与交流，探索与“一带一路”沿线国家开展贸易供应链安全与便利合作。

（四）深化金融领域开放创新

8. 扩大金融领域对外开放。探索建立与自贸试验区相适应的本外币账户管理体系，促进跨境贸易、投融资结算便利化。在风险可控前提下，时机成熟时，开展以资本项目可兑换为重点的外汇管理改革试点。拓宽自贸试验区内企业资本项下外币资金结汇用途。自贸试验区内企业可根据自身经营和管理需要，开展集团内跨境双向人民币资金池业务。放宽跨国公司外汇资金集中运营管理准入条件。进一步简化资金池管理，允许经银行审核真实、合法的电子单证办理经常项目集中收付汇、轧差净额结算业务。进一步简化经常项目外汇收支手续，在真实、合法交易基础上，自贸试验区内货物贸易外汇管理分类等级为A类企业的外汇收入无须开立待核查账户。银行按照“了解客户、了解业务、尽职审查”的展业三原则办理经常项目收结汇、购付汇手续。提高自贸试验区内企业跨境投资便利化程度。允许自贸试验区内企业的境外母公司按照有关规定在境内发行人民币债券。支持自贸试验区内银行发放境外人民币贷款。允许自贸试验区内银行和已获相应业务许可的非银行支付机构与境外银行和支付机构开展跨境支付合作。鼓励取得互联网支付业务许可的湖北省法人支付机构申请本外币跨境支付业务许可，支持已获得本外币跨境支付业务许可的全国性支付机构在自贸试验区内设立分支机构，按规定为跨境电商交易提供本外币资金收付及结售汇业务。支持自贸试验区内符合互认条件的基金产品参与内地与香港基金产品互认。逐步允许境外企业参与商品期货交易。支持自贸试验区内保险机构开展境外投资。

9. 增强金融服务功能。允许中、外资银行立足当地实际需求，依据监管政策导向，在自贸试验区内新设分行或专营机构、将区内现有银行网点升格为分行。支持符合条件的境内纯中资民营企业在武汉片区发起设立民营银行，服务长江经济带发展。在符合法律法规及政策导向的前提下，支持外资在自贸试验区内设立金融机构。支持符合条件的发起人在自贸试验区内设立金融租赁、汽车金融、消费金融公司和企业集团财务公司等非银行金融机构。支持自贸试验区内银行业金融机构按有关规定开展信贷资产证券化业务。将自贸试验区内符合条件的金融机构纳入优先发行大额可转让存单的机构范围，在自贸试验区内开展大额可转让存单发行试点。鼓励金融机构积极开展动产融资业务，利用动产融资统一登记平台，服务中小企业发展。支持商业保理业务发展，探索适合商业保理业务发展的监管模式。支持证券经营机构在自贸试验区内注册成立分公司或专业子公司，支持证券经营机构利用自贸试验区平台“走出去”，取得合格境内机构投资者（QDII）和人民币合格境内机构投资者（RQDII）资格，开展境外证券投资业务；支持其境外子公司取得合格境外机构投资者（QFII）、人民币合格境外机构投资者（RQFII）资格；支持境外股权投资基金以合格境外有限合伙人（QFLP）开展跨境投资相关业务。支持在自贸试验区内设立健康保险、科技保险和内河航运保险等专业保险机构，扩大出口信用保险覆盖面。完善保险市场体系，推动保险产品研发中心、再保险中心等功能型平台建设。取消对自贸试验区内保险支公司高管人员任职资格的事前审批，由省级保监机构实施备案管理。

大力发展融资租赁业务。进一步推进内资融资租赁企业试点，注册在自贸试验区内的内资融资租赁试点企业由自贸试验区所在省级商务主管部门和同级国家税务局审核；加强事中事后监管，探索建立融资租赁企业设立和变更的备案制度、违反行业管理规定的处罚制度、失信和经营异常企业公示制度、属地监管部门对企业定期抽查检查制度。允许符合条件的融资租赁业务收取外币租金，简化船舶、飞机等大型融资租赁项目预付款手续。支持开展跨境融资租赁服务。支持符合条件的金融租赁公司和融资租赁公司设立专业子公司。经相关部门认可，允许融资租赁公司开展主营业务相关的福费廷业务。对注册在自贸试验区海关特殊监管区域内的融资租赁企业进出口飞机、船舶等大型设备涉及跨关区的，在确保有效监管和执行现行相关税收政策前提下，按物流实际需要，实行海关异地委托监管。支持租赁业境外融资，鼓励各类租赁公司扩大跨境人民币资金使用范围。允许自贸试验区内融资租赁机构依法合规开展跨境双向人民币资金池业务。

10. 推进科技金融创新。完善自贸试验区内股权、技术等资本或要素交易市场，允许外资参与投资。允许外资股权投资管理机构、外资创业投资管理机构在自贸试验区内发起管理人民币股权投资和创业投资基金。鼓励境外天使投资、创业投资等风险投资机构在自贸试验区内开展业务，鼓励“内投外”和“外投内”双向股权投资基金发展，试点开展合格境外有限合伙人（QFLP）和人民币合格境外有限合伙人（RQFLP）业务。鼓励在自贸试验区内设立成套设备进出口保理公司等中介服务机构，有条件的可探索设立并规范发展科技型融资担保公司。促进金融和互联网的融合发展。支持科技型企业通过外资金融机构开展海外上市、离岸并购、特殊目的载体收购。支持武汉股权托管交易中心在依法合规的前提下创新发展，支持武汉股权托管交易中心设立海外归国人员创新创业企业板，推动建立武汉股权托管交易中心与全国中小企业股份转让系统之间的合作对接机制。建立知识产权质押融资市场化风险补偿机制，按照风险可控、商业可持续的原则，开展知识产权质押融资。加快发展科技保险，推进专利保险试点。积极引进海外创新投资机构落户自贸试验区开展相关业务。

11. 建立健全金融风险防控体系。建立金融监管协调机制，完善跨行业、跨市场的金融风险监测评估机制，加强对重大风险的识别和对系统性金融风险的防范。完善对持有各类牌照金融机构的分类监管机制。探索建立跨境资金流动风险监管机制，对企业跨境收支进行全面监测评价，实施分类管理。强化外汇风险防控，实施主体监管，建立合规评价体系，以大数据为依托开展事中事后监管。做好反洗钱、反恐怖融资、反逃税工作，防范非法资金跨境、跨区流动。

（五）推动创新驱动发展

12. 深化科技体制改革。全面推进产业技术创新、科技成果转移转化、科研机构改革、知识产权保护运用、国际创新合作等领域体制机制改革。完善以企业为主体的产业技术创新体系，健全企业主体创新投入机制，支持国有科技型企业开展股权和分红激励。构建市场导向的科技成果转移转化体系。大力发展技术转移中介服务机构，完善技术经纪人制度。完善高校院所科研评价制度。

13. 健全知识产权保护运用机制。开展知识产权综合管理改革试点。紧扣创新发展需求，发挥专利、商标、版权等知识产权的引领作用，打通知识产权创造、运用、保护、管理、服务全链条，建立高效的知识产权综合管理体制，构建便民利民的知识产权公共服务体系，探索支撑创新发展的知识产权运行机制，推动形成权界清晰、分工合理、责权一致、运转高效、法治保障的体制机制。

搭建便利化的知识产权公共服务平台，设立知识产权服务工作站，大力发展知识产权专业服务业。加快建设武汉东湖国家知识产权服务业集聚区。探索建立自贸试验区跨部门知识产权执法协作机制，完善纠纷调解、援助、仲裁工作机制。探索建立自贸试验区重点产业专利导航制度和重点产业快速协同保护机制。建立长江经济带知识产权运营中心，积极推进高校知识产权运营等特色平台建设。

14. 集聚和利用国际创新要素。加快建设现有国家技术标准创新基地和国家宽带网络产品质量监督检验中心。发挥国家技术转移中部中心的作用，促进国际先进技术向自贸试验区转移转化。鼓励国外企业在自贸试验区内设立外资研发中心。鼓励在自贸试验区内建设国际化创新创业孵化平台，重点吸引国际知名孵化器、创业投资机构、高端创新创业人才集聚。

积极融入全球创新网络。鼓励自贸试验区内的企业、高校院所“走出去”，在国外设立研发机构，参与国际科技项目合作。简化自贸试验区内企业海外技术并购审批手续，试行以事后备案代替事前审批。探索通过并购、技术转移、合作参股等多种方式在海外建立孵化基地。

15. 构建人才支撑系统。健全人才激励机制。实行以增加知识价值为导向的激励机制，探索高校、科研院所负责人年薪制和急需紧缺等特殊人才协议工资、项目工资等多种分配办法。完善科研人才双向流动机制，鼓励高校院所科技人员离岗创新创业或到企业兼职。制定外国人在自贸试验区工作管理办法。研究制定自贸试验区外籍高层次人才认定办法，落实人才签证实施细则，明确外国人才申请和取得人才签证的标准条件和办理程序。放宽外国高层次人才工作许可年龄限制。对外籍高层次人才开辟绿色通道、简化手续，为高层次人才入出境、工作、在华停居留提供便利。允许获得硕士及以上学位的优秀外国留学生毕业后直接在自贸试验区工作。探索建立技术移民制度，放宽技术型人才取得外国人永久居留证的条件；对持有外国人永久居留证的外籍高层次人才在自贸试验区内创办科技型企业等创新活动，给予其与中国公民同等的待遇。放宽科研事业单位对外籍人员的岗位限制。提供有针对性的指导服务和语言学习机会，多形式多渠道帮助外国人才更好地融入中国社会。鼓励有条件的国内人力资源服务机构“走出去”与国外人力资源服务机构开展合作，在境外设立分支机构，积极参与国际人才竞争与合作。推进跨国教育和人才培养合作，支持引进境外知名大学、外国机构与中方教育机构合作在自贸试验区内创办人才培养机构；支持在自贸试验区内设立外籍人员子女学校，鼓励中方教育机构与海外学校共建友好学校和人才实习实训基地。建立涉自贸试验区法律服务人才培养机制。

（六）促进中部地区和长江经济带产业转型升级

16. 加快建设长江中游航运中心。鼓励拓展干支直达、江海直达航线和近洋航线。促进航运要素集聚，支持依托自贸试验区发展长江航运电子商务等业务，培育航运保险、海事仲裁、船舶检测认证等高端航运服务业态，探索形成具有国际竞争力的航运发展机制和运作模式。将武汉长江中游航运中心打造成通江达海、辐射中部、面向全国、具有国际影响力的现代化航运中心，初步形成资源高度集聚、服务功能齐全、市场环境优良、现代物流便捷高效的内河航运体系，提升服务长江经济带发展能力。

增强航运服务功能。在保障安全的前提下，放宽船舶融资租赁登记地选择，简化换证程序。将外资经营国际船舶管理业务的许可权限下放给湖北省。逐步开放中国籍国际航行船舶入级检验，允许特定条件下租用外籍船舶从事临时运输。扩大内外贸同船运输、国轮捎带运输适用范围，提升运力资源综合效能。

17. 构建国际物流枢纽。大力推进铁、水、公、空多式联运。支持自贸试验区内有条件的铁路、航空、内河口岸升级为一类开放口岸。贯彻落实“一带一路”建设战略，推进中欧班列（武汉）发展，支持设立中欧班列华中拆拼箱中心。支持有条件的航空口岸开通和增加国际客货运航班，开通至各大洲主要物流节点城市的全货运航线和国际中转货运航班。支持设立国际航空运输服务企业，在条件具备时，在自贸试验区试点航空快件国际中转集拼业务。大力引进国际物流企业在自贸试验区内建立区域总部或营运中心，支持在自贸试验区内设立国际邮件互换局和交换站。支持国内外快递企业在自贸试验区内的非海关特殊监管区域，办理符合条件的国际快件属地报关报检业务。支持建设多式联运物流监管中心，对换装地不改变施封状态的予以直接放行。

18. 促进区域产业转型升级和绿色发展。发挥自贸试验区作为开放高地的综合优势，支持非公企业进入电力、铁路、民航、电信等特许经营领域，支持军民融合深度发展，推动各类要素有序自由流动和优化配置。支持自贸试验区发展总部经济。充分利用长江经济带产业基金等跨区域的产业转移引导基金，推动中部地区和长江经济带产业合理布局、协同发展。全面整合老工业基地调整改造等产业政策资源，推进传统优势产业的跨区域兼并重组、技术改造和转型升级。创新推进战略性新兴产业集聚发展的体制机制，支持建立符合发展需求的制造业创新中心，大力发展股权投资基金等新型投融资模式，鼓励信息技术、智能制造、新能源汽车、生物医药、海工装备、航空航天、北斗、轨道交通装备等高端产业向自贸试验区集聚，推进与提升新型工业化产业示范基地建设，在重点领域培育打造长江经济带世界级产业集群。支持建立“互联网 + 制造”融合发展的标准、认证、安全管理等体制机制。促进“设计 +”、“旅游 +”、“物流 +”、“养老 +”、“商业 +”等新型服务业态发展。统筹研究部分国家旅游团入境免签政策，打造国际文化旅游目的地。允许在自贸试验区内注册的符合条件的中外合资旅行社，从事除台湾地区以外的出境旅游业务。按照全国主体功能区规划要求，探索在自贸试验区内建立生态环境硬约束机制，明确环境质量要求，促进中部地区和长江经济带绿色发展。支持建立环评会商、联合执法、信息共享、预警应急联动机制。探索建立环境保护、绿色发展指标体系。

19. 打造区域发展综合服务平台。推动自贸试验区与中部和长江经济带其他地区开展广泛的经贸合作，更好发挥示范带动作用。推动国家级经济技术开发区与自贸试验区互动发展。探索构建区域商品交易集散中心、信息中心和价格形成中心，增强对中部地区的市场集聚和辐射功能。在遵守国家规定前提下，中部地区产权交易市场、技术交易市场、排污权交易市场和碳排放权交易市场可在自贸试验区内开展合作。

四、保障机制

（一）强化法制保障

自贸试验区需要暂时调整实施有关行政法规、国务院文件和经国务院批准的部门规章的部分规定的，按规定程序办理。各有关部门要支持自贸试验区在各领域深化改革开放试点、加大压力测试、加强监管、防控风险，做好与相关法律立改废释的衔接，及时解决试点过程中的制度保障问题。湖北省要通过地方立法，制定自贸试验区条例和管理办法，不断完善法制保障体系。

（二）完善配套税收政策

落实现有相关税收政策，充分发挥现有政策的支持促进作用。中国（上海）自由贸易试验区、中国（广东）自由贸易试验区、中国（天津）自由贸易试验区和中国（福建）自由贸易试验区已经试点的税收政策原则上可在自贸试验区进行试点，其中促进贸易的选择性征收关税、其他相关进出口税收等政策在自贸试验区内的海关特殊监管区域进行试点。自贸试验区内的海关特殊监管区域范围和税收政策适用范围维持不变。此外，在符合税制改革方向和国际惯例，以及不导致利润转移和税基侵蚀的前提下，积极研究完善境外所得税收抵免的税收政策。

（三）加强组织实施

按照党中央、国务院统一部署，在国务院自由贸易试验区工作部际联席会议统筹协调下，由湖北省完善试点任务组织实施保障机制，按照总体筹划、分步实施、率先突破、逐步完善的原则加快实施。按照既有利于合力推进自贸试验区建设，又有利于各片区独立自主运作的原则，建立精简高效、统一管理、分级负责的自贸试验区管理体系。各有关部门要大力支持，及时制定实施细则或办法，加强指导和服务，共同推进相关体制机制创新，把自贸试验区建设好、管理好。在实施过程中，要创新思路、寻找规律、解决问题、积累经验；要充分发挥地方和部门的积极性，因地制宜、突出特色，做好对比试验和互补试验；要抓好改革措施的落实，重大事项要及时向国务院请示报告。

（四）总结推广可复制的试点经验

自贸试验区要及时总结改革创新经验和成果。国务院自由贸易试验区工作部际联席会议办公室要会同湖北省人民政府及有关部门，及时总结评估自贸试验区改革开放创新试点任务实施效果，加强各领域试点经验系统集成，并委托第三方机构进行独立评估。对试点效果好、风险可控且可复制可推广的成果，实施分类审查程序后复制推广至全国其他地区。

中国（重庆）自由贸易试验区

2017年3月15日，国务院正式批复设立中国（重庆）自由贸易试验区（以下简称重庆自贸试验区），并印发《中国（重庆）自由贸易试验区总体方案》。

◎区域分布及概况

一、功能布局

重庆自贸试验区实施范围119.98平方公里，涵盖两江、西永、果园港3个片区，涉及两江新区、西永综保区、两路寸滩保税港区、重庆高新区4主要开放平台和渝中、南岸、江北等7个行政区部分区域。

两江片区66.29平方公里（含重庆两路寸滩保税港区8.37平方公里），西永片区22.81平方公里（含重庆西永综合保税区8.8平方公里、重庆铁路保税物流中心〔B型〕0.15平方公里），果园港片区30.88平方公里。

按区域布局划分，两江片区着力打造高端产业与高端要素集聚区，重点发展高端装备、电子核心部件、云计算、生物医药等新兴产业及总部贸易、服务贸易、电子商务、展示交易、仓储分拨、专业服务、融资租赁、研发设计等现代服务业，推进金融业开放创新，加快实施创新驱动发展战略，增强物流、技术、资本、人才等要素资源的集聚辐射能力；西永片区着力打造加工贸易转型升级示范区，重点发展电子信息、智能装备等制造业及保税物流中转分拨等生产性服务业，优化加工贸易发展模式；果园港片区着力打造多式联运物流转运中心，重点发展国际中转、集拼分拨等服务业，探索先进制造业创新发展。

按海关监管方式划分，自贸试验区内的海关特殊监管区域重点探索以贸易便利化为主要内容的制度创新，开展保税加工、保税物流、保税服务等业务；非海关特殊监管区域重点探索投资领域开放、投资管理体制改革、完善事中事后监管，推动金融制度创新，积极发展高端制造业和现代服务业。

二、战略定位

以制度创新为核心，以可复制可推广为基本要求，全面落实党中央、国务院关于发挥重庆战略支点和连接点重要作用、加大西部地区门户城市开放力度的要求，努力将自贸试验区建设成为“一带一路”和长江经济带互联互通重要枢纽、西部大开发战略重要支点。

三、发展目标

经过三至五年改革探索，努力建成投资贸易便利、高端产业集聚、监管高效便捷、金融服务完善、法治环境规范、辐射带动作用突出的高水平高标准自由贸易园区，努力建成服务于“一带一路”建设和长江经济带发展的国际物流枢纽和口岸高地，推动构建西部地区门户城市全方位开放新格局，带动西部大开发战略深入实施。

◎建设措施

一、以国家战略为遵循，明确目标定位

将国家赋予的战略定位具体化为立足“两点”定位，落实“两地”“两高”目标，打造投资、贸易、金融结算便利化三位一体的综合试验区，

开放型经济新体制的压力测试区，改革系统集成先行区，开放平台协同发展区。确立总体目标为建成“一枢纽三中心一基地”：即以多式联运为核心的内陆国际物流枢纽，以货物贸易为基础的内陆国际贸易中心、以金融结算便利化为抓手的现代金融中心、以互联互通为目标的现代服务业运营中心，以科技创新为支撑的国家重要现代制造业基地。

以建章立制为重点，确保高效运转。推动设立“1+5+1”的自贸试验区管理组织架构。制定出台产业规划、人才措施等3个规范性文件以及12项工作制度。依法向片区下放市级经济管理权限33项，组织开展片区现场观摩活动，建立创新激励和容错机制，增强片区“大胆试、自主改”的动力，初步形成“比、学、赶、超”的良好工作氛围。

二、以政策制度创新为灵魂，加快改革试点

完善配套政策体系，协调推动中央在渝机构和市级部门出台配套文件26个、支持措施400余条。强化复制推广，落地实施前两批自贸试验区118项改革试点经验，效率、质量明显提升。结合重庆实际，围绕投资、贸易、金融和事中事后监管四个领域探索形成了141条创新制度举措，并注重风险压力测试。建立151项改革试点任务台账，做到任务、主体、措施、时间“四个明确”，目前已落地实施122项，29项正在推进。建立统计体系和第三方评估机制，及时反映建设成果和存在的问题，以便靶向施策。

三、以项目落地为关键，增强发展动能

严格推行“两张清单”制度，“政策清单”“项目清单”相互匹配，按月更新和报送，确保政策有需求，项目有保障。强化市、区两级自贸办招商属性，以“一带一路”为重点，坚持“走出去”与“引进来”相结合，采取订单招商、专业招商、精准招商、金融支持招商等方式，培育人工智能、航空制造、总部和转口贸易、融资租赁等产业新集群，形成发展新动能。

四、以个性化探索为着力点，形成特色经验

确立探索陆上贸易规则“三步走”工作思路，出台《关于推进运单融资促进重庆陆上贸易发展的指导意见》，引导和鼓励商业银行围绕陆上贸易开展以运单为核心的金融服务和产品创新。形成13个创新典型案例，6个为全国首创。这些政策和制度创新为企业节省了时间和资金成本，企业获得感较强，具有较高的复制、推广价值。

◎成效综述

一、个性化探索实现突破

开立全球第一份跨境铁路联运提单及跟单国际信用证，国际陆上贸易规则探索迈出重要步伐。依托中欧班列（重庆）、中新示范项目南向国际物流大通道，引导企业扩大与“一带一路”沿线国家采用人民币结算，实现结算金额201.3亿元人民币，同比增长30.2%。“创新推动国际物流大通道建设”“创新实施铁路运输信用证结算”2个案例已被国务院自贸试验区部际联席会议印发推广，海关特殊监管区域“四自一简”监管创新做法被国务院印发在全国推广。

二、投资贸易便利化水平明显提升

全面实施外商投资负面清单管理，外资项目备案实现立等可取，覆盖率达到100%。全面实施海关通关一体化改革，创新实施海关监管“四自一简”（即自主备案、自行确定核销周期、自主核报、自主补税、简化业务核准手续）、检验检疫“3C免办”（对多次进出境研发用产品申请免于办理强制性产品认证）等措施，上线运行国际贸易“单一窗口”，口岸通关时间压缩三分之一。“三互”大通关建设持续发力，企业业务协调时间

节省50%以上。获批全国唯一的检验检疫综合改革试验区，内陆口岸高地建设取得突破性进展。

三、营商环境大幅优化

创新实施商事主体注册登记“五办”（网上办、马上办、随地办、辅导办、帮你办），试点基层“注册官”制度。全面实施涉税事项“最多跑一次”“全程网上办”，备受市场主体欢迎。在第三批自贸试验区中率先建成区域识别系统，正式运行大数据监管信息平台，成立西部唯一的商标审查协作中心，筹建自贸试验区法制保障工作组和自贸试验区法院，事中事后监管和主体权益保护体系不断完善。

四、金融开放创新取得实效

启动物流金融创新试点，推出国际陆上贸易供应链融资新产品。优化跨境收支管理，提高跨境结算效率，节省企业人力和资金成本超过70%。在全国率先推出“出口双保通”产品，跨境保理业务实现突破。扩大跨境人民币使用，推动跨境人民币汇率风险和汇兑成本实现“双降”。拓展跨境投融资，企业外债流入维持历史较高水平，平均融资成本下降0.5个百分点。健全多元化、专业化金融服务网络，推动中信银行、交通银行等设立跨境结算、离岸业务等区域性或全国性功能总部。

五、产业聚集效应初步显现

改造提升传统加工贸易产业，零部件和智能终端出口持续增长。培育贸易新业态，融资租赁、全球维修顺利起步，飞机保税租赁率先在第三批自贸试验区实现突破，跨境电商、汽车进口规模不断扩大，在中西部地区处于前列，2017年自贸试验区全域实现进出口总额3 367亿元人民币，占全市74.7%。智能产业加速聚集，商汤科技人工智能、金泰克内存生产基地等标志性项目落地。医疗领域实现突破，新加坡莱佛士集团独资医院落户。2017年，重庆自贸试验区全域引进项目692个，签订合同总额3 007.50亿元人民币，新增注册企业11 695户，注册资本总额773.16亿元人民币。其中新增注册外资企业220户，占全市比重24.7%，成为重庆内陆开放高地建设的强大引擎。

◎国务院关于印发中国（重庆）自由贸易试验区总体方案的通知

国发〔2017〕19号

各省、自治区、直辖市人民政府，国务院各部委、各直属机构：

现将《中国（重庆）自由贸易试验区总体方案》印发给你们，请认真贯彻执行。

国务院

2017年3月15日

中国（重庆）自由贸易试验区总体方案

建立中国（重庆）自由贸易试验区（以下简称自贸试验区）是党中央、国务院作出的重大决策，是新形势下全面深化改革、扩大开放和深入推进“一带一路”建设、长江经济带发展、西部大开发战略的重大举措。为全面有效推进自贸试验区建设，制定本方案。

一、总体要求

（一）指导思想

全面贯彻党的十八大和十八届三中、四中、五中、六中全会精神，深入贯彻习近平总书记系列重要讲话精神和治国理政新理念新思想新战略，认真落实党中央、国务院决策部署，统筹推进“五位一体”总体布局和协调推进“四个全面”战略布局，坚持稳中求进工作总基调，牢固树立和贯彻落实创新、协调、绿色、开放、共享的发展理念，进一步解放思想、先行先试，以开放促改革、促发展，努力为新形势下内陆开放型经济发展起到示范引领作用，为“一带一路”建设和长江经济带发展打好坚实基础，为全面深化改革和扩大开放探索新途径、积累新经验，发挥示范带动、服务全国的积极作用。

（二）战略定位

以制度创新为核心，以可复制可推广为基本要求，全面落实党中央、国务院关于发挥重庆战略支点和连接点重要作用、加大西部地区门户城市开放力度的要求，努力将自贸试验区建设成为“一带一路”和长江经济带互联互通重要枢纽、西部大开发战略重要支点。

（三）发展目标

经过三至五年改革探索，努力建成投资贸易便利、高端产业集聚、监管高效便捷、金融服务完善、法治环境规范、辐射带动作用突出的高水平高标准自由贸易园区，努力建成服务于“一带一路”建设和长江经济带发展的国际物流枢纽和口岸高地，推动构建西部地区门户城市全方位开放新格局，带动西部大开发战略深入实施。

二、区位布局

（一）实施范围

自贸试验区的实施范围 119.98 平方公里，涵盖 3 个片区：两江片区 66.29 平方公里（含重庆两路寸滩保税港区 8.37 平方公里），西永片区 22.81 平方公里（含重庆西永综合保税区 8.8 平方公里、重庆铁路保税物流中心〔B 型〕0.15 平方公里），果园港片区 30.88 平方公里。

自贸试验区土地开发利用须遵守土地利用、环境保护、城乡规划法律法规，符合土地利用总体规划，并符合节约集约用地的有关要求。

（二）功能划分

按区域布局划分，两江片区着力打造高端产业与高端要素集聚区，重点发展高端装备、电子核心部件、云计算、生物医药等新兴产业及总部贸易、服务贸易、电子商务、展示交易、仓储分拨、专业服务、融资租赁、研发设计等现代服务业，推进金融业开放创新，加快实施创新驱动发展战略，增强物流、技术、资本、人才等要素资源的集聚辐射能力；西永片区着力打造加工贸易转型升级示范区，重点发展电子信息、智能装备等制造业及保税物流中转分拨等生产性服务业，优化加工贸易发展模式；果园港片区着力打造多式联运物流转运中心，重点发展国际中转、集拼分拨等服务业，探索先进制造业创新发展。

按海关监管方式划分，自贸试验区内的海关特殊监管区域重点探索以贸易便利化为主要内容的制度创新，开展保税加工、保税物流、保税服务等业务；非海关特殊监管区域重点探索投资领域开放、投资管理体制改革、完善事中事后监管，推动金融制度创新，积极发展高端制造业和现代服务业。

三、主要任务和措施

（一）建设法治化国际化便利化营商环境

1. 优化法治环境。在扩大开放的制度建设上大胆探索、先行先试，加快形成高标准投资贸易规则体系。按照统一、公开、公平原则，试点开展对内对外开放的执法与司法建设，实现各类主体公平竞争。对涉及自贸试验区投资贸易等商事案件，建立专业化审理机制。支持发展国际仲裁、商事调解机制。开展知识产权综合管理改革试点。紧扣创新发展需求，发挥专利、商标、版权等知识产权的引领作用，打通知识产权创造、运用、保护、管理、服务全链条，建立高效的知识产权综合管理体制，构建便民利民的知识产权公共服务体系，探索支撑创新发展的知识产权运行机制，推动形成权界清晰、分工合理、责权一致、运转高效、法治保障的体制机制。搭建便利化的知识产权公共服务平台，设立知识产权服务工作站，大力发展知识产权专业服务业。探索建立自贸试验区跨部门知识产权执法协作机制，完善纠纷调解、援助、仲裁工作机制。探索建立自贸试验区重点产业专利导航制度和重点产业快速协同保护机制。

2. 深化行政管理体制改革。以切实维护国家安全和市场公平竞争为原则，加强各部门与重庆市人民政府的协同，完善政府的经济调节、市场监管、社会管理和公共服务职能，提高维护经济社会安全的服务保障能力。按照权责一致原则，建立行政权责清单制度，明确政府职能边界。深化行政审批制度改革，进一步取消和调整行政审批项目，健全行政审批服务体系。进一步创新和优化服务，推进政府部分职能向行业协会商会转移试点，减少政府对微观事务的管理。探索建立以综合监管为基础、专业监管为支撑的事中事后监管体系。构建市场主体自律、业界自治、社会监督、政府监管“四位一体”的综合监管体系，充分发挥社会多元共治的作用。完善社会信用体系，推动各部门间依法履职信息的联通和共享。健全守信激励和失信惩戒机制。健全市场主体权益保障机制。公开权力运行流程，完善网上行政审批系统，探索建立体现投资者参与、符合国际规则的信息公开机制。配合商务部开展经营者集中反垄断审查。

3. 提高行政管理效能。重庆市依法向自贸试验区下放经济管理权限，精简行政机构，提高行政效能。实施全程电子化登记和电子营业执照管理，建立“一口受理、同步审批”的“一站式”高效服务模式。完善企业准入“一窗式”受理制度，实现多部门信息共享和协同管理。推动税收服务创新，包括一窗国地办税、一厅自助办理、培训辅导点单、缴纳方式多元化、业务自主预约、税银信息互动、税收遵从合作、创新网上服务等举措。建设社区服务中心，统筹自贸试验区内社会事务，完善便民服务机制，提供高标准的社区公共服务和市政管理服务。

（二）扩大投资领域开放

4. 提升利用外资水平。对外商投资实行准入前国民待遇加负面清单管理制度，着力构建与负面清单管理方式相适应的事中事后监管制度。外商投资准入特别管理措施（负面清单）之外领域的外商投资项目（国务院规定对国内投资项目保留核准的除外）和外商投资企业设立及变更实行备案制，由自贸试验区负责办理。进一步减少或取消外商投资准入限制，提高开放度和透明度，做好对外开放的压力测试和风险测试。积极有效引进境外资金、先进技术和高端人才，提升利用外资综合质量。外商在自贸试验区内投资适用《自由贸易试验区外商投资准入特别管理措施（负面清单）》和《自由贸易试验区外商投资国家安全审查试行办法》。探索强化外商投资实际控制人管理，建立外商投资信息报告制度和外商投资信息公示平台，充分发挥国家企业信用公示系统作用，提升外商投资全周期监管的科学性、规范性和透明度。建立多部门共享的外资管理综合信息数据系统。完善投资者权益保障机制，允许符合条件的境外投资者自由转移其投资收益。

5. 构筑对外投资服务促进体系。实施对外投资管理体制改革，确立企业对外投资主体地位，对不涉及敏感国家和地区、敏感行业的境外投资项目实行备案制，支持企业开展多种形式的境外投资合作，在法律法规规定的范围内，允许自担风险到境外开展投资合作。鼓励企业创新对外投资合作方式。依托港澳在金融服务、信息资讯、国际贸易网络、风险管理等方面的优势，将自贸试验区建设成为内地企业“走出去”的窗口和综合服务平台。加强与港澳在项目对接、投资拓展、信息交流、人才培训等方面交流合作，共同开拓国际市场。加强境外投资事后管理和服务，完善境外资产和人员安全风险预警和应急保障体系。

（三）推进贸易转型升级

6. 促进加工贸易转型升级。充分发挥重庆作为加工贸易承接转移示范地的优势和作用，在自贸试验区打造产业梯度转移的国际加工基地，完善以“整机 + 核心零部件 + 原材料”为龙头的全流程产业链，推动加工贸易由水平分工变为垂直整合，鼓励向产业链、价值链高端拓展，提高附加值。探索“产业链 + 价值链 + 物流链”的内陆加工贸易发展新模式。实施仓储企业联网监管，实行加工贸易工单式核销，探索更为先进的核销制度。支持在自贸试验区设立符合内销规定的加工贸易产品内销平台，建设加工贸易产品内销后续服务基地。大力培育高端饰品、精密仪器、智能机器人、集成电路、平板显示等加工贸易新产业集群，搭建加工贸易转型升级的技术研发、工业设计、知识产权等公共服务平台。

7. 大力发展服务贸易。鼓励跨国公司在自贸试验区设立地区性总部、研发中心、销售中心、维修中心、物流中心和结算中心，鼓励先进制造业延伸价值链，与现代服务业融合发展。支持“互联网 +”发展，推进互联网与现代制造产业深度融合，推广大数据分析在商贸服务、医疗、教育、金融和公共管理等领域的应用。大力发展面向设计开发、生产制造、售后服务全过程的检验检测、标准、认证等第三方服务。鼓励开展研发设计、高技术高附加值产品开发和面向全球市场、风险可控的境内外维修、检测、拆解等业务。依托自贸试验区内的海关特殊监管区域，加快发展对外文化贸易，支持开展面向全球的保税文化艺术品的展示、拍卖、交易业务。深化艺术品交易市场功能拓展。培育文化产业，重点发展影视后期制作、光盘复刻、印刷、胶片拷贝等。

8. 加快发展新型贸易。支持自贸试验区内企业开展全球维修、国际分拨中转等业务。鼓励开展国内商品海外寄售代销业务。支持发展市场采购贸易。大力发展转口贸易，放宽海运货物直接运输判定标准。在自贸试验区海关特殊监管区域内，大力发展临空产业，拓宽进境维修领域，加快发展航空维修业务。允许在自贸试验区海关特殊监管区域内开展进口汽车整车保税仓储业务和保税货物质押融资业务。支持符合条件的境内外机构在自贸试验区内设立金融租赁公司、融资租赁公司，开展飞机、船舶和大型工程设备等融资租赁业务。按照公平竞争原则，积极发展跨境电子商务，完善相应的海关监管、检验检疫、退税、物流等支撑系统，加快推进跨境贸易电子商务配套平台建设。支持在自贸试验区海关特殊监管区域内建立进出口货物集散中心。支持发展国际快递物流，条件具备时，在自贸试验区试点航空快件国际中转集拼业务。支持国内外快递企业在自贸试验区内的非海关特殊监管区域，办理符合条件的国际快件属地报关、报检业务。

9. 实施高效监管服务模式。探索创新海关特殊监管区域监管模式、监管制度。在自贸试验区海关特殊监管区域内，实施“一线放开”“二线安全高效管住”的通关监管服务模式。根据自贸试验区发展需求，不断探索口岸监管制度创新。推进将企业运营信息纳入监管系统。逐步实现基于企业诚信评价和商品风险评估的货物抽检制度。除废物原料、危险化学品及其包装、散装货物外，检验检疫在一线实行“进出境检疫，重点和敏感商品检验”模式，创新监管技术和方法；在二线简化检验检疫流程，推行“方便进出，严密防范质量安全风险”的检验检疫监管模式。推进自贸试验区检验检疫电子服务平台、数据交换平台和检验检疫智能执法系统建设，提高检验检疫对各类新业态的信息监管服务水平。探索内陆通关及口岸监管“空检通放”新模式。

10. 推进通关机制创新。深化保税货物流转模式改革。在确保有效监管前提下，在海关特殊监管区域探索建立货物状态分类监管模式。对注册在自贸试验区海关特殊监管区域内的融资租赁企业进出口飞机、船舶、海洋工程结构物等大型设备涉及跨关区的，在确保有效监管和执行现行相关税收政策的前提下，按物流实际需要，实行海关异地委托监管。推进海关通关一体化改革。鼓励企业参与“自主报税、自助通关、自动审放、重点稽核”等监管制度创新试点。依托电子口岸公共平台，完善国际贸易“单一窗口”的货物进出口、运输工具进出境、贸易协定实施等应用功能，进一步优化口岸监管执法流程和通关流程，实现贸易许可、资质登记等平台功能，将涉及贸易监管的部门逐步纳入“单一窗口”管理平台。支持将出口退税申报功能纳入国际贸易“单一窗口”建设项目。在符合监管要求和条件的前提下，支持开展进口整车在汽车整车进口口岸间转关试点。在执行现行税收政策前提下，提升超大超限货物通关、运输、口岸服务等综合能力。对入境维修复出口、入境再制造机电料件免于实施装运前检验。加快形成贸易便利化创新举措的标准化制度规范，覆盖到自贸试验区内所有符合条件的企业。

（四）深化金融领域开放创新

11. 优化跨境金融结算服务。支持自贸试验区开展适应内陆加工贸易、转口贸易等多种贸易业态的结算便利化试点。探索与要素市场跨境交易相适应的外汇收支便利化措施，支持区域要素市场开展国际贸易业务。支持发展总部经济，放宽跨国公司外汇资金集中运营管理准入条件。允许重庆市内银行业金融机构与自贸试验区内持有《支付业务许可证》且许可业务范围包括互联网支付的支付机构合作，按照有关管理政策为跨境电子商务（货物贸易或服务贸易）提供跨境本外币支付结算服务。进一步深化支付机构跨境外汇支付业务试点，在保证交易真实性情况下，逐步扩大服务贸易业务范围。

12. 推动跨境人民币业务创新发展。推动自贸试验区与境外开展双向人民币融资。自贸试验区内企业可根据自身经营和管理需要，开展集团内跨境双向人民币资金池业务。允许在自贸试验区内注册的融资租赁企业开展跨境双向人民币资金池业务。允许自贸试验区内租赁企业在境外开立人民币账户用于跨境人民币租赁业务。支持自贸试验区内保险机构开展跨境人民币再保险和全球保单分入业务。研究探索区内金融机构在依法合规、风险可控的前提下向境外销售人民币理财产品、开展人民币项下跨境担保等业务。鼓励在自贸试验区内设立人民币海外投贷基金。在自贸试验区开展人民币基金投资境外项目试点政策下，开展区域性净头寸总规模约束管理试点。允许外资股权投资管理机构、外资创业投资管理机构在自贸试验区发起管理人民币股权投资和创业投资基金。鼓励自贸试验区内金融机构积极创新面向国际的人民币金融产品，扩大境外人民币投资境内金融产品的范围。支持自贸试验区内符合条件的企业按规定开展人民币境外证券投资业务。

13. 探索跨境投融资便利化改革创新。探索建立与自贸试验区相适应的本外币账户管理体系，促进跨境贸易、投融资结算便利化。进一步简化经常项目外汇收支手续，在真实、合法交易基础上，自贸试验区内货物贸易外汇管理分类等级为A类企业的外汇收入无须开立待核查账户。银行按照“了解客户、了解业务、尽职审查”的展业三原则办理经常项目收结汇、购付汇业务。允许自贸试验区内符合条件的融资租赁业务收取外币租金。支持自贸试验区内企业和金融机构通过境外上市、按照有关规定发行债券及标准化金融证券等方式开展境外融资并将资金调回境内使用。支持自贸试验区内符合条件的单位和个人按照规定双向投资于境内外证券市场。逐步允许境外企业参与商品期货交易。支持商业保理业务发展，探索适合商业保理业务发展的监管模式。

14. 增强跨境金融服务功能。支持符合条件的民间资本、境外资本在符合现行法律法规及政策导向的前提下，在自贸试验区内发起和参与设立金融机构。在遵循机构总部统一业务管理政策的前提下，授予自贸试验区内银行业金融机构更多业务自主权，在风险可控的前提下自主开展资金交易业务。支持证券经营机构在自贸试验区内依法设立分支机构或专业子公司。支持在自贸试验区内设立货币兑换、征信等专业化机构。支持符合条件的重庆市证券期货经营机构进入银行间外汇市场，开展人民币对外汇即期业务和衍生品交易。支持自贸试验区符合互认条件的基金产品参与内地与香港基金产品互认。支持符合条件的银行业金融机构在自贸试验区内发行大额存单，区内注册的内外资企业均可参与投资。支持在自贸试验区设立内外资再保险、外资健康保险、国际多式联运物流专业保险等机构。鼓励在自贸试验区设立保险资产管理公司、自保公司、相互制保险机构等新型保险组织，以及为保险业发展提供配套服务的保险经纪、保险代理等专业性保险服务机构。探索在自贸试验区开展巨灾保险服务创新试点。支持在自贸试验区内建立保险资产登记交易平台。鼓励国内期货交易所在自贸试验区的海关特殊监管区域内开展期货保税交易、仓单质押融资等业务。在总结期货保税交割试点经验基础上，鼓励国内期货交易所在自贸试验区的海关特殊监管区域内开展业务，扩大期货保税交割试点的品种。进一步推进内资融资租赁企业试点，注册在自贸试验区内的内资融资租赁试点企业由自贸试验区所在省级商务主管部门和同级国家税务局审核；加强事中事后监管，探索建立融资租赁企业设立和变更的备案制度、违反行业管理规定的处罚制度、失信和经营异常企业公示制度、属地监管部门对企业定期抽查检查制度。支持自贸试验区发展科技金融，按照国务院统一部署，积极争取纳入投贷联动试点。

15. 完善金融风险防控体系。落实风险为本的原则，探索建立跨境资金流动风险监管机制，强化做好反洗钱、反恐怖融资、反逃税工作，防范非法资金跨境、跨区流动。探索建立综合性金融监管协调机制，深入开展跨行业、跨市场的金融风险监测评估，加强对重大风险的预警防范，切实防范开放环境下的金融风险。

（五）推进“一带一路”和长江经济带联动发展

16. 构建多式联运国际物流体系。支持在自贸试验区内建立海关多式联运监管中心，打造覆盖铁、公、水、空多种运输方式的国际物流运输体系。依托中欧国际铁路联运通道，强化运输安全，提高运输效率，降低运输成本，构建中欧陆路国际贸易通道和规则体系，发展国际铁路联运；依托长江黄金水道，探索建立沪渝外贸集装箱“五定”快班轮三峡船闸优先放行机制，发展江海联运；依托渝昆泛亚铁路通道、东南沿海港口、陆路边境口岸，以铁路和高速公路网为陆路通道，发展铁海联运和跨区域、跨国境的国际陆路运输；依托重庆江北国际机场，探索空域和航空资源管理改革，支持国内外大型企业设立基地航空公司，完善集疏运体系，加密航线航班，构建基本覆盖全球主要经济体的航线网络。

17. 探索建立“一带一路”政策支持体系。以中欧国际铁路联运通道为重点，完善自贸试验区与“一带一路”沿线各国海关、检验检疫、标准认证部门和机构之间的通关合作机制，开展货物通关、贸易统计、“经认证的经营者”互认、检验检测认证等方面合作，逐步实现信息互换、监管互认、执法互助。探索与“一带一路”沿线国家开展贸易供应链安全与便利化合作。支持自贸试验区内企业以自建、收购、股权合作等多种方式在“一带一路”沿线国家建立境外营销、物流、结算等区域性运营总部。支持以自贸试验区为依托建设中德、中韩等国际经贸、产业、人文合作平台。探索共同出资、共同受益的资本运作模式，支持在自贸试验区建立市场化的合作基金，为基础设施建设、投资贸易和产业发展提供资金支持。加强自贸试验区与“一带一路”沿线国家的高校联合培养和交流合作，加快培养适合多双边贸易投资的各方面人才。研究制定自贸试验区外籍高层次人才认定办法，落实人才签证实施细则，明确外国人才申请和取得人才签证的标准条件和办理程序，对外籍高层次人才开辟绿色通道，简化手续，为高层次人才入出境、工作、在华停居留提供便利。允许获得硕士及以上学位的外国优秀留学生毕业后直接在自贸试验区工作，完善留学生实习居留、工作居留和创新创业奖励制度。

（六）推动长江经济带和成渝城市群协同发展

18. 探索建立区域联动发展机制。通过自贸试验区高端产业聚集，促进内陆地区现代服务业、先进制造业和战略性新兴产业加快发展。创新区域经济合作、利益共享模式，促进区域一体化发展。依托长江黄金水道，推进自贸试验区内沿江区域有序承接产业转移。鼓励拓展服务功能和范围，自贸试验区内企业原则上不受地域限制，可到区外再投资或开展业务，如有特殊规定要求办理相关手续，应按照相关规定办理。提升自贸试验区与周边地区交通运输服务水平，优化运输组织，创新服务方式，推进自贸试验区与周边城市客运服务公交化运营，鼓励同城化服务。鼓励在自贸试验区发展货运班线、城际速递、共同配送等多样化、专业化服务方式。

19. 促进区域产业转型升级。以产业链为纽带，在自贸试验区内建立市场化运作的产业转移引导基金，促进长江经济带各省市、成渝城市群的相关园区、企业、研发机构等在研发设计、生产销售和物流配送等环节的协同配合。充分发挥长江黄金水道的重大件运输通道优势，整合内陆装备制造业优势资源，推动汽车、重型机械、船舶配套设备、轨道交通设备等向自贸试验区沿江区域集中。充分发挥自贸试验区高端要素集聚平台作用，瞄准全球和国家科技创新趋势，重点突破创新链的关键技术、产业链的关键环节，加快形成电子核心部件、新材料、物联网、航空器及零部件研发制造、高端交通装备、新能源汽车及智能汽车、生物医药、能源环保装备、智能终端等战略性新兴产业集群。在自贸试验区设立区域联合研发和配套协作平台，提高装备设计、制造和集成能力。鼓励各地区高校、科研院所在自贸试验区打造创新创业发展平台，发展新型创业孵化机构。完善自贸试验区创新创业服务体系，大力发展创业辅导、信息咨询、技术支持、融资担保、成果交易、检验检测认证等公共服务。

20. 增强口岸服务辐射功能。按照“零距离换乘”“无缝衔接”的要求，强化自贸试验区与周边地区水运、铁路、公路、航空等运输方式有机衔接。拓展口岸功能，扩大水运口岸范围，完善自贸试验区内进口整车、水果、肉类等指定口岸建设。推动自贸试验区根据实际需要申报设立进口粮食、植物种苗、金伯利进程国际证书制度等指定口岸和指定实施机构，提升内陆口岸对周边的辐射带动作用。鼓励发展直接或间接依托口岸的经济业态，强化自贸试验区口岸服务功能，提升便利化程度，聚集人流、物流、资金流、信息流，带动腹地经济融入国际国内两个市场，形成扩大开放的叠加效应。

四、保障机制

（一）强化法制保障

自贸试验区需要暂时调整实施有关行政法规、国务院文件和经国务院批准的部门规章的部分规定的，按规定程序办理。各有关部门要支持自贸试验区在各领域深化改革开放试点、加大压力测试、加强监管、防控风险，做好与相关法律立改废释的衔接，及时解决试点过程中的制度保障问题。重庆市要通过地方立法，建立与试点要求相适应的自贸试验区管理制度。

（二）完善配套税收政策

落实现有相关税收政策，充分发挥现有政策的支持促进作用。中国（上海）自由贸易试验区、中国（广东）自由贸易试验区、中国（天津）自由贸易试验区和中国（福建）自由贸易试验区已经试点的税收政策原则上可在自贸试验区进行试点，其中促进贸易的选择性征收关税、其他相关进出口税收等政策在自贸试验区内的海关特殊监管区域进行试点。自贸试验区内的海关特殊监管区域范围和税收政策适用范围维持不变。此外，在符合税制改革方向和国际惯例，以及不导致利润转移和税基侵蚀的前提下，积极研究完善境外所得税收抵免的税收政策。

（三）加强组织实施

按照党中央、国务院统一部署，在国务院自由贸易试验区工作部际联席会议统筹协调下，由重庆市完善试点任务组织实施保障机制，按照总体筹划、分步实施、率先突破、逐步完善的原则加快实施；按照既有利于合力推进自贸试验区建设，又有利于各片区独立自主运作的原则，建立精简高效、统一管理、分级负责的自贸试验区管理体系。各有关部门要大力支持，及时制定实施细则或办法，加强指导和服务，共同推进相关体制机制创新，把自贸试验区建设好、管理好。在实施过程中，要创新思路、寻找规律、解决问题、积累经验；要充分发挥地方和部门的积极性，因地制宜、突出特色，做好对比试验和互补试验；要抓好改革措施的落实，重大事项要及时向国务院请示报告。

（四）总结推广可复制的试点经验

自贸试验区要及时总结改革创新经验和成果。国务院自由贸易试验区工作部际联席会议办公室要会同重庆市人民政府及有关部门，及时总结评估自贸试验区改革开放创新试点任务实施效果，加强各领域试点经验系统集成，并委托第三方机构进行独立评估。对试点效果好、风险可控且可复制可推广的成果，实施分类审查程序后复制推广至全国其他地区。

中国（辽宁）自由贸易试验区

2017 年 3 月 15 日，国务院正式批复设立中国（辽宁）自由贸易试验区（以下简称辽宁自贸试验区），并印发《中国（辽宁）自由贸易试验区总体方案》。

◎区域分布及概况

一、功能布局

辽宁自贸试验区的实施范围 119.89 平方公里，涵盖三个片区：大连片区 59.96 平方公里（含大连保税区 1.25 平方公里、大连出口加工区 2.95 平方公里、大连大窑湾保税港区 6.88 平方公里），沈阳片区 29.97 平方公里，营口片区 29.96 平方公里。

沈阳片区面积为 29.97 平方公里，其中浑南区 22.63 平方公里（含桃仙机场 2.08 平方公里），苏家屯区 7.34 平方公里，规划范围为东至沈丹高速，南至机场路，西至长大铁路，北至白塔河二路。重点发展装备制造、汽车及零部件、航空装备等先进制造业和金融、科技、物流等现代服务业，提高国家新型工业化示范城市、东北地区科技创新中心发展水平，建设具有国际竞争力的先进装备制造业基地。

大连片区面积为 59.96 平方公里，其中在大连经济技术开发区内面积 28 平方公里，在大连保税区内面积 31.96 平方公里。规划范围为东至金石滩国家旅游度假区西部边界，西至开发区大地街，南至黄海小窑湾岸线，北至开发区老虎沟、鹤大高速公路。重点发展港航物流、金融商贸、先进装备制造、高新技术、循环经济、航运服务等产业，推动东北亚国际航运中心、国际物流中心建设进程，形成面向东北亚开放合作的战略高地。特别是大连片区紧紧围绕老工业基地国企改革方面大胆探索，冰山集团、大连港、重工起重、盐化、大化等国有企业，已借力自贸试验区平台先行先试进行体制机制改革。

营口片区面积为 29.96 平方公里，依托于国家级高新技术产业开发区建设，位于营口主城区西部，东至得胜路（澄湖西路），南至新港大街，西至海滨，北至滨河路。重点发展商贸物流、跨境电商、金融等现代服务业和新一代信息技术、高端装备制造等战略性新兴产业，建设区域性国际物流中心和高端装备制造、高新技术产业基地，构建国际海铁联运大通道重要枢纽。特别是营口片区充分发挥地缘优势，推进区港联动，抓规划、抓机制、抓创新，已经取得初步成效。

按海关监管方式划分，自贸试验区内的海关特殊监管区域重点探索以贸易便利化为主要内容的制度创新，开展保税加工、保税物流、保税服务等业务；非海关特殊监管区域重点探索投资体制改革，推进制造业转型、金融创新和服务业开放。

二、战略定位

以制度创新为核心，以可复制可推广为基本要求，加快市场取向体制机制改革、积极推动结构调整，努力将自贸试验区建设成为提升东北老工业基地发展整体竞争力和对外开放水平的新引擎。

三、发展目标

经过三至五年改革探索，形成与国际投资贸

易通行规则相衔接的制度创新体系，营造法治化、国际化、便利化的营商环境，巩固提升对人才、资本等要素的吸引力，努力建成高端产业集聚、投资贸易便利、金融服务完善、监管高效便捷、法治环境规范的高水平高标准自由贸易园区，引领东北地区转变经济发展方式、提高经济发展质量和水平。

◎建设措施与成效综述

一、大胆探索，有序实施

沈阳、大连、营口三市围绕总体方案，先后制定了片区实施方案并获得省政府正式批复。各片区还制定、发布、实施了三年滚动工作计划、产业规划、政策清单、招商引资政策等系列文件。沈阳片区先后两批发布了200条政策清单和“3+1”产业政策；大连片区在推进贸易便利化的基础上，在国资国企借力自贸试验区平台改革创新等方面大胆探索；营口片区推进区港联动，抓规划、抓机制、抓创新，取得初步成效。

二、抓住重点，不断突破

按照总体方案要求，着力制度创新，不断深化改革。在简政放权方面，各片区建立了权责清单制度、行政审批管理目录制度。辽宁省编办、辽宁省自贸办正在加速推进省级管理权限下放工作。在投资领域方面，实施2017版外商投资负面清单，实现国内企业境外投资备案制管理，实行多评合一、统一评审的新模式，推进实行试点企业投资项目承诺制。在贸易便利化方面，对标国家标准，加快推进二期、三期建设，推进国际贸易“单一窗口”建设。在金融创新领域，推进沈阳“金融岛”建设，加速推进实施人民币跨境使用、外汇管理体制改革、金融领域开放与合作等改革措施。在事中事后监管方面，着力建设社会信用体系、开展综合行政执法、推进企业报告公示和社会参与社会监管等。

三、突出特色，创新实践

在推进国资国企改革方面，发挥自贸试验区优势，引导和推动国有企业改革创新、先试先行。在推动自贸试验区和省内重点园区协同发展方面，研究制定协同发展指导意见，首批确定18个重点产业园区与自贸试验区协同发展。有针对性地与黑龙江、吉林、内蒙古三省（区）进行对接交流，截至2017年底，已有3 912家三省（区）企业入驻自贸试验区。在扩大面向东北亚的开放方面，大连东北亚国际航运中心建设、营口港海铁联运和沈阳跨境铁路通道建设不断完善，2017年，中欧班列开行1 123列，实现货运量91 279标箱；80余家东北亚地区外资企业入驻自贸试验区，合同外资额2.6亿美元。截至2017年12月31日，中国（辽宁）自由贸易试验区共新增注册企业21 641家，注册资本3 132亿元人民币。

◎创新成果案例

◆“保税混矿”监管创新带动港口转型升级

海关、检验检疫等口岸部门联合推出的创新监管措施，大幅节省了矿石运输成本和时间成本，进一步推动大连港“东北亚矿石分拨中心”建设及转型升级发展。

（一）主要做法

“保税混矿”是指将不同产地、不同成分的两种以上的铁矿砂在保税状态下进行配比混合而得的混合铁矿砂。国内国际两个市场需求很大。巴西淡水河谷是世界第一大铁矿石供应商，大连港则是国内为数不多可满载接卸40万吨矿石船的港口。由于巴西南北部铁矿石品位存在较大差异和中国企业的需求各异，需要将巴西北部高品位低硅铁矿石与南部低品位高硅铁矿石进行混配，但是巴西南北部港口相距3 000公里，出于矿区条件限制以及运输成本考虑，大连港建立

（保税）混矿基地，将两种品位矿石直接海运到中国进行混配。

为了加快保税混矿业务的发展，海关、检验检疫等口岸部门联合推出创新监管措施，推动大连港“东北亚矿石分拨中心”建设及转型升级发展。具体实施步骤如下：

1. 海关出台的监管创新措施

大连海关在支持东北亚航运中心建设方面，允许自贸试验区内企业开展保税铁矿砂和保税燃料油混合业务。在支持开展期货保税交割业务方面，支持大连商品交易所等国内期货交易所在海关特殊监管区域和保税监管场所设立商品期货交割库，开展期货保税交割业务、仓单质押融资业务。

大连海关主动对接大连混矿作业需求，专门组织研制了《大窑湾海关保税矿砂混矿业务操作指南》等操作流程，从实现监管制度创新的高度给予企业全力支持。辽宁自贸试验区获批后，转口至日韩的混矿业务量实现了“零的突破”，2017年3—5月份转口到日韩的混矿量为79.7万吨。转口贸易量迅速增长，提升了大连港综合服务功能，为打造东北亚矿石分拨与贸易增值服务中心起到积极推动作用。混矿企业减负增效，一年内扭亏为盈，甩掉了亏损8 000万元人民币的包袱，企业实实在在享受到了自贸试验区“红利”。大连海关拓展了税源，实现了自贸试验区监管制度的创新。“一举三得”，三方获益。包括“三互”通关、归类尊重先例、“保税混矿”在内的三项创新措施，已率先在全国海关系统得到推广。

2. 检验检疫部门推出的监管创新措施

辽宁出入境检验检疫局采用“入区监测 + 加工监管 + 出区检验”的“三位一体”检验检疫监管模式，助力大连港保税铁矿混矿业务发展，推动“东北亚矿石分拨中心”建设，支持大连商品交易所铁矿石保税期货交割。

大连检验检疫局合理调整检验监管工作程序。针对保税堆场进口矿石混矿为国内首例，制定实施了保税堆场接卸、混矿、堆存以及再分拨矿石采样、监管办法，规范工作程序，做到在严格执行检验检疫监管法律法规规定的前提下，合理调整工作基准和程序，最大程度地满足企业需求，确保保税堆场混矿业务合法、合规操作和营运。

（二）实践成效

混矿业务不仅降低淡水河谷的混矿成本，也实现了“国外矿山”向中国港口的前移。在大连港矿石码头后方的保税堆场内开展铁矿石混配，也有利于促进环渤海及东北亚区域进口铁矿石资源的优化配置与布局，有效降低中国钢厂的采购成本，巩固与强化铁矿石贸易议价能力，进一步提升供应链管理水平。

◎国务院关于印发中国（辽宁）自由贸易试验区总体方案的通知

国发〔2017〕15号

各省、自治区、直辖市人民政府，国务院各部委、各直属机构：

现将《中国（辽宁）自由贸易试验区总体方案》印发给你们，请认真贯彻执行。

国务院

2017年3月15日

中国（辽宁）自由贸易试验区总体方案

建立中国（辽宁）自由贸易试验区（以下简称自贸试验区）是党中央、国务院作出的重大决策，是新形势下全面深化改革、扩大开放和推动东北地区等老工业基地振兴的重大举措。为全面有效推进自贸试验区建设，制定本方案。

一、总体要求

（一）指导思想

全面贯彻党的十八大和十八届三中、四中、五中、六中全会精神，深入贯彻习近平总书记系列重要讲话精神和治国理政新理念新思想新战略，认真落实党中央、国务院决策部署，统筹推进“五位一体”总体布局和协调推进“四个全面”战略布局，坚持稳中求进工作总基调，牢固树立和贯彻落实创新、协调、绿色、开放、共享的发展理念，进一步解放思想、先行先试，以开放促改革、促发展，着力完善体制机制，着力推进结构调整，着力鼓励创新创业，着力保障和改善民生，为全面深化改革和扩大开放探索新途径、积累新经验，发挥示范带动、服务全国的积极作用。

（二）战略定位

以制度创新为核心，以可复制可推广为基本要求，加快市场取向体制机制改革、积极推动结构调整，努力将自贸试验区建设成为提升东北老工业基地发展整体竞争力和对外开放水平的新引擎。

（三）发展目标

经过三至五年改革探索，形成与国际投资贸易通行规则相衔接的制度创新体系，营造法治化、国际化、便利化的营商环境，巩固提升对人才、资本等要素的吸引力，努力建成高端产业集聚、投资贸易便利、金融服务完善、监管高效便捷、法治环境规范的高水平高标准自由贸易园区，引领东北地区转变经济发展方式、提高经济发展质量和水平。

二、区位布局

（一）实施范围

自贸试验区的实施范围119.89平方公里，涵盖三个片区：大连片区59.96平方公里（含大连保税区1.25平方公里、大连出口加工区2.95平方公里、大连大窑湾保税港区6.88平方公里），沈阳片区29.97平方公里，营口片区29.96平方公里。

自贸试验区土地开发利用须遵守土地利用、环境保护、城乡规划法律法规，符合土地利用总体规划，并符合节约集约用地的有关要求；涉及海域的，须符合《中华人民共和国海域使用管理法》有关规定和国务院印发的《全国海洋主体功能区规划》、国务院批复的海洋功能区划、辽宁省出台的海洋生态红线制度；涉及无居民海岛的，须符合《中华人民共和国海岛保护法》有关规定。

（二）功能划分

按区域布局划分，大连片区重点发展港航物流、金融商贸、先进装备制造、高新技术、循环经济、航运服务等产业，推动东北亚国际航运中心、国际物流中心建设进程，形成面向东北亚开放合作的战略高地；沈阳片区重点发展装备制造、汽车及零部件、航空装备等先进制造业和金融、科技、物流等现代服务业，提高国家新型工业化示范城市、东北地区科技创新中心发展水平，建设具有国际竞争力的先进装备制造业基地；营口片区重点发展商贸物流、跨境电商、金融等现代服务业和新一代信息技术、高端装备制造等战略性新兴产业，建设区域性国际物流中心和高端装备制造、高新技术产业基地，构建国际海铁联运大通道的重要枢纽。

按海关监管方式划分，自贸试验区内的海关特殊监管区域重点探索以贸易便利化为主要内容的制度创新，开展保税加工、保税物流、保税服务等业务；非海关特殊监管区域重点探索投资体制改革，推进制造业转型、金融创新和服务业开放。

三、主要任务和措施

（一）切实转变政府职能

1. 深化行政管理体制改革。深入推进简政放权、放管结合、优化服务改革。辽宁省能够下放的经济社会管理权限，全部下放给自贸试验区。建立权责清单制度、行政审批管理目录制度。深化商事制度改革。推进政府管理由注重事前审批向注重事中事后监管转变，构建事前诚信承诺、事中评估分类、事后联动奖惩的全链条信用监管体系。完善信息网络平台，建立企业信用信息采集共享机制，实现跨部门协同管理。实施“多规合一”改革。配合商务部开展经营者集中反垄断审查。

2. 打造更加公平便利的营商环境。开展知识产权综合管理改革试点。紧扣创新发展需求，发挥专利、商标、版权等知识产权的引领作用，打通知识产权创造、运用、保护、管理、服务全链条，建立高效的知识产权综合管理体制，构建便民利民的知识产权公共服务体系，探索支撑创新发展的知识产权运行机制，推动形成权界清晰、分工合理、责权一致、运转高效、法治保障的体制机制。搭建便利化的知识产权公共服务平台，设立知识产权服务工作站，大力发展知识产权专业服务业。探索建立自贸试验区跨部门知识产权执法协作机制，完善纠纷调解、援助、仲裁工作机制。探索建立自贸试验区重点产业专利导航制度和重点产业快速协同保护机制。

推动税收服务创新，包括一窗国地办税、一厅自助办理、培训辅导点单、缴纳方式多元、业务自主预约、税银信息互动、税收遵从合作、创新网上服务等举措。推进产业预警、信息公开、公平竞争、权益保障制度创新。建立健全国际仲裁、商事调解机制。

（二）深化投资领域改革

3. 提升利用外资水平。对外商投资实行准入前国民待遇加负面清单管理制度，着力构建与负面清单管理方式相适应的事中事后监管制度。外商投资准入特别管理措施（负面清单）之外领域的外商投资项目（国务院规定对国内投资项目保留核准的除外）和外商投资企业设立及变更实行备案制，由自贸试验区负责办理。进一步减少或取消外商投资准入限制，提高开放度和透明度，做好对外开放的压力测试和风险测试。积极有效引进境外资金、先进技术和高端人才，提升利用外资综合质量。外商在自贸试验区内投资适用《自由贸易试验区外商投资准入特别管理措施（负面清单）》和《自由贸易试验区外商投资国家安全审查试行办法》。探索强化外商投资实际控制人管理，建立外商投资信息报告制度和外商投资信息公示平台，充分发挥国家企业信用信息公示系统作用，提升外商投资全周期监管的科学性、规范性和透明度。完善投资者权益保障机制，允许符合条件的境外投资者自由转移其投资收益。

4. 构筑对外投资服务促进体系。实行以备案制为主的境外投资管理方式。鼓励企业开展多种形式的对外投资合作。发挥优惠贷款作用，支持自贸试验区内企业参与大型成套设备出口、工程承包和大型投资项目。支持“走出去”企业以境外资产和股权、矿权等权益为抵押获得贷款，提高企业融资能力。完善“走出去”政策促进、服务保障和风险防控体系，扩大企业对外投资。

（三）推进贸易转型升级

5. 实施贸易便利化措施。依托电子口岸公共平台，完善国际贸易“单一窗口”的货物进出口和运输工具进出境的应用功能，实现贸易许可、资质登记等平台作用，将涉及贸易监管的部门逐步纳入“单一窗口”管理平台，进一步优化口岸监管执法流程和通关流程。将出口退税申报功能纳入“单一窗口”建设项目。推进自贸试验区内各区域之间通关一体化。大力发展转口贸易，放宽海运货物直接运输判定标准。优化沿海捎带业务监管模式，提高中资非五星旗船沿海捎带业务通关效率。在执行现行税收政策的前提下，提升超大超限货物的通关、运输、口岸服务等综合能力。鼓励企业参与“自主报税、自助通关、自动审放、重点稽核”等监管制度创新试点。加快形成贸易便利化创新举措的标准化制度规范，覆盖到所有符合条件的企业。

自贸试验区内的海关特殊监管区域实施“一线放开”、“二线安全高效管住”的通关监管服务模式。在确保有效监管前提下，在海关特殊监管区域探索建立货物状态分类监管模式。在严格执行货物进出口税收政策的前提下，允许在海关特殊监管区域内设立保税展示交易平台。试点开展境内外高技术、高附加值、风险可控的维修业务。对注册在自贸试验区海关特殊监管区域内的融资租赁企业进出口飞机、船舶和海洋工程结构物等大型设备涉及跨关区的，在确保有效监管和执行现行相关税收政策的前提下，按物流实际需要，实行海关异地委托监管。

6. 完善国际贸易服务体系。建立离岸贸易制度，发展离岸贸易。培育跨国企业设立面对国内外两个市场的结算中心和区域性总部，建立整合物流、贸易等功能的营运中心。依托大连商品交易所，支持拓展新的交易品种，促进发展大宗商品国际贸易。探索建立与国际大宗商品交易相适应的外汇管理和海关监管制度。鼓励国内期货交易所在自贸试验区海关特殊监管区域内开展期货保税交易、仓单质押融资等业务。在总结期货保税交割试点经验基础上，扩大期货保税交割试点的品种。推动自贸试验区内符合条件的原油加工企业申请原油进口及使用资质。鼓励自贸试验区内企业统筹开展国际国内贸易，形成内外贸一体化发展促进机制。推进对外文化贸易基地建设，深化艺术品交易市场功能拓展。推动检测维修、生物医药、软件信息、管理咨询、数据服务、文化创意等服务外包业务发展。依托中国（大连）跨境电子商务综合试验区，加快推进跨境贸易电子商务配套平台建设。按照公平竞争原则，完善海关监管、检验检疫、退税、物流等国际贸易支撑系统。鼓励设立第三方检验鉴定机构，积极推进采信第三方检验鉴定结果。

（四）深化金融领域开放创新

7. 推动跨境人民币业务创新发展。探索建立与自贸试验区相适应的本外币账户管理体系，促进跨境贸易、投融资结算便利化。允许自贸试验区内企业的境外母公司或子公司按照有关规定在境内发行人民币债券。允许外资股权投资管理机构、外资创业投资管理机构在自贸试验区发起管理人民币股权投资和创业投资基金。允许自贸试验区内租赁公司在境外开立人民币账户用于跨境人民币租赁业务。扩大人民币跨境使用，自贸试验区内银行可按有关规定发放境外项目人民币贷款。开展跨国企业集团跨境双向人民币资金池业务。

8. 深化外汇管理体制改革。进一步简化经常项目外汇收支手续，在真实、合法交易基础上，自贸试验区内货物贸易外汇管理分类等级为A类企业的外汇收入无须开立待核查账户。银行按照“了解客户、了解业务、尽职审查”的展业三原则办理经常项目收结汇、购付汇手续。进一步简化资金池管理，允许经银行审核真实、合法的电子单证办理经常项目集中收付汇、轧差净额结算业务。支持商业保理业务发展，探索适合商业保理发展的外汇管理模式。允许自贸试验区内符合条件的融资租赁业务收取外币租金。支持发展总部经济。放宽跨国公司外汇资金集中运营管理准入条件。

9. 增强金融服务功能。进一步推进内资融资租赁企业试点，注册在自贸试验区内的内资融资租赁试点企业由自贸试验区所在省级商务主管部门和同级国家税务局审核；加强事中事后监管，探索建立融资租赁企业设立和变更的备案制度、违反行业管理规定的处罚制度、失信和经营异常企业公示制度、属地监管部门对企业定期抽查检查制度。支持自贸试验区内符合互认条件的基金产品参与内地与香港基金产品互认。取消对自贸试验区内保险支公司高管人员任职资格的事前审批，由自贸试验区所在省级保监机构实施备案管理。逐步允许境外企业参与商品期货交易。结合自贸试验区产业基础和产业发展方向，围绕新型工业化方向和产业转型升级需求，创新金融产品和金融服务。进一步提升金融服务实体经济的能力，逐步完善适合东北老工业基地振兴发展的新型金融支撑体系。

10. 建立健全金融风险防控体系。落实风险为本的原则，探索建立跨境资金流动风险监管机制，强化开展反洗钱、反恐怖融资、反逃税工作，防止非法资金跨境、跨区流动。建立适应金融改革创新举措的事中事后监管体系。

（五）加快老工业基地结构调整

11. 深化国资国企改革。完善国有企业治理模式和经营机制，实施分类监管和改革，探索健全以管资本为主的国有资产监管体系。稳妥推进自贸试验区内企业混合所有制改革，探索各种所有制资本优势互补、相互促进的体制机制。建立健全产权清晰、权责明确、政企分开、管理科学的现代企业制度。推进经营性国有资产集中统一监管，优化国有资本配置，放大国有资本功能，大力推进国有资产资本化。简化地方国有创投企业股权投资退出程序，地方国有创投企业使用国有资产评估报告实行事后备案。

12. 促进产业转型升级。完善有利于推动产业集群发展的体制机制，鼓励智能装备、海洋工程装备、航空制造、汽车（重点是新能源汽车）、新材料、高技术船舶、电子信息、生物医药和高端医疗器械、商贸及快递等现代物流、海水利用等产业向自贸试验区集聚。加快工业化与信息化深度融合，培育发展大数据、云计算、工业互联网等新一代信息技术产业，构建先进装备制造业、战略性新兴产业和现代服务业融合发展的产业布局。利用地方政府投资设立的产业（创业）投资引导基金，支持新兴特色产业集群式发展。鼓励自贸试验区内企业通过跨区域兼并重组推动产业整合。加快中德（沈阳）高端装备制造产业园、大连国家生态工业示范园区与自贸试验区协同发展，打造国际产业投资贸易合作平台。

13. 发展生产性服务业。鼓励自贸试验区内企业开展系统集成、设备租赁、提供解决方案、再制造、检验检测、远程咨询等增值服务。推进专业技术研发、工业设计等集成创新载体及工程研究中心、科研实验室、企业技术中心建设。搭建科技成果推广、科技管理咨询、市场营销等公共服务平台。支持设立符合规定的加工贸易产品内销平台和加工贸易采购、分拨中心。鼓励金融机构、装备制造企业集团在自贸试验区内设立租赁公司或专营租赁业务的子公司，重点开展飞机、船舶、海洋工程结构物、轨道交通车辆、农用机械、高端医疗设备、大型成套设备等融资租赁服务。

14. 构筑科技创新和人才高地。推动科研机构、高校、企业协同创新。按市场化方式，加强与国家科技成果转化引导基金、战略性新兴产业创业投资引导基金、国家中小企业发展基金的对接，设立一批专业化创业投资子基金。依托现有交易场所开展科技成果转化交易。引进境外优质教育资源，推动教育国际化。探索适应企业国际化发展需要的创新人才服务体系和国际人才流动制度。完善创新人才集聚和培育机制，推进人才、项目、资金深度融合。加大对海外人才服务力度，提高境内外人员出入境、外籍人员签证和居留、就业许可、驾照申领等事项办理的便利化水平。

15. 推进东北一体化协同发展。增强自贸试验区口岸服务辐射功能，完善海关通关一体化改革，开展货物通关、贸易统计、“经认证的经营者”互认、检验检测认证等方面合作，逐步实现信息互换、监管互认、执法互助。优化内陆无水港和物流网络布局，加速实现自贸试验区与东北其他地区口岸间互通互联，推进东北地区在研发设计、生产销售、物流配送、人才交流、教育培训等方面的协同配合。

（六）加强东北亚区域开放合作

16. 推进与东北亚全方位经济合作。充分发挥辽宁作为全国重要的老工业基地和欧亚大陆桥东部重要节点的区位、交通、产业及人文等综合优势，推进国家自主创新示范区、全面创新改革试验区、大连金普新区、国家级经济技术开发区、国家级高新技术产业开发区与自贸试验区的互动发展。加快融入“一带一路”建设，不断扩大和丰富东北亚区域合作内涵，全面融入中蒙俄经济走廊建设，巩固对日、对韩合作，加速利用国际国内两个市场、两种资源，进一步扩大东北亚国际合作，在更大范围、更宽领域参与国际竞争。

17. 加快构建双向投资促进合作新机制。推进自贸试验区与“一带一路”沿线国家及日、韩、朝等国的国际产能和装备制造合作，完善国际产能合作金融支持体系，促进由装备产品输出为主向技术输出、资本输出、产品输出、服务输出和标准输出并举转变，加大优势产业“走出去”拓展国际市场的步伐。充分利用自贸试验区国际化贸易规则，提升优势产品在“一带一路”沿线国家及日、韩、朝等国的市场占有率。引导优势企业开展境外工程承包，投资建设境外园区。推动日、韩、俄等国先进制造业、战略性新兴产业、现代服务业等产业在自贸试验区内集聚发展。探索与东北亚各国在文化、教育、体育、卫生、娱乐等专业服务领域开展投资合作。

18. 构建连接亚欧的海陆空大通道。依托自贸试验区加快大连东北亚国际航运中心建设进程，推进营口港海铁联运和沈阳跨境铁路通道建设。加快沈阳内陆无水港建设步伐，支持海关多式联运监管中心建设，构建沈阳—营口陆海联运系统。支持自贸试验区与“一带一路”沿线国家开展海关、检验检疫、认证认可、标准计量等方面的合作与交流，探索与“一带一路”沿线国家开展贸易供应链安全与便利合作。

19. 建设现代物流体系和国际航运中心。打造面向东北亚的现代物流体系和具有国际竞争力的港航发展制度与运作模式。深化自贸试验区多港区联动机制，推进海陆空邮联动发展。建立航空物流枢纽中心，促进港航要素集聚，增强空港服务功能。加快东北亚区域性邮轮港口和国际客滚中心建设。加强邮政和快递集散中心建设，依托日韩海运和中欧班列（辽宁）海铁联运运输邮件、快件，建设有影响力的国际邮件互换局。在交通运输领域，完善快件处理设施和绿色通道。将外资经营国际船舶管理业务的许可权限下放给辽宁省。建设保税航油站和保税油供应基地。支持开展船员管理改革试点工作，在船员培训方面按规定给予政策支持。推动与旅游相关的邮轮、游艇等旅游运输工具出行的便利化。

四、保障机制

（一）强化法制保障

自贸试验区需要暂时调整实施有关行政法规、国务院文件和经国务院批准的部门规章的部分规定的，按规定程序办理。各有关部门要支持自贸试验区在各领域深化改革开放试点、加大压力测试，辽宁省要通过地方立法，建立与试点要求相适应的自贸试验区管理制度。

（二）完善配套税收政策

落实现有相关税收政策，充分发挥现有政策的支持促进作用。中国（上海）自由贸易试验区、中国（广东）自由贸易试验区、中国（天津）自由贸易试验区和中国（福建）自由贸易试验区已经试点的税收政策原则上可在自贸试验区进行试点，其中促进贸易的选择性征收关税、其他相关进出口税收等政策在自贸试验区内的海关特殊监管区域进行试点。自贸试验区内的海关特殊监管区域范围和税收政策适用范围维持不变。此外，在符合税制改革方向和国际惯例，以及不导致利润转移和税基侵蚀的前提下，积极研究完善境外所得税收抵免的税收政策。

（三）加强组织实施

按照党中央、国务院统一部署，在国务院自由贸易试验区工作部际联席会议统筹协调下，由辽宁省完善试点任务组织实施保障机制，按照总体筹划、分步实施、率先突破、逐步完善的原则加快实施。各有关部门要大力支持，及时制定实施细则或办法，加强指导和服务，共同推进相关体制机制创新，把自贸试验区建设好、管理好。在实施过程中，要创新思路、寻找规律、解决问题、积累经验；要充分发挥地方和部门的积极性，因地制宜、突出特色，做好对比试验和互补试验；要抓好改革措施的落实，重大事项要及时向国务院请示报告。

（四）总结推广可复制的试点经验

自贸试验区要及时总结改革创新经验和成果。国务院自由贸易试验区工作部际联席会议办公室要会同辽宁省人民政府及有关部门，及时总结评估自贸试验区改革开放创新试点任务实施效果，加强各领域试点经验系统集成，并委托第三方机构进行独立评估。对试点效果好、风险可控且可复制可推广的成果，实施分类审查程序后复制推广至全国其他地区。

企业篇

中国自由贸易试验区年鉴（2018）

地方金融风险监测防控平台

风险防控平台是全国首个地方金融重要基础设施，为加强地方金融监管和沟通协调，健全风险监测预警和早期干预机制，有效防控区域性金融风险并为广东自贸试验区进行金融风险监测和防控提供可借鉴的经验。

广州商品清算中心股份有限公司（以下简称“广清中心”）是由广州市人民政府批准设立的全国第一家地方金融重要基础设施登记结算机构，于2015年4月作为广东自贸试验区南沙片区十大项目挂牌成立。

广清中心承接建设的风险防控平台，以功能完备、持续有效、降低政府支出、服务监管为基本原则，利用人工智能、云计算以及大数据等技术研发了非法金融活动监测预警系统、非现场监管系统、网络舆情监测系统和第三方电子合同存证系统等四个功能模块。

一、创新亮点

1. 风险监测范围广、程度深。在监测范围上，防控平台覆盖全省21个地级市各区、镇、街乃至社区、村委，着力打造成为全省地方金融大数据库及风险防控平台。在监测业态上，国内同类平台主要聚焦在互联网金融行业，而防控平台则涵盖了P2P、地方交易场所、小额贷款等地方金融的11大业态。

2. 监管功能完善。相比国内同类平台具有的功能，该平台增加了“统一登记清算”和“第三方电子合同存证”功能，实现了固化存证、数据互联互通以及信息交叉匹配验真，使监管能深入到交易底层，全方位挖掘风险信息，对企业行为由外到内防控，实现“监控+预警+处置”有效联动。

3. 防控手段更有效，具有打击和控制功能。一旦目标监测企业出现严重违法违规等风险情况，可立即运用资金监管和统一清算模块的功能，对违法违规企业进行限制出入境、停止投资者开户、冻结资金等相关处置。

4. 防控技术先进。防控平台应用人工智能、云计算和大数据等技术手段，目前已获得9项软件著作权，在国内同类平台中居于首位，并计划再申报10余项软件著作权和专利。

5. 风险模型精准。防控平台针对不同的业态都设置了适合行业特征的风险模型，目前已开发二级指标5类、三级指标共60个，风险监测结果具有较高的准确性。

6. 数据源丰富。在积极对接工商、法院、网络舆情、招聘、投诉等数据源的基础上，防控平台还探索和广州市公安局、信访局、工信委、12345政府服务热线等进行数据对接，吸收了外省金融主管部门通报的相关企业黑名单，通过数据共享，打破数据壁垒，联动各单位，共同维护区域性金融稳定发展。

二、实践效果

风险防控平台已对广东省内约22万家金融类金融及部分涉众敏感企业开展风险排查和监测预警，其中南沙区内的排查企业数2万多家，发现五级风险企业2家、四级风险企业3家、三级风险企业19家，并分别提出风险防范处置建议，真正做到风险早识别、早预警、早发现、早处置，有效提升南沙新区风险监测能力。目前，该平台已在广东省复制推广。

微粒贷

微众银行是国内首家开业的民营银行，由腾讯、百业源和立业等多家知名企业发起设立，2014年12月获得深圳银监局颁发的金融许可证。微众银行依托腾讯集团的互联网资源，开创性地将消费金融与社交大数据相结合，于2015年5月15日正式推出标准化手机移动端自助式、小额信用、循环使用贷款产品——“微粒贷”。

一、创新亮点

微粒贷是国内首家全流程移动端银行贷款产品。针对大众客户“贷不到”“不及时”“不方便”的痛点，微粒贷实现全流程移动端获客及服务，并以“标准化、小额化、批量化、分散化”为原则，借助手机QQ和微信两大互联网平台覆盖大众客户。一是客户覆盖广，仅凭个人信用，无抵押、无担保，同时无职业类别、工作收入、房产、户籍、家庭等限制；二是申请方便，无须提供任何纸质资料，循环授信，每年更新；三是用款快捷，移动端操作，7×24小时服务支持，即时申请，即时出账；四是实际成本低，按实际借款金额按日计息，随借随还，“0”提前还款违约金。

微粒贷是全球首创社交数据风控体系。微粒贷风险模型围绕央行征信报告研发，并在全球范围内开创了将社交数据合规用于“欺诈风险防范”及“信用风险防范”的银行风险管理技术先河。客户授权后，通过整合社交大数据模型、央行征信报告、公安信息核对、学历信息认证等各方数据，在5秒内可完成贷款审批及授信。提高客户体验同时，严控准入风险及额度敞口。同时，微众银行在全过程不接触、不保存任何客户在腾讯社交平台上的数据，仅做统计意义上的排序分析，在数据分析架构及模式上也开创了银行领域的先例。

微粒贷是国内首创“联贷平台”模式。微众银行在国内开创性地设计出“联贷平台”模式，“联贷平台”是微众银行在与合作金融机构开展联贷业务过程中所建立的合作体系，涵盖商务、IT、征信报送、清结算、客服等方面，实现与合作机构共担风险、共享客户、共享收益。微粒贷授信额度项下单笔贷款可通过“联贷平台”由微众银行与合作金融机构共同发放。

二、实践效果

业务迅速推进，落实普惠金融。微粒贷成功开通客户已达1 302万，已借款客户达357万，已借款客户（以手机号进行识别）覆盖31个省、自治区、直辖市的567座城市（含县级市）。微粒贷累计发放1 423亿元人民币，贷款余额已达422亿元人民币，贷款不良率仅为0.28%。联贷平台已上线投产合作机构达25家，通过联贷平台已实现发放微粒贷870亿元人民币，有效支持了221万大众客户的紧急融资需求。

构建7×24平台，服务大众阶层。微粒贷已累计发放1 755万笔，其中非工作时段放款笔数已超50%，成功打造了可信、可持续化经营的“7×24小时无间断”的小额自助式信用消费贷款平台。同时，微众银行致力于服务社会各个阶层客户，并不因客户的工作性质、学历等进行区别性对待。

定位传统补充，填补金融空白。在微粒贷已借款客户中，授信额度≤5万元人民币的客户占比86.69%，授信额度≤2万元人民币的客户占比 62.32%；在未结清客户中，95.76% 的客户贷款余额≤ 5 万元人民币，82.45% 的客户贷款余额≤ 2 万元人民币。上述数据充分体现出微粒贷更为贴近个人客户高频次、低额度的日常小额临时周转场景，有效补充了传统金融机构无法有效覆盖的小额、短期融资业务领域。由于微粒贷"随借随还、按日计息"及"免收提前还款违约金"的规则，超过 80% 的微粒贷客户实际笔均融资成本低于 100 元人民币。

开辟特殊通道，助力听障客户。微粒贷为听障人士开通远程视频身份核验流程，在客户无法接听电话的情况下，聘请专职客服，通过远程视频以手语的方式核实客户身份和借款意愿。微粒贷团队已累计成功服务 407 位听障客户，为其提供及时有效、价格合理、便捷安全的金融服务。

七弦琴国家平台
——金融创新知识产权适营交易平台

横琴国际知识产权交易中心有限公司是“国家知识产权运营公共服务平台金融创新（横琴）试点平台”，知识产权金融创新是其特色核心业务。公司负责运营的七弦琴国家平台着力打造一个聚集创新人才、创业业务、创新资源、创新要素的生态系统，提供以知识产权金融创新、知识产权跨境交易为特色的全方位、一站式、高品质的知识产权资产交易和服务交易的服务。

七弦琴国家平台是全国首个金融创新知识产权适营交易平台，以七弦琴国家知识产权交易网和“七弦琴”APP客户端为服务载体，集社交、IP电商、IP金融、大数据四大功能于一体，初步形成以知识产权金融创新、知识产权跨境交易为特色的知识产权线上交易系统。

一、创新亮点

一是创新知识产权生态系统。打通产业界、知识产权界、研发设计创作界，建设中国脑力劳动者互联网家园，着力打造集聚创新人才、创新资源、创新要素的生态系统。

二是创新知识产权交易。推出专利转让独家代理服务，在专利运营过程中提供全面服务；建立代售专利数据库，通过大数据分析，寻找潜在的专利资源和需求方，提高专利运营的针对性。制定知识产权运营交易规范文件，对交易全流程进行了细化和规范。

二、实践效果

一是平台运营推广取得初步成效。通过举办线上线下的各类活动提升平台影响力，不断丰富完善平台的知识产权资产和服务产品。目前平台注册会员数183 739个，开设各类店铺139家，包括七弦琴官方旗舰店以及联营合作店铺。2017年至今平台完成3 058.54万元人民币交易额，储备代售专利数万余件，线下完成各类专利交易327件。

二是知识产权金融创新成效显著。珠海市知识产权质押融资业务规模达到9 390万元人民币。市场化业务方面，已通过银行放款2笔，合计金额1 200万元人民币。建立知识产权保险业务，与保险公司合作在平台推出知识产权申请保险。配合横琴海关推出知识产权海关保护便捷担保的“易保护”产品。

三是开展知识产权国际运营。积极推进港澳台及国际合作，与台湾博拓国际智权集团、美国怀威律所、日本河野律所、澳门卢伟乐律所、澳门大学达成战略合作协议，为进一步开展国际运营业务奠定基础。

探索企业发展新模式——“产学研园投”

位于河南自贸试验区洛阳片区的普莱柯生物工程股份有限公司（以下简称普莱柯），充分利用自贸试验区安全可靠、公平透明、可预期的营商环境，在自贸试验区的大力支持下，积极探索，融“产学研园投”创新资源于一体，在技术创新上拔得头筹，已成为率先践行创新驱动的行业典范。

普莱柯是依托生物科技快速发展壮大的高新技术企业，主营业务从事动物疫苗与药品的研发、生产与销售，隶属于战略性新兴产业。普莱柯一直坚持创新驱动发展，探索创新研发模式，先后成功开发了填补国际、国内空白的禽流感（H9）三联、四联疫苗和猪圆环病毒（2 型）灭活疫苗、头孢噻呋等新产品。截至目前，普莱柯累计取得国家新兽药注册证书 33 项、国家重点新产品 4 项，申请国家或国际发明专利逾 400 项，取得发明专利授权 150 余项，获国家、省部级科技成果奖 11 项，其创新发展模式也在自贸试验区内得到肯定与支持。

一、主要做法

产学研：普莱柯先后成立国家兽用药品工程技术研究中心、国家级企业技术中心、动物传染病诊断试剂与疫苗开发国家地方联合工程实验室三个国家级研发平台，并设有博士后科研工作站和河南省兽用药品开发院士工作站。研发场所面积近 20 000 平方米；公司研发中心下设动物疫苗研究所、诊断试剂研究所、生物工程研究所、化学药物研究所及动物实验中心、中试放大研究系统，先后与中科院微生物研究所、中国农科院、军事医学科学院等科研院所、大学建立了广泛的产学研合作关系，初步形成了一支素质过硬的研发团队和应用转化率较高的研发平台。

园：由普莱柯投资建立中科科技园作为生物科技专业孵化器，目前已经吸纳了数十家与生物技术相关的创业企业进驻，并成功获批“国家级科技企业孵化器”。中科科技园作为河南自贸试验区洛阳片区重点发展的十大园区之一，受到产业政策及人才政策上的多项支持。

投：公司根据业务方向和发展规划，与北京融拓创新投资管理有限公司、北京大北农科技集团股份有限公司和金正大生态工程集团股份有限公司共同投资设立认缴总规模 8.08 亿元人民币产业基金，基金将紧紧围绕本公司、大北农、金正大的发展战略及业务方向进行投资，着力为三家上市公司培育和孵化优质标的资产。

二、实践效果

（一）企业自主创新模式，发挥巨大潜力

中科科技园作为生物科技专业孵化器，凭借普莱柯生物工程有限公司良好的龙头带动效应、创新的园区管理发展模式，吸纳了数十家与生物技术相关的创业企业进驻，多数企业创业所依托的技术先进、创业发展前景良好。2017 年 11 月，普莱柯公司历时 7 年成功研发的国内首个纯病毒样颗粒猪圆环病毒 2 型基因工程亚单位疫苗——圆柯欣已成功上市，展现出极大优势。目前，中科科技园已在省级科技企业孵化器基础上，成功获批“国家级科技企业孵化器”，也成为自贸试验区洛阳片区重点发展的十大园区之一。

（二）自贸放活市场主体，营造宽松环境

中科科技园作为自贸试验区洛阳片区重点发

展的十大园区之一，受到自贸试验区极大关切。自贸试验区管委会曾多次派相关人员到园区进行走访，开展座谈会，了解企业的发展动态，倾听园区企业发展诉求，为企业实际问题排忧解难；在政策方面，自创区（自贸试验区）各项人才、资金政策向高端技术服务行业倾斜，给予园区内创新创业企业的发展极大支持。

（三）建立长效沟通机制，形成可复制可推广经验

中科科技园的"产学研园投"发展模式是企业根据市场变化自行探索出来的创新发展模式，对此自贸试验区管委会表示肯定，并鼓励各个园区或企业根据市场情况大胆创新，发展符合自身发展的创新模式。自贸试验区管委会为了进一步了解企业的创新动态，建立了"自贸沙龙"制度，与园区和企业进行沟通，将市场激发出的新思路、新模式、新理念进行总结，再运用到激发市场活力、营造良好营商环境上来，逐步形成可复制可推广经验。

金融机构助力企业境外发债境内使用

中国银行天津市分行充分利用天津自贸试验区金融创新政策红利，服务国家“一带一路”战略，深入挖掘客户境外融资需求，深耕跨境金融领域，积极引导客户开拓境外融资渠道，针对发债过程中涉及的评级、文件准备、路演、定价发行、资金回流、资金使用等问题，为发债企业提供全流程服务并“量身定制”解决方案，助力企业尝试并探索出境内企业境外发债的各种模式，并保证资金回流和使用的合规性，充分实现“可融、可回、可用”，为境内同类企业发行海外债提供了参考和借鉴。

一、项目简介

离岸债券市场通常指在债券计价货币国家以外的市场发行的债券。目前中资企业一般发行离岸美元和离岸人民币债券，欧元债券也是较为成熟的高评级中资企业逐步尝试的品种。中国银行天津市分行协助天津市几家大型国有企业通过多种结构和业务模式在境外进行债券融资，并根据企业性质和特点，协助企业成功打通多种资金回流渠道，保证境外资金安全回流境内使用。其中，B公司以母公司提供维好协议（指母公司会在必要时通过多种方式尽力维持子公司，即发行人的良好状态，保持发行人运营良好以便如期偿付债券本息，但并非担保）+股权回购+流动性支持承诺的结构发行的8亿美元的海外债，其发行模式及资金回流模式开创了当期天津市场海外融资的先河。

B公司在境外设立特殊目的公司（SPV），由境内母公司提供维好协议、股权回购以及流动性支持承诺，由境外SPV公司作为主体进行发债，发债募集资金以股权投资、股东借款或通过融资租赁公司方式回流。B公司在获得穆迪、标普和惠誉三大国际评级机构A3/A-/A-评级的基础上，以境外SPV公司为发行主体，采用维好协议形式，成功发行了8亿美元的境外债券。其资金回流方式为：一是以公司旗下融资租赁企业为回流渠道，通过自贸试验区的相应政策，将境外发债筹集的资金回流到租赁业，盘活集团的环保产业、基础设施等存量资产；二是利用QFLP（合格境外有限合伙人）、RQFLP（人民币合格境外有限合伙人）的形式，完成资格认证后，设立新兴产业基金母基金和轨道基金专项子基金，承接境外发债募集资金用于滨海新区轨道交通建设；三是利用跨境人民币双向资金池等创新业务，资金境外结汇并回流境内使用。

二、创新亮点

发债模式创新。B公司海外发债采用了非担保增信的发行结构，公司主体评级获得穆迪、标普、惠誉三大国际评级公司全部A-的高评级结果，是我市国有企业依托自身独立国际主体信用在境外发行的第一笔美元债，是天津企业首次采用多期限结构、单笔规模最大的境外发债，也是天津首单维好结构的海外债。B公司的高评级结果和成功发行，既体现了国际评级公司和国际投资人对天津市大型国有企业自身实力的充分肯定，也体现了对天津市经济发展的高度认可。此次发行不仅为天津企业，同时也为境内同类企业境外发债提供了重要的参考借鉴，为企业优化债务结构、降低融资成本、缓解财政压力开辟了创新融资渠道。

资金回流模式创新。B公司资金回流除了利用已有的融资租赁方式外，还充分利用外商投资股权投资企业首批试点城市政策，以RQFLP（人民币合格境外有限合伙人）方式实现境外发债资金境内使用，解决外商投资股权投资问题，打通了其通过下属中外合资融资租赁公司的股权、债权形式回流并使用境外资金的渠道，在天津尚属首例。

三、项目启示

利用自贸试验区发展机遇，初步打通国际资本市场通道，成功实现跨境募集资金使用，拓宽了企业融资渠道，为有相同需求的大型企业利用国际资本市场提供了借鉴。需要指出的是，对于发行外币债券的发行人必然面临着收入与融资货币汇率波动的问题，特别是当前人民币汇率呈现贬值趋势，发行外币（主要为美元或欧元）应当做好相应的套期保值交易，避免汇率波动造成利息、本金的汇兑损失。

得益于天津五大战略叠加的发展机遇，得益于天津金融改革政策，在发债过程中，推介企业的同时，也更好地宣传了天津经济发展、城市建设的丰硕成果，使国际投资者深切感受到了天津巨大的发展潜力和广阔的发展前景，也使公司债券获得了投资人的踊跃认购。

具备较强的可复制性，不仅适用于国有大型功能类企业，同时也可应用于其它行业及类型的企业，可以成为境内有低成本资金需求或海外资金需求，如海外并购、海外项目建设等企业降低融资成本的有效模式。

依托强大的平台资源和渠道优势，未来，中国银行天津市分行将继续以服务地方经济发展为己任，进一步发挥自身在跨境金融领域的领先优势，及时抓住市场机遇、充分利用政策红利，积极服务天津企业走出国门，融入国际资本市场，与地方经济同发展、共成长。

"爱菊模式"
——跨国农业产业发展新模式

独特的地理位置和强大的农业基础支撑，使陕西自贸试验区肩负"一带一路"沿线国家经济合作、现代农业国际合作交流双重任务。西安爱菊粮油工业集团有限公司（以下简称西安爱菊集团）紧抓"一带一路"倡议带来的发展机遇，充分依托西安国际港务区的港口功能和"长安号"开放通道，积极"走出去"，开展产能合作，将产区和消费区对接起来，缓解了我国粮食问题，实现了互利共赢。

西安爱菊粮油工业集团有限公司始建于1934年，为西北地区最大的综合性粮油集团，先后实施政府放心粮油、放心馒头、放心豆制品三大惠民工程，被中国粮食行业誉为粮企发展的"爱菊模式"。近年来，先后有300多个城市政府部门和企业领导莅临参观学习。企业先后荣获国家农业产业化重点龙头企业、国家主食产业化重点示范企业、全国中小学生社会实践教育基地等称号。

一、主要做法

（一）三地互应，构筑农业产业发展系统圈

西安爱菊集团响应国家"一带一路"倡议走出去，统筹布局，逐步推进，形成以哈萨克斯坦爱菊农产品物流加工园区为原料基地，阿拉山口爱菊农产品物流加工园区为加工贸易集散中心，西安爱菊农产品物流加工园区为销售终端的多点跨区域农产品物流加工合作关系，实现建立"北哈州、阿拉山口、西安"三地互为支撑、协同发展的中哈农业跨国合作体系，形成了种植、收购、加工、物流、销售一条龙的全产业链。

哈萨克斯坦爱菊农产品物流加工园区于2016年5月31日开建，主要规划包括油脂厂、食品厂、粮库、豆芽和豆制品厂、牛羊肉加工厂、蛋奶制品厂、电子商务、物流贸易等。一期年加工30万吨油脂厂已投产运行，配套建设了1.1万吨食用油罐和1.5公里铁路专用线。截止到目前，爱菊集团已和哈萨克斯坦政府签订了150万亩的原料种植战略合作协议。

阿拉山口爱菊农产品物流加工园区位于阿拉山口综合保税区内，功能涵盖物流、面粉初加工、油粕加工、贸易等为一体，目前一期年加工10万吨的面粉厂于2017年12月31日试投产运行。

西安爱菊农产品物流加工园区占地400亩，可日加工小麦1 000吨、大米400吨、油脂3 000吨、豆芽200吨、豆制品200吨、主食品200吨，可保证西安市面粉需求量65%、大米和油脂需求量100%、豆芽和豆制品需求量70%，主食品可保证10万人应急供应，拥有近1 000家爱菊网点，覆盖陕西省各个城市，配备150多辆专业配送车，是西北地区粮食行业规模最大的连锁网络。

（二）推行新型农业合作社，实行"订单农业""订单收购"运作新模式

西安爱菊集团与当地政府和农民成立农业合作社和专业公司，采取"持股不控股"和"订单农业""订单收购"的新型合作形式，实现了土地、技术、资本多种资源融合。2017年，爱菊集团与西北农林科技大学、哈萨克斯坦国立大学、哈萨克斯坦赛福林农业技术大学、当地农场主、哈粮集团共同在哈萨克斯坦组建新型农业合作社，解决了土地流转和托管的问题，实现从选种、育种、种植、灌溉到收割、收购一条龙运营。在"订单农业""订单收购"合作模式中，爱菊集团提

供种子和田间管理技术，哈国负责原粮种植、收割等，原粮产出由爱菊集团以“出口退税价”进行收购，既帮助当地农民增收，又保障了粮食数量和质量安全，有助于国内土地休耕。

（三）依托“长安号”开放通道和西安国际港务区的港口功能，对接产区和消费区

西安爱菊集团利用“长安号”国际货运班列打通中亚与我国内陆的农产品物流通道。“长安号”可为哈萨克斯坦至西安爱菊农产品物流加工园之间的农产品国际物流提供经济化运输载体，运输时间可被压缩至7—10天，车厢货物可实现舱单归并报关；对油脂等散装液体类货物，在新疆阿拉山口口岸留样报关，即可放行，到西安国际港务区综合保税区后再进行检验。同时，西安爱菊农产品物流加工园区位于西安国际港务区，亦享受港务区在海关、检疫检验等各方面的口岸便利政策，哈萨克斯坦进口的粮食一到站，直接进入通关和检疫检验快捷程序，实现从站台直达厂区。

二、实践效果

（一）推动西安西北粮食集散中心的形成

爱菊集团已先后进口哈萨克斯坦非转基因优质油脂8 219吨、优质面粉8 353吨、优质小麦3 615吨、休闲小食品50吨，实现“中欧货运班列”首趟满载货物回程。2017年在哈萨克斯坦收购原料小麦50 000多吨、葵花子10 000多吨。所收购部分小麦计41个车皮、82个集装箱计1 700多吨已抵达西安。

（二）保障国家粮食安全，促进土地休耕

我国每年进口粮食13 000多万吨，进口油脂约1 500万吨。爱菊集团在哈萨克斯坦建立200万亩（长期达500万亩）粮食原料基地，有助于缓解我国粮食问题，同时可促进我国土地休耕短期200万亩、长期500万亩。

（三）建立跨区域政企交流合作互动机制

哈萨克斯坦副总理、农业部长、投资发展局驻北京代表、哈萨克斯坦驻华大使等领导先后莅临爱菊集团参观座谈，共商投资政策。爱菊集团曾对哈萨克斯坦投资部、农业部、农业银行、国立农业大学、商会等部门进行20多场走访和深入市场调研，加强了两国在农业方面的合作与交流，促进两国文化融合。

“一带一路”沿线国家文物数字化交流合作平台

“一带一路”沿线国家的文物数字化交流，是落实《推动共建丝绸之路经济带和21世纪海上丝绸之路的愿景与行动》中有关民心相通要求，广泛开展文化交流、学术往来及联合申请世界文化遗产，共同开展世界遗产的联合保护工作的具体措施，也是讲好中国故事、构建人文交流新模式的有效尝试。

西咸新区秦汉新城新丝路数字文化科技有限公司作为西北首个文化产业云平台，以数字文化高端产业为突破，以科技为骨、文化为翼，用数字科技让文物“活起来”“会说话”，以“四两拨千斤”之力撬动未来。以汉阳陵、汉延陵等西汉帝陵为依托和试点，通过建立文物分类和数字化的相关标准，打造文物数字化样板，并着力加强制度保障，形成符合文物数字化交流新模式的监管规范，探索文物国际交流的创新模式和文化贸易的新领域，形成具有陕西特色的人文交流新模式。

一、主要做法

（一）建立文物分类和数字化的相关标准

加强与博物馆、文物数字化企业及数据库专业机构的交流与合作，通过文物数字化要素的分析和数字化应用的前瞻性研究，建立文物数据管理机制，实现数据管理的标准化、流程化，并争取将其建设成为行业标准和国家标准。

一是建立文物分类名录。为文物数字资源的组织与利用，提供一部规范化、科学化、实用化并具有一定自动化功能的分类标准，建立一套全球通用的归类编码识别方法体系，为之后其他历史文化机构的数据库建设和数据应用奠定基础。

二是建立文物数字化采集标准。借助三维（3D）、虚拟现实（VR）、增强现实（AR）等技术，以其虚实结合、实时交互与三维沉浸的特点，实现文物的图像、视频以及相关背景信息数据采集过程的标准化，为后续文物资源的多样化展示与利用、相关衍生服务的开展奠定基础，为文化遗产提供新的生命力，构建情境化、可视化的数字文化形态，同时紧跟国家战略需求，形成中国文物行业内信息交换和发布的全国标准。

（二）依托陕西博物馆文物资源探索文物数字化样板的解决方案

依托秦汉新城深厚历史文化底蕴，建设一批有故事性、沉浸性、互动性、体验性和科技性的新型数字博物馆，提升传统博物馆的展陈方式，利用各类技术，实现文物的立体化、数字化、无界化展示，形成中国故事与中国文化新的传播方式与模式，并以此探索博物馆数字化的解决方案。

以汉阳陵、汉延陵等西汉帝陵为依托和试点，搭建西汉帝陵系列数字博物馆，并充分利用互联网、增强现实（AR）、虚拟现实（VR）技术，融入创作与演绎，展示西汉盛世故事，形成汉文化主题与主线，通过数字化模式，实现与文化遗产保护相结合，为观众提供交互性强的文化遗产展示，并在此基础上，逐步推动更多文物（艺术品）的数字化采集和多元化应用，促进文化交流和共享，构建创新的文创产业生态链，打造新型商业模式与文化传播新机制。

（三）建立与“一带一路”沿线国家文博机构的合作机制

一是举办丝路国际文物数字化论坛。从2017年起每年举办丝路国际文物数字化论坛，邀请“一带一路”沿线国家文物数字化领域的专家、学者、从业人员以及政府主管部门人员就文物数字化发展经验、合作模式和应用成果进行交流，并对成果进行推广。

二是与相关国家的文物单位开展合作。与伊朗、尼泊尔、阿联酋等国家率先开展文物数字化的合作，依托陕西历史博物馆、碑林博物馆、兵马俑博物馆、汉景帝阳陵博物院等文博机构以及秦汉新丝路数字文化创意产业基地的骨干企业，形成文物数字化国际交流合作的样板，实现文化文物文创数字化的国际化交流新空间。

三是建立“一带一路”创新联盟。依托大西安建设及西咸新区国家级新区等多重政策优势，结合国家双创要求，以文物数字化的开发与应用为核心，广聚全球智慧，搭建聚才创新平台，提升优秀人才特别是青年人才的创新力度，并为沿线国家文创人才与机构搭建交流、创业的新平台，促进文物数字化的国际化交流与合作，创新与发展。

（四）以文物数字化探索“一带一路”人文交流合作新模式

一是加快新丝路数字文化创意产业基地建设。规划建设一期 12 万平米的数字文化文创产业基地，加快秦汉文化数字资源云平台（提供大数据服务）、秦渲云平台（提供数字特效云计算服务）、新丝路数字文化众创空间等专业服务平台建设，不断优化配套服务功能与政策支持力度，将其打造为“一带一路”沿线国家文物数字化、文化创意、文化贸易等交流合作、产学研等为一体的国家级文化创意产业基地，形成陕西自贸试验区人文交流新模式的特色亮点之一。

二是成立丝绸之路文创产品交易中心。重点围绕沿线国家各类文物数字资产交易的核心，融入科技、金融、创意、互联网、大数据等技术业态，形成“文化 +”模式，为各国各类文创及文物机构，提供数据服务与云端信息服务，搭建文创产品交易与互联网技术的深度融合，为进场交易的艺术品、收藏品、高端文化产品、文化创意产品等提供鉴定、评估、保真、交易等通达全球的服务，同时引入鉴定、评估、担保、保险、银行、基金等多层次资本服务市场，推动文物数字化及文化艺术品知识产权的资本化，发挥资本在相关领域的撬动作用，支撑大文化产业的有效发展。

三是搭建“一带一路”网上博物馆。先期整合陕西省内各博物馆文物资源，实施陕西省内文物的数字化工程，成立“一带一路”沿线国家文物数字化发展联盟与发展基金，广泛吸纳西部、全国乃至“一带一路”各类博物馆为联盟成员，共同打造网上“一带一路”博物馆。同时，积极依托欧亚经济论坛及国内外各种平台，拓展文物数字化交流的广度与深度，探索文物数字化“走出去”模式，在中亚地区先行展示数字化的中国文物及文创产品，开展成果互鉴，探讨人文交流机制，促进对中国文化的认同感，提升人文交流的深度。

（五）着力加强制度保障

一是探索形成博物馆文物数字化版权管理的相关规范。探索构建国际通用和国家标准为目标，形成文物数字化采集、存储加工的标准及流程，以及知识产权、数字资产认定，文物数字内容跨境交易与流动的规则与制度体系，先行先试，并逐步将相关标准上升为行业标准、国家标准及国际通用标准。

二是探索文化文物单位和社会力量深度合作的可操作规范。结合“放、管、服”要求，以陕西省为示范，建设文化文物部门与社会力量深度融合的服务体系，包括合作方式、产权关系、知识产权、审批流程、利益分配、风险防范等内容，更大范围的与“一带一路”沿线国家文物数字化交流新模式提供陕西经验。

三是探索跨境文物展览展示监管模式。依托“一带一路”沿线国家文物数字化交流合作平台，发挥自贸试验区先行先试的特点，探索跨境文物展览、展示以及文物跨境交易审批和监管模式，形成可复制、可推广的典型经验，有效拓展文化交流和文化贸易的空间。

四是形成文创产品跨境交易的监管模式。文创产品的跨境交易横跨电子商务、现货交易、商品检验、海关监管、版权保护、金融服务和监管等多个领域，目前仍未有统一的国家标准。因此，围绕丝绸之路文创产品交易中心设定的交易模式（现货挂牌交易、现货竞价交易和现货托管交易），通过对交易网络平台、物流和仓储、银行资金流动等方面的有效监管，形成适应互联网电子商务条件下的高效监管模式。

二、实践效果

（一）极大挖掘文物资源的社会和经济价值

通过建设"一带一路"沿线国家文物数字化交流合作平台，将中国和相关国家拥有的、深藏于博物馆中的巨大文物资源转化为民心相通的有效载体，极大地促进"一带一路"沿线国家民众的文化互信和学习交流，同时，将数字化的文物开发成品类众多的文创产品，创造出数字文化产业巨大的市场空间。

一是将巨大的文物资源通过科技手段转换为文化产业发展要素。通过文物数字化国际交流与合作，将陕西、全国乃至"一带一路"沿线国家的文物资源转化为数字文化产业和文化创意产业发展所必需的生产要素，构建文创产业内生动力，形成产业新业态，把握价值链的中高端，提升中国声音与中国文化的全球影响力。

二是扩大了"一带一路"国际人文交流的空间。虚拟现实、人工智能技术的应用将使人们足不出户就能体验异域文化和风光。文物数字化的国际交流与合作将使中国和"一带一路"沿线国家人民的文化交流变得非常便捷，更多人将通过文物数字化了解中国、感知中国，进而有效提升中国文化的软实力、认可度与国际竞争力。

三是为供给侧改革提供了新的发展领域。数字融合将使文化创意产业领域凝聚成一个价值链内涵与形态相似的行业。内容或创意的传播、消费以及再利用更加快捷有效，从而能够创造出更多的商业模式和就业机会，改变文化文创领域的发展模式，优化相关领域的业态结构，提升文创及文化产业发展后劲与空间。

（二）创新政府在文化领域的管理方式

通过实践探索出文物数字化过程中以及之后衍生出的一系列社会活动和经济活动的管理模式。通过科学、高效的监管，促进国际文化交流和文化产业的健康发展。

一是探索文物文创经济新的发展模式。突破文物管理新模式，在保证公益性服务功能的基础上，实现基于文物保护、展览、利用等为一体的市场化运作新模式，让文物成为文化产业发展的新动力之一，有效促进文化事业与文化产业的协同发展、双轮驱动。通过文物数字化以及数字化后的应用，达到文物大数据分析与利用、文物素材提炼、产品开发、文化旅游产业升级等目的，提升文物及文创产品的生命力与生产力，实现把优秀传统文化创造性转化、创新性发展，并形成经济效益与社会效益价值最大化。

二是对文物保护和利用的新模式进行界定。在数字科技、互联网技术、大数据技术、人工智能技术等新兴科技在文化公共服务和文化产业领域大量应用的背景下，通过文物数字化的实践，对文物保护和文物的合理利用的新模式进行界定和规范，有利于促进文博事业的健康发展。

三是对文化贸易的新形式进行规范。结合文物数字化国际交流与合作的平台建设，在自贸试验区内建立文创产品交易中心，运用科技手段创新流程，对文化贸易的新形式、新要求，特别是版权贸易、流量贸易、服务贸易的监管模式等进行规范，保证文化产业和文化贸易的健康发展。

（三）有效构建多层次人文交流新模式

以"一带一路"沿线国家，特别是丝绸之路

沿线国家文物数字化国际交流合作为契机，服务西部地区文化产业的发展，形成与“一带一路”沿线国家人文交流的新机制与新模式。

一是形成文物数字化的集聚效应。通过在自贸功能区形成文物数字化的产业发展环境，整合西部地区文物与文创资源，建立统一的对外交流合作渠道和窗口，发挥文物数字化对外交流与合作的集聚效应，并吸纳丝路沿线国家的文物要素资源，打造国际化的文物数字化交流合作中心。

二是形成对外文化交流新平台。依托秦汉新城文物数字化国际交流合作平台的示范和引领作用，吸引全球专业人才、资源、机构，提升西部地区对外文化交流的广度与深度，壮大文化产业的厚植能力，促使人文交流新模式在西部地区有效形成。

三是培养和吸留大量全球专业人才。“一带一路”文物数字化国际交流合作平台可加大专业人才的培养力度，并通过产业链延伸和市场机制，为西部地区提供更多的全球人才支撑，解决西部地区文化产业发展的人才要素断层问题，进而为人文交流新模式的形成提供更为强大的智慧支撑。

四是建立国际文化交流合作机制。形成政府引导、企业主导、民间促进的多维发展机制，通过与国内外文物机构、文创机构、商（协）会联动，围绕文物数字化，做实、做精、做强“一带一路”网上博物馆、文物数字化发展基金、丝路文物数字化联盟、丝路文物数字化智库等多种平台机制，激活丝路文化和区域经济，形成具有陕西特色的人文交流新模式。

综合型新型物流金融科技平台

2017 年 12 月 22 日，全球首份铁路提单国际信用证在重庆自贸试验区成功开立。这份信用证用于重庆终极汽车贸易有限公司从德国进口汽车，额度约为 15 万欧元，开证行为工商银行重庆分行。相关的铁路提单，由重庆物流金融公司联合一家大型的物流企业签发。

重庆物流金融服务股份有限公司（以下简称物流金融公司）成立于 2017 年 10 月 25 日。物流金融公司是经重庆市人民政府批准设立的市级大型金融科技服务平台，是重庆市设立的首个政府主导型金融科技企业。根据市政府批准的规划，力争三年成为注册资本达 50 亿元人民币，融资规模突破 500 亿元人民币，金融实力强的综合型新型物流金融科技平台。

政府主导。平台将奉行普惠金融发展战略，依托市政府推动的优势，政府将牵头相关经济、金融监管部门向平台提供企业征信数据，利用国家“一带一路”战略带来的渝新欧、南向物流和长江物流大通道的战略机遇，以物流为切入点，以大数据风控为抓手，面向金融机构和工商企业、物流企业，提供动产质押登记服务、质押监管、物流资产管理业务、融资及增信业务等。

国有控股。平台首期注册资本 6.50 亿元人民币，其中，交运集团、西部物流园、两江金融等市级多个国有企业出资占比 82.62%，无单一大股东控制，具有国有控股规范发展优势，可防止单一大股东控制的弊端，形成治理结构的先天性优势。

混合机制。平台民营和外资股份占比 17.38%, 形成典型的混合所有制模式，国有民营外资股东一视同仁。平台按照混合所有制建立管理机构和机制，建立规范的董事会领导下的总裁负责制，按照市场化运作机制运行。一方面，充分采纳国有企业控股带来的品牌优势，规范管理和市场运作；另一方面充分吸收民营和外资企业的市场化运作优势，形成旺盛的经营活力。

金融基因。平台治理结构和经营管理体系按照金融机构的要求进行设计，按照地方金融机构的监管标准，纳入重庆市金融工作办公室统一监管。平台的管理机制、风控机制、绩效考核机制等均将充分借鉴银行、证券等金融机构的经验进行设计。

行业支撑。平台股东均具有物流或金融行业背景，其中西部物流园是重庆最大的物流园区企业，交运集团是重庆地方最大的物流企业，两江金融是两江新区重点打造的综合性金控集团，其余股东均具有长期的物流行业经验，为建立基于物流的风控体系提供了坚实的基础。

科技支撑。平台将广泛利用金融大数据、云计算、智能物流、区块链等金融科技技术，致力于打造重庆首个地方金融科技平台，改变传统以担保和抵押为主的金融风控文化和模式，搭建基于动产全流程大数据监管的金融基础设施平台，化解金融机构中小企业金融服务面临的风险控制难、成本贵的矛盾，降低企业融资成本。

中小科技企业“双创债”新模式

“融资难、融资贵”是初创期小微企业最为困扰的问题，小微科技型企业的背景让其自带“高风险”属性，依托互联网的商业模式更让它们具有轻资产估值难的特点，大多数商业银行由于担心高风险易导致坏账损失，一般都会拒绝向这些小微企业提供贷款。

成都高新区积极探索创新创业资本供给模式，于2017年5月8日在银行间市场以高投集团为主体发行全国首单双创专项债务融资工具。

一、主要做法

明确资金用途。成都高新投资集团有限公司是“双创债”的发行主体，本次成都高投双创专项债务融资工具注册于人民银行下属中国银行间债券市场，注册金额10亿元人民币。其中，3亿元人民币用于偿还双创园区建设的银行贷款，6亿元人民币用于孵化项目建设，1亿元人民币分散用于11个创新型企业股权投资，包括生物医药、高端装备制造、互联网软件开发、节能环保等国家战略性新兴产业。首期发行5亿元人民币，期限5年，发行利率5.6%，定向投资人共7家，国家开发银行为主承销商，成都银行作为联席主承销商。

1. 双创类项目：用于支持双创企业发展的基础设施项目建设等；

2. 双创类投入：可用于发行主体投资双创企业股权或对双创企业发放委托贷款；

3. 偿还银行贷款：可用于归还发行主体前期为投资双创企业向金融机构借款。

此外，交易商协会也允许募集资金部分用于补充发行人营运资金，即原材料采购或置换他行流动资金贷款（原则上不超过30%）。

成都高投集团利用自身实力，成为双创企业融资平台。本次“双创债”的发行过程中，高投集团选择了直接对双创企业进行股权投资的方式注资。直接投资企业股权，相比以前的债券是一种比较大的突破。交易商协会现在把债券资金引用到双创工作上来，是一个重要的渠道建设，也是重大创新。债券期限相对较短，但是股权期限较长，可达到10—20年甚至更久。在进行“双创债”改革以后，高投集团作为中小企业融资平台，扩展了中小企业的融资渠道，这是一项制度性的突破。

二、实践成果

资金来源首创。本次“双创债”发行是银行间市场首次直接支持地区双创工作，打开了银行间市场资金进入双创企业的渠道，金融资本与实体双创企业进行了对接，对推动成都高新区创新驱动发展和助力地区经济转型升级具有十分重要的意义。

资金用途灵活。本次“双创债”发行创新性地允许将募集资金通过委托贷款或股权投资的形式支持成都高新区双创企业发展，可以投贷联动的方式对双创企业进行政策性投资扶持，有效地将金融体系的资金导入实体经济，加强了创新资源供给。

发债主体优化。此前，沪、深交易所市场试点的“双创债”均以双创企业为发债主体，由于双创企业经营风险高、信用评级低、发行规模小，难以大规模推广。本次“双创债”发行主体选择信用等级较高、园区经济发展态势良好、长期支持“双创”企业融资的园区开发平台，有效调动市场积极性，降低债券发行成本。

风控手段创新。本次“双创债”发行拟建设的双创载体与拟支持的双创企业均需申报银行间市场交易商协会并向投资者公开，由市场来判断相关投资是否合理，风险是否可控，成都高新区对企业培育和产业扶持的投入方式进一步实现了市场化、金融化和杠杆化。

南向通道
——中国多式联运创新实践

重庆自贸试验区与中新南向通道（重庆）物流发展有限公司（以下简称中新）一体谋划、一体推进的互联互通项目——中新互联互通南向通道（简称南向通道），构建了新的陆海联运贸易通道。

中新成立于2017年，在中新（重庆）战略性示范项目框架下，由重庆、广西两省市大型国有企业发起组建，将以增资扩股方式逐步吸收新资企业、其他省市区平台企业入股参与，通过区域联动和国际合作方式，发展成为集团化运营平台公司。

南向通道以重庆为运营中心，联动广西、贵州、甘肃、青海等省份，推进南向通道共享共建。货物从重庆出发，通过铁路抵达广西北部湾，再通过海运抵达新加坡等国家，运行时间比经东部地区出海节约10天。目前，南向通道已建立起多地、多层面协同机制，形成跨境铁海联运、跨境铁路联运、跨境公路联运三种运输路径，有效对接中欧班列和长江黄金水道，初步实现“一带一路”和长江经济带的有机联结。

中新以落实中央战略决策部署，打造好国际陆海贸易新通道为方向；以降低综合物流成本，推动产业升级，服务国家贸易和产业发展为目标；通过整合铁海资源，优化多式联运，拓展国际铁海联运班列、无船承运、国际船舶代理、货物转运和仓储等业务为手段，搭建了成熟的国际铁海联运网络，荣获“中国多式联运竞争力服务品牌”和“中国多式联运创新实践企业”等称号。

中新通过业务创新，以物流带动贸易和产业发展，促进贸易和产业升级，通过南向通道铁海联运班列与中欧班列（重庆）无缝对接，催生在重庆实现东南亚经济体与欧洲经济体之间的国际转口贸易。

中新通过模式创新，降低物流成本，服务实体经济，形成独立于传统物流企业与生产企业间的公共性运营平台企业，打开中国铁海联运市场。

中新通过机制创新，加强了多省市联动合作，建立“统一品牌、统一运作、统一规则”原则，以“南向通道”为统一运营品牌，一个主体公司制定统一规则，多省市区域公司统一运作，成为了中国多省市合作示范企业，共同推动西部开发开放，服务“一带一路”和各省市经济发展。

政策文件（年度）

中国自由贸易试验区年鉴（2018）

2013年政策文件

◎关于印发《国家工商行政管理总局关于支持中国（上海）自由贸易试验区建设的若干意见》的通知

工商外企字〔2013〕147号

上海市工商行政管理局：

《国家工商行政管理总局关于支持中国（上海）自由贸易试验区建设的若干意见》已经2013年9月16日国家工商行政管理总局局务会议审议通过，现印发给你局，请认真贯彻执行。

国家工商行政管理总局

2013年9月26日

国家工商行政管理总局关于支持中国（上海）自由贸易试验区建设的若干意见

建立中国（上海）自由贸易试验区（以下称“试验区”）是深入贯彻党的十八大精神、实行更加积极主动开放战略的重要举措。试验区肩负着我国在新时期更加深入参与国际竞争、全面提高开放型经济水平、加快转变经济发展方式的重要使命，是国家战略需要。充分发挥工商行政管理职能作用，对推动试验区建设，实现以开放促发展、促改革、促创新，形成可复制、可推广的经验具有重要意义。根据《国务院关于印发中国（上海）自由贸易试验区总体方案的通知》精神和试验区的实际需要，本着改革创新、先试先行的原则，提出如下意见。

一、试点工商登记制度改革，优化试验区营商环境

（一）试行注册资本认缴登记制。除法律、行政法规对公司注册资本实缴另有规定的外，其他公司试行注册资本认缴登记制。

试行认缴登记制后，工商部门登记公司全体股东、发起人认缴的注册资本或认购的股本总额（即公司注册资本），不登记公司实收资本。公司股东（发起人）应当对其认缴出资额、出资方式、出资期限等自主约定，并记载于公司章程。有限责任公司的股东以其认缴的出资额为限对公司承担责任；股份有限公司的股东以其认购的股份为限对公司承担责任。公司应当将股东认缴出资额或者发起人认购股份、出资方式、出资期限、缴纳情况通过市场主体信用信息公示系统向社会公示。公司股东（发起人）对缴纳出资情况的真实性、合法性负责。

放宽注册资本登记条件，除法律、行政法规、国务院决定对特定行业注册资本最低限额另有规定的外，取消有限责任公司最低注册资本3万元、一人有限责任公司最低注册资本10万元、

股份有限公司最低注册资本500万元的规定；不再限制公司设立时全体股东（发起人）的首次出资额及比例；不再限制公司全体股东（发起人）的货币出资金额占注册资本的比例；不再规定公司股东（发起人）缴足出资的期限。

（二）试行“先照后证”登记制。除法律、行政法规、国务院决定规定的企业登记前置许可事项外，在试验区内试行“先照后证”登记制度。试验区内企业向工商部门申请登记、取得营业执照后即可从事一般生产经营活动；经营项目涉及企业登记前置许可事项的，在取得许可证或者批准文件后，向工商部门申领营业执照；申请从事其他许可经营项目的，应当在领取营业执照及许可证或者批准文件后，方可从事经营活动。

（三）试行年度报告公示制。试验区内试行将企业年度检验制度改为企业年度报告公示制度。企业应当按年度在规定的期限内，通过市场主体信用信息公示系统向工商部门报送年度报告，并向社会公示，任何单位和个人均可查询。企业对年度报告的真实性、合法性负责。建立经营异常名录制度，通过市场主体信用信息公示系统，记载未按规定期限公示年度报告的企业。

（四）试行外商投资广告企业项目备案制。在试验区内申请设立外商投资广告企业的，在试验区内的外商投资企业申请增加广告经营业务的，以及在试验区内的外商投资广告企业申请设立分支机构的，不再受现行《外商投资广告企业管理规定》第九条、第十条和第十一条的限制，同时取消对试验区内外商投资广告企业的项目审批和设立分支机构的审批，改为备案制；试验区内外商投资广告企业设立后需要更换合营方或转让股权、变更广告经营范围和变更注册资本的，无须另行报批，改为备案制，可直接办理企业变更登记。

二、优化企业设立流程，提升试验区登记效能

（五）授予试验区工商部门外资登记管理权。试验区工商部门负责辖区内由上海市人民政府及其授权部门批准设立及备案的外商投资企业的登记注册和监督管理。

（六）试验区内实行企业设立“一口受理”。支持试验区工商部门按照上海市人民政府的要求，企业设立可以通过电子数据交换或者现场办理的方式申报材料，由工商部门统一接收申请人向各职能部门提交的申请材料，统一送达许可决定、备案文书和相关证照。

（七）试行新的营业执照样式。除《农民专业合作社法人营业执照》、《个体工商户营业执照》以外，将其他各类企业营业执照统一成一种样式。

三、转变市场主体监管方式，维护试验区市场秩序

（八）强化信用信息公示，完善信用约束机制。建立以工商部门经济户籍库为基础的市场主体信用信息公示系统，推动社会诚信体系建设。工商部门通过系统公示市场主体登记、备案、监管信息。企业按照规定通过系统公示年度报告、获得资质资格的许可信息，工商部门可以对年度报告公示内容进行抽查。对被载入经营异常名录的企业、有违法记录的市场主体及其相关责任人，工商部门采取有针对性的信用监管措施。

（九）创新市场主体监管方式，提升行政执法水平。强化工商部门市场监管和行政执法的职能作用，探索建立与国际高标准投资和贸易规则体系相适应的市场主体监管方式。强化部门间协调配合，形成监管部门分工明确、沟通顺畅、齐抓共管的工作格局，增强监管合力，提升监管效能，共同营造统一开放、公平诚信、竞争有序的市场环境。

国家工商行政管理总局关于支持试验区建设的意见，由总局职能司局会同上海市工商行政管理局具体落实。上海市工商行政管理局要在上海市委、市政府的领导下，深入贯彻落实科学发展观，围绕中心、服务大局，切实履行法定职责，加强改革创新，拓展服务领域，提升服务水平，为推动试验区建设作出积极贡献。

◎工商总局关于同意中国（上海）自由贸易试验区试行新的营业执照方案的批复

工商外企字〔2013〕148号

上海市工商行政管理局：

你局《关于恳请批准中国（上海）自由贸易试验区试行新的营业执照方案的请示》（沪工商外〔2013〕317号）收悉。现批复如下：

原则同意《中国（上海）自由贸易试验区试行新的营业执照方案》，并在中国（上海）自由贸易试验区（以下简称“试验区”）试行新的营业执照。

你局要根据《中国（上海）自由贸易试验区总体方案》要求，结合试验区实际，进一步加强组织领导，完善登记规则，强化后续监管，努力营造有利于试验区内各类企业健康发展、有利于市场秩序稳定有序的市场主体准入环境，在试验区早日形成可复制、可推广的经验，高质量地服务企业健康发展。

试验区试行新的营业执照遇到的新情况、新问题，请及时报告总局外资注册局。

附件：中国（上海）自由贸易试验区试行新的营业执照方案

国家工商行政管理总局

2013年9月26日

附件

中国（上海）自由贸易试验区试行新的营业执照方案

为推进中国（上海）自由贸易试验区（以下简称“试验区”）工商登记制度改革试点，规范统一各类企业营业执照，创造公平竞争的营商环境，提升工商登记管理效能，结合试验区建设的实际需要，制定以下新营业执照试行方案。

一、新营业执照的种类及适用范围

除《农民专业合作社法人营业执照》、《个体工商户营业执照》外，将各类企业的营业执照统一成一种样式，即中国（上海）自由贸易试验区《企业营业执照》（以下简称“试验区营业执照”）。

试验区营业执照适用于在试验区内登记的公司及分公司、非公司企业法人及其分支机构、个人独资企业及其分支机构、合伙企业及其分支机构、中外合作非法人企业、外国（地区）企业在中国境内从事生产经营活动。

二、新营业执照的记载内容

（一）试验区营业执照正本正上方印有中华人民共和国国徽图案。

（二）试验区营业执照名称下方显示“注册号”。注册号按照国家工商总局相关规定和标准生成，“注册号”后标注“中国（上海）自由贸易试验区”。

（三）试验区营业执照内容区域留白，记载事项及其内容根据企业不同类型由系统自动打印生成。公司实行认缴登记制的，注册资本栏目中加注“(认缴，股东以其认缴的出资额或认购的股份为限对公司承担责任)”字样；公司实行实缴登记制的，注册资本栏目中加注“(实缴)”字样。公司营业执照上不再记载实收资本。其他各企业类型营业执照记载事项不变。

（四）试验区营业执照右下方加盖登记机关印章；在印章下方记载“　　年　月　日”，显示企业最后一次登记日期。

（五）试验区营业执照右下方统一印“中华人民共和国国家工商行政管理总局监制”字样。

（六）试验区营业执照副本下方印有“须知”字样。内容为：“1、《企业营业执照》是企业主体资格和合法经营的凭证。2、《企业营业执照》分为正本和副本，正本和副本具有同等法律效力。”

三、新营业执照规格

（一）试验区营业执照分为正本和副本，均为竖版。正本规格为标准A3幅面(420×297mm)，副本规格为标准A4幅面（297×210mm）。营业执照副本在执照名称下方加注“(副本)”字样，并增加“须知”栏，其他内容与正本相同。

（二）试验区营业执照用防伪底纹设计，采用水印纸印制。

四、关于其他特殊类型登记证的说明

考虑到外国（地区）企业常驻代表机构、企业集团的特殊性，上述主体或组织的登记证按照现行样式保持不变。

试验区营业执照样式见附件。

附件：试验区营业执照样式（空白样张正副本）(略)

◎交通运输部、上海市人民政府关于落实《中国（上海）自由贸易试验区总体方案》加快推进上海国际航运中心建设的实施意见

交水发〔2013〕584号

各有关单位：

为深入贯彻落实国务院发布的《中国（上海）自由贸易试验区总体方案》，进一步加快推进上海国际航运中心建设，交通运输部和上海市人民政府联合制定本实施意见。

一、总体要求

推进中国（上海）自由贸易试验区和上海国际航运中心建设是我国战略需要和任务。要以中国（上海）自由贸易试验区建设为契机，加快推进上海国际航运中心建设，进一步深化改革，扩大开放，坚持先行先试，丰富拓展国际航运发展综合试验区内涵，经过2-3年的改革试验，探索创新具有国际竞争力的航运发展制度和模式，形成可复制、可推广的经验，更好地发挥创新驱动、示范带动作用，有力地推动上海国际航运中心升级发展。

二、重点任务

（一）扩大开放水平

1.放宽外商投资国际船舶运输的股比限制。

允许外商在中国（上海）自由贸易试验区以超过49%的投资比例设立中外合资经营企业或者中外合作经营企业经营国际船舶运输业务。允许船舶登记主体的外商出资比例突破50%的限制，按照有关法律法规以及其它有关规定办理船舶登记业务。港澳台商比照执行。相关管理试行办法另行制定。

2. 允许外商设立独资企业从事国际船舶管理业务。外商可在中国（上海）自由贸易试验区投资设立独资企业经营国际船舶管理业务。港澳台商比照执行。相关管理试行办法另行制定。

3. 与金融、贸易等领域扩大开放做好融合。充分利用好中国（上海）自由贸易试验区在金融、贸易等领域的开放政策与创新做法，做到相关产业融合发展、创新发展，着力发展航运金融、保险、交易、咨询、海事仲裁、港口物流等现代航运服务业。

4. 在中国（上海）自由贸易试验区范围内，探索建立航运领域外商投资准入负面清单管理模式，进一步扩大航运服务业对外开放。不断探索航运领域政策和制度创新措施，充分发挥上海国际航运中心“先行先试”作用，进一步提高上海国际航运中心综合竞争力。

（二）创新航运政策

5. 创新多港区联动机制。积极发挥外高桥港区、洋山深水港区、浦东机场国际枢纽港的联动作用，探索形成具有国际竞争力的航运发展制度和运作模式。

6. 实施沿海捎带试点政策。推动中转集拼业务发展，允许中资航运公司利用自有或控股拥有的非五星旗国际航行船舶，先行先试外贸进出口集装箱在国内开放港口与上海港之间（以上海港为中转港）的捎带业务。

7. 创新国际船舶登记制度。充分发挥上海的区域优势，利用中资“方便旗”船税收优惠政策，促进符合条件的船舶在上海落户登记。在“中国洋山港”船舶登记政策的基础上，研究推动建立并实施便捷高效的国际船舶登记制度，简化国际船舶运输经营许可程序，适当放宽登记主体、船龄范围等登记条件，完善船员配备、登记种类、登记收费、船舶航行区域等登记内容，优化船舶营运、检验与登记业务的相关流程，促进符合条件的船舶在上海登记。

8. 支持扩大启运港退税政策试点范围。在现有试点港口和运输企业的基础上，进一步增加积极性高、信誉好的港口和运输企业加入试点，扩大政策效应，充分发挥长江黄金水道作用，增强上海港辐射服务能力。

（三）拓展中心功能

9. 加快推进国际航运交易发展。加快发展航运运价指数衍生品交易业务。完善监管制度，防范航运金融风险，加强远期运价监管。支持上海开展中国进口干散货、原油等大宗散货运价指数的编制和发布工作。制定船舶交易信息的统计报送制度，支持在上海建立船舶交易信息平台，提供船舶交易信息服务。

10. 完善航运发展基金。支持建立市场导向和政府推动相结合的航运发展股权基金，允许发起人设立股权基金公司。支持航运发展股权基金与有关拆船资金、特许航运经营权等政策相结合使用，重点用于运力结构调整、所有权与经营权分离、航运企业规模化与专业化发展等领域。

11. 加快航运人才、教育、科研发展。支持上海高级国际航运学院发展，建设国际化、开放型、服务型的高端航运人才培养基地。支持上海国际航运研究中心、上海国际航运信息中心的建设和发展，打造具有国际影响力的航运咨询机构。支持上海组合港管委会办公室、上海国际航运中心发展促进会开展有关研究。

（四）提升服务水平

12. 加快建设现代航运服务功能平台。积极发展航运金融、国际船舶运输、国际船舶管理、国际航运经纪、国际船舶租赁、国际船员管理等产业，研究相关促进政策，探索建立长效推进机制。吸引船舶要素集聚，带动航运信息、船舶融资、船舶保险、海事仲裁等航运服务业发展，增强上海航运市场综合服务功能。

13. 鼓励发展邮轮产业经济。支持筹建邮轮发展基金，促进我国邮轮船队发展，带动航运金融、保险业发展。支持中资方便旗邮轮经批准从事大陆沿海到港澳台的邮轮运输。允许包租外籍邮轮经批准后多航次经营两岸邮轮业务。鼓励中资方便旗邮轮从事以上海为母港的两岸四地邮轮运输业务。支持上海邮轮母港建设，鼓励在上海成立中外合资邮轮公司拓展邮轮业务。

14. 做实“软实力”，提升国际影响力。探索体制机制创新，加强与相关政策的配合，做实抓手，着力提升上海国际航运中心在国际航运规则和标准制定、市场规制、信息咨询服务等领域的能力和水平，提高国际市场影响力。鼓励吸引国内外航运组织、相关协会、服务机构和平台落户上海。支持上海中国航海博物馆提升等级，开展文物征集及文化交流等工作。

（五）加强基础建设

15. 积极有序推进港口基础设施建设。加快推进洋山深水港四期工程建设，满足洋山港日益增长的运量需求。加快铁路（包括沪通铁路、沪乍铁路等）、内河集装箱运输基础设施前期工作和建设。提高上海港海铁联运、水水中转等集疏运能力。有序推进干支泊位建设，缓解上海港干支泊位的结构矛盾，优化码头功能配置。加强长江口深水航道疏浚土综合利用，更好地服务上海国际航运中心发展。

16. 引导港口集疏运结构和功能优化。发挥内河、长江水运优势，推进综合运输体系建设，加强外高桥、洋山两港区联动，提高水路运输规模和效率，提升港口水水中转比例，促进上海港可持续发展。支持研究江海直达运输船型标准、管理标准和收费标准，降低江海直达运输成本，鼓励江海直达船舶的推广应用。

17. 加快推进安全绿色航运发展。构建平安海区，着力提高上海港区及周边海域海上人命、财产、环境救助能力和船舶污染防控能力。加强通航水域重要桥梁防碰撞设施建设，保障重要通道安全、畅通。认真组织实施“阳光引航”，逐步取消海进江内贸船舶强制引航。制定和完善相关技术规范和标准，共同促进内河 LNG 燃料动力船舶推广应用。

18. 加强和完善国际海运市场监管机制。授权上海航运交易所承担国际、境内和海峡两岸航运市场的集装箱班轮公司、无船承运人运价备案受理工作，并配合和协助相关部门对运价备案实施检查、监督。进一步发挥船东、港口等有关行业协会在行业自律方面的作用。

三、组织保障

交通运输部和上海市人民政府各有关部门要按照各自职责，密切配合，相互支持，形成合力，切实做好中国（上海）自由贸易试验区总体方案在国际航运领域政策的落实。各相关部门要按照本实施意见确定的目标、任务，结合实际抓紧制订具体实施方案，确保完成各项任务目标。

交通运输部水运局、上海市城乡建设和交通委员会具体负责牵头联系相关工作任务，跟踪研究政策实施过程中出现的新情况、新问题，做好联系与任务推进工作。

交通运输部　上海市人民政府

2013 年 9 月 27 日

◎交通运输部关于在上海试行中资非五星旗国际航行船舶沿海捎带的公告

交通运输部 2013 年第 55 号公告

为推动上海国际航运中心和中国（上海）自由贸易试验区建设，根据我国相关法律法规和规定，我部决定，允许中资航运公司利用全资或控股拥有的非五星旗国际航行船舶，经营以上海港为国际中转港的外贸进出口集装箱在国内对外开放港口与上海港之间的捎带业务（以下称“试点捎带业务”）。现将有关事项公告如下：

一、自本公告公布之日起，拟开展试点捎带业务的中资航运公司经向我部办理备案手续，可利用其全资或控股拥有的非五星旗国际航行船舶，开展相关业务。

二、本公告所称“中资航运公司”，指注册在境内，依据《中华人民共和国国际海运条例》取得《国际班轮运输经营资格登记证》、从事国际海上运输业务的企业法人。

三、中资航运公司申请试点捎带业务，应向交通运输部提交备案申请。备案申请的材料和程序如下：

（一）《中资非五星旗国际航行船舶试点沿海捎带业务备案申请表》（见附件一）。

（二）中资航运公司的《工商营业执照》、《国际船舶运输经营许可证》、《国际班轮运输经营资格登记证》复印件。

（三）中资航运公司拟开展试点捎带业务船舶的《国籍证书》（Certificate of Registry）、《入级证》（Certificate of Classification），以及船舶所有权关系证明材料。

如船舶为中资航运公司通过境外独资投资企业间接拥有的，还需提供中资航运公司投资该境外独资企业的证明文件、该境外独资投资企业全资或控股拥有船舶的证明，以及中资航运公司租赁船舶的证明文件。

四、交通运输部自收到上述齐备、有效的备案材料后，出具《中资非五星旗国际航行船舶试点沿海捎带业务备案证明书》（见附件 2）。

五、中资航运公司不得擅自将经备案批准开展试点业务船舶转租他人。一旦转租，自船舶租赁合同生效之日起，船舶自动丧失开展试点业务的资格。

六、除依照本公告备案的船舶外，其他任何非五星旗船舶，不得承运中国港口间的集装箱货物，包括不得承运在国内一港装船、经国内另一港中转出境，或者经国内一港中转入境、在国内另一港卸船的外贸集装箱货物。如违反本条规定，将依据《中华人民共和国国际海运条例》第四十五条等规定予以处罚。

特此公告。

附件：1. 中资非五星旗国际航行船舶试点沿海捎带业务备案申请表（略）

2. 中资非五星旗国际航行船舶试点沿海捎带业务备案证明书（略）

交通运输部

2013 年 9 月 27 日

◎质检总局关于支持中国（上海）自由贸易试验区建设的意见

国质检通〔2013〕503号

上海出入境检验检疫局、上海市质量技术监督局：

为贯彻落实党中央、国务院全面提高开放型经济水平、促进区域经济发展的总体部署，质检总局就支持中国（上海）自由贸易试验区（以下简称“试验区”）建设提出如下意见：

一、积极开展质检制度创新

认真贯彻落实国务院关于试验区建设的总体部署，根据国家改革开放的新形势、政府转变职能的新要求，按照“进境检疫，适当放宽进出口检验；方便进出，严密防范质量安全风险”的原则，深入研究，大胆创新，探索建立旨在进一步提升质量、保障安全、促进发展的新的检验检疫制度体系。积极创新质监工作体制，借鉴国际惯例和通行做法，建立与国际接轨的质量安全保障体系、技术基础支撑体系和高效便捷的质量技术监督服务体系。在试验区内形成可复制、可推广的改革经验，使质检工作在国家经济社会建设中发挥更大的作用。

二、探索建立试验区检验检疫监管新模式

积极借鉴国际先进的自由贸易区经验，创新检验检疫监管模式。按照方便进出、严密防范质量安全风险的原则，“一线”最大限度予以便利，主要实施进出境检疫和重点敏感货物检验；“二线”在完善检验检疫便利化措施基础上，做好进出口货物的检验检疫监管工作。深入研究和运用以风险管理、诚信管理为基础的分类监管模式，建立和完善风险评估、预警和处置体系，切实将检验检疫工作重心转向安全、卫生、健康、环保和反欺诈，形成科学高效的监管体系。积极研究对进出口产品实施前置备案注册、验证管理和后续监管的创新措施。探索实施原产地溯源制度，提升产品质量安全保障水平。建立对第三方检验鉴定机构的采信制度和管理制度，完善试验区集中查验和监督管理设施，全面提高履职效能。

三、支持试验区创新建立质量技术监督和执法体制

支持采用远程监控、全程监管、信息化等手段，创新特种设备监管模式，设立特种设备应急处置机构，加强对试验区内锅炉、电梯、压力容器、压力管道、场（厂）内专用机动车辆等特种设备的安全监管。支持试验区内建立以企业质量自我声明、流通环节抽样检验、风险监测、质量申投诉处理、质量安全突发事件应对为主要内容的产品质量监管模式。

四、支持深化试验区质量监督行政审批制度改革

将试验区内特种设备生产单位许可、进口非法定计量单位计量器具审批等行政审批事项下放给上海市质量技术监督部门实施。支持探索改革工业产品生产许可制度，取消一批审批事项，缩减审批目录范围，转变审批方式，逐步实行告知承诺审批。支持上海市质量技术监督局会同相关部门对试验区内检测机构资质审批事项进行整合，提高审批速度和效率，加强对实验室的事中和事后监管。支持统一实施检验检测机构后续监

管，建立检测机构采信制度和信息共享平台。

五、促进试验区提升贸易便利化水平

加强与地方政府和口岸相关部门的协作配合，积极推动信息共享、联合执法和协同把关，为试验区货物和人员的进出提供更为便捷的服务。配合建立符合试验区内国际分拨、融资租赁、第三方维修、转口贸易等新业态发展需求的监管制度，推动“区港一体化”建设。鼓励探索进出口地理标志保护监管的便利化服务措施及信息采集，探索试行将有关行政许可及审批权限下放至直属局和放宽审批条件，试点简化进口备案和装运前预检验程序。积极推进与海关的“三个一”合作试点，提高口岸工作效率。

支持试验区制定、发布一批与国际标准及国际通行规则相适应的区域性地方标准。支持区内企业参与国际标准化活动，积极采用国际标准；引导、鼓励区内企业开展联盟标准创新试点。支持对区内企业进行WTO/TBT相关标准、技术法规和合格评定程序的通报工作，并为消除、减少技术性贸易壁垒提供咨询与服务。

六、建立试验区检验检疫预警和防控体系

加强试验区突发公共卫生事件、动植物疫情和进出口产品质量安全事件的预警和防控体系建设，完善医学媒介监测、核生化有害物质监测、外来生物监测和食品安全风险监管等制度，提高应对和处置效能，切实做好与地方政府和有关部门的配合和衔接，共同为试验区的建设和发展提供安全保障。

七、支持试验区公共信息平台建设

积极支持试验区依托地方电子口岸建设公共信息平台，实现区内企业、相关单位与检验检疫机构申报信息、物流信息和监管信息的共享。创新技术与方法，提高检验检疫物流监控系统与试验区各类新业态运行模式的兼容性。利用物联网及无线通信等技术，在区内试行检验检疫移动执法，为区内企业提供通报通放、网上预约、在线办理等无纸化信息服务。

八、推动试验区诚信体系的建设和完善

支持试验区率先按照企业申请、联合征信、社会公示、政策叠加、滚动淘汰等原则，制定诚信企业名单，落实鼓励和扶持措施。支持建立统一的征信平台和诚信管理体系，共享企业诚信信息。逐步推行在企业分类管理、诚信管理、“AA级”企业评定等方面采用第三方信用报告，促进信用服务行业的发展。支持建立以组织机构代码实名制为基础的企业质量信用档案，依托企业质量信用档案探索建立市场退出机制。支持建立以物品编码管理为溯源手段的产品质量信用信息平台。

九、支持试验区跨境电子商务的发展

研究制定跨境电子商务检验检疫监督管理办法，建立跨境电子商务产品的质量安全溯源和监管机制，试点建立与跨境电子商务服务企业互联的检验检疫信息支撑系统，提高跨境电子商务产品的监管效率，促进试验区内跨境电子商务及相关服务企业的健康发展。

十、服务试验区产业集聚

支持试验区内生物医药、旧机电维修、入境再利用和再制造等产业发展。根据产业特点和企业需求，制定相应的审批、申报、查验和检验检疫监管措施，提高管理效率，鼓励相关企业落户区内，促进试验区发挥对重点发展产业的集聚效应。

支持国家质检中心落户试验区，为金融服务业、专业服务业、软件与信息服务业等提供检测服务。支持强制性产品认证指定机构为自贸试验区提供便利服务。支持特种设备检验、检测社会化改革。支持推动试验区内检验机构的产品检验结果和检验标准与其他国家间的国际互认工作。

逐步放开外资认证认可、检验检测机构在试验区设立分支机构并开展业务。

质检总局要求各有关质检机构，进一步增强促进地方经济发展的主动性，全面落实“抓质量，保安全，促发展，强质检”方针，在促进经济社会发展中做出新贡献。

质检总局

2013 年 9 月 27 日

◎中国银监会关于中国（上海）自由贸易试验区银行业监管有关问题的通知

银监发〔2013〕40 号

各银监局，各政策性银行、国有商业银行、股份制商业银行、金融资产管理公司，邮政储蓄银行，银监会直接监管的信托公司、企业集团财务公司、金融租赁公司：

根据党中央、国务院关于建设中国（上海）自由贸易试验区的决定，经国务院同意，现就自贸区内银行业监管有关问题通知如下：

一、支持中资银行入区发展。允许全国性中资商业银行、政策性银行、上海本地银行在区内新设分行或专营机构。允许将区内现有银行网点升格为分行或支行。在区内增设或升格的银行分支机构不受年度新增网点计划限制。

二、支持区内设立非银行金融公司。支持区内符合条件的大型企业集团设立企业集团财务公司；支持符合条件的发起人在区内申设汽车金融公司、消费金融公司；支持上海辖内信托公司迁址区内发展；支持全国性金融资产管理公司在区内设立分公司；支持金融租赁公司在区内设立专业子公司。

三、支持外资银行入区经营。允许符合条件的外资银行在区内设立子行、分行、专营机构和中外合资银行。允许区内外资银行支行升格为分行。研究推进适当缩短区内外资银行代表处升格为分行、以及外资银行分行从事人民币业务的年限要求。

四、支持民间资本进入区内银行业。支持符合条件的民营资本在区内设立自担风险的民营银行、金融租赁公司和消费金融公司等金融机构。支持符合条件的民营资本参股与中、外资金融机构在区内设立中外合资银行。

五、鼓励开展跨境投融资服务。支持区内银行业金融机构发展跨境融资业务，包括但不限于大宗商品贸易融资、全供应链贸易融资、离岸船舶融资、现代服务业金融支持、外保内贷、商业票据等。支持区内银行业金融机构推进跨境投资金融服务，包括但不限于跨境并购贷款和项目贷款、内保外贷、跨境资产管理和财富管理业务、房地产信托投资基金等。

六、支持区内开展离岸业务。允许符合条件的中资银行在区内开展离岸银行业务。

七、简化准入方式。将区内银行分行级以下（不含分行）的机构、高管和部分业务准入事项由事前审批改为事后报告。设立区内银行业准入事项绿色快速通道，建立准入事项限时办理制度，提高准入效率。

八、完善监管服务体系。支持探索建立符合区内银行业实际的相对独立的银行业监管体制，贴近市场提供监管服务，有效防控风险。建立健全区内银行业特色监测报表体系，探索完善符合区内银行业风险特征的监控指标。优化调整存贷比、流动性等指标的计算口径和监管要求。

中国银行业监督管理委员会

2013 年 9 月 28 日

◎中国证监会关于资本市场支持促进中国（上海）自由贸易试验区若干政策措施

按照党中央、国务院关于建设中国（上海）自由贸易试验区（以下简称自贸区）的重要战略部署，证监会将深化资本市场改革，扩大对外开放，加大对自贸区建设的金融支持力度。具体措施包括：

一、拟同意上海期货交易所在自贸区内筹建上海国际能源交易中心股份有限公司，具体承担推进国际原油期货平台筹建工作。依托这一平台，全面引入境外投资者参与境内期货交易。以此为契机，扩大中国期货市场对外开放程度。

二、我会支持自贸区内符合一定条件的单位和个人按照规定双向投资于境内外证券期货市场。区内金融机构和企业可按照规定进入上海地区的证券和期货交易所进行投资和交易；在区内就业并符合条件的境外个人可按规定在区内证券期货经营机构开立非居民个人境内投资专户，开展境内证券期货投资；允许符合条件的区内金融机构和企业按照规定开展境外证券期货投资；在区内就业并符合条件的个人可按规定开展境外证券期货投资。

三、区内企业的境外母公司可按规定在境内市场发行人民币债券。根据市场需要，探索在区内开展国际金融资产交易等。

四、我会支持证券期货经营机构在区内注册成立专业子公司。目前，海通期货、宏源期货、广发期货、申万期货和华安基金等机构正在设立或准备设立风险管理子公司和资产管理子公司。

五、我会支持区内证券期货经营机构开展面向境内客户的大宗商品和金融衍生品的柜台交易。

下一步，我会将进一步研究细化相关政策措施，抓紧制定实施细则，加强对相关试点工作的监测和管理，及时总结试点经验，稳步推进资本市场改革开放，发挥资本市场服务经济转型的积极作用，更好地服务于上海自贸区国家战略。

中国证券监督管理委员会
2013 年 9 月 29 日

◎中国保监会支持中国（上海）自由贸易试验区建设

为充分发挥保险功能作用，支持中国（上海）自由贸易试验区（以下简称“自贸区”）建设，中国保监会对上海保监局提出的有关事项作出批复，主要内容包括：

一、支持在自贸区内试点设立外资专业健康保险机构。

二、支持保险公司在自贸区内设立分支机构，开展人民币跨境再保险业务，支持上海研究探索巨灾保险机制。

三、支持自贸区保险机构开展境外投资试点，积极研究在自贸区试点扩大保险机构境外投资范围和比例。

四、支持国际著名的专业性保险中介机构等服务机构以及从事再保险业务的社会组织和个人在自贸区依法开展相关业务，为保险业发展提供专业技术配套服务。

五、支持上海开展航运保险，培育航运保险营运机构和航运保险经纪人队伍，发展上海航运保险协会。

六、支持保险公司创新保险产品，不断拓展责任保险服务领域。

七、支持上海完善保险市场体系，推动航运保险定价中心、再保险中心和保险资金运用中心等功能型保险机构建设。

八、支持建立自贸区金融改革创新与上海国际金融中心建设的联动机制，不断强化和拓展我会与上海市政府合作备忘录工作机制。

中国保险监督委员会

2013 年 9 月 29 日

◎文化部关于实施中国（上海）自由贸易试验区文化市场管理政策的通知

文市发〔2013〕47 号

上海市文化广播影视管理局：

为贯彻落实《国务院关于印发中国（上海）自由贸易试验区总体方案的通知》（国发〔2013〕38 号）有关规定，现将中国（上海）自由贸易试验区（以下简称“试验区”）内文化市场管理有关政策调整如下：

一、允许在试验区内设立外资经营的演出经纪机构、演出场所经营单位，为上海市提供服务

（一）在试验区内设立合资、合作、独资经营演出经纪机构的，应当向上海市文化主管部门提出申请。上海市文化主管部门自收到申请之日起 20 日内作出决定。

（二）在试验区内设立合资、合作、独资经营演出场所经营单位的，应当自领取工商营业执照之日起 20 日内，持上述证照以及消防、卫生部门的批准文件，到上海市文化主管部门备案，领取演出场所经营单位备案证明。

（三）合资、合作、独资经营的演出经纪机构，在上海市内举办营业性演出活动，应当向上海市文化主管部门提出申请。举办国内文艺表演团体或者演员参加的营业性演出，自受理申请之日起 3 日内作出决定；举办涉外或者涉港澳台营业性演出，自受理申请之日起 20 日内作出决定。

（四）合资、合作、独资经营的演出场所经营单位，在本场所内举办营业性演出活动，应当向上海市文化主管部门提出申请。举办国内文艺表演团体或者演员参加的营业性演出，自受理申请之日起 3 日内作出决定；举办涉外或者涉港澳台营业性演出，自受理申请之日起 20 日内作出决定。

二、允许在试验区内设立外资经营的娱乐场所

在试验区内设立合资、合作、独资经营娱乐场所的，应当符合《娱乐场所管理条例》、《娱乐场所管理办法》等法规规章规定的设立条件，向上海市文化主管部门提出申请。上海市文化主管部门自受理申请之日起 20 日内作出决定。

三、允许外资企业在试验区内从事游戏游艺设备的生产和销售，通过文化主管部门内容审查的游戏游艺设备可面向国内市场销售

（一）在试验区内注册的外资企业，在国内销售其生产的游戏游艺设备，应当向上海市文化

主管部门提出内容审查申请。上海市文化主管部门自受理申请之日起20日内作出决定，通过内容审查的报文化部备案并公示。

（二）面向国内销售的游戏游艺设备，不得含有《娱乐场所管理条例》第十三条禁止的内容，游戏游艺设备外观、内容、游戏方法说明应当使用我国通用文字。

（三）报文化部备案公布的内容应当包括：游戏游艺设备内容审查批准文件、生产企业名称、设备名称、基本功能和游戏规则、能反映设备外观的图片等基本信息。

四、本通知调整的行政审批事项，适用于在试验区内投资、设立企业的香港特别行政区、澳门特别行政区、台湾地区投资者和在国外居住的中国公民。

特此通知。

文化部

2013年9月29日

◎关于中国（上海）自由贸易试验区有关进口税收政策的通知

财关税〔2013〕75号

上海市财政局、上海海关、上海市国家税务局：

为贯彻落实《中国（上海）自由贸易试验区总体方案》中的相关政策，现就中国（上海）自由贸易试验区有关进口税收政策通知如下：

一、对试验区内注册的国内租赁公司或其设立的项目子公司，经国家有关部门批准从境外购买空载重量在25吨以上并租赁给国内航空公司使用的飞机，享受《财政部 国家税务总局关于调整进口飞机有关增值税政策的通知》（财关税〔2013〕53号）和《海关总署关于调整进口飞机进口环节增值税有关问题的通知》（署税发〔2013〕90号）规定的增值税优惠政策。

二、对设在试验区内的企业生产、加工并经“二线”销往内地的货物照章征收进口环节增值税、消费税。根据企业申请，试行对该内销货物按其对应进口料件或按实际报验状态征收关税的政策。

三、在现行政策框架下，对试验区内生产企业和生产性服务业企业进口所需的机器、设备等货物予以免税，但生活性服务业等企业进口的货物以及法律、行政法规和相关规定明确不予免税的货物除外。

四、在严格执行货物进口税收政策的前提下，允许在特定区域设立保税展示交易平台。

除上述进口税收政策外，中国（上海）自由贸易试验区所属的上海外高桥保税区、上海外高桥保税物流园区、洋山保税港区和上海浦东机场综合保税区分别执行现行相应海关特殊监管区域的税收政策。

本通知自中国（上海）自由贸易试验区挂牌成立之日起执行。

财政部　海关总署　国家税务总局

2013年10月15日

◎关于中国(上海)自由贸易试验区内企业以非货币性资产对外投资等资产重组行为有关企业所得税政策问题的通知

财税〔2013〕91 号

各省、自治区、直辖市、计划单列市财政厅(局)、国家税务局、地方税务局，新疆生产建设兵团财务局：

根据《国务院关于印发中国(上海)自由贸易试验区总体方案的通知》(国发〔2013〕38 号)有关规定，现就中国(上海)自由贸易试验区(简称试验区)非货币性资产投资资产评估增值企业所得税政策通知如下：

一、注册在试验区内的企业，因非货币性资产对外投资等资产重组行为产生资产评估增值，据此确认的非货币性资产转让所得，可在不超过5 年期限内，分期均匀计入相应年度的应纳税所得额，按规定计算缴纳企业所得税。

二、企业以非货币性资产对外投资，应于投资协议生效且完成资产实际交割并办理股权登记手续时，确认非货币性资产转让收入的实现。

企业以非货币性资产对外投资，应对非货币性资产进行评估并按评估后的公允价值扣除计税基础后的余额，计算确认非货币性资产转让所得。

三、企业以非货币性资产对外投资，其取得股权的计税基础应以非货币性资产的原计税基础为基础，加上每年计入的非货币性资产转让所得，逐年进行调整。

被投资企业取得非货币性资产的计税基础，可以非货币性资产的公允价值确定。

四、企业在对外投资 5 年内转让上述股权或投资收回的，应停止执行递延纳税政策，并将递延期内尚未计入的非货币性资产转让所得，在转让股权或投资收回当年的企业所得税年度汇算清缴时，一次性计算缴纳企业所得税；企业在计算股权转让所得时，可按本通知第三条第一款规定将股权的计税基础一次调整到位。

企业在对外投资 5 年内注销的，应停止执行递延纳税政策，并将递延期内尚未计入的非货币性资产转让所得，在歇业当年的企业所得税年度汇算清缴时，一次性计算缴纳企业所得税。

五、企业应于投资协议生效且完成资产实际交割并办理股权登记手续 30 日内，持相关资料向主管税务机关办理递延纳税备案登记手续。

主管税务机关应对报送资料进行审核，在规定时间内将备案登记结果回复企业。

六、企业应在确认收入实现的当年，以项目为单位，做好相应台账，准确记录应予确认的非货币性资产转让所得，并在相应年度的企业所得税汇算清缴时对当年计入额及分年结转额的情况做出说明。

主管税务机关应在备案登记结果回复企业的同时，将相关信息纳入系统管理，并及时做好企业申报信息与备案信息的比对工作。

七、主管税务机关在组织开展企业所得税汇算清缴后续管理工作时，应将企业递延纳税的执行情况纳入后续管理体系，并视风险高低情况，适时纳入纳税服务提醒平台或风险监控平台进行管理。

八、本通知所称注册在试验区内的企业，是指在试验区注册并在区内经营，实行查账征收的居民企业。

本通知所称非货币性资产对外投资等资产重

组行为，是指以非货币性资产出资设立或注入公司，限于以非货币性资产出资设立新公司和符合《财政部 国家税务总局关于企业重组业务企业所得税处理若干问题的通知》（财税〔2009〕59 号）第一条规定的股权收购、资产收购。

九、本通知自印发之日起执行。

财政部　国家税务总局

2013 年 11 月 15 日

◎中国人民银行关于金融支持中国（上海）自由贸易试验区建设的意见

银发〔2013〕11 号

为贯彻落实党中央、国务院关于建设中国（上海）自由贸易试验区（以下简称试验区）的重要战略部署，支持试验区建设，促进试验区实体经济发展，加大对跨境投资和贸易的金融支持，深化金融改革、扩大对外开放，现提出以下意见。

一、总体原则

（一）坚持金融服务实体经济，进一步促进贸易投资便利化，扩大金融对外开放，推动试验区在更高平台参与国际竞争。

（二）坚持改革创新、先行先试，着力推进人民币跨境使用、人民币资本项目可兑换、利率市场化和外汇管理等领域改革试点。

（三）坚持风险可控、稳步推进，“成熟一项、推动一项”，适时有序组织试点。

二、创新有利于风险管理的账户体系

（四）试验区内的居民可通过设立本外币自由贸易账户（以下简称居民自由贸易账户）实现分账核算管理，开展本意见第三部分的投融资创新业务；非居民可在试验区内银行开立本外币非居民自由贸易账户（以下简称非居民自由贸易账户），按准入前国民待遇原则享受相关金融服务。

（五）居民自由贸易账户与境外账户、境内区外的非居民账户、非居民自由贸易账户以及其他居民自由贸易账户之间的资金可自由划转。同一非金融机构主体的居民自由贸易账户与其他银行结算账户之间因经常项下业务、偿还贷款、实业投资以及其他符合规定的跨境交易需要可办理资金划转。居民自由贸易账户与境内区外的银行结算账户之间产生的资金流动视同跨境业务管理。

（六）居民自由贸易账户及非居民自由贸易账户可办理跨境融资、担保等业务。条件成熟时，账户内本外币资金可自由兑换。建立区内居民自由贸易账户和非居民自由贸易账户人民币汇兑的监测机制。

（七）上海地区金融机构可根据人民银行规定，通过设立试验区分账核算单元的方式，为符合条件的区内主体开立自由贸易账户，并提供相关金融服务。

三、探索投融资汇兑便利

（八）促进企业跨境直接投资便利化。试验区跨境直接投资，可按上海市有关规定与前置核准脱钩，直接向银行办理所涉及的跨境收付、兑换业务。

（九）便利个人跨境投资。在区内就业并符合条件的个人可按规定开展包括证券投资在内的各类境外投资。个人在区内获得的合法所得可在完税后向外支付。区内个体工商户可根据业务需要向其在境外经营主体提供跨境贷款。在区内就业并符合条件的境外个人可按规定在区内金融机构开立非居民个人境内投资专户，按规定开展包括证券投资在内的各类境内投资。

（十）稳步开放资本市场。区内金融机构和企业可按规定进入上海地区的证券和期货交易场所进行投资和交易。区内企业的境外母公司可按国家有关法规在境内资本市场发行人民币债券。根据市场需求，探索在区内开展国际金融资产交易等。

（十一）促进对外融资便利化。根据经营需要，注册在试验区内的中外资企业、非银行金融机构以及其他经济组织（以下简称区内机构）可按规定从境外融入本外币资金，完善全口径外债的宏观审慎管理制度，采取有效措施切实防范外债风险。

（十二）提供多样化风险对冲手段。区内机构可按规定基于真实的币种匹配及期限匹配管理需要在区内或境外开展风险对冲管理。允许符合条件的区内企业按规定开展境外证券投资和境外衍生品投资业务。试验区分账核算单元因向区内或境外机构提供本外币自由汇兑产生的敞口头寸，应在区内或境外市场上进行平盘对冲。试验区分账核算单元基于自身风险管理需要，可按规定参与国际金融市场衍生工具交易。经批准，试验区分账核算单元可在一定额度内进入境内银行间市场开展拆借或回购交易。

四、扩大人民币跨境使用

（十三）上海地区银行业金融机构可在“了解你的客户”、“了解你的业务”和“尽职审查”三原则基础上，凭区内机构（出口货物贸易人民币结算企业重点监管名单内的企业除外）和个人提交的收付款指令，直接办理经常项下、直接投资的跨境人民币结算业务。

（十四）上海地区银行业金融机构可与区内持有《支付业务许可证》且许可业务范围包括互联网支付的支付机构合作，按照支付机构有关管理政策，为跨境电子商务（货物贸易或服务贸易）提供人民币结算服务。

（十五）区内金融机构和企业可从境外借用人民币资金，借用的人民币资金不得用于投资有价证券、衍生产品，不得用于委托贷款。

（十六）区内企业可根据自身经营需要，开展集团内双向人民币资金池业务，为其境内外关联企业提供经常项下集中收付业务。

五、稳步推进利率市场化

（十七）根据相关基础条件的成熟程度，推进试验区利率市场化体系建设。

（十八）完善区内居民自由贸易账户和非居民自由贸易账户本外币资金利率的市场化定价监测机制。

（十九）将区内符合条件的金融机构纳入优先发行大额可转让存单的机构范围，在区内实现大额可转让存单发行的先行先试。

（二十）条件成熟时，放开区内一般账户小额外币存款利率上限。

六、深化外汇管理改革

（二十一）支持试验区发展总部经济和新型贸易。扩大跨国公司总部外汇资金集中运营管理试点企业范围，进一步简化外币资金池管理，深化国际贸易结算中心外汇管理试点，促进贸易投资便利化。

（二十二）简化直接投资外汇登记手续。将直接投资项下外汇登记及变更登记下放银行办理，加强事后监管。在保证交易真实性和数据采集完整的条件下，允许区内外商直接投资项下的外汇资金意愿结汇。

（二十三）支持试验区开展境内外租赁服务。取消金融类租赁公司境外租赁等境外债权业务的逐笔审批，实行登记管理。经批准，允许金融租赁公司及中资融资租赁公司境内融资租赁收取外币租金，简化飞机、船舶等大型融资租赁项目预付货款手续。

（二十四）取消区内机构向境外支付担保费

的核准，区内机构直接到银行办理担保费购付汇手续。

（二十五）完善结售汇管理，支持银行开展面向境内客户的大宗商品衍生品的柜台交易。

七、监测与管理

（二十六）区内金融机构和特定非金融机构应按照法律法规要求切实履行反洗钱、反恐融资、反逃税等义务，及时、准确、完整地向人民银行和其他金融监管部门报送资产负债表及相关业务信息，并根据相关规定办理国际收支统计申报；配合金融监管部门密切关注跨境异常资金流动。

（二十七）上海市人民政府可通过建立试验区综合信息监管平台，对区内非金融机构进行监督管理。可按年度对区内非金融机构进行评估，并根据评估结果对区内非金融机构实施分类管理。

（二十八）试验区分账核算单元业务计入其法人行的资本充足率核算，流动性管理以自求平衡为原则，必要时可由其上级行提供。

（二十九）区内实施金融宏观审慎管理。人民银行可根据形势判断，加强对试验区短期投机性资本流动的监管，直至采取临时性管制措施。加强与其他金融监管部门的沟通协调，保证信息的及时充分共享。

（三十）人民银行将根据风险可控、稳步推进的原则，制定相应细则后组织实施，并做好与其他金融监管部门审慎管理要求的衔接。

中国人民银行

2013 年 12 月 2 日

◎国务院关于在中国（上海）自由贸易试验区内暂时调整有关行政法规和国务院文件规定的行政审批或者准入特别管理措施的决定

国发〔2013〕51 号

各省、自治区、直辖市人民政府，国务院各部委、各直属机构：

为加快政府职能转变，创新对外开放模式，进一步探索深化改革开放的经验，根据《全国人民代表大会常务委员会关于授权国务院在中国（上海）自由贸易试验区暂时调整有关法律规定的行政审批的决定》和《中国（上海）自由贸易试验区总体方案》的规定，国务院决定在中国（上海）自由贸易试验区内暂时调整下列行政法规和国务院文件规定的行政审批或者准入特别管理措施：

一、改革外商投资管理模式，对国家规定实施准入特别管理措施之外的外商投资，暂时调整《中华人民共和国外资企业法实施细则》、《中华人民共和国中外合资经营企业法实施条例》、《中华人民共和国中外合作经营企业法实施细则》、《指导外商投资方向规定》、《外国企业或者个人在中国境内设立合伙企业管理办法》、《中外合资经营企业合营期限暂行规定》、《中外合资经营企业合营各方出资的若干规定》、《〈中外合资经营企业合营各方出资的若干规定〉的补充规定》、《国务院关于投资体制改革的决定》、《国务院关于进一步做好利用外资工作的若干意见》规定的有关行政审批。

二、扩大服务业开放，暂时调整《中华人民共和国船舶登记条例》、《中华人民共和国国际海运条例》、《征信业管理条例》、《营业性演出管理条例》、《娱乐场所管理条例》、《中华人民共和国中外合作办学条例》、《外商投资电信企业管理规定》、《国务院办公厅转发文化部等部门关于开展电子游戏经营场所专项治理意见的通知》规定的有关行政审批以及有关资质要求、股比限制、经营范围限制等准入特别管理措施。

国务院有关部门、上海市人民政府要根据法律、行政法规和国务院文件调整情况，及时对本部门、本市制定的规章和规范性文件作相应调整，建立与试点要求相适应的管理制度。

根据《全国人民代表大会常务委员会关于授权国务院在中国（上海）自由贸易试验区暂时调整有关法律规定的行政审批的决定》和试验区改革开放措施的试验情况，本决定内容适时进行调整。

附件：国务院决定在中国（上海）自由贸易试验区内暂时调整有关行政法规和国务院文件规定的行政审批或者准入特别管理措施目录

国务院

2013 年 12 月 21 日

附件

国务院决定在中国（上海）自由贸易试验区内暂时调整有关行政法规和国务院文件规定的行政审批或者准入特别管理措施目录

序号	名称	行政法规、国务院文件规定	内容
1	外商投资项目核准（国务院规定对国内投资项目保留核准的除外）	1.《指导外商投资方向规定》 第十二条第一款的有关规定：根据现行审批权限，外商投资项目按照项目性质分别由发展计划部门和经贸部门审批、备案。 2.《外国企业或者个人在中国境内设立合伙企业管理办法》 第十三条：外国企业或者个人在中国境内设立合伙企业涉及须经政府核准的投资项目的，依照国家有关规定办理投资项目核准手续。 3.《国务院关于投资体制改革的决定》（国发〔2004〕20 号） 第二部分第二项的有关规定：对于外商投资项目，政府还要从市场准入、资本项目管理等方面进行核准。 4.《国务院关于进一步做好利用外资工作的若干意见》（国发〔2010〕9 号） 第四部分第十六项的有关规定：《外商投资产业指导目录》中总投资（包括增资）3 亿美元以下的鼓励类、允许类项目，除《政府核准的投资项目目录》规定需由国务院有关部门核准之外，由地方政府有关部门核准。	在负面清单之外的领域，暂时停止实施该项行政审批，改为备案管理
2	外资企业设立审批	1.《中华人民共和国外资企业法实施细则》 第七条：设立外资企业的申请，由中华人民共和国对外贸易经济合作部（以下简称对外贸易经济合作部）审查批准后，发给批准证书。 设立外资企业的申请属于下列情形的，国务院授权省、自治区、直辖市和计划单列市、经济特区人民政府审查批准后，发给批准证书： （一）投资总额在国务院规定的投资审批权限以内的； （二）不需要国家调拨原材料，不影响能源、交通运输、外贸出口配额等全国综合平衡的。 省、自治区、直辖市和计划单列市、经济特区人民政府在国务院授权范围内批准设立外资企业，应当在批准后 15 天内报对外贸易经济合作部备案（对外贸易经济合作部和省、自治区、直辖市和计划单列市、经济特区人民政府，以下统称审批机关）。 第十六条：外资企业的章程经审批机关批准后生效，修改时同。	在负面清单之外的领域，暂时停止实施该项行政审批，改为备案管理

续表

序号	名称	行政法规、国务院文件规定	内容
2	外资企业设立审批	2.《指导外商投资方向规定》 第十二条第一款的有关规定：外商投资企业的合同、章程由外经贸部门审批、备案。其中，限制类限额以下的外商投资项目由省、自治区、直辖市及计划单列市人民政府的相应主管部门审批，同时报上级主管部门和行业主管部门备案，此类项目的审批权不得下放。属于服务贸易领域逐步开放的外商投资项目，按照国家有关规定审批。 3.《国务院关于进一步做好利用外资工作的若干意见》（国发〔2010〕9号） 第四部分第十六项的有关规定：服务业领域外商投资企业的设立（金融、电信服务除外）由地方政府按照有关规定进行审批。 4.《政府核准的投资项目目录（2013年本）》 第十二条第三款：外商投资企业的设立及变更事项，按现行有关规定由商务部和地方政府核准。	在负面清单之外的领域，暂时停止实施该项行政审批，改为备案管理
3	外资企业分立、合并或者其他原因导致资本发生重大变动审批	《中华人民共和国外资企业法实施细则》 第十七条：外资企业的分立、合并或者由于其他原因导致资本发生重大变动，须经审批机关批准，并应当聘请中国的注册会计师验证和出具验资报告；经审批机关批准后，向工商行政管理机关办理变更登记手续。	在负面清单之外的领域，暂时停止实施该项行政审批，改为备案管理
4	外资企业注册资本减少、增加、转让审批	《中华人民共和国外资企业法实施细则》 第二十一条：外资企业在经营期内不得减少其注册资本。但是，因投资总额和生产经营规模等发生变化，确需减少的，须经审批机关批准。 第二十二条：外资企业注册资本的增加、转让，须经审批机关批准，并向工商行政管理机关办理变更登记手续。	在负面清单之外的领域，暂时停止实施该项行政审批，改为备案管理
5	外资企业财产或者权益对外抵押、转让审批	《中华人民共和国外资企业法实施细则》 第二十三条：外资企业将其财产或者权益对外抵押、转让，须经审批机关批准并向工商行政管理机关备案。	在负面清单之外的领域，暂时停止实施该项行政审批，改为备案管理
6	外国投资者出资审批	《中华人民共和国外资企业法实施细则》 第二十五条第二款：经审批机关批准，外国投资者也可以用其从中国境内举办的其他外商投资企业获得的人民币利润出资。	在负面清单之外的领域，暂时停止实施该项行政审批，改为备案管理
7	外国投资者延期出资审批	《中华人民共和国外资企业法实施细则》 第三十一条第二款：外国投资者有正当理由要求延期出资的，应当经审批机关同意，并报工商行政管理机关备案。	在负面清单之外的领域，暂时停止实施该项行政审批，改为备案管理
8	外资企业经营期限审批	《中华人民共和国外资企业法实施细则》 第四十条：外资企业的土地使用年限，与经批准的该外资企业的经营期限相同。 第七十条：外资企业的经营期限，根据不同行业和企业的具体情况，由外国投资者在设立外资企业的申请书中拟订，经审批机关批准。	在负面清单之外的领域，暂时停止实施该项行政审批，改为备案管理

续表

序号	名称	行政法规、国务院文件规定	内容
8	外资企业经营期限审批	第七十一条第二款：外资企业经营期满需要延长经营期限的，应当在距经营期满 180 天前向审批机关报送延长经营期限的申请书。审批机关应当在收到申请书之日起 30 天内决定批准或者不批准。	在负面清单之外的领域，暂时停止实施该项行政审批，改为备案管理
9	外资企业终止核准	《中华人民共和国外资企业法实施细则》 第七十二条第二款：外资企业如存在前款第（二）、（三）、（四）项所列情形，应当自行提交终止申请书，报审批机关核准。审批机关作出核准的日期为企业的终止日期。 第七十三条：外资企业依照本实施细则第七十二条第（一）、（二）、（三）、（六）项的规定终止的，应当在终止之日起 15 天内对外公告并通知债权人，并在终止公告发出之日起 15 天内，提出清算程序、原则和清算委员会人选，报审批机关审核后进行清算。	在负面清单之外的领域，暂时停止实施该项行政审批，改为备案管理
10	中外合资经营企业设立审批	《中华人民共和国中外合资经营企业法实施条例》 第六条第一款、第二款、第三款： 在中国境内设立合营企业，必须经中华人民共和国对外贸易经济合作部（以下简称对外贸易经济合作部）审查批准。批准后，由对外贸易经济合作部发给批准证书。 凡具备下列条件的，国务院授权省、自治区、直辖市人民政府或者国务院有关部门审批： （一）投资总额在国务院规定的投资审批权限以内，中国合营者的资金来源已经落实的； （二）不需要国家增拨原材料，不影响燃料、动力、交通运输、外贸出口配额等方面的全国平衡的。 依照前款批准设立的合营企业，应当报对外贸易经济合作部备案。 第十四条：合营企业协议、合同和章程经审批机构批准后生效，其修改时同。	在负面清单之外的领域，暂时停止实施该项行政审批，改为备案管理
11	中外合资经营企业转让股权审批	《中华人民共和国中外合资经营企业法实施条例》 第二十条第一款：合营一方向第三者转让其全部或者部分股权的，须经合营他方同意，并报审批机构批准，向登记管理机构办理变更登记手续。	在负面清单之外的领域，暂时停止实施该项行政审批，改为备案管理
12	中外合资经营企业增加、减少注册资本审批	《中华人民共和国中外合资经营企业法实施条例》 第十九条：合营企业在合营期内不得减少其注册资本。因投资总额和生产经营规模等发生变化，确需减少的，须经审批机构批准。 第二十一条：合营企业注册资本的增加、减少，应当由董事会会议通过，并报审批机构批准，向登记管理机构办理变更登记手续。	在负面清单之外的领域，暂时停止实施该项行政审批，改为备案管理
13	中外合资经营企业出资方式审批	《中华人民共和国中外合资经营企业法实施条例》 第二十七条：外国合营者作为出资的机器设备或者其他物料、工业产权或者专有技术，应当报审批机构批准。	在负面清单之外的领域，暂时停止实施该项行政审批，改为备案管理

续表

序号	名称	行政法规、国务院文件规定	内容
14	中外合资经营企业经营期限审批	《中外合资经营企业合营期限暂行规定》 第四条：合营各方在合营合同中不约定合营期限的合营企业，按照国家规定的审批权限和程序审批。除对外经济贸易部直接审批的外，其他审批机关应当在批准后 30 天内报对外经济贸易部备案。 第六条第一款：在本规定施行之前已经批准设立的合营企业，按照批准的合营合同约定的期限执行，但属本规定第三条规定以外的合营企业，合营各方一致同意将合营合同中合营期限条款修改为不约定合营期限的，合营各方应当申报理由，签订修改合营合同的协议，并提出申请，报原审批机关审查。	在负面清单之外的领域，暂时停止实施该项行政审批，改为备案管理
15	中外合资经营企业解散审批	1.《中华人民共和国中外合资经营企业法实施条例》 第九十条第二款：前款第（二）、（四）、（五）、（六）项情况发生的，由董事会提出解散申请书，报审批机构批准；第（三）项情况发生的，由履行合同的一方提出申请，报审批机构批准。 2.《中外合资经营企业合营各方出资的若干规定》 第七条第一款：合营一方未按照合营合同的规定如期缴付或者缴清其出资的，即构成违约。守约方应当催告违约方在一个月内缴付或者缴清出资。逾期仍未缴付或者缴清的，视同违约方放弃在合营合同中的一切权利，自动退出合营企业。守约方应当在逾期后一个月内，向原审批机关申请批准解散合营企业或者申请批准另找合营者承担违约方在合营合同中的权利和义务。守约方可以依法要求违约方赔偿因未缴付或者缴清出资造成的经济损失。	在负面清单之外的领域，暂时停止实施该项行政审批，改为备案管理
16	中外合资经营、中外合作经营、外商独资经营企业出资审批	《〈中外合资经营企业合营各方出资的若干规定〉的补充规定》的全部条文	在负面清单之外的领域，暂时停止实施该项行政审批，改为备案管理
17	中外合作经营企业设立审批	《中华人民共和国中外合作经营企业法实施细则》 第六条：设立合作企业由对外贸易经济合作部或者国务院授权的部门和地方人民政府审查批准。 设立合作企业属于下列情形的，由国务院授权的部门或者地方人民政府审查批准： （一）投资总额在国务院规定由国务院授权的部门或者地方人民政府审批的投资限额以内的； （二）自筹资金，并且不需要国家平衡建设、生产条件的； （三）产品出口不需要领取国家有关主管部门发放的出口配额、许可证，或者虽需要领取，但在报送项目建议书前已征得国家有关主管部门同意的； （四）有法律、行政法规规定由国务院授权的部门或者地方人民政府审查批准的其他情形的。	在负面清单之外的领域，暂时停止实施该项行政审批，改为备案管理
18	中外合作经营企业协议、合同、章程重大变更审批	《中华人民共和国中外合作经营企业法实施细则》 第十一条：合作企业协议、合同、章程自审查批准机关颁发批准证书之日起生效。在合作期限内，合作企业协议、合同、章程有重大变更的，须经审查批准机关批准。	在负面清单之外的领域，暂时停止实施该项行政审批，改为备案管理

续表

序号	名称	行政法规、国务院文件规定	内容
19	中外合作经营企业注册资本减少审批	《中华人民共和国中外合作经营企业法实施细则》 第十六条第二款：合作企业注册资本在合作期限内不得减少。但是，因投资总额和生产经营规模等变化，确需减少的，须经审查批准机关批准。	在负面清单之外的领域，暂时停止实施该项行政审批，改为备案管理
20	中外合作经营企业转让合作企业合同权利审批	《中华人民共和国中外合作经营企业法实施细则》 第二十三条第一款：合作各方之间相互转让或者合作一方向合作他方以外的他人转让属于其在合作企业合同中全部或者部分权利的，须经合作他方书面同意，并报审查批准机关批准。	在负面清单之外的领域，暂时停止实施该项行政审批，改为备案管理
21	中外合作经营企业委托经营管理合同审批	《中华人民共和国中外合作经营企业法实施细则》 第三十五条第二款：合作企业应当将董事会或者联合管理委员会的决议、签订的委托经营管理合同，连同被委托人的资信证明等文件，一并报送审查批准机关批准。审查批准机关应当自收到有关文件之日起30天内决定批准或者不批准。	在负面清单之外的领域，暂时停止实施该项行政审批，改为备案管理
22	外国合作者先行回收投资报审查批准机关审批	《中华人民共和国中外合作经营企业法实施细则》 第四十五条第一款：外国合作者依照本实施细则第四十四条第二项和第三项的规定提出先行回收投资的申请，应当具体说明先行回收投资的总额、期限和方式，经财政税务机关审查同意后，报审查批准机关审批。	在负面清单之外的领域，暂时停止实施该项行政审批，改为备案管理
23	中外合作经营企业延长合作期限审批	《中华人民共和国中外合作经营企业法实施细则》 第四十七条第二款：合作企业期限届满，合作各方协商同意要求延长合作期限的，应当在期限届满的180天前向审查批准机关提出申请，说明原合作企业合同执行情况，延长合作期限的原因，同时报送合作各方就延长的期限内各方的权利、义务等事项所达成的协议。审查批准机关应当自接到申请之日起30天内，决定批准或者不批准。 第四十七条第四款：合作企业合同约定外国合作者先行回收投资，并且投资已经回收完毕的，合作企业期限届满不再延长；但是，外国合作者增加投资的，经合作各方协商同意，可以依照本条第二款的规定向审查批准机关申请延长合作期限。	在负面清单之外的领域，暂时停止实施该项行政审批，改为备案管理
24	中外合作经营企业解散审批	1.《中华人民共和国中外合作经营企业法实施细则》 第四十八条第二款：前款第二项、第四项所列情形发生，应当由合作企业的董事会或者联合管理委员会做出决定，报审查批准机关批准。在前款第三项所列情形下，不履行合作企业合同、章程规定的义务的中外合作者一方或者数方，应当对履行合同的他方因此遭受的损失承担赔偿责任；履行合同的一方或者数方有权向审查批准机关提出申请，解散合作企业。 2.《中外合资经营企业合营各方出资的若干规定》 第七条第一款：合营一方未按照合营合同的规定如期缴付或者缴清其出资的，即构成违约。守约方应当催告违约方在一个月内缴付或者缴清出资。逾期仍未缴付或者缴清的，视同违约方放弃在合营合同中的一切权利，自动退出合营企业。守约方应当在逾期后一个月内，向原审批机关申请批准解散合营企业或者申请批准另找合营者承担违约方在合营合同中的权利和义务。守约方可以依法要求违约方赔偿因未缴付或者缴清出资造成的经济损失。 第十条：中外合作经营企业合作各方的出资参照本规定执行。	在负面清单之外的领域，暂时停止实施该项行政审批，改为备案管理

续表

序号	名称	行政法规、国务院文件规定	内容
25	放宽中外合资、中外合作国际船舶运输企业的外资股比限制	1.《中华人民共和国船舶登记条例》 第二条第一款第二项：依据中华人民共和国法律设立的主要营业所在中华人民共和国境内的企业法人的船舶。但是，在该法人的注册资本中有外商出资的，中方投资人的出资额不得低于50%。 2.《中华人民共和国国际海运条例》 第二十九条第二款、第三款、第四款： 经营国际船舶运输、国际船舶代理业务的中外合资经营企业，企业中外商的出资比例不得超过49%。 经营国际船舶运输、国际船舶代理业务的中外合作经营企业，企业中外商的投资比例比照适用前款规定。 中外合资国际船舶运输企业和中外合作国际船舶运输企业的董事会主席和总经理，由中外合资、合作双方协商后由中方指定。	暂时停止实施相关规定内容，由国务院交通运输主管部门制定相关管理办法
26	允许设立外商独资国际船舶管理企业	《中华人民共和国国际海运条例》 第二十九条第一款：经国务院交通主管部门批准，外商可以依照有关法律、行政法规以及国家其他有关规定，投资设立中外合资经营企业或者中外合作经营企业，经营国际船舶运输、国际船舶代理、国际船舶管理、国际海运货物装卸、国际海运货物仓储、国际海运集装箱站和堆场业务；并可以投资设立外资企业经营国际海运货物仓储业务。	暂时停止实施相关规定内容，由国务院交通运输主管部门制定相关管理办法
27	允许设立外商投资资信调查公司	《征信业管理条例》 第四十五条：外商投资征信机构的设立条件，由国务院征信业监督管理部门会同国务院有关部门制定，报国务院批准。 境外征信机构在境内经营征信业务，应当经国务院征信业监督管理部门批准。	暂时停止实施相关规定内容，由国务院征信业监督管理部门制定相关管理办法
28	取消外资演出经纪机构的股比限制，允许设立外商独资演出经纪机构，为上海市提供服务	《营业性演出管理条例》 第十一条第一款、第二款： 外国投资者可以与中国投资者依法设立中外合资经营、中外合作经营的演出经纪机构、演出场所经营单位；不得设立中外合资经营、中外合作经营、外资经营的文艺表演团体，不得设立外资经营的演出经纪机构、演出场所经营单位。 设立中外合资经营的演出经纪机构、演出场所经营单位，中国合营者的投资比例应当不低于51%；设立中外合作经营的演出经纪机构、演出场所经营单位，中国合作者应当拥有经营主导权。	暂时停止实施相关规定内容，由国务院文化主管部门制定相关管理办法
29	允许设立外商独资的娱乐场所，在试验区内提供服务	《娱乐场所管理条例》 第六条：外国投资者可以与中国投资者依法设立中外合资经营、中外合作经营的娱乐场所，不得设立外商独资经营的娱乐场所。	暂时停止实施相关规定内容，由国务院文化主管部门制定相关管理办法
30	允许举办中外合作的经营性教育培训机构和经营性职业技能培训机构	《中华人民共和国中外合作办学条例》 第六十条：在工商行政管理部门登记注册的经营性的中外合作举办的培训机构的管理办法，由国务院另行规定。	暂时停止实施相关规定内容，由上海市制定发布相关管理办法

续表

序号	名称	行政法规、国务院文件规定	内容
31	在保障网络信息安全的前提下，允许外资企业经营特定形式的部分增值电信业务	《外商投资电信企业管理规定》 第二条：外商投资电信企业，是指外国投资者同中国投资者在中华人民共和国境内依法以中外合资经营形式，共同投资设立的经营电信业务的企业。 第六条第二款：经营增值电信业务（包括基础电信业务中的无线寻呼业务）的外商投资电信企业的外方投资者在企业中的出资比例，最终不得超过50%。 第十二条：设立外商投资电信企业经营省、自治区、直辖市范围内增值电信业务，由中方主要投资者向省、自治区、直辖市电信管理机构提出申请并报送下列文件： （一）本规定第十条规定的资格证明或者有关确认文件； （二）电信条例规定的经营增值电信业务应当具备的其他条件的证明或者确认文件。 省、自治区、直辖市电信管理机构应当自收到申请之日起60日内签署意见。同意的，转报国务院工业和信息化主管部门；不同意的，应当书面通知申请人并说明理由。 国务院工业和信息化主管部门应当自收到省、自治区、直辖市电信管理机构签署同意的申请文件之日起30日内审查完毕，作出批准或者不予批准的决定。予以批准的，颁发《外商投资经营电信业务审定意见书》；不予批准的，应当书面通知申请人并说明理由。 第十四条：设立外商投资电信企业，按照国家有关规定，其投资项目需要经国务院发展改革部门核准的，国务院工业和信息化主管部门应当在颁发《外商投资经营电信业务审定意见书》前，将申请材料转送国务院发展改革部门核准。转送国务院发展改革部门核准的，本规定第十一条、第十二条规定的审批期限可以延长30日。 第十五条：设立外商投资电信企业，属于经营基础电信业务或者跨省、自治区、直辖市范围增值电信业务的，由中方主要投资者凭《外商投资经营电信业务审定意见书》向国务院商务主管部门报送拟设立外商投资电信企业的合同、章程；属于经营省、自治区、直辖市范围内增值电信业务的，由中方主要投资者凭《外商投资经营电信业务审定意见书》向省、自治区、直辖市人民政府商务主管部门报送拟设立外商投资电信企业的合同、章程。 国务院商务主管部门和省、自治区、直辖市人民政府商务主管部门应当自收到报送的拟设立外商投资电信企业的合同、章程之日起90日内审查完毕，作出批准或者不予批准的决定。予以批准的，颁发《外商投资企业批准证书》；不予批准的，应当书面通知申请人并说明理由。 第十六条：外商投资电信企业的中方主要投资者凭《外商投资企业批准证书》，到国务院工业和信息化主管部门办理《电信业务经营许可证》手续。 外商投资电信企业的中方主要投资者凭《外商投资企业批准证书》和《电信业务经营许可证》，向工商行政管理机关办理外商投资电信企业注册登记手续。 第十八条：违反本规定第六条规定的，由国务院工业和信息化主管部门责令限期改正，并处10万元以上50万元以下的罚款；逾期不改正的，由国务院工业和信息化主管部门吊销《电信业务经营许可证》，并由原颁发《外商投资企业批准证书》的商务主管部门撤销其《外商投资企业批准证书》。 第十九条：违反本规定第十七条规定的，由国务院工业和信息化主管部门责令限期改正，并处20万元以上100万元以下的罚款；逾期不改正的，由国务院工业和信息化主管部门吊销《电信业务经营许可证》，并由原颁发《外商投资企业批准证书》的商务主管部门撤销其《外商投资企业批准证书》。	暂时停止实施相关规定内容，由国务院工业和信息化主管部门制定相关管理办法

续表

序号	名称	行政法规、国务院文件规定	内容
31	在保障网络信息安全的前提下，允许外资企业经营特定形式的部分增值电信业务	第二十条：申请设立外商投资电信企业，提供虚假、伪造的资格证明或者确认文件骗取批准的，批准无效，由国务院工业和信息化主管部门处20万元以上100万元以下的罚款，吊销《电信业务经营许可证》，并由原颁发《外商投资企业批准证书》的商务主管部门撤销其《外商投资企业批准证书》。	暂时停止实施相关规定内容，由国务院工业和信息化主管部门制定相关管理办法
32	允许外资企业从事游戏游艺设备的生产和销售，通过文化主管部门内容审查的游戏游艺设备可面向国内市场销售	《国务院办公厅转发文化部等部门关于开展电子游戏经营场所专项治理意见的通知》（国办发〔2000〕44号） 二、自本意见发布之日起，各地要立即停止审批新的电子游戏经营场所，也不得审批现有的电子游戏经营场所增添或更新任何类型的电子游戏设备。 六、自本意见发布之日起，面向国内的电子游戏设备及其零、附件生产、销售即行停止。任何企业、个人不得再从事面向国内的电子游戏设备及其零、附件的生产、销售活动。一经发现向电子游戏经营场所销售电子游戏设备及其零、附件的，由经贸、信息产业部门会同工商行政管理等部门依照有关规定进行处理。 除加工贸易方式外，严格限制以其他贸易方式进口电子游戏设备及其零、附件（海关商品编号95041000、95043010、95049010）。对电子游戏设备及其零、附件的加工贸易业务，列入限制类加工贸易产品，并实行加工贸易保证金台账实转制度，外经贸部门要严格审批和管理，海关加强实际监管，其产品只能返销出境；逾期不能出口的，由海关依法予以收缴，或监督有关企业予以销毁。各地海关要加大查验力度，实施重点查控，坚决打击通过伪报、夹藏等方式走私电子游戏设备及其零、附件的非法行为。	暂时停止实施相关规定内容，由国务院文化主管部门制定相关管理办法

◎海关总署关于安全有效监管支持和促进中国（上海）自由贸易试验区建设的若干措施

署加发〔2013〕108号

一、创新海关监管，推动贸易便利化

（一）创新“一线”进出境通关模式。按照“一线放开”的要求，允许企业自运输工具申报进境之日起14日内，先凭进口舱单信息进行申报后将货物提运进区，再向主管海关办理进境备案清单申报手续；支持在自由贸易试验区内开展国际中转、集拼和分拨业务；在确保有效监管的前提下，探索建立货物状态分类监管模式；加强企业管理，全面实施通关作业无纸化，简化进出境备案清单和通关手续，完善海关统计办法，进一步提高自由贸易试验区“一线”进出境通关效率。

（二）加强“二线”进出区监管。按照“二线安全高效管住”要求，加强对货物、物品及人员进出自由贸易试验区卡口的管理，通过优化完善进出境备案清单比对、企业账册管理、卡口实货核注、风险分析、企业稽查等监管手段，促进“二线”监管与“一线”通关相互衔接，形成自由贸易试验区完整有效、风险可控的海关监管链条。在安全管住的同时，提高“二线”货物通关效率。

（三）实行电子围网管理。探索建立统一的自由贸易试验区海关信息化监管系统，实现企业运营信息与海关监管系统对接；按照海关总署卡口建设标准，对现行自由贸易试验区的海关特殊监管区域卡口进行智能化改造；加快建立自由贸易试验区中央监控平台，确保监管有效便捷。

（四）提高保税货物流转效率。简化自由贸易试验区内货物流转手续，在自由贸易试验区内先行试点海关“保税货物流转管理系统”，允许自由贸易试验区内企业间货物流转“分送集报”和自行运输。实现跨关区海关特殊监管区域之间货物的高效便捷流转。

（五）优化货物分类监管。在确保有效监管的前提下，利用信息化系统不同模块，建立自由贸易试验区企业多种账册管理体系，以适应各种不同业态，满足区内企业保税加工、保税物流和保税服务等多元化的业务发展需求，实现分类监管。

（六）整合海关监管资源。围绕监管创新，统筹人力配置，整合监管资源，建立高效统一的驻自由贸易试验区海关机构，充分发挥集约化管理效能。

二、支持功能拓展，促进新型贸易业态发展

（七）支持服务业扩大开放。积极促进自由贸易试验区大力发展服务贸易，创新完善与之相适应的海关监管。支持发展总部经济，吸引跨国企业在自由贸易试验区开展结算业务；支持开展高技术、高附加值、无污染的境内外维修业务；支持区内企业开展产品设计、创立品牌及核心元器件制造等研发业务；支持对外文化贸易基地建设，促进外向型文化产业发展和文化产品及服务“走出去”；支持探索离岸贸易业务，推动自由贸易试验区服务业多元化发展。

（八）扩大期货保税交割业务范围。在洋山保税港区试点基础上，根据国家有关政策，支持扩大期货保税交割试点品种、企业和范围，拓展商业仓储提运单据质押融资功能。

（九）支持开展保税展示业务。允许在自由贸易试验区特定区域设立保税展示交易平台；支持符合条件的区内企业在提供有效担保的前提下，开展区外保税展示交易。

（十）促进跨境电子商务试点。在已开展的跨境电子商务试点基础上，根据国家有关政策，完善试点的服务功能，扩大试点的服务范围，将试点政策应用于自由贸易试验区，建立与跨境电子商务服务功能相适应的海关监管模式，有效推进跨境电子商务更好地发展。

（十一）建立区港联动机制。建立自由贸易试验区与外高桥港区、洋山深水港、上海空港国际枢纽港之间区港联动海关监管机制。

三、推进政策落实，发挥协同优势

（十二）落实选择性征税政策。根据国家有关部门明确的政策，对自由贸易试验区内的企业生产、加工并经“二线”销往区外的货物，照章征收进口环节增值税、消费税，企业可以申请选择按进口料件或按实际报验状态缴纳进口关税。

（十三）完善启运港退税试点政策。总结上海洋山保税港区启运港退税试点经验，会同有关部门完善相关政策，积极推动扩大启运地、承运企业和运输工具范围。

（十四）落实融资租赁业务政策。对在自由贸易试验区内注册的国内租赁公司，按照国务院有关部门明确的相关政策，积极支持开展飞机等融资租赁业务。

四、加强风险防控，培育法治化发展环境

（十五）依法实施知识产权海关保护。加大对自由贸易试验区内企业知识产权保护力度，助

推企业提升创新能力和核心竞争力，支持推动国内外知识产权资源集聚，有效打击侵权违法行为。

（十六）依法维护国家意识形态安全。坚持社会主义先进文化前进方向，有效防止自由贸易试验区内渗入和滋生对中国政治、经济、文化、道德有害的印刷品、音像制品及其它信息载体，加强对相关企业、货物的风险防控。

（十七）依法打击走私违法犯罪活动。认真研究自由贸易试验区的运行特点，针对可能出现的走私风险，加强监控分析和综合防范，精、准、狠地打击各类走私违法犯罪活动，防止在自由贸易试验区内出现危害国家安全和社会稳定的黄、赌、毒等现象，维护和保障良好的经济发展环境。

五、加强联系配合，建立协作机制

（十八）建立有效协作机制。加强与国家有关部门协调配合。进一步深化海关总署与上海市合作，建立上海海关与上海市有关部门定期协商机制，采用专题工作组等形式，积极研究自由贸易试验区发展需求，解决试点出现的新情况和新问题，促进和保障自由贸易试验区各项改革创新举措顺利开展。

◎工业和信息化部、上海市人民政府关于中国（上海）自由贸易试验区进一步对外开放增值电信业务的意见

工信部联通〔2013〕410号

为贯彻落实党中央、国务院关于建立中国（上海）自由贸易试验区（以下简称试验区）的重大决策，实施更加积极主动的开放战略，支持试验区实现以开放促发展、促改革、促创新，形成可复制、可推广的经验，根据《国务院关于同意中国（上海）自由贸易试验区总体方案的批复》，现就试验区内进一步对外开放增值电信业务，提出如下意见：

一、指导思想

积极推动试验区内增值电信业务进一步试点对外开放。加强管理，引导外商投资企业规范经营电信业务。完善服务，维护公平竞争的市场环境，促进电信市场持续健康发展。

二、开放领域

（一）已经对WTO承诺开放，但外资股比不超过50%的信息服务业务、存储转发类业务等两项业务外资股比可试点突破50%。其中信息服务业务仅含应用商店。

（二）新增试点开放四项业务：呼叫中心业务、国内多方通信服务业务、因特网接入服务业务（为上网用户提供因特网接入服务）、国内因特网虚拟专用网业务。其中，呼叫中心业务、国内多方通信服务业务、因特网接入服务业务（为上网用户提供因特网接入服务）外资股比可突破50%；国内因特网虚拟专用网业务外资股比不超过50%。

（三）在线数据处理与交易处理业务（经营类电子商务）外资股比不超过55%。

（四）申请经营上述电信业务的企业注册地和服务设施须设在试验区内。因特网接入服务业务（为上网用户提供因特网接入服务）的服务范围限定在试验区内，其他业务的服务范围可以面向全国。

三、保障措施

（一）制定细则

根据国务院总体部署，在试验区内暂停实施《外商投资电信企业管理规定》（国务院534号令）相关规定内容。同时加快制定试点管理办法，调整相关管理制度，简化审批手续，缩短审批时限。

（二）营造环境

引导外资企业依法规范经营增值电信业务，鼓励外资企业研发中心进驻试验区。切实保护电信用户合法权益，培育和维护公平竞争的市场环境，促进电信市场持续健康发展。

（三）完善服务

加大政策宣传力度，搭建服务交流平台，加强与外资企业的沟通。为外资企业提供政策咨询和服务，积极为外资企业解决实际困难和问题。

（四）加强监管

完善相关信息收集和统计分析，明确对网络基础设施、数据资源、用户信息保护等方面的要求。加强对国际通信业务和网络运行安全的监管，维护网络和信息安全。

为推进试验区进一步开放增值电信业务的工作，由工业和信息化部联合上海市人民政府建立部市协调工作机制，推动相关工作的落实。上海市通信管理局应当加强对外资企业的引导和监督，对各项业务试点开放的落实和管理情况，要定期报工业和信息化部和上海市人民政府。

2014 年政策文件

◎交通运输部关于中国（上海）自由贸易试验区试行扩大国际船舶运输和国际船舶管理业务外商投资比例实施办法的公告

交通运输部公告 2014 年第 2 号

为贯彻落实《国务院关于印发中国（上海）自由贸易试验区总体方案的通知》（国发〔2013〕38 号），在中国（上海）自由贸易试验区（下称“自贸区”）试点扩大国际船舶运输和国际船舶管理业务外商投资比例，保护投资者合法权益，现将试行实施办法公告如下：

一、经国务院交通运输主管部门批准，在自贸区设立的外商投资比例超过 49% 的中外合资、合作企业，及其拥有或实际经营的船舶，可经营进出中国港口的国际船舶运输业务。相关要求和办理程序，按照《中华人民共和国国际海运条例》和《中华人民共和国国际海运条例实施细则》有关规定执行。

二、经上海市交通运输主管部门批准，在自贸区设立的外商独资企业可以经营国际船舶管理业务。上海市交通运输主管部门参照《中华人民共和国国际海运条例》第九条、第十条和《中华人民共和国国际海运条例实施细则》第八条的相关规定办理审批程序，并将审批结果向国务院交通运输主管部门备案。

三、在自贸区设立的中外合资、合作国际船舶运输企业，其董事会主席和总经理可由中外合资、合作的双方协商确定。

四、在自贸区设立的中外合资、合作国际船舶运输企业，其拥有或光船租赁的船舶可以按照中国（上海）自贸区国际船舶登记制度进行船舶登记。

五、在自贸区设立中外合资、合作企业经营国际船舶运输业务，或设立外商独资企业经营国际船舶管理业务，本办法未作规定的，适用《中华人民共和国中外合资经营企业法》、《中华人民共和国中外合作经营企业法》、《中华人民共和国外资企业法》、《中华人民共和国国际海运条例》以及《中华人民共和国国际海运条例实施细则》的有关规定。

本办法自发布之日起施行。

中华人民共和国交通运输部

2014 年 1 月 27 日

◎中国人民银行关于金融支持中国（上海）自由贸易试验区建设的意见

为贯彻落实党中央、国务院关于建设中国（上海）自由贸易试验区（以下简称试验区）的重要战略部署，支持试验区建设，促进试验区实体经济发展，加大对跨境投资和贸易的金融支持，深化金融改革、扩大对外开放，现提出以下意见。

一、总体原则

（一）坚持金融服务实体经济，进一步促进贸易投资便利化，扩大金融对外开放，推动试验区在更高平台参与国际竞争。

（二）坚持改革创新、先行先试，着力推进人民币跨境使用、人民币资本项目可兑换、利率市场化和外汇管理等领域改革试点。

（三）坚持风险可控、稳步推进，“成熟一项、推动一项”，适时有序组织试点。

二、创新有利于风险管理的账户体系

（四）试验区内的居民可通过设立本外币自由贸易账户（以下简称居民自由贸易账户）实现分账核算管理，开展本意见第三部分的投融资创新业务；非居民可在试验区内银行开立本外币非居民自由贸易账户（以下简称非居民自由贸易账户），按准入前国民待遇原则享受相关金融服务。

（五）居民自由贸易账户与境外账户、境内区外的非居民账户、非居民自由贸易账户以及其他居民自由贸易账户之间的资金可自由划转。同一非金融机构主体的居民自由贸易账户与其他银行结算账户之间因经常项下业务、偿还贷款、实业投资以及其他符合规定的跨境交易需要可办理资金划转。居民自由贸易账户与境内区外的银行结算账户之间产生的资金流动视同跨境业务管理。

（六）居民自由贸易账户及非居民自由贸易账户可办理跨境融资、担保等业务。条件成熟时，账户内本外币资金可自由兑换。建立区内居民自由贸易账户和非居民自由贸易账户人民币汇兑的监测机制。

（七）上海地区金融机构可根据人民银行规定，通过设立试验区分账核算单元的方式，为符合条件的区内主体开立自由贸易账户，并提供相关金融服务。

三、探索投融资汇兑便利

（八）促进企业跨境直接投资便利化。试验区跨境直接投资，可按上海市有关规定与前置核准脱钩，直接向银行办理所涉及的跨境收付、兑换业务。

（九）便利个人跨境投资。在区内就业并符合条件的个人可按规定开展包括证券投资在内的各类境外投资。个人在区内获得的合法所得可在完税后向外支付。区内个体工商户可根据业务需要向其在境外经营主体提供跨境贷款。在区内就业并符合条件的境外个人可按规定在区内金融机构开立非居民个人境内投资专户，按规定开展包括证券投资在内的各类境内投资。

（十）稳步开放资本市场。区内金融机构和企业可按规定进入上海地区的证券和期货交易场所进行投资和交易。区内企业的境外母公司可按国家有关法规在境内资本市场发行人民币债券。根据市场需求，探索在区内开展国际金融资产交易等。

（十一）促进对外融资便利化。根据经营需要，注册在试验区内的中外资企业、非银行金融机构以及其他经济组织（以下简称区内机构）可按规定从境外融入本外币资金，完善全口径外债的宏观审慎管理制度，采取有效措施切实防范外债风险。

（十二）提供多样化风险对冲手段。区内机构可按规定基于真实的币种匹配及期限匹配管理需要在区内或境外开展风险对冲管理。允许符合条件的区内企业按规定开展境外证券投资和境外衍生品投资业务。试验区分账核算单元因向区内或境外机构提供本外币自由汇兑产生的敞口头寸，应在区内或境外市场上进行平盘对冲。试验区分账核算单元基于自身风险管理需要，可按规定参与国际金融市场衍生工具交易。经批准，试验区分账核算单元可在一定额度内进入境内银行间市场开展拆借或回购交易。

四、扩大人民币跨境使用

（十三）上海地区银行业金融机构可在“了解你的客户”、“了解你的业务”和“尽职审查”三原则基础上，凭区内机构（出口货物贸易人民币结算企业重点监管名单内的企业除外）和个人提交的收付款指令，直接办理经常项下、直接投资的跨境人民币结算业务。

（十四）上海地区银行业金融机构可与区内持有《支付业务许可证》且许可业务范围包括互联网支付的支付机构合作，按照支付机构有关管理政策，为跨境电子商务（货物贸易或服务贸易）提供人民币结算服务。

（十五）区内金融机构和企业可从境外借用人民币资金，借用的人民币资金不得用于投资有价证券、衍生产品，不得用于委托贷款。

（十六）区内企业可根据自身经营需要，开展集团内双向人民币资金池业务，为其境内外关联企业提供经常项下集中收付业务。

五、稳步推进利率市场化

（十七）根据相关基础条件的成熟程度，推进试验区利率市场化体系建设。

（十八）完善区内居民自由贸易账户和非居民自由贸易账户本外币资金利率的市场化定价监测机制。

（十九）将区内符合条件的金融机构纳入优先发行大额可转让存单的机构范围，在区内实现大额可转让存单发行的先行先试。

（二十）条件成熟时，放开区内一般账户小额外币存款利率上限。

六、深化外汇管理改革

（二十一）支持试验区发展总部经济和新型贸易。扩大跨国公司总部外汇资金集中运营管理试点企业范围，进一步简化外币资金池管理，深化国际贸易结算中心外汇管理试点，促进贸易投资便利化。

（二十二）简化直接投资外汇登记手续。将直接投资项下外汇登记及变更登记下放银行办理，加强事后监管。在保证交易真实性和数据采集完整的条件下，允许区内外商直接投资项下的外汇资金意愿结汇。

（二十三）支持试验区开展境内外租赁服务。取消金融类租赁公司境外租赁等境外债权业务的逐笔审批，实行登记管理。经批准，允许金融租赁公司及中资融资租赁公司境内融资租赁收取外币租金，简化飞机、船舶等大型融资租赁项目预付货款手续。

（二十四）取消区内机构向境外支付担保费的核准，区内机构直接到银行办理担保费购付汇手续。

（二十五）完善结售汇管理，支持银行开展面向境内客户的大宗商品衍生品的柜台交易。

七、监测与管理

（二十六）区内金融机构和特定非金融机构应按照法律法规要求切实履行反洗钱、反恐融资、反逃税等义务，及时、准确、完整地向人民银行和其他金融监管部门报送资产负债表及相关业务信息，并根据相关规定办理国际收支统计申报；配合金融监管部门密切关注跨境异常资金流动。

（二十七）上海市人民政府可通过建立试验区综合信息监管平台，对区内非金融机构进行监督管理。可按年度对区内非金融机构进行评估，并根据评估结果对区内非金融机构实施分类管理。

（二十八）试验区分账核算单元业务计入其法人行的资本充足率核算，流动性管理以自求平衡为原则，必要时可由其上级行提供。

（二十九）区内实施金融宏观审慎管理。人民银行可根据形势判断，加强对试验区短期投机性资本流动的监管，直至采取临时性管制措施。加强与其他金融监管部门的沟通协调，保证信息的及时充分共享。

（三十）人民银行将根据风险可控、稳步推进的原则，制定相应细则后组织实施，并做好与其他金融监管部门审慎管理要求的衔接。

中国人民银行

2014 年 2 月 10 日

◎国家旅游局关于旅游支持中国（上海）自由贸易试验区建设的意见

旅发〔2014〕49 号

上海市旅游局：

为贯彻落实党中央、国务院关于建设中国（上海）自由贸易试验区（以下简称试验区）的重要战略部署，支持试验区建设，进一步深化旅游业改革、扩大对外开放。根据《国务院关于印发中国（上海）自由贸易试验区总体方案的通知》精神和试验区实际情况，按照改革创新、先行先试的原则，现提出以下意见：

一、委托你局依照《旅游法》和《旅行社条例》的规定，受理并审批外商在上海设立中外合资经营旅行社、中外合作经营旅行社和外资旅行社。

二、中外合资旅行社迁址注册试验区的，其取得经营许可的时间按照迁入前旅行社的设立时间起算。

三、外商投资境内出境游组团社成为中外合资旅行社并迁址试验区注册的，原出境游组团社出境旅游业务经营资格不再有效，该中外合资旅行社取得经营许可的时间按照原出境游组团社的设立时间起算。

四、国家旅游局审批试验区内注册的符合条件的中外合资旅行社，申请经营除台湾地区以外出境旅游业务的时限为 20 个工作日。

五、试验区内中外合资旅行社经营除台湾地区以外出境旅游业务的监管，由你局在上海市政府的领导下具体实施。

关于旅游支持试验区建设的意见，由我局职能司室会同你局具体落实。你局应在上海市政府的领导下切实履行法定职责，加强监管，不断创新，为推动试验区建设作出积极贡献。

国家旅游局

2014 年 3 月 14 日

◎财政部关于支持会计师事务所在中国（上海）自由贸易试验区设立分所并开展试点工作的通知

财会〔2014〕20号

各省、自治区、直辖市财政厅（局），深圳市财政委员会：

为了认真贯彻《中共中央关于全面深化改革若干重大问题的决定》和《国务院关于印发中国（上海）自由贸易试验区总体方案的通知》（国发〔2013〕38号），促进注册会计师行业抢抓机遇加快发展，现就进一步扩大开放、支持会计师事务所在中国（上海）自由贸易试验区（以下简称上海自贸区）设立分所的有关问题通知如下：

一、支持合伙制或者完成特殊普通合伙转制满一年（按自财政部门批准转制日起至提出设立上海自贸区分所的书面申请日止计算）、内部整合到位且运行平稳的会计师事务所先行试点，在上海自贸区设立一家分所，允许其使用含“上海自贸试验区”字样的分所名称，标准用名为XX会计师事务所上海自贸试验区分所或上海XX会计师事务所自贸试验区分所。

二、在上海自贸区设立分所暂按跨省级行政区划设立分所审批办理。会计师事务所在上海自贸区设立分所，应当同时具备《会计师事务所审批和监督暂行办法》（财政部令第24号）第二十三条、第二十四条规定的条件、《会计师事务所分所管理暂行办法》（财会〔2010〕2号）第三条规定的条件和《财政部 证监会关于调整证券资格会计师事务所申请条件的通知》（财会〔2012〕2号）第三条规定的条件。申请材料和审批流程参照上述三个文件的相关规定办理。

三、总所设立登记在上海市的会计师事务所，其上海自贸区分所由总所实施集中统一管理。总所设立登记在其他省（自治区、直辖市）的会计师事务所，且已在上海市设立分所的，其上海自贸区分所由上海分所直接管理，上海自贸区分所负责人由上海分所负责人兼任。总所设立登记在其他省（自治区、直辖市）的会计师事务所，且在本《通知》施行之前尚未在上海市设立分所的，如其申请设立上海自贸区分所，不再接受其设立上海分所的申请。

四、拟在上海自贸区设立分所的会计师事务所，应当向上海市财政局提出申请，并由其依法审批。原中外合作会计师事务所依据《注册会计师法》和《中外合作会计师事务所本土化转制方案》（财会〔2012〕8号）要求，在本土化转制过渡期内（2017年12月31日之前）申请设立上海自贸区分所的，应当同时向财政部和上海市财政局提出申请，申请材料由上海市财政局审查后报财政部批准。

会计师事务所申请设立上海自贸区分所的，由该会计师事务所的首席合伙人出具书面承诺，承诺对其上海自贸区分所在人事、财务、执业标准、质量控制、信息管理等方面实施“五统一”管理。该书面承诺应由首席合伙人签字确认，并由审批机关连同其他申请材料予以公示。

五、会计师事务所要抓住在上海自贸区设立分所的机遇，一手抓内部治理和质量控制，一手抓人才储备和业务开拓，积极开展高端型、综合型、外向型、国际化业务，促进会计师事务所业务和人才“走出去”，不断提升我国注册会计师行业的竞争力和影响力。

六、会计师事务所应加强对上海自贸区分所的“五统一”管理，在年度报备信息中单独说明上海自贸区分所的业务开展情况，有关要求由财政部在布置年度报备工作时另行规定。

禁止借在上海自贸区设立分所之名吸收、允许任何执业队伍挂靠执业或实行违背“五统一”要求的松散管理。对于上海自贸区分所违背“五统一”要求实施管理、开展业务的，责令限期整改。整改不力的，依法撤回分所许可。对发现的其他问题，要及时处理并反馈我部。

财政部

2014 年 4 月 4 日

◎中国保监会办公厅关于进一步简化行政审批支持中国（上海）自由贸易试验区发展的通知

保监厅发〔2014〕36 号

上海保监局，各保险公司：

为进一步贯彻落实党中央、国务院关于建设中国（上海）自由贸易试验区（以下简称自贸区）的重要战略部署，深化保险业行政审批改革，推动保险业更好参与和服务自贸区建设，现就相关事项通知如下：

一、允许上海航运保险协会试点开发航运保险协会条款，报备后由会员公司自主使用。

二、取消在沪航运保险营运中心、再保险公司在自贸区内设立分支机构的事前审批，由上海保监局实施备案管理。

三、取消自贸区内保险支公司高管人员任职资格的事前审批，由上海保监局实施备案管理。

中国保监会办公厅

2014 年 5 月 15 日

◎财政部、海关总署、税务总局关于扩大启运港退税政策试点范围的通知

财税〔2014〕53 号

各省、自治区、直辖市、计划单列市财政厅（局）、国家税务局，海关总署广东分署、各直属海关，新疆生产建设兵团财务局：

根据《国务院关于印发中国（上海）自由贸易试验区总体方案的通知》（国发〔2013〕38 号）的有关规定，结合前期试点情况，决定扩大启运港退税政策试点。现将有关事项通知如下：

一、政策适用范围

对从启运地启运报关出口，并由符合条件的运输企业承运，从水路转关直航运输经上海(以下称离境地)洋山保税港区(以下称离境港)离境的集装箱货物，实行启运港退税政策。

（一）适用启运港退税政策的启运地口岸为南京市龙潭港、苏州市太仓港、连云港市连云港港、芜湖市朱家桥港、九江市城西港、青岛市前湾港、武汉市阳逻港、岳阳市城陵矶港（以下称启运港），出口口岸为洋山保税港区，运输方式为水路运输。

（二）适用启运港退税政策的运输企业和运输工具应满足以下条件：

1. 运输企业应在启运地与离境地之间设有直航航线，纳税信用级别被税务机关评价为B级及以上，并且三年内无走私违规记录。

2. 运输工具应配备导航定位、全程视频监控设备，并且符合海关对承运海关监管货物的运输工具的相关要求。

相关省、直辖市、计划单列市的税务部门应会同当地财政、海关等部门，根据上述条件确定运输企业和运输工具名单，定期报国家税务总局汇总发布。

（三）适用启运港退税政策的出口企业应同时满足以下条件：

1. 纳税信用级别被税务机关评价为B级及以上，并且不属于出口退税审核关注信息中关注企业级别为一至三级的自营出口企业。

2. 属于海关管理的B类及以上企业。

二、主要流程

（一）启运地海关依出口企业申请，对其从启运港启运的符合条件的货物办理放行手续后，签发出口货物报关单(出口退税专用)(以下称退税证明联)。

（二）出口企业凭启运地海关出具的退税证明联及相关材料到主管退税的税务机关申请办理退税。出口企业首次申请办理退税前，应向主管出口退税的税务机关进行启运港退税备案。

（三）在退税证明联所列全部货物进入离境港后，离境地海关办理转关核销手续，启运地海关办理结关核销手续。

（四）海关总署将已启运并签发退税证明联的报关单数据(加标识)实时发送给国家税务总局，每月将正常结关核销的报关单数据（加标识）和未实际到达离境港货物的报关单数据(加标识)发送给国家税务总局。国家税务总局将已退税的报关单数据反馈海关总署。

（五）主管出口退税的税务机关，根据国家税务总局清分的退税证明联及结关核销报关单数据，为出口企业办理退税及调整已退税额。

对已办理出口退税手续的货物，自启运日起2个月内未办理结关核销手续的，视为未实际出口货物，应追缴已退税款，不再享受启运港退税政策。

（六）货物如未运抵离境港出口，海关撤销出口货物报关单，收回已签发的退税证明联并由海关总署向国家税务总局提供相应的电子数据。对已办理出口退税手续的货物，企业应按照现行规定向海关提供税务机关出具的货物已补税或未退税证明。

三、启运港退税的具体管理办法，由海关总署和国家税务总局另行制定。

四、各地海关和国税部门应加强沟通，建立联系配合机制，互通企业守法诚信信息和货物异常出运情况。财政、海关和国税部门要密切跟踪启运港退税政策运行情况，对工作中出现的问题及时上报财政部(税政司)、海关总署(监管司)和国家税务总局(货物和劳务税司)。

五、本通知自2014年9月1日起执行。《财政部国家税务总局关于在上海试行启运港退税政策的通知》（财税〔2012〕14号）自本通知执行之日起废止。

财政部　海关总署　税务总局

2014年7月30日

◎国务院关于在中国（上海）自由贸易试验区内暂时调整实施有关行政法规和经国务院批准的部门规章规定的准入特别管理措施的决定

国发〔2014〕38号

各省、自治区、直辖市人民政府，国务院各部委、各直属机构：

为适应在中国（上海）自由贸易试验区进一步扩大开放的需要，国务院决定在试验区内暂时调整实施《中华人民共和国国际海运条例》、《中华人民共和国认证认可条例》、《盐业管理条例》以及《外商投资产业指导目录》、《汽车产业发展政策》、《外商投资民用航空业规定》规定的有关资质要求、股比限制、经营范围等准入特别管理措施（目录附后）。

国务院有关部门、上海市人民政府要根据上述调整，及时对本部门、本市制定的规章和规范性文件作相应调整，建立与进一步扩大开放相适应的管理制度。

国务院将根据试验区改革开放措施的实施情况，适时对本决定的内容进行调整。

附件：国务院决定在中国（上海）自由贸易试验区内暂时调整实施有关行政法规和经国务院批准的部门规章规定的准入特别管理措施目录

国务院

2014年9月4日

附件

国务院决定在中国（上海）自由贸易试验区内暂时调整实施有关行政法规和经国务院批准的部门规章规定的准入特别管理措施目录

序号	准入特别管理措施	调整实施情况
1	《中华人民共和国国际海运条例》 第二十九条第一款：经国务院交通主管部门批准，外商可以依照有关法律、行政法规以及国家其他有关规定，投资设立中外合资经营企业或者中外合作经营企业，经营国际船舶运输、国际船舶代理、国际船舶管理、国际海运货物装卸、国际海运货物仓储、国际海运集装箱站和堆场业务；并可以投资设立外资企业经营国际海运货物仓储业务。	暂时停止实施相关内容，允许外商以独资形式从事国际海运货物装卸、国际海运集装箱站和堆场业务
2	《中华人民共和国国际海运条例》 第二十九条第二款、第三款： 经营国际船舶运输、国际船舶代理业务的中外合资经营企业，企业中外商的出资比例不得超过49%。 经营国际船舶运输、国际船舶代理业务的中外合作经营企业，企业中外商的投资比例比照适用前款规定。	暂时停止实施相关内容，允许外商以合资、合作形式从事公共国际船舶代理业务，外方持股比例放宽至51%

续表

序号	准入特别管理措施	调整实施情况
2	《外商投资产业指导目录》 限制外商投资产业目录 六、批发和零售业 5. 船舶代理（中方控股）、外轮理货（限于合资、合作）	暂时停止实施相关内容，允许外商以合资、合作形式从事公共国际船舶代理业务，外方持股比例放宽至 51%
3	《中华人民共和国认证认可条例》 第十一条第一款：设立外商投资的认证机构除应当符合本条例第十条规定的条件外，还应当符合下列条件： （一）外方投资者取得其所在国家或者地区认可机构的认可； （二）外方投资者具有 3 年以上从事认证活动的业务经历。 《外商投资产业指导目录》 限制外商投资产业目录 十、科学研究、技术服务和地质勘查业 2. 进出口商品检验、鉴定、认证公司	暂时停止实施相关内容，取消对外商投资进出口商品认证公司的限制，取消对投资方的资质要求
4	《盐业管理条例》 第二十条：盐的批发业务，由各级盐业公司统一经营。未设盐业公司的地方，由县级以上人民政府授权的单位统一组织经营。	暂时停止实施相关内容，允许外商以独资形式从事盐的批发，服务范围限于试验区内
5	《外商投资产业指导目录》 鼓励外商投资产业目录 二、采矿业 4. 提高原油采收率及相关新技术的开发应用（限于合资、合作）	暂时停止实施相关内容，允许外商以独资形式从事提高原油采收率（以工程服务形式）及相关新技术的开发应用
6	《外商投资产业指导目录》 鼓励外商投资产业目录 二、采矿业 5. 物探、钻井、测井、录井、井下作业等石油勘探开发新技术的开发与应用（限于合资、合作）	暂时停止实施相关内容，允许外商以独资形式从事物探、钻井、测井、录井、井下作业等石油勘探开发新技术的开发与应用
7	《外商投资产业指导目录》 禁止外商投资产业目录 三、制造业 （一）饮料制造业 1. 我国传统工艺的绿茶及特种茶加工（名茶、黑茶等）	暂时停止实施相关内容，允许外商以合资、合作形式（中方控股）从事中国传统工艺的绿茶加工
8	《外商投资产业指导目录》 鼓励外商投资产业目录 三、制造业 （八）造纸及纸制品业 1. 主要利用境外木材资源的单条生产线年产 30 万吨及以上规模化学木浆和单条生产线年产 10 万吨及以上规模化学机械木浆以及同步建设的高档纸及纸板生产（限于合资、合作）	暂时停止实施相关内容，允许外商以独资形式从事主要利用境外木材资源的单条生产线年产 30 万吨及以上规模化学木浆和单条生产线年产 10 万吨及以上规模化学机械木浆以及同步建设的高档纸及纸板生产
9	《外商投资产业指导目录》 鼓励外商投资产业目录 三、制造业 （十七）通用设备制造业 7. 400 吨及以上轮式、履带式起重机械制造（限于合资、合作）	暂时停止实施相关内容，允许外商以独资形式从事 400 吨及以上轮式、履带式起重机械制造

续表

序号	准入特别管理措施	调整实施情况
10	《外商投资产业指导目录》 限制外商投资产业目录 三、制造业 （十）通用设备制造业 1. 各类普通级（P0）轴承及零件（钢球、保持架）、毛坯制造	暂时停止实施相关内容，取消对外商投资各类普通级（P0）轴承及零件（钢球、保持架）、毛坯制造的限制
11	《外商投资产业指导目录》 限制外商投资产业目录 三、制造业 （十一）专用设备制造业 2. 320 马力及以下推土机、30 吨级及以下液压挖掘机、6 吨级及以下轮式装载机、220 马力及以下平地机、压路机、叉车、135 吨级及以下电力传动非公路自卸翻斗车、60 吨级及以下液力机械传动非公路自卸翻斗车、沥青混凝土搅拌与摊铺设备和高空作业机械、园林机械和机具、商品混凝土机械（托泵、搅拌车、搅拌站、泵车）制造	暂时停止实施相关内容，取消对外商投资 15 吨级以下（不含 15 吨）液压挖掘机、3 吨级以下（不含 3 吨）轮式装载机制造的限制
12	《外商投资产业指导目录》 限制外商投资产业目录 三、制造业 （十一）专用设备制造业 1. 一般涤纶长丝、短纤维设备制造	暂时停止实施相关内容，取消对外商投资一般涤纶长丝、短纤维设备制造的限制
13	《外商投资产业指导目录》 鼓励外商投资产业目录 三、制造业 （十九）交通运输设备制造业 3. 汽车电子装置制造与研发：发动机和底盘电子控制系统及关键零部件，车载电子技术（汽车信息系统和导航系统），汽车电子总线网络技术（限于合资），电子控制系统的输入（传感器和采样系统）输出（执行器）部件，电动助力转向系统电子控制器（限于合资），嵌入式电子集成系统（限于合资、合作）、电控式空气弹簧，电子控制式悬挂系统，电子气门系统装置，电子组合仪表，ABS/TCS/ESP 系统，电路制动系统（BBW），变速器电控单元（TCU），轮胎气压监测系统（TPMS），车载故障诊断仪（OBD），发动机防盗系统，自动避撞系统，汽车、摩托车型试验及维修用检测系统	暂时停止实施相关内容，允许外商以独资形式从事汽车电子总线网络技术、电动助力转向系统电子控制器制造与研发
14	《外商投资产业指导目录》 鼓励外商投资产业目录 三、制造业 （十九）交通运输设备制造业 6. 轨道交通运输设备（限于合资、合作）：高速铁路、铁路客运专线、城际铁路、干线铁路及城市轨道交通运输设备的整车和关键零部件（牵引传动系统、控制系统、制动系统）的研发、设计与制造；高速铁路、铁路客运专线、城际铁路及城市轨道交通乘客服务设施和设备的研发、设计与制造，信息化建设中有关信息系统的设计与研发；高速铁路、铁路客运专线、城际铁路的轨道和桥梁设备研发、设计与制造，轨道交通运输通信信号系统的研发、设计与制造，电气化铁路设备和器材制造、铁路噪声和振动控制技术与研发、铁路客车排污设备制造、铁路运输安全监测设备制造	暂时停止实施相关内容，允许外商以独资形式投资与高速铁路、铁路客运专线、城际铁路配套的乘客服务设施和设备的研发、设计与制造，与高速铁路、铁路客运专线、城际铁路相关的轨道和桥梁设备研发、设计与制造，电气化铁路设备和器材制造、铁路客车排污设备制造

续表

序号	准入特别管理措施	调整实施情况
15	《外商投资产业指导目录》 鼓励外商投资产业目录 三、制造业 （十九）交通运输设备制造业 18. 豪华邮轮及深水（3 000 米以上）海洋工程装备的设计（限于合资、合作） 24. 游艇的设计与制造（限于合资、合作）	暂时停止实施相关内容，允许外商以独资形式从事豪华邮轮、游艇的设计
16	《外商投资产业指导目录》 鼓励外商投资产业目录 三、制造业 （十九）交通运输设备制造业 22. 船舶舱室机械的设计与制造（中方相对控股）	暂时停止实施相关内容，允许外商以独资形式从事船舶舱室机械的设计
17	《外商投资产业指导目录》 鼓励外商投资产业目录 三、制造业 （十九）交通运输设备制造业 13. 航空发动机及零部件、航空辅助动力系统设计、制造与维修（限于合资、合作）	暂时停止实施相关内容，允许外商以独资形式从事航空发动机零部件的设计、制造与维修
18	《汽车产业发展政策》 第四十八条：汽车整车、专用汽车、农用运输车和摩托车中外合资生产企业的中方股份比例不得低于 50%。股票上市的汽车整车、专用汽车、农用运输车和摩托车股份公司对外出售法人股份时，中方法人之一必须相对控股且大于外资法人股之和。同一家外商可在国内建立两家（含两家）以下生产同类（乘用车类、商用车类、摩托车类）整车产品的合资企业，如与中方合资伙伴联合兼并国内其它汽车生产企业可不受两家的限制。境外具有法人资格的企业相对控股另一家企业，则视为同一家外商。	暂时停止实施相关内容，允许外商以独资形式从事摩托车（排量≤ 250ml）生产
19	《外商投资产业指导目录》 鼓励外商投资产业目录 三、制造业 （十九）交通运输设备制造业 5. 大排量（排量＞ 250ml）摩托车关键零部件制造：摩托车电控燃油喷射技术（限于合资、合作）、达到中国摩托车Ⅲ阶段污染物排放标准的发动机排放控制装置	暂时停止实施相关内容，允许外商以独资形式从事大排量（排量＞ 250ml）摩托车关键零部件制造：摩托车电控燃油喷射技术
20	《外商投资产业指导目录》 鼓励外商投资产业目录 三、制造业 （二十）电气机械及器材制造业 6. 输变电设备制造（限于合资、合作）：非晶态合金变压器、500 千伏及以上高压开关用操作机构、灭弧装置、大型盆式绝缘子（1 000 千伏、50 千安以上），500 千伏及以上变压器用出线装置、套管（交流 500、750、1 000 千伏，直流所有规格）、调压开关（交流 500、750、1 000 千伏有载、无载调压开关），直流输电用干式平波电抗器，±800 千伏直流输电用换流阀（水冷设备、直流场设备），符合欧盟 RoHS 指令的电器触头材料及无 Pb、Cd 的焊料	暂时停止实施相关内容，允许外商以独资形式从事符合欧盟 RoHS 指令的电器触头材料及无 Pb、Cd 的焊料制造

续表

序号	准入特别管理措施	调整实施情况
21	《外商投资产业指导目录》 鼓励外商投资产业目录 五、交通运输、仓储和邮政业 2. 支线铁路、地方铁路及其桥梁、隧道、轮渡和站场设施的建设、经营（限于合资、合作）	暂时停止实施相关内容，允许外商以独资形式从事地方铁路及其桥梁、隧道、轮渡和站场设施的建设、经营
22	《外商投资产业指导目录》 限制外商投资产业目录 六、批发和零售业 2. 粮食收购，粮食、棉花、植物油、食糖、烟草、原油、农药、农膜、化肥的批发、零售、配送（设立超过30家分店、销售来自多个供应商的不同种类和品牌商品的连锁店由中方控股）	暂时停止实施相关内容，允许外商以独资形式从事植物油、食糖、化肥的批发、零售、配送，粮食、棉花的零售、配送，取消门店数量限制
23	《外商投资产业指导目录》 限制外商投资产业目录 六、批发和零售业 1. 直销、邮购、网上销售	暂时停止实施相关内容，取消对外商投资邮购和一般商品网上销售的限制
24	《外商投资产业指导目录》 限制外商投资产业目录 五、交通运输、仓储和邮政业 1. 铁路货物运输公司	暂时停止实施相关内容，允许外商以独资形式从事铁路货物运输业务
25	《外商投资民用航空业规定》 第四条：外商投资方式包括： （一）合资、合作经营（简称“合营”）； （二）购买民航企业的股份，包括民航企业在境外发行的股票以及在境内发行的上市外资股； （三）其他经批准的投资方式。 外商以合作经营方式投资公共航空运输和从事公务飞行、空中游览的通用航空企业，必须取得中国法人资格。	允许外商以独资形式从事航空运输销售代理业务
26	《外商投资产业指导目录》 限制外商投资产业目录 八、房地产业 3. 房地产二级市场交易及房地产中介或经纪公司	暂时停止实施相关内容，取消对外商投资房地产中介或经纪公司的限制
27	《外商投资产业指导目录》 限制外商投资产业目录 十、科学研究、技术服务和地质勘查业 3. 摄影服务（含空中摄影等特技摄影服务，但不包括测绘航空摄影，限于合资）	暂时停止实施相关内容，允许外商以独资形式从事摄影服务（不含空中摄影等特技摄影服务）

2015年政策文件

◎国家外汇管理局关于改革和规范资本项目结汇管理政策的通知

汇发〔2016〕16号

国家外汇管理局各省、自治区、直辖市分局、外汇管理部，深圳、大连、青岛、厦门、宁波市分局；各中资外汇指定银行：

为进一步深化外汇管理体制改革，更好地满足和便利境内企业经营与资金运作需要，国家外汇管理局决定在总结前期部分地区试点经验的基础上，在全国范围内推广企业外债资金结汇管理方式改革，同时统一规范资本项目外汇收入意愿结汇及支付管理。现就有关问题通知如下：

一、在全国范围内实施企业外债资金结汇管理方式改革

在中国（上海）自由贸易试验区、中国（天津）自由贸易试验区、中国（广东）自由贸易试验区、中国（福建）自由贸易试验区相关试点经验的基础上，将企业外债资金结汇管理方式改革试点推广至全国。自本通知实施之日起，境内企业（包括中资企业和外商投资企业，不含金融机构）外债资金均可按照意愿结汇方式办理结汇手续。

二、统一境内机构资本项目外汇收入意愿结汇政策

资本项目外汇收入意愿结汇是指相关政策已经明确实行意愿结汇的资本项目外汇收入（包括外汇资本金、外债资金和境外上市调回资金等），可根据境内机构的实际经营需要在银行办理结汇。现行法规对境内机构资本项目外汇收入结汇存在限制性规定的，从其规定。

境内机构资本项目外汇收入意愿结汇比例暂定为100%。国家外汇管理局可根据国际收支形势适时对上述比例进行调整。

在实行资本项目外汇收入意愿结汇的同时，境内机构仍可选择按照支付结汇制使用其外汇收入。银行按照支付结汇原则为境内机构办理每一笔结汇业务时，均应审核境内机构上一笔结汇（包括意愿结汇和支付结汇）资金使用的真实性与合规性。

境内机构外汇收入境内原币划转及其跨境对外支付按现行外汇管理规定办理。

三、境内机构资本项目外汇收入意愿结汇所得人民币资金纳入结汇待支付账户管理

境内机构原则上应在银行开立一一对应的“资本项目—结汇待支付账户”（以下简称结汇待支付账户），用于存放资本项目外汇收入意愿结汇所得人民币资金，并通过该账户办理各类支付手续。境内机构在同一银行网点开立的同名资本金账户、境内资产变现账户、境内再投资账户、外债专用账户、境外上市专用账户及符合规定的

其他类型的资本项目账户，可共用一个结汇待支付账户。境内机构按支付结汇原则结汇所得人民币资金不得通过结汇待支付账户进行支付。

结汇待支付账户的收入范围包括：由同名或开展境内股权投资企业的资本金账户、境内资产变现账户、境内再投资账户、外债专用账户、境外上市专用账户及符合规定的其他类型的资本项目外汇账户结汇划入的资金，由同名或开展境内股权投资企业的结汇待支付账户划入的资金，由本账户合规划出后划回的资金，因交易撤销退回的资金，符合规定的人民币收入，账户利息收入，以及经外汇局（银行）登记或外汇局核准的其他收入。

结汇待支付账户的支出范围包括：经营范围内的支出，支付境内股权投资资金和人民币保证金，划往资金集中管理专户、同名结汇待支付账户，购付汇或直接对外偿还外债、划往还本付息专用账户，购付汇或直接汇往境外用于回购境外股份或境外上市其他支出，外国投资者减资、撤资资金购付汇或直接对外支付，为境外机构代扣代缴境内税费，代境内国有股东将国有股减持收入划转社保基金，购付汇或直接对外支付经常项目支出及经外汇局（银行）登记或外汇局核准的其他资本项目支出。

结汇待支付账户内的人民币资金不得购汇划回资本项目外汇账户。由结汇待支付账户划出用于担保或支付其他保证金的人民币资金，除发生担保履约或违约扣款的，均需原路划回结汇待支付账户。

四、境内机构资本项目外汇收入的使用应在经营范围内遵循真实、自用原则

境内机构的资本项目外汇收入及其结汇所得人民币资金，可用于自身经营范围内的经常项下支出，以及法律法规允许的资本项下支出。

境内机构的资本项目外汇收入及其结汇所得人民币资金的使用，应当遵守以下规定：

（一）不得直接或间接用于企业经营范围之外或国家法律法规禁止的支出；

（二）除另有明确规定外，不得直接或间接用于证券投资或除银行保本型产品之外的其他投资理财；

（三）不得用于向非关联企业发放贷款，经营范围明确许可的情形除外；

（四）不得用于建设、购买非自用房地产（房地产企业除外）。

境内机构与其他当事人之间对资本项目收入使用范围存在合同约定的，不得超出该合同约定的范围使用相关资金。除另有规定外，境内机构与其他当事人之间的合同约定不应与本通知存在冲突。

五、规范资本项目收入及其结汇资金的支付管理

（一）境内机构使用资本项目收入办理结汇和支付时，均应填写《资本项目账户资金支付命令函》（见附件）。结汇所得人民币资金直接划入结汇待支付账户的，境内机构不需要向银行提供资金用途证明材料。境内机构申请使用资本项目收入办理支付（包括结汇后不进入结汇待支付账户而是直接办理对外支付、从结汇待支付账户办理人民币对外支付或直接从资本项目外汇账户办理对外付汇）时，应如实向银行提供与资金用途相关的真实性证明材料。

（二）银行应履行“了解客户”、“了解业务”、“尽职审查”等展业原则，在为境内机构办理资本项目收入结汇和支付时承担真实性审核责任。在办理每一笔资金支付时，均应审核前一笔支付证明材料的真实性与合规性。银行应留存境内机构资本项目外汇收入结汇及使用的相关证明材料5年备查。

银行应按照《国家外汇管理局关于发布〈金融机构外汇业务数据采集规范（1.0版）〉的通知》（汇发〔2014〕18号）的要求，及时报送与资本金账户、境内资产变现账户、境内再投资账户、

外债专用账户、境外上市专用账户、其他类型的资本项目账户、结汇待支付账户（账户性质代码2113）有关的账户、跨境收支、境内划转、账户内结售汇等信息。其中，结汇待支付账户与其他人民币账户之间的资金划转，应通过填写境内收付款凭证报送境内划转信息，并在“发票号”栏中填写资金用途代码（按照汇发〔2014〕18号文件中“7.10结汇用途代码”填写）；除货物贸易核查项下的支付，其他划转的交易编码均填写为“929070”。

（三）对于境内机构确有特殊原因暂时无法提供真实性证明材料的，银行可在履行尽职审查义务、确定交易具备真实交易背景的前提下为其办理相关支付，并应于办理业务当日通过外汇局相关业务系统向外汇局提交特殊事项备案。银行应在支付完毕后20个工作日内收齐并审核境内机构补交的相关证明材料，并通过相关业务系统向外汇局报告特殊事项备案业务的真实性证明材料补交情况。

对于境内机构以备用金名义使用资本项目收入的，银行可不要求其提供上述真实性证明材料。单一机构每月备用金（含意愿结汇和支付结汇）支付累计金额不得超过等值20万美元。

对于申请一次性将全部资本项目外汇收入支付结汇或将结汇待支付账户中全部人民币资金进行支付的境内机构，如不能提供相关真实性证明材料，银行不得为其办理结汇、支付。

六、进一步强化外汇局事后监管与违规查处

（一）外汇局应根据《中华人民共和国外汇管理条例》（国务院令第532号）、《国家外汇管理局关于发布〈外债登记管理办法〉的通知》（汇发〔2013〕19号）、《国家外汇管理局关于印发〈外国投资者境内直接投资外汇管理规定〉及配套文件的通知》（汇发〔2013〕21号）、《国家外汇管理局关于境外上市外汇管理有关问题的通知》（汇发〔2014〕54号）等有关规定加强对银行办理境内机构资本项目收入结汇和支付使用等业务合规性的指导和核查。核查的方式包括要求相关业务主体提供书面说明和业务材料、约谈负责人、现场查阅或复制业务主体相关资料、通报违规情况等。

（二）对于违反本通知办理资本项目收入结汇和支付使用等业务的境内机构和银行，外汇局依据《中华人民共和国外汇管理条例》及有关规定予以查处。对于严重、恶意违规的银行可依法暂停其资本项下结售汇业务办理。对于严重、恶意违规的境内机构可依法暂停其办理意愿结汇资格或在外汇局资本项目信息系统中对其进行业务管控，且在其提交书面说明函并进行相应整改前，不得为其办理其他资本项下业务或取消业务管控。

本通知自发布之日起实施。《国家外汇管理局关于发布〈外债登记管理办法〉的通知》（汇发〔2013〕19号）、《国家外汇管理局关于境外上市外汇管理有关问题的通知》（汇发〔2014〕54号）、《国家外汇管理局关于改革外商投资企业外汇资本金结汇管理方式的通知》（汇发〔2015〕19号）、《国家外汇管理局关于印发〈跨国公司外汇资金集中运营管理规定〉的通知》（汇发〔2015〕36号）等此前规定与本通知内容不一致的，以本通知为准。

国家外汇管理局各分局、外汇管理部接到本通知后，应及时转发辖内中心支局、支局、城市商业银行及外资银行。各中资外汇指定银行收到本通知后，应尽快转发所辖分支行。执行中如遇问题，请及时向国家外汇管理局资本项目管理司反映。

附件：资本项目账户资金支付命令函（略）

国家外汇管理局

2016年6月9日

◎国务院关于同意建立国务院自由贸易试验区工作部际联席会议制度的批复

国函〔2015〕18号

商务部：

你部关于建立国务院自由贸易试验区工作部际联席会议制度的请示收悉。现批复如下：

同意建立由国务院领导同志牵头负责的国务院自由贸易试验区工作部际联席会议制度。联席会议不刻制印章，不正式行文，请按照国务院有关文件精神认真组织开展工作。

附件：国务院自由贸易试验区工作部际联席会议制度

国务院

2015年2月7日

附件

国务院自由贸易试验区工作部际联席会议制度

为加强部门间协调配合，推进自由贸易试验区建设工作，经国务院同意，建立国务院自由贸易试验区工作部际联席会议（以下简称联席会议）制度。

一、主要职能

在国务院领导下，统筹协调全国自由贸易试验区试点工作。对全国自由贸易试验区深化改革试点工作进行宏观指导；协调解决自由贸易试验区改革试验中遇到的重大问题；及时评估、总结自由贸易试验区改革试点经验，提出复制推广意见和建议；完成国务院交办的其他事项。

二、成员单位

联席会议由商务部、中央宣传部、中央财办、发展改革委、教育部、工业和信息化部、公安部、司法部、财政部、人力资源社会保障部、国土资源部、住房城乡建设部、交通运输部、文化部、卫生计生委、人民银行、海关总署、税务总局、工商总局、质检总局、新闻出版广电总局、知识产权局、旅游局、港澳办、法制办、台办、银监会、证监会、保监会、外汇局等30个部门和单位组成，商务部为牵头单位。

国务院分管自由贸易试验区工作的领导同志担任联席会议召集人，商务部主要负责同志、协助分管自由贸易试验区工作的国务院副秘书长和中央宣传部、发展改革委有关负责同志担任副召集人，其他成员单位有关负责同志为联席会议成员（名单附后）。根据工作需要，联席会议可邀请其他相关部门参加。联席会议成员因工作变动需要调整的，由所在单位提出，联席会议确定。

联席会议办公室设在商务部，承担联席会议日常工作，商务部分管负责同志兼任办公室主任。联席会议设联络员，由各成员单位有关司局负责同志担任。

三、工作规则

联席会议根据工作需要定期或不定期召开会议，由召集人或召集人委托的副召集人主持。成员单位根据工作需要可以提出召开会议的建议。在全体会议之前，召开联络员会议，研究讨论联席会议议题和需提交联席会议议定的事项及其他有关事项。联席会议以会议纪要形式明确会议议定事项，印发有关方面并抄报国务院，重大事项按程序报批。

四、工作要求

各成员单位要按照职责分工，深入研究自由贸易试验区工作有关问题，制订相关配套政策措施或提出政策措施建议。认真落实联席会议确定的工作任务和议定事项。加强沟通，密切配合，相互支持，形成合力，充分发挥联席会议作用，形成高效运行的工作机制。联席会议办公室要及时向各成员单位通报情况。

附：国务院自由贸易试验区工作部际联席会议成员名单（略）

◎中国银监会办公厅关于中国（天津）自由贸易试验区银行业监管有关问题的意见

银监办函〔2015〕6号

天津银监局：

你局《关于支持中国（天津）自由贸易试验区有关问题的请示》（津银监字〔2015〕13号）收悉。现提出如下意见：

一、根据国务院同意设立中国（天津）自由贸易试验区有关批复精神，中国（天津）自由贸易试验区银行业监管事项可比照中国（上海）自由贸易试验区有关政策（《中国银监会关于中国（上海）自由贸易试验区银行业监管有关问题的通知》，银监发〔2013〕40号）执行。

二、经国务院批准设立的其他自由贸易试验区银行业监管事项亦可比照当前中国（上海）自由贸易试验区有关政策执行。

三、各银监局应加强对辖内自由贸易试验区银行业金融机构的监督管理，及时报告有关重大问题。

附件：中国银监会关于中国（上海）自由贸易试验区银行业监管有关问题的通知（见银监发〔2013〕40号）

2015年2月17日

◎国家旅游局关于支持中国（福建）自由贸易试验区旅游业开放意见的函

旅函〔2015〕11号

福建省人民政府：

为响应中央关于设立福建自贸区的战略决策，推动福建自贸区对外开放和合作水平的进一步提升，努力把福建自贸区建设成为两岸旅游合作先行示范区，21世纪海上丝绸之路旅游核心区，对自贸区内旅游业的进一步开放提出意见如下：

一、支持福建自贸区旅游业对外开放

1、扩大旅行社业开放。在上海自贸区的基础上，进一步增加经营出境游外资旅行社数量，创新管理体制，支持创新对旅行社经营的事中、事后监管模式。支持在福建自贸区内设立的外资合资旅行社经营大陆居民出国（境）（不包括赴台湾地区）的团队旅游业务；允许3家台资合资旅行社试点经营福建居民赴台湾地区团队旅游业务。

2、放宽旅游从业人员限制。支持台湾合法导游、领队经自贸区旅游主管部门培训认证后，换发证件，在自贸区所在设市区（或试验区）执业。支持在自贸区内居住一年以上的台籍居民报考导游资格证，并按规定申领导游证后在大陆执业。

二、提升旅游及相关领域整体开放水平

3、支持平潭建设国际旅游岛。推行国际通行的旅游服务标准，加快旅游要素转型升级，开发特色旅游产品，拓展文化体育竞技功能，建设休闲度假旅游目的地。在改革试验、资金安排、规划及实施、国际旅游市场拓展、人才培养和队伍建设等方面给予大力支持。会同有关方面，支持平潭离岛旅客购物免税、境外旅客购物离境退税政策落地。

4、促进整体开放带动旅游发展。根据上海自贸区经验，特色医疗、娱乐演艺、职业教育、旅游装备等领域地进一步开放将有利于形成新的特色旅游区域，进而提升区域旅游竞争力。因此要积极推动相关领域开放，实现整个服务贸易发展水平的提升。

5、推动实施旅游便利化措施。人员往来便利是旅游业开放程度的重要体现。积极争取海关、交通、公安等管理部门进一步优化管理措施，推动人员流动便利化，实现自贸区口岸过境免签或自贸区所在省市长时间停留等更加便捷地签注措施；推动与旅游业相关的邮轮、游艇等旅游运输工具出行的便利化，重点突破在口岸通关、监管查验、码头设置、牌照互认、航行区域规划等方面的政策难点。

三、推动相关制度创新

6、探索实现区内区外联动。旅游业不同于工业和一般商业服务，特别是代表竞争优势的新业态更需突破自贸区范围的限制。为此应将在区内注册区外服务作为制度创新加以重视。支持邮轮、度假区、低空飞行等领域的企业纳入自贸区框架管理。

7、鼓励旅游金融创新。自贸区是金融创新的高地。充分利用自贸区金融国际化水平高、人才集聚效应明显的特点，推动旅游金融产品创新，开拓适合旅游业特点的对外投资、融资、并购多种渠道，提升旅游产业的国际化和现代化水平。

国家旅游局

2015年3月19日

◎国务院办公厅关于印发自由贸易试验区外商投资准入特别管理措施（负面清单）的通知

国办发〔2015〕23号

各省、自治区、直辖市人民政府，国务院各部委、各直属机构：

《自由贸易试验区外商投资准入特别管理措施（负面清单）》已经国务院同意，现印发给你们，请认真执行。实施中的重大问题，要及时向国务院请示报告。

国务院办公厅

2015年4月8日

自由贸易试验区外商投资准入特别管理措施（负面清单）

说　明

一、《自由贸易试验区外商投资准入特别管理措施（负面清单）》（以下简称《自贸试验区负面清单》）依据现行有关法律法规制定，已经国务院批准，现予以发布。负面清单列明了不符合国民待遇等原则的外商投资准入特别管理措施，适用于上海、广东、天津、福建四个自由贸易试验区（以下统称自贸试验区）。

二、《自贸试验区负面清单》依据《国民经济行业分类》（GB/T4754—2011）划分为 15 个门类、50 个条目、122 项特别管理措施。其中特别管理措施包括具体行业措施和适用于所有行业的水平措施。

三、《自贸试验区负面清单》中未列出的与国家安全、公共秩序、公共文化、金融审慎、政府采购、补贴、特殊手续和税收相关的特别管理措施，按照现行规定执行。自贸试验区内的外商投资涉及国家安全的，须按照《自由贸易试验区外商投资国家安全审查试行办法》进行安全审查。

四、《自贸试验区负面清单》之外的领域，在自贸试验区内按照内外资一致原则实施管理，并由所在地省级人民政府发布实施指南，做好相关引导工作。

五、香港特别行政区、澳门特别行政区、台湾地区投资者在自贸试验区内投资参照《自贸试验区负面清单》执行。内地与香港特别行政区、澳门特别行政区关于建立更紧密经贸关系的安排及其补充协议，《海峡两岸经济合作框架协议》，我国签署的自贸协定中适用于自贸试验区并对符合条件的投资者有更优惠的开放措施的，按照相关协议或协定的规定执行。

六、《自贸试验区负面清单》自印发之日起 30 日后实施，并适时调整。

自由贸易试验区外商投资准入特别管理措施（负面清单）

序号	领域	特别管理措施
一、农、林、牧、渔业		
（一）	种业	1. 禁止投资中国稀有和特有的珍贵优良品种的研发、养殖、种植以及相关繁殖材料的生产（包括种植业、畜牧业、水产业的优良基因）。 2. 禁止投资农作物、种畜禽、水产苗种转基因品种选育及其转基因种子（苗）生产。 3. 农作物新品种选育和种子生产属于限制类，须由中方控股。 4. 未经批准，禁止采集农作物种质资源。
（二）	渔业捕捞	5. 在中国管辖水域从事渔业活动，须经中国政府批准。 6. 不批准以合作、合资等方式引进渔船在管辖水域作业的船网工具指标申请。
二、采矿业		
（三）	专属经济区与大陆架勘探开发	7. 对中国专属经济区和大陆架的自然资源进行勘查、开发活动或在中国大陆架上为任何目的进行钻探，须经中国政府批准。
（四）	石油和天然气开采	8. 石油、天然气（含油页岩、油砂、页岩气、煤层气等非常规油气）的勘探、开发，限于合资、合作。

续表

序号	领域	特别管理措施
（五）	稀土和稀有矿采选	9. 禁止投资稀土勘查、开采及选矿；未经允许，禁止进入稀土矿区或取得矿山地质资料、矿石样品及生产工艺技术。 10. 禁止投资钨、钼、锡、锑、萤石的勘查、开采。 11. 禁止投资放射性矿产的勘查、开采、选矿。
（六）	金属矿及非金属矿采选	12. 贵金属（金、银、铂族）勘查、开采，属于限制类。 13. 锂矿开采、选矿，属于限制类。 14. 石墨勘查、开采，属于限制类。
三、制造业		
（七）	航空制造	15. 干线、支线飞机设计、制造与维修，3 吨级及以上民用直升机设计与制造，地面、水面效应飞机制造及无人机、浮空器设计与制造，须由中方控股。 16. 通用飞机设计、制造与维修限于合资、合作。
（八）	船舶制造	17. 船用低、中速柴油机及曲轴制造，须由中方控股。 18. 海洋工程装备（含模块）制造与修理，须由中方控股。 19. 船舶（含分段）修理、设计与制造属于限制类，须由中方控股。
（九）	汽车制造	20. 汽车整车、专用汽车制造属于限制类，中方股比不低于 50%；同一家外商可在国内建立两家（含两家）以下生产同类（乘用车类、商用车类）整车产品的合资企业，如与中方合资伙伴联合兼并国内其他汽车生产企业可不受两家的限制。 21. 新建纯电动乘用车生产企业生产的产品须使用自有品牌，拥有自主知识产权和已授权的相关发明专利。
（十）	轨道交通设备制造	22. 轨道交通运输设备制造限于合资、合作（与高速铁路、铁路客运专线、城际铁路配套的乘客服务设施和设备的研发、设计与制造，与高速铁路、铁路客运专线、城际铁路相关的轨道和桥梁设备研发、设计与制造，电气化铁路设备和器材制造，铁路客车排污设备制造等除外）。 23. 城市轨道交通项目设备国产化比例须达到 70% 及以上。
（十一）	通信设备制造	24. 民用卫星设计与制造、民用卫星有效载荷制造须由中方控股。 25. 卫星电视广播地面接收设施及关键件生产属于限制类。
（十二）	矿产冶炼和压延加工	26. 钨、钼、锡（锡化合物除外）、锑（含氧化锑和硫化锑）等稀有金属冶炼属于限制类。 27. 稀土冶炼、分离属于限制类，限于合资、合作。 28. 禁止投资放射性矿产冶炼、加工。
（十三）	医药制造	29. 禁止投资列入《野生药材资源保护管理条例》和《中国稀有濒危保护植物名录》的中药材加工。 30. 禁止投资中药饮片的蒸、炒、炙、煅等炮制技术的应用及中成药保密处方产品的生产。
（十四）	其他制造业	31. 禁止投资象牙雕刻、虎骨加工、宣纸和墨锭生产等民族传统工艺。
四、电力、热力、燃气及水生产和供应业		
（十五）	原子能	32. 核电站的建设、经营，须由中方控股。 33. 核燃料、核材料、铀产品以及相关核技术的生产经营和进出口由具有资质的中央企业实行专营。 34. 国有或国有控股企业才可从事放射性固体废物处置活动。

续表

序号	领域	特别管理措施
（十六）	管网设施	35. 城市人口 50 万以上的城市燃气、热力和供排水管网的建设、经营属于限制类，须由中方控股。 36. 电网的建设、经营须由中方控股。
五、批发和零售业		
（十七）	专营及特许经营	37. 对烟草实行专营制度。烟草专卖品（指卷烟、雪茄烟、烟丝、复烤烟叶、烟叶、卷烟纸、滤嘴棒、烟用丝束、烟草专用机械）的生产、销售、进出口实行专卖管理，并实行烟草专卖许可证制度。禁止投资烟叶、卷烟、复烤烟叶及其他烟草制品的批发、零售。 38. 对中央储备粮（油）实行专营制度。中国储备粮管理总公司具体负责中央储备粮（含中央储备油）的收购、储存、经营和管理。 39. 对免税商品销售业务实行特许经营和集中统一管理。 40. 对彩票发行、销售实行特许经营，禁止在中华人民共和国境内发行、销售境外彩票。
六、交通运输、仓储和邮政业		
（十八）	道路运输	41. 公路旅客运输公司属于限制类。
（十九）	铁路运输	42. 铁路干线路网的建设、经营须由中方控股。 43. 铁路旅客运输公司属于限制类，须由中方控股。
（二十）	水上运输	44. 水上运输公司（上海自贸试验区内设立的国际船舶运输企业除外）属于限制类，须由中方控股，且不得经营以下业务：（1）中国国内水路运输业务，包括以租用中国籍船舶或者舱位等方式变相经营水路运输业务；（2）国内船舶管理、水路旅客运输代理和水路货物运输代理业务。 45. 船舶代理外资比例不超过 51%。 46. 外轮理货属于限制类，限于合资、合作。 47. 水路运输经营者不得使用外国籍船舶经营国内水路运输业务，经中国政府许可的特殊情形除外。 48. 中国港口之间的海上运输和拖航，由悬挂中华人民共和国国旗的船舶经营。外国籍船舶经营中国港口之间的海上运输和拖航，须经中国政府批准。
（二十一）	公共航空运输	49. 公共航空运输企业须由中方控股，单一外国投资者（包括其关联企业）投资比例不超过 25%。 50. 公共航空运输企业董事长和法定代表人须由中国籍公民担任。 51. 外国航空器经营人不得经营中国境内两点之间的运输。 52. 只有中国指定承运人可以经营中国与其他缔约方签订的双边运输协议确定的双边航空运输市场。
（二十二）	通用航空	53. 允许以合资方式投资专门从事农、林、渔作业的通用航空企业，其他通用航空企业须由中方控股。 54. 通用航空企业法定代表人须由中国籍公民担任。 55. 禁止外籍航空器或者外籍人员从事航空摄影、遥感测绘、矿产资源勘查等重要专业领域的通用航空飞行。
（二十三）	民用机场与空中交通管制	56. 禁止投资和经营空中交通管制系统。 57. 民用机场的建设、经营，须由中方相对控股。
（二十四）	邮政	58. 禁止投资邮政企业和经营邮政服务。 59. 禁止经营信件的国内快递业务。

续表

序号	领域	特别管理措施
七、信息传输、软件和信息技术服务业		
（二十五）	电信传输服务	60. 电信公司属于限制类，限于中国入世承诺开放的电信业务，其中：增值电信业务（电子商务除外）外资比例不超过50%，基础电信业务经营者须为依法设立的专门从事基础电信业务的公司，且公司中国有股权或者股份不少于51%。
（二十六）	互联网和相关服务	61. 禁止投资互联网新闻服务、网络出版服务、网络视听节目服务、网络文化经营（音乐除外）、互联网上网服务营业场所、互联网公众发布信息服务（上述服务中，中国入世承诺中已开放的内容除外）。 62. 禁止从事互联网地图编制和出版活动（上述服务中，中国入世承诺中已开放的内容除外）。 63. 互联网新闻信息服务单位与外国投资者进行涉及互联网新闻信息服务业务的合作，应报经中国政府进行安全评估。
八、金融业		
（二十七）	银行业股东机构类型要求	64. 境外投资者投资银行业金融机构，应为金融机构或特定类型机构。具体要求： （1）外商独资银行股东、中外合资银行外方股东应为金融机构，且外方唯一或者控股 / 主要股东应为商业银行； （2）投资中资商业银行、信托公司的应为金融机构； （3）投资农村商业银行、农村合作银行、农村信用（合作）联社、村镇银行的应为境外银行； （4）投资金融租赁公司的应为金融机构或融资租赁公司； （5）消费金融公司的主要出资人应为金融机构； （6）投资货币经纪公司的应为货币经纪公司； （7）投资金融资产管理公司的应为金融机构，且不得参与发起设立金融资产管理公司； （8）法律法规未明确的应为金融机构。
（二十八）	银行业资质要求	65. 境外投资者投资银行业金融机构须符合一定数额的总资产要求，具体包括： （1）外资法人银行外方唯一或者控股 / 主要股东、外国银行分行的母行； （2）中资商业银行、农村商业银行、农村合作银行、农村信用（合作）联社、村镇银行、信托公司、金融租赁公司、贷款公司、金融资产管理公司的境外投资者； （3）法律法规未明确不适用的其他银行业金融机构的境外投资者。 66. 境外投资者投资货币经纪公司须满足相关业务年限、全球机构网络和资讯通信网络等特定条件。
（二十九）	银行业股比要求	67. 境外投资者入股中资商业银行、农村商业银行、农村合作银行、农村信用（合作）联社、金融资产管理公司等银行业金融机构受单一股东和合计持股比例限制。
（三十）	外资银行	68. 除符合股东机构类型要求和资质要求外，外资银行还受限于以下条件： （1）外国银行分行不可从事《中华人民共和国商业银行法》允许经营的“代理发行、代理兑付、承销政府债券”、“代理收付款项”、“从事银行卡业务”，除可以吸收中国境内公民每笔不少于100万元人民币的定期存款外，外国银行分行不得经营对中国境内公民的人民币业务； （2）外国银行分行应当由总行无偿拨付营运资金，营运资金的一部分应以特定形式存在并符合相应管理要求； （3）外国银行分行须满足人民币营运资金充足性（8%）要求； （4）外资银行获准经营人民币业务须满足最低开业时间要求。
（三十一）	期货公司	69. 期货公司属于限制类，须由中方控股。

续表

序号	领域	特别管理措施
（三十二）	证券公司	70. 证券公司属于限制类，外资比例不超过 49%。 71. 单个境外投资者持有（包括直接持有和间接控制）上市内资证券公司股份的比例不超过 20%；全部境外投资者持有（包括直接持有和间接控制）上市内资证券公司股份的比例不超过 25%。
（三十三）	证券投资基金管理公司	72. 证券投资基金管理公司属于限制类，外资比例不超过 49%。
（三十四）	证券和期货交易	73. 不得成为证券交易所的普通会员和期货交易所的会员。 74. 不得申请开立 A 股证券账户以及期货账户。
（三十五）	保险机构设立	75. 保险公司属于限制类（寿险公司外资比例不超过 50%），境内保险公司合计持有保险资产管理公司的股份不低于 75%。 76. 申请设立外资保险公司的外国保险公司，以及投资入股保险公司的境外金融机构（通过证券交易所购买上市保险公司股票的除外），须符合中国保险监管部门规定的经营年限、总资产等条件。
（三十六）	保险业务	77. 非经中国保险监管部门批准，外资保险公司不得与其关联企业从事再保险的分出或者分入业务。
九、租赁和商务服务业		
（三十七）	会计审计	78. 担任特殊普通合伙会计师事务所首席合伙人（或履行最高管理职责的其他职务），须具有中国国籍。
（三十八）	法律服务	79. 外国律师事务所只能以代表机构的方式进入中国，在华设立代表机构、派驻代表，须经中国司法行政部门许可。 80. 禁止从事中国法律事务，不得成为国内律师事务所合伙人。 81. 外国律师事务所驻华代表机构不得聘用中国执业律师，聘用的辅助人员不得为当事人提供法律服务。
（三十九）	统计调查	82. 实行涉外调查机构资格认定制度和涉外社会调查项目审批制度。 83. 禁止投资社会调查。 84. 市场调查属于限制类，限于合资、合作，其中广播电视收听、收视调查须由中方控股。 85. 评级服务属于限制类。
（四十）	其他商务服务	86. 因私出入境中介机构法定代表人须为具有境内常住户口、具有完全民事行为能力的中国公民。
十、科学研究和技术服务业		
（四十一）	专业技术服务	87. 禁止投资大地测量、海洋测绘、测绘航空摄影、行政区域界线测绘，地形图、世界政区地图、全国政区地图、省级及以下政区地图、全国性教学地图、地方性教学地图和真三维地图编制，导航电子地图编制，区域性的地质填图、矿产地质、地球物理、地球化学、水文地质、环境地质、地质灾害、遥感地质等调查。 88. 测绘公司属于限制类，须由中方控股。 89. 禁止投资人体干细胞、基因诊断与治疗技术开发和应用。 90. 禁止设立和运营人文社会科学研究机构。
十一、水利、环境和公共设施管理业		
（四十二）	动植物资源保护	91. 禁止投资国家保护的原产于中国的野生动植物资源开发。 92. 禁止采集或收购国家重点保护野生植物。

续表

序号	领域	特别管理措施
十二、教育		
（四十三）	教育	93. 外国教育机构、其他组织或者个人不得单独设立以中国公民为主要招生对象的学校及其他教育机构（不包括非学制类职业技能培训）。 94. 外国教育机构可以同中国教育机构合作举办以中国公民为主要招生对象的教育机构，中外合作办学者可以合作举办各级各类教育机构，但是： （1）不得举办实施义务教育和实施军事、警察、政治和党校等特殊领域教育机构； （2）外国宗教组织、宗教机构、宗教院校和宗教教职人员不得在中国境内从事合作办学活动，中外合作办学机构不得进行宗教教育和开展宗教活动； （3）普通高中教育机构、高等教育机构和学前教育属于限制类，须由中方主导（校长或者主要行政负责人应当具有中国国籍，在中国境内定居；理事会、董事会或者联合管理委员会的中方组成人员不得少于 1/2；教育教学活动和课程教材须遵守我国相关法律法规及有关规定）。
十三、卫生和社会工作		
（四十四）	医疗	95. 医疗机构属于限制类，限于合资、合作。
十四、文化、体育和娱乐业		
（四十五）	广播电视播出、传输、制作、经营	96. 禁止投资设立和经营各级广播电台（站）、电视台（站）、广播电视频率频道和时段栏目、广播电视传输覆盖网（广播电视发射台、转播台〔包括差转台、收转台〕、广播电视卫星、卫星上行站、卫星收转站、微波站、监测台〔站〕及有线广播电视传输覆盖网等），禁止从事广播电视视频点播业务和卫星电视广播地面接收设施安装服务。 97. 禁止投资广播电视节目制作经营公司。 98. 对境外卫星频道落地实行审批制度。引进境外影视剧和以卫星传送方式引进其他境外电视节目由新闻出版广电总局指定的单位申报。 99. 对中外合作制作电视剧（含电视动画片）实行许可制度。
（四十六）	新闻出版、广播影视、金融信息	100. 禁止投资设立通讯社、报刊社、出版社以及新闻机构。 101. 外国新闻机构在中国境内设立常驻新闻机构、向中国派遣常驻记者，应当经中国政府批准。 102. 外国通讯社在中国境内提供新闻的服务业务须由中国政府审批。 103. 禁止投资经营图书、报纸、期刊、音像制品和电子出版物的出版、制作业务；禁止经营报刊版面。 104. 中外新闻机构业务合作、中外合作新闻出版项目，须中方主导，且须经中国政府批准（经中国政府批准，允许境内科学技术类期刊与境外期刊建立版权合作关系，合作期限不超过 5 年，合作期满需延长的，须再次申请报批。中方掌握内容的终审权，外方人员不得参与中方期刊的编辑、出版活动）。 105. 禁止从事电影、广播电视节目、美术品和数字文献数据库及其出版物等文化产品进口业务（上述服务中，中国入世承诺中已开放的内容除外）。 106. 出版物印刷属于限制类，须由中方控股。 107. 未经中国政府批准，禁止在中国境内提供金融信息服务。 108. 境外传媒（包括外国和港澳台地区报社、期刊社、图书出版社、音像出版社、电子出版物出版公司以及广播、电影、电视等大众传播机构）不得在中国境内设立代理机构或编辑部。如需设立办事机构，须经审批。
（四十七）	电影制作、发行、放映	109. 禁止投资电影制作公司、发行公司、院线公司。 110. 中国政府对中外合作摄制电影片实行许可制度。

续表

序号	领域	特别管理措施
（四十七）	电影制作、发行、放映	111. 电影院的建设、经营须由中方控股。放映电影片，应当符合中国政府规定的国产电影片与进口电影片放映的时间比例。放映单位年放映国产电影片的时间不得低于年放映电影片时间总和的 2/3。
（四十八）	非物质文化遗产、文物及考古	112. 禁止投资和经营文物拍卖的拍卖企业、文物购销企业。 113. 禁止投资和运营国有文物博物馆。 114. 禁止不可移动文物及国家禁止出境的文物转让、抵押、出租给外国人。 115. 禁止设立与经营非物质文化遗产调查机构。 116. 境外组织或个人在中国境内进行非物质文化遗产调查和考古调查、勘探、发掘，应采取与中国合作的形式并经专门审批许可。
（四十九）	文化娱乐	117. 禁止设立文艺表演团体。 118. 演出经纪机构属于限制类，须由中方控股（为本省市提供服务的除外）。 119. 大型主题公园的建设、经营属于限制类。
十五、所有行业		
（五十）	所有行业	120. 不得作为个体工商户、个人独资企业投资人、农民专业合作社成员，从事经营活动。 121.《外商投资产业指导目录》中的禁止类以及标注有“限于合资”、“限于合作”、“限于合资、合作”、“中方控股”、“中方相对控股”和有外资比例要求的项目，不得设立外商投资合伙企业。 122. 外国投资者并购境内企业、外国投资者对上市公司的战略投资、境外投资者以其持有的中国境内企业股权出资涉及外商投资项目和企业设立及变更事项的，按现行规定办理。

◎国务院办公厅关于印发自由贸易试验区外商投资国家安全审查试行办法的通知

国办发〔2015〕24 号

各省、自治区、直辖市人民政府，国务院各部委、各直属机构：

《自由贸易试验区外商投资国家安全审查试行办法》已经国务院同意，现印发给你们，请认真贯彻执行。

国务院办公厅

2015 年 4 月 8 日

自由贸易试验区外商投资国家安全审查试行办法

为做好中国（上海）自由贸易试验区、中国（广东）自由贸易试验区、中国（天津）自由贸易试验区、中国（福建）自由贸易试验区等自由贸易试验区（以下统称自贸试验区）对外开放工作，试点实施与负面清单管理模式相适应的外商投资国家安全审查（以下简称安全审查）措施，引导外商投资有序发展，维护国家安全，制定本办法。

一、审查范围

总的原则是，对影响或可能影响国家安全、国家安全保障能力，涉及敏感投资主体、敏感并购对象、敏感行业、敏感技术、敏感地域的外商投资进行安全审查。

（一）安全审查范围为：外国投资者在自贸试验区内投资军工、军工配套和其他关系国防安全的领域，以及重点、敏感军事设施周边地域；外国投资者在自贸试验区内投资关系国家安全的重要农产品、重要能源和资源、重要基础设施、重要运输服务、重要文化、重要信息技术产品和服务、关键技术、重大装备制造等领域，并取得所投资企业的实际控制权。

（二）外国投资者在自贸试验区内投资，包括下列情形：

1. 外国投资者单独或与其他投资者共同投资新建项目或设立企业。

2. 外国投资者通过并购方式取得已设立企业的股权或资产。

3. 外国投资者通过协议控制、代持、信托、再投资、境外交易、租赁、认购可转换债券等方式投资。

（三）外国投资者取得所投资企业的实际控制权，包括下列情形：

1. 外国投资者及其关联投资者持有企业股份总额在 50% 以上。

2. 数个外国投资者持有企业股份总额合计在 50% 以上。

3. 外国投资者及其关联投资者、数个外国投资者持有企业股份总额不超过 50%，但所享有的表决权已足以对股东会或股东大会、董事会的决议产生重大影响。

4. 其他导致外国投资者对企业的经营决策、人事、财务、技术等产生重大影响的情形。

二、审查内容

（一）外商投资对国防安全，包括对国防需要的国内产品生产能力、国内服务提供能力和有关设施的影响。

（二）外商投资对国家经济稳定运行的影响。

（三）外商投资对社会基本生活秩序的影响。

（四）外商投资对国家文化安全、公共道德的影响。

（五）外商投资对国家网络安全的影响。

（六）外商投资对涉及国家安全关键技术研发能力的影响。

三、安全审查工作机制和程序

（一）自贸试验区外商投资安全审查工作，由外国投资者并购境内企业安全审查部际联席会议(以下简称联席会议)具体承担。在联席会议机制下，国家发展改革委、商务部根据外商投资涉及的领域，会同相关部门开展安全审查。

（二）自贸试验区安全审查程序依照《国务院办公厅关于建立外国投资者并购境内企业安全审查制度的通知》(国办发〔2011〕6 号）第四条办理。

（三）对影响或可能影响国家安全，但通过附加条件能够消除影响的投资，联席会议可要求外国投资者出具修改投资方案的书面承诺。外国投资者出具书面承诺后，联席会议可作出附加条件的审查意见。

（四）自贸试验区管理机构在办理职能范围内外商投资备案、核准或审核手续时，对属于安全审查范围的外商投资，应及时告知外国投资者提出安全审查申请，并暂停办理相关手续。

（五）商务部将联席会议审查意见书面通知外国投资者的同时，通知自贸试验区管理机构。对不影响国家安全或附加条件后不影响国家安全的外商投资，自贸试验区管理机构继续办理相关手续。

（六）自贸试验区管理机构应做好外商投资监管工作。如发现外国投资者提供虚假信息、遗漏实质信息、通过安全审查后变更投资活动或违背附加条件，对国家安全造成或可能造成重大影响的，即使外商投资安全审查已结束或投资已实施，自贸试验区管理机构应向国家发展改革委和商务部报告。

（七）国家发展改革委、商务部与自贸试验区管理机构通过信息化手段，在信息共享、实时监测、动态管理和定期核查等方面形成联动机制。

四、其他规定

（一）外商投资股权投资企业、创业投资企业、投资性公司在自贸试验区内投资，适用本办法。

（二）外商投资金融领域的安全审查另行规定。

（三）香港特别行政区、澳门特别行政区、台湾地区的投资者进行投资，参照本办法的规定执行。

（四）本办法由国家发展改革委、商务部负责解释。

（五）本办法自印发之日起30日后实施。

◎自由贸易试验区外商投资备案管理办法（试行）

商务部公告2015年第12号

为进一步扩大对外开放，推进外商投资管理制度改革，在自由贸易试验区（以下称自贸试验区）营造国际化、法治化、市场化的营商环境，经全国人大常委会授权，国务院决定在自贸试验区对外商投资实行准入前国民待遇加负面清单的管理模式。为落实改革外商投资管理模式的相关要求，规范自贸试验区外商投资备案管理工作，现公布《自由贸易试验区外商投资备案管理办法（试行）》，自发布之日起30日后实施。

商务部

2015年4月8日

自由贸易试验区外商投资备案管理办法（试行）

第一条　为进一步扩大对外开放，推进外商投资管理制度改革，在中国（广东）自由贸易试验区、中国（天津）自由贸易试验区、中国（福建）自由贸易试验区、中国（上海）自由贸易试验区（以下简称自贸试验区）营造国际化、法治化、市场化的营商环境，根据《全国人大常委会关于授权国务院在中国（上海）自由贸易试验区暂时调整有关法律规定的行政审批的决定》、《全国人大常委会关于授权国务院在中国（广东）、中国（天津）、中国（福建）自由贸易试验区以及中国（上海）自由贸易试验区扩展区域暂时调整有关法律规定的行政审批的决定》、相关法律、行政法规及国务院决定，制定本办法。

第二条　外国投资者在自贸试验区投资《自由贸易试验区外商投资准入特别管理措施（负面清单）》以外领域，外商投资企业设立、变更（以下统称投资实施）及合同章程备案，适用本办法。法律、行政法规和国务院决定另有规定的，从其规定。

投资实施的时间对外商投资企业设立而言，为企业营业执照签发时间；对外商投资企业变更而言，涉及换发企业营业执照的，投资实施时间为企业营业执照换发时间，不涉及换发企业营业执照的，投资实施时间为变更事项发生时间。

第三条　自贸试验区管理机构（以下简称备案机构）负责自贸试验区外商投资事项的备案管理。

备案机构通过商务部外商（港澳台侨）投资备案信息系统（以下简称备案系统），开展自贸试验区外商投资事项的备案工作。

第四条 外国投资者在自贸试验区投资设立企业，属于本办法规定的备案范围的，外国投资者在取得企业名称预核准通知书后，可在投资实施前，或投资实施之日起30日内，登录自贸试验区一口受理平台（以下简称受理平台），在线填报和提交《自贸试验区外商投资企业设立备案申报表》(以下简称《设立申报表》)。

第五条 属于本办法规定的备案范围的外商投资企业，发生以下变更事项的，可在投资实施前，或投资实施之日起30日内，在线填报和提交《自贸试验区外商投资企业变更事项备案申报表》)（以下简称《变更申报表》)，办理变更备案手续：

（一）投资总额变更；

（二）注册资本变更；

（三）股权、合作权益变更或转让；

（四）股权质押；

（五）合并、分立；

（六）经营范围变更；

（七）经营期限变更；

（八）提前终止；

（九）出资方式、出资期限变更；

（十）中外合作企业外国合作者先行回收投资；

（十一）企业名称变更；

（十二）注册地址变更。

其中，依照相关法律法规规定应当公告的，应当在办理变更备案手续时说明依法办理公告手续情况。

第六条 备案管理的外商投资企业发生需审批的变更事项，应按照外商投资管理的相关规定办理审批手续。

第七条 自贸试验区内于本办法实施前已设立的外商投资企业发生变更，或自贸试验区外的外商投资企业迁入，且属于本办法规定的备案范围的，应办理变更备案手续，并缴销《外商（港澳台侨）投资企业批准证书》。

第八条 外国投资者或外商投资企业在提交《设立申报表》或《变更申报表》时承诺，申报内容真实、完整、有效，申报的投资事项符合相关法律法规的规定。

第九条 外国投资者或外商投资企业在线提交《设立申报表》或《变更申报表》后，备案机构对申报事项是否属于备案范围进行甄别。属于本办法规定的备案范围的，备案机构应在3个工作日内完成备案，通知外国投资者或外商投资企业。不属于备案范围的，通知外国投资者或外商投资企业按有关规定办理审批手续。

第十条 备案机构应即时在备案系统发布备案结果，并向受理平台共享备案结果信息。

第十一条 收到备案完成通知后，外国投资者或外商投资企业可向备案机构领取《外商投资企业备案证明》(以下简称《备案证明》)。领取时需提交以下文件：

（一）企业名称预先核准通知书（复印件）；

（二）外国投资者或其授权代表签章的《设立申报表》，或外商投资企业或其授权代表签章的《变更申报表》；

（三）外国投资者、实际控制人主体资格证明或身份证明（复印件）。

第十二条 自贸试验区外商投资企业应在每年6月30日前登录备案系统，填报《外商投资企业投资经营情况年度报告表》。

第十三条 备案机构对自贸试验区外国投资者及外商投资企业遵守外商投资法律法规规定情况实施监督检查。

备案机构可采取定期抽查、根据举报进行检查、根据有关部门或司法机关的建议和反映进行检查，以及依法定职权启动检查等方式开展监督检查。

第十四条 备案机构的监督检查内容包括：外国投资者或外商投资企业是否按本办法规定履行备案程序；外商投资企业投资经营活动是否与填报的备案信息一致；是否按本办法规定填报年度报告；是否存在违反外商投资法律法规规定的其他情形。

第十五条 经监督检查发现外国投资者或外商投资企业存在违反外商投资法律法规规定的情

形的，备案机构应以书面通知责成其说明情况，并依法开展调查。经调查确认存在违法行为的，责令其限期整改；情节严重的，备案机构应取消备案，并提请相关部门依法予以处罚。

第十六条　外国投资者、外商投资企业在备案、登记及投资经营等活动中所形成的信息，以及备案机构和其他主管部门在监督检查中掌握的反映其诚信状况的信息，将纳入商务部外商（港澳台侨）投资诚信档案系统。

商务部与相关部门共享外国投资者及外商投资企业的诚信信息。对于备案信息不实，或未按本办法规定填报年度报告的，备案机构将把相关信息记入诚信档案，并采取适当方式予以公示。

诚信信息共享与公示不得含有外国投资者、外商投资企业的商业秘密、个人隐私。

第十七条　自贸试验区外商投资事项涉及国家安全审查、反垄断审查的，按相关规定办理。

第十八条　外商投资的投资性公司、创业投资企业在自贸试验区投资，视同外国投资者，适用本办法。

自贸试验区内的外资并购、外国投资者对上市公司战略投资、外国投资者以其持有的中国境内企业股权出资、外商投资企业境内再投资，应符合相关规定要求。

第十九条　香港特别行政区、澳门特别行政区、台湾地区投资者在自贸试验区投资《自由贸易试验区外商投资准入特别管理措施（负面清单）》以外领域的，参照本办法办理。

第二十条　本办法自发布之日起30日后实施。

附件：1. 自贸试验区外商投资企业设立备案申报表（略）

2. 自贸试验区外商投资企业变更事项备案申报表（略）

3. 中国（　）自由贸易试验区外商投资企业备案证明（略）

◎中国银监会办公厅关于自由贸易试验区银行业监管有关事项的通知

银监办发〔2015〕62号

天津、上海、福建、广东、厦门、深圳银监局：

根据国务院同意设立中国（广东）自由贸易试验区、中国（天津）自由贸易试验区和中国（福建）自由贸易试验区及中国（上海）自由贸易试验区扩展区域的批复精神及印发的相关方案，为做好自贸区银行业监管工作，更好地支持自贸区建设，现就有关事项通知：

一、中国（广东）自由贸易试验区、中国（天津）自由贸易试验区和中国（福建）自由贸易试验区及中国（上海）自由贸易试验区扩展区域的银行业监管事项按照《中国银监会关于中国（上海）自由贸易试验区银行业监管有关问题的通知》（银监发〔2013〕40号）执行。

二、经国务院批准设立的其他自由贸易试验区的银行业监管事项亦可比照当前中国（上海）自由贸易试验区有关政策执行。

三、各银监局应加强对辖内自由贸易试验区银行业金融机构的监管管理，及时报告有关重大问题。

附件：中国银监会关于中国（上海）自由贸易试验区银行业监管有关问题的通知（见银监发〔2013〕40号）

中国银行业监督管理委员会办公厅

2015年4月16日

◎国家税务总局关于创新自由贸易试验区税收服务措施的通知

税总函〔2015〕208号

天津、上海、福建、厦门、深圳、广东省（市）国家税务局、地方税务局：

为了认真落实党中央、国务院部署，深入贯彻广东、天津、福建自由贸易试验区（以下简称自贸区）总体方案和进一步深化上海自贸区改革开放方案，加快政府职能转变，推进税收现代化建设，国家税务总局决定，在将上海自贸区“办税一网通”10项创新税收服务措施推广至广东、天津、福建自贸区的同时，再在广东、天津、福建、上海自贸区推出10项创新税收服务措施，统称为“办税一网通10+10”。现将有关事项通知如下：

一、在广东、天津、福建自贸区复制推广上海自贸区10项措施

上海自贸区10项措施是指网上自动赋码、电子发票网上应用、网上自主办税、网上区域通办、网上直接认定、非居民税收网上管理、网上按季申报、网上审批备案、纳税信用网上评价和创新网上服务，详见《国家税务总局关于支持中国（上海）自由贸易试验区创新税收服务的通知》（税总函〔2014〕298号）和《国家税务总局关于印发〈中国（上海）自由贸易试验区创新税收服务措施逐步复制推广方案〉的通知》（税总函〔2014〕545号）。

二、在上海、广东、天津、福建自贸区推出新的10项措施

新10项措施包括国地办税一窗化、自助业务一厅化、培训辅导点单化、缴税方式多元化、出口退税无纸化、业务预约自主化、税银征信互动化、税收遵从合作化、预先约定明确化、风险提示国别化。具体内容是：

（一）国地办税一窗化。国税局、地税局办税服务部门利用已有场所，实行国税局、地税局业务“一窗联办”。纳税人在办理税务登记、纳税申报等涉税业务时只需向一个窗口提出申请，由国税局、地税局工作人员内部流转办结后一窗出件，实现“一窗联办”国税局、地税局两家业务。

（二）自助业务一厅化。国税局、地税局自助终端设备设置在同一自助办税厅，24小时为纳税人提供自助办税服务，实现自贸区内国税局、地税局自助业务“一厅通办”。

（三）培训辅导点单化。国税局、地税局共建网上纳税人学堂，采用线上线下（O2O）、直播录播相融合模式，纳税人线上点“单”培训辅导内容，税务机关线下配“料”教学视频，实现全天候点单培训辅导。

（四）缴税方式多元化。税务机关与银行部门合作，为纳税人提供POS机刷卡缴税、互联网缴税、移动支付缴税等多元化缴税方式。

（五）出口退税无纸化。纳税人在自贸区内申报办理出口退税业务时不再提供纸质申报凭证和资料，税务机关根据海关等部门传输的电子数据和纳税人提供的税控数字证书签名电子数据，审核、办理出口退税业务，实现出口退税办理无纸化操作。

（六）业务预约自主化。纳税人可以通过互联网、手机APP、微信等多种渠道，向税务机关预约办理日常涉税业务，在约定时间内到预约地点直接办理预约事项。

（七）税银征信互动化。税务机关与银行部

门建立税银征信信息共享机制，税务机关对银行信用级别高的纳税人给予办税便利，推动银行部门对纳税信用A级纳税人给予融资便利，并逐步扩大与银行部门征信互动范围。

（八）税收遵从合作化。税务机关为签订税收遵从合作协议的纳税人提供更多的办税便利和更宽松的办税环境。税收遵从合作协议由内控机制健全且纳税信用为A级的大企业纳税人自愿发起并经税企双方协商一致后签订。

（九）预先约定明确化。税务机关为内控机制健全且纳税信用为A级的大企业纳税人提供税收预先约定服务。对于纳税人书面申请的关于未来可预期的特定事项适用税法问题，由自贸区税务机关受理评估并逐级报税务总局给予确定性答复。

（十）风险提示国别化。税务机关建立涉税风险信息取得和情报交换机制，健全国际税收管理与服务分国别（地区）对接机制，由自贸区税务机关根据区域功能定位制定分国别（地区）涉税风险提示并逐级报税务总局确认后发布，帮助纳税人减少在国际贸易往来、跨国兼并重组和资本运作中的涉税风险。

三、贯彻落实自贸区创新税收服务措施的几点要求

（一）各单位要成立自贸区创新税收服务领导小组，定期听取工作汇报，研究解决工作中遇到的问题，协同推进各项措施落实到位。

（二）各单位要细化工作方案，结合本地实际制定自贸区创新税收服务措施落地的时间表、路线图和任务书。条件具备的马上就办、真抓实干；条件暂不具备的，创造条件、分步实施，今年年底前到位。

（三）各单位要结合自贸区的地理位置、区域特点、功能定位，自主创新税收服务措施，并根据推行效果不断完善、不断提炼、不断总结，以形成具有本区域的特色服务。

（四）各单位要实时跟踪，定期报送实施情况。每季度终了后5日内将实施情况和意见建议通过可控FTP（FTP://E:/centre（供各省上传使用）/纳税服务司/综合处）报送税务总局（纳税服务司）。

国家税务总局

2015年4月21日

◎工商总局关于支持中国（福建）自由贸易试验区建设的若干意见

工商企注字〔2015〕57号

福建省工商行政管理局：

建立中国（福建）自由贸易试验区（下称“福建自贸试验区”）是国家战略需要，是新形势下全面深化改革和扩大开放、促进两岸融合发展的重大举措。福建自贸试验区肩负着我国在新时期更加深入参与国际竞争、全面提高开放型经济水平、加快转变经济发展方式、探索体制机制创新和两岸经济合作新模式的重要使命。为充分发挥工商行政管理职能作用，大力支持福建自贸试验区建设发展，实现以开放促发展、促改革、促创新，形成可复制，可推广的经验，根据福建自贸试验区的实际需要，本着改革创新、先试先行的原则，提出如下意见：

一、支持福建自贸试验区开展企业名称登记制度改革试点。除涉及前置审批事项或者企业名称核准与企业设立登记不在同一机关的以外，企业名称可以不再实行预先核准，申请人可以在办理企业设立登记时一并申请企业名称登记，也可以自主申报企业名称。申请人自行登陆查询比对系统，确认其拟使用企业名称不违反企业名称规则，即可自主申报，并对申报的名称承担相应法律责任。探索通过立法途径创新名称争议处理机制，授权登记机关通过便捷、高效程序裁决名称争议，依法保护当事人合法权益。同时，强化纠正不适宜企业名称措施，对于登记机关认定为不适宜的企业名称，或者根据名称争议裁决、判决结果应当予以纠正的企业名称，登记机关应当责令企业限期改正。对于拒不改正的，登记机关可以直接在企业名称数据库中删除该企业名称，暂以企业注册号代替，并将该企业以注册号纳入企业经营异常名录，通过企业信用信息公示系统予以公示。

二、支持福建自贸试验区开展企业集团登记制度改革。允许子公司达到三家的企业设立集团，不受注册资本最低限额条件限制，直接申请在企业名称中使用“集团”或者“（集团）”字样，无须向其登记机关申请颁发企业集团登记证。

三、支持福建自贸试验区开展“三证合一”登记制度改革。支持福建自贸试验区实行营业执照、组织机构代码证、税务登记证“三证合一”“一照三号”登记制度，按照“一窗受理、一表申报、并联审批、核发一照”的模式，在营业执照上加载组织机构代码和税务登记号，条件成熟后，实行“一照一号”登记制度。

四、支持福建自贸试验区推行电子营业执照和全程电子化登记管理。建立网上申请、网上受理、网上审核、网上公示、网上发照的全程电子化登记模式，实行商事主体登记材料电子归档，不再进行纸质材料归档，商事主体登记材料电子档案与纸质档案具有同等的法律效力。

五、支持福建在自贸试验区内探索简化和完善外商投资企业注销流程，试行对未开业企业以及无债权债务企业实行简易注销程序。

六、支持福建自贸试验区开展台湾居民个体工商户的登记注册工作，依法确定营业范围。

七、支持对福建自贸试验区内广告企业从事户外广告经营发布活动免予审批，允许福建自贸试验区内台资企业在设置户外广告时使用繁体字。

八、授予福建自贸试验区工商部门依法应当由国家工商行政管理总局登记注册的住所在福建自贸试验区的企业登记管辖权。

九、授予福建自贸试验区县级以上工商部门外资登记管理权。福建自贸试验区县级以上工商部门负责辖区内由本级人民政府及其授权部门批准设立及备案的外商投资企业的登记注册和监督管理。

十、支持福建自贸试验区建立企业信息互联共享“一张网”。以企业户籍为基础，完善企业信用信息记录，加强信用信息归集、存储和共享。加强企业信息公示工作，有效扩大社会监督。

十一、支持福建探索建立自贸试验区企业新型日常监管制度。强化企业自我管理、行业组织自律和第三方机构的专业监督，尽快建立以随机抽查为重点，专项任务检查、举报移送案件核查、无照经营查处、商品质量抽检等多种监管方式并用的新型日常监管制度，努力形成“企业自治、行业自律、社会监督、政府监管”的社会共治监管新格局。

十二、支持福建自贸试验区建立失信联合惩戒机制。切实加强信用监管，严格落实企业信息公示、经营异常名录、严重违法企业名单等制度。发挥信用约束作用，实现“一处违法、处处受限”。探索综合执法模式，推进行政执法与刑事司法衔接工作，形成协同监管合力。推进运用大数据加强市场主体监管工作，加快市场监管风险防控系统建设。

请你局在福建省委、省政府的领导下，认真组织实施上述意见。执行中如有重大问题和情况应及时报告总局。

工商总局
2015 年 4 月 29 日

◎海关总署关于印发支持和促进中国（广东）自由贸易试验区建设发展的若干措施的通知

署加发〔2015〕113号

广东分署，广州、深圳、拱北海关：

设立中国（广东）自由贸易试验区，是党中央、国务院作出的重大决策，是新形势下推进改革开放和促进内地与港澳深度合作的重要举措，对加快政府职能转变、积极探索管理模式创新、促进贸易和投资便利化，为全面深化改革和扩大开放探索新途径、积累新经验，具有重要意义。

为贯彻落实党中央、国务院决策部署，支持和促进中国（广东）自由贸易试验区建设和发展，总署结合海关工作实际，研究制定了《海关总署关于支持和促进中国（广东）自由贸易试验区建设发展的若干措施》，现印发你们，请认真组织学习，抓好贯彻落实。

一、要解放思想、改革创新、积极探索、加强协调、相互借鉴，支持自贸试验区先行先试。边实践、边改革、边创新，不断丰富和完善支持措施，细化相关海关监管办法。

二、支持“放得开”和“管得好”相结合，既要有效落实支持措施，积极创新、先行先试，又要依法依规做到安全高效管住，切实防控各类风险。

三、要根据《中国（广东）自由贸易试验区总体方案》要求，按照有利于安全高效管住、促进贸易便利化原则，在创新模式、优化流程、简化手续、提高效率等方面自主创新海关监管制度，积累可复制可推广的经验。涉及有关政策性问题的，须报经总署同意后再先行先试。

特此通知。

附件：海关总署关于支持和促进中国（广东）自由贸易试验区建设发展的若干措施

海关总署

2015年5月4日

附件

海关总署关于支持和促进中国（广东）自由贸易试验区建设发展的若干措施

为贯彻落实《国务院关于印发中国（广东）自由贸易试验区总体方案的通知》（国发〔2015〕18号）和《国务院关于印发落实“三互”推进大通关建设改革方案的通知》（国发〔2014〕68号）、《国务院关于改进口岸工作支持外贸发展的若干意见》（国发〔2015〕16号）精神，积极支持中国（广东）自由贸易试验区（以下简称“自贸试验区”）更好地贯彻“一带一路”等国家战略，构建开放型经济新体制，促进外贸发展转型升级，探索粤港澳经济合作新模式、建设法治化营商环境。进一步转变职能、创新制度、把好国门、做好服务，现制定如下支持措施：

一、创新海关监管制度，促进自贸试验区贸易便利化

（一）全面复制推广上海自贸试验区海关监管创新制度

深化复制推广上海自贸试验区海关监管创新制度工作，对自贸试验区内符合条件的企业，实施工单式核销、简化通关随附单证、集中汇总纳税、仓储企业联网监管等制度。继续开展海关监管制度创新，积累更多经验，进一步提升自贸试验区通关便利化水平。

（二）深化自贸试验区通关一体化改革

深化海关区域通关一体化改革，强化海关间协作，实现跨地区海关互联互通、互认共享，简化通关手续，提高通关效率。

（三）落实“三互”提高自贸试验区通关效率

积极推进国际贸易“单一窗口”建设，实现信息的共享共用。深化关检合作“三个一”改革，全面推进“一站式作业”改革。整合监管设施资源，推动共建共享共用。推进口岸部门综合执法试点。

（四）创新监管查验机制

进一步优化监管执法流程，逐步由“串联执法”转为“并联执法”。完善查验办法，增强查验针对性和有效性。提高非侵入、非干扰式查验比例。对查验没有问题的免除企业吊装、移位、仓储等费用。

（五）创新加工贸易监管制度

实行“一次备案多次使用”制度，加工贸易企业办理一次备案，即可开展保税加工、保税物流、保税服务等多元化业务。实施中介机构协助海关稽查、保税核查和核销制度。支持资信良好、管理规范的加工贸易企业开展自核单耗管理试点。支持开展出境加工业务试点。允许自贸试验区海关特殊监管区域（含横琴新区片区，下同）内企业利用超过监管年限的生产设备开展委托加工业务，促进区域内外企业联动发展。

（六）创新企业管理制度

建立企业协调员制度，畅通海关与企业沟通联系渠道。实施与国际海关的“经认证的经营者”互认管理，便利企业境内外通关。实施企业注册登记改革，实行“一地注册全国申报”，取消自贸试验区报关企业行政许可。实行企业信用信息公开，开展企业自律管理试点。

（七）推进海关税收征管方式改革

试行企业自主报税、自助通关、自助审放、重点稽核的通关征管模式。创新担保方式，以企业为管理单元，探索建立与企业责、权、利和风险（或信用）等级相一致的征纳方式；依托关银信息互通，实现涉税担保信息化管理，逐步建立涵盖所有涉税担保业务、所有通关现场的税收总担保制度。优化海关行政裁定制度实施。试行预归类决定全国互认。

（八）试行企业“主动披露”制度

对企业主动报告海关未发现的违规情事，可依法视情从轻、减轻或不予行政处罚，引导企业守法诚信、规范经营，营造守法便利、违法惩戒的良好环境。

二、拓展海关特殊监管区域功能，促进自贸试验区稳增长调结构

（九）实施内销选择性征收关税政策

对自贸试验区海关特殊监管区域内企业生产、加工并内销的货物，实施选择性征收关税政策，鼓励加工贸易企业向海关特殊监管区域集中，促进区域内企业更好地开拓国内市场、扩大内销。

（十）加快海关特殊监管区域整合优化

支持自贸试验区内海关特殊监管区域转型为

综合保税区。支持现有海关特殊监管区域根据发展需要扩大面积。支持符合条件地区新设综合保税区和保税物流中心。完善海关特殊监管区域政策措施，推进功能拓展和改革创新，促进保税加工、保税物流和保税服务多元化发展。支持在海关特殊监管区域内开展保税货物质押融资业务。

（十一）推动区内外联动发展

推广保税货物区间结转监管模式，允许保税货物在跨关区海关特殊监管区域间流转时，实行分送集报和企业自行运输。支持海关特殊监管区域内外企业生产加工、物流和服务业深度融合。完善自贸试验区内海关协调配合机制，实现区内外政策衔接，监管联动，服务高效。

三、支持新兴贸易业态发展，促进自贸试验区改革创新

（十二）支持跨境电子商务发展

支持发展跨境电子商务，建立海关监管系统与跨境电子商务平台互联互通机制，加强信息共享。探索建立跨境电子商务平台运营主体、外贸综合服务企业、物流服务企业集中代理报关、纳税的机制。进一步完善跨境电子商务管理模式，优化通关流程，促进跨境电子商务健康快速发展。

（十三）支持开展研发设计、检测维修业务

支持在自贸试验区海关特殊监管区域内开展研发设计和高技术、高附加值产品的境内外维修等保税服务业务。支持自贸试验区开展境内外高技术、高附加值产品的维修业务试点，促进生产性服务业发展。

（十四）支持开展期货保税交割业务

支持国内期货交易所在自贸试验区海关特殊监管区域内开展期货保税交割、仓单质押融资业务，根据发展需要适时扩大期货保税交割品种。

（十五）支持开展保税展示业务

支持在自贸试验区海关特殊监管区域内设立保税展示交易平台，允许符合条件的自贸试验区内企业在有效担保前提下，在本关区内开展区域外保税展示交易，促进粤港澳会展业合作。

（十六）支持融资租赁业务发展

对注册在自贸试验区海关特殊监管区域内的融资租赁企业进出口飞机、船舶和海洋工程结构物等大型设备，在执行现行相关税收政策前提下，根据物流实际需要，实行海关异地委托监管。

四、支持发挥区域产业优势，促进粤港澳深度合作

（十七）支持加工贸易转型升级

发挥自贸试验区高端要素集聚优势，支持建立服务于加工贸易转型升级的公共服务平台和加工贸易产品内销平台，建设加工贸易产品内销后续服务基地，鼓励发展加工贸易结算业务。

（十八）支持发展航运物流业

允许在自贸试验区试点航空快件国际和台港澳中转集拼业务。允许符合条件的船舶开展外贸集装箱在国内沿海港口和自贸试验区内港口之间的沿海捎带业务试点。支持建立自贸试验区与粤港澳海空联动机制。探索建立港澳游艇出入境监管新模式，为粤港、粤澳游艇出入境提供通关便利。支持实施启运港退税试点政策。支持开展汽车平行进口试点。

（十九）支持发展现代服务业

支持承接服务外包，促进软件研发、工业设计、信息管理等业务发展。鼓励跨国公司在自贸试验区内设立研发中心、销售中心、物流中心、结算中心和营运中心。

（二十）创新粤港澳快速通关模式

支持粤港澳创新多式联运监管体系。支持深

港物流跨境快速通关。开展珠澳两地小商品快速通关模式试点，允许澳门小商品通过简化归类、汇总申报等快速通关模式进入横琴。

（二十一）支持横琴继续探索创新分线管理模式

支持横琴继续探索创新“一线放宽、二线管住、人货分离、分类管理”的管理模式。为澳门单牌车辆进出横琴提供通关便利。

（二十二）推进粤港澳海关合作

创新粤港澳口岸通关模式，推进建设统一高效、与港澳联动的口岸监管机制。加快推进粤港、粤澳海关之间信息互换、监管互认、执法互助。

五、培育法治化营商环境，维护自贸试验区贸易秩序公平公正

（二十三）依法实施知识产权保护，维护企业创新成果

加大对自贸试验区内企业知识产权海关保护力度，助推企业提升创新能力和核心竞争力，支持自贸试验区国内外知识产权资源集聚，有效打击侵权违法行为。

（二十四）依法开展风险防控，维护国家意识形态安全

坚持社会主义先进文化前进方向。加强实际监管，有效防控风险，防止自贸试验区内渗入和滋生对中国政治、经济、文化、道德有害的印刷品、音像制品及其他信息载体。

（二十五）依法打击走私，维护自贸试验区健康发展环境

根据自贸试验区发展运行特点，加强执法统一性和规范性，营造法治化营商环境。认真研究可能出现的风险隐患，确保安全高效管住，精、准、狠地打击走私等违法犯罪活动，促进自贸试验区健康发展。

◎海关总署关于印发支持和促进中国（天津）自由贸易试验区建设发展若干措施的通知

署加发〔2015〕114号

天津海关：

设立中国（天津）自由贸易试验区，是党中央、国务院作出的重大决策，是新形势下推进改革开放和加快实施京津冀协同发展战略的重要举措，对加快政府职能转变、积极探索管理模式创新、促进贸易和投资便利化，为全面深化改革和扩大开放探索新途径、积累新经验，具有重要意义。

为贯彻落实党中央、国务院决策部署，支持和促进中国（天津）自由贸易试验区建设和发展，总署结合海关工作实际，研究制定了《海关总署关于支持和促进中国（天津）自由贸易试验区建设发展的若干措施》，现印发你们，请认真组织学习，抓好贯彻落实。

一、要解放思想、改革创新、积极探索、加强协调、相互借鉴，支持自贸试验区先行先试。边实践、边改革、边创新，不断丰富和完善支持措施，细化相关海关监管办法。

二、支持“放得开”和“管得好”相结合，既要有效落实支持措施，积极创新、先行先试，又要依法依规做到安全高效管住，切实防控各类风险。

三、要根据《中国（天津）自由贸易试验区总体方案》要求，按照有利于安全高效管住、促进贸易便利化原则，在创新模式、优化流程、简化手续、提高效率等方面自主创新海关监管制度，积累可复制可推广的经验。涉及有关政策性问题的，须报经总署同意后再先行先试。

特此通知。

附件：海关总署关于支持和促进中国（天津）自由贸易试验区建设发展的若干措施

海关总署

2015年5月4日

附件

海关总署关于支持和促进中国（天津）自由贸易试验区建设发展的若干措施

为贯彻落实《国务院关于印发中国（天津）自由贸易试验区总体方案的通知》（国发〔2015〕19号）和《国务院关于印发落实“三互”推进大通关建设改革方案的通知》（国发〔2014〕68号）、《国务院关于改进口岸工作支持外贸发展的若干意见》（国发〔2015〕16号）精神，积极支持中国（天津）自由贸易试验区（以下简称“自贸试验区”）更好地贯彻京津冀协同发展等国家战略，构建开放型经济新体制，促进外贸发展转型升级，探索区域经济合作新模式，建设法治化营商环境。进一步转变职能、创新制度、把好国门、做好服务，现制定如下支持措施：

一、创新海关监管制度，促进自贸试验区贸易便利化

（一）全面复制推广上海自贸试验区海关监管创新制度

深化复制推广上海自贸试验区海关监管创新制度工作，对自贸试验区内符合条件的企业，实施工单式核销、简化通关随附单证、集中汇总纳税、仓储企业联网监管等制度。继续开展海关监管制度创新，积累更多经验，进一步提升自贸试验区通关便利化水平。

（二）深化自贸试验区通关一体化改革

深化海关区域通关一体化改革，强化海关间协作，实现跨地区海关互联互通、互认共享，简化通关手续，提高通关效率。

（三）落实“三互”提高自贸试验区通关效率

积极推进国际贸易“单一窗口”建设，实现信息的共享共用。深化关检合作“三个一”改革，全面推进“一站式作业”改革。整合监管设施资源，推动共建共享共用。推进口岸部门综合执法试点。

（四）创新监管查验机制

进一步优化监管执法流程，逐步由“串联执法”转为“并联执法”。完善查验办法，增强查验针对性和有效性。提高非侵入、非干扰式查验比例。对查验没有问题的免除企业吊装、移位、仓储等费用。

（五）创新加工贸易监管制度

实行“一次备案多次使用”制度，加工贸易企业办理一次备案，即可开展保税加工、保税物流、保税服务等多元化业务。实施中介机构协助海关稽查、保税核查和核销制度。支持资信良好、管理规范的加工贸易企业开展自核单耗管理试点。支持开展出境加工业务试点。允许自贸试验区海关特殊监管区域内企业利用超过监管年限

的生产设备开展委托加工业务，促进区域内外企业联动发展。

（六）创新企业管理制度

建立企业协调员制度，畅通海关与企业沟通联系渠道。实施与国际海关的“经认证的经营者”互认管理，便利企业境内外通关。实施企业注册登记改革，实行“一地注册全国申报”，取消自贸试验区报关企业行政许可。实行企业信用信息公开，开展企业自律管理试点。

（七）推进海关税收征管方式改革

试行企业自主报税、自助通关、自助审放、重点稽核的通关征管模式。创新担保方式，以企业为管理单元，探索建立与企业责、权、利和风险（或信用）等级相一致的征纳方式；依托关银信息互通，实现涉税担保信息化管理，逐步建立涵盖所有涉税担保业务、所有通关现场的税收总担保制度。优化海关行政裁定制度实施。试行预归类决定全国互认。

（八）试行企业“主动披露”制度

对企业主动报告海关未发现的违规情事，可依法视情从轻、减轻或不予行政处罚，引导企业守法诚信、规范经营，营造守法便利、违法惩戒的良好环境。

二、拓展海关特殊监管区域功能，促进自贸试验区稳增长调结构

（九）实施内销选择性征收关税政策

对自贸试验区海关特殊监管区域内企业生产、加工并内销的货物，实施选择性征收关税政策，鼓励加工贸易企业向海关特殊监管区域集中，促进区域内企业更好地开拓国内市场、扩大内销。

（十）加快海关特殊监管区域整合优化

支持自贸试验区内海关特殊监管区域转型为综合保税区。支持现有海关特殊监管区域根据发展需要扩大面积。支持符合条件地区新设综合保税区和保税物流中心。完善海关特殊监管区域政策措施，推进功能拓展和改革创新，促进保税加工、保税物流和保税服务多元化发展。支持在海关特殊监管区域内开展保税货物质押融资业务。

（十一）推动区内外联动发展

推广保税货物区间结转监管模式，允许保税货物在跨关区海关特殊监管区域间流转时，实行分送集报和企业自行运输，支持海关特殊监管区域内外企业生产加工、物流和服务业深度融合。完善自贸试验区内海关协调配合机制，实现区内外政策衔接、监管联动、服务高效。

三、支持新兴贸易业态发展，促进自贸试验区改革创新

（十二）支持跨境电子商务发展

支持发展跨境电子商务，建立海关监管系统与跨境电子商务平台互联互通机制，加强信息共享。探索建立跨境电子商务平台运营主体、外贸综合服务企业、物流服务企业集中代理报关、纳税的机制。进一步完善跨境电子商务管理模式，优化通关流程，促进跨境电子商务健康快速发展。

（十三）支持开展研发设计、检测维修和再制造业务

支持在自贸试验区海关特殊监管区域内开展研发设计和境内外高技术、高附加值产品的维修等保税服务业务。支持自贸试验区开展境内外高技术、高附加值产品的维修业务试点，探索开展境外高技术、高附加值产品再制造业务试点，促进生产性服务业发展。

（十四）支持开展期货保税交割业务

支持国内期货交易所在自贸试验区海关特殊

监管区域内开展期货保税交割业务，根据发展需要适时扩大期货保税交割品种，拓展仓单质押融资功能。

（十五）支持开展保税展示业务

支持在自贸试验区海关特殊监管区域内设立保税展示交易平台。允许符合条件的自贸试验区内企业在有效担保前提下，在京津冀地区开展保税展示交易。

（十六）支持融资租赁业务发展

支持在自贸试验区的海关特殊监管区域内设立中国天津租赁平台。对注册在自贸试验区海关特殊监管区域内的融资租赁企业进出口飞机、船舶和海洋工程结构物等大型设备，在执行现行相关税收政策前提下，根据物流实际需要，实行海关异地委托监管。

四、支持优势产业发展，促进自贸试验区发挥辐射带动作用

（十七）支持航空产业发展

支持自贸试验区探索开展适合航空产业特点的检测、维修和再制造等业务试点，支持在自贸试验区海关特殊监管区域内探索开展飞机拆解业务试点，参照国际惯例和行业规则，创新相应的海关监管模式。支持租赁飞机在自贸试验区内各海关特殊监管区域之间实行联动监管。支持天津滨海国际机场增加国际客货运航班，建设航空物流中心。

（十八）支持拓展国际航运服务功能

推动海运集装箱和航空快件国际中转集拼业务发展。允许符合条件的船舶开展外贸集装箱在国内沿海港口和天津港之间的沿海捎带业务试点。支持自贸试验区设立国际邮轮旅游岸上配送中心，完善配套设施。探索利用班轮运输优势，在自贸试验区开展中韩海运快件业务试点。支持实施启运港退税试点政策。

（十九）支持产业转型升级

支持自贸试验区通过高端产业集聚，促进京津冀地区优化现代服务业、先进制造业和战略性新兴产业布局，依托海关特殊监管区域功能优势，鼓励先进制造业延伸价值链，与现代服务业融合发展。支持服务外包业务发展，建设文化服务贸易基地。鼓励跨国公司在自贸试验区内设立研发中心、销售中心、物流中心、结算中心和营运中心。

（二十）支持完善通关服务功能

支持外贸综合服务企业为从事国际采购的中小企业提供通关等服务。提升为超大超限货物通关服务能力。探索建立与国际大宗商品交易相适应的海关监管制度。

（二十一）支持对外贸易平衡发展

支持企业统筹开展国际国内贸易，开拓“两个市场”、利用“两种资源”，实现内外贸一体化发展，支持进口先进技术、关键设备及零部件和资源类商品。支持开展汽车平行进口试点。

（二十二）支持发挥口岸服务辐射功能

支持自贸试验区融入国家“一带一路”战略，依托欧亚大陆桥连接功能，完善海关多式联运监管体系，增强自贸试验区对沿线国家及地区的转口贸易服务功能。支持京津机场通关联动。完善以天津港为出海口的保税物流网络。加强自贸试验区与内陆地区的通关协作，实现信息互换、监管互认、执法互助。

五、培育法治化营商环境，维护自贸试验区贸易秩序公平公正

（二十三）依法实施知识产权保护，维护企业创新成果

加大对自贸试验区内企业知识产权海关保护力度，助推企业提升创新能力和核心竞争力，支持自贸试验区国内外知识产权资源集聚，有效打

击侵权违法行为。

（二十四）依法开展风险防控，维护国家意识形态安全

坚持社会主义先进文化前进方向。加强实际监管，有效防控风险，防止自贸试验区内渗入和滋生对中国政治、经济、文化、道德有害的印刷品、音像制品及其他信息载体。

（二十五）依法打击走私，维护自贸试验区健康发展环境

根据自贸试验区发展运行特点，加强执法统一性和规范性，营造法治化营商环境。认真研究可能出现的风险隐患，确保安全高效管住，精、准、狠地打击走私等违法犯罪活动，促进自贸试验区健康发展。

◎海关总署关于印发支持和促进中国（福建）自由贸易试验区建设发展若干措施的通知

署加发〔2015〕115号

福州、厦门海关：

设立中国（福建）自由贸易试验区，是党中央、国务院作出的重大决策，是新形势下推进改革开放和深化两岸经济合作的重要举措，对加快政府职能转变、积极探索管理模式创新、促进贸易和投资便利化，为全面深化改革和扩大开放探索新途径、积累新经验，具有重要意义。

为贯彻落实党中央、国务院决策部署，支持和促进中国（福建）自由贸易试验区建设和发展，总署结合海关工作实际，研究制定了《海关总署关于支持和促进中国（福建）自由贸易试验区建设发展的若干措施》，现印发你们，请认真组织学习，抓好贯彻落实。

一、要解放思想、改革创新、积极探索、加强协调、相互借鉴，支持自贸试验区先行先试。边实践、边改革、边创新，不断丰富和完善支持措施，细化相关海关监管办法。

二、支持“放得开”和“管得好”相结合，既要有效落实支持措施，积极创新、先行先试，又要依法依规做到安全高效管住，切实防控各类风险。

三、要根据《中国（福建）自由贸易试验区总体方案》要求，按照有利于安全高效管住、促进贸易便利化原则，在创新模式、优化流程、简化手续、提高效率等方面自主创新海关监管制度，积累可复制可推广的经验。涉及有关政策性问题的，须报经总署同意后再先行先试。

特此通知。

附件：海关总署关于支持和促进中国（福建）自由贸易试验区建设发展的若干措施

海关总署

2015年5月4日

附件

海关总署关于支持和促进中国（福建）自由贸易试验区建设发展的若干措施

为贯彻落实《国务院关于印发中国（福建）自由贸易试验区总体方案的通知》（国发〔2015〕20号）和《国务院关于印发落实“三互”推进大通关建设改革方案的通知》（国发〔2014〕68号）、《国务院关于改进口岸工作支持外贸发展的若干意见》（国发〔2015〕16号）精神，积极支持中国（福建）自由贸易试验区（以下简称“自贸试验区”）更好地贯彻“一带一路”等国家战略，构建开放型经济新体制，促进外贸发展转型升级，探索闽台经济合作新模式，建设法治化营商环境。进一步转变职能、创新制度、把好国门、做好服务，现制定如下支持措施：

一、创新海关监管制度，促进自贸试验区贸易便利化

（一）全面复制推广上海自贸试验区海关监管创新制度

深化复制推广上海自贸试验区海关监管创新制度工作，对自贸试验区内符合条件的企业，实施工单式核销、简化通关随附单证、集中汇总纳税、仓储企业联网监管等制度。继续开展海关监管制度创新，积累更多经验，进一步提升自贸试验区通关便利化水平。

（二）深化自贸试验区通关一体化改革

深化海关区域通关一体化改革，强化海关间协作，实现跨地区海关互联互通、互认共享，简化通关手续，提高通关效率。

（三）落实“三互”提高自贸试验区通关效率

积极推进国际贸易“单一窗口”建设，实现信息的共享共用。深化关检合作“三个一”改革，全面推进“一站式作业”改革。整合监管设施资源，推动共建共享共用。推进口岸部门综合执法试点。

（四）创新监管查验机制

进一步优化监管执法流程，逐步由“串联执法”转为“并联执法”。完善查验办法，增强查验针对性和有效性。提高非侵入、非干扰式查验比例。对查验没有问题的免除企业吊装、移位、仓储等费用。

（五）创新加工贸易监管制度

实行“一次备案多次使用”制度，加工贸易企业办理一次备案，即可开展保税加工、保税物流、保税服务等多元化业务。实施中介机构协助海关稽查、保税核查和核销制度。支持资信良好、管理规范的加工贸易企业开展自核单耗管理试点。支持开展出境加工业务试点。允许自贸试验区海关特殊监管区域（含平潭片区，下同）内企业利用超过监管年限的生产设备开展委托加工业务，促进区域内外企业联动发展。

（六）创新企业管理制度

建立企业协调员制度，畅通海关与企业沟通联系渠道。实施与国际海关的“经认证的经营者”互认管理，便利企业境内外通关。实施企业注册登记改革，实行“一地注册全国申报”，取消自贸试验区报关企业行政许可。实行企业信用信息公开，开展企业自律管理试点。

（七）推进海关税收征管方式改革

试行企业自主报税、自助通关、自助审放、

重点稽核的通关征管模式。创新担保方式，以企业为管理单元，探索建立与企业责、权、利和风险（或信用）等级相一致的征纳方式；依托关银信息互通，实现涉税担保信息化管理，逐步建立涵盖所有涉税担保业务、所有通关现场的税收总担保制度。优化海关行政裁定制度实施。试行预归类决定全国互认。

（八）试行企业“主动披露”制度

对企业主动报告海关未发现的违规情事，可依法视情从轻、减轻或不予行政处罚，引导企业守法诚信、规范经营，营造守法便利、违法惩戒的良好环境。

二、拓展海关特殊监管区域功能，促进试验区稳增长调结构

（九）实施内销选择性征收关税政策

对自贸试验区海关特殊监管区域内企业生产、加工并内销的货物，实施选择性征收关税政策，鼓励加工贸易企业向海关特殊监管区域集中，促进区域内企业更好地开拓国内市场、扩大内销。

（十）加快海关特殊监管区域整合优化

支持自贸试验区内海关特殊监管区域转型为综合保税区。支持现有海关特殊监管区域根据发展需要扩大面积。支持符合条件地区新设综合保税区和保税物流中心。完善海关特殊监管区域政策措施，推进功能拓展和改革创新，促进保税加工、保税物流和保税服务多元化发展。支持在海关特殊监管区域内开展保税货物质押融资业务。

（十一）推动区内外联动发展

推广保税货物区间结转监管模式，允许保税货物在跨关区海关特殊监管区域间流转时，实行分送集报和企业自行运输。支持海关特殊监管区域内外企业生产加工、物流和服务业深度融合。完善自贸试验区内海关协调配合机制，实现区内外政策衔接、监管联动、服务高效。

三、支持新兴贸易业态发展，促进自贸试验区改革创新

（十二）支持跨境电子商务发展

支持发展跨境电子商务，建立海关监管系统与跨境电子商务平台互联互通机制，加强信息共享。探索建立跨境电子商务平台运营主体、外贸综合服务企业、物流服务企业集中代理报关、纳税的机制。进一步完善跨境电子商务管理模式，优化通关流程，促进跨境电子商务健康快速发展。

（十三）支持开展研发设计、检测维修和服务外包业务试点

积极支持在自贸试验区海关特殊监管区域内开展研发设计和高技术含量、高附加值产品的境内外维修等保税服务业务，支持自贸试验区开展飞机等高技术含量、高附加值产品境内外的维修业务试点，促进生产性服务业发展。

（十四）支持开展期货保税交割业务

支持国内期货交易所在自贸试验区海关特殊监管区域内开展期货保税交割业务，根据发展需要适时扩大期货保税交割品种，拓展仓单质押融资功能。

（十五）支持开展保税展示业务

支持在自贸试验区海关特殊监管区域内设立保税展示交易平台。允许符合条件的试验区内企业在有效担保前提下，在本关区内开展区域外保税货物展示交易。

（十六）支持融资租赁业务发展

对注册在自贸试验区海关特殊监管区域内的融资租赁企业进出口飞机、船舶和海洋工程结构物等大型设备，在执行现行相关税收政策前

提下，根据物流实际需要，实行海关异地委托监管。

四、支持闽台经贸合作，促进对台贸易便利化

（十七）促进对台贸易便利化

简化《内地与香港关于建立更紧密经贸关系的安排》、《内地与澳门关于建立更紧密经贸关系的安排》以及《海峡两岸经济合作框架协议》下货物进口原产地证书提交需求，对于海关已收到出口方传输的原产地证书电子数据的货物，进口企业进口申报时免于提交纸质原产地证书。完善自贸试验区对台小额贸易管理方式，进一步提高对台贸易通关便利化水平。放宽海运货物直接运输判定标准，允许通过查验集装箱封志的方式判定《海峡两岸经济合作框架协议》项下经第三方中转货物是否符合直接运输要求。

（十八）支持航运业务发展，便利两岸往来

支持两岸海运快件业务发展，允许自贸试验区试点海运快件国际和台港澳中转集拼业务。允许自贸试验区符合条件的船舶开展外贸集装箱在国内沿海港口和自贸试验区内港口之间的沿海捎带业务试点。支持实施启运港退税试点政策。支持开展汽车平行进口试点。简化厦门—金门和马尾—马祖游艇、帆船出入境通关手续，为台湾车辆在自贸试验区与台湾之间进出提供通关便利。

（十九）支持产业集聚发展

简化自贸试验区海关特殊监管区域产品内销手续，促进内销便利化。在自贸试验区海关特殊监管区域探索实施货物状态分类监管模式。促进台湾先进制造业、战略性新兴产业、现代服务业等产业在自贸试验区内集聚发展，积极支持承接台湾地区产业转移。支持动漫创意、信息管理、数据处理、供应链管理、飞机及零部件维修等服务外包业务发展。鼓励跨国公司在自贸试验区内设立研发中心、销售中心、物流中心、结算中心和营运中心。

（二十）支持平潭建设闽台合作窗口

支持平潭继续探索创新“一线放宽、二线管住、人货分离、分类管理”的监管模式。支持平潭发展两岸合作服务业，为两岸会展业合作提供更加便捷的通关服务。开展两岸海上客运航线客带货业务试点，促进台湾小商品交易市场做大做强。支持平潭举办大型国际赛事并提供便利通关环境。积极推进在平潭按规定设立口岸离境免税店和两岸直航船舶运输工具免税店。简化进出平潭的台湾车辆通关手续。支持平潭建设国际旅游岛。

（二十一）支持21世纪海上丝绸之路建设

支持自贸试验区与21世纪海上丝绸之路沿线国家和地区开展通关事务合作与交流，探索实施与21世纪海上丝绸之路沿线国家和地区开展贸易供应链安全与便利合作。加强与东盟成员国海关、商业协会合作，推动原产地认证联网核查，实现东盟产品进口的快速通关。

（二十二）提升两岸海关合作水平

建立闽台通关合作机制，开展货物通关、贸易统计、原产地证书核查、“经认证的经营者”互认等方面合作，逐步实现信息互换、监管互认、执法互助。授权福州原产地管理办公室统一开展《海峡两岸经济合作框架协议》项下原产地证书核查。

五、培育法治化营商环境，维护自贸试验区贸易秩序公平公正

（二十三）依法实施知识产权保护，维护企业创新成果

加大对试验区内企业知识产权海关保护力度，助推企业提升创新能力和核心竞争力，支持试验区国内外知识产权资源集聚，有效打击侵权

违法行为。

（二十四）依法开展风险防控，维护国家意识形态安全

坚持社会主义先进文化前进方向。加强实际监管，有效防控风险，防止自贸试验区内渗入和滋生对中国政治、经济、文化、道德有害的印刷品、音像制品及其他信息载体。

（二十五）依法打击走私，维护自贸试验区健康发展环境

根据自贸试验区发展运行特点，加强执法统一性和规范性，营造法治化营商环境。认真研究可能出现的风险隐患，确保安全高效管住，精、准、狠地打击走私等违法犯罪活动，促进自贸试验区健康发展。

◎财政部、海关总署、税务总局关于中国（广东）自由贸易试验区有关进口税收政策的通知

财关税〔2015〕19号

广东省财政厅，海关总署广东分署、广州海关、深圳海关、拱北海关，广东省国家税务局：

为贯彻落实《中国（广东）自由贸易试验区总体方案》中的相关政策，现就中国（广东）自由贸易试验区（以下简称自贸试验区）有关进口税收政策通知如下：

一、中国（上海）自由贸易试验区已经试点的进口税收政策原则上可在自贸试验区进行试点。

二、选择性征收关税政策在自贸试验区内的海关特殊监管区域进行试点，即对设在自贸试验区海关特殊监管区域内的企业生产、加工并经“二线”销往内地的货物照章征收进口环节增值税、消费税，根据企业申请，试行对该内销货物按其对应进口料件或按实际报验状态征收关税的政策。

三、在严格执行货物进出口税收政策前提下，允许在自贸试验区海关特殊监管区域内设立保税展示交易平台。

四、自贸试验区内的海关特殊监管区域实施范围和税收政策适用范围维持不变。深圳前海深港现代服务业合作区、珠海横琴税收优惠政策不适用于自贸试验区内其他区域。

本通知自自贸试验区挂牌成立之日起执行。

财政部　海关总署　税务总局

2015年5月20日

◎财政部、海关总署、税务总局关于中国（天津）自由贸易试验区有关进口税收政策的通知

财关税〔2015〕21号

天津市财政局、天津海关、天津市国家税务局：

为贯彻落实《中国（天津）自由贸易试验区总体方案》中的相关政策，现就中国（天津）自由贸易试验区（以下简称自贸试验区）有关进口税收政策通知如下：

一、中国（上海）自由贸易试验区已经试点的进口税收政策原则上可在自贸试验区进行试点。

二、选择性征收关税政策在自贸试验区内的海关特殊监管区域进行试点，即对设在自贸试验区海关特殊监管区域内的企业生产、加工并经“二线”销往内地的货物照章征收进口环节增值税、消费税，根据企业申请，试行对该内销货物按其对应进口料件或按实际报验状态征收关税的政策。

三、在严格执行货物进出口税收政策前提下，允许在自贸试验区海关特殊监管区域内设立保税展示交易平台。

四、自贸试验区内的海关特殊监管区域实施范围和税收政策适用范围维持不变。

本通知自自贸试验区挂牌成立之日起执行。

财政部　海关总署　税务总局

2015 年 5 月 20 日

◎财政部、海关总署、税务总局关于中国（福建）自由贸易试验区有关进口税收政策的通知

财关税〔2015〕22 号

福建省财政厅、国家税务局，福州海关、厦门海关：

为贯彻落实《中国（福建）自由贸易试验区总体方案》中的相关政策，现就中国（福建）自由贸易试验区（以下简称自贸试验区）有关进口税收政策通知如下：

一、中国（上海）自由贸易试验区已经试点的进口税收政策原则上可在自贸试验区进行试点。

二、选择性征收关税政策在自贸试验区内的海关特殊监管区域进行试点，即对设在自贸试验区海关特殊监管区域内的企业生产、加工并经“二线”销往内地的货物照章征收进口环节增值税、消费税，根据企业申请，试行对该内销货物按其对应进口料件或按实际报验状态征收关税的政策。

三、在严格执行货物进出口税收政策前提下，允许在自贸试验区海关特殊监管区域内设立保税展示交易平台。

四、在确保有效监管前提下，在自贸试验区海关特殊监管区域探索建立货物实施状态分类监管模式。

五、自贸试验区内的海关特殊监管区域实施范围和税收政策适用范围维持不变。平潭综合实验区税收优惠政策不适用于自贸试验区内其他区域。

本通知自自贸试验区挂牌成立之日起执行。

财政部　海关总署　税务总局

2015 年 5 月 20 日

◎工商总局关于支持中国（广东）自由贸易试验区建设的若干意见

工商办字〔2015〕76号

广东省工商行政管理局：

建立中国（广东）自由贸易试验区（以下简称广东自贸试验区）是党中央、国务院作出的重大决策，是在新形势下推进改革开放和促进内地与港澳深度合作的重要举措。为充分发挥工商行政管理职能作用，支持广东自贸试验区深化商事制度改革，服务自贸试验区建设和进一步扩大开放，营造国际化、市场化、法治化营商环境，提出如下意见：

一、支持广东自贸试验区推进“三证合一”登记制度改革。支持广东自贸试验区实行营业执照、组织机构代码、税务登记证“三证合一”、“一照三号”登记制度，按照“一窗受理、一表申报、并联审批、核发一照”的模式，在营业执照上加载组织机构代码和税务登记号，条件成熟后，实行“一照一号”登记制度。

二、支持广东自贸试验区推行电子营业执照和全程电子化登记管理。实现以电子营业执照为支撑的网上申请、网上受理、网上审核、网上发照和网上公示的全程电子化登记模式，真正体现工商注册制度便利化的改革成果。加具电子签名的电子文件、电子档案与纸质形式材料具有同等法律效力。

三、授权广东自贸试验区三个片区工商登记机关行使依法应当由其上级工商登记机关乃至工商总局登记的住所（经营场所）在广东自贸试验区内企业的登记管辖权。

四、支持广东自贸试验区开展企业集团登记制度改革。广东自贸试验区内的企业，子公司达到三家以上的，允许其在企业名称中使用“集团”或者“(集团)”字样，不受注册资本数额限制，无须向其登记机关申请颁发企业集团登记证。

五、同意对广东自贸试验区内广告企业从事户外广告发布活动免于户外广告登记，取消外商投资广告企业项目审批。

六、支持广东自贸试验区工商机关深化商事制度改革监管工作，加快建立完善企业年度报告、即时信息公示、抽查监管、经营异常名录等制度，积极构建事中事后监管新模式。

七、支持广东自贸试验区工商机关的企业监管信息通过企业信用信息公示系统与其他政府部门实现互联共享，在推进建立经营异常名录、严重违法企业名单和失信约束、联合惩戒机制，以及探索建立综合监管执法等方面先行先试。

工商总局

2015年5月25日

◎交通运输部关于在国家自由贸易试验区试点若干海运政策的公告

交通运输部公告 2015 年第 24 号

为贯彻落实国务院印发的关于广东、天津、福建自由贸易试验区总体方案以及关于进一步深化上海自由贸易试验区改革开放方案，推进上述自由贸易试验区（以下称“自贸区”）海运试点政策顺利实施，现将有关事项公告如下：

一、经国务院交通运输主管部门批准，外商可在自贸区设立股比不限的中外合资、合作企业，经营进出中国港口的国际船舶运输业务；其中，在上海自贸区可设立外商独资企业，在广东自贸区可设立港澳独资企业。相关要求和办理程序，按照《中华人民共和国国际海运条例》和《中华人民共和国国际海运条例实施细则》有关规定执行。

二、经国务院交通运输主管部门批准，在自贸区设立的中外合资、合作企业可以经营公共国际船舶代理业务，外资股比放宽至 51%；在自贸区设立的外商独资企业可以经营国际海运货物装卸、国际海运集装箱站和堆场业务。相关要求和办理程序，按照《中华人民共和国国际海运条例》和《中华人民共和国国际海运条例实施细则》有关规定执行。

三、经自贸区所在地省级交通运输主管部门批准，在自贸区设立的外商独资企业可以经营国际船舶管理业务。自贸区所在地省级交通运输主管部门参照《中华人民共和国国际海运条例》第九条、第十条和《中华人民共和国国际海运条例实施细则》第八条的相关规定办理审批程序，并将审批结果向国务院交通运输主管部门备案。

四、在自贸区设立的中外合资、合作国际船舶运输企业，其董事会主席和总经理由中外合资、合作的双方协商确定。

五、在自贸区设立外商投资企业经营国际船舶运输业务，设立中外合资、合作企业经营公共国际船舶代理业务，或设立外商独资企业经营国际船舶管理业务、国际海运货物装卸业务、国际海上集装箱站和堆场业务，本公告未作规定的，适用《中华人民共和国中外合资经营企业法》、《中华人民共和国中外合作经营企业法》以及《中华人民共和国外资企业法》的有关规定。

六、注册在境内的中资航运公司可利用其全资或控股拥有的非五星红旗国际航行船舶，经营以自贸区开放港口为国际中转港的外贸进出口集装箱在国内沿海对外开放港口与自贸区开放港口之间的捎带业务。从事上述业务时，应向国务院交通主管部门备案。相关备案办理程序见附件。

七、中资航运公司不得擅自将经备案开展试点业务的船舶转租他人。除依照本公告备案的船舶外，其他任何非五星红旗船舶，不得承运中国港口间的集装箱货物，包括不得承运在国内一港装船、经国内另一港中转出境，或者经国内一港中转入境、在国内另一港卸船的外贸集装箱货物。

特此公告。

附件：1. 中资非五星红旗国际航行船舶试点沿海捎带业务备案办理程序（略）

2. 中资非五星红旗国际航行船舶试点沿海捎带业务备案表（略）

3. 中资非五星红旗国际航行船舶试点沿海捎带业务备案证明书（略）

交通运输部

2015 年 6 月 1 日

◎文化部关于实施中国（广东）自由贸易试验区、中国（天津）自由贸易试验区、中国（福建）自由贸易试验区文化市场管理政策的通知

文市函〔2015〕490号

广东省文化厅、天津市文化广播影视局、福建省文化厅：

为贯彻落实《国务院关于印发中国（广东）自由贸易试验区总体方案的通知》（国发〔2015〕18号）、《国务院关于印发中国（天津）自由贸易试验区总体方案的通知》（国发〔2015〕19号）、《国务院关于印发中国（福建）自由贸易试验区总体方案的通知》（国发〔2015〕20号），现将中国（广东）自由贸易试验区、中国（天津）自由贸易试验区、中国（福建）自由贸易试验区（以下统一简称为“试验区”）内文化市场管理有关政策调整如下：

一、允许在试验区内设立外资经营的演出经纪机构、演出场所经营单位，为本省（直辖市）提供服务

（一）设立合资、合作、独资经营演出经纪机构的，应当在领取工商营业执照后，向省级人民政府文化主管部门提出申请。省级人民政府文化主管部门自收到申请之日起20日内作出决定。

（二）设立合资、合作、独资经营演出场所经营单位的，应当自领取工商营业执照之日起20日内，持上述证照以及消防、卫生部门的批准文件，到省级人民政府文化主管部门备案，领取演出场所经营单位备案证明。

（三）合资、合作、独资经营的演出经纪机构，在本省（直辖市）内举办营业性演出活动，应当向演出所在地文化主管部门提出申请。举办国内文艺表演团体或者演员参加的营业性演出，应当向县级人民政府文化主管部门提出申请，县级人民政府文化主管部门自受理申请之日起3日内作出决定；举办涉外或者涉港澳台营业性演出，应当向省级人民政府文化主管部门提出申请，省级人民政府文化主管部门自受理申请之日起20日内作出决定。

（四）合资、合作、独资经营的演出场所经营单位，在本场所内举办营业性演出活动，应当向演出所在地文化主管部门提出申请。举办国内文艺表演团体或者演员参加的营业性演出，应当向县级人民政府文化主管部门提出申请，县级人民政府文化主管部门自受理申请之日起3日内作出决定；举办涉外或者涉港澳台营业性演出，应当向省级人民政府文化主管部门提出申请，省级人民政府文化主管部门自受理申请之日起20日内作出决定。

二、允许在试验区内设立外资经营的娱乐场所

设立合资、合作、独资经营娱乐场所的，应当符合《娱乐场所管理条例》、《娱乐场所管理办法》等法规规章规定的设立条件，向省级人民政府文化主管部门提出申请。省级人民政府文化主管部门自受理申请之日起20日内作出决定。

三、本通知调整的文化市场管理事项，适用于在试验区内投资、设立企业的香港特别行政区、澳门特别行政区、台湾地区投资者和在国外居住的中国公民。

特此通知。

文化部

2015年6月12日

◎工业和信息化部关于放开在线数据处理与交易处理业务（经营类电子商务）外资股比限制的通告

工信部通〔2015〕196号

为贯彻落实党的十八届三中全会精神，支持我国电子商务发展，鼓励和引导外资积极参与，进一步激发市场竞争活力，我部决定在中国（上海）自由贸易试验区开展试点的基础上，在全国范围内放开在线数据处理与交易处理业务（经营类电子商务）的外资股比限制，外资持股比例可至100%。

外商投资企业要依法依规经营，申请在线数据处理与交易处理业务（经营类电子商务）许可时，对外资的股比要求按本通告执行，其他许可条件要求及相应审批程序按《外商投资电信企业管理规定》（国务院令第534号）相关规定执行。

各省、自治区、直辖市通信管理局要加强对外商投资企业的引导和监督，加大事中事后监管力度，切实维护用户合法权益，营造公平竞争的发展环境，促进电子商务持续健康发展，使之成为大众创业、万众创新的重要平台。

本通告自发布之日起执行。

工业和信息化部

2015年6月19日

◎文化部关于允许内外资企业从事游戏游艺设备生产和销售的通知

文市函〔2015〕576号

各省、自治区、直辖市文化厅（局），新疆生产建设兵团文化广播电视局，西藏自治区、北京市、天津市、上海市、重庆市文化市场（综合）行政执法总队：

根据《国务院关于推广中国（上海）自由贸易试验区可复制改革试点经验的通知》的要求，文化部负责将“允许内外资企业从事游戏游艺设备生产和销售，经文化部门内容审核后面向国内市场销售”的改革试点经验，于2015年6月30日前在全国范围内推广。现将有关事项通知如下：

一、本通知所称游戏游艺设备，是指通过专用设备向消费者提供游戏内容和游戏过程的电子、机械类装置，包括营业场所使用的电子游戏机、与电视接收机设备配套使用的电子游戏机及手持类电子游戏机等，不包含用于出口销售的游戏游艺设备。本通知所称从事游戏游艺设备生产和销售的内外资企业，是指在工商行政部门依法登记，经营范围包括游戏游艺设备生产或者销售并具有独立法人资格的企业。

二、鼓励和支持企业研发、生产和销售具有自主知识产权、体现民族精神、内容健康向上的益智类、教育类、体感类、健身类游戏游艺设备。严禁含有《娱乐场所管理条例》第十三条禁止内容的，存在安全隐患的，具有退币、退分、退钢珠等赌博功能的游戏游艺设备面向国内生产和销售。

三、省级文化行政部门负责游戏游艺设备内容审核工作。各省（区、市）文化行政部门应当按照《中华人民共和国行政许可法》、《政府信息公开条例》规定，在行政审批服务大厅及有关政务网站，公布游戏游艺设备内容审核的法规依据、实施机关、审核条件、审核程序、审核时限、联系方式等信息，并做好政策咨询服务工作。从事游戏游艺机生产和销售的企业应当向所在地省级文化行政部门提出内容审核申请。省级文化行政部门应当自受理申请之日起20日内作出决定，审核通过的，出具《游戏游艺设备内容审核批准单》，并报文化部统一向社会公布，具体审核流程依照《游戏游艺设备内容审核管理办法》（见附件）。已取得《游戏游艺设备内容审核批准单》的游戏游艺设备可以面向全国销售，异地文化行政部门不再重复审核。省级文化行政部门可以建立由文化、公安等部门、行业专家、协会组成的游戏游艺设备内容审核专家组，对内容难以界定的，可以由专家组提出审核建议或者报文化部复核，复核时间不计入审核时间。文化部不再分批次发布《游戏游艺机市场准入机型机种指导目录》，原《游戏游艺机市场准入机型机种指导目录》继续有效。

四、游戏游艺设备生产和销售企业应当建立内容自审制度，并加强对审核人员的培训。从事游戏游艺设备生产和销售的内外资企业，应当每年向省级文化行政部门报送上一年度的年度报告，内容除向工商行政部门报送的外，还应当包括销售数量。未建立内容自审制度、未按规定履行年度报告义务的，省级文化行政部门可以将其列入文化市场经营异常名录。

县级以上文化行政部门、文化市场综合执法机构对于未经内容审核，擅自面向国内销售游戏游艺设备的企业，应当责令改正，未改正的，由省级文化行政部门将其列入文化市场经营异常名录；游戏游艺设备含有《娱乐场所管理条例》第十三条禁止内容的，由省级文化行政部门将其列入文化市场黑名单。

五、省级文化行政部门要根据本通知精神，结合本地区本部门实际情况，制定实施方案，建立由文化、工商、公安等部门组成的工作协调机制，做好政策宣传和解读，推进政策落地。实施中遇到的重要情况和问题要及时报告。文化部将适时对游戏游艺设备内容审核有关政策的落实情况进行督导。

特此通知。

附件：游戏游艺设备内容审核管理办法

文化部

2015年6月24日

附件

游戏游艺设备内容审核管理办法

第一条　为加强游戏游艺设备内容审核工作，根据《娱乐场所管理条例》、《国务院关于推广中国（上海）自由贸易试验区可复制改革试点经验的通知》、《互联网文化管理暂行规定》等有关规定，制定本办法。

第二条　本办法所称游戏游艺设备，是指通过专用设备向消费者提供游戏内容和游戏过程的电子、机械类装置，包括营业场所使用的电子游戏机、与电视接收机设备配套使用的电子游戏机及手持类电子游戏机等，不包含用于出口销售的游戏游艺设备。

第三条　鼓励与支持企业研发、生产和销售具有自主知识产权、体现民族精神、内容健康向上的益智类、教育类、体感类、健身类游戏游艺设备。

第四条　面向国内生产和销售的游戏游艺设备禁止含有下列内容：

（一）违反宪法确定的基本原则的；

（二）危害国家统一、主权或者领土完整的；

（三）危害国家安全，或者损害国家荣誉、利益的；

（四）煽动民族仇恨、民族歧视，伤害民族感情或者侵害民族风俗、习惯，破坏民族团结的；

（五）违反国家宗教政策，宣扬邪教、迷信的；

（六）宣扬淫秽、赌博、暴力以及与毒品有关的违法犯罪活动，或者教唆犯罪的；

（七）违背社会公德或者民族优秀文化传统的；

（八）侮辱、诽谤他人，侵害他人合法权益的；

（九）法律、行政法规禁止的其他内容。

第五条　面向国内生产和销售的游戏游艺设备的外观、游戏内容、游戏方法说明应当使用我国通用语言文字，不得具有退币、退分、退钢珠等赌博功能。

第六条　在国内依法注册，具有独立法人资格的游戏游艺设备生产和销售企业，向所在地省级文化行政部门提出游戏游艺设备内容审核申请时，应当提交以下材料：

（一）《游戏游艺设备内容审核申请表》；

（二）企业营业执照复印件，经营范围应当含有游戏游艺设备生产或者销售；

（三）游戏游艺设备内设游戏内容全过程的视频文件或者软件的视频演示（DEMO）文件；

（四）能够反映产品整体外观并与实际销售产品一致的电子图片。其中一张正面图，两张侧面图，格式统一为“*.JPG”，图片分辨率不低于1280×720；

（五）游戏游艺设备使用的音频文件、名称列表和歌词的电子文本。电子文本应当是游戏游艺设备中使用的全部背景音乐、歌曲的名称列表、音频文件和歌词文本，如为外文歌曲须提供中外文对照文本；

（六）游戏游艺内容中对白、旁白、描述性文字以及操作说明文本，如涉及外文的应当提交中外文对照文本；

游戏游艺设备具备通过信息网络下载和提供网络游戏产品及服务功能的，应当使用按照《网络游戏管理暂行办法》通过内容审查或者备案的网络游戏产品。

第七条　省级文化行政部门受理申请时，应当核对申请材料，发现申请材料不齐全的，应当出具《游戏游艺设备内容审核补充材料清单》，一次性告知申请人；申请材料齐全的，应当当场受理。省级文化行政部门应当自受理申请之日起20个工作日内作出决定，符合本办法规定的，应当出具《游戏游艺设备内容审核批准单》，并通过全国文化市场技术监管与服务平台报文化部，由文化部统一向社会公布，公布内容应当包括游戏游艺设备名称、生产和销售企业、批准部门、批准日期及相关图片及说明等；不符合规定的，应当书面说明理由。有异议的，省级文化行政部门应当充分听取当事人的意见，对当事人提出的事实、理由和证据进行复核；当事人提出的事实、理由或者证据成立的，应予采纳。

第八条　从事游戏游艺设备生产和销售的企业取得《游戏游艺设备内容审核批准单》后，可以向国内市场销售其游戏游艺设备。游戏游艺设备规则和程序需要改进或者系统需要升级的，应当报原审核部门备案；因升级、改版等发生内容实质性变更的，应当重新报省级文化行政部门，经内容审核通过后方可面向国内销售。

第九条　在国家批准设立的自由贸易试验区等海关特殊监管区域生产的游戏游艺设备面向国内销售的，内容审核依照本办法执行。游戏游艺设备出区面向国内销售的，应当向商务部门提交《游戏游艺设备内容审核批准单》及其他相关材料，办理《自动进口许可证》后，持《游戏游艺设备内容审核批准单》和《自动进口许可证》到海关办理有关手续。

第十条　游戏游艺设备生产和销售企业及为游戏游艺设备提供网络游戏产品及服务的企业，应当建立内容自审制度，配备适应审核工作需要的人员负责内容管理工作，保障游戏游艺设备内容的合法性。

◎中国保监会、天津市人民政府关于加强保险业服务天津自贸试验区建设和京津冀协同发展等重大国家战略的意见

保监发〔2015〕65号

各保险公司、保险资产管理公司，中国保险行业协会、中国保险学会，天津保监局，天津市各区县政府、各委办局、各有关单位：

为深入贯彻党的十八大和十八届三中、四中全会精神，主动适应经济发展新常态，全面落实党中央、国务院重大决策部署和重大国家战略实施，坚持改革统领，创新驱动，加快推动天津保险业发展，现提出以下意见。

一、总体要求

全面贯彻落实《国务院关于加快发展现代保险服务业的若干意见》（国发〔2014〕29号）精神，围绕天津自贸试验区建设、京津冀协同发展、“一带一路”、自主创新示范区建设和滨海新区开发开放等国家战略，充分发挥保险的社会稳定器和经济助推器作用，通过完善现代金融服务体系，促进经济转型提质增效，通过创新社会治理方式，促进改善民计民生，努力建设保障全面、功能完善、安全稳健、诚信规范，具有较强服务能力、创新能力、区域辐射能力和国际竞争力，与经济社会发展需求相适应的现代保险服务体系。

二、创新保险体制机制，服务国际一流自贸试验区建设

依托天津海港、空港区位特点和优势，创新航运保险业务和模式，服务北方国际航运中心核心区建设。鼓励境内外航运保险和保险经纪等专业服务机构落户自贸试验区，加快设立航运保险协会。依托航空产业基地优势，大力开展飞机保险、航空运输保险等。结合自贸试验区特色，积极发展物流保险、平行进口汽车保险、跨境电子商务保险、海上工程保险等业务。支持发展融资租赁保险，引导租赁企业与保险机构加强合作，多渠道拓宽融资渠道来源。进一步加强保险市场建设，支持各类保险公司在自贸试验区设立专业保险机构。探索开展人民币跨境再保险业务，培育发展再保险市场，建立区域再保险中心。支持保险机构开展境外投资试点。

三、深化保险资金和业务改革，助推京津冀协同发展

建立保险资金需求项目发布平台。鼓励保险机构以股权、基金、债权等形式投资交通、地铁等重点项目，加快构建京津冀互联互通综合交通网络。支持保险机构以多种方式参与天津地下管网、垃圾处理、城市配电等基础设施建设，

提高城市综合承载能力。围绕创新驱动，支持保险机构开展专利执行保险、专利侵权责任保险、专利质押贷款保险试点。鼓励开展与互联网金融发展相适应的保险产品、营销、服务以及交易方式创新，培育互联网保险新业态和新的交易平台。开展商业车险改革，提升车险费率厘定科学化水平。完善道路交通事故损害赔偿调处机制，鼓励发展治安保险、社区综合保险，提升城市治理水平。发展“绿色保险”，完善环境污染损害赔偿机制，服务京津冀生态文明建设。大力推进安全生产责任保险制度，鼓励矿山、金属冶炼、建筑施工和危险物品等生产经营单位投保安全生产责任保险。发挥政策和人才优势，吸引保险总部及培训、后援等专属机构落户，承接非首都核心功能。研究开展跨区域经营试点，促进京津冀保险市场要素优化配置。推动建立以财政支持为保障、以商业保险为平台、以多层次风险分担为机制的巨灾保险体系，积极开发巨灾指数保险，研究推行巨灾债券发行模式。主动适应现代农业发展新常态，积极探索“三农”保险新模式、新机制，开展互助合作保险，大力发展农村小额人身保险、农村小额信贷保险、农房保险、农机保险和种业保险等普惠保险业务。

四、加大支持“走出去”力度，护航“一带一路”战略

着力发挥出口信用保险促进外贸稳定增长和经济转型升级的功能，巩固天津外贸传统优势，加快培育竞争新优势。扩展短期出口信用保险功能，加大对自主品牌、自主知识产权、战略性新兴产业的支持力度，提升与“一带一路”沿线国家的经贸合作水平。扩大中长期出口信用保险覆盖面，增强交通运输、电力、电信、建筑等对外工程承包重点行业的竞争能力。加快发展境外投资保险，为天津企业海外投资、产品技术输出、承接国家“一带一路”重大工程建设提供综合保险服务。建立健全出口风险监测和管控体系，为出口企业提供全方位的风险咨询、资信调查、商账追收等服务。

五、丰富保险产品和服务，推动国家自主创新示范区建设

加大对科技保险支持力度，大力开发涉及技术转移、自主研发、专利技术、知识产权等领域的专属保险产品。推广国产首台首套装备的保险风险补偿机制，促进企业创新和科技成果产业化。搭建保险资金支持地方创新融资对接平台，支持保险机构投资小微企业专项债券、创业投资基金及相关金融产品。鼓励保险机构积极参与“互联网+”行动计划，支持设立互联网保险服务机构，推动移动互联网、云计算、大数据、物联网等与现代保险服务业结合。完善小微企业贷款保证保险风险补贴资金管理办法，深化政府、银行、保险三方共担风险的合作机制，着力缓解小微企业融资难问题。支持在天津设立科技、养老、健康、再保险等专业保险公司，支持建设自主创新示范区保险产业园。

六、构筑保险民生保障网，参与滨海新区综合配套改革

积极推进商业健康保险个人所得税政策试点工作，完善多层次的医疗保障体系。支持发展长期护理保险、疾病保险、失能收入损失保险等产品。发展与基本医疗保险有机衔接的商业健康保险，鼓励各类医疗机构与商业保险机构合作。支持保险机构运用股权投资、战略合作等方式，在滨海新区设立医疗机构和参与公立医院改制。支持天津纳入个人税收递延型商业养老保险试点范围。推动个人储蓄性养老保险、养老机构综合责任保险、企业年金等业务发展。支持保险机构为有条件的企业建立商业养老健康保障计划。研究探索独生子女家庭保障计划。支持符合条件的保险机构在天津投资养老设施和养老社区，促进保险服务业与养老服务业融合发展。

七、完善支持政策，优化保险业发展环境

推进简政放权放管结合职能转变，鼓励政府有关部门通过多种方式购买保险服务，降低公共服务运行成本。发挥政府的引导作用，通过立法推动、政策扶持、财政补贴等方式，进一步完善支持天津现代保险服务业改革创新的政策措施。探索建立保险业与社会保障、卫生医疗、交通管理等部门之间的信息交流共享机制。建立完善保险机构、从业人员信用档案和信用信息数据库，积极参与地方信用信息共享平台和金融业统一征信平台建设。加强保险监管与司法协作，推动保险纠纷诉讼与调解对接机制建设，打击保险领域违法犯罪活动，保护保险消费者权益。发挥高校资源禀赋优势，加强财务、精算、航运、核保核赔等专业人才培养，提升从业人员素质和水平。加强保险消费者教育，增强全社会的风险意识，培育成熟理性的保险市场。

八、加强组织实施

各有关方面要充分认识保险参与和服务重大国家战略的重要意义，把发展现代保险服务业放在落实重大国家战略的整体布局中统筹考虑，加强组织领导，强化沟通协调，形成工作合力，加强保险监管，防范化解风险。各相关部门要根据本意见要求，按照职责分工抓紧制定配套措施，确保各项政策落实到位。

中国保监会　天津市人民政府

2015 年 7 月 10 日

◎商务部办公厅关于融资租赁行业推广中国（上海）自由贸易试验区可复制改革试点经验的通知

商办流通函〔2015〕575 号

为贯彻落实《国务院关于推广中国（上海）自由贸易试验区可复制改革试点经验的通知》（国发〔2014〕65 号）精神，推动融资租赁行业快速健康发展，商务部决定将中国（上海）自由贸易试验区融资租赁行业改革试点经验在全国范围内推广，允许融资租赁公司兼营与主营业务有关的商业保理业务，融资租赁公司设立子公司不设最低注册资本限制。现将有关事项通知如下：

一、做好规划引导

各地商务主管部门要做好本行政区域融资租赁行业规划引导和政策协调，充分认识融资租赁在推动产业创新升级、拓宽中小微企业融资渠道、带动新兴产业发展和促进经济结构调整等方面的重要作用，努力营造有利于融资租赁业发展的环境，推动本行政区域融资租赁业快速健康发展。

二、完善公共服务

各地商务主管部门要利用全国融资租赁企业管理信息系统，建立和完善本行政区域融资租赁行业统计制度，要求本行政区域内外资融资租赁企业及时、准确报送相关数据，通过对统计数据的分析掌握行业发展的趋势和内在规律，指导企业健康有序发展，定期发布本行政区域行业发展报告，提供更好的咨询服务。

三、加强行业监管

各地商务主管部门要按照商务部关于进一步完善行业监管制度的相关要求，利用信息化系统等多种监管手段，加强对重点环节以及吸收存款、发放贷款等违法违规行为的监督，及时了解企业经营状况，掌握企业各项业务合规情况，切实守住不发生系统性、区域性风险的底线。同时，要注重发挥本行政区域行业协会在规范企业经营行为、加强行业自律等方面的重要作用。

各地商务主管部门要严格要求融资租赁公司遵守《融资租赁企业监督管理办法》，以融资租赁等租赁业务为主营业务，兼营的商业保理业务与主营业务有关，在兼营商业保理业务时，参照商业保理行业管理相关规定执行。

商务部办公厅

2015 年 7 月 23 日

◎关于进一步扩大自动进口许可证通关作业无纸化试点的公告

公告 2015 年第 35 号

为进一步推进通关作业无纸化改革工作，促进贸易便利化，海关总署和商务部决定在前期中国（上海）自由贸易试验区（以下简称“上海自贸区”）改革试点的基础上，扩大自动进口许可证通关作业无纸化试点。现就有关事宜公告如下：

一、自 2015 年 8 月 1 日起，试点海关由上海自贸区相关海关扩展至包括天津、福建、广东 3 个新设自由贸易试验区和宁波、苏州 2 个国家级进口贸易促进创新示范区在内的十个海关，分别为天津、上海、南京、宁波、福州、厦门、广州、深圳、拱北、黄埔海关。试点范围为实施自动进口许可“一批一证”管理的货物（原油、燃料油除外），且每份进口货物报关单仅使用一份自动进口许可证。

二、对满足试点条件的，企业可依据《货物进出口许可证电子证书申请签发使用规范（试行）》（商办配函〔2015〕494 号）申请电子许可证，根据海关相关规定采用无纸方式向海关申报，免于交验纸质自动进口许可证。海关将通过自动进口许可证联网核查方式验核电子许可证，不再进行纸面签注。

三、因海关和商务部门审核需要、计算机管理系统故障、其他管理部门需要验凭纸质自动进口许可证等原因，可以转为有纸报关作业或补充提交纸质自动进口许可证。

四、自动进口许可货物通关无纸化应用试点以外事项，按照《货物自动进口许可管理办法》（商务部 海关总署令 2004 年第 26 号）、自动进口许可证联网核查系统公告（商务部 海关总署公告 2013 年第 2 号）和海关深入推进通关作业无纸化改革工作有关事项公告（海关总署公告 2014 年第 25 号）执行。

海关联系方式：全国海关热线电话 12360。

特此公告。

中华人民共和国海关总署

中华人民共和国商务部

2015 年 7 月 29 日

◎国家外汇管理局关于印发《跨国公司外汇资金集中运营管理规定》的通知

汇发〔2015〕36号

国家外汇管理局各省、自治区、直辖市分局、外汇管理部，深圳、大连、青岛、厦门、宁波市分局：

为进一步促进贸易投资便利化，服务实体经济，国家外汇管理局（以下简称总局）修订了《跨国公司外汇资金集中运营管理规定（试行）》。现通知如下：

一、试点外债比例自律管理。跨国公司成员企业借用外债实行比例自律，主办企业可全部或部分集中成员企业外债额度；外债结汇资金可依法用于偿还人民币贷款、股权投资等；企业办理外债登记后可根据商业原则自主选择偿债币种。

二、优化国际主账户功能。境内银行通过国际外汇资金主账户吸收的存款，可在不超过前六个月日均存款余额的50%（含）额度内境内运用；在纳入银行结售汇头寸管理前提下，允许账户内资金一定比例内结售汇。

三、简化账户开立要求。允许跨国公司资金集中运营A类成员企业经常项目外汇收入无须进入出口收入待核查账户；符合条件的跨国公司主办企业可异地开立国内、国际外汇资金主账户。

四、简化外汇收支手续。允许银行按照“了解客户”、“了解业务”、“尽职审查”等原则，审核相关电子单证真实性后办理经常项目外汇收支；允许经常项目和资本项目对外支付购汇与付汇在不同银行办理。

五、完善涉外收付款申报手续。简化集中收付汇和轧差结算收支申报程序，建立与资金池自动扫款模式相适应的涉外收付款申报方式，允许银企一揽子签订涉外收付款扫款协议。

六、加强事中事后管理。一是银行、企业等应按照规定及时、准确报送试点业务等数据。二是各级外汇局应当加强跨国公司外汇资金集中运营管理业务跨境资金流动监测，对异常或可疑情况进行风险提示，依法开展现场核查检查。三是各分局、外汇管理部（以下简称分局）既可要求主办企业一次性更新之前备案材料，重新制定操作规程备案；也可仅就外债比例自律管理等新增业务单独备案。分局参照前述规定办理向总局的备案，新开展业务的分局须向总局整体备案业务操作规程。四是分局在审核企业备案操作规程过程中，须严格审核外债和对外放款额度，确保准确；做好系统维护，加强部门协调和对银行、企业的监管。

现将修订后的《跨国公司外汇资金集中运营管理规定》印发，请各分局遵照执行。遇有特殊情况，及时向总局反馈。

附件：跨国公司外汇资金集中运营管理规定

国家外汇管理局

2015年8月5日

附件

跨国公司外汇资金集中运营管理规定

国家外汇管理局各省、自治区、直辖市分局、外汇管理部，深圳、大连、青岛、厦门、宁波市分局：

为进一步促进贸易投资便利化，服务实体经济，国家外汇管理局（以下简称总局）修订了《跨国公司外汇资金集中运营管理规定（试行）》。现通知如下：

第一章　总　则

第一条　为促进贸易投资便利化，服务实体经济，制定本规定。

第二条　跨国公司可以根据经营需要，在所在地银行（省级区域，下同）开立国内外汇资金主账户，集中运营管理境内成员企业外汇资金，办理经常项目集中收付汇和轧差净额结算等业务。

第三条　跨国公司可以根据经营需要，在所在地银行开立国际外汇资金主账户，集中运营管理境外成员企业资金及从其他境外机构借入的外债资金。

国际外汇资金主账户之间以及与境外机构境内外汇账户、境外资金往来自由。国际外汇资金主账户内资金不占用企业外债指标，但应按规定办理外债登记。

第四条　境内银行通过国际外汇资金主账户吸收的存款，可在不超过前六个月日均存款余额的50%额度内境内运用；在占用短期外债余额指标的前提下，可将国际外汇资金主账户吸收存款中超过50%的部分境内运用。

上述存款可在前六个月日均存款余额的10%比例范围内结售汇，相关头寸纳入银行结售汇综合头寸管理。

第五条　跨国公司试行借用外债比例自律管理，可在满足规定条件下，遵循商业惯例自行借用外债（操作规程见附1，预警机制见附2）。国内外汇资金主账户从国际外汇资金主账户净融入资金不得超过外债总规模。国际外汇资金主账户从国内外汇资金主账户净融出资金不得超过对外放款总规模。

第六条　跨国公司可以根据经营需要，同时开立国内、国际外汇资金主账户，也可以选择开立其中任何一个账户。

同时开立国内、国际外汇资金主账户的，外债、对外放款融出入资金应经由国际外汇资金主账户办理；仅开立国内外汇资金主账户的，或仅开立国际外汇资金主账户的，外债、对外放款通过该账户办理。

跨国公司、银行应做好额度控制，确保任一时点外债、对外放款融出入资金不超过规定额度。

第七条　开户银行应为近三年执行外汇管理规定年度考核B（含）类及以上的银行。主办企业原则上选择不超过3家境内具有结售汇业务资格的银行作为办理资金集中运营管理业务的开户银行，开户银行依据本规定对相关账户交易进行操作和管理。

开户银行办理资金集中运营管理业务后考核等次为B（不含）以下的（考核等次为C的除外），可以继续办理原有相应业务。

第二章　业务备案

第八条　满足以下条件的跨国公司，可根据经营需要开立国内、国际外汇资金主账户：

（一）具备真实业务需求；

（二）具有完善的外汇资金管理架构、内控制度；

（三）建立相应的内部管理电子系统；

（四）上年度本外币国际收支规模超过1亿

美元（参加外汇资金集中运营管理的境内成员企业合并计算）；

（五）近三年无重大外汇违法违规行为（成立不满三年的企业，自成立之日起无重大外汇违规行为）。贸易外汇收支企业名录内企业，货物贸易分类结果应为A类；

（六）外汇局规定的其他审慎监管条件。

第九条　主办企业开立国内、国际外汇资金主账户应向所在地外汇分局、管理部（以下简称分局）备案，提交以下材料：

（一）备案申请。包括跨国公司基本情况，业务需求；主办企业基本情况，参与企业名单、股权结构；跨国公司对主办企业的授权书等。选择经常项目外汇资金集中收付汇、轧差净额结算业务的，还需列表说明参与的境内外成员企业名单，包括名称、组织机构代码、注册地等。

（二）相关证明材料。包括加盖主办企业公章的主办企业及境内成员企业营业执照；金融业务许可证及经营范围批准文件（金融机构需提供）；境外成员企业只需提供注册证明。

（三）企业与开户银行联合制定的业务模式、操作流程、内控制度、组织架构、系统建设、风险控制措施、数据监测方式以及技术服务保障方案等；经签署的《跨国公司外汇资金集中运营管理业务办理确认书》（见附3）；选择2家以上（含）开户银行的，应明确外债、对外放款集中额度在各家开户银行的具体分配。

（四）外汇局要求提供的其他材料。

第十条　跨国公司主办企业首次申请集中外债额度时应提交以下材料：

（一）申请书，应列表说明参加外债额度集中的成员企业名称、组织机构代码、注册地、每家成员企业可用外债额度、已登记外债签约额及提款额、集中的外债额度。

（二）参与集中或者部分集中外债额度的成员企业的资本项目信息系统外债业务查询中的尚可借债额、外债签约登记列表及外债业务条线查询列表信息打印界面、净资产总额有关证明等。

成员企业所在地外汇局应根据该成员企业要求或其主办企业所在地外汇局要求，以书面形式出具前款材料并认真核对，确保数据准确。

第十一条　外汇局应在主办企业提交完整的备案申请材料之日起二十个工作日内完成备案手续并出具备案通知书（见附4）。备案通知书应包含外债、对外放款资金融出入额度等。

主办企业所在地外汇局应及时将前款外债、对外放款额度维护到外汇局相关信息系统，加强日常监测，确保管理有效。

第十二条　主办企业为财务公司的，应当遵守行业主管部门规定，并将跨国公司外汇资金集中运营管理业务和其他业务（包括自身资产负债业务）分账管理。

第十三条　业务办理期间开户银行、主办企业、成员企业等发生变更的，应提前一个月向分局变更备案。开户银行变更的，应提交以下材料：

（一）变更开户银行申请。主要包括：变更开户银行的原因，拟选择的开户银行，原账户余额的处理方式等。

（二）拟新开户银行业务模式、操作流程、内控制度、组织架构、系统建设、风险控制措施、数据监测方式以及技术服务保障方案等。

（三）加盖银行业务公章的原账户余额对账单。

（四）经签署的《跨国公司外汇资金集中运营管理业务办理确认书》。

（五）外汇局要求的其他材料。

成员企业、主办企业外债和对外放款额度、业务种类变更的，除参照第九、十条提交材料外，还应提交原备案通知书复印件。

第十四条　主办企业货物贸易分类结果降为B、C类，根据违规情节轻重，外汇局将通知跨国公司变更主办企业并重新提交申请材料，或取消主办企业业务资格；其他成员企业货物贸易分类结果降为B、C类，主办企业应终止其业务，并向外汇局进行成员企业变更备案。

第十五条　主办企业存在外汇违规行为的，

自处罚生效之日起，取消主办企业业务资格；成员企业存在外汇违规行为，自处罚生效之日起，取消该成员企业参与业务资格。

第三章　国内、国际外汇资金主账户管理

第十六条　主办企业应持备案通知书到银行开立国内和（或）国际外汇资金主账户，办理外汇资金划转手续。国内和国际外汇资金主账户可以是多币种账户，允许日间及隔夜透支；透支资金只能用于对外支付，收到外汇资金后应优先偿还透支款。根据业务需要，该账户项下可设立分账户。

国内外汇资金主账户和国际外汇资金主账户开户数量不予限制，但应符合审慎监管要求。

第十七条　国内外汇资金主账户收支范围。

（一）收入范围

1、境内成员企业从境外直接获得的经常项目收入；

2、境内成员企业经常项目外汇账户、资本金账户、资产变现账户、再投资专用账户、外债账户划入；

3、规定额度内由国际外汇资金主账户划入的从境外借入的外债和偿还的对外放款本息；

4、购汇存入（经常项目项下对外支付购汇所得资金、购汇对外放款或偿还外债资金）；

5、理财产品的本息；

6、外汇局核准的其他收入。

同一跨国公司未开立国际外汇资金主账户的，国内外汇资金主账户收入范围还包括规定额度内从境外借入的外债资金或者收回的对外放款本息。

跨国公司向境内存款性金融机构借入的外汇贷款不得进入国内外汇资金主账户（用于偿还外债、对外放款等除外）。

（二）支出范围

1、境内成员企业向境外的经常项目支出；

2、向境内成员企业经常项目外汇账户、资本金账户、资产变现账户、再投资专用账户、外债账户划出；

3、规定额度内向国际外汇资金主账户划出的对外放款和偿还的外债本息；

4、结汇；

5、理财产品本金划出；

6、交纳外币存款准备金；

7、外汇局核准的其他支出。

同一跨国公司未开立国际外汇资金主账户的，国内外汇资金主账户支出范围还包括规定额度内对外放款和偿还的外债本息。

第十八条　主办企业可以集中成员企业全部外债额度，也可以集中部分外债额度。办理外债登记后可根据商业原则自主选择偿债币种。

主办企业集中全部外债额度的，自递交申请之日起，成员企业不得自行举借外债。集中部分外债额度的，所余外债额度仍按照现行外债管理规定办理。具体管理办法由主办企业所在地外汇局与所涉外汇局核实后商主办企业及其开户银行制定，且所涉外汇局之间应按季度核对外债数据。

主办企业可以自身为实际借款人集中借入外债，也可以成员企业为实际借款人代理其借入外债。但外债的借入和偿还必须通过主办企业国际外汇资金主账户、国内外汇资金主账户之间的资金通道划转。

第十九条　主办企业应当通过国际外汇资金主账户从境外融入资金，并办理外债登记。外债登记实行分债权人分币种填报，即企业对每个境外债权人的每个币种的负债视为一笔外债。企业在办理与外债提款、还本付息相关的业务时，应准确进行涉外收付款申报，并在“外汇局批件号 / 备案表号 / 业务编号”中准确填写相应的业务编号。主办企业应在签订外债合同后 15 个工作日内且在首笔外债资金入账前，到外汇局办理签约登记手续，外债变更登记按现行规定办理。

同一跨国公司未开立国际外汇资金主账户

的，国内外汇资金主账户借入外债资金，在规定额度内按前款规定办理。

第二十条　跨国公司对外放款，遵循现行外汇管理程序办理。对外放款额度超过境内成员企业所有者权益50%的，可以向分局申请。分局按规定程序集体讨论决定。

第二十一条　国内外汇资金主账户与境外经常项目收付以及结售汇，包括集中收付汇和净额结算等，由经办银行按照“了解客户”、“了解业务”、“尽职审查”等原则办理相关手续。对于资金性质不明确的，银行应当要求主办企业提供相关单证。服务贸易等项目对外支付仍需按规定提交税务备案表。

银行、主办企业应当分别留存充分证明其交易真实、合法的相关文件和单证等5年备查。

第二十二条　国内外汇资金主账户可集中办理经常项下、直接投资、外债和对外放款项下结售汇，相关购汇、付汇业务可在不同银行办理。

企业归集至主办企业的外商直接投资项下外汇资金（包括外汇资本金、资产变现账户资金和境内再投资账户资金）、外债资金在国内外汇资金主账户内按照意愿结汇方式办理结汇手续，结汇所得人民币资金划入主办企业对应开立的人民币专用存款账户（资本项目—结汇待支付账户），经银行审核交易的合规性、真实性后直接支付。不得直接或间接用于企业经营范围之外或国家法律法规禁止的支出。银行应当留存充分证明其交易真实、合法的相关文件和单证等5年备查。

企业及开户银行应及时准确地报送结汇和支付数据至外汇局相关业务信息系统。银行应参照《国家外汇管理局关于发布〈金融机构外汇业务数据采集规范（1.0版）〉的通知》（汇发[2014]18号）的要求报送人民币专用存款账户的开关户及收支余信息，人民币专用存款账户的账户性质代码为2113，账户性质名称为“资本项目—结汇待支付账户”。银行应参照《国家外汇管理局关于发布〈金融机构外汇业务数据采集规范（1.0版）〉的通知》（汇发[2014]18号）的要求，通过境内收付款凭证，报送人民币专用存款账户与其他境内人民币账户之间的收付款信息。

主办企业为财务公司的，成员企业可申请在财务公司办理上述结售汇业务，也可由主办企业以其名义在银行办理结售汇业务。财务公司为成员企业办理结售汇业务应当具备结售汇业务资格，并按规定向外汇局报送结售汇数据。

第二十三条　开户银行或财务公司应按规定向外汇局报送国际外汇资金主账户（代码为“3600”）和国内外汇资金主账户（代码为“3601”）信息。

第二十四条　国内外汇资金主账户和国际外汇资金主账户之间的资金划转无须进行涉外收付款申报，但应按照《国家外汇管理局关于发布〈金融机构外汇业务数据采集规范（1.0版）〉的通知》（汇发〔2014〕18号）和《国家外汇管理局关于启用境内银行涉外收付凭证及明确有关数据报送要求的通知》（汇发〔2012〕42号）关于境内居民之间资金划转要求报送有关数据。国际外汇资金主账户向国内外汇资金主账户划款时，区分资金性质分别申报为：822990（借入外债）、821990（对外放款归还）、322041（利息支付）；国内外汇资金主账户向国际外汇资金主账户划款时，区分资金性质分别申报为：822990（偿还外债）、821990（对外放款）、322041（利息支付）。

第二十五条　银行和企业可签订一揽子涉外收付款扫款协议。当主办企业在国际外汇资金主账户中进行涉外收付款自动扫款时，按照《国家外汇管理局关于印发〈通过银行进行国际收支统计申报业务实施细则〉的通知》（汇发〔2015〕27号）规定进行涉外收付款申报。

第二十六条　主办企业应当按照《国家外汇管理局关于印发〈通过银行进行国际收支统计申报业务实施细则〉的通知》（汇发［2015］27号）进行涉外收付款申报；主办企业为财务公司的，还应当按照《国家外汇管理局关于印发〈对外金融资产负债及交易统计制度〉的通知》（汇发〔2013〕43号）的规定进行申报。

第四章　集中收付汇和轧差净额结算业务管理

第二十七条　集中收付汇是指主办企业通过国内外汇资金主账户集中代理境内成员企业办理经常项目外汇收支。

经常项目轧差净额结算是指主办企业通过国内外汇资金主账户集中核算其境内外成员企业经常项目项下外汇应收应付资金，合并一定时期内外汇收付交易为单笔外汇交易的操作方式。原则上每个自然月轧差净额结算不少于 1 次。

第二十八条　境内成员企业办理货物贸易集中收付汇或货物贸易轧差净额结算时，应按规定办理“贸易外汇收支企业名录”登记手续（主办企业为财务公司除外）。A 类成员企业外汇收支可不进入出口收入待核查账户，但应按货物贸易外汇管理规定，及时、准确通过货物贸易外汇业务监测系统（企业端）进行贸易信贷、贸易融资等业务报告。

第二十九条　主办企业可以根据境内成员企业真实合法的进口付汇需求提前购汇存入国内外汇资金主账户。

对于退汇日期与原收、付款日期间隔在 180 天（不含）以上或由于特殊情况无法按规定办理原路退汇的，主办企业应当到外汇局办理货物贸易外汇业务登记手续，并提供书面申请、原收入 / 支出申报单证、原进 / 出口合同、退汇合同等。

第三十条　境内成员企业按照《货物贸易外汇管理指引》及其实施细则规定，需凭《货物贸易外汇业务登记表》办理的业务不得参加集中收付汇和轧差净额结算，按现行规定办理。

第三十一条　办理经常项目集中收付款或轧差净额结算应按以下要求进行涉外收付款申报：

主办企业应对两类数据进行涉外收付款申报。一类是集中收付款或轧差净额结算时主办企业的实际收付款数据（以下简称实际收付款数据）；另一类是逐笔还原集中收付或轧差净额结算前各成员企业的原始收付款数据（以下简称还原数据）。

实际收付款数据不为零时，主办企业应通过办理实际对外收付款交易的境内银行进行申报，境内银行应将实际收付款信息交易编码标记为“999999”。实际收付款数据为零时（轧差净额结算为零），主办企业应虚拟一笔结算为零的申报数据，填写《境外汇款申请书》，收付款人名称均为主办企业，交易编码标记为“999998”，国别为“中国”，其他必输项可视情况填报或填写“N/A”（大写英文字母）。境内银行应在其实际对外收付款之日（轧差净额结算为零时为轧差结算日或会计结算日）（T）后的第 1 个工作日（T＋1）中午 12：00 前，完成实际数据的报送工作。

对还原数据的申报，主办企业应按照实际对外收付款的日期（轧差净额结算为零时为轧差结算日或会计结算日）确认还原数据申报时点（T），并根据全收全支原则，以境内成员企业名义，向实际办理或记账处理对外收付款业务的银行提供还原数据的基础信息和申报信息，使其至少包括涉外收付款统计申报的所需信息。境内银行应在上述还原数据申报时点（T）后的第 1 个工作日（T＋1）中午 12：00 前，完成还原数据基础信息的报送工作；第 5 个工作日（T＋5）前，完成还原数据申报信息的报送工作。

申报单号码由发生实际收付款的银行编制、交易编码按照实际交易性质填报。境内银行应将还原数据的“银行业务编号”填写为所对应的对外实际收付数据的申报号码，以便建立集中收付数据与还原数据间的对应关系。境内银行应为主办企业提供申报渠道等基础条件，并负责将还原数据的基础信息和申报信息传送到外汇局。

第五章　监督管理

第三十二条　主办企业应认真按照本规定及外汇局备案通知书内容开展业务。业务开展期间，相关事项发生变更的，应按要求及时向外汇局变更备案。

主办企业及成员企业应严格按规定向银行申

报跨境资金收付性质，办理国际收支统计申报。

第三十三条　开户银行对跨国公司外汇资金集中运营管理业务及提交的材料，做好真实性和合规性审核；对其相关外汇资金变动，做好相应登记备案；对资金流动，做好监测、审核和额度管理。

第三十四条　开户银行应按规定及时、完整、准确地报送国内、国际外汇资金主账户、结汇待支付账户等账户信息、国际收支申报、境内资金划转、结售汇等数据，审核企业报送的业务数据，协助外汇局做好非现场监测。

第三十五条　分局应采取下列措施确保外汇资金集中运营管理工作平稳有序，政策落到实处：

（一）完善工作机制，责任到人，及时准确报送数据。指定牵头处室并 1 名工作联系人负责向总局报告。本规定实施之日起一年内，每月 10 日前以局发文形式向总局报告业务情况及相关统计报表；每季度一并报告辖内办理资金集中运营管理企业名单等基本情况。一年后，以综合部门名义每月报告统计报表；每季度报告辖内办理资金集中运营管理企业名单等基本情况；每半年报告业务情况（有关报表见附 5-7）。

（二）强化非现场监测与现场核查检查。充分利用跨境资金流动监测与分析系统等现有外汇管理系统，建立跨国公司名单，全面分析国际、国内资金主账户外汇收支、外债额度和对外放款额度、结售汇、资金划转。

（三）做好银行和企业风险提示和窗口指导工作。采取有效措施满足企业需求，逐步形成合理的跨境资金双向流动格局。督促银行建立操作规程和内控制度，提供必要的技术服务保障。必要时，可要求主办企业对外汇资金集中运营管理业务的合规性等进行审计。

（四）根据本规定及当地实际情况，制定细化准入条件等操作规程，按程序向总局备案后实施。

第三十六条　企业发生异常情况及违规行为，分局应在事前通知下暂停或取消办理本规定范围内的各项业务，根据《外汇管理条例》等相关法规进行行政处罚；开户银行未履行、未正确履行、未全面履行了解客户、了解业务和尽职审查责任的，应取消办理本规定范围内各项业务，根据《外汇管理条例》等相关法规进行行政处罚。

第六章　附　则

第三十七条　本规定所称跨国公司是以资本联结为纽带，由母公司、子公司及其他成员企业或机构共同组成的联合体。

成员企业，是指跨国公司内部相互直接或间接持股的、具有独立法人资格的各家公司，分为境内成员企业和境外成员企业。与试点企业无直接或间接持股关系，但属同一母公司控股的兄弟公司可认定为成员企业。其他关联关系（如协议控制）可由分局根据具体情况集体审议后确定是否可认定为成员企业。

主办企业，是指履行主体业务申请、备案、实施、数据报送、情况反馈等职责的跨国公司或取得跨国公司授权且具有独立法人资格的一家境内公司。主办企业为财务公司的，其从事跨境资金交易应遵守行业管理部门的规定。

本规定第三条第二款所称境外机构境内外汇账户包括境外机构在境内银行开立的 NRA 账户（Non-resident Account）、在取得离岸银行业务资格的离岸银行业务部开立的 OSA 账户（Offshore Account）等。

第三十八条　单一企业集团符合内控制度完善、上年度外汇收支规模超过 1 亿美元、最近三年无重大外汇违规行为等条件的，可以根据业务实际，申请单独开立国内外汇资金主账户，办理经常项目轧差净额结算业务，以及按照本规定第二十一条简化单证审核、第二十二条办理结汇手续等；或者单独开立国际资金主账户，集中管理境外资金。

跨国公司资金集中运营管理框架下委托贷款，应遵守有关境内外汇贷款管理规定，无须开立并通过实体外汇账户办理相关业务；不同成员企业和性质账户间可直接划转资金，无须先上划至国内外汇资金主账户，再下划至成员企业。

第三十九条　外汇局可根据国家宏观调控政策、外汇收支形势及业务开展情况，逐步完善和改进政策内容。

第四十条　本规定自发布之日起实施，由国家外汇管理局负责解释。《国家外汇管理局关于印发〈跨国公司外汇资金集中运营管理规定（试行）〉的通知》（汇发〔2014〕23 号）同时废止。

附件（略）

◎商务部关于支持自由贸易试验区创新发展的意见

商资发〔2015〕313 号

天津市、上海市、福建省、广东省商务主管部门：

为落实党中央、国务院部署，积极推进自由贸易试验区（以下简称自贸试验区）建设，发挥自贸试验区改革开放排头兵、创新发展先行者的作用，现提出以下意见：

一、统筹协调方案实施

（一）积极发挥国务院自由贸易试验区工作部际联席会议统筹协调职能，做好联席会议办公室工作，会同有关部门按照任务分工支持自贸试验区推进方案全面落实；对于自贸试验区在发展过程中遇到的问题，及时协调有关部门研究解决，重大问题提请联席会议协调；组织开展改革开放试点事项的总结评估，会同有关部门提出向全国复制推广的建议。

二、促进对外贸易转型升级

（二）支持在自贸试验区试点设立加工贸易采购、分拨和结算中心，鼓励跨国公司开展离岸结算业务，促进加工贸易转型升级。

（三）依托自贸试验区产业集群优势，支持区内企业开展航空维修等面向国内外市场的高技术含量、高附加值的检测维修业务。

（四）支持自贸试验区发展跨境电子商务，在总结评估中国（杭州）跨境电子商务综合试验区试点情况的基础上，将海关监管、检验检疫、进出口税收和结售汇等方面的政策，优先向自贸试验区复制推广，促进跨境电子商务健康快速发展。

（五）促进自贸试验区内设立的外贸综合服务企业健康规范发展，建立重点企业联系制度，在有效防范各类监管风险的前提下，向符合条件的重点外贸综合服务企业提供快速通关、简易退税和财政金融等支持，提高企业综合竞争力。

（六）在自贸试验区推进自动进口许可证通关作业无纸化试点和电子许可证的推广工作，建立和完善电子许可证应用服务系统，推动国际贸易单一窗口的建设。

（七）充分发挥自贸试验区现代服务业集聚作用，认定一批特色服务出口基地，开展服务贸易统计试点，培育一批创新发展的服务贸易龙头企业和具备较强国际竞争力的服务品牌。积极发展服务外包业务，研究将服务外包示范城市的支持政策扩大至自贸试验区。

（八）支持上海市牵头在上海自贸试验区推进亚太示范电子口岸网络建设，尽快启动亚太示范电子口岸网络运营中心，加强国际贸易互联互通。

（九）支持天津市牵头在天津自贸试验区加快建设亚太经济合作组织绿色供应链合作网络天津示范中心，探索建立绿色供应链管理体系，鼓励开展绿色贸易。

（十）支持福建自贸试验区探索创新管理方式和监管模式，促进对台小额贸易规范发展，会同有关部门建立工作协调机制，及时总结评估、加强风险防范。

三、降低投资准入门槛

（十一）支持自贸试验区所在地省级人民政府进一步简政放权，在法定职权范围内可依照法定程序，将省级商务部门外商投资、对外投资、融资租赁、典当、拍卖等管理权限委托给自贸试验区管理机构。商务部将做好业务指导和有关技术支持服务。

（十二）放宽自贸试验区内外商投资企业申请直销经营许可资质的条件，取消外国投资者需具备3年以上在中国境外从事直销活动经验的要求。

（十三）支持自贸试验区开展商业保理试点，探索适合商业保理发展的外汇管理模式，积极发展国际保理业务，充分发挥商业保理在扩大出口、促进流通、解决中小企业融资难等方面的积极作用。

（十四）允许外国投资者在自贸试验区投资设立典当企业，设立条件、监督管理与内资典当企业保持一致，参照《典当管理办法》进行管理。

（十五）支持自贸试验区内企业加大融资租赁业务创新力度，允许符合条件的融资租赁公司设立专业子公司；支持融资租赁公司在符合相关规定的前提下，设立项目公司经营大型设备、成套设备等融资租赁业务，并开展境内外租赁业务。允许注册在自贸试验区内的内资融资租赁企业享受与现行内资融资租赁试点企业同等待遇。

（十六）允许外国投资者以独资形式在自贸试验区内设立企业，从事加油站的建设、经营，不受门店数量的限制。

（十七）研究支持广东自贸试验区在《内地与香港/澳门关于建立更紧密经贸关系的安排》框架下，进一步取消或放宽对港澳服务提供者的资质要求、持股比例、经营范围等准入限制。

四、完善市场竞争环境

（十八）支持自贸试验区开展汽车平行进口，建立多渠道、多元化汽车流通模式。试点企业可以向商务部申领汽车产品自动进口许可证。

（十九）指导自贸试验区开展大宗商品现货交易试点，建立完善制度规则，加强风险防范，推动大宗商品现货交易和资源配置平台建设。

（二十）在自贸试验区内试点开展融资租赁管理改革，统一内外资融资租赁企业的管理模式，建立统一的现场监管、机构约谈、信息报送及核查等监管制度，探索建立登记备案、经营异常名录管理、监管评级等制度。

（二十一）支持自贸试验区开展外商投资统计改革试点，实施外商投资统计直报。

（二十二）指导自贸试验区建立健全外商投资投诉受理机构，创新涉及政府行为的投资纠纷解决机制，不断提高外国投资者在华投资保护水平。

（二十三）支持自贸试验区建设“走出去”综合信息服务平台，利用政府、商协会、企业、金融机构、中介组织等渠道，及时发布相关政策，提供市场需求、项目合作等信息资源，为区内企业“走出去”提供综合信息服务。

（二十四）支持自贸试验区配合商务部开展经营者集中反垄断审查工作。受商务部委托，督促达到国务院规定申报标准的企业向商务部进行经营者集中申报，对发现的应申报而未申报或未获批准而启动实施的经营者集中向商务部报告，在本区域内协助商务部开展案件调查工作，协助商务部对禁止性、附加限制性条件的经营者集中案件进行监督和执行。

（二十五）指导自贸试验区建立产业安全预警体系，以《对外贸易法》为依据，结合自贸试验区的开放特点，以“四体联动”机制为基础，创建与之相适应的预警体系，在扩大开放的同时，保障我国产业安全。

五、做好试点总结评估

（二十六）天津市、上海市、福建省、广东省商务主管部门要坚决贯彻简政放权、放管结合、优化服务的要求，支持自贸试验区以市场为导向，先行先试，大胆创新，扎实推进商务领域各项试点任务的实施，及时总结评估试点成效。

商务部

2015 年 8 月 25 日

◎商务部办公厅、质检总局办公厅关于在中国（天津）自由贸易试验区开展境内外航空维修再制造业务试点问题的复函

商办贸函〔2015〕682 号

天津市商务委员会：

你委《关于在中国（天津）自由贸易试验区开展境内外航空维修业务的请示》（津商务机科 [2015]2 号）和《天津市商务委员会 天津海关 天津出入境检验检疫局关于上报在中国（天津）自由贸易试验区开展境内外航空维修再制造业务实施方案的请示》（津商务机科 [2015]7 号）收悉。经研究，现函复如下：

一、建立中国（天津）自由贸易试验区（以下简称天津自贸试验区）是党中央、国务院作出的重大战略部署。根据国务院批准的《中国（天津）自由贸易试验区总体方案》关于“开展境内外高技术、高附加值产品的维修业务试点。探索开展境外高技术、高附加值产品的再制造业务试点”的总体要求，为鼓励天津自贸试验区先行先试，形成可复制可推广的改革经验，同意天津自贸试验区根据制定的《关于在中国（天津）自由贸易试验区开展境内外航空维修再制造业务的实施方案》，开展境内外航空维修和再制造业务试点，试点期为 3 年。

二、试点期间，天津市滨海新区商务委员会要按照“技术先进、增值显著、风险可控”的原则，对天津自贸试验区境内外航空维修和再制造项目进行核准，并会同环境保护、检验检疫等部门，对项目的技术水平、产业带动作用和环境影响等进行严格审核。

三、天津检验检疫局等部门在对项目实施有效监管的基础上，要根据自贸试验区功能划分，结合实际情况，探索开展检验检疫制度创新和模式创新，尽快形成可复制可推广的经验。

四、天津市商务委员会要做好试点管理和协调工作，会同检验检疫等部门做好试点情况总结，不断完善实施方案，并于每年 12 月底前将有关情况汇总报商务部，抄送质检总局。试点中发现的突出问题及时上报。

商务部办公厅　质检总局办公厅

2015 年 10 月 19 日

◎中国人民银行、商务部、银监会、证监会、保监会、外汇局、上海市人民政府关于印发《进一步推进中国（上海）自由贸易试验区金融开放创新试点 加快上海国际金融中心建设方案》的通知

商办贸函〔2015〕682号

《进一步推进中国（上海）自由贸易试验区金融开放创新试点 加快上海国际金融中心建设方案》已经国务院同意，现予以印发，请认真贯彻执行。

中国人民银行　商务部　银监会
证监会　保监会　外汇局　上海市人民政府
2015年10月29日

附件

进一步推进中国（上海）自由贸易试验区金融开放创新试点加快上海国际金融中心建设方案

为深入贯彻落实党中央、国务院决策部署，进一步推进中国（上海）自由贸易试验区（以下简称自贸试验区）金融开放创新试点，加快上海国际金融中心建设，制定本方案。

一、总体要求

贯彻落实党中央、国务院关于金融改革开放和自贸试验区建设的总体部署，紧紧围绕服务全国、面向世界的战略要求和上海国际金融中心建设的战略任务，坚持以服务实体经济、促进贸易和投资便利化为出发点，根据积极稳妥、把握节奏、宏观审慎、风险可控原则，成熟一项、推进一项，加快推进资本项目可兑换、人民币跨境使用、金融服务业开放和建设面向国际的金融市场，不断完善金融监管，大力促进自贸试验区金融开放创新试点与上海国际金融中心建设的联动，探索新途径、积累新经验，及时总结评估、适时复制推广，更好地为全国深化金融改革和扩大金融开放服务。

二、率先实现人民币资本项目可兑换

按照统筹规划、服务实体、风险可控、分步推进原则，在自贸试验区内进行人民币资本项目可兑换的先行先试，逐步提高资本项下各项目可兑换程度。

（一）认真总结自由贸易账户经验。抓紧启动自由贸易账户本外币一体化各项业务，进一步拓展自由贸易账户功能。自由贸易账户内本外币资金按宏观审慎的可兑换原则管理。

（二）规范自由贸易账户开立和使用条件，严

格落实银行账户实名制。支持经济主体可通过自由贸易账户开展涉外贸易投资活动，鼓励和支持银行、证券、保险类金融机构利用自由贸易账户等开展金融创新业务，允许证券、期货交易所和结算机构围绕自由贸易账户体系，充分利用自由贸易账户间的电子信息流和资金流，研究改革创新举措。

（三）研究启动合格境内个人投资者境外投资试点，适时出台相关实施细则，允许符合条件的个人开展境外实业投资、不动产投资和金融类投资。

（四）抓紧制定有关办法，允许或扩大符合条件的机构和个人在境内外证券期货市场投资，尽快明确在境内证券期货市场投资的跨境资金流动管理方式，研究探索通过自由贸易账户等支持资本市场开放，适时启动试点。

（五）建立健全自贸试验区内宏观审慎管理框架下的境外融资和资本流动管理体系，综合考虑资产负债币种、期限等匹配情况以及外债管理和货币政策调控需要，合理调控境外融资规模和投向，优化境外融资结构，防范境外融资风险。

（六）创新外汇管理体制，探索在自贸试验区内开展限额内可兑换试点。围绕自贸试验区和上海国际金融中心建设目标，进一步创新外汇管理体制。放宽跨境资本流动限制，健全外汇资金均衡管理体制。统筹研究进一步扩大个人可兑换限额。根据主体监管原则，在自贸试验区内实现非金融企业限额内可兑换。逐步扩大本外币兑换限额，率先实现可兑换。

三、进一步扩大人民币跨境使用

扩大人民币境外使用范围，推进贸易、实业投资与金融投资三者并重，推动资本和人民币“走出去”。

（七）完善相关制度规则，支持自贸试验区内企业的境外母公司或子公司在境内发行人民币债券，募集资金根据需要在境内外使用。

（八）在建立健全相关管理制度的基础上，根据市场需要启动自贸试验区个体工商户向其在境外经营主体提供跨境人民币资金支持。

（九）拓宽境外人民币投资回流渠道。创新面向国际的人民币金融产品，扩大境外人民币境内投资金融产品的范围，促进人民币资金跨境双向流动。

四、不断扩大金融服务业对内对外开放

探索市场准入负面清单制度，开展相关改革试点工作。对接国际高标准经贸规则，探索金融服务业对外资实行准入前国民待遇加负面清单管理模式。推动金融服务业对符合条件的民营资本和外资机构扩大开放。

（十）支持民营资本进入金融业，支持符合条件的民营资本依法设立民营银行、金融租赁公司、财务公司、汽车金融公司和消费金融公司等金融机构。

（十一）支持各类符合条件的银行业金融机构通过新设法人机构、分支机构、专营机构、专业子公司等方式进入自贸试验区经营。

（十二）支持具有离岸业务资格的商业银行在自贸试验区内扩大相关离岸业务。在对现行试点进行风险评估基础上，适时扩大试点银行和业务范围。

（十三）支持在自贸试验区内按照国家规定设立面向机构投资者的非标资产交易平台。

（十四）允许自贸试验区内证券期货经营机构开展证券期货业务交叉持牌试点。

（十五）允许公募基金管理公司在自贸试验区设立专门从事指数基金管理业务的专业子公司。支持保险资金等长期资金在符合规定前提下委托证券期货经营机构在自贸试验区内开展跨境投资。

（十六）支持证券期货经营机构在自贸试验区率先开展跨境经纪和跨境资产管理业务，开展证券期货经营机构参与境外证券期货和衍生品交易试点。允许基金管理公司子公司开展跨境资产管理、境外投资顾问等业务。支持上海证券期货经营机构进入银行间外汇市场，开展人民币对外

汇即期业务和衍生品交易。

（十七）支持在自贸试验区设立专业从事境外股权投资的项目公司，支持符合条件的投资者设立境外股权投资基金。

（十八）允许外资金融机构在自贸试验区内设立合资证券公司，外资持股比例不超过49%，内资股东不要求为证券公司，扩大合资证券公司业务范围。允许符合条件的外资机构在自贸试验区内设立合资证券投资咨询公司。

（十九）支持在自贸试验区设立保险资产管理公司及子公司、保险资金运用中心。支持保险资产管理机构设立夹层基金、并购基金、不动产基金、养老产业基金、健康产业基金等私募基金。支持保险资产管理公司发起、保险公司投资资产证券化产品。依托金融要素市场研究巨灾债券试点。

（二十）完善再保险产业链。支持在自贸试验区设立中外资再保险机构，设立自保公司、相互制保险公司等新型保险组织，以及设立为保险业发展提供配套服务的保险经纪、保险代理、风险评估、损失理算、法律咨询等专业性保险服务机构。支持自贸试验区内保险机构大力开展跨境人民币再保险和全球保单分入业务。鼓励各类保险机构为我国海外企业提供风险保障，在自贸试验区创新特殊风险分散机制，开展能源、航空航天等特殊风险保险业务，推动国际资本为国内巨灾保险、特殊风险保险提供再保险支持。

（二十一）在现行法律框架下，支持设立外资健康保险机构。探索建立航运保险产品注册制度。研究推出航运保险指数。

（二十二）在风险可控前提下支持互联网金融在自贸试验区创新发展。

（二十三）支持科技金融发展，探索投贷联动试点，促进创业创新。在风险可控和依法合规前提下，允许浦发硅谷银行等以科技金融服务为特点的银行与创业投资企业、股权投资企业战略合作，探索投贷联动，地方人民政府给予必要扶持。

（二十四）在防范风险前提下，研究探索开展金融业综合经营，探索设立金融控股公司。

（二十五）在自贸试验区内金融开放领域试点开展涉及外资的国家安全审查。支持与我国签署自由贸易协定的国家或地区金融机构率先在自贸试验区内设立合资金融机构，逐步提高持股比例。在内地与港澳、大陆与台湾有关经贸合作协议框架下，提高港澳台地区服务提供者在自贸试验区内参股金融机构的持股比例。

（二十六）集聚和发展银行、证券、保险等行业的各类功能性金融机构。支持大型金融机构在上海设立业务总部。支持境外中央银行和国际金融组织在沪设立代表处或分支机构，吸引符合条件的国际知名银行、证券、保险公司等金融机构在沪设立分支机构、功能型机构以及成立合资机构。支持中国保险信息技术管理有限责任公司在上海设立创新型子公司。

（二十七）支持在自贸试验区按国家有关规定设立法人金融机构，实施“走出去”战略，加快海外网点布局，拓展海外市场。

五、加快建设面向国际的金融市场

依托自贸试验区金融制度创新和对外开放优势，充分发挥人民银行上海总部统筹协调功能，推进面向国际的金融市场平台建设，拓宽境外投资者参与境内金融市场的渠道，提升金融市场配置境内外资源的功能。

（二十八）支持中国外汇交易中心建设国际金融资产交易平台，增强平台服务功能。

（二十九）加快上海黄金交易所国际业务板块后续建设，便利投资者交易。

（三十）支持上海证券交易所在自贸试验区设立国际金融资产交易平台，有序引入境外长期资金逐步参与境内股票、债券、基金等市场，探索引入境外机构投资者参与境内新股发行询价配售。支持上海证券交易所在总结沪港通经验基础上，适应境内外投资者需求，完善交易规则和交易机制。

（三十一）支持上海期货交易所加快国际能源交易中心建设，尽快上市原油期货。积极推进天然气、船用燃料油、成品油等期货产品研究工作。允许符合条件的境外机构在自贸试验区试点设立独资或者合资的期货市场服务机构，接受境外交易者委托参与境内特定品种期货交易。

（三十二）支持设立上海保险交易所，推动形成再保险交易、定价中心。

（三十三）支持上海清算所向自贸试验区内和境外投资者提供航运金融和大宗商品场外衍生品的清算等服务。

（三十四）支持股权托管交易机构依法为自贸试验区内的科技型中小企业等提供综合金融服务，吸引境外投资者参与。

六、不断加强金融监管，切实防范风险

建立适应自贸试验区发展和上海国际金融中心建设联动的金融监管机制，加强金融风险防范，营造良好金融发展环境。

（三十五）完善金融监管体制。探索建立符合国际规则、适应中国国情的金融监管框架。精简行政审批项目，简化事前准入事项，加强事中事后分析评估和事后备案管理。加强金融信用信息基础设施建设，推动信用信息共建共享，构建与国际接轨的统计、监测体系。加大对金融失信行为和市场违规行为惩戒力度。

（三十六）支持人民银行和外汇局加强自贸试验区金融监管服务能力建设，探索本外币一体化监管体系。创新外汇账户管理体系。整合外汇账户种类，优化监管方式，提升监管效率。

（三十七）加强自贸试验区金融监管协调，探索功能监管。进一步发挥自贸试验区金融协调机制作用，加强跨部门、跨行业、跨市场金融业务监管协调和信息共享。研究探索中央和地方金融监管协调新机制。支持国家金融管理部门研究探索将部分贴近市场、便利产品创新的监管职能下放至在沪金融监管机构和金融市场组织机构。

（三十八）加强金融风险防范。完善跨境资金流动的监测分析机制，加强反洗钱、反恐怖融资和反逃税工作机制。针对金融机构跨行业、跨市场、跨境发展特点，掌握金融开放主动权，建立和完善系统性风险预警、防范和化解体系，守住不发生系统性、区域性金融风险底线。

（三十九）积极完善金融发展环境。上海市人民政府会同有关部门研究制定进一步完善金融信用制度建设等方案。

（四十）试点措施与行政法规、国务院文件、国务院批准的部门规章等规定不一致的，依照程序提请国务院作出调整实施决定。

◎工商总局、福建省人民政府关于发布中国（福建）自由贸易试验区台湾居民个体工商户营业范围的公告

工商个字〔2015〕208号

为贯彻落实《国务院关于印发中国（福建）自由贸易试验区总体方案的通知》（国发〔2015〕20号），现将中国（福建）自由贸易试验区台湾居民个体工商户营业范围予以发布。

允许台湾居民依照国家有关法律、法规和规章，在中国（福建）自由贸易试验区注册登记为个体工商户，无须经过外资备案（不包括特许经营），在下列范围内从事经营活动：

1. 谷物种植；

2. 蔬菜、食用菌及园艺作物种植；

3. 水果种植；

4. 坚果种植；

5. 香料作物种植；

6. 中药材种植；

7. 林业；

8. 牲畜饲养；

9. 家禽饲养；

10. 水产养殖；

11. 灌溉服务；

12. 农产品初加工服务（不含植物油脂、大米、面粉加工、粮食收购、籽棉加工）；

13. 其他农业服务；

14. 林业服务业；

15. 畜牧服务业；

16. 渔业服务业（需要水产苗种生产许可）；

17. 谷物磨制；

18. 肉制品及副产品加工（3 000 吨 / 年及以下的西式肉制品加工项目除外）；

19. 水产品冷冻加工；

20. 鱼糜制品及水产品干腌制加工（冷冻海水鱼糜生产线除外）；

21. 蔬菜、水果和坚果加工；

22. 淀粉及淀粉制品制造（年加工玉米 30 万吨以下、绝干收率在 98% 以下玉米淀粉湿法生产线除外）；

23. 豆制品制造；

24. 蛋品加工；

25. 烘培食品制造；

26. 糖果、巧克力及蜜饯制造；

27. 方便食品制造；

28. 乳制品制造 [日处理原料乳能力（两班）20 吨以下浓缩、喷雾干燥等设施及 200 千克 / 小时以下的手动及半自动液体乳罐装设备除外]；

29. 罐头食品制造；

30. 味精制造（5 万吨 / 年以下且采用等电离交工艺的味精生产线除外）；

31. 酱油、食醋及类似制品制造；

32. 其他调味品、发酵制品制造（食盐除外）；

33. 营养食品制造；

34. 冷冻饮品及食用冰制造；

35. 啤酒制造（生产能力小于 1.8 万瓶 / 时的啤酒罐装生产线除外）；

36. 葡萄酒制造；

37. 碳酸饮料制造 [生产能力 150 瓶 / 分钟以下（瓶容在 250 毫升及以下）的碳酸饮料生产线除外]；

38. 瓶（罐）装饮用水制造；

39. 果蔬汁及果蔬饮料制造（浓缩苹果汁生产线除外）；

40. 含乳饮料和植物蛋白饮料制造；

41. 固体饮料制造；

42. 茶饮料及其他饮料制造；

43. 纺织业；

44. 窗帘布艺制品制造；

45. 纺织服饰、制鞋业；

46. 皮革、毛皮、羽毛及其制品和制鞋业；

47. 鞋帽制造、制鞋业；

48. 木材加工和木、竹、藤、棕、草制品业；

49. 家具制造业；

50. 造纸和纸制品业；

51. 文教办公用品制造；

52. 乐器制造；

53. 工艺美术制造（象牙雕刻、虎骨加工、脱胎漆器生产、珐琅制品生产、宣纸及墨锭生产除外）；

54. 体育用品制造；

55. 玩具制造；

56. 游艺器材及娱乐用品制造（不包括游戏游艺设备）；

57. 日用化学产品制造；

58. 塑料制品业；

59. 日用玻璃制品制造；

60. 日用陶瓷制品制造；

61. 金属工具制造；

62. 搪瓷日用品及其他搪瓷制品制造；

63. 金属制日用品制造；

64. 自行车制造；

65. 非公路休闲车及零配件制造；

66. 电池制造（锂离子电池制造除外）；

67. 家用电力器具制造；

68. 非电力家用器具制造；

69. 照明器具制造；

70. 钟表与计时仪器制造；

71. 眼镜制造；

72. 日用杂品制造；

73. 林业产品批发；

74. 纺织、服装及家庭用品批发；

75. 文具用品批发；

76. 体育用品批发；

77. 其他文化用品批发；

78. 贸易经纪与代理（不含拍卖）；

79. 货物、技术进出口；

80. 零售业（烟草制品零售除外、并且不包括特许经营）；

81. 图书报刊零售；

82. 音像制品及电子出版物零售；

83. 工艺美术品及收藏品零售（文物收藏品零售除外）；

84. 道路货物运输；

85. 其他水上运输辅助活动，具体指港口货物装卸、仓储，港口供应（船舶物料或生活品），港口设施、设备和港口机械的租赁、维修；

86. 装卸搬运和运输代理业（不包括航空客货运代理服务）；

87. 仓储业；

88. 餐饮业；

89. 软件开发；

90. 信息系统集成服务；

91. 信息技术咨询服务；

92. 数据处理和存储服务（仅限于线下的数据处理服务业务）；

93. 租赁业；

94. 社会经济咨询中的经济贸易咨询和企业管理咨询；

95. 广告业（广告发布服务除外）；

96. 知识产权服务（商标代理服务、专利代理服务除外）；

97. 包装服务；

98. 办公服务中的以下项目：标志牌、铜牌的设计、制作服务，奖杯、奖牌、奖章、锦旗的设计、制作服务；

99. 办公服务中的翻译服务；

100. 其他未列明商务服务业中的2个项目：公司礼仪服务：开业典礼、庆典及其他重大活动的礼仪服务，个人商务服务：个人形象设计服务、个人活动安排服务、其他个人商务服务；

101. 研究和试验发展（社会人文科学研究除外）；

102. 专业技术服务业；

103. 质检技术服务；

104. 工程技术（规划管理、勘察、设计、监理除外）；

105. 摄影扩印服务；

106. 科技推广和应用服务业；

107. 技术推广服务；

108. 科技中介服务；

109. 污水处理及其再生利用（除环境质量检测、污染源检查服务）；

110. 大气污染治理（除环境质量检测、污染源检查服务）；

111. 固体废物治理（不包括放射性固体废物收集、贮存、处置及环境质量监测、污染源检查服务）；

112. 其他污染治理中的降低噪音服务和其他环境保护服务（除环境质量监测、污染源检查服务）；

113. 市政设施管理（除环境质量监测、污染源检查服务）；

114. 环境卫生管理（除环境质量监测、污染源检查服务）；

115. 洗染服务；

116. 理发及美容服务；

117. 洗浴服务；

118. 居民服务中的婚姻服务（不含婚介服务）；

119. 其他居民服务业；

120. 机动车维修；

121. 计算机和辅助设备修理；

122. 家用电器修理；

123. 其他日用产品修理业；

124. 建筑物清洁服务；

125. 其他未列明服务业：宠物服务（仅限在城市开办）；

126. 体育；

127. 其他室内娱乐活动中的以休闲、娱乐为主的动手制作活动（陶艺、缝纫、绘画等）；

128. 文化娱乐经纪人；

129. 体育经纪人。

特此公告，自发布之日起施行。

工商总局 福建省人民政府

2015 年 12 月 1 日

◎人民银行关于金融支持中国（天津）自由贸易试验区建设的指导意见

银发〔2015〕372 号

中国人民银行天津分行；国家开发银行，各政策性银行、国有商业银行、股份制商业银行，中国邮政储蓄银行：

为贯彻落实党中央、国务院关于建设中国（天津）自由贸易试验区（以下简称自贸试验区）的战略部署，促进自贸试验区实体经济发展，加大对跨境贸易和投融资的金融支持，根据《国务院关于印发中国（天津）自由贸易试验区总体方案的通知》（国发〔2015〕19 号），提出以下意见。

一、总体原则

（一）服务实体经济发展。坚持金融服务实体经济发展、服务产业转型升级，立足天津区位特征和经济特色，围绕金融支持租赁业发展特点，拓展金融服务功能，带动全国租赁业稳健发展。

（二）深化体制机制改革。在总结和借鉴上海自贸试验区成功经验基础上，坚持简政放权的改革方向，逐步实现准入前国民待遇加负面清单管理模式，加强事中事后分析评估和事后备案管理，推动市场要素双向流动。

（三）有效防范金融风险。建立健全系统性风险预警、防范和化解体系，守住风险底线，切实做好各项应急预案，及时化解和处置风险隐患。

（四）稳步有序推进实施。坚持成熟一项、推进一项，突出重点、先易后难，及时总结评估，积极推进金融改革创新开放。

二、扩大人民币跨境使用

（五）支持自贸试验区内金融机构和企业按宏观审慎原则从境外借用人民币资金，用于符合国家宏观调控方向的领域，不得用于投资有价证券、理财产品、衍生产品，不得用于委托贷款。自贸试验区内的银行业金融机构可按规定向境外同业跨境拆出短期人民币资金。

（六）支持自贸试验区内企业和金融机构按规定在境外发行人民币债券，募集资金可调回区内使用。自贸试验区内企业的境外母公司可按规定在境内发行人民币债券。

（七）支持自贸试验区在充分利用全国统一金融基础设施平台的基础上，完善现有的以人民币计价的金融资产、股权、产权、航运等要素交易平台，面向自贸试验区和境外投资者提供人民币计价的交割和结算服务。

（八）支持自贸试验区内符合条件的企业按规定开展人民币境外证券投资和境外衍生品投资业务。支持自贸试验区内银行机构按照银行间市场等相关政策规定和我国金融市场对外开放的整体部署为境外机构办理人民币衍生品业务。支持自贸试验区内设立的股权投资基金按规定开展人民币对外投资业务。

（九）自贸试验区内符合条件的跨国企业集团开展跨境双向人民币资金池业务，可不受经营时间、年度营业收入和净流入额上限的限制。

（十）研究在自贸试验区内就业并符合条件的境内个人按规定开展各类人民币境外投资。在自贸试验区内就业并符合条件的境外个人可按规定开展各类境内投资。

三、深化外汇管理改革

（十一）促进贸易投资便利化。在真实合法交易基础上，进一步简化流程，自贸试验区内货物贸易外汇管理分类等级为A类的企业，货物贸易收入无须开立待核查账户，允许选择不同银行办理经常项目提前购汇和付汇。简化直接投资外汇登记手续，直接投资外汇登记下放银行办理，外商投资企业外汇资本金实行意愿结汇。放宽自贸试验区内机构对外放款管理，进一步提高对外放款比例。

（十二）实行限额内资本项目可兑换。在自贸试验区内注册的、负面清单外的境内机构，按照每个机构每自然年度跨境收入和跨境支出均不超过规定限额（暂定等值1 000万美元，视宏观经济和国际收支状况调节），自主开展跨境投融资活动。限额内实行自由结售汇。符合条件的自贸试验区内机构应在天津地区银行机构开立资本项目——投融资账户，办理限额内可兑换相关业务。

（十三）推动外债宏观审慎管理，逐步统一境内机构外债政策。自贸试验区内机构借用外债采取比例自律管理，允许区内机构在净资产的一定倍数（暂定1倍，视宏观经济和国际收支状况调节）内借用外债，企业外债资金实行意愿结汇。

（十四）支持发展总部经济和结算中心。放宽跨国公司外汇资金集中运营管理准入条件。进一步简化资金池管理，允许银行审核真实、合法的电子单证，为企业办理集中收付汇、轧差结算业务。

（十五）支持银行发展人民币与外汇衍生产品服务。注册在自贸试验区内的银行机构，对于境外机构按照规定能够开展即期结售汇交易的业务，可以办理人民币与外汇衍生产品交易，并纳入银行结售汇综合头寸管理。

四、促进租赁业发展

（十六）本指导意见第五条部分条款、第六条、第九条、第十一条、第十二条、第十三条适用于自贸试验区内各类租赁公司，第十四条适用于自贸试验区内金融租赁公司。

（十七）支持自贸试验区内租赁公司利用国家外汇储备，开展飞机、新型船舶、海洋工程结构物和大型成套进口设备等租赁业务。

（十八）允许自贸试验区内符合条件的融资租赁收取外币租金。

（十九）支持租赁公司依托自贸试验区要素交易平台开展以人民币计价结算的跨境租赁资产交易。

（二十）允许自贸试验区内租赁公司在境外开立人民币账户用于跨境人民币租赁业务，允许租赁公司在一定限额内同名账户的人民币资金自由划转。

五、支持京津冀协同发展

（二十一）支持京津冀地区金融机构在自贸

试验区开展跨区域金融协同创新与合作，优化金融资源配置。

（二十二）积极争取在自贸试验区内设立京津冀协同发展基金、京津冀产业结构调整基金。允许境外投资者以人民币资金投资自贸试验区内用于京津冀协同发展的基金。

（二十三）支持京津冀地区金融机构为自贸试验区内主体提供支付结算、异地存储、信用担保等业务同城化综合金融服务，降低跨行政区金融交易成本。

六、完善金融服务功能

（二十四）探索建立与自贸试验区相适应的账户管理体系，为符合条件的自贸试验区主体，办理跨境经常项下结算业务、政策允许的资本项下结算业务、经批准的自贸试验区资本项目可兑换先行先试业务，促进跨境贸易、投融资结算便利化。

（二十五）创建金融集成电路（IC）卡“一卡通”示范区。完善自贸试验区金融集成电路卡应用环境，加大销售终端（POS）、自动柜员机（ATM）等机具的非接触受理改造力度。大力拓展金融集成电路卡和移动金融在自贸试验区生活服务、公共交通、社会保障等公共服务领域的应用，通过提升现代金融服务水平改善民生。

七、加强监测与管理

（二十六）自贸试验区内主体办理金融业务，应具有真实合法交易基础，不得使用虚假合同等凭证或虚构交易办理业务。金融机构应遵循“展业三原则”，建立健全内控制度，完善业务真实性、合规性审查机制。加强对自贸试验区内金融机构信息安全管理，明确管理部门和管理职责。

（二十七）办理自贸试验区业务的金融机构和特定非金融机构，应按照法律法规要求切实履行反洗钱、反恐融资、反逃税等义务，全面监测分析跨境、跨区资金流动，按规定及时报送大额和可疑交易报告。

（二十八）中国人民银行天津分行和国家外汇管理局天津市分局要加强跨境资金流动风险监测，做好非现场核查和现场检查，防止跨境资金大进大出。健全和落实单证留存制度，探索主体监管，实施分类管理，采取有效措施防范风险。建立和完善系统性风险预警、防范和化解体系，守住不发生系统性、区域性金融风险底线。加强与相关金融监管部门的沟通协调，建立信息共享机制。

（二十九）加强自贸试验区金融消费权益保护。自贸试验区内金融机构要完善客户权益保护机制，负起保护消费者的主体责任。建立健全区内金融消费权益保护工作体系。加强与金融监管、行业组织和司法部门相互协作，探索构建和解、专业调解、仲裁和诉讼在内的多元化金融纠纷解决机制。加强自贸试验区金融创新产品相关知识普及，重视风险教育，提高消费者的风险防范意识和自我保护能力。

（三十）中国人民银行天津分行和国家外汇管理局天津市分局，加强与有关金融监管部门派出机构的沟通，按照宏观审慎、风险可控、稳步推进的原则，依据本意见制定实施细则和操作规程，报中国人民银行总行备案。

人民银行

2015 年 12 月 9 日

◎中国人民银行关于金融支持中国（福建）自由贸易试验区建设的指导意见

银发〔2015〕373号

中国人民银行福州中心支行，厦门市中心支行；国家开发银行，各政策性银行、国有商业银行、股份制商业银行，中国邮政储蓄银行：

为贯彻落实党中央、国务院关于建设中国（福建）自由贸易试验区（以下简称自贸试验区）的战略部署，促进自贸试验区跨境贸易和投融资便利化，支持自贸试验区实体经济发展，根据《国务院关于印发中国（福建）自由贸易试验区总体方案的通知》（国发〔2015〕20号），提出以下意见。

一、总体原则

（一）坚持金融服务实体经济。以深化两岸金融合作为主线，突出特点，促进贸易投资便利化，推动经济转型升级，为两岸经贸合作和21世纪海上丝绸之路核心区建设提供金融支持。

（二）坚持改革创新，先行先试。在总结和借鉴上海自贸试验区成功经验基础上，积极探索准入前国民待遇加负面清单管理模式，简政放权，着力推进人民币跨境使用、人民币资本项目可兑换和外汇管理等领域改革创新，推动市场要素双向流动。

（三）坚持风险可控。稳妥有序组织金融开放创新工作，先易后难、稳步推进，成熟一项、推进一项，及时总结评估，完善金融风险防控体系。

二、扩大人民币跨境使用

（四）银行业金融机构可按规定凭自贸试验区内企业提交的收付款指令，为其直接办理跨境投资人民币结算业务。银行业金融机构按负面清单管理模式为区内企业提供直接投资项下人民币结算服务。

（五）在宏观审慎管理框架下，自贸试验区银行业金融机构可与台湾地区金融同业按一定比例跨境拆入人民币短期借款，向台湾地区金融同业跨境拆出短期人民币资金。

（六）支持自贸试验区内非银行金融机构和企业在外债宏观审慎管理框架下从境外借用人民币资金，资金运用应符合国家宏观调控和产业政策规定，用于自贸试验区建设，不得用于投资有价证券、理财产品、衍生产品，不得用于委托贷款。

（七）支持自贸试验区内金融机构和企业按规定在境外发行人民币债券，所筹资金可根据需要调回区内使用。自贸试验区内企业的境外母公司可按规定在境内发行人民币债券。

（八）支持在自贸试验区内设立跨境人民币投资基金，按注册地管理，开展跨境人民币双向投资业务。

（九）支持自贸试验区内开展人民币计价结算的跨境租赁资产交易。支持区内租赁公司开展跨境资产转让。支持符合条件的自贸试验区金融租赁公司在境内发行、交易金融债券；支持符合条件的自贸试验区非金融租赁公司在银行间市场发行非金融企业债务融资工具。

（十）自贸试验区内符合条件的跨国公司可根据自身经营需要备案开展集团内跨境双向人民币资金池业务，为其境内外关联企业提供经常项下人民币集中收付业务。

（十一）支持自贸试验区内符合条件的企业按规定开展人民币境外证券和境外衍生品等投资业务。允许区内银行业金融机构按照银行间市场等相关政策规定和我国金融市场对外开放的整体部署为境外机构办理人民币衍生品业务。允许区内个体工商户根据业务需要向境外关联经营主体贷出人民币资金。

（十二）支持自贸试验区个人开展经常项下、投资项下跨境人民币结算业务。在区内居住或就业并符合条件的境内个人可按规定开展跨境贸易、其他经常项下人民币结算业务，研究开展包括证券投资在内的各类人民币境外投资。在区内居住或就业并符合条件的境外个人可按规定开展跨境贸易、其他经常项下人民币结算业务以及包括证券投资在内的各类境内投资。

三、深化外汇管理改革

（十三）促进贸易投资便利化。在真实合法交易基础上，进一步简化流程，自贸试验区内货物贸易外汇管理分类等级为A类的企业，货物贸易收入无须开立待核查账户，允许选择不同银行办理经常项目提前购汇和付汇。简化直接投资外汇登记手续，直接投资外汇登记下放银行办理，外商投资企业外汇资本金实行意愿结汇。放宽区内机构对外放款管理，进一步提高对外放款比例。允许区内符合条件的融资租赁收取外币租金。

（十四）实行限额内资本项目可兑换。在自贸试验区内注册的、负面清单外的境内机构，按照每个机构每自然年度跨境收入和跨境支出均不超过规定限额（暂定等值1000万美元，视宏观经济和国际收支状况调节），自主开展跨境投融资活动。限额内实行自由结售汇。符合条件的区内机构应在自贸试验区所在地外汇分局辖内银行开立资本项目——投融资账户，办理限额内可兑换相关业务。

（十五）推动外债宏观审慎管理。逐步统一境内机构外债政策。自贸试验区内机构借用外债采取比例自律管理，允许区内机构在净资产的一定倍数（暂定1倍，视宏观经济和国际收支状况调节）内借用外债，企业外债资金实行意愿结汇。

（十六）支持发展总部经济和结算中心。放宽跨国公司外汇资金集中运营管理准入条件。进一步简化资金池管理，允许银行审核真实、合法的电子单证，为企业办理集中收付汇、轧差结算业务。

（十七）支持银行发展人民币与外汇衍生产品服务。注册在自贸试验区内的银行机构，对于境外机构按照规定能够开展即期结售汇交易的业务，可以办理人民币与外汇衍生产品交易，并纳入银行结售汇综合头寸管理。

四、拓展金融服务

（十八）探索建立与自贸试验区相适应的账户管理体系，为符合条件的自贸试验区内主体，办理跨境经常项下结算业务、政策允许的资本项下结算业务、经批准的自贸试验区资本项目可兑换先行先试业务，促进跨境贸易、投融资结算便利化。

（十九）支持符合条件的企业依法申请互联网支付业务许可开展业务。允许自贸试验区内注册设立的台资非金融企业，依法申请支付业务许可。福建省内银行业金融机构可与自贸试验区内持有《支付业务许可证》且许可业务范围包括互联网支付的支付机构合作，按照有关管理政策为跨境电子商务（货物贸易或服务贸易）提供跨境本外币支付结算服务。

（二十）创建金融集成电路（IC）卡“一卡通”示范区。完善自贸试验区金融集成电路卡应用环境，加大销售终端（POS）、自动柜员机（ATM）等机具的非接触受理改造力度。大力拓展金融集成电路卡和移动金融在自贸试验区生活服务、公共交通、社会保障等公共服务领域的应用，通过提升现代金融服务水平改善民生。

五、深化两岸金融合作

（二十一）支持自贸试验区在海峡两岸金融合作中发挥先行先试作用。支持自贸试验区在两岸货币合作方面探索创新。允许符合条件的银行机构为境外企业和个人开立新台币账户，允许金融机构与台湾地区银行之间开立新台币同业往来账户办理多种形式结算业务，试点新台币区域性银行间市场交易。支持厦门片区完善两岸货币现钞调运机制。

（二十二）支持建立自贸试验区金融改革创新与厦门两岸区域性金融服务中心建设的联动机制，深化两岸金融合作。

（二十三）支持自贸试验区在两岸金融同业民间交流合作基础上，完善两岸金融同业定期会晤机制，促进两岸金融合作与发展。完善两岸反洗钱、反恐融资监管合作和信息共享机制。

六、完善金融监管

（二十四）办理自贸试验区业务的金融机构应遵循“展业三原则”，建立健全内控制度并报金融监管部门备案，完善业务的真实性、合规性审查机制。

（二十五）办理自贸试验区业务的金融机构开展创新业务，应具有真实合法交易基础，不得使用虚假合同等凭证或虚构交易办理业务。

（二十六）办理自贸试验区业务的金融机构和支付机构应按照法律法规要求切实履行反洗钱、反恐融资、反逃税等义务，全面监测跨境、跨区资金流动，按规定及时报送大额和可疑交易报告。

（二十七）办理自贸试验区业务的金融机构，应按规定办理国际收支统计等相关业务申报，配合金融监管部门，全面监测分析跨境资金流动，健全和落实单证留存制度。

（二十八）中国人民银行和国家外汇管理局授权派出机构，按照宏观审慎管理要求，探索在自贸试验区内建立和完善跨境资金流动风险监测预警指标体系，防止跨境资金大进大出，加强监管，制定相关应急预案，必要时采取临时性管制措施。探索主体监管，实施分类管理，建立和完善系统性风险预警、防范和化解体系，守住不发生系统性、区域性金融风险底线。加强与金融监管部门的沟通协调，建立信息共享机制。加强对自贸试验区内金融机构信息安全管理，明确管理部门和管理职责。

（二十九）加强金融消费权益保护。自贸试验区内金融机构要完善客户权益保护机制，负起保护消费者的主体责任。建立健全区内金融消费权益保护工作体系。加强与金融监管、行业组织和司法部门相互协作，探索构建和解、专业调解、仲裁和诉讼在内的多元化金融纠纷解决机制。加强自贸试验区金融创新产品相关知识普及，重视风险教育，提高消费者的风险防范意识和自我保护能力。

（三十）中国人民银行和国家外汇管理局授权派出机构，加强与有关金融监管部门派出机构的沟通，按照宏观审慎、风险可控、稳步推进的原则，依据本意见制定实施细则和操作规程，报中国人民银行总行备案。

中国人民银行

2015 年 12 月 9 日

◎中国人民银行关于金融支持中国（广东）自由贸易试验区建设的指导意见

银发〔2015〕374 号

中国人民银行广州分行，深圳市中心支行；国家开发银行，各政策性银行、国有商业银行、股份制商业银行，中国邮政储蓄银行：

为贯彻落实党中央、国务院关于建设中国（广东）自由贸易试验区（以下简称自贸试验区）的战略部署，支持自贸试验区建设，构建与自贸试验区跨境贸易和投资便利化相适应的金融服务体系，根据《国务院关于印发中国（广东）自由贸易试验区总体方案的通知》（国发〔2015〕18 号），提出以下意见。

一、总体原则

（一）坚持金融服务实体经济。围绕新常态下经济转型升级的金融需求，以促进跨境贸易和投融资便利化为主线，突出特点，积极提升金融服务实体经济的质量和水平，全面推进金融体制机制创新，优化金融资源配置。

（二）坚持全面深化改革。在总结和借鉴上海自贸试验区成功经验基础上，充分发挥“试验田”作用，在人民币资本项目可兑换、人民币跨境使用、外汇管理等重要领域和关键环节先行试验，建立国际化、市场化、法治化的金融服务体系，及时总结评估，为全面深化金融改革探索新路径、积累新经验。

（三）坚持粤港澳一体化发展。发挥区位优势，以粤港澳金融合作为重点，扩大金融服务业对港澳等地区开放，积极营造良好的金融服务环境，以开放创新带动粤港澳地区发展。

（四）坚持守住金融风险底线。建立区域金融监管协调机制，完善金融风险防控体系，在风险可控的前提下稳妥、有序地推进自贸试验区各项金融改革创新，成熟一项、推进一项。

二、扩大人民币跨境使用

（五）开展跨境人民币双向融资。支持自贸试验区内金融机构和企业在宏观审慎管理框架下，从境外借入人民币资金并按规定使用。探索完善宏观审慎管理框架下的人民币境外贷款管理方式，鼓励自贸试验区内银行业金融机构增加对企业境外项目的人民币信贷投放。允许自贸试验区内个体工商户根据业务需要向其在境外经营主体提供跨境资金支持。

（六）支持融资租赁机构开展跨境人民币业务创新。允许自贸试验区内融资租赁机构开展跨境双向人民币资金池业务、人民币租赁资产跨境转让业务。

（七）深化跨国企业集团跨境人民币资金集中运营管理改革。支持自贸试验区内符合条件的企业根据自身经营和管理需要，开展集团内跨境双向人民币资金池业务，便利区内跨国企业开展跨境人民币资金集中运营业务。

（八）推动跨境交易以人民币计价和结算。在充分利用全国统一金融基础设施平台的基础上，支持自贸试验区内要素市场设立跨境电子交易和资金结算平台，向自贸试验区和境外投资者提供以人民币计价和结算的金融要素交易服务。鼓励金融机构为境外投资者参与区内要素市场交易提供人民币账户开立、资金结算等服务。

（九）拓展跨境电子商务人民币结算业务。推动自贸试验区内银行机构与符合条件的互联网支付机构合作，办理经常项下及部分经批准的资本项下跨境电子商务人民币结算业务。允许自贸试验区内符合条件的互联网企业根据需要开展经常项下跨境人民币集中收付业务。

（十）研究区内个人以人民币开展直接投资、证券投资、集合投资等境外投资，办理与移民、捐赠、遗赠和遗产相关的资产转移业务。

三、深化外汇管理改革

（十一）促进贸易投资便利化。在真实合法交易基础上，进一步简化流程，自贸试验区内货物贸易外汇管理分类等级为A类的企业，货物贸易收入无须开立待核查账户，允许选择不同银行办理经常项目提前购汇和付汇。简化直接投资外汇登记手续，直接投资外汇登记下放银行办理。放宽区内机构对外放款管理，进一步提高对外放款比例。允许区内符合条件的融资租赁收取外币租金。

（十二）实行限额内资本项目可兑换。在自贸试验区内注册的、负面清单外的境内机构，按照每个机构每自然年度跨境收入和跨境支出均不超过规定限额（暂定等值1 000万美元，视宏观经济和国际收支状况调节），自主开展跨境投融资活动。限额内实行自由结售汇。符合条件的区内机构应在自贸试验区所在地外汇分局辖内银行机构开立资本项目——投融资账户，办理限额内可兑换相关业务。

（十三）推动外债宏观审慎管理。逐步统一境内机构外债政策。自贸试验区内机构借用外债采取比例自律管理，允许区内机构在净资产的一定倍数（暂定1倍，视宏观经济和国际收支状况调节）内借用外债，企业外债资金实行意愿结汇。

（十四）支持发展总部经济和结算中心。放宽跨国公司外汇资金集中运营管理准入条件。进一步简化资金池管理，允许银行审核真实、合法的电子单证，为企业办理集中收付汇、轧差结算业务。

（十五）支持银行发展人民币与外汇衍生产品服务。注册在自贸试验区内的银行机构，对于境外机构按照规定能够开展即期结售汇交易的业务，可以办理人民币与外汇衍生产品交易，并纳入银行结售汇综合头寸管理。

四、深化以粤港澳为重点的区域金融合作

（十六）允许非银行金融机构与港澳地区开展跨境人民币业务。支持自贸试验区内企业集团财务公司、金融租赁公司、消费金融公司、汽车金融公司、金融资产管理公司、证券公司、基金管理公司、期货公司、保险公司等机构按规定在开展跨境融资、跨境担保、跨境资产转让等业务时使用人民币进行计价结算。

（十七）支持与港澳地区开展个人跨境人民币业务创新。允许金融机构按照真实交易原则，凭收付指令为自贸试验区内个人办理经常项下跨境人民币结算业务。支持区内个人从港澳地区借入人民币资金，用于在区内购买不动产等支出。支持港澳地区个人在区内购买人民币理财产品。

（十八）深化自贸试验区与港澳地区金融同业业务合作。在宏观审慎管理框架下，支持自贸试验区金融机构与港澳地区金融同业开展跨境人民币借款业务，应用于与国家宏观调控方向相符的领域，暂不得用于投资有价证券（包括理财等资产管理类产品）、衍生产品。支持自贸试验区金融机构与港澳地区金融同业合作开展人民币项下跨境担保业务。

（十九）推动自贸试验区与港澳地区金融市场对接。支持区内外资企业的境外母公司或子公司按规定在境内银行间市场发行人民币债券。支持区内金融机构和企业在香港资本市场发行人民币股票和债券，募集资金可调回区内使用，支持自贸试验区开发建设和企业生产经营。支持港澳地区机构投资者在自贸试验区内开展合格境内有限合伙人（QDLP）业务，募集区内人民币资金投资香港资本市场。支持港澳地区机构投资者在自贸试验区内开展合格境外有限合伙人（QFLP）业务，参与境内私募股权投资基金和创业投资基金的投资。

（二十）支持粤港澳在自贸试验区合作设立人民币海外投贷基金。支持粤港澳三地机构在区内合作设立人民币海外投贷基金，募集内地、港澳地区及海外机构和个人的人民币资金，为我国企业“走出去”开展投资、并购提供投融资服务。

（二十一）扩大自贸试验区支付服务领域、征信服务业对港澳地区开放。支持自贸试验区内注册设立的港澳资非金融企业，依法申请支付业务许可。支持港澳地区服务提供者按规定在自贸试验区内设立征信机构和分支机构。探索建立自贸试验区与港澳地区征信产品互认机制。改进征信机构业务管理方式，便利港澳地区服务提供者在自贸试验区经营征信业务。

五、提升金融服务水平

（二十二）探索建立与自贸试验区相适应的账户管理体系，为符合条件的自贸试验区内主体，办理跨境经常项下结算业务、政策允许的资本项下结算业务、经批准的自贸试验区资本项目可兑换先行先试业务，促进跨境贸易、投融资结算便利化。

（二十三）完善创新驱动的金融服务。综合运用货币政策工具，引导金融机构加大对自贸试

验区新型创业服务平台、创新型小微企业、创业群体的金融支持力度，加强和改进对港澳台同胞、海外华侨、归侨、归国留学生在自贸试验区创业项目的金融服务。支持金融机构开展供应链金融业务创新，促进自贸试验区创新型产业集群核心企业和产业链上下游企业做优做强。引导金融机构在依法合规、风险可控前提下，与股权众筹平台、网络借贷信息平台、互联网支付机构开展合作。

（二十四）创建金融集成电路（IC）卡“一卡通”示范区。完善自贸试验区金融集成电路卡应用环境，加大销售终端（POS）、自动柜员机（ATM）等机具的非接触受理改造力度。大力拓展金融集成电路卡和移动金融在自贸试验区生活服务、公共交通、社会保障等公共服务领域的应用，通过提升现代金融服务水平改善民生。推动自贸试验区公共服务领域的支付服务向港澳地区开放，促进金融集成电路卡和移动金融在自贸试验区和港澳地区的互通使用。

（二十五）推动自贸试验区社会信用体系建设。推进自贸试验区企业信用信息体系建设，完善企业信息共享、信用评价和融资推荐机制。加快发展各类征信机构，推动征信产品在金融、经济和社会管理等领域的应用。探索在跨境融资中引入信用评级机制。

六、风险监测与管理

（二十六）加强组织协调。中国人民银行广州分行会同深圳市中心支行，加强与地方人民政府和其他金融监管部门驻粤机构的沟通，完善区域金融监管协调机制，加强金融信息共享，提升风险联合防范和处置能力，建立和完善系统性风险预警、防范和化解体系，守住不发生系统性、区域性金融风险底线。加强对自贸试验区内金融机构信息安全管理，明确管理部门和管理职责。

（二十七）加强跨境资金流动风险防控。区内机构办理跨境创新业务，应具有真实合法交易基础，不得使用虚假合同等凭证或虚构交易办理业务。金融机构应遵循“展业三原则”，建立健全内控制度，完善业务真实性、合规性审查机制，及时报告可疑交易。全面监测分析跨境资金流动，防止跨境资金大进大出，健全和落实单证留存制度，探索主体监管，实施分类管理，采取有效措施防范风险。

（二十八）加强反洗钱、反恐融资管理。办理自贸试验区业务的金融机构和特定非金融机构，应按照法律法规要求切实履行反洗钱、反恐融资、反逃税等义务，全面监测分析跨境、跨区资金流动，按规定及时报送大额和可疑交易报告。完善粤港澳反洗钱、反恐融资监管合作和信息共享机制。

（二十九）加强金融消费权益保护。自贸试验区内金融机构要完善客户权益保护机制，负起保护消费者的主体责任。建立健全区内金融消费权益保护工作体系。加强与金融监管、行业组织和司法部门相互协作，探索构建和解、专业调解、仲裁和诉讼在内的多元化金融纠纷解决机制。加强自贸试验区金融创新产品相关知识普及，重视风险教育，提高消费者的风险防范意识和自我保护能力。

（三十）中国人民银行广州分行会同深圳市中心支行，加强与有关金融监管部门派出机构的沟通，按照宏观审慎、风险可控、稳步推进的原则，依据本意见制定实施细则和操作规程，报中国人民银行总行备案。

中国人民银行

2015 年 12 月 9 日

2016年政策文件

◎中国人民银行、商务部公告2016年第1号

公告2016年第1号

经国务院批准，现就设立外商投资征信机构有关事宜公告如下：

设立经营个人征信业务的外商投资征信机构，应当符合《征信业管理条例》第六条和《征信机构管理办法》的规定。申请人在取得中国人民银行的前置许可后，凭个人征信业务经营许可证向商务部申请办理审批手续，予以批准的，发给外商投资企业批准证书。申请人凭个人征信业务经营许可证和外商投资企业批准证书，向工商行政管理部门办理注册登记手续。

经营企业征信业务的外商投资征信机构则交由省级商务主管部门负责批准企业设立，予以批准的，申请人凭外商投资企业批准证书办理工商注册登记手续，并在所在地中国人民银行省会（首府）城市中心支行以上分支机构办理备案，纳入中国人民银行的监管范围。

在经国务院批准的自由贸易试验区内，外商投资征信机构的设立和变更适用《自由贸易试验区外商投资备案管理办法（试行）》，申请人凭外商投资企业备案证明替代外商投资企业批准证书办理相关手续。

外商投资征信机构应当按照《征信业管理条例》和《征信机构管理办法》的规定依法开展征信业务，接受主管部门的监管。

本公告自公布之日起施行。

中国人民银行
中华人民共和国商务部
2016年1月20日

◎中国人民银行关于扩大全口径跨境融资宏观审慎管理试点的通知

根据《中华人民共和国中国人民银行法》等法律法规，为把握与宏观经济热度、整体偿债能力和国际收支状况相适应的跨境融资水平，控制杠杆率和货币错配风险，实现本外币一体化管理，中国人民银行在总结前期区域性、地方性试点的基础上，扩大全口径跨境融资宏观审慎管理政策试点。现将有关事项通知如下：

一、本通知所称跨境融资，是指境内机构从非居民融入本、外币资金的行为。本通知适用注册在中国（上海）自由贸易试验区、中国（广东）自由贸易试验区、中国（天津）自由贸易试验区、中国（福建）自由贸易试验区（以下统称自贸区）的企业（以下称试点企业），以及27家银行类金融机构（以下称试点金融机构）。本通知适用的试点企业仅限非金融企业，且不包括政府融资平台和房地产企业。

二、中国人民银行根据宏观经济热度、国际收支状况和宏观金融调控需要对跨境融资杠杆率、风险转换因子、宏观审慎调节参数等进行调整，并对试点金融机构跨境融资进行宏观审慎管理。国家外汇管理局对试点企业跨境融资进行管理，并对企业和金融机构进行全口径跨境融资统计监测。中国人民银行和国家外汇管理局之间建立信息共享机制。

三、建立宏观审慎规则下基于微观主体资本或净资产的跨境融资约束机制，试点企业和试点金融机构均可按规定自主开展本外币跨境融资。

试点企业和试点金融机构开展跨境融资按风险加权计算余额（指已提用未偿余额，下同），风险加权余额不得超过上限，即：跨境融资风险加权余额≤跨境融资风险加权余额上限。

跨境融资风险加权余额=Σ 本外币跨境融资余额*期限风险转换因子*类别风险转换因子+Σ 外币跨境融资余额*汇率风险折算因子。

期限风险转换因子：还款期限在1年（不含）以上的中长期跨境融资的期限风险转换因子为1，还款期限在1年（含）以下的短期跨境融资的期限风险转换因子为1.5。

类别风险转换因子：表内融资的类别风险转换因子设定为1，表外融资（或有负债）的类别风险转换因子设定为0.2和0.5二档。

汇率风险折算因子：0.5。

四、跨境融资风险加权余额计算中的本外币跨境融资包括试点企业和试点金融机构（不含境外分支机构）以本币和外币形式从非居民融入的资金，涵盖表内融资和表外融资。以下业务类型不纳入跨境融资风险加权余额计算：

（一）人民币被动负债：试点企业和试点金融机构因境外机构投资境内债券市场产生的人民币被动负债；境外主体存放在试点金融机构的人民币存款。

（二）贸易信贷、人民币贸易融资：试点企业涉及真实跨境贸易产生的贸易信贷（包括应付和预收）和从境外金融机构获取的人民币贸易融资；试点金融机构因办理基于真实跨境贸易结算产生的各类人民币贸易融资。

（三）集团内部资金往来：试点企业主办的经批准的集团内跨境资金（生产经营和实业投资等依法合规活动产生的现金流）集中管理业务项下产生的对外负债。

（四）境外同业存放、联行及附属机构往来：试点金融机构因境外同业存放、联行及附属机构往来产生的对外负债。

（五）自用熊猫债：试点企业的境外母公司在中国境内发行人民币债券并以放款形式用于境内子公司的。

（六）转让与减免：试点企业和试点金融机构跨境融资转增资本或已获得债务减免等情况下，相应金额不计入。

中国人民银行可根据宏观金融调控需要和业务开展情况，对不纳入跨境融资风险加权余额计算的业务类型进行调整，必要时可允许试点企业和试点金融机构某些特定跨境融资业务不纳入跨境融资风险加权余额计算。

五、纳入本外币跨境融资的各类型融资在跨境融资风险加权余额中按以下方法计算：

（一）外币贸易融资：试点企业和试点金融机构的外币贸易融资按20%纳入跨境融资风险加权余额计算，期限风险转换因子统一按1计算。

（二）表外融资（或有负债）：试点金融机构向客户提供的内保外贷、因向客户提供基于真实跨境交易和资产负债币种及期限风险对冲管理服务需要的衍生产品而形成的对外或有负债，按

20% 纳入跨境融资风险加权余额计算；试点金融机构因自身币种及期限风险对冲管理需要，参与国际金融市场交易而产生的或有负债，按 50% 纳入跨境融资风险加权余额计算。

（三）其他：其余各类跨境融资均按实际情况纳入跨境融资风险加权余额计算。

中国人民银行可根据宏观金融调控需要和业务开展情况，对跨境融资风险加权余额中各类型融资的计算方法进行调整。

六、跨境融资风险加权余额上限的计算：跨境融资风险加权余额上限 = 资本或净资产 * 跨境融资杠杆率 * 宏观审慎调节参数。

资本或净资产：试点企业按净资产计，试点金融机构按核心资本（即一级资本）计，以最近一期经审计的财务报告为准。

跨境融资杠杆率：试点企业为 1，试点金融机构为 0.8。

宏观审慎调节参数：1。

七、试点企业和试点金融机构的跨境融资签约币种、提款币种和偿还币种须保持一致。

八、跨境融资风险加权余额及上限的计算均以人民币为单位，外币跨境融资以提款日的汇率水平按以下方式折算计入：已在中国外汇交易中心挂牌（含区域挂牌）交易的外币，适用人民币汇率中间价或区域交易参考价；未在中国外汇交易中心挂牌交易的货币，适用中国外汇交易中心公布的人民币参考汇率。

九、中国人民银行建立跨境融资宏观风险监测指标体系，在跨境融资宏观风险指标触及预警值时，采取逆周期调控措施，以此控制系统性金融风险。

逆周期调控措施可以采用单一措施或组合措施的方式进行，也可针对单一、多个或全部试点企业和试点金融机构进行。总量调控措施包括调整跨境融资杠杆率和宏观审慎调节参数，结构调控措施包括调整各类风险转换因子。必要时还可根据维护国家金融稳定的需要，采取征收风险准备金等其他逆周期调控措施，防范系统性金融风险。

试点企业和试点金融机构因风险转换因子、跨境融资杠杆率和宏观审慎调节参数调整导致跨境融资风险加权余额超出上限的，原有跨境融资合约可持有到期；在跨境融资风险加权余额调整到上限内之前，不得办理包括跨境融资展期在内的新的跨境融资业务。

十、试点企业跨境融资业务：试点企业按照本通知要求办理跨境融资业务，具体细节由国家外汇管理局另行发布细则明确。

（一）试点企业应当在跨境融资合同签约后但不晚于提款前三个工作日，向国家外汇管理局的资本项目信息系统办理跨境融资情况签约备案。为试点企业办理跨境融资业务的结算银行应向中国人民银行人民币跨境收付信息管理系统报送试点企业的融资信息、账户信息、人民币跨境收支信息等。所有跨境融资业务材料留存结算备查，保留期限至该笔跨境融资业务结束后 5 年。

（二）试点企业办理跨境融资签约备案后以及试点金融机构自行办理跨境融资信息报送后，可以根据提款、还款安排为借款主体办理相关的资金结算，并将相关结算信息按规定报送至中国人民银行和国家外汇管理局的相关系统，完成跨境融资信息的更新。

试点企业应每年及时更新跨境融资以及权益相关的信息（包括境外债权人、借款期限、金额、利率和自身净资产等）。如经审计的净资产，融资合同中涉及的境外债权人、借款期限、金额、利率等发生变化的，试点企业应及时办理备案变更。

（三）开展跨境融资涉及的资金往来，试点企业可采用一般本外币账户办理，也可采用自由贸易账户办理。

（四）试点企业融入外汇资金如有实际需要，可结汇使用。试点企业融入资金的使用应符合国家相关规定，用于自身的生产经营活动，并符合国家和自贸区的产业宏观调控方向。

十一、试点金融机构跨境融资业务：试点期

间，中国人民银行总行对试点金融机构跨境融资业务实行统一管理，试点金融机构以法人为单位集中向中国人民银行总行报送相关材料。试点金融机构开展跨境融资业务前，应根据本通知要求，结合自身情况制定本外币跨境融资业务的操作规程和内控制度，报中国人民银行总行备案后实施。

（一）试点金融机构首次办理跨境融资业务前，应按照本通知的跨境融资杠杆率和宏观审慎调节参数，以及本机构最近一期经审计的核心资本（即一级资本）数据，计算本机构跨境融资风险加权余额和跨境融资风险加权余额上限，并将计算的详细过程报送中国人民银行总行。

试点金融机构办理跨境融资业务，应在本机构跨境融资风险加权余额处于上限以内的情况下进行。如跨境融资风险加权余额低于上限额，则试点金融机构可自行与境外机构签订融资合同。

（二）试点金融机构可根据《人民币银行结算账户管理办法》（中国人民银行令〔2003〕第5号发布）等管理制度开立本外币账户，办理跨境融资涉及的资金收付。

（三）试点金融机构应在跨境融资合同签约后执行前，向中国人民银行和国家外汇管理局报送核心资本金额、跨境融资合同信息，并在提款后按规定报送本外币跨境收入信息，支付利息和偿还本金后报送本外币跨境支出信息。如经审计的核心资本，融资合同中涉及的境外债权人、借款期限、金额、利率等发生变化的，试点金融机构应在系统中及时更新相关信息。

试点金融机构应于每月初5个工作日内将上月本机构本外币跨境融资发生情况、余额变动等统计信息报告中国人民银行总行。所有跨境融资业务材料留存备查，保留期限至该笔跨境融资业务结束后5年。

（四）试点金融机构融入资金可用于补充资本金，服务实体经济发展，并符合国家产业宏观调控方向。经国家外汇管理局批准，试点金融机构融入外汇资金可结汇使用。

（五）试点金融机构在中国（上海）自由贸易试验区的分支机构按本通知纳入其总行统一管理，不再适用《中国（上海）自由贸易试验区分账核算业务跨境融资与跨境资金流动宏观审慎管理实施细则（试行）》（银总部发〔2015〕8号文印发）。

十二、中国人民银行、国家外汇管理局按照分工，定期或不定期对试点金融机构和试点企业开展跨境融资情况进行非现场核查和现场检查，试点金融机构和试点企业应配合。

发现未及时报送和变更跨境融资信息的，中国人民银行和国家外汇管理局将在查实后对涉及的试点金融机构或试点企业通报批评，限期整改并根据《中华人民共和国中国人民银行法》和《中华人民共和国外汇管理条例》等法律法规进行查处。

发现超规模上限开展跨境融资的，或融入资金使用与国家、自贸区的产业宏观调控方向不符的，中国人民银行和国家外汇管理局可责令其立即纠正，并可根据实际情况依据《中华人民共和国中国人民银行法》和《中华人民共和国外汇管理条例》等有关规定对借款主体进行处罚；情节严重的，可暂停其跨境融资业务。中国人民银行将试点金融机构的跨境融资行为纳入宏观审慎评估体系（MPA）考核，对情节严重的，中国人民银行还可视情况向其征收定向风险准备金。

对于办理超限跨境融资结算的金融机构，中国人民银行将责令整改；对于多次发生办理超限跨境融资结算的金融机构，中国人民银行将暂停其跨境融资结算业务。

十三、对试点企业和试点金融机构，中国人民银行、国家外汇管理局不实行外债事前审批，试点企业改为事前签约备案，试点金融机构改为事后备案，原有管理模式下的跨境融资未到期余额纳入本通知管理。中国人民银行、国家外汇管理局在各自贸区、试验区实行的本币、外币境外融资等区域性跨境融资创新试点，1年过渡期后统一按本通知模式管理。

试点企业中的外商投资企业、试点金融机构中的外资银行可在现行跨境融资管理模式和本通知模式下任选一种模式适用，并向管理部门备案。一经选定，原则上不再更改。如确有合理理由需要更改的，须向管理部门提出申请。

十四、本通知自2016年1月25日起施行。中国人民银行、国家外汇管理局此前有关规定与本通知不一致的，以本通知为准。

附件：27家试点金融机构名单（略）。

◎商务部等8部门关于促进汽车平行进口试点的若干意见

商建发〔2016〕50号

天津市、上海市、福建市、广东省、深圳市商务、工业和信息化、公安、环境保护、交通运输、海关主管部门，各相关直属检验检疫局：

在自由贸易试验区（以下简称自贸试验区）开展平行进口试点，是推进汽车领域供给侧结构性改革，加快汽车流通体制创新发展，激发汽车市场活力的重要举措。为落实国务院有关决策部署，加快推动汽车平行进口试点各项政策措施落地，促进试点工作取得实效，现提出如下意见：

一、简化汽车自动进口许可证申领管理制度。平行进口汽车试点企业（以下简称试点企业）进口汽车和建立分销网络无须获得汽车供应商授权，可以按照经营活动实际需求，申领汽车产品自动进口许可证。试点企业按自动进口许可证管理的相关规定，在进口环节向海关交验许可证件，办理报关手续。

二、深化平行进口汽车强制性产品认证改革。平行进口汽车必须符合国家有关安全、节能、质量标准和技术规范的强制性要求，并获得国家法律法规规定的强制性产品认证（CCC认证）。对已建立了完善的家用汽车“三包”和召回体系的试点企业，可放宽CCC认证申请需提供原厂授权文件的相关要求；对已有效保证车辆一致性的试点企业，可取消非量产车认证模式的数量要求；对符合产业政策、海关和检验检疫相关规定、已有效保证车辆一致性且在自贸试验区内仅进行标准符合性整改的试点企业，可视情况仅对其在自贸试验区内的整改场所进行CCC认证工厂检查。

三、进一步提高汽车平行进口贸易便利化水平。优化平行进口汽车报关、通关、查验等流程，提高通关效率，降低通关成本，优化平行进口汽车审价机制。要经批准进行汽车平行进口试点的自贸试验区，允许试点企业在海关特殊监管区域内开展汽车整车保税仓储业务，期限为3个月，不得延期。

四、积极推动平行进口汽车环保和维修信息公开。试点企业要按照《大气污染防治法》及《汽车维修技术信息公开实施管理办法》等有关规定，向社会公布其进口车型的机动车污染控制技术信息，同时应注明符合我国排放标准的阶段水平。不得进口和销售达不到我国现行排放标准的车辆。

五、加强平行进口汽车注册登记管理服务。各地公安部门在办理进口汽车注册登记时，要严格执行《机动车运行安全技术条件》（GB7258）等国家安全技术标准，重点检查平行进口汽车车辆识别代码、产品标牌、里程表、外部灯具和信号装置等。对发现的不符合国家标准的平行进口汽车产品，不予办理注册登记，并通报当地商务、检验检疫等部门。对符合规定的，要优化服务、提高效率，方便快捷予以办理。

六、重点加强质量追溯和售后服务体系建设。试点企业是平行进口汽车产品质量追溯的责任主体，依法履行产品召回、质量保障、售后服务、家用汽车“三包”、平均燃料消耗量核算等义务。试点企业要增强售后服务保障能力，切实保障消费者合法权益。要通过自建、资源共享、多渠道合作等多种方式，形成覆盖销售区域的售后服务（含维修）网络，使消费者能够享有方便、快捷、有效的售后服务。

七、切实加强监管。按照国务院有关文件要求，试点所在地人民政府要加强组织领导，明确责任主体，精心组织好试点工作，有效防控各类风险。要将汽车售后维修保障能力、守法合规的信用情况作为遴选试点企业的重要条件。要切实履行监管职责，创新监管方式，建立健全相关管理规定，强化事中事后监管，确保试点工作规范有序进行。对违法违规经营行为依法加大查处力度，及时取消违规经营企业试点资格，并做好相应善后工作。作出处理决定的要录入企业信用档案，并向社会公布。

各试点地区要进一步提高认识，增强工作主动性、针对性和有效性，创新制度设计及机制建设，为试点工作创造有利的政策环境。要认真总结有益做法，尽快形成一批可复制、可推广的改革创新成果。试点工作进展情况要及时上报国务院有关部门。

商务部 工业和信息化部 公安部
环境保护部 交通运输部 海关总署
国家质量监督检验检疫总局
国家认证认可监督管理委员会
2016 年 2 月 22 日

◎商务部、税务总局关于天津等 4 个自由贸易试验区内资租赁企业从事融资租赁业务有关问题的通知

商流通函〔2016〕90 号

天津市、上海市、福建省、广东省，厦门市、深圳市商务主管部门、国家税务局：

为贯彻落实天津、福建、广东自由贸易试验区（以下简称自贸试验区）总体方案和进一步深化上海自贸试验区改革开放方案，支持自贸试验区融资租赁行业积极探索、先行先试，促进融资租赁业加快发展，现就天津等 4 个自贸试验区内资租赁企业从事融资租赁业务有关问题通知如下：

一、根据《商务部国家税务总局关于从事融资租赁业务有关问题的通知》（商建发〔2004〕560 号，以下称 560 号文），商务部和税务总局负责内资租赁企业融资租赁业务试点确认。自 2016 年 4 月 1 日起，商务部、税务总局将注册在自贸试验区内的内资租赁企业融资租赁业务试点确认工作委托给各自贸试验区所在的省、直辖市、计划单列市级（以下简称省级）商务主管部门和国家税务局。试点企业条件和申报材料要求参照 560 号文执行。对注册在自贸试验区外的内资租赁企业从事融资租赁业务，仍按现行规定和程序办理。

二、各自贸试验区所在的省级商务主管部门会同同级国家税务局负责对融资租赁试点企业提交的相关材料进行审核。对于符合条件的企业，由省级商务主管部门和国家税务局联合发布公告，明确纳入内资融资租赁试点范围企业名单，与商务部、税务总局发布名单的内资融资租赁试点企业享受同等待遇。

三、省级商务主管部门要指导和督促试点企

业通过全国融资租赁企业管理信息系统（以下简称管理信息系统）报送各项信息，并对企业上报信息及时审核；每月末要将新纳入试点范围的企业的基本情况报送商务部，同时抄送税务总局；每季度要将试点工作开展情况报送商务部，同时抄送税务总局；要及时研究工作中存在的问题，发现重大问题应及时上报商务部和税务总局。

四、省级商务主管部门要完善行业监管制度，加强风险防范，利用现场和非现场结合的监管手段，强化对重点环节及吸收存款、发放贷款等违法违规行为的监管，充分发挥管理信息系统的作用，加强风险监测、分析和预警，切实防范区域性、系统性风险。

五、纳入试点范围的企业应当遵守法律、法规、规章及《融资租赁企业监督管理办法》相关规定，接受行业主管部门的监管，及时、准确通过管理信息系统报送信息，按时交纳各种税款。对在会计年度内未实质性开展融资租赁业务，以及发生违法违规行为的试点企业，省级商务主管部门应商同级国家税务局取消其试点资格。

六、为便于加强监管，对于按照本通知要求纳入试点范围的企业，如迁出自贸试验区，应当按自贸试验区外企业申报试点现行规定重新申报确定试点资格。

七、省级商务主管部门可根据本通知要求，商同级国家税务局结合实际研究制定具体的试点确认办法或流程，并采取适当形式予以公开。

商务部 税务总局

2016 年 3 月 17 日

◎国务院关于在自由贸易试验区暂时调整有关行政法规、国务院文件和经国务院批准的部门规章规定的决定

国发〔2016〕41 号

各省、自治区、直辖市人民政府，国务院各部委、各直属机构：

为保障自由贸易试验区有关改革开放措施依法顺利实施，根据《全国人民代表大会常务委员会关于授权国务院在中国（广东）自由贸易试验区、中国（天津）自由贸易试验区、中国（福建）自由贸易试验区以及中国（上海）自由贸易试验区扩展区域暂时调整有关法律规定的行政审批的决定》，以及《中国（广东）自由贸易试验区总体方案》、《中国（天津）自由贸易试验区总体方案》、《中国（福建）自由贸易试验区总体方案》和《进一步深化中国（上海）自由贸易试验区改革开放方案》，国务院决定，在自由贸易试验区暂时调整《中华人民共和国外资企业法实施细则》等 18 部行政法规、《国务院关于投资体制改革的决定》等 4 件国务院文件、《外商投资产业指导目录（2015 年修订）》等 4 件经国务院批准的部门规章的有关规定（目录附后）。

国务院有关部门和天津市、上海市、福建省、广东省人民政府要根据上述调整情况，及时对本部门、本省市制定的规章和规范性文件作相应调整，建立与试点要求相适应的管理制度。

根据自由贸易试验区改革开放措施的试验情况，本决定内容适时进行调整。

附件：国务院决定在自由贸易试验区暂时调整有关行政法规、国务院文件和经国务院批准的部门规章规定目录

国务院

2016 年 7 月 1 日

附件

国务院决定在自由贸易试验区暂时调整有关行政法规、国务院文件和经国务院批准的部门规章规定目录

序号	有关行政法规、国务院文件和经国务院批准的部门规章规定	调整情况	实施范围
1	1.《指导外商投资方向规定》 第十二条第一款的有关规定：根据现行审批权限，外商投资项目按照项目性质分别由发展计划部门和经贸部门审批、备案。 2.《外国企业或者个人在中国境内设立合伙企业管理办法》 第十三条：外国企业或者个人在中国境内设立合伙企业涉及须经政府核准的投资项目的，依照国家有关规定办理投资项目核准手续。 3.《国务院关于投资体制改革的决定》（国发〔2004〕20 号） 第二部分第二项的有关规定：对于外商投资项目，政府还要从市场准入、资本项目管理等方面进行核准。 4.《国务院关于进一步做好利用外资工作的若干意见》（国发〔2010〕9 号） 第四部分第十六项的有关规定：《外商投资产业指导目录》中总投资（包括增资）3 亿美元以下的鼓励类、允许类项目，除《政府核准的投资项目目录》规定需由国务院有关部门核准之外，由地方政府有关部门核准。	在负面清单之外的领域，暂时停止实施外商投资项目核准（国务院规定对国内投资项目保留核准的除外），改为备案管理	广东、天津、福建自由贸易试验区，上海自由贸易试验区扩展区域
2	《政府核准的投资项目目录（2014 年本）》 十一、外商投资 《外商投资产业指导目录》中有中方控股（含相对控股）要求的总投资（含增资）10 亿美元及以上鼓励类项目，总投资（含增资）1 亿美元及以上限制类（不含房地产）项目，由国务院投资主管部门核准，其中总投资（含增资）20 亿美元及以上项目报国务院备案。《外商投资产业指导目录》限制类中的房地产项目和总投资（含增资）小于 1 亿美元的其他限制类项目，由省级政府核准。《外商投资产业指导目录》中有中方控股（含相对控股）要求的总投资（含增资）小于 10 亿美元的鼓励类项目，由地方政府核准。	在负面清单之外的领域，暂时停止实施外商投资项目核准（国务院规定对国内投资项目保留核准的除外），改为备案管理	上海、广东、天津、福建自由贸易试验区
3	1.《中华人民共和国外资企业法实施细则》 第七条：设立外资企业的申请，由中华人民共和国对外贸易经济合作部（以下简称对外贸易经济合作部）审查批准后，发给批准证书。 设立外资企业的申请属于下列情形的，国务院授权省、自治区、直辖市和计划单列市、经济特区人民政府审查批准后，发给批准证书： （一）投资总额在国务院规定的投资审批权限以内的； （二）不需要国家调拨原材料，不影响能源、交通运输、外贸出口配额等全国综合平衡的。 省、自治区、直辖市和计划单列市、经济特区人民政府在国务院授权范围内批准设立外资企业，应当在批准后 15 天内报对外贸易经济合作部备案（对外贸易经济合作部和省、自治区、直辖市和计划单列市、经济特区人民政府，以下统称审批机关）。 第十六条：外资企业的章程经审批机关批准后生效，修改时同。	在负面清单之外的领域，暂时停止实施外资企业设立审批，改为备案管理	广东、天津、福建自由贸易试验区，上海自由贸易试验区扩展区域

续表

序号	有关行政法规、国务院文件和经国务院批准的部门规章规定	调整情况	实施范围
3	2.《指导外商投资方向规定》 第十二条第一款的有关规定：外商投资企业的合同、章程由外经贸部门审批、备案。其中，限制类限额以下的外商投资项目由省、自治区、直辖市及计划单列市人民政府的相应主管部门审批，同时报上级主管部门和行业主管部门备案，此类项目的审批权不得下放。属于服务贸易领域逐步开放的外商投资项目，按照国家有关规定审批。 3.《国务院关于进一步做好利用外资工作的若干意见》（国发〔2010〕9号）第四部分第十六项的有关规定：服务业领域外商投资企业的设立（金融、电信服务除外）由地方政府按照有关规定进行审批。	在负面清单之外的领域，暂时停止实施外资企业设立审批，改为备案管理	广东、天津、福建自由贸易试验区，上海自由贸易试验区扩展区域
4	《中华人民共和国外资企业法实施细则》 第十七条：外资企业的分立、合并或者由于其他原因导致资本发生重大变动，须经审批机关批准，并应当聘请中国的注册会计师验证和出具验资报告；经审批机关批准后，向工商行政管理机关办理变更登记手续。	在负面清单之外的领域，暂时停止实施外资企业分立、合并或者其他原因导致资本发生重大变动审批，改为备案管理	广东、天津、福建自由贸易试验区，上海自由贸易试验区扩展区域
5	《中华人民共和国外资企业法实施细则》 第二十一条：外资企业在经营期内不得减少其注册资本。但是，因投资总额和生产经营规模等发生变化，确需减少的，须经审批机关批准。 第二十二条：外资企业注册资本的增加、转让，须经审批机关批准，并向工商行政管理机关办理变更登记手续。	在负面清单之外的领域，暂时停止实施外资企业注册资本减少、增加、转让审批，改为备案管理	广东、天津、福建自由贸易试验区，上海自由贸易试验区扩展区域
6	《中华人民共和国外资企业法实施细则》 第二十三条：外资企业将其财产或者权益对外抵押、转让，须经审批机关批准并向工商行政管理机关备案。	在负面清单之外的领域，暂时停止实施外资企业财产或者权益对外抵押、转让审批，改为备案管理	广东、天津、福建自由贸易试验区，上海自由贸易试验区扩展区域
7	《中华人民共和国外资企业法实施细则》 第二十五条第二款：经审批机关批准，外国投资者也可以用其从中国境内举办的其他外商投资企业获得的人民币利润出资。	在负面清单之外的领域，暂时停止实施外国投资者出资方式审批，改为备案管理	广东、天津、福建自由贸易试验区，上海自由贸易试验区扩展区域
8	《中华人民共和国外资企业法实施细则》 第三十八条：外资企业的土地使用年限，与经批准的该外资企业的经营期限相同。 第六十八条：外资企业的经营期限，根据不同行业和企业的具体情况，由外国投资者在设立外资企业的申请书中拟订，经审批机关批准。 第六十九条第二款：外资企业经营期满需要延长经营期限的，应当在距经营期满180天前向审批机关报送延长经营期限的申请书。审批机关应当在收到申请书之日起30天内决定批准或者不批准。	在负面清单之外的领域，暂时停止实施外资企业经营期限审批，改为备案管理	广东、天津、福建自由贸易试验区，上海自由贸易试验区扩展区域

续表

序号	有关行政法规、国务院文件和经国务院批准的部门规章规定	调整情况	实施范围
9	《中华人民共和国外资企业法实施细则》 第七十条第二款：外资企业如存在前款第（二）、（三）、（四）项所列情形，应当自行提交终止申请书，报审批机关核准。审批机关作出核准的日期为企业的终止日期。 第七十一条：外资企业依照本实施细则第七十条第（一）、（二）、（三）、（六）项的规定终止的，应当在终止之日起15天内对外公告并通知债权人，并在终止公告发出之日起15天内，提出清算程序、原则和清算委员会人选，报审批机关审核后进行清算。	在负面清单之外的领域，暂时停止实施外资企业终止核准，改为备案管理	广东、天津、福建自由贸易试验区，上海自由贸易试验区扩展区域
10	1.《中华人民共和国中外合资经营企业法实施条例》 第六条第一款、第二款、第三款： 在中国境内设立合营企业，必须经中华人民共和国对外贸易经济合作部（以下简称对外贸易经济合作部）审查批准。批准后，由对外贸易经济合作部发给批准证书。 凡具备下列条件的，国务院授权省、自治区、直辖市人民政府或者国务院有关部门审批： （一）投资总额在国务院规定的投资审批权限以内，中国合营者的资金来源已经落实的； （二）不需要国家增拨原材料，不影响燃料、动力、交通运输、外贸出口配额等方面的全国平衡的。 依照前款批准设立的合营企业，应当报对外贸易经济合作部备案。 第十四条：合营企业协议、合同和章程经审批机构批准后生效，其修改时同。 2.《指导外商投资方向规定》 第十二条第一款的有关规定：外商投资企业的合同、章程由外经贸部门审批、备案。其中，限制类限额以下的外商投资项目由省、自治区、直辖市及计划单列市人民政府的相应主管部门审批，同时报上级主管部门和行业主管部门备案，此类项目的审批权不得下放。属于服务贸易领域逐步开放的外商投资项目，按照国家有关规定审批。 3.《国务院关于进一步做好利用外资工作的若干意见》（国发〔2010〕9号） 第四部分第十六项的有关规定：服务业领域外商投资企业的设立（金融、电信服务除外）由地方政府按照有关规定进行审批。	在负面清单之外的领域，暂时停止实施中外合资经营企业设立审批，改为备案管理	广东、天津、福建自由贸易试验区，上海自由贸易试验区扩展区域
11	《中华人民共和国中外合资经营企业法实施条例》 第二十条第一款：合营一方向第三者转让其全部或者部分股权的，须经合营他方同意，并报审批机构批准，向登记管理机构办理变更登记手续。	在负面清单之外的领域，暂时停止实施中外合资经营企业转让股权审批，改为备案管理	广东、天津、福建自由贸易试验区，上海自由贸易试验区扩展区域
12	《中华人民共和国中外合资经营企业法实施条例》 第十九条：合营企业在合营期内不得减少其注册资本。因投资总额和生产经营规模等发生变化，确需减少的，须经审批机构批准。 第二十一条：合营企业注册资本的增加、减少，应当由董事会会议通过，并报审批机构批准，向登记管理机构办理变更登记手续。	在负面清单之外的领域，暂时停止实施中外合资经营企业增加、减少注册资本审批，改为备案管理	广东、天津、福建自由贸易试验区，上海自由贸易试验区扩展区域

续表

序号	有关行政法规、国务院文件和经国务院批准的部门规章规定	调整情况	实施范围
13	《中华人民共和国中外合资经营企业法实施条例》 第二十七条：外国合营者作为出资的机器设备或者其他物料、工业产权或者专有技术，应当报审批机构批准。	在负面清单之外的领域，暂时停止实施外国合营者出资方式审批，改为备案管理	广东、天津、福建自由贸易试验区，上海自由贸易试验区扩展区域
14	《中外合资经营企业合营期限暂行规定》 第四条：合营各方在合营合同中不约定合营期限的合营企业，按照国家规定的审批权限和程序审批。除对外经济贸易部直接审批的外，其他审批机关应当在批准后 30 天内报对外经济贸易部备案。 第六条第一款：在本规定施行之前已经批准设立的合营企业，按照批准的合营合同约定的期限执行，但属本规定第三条规定以外的合营企业，合营各方一致同意将合营合同中合营期限条款修改为不约定合营期限的，合营各方应当申报理由，签订修改合营合同的协议，并提出申请，报原审批机关审查。	在负面清单之外的领域，暂时停止实施中外合资经营企业经营期限审批，改为备案管理	广东、天津、福建自由贸易试验区，上海自由贸易试验区扩展区域
15	《中华人民共和国中外合资经营企业法实施条例》 第九十条第二款：前款第（二）、（四）、（五）、（六）项情况发生的，由董事会提出解散申请书，报审批机构批准；第（三）项情况发生的，由履行合同的一方提出申请，报审批机构批准。	在负面清单之外的领域，暂时停止实施中外合资经营企业解散审批，改为备案管理	广东、天津、福建自由贸易试验区，上海自由贸易试验区扩展区域
16	1.《中华人民共和国中外合作经营企业法实施细则》 第六条：设立合作企业由对外贸易经济合作部或者国务院授权的部门和地方人民政府审查批准。 设立合作企业属于下列情形的，由国务院授权的部门或者地方人民政府审查批准： （一）投资总额在国务院规定由国务院授权的部门或者地方人民政府审批的投资限额以内的； （二）自筹资金，并且不需要国家平衡建设、生产条件的； （三）产品出口不需要领取国家有关主管部门发放的出口配额、许可证，或者虽需要领取，但在报送项目建议书前已征得国家有关主管部门同意的； （四）有法律、行政法规规定由国务院授权的部门或者地方人民政府审查批准的其他情形的。 2.《指导外商投资方向规定》 第十二条第一款的有关规定：外商投资企业的合同、章程由外经贸部门审批、备案。其中，限制类限额以下的外商投资项目由省、自治区、直辖市及计划单列市人民政府的相应主管部门审批，同时报上级主管部门和行业主管部门备案，此类项目的审批权不得下放。属于服务贸易领域逐步开放的外商投资项目，按照国家有关规定审批。 3.《国务院关于进一步做好利用外资工作的若干意见》（国发〔2010〕9 号） 第四部分第十六项的有关规定：服务业领域外商投资企业的设立（金融、电信服务除外）由地方政府按照有关规定进行审批。	在负面清单之外的领域，暂时停止实施中外合作经营企业设立审批，改为备案管理	广东、天津、福建自由贸易试验区，上海自由贸易试验区扩展区域

续表

序号	有关行政法规、国务院文件和经国务院批准的部门规章规定	调整情况	实施范围
17	《中华人民共和国中外合作经营企业法实施细则》 第十一条：合作企业协议、合同、章程自审查批准机关颁发批准证书之日起生效。在合作期限内，合作企业协议、合同、章程有重大变更的，须经审查批准机关批准。	在负面清单之外的领域，暂时停止实施中外合作经营企业协议、合同、章程重大变更审批，改为备案管理	广东、天津、福建自由贸易试验区，上海自由贸易试验区扩展区域
18	《中华人民共和国中外合作经营企业法实施细则》 第十六条第二款：合作企业注册资本在合作期限内不得减少。但是，因投资总额和生产经营规模等变化，确需减少的，须经审查批准机关批准。	在负面清单之外的领域，暂时停止实施中外合作经营企业注册资本减少审批，改为备案管理	广东、天津、福建自由贸易试验区，上海自由贸易试验区扩展区域
19	《中华人民共和国中外合作经营企业法实施细则》 第二十三条第一款：合作各方之间相互转让或者合作一方向合作他方以外的他人转让属于其在合作企业合同中全部或者部分权利的，须经合作他方书面同意，并报审查批准机关批准。	在负面清单之外的领域，暂时停止实施中外合作经营企业合作方转让其在合作企业合同中的权利审批，改为备案管理	广东、天津、福建自由贸易试验区，上海自由贸易试验区扩展区域
20	《中华人民共和国中外合作经营企业法实施细则》 第三十五条第二款：合作企业应当将董事会或者联合管理委员会的决议、签订的委托经营管理合同，连同被委托人的资信证明等文件，一并报送审查批准机关批准。审查批准机关应当自收到有关文件之日起30天内决定批准或者不批准。	在负面清单之外的领域，暂时停止实施中外合作经营企业委托经营管理合同审批，改为备案管理	广东、天津、福建自由贸易试验区，上海自由贸易试验区扩展区域
21	《中华人民共和国中外合作经营企业法实施细则》 第四十五条第一款：外国合作者依照本实施细则第四十四条第二项和第三项的规定提出先行回收投资的申请，应当具体说明先行回收投资的总额、期限和方式，经财政税务机关审查同意后，报审查批准机关审批。	在负面清单之外的领域，暂时停止实施外国合作者先行回收投资报审查批准机关审批，改为备案管理	广东、天津、福建自由贸易试验区，上海自由贸易试验区扩展区域
22	《中华人民共和国中外合作经营企业法实施细则》 第四十七条第二款：合作企业期限届满，合作各方协商同意要求延长合作期限的，应当在期限届满的180天前向审查批准机关提出申请，说明原合作企业合同执行情况，延长合作期限的原因，同时报送合作各方就延长的期限内各方的权利、义务等事项所达成的协议。审查批准机关应当自接到申请之日起30天内，决定批准或者不批准。 第四十七条第四款：合作企业合同约定外国合作者先行回收投资，并且投资已经回收完毕的，合作企业期限届满不再延长；但是，外国合作者增加投资的，经合作各方协商同意，可以依照本条第二款的规定向审查批准机关申请延长合作期限。	在负面清单之外的领域，暂时停止实施中外合作经营企业延长合作期限审批，改为备案管理	广东、天津、福建自由贸易试验区，上海自由贸易试验区扩展区域

续表

序号	有关行政法规、国务院文件和经国务院批准的部门规章规定	调整情况	实施范围
23	《中华人民共和国中外合作经营企业法实施细则》 第四十八条第二款：前款第二项、第四项所列情形发生，应当由合作企业的董事会或者联合管理委员会做出决定，报审查批准机关批准。在前款第三项所列情形下，不履行合作企业合同、章程规定的义务的中外合作者一方或者数方，应当对履行合同的他方因此遭受的损失承担赔偿责任；履行合同的一方或者数方有权向审查批准机关提出申请，解散合作企业。	在负面清单之外的领域，暂时停止实施中外合作经营企业解散审批，改为备案管理	广东、天津、福建自由贸易试验区，上海自由贸易试验区扩展区域
24	《中华人民共和国台湾同胞投资保护法实施细则》 第十条：设立台湾同胞投资企业，应当向对外贸易经济合作部或者国务院授权的部门和地方人民政府提出申请，接到申请的审批机关应当自接到全部申请文件之日起 45 日内决定批准或者不批准。 设立台湾同胞投资企业的申请经批准后，申请人应当自接到批准证书之日起 30 日内，依法向企业登记机关登记注册，领取营业执照。	在负面清单之外的领域，暂时停止实施台湾同胞投资企业设立审批，改为备案管理	广东、天津、福建自由贸易试验区，上海自由贸易试验区扩展区域
25	《外商投资产业指导目录（2015 年修订）》 限制外商投资产业目录 1. 农作物新品种选育和种子生产（中方控股）	对从事农作物（粮棉油作物除外）新品种选育（转基因除外）和种子生产（转基因除外）的两岸合资企业，暂时停止实施由大陆方面控股的要求，但台商不能独资	福建自由贸易试验区
26	《外商投资产业指导目录（2015 年修订）》 鼓励外商投资产业目录 11. 石油、天然气（含油页岩、油砂、页岩气、煤层气等非常规油气）的勘探、开发和矿井瓦斯利用（限于合资、合作）	暂时停止实施相关内容，允许外商以独资形式从事矿井瓦斯利用	上海、广东、天津、福建自由贸易试验区
27	《外商投资产业指导目录（2015 年修订）》 鼓励外商投资产业目录 206. 汽车电子装置制造与研发：发动机和底盘电子控制系统及关键零部件，车载电子技术（汽车信息系统和导航系统），汽车电子总线网络技术（限于合资），电子控制系统的输入（传感器和采样系统）输出（执行器）部件，电动助力转向系统电子控制器（限于合资），嵌入式电子集成系统、电控式空气弹簧，电子控制式悬挂系统，电子气门系统装置，电子组合仪表，ABS/TCS/ESP 系统，电路制动系统（BBW），变速器电控单元（TCU），轮胎气压监测系统（TPMS），车载故障诊断仪（OBD），发动机防盗系统，自动避撞系统，汽车、摩托车型试验及维修用检测系统	暂时停止实施相关内容，允许外商以独资形式从事汽车电子总线网络技术、电动助力转向系统电子控制器的制造与研发	上海、广东、天津、福建自由贸易试验区
28	《外商投资产业指导目录（2015 年修订）》 鼓励外商投资产业目录 207. 新能源汽车关键零部件制造：能量型动力电池（能量密度≥ 110Wh/kg，循环寿命≥ 2 000 次，外资比例不超过 50%），电池正极材料（比容量≥ 150mAh/g，循环寿命 2 000 次不低于初始放电容量的 80%），电池隔膜（厚度 15—40μm，孔隙率 40%—60%）；电池管理系统，电机管理系统，电动汽车电控集成；电动汽车驱动电机（峰值功率密度≥ 2.5kW/kg，高	暂时停止实施相关内容，允许外商以独资形式从事能量型动力电池（能量密度≥ 110Wh/kg，循环寿命≥ 2 000 次）的制造	上海、广东、天津、福建自由贸易试验区

续表

序号	有关行政法规、国务院文件和经国务院批准的部门规章规定	调整情况	实施范围
28	效区：65% 工作区效率≥ 80%），车用 DC/DC（输入电压 100V—400V），大功率电子器件（IGBT，电压等级≥ 600V，电流≥ 300A）；插电式混合动力机电耦合驱动系统	暂时停止实施相关内容，允许外商以独资形式从事能量型动力电池（能量密度≥ 110Wh/kg，循环寿命≥ 2 000 次）的制造	上海、广东、天津、福建自由贸易试验区
29	《外商投资产业指导目录（2015 年修订）》 鼓励外商投资产业目录 209. 轨道交通运输设备（限于合资、合作）	暂时停止实施相关内容，允许外商以独资形式从事与高速铁路、铁路客运专线、城际铁路配套的乘客服务设施和设备的研发、设计与制造，与高速铁路、铁路客运专线、城际铁路相关的轨道和桥梁设备研发、设计与制造，电气化铁路设备和器材制造，铁路客车排污设备制造	上海、广东、天津、福建自由贸易试验区
30	《外商投资产业指导目录（2015 年修订）》 鼓励外商投资产业目录 341. 综合水利枢纽的建设、经营（中方控股）	暂时停止实施相关内容，允许外商以独资形式从事综合水利枢纽的建设、经营	上海、广东、天津、福建自由贸易试验区
31	《外商投资产业指导目录（2015 年修订）》 限制外商投资产业目录 6. 豆油、菜籽油、花生油、棉籽油、茶籽油、葵花籽油、棕榈油等食用油脂加工（中方控股），大米、面粉、原糖加工，玉米深加工	暂时停止实施相关内容，允许外商以独资形式从事豆油、菜籽油、花生油、棉籽油、茶籽油、葵花籽油、棕榈油等食用油脂加工；暂时停止实施对外商从事大米、面粉、原糖加工和玉米深加工的限制	上海、广东、天津、福建自由贸易试验区

续表

序号	有关行政法规、国务院文件和经国务院批准的部门规章规定	调整情况	实施范围
32	《外商投资产业指导目录（2015 年修订）》 限制外商投资产业目录 7. 生物液体燃料（燃料乙醇、生物柴油）生产（中方控股）	暂时停止实施相关内容，允许外商以独资形式从事生物液体燃料（燃料乙醇、生物柴油）生产	上海、广东、天津、福建自由贸易试验区
33	《外商投资产业指导目录（2015 年修订）》 限制外商投资产业目录 21. 粮食收购，粮食、棉花批发，大型农产品批发市场建设、经营	暂时停止实施对外商从事粮食收购，粮食、棉花批发，大型农产品批发市场建设、经营的限制	上海、广东、天津、福建自由贸易试验区
34	1.《营业性演出管理条例》 第十条第一款、第二款： 外国投资者可以与中国投资者依法设立中外合资经营、中外合作经营的演出经纪机构、演出场所经营单位；不得设立中外合资经营、中外合作经营、外资经营的文艺表演团体，不得设立外资经营的演出经纪机构、演出场所经营单位。 设立中外合资经营的演出经纪机构、演出场所经营单位，中国合营者的投资比例应当不低于 51%；设立中外合作经营的演出经纪机构、演出场所经营单位，中国合作者应当拥有经营主导权。 第十一条第二款：台湾地区的投资者可以在内地投资设立合资、合作经营的演出经纪机构、演出场所经营单位，但内地合营者的投资比例应当不低于51%，内地合作者应当拥有经营主导权；不得设立合资、合作、独资经营的文艺表演团体和独资经营的演出经纪机构、演出场所经营单位。 2.《外商投资产业指导目录（2015 年修订）》 限制外商投资产业目录 38. 演出经纪机构（中方控股）	暂时停止实施相关内容，允许外国投资者、台湾地区的投资者设立独资演出经纪机构为本省市提供服务	广东、天津、福建自由贸易试验区，上海自由贸易试验区扩展区域
35	1.《中华人民共和国国际海运条例》 第二十八条：经国务院交通主管部门批准，外商可以依照有关法律、行政法规以及国家其他有关规定，投资设立中外合资经营企业或者中外合作经营企业，经营国际船舶运输、国际船舶代理、国际船舶管理、国际海运货物装卸、国际海运货物仓储、国际海运集装箱站和堆场业务；并可以投资设立外资企业经营国际海运货物仓储业务。 经营国际船舶运输、国际船舶代理业务的中外合资经营企业，企业中外商的出资比例不得超过 49%。 经营国际船舶运输、国际船舶代理业务的中外合作经营企业，企业中外商的投资比例比照适用前款规定。 中外合资国际船舶运输企业和中外合作国际船舶运输企业的董事会主席和总经理，由中外合资、合作双方协商后由中方指定。 2.《外商投资产业指导目录（2015 年修订）》 限制外商投资产业目录 22. 船舶代理（中方控股）、外轮理货（限于合资、合作）	暂时停止实施相关内容，允许设立外商独资国际船舶管理、国际海运货物装卸、国际海运集装箱站和堆场企业，允许外商以合资、合作形式从事公共国际船舶代理业务，外方持股比例放宽至 51%，由国务院交通运输主管部门制定相关管理办法	广东、天津、福建自由贸易试验区，上海自由贸易试验区扩展区域

续表

序号	有关行政法规、国务院文件和经国务院批准的部门规章规定	调整情况	实施范围
36	1.《中华人民共和国国际海运条例》 第二十八条：经国务院交通主管部门批准，外商可以依照有关法律、行政法规以及国家其他有关规定，投资设立中外合资经营企业或者中外合作经营企业，经营国际船舶运输、国际船舶代理、国际船舶管理、国际海运货物装卸、国际海运货物仓储、国际海运集装箱站和堆场业务；并可以投资设立外资企业经营国际海运货物仓储业务。 经营国际船舶运输、国际船舶代理业务的中外合资经营企业，企业中外商的出资比例不得超过49%。 经营国际船舶运输、国际船舶代理业务的中外合作经营企业，企业中外商的投资比例比照适用前款规定。 中外合资国际船舶运输企业和中外合作国际船舶运输企业的董事会主席和总经理，由中外合资、合作双方协商后由中方指定。 2.《外商投资产业指导目录（2015年修订）》 鼓励外商投资产业目录 310. 定期、不定期国际海上运输业务（限于合资、合作）	暂时停止实施相关内容，允许设立外商独资国际船舶运输企业，从事国际海上船舶运输业务，由国务院交通运输主管部门制定相关管理办法	上海自由贸易试验区
37	1.《中华人民共和国国际海运条例》 第二十八条：经国务院交通主管部门批准，外商可以依照有关法律、行政法规以及国家其他有关规定，投资设立中外合资经营企业或者中外合作经营企业，经营国际船舶运输、国际船舶代理、国际船舶管理、国际海运货物装卸、国际海运货物仓储、国际海运集装箱站和堆场业务；并可以投资设立外资企业经营国际海运货物仓储业务。 经营国际船舶运输、国际船舶代理业务的中外合资经营企业，企业中外商的出资比例不得超过49%。 经营国际船舶运输、国际船舶代理业务的中外合作经营企业，企业中外商的投资比例比照适用前款规定。 中外合资国际船舶运输企业和中外合作国际船舶运输企业的董事会主席和总经理，由中外合资、合作双方协商后由中方指定。 2.《外商投资产业指导目录（2015年修订）》 鼓励外商投资产业目录 310. 定期、不定期国际海上运输业务（限于合资、合作）	暂时停止实施相关内容，放宽设立中外合资、中外合作国际船舶运输企业的外商出资比例、投资比例限制，由国务院交通运输主管部门制定相关管理办法	广东、天津、福建自由贸易试验区
38	1.《中华人民共和国船舶登记条例》 第二条第一款：下列船舶应当依照本条例规定进行登记： （一）在中华人民共和国境内有住所或者主要营业所的中国公民的船舶。 （二）依据中华人民共和国法律设立的主要营业所在中华人民共和国境内的企业法人的船舶。但是，在该法人的注册资本中有外商出资的，中方投资人的出资额不得低于50%。 （三）中华人民共和国政府公务船舶和事业法人的船舶。 （四）中华人民共和国港务监督机构认为应当登记的其他船舶。 2.《中华人民共和国船舶和海上设施检验条例》 第十三条：下列中国籍船舶，必须向中国船级社申请入级检验： （一）从事国际航行的船舶； （二）在海上航行的乘客定额100人以上的客船； （三）载重量1 000吨以上的油船； （四）滚装船、液化气体运输船和散装化学品运输船； （五）船舶所有人或者经营人要求入级的其他船舶。	暂时停止实施相关内容，加快国际船舶登记制度创新，基于对等原则逐步放开船级准入，由国务院交通运输主管部门制定相关管理办法	上海、广东、天津、福建自由贸易试验区

续表

序号	有关行政法规、国务院文件和经国务院批准的部门规章规定	调整情况	实施范围
39	《印刷业管理条例》 第十三条：国家允许设立中外合资经营印刷企业、中外合作经营印刷企业，允许设立从事包装装潢印刷品印刷经营活动的外资企业。具体办法由国务院出版行政部门会同国务院对外经济贸易主管部门制定。	暂时停止实施相关内容，允许设立从事其他印刷品印刷经营活动的外资企业，由国务院新闻出版主管部门制定相关管理办法	上海、广东、天津、福建自由贸易试验区
40	《外商投资民用航空业规定》 第四条第一款：外商投资方式包括： （一）合资、合作经营（简称“合营”）； （二）购买民航企业的股份，包括民航企业在境外发行的股票以及在境内发行的上市外资股； （三）其他经批准的投资方式。	暂时停止实施相关内容，允许外商以独资形式投资设立航空运输销售代理企业，由国务院民用航空主管部门制定相关管理办法	广东、天津、福建自由贸易试验区，上海自由贸易试验区扩展区域
41	《外商投资民用航空业规定》 第四条第一款：外商投资方式包括： （一）合资、合作经营（简称“合营”）； （二）购买民航企业的股份，包括民航企业在境外发行的股票以及在境内发行的上市外资股； （三）其他经批准的投资方式。 第六条第四款：外商投资飞机维修（有承揽国际维修市场业务的义务）和航空油料项目，由中方控股；货运仓储、地面服务、航空食品、停车场等项目，外商投资比例由中外双方商定。	暂时停止实施相关内容，允许外商以独资形式投资设立航空货运仓储、地面服务、航空食品、停车场项目；放宽外商投资通用飞机维修由中方控股的限制；取消外商投资飞机维修承揽国际维修市场业务的义务要求。由国务院民用航空主管部门制定相关管理办法	上海、广东、天津、福建自由贸易试验区
42	《中华人民共和国认证认可条例》 第十一条第一款：外商投资企业取得认证机构资质，除应当符合本条例第十条规定的条件外，还应当符合下列条件： （一）外方投资者取得其所在国家或者地区认可机构的认可； （二）外方投资者具有3年以上从事认证活动的业务经历。	暂时停止实施外商投资企业取得认证机构资质的特殊要求，由国务院质量监督检验检疫主管部门制定相关管理办法	广东、天津、福建自由贸易试验区，上海自由贸易试验区扩展区域
43	《娱乐场所管理条例》 第六条：外国投资者可以与中国投资者依法设立中外合资经营、中外合作经营的娱乐场所，不得设立外商独资经营的娱乐场所。	暂时停止实施相关内容，允许设立外商独资经营的娱乐场所，在自由贸易试验区内提供服务，由国务院文化主管部门制定相关管理办法	广东、天津、福建自由贸易试验区，上海自由贸易试验区扩展区域

续表

序号	有关行政法规、国务院文件和经国务院批准的部门规章规定	调整情况	实施范围
44	《中华人民共和国中外合作办学条例》 第六十条：在工商行政管理部门登记注册的经营性的中外合作举办的培训机构的管理办法，由国务院另行规定。	暂时停止实施相关内容，由国务院教育主管部门会同有关部门就经营性的中外合作举办的培训机构制定相关管理办法	广东、天津、福建自由贸易试验区，上海自由贸易试验区扩展区域
45	《旅行社条例》 第二十三条：外商投资旅行社不得经营中国内地居民出国旅游业务以及赴香港特别行政区、澳门特别行政区和台湾地区旅游的业务，但是国务院决定或者我国签署的自由贸易协定和内地与香港、澳门关于建立更紧密经贸关系的安排另有规定的除外。	暂时停止实施相关内容，允许在自由贸易试验区内注册的符合条件的外商投资旅行社经营中国内地居民出境旅游业务（台湾地区除外），由国务院旅游主管部门制定相关管理办法	上海、广东、天津、福建自由贸易试验区
46	1.《汽车产业发展政策》 第四十八条：汽车整车、专用汽车、农用运输车和摩托车中外合资生产企业的中方股份比例不得低于 50%。股票上市的汽车整车、专用汽车、农用运输车和摩托车股份公司对外出售法人股份时，中方法人之一必须相对控股且大于外资法人股之和。同一家外商可在国内建立两家（含两家）以下生产同类（乘用车类、商用车类、摩托车类）整车产品的合资企业，如与中方合资伙伴联合兼并国内其他汽车生产企业可不受两家的限制。境外具有法人资格的企业相对控股另一家企业，则视为同一家外商。 2.《外商投资产业指导目录（2015 年修订）》 限制外商投资产业目录 11. 汽车整车、专用汽车和摩托车制造：中方股比不低于 50%，同一家外商可在国内建立两家（含两家）以下生产同类（乘用车类、商用车类、摩托车类）整车产品的合资企业，如与中方合资伙伴联合兼并国内其他汽车生产企业可不受两家的限制	暂时停止实施相关内容，允许外商以独资形式从事摩托车生产，由国务院工业和信息化主管部门会同有关部门修订相关管理办法	上海、广东、天津、福建自由贸易试验区
47	《钢铁产业发展政策》 第二十三条第四款：境外钢铁企业投资中国钢铁工业，须具有钢铁自主知识产权技术，其上年普通钢产量必须达到 1 000 万吨以上或高合金特殊钢产量达到 100 万吨。投资中国钢铁工业的境外非钢铁企业，必须具有强大的资金实力和较高的公信度，提供银行、会计事务所出具的验资和企业业绩证明。境外企业投资国内钢铁行业，必须结合国内现有钢铁企业的改造和搬迁实施，不布新点。外商投资我国钢铁行业，原则上不允许外商控股。	暂时停止实施外商投资钢铁行业原则上不允许外商控股的要求，以及对外商的资质要求，允许设立外商独资钢铁生产企业，由国务院工业和信息化主管部门会同有关部门修订相关管理办法	上海、广东、天津、福建自由贸易试验区

续表

序号	有关行政法规、国务院文件和经国务院批准的部门规章规定	调整情况	实施范围
48	《盐业管理条例》 第二十条：盐的批发业务，由各级盐业公司统一经营。未设盐业公司的地方，由县级以上人民政府授权的单位统一组织经营。	暂时停止实施相关内容，允许外商以独资形式在自由贸易试验区内从事盐的批发业务	广东、天津、福建自由贸易试验区，上海自由贸易试验区扩展区域
49	《国务院办公厅转发国土资源部等部门关于进一步鼓励外商投资勘查开采非油气矿产资源若干意见的通知》（国办发〔2000〕70 号） 一、进一步开放非油气矿产资源探矿权、采矿权市场 （三）外商投资从事风险勘探，经外经贸部批准，到工商行政管理机关依法登记注册，向国土资源部申请探矿权。 （六）外商申请设立采矿企业，须经外经贸部批准，到工商行政管理机关依法登记注册，向国土资源部申请采矿权。	暂时停止实施商务主管部门实施的外商在负面清单之外的非油气矿产资源领域从事风险勘探和设立采矿企业审批，改为备案管理	上海、广东、天津、福建自由贸易试验区
50	《直销管理条例》 第七条：申请成为直销企业，应当具备下列条件： （一）投资者具有良好的商业信誉，在提出申请前连续 5 年没有重大违法经营记录；外国投资者还应当有 3 年以上在中国境外从事直销活动的经验； （二）实缴注册资本不低于人民币 8 000 万元； （三）依照本条例规定在指定银行足额缴纳了保证金； （四）依照规定建立了信息报备和披露制度。	暂时停止实施外国投资者应当有 3 年以上在中国境外从事直销活动的经验的要求，由国务院商务主管部门制定相关管理办法	上海、广东、天津、福建自由贸易试验区
51	《外商投资产业指导目录（2015 年修订）》 限制外商投资产业目录 23. 加油站（同一外国投资者设立超过 30 家分店、销售来自多个供应商的不同种类和品牌成品油的连锁加油站，由中方控股）建设、经营	暂时停止实施相关内容，允许外商以独资形式从事加油站建设、经营，由国务院商务主管部门制定相关管理办法	上海、广东、天津、福建自由贸易试验区

◎质检总局关于中国（广东）自由贸易试验区广州南沙新区片区开展毛坯钻石多种贸易方式进出口的公告

2016 年第 96 号

为深入贯彻落实“十三五”规划纲要和中国（广东）自由贸易试验区总体方案，加强供给侧结构性改革，满足有效需求，深化制度创新，按照《国家质量监督检验检疫总局广东省人民政府关于进一步深化对外开放建设质量强省共同推动广东率先全面建成小康社会合作备忘录》有关内容，根据联合国金伯利进程证书制度和《中华人民共和国实施金伯利进程国际证书制度管理规定》（质检总局 2002 年第 42 号令），现公告如下：

指定南沙出入境检验检疫局作为金伯利进程证书制度实施机构，自本公告发布之日起，驻广州钻石交易中心，负责辖区内毛坯钻石加工贸易、保税贸易和工业毛坯钻石一般贸易的进出口申报、核查检验、金伯利进程证书及相关单证签发工作，并对广州钻石交易中心开展的行业自律工作进行监督管理。

特此公告。

质检总局

2016 年 9 月 23 日

◎质检总局关于复制推广自由贸易试验区新一批改革试点经验的公告

2016 年第 120 号

为贯彻落实《国务院关于做好自由贸易试验区新一批改革试点经验复制推广工作的通知》(国发〔2016〕63 号)，根据工作实际，将涉及检验检疫领域的 5 项改革试点经验在全国或特殊监管区域进行复制推广，现公告如下：

一、原产地签证管理改革创新。简化原产地证书申请人备案手续，推进全国签证“一体化”，便利企业备案、申领原产地证书，特制定《原产地签证管理改革创新指导意见》(见附件 1)。推广范围为全国。

二、国际航行船舶检疫监管新模式。优化国际航行船舶申报模式，完善检验检疫措施，加强监督管理，实施风险管理，推进船舶联合监管与信息互换，提高国际航行船舶通行效率，特制定《国际航行船舶卫生检疫管理规范（试行）》(见附件 2)。推广范围为全国。

三、免除低风险动植物检疫证书清单制度。制定免于核查输出国家或地区动植物检疫证书的清单，对清单内货物免于提交输出国家或地区动植物检疫证书，特制定《免于核查输出国家或地区动植物检疫证书的清单》(见附件 3)。推广范围为全国。

四、入境维修产品监管新模式。重点在特殊监管区域内大力推进《质检总局关于推进维修/再制造用途入境机电料件质量安全管理的指导意见》(国质检检〔2015〕592 号，见附件 4) 的落实；会同当地商务、海关、环境保护部门在省级政府支持试点的进口发动机、变速箱、机械设备、医疗器械等高技术含量、高附加值、低环境污染的行业拓展维修/再制造业务，做好质量安全管理工作。

五、保税展示交易货物检验检疫监督管理模式。对保税展示交易（包括保税展示和保税展销）货物实施检验检疫分线监管、预检验和登记核销等监督管理，特制定《自贸试验区保税展示交易货物检验检疫监督管理工作规范》(见附件 5)。推广范围为全国特殊监管区域。

附件：1. 原产地签证管理改革创新指导意见

2. 国际航行船舶卫生检疫管理规范（试行）

3. 免于核查输出国家或地区动植物检疫证书的清单

4. 质检总局关于推进维修/再制造用途入境机电料件质量安全管理的指导意见（略）

5. 自贸试验区保税展示交易货物检验检疫监督管理工作规范

质检总局

2016 年 12 月 2 日

附件 1

原产地签证管理改革创新指导意见

为有效落实国家自由贸易试验区政策，围绕制度创新为核心，简政放权、放管结合、优化服务，推进原产地签证管理改革，便利企业备案、申领原产地证书，提高区域性优惠关税政策利用率，进一步扩大自贸试验区检验检疫原产地签证改革成效，在全国检验检疫系统全面复制推广，特制定本指导意见。

一、简化原产地证书申请人备案手续，降低备案门槛

1. 凡具备对外贸易经营者资格的申请人，凭依法取得的《对外贸易经营者备案登记表》（或《外商投资企业批准证书》）以及营业执照，即可向当地检验检疫部门备案，申请人身份包括法人、其他组织或者个人及家庭（如个体工商户）。

2. 不具备对外贸易经营者资格的生产商，允许其作生产商备案。对于自由贸易协定明确赋予其证书申请资格的生产者，允许其申请原产地证书；尚未明确的，以促进对外贸易为原则，可允许其作为申请人。

3. 对申请材料齐全、真实、符合法定形式的申请人，检验检疫机构原则上应当场予以备案。

4. 申请人提交法人营业执照等申请资料电子数据的，免予提交相关资料复印件。

二、推进全国签证“一体化”，允许申请人在属地完成备案后，选择多个签证、领证机构，向任一检验检疫原产地受理窗口申请签发原产地证书

1. 原产地证书申请人在属地检验检疫局完成备案后，可随时申请增加异地签证机构，无须审批，属地检验检疫局负责配合申请人完成信息化配置，增加签证、领证机构。

2. 各检验检疫原产地受理窗口不得拒绝异地备案申请人申请签发原产地证书，积极告知机构信息，配合申请人增加签证、领证机构。

3. 异地签证涉及原产地调查的，由签证、领证机构委托申请人所属备案机构进行。

附件 2

国际航行船舶卫生检疫管理规范（试行）

第一章　总　则

第一条　为规范和便利出入境（港）国际航行船舶的卫生检疫管理，根据《中华人民共和国国境卫生检疫法》及其实施细则、《中华人民共和国反恐怖主义法》、《国际航行船舶进出中华人民共和国口岸检查办法》（国务院令第 175 号）、《国际航行船舶出入境检验检疫管理办法》（质检总局令第 38 号）和《出入境交通工具电讯卫生检疫管理办法》（质检总局公告 2016 年第 78 号）的规定，制定本规范。

第二条　本规范所称的口岸是指中华人民共和国国境水港口岸（以下简称口岸）。

本规范所称的国际航行船舶（以下简称船舶）是指进出口岸的外国籍船舶和航行国际航线的中华人民共和国国籍船舶，包括中国香港籍和中国澳门籍船舶，两岸直航船舶参照本规范要求执行。船舶种类包括邮轮、客轮、客滚轮、货轮等船舶。

第三条　本规范适用于口岸出入境（港）船舶的卫生检疫及监督管理工作。

第四条　国家质量监督检验检疫总局（以下简称国家质检总局）统一管理全国出入境（港）船舶卫生检疫监督管理工作；国家质检总局设在各地的出入境检验检疫机构（以下简称检验检疫机构）负责所辖地区的出入境（港）船舶卫生检疫监督管理工作。

第二章　申　报

第五条　出入境（港）的船舶，船舶运营者或其代理人应按照有关规定申报船舶信息，并确保申报内容的准确性，如申报内容发生变化的，应及时申请更正。

第六条　检验检疫机构应将船舶卫生检疫监管全面纳入地方电子口岸平台建设，落实“信息互换、监管互认、执法互助”，推进“单一窗口”建设。在地方电子口岸平台上与港口、海事及其他相关部门交换船舶相关执法指令和物流信息，推行船舶申报一次录入、多方发送的申报模式。

第七条　船舶运营者或其代理人应按照下列时限规定，向检验检疫机构电子申报相关信息：

（一）入境船舶在抵港前24小时，航程不足24小时的，在驶离上一港口时；

（二）出境船舶在离港前4小时，出境船舶在港时间不足24小时的，可在抵达本口岸时；

（三）入境后续航其他港口船舶在抵港前4小时，出港经其他港口出境船舶在离港前4小时。

第八条　检验检疫机构应及时审核申报信息，根据对申报信息的风险分析结果，经综合评估后确定船舶的检疫方式，并及时将检疫方式告知船舶运营者或其代理人、港口、海事及其他相关部门。

出入港船舶一般情况下不需批复，如风险评估后需要采取临时检疫或检疫监管措施的，检验检疫机构应电子告知船舶运营者或其代理人。

第九条　船舶检疫申报推行无纸化，出入境船舶电子申报后还需提交纸质单证的，暂时保留原有做法直至实现船舶申报全面无纸化。实施无纸化申报的船舶运营者或其代理人应建立纸质档案，以备检验检疫部门核查，纸质单据应至少保留3个月。

第十条　需要办理《船舶免予卫生控制措施证书/船舶卫生控制措施证书》的船舶，船舶运营者或其代理人应提交相应证书的电子申请，并按检验检疫机构回执的要求做好相关准备工作。

第三章　卫生检疫

第十一条　出入境船舶在最先入境或最后离境的口岸，应在指定地点接受检疫，办理出入境检验检疫手续。对在上一港口发现的疫病疫情及经卫生检疫不符合事项进行如实申报。

第十二条　检验检疫机构根据风险评估结果，对入境船舶实施电讯检疫、靠泊检疫、锚地检疫、随船检疫等检疫方式；对出境船舶实施登轮检疫与电讯检疫等检疫方式；对出入港船舶实施检疫监管。

第十三条　接受入境检疫的船舶，必须按照规定悬挂检疫信号，在检验检疫机构通知检疫完毕以前，不得解除检疫信号。实施电讯检疫的船舶在接到电讯检疫批复时，视同为检疫完毕。

检疫完毕之前，除引航员和经检验检疫机构许可的人员外，其他人员不准上船；不准装卸货物、行李、邮包等物品；其他船舶不准靠近；船上人员，除因船舶遇险外，未经检验检疫机构许可，不得离船；未经检验检疫机构许可，引航员不得擅自将船舶引离检疫锚地。

第十四条　检验检疫机构对检疫方式为锚地检疫、靠泊检疫、随船检疫的入境船舶以及登轮检疫的出境船舶实施登轮检查。登轮检查时，检验检疫工作人员应当在船方人员的陪同下，按照工作规程进行检疫查验。

第十五条　在船舶上发现卫生检疫风险因子的，应依法实施相应的检疫处理，并进行效果评价。

第十六条　对来自疫区且国家明确规定应当实施卫生除害处理的压舱水，在排放前实施相应的检疫处理。对船上的生活垃圾、泔水、废弃物，应当放置于密封有盖的容器中，在移下前实施必要的检疫处理。

第十七条　船舶检疫结束后，检验检疫机构依据有关规定签发相应证书。

第十八条　船舶出境检疫结束后，未经检验检疫机构许可，不准再进行货物装卸和人员上下船舶。

第四章　监督管理

第十九条　检验检疫机构对出入港的船舶实施检疫监管，对卫生状况不良和可能导致传染病传播、核生化污染或者病虫害传播扩散的因素提出改进意见，并监督指导采取必要的检疫处理措施。

第二十条　检验检疫机构对船舶上的集装箱、货物进行监督管理，未经检验检疫机构许可不得装卸。

第二十一条　船舶在口岸停留期间，未经检验检疫机构许可，不得擅自排放压舱水、移下垃圾和污物等，不得擅自启封动用检验检疫机构在船上封存的物品，任何单位和个人不得擅自将船上货物、物品及其他检疫物带离船舶。

第二十二条　检验检疫机构接受船方或者其代理人的申请，按照相关规程办理《船舶免予卫生控制措施证书/船舶卫生控制措施证书》（或者延期证书）。

第二十三条　来自国内受染地区的船舶，或者在国内航行中发现受染病人、受染嫌疑人，或者有人非因意外伤害而死亡并死因不明的，船舶负责人应当向到达口岸检验检疫机构报告，接受临时检疫。

第二十四条　检验检疫机构对从事船舶食品、饮用水供应的单位以及从事船舶检疫处理的单位实行许可管理；对船舶垃圾收集清运单位及从事船舶代理的单位实行备案管理；其从业人员应当按照检验检疫机构的要求接受相应的培训和考核。

第五章　风险管理

第二十五条　检验检疫机构按照“风险评估、分类管理”的原则对出入境（港）船舶实施卫生检疫及监督管理。

第二十六条　检验检疫机构应建立风险研判机制，将船舶卫生状况、航线检疫风险、船舶运营者检疫风险控制能力等因素纳入船舶检疫风险评估体系；完善涉及船舶检疫风险管理的企业信用管理工作规范。

第二十七条　检验检疫机构对出入境（港）船舶、船舶运营者、船舶代理人、船舶代理报检人员实施备案管理，参照企业信用管理工作规范对其实施诚信管理，确定相应的诚信等级。

第二十八条　检验检疫机构综合船舶检疫风险等级和船舶运营者及其代理人诚信等级，对船舶进行分类定级，根据风险等级实施分类管理，确定船舶检疫方式、卫生监督内容和频次，并实施动态管理。

出入境（港）船舶，以及相关的船舶运营者、船舶代理报检单位未备案的，该船舶视同风险最高等级。

第六章　船舶联合监管与信息互换

第二十九条　检验检疫机构应加强与港口、海事、海关、边检等相关部门的合作，推进地方电子口岸平台建设，实现船舶服务一次申报，船舶信息动态可视，船舶监管指令协同，船舶基础代码统一，提升海港船舶监管科学化、便利化水平。

第三十条　船舶入境检疫结束后，检验检疫机构及时向港口、海事等相关部门发送放行指令。

第三十一条　检验检疫机构应与港口、海事、海关、边检部门加强在港船舶供应服务监管信息互换和执法合作，实现对船舶饮用水、食品、物料供应单位及供应服务的有效监管。

第三十二条　检验检疫机构应与港口、海

事、海关、边检等部门在船舶医疗设施信息共享、海员体检结果信息共享和互认、海上搜救、危险货物监管等领域开展合作，建立更加紧密科学的协作机制。

第七章　附　则

第三十三条　发生口岸突发公共卫生事件时，检验检疫机构应当根据各自职责以及相关预案要求进行处置。

第三十四条　本规范中有关名词定义如下：

（一）“出入境船舶”是指出境或入境的国际航行船舶。

（二）“出入港船舶”是指不从该口岸出入境，但停靠该口岸的国际航行船舶。

（三）“卫生检疫风险因子”是指有传染病症状或体征的人员，被传染病病原体污染或有污染嫌疑的物品，突发公共卫生事件，病媒生物、核生化有害因子和其他公共卫生学问题。

（四）“受染”是指受到感染或者污染（包括核放射、生物、化学因子），或者携带感染源或者污染源，包括携带病媒生物和宿主，引起国际关注的传染病或者构成其他严重公共卫生危害。

（五）“受染地区”是指世界卫生组织依据《国际卫生条例（2005）》建议采取卫生措施的某个特定地理区域。

（六）“其他检疫物”：指疫苗、血清、诊断试剂、废弃物等。

第三十五条　本规范由国家质检总局负责解释。

第三十六条　本规范自发布之日起施行。

附件 3

免于核查输出国家或地区动植物检疫证书的清单

序号	产品范围	报检时须提供的附加声明
1	使用经防腐处理的动物标本、鞣制过的动物皮毛、经深加工处理的动物蹄骨角牙、昆虫标本等制作而成的文化艺术品。	该文化艺术品中动物源材料经过深加工处理的工艺说明。 注： 对动物蹄骨角牙的深加工处理应至少满足：彻底干燥，无任何皮肤、肉、髓或肌腱残留。
2	已脱脂的羽毛装饰品；羽毛类掸子；生丝；化石类的动物蹄骨角牙；经深加工处理的贝壳、虾壳、蟹壳等水生动物副产品；珊瑚及其制品；珍珠及其制品；天然海绵及其制品；用动物角加工而成的研磨钵、茶叶勺、梳子、鞋拔等动物角制品。	产品经过深加工处理的工艺说明。 注： 1. 脱脂羽毛应至少满足：耗氧量≤ 10mg、残脂率≤ 1%。 2. 贝壳、虾壳、蟹壳等水生动物副产品的深加工应至少满足：彻底清洗干燥、不带有任何软组织或肉体。
3	饲料样品（重量、件数等特征符合饲料样品的管理要求）。	产品动植物成份说明；饲料样品的用途说明。
4	不含动物源性成分但含植物粉类成份的饲料添加剂。	产品成份说明；植物粉类成份经过深加工处理的工艺说明。
5	深加工的木制品、木家具、树根雕刻制品、木质雕刻制品、藤蔓编织品、植物枝条编织品、植物粉末、水果粉末。	产品经加热、加压等深加工制作的声明。
6	虫胶；树胶；树脂及其他植物液、汁；天然乳胶或硫化天然乳胶；天然橡胶烟胶片。	无。

续表

序号	产品范围	报检时须提供的附加声明
7	经高温、高压等自然生成的泥炭（泥煤）；苔藓（地衣）；泥炭藓有机栽培介质。	国外生产加工企业为质检总局动植司批准的优良企业的证明材料。
8	含微量（含量≤ 5%）动植物源性成分的琼脂培养基、蛋白胨培养基。	境外生产商的产品说明书或境外输出单位出具的安全声明。
9	含微量（含量≤ 5%）动物源性成分用于体外检测的商品化试剂盒。	商品化试剂盒在境外市场销售使用的证明；产品说明书。
10	经化学变性处理的科研用动物组织、器官；科研用工业明胶。	境外输出单位出具的化学变性处理的工艺说明；进口使用单位的安全承诺书。
11	来自商品化细胞库（包括：ATCC、NVSL、DSMZ、ECACC、KCLB、JCRB、RIKEN）的传代细胞系。	境外输出单位出具的安全声明（包括描述传代细胞的来源和细胞冻存液的成份）。

附件 4：质检总局关于推进维修／再制造用途入境机电料件质量安全管理的指导意见（略）

附件 5

自贸试验区保税展示交易货物检验检疫监督管理工作规范

第一条　为促进自贸试验区保税展示交易的健康有序发展，规范保税展示交易货物的检验检疫监督管理工作，依据《中华人民共和国进出口商品检验法》及其实施条例、《中华人民共和国进出境动植物检疫法》及其实施条例、《中华人民共和国国境卫生检疫法》及其实施细则、《中华人民共和国食品安全法》及其实施条例等法律法规，以及《保税区检验检疫监督管理办法》（国家质检总局第 71 号令）等规定，制定本规范。

第二条　本规范适用于保税展示交易（包括保税展示和保税展销）货物的检验检疫分线监管、预检验和登记核销等监督管理工作。

第三条　检验检疫机构应要求企业建立载明企业、商品、实施检验状态、展品正常损耗情况或销售情况等信息的登记账册。登记账册一式两份，检验检疫机构和企业各留一份。检验检疫机构可采用信息化手段实施电子登记账册管理。

第四条　保税展示交易货物首次经“一线”入区报检时，应在《入境货物报检单》中特殊要求一栏录入“保税展示”或“保税展销”字样。

第五条　保税展示交易货物经“一线”入区时，检验检疫机构实施入区检疫。企业申请实施预检验的，一次性完成检验检疫工作，经预检验合格的货物，由检验检疫机构登记并签发核销凭证。

第六条　保税展示交易货物首次经“二线”出区报检时，除一般报检资料外，企业还需提供登记账册和货物用于保税展示交易的相关证明材料。

第七条　保税展示货物首次经“二线”出区时，检验检疫机构实施一次查验，货物再次进出特殊监管区域时，凭登记、核销记录和企业承诺放行。保税展示货物需销售的，按照相关规定办理检验检疫手续。

第八条　保税展销货物出区时，对经预检验合格的货物，实行销售核销管理。未实施预检验的货物，在出区前需办理完毕检验检疫手续。

第九条　检验检疫机构应当加强对保税展示交易登记账册和实物库存的监督管理，对开展保税展示交易货物的企业实施诚信管理。

第十条　检验检疫机构发现企业未按规定核销的，暂停保税展示交易，责令补办相关手续；检验检疫机构发现企业违反检验检疫法律法规行为的，按相关法律规定处理。

第十一条　其他特殊监管区保税展示交易货物管理工作参照本规范执行。

第十二条　本规范由质检总局负责解释。

第十三条　本规定自发布之日起实施。

◎最高人民法院关于为自由贸易试验区建设提供司法保障的意见

法发〔2016〕34号

为充分发挥人民法院的审判职能作用，保障我国自由贸易试验区（以下简称自贸试验区）的建设，根据全国人民代表大会常务委员会相关决定，结合审判实践，对人民法院涉自贸试验区案件的审判工作提出以下意见：

一、提高认识，切实增强为自贸试验区建设提供司法保障的责任感和使命感

1. 深刻认识自贸试验区建设的重大意义。自贸试验区是我国改革开放的试验田，是我国构建开放型经济新体制的重要窗口。自贸试验区的建设，对完善我国经济体制机制是有力的推动，在法律实施方面有重大影响。各级人民法院应当积极做好司法应对，从全面推进依法治国的高度树立大局意识，严格依法办事，公正、高效审理各类涉自贸试验区的案件，平等保护中外当事人合法权利，为自贸试验区的建设提供优质高效的司法保障。

2. 依法保障自贸试验区建设的制度创新。自贸试验区的建设肩负着为我国全面深化改革和扩大开放探索新途径、积累新经验的历史使命，也是对凡属重大改革都要于法有据的中央决策的积极尝试。各级人民法院应探索为自贸试验区提供司法保障的改革举措，同时，要确保这些改革举措的探索在法律框架内进行。在准确适用法律的基础上，注重及时调整裁判尺度，积极支持政府职能转变，尊重合同当事人的意思自治，维护交易安全。

积极参与自贸试验区的治理体系和治理能力现代化建设。在自贸试验区进行的政府职能转变、投资领域开放、贸易发展方式转变、金融领域开放创新、完善法治保障等各项工作中，各级人民法院要结合自身的司法实践，积极配合各项改革措施的实施，主动完善工作机制，创新工作方法，为营造公正、公开、透明的法治环境和法治化、国际化、便利化的营商环境作出积极贡献。

二、充分发挥审判职能作用，为促进自贸试验区健康发展提供司法保障

3. 积极行使刑事审判职能，依法打击涉自贸试验区的刑事犯罪。打击破坏自贸试验区建设、滥用自贸试验区特殊市场监管条件进行的犯罪，维护自贸试验区社会稳定及市场秩序。重视解决侵犯知识产权跨境犯罪问题。依法惩治涉自贸试验区的走私、非法集资、逃汇、洗钱等犯罪行

为。同时注意区分虚报注册资本罪、虚假出资罪、抽逃出资罪以及非法经营罪的罪与非罪的界限。

4. 加强涉自贸试验区的民事审判工作，依法保护当事人的民事权益。加强劳动保护，正确处理用人单位与劳动者的劳动争议，促进自贸试验区内企业用工制度的健康发展。保护消费者权益，维护消费者个人信息的安全，严格对服务领域合同格式条款的审查，惩治利用虚假广告侵害消费者的行为。保护生态环境，积极审理有关机关和组织对损害社会公共利益或者具有重大风险的污染环境、破坏生态行为提起的诉讼。

正确处理在自贸试验区较为常见的“民宅商用”“一址多照”问题。正确理解和适用《中华人民共和国物权法》第七十七条规定的将住宅改变为经营性用房的限制条件，保障人民群众正常的生活秩序。对多个公司使用同一地址作为住所地登记的，在审理相关案件时要注意是否存在财产混同、人格混同等情况，依法维护债权人利益。

加强对自贸试验区内知识产权的司法保护。鼓励自主创新，提高侵权成本。完善有关加工贸易的司法政策，促进加工贸易的转型升级。准确区分正常的贴牌加工行为与加工方擅自加工、超范围超数量加工及销售产品的行为。妥善处理商标产品的平行进口问题，合理平衡消费者权益、商标权人利益和国家贸易政策。鼓励以知识产权为标的的投资行为，推动商业模式创新，简化维权程序，提升维权质效。鼓励知识产权质押融资活动，促进知识产权的流转利用。

加强海事审判。规范航运市场建设，支持自贸试验区航运服务业开放、提升国际航运服务能级和增强国际航运服务功能。关注与船舶登记制度改革及其他与航运有关的新类型案件，研究新型海事法律关系的法律适用和专门管辖问题。及时通过典型案件的审理确认有关规则，引导行业行为，促进行业发展。

5. 积极行使行政审判职能，支持和监督政府在自贸试验区依法行政。支持和监督市场监管部门创新服务模式，依法行政。以审判活动促进和规范政府信息公开。通过外商投资项目备案的企业，其签订的合同违反自贸试验区行业准入要求，导致事实上或法律上不能履行，当事人请求继续履行的，人民法院不予支持。

对在案件审理过程中发现的与自贸试验区市场规则有关的制度缺陷及行政行为不规范等问题，人民法院应及时向行政管理部门反馈意见，或者提出司法建议，促进自贸试验区法治建设的完善。

三、依法支持自贸试验区企业的创新做法，鼓励其探索新的经营模式

6. 鼓励自贸试验区内融资租赁业的创新发展。积极支持自贸试验区内的融资租赁企业在核准的经营范围内依法开展融资业务。充分尊重中外当事人对融资租赁合同纠纷有关管辖和法律适用的约定。正确认定融资租赁合同效力，不应仅以未履行相关程序等事由认定融资租赁合同无效。

7. 支持自贸试验区发展跨境电子商务服务。合理认定消费者与跨境电商企业之间的合同性质。合同约定消费者个人承担关税和邮寄风险的，可认定消费者和跨境电商企业之间成立委托合同关系。电商企业批量进口、分批销售，消费者主张其与电商企业之间成立买卖合同关系的，人民法院应予支持。电商企业以其提供的合同文本与消费者订立仲裁条款，应专门提示，消费者同意的，应认定双方达成了仲裁合意。

四、重视自贸试验区的特点，探索审判程序的改革与创新

8. 完善司法审查、司法确认制度，支持自贸试验区的多元化纠纷解决机制。鼓励运用仲裁、调解等多元化机制解决自贸试验区民商事纠纷，进一步探索和完善诉讼与非诉讼相衔接的矛盾纠纷解决机制。支持仲裁机构、人民调解委员会、商事和行业调解组织的创新发展，为多元化解决

自贸试验区民商事纠纷提供司法便利。

加强自贸试验区内法院机构及审判组织建设。自贸试验区所在地基层人民法院可以根据受理案件的数量、种类、性质等实际情况设立专门的法庭或合议庭，审理涉自贸试验区的案件，积累审判经验，统一裁判尺度。鼓励各级人民法院在总结审判经验的基础上形成符合地域特点的审判机制。

9. 正确认定仲裁协议效力，规范仲裁案件的司法审查。在自贸试验区内注册的外商独资企业相互之间约定商事争议提交域外仲裁的，不应仅以其争议不具有涉外因素为由认定相关仲裁协议无效。

一方或者双方均为在自贸试验区内注册的外商投资企业，约定将商事争议提交域外仲裁，发生纠纷后，当事人将争议提交域外仲裁，相关裁决做出后，其又以仲裁协议无效为由主张拒绝承认、认可或执行的，人民法院不予支持；另一方当事人在仲裁程序中未对仲裁协议效力提出异议，相关裁决作出后，又以有关争议不具有涉外因素为由主张仲裁协议无效，并以此主张拒绝承认、认可或执行的，人民法院不予支持。

在自贸试验区内注册的企业相互之间约定在内地特定地点、按照特定仲裁规则、由特定人员对有关争议进行仲裁的，可以认定该仲裁协议有效。人民法院认为该仲裁协议无效的，应报请上一级法院进行审查。上级法院同意下级法院意见的，应将其审查意见层报最高人民法院，待最高人民法院答复后作出裁定。

10. 探索审判程序创新，公正高效审理涉自贸试验区案件。管辖自贸试验区内一审民商事案件的人民法院，在审理涉自贸试验区案件时，当事人一方或双方为港澳台民事主体的，可以探索选任港澳台居民作为人民陪审员参加合议庭。

人民法院审理涉自贸试验区的涉外、涉港澳台一审民商事案件，事实简单、法律关系明确的，可以探索适用简易程序。

妥善处理以“区内注册、区外经营”的企业为当事人的案件中存在的送达难问题。对在自贸试验区内注册的法人和其他组织，以其注册地为人民法院诉讼文书的送达地址，可以邮寄送达。境外民事主体在自贸试验区设立企业或办事处作为业务代办人的，可以向其业务代办人送达。境外民事主体概括指定其分支机构工作人员或者境内律师事务所律师作为特定时间、特定区域或者特定业务的诉讼代理人的，可以向其送达诉讼文书。

11. 建立合理的外国法查明机制。人民法院审理的涉自贸试验区的涉外民商事案件，当事人约定适用外国法律，在人民法院指定的合理期限内无正当理由未提供该外国法律或者该国法律没有规定的，适用中华人民共和国法律；人民法院了解查明途径的，可以告知当事人。当事人不能提供、按照我国参加的国际条约规定的途径亦不能查明的外国法律，可在一审开庭审理之前由当事人共同指定专家提供。根据冲突法规范应当适用外国法的，人民法院应当依职权查明外国法。

12. 审理好涉自贸试验区案件，总结可复制经验。各高级人民法院应当充分重视涉自贸试验区案件的审理，加强前瞻性研究工作。各地人民法院对在审理与自贸试验区相关的案件中发现的热点、难点问题，应当及时研究总结，形成应对意见，并及时向最高人民法院提出建议。

最高人民法院
2016 年 12 月 30 日

2017 年政策文件

◎海关总署关于印发支持和促进中国（辽宁）自由贸易试验区建设发展的若干措施的通知

署加发〔2017〕71 号

大连、沈阳海关：

设立中国（辽宁）自由贸易试验区，是党中央、国务院作出的重大决策，是新形势下全面深化改革、扩大开放和推动东北地区等老工业基地振兴的重大举措。

为贯彻落实党中央、国务院决策部署，支持和促进中国（辽宁）自由贸易试验区建设和发展，总署结合海关工作实际，研究制定了《海关总署关于支持和促进中国（辽宁）自由贸易试验区建设发展的若干措施》，现印发你们，请认真组织学习，抓好贯彻落实。

一、要解放思想、改革创新、积极探索、加强协调、相互借鉴，支持自由贸易试验区先行先试。边实践、边改革、边创新，不断丰富和完善支持措施，细化相关海关监管办法。

二、坚持“放得开”和“管得好”相结合，既要有效落实支持措施，积极创新、先行先试，又要依法依规做到安全高效管住，切实防控各类风险。

三、要根据《中国（辽宁）自由贸易试验区总体方案》要求，按照有利于安全高效管住、促进贸易便利化原则，在创新模式、优化流程、简化手续、提高效率等方面自主创新海关监管制度，积累可复制可推广的经验。涉及有关政策性问题的，须报经总署同意后再先行先试。

特此通知。

附件：海关总署关于支持和促进中国（辽宁）自由贸易试验区建设发展的若干措施

海关总署

2017 年 4 月 7 日

附件

海关总署关于支持和促进中国（辽宁）自由贸易试验区建设发展的若干措施

为贯彻落实党中央国务院关于中国（辽宁）自由贸易试验区（以下简称“自贸试验区”）提出的“以制度创新为核心，以可复制可推广为基本要求，加快市场取向体制机制改革、积极推动结构调整，努力将自贸试验区建设成为提升东北老工业基地发展整体竞争力和对外开放水平的新引擎”要求，根据《国务院关于印发中国（辽宁）自由贸易试验区总体方案的通知》（国发〔2017〕15 号）精神，进一步转变职能、创新制度、把好国门、做好服务，现制定以下支持措施：

一、创新海关监管制度，促进贸易便利化

（一）全面推动海关监管制度创新

深化复制推广上海、广东、天津、福建自贸试验区海关监管创新制度工作，对适合新设自贸试验区发展的海关监管创新举措及原四个自贸试验区海关支持措施，因地制宜借鉴复制。继续开展海关监管制度创新，进一步提升贸易便利化水平。

（二）优先推进自贸试验区“互联网+海关”特色服务

全面优化海关线上业务流程，优先推进海关服务事项网上办理，实现应上尽上、全程在线；融入全国“互联网+政府服务”体系，建设海关的一体化互联网政务服务平台，根据自贸试验区发展需求，提供海关特色服务。

（三）率先推进通关一体化改革

将自贸试验区率先纳入全国通关一体化改革推进进程，结合自贸试验区特色，加速推进自贸试验区海关功能化改造。完善“双随机、一公开”制度，强化事中事后监管。加强内陆与沿海、沿边海关间协作，推广应用物流监控系统，进一步提高通关效率，服务外贸转型升级，实现优进优出。

（四）建设国际先进水平的国际贸易“单一窗口”

依托电子口岸公共平台，建设国际先进水平的国际贸易“单一窗口”，并优先在自贸试验区试点推广。以“总对总”方式与各口岸和贸易管理部门系统对接，实现贸易许可、支付结算、资质登记等平台功能，逐步实现企业通过“单一窗口”一站式办理所有通关手续，优化监管执法流程，探索“一口对外、一次受理和统一反馈”的口岸管理模式，实现由“串联执法”转为“并联执法”，优化投资环境，进一步提高国际贸易便利化水平。

（五）推进海关税收征管方式改革

推动税收征管申报要素的审查由集中在进出口通关环节向全过程转变，由逐票审查确定向抽查审核转变，实现税收征管作业的前推后移。支持企业自报、自缴税款。创新税收担保形式，从以货物为单元的逐票担保机制转变为以企业为单元的总担保机制。优化归类一致性协调解决机制，将自贸试验区企业数据优先纳入归类先例企业库，推动企业使用归类先例辅助查询系统。

（六）创新企业管理制度

积极融入国家商事制度改革，推进自贸试验区企业注册登记“多证合一”，进一步优化海关“关企合作平台”，实现企业远程在线办理海关注册登记业务。构建以信用为核心的新型海关监管体制，优化企业信用信息公示制度，支持自贸试验区内符合条件的企业经申请认证为海关AEO企业，促进企业享受海关监管便利措施。有效落实对海关高级认证企业守信联合激励措施和对失信企业的联合惩戒措施。

（七）深化国际间海关合作

以贸易安全与便利为重点，开展国际海关间通关便利化、AEO互认、能力建设、执法等合作，积极开展“一带一路”沿线国家、地区间自由贸易园区海关监管合作。

二、实施保税监管改革，促进加工贸易创新发展

（八）改革加工贸易监管模式

实施以企业为单元，以账册为主线，以企业物料编码（料号）或HS编码（项号）为基础，周转量控制，定期核销的加工贸易监管模式和“风险研判、分类审核”作业模式。对管理规范、

符合海关监管要求的企业，实施自主备案、自主核报的管理方式。取消异地加工贸易审核环节，企业可直接在加工企业所在地主管海关办理手续。探索建立总部式一体化保税监管模式和以研发设计为龙头的全产业链保税监管模式，促进加工贸易向产业链中高端延伸。

（九）改革加工贸易核销及单耗管理方式

允许符合条件的企业根据生产经营实际自主确定合理核销周期，并自主选择采用单耗、耗料清单、工单等核算方式，自主选择在报核前申报单耗或实行单耗自核管理。简化核销手续，取消预报核环节。

（十）加快海关特殊监管区域和保税监管场所整合优化

支持符合条件地区新设综合保税区和保税物流中心。支持自贸试验区内海关特殊监管区域转型为综合保税区。推动保税仓库和出口监管仓库整合。支持自贸试验区内海关特殊监管区域创新发展，加快实施选择性征收关税试点。

（十一）提高保税货物流转效率

优化口岸、海关特殊监管区域、保税监管场所和加工贸易企业之间的保税货物流转方式。企业可自行选择运输工具承运保税货物。

三、支持新型贸易发展，促进稳增长调结构

（十二）支持文化对外贸易发展

探索文化产品保税监管新模式，促进文化艺术、数字出版、动漫游戏、艺术品交易等文化业务发展。依托海关特殊监管区域，发展文化特色服务进出口产业。

（十三）支持跨境电子商务发展

支持建立跨境电子商务平台运营主体、符合条件的外贸综合服务企业、物流服务企业集中代理纳税的机制。进一步加强对跨境电子商务企业、外贸综合服务企业研究，制定更加符合新业态特点的企业认证标准，实施海关企业信用管理。推进跨境电子商务线上线下有机融合。

（十四）支持服务外包业务发展

支持符合条件企业开展服务外包保税业务时，适用国际服务外包业务进口货物保税监管模式，鼓励企业承接服务外包，促进软件研发、工业设计、信息管理等业务发展，提高服务外包产业国际竞争力。

（十五）支持生产性服务业发展

创新与研发、设计、检测、维修等生产性服务业相适应的海关监管模式，支持企业开展高技术含量、高附加值、环境风险可控的境内外检测、维修业务，促进生产性服务业发展。

（十六）支持融资租赁业务发展

对注册在自贸试验区海关特殊监管区域内的融资租赁企业进出口飞机、大型设备等涉及跨关区的，在确保有效监管和执行现行相关税收政策前提下，按物流实际需要，实行海关异地委托监管。

四、以市场化为取向，打造振兴东北老工业基地新引擎

（十七）支持高端装备制造业发展

建立与船舶、海洋工程等大型机械装备制造业和国家战略性新兴产业发展相适应的保税监管模式，按照合同期限进行监管。条件成熟时，开展“集报集缴”改革试点，优化特大型超限货物验放手段，提高通关效能、降低通关成本，支持汽车（新能源汽车为重点）、高端医疗器械、轨道交通装备及机器人智能装备等产业转型升级。加快中德（沈阳）高端装备制造产业园与自贸试验区协同发展，支持引进先进技术设备，扩大出口规模，提高装备制造业的国际竞争力。

（十八）支持航空产业发展

支持增加国际客运货运航线航班，优化航空国际中转作业模式，支持开展国内国际航空运输混装混载业务。支持空港开展航油、航材保税业务，完善空港口岸保税物流功能。支持发展航空快件业务，鼓励发展航空快件国际中转和集拼业务。充分运用现行税收政策，支持开展飞机总装等航空生产服务业，逐步实现航空产业集群上下游产业链、产学研销一体化发展。

（十九）支持东北亚国际航运中心建设

简化国际中转手续，推动转口贸易发展，支持开展二次集拼业务。允许符合条件的船舶开展沿海捎带业务。通过“先供船后报关”、“一船多能”等方式探索多种形式的船用保税燃、物料供应模式。允许自贸试验区内企业开展保税铁矿砂和保税燃料油混合业务。支持符合条件的企业开展汽车平行进口保税仓储业务。

（二十）支持现代物流体系建设

主动服务国家“一带一路”战略，积极支持中欧班列（辽宁）海铁联运业务，构建沈阳—营口陆海联运系统，建立东北亚物流集散中心。支持东北亚区域性邮轮港口和国际客滚中心建设，为邮轮、游艇等出入境提供通关便利。支持邮政集疏中心建设。

（二十一）支持开展期货保税交割业务

支持大连商品交易所等国内期货交易所在海关特殊监管区域和保税监管场所设立商品期货交割库。支持在海关特殊监管区域、保税监管场所内开展期货保税交割业务、仓单质押融资业务。

（二十二）支持东北一体化协同发展

支持东北区域税收征管中心建设。深入推进东北地区四省六关区域通关一体化改革。加速实现自贸试验区与东北其他地区、口岸间的互通互联。发挥自贸试验区政策“溢出效应”，打造振兴东北老工业基地新引擎。

五、培育法治化营商环境，维护贸易秩序公平公正

（二十三）依法实施知识产权保护，维护企业创新成果

强化知识产权保护，促进企业自主创新。加大知识产权海关保护力度，提高知识产权行政执法与海关保护的协调，协同打击进出口领域侵权假冒违法行为，构建打击侵权假冒的社会共治格局，助推企业提升创新能力和核心竞争力，努力构建公平有序的营商环境，吸引更多国内外知识产权资源集聚。

（二十四）打防结合，有效防控风险

依法开展风险防控，维护国家意识形态安全，严密查堵进出境违禁印刷品音像制品。认真研究可能出现的风险隐患，确保安全高效管住，打击走私等违法犯罪活动，促进自贸试验区健康发展。

（二十五）加强法治建设，维护健康发展环境

坚持用法治思维和法治方法开展制度创新，将成熟的创新制度固化为法律规范，以法治建设保障制度创新。加强规范、统一执法，营造法治化营商环境。

◎海关总署关于印发支持和促进中国（浙江）自由贸易试验区建设发展的若干措施的通知

署加发〔2017〕72号

杭州海关：

设立中国（浙江）自由贸易试验区，是党中央、国务院作出的重大决策，是新形势下全面深化改革、扩大开放和提升我国资源配置全球竞争力的重大举措。

为贯彻落实党中央、国务院决策部署，支持和促进中国（浙江）自由贸易试验区建设和发展，总署结合海关工作实际，研究制定了《海关总署关于支持和促进中国（浙江）自由贸易试验区建设发展的若干措施》，现印发你们，请认真组织学习，抓好贯彻落实。

一、要解放思想、改革创新、积极探索、加强协调、相互借鉴，支持自由贸易试验区先行先试。边实践、边改革、边创新，不断丰富和完善支持措施，细化相关海关监管办法。

二、坚持“放得开”和“管得好”相结合，既要有效落实支持措施，积极创新、先行先试，又要依法依规做到安全高效管住，切实防控各类风险。

三、要根据《中国（浙江）自由贸易试验区总体方案》要求，按照有利于安全高效管住、促进贸易便利化原则，在创新模式、优化流程、简化手续、提高效率等方面自主创新海关监管制度，积累可复制可推广的经验。涉及有关政策性问题的，须报经总署同意后再先行先试。

特此通知。

附件：海关总署关于支持和促进中国（浙江）自由贸易试验区建设发展的若干措施

海关总署

2017年4月7日

附件

海关总署关于支持和促进中国（浙江）自由贸易试验区建设发展的若干措施

为贯彻落实党中央国务院关于中国（浙江）自由贸易试验区（以下简称“自贸试验区”）提出的“以制度创新为核心，以可复制可推广为基本要求，将自贸试验区建设成为东部地区重要海上开放门户示范区、国际大宗商品贸易自由化先导区和具有国际影响力的资源配置基地”要求，根据《国务院关于印发中国（浙江）自由贸易试验区总体方案的通知》（国发〔2017〕16号）精神，进一步转变职能、创新制度、把好国门、做好服务，现制定以下支持措施：

一、创新海关监管制度，促进贸易便利化

（一）全面推动海关监管制度创新

深化复制推广上海、广东、天津、福建自贸试验区海关监管创新制度工作，对适合新设自贸试验区发展的海关监管创新举措及原四个自贸试验区海关支持措施，因地制宜借鉴复制。继续开展海关监管制度创新，进一步提升贸易便利化水平。

（二）优先推进自贸试验区“互联网＋海关”特色服务

全面优化海关线上业务流程，优先推进海关服务事项网上办理，实现应上尽上、全程在线；融入全国“互联网＋政府服务”体系，建设海关的一体化互联网政务服务平台，根据自贸试验区发展需求，提供海关特色服务。

（三）率先推进通关一体化改革

将自贸试验区率先纳入全国通关一体化改革推进进程，结合自贸试验区特色，加速推进自贸试验区海关功能化改造。完善“双随机、一公开”制度，强化事中事后监管。加强内陆与沿海、沿边海关间协作，推广应用物流监控系统，进一步提高通关效率，服务外贸转型升级，实现优进优出。

（四）建设国际先进水平的国际贸易“单一窗口”

依托电子口岸公共平台，建设国际先进水平的国际贸易“单一窗口”，并优先在自贸试验区试点推广。以“总对总”方式与各口岸和贸易管理部门系统对接，实现贸易许可、支付结算、资质登记等平台功能，逐步实现企业通过“单一窗口”一站式办理所有通关手续，优化监管执法流程，探索“一口对外、一次受理和统一反馈”的口岸管理模式，实现由“串联执法”转为“并联执法”，优化投资环境，进一步提高国际贸易便利化水平。

（五）推进海关税收征管方式改革

推动税收征管申报要素的审查由集中在进出口通关环节向全过程转变，由逐票审查确定向抽查审核转变，实现税收征管作业的前推后移。支持企业自报、自缴税款。创新税收担保形式，从以货物为单元的逐票担保机制转变为以企业为单元的总担保机制。优化归类一致性协调解决机制，将自贸试验区企业数据优先纳入归类先例企业库，推动企业使用归类先例辅助查询系统。

（六）创新企业管理制度

积极融入国家商事制度改革，推进自贸试验区企业注册登记“多证合一”，进一步优化海关“关企合作平台”，实现企业远程在线办理海关注册登记业务。构建以信用为核心的新型海关监管体制，优化企业信用信息公示制度，支持自贸试验区内符合条件的企业经申请认证为海关AEO企业，促进企业享受海关监管便利措施。有效落实对海关高级认证企业守信联合激励措施和对失信企业的联合惩戒措施。

（七）深化国际间海关合作

以贸易安全与便利为重点，开展国际海关间通关便利化、AEO互认、能力建设、执法等合作，积极开展“一带一路”沿线国家、地区间自由贸易园区海关监管合作。

二、实施保税监管改革，促进加工贸易创新发展

（八）改革加工贸易监管模式

实施以企业为单元，以账册为主线，以企业物料编码（料号）或HS编码（项号）为基础，周转量控制，定期核销的加工贸易监管模式和“风险研判、分类审核”作业模式。对管理规范、

符合海关监管要求的企业，实施自主备案、自主核报的管理方式。取消异地加工贸易审核环节，企业可直接在加工企业所在地主管海关办理手续。探索建立总部式一体化保税监管模式和以研发设计为龙头的全产业链保税监管模式，促进加工贸易向产业链中高端延伸。

（九）改革加工贸易核销及单耗管理方式

允许符合条件的企业根据生产经营实际自主确定合理核销周期，并自主选择采用单耗、耗料清单、工单等核算方式，自主选择在报核前申报单耗或实行单耗自核管理。简化核销手续，取消预报核环节。

（十）加快海关特殊监管区域和保税监管场所整合优化

支持符合条件地区新设综合保税区和保税物流中心。支持自贸试验区内海关特殊监管区域转型为综合保税区。推动保税仓库和出口监管仓库整合。支持自贸试验区内海关特殊监管区域创新发展，加快实施选择性征收关税试点。

（十一）提高保税货物流转效率

优化口岸、海关特殊监管区域、保税监管场所和加工贸易企业之间的保税货物流转方式。企业可自行选择运输工具承运保税货物。

三、支持新型贸易发展，促进稳增长调结构

（十二）支持文化对外贸易发展

探索文化产品保税监管新模式，促进文化艺术、数字出版、动漫游戏、艺术品交易等文化业务发展。依托海关特殊监管区域，发展文化特色服务进出口产业。

（十三）支持跨境电子商务发展

支持建立跨境电子商务平台运营主体、符合条件的外贸综合服务企业、物流服务企业集中代理纳税的机制。进一步加强对跨境电子商务企业、外贸综合服务企业研究，制定更加符合新业态特点的企业认证标准，实施海关企业信用管理。推进跨境电子商务线上线下有机融合。

（十四）支持服务外包业务发展

支持符合条件企业开展服务外包保税业务时，适用国际服务外包业务进口货物保税监管模式，鼓励企业承接服务外包，促进软件研发、工业设计、信息管理等业务发展，提高服务外包产业国际竞争力。

（十五）支持生产性服务业发展

创新与研发、设计、检测、维修等生产性服务业相适应的海关监管模式，支持企业开展高技术含量、高附加值、环境风险可控的境内外检测、维修业务，促进生产性服务业发展。

（十六）支持融资租赁业务发展

对注册在自贸试验区海关特殊监管区域内的融资租赁企业进出口飞机、大型设备等涉及跨关区的，在确保有效监管和执行现行相关税收政策前提下，按物流实际需要，实行海关异地委托监管。

四、助推海洋经济发展，提升大宗商品全球配置能力

（十七）支持国际海事服务基地建设

支持丰富保税燃料油供应市场竞争主体，应用信息化手段优化船舶通关手续，通过“先供船后报关”、“一船多供”、“一船多能”等方式探索多种形式的保税燃料油供应模式，提升港外锚地和跨关区直供能力，推动保税燃料油供应通关便利化。支持开展国际船舶修理业务。依托舟山港综合保税区，支持舟山港船舶配件交易市场建设。

（十八）支持国际油品基地建设

支持国际石化基地建设，探索对符合条件的

石化企业实施“电子底账＋企业自核”的保税监管模式，优化石化产品进出口通关手续。支持开展原油、成品油、燃料油等大宗商品现货交易。支持国内期货交易所在舟山港综合保税区和保税监管场所内设立商品期货交割库，开展期货保税交割、仓单质押融资业务。

（十九）支持国际矿石中转基地建设

支持国际配矿贸易中心建设，优化面向长三角、辐射长江沿线的矿石集疏运中转监管。完善矿石混配业务管理，推动原产地认证联网核查，探索建立与国际大宗商品进口交易和转口贸易相适应的海关监管制度。

（二十）支持浙江海洋经济发展示范区建设

支持浙江沿海水运口岸扩大开放，建立与船舶、海洋工程装备制造业相适应的保税监管模式，按照合同期限进行监管。优化远洋渔业海关管理，允许冰鲜鱼等鱼获在渔场捕捞后直接出口境外。支持舟山邮轮母港建设，为邮轮、游艇出入境提供通关便利。

（二十一）支持舟山江海联运服务中心建设

主动服务国家“一带一路”战略，建设义甬舟开放大通道，优化国际航行船舶进出港和移泊申报手续，推进宁波舟山港口岸监管一体化，完善多式联运海关监管体系。支持开展国际中转、集拼和分拨业务，允许符合条件的船舶开展沿海捎带业务。

（二十二）支持舟山航空产业园建设

依托海关特殊监管区域，支持开展通用飞机总装组装、制造等业务，参照国际惯例和行业规则，优化通关流程，创新海关监管模式。支持舟山普陀山机场航空口岸对外开放。

五、培育法治化营商环境，维护贸易秩序公平公正

（二十三）依法实施知识产权保护，维护企业创新成果

强化知识产权保护，促进企业自主创新。加大知识产权海关保护力度，提高知识产权行政执法与海关保护的协调，协同打击进出口领域侵权假冒违法行为，构建打击侵权假冒的社会共治格局，助推企业提升创新能力和核心竞争力，努力构建公平有序的营商环境，吸引更多国内外知识产权资源集聚。

（二十四）打防结合，有效防控风险

依法开展风险防控，维护国家意识形态安全，严密查堵进出境违禁印刷品音像制品。认真研究可能出现的风险隐患，确保安全高效管住，打击走私等违法犯罪活动，促进自贸试验区健康发展。

（二十五）加强法治建设，维护健康发展环境

坚持用法治思维和法治方法开展制度创新，将成熟的创新制度固化为法律规范，以法治建设保障制度创新。加强规范、统一执法，营造法治化营商环境。

◎海关总署关于印发支持和促进中国（河南）自由贸易试验区建设发展的若干措施的通知

署加发〔2017〕73号

郑州海关：

设立中国（河南）自由贸易试验区，是党中央、国务院作出的重大决策，是新形势下全面深化改革、扩大开放和深入推进“一带一路”建设的重大举措。

为贯彻落实党中央、国务院决策部署，支持和促进中国（河南）自由贸易试验区建设和发展，总署结合海关工作实际，研究制定了《海关总署关于支持和促进中国（河南）自由贸易试验区建设发展的若干措施》，现印发你们，请认真组织学习，抓好贯彻落实。

一、要解放思想、改革创新、积极探索、加强协调、相互借鉴，支持自由贸易试验区先行先试。边实践、边改革、边创新，不断丰富和完善支持措施，细化相关海关监管办法。

二、坚持“放得开”和“管得好”相结合，既要有效落实支持措施，积极创新、先行先试，又要依法依规做到安全高效管住，切实防控各类风险。

三、要根据《中国（河南）自由贸易试验区总体方案》要求，按照有利于安全高效管住、促进贸易便利化原则，在创新模式、优化流程、简化手续、提高效率等方面自主创新海关监管制度，积累可复制可推广的经验。涉及有关政策性问题的，须报经总署同意后再先行先试。

特此通知。

附件：海关总署关于支持和促进中国（河南）自由贸易试验区建设发展的若干措施

海关总署

2017年4月7日

附件

海关总署关于支持和促进中国（河南）自由贸易试验区建设发展的若干措施

为贯彻落实党中央国务院关于中国（河南）自由贸易试验区（以下简称“自贸试验区”）提出的“以制度创新为核心，以可复制可推广为基本要求，加快建设贯通南北、连接东西的现代立体交通体系和现代物流体系，将自贸试验区建设成为服务于‘一带一路’建设的现代综合交通枢纽、全面改革开放试验田和内陆开放型经济示范区”要求，根据《国务院关于印发中国（河南）自由贸易试验区总体方案的通知》（国发〔2017〕17号）精神，进一步转变职能、创新制度、把好国门、做好服务，现制定以下支持措施：

一、创新海关监管制度，促进贸易便利化

（一）全面推动海关监管制度创新

深化复制推广上海、广东、天津、福建自贸试验区海关监管创新制度工作，对适合新设自贸试验区发展的海关监管创新举措及原四个自贸试验区海关支持措施，因地制宜借鉴复制。继续开展海关监管制度创新，进一步提升贸易便利化水平。

（二）优先推进自贸试验区"互联网+海关"特色服务

全面优化海关线上业务流程，优先推进海关服务事项网上办理，实现应上尽上、全程在线；融入全国"互联网+政府服务"体系，建设海关的一体化互联网政务服务平台，根据自贸试验区发展需求，提供海关特色服务。

（三）率先推进通关一体化改革

将自贸试验区率先纳入全国通关一体化改革推进进程，结合自贸试验区特色，加速推进自贸试验区海关功能化改造。完善"双随机、一公开"制度，强化事中事后监管。加强内陆与沿海、沿边海关间协作，推广应用物流监控系统，进一步提高通关效率，服务外贸转型升级，实现优进优出。

（四）建设国际先进水平的国际贸易"单一窗口"

依托电子口岸公共平台，建设国际先进水平的国际贸易"单一窗口"，并优先在自贸试验区试点推广。以"总对总"方式与各口岸和贸易管理部门系统对接，实现贸易许可、支付结算、资质登记等平台功能，逐步实现企业通过"单一窗口"一站式办理所有通关手续，优化监管执法流程，探索"一口对外、一次受理和统一反馈"的口岸管理模式，实现由"串联执法"转为"并联执法"，优化投资环境，进一步提高国际贸易便利化水平。

（五）推进海关税收征管方式改革

推动税收征管申报要素的审查由集中在进出口通关环节向全过程转变，由逐票审查确定向抽查审核转变，实现税收征管作业的前推后移。支持企业自报、自缴税款。创新税收担保形式，从以货物为单元的逐票担保机制转变为以企业为单元的总担保机制。优化归类一致性协调解决机制，将自贸试验区企业数据优先纳入归类先例企业库，推动企业使用归类先例辅助查询系统。

（六）创新企业管理制度

积极融入国家商事制度改革，推进自贸试验区企业注册登记"多证合一"，进一步优化海关"关企合作平台"，实现企业远程在线办理海关注册登记业务。构建以信用为核心的新型海关监管体制，优化企业信用信息公示制度，支持自贸试验区内符合条件的企业经申请认证为海关AEO企业，促进企业享受海关监管便利措施。有效落实对海关高级认证企业守信联合激励措施和对失信企业的联合惩戒措施。

（七）深化国际间海关合作

以贸易安全与便利为重点，开展国际海关间通关便利化、AEO互认、能力建设、执法等合作，积极开展"一带一路"沿线国家、地区间自由贸易园区海关监管合作。

二、实施保税监管改革，促进加工贸易创新发展

（八）改革加工贸易监管模式

实施以企业为单元，以账册为主线，以企业物料编码（料号）或HS编码（项号）为基础，周转量控制，定期核销的加工贸易监管模式和"风险研判、分类审核"作业模式。对管理规范、

符合海关监管要求的企业，实施自主备案、自主核报的管理方式。取消异地加工贸易审核环节，企业可直接在加工企业所在地主管海关办理手续。探索建立总部式一体化保税监管模式和以研发设计为龙头的全产业链保税监管模式，促进加工贸易向产业链中高端延伸。

（九）改革加工贸易核销及单耗管理方式

允许符合条件的企业根据生产经营实际自主确定合理核销周期，并自主选择采用单耗、耗料清单、工单等核算方式，自主选择在报核前申报单耗或实行单耗自核管理。简化核销手续，取消预报核环节。

（十）加快海关特殊监管区域和保税监管场所整合优化

支持符合条件地区新设综合保税区和保税物流中心。支持自贸试验区内海关特殊监管区域转型为综合保税区。推动保税仓库和出口监管仓库整合。支持自贸试验区内海关特殊监管区域创新发展，加快实施选择性征收关税试点。

（十一）提高保税货物流转效率

优化口岸、海关特殊监管区域、保税监管场所和加工贸易企业之间的保税货物流转方式。企业可自行选择运输工具承运保税货物。

三、支持新型贸易发展，促进稳增长调结构

（十二）支持文化对外贸易发展

探索文化产品保税监管新模式，促进文化艺术、数字出版、动漫游戏、艺术品交易等文化业务发展。依托海关特殊监管区域，发展文化特色服务进出口产业。

（十三）支持跨境电子商务发展

支持建立跨境电子商务平台运营主体、符合条件的外贸综合服务企业、物流服务企业集中代理纳税的机制。进一步加强对跨境电子商务企业、外贸综合服务企业研究，制定更加符合新业态特点的企业认证标准，实施海关企业信用管理。推进跨境电子商务线上线下有机融合。

（十四）支持服务外包业务发展

支持符合条件企业开展服务外包保税业务时，适用国际服务外包业务进口货物保税监管模式，鼓励企业承接服务外包，促进软件研发、工业设计、信息管理等业务发展，提高服务外包产业国际竞争力。

（十五）支持生产性服务业发展

创新与研发、设计、检测、维修等生产性服务业相适应的海关监管模式，支持企业开展高技术含量、高附加值、环境风险可控的境内外检测、维修业务，促进生产性服务业发展。

（十六）支持融资租赁业务发展

对注册在自贸试验区海关特殊监管区域内的融资租赁企业进出口飞机、大型设备等涉及跨关区的，在确保有效监管和执行现行相关税收政策前提下，按物流实际需要，实行海关异地委托监管。

四、支持构建现代物流体系，提升自贸试验区辐射能力

（十七）支持航空经济发展

优化进出口货物中转通关流程，试点航空快件国际中转和集拼业务，促进郑州国际航空货运枢纽建设。允许开展国内国际货物航空运输混装混载业务，支持国际客货运航班、航线增加，支持依法开通国际通程航班。支持在符合条件的地方依法设立口岸出境免税店。

（十八）支持郑州铁路口岸建设

优化整合监管资源，完善货物监管流程，支持中欧班列（郑州）加密班次和扩大网络布局，

促进中欧班列（郑州）进出平衡、高效运行，提升郑州铁路口岸产业聚集和辐射带动作用。

（十九）推动内陆国际物流中心建设

探索利用新技术实现对多式联运物流链全程智能化、信息化监管，支持创新郑州多式联运监管模式，实现空、铁、陆、海的有效衔接和互联互通，增强服务“一带一路”建设的交通物流枢纽功能。

（二十）支持国际邮、快件物流发展

支持在自贸试验区内设立国际邮件互换局和交换站。支持郑州国际邮件互换局开展进境邮件“一点通关、分拨全国”业务。研究开展进出口邮、快件铁路运输监管业务。加快行邮监管信息化建设，运用“互联网 +”开展国际行邮物品自主申报、自主缴税改革，实现线上办理、线下通关。支持试点航空快件国际中转集拼业务，允许符合条件的国际货物类快件在自贸试验区办理属地报关业务。

（二十一）支持优势产业集聚发展

鼓励发挥加工贸易承接转移示范地优势，支持承接产业转移和技术研发升级，促进装备制造、智能终端、汽车、航空航天等高端制造业向自贸试验区集聚。鼓励先进技术装备和关键零部件扩大进口，支持农副产品、文化产品和高附加值产品出口。支持具备条件时申建药品进口口岸，促进医药产业发展。

（二十二）支持拓展大宗商品国际贸易

支持郑州商品交易所等国内期货交易所在海关特殊监管区域和保税监管场所设立商品期货交割库，支持在海关特殊监管区域、保税监管场所内开展期货保税交割业务、仓单质押融资业务。

五、培育法治化营商环境，维护贸易秩序公平公正

（二十三）依法实施知识产权保护，维护企业创新成果

强化知识产权保护，促进企业自主创新。加大知识产权海关保护力度，提高知识产权行政执法与海关保护的协调，协同打击进出口领域侵权假冒违法行为，构建打击侵权假冒的社会共治格局，助推企业提升创新能力和核心竞争力，努力构建公平有序的营商环境，吸引更多国内外知识产权资源集聚。

（二十四）打防结合，有效防控风险

依法开展风险防控，维护国家意识形态安全，严密查堵进出境违禁印刷品音像制品。认真研究可能出现的风险隐患，确保安全高效管住，打击走私等违法犯罪活动，促进自贸试验区健康发展。

（二十五）加强法治建设，维护健康发展环境

坚持用法治思维和法治方法开展制度创新，将成熟的创新制度固化为法律规范，以法治建设保障制度创新。加强规范、统一执法，营造法治化营商环境。

◎海关总署关于印发支持和促进中国（湖北）自由贸易试验区建设发展的若干措施的通知

署加发〔2017〕74号

武汉海关：

设立中国（湖北）自由贸易试验区，是党中央、国务院作出的重大决策，是新形势下全面深化改革、扩大开放和加快推进中部崛起、长江经济带发展的重大举措。

为贯彻落实党中央、国务院决策部署，支持和促进中国（湖北）自由贸易试验区建设和发展，总署结合海关工作实际，研究制定了《海关总署关于支持和促进中国（湖北）自由贸易试验区建设发展的若干措施》，现印发你们，请认真组织学习，抓好贯彻落实。

一、要解放思想、改革创新、积极探索、加强协调、相互借鉴，支持自由贸易试验区先行先试。边实践、边改革、边创新，不断丰富和完善支持措施，细化相关海关监管办法。

二、坚持“放得开”和“管得好”相结合，既要有效落实支持措施，积极创新、先行先试，又要依法依规做到安全高效管住，切实防控各类风险。

三、要根据《中国（湖北）自由贸易试验区总体方案》要求，按照有利于安全高效管住、促进贸易便利化原则，在创新模式、优化流程、简化手续、提高效率等方面自主创新海关监管制度，积累可复制可推广的经验。涉及有关政策性问题的，须报经总署同意后再先行先试。

特此通知。

附件：海关总署关于支持和促进中国（湖北）自由贸易试验区建设发展的若干措施

海关总署

2017年4月7日

附件

海关总署关于支持和促进中国（湖北）自由贸易试验区建设发展的若干措施

为贯彻落实党中央国务院关于中国（湖北）自由贸易试验区（以下简称“自贸试验区”）提出的“以制度创新为核心，以可复制可推广为基本要求，立足中部、辐射全国、走向世界，努力成为中部有序承接产业转移示范区、战略性新兴产业和高技术产业集聚区、全面改革开放试验田和内陆对外开放新高地”要求，根据《国务院关于印发中国（湖北）自由贸易试验区总体方案的通知》（国发〔2017〕18号）精神，进一步转变职能、创新制度、把好国门、做好服务，现制定以下支持措施：

一、创新海关监管制度，促进贸易便利化

（一）全面推动海关监管制度创新

深化复制推广上海、广东、天津、福建自贸试验区海关监管创新制度工作，对适合新设自贸试验区发展的海关监管创新举措及原四个自贸试验区海关支持措施，因地制宜借鉴复制。继续开展海关监管制度创新，进一步提升贸易便利化水平。

（二）优先推进自贸试验区“互联网+海关”特色服务

全面优化海关线上业务流程，优先推进海关服务事项网上办理，实现应上尽上、全程在线；融入全国“互联网+政府服务”体系，建设海关的一体化互联网政务服务平台，根据自贸试验区发展需求，提供海关特色服务。

（三）率先推进通关一体化改革

将自贸试验区率先纳入全国通关一体化改革推进进程，结合自贸试验区特色，加速推进自贸试验区海关功能化改造。完善“双随机、一公开”制度，强化事中事后监管。加强内陆与沿海、沿边海关间协作，推广应用物流监控系统，进一步提高通关效率，服务外贸转型升级，实现优进优出。

（四）建设国际先进水平的国际贸易“单一窗口”

依托电子口岸公共平台，建设国际先进水平的国际贸易“单一窗口”，并优先在自贸试验区试点推广。以“总对总”方式与各口岸和贸易管理部门系统对接，实现贸易许可、支付结算、资质登记等平台功能，逐步实现企业通过“单一窗口”一站式办理所有通关手续，优化监管执法流程，探索“一口对外、一次受理和统一反馈”的口岸管理模式，实现由“串联执法”转为“并联执法”，优化投资环境，进一步提高国际贸易便利化水平。

（五）推进海关税收征管方式改革

推动税收征管申报要素的审查由集中在进出口通关环节向全过程转变，由逐票审查确定向抽查审核转变，实现税收征管作业的前推后移。支持企业自报、自缴税款。创新税收担保形式，从以货物为单元的逐票担保机制转变为以企业为单元的总担保机制。优化归类一致性协调解决机制，将自贸试验区企业数据优先纳入归类先例企业库，推动企业使用归类先例辅助查询系统。

（六）创新企业管理制度

积极融入国家商事制度改革，推进自贸试验区企业注册登记“多证合一”，进一步优化海关“关企合作平台”，实现企业远程在线办理海关注册登记业务。构建以信用为核心的新型海关监管体制，优化企业信用信息公示制度，支持自贸试验区内符合条件的企业经申请认证为海关AEO企业，促进企业享受海关监管便利措施。有效落实对海关高级认证企业守信联合激励措施和对失信企业的联合惩戒措施。

（七）深化国际间海关合作

以贸易安全与便利为重点，开展国际海关间通关便利化、AEO互认、能力建设、执法等合作，积极开展“一带一路”沿线国家、地区间自由贸易园区海关监管合作。

二、实施保税监管改革，促进加工贸易创新发展

（八）改革加工贸易监管模式

实施以企业为单元，以账册为主线，以企业物料编码（料号）或HS编码（项号）为基础，周转量控制，定期核销的加工贸易监管模式和“风险研判、分类审核”作业模式。对管理规范、

符合海关监管要求的企业，实施自主备案、自主核报的管理方式。取消异地加工贸易审核环节，企业可直接在加工企业所在地主管海关办理手续。探索建立总部式一体化保税监管模式和以研发设计为龙头的全产业链保税监管模式，促进加工贸易向产业链中高端延伸。

（九）改革加工贸易核销及单耗管理方式

允许符合条件的企业根据生产经营实际自主确定合理核销周期，并自主选择采用单耗、耗料清单、工单等核算方式，自主选择在报核前申报单耗或实行单耗自核管理。简化核销手续，取消预报核环节。

（十）加快海关特殊监管区域和保税监管场所整合优化

支持符合条件地区新设综合保税区和保税物流中心。支持自贸试验区内海关特殊监管区域转型为综合保税区。推动保税仓库和出口监管仓库整合。支持自贸试验区内海关特殊监管区域创新发展，加快实施选择性征收关税试点。

（十一）提高保税货物流转效率

优化口岸、海关特殊监管区域、保税监管场所和加工贸易企业之间的保税货物流转方式。企业可自行选择运输工具承运保税货物。

三、支持新型贸易发展，促进稳增长调结构

（十二）支持文化对外贸易发展

探索文化产品保税监管新模式，促进文化艺术、数字出版、动漫游戏、艺术品交易等文化业务发展。依托海关特殊监管区域，发展文化特色服务进出口产业。

（十三）支持跨境电子商务发展

支持建立跨境电子商务平台运营主体、符合条件的外贸综合服务企业、物流服务企业集中代理纳税的机制。进一步加强对跨境电子商务企业、外贸综合服务企业研究，制定更加符合新业态特点的企业认证标准，实施海关企业信用管理。推进跨境电子商务线上线下有机融合。

（十四）支持服务外包业务发展

支持符合条件企业开展服务外包保税业务时，适用国际服务外包业务进口货物保税监管模式，鼓励企业承接服务外包，促进软件研发、工业设计、信息管理等业务发展，提高服务外包产业国际竞争力。

（十五）支持生产性服务业发展

创新与研发、设计、检测、维修等生产性服务业相适应的海关监管模式，支持企业开展高技术含量、高附加值、环境风险可控的境内外检测、维修业务，促进生产性服务业发展。

（十六）支持融资租赁业务发展

对注册在自贸试验区海关特殊监管区域内的融资租赁企业进出口飞机、大型设备等涉及跨关区的，在确保有效监管和执行现行相关税收政策前提下，按物流实际需要，实行海关异地委托监管。

四、支持产业转型升级，促进绿色发展

（十七）支持战略性新兴产业和高技术产业集聚发展

支持国家光电子产业基地、国家生物产业基地。认真贯彻落实国家进口税收政策，鼓励先进技术装备和关键零部件扩大进口，支持将存储器基地项目打造成中国光谷光电子产业的核心引擎，探索适应企业生产经营规律的海关通关监管模式，支持集成电路、新型显示器件等国家战略性新兴产业和高技术产业向自贸试验区集聚，促进中部地区和长江经济带产业升级和绿色发展。

（十八）支持有序承接先进产业

对接国家区域发展战略，充分发挥海关特殊监管区域政策功能优势，支持承接符合环保等要求的先进产业、国内外知名企业生产基地等向自由贸易试验区转移。充分发挥湖北省科教和区位优势，积极承接信息技术、生物医药研发、管理咨询、工程设计等特色业务。

（十九）支持构建国际物流枢纽

支持符合条件的铁路场站、机场、内河港口对外开放。支持符合条件的地方设立汽车整车口岸。在符合国家免税业发展政策的前提下，支持符合条件的企业依法申请设立口岸免税店。支持设立国际邮件互换局和交换站、快件监管中心。在条件具备时，支持开展航空快件国际中转集拼业务。

（二十）支持“长江中游航运中心”建设

主动服务长江经济带建设，支持将武汉长江中游航运中心打造成通江达海、辐射中部、面向全国，具有国际影响力的现代化航运中心，建设“智能口岸”、“智慧海关”的示范港。支持拓展江海直达航线和近洋航线，开展内外贸同船运输，提升运力资源综合效能。支持建设多式联运物流监管中心，推进集装箱铁水、铁海、铁铁联运监管，提高水水、公水中转运输监管效能。

（二十一）支持海外寄售代销和特色农业发展

鼓励开展国内商品海外寄售代销业务，支持企业建设出口产品“海外仓”，探索建立与之相适应的监管模式。支持建设特色农产品交易平台，鼓励企业引进先进技术和设备开展深加工，扩大特色农产品出口，打造具有国际影响力的特色农产品品牌。

（二十二）支持推进国际产能和装备制造合作

支持优势产能和装备制造对外合作，实现从产品输出向产业输出的提升，支持企业装备、技术、标准和服务走出国门，为货物和人员进出境提供通关便利。加强信息共享，充分利用海关统计数据为企业“走出去”提供咨询和服务。

五、培育法治化营商环境，维护贸易秩序公平公正

（二十三）依法实施知识产权保护，维护企业创新成果

强化知识产权保护，促进企业自主创新。加大知识产权海关保护力度，提高知识产权行政执法与海关保护的协调，协同打击进出口领域侵权假冒违法行为，构建打击侵权假冒的社会共治格局，助推企业提升创新能力和核心竞争力，努力构建公平有序的营商环境，吸引更多国内外知识产权资源集聚。

（二十四）打防结合，有效防控风险

依法开展风险防控，维护国家意识形态安全，严密查堵进出境违禁印刷品音像制品。认真研究可能出现的风险隐患，确保安全高效管住，打击走私等违法犯罪活动，促进自贸试验区健康发展。

（二十五）加强法治建设，维护健康发展环境

坚持用法治思维和法治方法开展制度创新，将成熟的创新制度固化为法律规范，以法治建设保障制度创新。加强规范、统一执法，营造法治化营商环境。

◎海关总署关于印发支持和促进中国（重庆）自由贸易试验区建设发展的若干措施的通知

署加发〔2017〕75号

重庆海关：

设立中国（重庆）自由贸易试验区，是党中央、国务院作出的重大决策，是新形势下全面深化改革、扩大开放和深入推进“一带一路”建设、长江经济带发展、西部大开发战略的重大举措。

为贯彻落实党中央、国务院决策部署，支持和促进中国（重庆）自由贸易试验区建设和发展，总署结合海关工作实际，研究制定了《海关总署关于支持和促进中国（重庆）自由贸易试验区建设发展的若干措施》，现印发你们，请认真组织学习，抓好贯彻落实。

一、要解放思想、改革创新、积极探索、加强协调、相互借鉴，支持自由贸易试验区先行先试。边实践、边改革、边创新，不断丰富和完善支持措施，细化相关海关监管办法。

二、坚持“放得开”和“管得好”相结合，既要有效落实支持措施，积极创新、先行先试，又要依法依规做到安全高效管住，切实防控各类风险。

三、要根据《中国（重庆）自由贸易试验区总体方案》要求，按照有利于安全高效管住、促进贸易便利化原则，在创新模式、优化流程、简化手续、提高效率等方面自主创新海关监管制度，积累可复制可推广的经验。涉及有关政策性问题的，须报经总署同意后再先行先试。

特此通知。

附件：海关总署关于支持和促进中国（重庆）自由贸易试验区建设发展的若干措施

海关总署

2017年4月7日

附件

海关总署关于支持和促进中国（重庆）自由贸易试验区建设发展的若干措施

为贯彻落实党中央国务院关于中国（重庆）自由贸易试验区（以下简称“自贸试验区”）提出的“以制度创新为核心，以可复制可推广为基本要求，全面落实党中央、国务院关于发挥重庆战略支点和连接点重要作用、加大西部地区门户城市开放力度的要求，努力将自贸试验区建设成为‘一带一路’和长江经济带互联互通重要枢纽、西部大开发战略重要支点”要求，根据《国务院关于印发中国（重庆）自由贸易试验区总体方案的通知》（国发〔2017〕19号）精神，进一步转变职能、创新制度、把好国门、做好服务，现制定以下支持措施：

一、创新海关监管制度，促进贸易便利化

（一）全面推动海关监管制度创新

深化复制推广上海、广东、天津、福建自贸试验区海关监管创新制度工作，对适合新设自贸试验区发展的海关监管创新举措及原四个自贸试验区海关支持措施，因地制宜借鉴复制。继续开展海关监管制度创新，进一步提升贸易便利化水平。

（二）优先推进自贸试验区“互联网＋海关”特色服务

全面优化海关线上业务流程，优先推进海关服务事项网上办理，实现应上尽上、全程在线；融入全国“互联网＋政府服务”体系，建设海关的一体化互联网政务服务平台，根据自贸试验区发展需求，提供海关特色服务。

（三）率先推进通关一体化改革

将自贸试验区率先纳入全国通关一体化改革推进进程，结合自贸试验区特色，加速推进自贸试验区海关功能化改造。完善“双随机、一公开”制度，强化事中事后监管。加强内陆与沿海、沿边海关间协作，推广应用物流监控系统，进一步提高通关效率，服务外贸转型升级，实现优进优出。

（四）建设国际先进水平的国际贸易“单一窗口”

依托电子口岸公共平台，建设国际先进水平的国际贸易“单一窗口”，并优先在自贸试验区试点推广。以“总对总”方式与各口岸和贸易管理部门系统对接，实现贸易许可、支付结算、资质登记等平台功能，逐步实现企业通过“单一窗口”一站式办理所有通关手续，优化监管执法流程，探索“一口对外、一次受理和统一反馈”的口岸管理模式，实现由“串联执法”转为“并联执法”，优化投资环境，进一步提高国际贸易便利化水平。

（五）推进海关税收征管方式改革

推动税收征管申报要素的审查由集中在进出口通关环节向全过程转变，由逐票审查确定向抽查审核转变，实现税收征管作业的前推后移。支持企业自报、自缴税款。创新税收担保形式，从以货物为单元的逐票担保机制转变为以企业为单元的总担保机制。优化归类一致性协调解决机制，将自贸试验区企业数据优先纳入归类先例企业库，推动企业使用归类先例辅助查询系统。

（六）创新企业管理制度

积极融入国家商事制度改革，推进自贸试验区企业注册登记“多证合一”，进一步优化海关“关企合作平台”，实现企业远程在线办理海关注册登记业务。构建以信用为核心的新型海关监管体制，优化企业信用信息公示制度，支持自贸试验区内符合条件的企业经申请认证为海关AEO企业，促进企业享受海关监管便利措施。有效落实对海关高级认证企业守信联合激励措施和对失信企业的联合惩戒措施。

（七）深化国际间海关合作

以贸易安全与便利为重点，开展国际海关间通关便利化、AEO互认、能力建设、执法等合作，积极开展“一带一路”沿线国家、地区间自由贸易园区海关监管合作。

二、实施保税监管改革，促进加工贸易创新发展

（八）改革加工贸易监管模式

实施以企业为单元，以账册为主线，以企业物料编码（料号）或HS编码（项号）为基础，周转量控制，定期核销的加工贸易监管模式和“风险研判、分类审核”作业模式。对管理规范、符合海关监管要求的企业，实施自主备案、自主核报的管理方式。取消异地加工贸易审核环节，企业可直接在加工企业所在地主管海关办理手续。探索建立总部式一体化保税监管模式和以研

发设计为龙头的全产业链保税监管模式，促进加工贸易向产业链中高端延伸。

（九）改革加工贸易核销及单耗管理方式

允许符合条件的企业根据生产经营实际自主确定合理核销周期，并自主选择采用单耗、耗料清单、工单等核算方式，自主选择在报核前申报单耗或实行单耗自核管理。简化核销手续，取消预报核环节。

（十）加快海关特殊监管区域和保税监管场所整合优化

支持符合条件地区新设综合保税区和保税物流中心。支持自贸试验区内海关特殊监管区域转型为综合保税区。推动保税仓库和出口监管仓库整合。支持自贸试验区内海关特殊监管区域创新发展，加快实施选择性征收关税试点。

（十一）提高保税货物流转效率

优化口岸、海关特殊监管区域、保税监管场所和加工贸易企业之间的保税货物流转方式。企业可自行选择运输工具承运保税货物。

三、支持新型贸易发展，促进稳增长调结构

（十二）支持文化对外贸易发展

探索文化产品保税监管新模式，促进文化艺术、数字出版、动漫游戏、艺术品交易等文化业务发展。依托海关特殊监管区域，发展文化特色服务进出口产业。

（十三）支持跨境电子商务发展

支持建立跨境电子商务平台运营主体、符合条件的外贸综合服务企业、物流服务企业集中代理纳税的机制。进一步加强对跨境电子商务企业、外贸综合服务企业研究，制定更加符合新业态特点的企业认证标准，实施海关企业信用管理。推进跨境电子商务线上线下有机融合。

（十四）支持服务外包业务发展

支持符合条件企业开展服务外包保税业务时，适用国际服务外包业务进口货物保税监管模式，鼓励企业承接服务外包，促进软件研发、工业设计、信息管理等业务发展，提高服务外包产业国际竞争力。

（十五）支持生产性服务业发展

创新与研发、设计、检测、维修等生产性服务业相适应的海关监管模式，支持企业开展高技术含量、高附加值、环境风险可控的境内外检测、维修业务，促进生产性服务业发展。

（十六）支持融资租赁业务发展

对注册在自贸试验区海关特殊监管区域内的融资租赁企业进出口飞机、大型设备等涉及跨关区的，在确保有效监管和执行现行相关税收政策前提下，按物流实际需要，实行海关异地委托监管。

四、支持构建现代物流体系，提升自贸试验区辐射能力

（十七）推动内陆国际物流枢纽建设

支持重庆口岸建设，发展国际中转等业务；优化监管模式，强化口岸间互联互通；支持拓展国际客货运航线，支持依法开通国际通程航班；积极做好重庆南向国际公路物流班车的通关监管工作，构建辐射“欧亚”的内陆国际物流枢纽，形成“一带一路”和长江经济带在重庆贯通融合发展格局。支持加快中新（重庆）战略性互联互通示范项目与重庆自贸试验区协同发展。

（十八）支持渝新欧国际物流大通道建设

简化中欧（重庆—欧洲）班列境内段海关监管手续，探索班列全程直通监管模式。探索开展进出口邮、快件铁路运输监管业务。支持依托重庆铁路整车进口口岸以“铁海联运、江海联运”等物流方式开展整车进口指定口岸间转关作业。

（十九）支持长江上游航运中心建设

支持加快果园港建设和对外开放，调整优化寸滩港、果园港及沿线港口物流功能，支持在果园港增加保税物流功能。以果园港为核心，切实发挥长江黄金水道集疏运作用，促进长江上游港口及物流枢纽联动和辐射，将重庆打造为长江上游航运中心。

（二十）深化“中欧安全智能贸易航线试点计划”项目

支持与中欧（重庆—欧洲）班列沿线波兰、德国等开展“中欧安全智能贸易航线试点计划”试点，支持开展智能关锁互认试点，探索建立全程运输海关监管协调机制，构建安全便利智能化的国际贸易运输链。

（二十一）支持航空产业发展

支持航空器及零部件制造企业发展，降低通关成本，探索与之相适应的海关监管模式。支持开展国内、国际航空运输混装混载业务。优化航空国际中转作业模式，支持试点航空快件国际中转集拼业务，允许符合条件的国际货物类快件在自贸试验区办理属地报关业务。

（二十二）支持创新内陆加工制造产业链监管模式

支持依托保税制度推进以海关特殊监管区域龙头企业为核心的“产业链＋价值链＋物流链”内陆特色加工贸易发展。支持在海关特殊监管区域、保税监管场所内设立商品期货交割库，开展期货保税交割业务、仓单质押融资业务。

五、培育法治化营商环境，维护贸易秩序公平公正

（二十三）依法实施知识产权保护，维护企业创新成果

强化知识产权保护，促进企业自主创新。加大知识产权海关保护力度，提高知识产权行政执法与海关保护的协调，协同打击进出口领域侵权假冒违法行为，构建打击侵权假冒的社会共治格局，助推企业提升创新能力和核心竞争力，努力构建公平有序的营商环境，吸引更多国内外知识产权资源集聚。

（二十四）打防结合，有效防控风险

依法开展风险防控，维护国家意识形态安全，严密查堵进出境违禁印刷品音像制品。认真研究可能出现的风险隐患，确保安全高效管住，打击走私等违法犯罪活动，促进自贸试验区健康发展。

（二十五）加强法治建设，维护健康发展环境

坚持用法治思维和法治方法开展制度创新，将成熟的创新制度固化为法律规范，以法治建设保障制度创新。加强规范、统一执法，营造法治化营商环境。

◎海关总署关于印发支持和促进中国（四川）自由贸易试验区建设发展的若干措施的通知

署加发〔2017〕76号

成都海关：

设立中国（四川）自由贸易试验区，是党中央、国务院作出的重大决策，是新形势下全面深化改革、扩大开放和深入推进西部大开发、长江经济带发展的重大举措。

为贯彻落实党中央、国务院决策部署，支持和促进中国（四川）自由贸易试验区建设和发展，总署结合海关工作实际，研究制定了《海关总署关于支持和促进中国（四川）自由贸易试验区建设发展的若干措施》，现印发你们，请认真组织学习，抓好贯彻落实。

一、要解放思想、改革创新、积极探索、加强协调、相互借鉴，支持自由贸易试验区先行先试。边实践、边改革、边创新，不断丰富和完善支持措施，细化相关海关监管办法。

二、坚持“放得开”和“管得好”相结合，既要有效落实支持措施，积极创新、先行先试，又要依法依规做到安全高效管住，切实防控各类风险。

三、要根据《中国（四川）自由贸易试验区总体方案》要求，按照有利于安全高效管住、促进贸易便利化原则，在创新模式、优化流程、简化手续、提高效率等方面自主创新海关监管制度，积累可复制可推广的经验。涉及有关政策性问题的，须报经总署同意后再先行先试。

特此通知。

附件：海关总署关于支持和促进中国（四川）自由贸易试验区建设发展的若干措施

海关总署

2017 年 4 月 7 日

附件

海关总署关于支持和促进中国（四川）自由贸易试验区建设发展的若干措施

为贯彻落实党中央、国务院关于中国（四川）自由贸易试验区（以下简称“自贸试验区”）提出的“以制度创新为核心，以可复制可推广为基本要求，立足内陆、承东启西，服务全国、面向世界，将自贸试验区建设成为西部门户城市开发开放引领区、内陆开放战略支撑带先导区、国际开放通道枢纽区、内陆开放型经济新高地、内陆与沿海沿边沿江协同开放示范区。”要求，根据《国务院关于印发中国（四川）自由贸易试验区总体方案的通知》（国发〔2017〕21 号）精神，进一步转变职能、创新制度、把好国门、做好服务，现制定以下支持措施：

一、创新海关监管制度，促进贸易便利化

（一）全面推动海关监管制度创新

深化复制推广上海、广东、天津、福建自贸试验区海关监管创新制度工作，对适合新设自贸试验区发展的海关监管创新举措及原四个自贸试验区海关支持措施，因地制宜借鉴复制。继续开展海关监管制度创新，进一步提升贸易便利化水平。

（二）优先推进自贸试验区“互联网＋海关”特色服务

全面优化海关线上业务流程，优先推进海关服务事项网上办理，实现应上尽上、全程在线；融入全国“互联网＋政府服务”体系，建设海关的一体化互联网政务服务平台，根据自贸试验区发展需求，提供海关特色服务。

（三）率先推进通关一体化改革

将自贸试验区率先纳入全国通关一体化改革

推进进程，结合自贸试验区特色，加速推进自贸试验区海关功能化改造。完善“双随机、一公开”制度，强化事中事后监管。加强内陆与沿海、沿边海关间协作，推广应用物流监控系统，进一步提高通关效率，服务外贸转型升级，实现优进优出。

（四）建设国际先进水平的国际贸易“单一窗口”

依托电子口岸公共平台，建设国际先进水平的国际贸易“单一窗口”，并优先在自贸试验区试点推广。以“总对总”方式与各口岸和贸易管理部门系统对接，实现贸易许可、支付结算、资质登记等平台功能，逐步实现企业通过“单一窗口”一站式办理所有通关手续，优化监管执法流程，探索“一口对外、一次受理和统一反馈”的口岸管理模式，实现由“串联执法”转为“并联执法”，优化投资环境，进一步提高国际贸易便利化水平。

（五）推进海关税收征管方式改革

推动税收征管申报要素的审查由集中在进出口通关环节向全过程转变，由逐票审查确定向抽查审核转变，实现税收征管作业的前推后移。支持企业自报、自缴税款。创新税收担保形式，从以货物为单元的逐票担保机制转变为以企业为单元的总担保机制。优化归类一致性协调解决机制，将自贸试验区企业数据优先纳入归类先例企业库，推动企业使用归类先例辅助查询系统。

（六）创新企业管理制度

积极融入国家商事制度改革，推进自贸试验区企业注册登记“多证合一”，进一步优化海关“关企合作平台”，实现企业远程在线办理海关注册登记业务。构建以信用为核心的新型海关监管体制，优化企业信用信息公示制度，支持自贸试验区内符合条件的企业经申请认证为海关AEO企业，促进企业享受海关监管便利措施。有效落实对海关高级认证企业守信联合激励措施和对失信企业的联合惩戒措施。

（七）深化国际间海关合作

以贸易安全与便利为重点，开展国际海关间通关便利化、AEO互认、能力建设、执法等合作，积极开展“一带一路”沿线国家、地区间自由贸易园区海关监管合作。

二、实施保税监管改革，促进加工贸易创新发展

（八）改革加工贸易监管模式

实施以企业为单元，以账册为主线，以企业物料编码（料号）或HS编码（项号）为基础，周转量控制，定期核销的加工贸易监管模式和“风险研判、分类审核”作业模式。对管理规范、符合海关监管要求的企业，实施自主备案、自主核报的管理方式。取消异地加工贸易审核环节，企业可直接在加工企业所在地主管海关办理手续。探索建立总部式一体化保税监管模式和以研发设计为龙头的全产业链保税监管模式，促进加工贸易向产业链中高端延伸。

（九）改革加工贸易核销及单耗管理方式

允许符合条件的企业根据生产经营实际自主确定合理核销周期，并自主选择采用单耗、耗料清单、工单等核算方式，自主选择在报核前申报单耗或实行单耗自核管理。简化核销手续，取消预报核环节。

（十）加快海关特殊监管区域和保税监管场所整合优化

支持符合条件地区新设综合保税区和保税物流中心。支持自贸试验区内海关特殊监管区域转型为综合保税区。推动保税仓库和出口监管仓库整合。支持自贸试验区内海关特殊监管区域创新发展，加快实施选择性征收关税试点。

（十一）提高保税货物流转效率

优化口岸、海关特殊监管区域、保税监管场所和加工贸易企业之间的保税货物流转方式。企业可自行选择运输工具承运保税货物。

三、支持新型贸易发展，促进稳增长调结构

（十二）支持文化对外贸易发展

探索文化产品保税监管新模式，促进文化艺术、数字出版、动漫游戏、艺术品交易等文化业务发展。依托海关特殊监管区域，发展文化特色服务进出口产业。

（十三）支持跨境电子商务发展

支持建立跨境电子商务平台运营主体、符合条件的外贸综合服务企业、物流服务企业集中代理纳税的机制。进一步加强对跨境电子商务企业、外贸综合服务企业研究，制定更加符合新业态特点的企业认证标准，实施海关企业信用管理。推进跨境电子商务线上线下有机融合。

（十四）支持服务外包业务发展

支持符合条件企业开展服务外包保税业务时，适用国际服务外包业务进口货物保税监管模式，鼓励企业承接服务外包，促进软件研发、工业设计、信息管理等业务发展，提高服务外包产业国际竞争力。

（十五）支持生产性服务业发展

创新与研发、设计、检测、维修等生产性服务业相适应的海关监管模式，支持企业开展高技术含量、高附加值、环境风险可控的境内外检测、维修业务，促进生产性服务业发展。

（十六）支持融资租赁业务发展

对注册在自贸试验区海关特殊监管区域内的融资租赁企业进出口飞机、大型设备等涉及跨关区的，在确保有效监管和执行现行相关税收政策前提下，按物流实际需要，实行海关异地委托监管。

四、支持国际通道建设，推动内陆开放

（十七）支持承接产业转移

充分发挥海关特殊监管区域政策功能优势，承接东部地区优势产业转移，打造与东部产业配套协作的高端制造业、现代服务业和临港产业基地。

（十八）支持产业转型升级

创新企业保税研发进口设备及材料监管模式，促进保税研发业务发展。支持海关特殊监管区域内符合条件的企业开展保税售后维修业务。

（十九）支持国际开放通道和平台建设

支持成都国际铁路港建设。简化中欧班列（成都）境内段海关监管手续，探索班列全程直通监管模式，打造国际铁路运输重要枢纽。支持加快推进国际航空枢纽建设，试点航空快件国际中转和集拼业务，允许开展国际航班国内段进出境货物和国内货物混装混载业务。支持在整车口岸进一步开展汽车平行进口业务。

（二十）支持长江上游航运物流业发展

服务长江经济带建设，支持在川南临港片区设立水运口岸，促进与长江主要港口的协同开放合作。支持开展内外贸同船运输，提升运力资源综合效能。

（二十一）支持航空产业发展

支持航空器及零部件制造企业发展，探索对航空制造业实施“电子底账＋企业自核”保税监管模式。支持在海关特殊监管区域内开展符合条件的飞机发动机等零部件维修业务。

（二十二）支持完善通关服务功能

支持开展空、铁、公、水多式联运物流监管

业务，多方联网共享物流全程信息。探索实施海关特殊监管区域无纸化、智能化改革，进一步简化通关手续。

五、培育法治化营商环境，维护贸易秩序公平公正

（二十三）依法实施知识产权保护，维护企业创新成果

强化知识产权保护，促进企业自主创新。加大知识产权海关保护力度，提高知识产权行政执法与海关保护的协调，协同打击进出口领域侵权假冒违法行为，构建打击侵权假冒的社会共治格局，助推企业提升创新能力和核心竞争力，努力构建公平有序的营商环境，吸引更多国内外知识产权资源集聚。

（二十四）打防结合，有效防控风险

依法开展风险防控，维护国家意识形态安全，严密查堵进出境违禁印刷品音像制品。认真研究可能出现的风险隐患，确保安全高效管住，打击走私等违法犯罪活动，促进自贸试验区健康发展。

（二十五）加强法治建设，维护健康发展环境

坚持用法治思维和法治方法开展制度创新，将成熟的创新制度固化为法律规范，以法治建设保障制度创新。加强规范、统一执法，营造法治化营商环境。

◎海关总署关于印发支持和促进中国（陕西）自由贸易试验区建设发展的若干措施的通知

署加发〔2017〕77号

西安海关：

设立中国（陕西）自由贸易试验区，是党中央、国务院作出的重大决策，是新形势下全面深化改革、扩大开放和加快推进“一带一路”建设、深入推进西部大开发的重大举措。

为贯彻落实党中央、国务院决策部署，支持和促进中国（陕西）自由贸易试验区建设和发展，总署结合海关工作实际，研究制定了《海关总署关于支持和促进中国（陕西）自由贸易试验区建设发展的若干措施》，现印发你们，请认真组织学习，抓好贯彻落实。

一、要解放思想、改革创新、积极探索、加强协调、相互借鉴，支持自由贸易试验区先行先试。边实践、边改革、边创新，不断丰富和完善支持措施，细化相关海关监管办法。

二、坚持“放得开”和“管得好”相结合，既要有效落实支持措施，积极创新、先行先试，又要依法依规做到安全高效管住，切实防控各类风险。

三、要根据《中国（陕西）自由贸易试验区总体方案》要求，按照有利于安全高效管住、促进贸易便利化原则，在创新模式、优化流程、简化手续、提高效率等方面自主创新海关监管制度，积累可复制可推广的经验。涉及有关政策性问题的，须报经总署同意后再先行先试。

特此通知。

附件：海关总署关于支持和促进中国（陕西）自由贸易试验区建设发展的若干措施

海关总署

2017年4月7日

附件

海关总署关于支持和促进中国（陕西）自由贸易试验区建设发展的若干措施

为贯彻落实党中央国务院关于中国（陕西）自由贸易试验区（以下简称“自贸试验区”）提出的“以制度创新为核心，以可复制可推广为基本要求，全面落实党中央、国务院关于更好发挥‘一带一路’建设对西部大开发带动作用、加大西部地区门户城市开放力度的要求，努力将自贸试验区建设成为全面改革开放试验田、内陆型改革开放新高地、‘一带一路’经济合作和人文交流重要支点”要求，根据《国务院关于印发中国（陕西）自由贸易试验区总体方案的通知》（国发〔2017〕21 号）精神，进一步转变职能、创新制度、把好国门、做好服务，现制定以下支持措施：

一、创新海关监管制度，促进贸易便利化

（一）全面推动海关监管制度创新

深化复制推广上海、广东、天津、福建自贸试验区海关监管创新制度工作，对适合新设自贸试验区发展的海关监管创新举措及原四个自贸试验区海关支持措施，因地制宜借鉴复制。继续开展海关监管制度创新，进一步提升贸易便利化水平。

（二）优先推进自贸试验区“互联网+海关”特色服务

全面优化海关线上业务流程，优先推进海关服务事项网上办理，实现应上尽上、全程在线；融入全国“互联网+政府服务”体系，建设海关的一体化互联网政务服务平台，根据自贸试验区发展需求，提供海关特色服务。

（三）率先推进通关一体化改革

将自贸试验区率先纳入全国通关一体化改革推进进程，结合自贸试验区特色，加速推进自贸试验区海关功能化改造。完善“双随机、一公开”制度，强化事中事后监管。加强内陆与沿海、沿边海关间协作，推广应用物流监控系统，进一步提高通关效率，服务外贸转型升级，实现优进优出。

（四）建设国际先进水平的国际贸易“单一窗口”

依托电子口岸公共平台，建设国际先进水平的国际贸易“单一窗口”，并优先在自贸试验区试点推广。以“总对总”方式与各口岸和贸易管理部门系统对接，实现贸易许可、支付结算、资质登记等平台功能，逐步实现企业通过“单一窗口”一站式办理所有通关手续，优化监管执法流程，探索“一口对外、一次受理和统一反馈”的口岸管理模式，实现由“串联执法”转为“并联执法”，优化投资环境，进一步提高国际贸易便利化水平。

（五）推进海关税收征管方式改革

推动税收征管申报要素的审查由集中在进出口通关环节向全过程转变，由逐票审查确定向抽查审核转变，实现税收征管作业的前推后移。支持企业自报、自缴税款。创新税收担保形式，从以货物为单元的逐票担保机制转变为以企业为单元的总担保机制。优化归类一致性协调解决机制，将自贸试验区企业数据优先纳入归类先例企业库，推动企业使用归类先例辅助查询系统。

（六）创新企业管理制度

积极融入国家商事制度改革，推进自贸试验区企业注册登记“多证合一”，进一步优化海关

“关企合作平台”，实现企业远程在线办理海关注册登记业务。构建以信用为核心的新型海关监管体制，优化企业信用信息公示制度，支持自贸试验区内符合条件的企业经申请认证为海关AEO企业，促进企业享受海关监管便利措施。有效落实对海关高级认证企业守信联合激励措施和对失信企业的联合惩戒措施。

（七）深化国际间海关合作

以贸易安全与便利为重点，开展国际海关间通关便利化、AEO互认、能力建设、执法等合作，积极开展“一带一路”沿线国家、地区间自由贸易园区海关监管合作。

二、实施保税监管改革，促进加工贸易创新发展

（八）改革加工贸易监管模式

实施以企业为单元，以账册为主线，以企业物料编码（料号）或HS编码（项号）为基础，周转量控制，定期核销的加工贸易监管模式和“风险研判、分类审核”作业模式。对管理规范、符合海关监管要求的企业，实施自主备案、自主核报的管理方式。取消异地加工贸易审核环节，企业可直接在加工企业所在地主管海关办理手续。探索建立总部式一体化保税监管模式和以研发设计为龙头的全产业链保税监管模式，促进加工贸易向产业链中高端延伸。

（九）改革加工贸易核销及单耗管理方式

允许符合条件的企业根据生产经营实际自主确定合理核销周期，并自主选择采用单耗、耗料清单、工单等核算方式，自主选择在报核前申报单耗或实行单耗自核管理。简化核销手续，取消预报核环节。

（十）加快海关特殊监管区域和保税监管场所整合优化

支持符合条件地区新设综合保税区和保税物流中心。支持自贸试验区内海关特殊监管区域转型为综合保税区。推动保税仓库和出口监管仓库整合。支持自贸试验区内海关特殊监管区域创新发展，加快实施选择性征收关税试点。

（十一）提高保税货物流转效率

优化口岸、海关特殊监管区域、保税监管场所和加工贸易企业之间的保税货物流转方式。企业可自行选择运输工具承运保税货物。

三、支持新型贸易发展，促进稳增长调结构

（十二）支持文化对外贸易发展

探索文化产品保税监管新模式，促进文化艺术、数字出版、动漫游戏、艺术品交易等文化业务发展。依托海关特殊监管区域，发展文化特色服务进出口产业。

（十三）支持跨境电子商务发展

支持建立跨境电子商务平台运营主体、符合条件的外贸综合服务企业、物流服务企业集中代理纳税的机制。进一步加强对跨境电子商务企业、外贸综合服务企业研究，制定更加符合新业态特点的企业认证标准，实施海关企业信用管理。推进跨境电子商务线上线下有机融合。

（十四）支持服务外包业务发展

支持符合条件企业开展服务外包保税业务时，适用国际服务外包业务进口货物保税监管模式，鼓励企业承接服务外包，促进软件研发、工业设计、信息管理等业务发展，提高服务外包产业国际竞争力。

（十五）支持生产性服务业发展

创新与研发、设计、检测、维修等生产性服务业相适应的海关监管模式，支持企业开展高技术含量、高附加值、环境风险可控的境内外检测、维修业务，促进生产性服务业发展。

（十六）支持融资租赁业务发展

对注册在自贸试验区海关特殊监管区域内的融资租赁企业进出口飞机、大型设备等涉及跨关区的，在确保有效监管和执行现行相关税收政策前提下，按物流实际需要，实行海关异地委托监管。

四、助推产业优化升级，推动“一带一路”建设和西部大开放战略深入实施

（十七）支持打造面向“一带一路”的高端产业高地

支持发展高端装备制造、新一代信息技术、新材料、生物医药等先进制造业，探索“电子底账＋企业自核”的保税监管模式。支持软件开发测试、中医药文化和技术等服务贸易发展，培育“陕西外包”品牌。创新税收征管模式，提供预归类、预审价、原产地预确定等服务，支持进口先进技术和资源类商品。

（十八）支持打造面向“一带一路”的人文交流高地

支持境内外专业人才双向流动，对高层次人才进出开辟绿色通道，优化通关手续。简化文物进出境通关手续，探索博物馆联盟间交流合作海关监管模式，支持开展文物国际展示、国际交流。

（十九）支持建设“一带一路”国际内陆中转枢纽港

优化整合监管资源，支持加密国际客货运航线航班，发展空港货运物流，支持建设全方位立体化开放大通道，建设“一带一路”交通、商贸、快递物流中心。探索开展进出口邮、快件铁路运输监管业务。

（二十）支持“一带一路”现代农业国际合作

贯彻落实国家税收优惠政策，支持“一带一路”现代农业国际合作，建设国家现代农业国际创新园、“星创天地”、现代农业合作联盟、全球农业智库联盟。增设企业协调员，提供个性化的通关监管服务，支持在农业新技术、新品种、新业态以及节水农业、设施农业、农业装备等领域的国际合作，促进科技创新和示范推广。

（二十一）支持推进与“一带一路”沿线国家产能合作

利用自贸协定税收优惠、通关便利和海关统计资源支持企业“走出去”，开展境外基础设施建设、能源资源合作。发展对外承包工程和劳务合作，鼓励有竞争优势的企业开展境外加工，带动产品、服务和技术出口。

（二十二）支持推动西部大开发战略深入实施

支持现代服务业、先进制造业和战略性新兴产业集聚发展，促进产业转型升级。支持军民两用技术联合攻关，促进军民科技成果共享共用，推动产业化发展。

五、培育法治化营商环境，维护贸易秩序公平公正

（二十三）依法实施知识产权保护，维护企业创新成果

强化知识产权保护，促进企业自主创新。加大知识产权海关保护力度，提高知识产权行政执法与海关保护的协调，协同打击进出口领域侵权假冒违法行为，构建打击侵权假冒的社会共治格局，助推企业提升创新能力和核心竞争力，努力构建公平有序的营商环境，吸引更多国内外知识产权资源集聚。

（二十四）打防结合，有效防控风险

依法开展风险防控，维护国家意识形态安全，严密查堵进出境违禁印刷品音像制品。认真研究可能出现的风险隐患，确保安全高效管住，打击

走私等违法犯罪活动，促进自贸试验区健康发展。

（二十五）加强法治建设，维护健康发展环境

坚持用法治思维和法治方法开展制度创新，将成熟的创新制度固化为法律规范，以法治建设保障制度创新。加强规范、统一执法，营造法治化营商环境。

◎国务院办公厅关于印发自由贸易试验区外商投资准入特别管理措施（负面清单）（2017 年版）的通知

国办发〔2017〕51 号

各省、自治区、直辖市人民政府，国务院各部委、各直属机构：

《自由贸易试验区外商投资准入特别管理措施（负面清单）（2017 年版）》已经国务院同意，现印发给你们。此次修订进一步放宽外商投资准入，是实施新一轮高水平对外开放的重要举措。各地区、各部门要认真贯彻执行，增强服务意识，提高监管水平，有效防控风险。实施中的重大问题，要及时向国务院请示报告。

《自由贸易试验区外商投资准入特别管理措施（负面清单）（2017 年版）》自 2017 年 7 月 10 日起实施。2015 年 4 月 8 日印发的《自由贸易试验区外商投资准入特别管理措施（负面清单）》同时废止。

国务院办公厅

2017 年 6 月 5 日

自由贸易试验区外商投资准入特别管理措施（负面清单）（2017 年版）

说　　明

一、《自由贸易试验区外商投资准入特别管理措施（负面清单）（2017 年版）》（以下简称《自贸试验区负面清单》）依据现行有关法律法规制定，已经国务院批准，现予以发布。负面清单列明了不符合国民待遇等原则的外商投资准入特别管理措施，适用于自由贸易试验区（以下简称自贸试验区）。

二、《自贸试验区负面清单》依据《国民经济行业分类》（GB/T 4754—2011）划分为 15 个门类、40 个条目、95 项特别管理措施，与上一版相比，减少了 10 个条目、27 项措施。其中特别管理措施包括具体行业措施和适用于所有行业的水平措施。

三、《自贸试验区负面清单》中未列出的与国家安全、公共秩序、公共文化、金融审慎、政府采购、补贴、特殊手续、非营利组织和税收相关的特别管理措施，按照现行规定执行。自贸试验区内的外商投资涉及国家安全的，须按照《自由贸易试验区外商投资国家安全审查试行办法》进行安全审查。

四、《自贸试验区负面清单》之内的非禁止投资领域，须进行外资准入许可。《自贸试验区负面清单》之外的领域，在自贸试验区内按照内外资一致原则实施管理。

五、香港特别行政区、澳门特别行政区、台湾地区投资者在自贸试验区内投资参照《自贸试验区负面清单》执行。内地与香港特别行政区、澳门特别行政区关于建立更紧密经贸关系的安排及其补充协议，《海峡两岸经济合作框架协议》，我国签署的自贸协定中适用于自贸试验区并对符合条件的投资者有更优惠的开放措施的，按照相关协议或协定的规定执行。

自由贸易试验区外商投资准入特别管理措施（负面清单）（2017年版）

序号	领域	特别管理措施
一、农、林、牧、渔业		
（一）	种业	1. 禁止投资中国稀有和特有的珍贵优良品种的研发、养殖、种植以及相关繁殖材料的生产（包括种植业、畜牧业、水产业的优良基因）。 2. 禁止投资农作物、种畜禽、水产苗种转基因品种选育及其转基因种子（苗）生产。 3. 农作物新品种选育和种子生产须由中方控股。 4. 未经批准，禁止采集农作物种质资源。
（二）	渔业	5. 在中国境内及其管辖水域从事渔业活动，须经中国政府批准；不得注册登记中国籍渔业船舶。
二、采矿业		
（三）	专属经济区、大陆架和其他管辖海域勘探开发	6. 对中国专属经济区、大陆架和其他管辖海域的勘查、钻探、开发活动，须经中国政府批准。
（四）	石油和天然气开采及开采辅助活动	7. 投资石油、天然气、煤层气的勘探、开发，须通过与中国政府批准的具有对外合作专营权的油气公司签署产品分成合同方式进行。
（五）	有色金属矿和非金属矿采选和开采辅助活动	8. 禁止投资稀土勘查、开采及选矿；未经允许，禁止进入稀土矿区或取得矿山地质资料、矿石样品及生产工艺技术。 9. 禁止投资钨、钼、锡、锑、萤石的勘查、开采。 10. 禁止投资放射性矿产的勘查、开采、选矿。
（六）	金属矿及非金属矿采选	11. 石墨的勘查、开采。
三、制造业		
（七）	航空制造	12. 干线、支线飞机设计、制造与维修，须由中方控股；6吨9座（含）以上通用飞机设计、制造与维修，限于合资、合作；地面、水面效应飞机制造及无人机、浮空器设计与制造，须由中方控股。
（八）	船舶制造	13. 船舶（含分段）修理、设计与制造须由中方控股。

续表

序号	领域	特别管理措施
（九）	汽车制造	14. 汽车整车、专用汽车制造，中方股比不低于 50%；同一家外商可在国内建立两家以下（含两家）生产同类（乘用车类、商用车类）整车产品的合资企业，如与中方合资伙伴联合兼并国内其他汽车生产企业可不受两家的限制。
（十）	通信设备制造	15. 卫星电视广播地面接收设施及关键件生产。
（十一）	有色金属冶炼和压延加工及放射性矿产冶炼、加工	16. 钨冶炼。 17. 稀土冶炼、分离限于合资、合作。 18. 禁止投资放射性矿产冶炼、加工。
（十二）	中药饮片加工及中成药生产	19. 禁止投资中药饮片的蒸、炒、炙、煅等炮制技术的应用及中成药保密处方产品的生产。
（十三）	核燃料及核辐射加工	20. 核燃料、核材料、铀产品以及相关核技术的生产经营和进出口由具有资质的中央企业实行专营。 21. 国有或国有控股企业才可从事放射性固体废物处置活动。
（十四）	其他制造业	22. 禁止投资象牙雕刻、虎骨加工、宣纸和墨锭生产等民族传统工艺。
四、电力、热力、燃气及水生产和供应业		
（十五）	核力发电	23. 核电站的建设、经营须由中方控股。
（十六）	管网设施	24. 城市人口 50 万以上的城市燃气、热力和供排水管网的建设、经营须由中方控股。 25. 电网的建设、经营须由中方控股。
五、批发和零售业		
（十七）	专营及特许经营	26. 禁止投资烟叶、卷烟、复烤烟叶及其他烟草制品的生产、批发、零售、进出口。 27. 对中央储备粮（油）实行专营制度。中国储备粮管理总公司具体负责中央储备粮（油）的收购、储存、经营和管理。 28. 对免税商品销售业务实行特许经营和集中统一管理。 29. 对彩票发行、销售实行特许经营，禁止在中华人民共和国境内发行、销售境外彩票。
六、交通运输、仓储和邮政业		
（十八）	铁路运输	30. 铁路干线路网的建设、经营须由中方控股。 31. 铁路旅客运输公司须由中方控股。
（十九）	水上运输	32. 水上运输公司（上海自贸试验区内设立的国际船舶运输企业除外）须由中方控股，且不得经营或以租用中国籍船舶或者舱位等方式变相经营国内水路运输业务及其辅助业务（包括国内船舶管理、国内船舶代理、国内水路旅客运输代理和国内水路货物运输代理业务等）。 33. 水路运输经营者不得使用外国籍船舶经营国内水路运输业务，但经中国政府批准，在国内没有能够满足所申请运输要求的中国籍船舶，并且船舶停靠的港口或者水域为对外开放的港口或者水域的情况下，水路运输经营者可以在中国政府规定的期限或者航次内，临时使用外国籍船舶经营中国港口之间的海上运输和拖航。 34. 国际、国内船舶代理企业外资股比不超过 51%。

续表

序号	领域	特别管理措施
（二十）	航空客货运输	35. 公共航空运输企业须由中方控股，单一外国投资者（包括其关联企业）投资比例不超过 25%。企业法定代表人须由中国籍公民担任。只有中国公共航空运输企业才能经营国内航空服务（国内载运权），并作为中国指定承运人提供定期和不定期国际航空服务。
（二十一）	通用航空服务	36. 通用航空企业限于合资，除专门从事农、林、渔作业的通用航空企业以外，其他通用航空企业须由中方控股。企业法定代表人须由中国籍公民担任。外籍航空器或者外籍人员使用中国航空器在中国境内进行通用航空飞行活动须取得批准。
（二十二）	机场与空中交通管理	37. 禁止投资和经营空中交通管制系统。 38. 民用机场的建设、经营须由中方相对控股。
（二十三）	邮政业	39. 禁止投资邮政企业和经营邮政服务。 40. 禁止投资经营信件的国内快递业务。
七、信息传输、软件和信息技术服务业		
（二十四）	电信	41. 电信公司限于从事中国入世承诺开放的电信业务，其中：增值电信业务（电子商务除外）外资比例不超过 50%，基础电信业务经营者须为依法设立的专门从事基础电信业务的公司，且公司国有股权或股份不少于 51%（上海自贸试验区原有区域〔28.8 平方公里〕按既有政策执行）。
（二十五）	互联网和相关服务	42. 禁止投资互联网新闻信息服务、网络出版服务、网络视听节目服务、网络文化经营（音乐除外）、互联网公众发布信息服务（上述服务中，中国入世承诺中已开放的内容除外）。 43. 禁止从事互联网地图编制和出版活动（上述服务中，中国入世承诺中已开放的内容除外）。 44. 互联网新闻信息服务单位与外国投资者进行涉及互联网新闻信息服务业务的合作，应报经中国政府进行安全评估。
八、金融业		
（二十六）	银行服务	45. 境外投资者投资银行业金融机构，应为金融机构或特定类型机构。具体要求： （1）外商独资银行股东、中外合资银行外方股东应为金融机构，且外方唯一或者控股 / 主要股东应为商业银行； （2）投资中资商业银行、信托公司的应为金融机构； （3）投资农村商业银行、农村合作银行、农村信用（合作）联社、村镇银行的应为境外银行； （4）投资金融租赁公司的应为金融机构或融资租赁公司； （5）消费金融公司的主要出资人应为金融机构； （6）投资货币经纪公司的应为货币经纪公司； （7）投资金融资产管理公司的应为金融机构，且不得参与发起设立金融资产管理公司； （8）法律法规未明确的应为金融机构。 46. 境外投资者投资银行业金融机构须符合一定数额的总资产要求，具体要求如下： （1）取得银行控股权益的外国投资者，以及投资中资商业银行、农村商业银行、农村合作银行、村镇银行、贷款公司和其他银行的外国投资者，提出申请前 1 年年末总资产应不少于 100 亿美元；

续表

序号	领域	特别管理措施
（二十六）	银行服务	（2）投资农村信用（合作）联社、信托公司的外国投资者，提出申请前 1 年年末总资产应不少于 10 亿美元； （3）拟设分行的外国银行，提出申请前 1 年年末总资产应不少于 200 亿美元； （4）在中国境外注册的具有独立法人资格的融资租赁公司作为金融租赁公司发起人，最近 1 年年末总资产应不低于 100 亿元人民币或等值的可自由兑换货币； （5）法律法规未明确不适用的其他银行业金融机构的境外投资者，提出申请前 1 年年末总资产应不少于 10 亿美元。 47. 境外投资者投资货币经纪公司须从事货币经纪业务 20 年以上，并具有从事货币经纪业务所必需的全球机构网络和资讯通信网络等特定条件。 48. 单个境外金融机构及被其控制或共同控制的关联方作为发起人或战略投资者向单个中资商业银行、农村商业银行、农村合作银行、农村信用（合作）联社、金融资产管理公司等银行业金融机构投资入股比例不得超过 20%，多个境外金融机构及被其控制或共同控制的关联方作为发起人或战略投资者向单个中资商业银行、农村商业银行、农村合作银行、农村信用（合作）联社、金融资产管理公司等银行业金融机构投资入股比例合计不得超过 25%。 49. 除符合股东机构类型要求和资质要求外，外资银行还受限于以下条件： （1）外国银行分行不可从事《中华人民共和国商业银行法》允许经营的“代理收付款项”、“从事银行卡业务”，除可以吸收中国境内公民每笔不少于 100 万元人民币的定期存款外，外国银行分行不得经营对中国境内公民的人民币业务； （2）外国银行分行应当由总行无偿拨付不少于 2 亿元人民币或等值的自由兑换货币，营运资金的 30% 应以指定的生息资产形式存在，以定期存款形式存在的生息资产应当存放在中国境内 3 家或 3 家以下的中资银行； （3）外国银行分行营运资金加准备金等项之和中的人民币份额与其人民币风险资产的比例不可低于 8%。
（二十七）	资本市场服务	50. 期货公司外资比例不超过 49%。 51. 证券公司外资比例不超过 49%。 52. 单个境外投资者持有（包括直接持有和间接控制）上市内资证券公司股份的比例不超过 20%；全部境外投资者持有（包括直接持有和间接控制）上市内资证券公司股份的比例不超过 25%。 53. 证券投资基金管理公司外资比例不超过 49%。 54. 不得成为证券交易所的普通会员和期货交易所的会员。 55. 除中国政府另有规定的情况外，不得申请开立 A 股证券账户以及期货账户。
（二十八）	保险业	56. 寿险公司外资比例不超过 50%；境内保险公司合计持有保险资产管理公司的股份不低于 75%。 57. 向保险公司投资入股，全部外资股东出资或者持股比例占公司注册资本不足 25% 的，全部外资股东应为境外金融机构（通过证券交易所购买保险公司股票的除外），提出申请前 1 年年末总资产不少于 20 亿美元。 申请设立外资保险公司的外国保险公司，应当具备下列条件： （1）经营保险业务 30 年以上； （2）在中国境内已经设立代表机构 2 年以上； （3）提出设立申请前 1 年年末总资产不少于 50 亿美元。
九、租赁和商务服务业		
（二十九）	法律服务	58. 外国律师事务所只能以代表机构的方式进入中国，在华设立代表机构、派驻代表，须经中国司法行政部门许可。

续表

序号	领域	特别管理措施
（二十九）	法律服务	59. 禁止从事中国法律事务，不得成为国内律师事务所合伙人。 60. 外国律师事务所驻华代表机构不得聘用中国执业律师，聘用的辅助人员不得为当事人提供法律服务。
（三十）	咨询与调查	61. 禁止投资社会调查。 62. 市场调查限于合资、合作，其中广播电视收听、收视调查须由中方控股。
十、科学研究和专业技术服务		
（三十一）	专业技术服务	63. 禁止投资大地测量、海洋测绘、测绘航空摄影、行政区域界线测绘，地形图、世界政区地图、全国政区地图、省级及以下政区地图、全国性教学地图、地方性教学地图和真三维地图编制，导航电子地图编制，区域性的地质填图、矿产地质、地球物理、地球化学、水文地质、环境地质、地质灾害、遥感地质等调查。 64. 测绘公司须由中方控股。 65. 禁止投资人体干细胞、基因诊断与治疗技术的开发和应用。 66. 禁止设立和运营人文社会科学研究机构。
十一、水利、环境和公共设施管理业		
（三十二）	野生动植物资源保护	67. 禁止投资国家保护的原产于中国的野生动植物资源开发。 68. 禁止采集或收购国家重点保护野生动植物和微生物资源。
十二、教育		
（三十三）	教育	69. 外国教育机构、其他组织或者个人不得单独设立以中国公民为主要招生对象的学校及其他教育机构（不包括非学制类职业技能培训）。 70. 外国教育机构可以同中国教育机构合作举办以中国公民为主要招生对象的教育机构，中外合作办学者可以合作举办各级各类教育机构，但是： （1）不得举办实施义务教育机构； （2）外国宗教组织、宗教机构、宗教院校和宗教教职人员不得在中国境内从事合作办学活动，中外合作办学机构不得进行宗教教育和开展宗教活动；不得在中国境内投资宗教教育机构； （3）普通高中教育机构、高等教育机构和学前教育须由中方主导（校长或者主要行政负责人应当具有中国国籍，在中国境内定居；理事会、董事会或者联合管理委员会的中方组成人员不得少于 1/2；教育教学活动和课程教材须遵守我国相关法律法规及有关规定）。
十三、卫生和社会工作		
（三十四）	卫生	71. 医疗机构限于合资、合作。
十四、文化、体育和娱乐业		
（三十五）	广播电视播出、传输、制作、经营	72. 禁止投资设立和经营各级广播电台（站）、电视台（站）、广播电视频率频道和时段栏目、广播电视传输覆盖网（广播电视发射台、转播台〔包括差转台、收转台〕、广播电视卫星、卫星上行站、卫星收转站、微波站、监测台〔站〕及有线广播电视传输覆盖网等），禁止从事广播电视视频点播业务和卫星电视广播地面接收设施安装服务。 73. 禁止投资广播电视节目制作经营公司。

续表

序号	领域	特别管理措施
（三十五）	广播电视播出、传输、制作、经营	74. 对境外卫星频道落地实行审批制度。禁止投资电影及广播电视节目的引进业务，引进境外影视剧和以卫星传送方式引进其他境外电视节目由新闻出版广电总局指定的单位申报。 75. 对中外合作制作电视剧（含电视动画片）实行许可制度。
（三十六）	新闻出版、广播影视、金融信息	76. 禁止投资设立通讯社、报刊社、出版社以及新闻机构。 77. 外国新闻机构在中国境内设立常驻新闻机构、向中国派遣常驻记者，须经中国政府批准。 78. 外国通讯社在中国境内提供新闻的服务业务须由中国政府审批。 79. 禁止投资经营图书、报纸、期刊、音像制品和电子出版物的编辑、出版、制作业务；禁止经营报刊版面。但经中国政府批准，在确保合作中方的经营主导权和内容终审权并遵守中国政府批复的其他条件下，中外出版单位可进行新闻出版中外合作项目。 80. 中外新闻机构业务合作须中方主导，且须经中国政府批准。 81. 出版物印刷须由中方控股。 82. 未经中国政府批准，禁止在中国境内提供金融信息服务。 83. 境外传媒（包括外国和港澳台地区报社、期刊社、图书出版社、音像出版社、电子出版物出版公司以及广播、电影、电视等大众传播机构）不得在中国境内设立代理机构或编辑部。未经中国政府批准，不得设立办事机构，办事机构仅可从事联络、沟通、咨询、接待服务。
（三十七）	电影制作、发行、放映	84. 禁止投资电影制作公司、发行公司、院线公司，但经批准，允许中外企业合作摄制电影。 85. 电影院的建设、经营须由中方控股。放映电影片，应当符合中国政府规定的国产电影片与进口电影片放映的时间比例。放映单位年放映国产电影片的时间不得低于年放映电影片时间总和的 2/3。
（三十八）	文物及非物质文化遗产保护	86. 禁止投资和经营文物拍卖的拍卖企业、文物购销企业。 87. 禁止投资和运营国有文物博物馆。 88. 禁止不可移动文物及国家禁止出境的文物转让、抵押、出租给外国人。 89. 禁止设立与经营非物质文化遗产调查机构。 90. 境外组织或个人在中国境内进行非物质文化遗产调查和考古调查、勘探、发掘，应采取与中国合作的形式并经专门审批许可。
（三十九）	文化娱乐	91. 禁止设立文艺表演团体。 92. 演出经纪机构须由中方控股（为设有自贸试验区的省市提供服务的除外）。
十五、所有行业		
（四十）	所有行业	93. 不得作为个体工商户、个人独资企业投资人、农民专业合作社成员，从事经营活动。 94.《外商投资产业指导目录》中的禁止类以及标注有“限于合资”、“限于合作”、“限于合资、合作”、“中方控股”、“中方相对控股”和有外资比例要求的项目，不得设立外商投资合伙企业。 95. 境内公司、企业或自然人以其在境外合法设立或控制的公司并购与其有关联关系的境内公司，涉及外商投资项目和企业设立及变更事项的，按现行规定办理。

自由贸易试验区外商投资准入特别管理措施（负面清单）（2017 年版）比上一版减少的措施

大类	领域	比上一版减少的特别管理措施
采矿业	金属矿及非金属矿采选	1. 贵金属（金、银、铂族）勘查、开采，属于限制类。
采矿业	金属矿及非金属矿采选	2. 锂矿开采、选矿，属于限制类。
制造业	航空制造	3. 3 吨级及以上民用直升机设计与制造需中方控股。
制造业	航空制造	4. 6 吨 9 座以下通用飞机设计、制造与维修限于合资、合作。
制造业	船舶制造	5. 船用低、中速柴油机及曲轴制造，须由中方控股。
制造业	船舶制造	6. 海洋工程装备（含模块）制造与修理，须由中方控股。
制造业	汽车制造	7. 新建纯电动乘用车生产企业生产的产品须使用自有品牌，拥有自主知识产权和已授权的相关发明专利。
制造业	轨道交通设备制造	8. 轨道交通运输设备制造限于合资、合作（与高速铁路、铁路客运专线、城际铁路配套的乘客服务设施和设备的研发、设计与制造，与高速铁路、铁路客运专线、城际铁路相关的轨道和桥梁设备研发、设计与制造，电气化铁路设备和器材制造，铁路客车排污设备制造等除外）。
制造业	轨道交通设备制造	9. 城市轨道交通项目设备国产化比例须达到 70% 及以上。
制造业	通信设备制造	10. 民用卫星设计与制造、民用卫星有效载荷制造须由中方控股。
制造业	矿产冶炼和压延加工	11. 钼、锡（锡化合物除外）、锑（含氧化锑和硫化锑）等稀有金属冶炼属于限制类。
制造业	医药制造	12. 禁止投资列入《野生药材资源保护管理条例》和《中国稀有濒危保护植物名录》的中药材加工。
交通运输业	道路运输	13. 公路旅客运输公司属于限制类。
交通运输业	水上运输	14. 外轮理货属于限制类，限于合资、合作。
信息技术服务业	互联网和相关服务	15. 禁止投资互联网上网服务营业场所。
金融业	银行服务	16. 外国银行分行不可从事《中华人民共和国商业银行法》允许经营的“代理发行、代理兑付、承销政府债券”。
金融业	银行服务	17. 外资银行获准经营人民币业务须满足最低开业时间要求。
金融业	银行服务	18. 境外投资者投资金融资产管理公司须符合一定数额的总资产要求。
金融业	保险业务	19. 非经中国保险监管部门批准，外资保险公司不得与其关联企业从事再保险的分出或者分入业务。
租赁和商务服务业	会计审计	20. 担任特殊普通合伙会计师事务所首席合伙人（或履行最高管理职责的其他职务），须具有中国国籍。

续表

大类	领域	比上一版减少的特别管理措施
租赁和商务服务业	统计调查	21. 实行涉外调查机构资格认定制度和涉外社会调查项目审批制度。
		22. 评级服务属于限制类。
	其他商务服务	23. 因私出入境中介机构法定代表人须为具有境内常住户口、具有完全民事行为能力的中国公民。
教育	教育	24. 不得举办实施军事、警察、政治和党校等特殊领域教育机构。
文化、体育和娱乐业	新闻出版、广播影视、金融信息	25. 禁止从事美术品和数字文献数据库及其出版物等文化产品进口业务（上述服务中，中国入世承诺中已开放的内容除外）。
	文化娱乐	26. 演出经纪机构属于限制类，须由中方控股（由“为本省市提供服务的除外”调整为“为设有自贸试验区的省份提供服务的除外”）。
		27. 大型主题公园的建设、经营属于限制类。

*注：《自由贸易试验区外商投资准入特别管理措施（负面清单）（2017年版）》与上一版相比，共减少了10个条目、27项措施。其中，减少的条目包括轨道交通设备制造、医药制造、道路运输、保险业务、会计审计、其他商务服务等6条，同时整合减少了4条。

◎质检总局关于推进检验检疫改革创新 进一步支持自由贸易试验区建设的指导意见

国质检通〔2017〕261号

天津、辽宁、上海、浙江、福建、厦门、河南、湖北、广东、深圳、珠海、四川、重庆、陕西检验检疫局：

设立自由贸易试验区（以下简称“自贸试验区”）是党中央、国务院在新形势下作出的重大决策。自贸试验区是改革开放的制度创新高地，也是检验检疫改革创新的重要平台。当前，全国已有11个省（区、市）获批建设自贸试验区，涉及14个直属检验检疫局。为贯彻落实国务院新印发的全面深化上海自贸试验区改革开放方案及辽宁等7个自贸试验区总体方案，并加强对各自贸试验区检验检疫工作的指导，充分发挥自贸试验区在推进检验检疫改革创新中的引领作用，现就进一步支持自贸试验区建设提出以下意见。

一、指导思想

全面贯彻党的十八大和十八届三中、四中、五中、六中全会精神，深入贯彻习近平总书记系列重要讲话精神和治国理政新理念新思想新战略，紧紧围绕“四个全面”战略布局和“五位一体”总体布局，以国务院印发的各自贸试验区建设方案为指导，充分利用自贸试验区的改革创新引领作用，大胆试、大胆闯、自主改，进一步探索推进自贸试验区检验检疫监管模式改革，促进自贸试验区建设，提升贸易便利化水平，改善营商环境。

二、工作目标

通过在自贸试验区实施支持政策，试点探索创新制度，形成一批国际化程度高、创新性强、用户体验好的改革举措，大幅提升自贸试验区的贸易便利化水平，带动自贸试验区产业聚集发展，提高自贸试验区的吸引力，体现和发挥检验检疫在促进经济社会发展、服务国家重大战略中的地位和作用。同时形成一批系统性强、实用性佳、影响面广的可复制可推广创新制度和经验，为推进检验检疫全面深化改革创新提供有益经验。

三、基本原则

（一）坚持安全第一，注重效率。坚持把维护国门安全作为自贸试验区检验检疫改革创新的底线，把提高效率作为基本要求，坚持改革创新不逾越安全底线，在安全和效率之间探索最佳平衡点，做到既严把国门安全，又最大限度提升放行速度。

（二）坚持依法改革，有序创新。正确处理依法改革与创新突破的关系，坚持法律法规调整走在改革实践之前，坚持在取得法律授权的前提下进行改革试点，使改革在法制的框架下有序推进。

（三）坚持统筹兼顾，统分结合。充分发挥检验检疫垂直管理的优势，合力推进一些共性事项的改革创新，形成统一适用的改革经验。对于具有地方特色的个性事项，允许各地在保证检验检疫统一性的前提下，探索适应当地实际的改革举措，形成共性与个性改革创新相互补充、相互促进的良好格局。

（四）坚持立足当前，着眼长远。坚持实事求是、方便可行，立足当前解决检验检疫事业发展最紧迫的现实问题。同时坚持适度超前、兼顾长远，从检验检疫事业长远发展的角度，探索和储备一批适应未来发展需要的改革举措。

四、支持措施

（一）深化试点探索，推进简政放权

1. 优化审批流程。支持在各地自贸试验区综合服务大厅设立检验检疫窗口，实行检验检疫相关审批“一口受理”服务模式，推进行政审批规范化、标准化建设。自贸试验区内食品生产加工企业申请出口食品企业注册备案的，采信企业 HACCP 认证或自查内审结果声明，简化审批流程。

2. 完善审批模式。对自贸试验区内特殊物品企业，入出境生物医药类特殊物品实施行政审批全程无纸化，在产品分级、企业分类的基础上对信用良好企业的 D 级生物制品出境进一步提升审批效率。推进实施强制性产品认证免办审核工作全程无纸化建设。

3. 创新认证监管。在自贸试验区内使用的入境展品，设计、研发所需的原材料和零部件等，简化强制性产品认证免办审核程序。

4. 探索优化口岸卫生许可。探索优化自贸试验区内口岸食品生产经营单位、饮用水供应单位、公共场所经营单位卫生许可监管模式，建立健全企业诚信机制，进一步缩短审批时限，加强事中事后监管，确保试验区内口岸公共卫生安全。

（二）加大支持力度，促进产业发展

5. 促进入境维修/再制造产业发展。复制推广上海等自贸试验区创新经验，推进以口岸查验、监督管理、产成品质量验证为基础，以能力评估、境外装运前检验为管理手段的入境维修/再制造料件质量安全管理工作模式，对料件、企业实施差别化管理。

6. 促进检验检测产业发展。支持自贸试验区内检验检测认证机构建设，鼓励在区内投资设立进出口商品检验鉴定机构，推动检验检测产业加快发展。推进实施检验结果第三方采信制度，进一步扩大第三方采信范围。

7. 支持国际物流大通道建设。支持指定口岸建设，推动提升指定口岸运营水平。创新多式联运及国际分拨货物证书核查、口岸查验等检验检疫监管制度，提前规划、科学布局口岸检验检疫监管区，支持多式联运国际物流中心建设。

优化拼箱拼装货物检验检疫监管模式，提高检验检疫效率。对已获得我国检疫准入的国际中转食品免予实施检验，免予提供证书，免予注册备案。

8. 支持中欧班列扩量增效。支持各内陆自贸试验区充分发挥内陆主要货源节点和主要铁路枢纽节点作用，简化检验检疫申报、查验和放行手续，对过境中转集装箱免于开箱查验（装载动植物及其产品的，仍按照进出境动植物检疫法律法规相关规定执行），支持冷链物流发展，扩大班列运输食品范围，促进打造中欧班列枢纽。

9. 支持重大项目建设。优化检验检疫监管模式，探索建立以“便利通关、风险评估、组织检验、技术支撑、综合监管、合格评定”为基础的进口大型及成套设备检验监管新模式，支持自贸试验区重大项目建设。

（三）优化监管模式，提高贸易便利化水平

10. 深化分线管理模式。科学界定沿海、沿边和内陆地区自贸试验区“一线”“二线”范围，按照严密防范质量安全风险和最大便利化的原则，一线主要实施进出境现场检疫、查验、处理和重点敏感货物检验工作；二线主要实施进出口产品检验检疫监管及实验室检测，维护质量安全。

11. 探索优化查验放行模式。探索自贸试验区内进出口产品检验检疫分类监管新模式，针对不同的监管对象和产品特点，实行基于合格评定的多种放行模式。

12. 探索完善事中事后监管。优化整合现有监管资源，拓宽信息采集渠道，建立多维度事中事后风险监测、评估和预警机制，建立健全质量安全约谈、追溯、召回制度，推动建立政府监管、企业主责、行业自律、社会监督、公众参与的综合监管体系。

13. 测算和压缩检验检疫放行时间。依托e-CIQ统计系统，开展检验检疫平均放行时间测算工作。进一步优化检验检疫工作流程，强化流程管理，加强各环节之间工作衔接，压缩检验检疫平均放行时间。

（四）加强协作配合，形成工作合力

14. 支持国际贸易“单一窗口”建设。支持各自贸试验区依托电子口岸公共平台推进国际贸易“单一窗口”建设，完善货物进出口和运输工具进出境的应用功能，进一步优化通关流程，实现贸易许可、资质登记平台功能。

15. 加强部门协作配合。密切与自贸区管委会的协作，积极配合管委会有关工作的落实，形成合力，创造良好工作环境。加强与海关、海事、交通、边检等口岸管理部门的合作，推进信息共享，加强执法互助，创造和谐环境。强化自贸试验区检验检疫机构与口岸检验检疫机构之间的协作联动，在自贸试验区深化检验检疫一体化改革，形成高效、便捷的检验检疫通关放行机制。

16. 加强对外国际合作。支持自贸试验区与“一带一路”沿线国家开展检验检疫、认证认可等方面的合作与交流，推进检验检疫证书国际联网核查机制建设，在平等互利的基础上，探索推进检验鉴定结果互认，逐步实现信息互换、监管互认、执法互助。

五、有关要求

（一）加强组织领导。各直属局要加强对自贸试验区检验检疫工作的组织领导，建立工作机制，细化工作任务，加强工作协调，充分发挥各领域专家队伍的力量，全力推进工作落实，确保工作取得实效。

（二）加强沟通交流。各直属局要加强与总局相关业务司局的沟通交流，就相关改革事项听取业务司局的意见，以使改革措施与相关业务改革创新的方向一致；总局有关部门要积极指导相关直属局推进改革，形成上下互动的良好局面；各直属局之间要加强沟通交流，互通有无，取长

补短，形成合力。

（三）加强创新经验的试点探索。各直属局要根据各自贸试验区总体方案内容及当地实际，结合各自贸试验区的功能定位，积极研究实施支持措施，试点探索创新经验，并适时对创新事项进行总结，对于存在不足、效果不佳的创新事项，及时进行调整完善，使创新事项发挥应有的作用。总局将根据国务院的部署和有关要求，适时对创新措施进行评估和复制推广。

（四）加强与研究机构的协作。加强与知名院校、专业智库的协作，在业务管理与研究方面实现优势互补和成果共享，共同提高“检学研”合作的层次和水平，为自贸试验区检验检疫制度创新提供智力支持。

质检总局

2017 年 6 月 6 日

◎关于外商投资企业设立及变更备案管理有关事项的公告

商务部公告 2017 年第 37 号

为进一步完善外商投资企业设立及变更备案管理，做好《外商投资企业设立及变更备案管理暂行办法》（以下简称《备案办法》）修订后的衔接工作，引导外商投资企业及其投资者在线便捷、准确填报备案信息，现就有关事项公告如下：

一、自由贸易试验区内，国家规定实施准入特别管理措施的范围，自 2017 年 7 月 10 日起，依照《自由贸易试验区外商投资准入特别管理措施（负面清单）（2017 年版）》的规定执行；自由贸易试验区外，国家规定实施准入特别管理措施的范围，自 2017 年 7 月 28 日起，依照《外商投资产业指导目录（2017 年修订）》中《外商投资准入特别管理措施（外商投资准入负面清单）》的规定执行。

二、外商投资企业设立及变更适用备案管理的，应按照《备案办法》第五条、第六条、第七条的规定，通过外商投资综合管理系统在线填报《外商投资企业设立备案申报表》（以下简称《设立申报表》）或《外商投资企业变更备案申报表》（以下简称《变更申报表》）。其中，境内非外商投资企业变更为外商投资企业的，应当填报《设立申报表》。

三、《备案办法》所称“并购”指《商务部关于外国投资者并购境内企业的规定》（商务部令 2009 年第 6 号）规定的外国投资者并购境内企业；《备案办法》所称“战略投资”指《外国投资者对上市公司战略投资管理办法》（商务部、证监会、税务总局、工商总局、外汇局令 2005 年第 28 号）规定的外国投资者对上市公司战略投资。

四、《设立申报表》、《变更申报表》见本公告附件。

附件：1. 外商投资企业设立申报表（略）
2. 外商投资企业变更申报表（略）

商务部

2017 年 7 月 30 日

◎科技部办公厅、商务部办公厅关于印发《支持自由贸易试验区创新发展若干措施》的通知

国科办创〔2017〕81 号

上海市、广东省、天津市、福建省、辽宁省、浙江省、河南省、湖北省、重庆市、四川省、陕西省科技厅（委）、商务厅（委），中国（上海）自由贸易试验区推进工作领导小组办公室、中国（广东）自由贸易试验区工作办公室：

为全面落实创新驱动发展战略，推动自由贸易试验区加快创新发展，科技部、商务部研究制定了《支持自由贸易试验区创新发展若干措施》。现印发给你们，请结合实际，加强协同配合，认真推进落实。

科技部办公厅　商务部办公厅

2017 年 9 月 4 日

支持自由贸易试验区创新发展若干措施

建设自由贸易试验区（以下简称自贸试验区）是党中央、国务院在新形势下全面深化改革、扩大开放的一项战略举措。为贯彻落实党中央、国务院决策部署，充分发挥科技创新对自贸试验区建设发展的支撑引领作用，提出若干支持措施如下。

一、指导思想

深入贯彻习近平总书记系列重要讲话精神和治国理政新理念新思想新战略，认真落实党中央、国务院决策部署，按照“四个全面”战略布局要求，坚定践行新发展理念，把创新作为引领发展的第一动力，推进自贸试验区战略与创新驱动发展战略相结合；坚持科技创新与制度创新双轮驱动，破除制约创新的体制机制障碍，激发创新活力；坚持以全球视野谋划和推动创新，最大限度用好全球创新资源，拓展开放型经济新空间；坚持统筹自贸试验区和国家自主创新示范区联动发展，不断放大政策集成效应，引导创新要素加速流动和聚集；坚持把提升创新驱动发展能力作为自贸试验区检验建设成效的重要标准，支撑建设开放和创新融为一体的综合改革试验区，为国家创新体系建设开展积极探索。

二、重点任务

（一）促进科技和金融深度融合，完善适合科技企业发展的金融服务模式

1. 鼓励银行设立科技金融专营机构，创新适合科技型企业的担保方式，在自贸试验区内先行先试，拓展科技型企业融资渠道。

2. 充分发挥国家科技成果转化引导基金作用，支持自贸试验区设立一批专业化创业投资子基金，引导带动社会资本投入创新。

3. 支持上海自贸试验区开展投贷联动试点，为创新创业企业提供股权和债权相结合的融资方

式，鼓励银行业金融机构与其他外部创业投资机构开展投贷联动业务。

4. 按照国务院统一部署，配合银监会等部门，积极争取将重庆、四川、河南自贸试验区纳入投贷联动试点。

5. 深化上海股权托管交易中心“科技创新版”试点，推进金融中心与科创中心建设相结合的科技金融模式创新。

6. 拓宽创新创业项目境外融资渠道，引导境内外资本对自贸试验区科技型企业提供融资支持。

（二）提升科技服务业发展水平，推动技术创新和商业模式创新融合

7. 发挥自贸试验区高端要素集聚优势，支持自贸试验区大力发展科技服务业，重点发展研发设计、中试熟化、创业孵化、检验检测认证等业态，提升科技服务能力。

8. 支持自贸试验区壮大科技服务市场主体，培育一批拥有知名品牌的科技服务机构和龙头企业，形成一批科技服务业创新型产业集群。

9. 鼓励自贸试验区搭建面向服务贸易发展需求的科技服务平台，汇聚科技服务资源，积极探索有利于本区域科技服务业发展的新路径和新模式。

10. 支持自贸试验区内融资租赁企业引进国外先进高端科研仪器设备，为科研机构、科技型企业等创新主体开展租赁服务。

（三）促进高水平创新人才引进和集聚，为自贸试验区建设提供强有力智力支撑

11. 支持自贸试验区率先落实以增加知识价值为导向的分配政策，充分调动和激发人的主动性、积极性和创造性，推动形成创新人才蓬勃成长、创新成果不断涌现的良好局面。

12. 鼓励自贸试验区改革和完善引才配套政策，为海外高层次人才回国创新创业营造环境、提供便利。

（四）完善创新创业生态，推动市场活力和社会创造力竞相迸发

13. 支持自贸试验区依托龙头骨干企业、科研院所积极构建专业化众创空间，鼓励各类资本共同参与，支撑服务实体经济发展。

14. 积极支持建设创业苗圃、科技企业孵化器和加速器，发展新型创业孵化机构，构建完善的科技创业孵化体系和生态系统。

15. 引导社会资本参与建设面向小微企业的社会化技术创新公共服务平台，推动大批创新活力旺盛的小微企业不断涌现。

（五）加速科技成果转移转化，培育发展新动能

16. 充分发挥自贸试验区“先进区后报关”、进口研发样品便利化、检验检疫新模式等方面制度创新优势，促进企业研发活动便利化，降低科技研发成本，加速成果转移转化。

17. 推动自贸试验区深入实施科技成果转移转化行动，完善相关配套措施，在支持企业研发成果转化等方面开展先行先试，进一步破除制约科技成果转移转化的体制机制障碍。

18. 鼓励培育建设国际化、市场化技术转移机构，发展壮大专业化技术转移人才队伍，打造功能完善、运行高效的科技成果转移转化体系。

19. 鼓励自贸试验区内企业与各高校、科研院所合作，推进科技成果转化和协同创新。

三、加强组织实施

建设自贸试验区是一项长期、涉及面广的系统工程。科技部、商务部将按照党中央、国务院统一部署，在国务院自贸试验区工作部际联席会议统筹协调下，会同有关部门，强化支撑和服务。有关省市科技厅（委）、商务厅（委）要加强协同，结合各自贸试验区定位和发展实际需求，配合各自贸试验区办公室研究制定配套政策措施，推动各项任务落实落地，积极支持自贸试验区创新发展。

◎商务部办公厅关于进一步做好鼓励类外商投资企业进口设备减免税有关工作的通知

商办资函〔2017〕367号

各省、自治区、直辖市、计划单列市、新疆生产建设兵团、副省级城市商务主管部门，各自由贸易试验区、国家级经济技术开发区：

2016年9月，第十二届全国人大常委会第二十二次会议审议通过对《外资企业法》等四部法律的修正案，决定将不涉及国家规定实施准入特别管理措施的外商投资企业设立及变更由审批改为备案管理。2016年10月，商务部发布《外商投资企业设立及变更备案管理暂行办法》（商务部令2016年第3号）（以下简称《备案办法》），明确备案机构、备案程序、监督管理和法律责任等事项；2017年7月，商务部发布《关于修订〈外商投资企业设立及变更备案管理暂行办法〉的决定》（商务部令2017年第2号），进一步完善相关规定。为深化外商投资管理体制改革，继续有效实施《国务院关于调整进口设备税收政策的通知》（国发〔1997〕37号）进口设备税收政策，根据《商务部关于做好取消鼓励类外商投资企业项目确认审批后续工作的通知》（商资函〔2015〕160号），现就进一步做好备案适用范围内鼓励类外商投资企业进口设备减免税有关工作通知如下：

一、自2017年7月30日起，对符合《外商投资产业指导目录》鼓励类条目或《中西部地区外商投资优势产业目录》条目并适用备案程序设立或增资的外商投资企业（以下简称“企业”），企业或其投资者通过外商投资综合管理信息系统（以下简称系统）在线填报相关备案报告表时，应填报外商投资鼓励类项目有关信息，包括：适用产业政策条目、项目性质、项目内容、项目投资总额（美元值）、进口设备用汇额（美元值）、项目建设年限等。企业投资经营活动涉及多项鼓励类产业政策条目的，应当按照相关条目分别填报上述信息。

对于上述外商投资鼓励类项目有关信息（进口设备用汇额和项目建设年限除外）发生变更的，备案机构应要求企业在线填报变更事项。对于增资的，应在变更事项中填报本次增资额和进口设备用汇额以及增资后的投资总额和进口设备总用汇额。

对于仅涉及进口设备用汇额和建设年限发生变更的，企业可向主管海关提交说明材料，由主管海关予以审核确认。

二、备案机构通过系统发布备案结果后，企业或其投资者可以向备案机构领取“备注”栏中含有外商投资鼓励类项目有关信息的《外商投资企业设立备案回执》或《外商投资企业变更备案回执》（以下统称《备案回执》）。

省级以下备案机构应将外商投资鼓励类项目有关信息及企业其它备案信息一并通过系统报送省级商务主管部门比对，收到反馈结果后，应通过系统告知企业或其投资者。企业或其投资者可以向备案机构领取《备案回执》。

三、备案机构应切实履行备案监督管理责任，依据《备案办法》对企业填报信息是否真实、准确、完整进行监督检查，发现企业存在违反鼓励类外商投资项目项下进口设备减免税相关法律法规规定的，应及时通报有关直属海关。

四、自2016年10月8日至本通知印发期间，适用备案程序已设立或增资的企业，对其中符合《外商投资产业指导目录》鼓励类条目或《中西部地区外商投资优势产业目录》条目，尚未根据《商务部关于做好取消鼓励类外商投资企业项目确认审批后续工作的通知》（商资函〔2015〕160

号）办理进口设备减免税手续的，备案机构应当填写《外商投资鼓励类项目信息汇总表》（以下简称《汇总表》，格式见附表）。

省级以下备案机构应于2017年9月30日前将《汇总表》报所属省级商务主管部门比对汇总，省级商务主管部门应于2017年10月31日前，将所辖范围内比对汇总完毕的《汇总表》发送相关直属海关，抄送商务部（外资司）。

五、对外商投资企业的设立及变更涉及外商投资准入特别管理措施的，有关外商投资企业开展的鼓励类外商投资项目项下进口设备涉及减免税手续的相关事宜，仍按照《商务部关于做好取消鼓励类外商投资企业项目确认审批后续工作的通知》（商资函〔2015〕160号）规定办理。

六、本通知自发布之日起执行。对于执行中遇有问题，请各备案机构与各直属海关加强沟通、协调、配合，必要时向商务部（外资司）、海关总署（关税征管司）反映。

附件：外商投资鼓励类项目信息汇总表（略）

中华人民共和国商务部办公厅

2017年9月5日

◎工商总局关于支持中国（陕西）自由贸易试验区建设的若干意见

工商企注字〔2017〕212号

陕西省工商行政管理局：

建立中国（陕西）自由贸易试验区（下称“陕西自贸试验区”）是国家战略需要，是新形势下全面深化改革和扩大开放、构建开放型经济新体制的重大举措。为了进一步推进中国（陕西）自由贸易试验区建设发展，营造更加公平、统一、高效的营商环境，深入推进简政放权、放管结合、优化服务改革，充分发挥自贸试验区改革平台的作用，根据陕西自贸试验区的实际需要，本着改革创新、先试先行的原则，现提出如下支持意见：

一、市场准入方面

1. 支持在陕西自贸试验区开展“证照分离”改革试点工作。

2. 支持陕西自贸试验区在省委、省政府的领导下实施企业名称自主申报改革。除涉及前置审批事项或者企业名称核准与企业设立登记不在同一机关的以外，企业名称自主申报、自负其责。通过立法途径创新名称争议处理机制，高效处理名称争议。对于登记机关认定为不适宜的企业名称，或者根据名称争议裁决、判决结果应当予以纠正的企业名称，登记机关可以强制变更。

3. 支持实行住所（经营场所）申报制度，依照全程电子化登记模式登记的企业在设立登记时无须提交住所（经营场所）证明材料，申请人在线签署电子承诺书，对住所（经营场所）的合法性、真实性、有效性负法律责任。

4. 支持实行“工位注册”“集群注册”，除娱乐服务、宾馆、民用爆炸物品以及危险化学品生产经营等直接影响人民群众生命财产安全的行业外，允许在工业园区、产业园区、众创空间等实行“工位注册”“集群注册”登记模式。

5. 支持开展个体工商户、农民专业合作社登记全程电子化和个体工商户简易注销改革试点工作。

二、外资企业登记管理授权方面

支持西安市工商局高新分局、经济开发区分

局、浐灞分局、港务区分局和西咸新区工商局秦汉新城分局、空港新城分局、沣东新城分局、沣西新城分局、泾河新城分局申请外商投资企业登记管理权，方便区内企业就近登记注册。

三、加强事中事后监管方面

1. 支持在陕西自贸试验区设立西北地区网络传销舆情监测点，在打击传销经费上予以支持。

2. 出台自贸试验区网络交易监管系统性意见，增强监管的针对性和有效性。

四、商标广告管理方面

1. 支持在陕西自贸试验区设立商标注册受理窗口，方便企业就近办理商标申请，减轻企业经营成本。

2. 鼓励企业开展商标品牌海外布局，对陕西自贸试验区内企业通过马德里体系的商标国际注册给予指导扶持。

3. 加强广告产业园区建设，支持陕西自贸试验区广告产业发展。

五、消费维权方面

1. 支持搭建丝绸之路沿线国家国际长期合作平台，营造良好的消费环境。

2. 建立自贸试验区消费维权教育引导机制，倡导科学、绿色、和谐的消费观念。

工商总局

2017 年 11 月 14 日

◎质检总局关于复制推广自由贸易试验区第三批改革试点经验的公告

2017 年第 105 号

为贯彻落实《关于做好自由贸易试验区第三批改革试点经验复制推广工作的函》（商资〔2017〕515 号），根据工作实际，质检总局将涉及检验检疫领域的 2 项改革试点经验在全国进行复制推广，现公告如下：

一、入境研发样品便利化监管制度

对研发科研类企业进口的研发用样品采取信用监管放行新模式，对产品实施风险分类监管，简化办理手续，实施事中事后监管，特制定《入境研发样品检验检疫便利化监管的指导意见》（见附件 1）。进境动植相关生物材料检验检疫工作按《质检总局关于推广京津冀沪进境生物材料监管试点经验及开展新一轮试点的公告》（2017 年第 94 号公告）执行。

二、会展检疫监管新模式

简化审批手续，创新展品监管模式，改口岸查验为场馆集中查验，特制定《出入境展品检验检疫监督管理工作规范》（见附件 2）。

附件：1. 入境研发样品检验检疫便利化监管的指导意见

2. 出入境展品检验检疫监督管理工作规范

质检总局

2017 年 12 月 5 日

附件 1

质检总局关于入境研发样品检验检疫便利化监管的指导意见

为贯彻落实党中央、国务院全面深化改革扩大开放建设自由贸易试验区（以下简称自贸试验区）战略举措的精神，进一步规范入境研发样品检验检疫监管工作，依据有关法律法规规定，并结合实际，提出以下意见。

一、指导思想

全面贯彻习近平总书记系列重要讲话精神和治国理政新理念新思想新战略，充分利用自贸试验区的改革创新引领作用，深入贯彻落实“放、管、服”有关要求，大胆试、大胆闯、自主改，进一步理顺入境研发样品检验检疫监管方式，为企业研发提供保障和支持，促进研发科创产业的发展。

二、基本原则

入境研发样品是指企业及科研院所等研究机构为其自身检测、研发、科技创新等目的，不用于销售的入境试剂、试样等实物。对研发科创类企业、单位入境样品根据风险分级，在实施检疫基础上，简化入境手续，采取信用监管放行新模式，加强事后监管。

三、实施意见

（一）研发类企业、单位的认定。各直属局应制定研发类企业、单位名录，可会同地方政府有关管理部门认定研发类企业、单位，确有入境样品需求的，纳入研发类企业、单位名录，实施便利化监管。

（二）优化审批程序。对入境样品实施风险分级管理。除按有关规定确需对试点企业和相关样品实施风险前置评估的，一般不实施前置考核。确需实施前置审批的，进一步简化审批程序。对低风险入境样品允许一次审批，多次核销。

（三）优化事中管理方式。进一步优化入境样品报检手续和查验程序，实行风险分级监管模式。对符合条件的产品、企业，可按企业意愿实施到货地查验。对 B 级以上诚信企业低风险入境样品，可通过远程视频方式监控，由企业按照检验检疫要求自助查验。

（四）加强事后监管。各地方检验检疫机构对研发类企业、单位开展定期监督检查，核查入境研发样品保管、存放、使用、流向等情况以及企业样品安全管理制度和档案等，确保研发样品用于原申请用途，确保研发样品的使用和处理符合相关法律法规要求，不产生公共危害。

（五）加强惩戒措施。各地方检验检疫机构日常监督抽查过程中，如果发现有擅自改变使用范围、用途或使用虚假信息或其他方式骗取放行的，一经核实，将按照相应的法律法规对其依法采取相应处罚措施，并将企业从《入境研发样品检验检疫便利化试点企业名录》中删除，同时报地方政府管理部门，记录企业不诚信记录，将其列入相关“黑名单”管理，实施严密监管。

四、有关要求

（一）加强沟通交流。各直属局要高度重视复制推广自贸试验区改革试点经验的重大意义，加强与总局各业务司局沟通交流，主动加强与地方政府相关部门的沟通联系，密切协作配合，形成合力，促进研发企业发展。

（二）制定管理规范。各直属局要结合当地实际制定管理办法和规范，适时开展效果评估和总结，及时调整完善，遇到的重大问题，要及时向总局报告。

（三）做好政策宣贯。各直属局要通过召开培训会议等形式，及时将有关政策向有关企业、单位进行宣贯，确保改革经验落地生根、取得实效，持续释放改革红利。

附件 2

出入境展品检验检疫监督管理工作规范

第一章　总　则

第一条　为规范出入境展品检验检疫监督管理工作，促进会展业健康快速发展，根据出入境检验检疫相关法律法规的规定，制定本工作规范。

第二条　本规范适用于涉外展会（含港澳台地区，以下简称：展会）的出入境展品（含邮寄、快件和人员携带方式）检验检疫及监督管理。

第三条　本规范所称展品，是指用于展会展台布置、展示、品尝、试用、馈赠和少量试销并应依法申报的出入境物品。

本规范所称展会方，包括展会的主办方、承办方、参展商及其代理人等。

第四条　国家质检总局通关司负责出入境展品的通关及综合协调工作；总局相关业务司局负责所辖展品的检验检疫 及监督管理工作；认监委负责强制性产品认证目录范围内出入境展品的认证监督管理工作。

第五条　各直属检验检疫局负责组织实施辖区内出入境展品检验检疫监督管理工作。根据国家质检总局授权开展出入境展品的许可、审批工作。

各地检验检疫机构负责受理辖区内展会及展品的备案、审批申请和出入境展品的申报，开展展品质量安全分析，实施具体检验检疫监督管理工作。

第六条　出入境展品免予检验，但法律、法规另有规定的除外。

第二章　备案及审批

第七条　展会方应当在展会举办前 20 个工作日内向展会举办地检验检疫机构办理入境展会及展品备案，并提供下列材料：

（一）《涉外展会检验检疫备案表》（附件 1）；

（二）政府相关部门签发的关于展会举办的批文复印件（加盖单位公章，同时交验原件）、检验检疫机构认可的参展证明；

（三）《入境展品信息表》（附件 2）；

（四）展会结束后对入境展品的处置计划；

（五）展会场地设置平面图（包括提供现场检疫监管的场地图）、进口展商所在展位的编号。

第八条　入境动植物及其产品、动植物源性食品、特殊物品等展品需办理检疫审批的，由国家质检总局或其授权的直属检验检疫局办理检疫审批手续。

允许来自非疫区但未获得进口检验检疫准入的动植物产品及动植物源性食品入境参展，但不得用于品尝、销售等除展示之外的其他用途。需要办理检疫审批手续的，按照特许审批办理。

已经深加工可消除动植物疫情传播风险的动植物产品及动植物源性食品免于检疫审批。

第九条　强制性产品认证目录内的展品，应获得强制性产品认证。未获得强制性产品认证，但符合免予办理强制性产品认证条件的，可简化相关流程，由展会方提出申请，检验检疫机构批量办理并签发《免予办理强制性产品认证证明》。

属于国家实施许可制度的展品，符合许可制度中免于取得相应许可条件的，应提供相应免于许可的证明文书。

第三章　入境展品检验检疫

第十条　展会方应当在展品入境前向入境口岸检验检疫机构报检，并提供以下资料：

（一）已经备案的《涉外展会检验检疫备案表》及《入境展品信息表》；

（二）展品为动植物、动植物产品、动植物源性食品的，应提供输出国家或地区官方出具的检疫证书（已经深加工可消除动植物疫情传播风险的动植物产品、动植物源性食品可免于提供）；涉及检疫审批的，还应提供相关检疫审批文件；

（三）展品为食品、化妆品的，应按照国家出入境检验检疫部门的要求随附合格证明材料；

（四）展品为转基因标识目录范围内且在参展过程中试吃、试用的，应提交是否含有“转基因”成分的书面声明。如含转基因成份应提交农业部出具的《转基因生物安全证书》；

（五）展品为微生物、人体组织、血液及其制品、生物制品等特殊物品的，应提供《入/出境特殊物品卫生检疫审批单》；

（六）展品为强制性产品认证目录内的，应提交强制性产品认证证明文件；

（七）展品为危险化学品的，应提交中文危险公示标签（散装产品除外）、中文安全数据单的样本；对需要添加抑制剂或稳定剂的展品，还应提交实际添加抑制剂或稳定剂的名称、数量等情况说明；

（八）其他报检所需单证。

第十一条　入境后集装箱原封转运至展会举办地的展品，入境口岸检验检疫机构对集装箱箱体外表实施检疫和放射性监测，举办地检验检疫机构依法对展品、集装箱、包装物及铺垫材料实施动植物检疫、卫生检疫及后续监管，并按有关规定实施检疫处理。

第十二条　对散装和在口岸需开箱卸货后再转运至展会举办地的展品，由口岸检验检疫机构对展品、集装箱、包装物及铺垫材料实施动植物检疫、卫生检疫、放射性监测，并按有关规定实施检疫处理。后续监管工作由举办地检验检疫机构负责实施。

第十三条　通过邮寄、快件或人员携带等方式入境的展品，按照质检总局关于邮寄物、携带物的检验检疫管理办法监管。

第十四条　入境展品按规定需要隔离检疫的，应经隔离检疫合格后方准展览。

第十五条　入境展品属于危险化学品的，应对其包装及危险公示标签实施检验，合格后方准展览。

第十六条　仅供展览的入境预包装食品、化妆品，免予抽样检验，免予加贴中文标签；对展会期间少量试用、品尝、馈赠的入境预包装食品、化妆品，根据食品安全风险评估情况，可在展前抽取样品检验，并可免予加贴中文标签；对样品已经检验合格并在展会现场少量试销的，免于加贴中文标签。对于免于加贴中文标签的进口食品化妆品，应在展品旁以中文注明品名、保质期、禁忌、食用（使用）方法等事项。

第十七条　允许展品在展览期间适量损耗，展品在展示中因试用、品尝、馈赠等导致展品损耗无法复运出境的，展会主（承）办单位或其代理人应在开展前填报《入境展品消耗品清单》（附件3），向检验检疫机构说明消耗方式和拟消耗的数量或重量，报检验检疫机构核准后方可开展相关活动。

第十八条　展会所在地检验检疫机构应根据展会规模、展品性质等情况，对展会现场实施监督管理。具体措施如下：

（一）发现禁止入境或未按规定如实报检的展品，展会方在检验检疫机构监督下对其进行封存，并根据相关法律法规规定进行处理；

（二）发现不符合规定的展品或未经批准的试用、品尝、馈赠和少量试销等活动时，应通知展会方停止展示或相关活动，并对相关展品予以封存，按照相关规定处理；

（三）发现动植物、动植物产品、动植物源性食品及特殊物品类的展品，未获得检疫审批或发现疫情的，应通知主办方立即封存在指定场所，并按规定上报展会举办地直属检验检疫局；

（四）需要隔离展览的动植物（包括附土植物）应在隔离展览区设立“隔离养殖”、“隔离种植”标识，同时做好疫情防控工作；

（五）对展品涉及活体动植物的，视情况在展区附近开展外来疫情监测。发现重大外来疫情，应及时按照有关规定采取紧急处置措施。

第四章　入境展品的展后处置

第十九条　入境展品展后原则上应在检验检疫机构监督下退回或销毁处理。

对作退回处理的，展会方应在展品出境后将展品出境证明文件交检验检疫机构备案。

对作销毁处理的，展会方应在检验检疫机构监督指导下实施销毁处理。涉及食品、化妆品，动植物、动植物产品及特殊物品等展品，应送到具有相关资质的场所作销毁处理。

第二十条　对展后留购的入境展品，应经检验检疫机构同意后，依法补办各项检验检疫手续。

第二十一条　对需转运至国内其他地区继续展出的入境展品，举办地检验检疫机构审核无误后，通知下一展会举办地检验检疫机构做好后续监管和处置工作。

第二十二条　对发生损耗、丢失或毁坏等情形的入境展品，展会方应提交相关情况说明及证明材料。

第二十三条　展会方应在展会结束后30个工作日内，向展会举办地检验检疫机构办理核销手续，填写《入境展品流向申报表》（附件4），并按照本规范第二十至二十三条的规定，提供相关证明材料。

第二十四条　检验检疫机构核销无误后归档，并定期或不定期对久未归档且价值较高的入境展品进行调查核实。发现未经检验检疫擅自销售使用的行为，应依法查处。

第五章　出境展品检验检疫

第二十五条　出境展品报检时，参展方应向检验检疫机构提交举办国的证明文件及相应的展品清单。

涉及动植物及其产品的，应提交输入国家/地区对展品的检疫要求；涉及特殊物品的，应办理《出入境特殊物品卫生检疫审批单》。

第二十六条　检验检疫机构依法对出境展品实施检疫和危险化学品包装检验。

第二十七条　出境展品退运入境，参展方应在入境报检时，提交该批展品出境时办理的出境货物通关单、出口报关单或相关货物出境参展证明文件。

涉及动植物及其产品、动植物源性食品的，应提交退运国家或地区官方出具的检疫证书，涉及检疫审批的，还应提交相关检疫审批文件；涉及特殊物品的，应办理《出入境特殊物品卫生检疫审批单》。

第二十八条　退运展品的检疫工作参照进境检疫的有关规定执行。退运展品涉及危险化学品的，应依法对其包装实施检验。

第六章　附　则

第二十九条　重大展会举办期间，检验检疫机构应加强与地方政府、展会主（承）办方、口岸相关部门的协调与合作，在展会现场与有关单位实行联合办公、共同查验模式，为参展者提供“一站式”检验检疫服务。必要时设立专用服务咨询电话、报检窗口和查验绿色通道，做到即到即放、即检即放。

第三十条　口岸和展会举办地检验检疫机构应加强协调配合。展会举办地检验检疫机构应及时将展会备案信息和展品信息通知口岸检验检疫机构。口岸检验检疫机构应对相关出入境展品提供通关便利。

第三十一条　各检验检疫机构可结合展品特点和检验检疫监管要求，积极探索现代信息技术在展会检验检疫监管中的应用，实施展品风险分类管理，提升展品监管服务效能。

第三十二条　各直属检验检疫局可结合展会特点，联合有关监管部门，共同打击制售假冒伪劣产品的行为，营造健康规范的展会环境，确保展品质量安全。

第三十三条　涉外演艺、赛事、会议等活动中所涉及物品的检验检疫及监督管理参照本规范执行。

第三十四条　本工作规范由国家质检总局解释。

第三十五条　本工作规范自印发之日起执行。

附件：1. 涉外展会检验检疫备案表（略）

2. 入境展品信息表（略）

3. 入境展品消耗品清单（略）

4. 入境展品流向申报表（略）

◎商务部关于支持自由贸易试验区进一步创新发展的意见

商资发〔2017〕483号

天津市、辽宁省、上海市、浙江省、福建省、广东省、河南省、湖北省、重庆市、四川省、陕西省商务主管部门：

建设自由贸易试验区（以下简称自贸试验区）是党中央、国务院在新形势下全面深化改革、扩大开放的一项战略举措。为贯彻落实党的十九大报告新要求新部署，商务部将支持自贸试验区进一步深化改革开放、创新发展，现提出以下意见：

一、推动对外贸易由量的扩张到质的提升

（一）支持自贸试验区积极拓展对外贸易，加快培育贸易新业态新模式，支持自贸试验区发展跨境电子商务。

（二）支持自贸试验区内符合条件的商品市场开展市场采购贸易方式试点。

（三）研究出台支持外贸综合服务企业发展的政策措施，支持自贸试验区外贸综合服务企业发展。

（四）研究取消自贸试验区加工贸易企业经营状况和生产能力核查，稳妥推进自贸试验区加工贸易保税维修业务试点。

（五）支持在具备条件的自贸试验区研究推进进出口许可证件通关作业无纸化，进一步缩短通关时间，提高通关效率。

（六）支持自贸试验区积极发展技术贸易、文化贸易、服务外包和中医药服务贸易，在自贸试验区实施服务贸易企业统计直报。

（七）支持自贸试验区研究推动服务贸易事项有序纳入国际贸易“单一窗口”建设。

（八）支持自贸试验区在适合领域逐步取消或放宽对跨境交付、自然人移动等模式的服务贸易限制措施，有序推进开放进程，率先探索建立服务领域开放风险预警机制。

二、持续优化营商环境

（九）协调有关部门继续缩减自贸试验区外商投资负面清单，重点推进金融、教育、文化、医疗等服务业领域有序开放，进一步放开一般制造业。

（十）支持自贸试验区创新投资促进体系建设，从机构设置、规划安排、职能定位、招商方式、投后服务等方面构建高水平投资促进体系。

（十一）鼓励自贸试验区构建营商环境科学评价体系，进一步优化政府服务，营造法治化、国际化、便利化营商环境。

三、完善市场运行机制

（十二）支持具备条件的自贸试验区开展汽车平行进口试点，建立多渠道、多元化汽车流通模式。

（十三）加强自贸试验区开展大宗商品现货交易工作指导，建立完善制度规则，加强风险防范，推动大宗商品现货交易和资源配置平台建设。

（十四）支持自贸试验区所在城市开展供应链创新与应用试点示范，完善本地重点产业供应链体系和重要产品追溯体系，培育供应链创新与应用示范企业，建设跨行业、跨领域的供应链协同、交易和服务示范平台。

（十五）支持自贸试验区加强商务诚信体系建设，开展跨部门联合奖惩。加强事中事后监管，提高商务行政执法能力和水平。

（十六）支持自贸试验区物流标准化、单元化建设，促进物流链与产业链、供应链的协同发展。

（十七）支持自贸试验区大力发展数字商务服务产业，推进电子商务与快递物流协同发展。

（十八）支持自贸试验区在现有法律法规框架下，进一步做好两用物项的进出口管理工作。

（十九）指导、支持自贸试验区的产业预警体系建设、贸易救济、贸易摩擦应对等工作。

（二十）指导自贸试验区配合做好经营者集中反垄断审查工作。

四、积极参与国际经贸合作

（二十一）发挥多双边经贸合作机制作用，推动自贸试验区加强国际贸易投资合作。进一步深化自贸试验区与台港澳地区经贸交流与合作。

（二十二）支持自贸试验区创新境外投资管理模式，研究境内非金融企业开展境外金融类投资以及自然人通过其控制的境外企业开展境外投资的监管措施。

（二十三）支持自贸试验区企业获得援外实施企业资格；根据相关规则申请援外项目实施企业资格，鼓励企业通过参与援外工作开展承包工程、劳务、对外投资合作以及人员培训交流，带动企业、产品、技术和服务走出去。

（二十四）支持自贸试验区企业参与实施重大战略性项目，推进与有关国家的国际产能合作和互联互通，更好地参与“一带一路”建设。

五、强化组织保障

（二十五）充分发挥国务院自由贸易试验区工作部际联席会议（以下简称联席会议）办公室统筹协调作用，会同有关部门和地方共同研究推动将更多中央及省级人民政府的经济管理权限下放至自贸试验区，赋予自贸试验区更大改革自主权。

（二十六）会同有关部门及省市做好自贸试验区总体方案落实工作；对于自贸试验区在发展过程中遇到的问题，及时协调有关部门研究解决，重大问题提请联席会议审议。

（二十七）及时总结评估自贸试验区改革创新试点任务实施效果，加强各领域试点经验系统集成。对试点效果好、风险可控且可复制可推广的成果，实施分类审查程序后复制推广至全国其他地区。

（二十八）有关省市商务主管部门要支持自贸试验区根据战略定位和差异化探索目标，大胆试、大胆闯、自主改，研究制定配套政策措施，扎实推进商务领域各项试点任务实施，积极支持自贸试验区创新发展。

商务部

2017 年 12 月 17 日

◎国务院关于在自由贸易试验区暂时调整有关行政法规、国务院文件和经国务院批准的部门规章规定的决定

国发〔2017〕57 号

各省、自治区、直辖市人民政府，国务院各部委、各直属机构：

为保障自由贸易试验区有关改革开放措施依法顺利实施，国务院决定，在自由贸易试验区暂时调整《中华人民共和国船舶登记条例》等 11 部行政法规，《国务院办公厅转发国家计委关于城市轨道交通设备国产化实施意见的通知》、《国务院办公厅关于加强城市快速轨道交通建设管理的通知》2 件国务院文件以及《外商投资产业指导目录（2017 年修订）》、《外商投资民用航空业规定》2 件经国务院批准的部门规章的有关规定（目录附后）。

国务院有关部门和上海市、广东省、天津市、福建省、辽宁省、浙江省、河南省、湖北省、重庆市、四川省、陕西省人民政府要根据有关行政法规、国务院文件和经国务院批准的部门规章的调整情况，及时对本部门、本省市制定的规章和规范性文件作相应调整，建立与试点要求相适应的管理制度。

根据自由贸易试验区改革开放措施的试验情况，本决定内容适时进行调整。

附件：国务院决定在自由贸易试验区暂时调整有关行政法规、国务院文件和经国务院批准的部门规章规定目录

国务院

2017 年 12 月 25 日

附件

国务院决定在自由贸易试验区暂时调整有关行政法规、国务院文件和经国务院批准的部门规章规定目录

序号	有关行政法规、国务院文件和经国务院批准的部门规章规定	调整情况
1	1.《中华人民共和国船舶登记条例》 第二条第一款：下列船舶应当依照本条例规定进行登记： （一）在中华人民共和国境内有住所或者主要营业所的中国公民的船舶。 （二）依据中华人民共和国法律设立的主要营业所在中华人民共和国境内的企业法人的船舶。但是，在该法人的注册资本中有外商出资的，中方投资人的出资额不得低于 50%。 （三）中华人民共和国政府公务船舶和事业法人的船舶。 （四）中华人民共和国港务监督机构认为应当登记的其他船舶。	暂时停止实施相关内容，加快国际船舶登记制度创新，基于对等原则逐步放开船级准入，由国务院交通运输主管部门制定相关管理办法

续表

序号	有关行政法规、国务院文件和经国务院批准的部门规章规定	调整情况
1	2.《中华人民共和国船舶和海上设施检验条例》 第十三条：下列中国籍船舶，必须向中国船级社申请入级检验： （一）从事国际航行的船舶； （二）在海上航行的乘客定额 100 人以上的客船； （三）载重量 1 000 吨以上的油船； （四）滚装船、液化气体运输船和散装化学品运输船； （五）船舶所有人或者经营人要求入级的其他船舶。	暂时停止实施相关内容，加快国际船舶登记制度创新，基于对等原则逐步放开船级准入，由国务院交通运输主管部门制定相关管理办法
2	《印刷业管理条例》 第十四条：国家允许设立中外合资经营印刷企业、中外合作经营印刷企业，允许设立从事包装装潢印刷品印刷经营活动的外资企业。具体办法由国务院出版行政部门会同国务院对外经济贸易主管部门制定。	暂时停止实施相关内容，允许设立从事其他印刷品印刷经营活动的外资企业，由国务院新闻出版主管部门制定相关管理办法
3	《外商投资民用航空业规定》 第四条第一款：外商投资方式包括： （一）合资、合作经营（简称“合营”）； （二）购买民航企业的股份，包括民航企业在境外发行的股票以及在境内发行的上市外资股； （三）其他经批准的投资方式。 第六条第四款：外商投资飞机维修（有承揽国际维修市场业务的义务）和航空油料项目，由中方控股；货运仓储、地面服务、航空食品、停车场等项目，外商投资比例由中外双方商定。	暂时停止实施相关内容，允许外商以独资形式投资设立航空运输销售代理企业和航空货运仓储、地面服务、航空食品、停车场项目；放宽外商投资通用飞机维修由中方控股的限制；取消外商投资飞机维修承揽国际维修市场业务的义务要求。由国务院民用航空主管部门制定相关管理办法
4	《中华人民共和国认证认可条例》 第十一条第一款：外商投资企业取得认证机构资质，除应当符合本条例第十条规定的条件外，还应当符合下列条件： （一）外方投资者取得其所在国家或者地区认可机构的认可； （二）外方投资者具有 3 年以上从事认证活动的业务经历。	暂时停止实施外商投资企业取得认证机构资质的特殊要求，由国务院质量监督检验检疫主管部门制定相关管理办法
5	《娱乐场所管理条例》 第六条：外国投资者可以与中国投资者依法设立中外合资经营、中外合作经营的娱乐场所，不得设立外商独资经营的娱乐场所。	暂时停止实施相关内容，允许设立外商独资经营的娱乐场所，在自由贸易试验区内提供服务，由国务院文化主管部门制定相关管理办法
6	《中华人民共和国中外合作办学条例》 第六十条：在工商行政管理部门登记注册的经营性的中外合作举办的培训机构的管理办法，由国务院另行规定。	暂时停止实施相关内容，由国务院教育主管部门会同有关部门就经营性的中外合作举办的培训机构制定相关管理办法
7	《旅行社条例》 第二十三条：外商投资旅行社不得经营中国内地居民出国旅游业务以及赴香港特别行政区、澳门特别行政区和台湾地区旅游的业务，但是国务院决定或者我国签署的自由贸易协定和内地与香港、澳门关于建立更紧密经贸关系的安排另有规定的除外。	暂时停止实施相关内容，允许在自由贸易试验区内注册的符合条件的中外合资旅行社经营中国内地居民出境旅游业务（台湾地区除外），由国务院旅游主管部门制定相关管理办法

续表

序号	有关行政法规、国务院文件和经国务院批准的部门规章规定	调整情况
8	《直销管理条例》 第七条：申请成为直销企业，应当具备下列条件： （一）投资者具有良好的商业信誉，在提出申请前连续5年没有重大违法经营记录；外国投资者还应当有3年以上在中国境外从事直销活动的经验； （二）实缴注册资本不低于人民币8 000万元； （三）依照本条例规定在指定银行足额缴纳了保证金； （四）依照规定建立了信息报备和披露制度。	暂时停止实施外国投资者应当有3年以上在中国境外从事直销活动的经验的要求，由国务院商务主管部门制定相关管理办法
9	《外商投资产业指导目录（2017年修订）》 限制外商投资产业目录 24. 加油站（同一外国投资者设立超过30家分店、销售来自多个供应商的不同种类和品牌成品油的连锁加油站，由中方控股）建设、经营	暂时停止实施相关内容，允许外商以独资形式从事加油站建设、经营，由国务院商务主管部门制定相关管理办法
10	1.《中华人民共和国国际海运条例》 第二十八条：经国务院交通主管部门批准，外商可以依照有关法律、行政法规以及国家其他有关规定，投资设立中外合资经营企业或者中外合作经营企业，经营国际船舶运输、国际船舶代理、国际船舶管理、国际海运货物装卸、国际海运货物仓储、国际海运集装箱站和堆场业务；并可以投资设立外资企业经营国际海运货物仓储业务。 经营国际船舶运输、国际船舶代理业务的中外合资经营企业，企业中外商的出资比例不得超过49%。 经营国际船舶运输、国际船舶代理业务的中外合作经营企业，企业中外商的投资比例比照适用前款规定。 中外合资国际船舶运输企业和中外合作国际船舶运输企业的董事会主席和总经理，由中外合资、合作双方协商后由中方指定。 2.《外商投资产业指导目录（2017年修订）》 限制外商投资产业目录 17. 国内水上运输公司（中方控股），国际海上运输公司（限于合资、合作） 23. 船舶代理（中方控股）	暂时停止实施相关内容，允许设立外商独资国际船舶运输、国际船舶管理、国际海运货物装卸、国际海运集装箱站和堆场企业，允许外商以合资、合作形式从事国际船舶代理业务，外方持股比例放宽至51%
11	《外商投资产业指导目录（2017年修订）》 限制外商投资产业目录 22. 稻谷、小麦、玉米收购、批发	暂时停止实施相关内容，取消外商从事稻谷、小麦、玉米收购、批发的限制
12	《外商投资产业指导目录（2017年修订）》 限制外商投资产业目录 9. 干线、支线飞机设计、制造与维修，3吨级及以上直升机设计与制造，地面、水面效应航行器制造及无人机、浮空器设计与制造（中方控股） 10. 通用飞机设计、制造与维修（限于合资、合作）	暂时停止实施相关内容，允许外商以独资形式从事6吨级9座以下通用飞机设计、制造与维修业务；取消3吨级及以上民用直升机设计与制造的投资比例限制
13	1.《国务院办公厅转发国家计委关于城市轨道交通设备国产化实施意见的通知》（国办发〔1999〕20号） 第三部分的有关规定：城市轨道交通项目，无论使用何种建设资金，其全部轨道车辆和机电设备的平均国产化率要确保不低于70%。	暂时停止实施相关内容，取消外商投资城市轨道交通项目设备国产化比例须达到70%以上的限制

续表

序号	有关行政法规、国务院文件和经国务院批准的部门规章规定	调整情况
13	2.《国务院办公厅关于加强城市快速轨道交通建设管理的通知》（国办发〔2003〕81号） 第六部分的有关规定：要不断提高城轨交通项目设备的国产化比例，对国产化率达不到70%的项目不予审批。	暂时停止实施相关内容，取消外商投资城市轨道交通项目设备国产化比例须达到70%以上的限制
14	《外商投资产业指导目录（2017年修订）》 禁止外商投资产业目录 26. 互联网新闻信息服务、网络出版服务、网络视听节目服务、互联网上网服务营业场所、互联网文化经营（音乐除外）、互联网公众发布信息服务	暂时停止实施相关内容，允许外商投资互联网上网服务营业场所
15	《中华人民共和国外资银行管理条例》 第三十四条第一款：外资银行营业性机构经营本条例第二十九条或者第三十一条规定业务范围内的人民币业务的，应当具备下列条件，并经国务院银行业监督管理机构批准： （一）提出申请前在中华人民共和国境内开业1年以上； （二）国务院银行业监督管理机构规定的其他审慎性条件。	暂时停止实施相关内容，取消对外资银行营业性机构经营人民币业务的开业年限限制
16	1.《营业性演出管理条例》 第十条第一款、第二款：外国投资者可以与中国投资者依法设立中外合资经营、中外合作经营的演出经纪机构、演出场所经营单位；不得设立中外合资经营、中外合作经营、外资经营的文艺表演团体，不得设立外资经营的演出经纪机构、演出场所经营单位。 设立中外合资经营的演出经纪机构、演出场所经营单位，中国合营者的投资比例应当不低于51%；设立中外合作经营的演出经纪机构、演出场所经营单位，中国合作者应当拥有经营主导权。 第十一条第二款：台湾地区的投资者可以在内地投资设立合资、合作经营的演出经纪机构、演出场所经营单位，但内地合营者的投资比例应当不低于51%，内地合作者应当拥有经营主导权；不得设立合资、合作、独资经营的文艺表演团体和独资经营的演出经纪机构、演出场所经营单位。 2.《外商投资产业指导目录（2017年修订）》 限制外商投资产业目录 35. 演出经纪机构（中方控股）	暂时停止实施相关内容，允许外国投资者、台湾地区的投资者设立独资演出经纪机构为设有自由贸易试验区的省、直辖市提供服务，由国务院文化主管部门制定相关管理办法

注：第1项至第9项此前已经在上海、广东、天津、福建自由贸易试验区作了暂时调整，此次暂时调整适用于其他自由贸易试验区。第10项至第16项适用于所有自由贸易试验区。